秦西垂文化论集

主　编　康世荣
副主编　南玄子

文物出版社

编辑委员会

目　录

序 言

秦人的历史悠久，文化源远流长。远在夏商及西周前期，秦之先祖的地位多显。西周中期，居于犬丘的非子为周孝王养马有功，被“分土为附庸，邑之秦”，由此秦人开始崛起。西周末年，西戎反叛王室，庄公伐戎有功被封为西垂大夫。襄公救周及护送平王东迁有功，被封为诸侯，赐之岐以西之地。于是秦人始建国，并逐渐向东发展。终致兼并六国，完成统一中国的大业，建立了秦王朝。统一后秦文化传布到全国，成为后来辉煌的汉文化的基础。在中国古代文明的历史长河中，秦文化承上启下、继往开来，是博大精深的中华文化中的一朵奇葩。

秦文化的研究，历来受到学术界的高度重视。但由于受文献和考古资料不足的限制，对秦人早期阶段（文公以前）历史文化的研究，还比较薄弱，留有许多空白。20世纪三四十年代以来，对秦人的族属及文化渊源的探讨引起了学者们的热情关注，发表了许多有益的见解。探讨的核心问题多集中于秦文化的源头是来自东方，还是源于西方。众说纷纭，莫衷一是。

20世纪八九十年代，一批新的考古学资料的发现，引起了学术界的振奋。首先是甘谷县毛家坪和天水县董家坪的西周至春秋战国秦遗址和墓葬的发掘，从考古学上证明了远在殷周之际，秦人就已在天水一带繁衍生息。其文化面貌不同于甘肃地区远古的一些部族文化，而与周文化关系密切，是大量吸收周文化因素的早期秦文化。当时的秦人早已过着定居的生活，而不是传统的认为秦人完全过着游牧、狩猎的生活。

20世纪90年代初期，礼县大堡子山秦公陵园的发现，是考古学上探讨秦人早期文化的一个重大突破。1974年曾在此发掘“中”字形、“目”字形大墓及车马坑各一座，中小型墓葬九座。两座大墓及车马坑的规模宏伟，从葬物丰富，可惜已被盗掘。现已获知的大批青铜重器上多有铭文，如“秦公作宝用鼎”、“秦公作铸用鼎”、“秦公作宝簋”、“秦公作铸障壶”等。所有这些，清楚地说明这是一座大型秦公陵园，时代属于春秋初期。《史记·秦始皇本纪》附《秦纪》记载：“襄公、文公均葬西垂。”此当是襄公或文公的西垂陵园。作为秦人早期阶段政治中心的西垂（西犬丘）城邑的地望应距陵园不远。这为探讨秦文化的发祥地提供了确凿的证据。

西垂陵园的发现，填补了秦国陵园发展史研究上的空白，使从春秋初期至秦王朝时的秦公帝王陵园，成为一个完整的系列。时间跨度从公元前8世纪至公元前3世纪末共约五百余年，这在中外国君陵园史上是罕见的。从西垂、雍城、咸阳、芷阳以及秦始皇的郦山陵园等处所获得的考古学资料可知：葬制、葬仪所反映的文化内涵，前后一脉相承；随着时代的不同，其发展演变的脉络清晰可辨。统观秦公帝王陵园丧葬文化的突出特征：在吸纳殷周葬仪礼制基础上形成了具有民族特色的秦文化。

西垂陵园秦公大墓的形制、规格，用大批青铜礼器及车马坑从葬的礼仪制度，以及从葬物的器形、纹饰、铭文等，都与中原地区的文化面貌相似。这为探索秦文化的渊源提供了新的启示。雍城陵园秦公一号大墓出土的残石磬上的刻辞“高阳有灵”，与《史记·秦本纪》所说“秦之先，帝颛顼之苗裔”相契合，也与西垂陵园出土物所反映的文化面貌相符。因而关于秦人源于东方、而雄起于西北的说法，似有一定史实为据的。

秦人早期阶段历史文化的研究，由于新的考古学和文字学资料的发现，近些年来在学术界呈现一片繁荣的可喜景象。但目前所获知的考古资料仍是有限的、局部的。关于秦人早期历史文化的许多重要问题，仍感到扑朔迷离，难以获得清晰的认识。希望能有更多更新的考古资料被发现。

秦人早期文化的研究，将是一项长期、艰苦的工作，任重道远。为推动研究工作的深入发展，作为秦文化发祥地礼县的学者编辑了《秦西垂文化论集》一书。该书比较全面地编选了有关西垂陵园大型墓葬发现、发掘情况的文章和关于早期秦文化的文献资料和研究论文，内容宏富，是学术界第一部全面、系统反映秦早期历史文化研究情况的综汇性的工具书、资料书，是学术界的一件盛事，将给读者提供极大方便。我对编者无私奉献的精神由衷地敬佩，对该书的问世，表示热烈祝贺！

袁仲一

2003 年 5 月 6 日

前　言

早秦历史上的一大千古奇谜终于揭晓：礼县大堡子山发现的古墓群就是秦始皇祖先的第一陵区——西垂陵区，礼县就是《史记》所记载的秦人发祥地“西犬丘”所在地。

礼县地处甘肃东南部，位于嘉陵江水系一级支流西汉水上游，即东经 104°37′—105°34′和北纬 33°36′—34°32′之间。东邻天水、西和，西接宕昌、岷县，南连武都，北与武山、甘谷接壤。全县总面积 4300 平方公里，辖 36 个乡镇，50 万人。历史上，这里因其水丰草茂，物产富庶，一直是早期人类活动、发展的重要区域。各个时期的文物、文化遗存十分丰厚。

对秦早期文化的研究，是秦文化研究的重要组成部分，然而，长期以来，由于文献资料和文物资料的不足，使秦文化的研究存在着诸多空白。秦国第一陵区的发现，为研究秦早期的政治、经济、军事、文化，为了解秦人如何由偏居西垂的弱小民族发展到封公立国提供了丰富的研究资料，使秦人由西垂到雍城再到咸阳的发祥、发展直至统一全国的历史进程有了系统可靠的解释。作为陵区所在地“礼县秦西垂文化研究会”的成员们把研究秦西垂文化作为自己义不容辞的职责，开始收集整理有关秦西垂文化的古文献和散见于各刊物的今人论文。在此过程中，他们风尘仆仆上北京、奔西安，跑各大图书馆、博物馆，查目录，印资料，经一年有余编辑完成了这本《秦西垂文化论集》。可以说，这是我国目前唯一一部秦西垂文化最完整的研究资料。该书分两大部分，第一部分为历史文献。第二部分为今人论文，按族源争鸣、西垂发祥、都陵研究、器铭考释、发掘纪实五类排列。资料性、完整性、研究性、科学性的统一是它的显著特点。一册在手，有关秦西垂文化的研究成果尽收眼底。我们希望通过此书的出版，能促使西垂文化的研究更加深入。当然，它并不是十全十美的，有待今后的进一步修订和完善。

研究历史，是为了总结历史经验，推动新的历史发展。我县编印《秦西垂文化论集》，就是因为礼县是秦人的发祥地。本届县委、政府决心焕发西垂秦人的开拓创新精神，带领全县人民艰苦奋斗，加快全县经济建设和精神文明建设发展步伐，谱写礼县历史发展的新篇章。

大堡子山西垂陵区是礼县最大的文化资源，保护、研究、利用好这一历史文化遗产是礼县的大事，也是本届政府义不容辞的责任。我们竭诚希望通过此书的出版，能够吸引全国乃至世界对秦西垂文化的关注，使这片神奇的土地重现比昔日更绚丽夺目的光彩。

任登宏

2003 年 11 月 25 日

尚书·尧典（摘）

乃命羲和，钦若昊天，历象日月星辰，敬授人时。

羲、和，羲氏、和氏也，重黎之后，重黎出于颛顼及少昊，与尧同族；此指下文之羲仲、羲叔、和仲、和叔四人，《汉书·食货志》云“尧命四子以敬授民时”，是也。钦若，敬顺也。昊天，昊然广大之天。钦若昊天者，言敬重顺从天之规律。历，《释诂》：“数也”；犹言推算。象，《楚辞》王注：“法也”；此谓取法。星，指中星。《书传》云：“主春者张，昏中，可以种谷。主夏者火，昏中，可以种黍。主秋者虚，昏中，可以种麦。主冬者昴，昏中，可以收敛。皆云上告天子，下赋臣人。天子南面而视四方星之中，知人缓急，故曰敬授人时。”辰，盖谓北辰，《尔雅》：“北极谓之北辰。”《白虎通·圣人篇》：“尧历象日月璇、玑、玉衡。”以璇、玑、玉衡当星辰，璇、玑即北极，玉衡即北斗，可证。昭公十七年《公羊传》疏引孙炎曰：“北极，天之中，以正四时，谓之北辰。”人时，当作民时，《史记》、《汉书》及《大传》、郑注并作民，唐避太宗讳，改。

分命羲仲，宅嵎夷，曰旸谷。

宅，居也。嵎夷，东表之地，今不可考。旸，一作汤，《淮南子·天文训》云：“日出于汤谷。”

寅宾出日，平秩东作。

寅，敬也。宾，导也。郑玄曰：“寅宾出日，谓春分朝日。”平，辨也。古代平辨二字通用。秩，次序也。平秩，辨别测定之也。作，始也，见《广雅·释诂》。东作，指日东升时刻。此言其职为敬导春分之出日，辨别测定日东升时刻。

日中，星鸟，以殷仲春。

日中，昼夜长短相等也。鸟，南方朱鸟七宿。殷，正也。以昼夜平均与朱鸟七星见于南方，调正仲春之节。

厥民析，鸟兽孳尾。

厥，其也。蔡沈《书经集传》曰：“析，分散也。先时冬寒，民聚于隩，至是则以民之散处而验其气之温也。孳尾者，乳化曰孳，交接曰尾。以物之生育而验其气之和也。”言其时人民分散在野，鸟兽生育。

申命羲叔，宅南交。

申，重也。宅，居也。南交，古交趾也。按《墨子·节用篇》、《韩非子·十过篇》并有“尧治天下南抚交趾”之文。

平秩南讹，敬致。

讹，动也。南讹，指夏至时日道从北回归线向南移动。本曾运乾说。《晋语》注：“致，归也。”敬致，敬日之回归也。此言其职为辨别测定日道向南移动时刻，敬重日之回归。

日永，星火，以正仲夏。

永，长也。星火者，仲夏之昏火星出现。此言以昼长与火星出现，调正仲夏之节。

厥民因，鸟兽希革。

江声曰："因，就也，就之言就高也。"《月令》："仲夏可以居高明。"革，当读为翱，《说文》："翱，翅也。"《玉篇》："翱，羽也。"《诗·斯干》"如鸟斯革"，《释文》引《韩诗》作翱。希革者，稀羽毛也。郑玄曰："夏时鸟兽毛疏皮见。"言其时暑热，人民就高而居，鸟兽羽毛稀疏。

分命和仲，宅西，曰昧谷。

李光地曰："西者，九州之极西处，识其晷景，以定中国之日入时也。"昧谷，西方地名，今不可考。昧，一作柳，一作蒙。

寅饯纳日，平秩西成。

寅，敬也。饯，送也。纳，入也。纳日，方入之日。郑玄曰："寅饯纳日，谓秋分夕月。"今按成，终也，见《皋陶谟》"《箫韶》九成"郑注。西成，指日西没时刻。此言其职为敬送秋分之落日，辨别测定日西没时刻。

宵中，星虚，以殷仲秋。

宵，夜也。宵中，昼夜相等。星虚者，秋分之昏虚星出现。殷，正也。以昼夜平均与虚星出现，调正仲秋节气。

厥民夷，鸟兽毛毨。

夷，平也。毨，音选。《玉篇》："毨，毛更生也。"言其时人民去高居平地，鸟兽更生新毛。

申命和叔，宅朔方，曰幽都。

朔方，北方也，九州之极北处。幽都，幽州也。下文流共工于幽州，《淮南子》作幽都，州与都古声相近。

平在朔易。

平，辨别。在，《释诂》：察也。朔，北也。易，改易。北易，指冬至时日道从南回归线向北移易。此言其职为辨别考察日道向北移动时刻。

日短，星昴，以正仲冬。

日短，昼短也。星昴者，冬至之昏昴星出现。以昼短与昴星出现，调正仲冬之节。

厥民隩，鸟兽氄毛。

隩，于六反，《仓颉篇》："藏也。"马融曰："煖也。"氄，如勇反，徐广曰"音茸"，指柔软细毛。言其时人民藏室取煖，鸟兽生长细毛以御寒。

帝曰：咨，汝羲暨和！朞三百有六旬有六日，以闰月定四时，成岁。

咨，嗟也，叹词。暨，与也。朞，居其反，一作期，周年也。十日曰旬。有，借为又。日行三百六十五日又四分之一日为一周年，此言朞三百有六旬有六日者，举其整数也。以闰月定四时成岁者，一年三百六十六天，一年以十二月计，大月三十天，小月二十九天，凡三百五十四天，余十一天多；三年余一月多，九年则余三月多；若不置闰，则九年之后，四时错乱；故须置闰，始能定四时而成岁。

允厘百工，庶绩咸熙。

允，犹用也，王念孙说。厘，治也。工，官也。庶，众；绩，功也，事也；咸，皆也；熙，兴也。言以此规定百官职事，众事皆兴起矣。

（周秉钧《尚书易解》，岳麓书社 1982 年）

史记·秦本纪（摘）

秦之先，帝颛顼之苗裔[1]孙曰女修。女修织，玄鸟陨卵，女修吞之，生子大业[2]。大业取少典之子，曰女华。女华生大费[3]，与禹平水土。已成，帝锡玄圭。禹受曰："非予能成，亦大费为辅。"帝舜曰："咨尔费，赞禹功，其赐尔皁游[4]。尔后嗣将大出。"[5]乃妻之姚姓之玉女[6]。大费拜受，佐舜调驯鸟兽，鸟兽多驯服，是为柏翳。舜赐姓嬴氏。

大费生子二人：一曰大廉，实鸟俗氏；二曰若木，实费氏[7]。其玄孙曰费昌，子孙或在中国，或在夷狄[8]。费昌当夏桀之时，去夏归商，为汤御，以败桀于鸣条。大廉玄孙曰孟戏、中衍[9]，鸟身人言[10]。帝太戊闻而卜之使御，吉，遂致使御而妻之。自太戊以下，中衍之后，遂世有功[11]，以佐殷国，故嬴姓多显，遂为诸侯。

其玄孙曰中潏[12]，在西戎，保西垂。生蜚廉。蜚廉生恶来。恶来有力[13]，蜚廉善走，父子俱以材力事殷纣。周武王之伐纣，并杀恶来。是时蜚廉为纣石北方[14]，还，无所报，为坛霍太山[15]而报，得石棺[16]，铭曰"帝令处父[17]不与殷乱，赐尔石棺以华氏"。死，遂葬于霍太山[18]。蜚廉复有子曰季胜[19]。季胜生孟增。孟增幸于周成王，是为宅皋狼[20]。皋狼生衡父，衡父生造父。造父以善御幸于周缪王，得骥、温骊[21]、骅駵[22]、騄耳之驷[23]，西巡狩，乐而忘归[24]。徐偃王作乱[25]，造父为缪王御，长驱归周，一日千里以救乱[26]。缪王以赵城封造父[27]，造父族由此为赵氏。自蜚廉生季胜已下五世至造父，别居赵。赵衰其后也。恶来革者，蜚廉子也，蚤死。有子曰女防。女防生旁皋，旁皋生太几，太几生大骆，大骆生非子。以造父之宠，皆蒙赵城，姓赵氏。

非子居犬丘[28]，好马及畜[29]，善养息之。犬丘人言之周孝王，孝王召使主马于汧渭之间[30]，马大蕃息。孝王欲以为大骆适嗣。申侯之女为大骆妻，生子成为适。申侯乃言孝王曰："昔我先郦山之女[31]，为戎胥轩妻[32]，生中潏，以亲故归周，保西垂，西垂以其故和睦。今我复与大骆妻，生适子成。申骆重婚，西戎皆服，所以为王[33]。王其图之。"于是孝王曰："昔伯翳为舜主畜，畜多息，故有土，赐姓嬴。今其后世亦为朕息马，朕其分土为附庸。"邑之秦[34]，使复续嬴氏祀，号曰秦嬴。亦不废申侯之女子为骆适者，以和西戎。

秦嬴生秦侯。秦侯立十年，卒。生公伯。公伯立三年，卒。生秦仲。

秦仲立三年，周厉王无道，诸侯或叛之。西戎反王室，灭犬丘大骆之族。周宣王即位[35]，乃以秦仲为大夫，诛西戎。西戎杀秦仲。秦仲立二十三年，死于戎[36]。有子五人，其长者曰庄公。周宣王乃召庄公昆弟五人，与兵七千人，使伐西戎，破之。于是复予秦仲后，及其先大骆地犬丘并有之，为西垂大夫[37]。

秦庄公居其故西犬丘，生子三人，其长男世父。世父曰："戎杀我大父仲，我非杀戎王则不敢入邑。"遂将击戎，让其弟襄公。襄公为太子。庄公立四十四年，卒，太子襄公代立。襄公元年，以女弟缪嬴为丰王妻。襄公二年[38]，戎围犬丘，(世父)世父击之，为戎人所虏。岁余，复归世父。七年春，周幽王用褒姒废太子，立褒姒子为适，数欺诸侯，诸侯叛之。西戎犬戎与申侯伐周，杀幽王郦山下。而秦襄公将兵救周，战甚力，有功。周避犬戎难，东徙雒邑[39]，襄公以兵送周平王。平王封襄公为诸侯，赐之岐以西之地。曰："戎无道，侵夺我岐、丰之地，秦能攻逐戎，即有其地。"与誓，封爵之。襄公于是始国，与诸侯通使聘享之礼，乃用骝驹[40]、黄牛、羝羊各三，祠上帝西畤[41]。十二年，伐戎而至岐，卒。生文公。

文公元年，居西垂宫[42]。三年，文公以兵七百人东猎。四年，至汧渭之会。曰："昔周邑我先秦嬴于此，后卒获为诸侯。"乃卜居之，占曰吉[43]，即营邑之。十年，初为鄜畤[44]，用三牢。十三年，初有史以纪事，民多化者。十六年，文公以兵伐戎，戎败走。于是文公遂收周余民有之，地至岐，岐以东献之周。十九年，得陈宝[45]。二十年，法初有三族之罪[46]。二十七年，伐南山大梓，丰大特[47]。四十八年，文公太子卒，赐谥为竫公[48]。竫公之长子为太子，是文公孙也。五十年，文公卒，葬西山[49]。竫公子立，是为宁公[50]。

宁公二年，公徙居平阳[51]。遣兵伐荡社[52]。三年，与亳战，亳王奔戎，遂灭荡社[53]。四年，鲁公子翚[54]弑其君隐公。十二年，伐荡氏，取之。宁公生十岁立，立十二年卒，葬西山[55]。生子三人，长男武公为太子。武公弟德公，同母鲁姬子[56]。生出子。宁公卒，大庶长弗忌、威垒[57]、三父废太子而立出子为君。出子六年，三父等复共令人贼杀出子。出子生五岁立，立六年卒。三父等乃复立故太子武公。

……

献公元年[58]，止从死。二年，城栎阳[59]。四年正月庚寅，孝公生。十一年，周太史儋见献公曰："周故与秦国合而别，别五百岁复合，合（七）十七岁而霸王出。"十六年，桃冬花。十八年，雨金栎阳[60]。二十一年，与晋战于石门[61]，斩首六万，天子贺以黼黻[62]。二十三年，与魏晋战少梁，虏其将公孙痤[63]。二十四年，献公卒[64]，子孝公立[65]，年已二十一岁矣。

（《史记》，中华书局1959年）

注释

[1]［正义］黄帝之孙，号高阳氏。

[2]［索隐］女修，颛顼之裔女，吞鳦子而生大业。其父不著。而秦、赵以母族而祖颛顼，非生人之义也。按：《左传》郯国，少昊之后，而嬴姓盖其族也，则秦、赵宜祖少昊氏。［正义］《列女传》云："陶子生五岁而佐禹。"曹大家注云："陶子者，皋陶之子伯益也。"按此即知大业是皋陶。

[3]［索隐］扶味反，一音秘。寻费后以为氏，则扶味反为得。此则秦、赵之祖，嬴姓之先，一名伯翳，《尚书》谓之"伯益"，《系本》、《汉书》谓之"伯益"是也。寻检《史记》上下诸文，伯翳与伯益是一人不疑。而《陈杞系家》即叙伯翳与伯益为二，未知太史公疑而未决邪？抑亦谬误尔？

[4]［索隐］游音旒。谓赐以皂色旌旆之旒，色与玄玉色副，言其大功成也。然其事亦当有所出。

[5]［索隐］出，犹生也。言尔后嗣繁昌，将大生出子孙也。故《左传》亦云："晋公子姬出也。"

[6]［集解］徐广曰："皇甫谧云赐之玄玉，妻以姚姓之女也。"

[7]［索隐］以仲衍鸟身人言，故为鸟俗氏。俗，一作"浴"。若木以王父字为费氏也。

[8]［索隐］殷纣时费仲，即昌之后也。

[9]［索隐］旧解以孟戏仲衍是一人，今以孟仲分字，当是二人名也。

[10]［正义］身体是鸟而能人言。又云口及手足似鸟也。

[11]［正义］谓费昌及仲衍。

[12]［集解］徐广曰："一作'滑'。"［正义］中音仲。潏音决。宋衷注《世本》云仲滑生飞廉。

[13]［集解］《晏子春秋》曰："手裂虎兕。"

[14]［集解］徐广曰："皇甫谧云作石椁于北方。"［索隐］"石"下无字，则不成文，意亦无所见，必是

《史记》本脱。皇甫谧尚得其说。徐虽引之，而竟不云是脱何字，专质之甚也。［正义］为，于伪反。刘伯庄云："霍太山，纣都之北也。霍太山在晋州霍邑县。"按：在卫州朝歌之西方也。

［15］［集解］《地理志》霍太山在河东彘县。

［16］［正义］纣既崩，无所归报，故为坛就霍太山而祭纣，报云作得石椁。

［17］［索隐］蜚廉别号。

［18］［集解］皇甫谧云："去彘县十五里有冢，常祠之。"［索隐］言处父至忠，国灭君死而不忘臣节，故天赐石棺，以光华其族。事盖非实，谯周深所不信。

［19］［正义］音升。

［20］［正义］《地理志》云："西河郡皋狼县也。"按：孟增居皋狼而生衡父。

［21］［集解］徐广曰："温，一作'盗'。"骃案：郭璞云"为马细颈。骊，黑色"。［索隐］温音盗。徐广亦作"盗"。邹诞生本作"駣"，音陶。刘氏《音义》云"盗骊，騧骊也。騧，浅黄色"。八骏既因色为名，騧骊为得之也。

［22］［集解］郭璞曰："色如华而赤。今名马骠赤者为枣骝。骝，马赤也。"

［23］［集解］郭璞曰："《纪年》云'北唐之君来见以一骊马，是生騄耳'。八骏皆因其毛色以为名号。"骃案：《穆天子传》穆王有八骏之乘，此纪不具者也。［索隐］按：《穆王传》曰赤骥、盗骊、白义、渠黄、骅骝、騟𫘪、騄耳、山子。［正义］騄音录。

［24］［集解］郭璞曰："《纪年》云穆王十七年，西征于昆仑丘，见西王母。"［正义］《括地志》云："昆仑山在肃州酒泉县南八十里。《十六国春秋》云前凉张骏酒泉守马岌上言，酒泉南山即昆仑之丘也，周穆王见西王母，乐而忘归，即谓此山。有石室王母堂，珠玑镂饰，焕若神宫。"按：肃州在京西北二千九百六十里，即小昆仑也，非河源出处者。

［25］［集解］《地理志》曰临淮有徐县，云故徐国。《尸子》曰："徐偃王有筋而无骨。"骃谓号偃由此。［正义］《括地志》云："大徐城在泗州徐城县北三十里，古徐国也。《博物志》云徐君宫人有娠而生卵，以为不祥，弃于水滨洲。孤独母有犬鹄苍，衔所弃卵以归，覆煖之，乃成小儿。生时正偃，故以为名。宫人闻之，更取养之。及长，袭为徐君。后鹄苍临死，生角而九尾，化为黄龙也。鹄苍或名后苍。"《括地志》又云："徐城在越州鄮县东南入海二百里。夏侯《志》云翁洲上有徐偃王城。《传》云昔周穆王巡狩，诸侯共尊偃王，穆王闻之，令造父御，乘騕褭之马，日行千里，自还讨之。或云命楚王帅师伐之，偃王乃于此处立城以终。"

［26］［正义］《古史考》云："徐偃王与楚文王同时，去周穆王远矣。且王者行有周卫，岂得救乱而独长驱日行千里乎？"并言此事非实。按：年表穆王元年去楚文王元年三百一十八年矣。

［27］［集解］徐广曰："赵城在河东永安县。"［正义］《括地志》云："赵城，今晋州赵城县是。本彘县地，后改曰永安，即造父之邑也。"

［28］［集解］徐广曰："今槐里也。"［正义］《括地志》云："犬丘故城一名槐里，亦曰废丘，在雍州始平县东南十里。《地理志》云扶风槐里县，周曰犬丘，懿王都之，秦更名废丘，高祖三年更名槐里也。"

［29］［正义］好，火到反。畜，许救反。

［30］［正义］汧音牵。言于二水之间，在陇州以东。

［31］［正义］申侯之先，娶于郦山。

［32］［正义］胥轩，仲衍曾孙也。

［33］［正义］重，直龙反。言申骆重婚，西戎皆从，所以得为王。王即孝王。

［34］［集解］徐广曰："今天水陇西县秦亭也。"［正义］《括地志》云："秦州清水县本名秦，嬴姓邑。《十三州志》云秦亭，秦谷是也。周太史儋云'始周与秦国合而别'，故天子邑之秦。"

［35］［集解］徐广曰："秦仲之十八年也。"

［36］［集解］《毛诗序》曰："秦仲始大，有车马礼乐侍御之好也。"

［37］［正义］《注水经》云："秦庄公伐西戎，破之，周宣王与大骆犬丘之地，为西垂大夫。"《括地志》云："秦州上邽县西南九十里，汉陇西西县是也。"

［38］［正义］《括地志》云："故汧城在陇州汧源县东南三里。帝王世纪云秦襄公二年徙都汧，即此城。"

［39］［正义］周平王徙居王城，即《雒诰》云"我卜涧水东，瀍水西"者也。

竹书纪年（摘）

孝王　笺按《周本纪》，懿王崩，共王弟辟方立，是为孝王。　名辟方。

八年初牧马于汧渭　笺按《秦本纪》，非子居犬邱，好马及畜，善养之。犬邱人言之周孝王，孝王召使主马于汧渭之间，马大蕃息。孝王于是分土为附庸，邑之秦。又按《地理志》，扶风汧县吴山在西，古文以为汧山雍州，山北有蒲谷乡弦中谷，雍州弦蒲薮，汧水出西北入渭。

厉王　笺按《周本纪》，夷王崩，子厉王胡立。　名胡　附注，居彘有汾水焉，故又曰汾王。

十一年西戎入于犬丘　笺按《秦本纪》，周厉王无道，诸侯或叛之，西戎反王室，灭大骆犬邱之族。

十四年猃狁侵宗周西鄙　笺按《稽古录》，以是年为共和元年。汉《霍去病传》注，服虔曰，荤允尧时白熏鬻，周曰猃狁，秦曰匈奴。宗周，镐京也。

宣王　笺按《周本纪》，厉王死于彘，宣王即位。　名靖。

三年王命大夫仲伐西戎　笺按，宣王时秦仲为西垂大夫。《水经注》，秦水出大陇山秦谷，历三泉合成一水，而历秦川，川有秦亭，秦仲所封也。《郑语》史伯曰，秦仲齐侯姜嬴之儁也且大，其将兴乎。韦昭曰，秦仲嬴姓附庸，秦公伯之子。《诗序》曰，《车辚》，美秦仲大有车马，其诗曰，有车辚辚，有马白颠。《小戎》美襄公备兵甲讨西戎，其诗曰，小戎俴收，五楘良辀。王氏维祯曰，秦仲诛西戎，即小戎之诗是也。朱子乃属之襄公误矣。

（六年）西戎杀秦仲　笺按《秦本纪》，秦仲立二十三年，死于戎，有子五人，其长者曰庄公，宣王乃召庄公昆弟五人，与兵七千使伐西戎，破之，于是复予秦仲后及其先大骆犬邱并有之，为西垂大夫。

幽王　笺按《周本纪》，宣王崩，子幽王宫涅立。　名涅。

四年秦人伐西戎　笺按《秦本纪》，庄公生子三人，其长男世父曰，戎杀我大父仲，我非杀戎王则不敢入，遂将击戎，让其弟襄公。襄公二年，戎围犬邱，世父击之，为戎人所虏，岁余复归世父。

平王　名宜臼。笺按《周本纪》，犬戎杀幽王，于是乃即申侯，而共立太子宜臼，是为平王。　自东迁以后，始纪晋事，王即位皆不书。　笺按此休文附注。

（元年）晋侯会卫侯郑伯秦伯，以师从王入于成周　笺按《史记·卫世家》，犬戎杀幽王，武公将兵往佐周平戎，甚有功，周平王命武公为公。《郑世家》，犬戎杀幽王并杀桓公，郑人共立其子掘突，是为武公。《秦本纪》，襄公以兵送周平王，平王封襄公为诸侯，是当日晋侯所会从王入于成周者也。

二年秦作西畤　笺按《秦本纪》，祠上帝西畤。《索隐》曰，襄公始列为诸侯，自以居西畤，故作西畤，祠白帝。畤，止也。言神灵之所依止也。

（二年）赐秦晋以邠岐之田　笺按《秦本纪》，襄公以兵送周平王，平王赐之岐以西之地曰，戎无道，侵夺我岐丰之地，秦能攻逐戎即有其地。与誓封爵之。襄公于是始国，与诸侯通使。林氏曰，岐在郃西北五百里，豳又在岐西北四百余里。

五年秦襄公帅师伐戎卒于师　笺按《诗序》曰，《小戎》，美襄公也。《秦本纪》，襄公十二年伐戎而至岐，卒。

十年秦还于汧渭　笺按，还当作迁。《秦本纪》，文公三年以兵七百人东猎，四年至汧渭之会曰，昔周邑，我先秦嬴于此，后即获为诸侯。乃卜居之。占曰吉，即营邑之。《水经注》，渭水出首阳县渭谷亭南谷，东经郁夷经平阳故城南，汧水入焉。汧水出汧县之蒲谷乡弦中谷，是汧渭之会也。《世纪》，文公徙汧。《括地志》，故汧城在陇州汧源县西三里。

十八年秦文公大败戎师于岐，来归岐东之田　笺按《秦本纪》，文公十六年，以兵伐戎，败走，于是文公遂收周余民有之，地至岐。岐以东献之周。按《稽古录》，以秦文公大败戎师在平王二十一年误。

二十四年秦作陈宝祠　笺按《秦本纪》，文公十九年得陈宝。《汉郊祀志》云，文公获若石云，于陈仓北阪城祠之，其神来若雄雉，其声殷殷然，野鸡夜鸣，以一牢祠之，号曰陈宝。韦昭曰，在陈仓县宝而祠之，故曰陈宝。《括地志》，宝鸡神在岐州陈仓县东二十里，故陈仓城中。

（二十五年）秦初用族刑　笺按《秦本纪》，宁公生子三人，长男武公为太子。武公弟德公，同母鲁姬子，生出子。宁公卒，大庶长弗忌威垒三父，废太子而立出子为君。出子六年，三父等复共令人贼杀出子，复立故太子武公。武公三年诛三父等，而夷三族，以其杀出子也。

（《二十二子》，上海古籍出版社 1986 年）

水经注·漾水（摘）

漾水出陇西氐道县嶓冢山，东至武都沮县为汉水。

常璩《华阳国志》曰：汉水有二源，东源出武都氐道县漾山为漾水，《禹贡》导漾东流为汉是也；西源出陇西西县嶓冢山，会白水经葭萌入汉。始源曰沔。按沔水出东狼谷，经沮县入汉。《汉中记》曰：嶓冢以东，水皆东流；嶓冢以西，水皆西流。即其地势源流所归，故俗以嶓冢为分水岭。即此推沔水无西入之理。刘澄之云：有水从阿阳县南至梓潼、汉寿入大穴，暗通冈山。郭景纯亦言是矣。冈山穴小，本不容水，水成大泽而流与汉合。庾仲雍又曰：汉水自武遂川南入蔓葛谷，越野牛经至关城，合西汉水。故诸言汉者，多言西汉水至葭萌入汉。又曰：始源曰沔。是以《经》云：漾水出氐道县，东至沮县为汉水，东南至广魏白水。诊其沿注，似与三说相符，而未极西汉之源矣。然东、西两川，俱受沔、汉之名者，义或在兹矣。班固《地理志》，司马彪、袁山松《郡国志》，竝言汉有二源，东出氐道，西出西县之嶓冢山。阚骃云：汉或为漾，漾水出昆仑西北隅，至氐道重源显发而为漾水。又言，陇西西县，嶓冢山在西，西汉水所出，南入广魏白水。又云：漾水出豲道，东至武都入汉。许慎、吕忱竝言：漾水出陇西豲道，东至武都为汉水。不言氐道，然豲道在冀之西北，又隔诸川，无水南入，疑出豲道之为谬矣。又云：汉，漾也，东为沧浪水。《山海经》曰：嶓冢之山，汉水出焉，而东南流注于江。然东、西两川，俱出嶓冢而同为汉水者也。孔安国曰：泉始出为漾，其犹濛耳。而常璩专为漾山、漾水，当是作者附而为山水之殊目矣。余按《山海经》，漾水出昆仑西北隅，而南流注于丑涂之水。《穆天子传》曰：天子自舂山西征，至于赤乌氏，已卯，北征；庚辰，济于洋水；辛巳，入于曹奴。曹奴人戏，觞天子于洋水之上，乃献良马九百，牛羊七千，天子使逄固受之；天子乃赐之黄金之鹿，戏乃膜拜而受。余以太和中从高祖北巡，狄人犹有此献。虽古今世殊，而所贡不异，然川流隐伏，卒难详照，地理潜闳，变通无方，复不可全言阚氏之非也。虽津流派别，枝渠势悬，原始要终，潜流或一，故俱受汉、漾之名，纳方土之称，是其有汉川、汉阳、广汉、汉寿之号，或因其始，或据其终，纵异名互见，犹为汉、漾矣。川共目殊，或亦在斯。今西县嶓冢山，西汉水所导也，然微涓细注，若通幂历，津注而已。西流与马池水合，水出上邽西南六十余里，谓之龙渊水，言神马出水，事同余吾、来渊之异，故因名焉。《开山图》曰：陇西神马山有渊池，龙马所生。即是水也。其水西流谓之马池川，又西流入西汉水。西汉水又西南流，左得兰渠溪水，次西有山黎谷水，次西有铁谷水，次西有石耽谷水，次西有南谷水，竝出南山，扬湍北注。右得高望谷水，次西得西溪水，次西得黄花谷水，咸出北山，飞波南入。西汉水又西南，资水注之，水北出资川，导源四壑，南至资峡，总为一水，出峡西南流，注西汉水。西汉水又西南得峡石水口，水出苑亭、西草、黑谷三溪，西南至峡石口，合为一渎。东南流，屈而南注西汉水。西汉水又西南合杨廉川水，水出西谷，众川泻流，合成一川，东南流经西县故城北。秦庄公伐西戎，破之。周宣王与其先大骆犬丘之地，为西垂大夫，亦西垂宫也。王莽之西治矣。建武八年，世祖出阿阳，窦融等悉会，天水震动。隗嚣将妻子奔西城从杨广，广死，嚣愁穷城守。时颍川贼起，车驾东归，留吴汉、岑彭围嚣。岑等壅西谷水，以缣幔盛土为堤灌城，城未没丈余，水穿壅不行，地中数丈涌出，故城不坏。王元请蜀救至，汉等退还上邽。但广、廉字相状，后人因以人名名之，故习讹为杨廉也，置杨廉县焉。又东南流，右会茅川水，水出西南戎溪，东北流经戎丘城南，吴汉之围西城，王捷登城向汉军曰：为隗王城守者皆必死无二心，愿诸将亟罢，请自杀以明之，遂刎颈而死。又东北流注西谷水，乱流东南入于西汉水。西汉水又西南经始昌峡，《晋书·地道记》曰：天水，始昌县故城西也，亦曰清崖峡。西汉水又西南经宕备戍南，左则宕备水自东南、西北注之，右则盐官水南入焉。水北有盐官，在嶓冢西五十许里，相承营煮不辍，味与海盐同。故《地理志》云：西县有盐官是也。其水东南经宕备戍西，东南入汉水。汉水又西南合左谷水，水出南山穷溪，北注汉水。又西南，兰皋水出西北五交谷，东南历祁山军，东南入汉水。汉水又西南经祁山军南，鸡水南出鸡谷，北经水南县，西北流注于汉。汉水又西，建安川水入焉。其水导源建威西北山白石戍东南，二源合注，东经建威城南，又东与兰坑水会，水出西南近溪，东北经兰坑城西，东北流注建安水。建安水又东经兰坑城北、建安城南，其地，故西县之历城也。杨定自陇右徙治历城，即此处也。去仇池百二十里，后改为建安城。其水又东合错水，水出错水戍东南，而东北入建安水。建安水又东北，有雉尾谷水；又东北，有太谷水；又北，有小祁山水。竝出东溪，扬波西注。又北，左会胡谷水，水西出胡谷，东经金盘、历城二军北，军在水南层山上，其水又东注建安水。建安水又东北经塞峡，元嘉十九年，宋太祖遣龙骧将军裴方明伐杨难当，难当将妻子北奔，安西参军鲁尚期追出塞峡，即是峡矣。左山侧有石穴洞，人言潜通下辨，所未详也。其水出峡，西北流注汉水。汉水北，连山秀举，罗峰竞峙。祁山在嶓冢之西七十许里，山上有城，极为岩固。昔诸葛亮攻祁山，即斯城也。汉水经其南，城南三里有亮故垒，垒之左右犹丰茂宿草，盖亮所植也，在上邽西南二百四十里。《开山图》曰：汉阳西南有祁山，蹊径逶迤，山高岩险，九州之名阻，天下之奇峻。今此山于众阜之中，亦非为杰矣。汉水又西南与甲谷水合，水出西南甲谷，东北流注汉水。汉水又西经南岈、北岈中，上下有二城相对，左右坟垅低昂，亘山被阜。古谚云：南岈、北岈，万有余家。诸葛亮《表》言：祁山去沮县五百里，有民万户。瞩其丘墟，信为殷矣。汉水西南经武植戍南。武植戍水发北山，二源奇发，合于安民戍南，又南经武植戍西，而西南流，注于汉水。汉水又西南经平夷戍南，又西南，夷水注之。水出北山，南经其戍西，南入汉水。汉水又西经兰仓城南，又南，右会两溪，俱出西山，东流注于汉水。张华《博物志》云：温水出乌鼠山，下注汉水。疑是此水，而非所详也。汉水又南入嘉陵道而为嘉陵水，世俗名之为阶陵水，非也。汉水又东南得北谷水，又东南，得武街水，又东南得仓谷水。右三水，并出西溪，东流注汉水。汉水又东南经瞿堆西，又屈经瞿堆南，绝壁峭峙，孤险云高，望之形若覆唾壶。高二十余里，羊肠蟠道三十六回，《开山图》谓之仇夷，所谓积石嵯峨，嵚岑隐阿者也。上有平田百顷，煮土成盐，因以百顷为号。山上丰水泉，所谓清泉涌沸，润气上流者也，汉武帝元鼎六年，开以为武都郡，天池大泽在西，故以都为目矣。王莽更名乐平郡，县曰循虏。常璩、范晔云，郡居河池，一名仇池，池方百顷，即指此也。左右悉白马氐矣。汉献帝建安中，有天水氐杨腾者，世居陇右，为氐大帅，子驹，勇健多计，徙居仇池，魏拜为百顷氐王。……

（陈桥驿《水经注校释》，杭州大学出版社 1994 年）

读史方舆纪要（摘）

秦州。 府东三百里，东至凤翔府陇州三百五十里，东南至汉中府凤县三百二十里，南至成县二百六十五里，东北至平凉府三百四十五里。

古西戎地，秦始封于此。周孝王封秦非子为附庸。今秦亭，秦谷，是其处。及并天下，置为陇西郡。汉析置天水郡。武帝元鼎三年置，治平襄。王莽末，隗嚣据其地。建武中，讨平之。永平十七年，更为汉阳郡。治冀。三国魏增置秦州。治上邽。晋因之，又改汉阳为天水郡。亦治上邽。其后为氐羌所据。后魏仍为天水郡，亦置秦州。仍治上邽。隋初郡废。炀帝又改州为天水郡。隋末，薛举据其地。唐复曰秦州。天宝初，曰天水郡。乾元初复故。初治上邽，复移成纪。大历初，没于吐蕃，大中三年收复。咸通四年，置天雄节度治此。景福初，为李茂贞所据。五代初没于蜀，亦置天雄军。后唐平蜀，改为雄武节度。汉初又为后蜀所取。周显德二年收复。宋仍曰秦州。亦曰天水郡，雄武军节度。金因之。又改军曰镇远军。元仍为秦州，寻以州治成纪县省入。明亦曰秦州。编户四十九里。领县三，今仍曰秦州。

州当关陇之会，介雍梁之间，屹为重镇。秦人始基于此，奄有丰岐。东汉初，隗嚣据此，妄欲希踪西伯也。其后武侯及姜维，皆规此以连结羌胡，震动关辅。蜀汉延熙十八年，姜维破魏雍州刺史王经于洮西，进围狄道。魏征西将军陈泰曰："维若以战克之威，进兵东向，据略阳积谷之实，略阳见秦安县。招纳羌胡，东争关陇，此我所恶也。而乃以乘胜之威，挫坚城之下，是我破贼之时矣。"盖关中要会，常在秦州。争秦州，则自陇以东皆震矣。晋元康以后，关中多事，秦州每为碁劫之势。唐初薛举据秦州，与唐争关中，举不速亡，则三辅未必能一日无事也。大历以后，秦州没于吐蕃，雍岐之境，烽火相接矣。李茂贞兼有秦州，关中诸镇，岐为最强。其后蜀人得此，数争岐陇。周世宗克秦州，而孟蜀之亡兆，已见于此矣。宋人南渡以后，以梁益为东南上游。拮据蜀口，尝在秦陇间。宋卒弃秦州，五路遂不可复。绍兴十年，吴玠复秦州，和议成，割以畀敌。三十一年，吴璘收复秦州，旋弃之，以坚和议。虞允文曰："关中，天下之上游；陇右，关中之上游，而秦州其关陇之喉舌欤？"

西县城。 州西南百二十里即所谓西犬邱也。非子始都此，后庄公复居焉。秦并天下，改为西县。汉初，周勃、樊哙，击破西丞，是也。汉亦曰西县，属陇西郡。后魏建武八年，来歙攻隗嚣，入略阳。嚣引军攻之，既而败奔西城，诏冯异、岑彭等，围之。彭壅谷水灌西城，城未没丈余。嚣将王元将蜀兵赴救，乘高卒至，力战入城，迎嚣归冀，是也。永平以后，县属汉阳郡。蜀汉建兴六年，武侯屯西县，使马谡与魏张郃战街亭。师败，武侯进无所据，乃拔西县千余家还汉中。晋改为始昌县，属天水郡。后魏时，改置杨廉县，后周废。○戎邱城，在西城西，《水经注》："戎邱城在西城西北，戎溪水经其南。"建武八年，吴汉围西城。隗嚣将王捷别在戎邱，登城呼汉军亟退，因自刎以明死守处也。蜀汉建兴六年，武侯使马谡与张郃战于街亭，亲引大军屯于戎邱，即此。

（《读史方舆纪要·陕西省》卷五十九）

秦会要订补·都邑（摘）

秦者，陇西谷名，于禹贡，近雍州鸟鼠之山。尧时有伯翳者，实皋陶之子，佐禹治水。水土既平，舜命作虞官，掌上下草木鸟兽，赐姓曰嬴。历夏、商兴衰，周孝王使其末孙非子，养马于汧、渭之间。孝王为伯翳能知禽兽之言，子孙不绝，故封非子为附庸，邑之于秦谷。至曾孙秦仲，宣王又命作大夫，始有车马礼乐侍御之好，国人美之。秦仲之孙襄公，平王之初，兴兵讨西戎以救周。平王东迁王城，乃以岐、丰之地赐之，始列为诸侯，遂横有周西都宗周畿内八百里之地。其封域东至迤山，在荆岐终南惇物之野。至玄孙德公，又徙于雍。 诗秦谱。

非子始封于秦，故秦本纪称周孝王曰："朕分之土，邑秦。"本陇西秦谷亭是也。玄孙庄公，徙废丘，周懿王之所都，今槐里是也。及襄公始受岐、酆之地，列为诸侯。文公徙汧。故秦本纪曰："公东猎至汧、渭之会，乃卜居之。"今扶风郿县是也。宁公又都平阳，故秦本纪曰："宁公二年，徙居平阳。"今扶风郿之平阳亭是也。又秦本纪曰："德公元年，初居雍。"今扶风雍是也。至献公即位，徙治栎阳。今冯翊万年是也。孝公自栎阳徙咸阳，秦本纪曰："作为咸阳，筑冀阙，徙之。" 御览百五十五引帝王世纪。

【补】非子居犬丘，好马及畜，善养息之。周孝王召使主马于汧、渭之间，马大蕃息。孝王曰："昔柏翳为舜主畜，畜多息，故有土，赐姓嬴。今其后世，亦为朕息马，朕其分土为附庸，邑之秦，使复续嬴氏祀，号曰秦嬴。"庄公居故西犬丘。襄公列为诸侯，赐受岐以西之地，于是始国。文公至汧、渭之会，曰：昔周邑我先秦嬴于此，后卒获为诸侯，乃卜居之，占曰吉，即营邑之。宁公徙居平阳。德公初居雍。灵公居泾阳。献公城栎阳，徙治之。孝公作为咸阳，筑冀阙，徙都之。 秦本纪、始皇本纪。案汉书地理志："非子为周孝王养马汧、渭间，封为附庸，邑之于秦，今陇西秦亭、秦谷是也。"其说非是。据秦本纪：文公至汧、渭之会云云，即知非子所邑之秦，实在汧、渭之会，并不在陇西。又王国维秦都邑考，亦以秦在陇坻以西，其误与班志同。

（《秦会要订补》，中华书局 1959 年）

秦都邑考

王国维

秦之祖先，起于戎狄。当殷之末，有中潏者，已居西垂。大骆、非子以后，始有世系可纪，事迹亦较有据。其历世所居之地，曰西垂，曰犬邱，曰秦，曰汧、渭之会，曰平阳，曰雍，曰泾阳，曰栎阳，曰咸阳。此九地中，惟西垂一地，名义不定。犬邱、泾阳二地，有异实而同名者，后人误甲为乙，遂使一代崛起之地，与其经略之迹，不能尽知，世亦无正其误者。案西垂之义，本谓西界。史记秦本纪：中潏在西戎，保西垂。又申侯谓孝王曰："昔我先郦山之女，为戎胥轩妻，生中潏，以亲故归周，保西垂，西垂以其故和睦。"又云：庄公为西垂大夫。以语意观之，西垂殆泛指西土，非一地之名。然封禅书言：秦襄公既侯，居西垂。本纪亦云：文公元年，居西垂宫。则又似特有西垂一地。水经漾水注以汉陇西郡之西县当之，其地距秦亭不远。使西垂而系地名，则郦说无以易矣。唯犬邱一地，徐广曰今槐里也。案槐里之名犬邱，班固汉书地理志、宋衷世本注均有此说。此乃周地之犬邱，非秦大骆、非子所居之犬邱也。本纪云：非子居犬邱。又云：大骆地犬邱。夫槐里之犬邱，为懿王所都，而大骆与孝王同时，仅更一传，不容为大骆所有。此可疑者一也。又云：宣公子庄公，以其先大骆地犬邱为西垂大夫。若西垂泛指西界，则槐里尚在雍、岐之东，不得云西垂。若以西垂为汉之西县，则槐里与西县相距甚远。此可疑者二也。且秦自襄公后始有岐西之地，厥后文公居汧、渭之会，宁公居平阳，德公居雍，皆在槐里以西，无缘大骆、庄公之时，已居槐里。此可疑者三也。案本纪又云：庄公居其故西犬邱，此西犬邱实对东犬邱之槐里言，史记之文本自明白。但其余犬邱字上，均略去西字。余疑犬邱、西垂本一地，自庄公居犬邱号西垂大夫，后人因名西犬邱为西垂耳。然则大骆之起，远在陇西；非子邑秦，已稍近中国。庄公复得大骆故地，则又西徙。逮襄公伐戎至岐，文公始逾陇而居汧、渭之会。其未踰陇以前，殆与诸戎无异。自徐广以犬邱为槐里，正义仍之，遂若秦之初起，已在周畿内者，殊失实也。　此稿既成，检杨氏守敬春秋列国图，图西犬邱于汉陇西郡西县地，其意正与余合。

史记于始皇本纪论赞后，复叙秦世系、都邑、陵墓所在，其言与秦本纪相出入。所记秦先公谥号及在位年数，亦与本纪及六国表不同。盖太史公别记所闻见之异辞，未必后人羼入也。其中云肃灵公　即秦本纪之灵公。　居泾阳，为秦本纪及六国表所未及。泾阳一地，注家无说。余曩作猃狁考，曾据此及泾阳君、高陵君之封，以证诗六月之泾阳，非汉安定郡之泾阳县。今更证之：考春秋之季，秦、晋不交兵者垂百年，两国间地在北方者，颇为诸戎蚕食。至秦历共公十六年，始堑河旁，以兵二万伐大荔，取其王城，则今之陕西同州府大荔县也。二十一年，始县频阳，则今之蒲城、同官二县间地也。至灵公六年，晋城少梁，秦击之，　六国表作七年，与魏战少梁。　十三年，城藉姑，皆今之韩城县地。然则历共公以后，秦方东略；灵公之时，又拓地于东北，与三晋争霸。故自雍东徙泾阳。泾阳者，当在泾水之委，　今之泾阳县地。　绝非汉安定郡之泾阳也。

且此时义渠方强，绵诸未灭，安定之泾阳，与秦中隔诸戎，势不得为秦有。即令秦于西北有斗入之地，而东略之世，决无反徙西北之理。厥后灵公子献公徙治栎阳。栎阳在今高陵县境，西距泾水入渭之处不远。则泾阳自当在高陵之西，今泾阳之境矣。余说详猃狁考中。然则有周一代，秦之都邑分三处，与宗周、春秋、战国三期相当。曰西垂，曰犬邱，曰秦，其地皆在陇坻以西，此宗周之世，秦之本国也。曰汧、渭之会，曰平阳，曰雍，皆在汉右扶风境，此周室东迁，秦得岐西地后之都邑也。曰泾阳，曰栎阳，曰咸阳，皆在泾渭下游，此战国以后秦东略时之都邑也。观其都邑，而其国势从可知矣。

又案秦本纪，于献公即位前，说秦以往者数易君，君臣乖乱，故晋复强夺河西地。孝公元年，下令国中亦曰："会往者厉、躁、简公、出子之不宁，国家内忧，未遑外事，三晋攻夺我先君河西地，诸国卑秦，丑莫大焉。献公即位，镇抚边疆，徙治栎阳，且欲东伐"云云。似灵公之世，国势颇蹙，又未尝东徙。秦始皇本纪后虽云灵公居泾阳，然于其陵墓则云葬悼公西。悼公葬雍，则灵公亦葬雍，厥后简公、出子亦葬于雍，是灵公虽居泾阳，未尝定都也。然以其经营东北观之，则其居泾阳之事，殆无可疑，河西之失，亦非尽事实。本纪书简公六年，堑洛城重泉，而灵公之子献公未立时，亦居河西。则河西仍为秦有。不过疆场之事，一彼一此，时有之耳。孝公下令，欲激发国人，故张大其辞，观本纪、六国表所纪灵公时事可知矣。

（《观堂集林》卷十二）

周秦少数民族研究（摘）

蒙文通

秦为戎族

秦本纪称申侯言“昔我先郦山之女，为戎胥轩妻，生仲潏，保西垂”。班固律历志称张寿王治黄帝调历，言“化益为天子，代禹。骊山女亦为天子，在殷周间”。仲潏生蜚廉，善走，以材力事殷纣。则郦山之女，固在殷周间，当即张寿王所谓骊山女为天子者也。殷周之间，中国安得有天子曰骊山女，斯其为西戎种落之豪欤？故史记言“仲潏在西戎”。郦山之女为戎胥轩妻，正义言“胥轩，仲衍曾孙也”。知胥轩为名，胥轩曰戎，自非夏族，此秦之父系为戎也。左传正义引古竹书纪年云，“平王奔西申”，盖以别于邑谢之申，即申侯者西申也。范蔚宗引古竹书纪年云，“宣王征申戎破之”，是也。则申侯之先，骊山之女，亦当为戎，此秦之母系亦为戎也。周书王会正北方“西申以凤鸟”，考西山经有“申山”，毕注：“即今陕西安塞县北芦关岭”；有“上申之山”，毕注：“即陕西米脂县北诸山”；有“申首之山，申水出于其上”，毕注：“案其道里，当在陕西榆林府北塞外”。西申之所在，应在陕北，密迩安定，故召犬戎共为祸梗也。赵世家言，“蜚廉有子二人，曰恶来，恶来弟曰季胜，季胜生孟增，是为宅皋狼。皋狼生衡父，衡父生造父，幸于周缪王。造父取骥之乘匹，与桃林温骊骅騮绿耳，献之缪王，缪王使造父御，西巡狩，乃赐造父以赵城”。穆天子传注引古竹书纪年云，“穆王时北唐之君来见，以一骊马，是生騄耳”。竹书以骊马騄耳之献为北唐之君，赵世家以为献自造父，则造父即此北唐之君。周书王会云，“北唐戎以闾”，孔晁注曰，“北唐，戎之在西北者”。则仲潏造父以来，于西周为北唐戎。此秦同族之赵亦为戎也。见秦之为戎，固自不疑。

春秋公羊传曰，“秦者夷也，匿嫡之名也”。何休说，“嫡子生不以名，今于四境择勇猛者而立之”。此秦之非诸夏之族，公羊氏有其说也。秦秋穀梁传曰，“狄秦也，乱人子女之教，无男女之别”。商君亦言“始秦戎狄之教，父子无别，同室而居，今我为其男女之别”。此秦以戎狄之教，谷梁氏有其说也。管子言，“桓公西征，攘白狄之地，至于西河，而秦戎始服”。秦之称戎，管子有其说也。左氏春秋言臧文仲闻六与蓼灭，曰，“皋陶庭坚不祀，忽诸”。使秦系出柏翳，则臧孙辰不应于秦之尚强，而曰庭坚不祀。又楚人灭江，秦伯为之降服出次，曰，“同盟灭，虽不能救，敢不矜乎？”江黄皆嬴姓，春秋之时，同姓为重，秦伯于江不曰同姓而曰同盟，是秦非皋陶之胤，左氏有其说也，太史公徒以秦之嬴姓，遂以为伯益仲衍之后。乃于仲衍至仲潏之世系不能言，又不纪戎胥轩事。于是秦为西戎之说，遂由史迁而泯。骊山女在殷周间为天子事，史家更无述及者也。

秦即犬戎之一支

骊山女在殷周间为天子。彼时西戎之强者，前则鬼方，后则犬戎，力足以侈天子之号，非此莫属。秦本纪言，“西戎犬戎与申侯伐周，杀幽王郦山下”。周本纪言，“申侯怒，与缯西夷犬戎攻幽王，遂杀幽王骊山下”。括地志云，“骊山在雍州新丰县南十里”。土地记云，“骊山即蓝田山”。此骊山之名，与骊山女必有相联之关系。然殷周时西戎之天子，不容得在蓝田山，谅骊山原在西裔，此骊山之女号所由始。及其既入关辅，而新丰因有郦山之名。亦如陆浑之戎出瓜州，及既至伊川，而伊川之山以陆浑名，大荔在泾漆之北，及既至临晋，而临晋得大荔之名。国语言“幽灭于戏”，左传疏引纪年亦云“幽死于戏”，则亦以犬戎之事，而后戏有骊山之名。是杀幽王之犬戎，即郦山女之族；亦即郦山女与秦皆犬戎之证也。骊山女为天子。庄子言古天子有骊连氏。或作骊畜氏。殆即作骊山女耶？王会云，“正西狗国鬼亲”。王肃云，“狗国，犬戎也。鬼亲，鬼方也”。山海经海内北经，有“犬封国曰犬戎国，状如犬”。秦自大骆以来居犬邱，西戎灭犬丘大骆之族，庄公伐西戎破之，居其故西犬丘，倘犬丘之名，与犬戎亦实有相联之关系耶？况于殷周间在西戎为天子，自非犬戎之强莫属也。虢公败犬戎于渭汭，败戎于桑田，而伊雒之戎遂同伐王城。盖犬戎至新丰，而新丰始有郦山之名。再至渭汭，渐遂东出，此正郦山女之胤，始至伊洛之杨拒泉皋之戎也（晋献公伐骊戎，韦昭云：“西戎之别在骊山”。以骊戎为骊山之戎可也，谓骊戎在新丰则未必。或即犬戎之去新丰而东者，献公伐之。是时晋之兵绝不得逾河西远至渭南。及晋取阴戎而地有侯丽，此徙于伊洛之戎即犬戎，而与郦山女相涉者也）。

国语有穆王征犬戎得四白狼四白鹿事，而范蔚宗取纪年文云，“穆王西征犬戎，获其五王以东（以东二字从穆传注引），遂迁戎于太原”，则犬戎之盛，种落实繁，遂有五王。以秦本纪核之，襄公元年有丰王，宁公三年有亳王，历共公二年有大荔王，三十三年有义渠王，孝公元年有貁王。诸戎之王，其见于秦者五，殆即穆王所迁犬戎之五王欤？穆公三十四年有戎王，或即此五王之一，则以穆王徙之近塞，而戎卒覆周，遂充牣于关中也。骊山女既为天子，其子孙有国之多，事所必然。秦本纪言“穆王以赵城封造父，由此为赵氏”。造父固为北唐之君，亦即季胜之旧国，而赵城又为新封，此亦犹秦与犬丘并立而有国。穆天子传，“自赤乌氏北征赵，济于洋水”。洋水，漾水也。汉地理志云，“陇西氐道，禹贡养水所出，至武都为汉”。穆传又言，“赤乌氏先出自宗周，太王亶父封其元子吴太伯于东吴”。则赤乌之吴，即封禅书之吴岳，尔雅之岳山也，实为岍山。太伯之奔，固在于此，岍山漾水之间，造父之赵，本国于此，与秦比连，为西犬丘密迩之地。徐广说，“赵城在河东永安县”，此于周为耿，后为蒲州河津县。晋献公灭耿以与赵夙居之，而后耿有赵名，不得即造父之居也。

非子邑秦与犬丘

秦本纪言“仲潏在西戎，保西垂，生蜚廉，蜚廉生恶来。恶来革早死，有子曰女防，女防生旁皋，旁皋生太几，太几生大骆，大骆生非子。以造父之宠；皆蒙赵城。姓赵氏。非子居犬丘，好马及畜，善养息之。犬丘人言之周孝王，孝王召使主马于汧渭之间，马大蕃息。孝王欲以为大骆适嗣。申侯之女为大骆妻，生子成为适。于是孝王……分土为附庸，邑之秦，号曰秦嬴，亦不废申侯之女子为骆适者，以和西戎”。

骊山女既为天子，其子孙必自有国，不自秦始。孝王邑非子于秦，亦不废申侯之女子为骆适者，则骆适子成所袭犬丘，为仲潏以来之旧土，而非子为新邦，子成非子，固二国并立。僖之十八年，“秦取梁”。都城记云，“耿嬴姓国”。又云“梁伯嬴姓之国，与秦同祖”。此西方之嬴，与东方之熊嬴无涉。春秋繁露曰：“梁内役民无已，使民比地为伍，一家亡，五家杀”。此亦秦什伍连坐之法，是其同祖不疑。则骊山女后有封土者自不仅一秦也。

> 秦本纪：“秦嬴生秦侯，秦侯生公伯，公伯生秦仲，秦仲立三年，周厉王无道，诸侯或叛之，西戎反王室，灭犬丘大骆之族。周宣王即位，乃以秦仲为大夫诛西戎，西戎杀秦仲。秦仲立二十三年死于戎。有子五人：其长者曰庄公。周宣王乃召庄公昆弟五人，与兵七千人，使伐西戎，破之，于是复予秦仲后及其先大骆地犬丘并有之，为西垂大夫。庄公居其故西犬丘。”

自西戎灭犬丘，而大骆之土为墟，至庄公破西戎并有犬丘地，而秦与犬丘二邦遂合为一。曰复予秦仲后大骆犬丘地，知犬丘既亡，秦仲之死，而秦亦灭。庄公并秦犬丘一举而复之，合两邦为一，秦之始强，自庄公始也。于是去秦而居犬丘。犬丘，仲潏以来之根据地也。王肃言，“秦为附庸，世处西戎”。仲潏以来，庄公以下，尚居犬丘，还在西鄙群戎之间，亦足见秦实为戎，而起自西裔也。正义曰，水经注云，“秦庄公伐西戎破之，周宣王与大骆犬丘地”。括地志云，“秦州上邽县西南九十里，汉陇西郡西县是也”。此据水经漾水注“杨廉川东南流经西县故城北”之文，而徐广说，“非子居犬丘，今槐里也”。此据世本“别居槐里”之文。班固言“右扶风槐里，周曰犬邱，懿王都之”。则秦安得都之？西戎安得灭之？此以槐里犬邱当西垂犬丘之误耳。非子邑秦，徐广说，“今天水陇西县秦亭”，于今为清水县，则犬邱又在秦州西南也。

（《禹贡》半月刊第六卷第七期）

赵秦楚民族的来源

卫聚贤

赵在山西赵城，秦在甘肃天水，楚在湖北宜昌，三者相距甚远，但实系一个民族，原在山东河北之间，其南下的为楚，初居河南卫辉附近，再至许昌，再至南漳。其西去的至山西太原，由太原南下至赵城的为赵。由太原西去经渭汧而至甘肃天水的为秦。三者均夏民族熊氏族之分化。兹分言于左：

（甲）秦民族

《史记·秦本纪》："秦之先帝颛顼之苗裔，孙曰女修……生子大业……大费……是为柏翳，舜赐姓嬴氏……子孙或在中国，或在夷狄……其玄孙曰中潏，在西戎，保西垂，生蜚廉，蜚廉生恶来……蜚廉复有子曰季胜，季胜生孟增，孟增幸于周成王，是为宅皋狼，皋狼生衡父，衡父生造父……穆王以赵城封造父……恶来革者蜚廉子也，早死，有子曰女妨生旁皋，旁皋生太几，太几生大骆，大骆生非子……非子居犬丘……周孝王召使主马于汧渭之间……分土为附庸，邑之秦。"

按孟增为宅于皋狼，皋狼在山西离石县。但在孟增未宅皋狼前，其中潏"在西戎，保西垂"，似乎秦之先民在西方，至孟增时东至山西离石县。但"嬴"姓多在山东河南，如：

（1）郯国　《史记·秦本纪·索隐》引《左传》"郯国少昊之后而嬴姓"。郯在山东。

顾栋高《春秋大事表》所列的嬴姓国如下：

（2）谷国　桓七年见，在湖北谷城西北七里。

（3）黄国　桓八年见，河南光州西二十里。

（4）梁国　桓九年见，陕西韩城县南二十二里。

（5）葛国　桓十五年见，河南宁陵县北十五里。

（6）徐国　庄二十六年见，泗州北八十里。

（7）江国　僖二年见，河南正阳县东南。

（8）奄国　昭元年见，山东曲阜县东二里。

是嬴姓之国，原蔓延于山东江苏北部及河南湖北。《秦本纪》以"恶来有力，蜚廉善走，父子俱以材力事殷纣，周武王之伐纣，并杀恶来"，恶来假使"在西戎"，与纣地隔绝，不能越周而事纣。《秦本纪》云"是时蜚廉为纣石北方，还无所报，为坛霍太山……死遂葬于霍泰山"。是蜚廉之地当在霍太山以北，即今山西太原，以太原为"在西戎，保西垂"，系指殷纣所都地而言。但在中潏未"在西戎保西垂"之前，当在山西太原以东。《秦本纪》云："仲衍之后，遂世有功，以佐殷国，后嬴始多显，遂为诸侯，其玄孙曰中潏，在西戎。"以中潏未在西戎前，嬴姓多诸侯，即奄、郯、徐、江、黄、葛、谷等。是秦民族发源于山东，至山西、陕西、甘肃，然后再向东发展。

《春秋》庄三十二年，“秋，筑台于秦”，秦为鲁地，是鲁古有秦，而秦发源在山东。

《楚辞·九歌》有“东皇太一”，《史记·秦始皇本纪》言李斯上秦王号以“泰皇最贵”，亦有秦由东来之迹。

（乙）赵民族

《史记·赵世家》云：“赵之先与秦共祖……其后世蜚廉有子二人，而命其一子曰恶来，事纣，为周所杀，其后为秦。恶来弟曰季胜，其后为赵。季胜生孟增，孟增幸于周成王，是为宅皋狼。皋狼生衡父，衡父生造父，造父幸于周穆王……乃赐造父以赵城，因此为赵氏。”

《史记·秦本纪》以“舜赐姓嬴氏”，《赵世家》载赵简子梦，亦曰“嬴姓将大”，是秦赵均为嬴姓。

（丙）楚民族

《史记·楚世家》云：“楚之先祖出自帝颛顼高阳……高阳生称，称生卷章，章生重黎……其弟吴回生陆终，陆终生子六人……其长一曰昆吾，二曰参胡，三曰彭祖，四曰会人，五曰曹姓，六曰季连，芈姓，楚其后也。”

此事《史记》的《正义》及《集解》引《世本》亦云：

“其一曰樊，是为昆吾，昆吾者卫是也；二曰惠连，是为参胡，参胡者韩也；三曰篯铿，是为彭祖，彭祖者彭城是也；四曰求言，是为郐人，郐人者郑是也；其五曰安，是为曹姓，曹姓者邾是也；六曰季连，是为芈姓。”

《大戴礼·帝系》云：

“陆终氏娶于鬼方氏。鬼方氏之妹谓之女隤氏，产六子。其一曰樊，是为昆吾；其二曰惠连，是为参胡；其三曰篯，是为彭祖；其四曰莱言，是为郐人；其五曰安，是为曹姓；其六曰季连，是为芈姓。昆吾者，卫氏也；参胡者，韩氏也；彭祖者，彭氏也；郐人者，郑氏也；曹姓者，邾氏也；季连者，楚氏也。”

《国语·郑语》云：

“夫荆……重黎之后也……其子孙……于前代者，昆吾为夏伯矣，大彭豕韦为商伯矣……己姓昆吾、苏、顾、温、董，董姓鬷夷、豢龙……彭姓彭祖、豕韦、诸稽……秃姓舟人……妘姓邬、郐、路、逼阳，曹姓邹莒。”

是楚与昆吾、苏、顾、温、董、参胡、彭、祖、豕、韦、诸稽、鬷夷、豢龙、舟人、邬、郐、路、逼阳、邹莒为同族。

《国语》、《世本》、《大戴礼》、《史记》均云昆吾与楚同族，而《左传》昭十二年楚灵王云“昔我皇祖昆吾”，是昆吾为楚人之祖。按昆吾在甲骨文为：

为夏民族仿犀牛角作陶壶为图腾的民族。《郑语》云“己姓昆吾”，说文训己为蛇，是昆吾又以蛇作图腾。禹字在甲骨金文为：

像两蛇相并或相交形，即《左传》《国语》《史记》以夏豢龙祀龙，是以鳄鱼为图腾的。昆吾为夏民族，楚与昆吾为同族，是楚亦夏民族。

《左传》昭十二年"昔我皇祖昆吾"，是楚之先为昆吾，昆吾在卫都附近，即河南的河北，如《左传》哀十七年云："卫侯梦于北宫见人登昆吾之观……初，公自城上见己氏之妻……"

其他为"昆吾之墟"，亦名"楚丘"。《春秋》隐七年云：

"戎伐凡伯于楚丘。"

《左传》闵二年云：

"封卫于楚丘。"

《春秋》僖二年云"城楚丘"。

《诗·鄘风·定之方中》云：

"定之方中，作于楚宫；揆之以日，作于楚室。……升彼虚矣，以望楚矣。"

后与殷武庚联合叛周，被周公所攻败，《逸周书·作雒解》云：

"三叔及殷、东、徐、奄及熊盈以畔，周公……凡所征熊盈族十有七国。"

"熊盈"乃楚之祖，被周公所败，南下居河南许昌，《左传》昭十二年云：

"昔我皇祖昆吾，旧许是宅。"

后迁于湖北南漳荆山，《左传》昭十二年云：

"昔我先王熊绎，辟在荆山。"

周宣王时被攻至湖南洞庭湖以南：

"王命召伯，定申伯之宅，登是南邦，世执其功。"（《诗·大雅·崧高》）

"蠢尔荆蛮，大邦为雠，方叔元老，克壮其犹；方叔率止，执讯……蛮荆来威。"（《诗·小雅·采芑》）

"江汉之浒，王命召虎，式群四方，彻我疆土……于疆于理，至于南海（洞庭湖）。"（《诗·大雅·江汉》）

周宣王时楚人南至湖南，于汉阳大封诸姬，至周室东迁，中央无力，楚乘势反攻，"汉阳诸姬，楚实尽之"。

赵秦楚何以为一个民族？

（1）共祖颛顼

《史记·楚世家》："楚之先出自帝颛项、高阳。"

《史记·秦本纪》："秦之先帝颛项之苗裔。"

《史记·赵世家》："赵之先与秦共祖。"

秦赵楚均为颛项后，是秦赵楚为同族。

（2）以熊作图腾

《逸周书·作雒解》："凡征熊盈十有七国。"

《史记·楚世家》："附沮生穴熊……季连之苗裔曰鬻熊，鬻熊子……熊丽，熊丽生熊狂，熊狂生熊绎：熊绎生熊艾，熊艾生熊黕，熊黕生熊胜，熊胜以弟熊杨为后，熊杨生熊渠，熊杨生子三人，熊母康挚红熊延，熊延生熊勇……弟熊严为后（《郑语》："荆子熊严生子四人，伯霜中雪叔熊季熊。"），伯霜代立，是为熊霜……季徇立是为熊徇……子熊咢……熊朐……熊通熊赀……子熊囏立……其弟熊恽……熊居是为平王……悼王熊疑立……熊良夫立是为宣王……威王熊商立……怀王熊揔立……熊元代立是为考烈王。"

楚以“熊”为名，共三十余人。周人风俗父名子讳，楚不应祖孙父子均名“熊”，是当以熊作图腾。以某物图腾，其族不须食某物，食之以犯罪论。《左传》文元年云：

“围成王，王请食熊蹯而死。”

熊蹯即熊掌为可食物，楚成王被楚穆王围，愿食熊掌以死，是不愿受被子篡弑之恶名，而愿负自犯侵犯图腾之罪被族人致死。是楚以熊为图腾，而且以其分族不祀其图腾见责！

夔子不祀祝融与鬻熊，楚人让之，对曰“我先王熊挚有疾，鬼神弗赦，而自窜于夔，吾是以失楚，又何祀焉”（《左传》僖二十六年。公谷作隗，隗为狄姓，与潞子婴兕同性，夏民族之一）

楚是以熊为图腾的，而秦赵的姓“嬴”，“嬴”与“熊”本为一字：

（1）字音

《公羊传》宣八年云“葬我小君顷熊”，解诂云“熊氏，楚女。”《左传》作“敬嬴”，是“熊”“嬴”音同。铜器中如楚王熊章钟，则作“饮章”（见宋王复斋《钟鼎款识》），近安徽寿县出土的楚王熊贵熊悍二鼎，其熊均作“饮”形为：

或

是饮嬴熊音同。而“熊”与“然”音亦同，如《左传》昭十二年云“楚杀其大夫成熊”，《公羊》作“成然”。是饮嬴熊然音同而借用。

（2）字形

熊字在金文作：

宗周钟

熊狄钟

师酉敦

虢叔编钟

嬴字在金文作：

熊子簠

能字在金文作：

毛公鼎

是“嬴”字与“能”字形全同，不过“嬴”多一“女”，“熊”字的四条腿与嬴能的四条腿稍异。

是楚秦赵先均以熊作图腾。以熊作图腾的亦为夏民族之一，如《史记·赵世家》云：

“夫熊与羆，皆其祖也。”正义：“范氏中行氏祖也。”

是以范氏之祖为熊，中行氏之祖为羆。晋的范氏，因随会食采于范而名范氏，随会本名士会，因食于随而名随。士之为姓，本于尧后，尧为夏民族。中行氏系晋荀林父为中行官因以为氏，而荀为黄帝十二姓之一，黄帝为夏民族。

秦称平民为“黔首”（《史记·秦始皇本纪》“更名曰黔首”），周称平民为“黎民”（《诗·大雅·云汉》“周余黎民，靡有孑遗”），古以平民为奴隶，奴隶由俘掳而来，《史记·秦本纪》有伐亳灭荡社，是殷汤伐桀其族至陕西，遗民为“黎民”。《逸周书·作雒解》“孚殷献民，迁于九毕”，其民为“黔首”，是殷人黑发，周秦人“红而髦”“赤鬚”，“黄耇”故称殷人为黎为黔。由是可知周秦均夏民族。

（《中国民族的来源》，《古史的研究》三集）

嬴秦为东方民族考

黄文弼

秦人处于中国西部，继周而有天下。至始皇称皇帝，开创中国数千年来之新局面。然旧以僻处西陲，俗杂戎狄。后之学者，遂比之如夷狄，不与同中国，然未尝指秦之种姓为夷狄也。余友蒙文通君近为文谓“秦为戎族，且为犬戎之一支”，发前人之所未发。但吾人考察中国历史，研究秦民族之来源，与蒙君所举，适得其反。乃草为斯文。窃以中国受强邻侵迫，中华民族濒于危亡。试思古先帝王，有大功于中国，首先奠定吾中华民族者，当推秦皇、汉武、唐太宗，近年来学者每好奇，唐人现指为蕃姓矣。若嬴秦又后为戎族，然者奠定中国民族，必要假助于夷狄耶。吾为此惧，非好辩也。谨先列蒙君之言，再申吾说。

（一）秦为戎狄说。按蒙君《秦为戎狄》之考云：

《秦本纪》称申侯言：“昔我先郦山之女，为戎胥轩妻，生子中潏，保西垂。”胥轩曰戎，自非华族，此秦之父系为戎也。《左传正义》引古《竹书纪年》云，平王奔西申。范晔引《古竹书纪年》云，宣王征申戎，破之，则申侯之先，郦山之女，亦当为戎，此秦之母系为戎也。又论秦为犬戎之一支有云：又《秦本纪》，西戎、犬戎与申侯伐周，杀幽王郦山下。《括地志》云，骊山在雍州新丰县南十里。《土地记》云，骊山即蓝田山，是骊山必与骊山女有关系。是杀幽王之犬戎，即骊山女之族。亦即骊山女与秦皆犬戎之证也。《汉书·律历志》云：“张寿王治皇帝调律言，伯益为天子代禹，骊山女亦为天子。”彼时西戎之强者，前则鬼方，后者犬戎，力路以侈天子之号，非此莫属也……（并上《秦汉民族史》）

余按蒙文通君言，以秦为戎族，实可发深审，但此说，自古有之，非始于蒙。《春秋公羊传》曰：“秦者，夷也。匿嫡之名也。”《春秋穀梁传》曰：“狄秦也，乱人子女之教，无男女之别。”《管子》言：“桓公西征，襄北狄之地，至于西河，而秦戎始服。”《管子》本书，多为后人纂乱，此必非管子语。然亦为战国时人所言。故秦汉间人，多比秦为戎。然秦为戎族，抑秦俗杂戎，二者不可混为一谈。据《商君》所云，乃指秦俗杂戎，《史记》之商君本传云：“始皇戎狄之教，父子无别，同室而居。”商君之言与谷梁义同，据此，是秦汉间人比秦于戎狄者，皆指其风俗杂戎耳，非谓其种族也。按《秦本纪》云：“大费之玄孙曰费昌，子孙或在中国，或在夷狄。”又云：“中潏在西戎，保西垂。”则居于戎狄者，其俗杂戎，此为势理之必至者。《公羊》、《谷梁》，径以戎狄称之，盖本“中国而夷狄者则夷狄之”之教条而云也。

至蒙君又指秦为犬戎之一支，更为无据。按《秦本纪》，自秦仲以后，世与西戎为敌国。秦仲且死于戎。周宣王欲利用秦以御西戎，故以秦庄公为西垂大夫。盖欲利用秦以保西垂耳。若秦为西戎之一支，周宣王未必用西垂大夫，秦与西戎，亦未必自相攻伐如此。盖秦人西迁王，领地与西戎相接，欲扩充其势力，西戎受其逼迫，故时起冲突耳。骊山之役，周幽王用褒姒子，废太子，西戎、犬戎与申侯伐周，杀幽王骊山下，而秦襄公将兵救周，战甚力有功。是此役秦与西戎、犬戎立于敌对地位，《本纪》言之甚明，故秦不特非西戎或犬戎之一支，且非其同盟。蒙君以犬戎当西戎，并以秦为犬戎，实与史事不合。如蒙君所本申侯之语，“我先骊山女为戎胥轩妻，生子中潏保西垂”云，但蒙君并未证明戎胥轩为犬戎。至于非子所居之犬丘，据《史记正义》引《地理志》云，扶风槐里县，周曰犬丘，懿王都之。按槐里，在今兴平县南，逼近镐池，故周懿王徙都之。此犬丘，是否因犬戎所居而得名，为一问题。即令犬丘为犬戎旧居，犬戎西徙，秦人徙据之，亦殊可能。不能因此，即谓秦与犬戎有关也。

（二）秦为东方民族说。此为余之所持。按《秦本纪》称，“自大戊以下，中衍之后，遂世有功，以佐殷周，故嬴姓多显，遂为诸侯。”又云：“其玄孙曰中潏，在西戎，保西垂。”据此，是在西戎者，为中潏之后。则中衍之后，佐殷周为诸侯者，居于何地，是不能不归于嬴姓诸侯之分布也。按《秦本纪赞》太史公曰：

> 秦之先，嬴姓，其后分封，以国为氏。有徐氏、郯氏、莒氏、终黎氏、运奄氏、菟裘氏、将梁氏、黄氏、江氏、修鱼氏、白冥氏、蜚廉氏、秦氏，然秦以其先造父封赵城，为赵氏。

按太史公云，与王符《潜夫论志·民族》颇有出入。论云：“梁、葛、江、黄、徐、莒、蓼、云、英，皆皋陶之后也。钟离、运奄、菟裘、寻梁、修鱼、白冥、飞廉、密如、东灌、梁时、白巴、公巴、剡、后蒲，皆嬴姓也。”

据王氏所云，梁、莒、徐、江、温、黄为皋陶之后，而史公均归入嬴姓。王氏所举嬴姓诸国，除钟离、运奄、菟裘、寻梁，当即史公之将梁、修鱼、白冥、飞廉、剡为史公所同者外，尚多密如、东灌、梁时、白巴、公巴、后蒲为嬴姓之国，皆史公所不载。疑史公仅举其要者，并非全举，唯以皋陶之后亦混入嬴姓，殊可注意。按《诗·秦风疏》引刘向《列女传》云：“陶子生五岁而佐禹。”曹大家注云：“陶子者，皋陶之子伯益也。”张守节《史记正义》本《列女传》文，以“大业为皋陶”。王符《潜夫论》云：“高阳之世，有才子八人，天下谓之八凯。后嗣有皋陶事舜，其子伯翳能仪百姓，以佐舜禹，扰驯鸟兽，舜赐姓嬴。”是皆以伯益为皋陶之子，伯益与皋陶为父子关系。梁玉绳《史记志疑》本《五帝本纪》，述皋陶封地与益分叙，显无父子关系，主张为同族而异支。余按皋陶与伯益无论是否为父子或同族，然二人必有亲属关系。按《夏本纪》称皋陶之后，封于英六，为英六国之祖。伯翳之后为嬴，为嬴姓诸国之祖。但《左氏传》文公五年“楚人灭六廖，憾文仲口，皋陶庭坚，不祀忽诸”。又“楚人灭江，秦伯为之降服出次，曰，同盟灭，虽不能救，敢不矜乎”。据此，皋陶与伯益之后，虽不同姓，然同为帝颛顼之后裔，故秦伯称为同盟，盖同族之义，谓国同属一祖所出也。史公以皋陶之封地，混入嬴姓诸国之中，或以因此。自其再封地之分布言之，《史记·夏本纪正义》云：“英，盖廖也。”《括地志》云：“自其光州始县本春秋时廖国。偃姓，皋陶之后也。”《括地志》云，故六城在寿州六县南一百三十里。江黄，当即今黄州麻城一带，是皋陶之后，封地在淮水以北及湖北东北部。至嬴姓国，据余所知者，钟离，疑在今宿迁一带。徐，今在徐州一带。东灌，疑即今灌云一带。剡，今在山东之郯城。莒，今在山东之莒城。是嬴姓诸国之分布，皆在今山东南部，江苏北部，安徽东北部，自徐州以东至于海滨。飞廉氏疑其国滨海，故孟子云，驱飞廉于海隰而戮之也。是皋陶，伯益后裔之封地，东西相接，而嬴姓诸国最在中国东南部，滨海。故与其谓秦为西戎，不如谓秦为东夷较合事实也。

又嬴姓诸国，古时因其分布于淮水流域，故又称淮夷，《逸周书·作雒篇》云：“周公立，相天子，三叔及殷东徐、奄、熊、盈，以畔。（从汪中政）”书序及《史记·鲁世家》则作“管蔡武唐率淮夷而反”，则《书序》及《鲁世家》之淮夷，当即《逸周书》之徐、奄、熊、盈也。奄当即《潜夫论·氏族》徐、运奄皆嬴姓之封国，今皆称之为淮夷，盖以其分布于淮水一带而然也。又按《孟子》曰：“周公相武王诛纣，伐奄，三年，讨其君，驱飞廉于海隅而戮之，灭国者五十。”按飞廉氏，为嬴姓之国，滨海。周公伐奄遂灭飞廉，则飞廉据地与奄距离必不甚远。且与殷纣为同盟。孟子称灭国者五十，未知何名，大抵多属嬴姓之国，盖秦之先民，原居东方时与殷民族壤地相接（殷民族起于亳，今安徽亳县），及商有天下，嬴姓遂显为诸侯。及纣之亡，恶来被杀，嬴姓诸国多被灭，而其遗民仍为殷之忠臣，与宗周为敌国。观于宗周鼎彝铭辞多记周室用兵于东南夷之事，可证也。由是言之，嬴姓在殷时，与殷共存亡者，皆以其同为东方民族之故也。

据上种种，则秦之民族在殷之将亡，周之将兴以前，原居诸东方已无可疑。次就秦人述其祖先之传说言之，亦有可为秦为东方民族之证者，《史记·秦本纪》云：

秦之先，帝颛顼之苗裔，孙曰女修，女修织，玄鸟陨卵，女修吞之，生子大业。大业取少典之子，曰女华，女华生大费，与禹平水土，是为伯翳，舜赐姓嬴氏。

按秦人述其始祖之传说，取材与商相同。

《诗·商颂》云：“天命玄鸟，降而生商。郑玄笺云，天使鳦下而生商者，谓鳦遗卵，有娀氏之女简狄吞之而生契。”

按此二传说，同以吞鸟卵为传说中心，其叙述诞生方式几完全相同。是必同出一源，而互相沿袭，实难推其先后。然殷秦何以有此传说，是为吾人可注意之问题也。《秦本纪》又云：

大费生子二人，一曰大廉，实鸟俗氏。二曰若木，实费氏。大廉玄孙曰孟戏，仲衍鸟身人言，帝太戊闻而卜之使御，吉，遂致使御而妻子。

又《赵世家》云，中衍人面鸟喙，降佐殷帝大戊，又述霍山神言，伉王赤黑，笼面而鸟喙。

按秦赵共祖，对于共祖先之传说，必出于一源。虽一以中衍鸟身人言，一以中衍人面鸟喙，辞微不同，而以鸟为共祖先之象征，则二者皆同。又传此也，春秋时，郯亦为嬴姓之国，而《左传》郯子述其先人之传说，云：“昔我高祖少皞挚之立也。凤鸟适至，故纪于鸟，为鸟师而鸟名，凤鸟氏历正也。玄鸟氏，司分者也。伯赵氏，司至者也。青鸟氏，司启者也。丹鸟氏，司闭者也。”（《昭十七年》）而《秦本纪》亦称大费之子，大廉，为鸟俗氏。是嬴姓之国不特述其祖先象征以鸟，而且以鸟纪名。则鸟必与嬴姓之族有特殊关系，可以想见也。

余尝谓，凡一种传说之起，必有起之之由，其事虽或无稽，但吾人从其传说之象征言之，实代表一民族性地方性者，若吾人类聚各种不同之传说于一处，审察其性质研究其民族之来源与方位，实又成为极真实之材料也。例如突厥称其祖先为狼种，而与突厥有关之民族亦蒙同一传说，蒙古起于朔方，亦沿袭突厥而有狼鹿交配之神话。又如犬戎在中国之北方，《山海经·大荒北经》云：“有国名曰赖丘，有犬戎国，有神，人面兽身，名曰犬戎。”《海内北经》云：“犬戎国状如犬。”则犬戎之传说，必代表北方一种民族。又如羌人在西方原为牧羊人，而羌人对于羊之传说甚多，其在宗教上，羊尝居重要地位。何则犬与狼为北方民族所珍视，故对于狼犬遂有种种传说，羊为西方羌人所珍视，故对于羊起种种传说，盖各民族为珍异其习俗，久之遂以其习俗神话化，吾正由神话中推求其民族之风尚，复因风尚之各不同，而民族分布之方位，亦可推考而知也。本斯理由，以推考殷秦之民放，及其分布地，则不难迎刃而解也。

殷秦传述其祖先之神话以鸟为中心，吾人试想与鸟最有关系者，为何方之民族？《大戴礼·五帝德篇》：“东有鸟夷。”《禹贡·冀州》：“鸟夷皮服。”《正义》引郑玄曰：“东北之民博食鸟兽者也。”《禹贡·扬州》：“鸟夷卉服（并上同本鸟作岛）。”颜师古《汉书注》云：“东南之民，善捕鸟者。”据此，是东方民族，因其捕食鸟兽，故有鸟夷之名。又按秦之祖先伯翳，据《史记·秦本纪》所述称其“使舜调驯鸟兽，鸟兽多驯服”与《尧典》“益作朕虞”之义相同，《汉书·地理志》：“伯益知禽兽。”《后汉书·蔡邕传》云：“伯翳综声于鸟语。”是伯益不仅能调驯鸟兽，且能知鸟声者。盖伯益为东方民族之故也。自伯益以羊言鸟语而事舜，故东方民族遂将调驯鸟兽之事神话化，中衍之人面鸟身，从此而起。推而至于其祖先，亦为鸟种。而女修吞鸟卵生大业，皆由此一贯之神话串演而成者也。浸假而至于东方民族，其祖先皆冠以鸟种之传说，殷亦为东方民族，殷之祖先，亦由简狄吞鸟卵而生契。故鸟之传说，遂由民族性转变成代表地方性，又因风俗之珍奇，转变而为神人象征，所谓神话化也。并非秦袭于殷，或殷秦共祖之谓也。试以山海经所举东方之神话为例证之。

《海外东经》云：“东方句芒，鸟身人面，乘两龙。”

《大荒东经》云：“东海之渚，中有神，人面鸟喙。”

《大荒东经》云：“有人曰王变，两手，鸟方食少头。”

《大荒南经》云：“大荒之中，有人名欢兜，人面鸟喙。”

《山海经》作者虽不可考，然其所述怪异，实代表一地方民族之传说。在东经或南经，多记人鸟怪异。在北经或西经，多记人兽怪异，皆暗示每经所记之怪异，即为每方民族神话之流传。故北经所述之人兽怪异，必为西方民族所流传。则《东经》所述之人鸟怪异，亦必为东方民族所流传无疑。因此，则秦人所传其祖先之鸟身人面本为东方民族所共传之神话耳。嬴秦以后强大，故其语独存也。又《山海经》郭璞注引《墨子》曰：“昔秦穆公有方明德，上帝使句芒赐之寿十九年。”据《山海经》“句芒为东之神，人面兽身”，又据《墨子·明鬼篇》所述，“昔有秦穆公常昼日中寝于庙，有神入门而左，鸟身素服三绝。面状正方，自称为句芒。秦穆公见之，乃恐惧奔”。据心理学家所言，凡梦中所见，皆日中所见之复现，故余颇疑秦人宗庙中所供之神，即为人面鸟身者。故秦穆公见而骇之。据此，是秦人虽西迁，传保故东方民族之神话，相传不替也。

以上所述，皆言秦民族原居东方，然秦人何时西迁，次当论及。

《秦本纪》言，飞廉为纣使北方，还，无所报，为坛霍泰山而报。又云，死道于霍泰山。

按霍泰山，即今山西巍县。时殷纣已为武王所灭，并灭其国，时飞廉正为纣使北方，故云，还无所报。时北方民族之强者，前为鬼方，后为猃狁，均分布于山西陕西北部，飞廉使北方还，当途经山西，时纣已灭，故遂止于霍泰山，为赵氏之祖。《秦本纪》云，自蜚廉生季胜，已下五世，至造父别居赵者，所也。此秦人第一次之西迁，盖在殷之亡，周初兴之际。其西迁也，始于飞廉一支。但《孟子·滕文公下》又云，周公相武王，驱飞廉于海隅而戮之，是飞廉，武王所杀。与《史记·秦本纪》飞廉死葬于霍泰山之文不合。但余疑孟子所述，乃灭其国。太史公《夏本纪赞》，叙述嬴姓分封之国，有蜚廉氏。《逸周书》武王伐奄，并驱飞廉于海隅而戮之。又云，灭国者五十，皆指周言，武王乃讨伐其国，灭其族，并杀恶来，恶来为蜚廉之子，非谓杀蜚廉本人也。是孟子与史记之说，并无牴牾。又按《秦本纪》云：

> 恶来之后，非子又由赵城居犬丘，为周孝王养马，马多肥壮，周孝王邑之于秦，以续嬴姓之祀，号曰嬴秦。

按此为秦人第二次之西迁，在周孝王时。自此后，遂名为秦。盖秦为非子之后，赵为造父之后，秦赵虽共祖，而其支部各别也。犬丘汉槐里，今陕西兴平县境。秦今甘肃天水县，其西东徙之形迹，至为明显。虽《秦本纪》中有中潏在西戎，保西垂。又云，申侯言，昔我先骊山之女，为戎胥轩妻，生中潏，以亲故归周，保西垂。按中潏为飞廉之父，是秦人西迁，在飞廉以前，但由中潏以亲故归周之语观之，是中潏保西垂，在周兴以后，必不当于殷时。且在殷纣以前，嬴姓诸国颇为得势，蜚廉恶来且有宠于纣王，未有其子事殷朝，而其父窜于戎狄，为周保西垂之理。故余疑申侯语，盖指中潏之后裔，秦人西迁，始于蜚廉恶来，而皆中潏之后，其后造父有宠于周穆王，非子有宠于周孝王，皆中潏之一支也，遂以中潏为氏，嬴秦诸国惟中潏之后，西迁归周，若中潏之后，仍居淮水一带，与周为敌国。故申侯言之，以表功。自蜚廉西迁后，杂于戎狄，与西申据地，仅隔一河，西申在今陕西延安一带，与造父所居之赵城，东西相承，互为婚姻，极为可能。但不必为蜚廉之父中潏也。

秦既西迁，杂于戎狄，且通婚媾，故其俗多杂戎，如武公穆公以人从葬，赵襄子以智伯之头为领器，皆受西北民俗之影响，然不能即此遂论秦为戎狄也。

（《史学杂志》1945 年创刊号）

秦 族 考

陈秀云

一 引 言

秦人原是个文化落后的民族。据《史记·秦本纪》所载“公文十三年，初有史以记事，民多化者”。是则秦人直至文公时代（相当于周平王之世）以后，才入于有史时代。为此，司马迁著《史记》时，关于秦先世的历史，已不甚明了。《史记》所载秦人最初世系如下：

> 秦之先帝颛顼之苗裔，孙曰女修。女修织，玄鸟陨卵，女修吞之，生子大业。大业……生大费，与禹平水土……佐舜调驯鸟兽……是为柏翳，舜赐姓嬴氏。大费生子二人，一曰大廉，实鸟俗氏。二曰若木，实费氏。其玄孙曰费昌。子孙或在中国，或在夷狄。费昌当夏桀之时，去夏归商，为汤御，以败桀于鸣条。大廉玄孙曰孟戏、中衍，鸟身人言。帝太戊闻而卜之使御，吉，遂致使御而妻之。自太戊以下，仲衍之后，遂世有功，以佐殷国，故嬴姓多显，遂为诸侯。其玄孙曰中潏，在西戎，保西垂。生蜚廉，蜚廉生恶来。（《秦本纪》）

《史记》所载，自大廉至孟戏、中衍，若木至费昌，中衍至中潏，都是世系不明。单就所述的中衍至中潏的世系来说，已是十分含糊。既然是中衍生当太戊时代，中潏约当帝乙时代（中潏之子蜚廉事纣），按殷人世次，自太戊至帝乙，凡十一世，二十一帝，其中相差年代一定不短。是则秦自中衍至中潏之间，必有一段很长的世系，为司马迁所不知道的。其次，《史记》又说费昌以下“子孙或在中国，或在夷狄”，这更加模糊了。

关于秦人的来历问题，这是古史上一个阙失。为了这种关系，致引起学者们发出种种臆测。甚至有人因为秦人勃兴的根据地在西方——陕西、甘肃一带，因而，找寻一些似是而非的证据，认为他们是西来民族。但是，我们若从秦人的先世事迹去考察一番，便觉得这种见解是不能成立的[1]。

二 秦为东方民族

秦人勃兴在西方，然而，他们原是东方民族。下面几项事实可以证明：

(1) 秦人先世的神话传说和殷人传说相同

《诗经·商颂》记载商民族的祖先是“天命玄鸟，降而生商”。史记所述殷人始祖契之诞生，即根据同一传说。《楚辞·天问》和《思美人》亦有同样记载。这种传说与秦人始祖大业之诞生——玄鸟陨卵，女修吞之，生子大业——传说是大同小异。这种传说，可以简称之为“鸟生传说”。《史记》所载秦之先祖，还有大廉“实鸟俗氏”，孟戏、中衍“鸟身人言”，足见秦人先世传说，和鸟有很深长的关系。

“鸟生”的神话传说，是东北民族及淮夷族所共有的。傅斯年先生尝列举《论衡·吉验篇》所载北夷夫余国故事，《魏书·高句丽》传所载高句丽故事，及《朝鲜旧三国史·东明王本纪》所载高句丽故事《清太祖·武皇帝实录》所载满洲故事，谓“此神话之核心，在于祖宗以卵生而创业。后代神话与此一说属于一元而分化者，全在东北民族及淮夷”。又谓“可知此一传说在东北各族中之普遍与绵长”[2]。而秦人之始祖诞生传说正和这种传说相同。

(2) 秦人与殷商有密切的关系

殷人来自东方，已不成问题[3]。秦人先世，与殷人有密切的从属关系。《史记》谓：费昌为汤御，孟戏中衍为太戊御，可见秦人自成汤时代起，即与殷人有从属关系。到了殷末，蜚廉，恶来又“俱以材力事纣”（《秦本纪》）。因为他们是殷纣功臣，所以周武王克殷时，他们也不免于难。《史记》说：

> 周武王之伐纣，并杀恶来。是时，蜚廉为纣石北方[4]，还，无所报，为坛霍太山在山西霍县而报得石棺，铭曰“帝令处父蜚廉别号，不与殷乱，赐尔石棺”，以华氏死，遂葬于霍太山。

《秦本纪·墨子》所说，略有出入，谓：

> 武王以择车百两，虎贲之卒四百人，先庶国节，窥戎，与殷人战乎牧之野，王手擒费仲恶来《明鬼下》[5]。

《孟子》所说，与《史记》及《墨子》所述均不同，谓：

> 周公相武王，诛纣。伐奄，三年讨其君，驱蜚廉于海隅而戮之，灭国者五十[6]（《滕文公下》)。

可见关于殷末秦人活动事迹，是传说纷纷。墨子，孟子与司马迁都各有所本，究竟孰是孰非，无从考定。

不过，这种传说里面有一个共通点，即是：秦人和殷商的关系是很密切的。

殷纣亡国以后，嬴姓诸国仍和殷商遗民一齐抗周。《逸周书·作雒解》谓武王死后“周公立，相天子，二叔及殷东徐、奄及熊盈以畔……凡所征熊盈族十有七国”，郭沫若先生谓此熊盈即楚族[7]。按郭先生之说非是。古“嬴”与“盈”通，“盈”即“嬴”之假借字，又“嬴”与“熊”亦相通。例如宣八年左传经文“夫人嬴氏薨”，“葬我小君敬嬴”，《公穀》经文皆作“熊氏”，“倾熊”。是则熊盈族即嬴姓。这是读音的关系，单音为嬴，复音为熊盈，与下文所述之奄即运奄，梁即将梁同理[8]。

总之，自成汤以来，直至周人之再度克殷，嬴姓一族仍与殷人有密切关系。

(3) 嬴姓诸国多在东方

《史记》说“秦之先为嬴姓。其后分封，以国为姓，有徐氏，郯氏，莒氏，终黎氏，运奄氏，菟裘氏，将梁氏，黄氏，江氏，修鱼氏，白冥氏，蜚廉氏，秦氏”。这些嬴姓国分封的时期及其封国之所在地，多已不能详考。唯据上引《逸周书·作雒解》，则殷末周初，嬴姓国在东方叛周者仍“十有七国”。到了春秋时代，嬴姓诸国除了秦国以外，其余的所在地如下：

史记所说的“运奄”当即“奄”，“将梁”当即“梁”，与上述“熊盈”即“嬴”同理。又“终黎”亦作钟离。这些嬴姓国分布的地区，除穀在湖北，梁在陕西外，其余都在黄河下游，我国东部一带。尤以山东、河南两处为多。可见直至春秋时代，他们分布的地区仍大都在东方。

（4）“秦”与“嬴”原为东方地名

国　名	所　在　地	附　注
徐	今安徽盱眙县	据顾栋高《春秋大事表》
郯	今山东郯县	据《汉书·地理志》“郯，嬴姓国”
莒	今山东莒县	据《左传》隐二《正义》“谱云‘莒，嬴姓国’”
终黎（又作钟离）	今安徽凤阳县	《汉书·地理志》钟离县下王先谦补注云“一作终黎，见《秦纪》”，又云“《世本》云‘钟离嬴姓国’”
奄	今山东曲阜	据《春秋大事表》
梁	今陕西韩城县	据《春秋大事表》
黄	今河南潢川县	据《春秋大事表》
江	今河南安阳县	据《春秋大事表》
穀	今湖北襄阳县	据《春秋大事表》
葛	今河南宁陵县	据《春秋大事表》

秦嬴在西方建国自非子始。周孝王所封非子的秦邑，据《史记集解》：“徐广曰‘今天水陇西县秦亭也’。”《史记正义》：“《括地志》云‘秦州清水县本名秦，嬴姓邑’。《十三州志》云‘秦亭、秦谷是也’。”这个地望，很不足信。《史记》说：

> 文公元年居西垂宫。二年，文公以七百人东猎，至汧渭之会，曰“昔周邑我先秦嬴于此，后卒获为诸侯”。乃卜居之。

明明说秦嬴的始封地在汧水与渭水会合处。文公所营的都邑，故城在今陕西郿县东北十五里（据《史记正义》引《括地志》）。陇西的“秦亭”、“秦谷”疑是后起的（秦人在西方活动的地带。初在陕西。后来才踏入陇西。说详下）。

按《春秋》经文，载有“秦”和“嬴”两个地名。

桓三年“春正月，公会齐侯于嬴”。

庄三十一年“秋，筑台于秦”。

据《地理志》：泰山郡有嬴县。地在今山东莱芜县西北。《郡国志》：“东平国范县西北有秦亭。”地在今山东东平县。又《左传》哀公十一年载：“公会吴子伐齐，五月，克博，壬申，至于嬴。”杜注：“博嬴，齐邑也。”二县皆属泰山。可见山东方面——鲁国境内早已有“秦”和“嬴”两个地名了。陇西方面的秦当是后起的地名。

关于这一层，我们可以这样解释：秦人原是住在东方的，后来在西方建国，便把他们原有的地名也带了过去，加在后来所居住的地方之上。这种情形是历史上所常见的，例如：鲁国原封地在今河南鲁山县，周公后来改封到今之山东，便把原有封地的名字带到曲阜去。燕，金文作“郾”，原地在今河南郾城县，后来召公改封到今之河北，便把原有封地的名字带到蓟丘（今河北大兴县）去了[9]。

三　秦人的西迁

根据以上数点，可证秦人之起自东方，确不成问题。不过，秦人何时西迁？何故西迁？却又有问题。据《史记》载蜚廉之父中潏“在西戎保西垂”，又云“申侯乃言孝王曰‘昔我先郦山之女，为戎胥轩妻，生中潏，以亲故，归周，保西垂’”。这样，秦人在中潏时代已在西方，而且归附到周人底下了。但是，《史记》这种叙述是讲不通的，第一，《史记》上文所述的秦世系，但言中潏为仲衍之“玄孙”，未尝言及胥轩为中潏之父。此处何以忽然说胥轩生中潏？第二，中潏既然归周，何以其子蜚廉，孙恶来竟在东方，和周人对抗？可见《史记》这些记载是靠不住的。

关于秦人的西迁，据傅斯年先生说“商代西向拓土，嬴姓东夷人，在商人旗帜下入于西戎”。（见夷夏东西说）但未详言是何所据。作者愚见以为秦人西迁，是在周公再度东征，伐徐残奄之后。而西迁的原因，是出于周人的强迫。《逸周书·作雒解》载周公东征之结果，“凡所征熊盈族十有七国，俘维九邑，俘殷献民，迁于九毕”。献民或谓士大夫，恐非是。献民当即《尚书》之“民献”。（如《大诰》“民献有十夫”）“民献”郭沫若先生谓即盂鼎中之“人鬲”，令毁之“鬲”。人鬲是奴隶。盂鼎所载之“赐……人鬲自驭至于庶人六百又五十又九夫”。即是古代奴隶的赏赐[10]。所以“俘殷献民”的意思，是俘掳殷人的奴隶，并非俘掳殷人做奴隶。所谓“俘殷献民，迁于九毕”，即是俘获“熊盈族”；也就是俘获秦人迁到九毕去。这个解释有两点理由：

（一）关于周人之处置殷遗民，《左传》载祝佗之言，谓成王分鲁公伯禽以“殷民”六族，分康叔以“殷民”七族（定公四年文）。《吕氏春秋》载“成王立，殷民反……周公遂以师逐之至于江南”。《尚书·多士》称“成周既成，迁殷顽民”。或称“殷民”，或称“殷顽民”，而此处独称“殷献民”。如“献民”即“民献”，亦即“人鬲”之说可通，则“献民”必不属于殷民，而为族外的人。

（二）秦之先世在殷商执业卑贱。《史记》载费昌为汤御，中衍为太戊御。御者在古代，原属于奴隶的贱役[11]。至“蜚廉善走，父子俱以材力事纣”，亦不见得是尊贵的人，疑秦人与殷人之从属关系，是秦人为被统治者，而非平等的同盟国。

此外，还有两个佐证：（一）在非子时代以前，秦人失姓断祀。至非子为周孝王主马，仍未能脱离最下等的奴隶地位（说见下）。（二）非子之后，六传至文公时代，“初有史以记事”，如此落后，断不是殷人文化的水准（殷人早已有纪事的文字了）。既然秦人和殷人有从属关系，则秦人非是殷人的奴隶不可。

至于“九毕”的地望，据顾颉刚先生说谓在咸阳以北[12]。后来，秦人在西方最初的根据地犬丘，即在这“九毕”附近。（说详下）

总之，秦人是在周人再度东征之后，被周人掳迁到今之陕西方面去。这一段历史，“书阙有间”。姑如此假说，以待他证。

四　秦人在西方的初期活动

附蜚廉以后，穆公以前之秦世系：

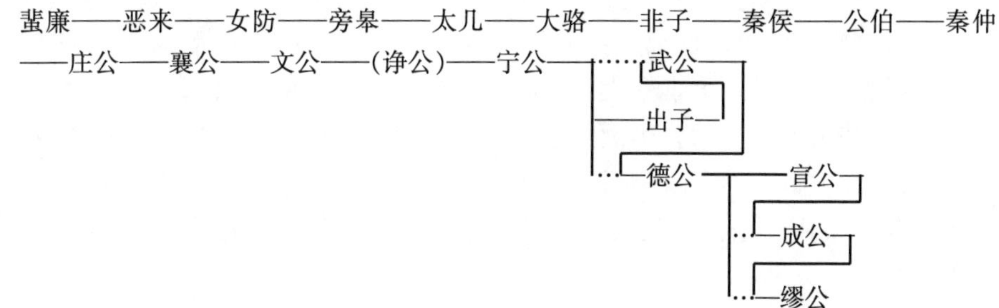

蜚廉的儿子除了恶来被周人杀死以外还有季胜。据《史记·秦本纪》所载季胜以后的世系是：

季胜生孟增，孟增幸于周成王，是为宅皋狼，皋狼生衡父，衡父生造父。

造父是周缪王的御者，缪王西巡，徐偃王作乱，造父御缪王归而平乱，有功，封于赵城（今山西赵城县）为赵氏。这是西迁的嬴姓的另一支[13]，这一支和秦人从蜚廉以后就分开了，《史记》说：

恶来革者，蜚廉子也，早死（按《史记》上文云“蜚廉生恶来”，此云“恶来革”，未知孰是）。有子曰女防，女防生旁皋，旁皋生太几，太几生大骆，大骆生非子[14]。

《史记》谓这一支亦“以造父之宠皆蒙赵城姓赵氏”。这一点有问题，第一，非子居犬丘。《史记正义》谓：“《括地志》云‘犬丘故城一名槐里，亦曰废丘，在雍州始平县东南十里’。《地理志》云‘扶风槐里县，周曰犬丘’”。地当今陕西兴平县境，距赵城甚远。第二，史记载孝王之封非子，“使复续嬴氏祀，号曰秦嬴”。是则非子的先人，其“嬴氏祀”必已断了，所以才“复续”起来。倘若“以造父之宠”，自无断祀失姓之理。疑《史记》误将西迁的嬴姓之两支的历史混为一谈。

非子的职务是“主马于汧渭之间”（《史记·秦本纪》），养马是一种贱役。《左传》昭七年文载楚芊尹无宇之言曰：“天有十日，人有十等，……故王臣公，公臣大夫，大夫臣士，士臣皁，皁臣舆，舆臣隶，隶臣僚，僚臣仆，僚臣台，马有圉，牛有牧，以待百事”。皁，舆以下都是奴隶。圉（《说文》云：“圉人，掌马者。”）和牧是在“人有十等”以外的人，更不消说是奴隶。

非子居犬丘，和“主马于汧渭之间”，是秦人由“九毕”向西的初步移动，从今之陕西咸阳到兴平。到了非子邑于秦为附庸，是西迁的第二步，到达了今陕西郿县境。

秦人继续向西移动。庄公为西垂大夫，开始入于今之甘肃礼县境[15]。《史记》谓“庄公居其故西犬丘”。这“西犬丘”，究是否即从前非子所居之犬丘，未详。

犬戎杀幽王，秦襄公将兵救周，以兵送平王东迁，“平王封襄公为诸侯，赐之岐以西之地……襄公于是始国”（《史记·秦本纪》）。秦人从此由附庸进而为诸侯了。

文公元年，仍居西垂宫。三年才卜居于汧渭之会。据《史记正义》：“《括地志》云郿县故城在岐州郿县东北十五里。毛苌云：郿地名也，秦文公东猎汧渭之会，卜居之，乃营邑焉，即此城也”。这是秦人由甘肃回向东方的迁移。

秦仲，庄公，襄公，文公四世都有伐戎事。《史记》载文公十六年“以兵伐戎，戎败走，于是文公遂收周余民有之”。这时秦人已占领周人的西方根据地了。《史记》说“地至岐，岐以东献之周”。王应麟于《困学纪闻》十一卷中已力辟其非。如上所述，文公卜居汧渭之会，其政治中心已移至岐以东，亦足见《史记》之说不确。

文公死，孙宁公即位，二年徙都平阳（今陕西岐山县）。三年，遣兵白荡社（据《史记正义》，地在今陕西三原与兴平之间）。武公元年伐彭衙（今陕西灭水县）的戎人彭戏氏，到达了华山下，这是向东的发展。十年征灭邽冀戎（地在今甘肃天水），这是向西的发展。又灭了小虢（今陕西宝鸡县），十一年“初县杜郑”据《史记正义》引《括地志》“杜在长安东南九里”（郑在今陕西华县北）。这时整个渭水流域都入秦人的势力范围了。德公时徙都雍城（今陕西凤翔县），《史记》谓“后子孙饮马于河”。大抵秦人已向东扩展到山西，河南和陕西的交界处。

缪公时代，晋人势力方盛。缪公屡欲向东发展，但未能如愿。殽之战，秦师惨败。此后虽屡次兴兵复仇，然终春秋之世，秦人未尝得志于东方。缪公不能向东发展，于是折而向西扩张其势力范围。“三十七年，秦用由余谋，伐戎王，益国十二，开地千里，遂霸西戎。”（《史记·秦本纪》）

秦人向西发展，最远到达了什么地方，《史记》所载实不明了，《左传》襄十四年文称：

> 范宣子谓戎子驹支曰："昔秦人迫逐乃祖吾离于瓜州。"

旧说谓瓜州即今敦煌。近人谓瓜州地当今陕西省境内[15]。是则秦人之"益国十二，开地千里"，是否已达到甘肃西部，仍是不能解决的问题。

总之，秦人在西方活动的地带大概是这样：周初仅据汧水渭水之间，后渐西向入陇。周室东迁雒邑，秦人的势力又由陇向东发展，达于雍岐之间。后来才据有西周的政治中心地点——丰镐。却因为向东发展受挫，只得向西方扩大统治范围。

五　秦文化之构成

秦人文化原是落后的。而且，秦国是一个新兴的国家。尚战功，讲实用，是他们的特色。所以在各方面，秦人所表现的是粗犷的作风。从而，东方各国都认秦不是礼义之邦。《史记》谓"秦始小国僻远，诸夏宾之，比诸夷狄"。然而，如果因此便认为秦人文化是西方文化，或甚至以这个作为秦人西来的根据，那却是大错。照作者的观察，秦人在落后的文化生活当中，却原是"中原本位"的。

例如：《左传》襄公二十九年载吴季扎聘鲁观乐，为之歌秦，曰"此谓之夏声。夫能夏，则大，大之至也，其周之旧乎"？由此可见春秋时代流行着的秦国诗歌，原是由夏，周时代相传下来的。周人向东发展，据有夏之故居，承袭了夏文化[16]，后来秦人又居宗周故地，自然也承袭了夏，周以来的文化了。

又如襄公时代的石鼓文，和《诗经》上的《秦风》，如《车辚》、《小戎》、《铁驷》等篇，其词调，风格，亦与中原的作品（最显著的如《小雅》中的《皇皇者华》与《车攻》——宣王时代的作品）无大差别。亦足见秦人诗歌是带有浓厚的中原气息。

此外，从秦人所用的文字来观察，也有同样的情形。据王国维氏的研究，秦用"籀文"与六国所用之"古文"不同，《史籀篇》之文字，为春秋战国间秦之文字，此种文字独行于秦，而不传于东方诸国。东方诸国之文字（如六国遗器及孔子壁中书中之文字）与"籀文"不同（见《史籀篇·叙录》）。而"籀文"与殷商文字（甲骨文）及西周文字（金文）较为接近。王氏说：

> "古文""籀文"者，乃战国时东西二土文字之异名，其源皆出于殷，周古文，而秦居宗周故地，其文字犹有丰镐之遗。

由此看来，秦人的文字与六国文字，其来源及分化的线索大概是这样：

殷商文字（甲骨文字）—— 东方文字 —— 六国古文
殷商文字（甲骨文字）—— 东 文 字 —— 秦 籀 文

以上所说，都是证明秦人文化原是承袭中原的夏、殷、周文化而来的。

虽然，秦僻处西垂，且常与西方异族相接触，不免受了异族文化的影响。不过秦人之显著的"戎化"疑是缪公以后的事，据《史记·秦本纪》载：

> （缪公三十四年）戎王使由余于秦。由余，其先晋人也，亡入戎，能晋言。闻缪公贤，故使由余观秦。秦缪公示以宫室、积聚。由余曰："使鬼为之，则劳神矣；使人为之，亦苦民矣。"缪公怪之问曰："中国人以诗书礼乐法度为政，然尚时乱。今戎无此，何以为治？不亦难乎？"由余笑曰："此乃中国所以乱也。夫自上圣黄帝，作为礼乐法度，身以先之，仅以小治，及其后世，日以骄淫。阻法度之威，以责督于下，下罢极则以仁义怨望于上，上下交

> 争怨而相篡弑，至于灭宗，皆此类也。夫戎夷不然。上含淳德以遇其下，下怀忠信以事其上，一国之政，犹一身之治，不知所以治，此真圣人之治也。”缪公退而问内史廖曰：“孤闻邻国有圣人，敌国之忧也。今由余贤，寡人之害，将奈之何?”内史廖曰：“戎王处僻匿，未闻中国之声。君试遗其女乐，以夺其志；为由余请，以疏其间；留而莫遣，以失其期。戎王怪之，必疑由余。君臣有间，乃可虏也。且戎王好乐，必怠于政。”缪公曰：“善。”因与由余曲席而坐，传器而食，问其地形与其兵势，尽察。而后令内史廖以女乐二八遗戎王。戎王受而说之，终年不还。于是秦乃归由余，由余数谏不听。缪公又数使人间要由余，由余遂去，降秦。缪公以客礼礼之，问伐戎之形。……三十七年，秦用由余谋伐戎王。

可见缪公时代以前，(一) 秦人对西戎之政治、文化、地理各方面都不清楚。(二) 秦人自称的所谓“中国以诗书礼乐法度为政”，与戎人之政治习惯不同。至其他文化方面，秦人的中国本位文化，也是和戎人不同。例如所谓“戎王处辟匿，未闻中国之声”，而秦人送给戎王的女乐，就自认为“中国之声”。当然，自缪公霸西戎之后，秦人做了戎人的统治者，因而，秦人文化的“戎化”逐渐明显，这一层也是事实。据《史记·商君列传》载商鞅对赵良曰：“始秦戎翟之教，父子无别，同室而居。今我更制其教，而为男女之别，大筑冀阙，营如鲁卫矣。”这可见商鞅变法之前，秦人的“戎化”气息也是很浓厚的。

秦原是一个文化落后的区域，没有什么所谓传统文化；对于外来的文化，自然易于接受，所以这个区域，成为混和“华”“戎”文化而兼有之地带。然而，大体上看来，是中原文化占优势的。上引商鞅所说的“大筑冀阙，营如鲁卫”，更是秦接受东方文化的明证。再举一例为证：李斯《谏逐客书》说：“夫击瓮、叩缻、弹筝、搏髀、而歌呼呜呜，快耳目者，真秦之声也。郑卫‘桑间’韶、虞、武、象者，异国之乐也。今弃击瓮叩缻而就郑、卫，退弹筝而取韶、虞，若是者何也?”这就是说秦人是放弃了自己的落后的粗鲁单调的音乐，而接受了中原的进步美妙的音乐。这也可见直至始皇时代，秦人仍在步武着中原文化的。

六　结　　语

总括本文，我们可以得到这样的结论：

秦人原为东方（山东方面）的民族。周人再度东征之后，秦人被迫迁于西方（陕西方面），活动于渭水流域。后居宗周之故居，承袭夏、殷、周以来的文化，构成略有地方色彩而富有中原气息的“中国本位”文化。

（《文理学报》一卷二期）

注释

[1] 傅斯年先生尝批评秦人西来之说，谓“今西洋人每谓秦族来自西，以黎民黔首等祠为证。不知黎民本黎族，正是祝融之后，初普布于中原，后居民众之下层。若黔首者，则传记犹云‘黔其首以为城旦’。指服饰言，非谓髮色，甚矣其妄也”。傅先生之说良是。

[2]《夷夏东西说》载《庆祝蔡元培六十五岁论文集》。

[3] 见丁山：《由三代都邑论其民族文化》(载集刊五本一分)；傅斯年：《夷夏东西说》。

[4]《史记集解》云：徐广曰“皇甫谧云‘作石椁于北方’”。《索隐》云“石下无字则不成文意亦无所见，必是《史记》本脱，皇甫谧尚得其说徐虽引之而竟不云是脱何字，专质之甚也”。

[5]《史记索隐》谓“殷纣时费仲，即昌（费昌）之后也”。

[6] 按诛纣为武王时事（即周人第一次东征时事），伐奄为成王时事（即周人第二次东征时事）。

[7]《殷周青铜器铭文研究》。

[8] 傅斯年先生之意见认为“盈”即“嬴姓”，而“熊”则为楚之先世。见《安阳发掘报告》第二期《新获卜辞写本后记跋》及《夷夏东西说》。

[9] 傅斯年：《大东小东说》。

[10]《殷周青铜器铭文研究》。

[11]《盂鼎》中所载之“人鬲”犹包括自驭至于庶人，依说文驭为御之古文，说文云“御使马也”。

[12]《周人之崛起及其克商》，《文史杂志》第一卷第三期。

[13]《史记》谓蜚廉“死葬霍太山”，大抵于殷商末叶或以前这一支嬴姓的人已抵达赵城和霍县一带。

[14]《史记》大骆尚有一嫡子，名成，其后无闻。

[15]［16］顾颉刚：《中国疆域沿革史》。

秦族的渊源与秦代封建专制主义国家的创立

翦伯赞

公元前221年，中国的历史，进入了秦代。

秦代王朝，虽然像纸炮一声，轰然而灭，但它却揭开了中国中期封建社会的序幕。中国的历史，从这一时代起，就从初期封建制走向专制主义的封建制。

秦代王朝的创立者——秦族，本是夏族的一支，即羌族的苗裔[1]。这个种族，原住鄂尔多斯的原野，大约在旧石器时代的末期，其族类即溯黄河而西上，缓缓向甘肃西南移徙。到新石器时代早期，或已定住于甘肃西南黄河河谷洮河河谷一带，开始了植物栽培与动物驯养的生活[2]。但直至此时，秦族并未从羌族中分化出来，所以尚无秦族之名。秦族之从羌族中分化出来，那是有史以后的事。

秦族之离开今甘肃西南而东徙，约在新石器时代中期，即传说中之“尧、舜、禹”时代。当时沿渭水而东徙的羌族，除秦族外，尚有其他诸羌之族，其中首先进入中原的是周族。周族入据中原以后，遂称后来东徙诸羌曰西戎，以别于甘肃的诸羌。实则所谓西戎，就是诸羌的别称[3]。秦族为东徙诸羌之一，故亦称秦戎[4]。大约就在新石器时代中期，秦族的前锋，即已到达陕西境内，与东夏之族发生接触[5]。到新石器时代晚期，其族类遂分布于今日陕西西部[6]。

以后，由于殷族在东方之勃兴，占领中原，西服诸羌，秦族亦与诸羌同时沦为殷代奴隶国家的臣属[7]。大约即于此时，秦族即通过奴隶制的文明，走出了历史上之野蛮时代的境界。

即至周族克殷，陕西的诸羌，在周族领导之下，大半先后东徙中原。其残留于陕西的诸羌，即被周族称之曰西戎。秦族之中，也有一部于周初东徙中原。此等东徙中原的秦族，以后在周族封建文化影响之下，与周族同化[8]。其留在陕西境内的秦族，则沦为周族的臣属。

在周穆王时（公元前1000年左右），分布于陕甘边境的秦族又有一支东渡黄河，徙于汾河河谷，这就是传说中所谓造父之族[9]。造父之族，其前锋似曾达到淮河流域[10]。但直至周孝王时（公元前9世纪左右），秦族的大部分族类，还是与诸戎杂处，游牧于汧渭之间[11]。

到周厉王时（公元前841年前），陕甘一带，袭来了普遍的大旱灾。诸戎之族，遂驱其畜群，东向就食，时秦族亦在其内。周宣王时（公元前827—前782年），周族已感到诸戎的压迫，乃运用以戎制戎的政策，封秦族的酋长秦仲为大夫，使之抵抗其他诸戎。秦仲不久死于火并战争之中，其子继之，仍为周族的西垂大夫，是为庄公。庄公在周族支持之下，继续与诸戎相抗。

周幽王时（公元前781—前771年），陕甘一带，又袭来了空前的大旱。当此之时，诸戎之族冲破了周族西北的封锁线，闯进陕西的腹部。其中犬戎与申戎，且攻陷西周的首都，杀死幽王于骊山之下。当时，秦襄公站在周族的方面，“将兵救周，战甚力，有功”。然而终于不能阻止诸戎东徙的猛潮，所以到平王时，周族遂被迫放弃陕西，东迁洛邑（今河南洛阳）。据《秦本纪》

云："（当时）襄公以兵送周平王。平王封襄公为诸侯，赐之岐（今陕西岐山县）以西之地。曰：'戎无道，侵夺我岐、丰之地。秦能攻逐戎，即有其地。'与誓封爵之，襄公于是始国。"由此看来，秦族的始建国，乃在西周末叶[12]。

春秋初，陕西全境，已成为诸戎驰逐之场，而秦族于诸戎中，最为强大。他占领了汧渭之间土地肥美的河谷，这里，不但水草丰富，宜于畜牧，而且是周族文化发祥之地，有着繁荣的庄园农业和手工业的存在。秦族既据有优越的自然条件，又因袭周族的文化遗产，同时，更以其氏族制的历史活力，注入于周代封建文化之中，故在春秋初叶，勃然兴起，征服邻近诸戎，成为当时西北的一个新兴的力量[13]。他把诸戎的土地，收夺为县邑，诸戎的族类，转化为农奴，逐渐把诸戎的社会经济，推向封建主义的历史边缘，并从而使诸戎之族，在封建地方关系之中，化除其种族的界线，融解于秦族的封建国家之中。所以西周时的诸戎，不复见于春秋中叶以后，这并不是诸戎之族为秦所灭绝，而是与秦族混而为一了。

秦族就在不断的征伐战争中，建立起一个强大的封建国家。到缪公时，这个国家，便西并诸戎，把他的领土，西展至陕甘边境，北拓至陕西北部[14]。同时又东灭梁、芮，打通进出中原的道路，并进而伸张其势力于中原。有名的韩原（今陕西韩城西南）之战，正是秦国势力昂扬东进的开始。惟当时晋国强大，仍为秦国东进的阻力，所以到康公之世，秦国便以全力打击晋国，他一败晋于令狐（今山西临猗西），再败晋于武城（今陕西华县东），三败晋于羁马（今山西永济南），四败晋于河曲（今山西芮城县风陵渡一带），把晋国打得落花流水。降至战国初，韩、赵、魏三分晋国，秦国的东线，解除了威胁，于是秦国在这一历史间隙中，征服了陕西全境的诸戎，并进而征服甘肃东北及汉中一带的诸羌[15]。从此以后，秦国便以日益高涨的压力，侵陵中原诸国。

秦国之走上新的历史发展阶段，始于孝公时代（公元前361年以后）。据《史记·秦本纪》云："孝公元年，河山以东强国六，与齐威、楚宣、魏惠、燕悼、韩哀、赵成侯，并淮泗之间小国十余。楚、魏与秦接界。魏筑长城，自郑滨洛以北，有上郡。楚自汉中，南有巴、黔中。周室微，诸侯力政，争相并。秦僻在雍州，不与中国诸侯之会盟，夷翟遇之。"由此而知当时秦国已与六国诸侯，形成一种对垒的形势。但是当时中原六大强国的社会内部，已经展开了新旧土地所有者的矛盾斗争，新兴的商人地主，正要求摆脱旧领主的束缚，建立封建主义的新体制。但当时六国旧领主，根深蒂固，正如百足之虫，死而不僵。秦国为一新兴的国家，并没有传统的历史束缚，所以新兴的商人地主，首先在秦国获得了政权。商鞅变法，正是秦国历史之新的转向的表现。所谓商鞅变法，就是变封建为郡县，变庄园为佃耕，变力役地租为现物地租[16]。由于变法的结果，于是更提高了秦国社会的生产力，由此而超越了六国社会经济的发展。所以史称孝公之世，"民以殷盛，国以富强，百姓乐用，诸侯亲服，获楚魏之师，举地千里，至今治强"[17]。

秦国自变法以后，他就变成了六国中新的土地所有者反对旧领主的堡垒。因而以前种族的对立，到孝公以后，便一变而为当时中国社会内部的矛盾对立。一方面新的土地所有者，以秦国为支柱，组织了反旧领主的连横派；另一方面，六国的旧领主，也组织了自卫的合纵派。这两派，在战国中叶以后，展开了剧烈的斗争。所以自孝公以后，秦与六国的斗争，就是新旧土地所有者的斗争。

历史发展的原理，决定了这个斗争的结局，是新的土地所有者的胜利，所以秦自孝公以后，便以压倒之力，东向中原。"当是时，齐有孟尝，赵有平原，楚有春申，魏有信陵。此四君者，皆明知而忠信，宽厚而爱人，尊贤重士，约从离衡。并韩、魏、燕、楚、齐、赵、宋、卫、中山之众。于是六国之士有宁越、徐尚、苏秦、杜赫之属为之谋，齐明、周最、陈轸、昭滑、楼缓、翟景、苏厉、乐毅之徒通其意，吴起、孙膑、带佗、儿良、王廖、田忌、廉颇、赵奢之朋制其兵。常以十倍之地，百万之众，叩关而攻秦。秦人开关延敌，九国之师，逡巡逃遁而不敢进，秦无亡矢遗镞之费，而天下诸侯已困矣。于是从散约解，争割地而奉秦，秦有余力而制其敝，追亡逐北，伏尸百万，流血漂卤，因利乘便，宰割天下，分裂河山，强国请服，弱国入朝。”[18]这样的事实，就充分地证明了，任何主观的企图，都不足以倒转历史的车轮，秦与六国的斗争，正是一个最好的例子。

据史载，秦至惠王之世：“用张仪之计，拔三川之地，西并巴、蜀，北收上郡，南取汉中，包九夷，制鄢，郢，……”[19]至于昭王，秦国的势力，遂深入黄河腹部，臣服韩、魏，挟制东周，东逼齐、鲁，北临燕、赵，南窥荆楚，西略巴、蜀，伐巫郡，远至于黔中。于是秦国不仅把中原诸国，置于其控制之下，而且伸张其统治于川黔一带。

到秦始皇时，“秦地已并巴、蜀、汉中，越宛有郢，置南郡矣；北收上郡以东，有河东、太原、上党郡；东至荥阳，灭二周，置三川郡”[20]。当此之时，中原六国。已如盛开之花，临于萎谢；而秦国则如暴风雷雨，闪击中原。于是“吞二周而亡诸侯，履至尊而制六合”[21]。在初期封建社会的废墟上，建立起一个崭新的封建专制主义的帝国。而中国历史也就随着新兴商人地主之登场，揭开了中国封建社会的幕布。

（《秦汉史》，北京大学出版社 1984 年）

注释

[1]《史记·秦本纪》云：“秦之先，帝颛顼之苗裔。孙曰女修。女修织，玄鸟陨卵，女修吞之，生子大业。”大业是为秦之始祖。按《国语·鲁语》上谓“夏后氏禘黄帝而祖颛顼”，《秦本纪》亦谓“秦之先，帝颛顼之苗裔，孙曰女修”，是传说中谓夏与秦同祖也。又《管子·小匡篇》云：“（齐桓公）乘桴济河……逾太行，与卑耳之貉拘秦夏。”是春秋时，秦族尚称秦夏也。又《左传》襄公二十九年传载吴公子札聘鲁，鲁使工为之歌，歌至秦，公子札曰：“此之为夏声。”是春秋时，秦之声，尚称夏声也。根据以上各种传说，吾故曰，秦为夏族之一支。夏族居住鄂尔多斯，故秦族始祖，亦当流浪于此。

[2] 如《史记·秦本纪》所记，秦之先，为帝颛顼之苗裔。《左传》文公十八年云：“颛顼有不才子，不可教训，不知话言，告之则顽，舍之则嚚，傲很明德，以乱天常，天下之民谓之‘梼杌’……舜臣尧，……投诸四裔，以御螭魅。”这一传说，即暗示夏族之一支，徙向边远之地。这一支夏族究竟徙向何处呢?《左传》昭公九年云：“先王居梼杌于四裔，以御螭魅，故允姓之奸，居于瓜州。”按瓜州在今甘肃，正史前诸羌分布之地，吾故曰大约在新石器时代初期，秦族即徙居甘肃西南。又《左传》昭公十年云：“今兹岁在颛顼之虚，姜氏、任氏，实守其地。”按“姜”、“羌”古为一字。姜氏者，即羌氏，则羌族与传说中之颛顼，又实有关系。吾故曰：秦为羌族。

[3]《左传》襄公十四年云：“将执戎子驹支，范宣子亲数诸朝，曰：‘来！姜戎氏’。”是明言戎为羌也。同书同传又载戎子驹支答范宣子之语曰：昔“惠公……谓我诸戎是四岳之裔胄也……”。按《国语》谓四岳姜姓。《周语》下曰：“祚四岳国，命以侯伯，赐姓曰姜。”是则四岳之裔胄，皆为羌族，戎为四岳之裔胄，故亦为羌族也。

[4]《管子·小匡篇》云：“西服流沙西虞，而秦戎始从。”是明言秦为戎也。《史记·秦本纪》云：“申侯乃言孝王曰：‘昔我先骊山之女，为戎胥轩妻，生中潏，以亲故归周，保西垂，西垂以其故和睦。今我复与大骆妻，生适子成。申骆重婚，西戎皆服，所以为王’。”按胥轩、大骆皆为秦之远祖，而称胥轩曰戎胥轩，是秦之族称戎之又一证也。

[5]《史记·秦本纪》云：秦之始祖“大业取少典之子，曰女华。女华生大费，与禹平水土。已成，帝锡玄圭，禹受曰：‘非予能成，亦大费为辅。’帝舜曰：‘咨尔费，赞禹功，其赐尔皁游。尔后嗣将大出。’乃妻之姚

姓之玉女，大费拜受。佐舜调驯鸟兽，鸟兽多驯服，是为柏翳。舜赐姓嬴氏。”此种传说，即暗示秦之远祖，已与舜禹发生关系，舜禹是特征东夏之族的传说人物。吾故曰，在新石器时代中期，秦族已与东夏之族发生接触。

[6]《史记·秦本纪》云：“大费生子二人……其玄孙曰费昌，子孙或在中国，或在夷狄。费昌当夏桀之时……”按夏桀之时，正值新石器时代晚期之末。

[7]《史记·秦本纪》云：“自太戊以下仲衍之后，遂世有功，以佐殷国，故嬴姓多显，遂为诸侯。其玄孙曰中潏，在西戎，保西垂。生蜚廉，蜚廉生恶来。恶来有力，蜚廉善走，父子俱以材力事殷纣。”

[8]《史记·秦本纪》太史公曰：“秦之先为嬴姓，其后分封，以国为姓。有徐氏、郯砥、莒氏、终黎氏、运奄氏、菟裘氏、将梁氏、黄氏、江氏、修鱼氏、白冥氏、蜚廉氏、秦氏。然秦以其先造父封赵城，为赵氏。”按以上十四族，其中大半为周代中原之封国。如将梁氏（即梁氏）在渭水下游，后并于秦。蜚廉氏曾“为纣石北方”并“为坛霍太山”，《地理志》谓霍太山在河东彘县（今山西霍县东北），故与赵氏同在山西。其他如徐、郯、莒、江、黄、终黎（即钟离）皆系春秋时徐淮一带的国名。此等诸侯，果如《秦本纪》所云皆系秦族之裔，则其进入中原，当在周初。

又《左传》称女子曰姜、曰姬、曰妫、曰子、曰己、曰嬴，或谓此乃当时女子之别称。实则此种不同之称谓，乃所以别女子之族姓。如于齐则曰姜，于周则曰姬，于陈则曰妫，于莒则曰己，于秦则曰嬴。考《左传》于秦之女称嬴以外，于徐亦称嬴，与《史记》合。但此外于怀于葛之女亦称嬴。如《左传》僖公十七年，谓齐侯内嬖如夫人者六人，其一为葛嬴。同十三年传云：“秦伯纳五女，怀嬴与焉。”是怀、葛亦当为秦族矣。

[9]《史记·秦本纪》云：“缪王以赵城封造父，造父族由此为赵氏。”

[10]《史记·秦本纪》云：“徐偃王作乱，造父为缪王御，长驱归周，一日千里以救乱。”

[11]《史记·秦本纪》云：秦之祖“非子居犬丘，好马及畜，善养息之。犬丘人言之周孝王，孝王召使主马于汧渭之间。”又师酉毁铭云：“唯（孝）王元年正月，王在吴（虞），格吴（虞）太庙，公族琅厘入佑师酉王呼内史䀠，册命师酉，嗣乃祖啻言，邑人，虎臣，西门夷，𥠯夷，秦夷，京夷，卑弓夷。”以上诸夷，皆系与秦族杂处于陕西境内之诸戎。

[12]秦建国始于何时，其说不一。秦钟铭云：“丕显朕皇祖受天命，奄有下国，十有二公。”此“十有二公”之首公，当然为秦族始“受天命”之“皇祖”。但此十有二公之首公，究属秦之何公，尚无定论。欧阳修《集古录》以为《史记·秦本纪》云：“襄公始列为诸侯，而《诸侯年表》则以秦仲为始。今据《年表》，始秦仲，则至康公为十二公；据《本纪》始襄公，则十二公为桓公。总之，此十有二公之首公，非秦仲即襄公，而秦钟之铸，非共公时即景公时也。”

[13]《史记·秦本纪》云：“文公以兵伐戎，戎败走，于是文公遂收周余民有之，地至岐。”“宁公二年，公徙居平阳，遣兵伐荡社。三年，与亳战，亳王奔戎，遂灭荡社。”“十二年，伐荡氏，取之。”“武公元年，伐彭戏氏。至于华山下……十年，伐邽、冀戎，初县之。十一年，初县杜、郑，灭小虢。”“成公元年，梁伯、芮伯来朝。”

[14]《史记·秦本纪》云：缪公“三十七年，秦用由余谋伐戎王。益国十二，开地千里，遂霸西戎”。

[15]《史记·秦本纪》云：“厉共公二年，蜀人来赂。十六年，堑河旁。以兵二万伐大荔，取其王城，二十一年，初县频阳。”“灵公六年，晋城少梁，秦击之。十三年，城籍姑。”惠公“十三年，伐蜀，取南郑”。

[16]《史记·秦本纪》云：孝公“十二年，……并诸小乡聚，集为大县，县一令，四十一县。为田开阡陌。……十四年，初为赋”。

[17]《史记·李斯列传》。

[18]《史记·秦始皇本纪》太史公曰引贾谊《过秦论》。

[19]《史记·李斯列传》。

[20]《史记·秦始皇本纪》。

[21]始皇十七年，内史腾灭韩，俘韩王安。十九年王翦羌瘣灭赵，俘赵王迁。二二年王贲灭魏，俘魏王假。二四年，王翦、蒙武灭楚，楚王昌平君死。二五年，王贲灭燕，俘燕王喜。二六年，王贲灭齐，俘齐王建。于是六国毕，四海一。

秦人早期历史探索

林剑鸣

公元前六七千年以前，黄河流域的仰韶文化诸氏族正处在繁荣的母系氏族社会[1]。有许多氏族部落分别从东、西两个方向，逐步向肥沃富饶的黄河中部黄土平原移动。后来，他们终于在中原地区汇合，并同当地的部落集团融合，而成为历史上最早进入文明时代的华夏族。

在这些部落集团中，以后建立商王朝的商人，最初活动于东方；以后建立周王朝的周人，最初活动于西方。他们原是分别来自我国境内不同方向的氏族部落，这已是众所周知的事实。

当历史舞台的帷幕刚一拉开的时候，秦人似乎就已经站在周人的西方了。因此，秦人源于我国西方的部落集团这种观念，也早已被人们所接受了。但是，这是大成问题的。许多材料都证明：秦人并非来源于西方，恰恰相反，他们最早是属于生活在我国东部的部落集团中的一支，他们同来自东方的商人有着十分密切的关系。

有什么证据呢？

首先，从观念信仰方面考察：秦人和殷人都把玄鸟奉为自己的祖先。在《史记·秦本纪》中，关于秦人始祖大业的降生是这样记载的：“女修织，玄鸟陨卵，女修吞之，生子大业。”殷人的始祖也是这样降生的：“殷契，母曰简狄，有娀氏之女，为帝喾次妃，三人引浴，见玄鸟堕其卵，简狄取吞之，因孕生契。”（《史记·殷本纪》）在远古各氏族关于其始祖产生的各式各样的神话中，唯有殷人和秦人的传说如此近似。这不是偶合，更不可能是《史记》作者的任意编造，一定是根据远古流传下来的传说，《诗经》中就有：“天命玄鸟，降而生商”（《商颂·玄鸟》），《楚辞》中也有：“简狄在台，喾何宜，玄鸟致贻，女何喜？”（《天问》），证明《史记》的记载皆有所本。殷人与秦人必定流传过他们的祖先与玄鸟有关的传说。

玄鸟就是燕，见《吕氏春秋·二月纪》高诱注：“玄鸟，燕也。”由于玄鸟的传说而演变为对燕的崇拜，这也是秦人与殷人所共同的。在殷墟卜辞中有：“吉燕”（《殷墟书契》前编卷6第43页第6块）“贞惠燕”（同上，第45页第1块）“贞惠吉燕”（同上第44页第1块）将燕与“吉”“惠”联系起来，并卜而祀之，可见其崇敬的程度。不仅如此，殷人还称其始祖为“玄王”：《国语·鲁语》：“自玄王以及主癸莫若汤。”韦昭注云：“玄王，契也。”《诗经·商颂·长发》：“有娀方将，帝立子生商，玄王桓拨，受小国是达，受大国是达。”《荀子·成相篇》：“契玄王，生昭明，居于砥石，迁于商。”殷人称其先祖契为玄王，说明了他们对玄鸟的崇拜。

秦人也同殷人一样，把自己的祖先同燕联系起来。如秦人祖先中有大费，“大费……佐舜调驯鸟兽，鸟兽多驯服，是为柏翳，舜赐姓嬴氏”（《史记·秦本纪》）。这一记载告诉我们：传说中的大费乃嬴姓之始祖，但何以大费又称柏翳？《史记》并未言明，后人亦多所忽略。其实，柏翳就是燕的别称。因为这个柏翳亦即《尚书·舜典》中的“益”：“帝曰、俞、咨益。”也就是伯益，“陶子者，皋陶之子伯益也”（《史记正义》引《列女传》曹大家注），“禹王天下，伯益辅治”（《论衡·逢迁篇》），故《史记索隐》“柏翳与伯益是一人不疑”。有的书就将柏翳写成伯益，如《汉书·地理志》序：“嬴，伯益之后也。”“伯益知禽兽。”而“益”字就是“燕”的通假字，在古代“益”字可写作“嗌”，如《说文》：“嗌、籀文作[illegible]。”伪《古文尚书》的益即作[illegible]。嗌同咽又是一字，《说文》：“嗌、咽也。”《尔雅》郭注：“江东名咽为嗌”。由于“咽”和“燕”在古代同音，故有时可以互代，最常见的如“臙脂”就可写成“胭脂”。在字形上，籀文的“[illegible]”（益）同“[illegible]”（燕）也颇为相近，可见“益”、“嗌”、“燕”三字是可互代的，故《说文释例》云“伯益之名，或本取嗌义而借用嗌字也”。尽管古人在考证这三个字上，给我们留下许多可借鉴之处，但他们没有一个人能讲清大费何以又称伯益的原因。从以上各家考证出发，把它们与秦人的崇拜信仰联系起来就可以看出：称大费为柏翳或伯益，也就是把大费称为大燕，这同殷人把他们的祖先契又称之为“玄王”的意义是一样的。从对玄鸟——燕的崇拜方式研究，也可以发现殷人和秦人的一致之处。

秦人和殷人都崇拜玄鸟，并以玄鸟为自己的祖先，这是原始社会时期的图腾祖先崇拜的遗迹。图腾因原始族外婚而产生，族外婚是氏族产生的前提，世界各民族都经过原始氏族社会，因而图腾制度曾普遍存在于各民族过去的历史。恩格斯在征引摩尔根所调查的塞纳卡原始部落的氏族时曾举出：

> 这个部落内有八个氏族，都以动物的名称命名：(1) 狼，(2) 熊，(3) 龟，(4) 海狸，(5) 鹿，6) 鹬，(7) 苍鹭，(8) 鹰（《家庭、私有制和国家的起源》，见《马克思恩格斯选集》第四卷，第 81 页）。

接着，恩格斯讲道：

> 氏族有一定的名称或一套名称，在全部落内只有该氏族才能使用这些名称，因此，氏族个别成员的名字，也就表明了他属于那一氏族。氏族的名称一开始就同氏族的权利密切联系在一起（同上书第 83 页。文中重点号为引者所加）。

殷人和秦人都把他们传说中的祖先——尽管是个别成员——称为玄鸟或燕，这里就正与恩格斯指出的情形一样，表明了他们原都是属于以玄鸟——燕为名字的那一氏族。

从殷人和秦人都崇拜玄鸟，以及秦人称其祖先大费为柏翳等迹象，又可推断出他们所属的这一氏族，最初可能活动于我国东方：

> 有娀氏有二佚女，为九成之台，饮食必以鼓，帝令燕往视之，鸣若嗌嗌，二爱女而争之，复以玉匡，少选，发而视之，遗二卵北飞，遂不反，二女作歌曰：‘燕燕往飞’，实始作北音（《吕氏春秋·音初篇》）。

这里说的有娀氏之女，就是契母简狄。这段传说最有价值的是，它告诉我们为何古代“燕”和“益”字音、形完全相同？原来是燕“鸣若嗌嗌”，而“嗌”与“益”乃为一字，故“燕”、“益”也可视为一字。《说文》又云：

> 乙乙，玄鸟也，齐鲁之间谓之乙乙，取其名自呼。

可见，燕虽“鸣若嗌嗌”，但直呼燕为“乙乙”（乙即嗌音）者，则仅在“齐鲁之间”，当然，这里所谓的“齐鲁之间”不可能是十分精确的地域概念，但却给人们提供了一个方位的线索，至少在当时中原地区的东方，或者说是黄河、长江之下游。也就是说：由玄鸟的崇拜而将自己的祖先称为“益”的，当是我国古代东方的某些部落集团。

最近，有人根据最新出土的考古资料，又进一步论证了这个判断。1976 年 6 月，在广西壮族自治区贵县罗泊湾发掘的秦汉大墓中，出土有翔鹭纹铜鼓一件。中山大学梁剑韬教授根据铜鼓的形制，花纹，对证古代文献，指出："古代吴越地区为鸟图腾的起源地。""殷人崇拜燕是殷族由南向北发展后仍保留原始社会时期以鸟为图腾的遗迹。"[2]虽然梁先生文章的论点，还有待于进一步商榷，但文中指出鸟图腾的崇拜起源于东方，这一点是十分正确的。无论"齐鲁"也罢，"吴越"也罢，都在广泛意义上的东海之滨，原始氏族部落流动性很大，一定要把地域范围划得很具体，也不是科学的态度。因此，说对燕的崇拜起源于东方某些氏族部落，大体是不会错的。

对玄鸟的崇拜后来又演化为对句芒的崇拜。句芒是古代传说中的东方之神，有许多古籍记载了这一传说，如《尚书大传》："东方之极，自碣石东至日出，搏桑之野，帝太皋，神句芒司之。"《淮南子·时则》也记载着："东方之极，自碣石山过朝鲜，贯大人国，东至日出之次……太皋句芒之所司者万二千里。"句芒为何是东方之神？原来它就是东方的某些氏族曾经崇拜过的玄鸟。从下面的两条材料中，可看出由玄鸟演化为句芒的痕迹，《山海经·海外东经》云：

> 东方句芒，鸟身人面，乘两龙。

《墨子·明鬼》下还有：

> 昔者秦穆公当昼日中处于庙，有神入门而左，鸟身，素服纯玄，面状正方，秦穆公见之，乃恐惧奔。神曰："无惧，帝享汝明德，使予锡女寿，十年有九，使若国家藩昌，子孙茂，毋失。"秦穆公再拜稽首曰："敢问神名？"曰："予为句芒。"

前一条资料中说句芒"鸟身人面"，后一条说"鸟身，素服纯玄"。"服"为"腹"之通假字，"素服纯玄"正是一个燕的形象。另《礼记·月令·春月》"其帝太皞，其神句芒"，是句芒为春神，玄鸟也是"仲春，玄鸟至"。玄鸟为生民之始，句芒亦能赐人以寿。可见，句芒乃由玄鸟演化而来，对此过去曾有人进行详细考证[3]。毋庸赘述。这里要指出的是：由于对玄鸟的崇拜乃东方某些氏族特有的信仰，故由玄鸟演化出的句芒才成为东方之神。

以上从对祖先来源的传说中，以及信仰、崇拜等观念形态方面考察，可知秦人同殷人祖先原系东方之氏族。

经济生产方面，秦人的祖先同殷人的祖先也是最接近的。殷人最早本是以狩猎、牧畜为主的游牧氏族，这从他们在商汤以前频繁迁徙[4]，以及商人祖先事迹中都可看出：如"相土作乘马"（《周礼》校人注引《世本·作篇》），"王冰（即王亥，篆文"冰"字作"仌字，以字形相似而沘）作服牛"（《吕氏春秋·审分览·勿躬》），"立皂牢，服牛马"（《管子·轻重戊》）。这些材料都说明殷人祖先牧畜业相当发达，至相士、王亥时代已逐渐由游牧过渡到定居放牧。但是，直到盘庚以后，农业生产在殷人的经济中早已超过牧畜业的地位，而在他们的生活习惯中还保留着很多游牧民族的痕迹。如商奴隶主贵族对狩猎具有特殊兴趣，从殷墟出土的大量卜骨中反映狩猎内容占相当大部分，就可说明田猎是商王主要生活内容之一。甚至到了商代后期，在太行山南麓和中条山一带的广大原野，都划为商王的田猎区[5]。这些，都是殷人保持着游牧民族生活习惯的证据。

秦人的祖先显然也是以游牧、狩猎为其经济生活主要内容的。从传说中秦人祖先的业迹，到他们的名字，大都与牧畜、狩猎有关，如柏翳能"调驯鸟兽"（《史记·秦本纪》），不少古籍还记载他是"虞宫"（《国语·郑语》注），专管："草木鸟兽"（《史记·五帝本纪》）。柏翳以后的费昌、孟戏仲衍等都以能"御"而出名（见《史记·秦本纪》）。还有恶来、飞廉，《史记·秦本纪》说他们的特点是："恶来有力，蜚廉善走。"还有的资料说："殷之衰也，有费仲，恶来，足走千里，手制兕虎。"（《太平御览》引《墨子》佚文）恶来"手裂兕虎"（《晏子春秋》），"前望舒使先驱兮，后飞廉使奔属"（屈原：《离骚》），"历太皞以后转兮，前飞廉以启路"（《远游》）。这种善走以及制服猛兽的本领，显然是勇敢猎人的形象。在传说的秦人祖先名字中，还有季胜、孟增、衡父、造父，据丁山先生考证："胜、增，俱涵载重致远的意味，而衡父之衡，诗《鲁颂、閟宫》'夏而楅衡'，传云'楅衡，设牛角以楅之也'。造父之造，如读为易太畜、童牛之牿。'虞翻注亦谓：'牿，以木楅其角。'由是言之，衡父、造父也是服牛乘马的寓言。"（见《古代宗教与神话考》）这情况与殷人早期生活何其相似！同样，这种狩猎、牧畜的传统也在秦人以后的历史上留下明显的痕迹，如周穆王时，造父"善御"，竟能长驱"一日千里"。周孝王时，非子"好马及畜，善养息之"，并为周孝王养马，使"马大蕃息"（《史记·秦本纪》）。秦人长于牧畜，故古代流传着善相马者皆出于秦、赵："古之善相马者，若赵之王良，秦之伯乐，尤尽其妙。"（《吕氏春秋》）赵本与秦为同族："秦氏以其先造父封越城为赵氏。"（《史记·秦本纪》），故秦、赵均有善相马者，这正是保持着本族牧畜生活传统的重要反映。一个民族的历史传统，往往保持着很长的时期还不泯灭。到春秋初期，秦人的某些生活习惯还遗留着早先游牧人的传统，《史记·秦本纪》下面一段记载足以说明这个问题：

> 三年，文公以七百人东猎，四年，至汧渭之会，曰：昔周邑我先秦嬴于此，后卒获为诸侯。乃卜居之，占曰吉，即营邑之。

秦文公一次游猎就率领七百人的队伍，持续达一年之久，其规模已相当可观。更可异者，竟在游猎中由原居甘肃东部，移至汧渭之会（今陕西眉县）"即营邑之"。这在当时各诸侯国中，是绝无仅有的。这件事正说明秦人在当时还保持着狩猎、游牧民族的古老传统。

秦人同殷人政治上的关系亦非常密切。从文献记载来看，夏以前无可考，夏以后秦人的祖先始终为殷奴隶主忠心效劳。如夏末，秦人"去夏归商"，在推翻夏王朝的战斗中，他们发挥了自己的特长："为汤御"，并"败桀于鸣条"，在殷代"嬴姓多显，遂为诸侯"（《史记·秦本纪》）。尤其至殷末的蜚廉、恶来，更是效忠于殷王朝的有名人物，"父子俱以材力事纣"（同上）。许多古籍都记载了他们"助纣为虐"的事，《荀子·成相篇》："世之灾，妒贤能，飞廉知政任恶来。"《吕氏春秋·当染》："殷染于崇侯、恶来。"可见，关于恶来、蜚廉事纣的传说并非虚构。后来周人灭殷之时，恶来也同纣一起被杀，"周武王之伐纣，并杀恶来"（《史记·秦本纪》）。恶来之父蜚廉也为殷人殉死，《史记·秦本纪》云："是时蜚廉为纣石北方，还无所报，为坛霍太山而报，得石棺，铭曰：帝令处父不与殷乱，赐尔石棺以华氏。死，遂葬于霍太山。"《孟子》记载稍异："驱飞廉于海隅，戳之。"不论怎样，上述传说反映了秦人同殷人的关系十分密切。联系到以上考察的从观念形态到经济生活的重要共同点，有理由断定：秦人同殷人最早源于一个东方的氏族部落。

秦人来自东方，还可从殷人早期活动的地域中得到最有力的证据。既然秦人同殷人最早源于一个氏族部落，那么对殷人最初活动地区的考证，也就找出秦人活动地区的线索。经过许多学者研究，现在大家都公认：殷人最初活动地区在易水流域和渤海湾一带。契居蕃（今山东滕县）。其子昭明迁砥石（今河北砥水流域），昭明子又迁居商丘（今河南商丘南），考其地均不出今河南东部、河北、山东一带。至相土时代，号称"相土烈烈，海外有截"（《诗经·商颂·长发》）其活动地区又仅是向东发展，由泰山附近达到渤海边。总之，至成汤之前，殷人始终局促在以山东半岛为中心的东部地区活动。这就不难推测，秦人早期活动的地域，也必然在这一带。

这个推测可以从后来遗留下来的几个嬴姓小国，而得到十分有力的证明。《史记·秦本纪》说：舜赐柏翳"姓嬴氏"，《国语·郑语》云："嬴，伯翳之后也。"这里所谓的"嬴"，实际是氏族部落的名称。秦人祖先所属之氏族名称，是否为舜所赐，已无从考证。但秦人确系嬴氏，则并非神话。直至春秋战国，秦仍称为"嬴秦"，秦女嫁出者为嬴姓，如秦穆嬴，秦始皇称嬴政等等。而历史上出现最早的嬴姓国，并非在西方，却在东方。如见于史籍的有奄国（见《左传》昭公元年），它就是司马迁在《史记·秦本纪》中列举的"以国为姓"的秦国同族奄运氏。奄，一作郁、盖，嬴姓国。

在殷商时为殷商之东邻与国，周灭殷时奄国尚存，周成王即位后，奄国随同武庚以及东方夷族反周，被周公所灭。同时反周的，还有一个“盈”，按“盈”就是“嬴”，这两字古代通用，如楚大夫蒍贾字伯嬴，《吕氏春秋》作“伯盈”。又如《左传》昭公元年云：“周有徐、奄。”杜注：“二国皆嬴姓。”而《汉书·地理志》：“临淮郡徐县”下自注：“故国盈姓”，可见“盈”即是“嬴”。当时的盈也反周：“周公立，相天子，三叔及殷东、徐、奄，及熊、盈以畔……”（《逸周书·作雒解》）后来盈同奄一样，均被周征服：“凡所征熊、盈族十有七国。”（同上）周公将其所征服之地封其子伯禽，考伯禽之封地在山东曲阜一带。奄国在曲阜以东，盈亦当在此附近。

还有一个嬴姓国——郯。《史记·秦本纪》也明确记载它与秦同姓，原为一族，而且也以鸟为自己祖先：“郯子来朝，昭子问焉，少皞氏，鸟命官，何也？郯子曰：吾祖也，吾知之。”（《左传》昭公十七年）。此一嬴姓国处于何地？从甲骨文和金文资料中可以找到一点线索，其地望当在殷王朝统治中心以东，距“楚”不远的地方。《令殷》有以下铭文可证：“佳王于伐楚伯在炎。”这里的炎就是“郯子来朝”的“郯”。而“楚”在何地呢？甲骨卜辞中曾出现过这个地名：

……

于楚　有雨？

［于］盂　有雨（见郭沫若：《殷契粹编》）

在《殷契粹编》中，还有“楚京”（见1315.4.1），当与上举的一片之“楚”同属一地，也是《诗经·定之方中》提到的“定之方中，作于楚宫，揆之以日，作于楚室”中的“楚”。亦即卫文公所徙的楚立，这楚立的地望可从下面一条材料来确定：“戎伐凡伯于楚以归。”（《左传》隐公七年）根据刘文淇的考证，此楚立在今山东曹县（见《春秋左氏传旧注疏证》）。郯与楚为相邻之国，其地也必在此附近。

最早出现在史籍上的嬴姓国均在今山东境内，这绝非偶然，正是因为嬴姓氏族最初就活动在这一地区，当一部人向西移动时，氏族内部还有一部分人居留在原地，这两个小国正是在留在原地的嬴姓氏族后裔在以后建立起来的。

以上材料足以说明：秦人最早活动于东方，大约在今山东境内，是属于游牧在那一带的，以狩猎、牧畜为主的氏族部落的成员。

过去，有的研究者根据后来秦人居于周人之西，从而断定秦人原系西方的氏族部落，乃羌人的一部分，甚至认为同周人原属同一氏族[6]，这是没有什么材料证明的。事实上，从各方面考察，秦人同周人毫无共同之处，他们绝不会来自同一氏族部落。如关于始祖的传说，周人后稷（即弃）乃其母姜原“践巨人迹”、“践而身动”（《史记·周本纪》）生出来的，与殷人、秦人传说的吞玄鸟卵生子不相干。神话传说的不同反映了产生这些神话传说的氏族经济和文化生活各异。玄鸟、驯兽一类的神话产生于狩猎、牧畜发达的氏族。而有关周人祖先的传说几乎与狩猎、牧畜根本无关，却与农业种植有密切联系。如“弃为儿时……好种树麻菽，麻菽美，乃为成人，遂好农耕，相地之宜，宜谷者稼穑焉”（《史记·周本纪》）。以后关于周人祖先的传说均与农业生产有关，甚至后稷这个名字本身，也是农业经济现实的反映。事实证明：在经济生活方面周人与秦人没有丝毫共同之处，在政治关系方面，从文献记载来看，至少在西周以前，秦人同周人没有发生过任何联系，就是在周武王灭商时，他们联合起西方、南方一切能联合起来的人：“庸、蜀、羌、矛、微、卢、彭、濮。”（《尚书·牧誓》）其中并没有秦，证明秦此时确是站在殷商一方的，现有的一切材料都记载着秦人始终把自己的命运同殷人联系在一起，而同周人为敌的。

（《西北大学学报》1978年第1期）

注释

［1］郭沫若：《中国史稿》第一册第 38 页。

［2］中山大学 1977 年科学报告会论文：《从罗泊湾出土文物论有关古代民族关系》。

［3］丁山：《中国古代宗教与神话考》第 48 页：“社稷五祀”、“句芒即玄鸟”一节。

［4］关于盘庚以前殷人迁徙的次数有几种不同的记载：《尚书·盘庚》序：“盘庚五迁。”《孔氏传》：“自汤至盘庚凡五迁。”马融曰：“五迁，指商立、亳、嚣、相、耿。”但一般认为自契至汤共十四代八迁即：由亳居蕃一迁；蕃迁砥石二迁；砥石迁商三迁；商迁泰山之下，复又迁商四迁，五迁；商迁殷六迁；殷又迁商七迁，商迁亳八迁（见王国维：《观堂集林》卷十二）。不论五迁、八迁，殷人在盘庚以前迁徙较频繁是毫无问题的。

［5］胡厚宣：《殷墟卜辞综述》；李学勤：《殷代地理简论》。

［6］如吕振羽在《中国原始社会史》一书中写道：“商族自东来”，“夏族自西来”，后来夏族“向东南者使发展为后来的周族，留在关中一带者，便又形成后来的秦国”。

秦人早期历史的两个问题

熊铁基

秦朝的历史虽然很短，但却很重要，它是在春秋战国社会发展的基础上，我国出现的第一个专制主义中央集权的统一国家，对我国封建社会有深远的影响。为了弄清楚秦朝的历史地位及其本身历史的发展变化，了解秦人早期历史的下面两个问题是必要的。

一　秦是西方戎族，华化较晚

秦的祖先起源于西方戎族，这是早已有人说过的一种意见，王国维在《秦都邑考》中指出“秦之祖先，起于戎狄”（《观堂集林》卷十二），蒙文通还专门写过《秦为戎族考》（《禹贡》六卷七期），其他许多古代史著作也都是这样认为的。但是，也有人认为秦本是东夷的，刘节在《中国古代宗族移殖史论》（正中书局印行）中即持此说，近来也还有其他同志主张秦是由东方迁到西方去的，甚至秦人和殷人是同祖。我觉得这后一种主张的证据是不够充分的，更重要的是，说秦起于东方对了解和说明秦人历史的发展，也没有什么实际意义。

从史书记载的情况看，我想先指出如下一点，那就是夏、商、周、秦的早期历史，神话多于史实，秦尤其如此，它本身非华夏族，在强大起来之后，就要为自己的祖宗世系伪造一批英雄故事，后世的北魏、元朝、清朝都是如此。伪造得越多，就漏洞越多，所以许多记载中矛盾百出。《史记》在《秦本纪》和《楚世家》、《魏世家》几处写道“其子孙或在中国，或在夷狄”，这对于秦、楚、魏的祖先到底属华夏还是属夷狄这个问题，倒不失为一个补漏缝缺的办法。因为这几个国家，既本来是夷狄，又后来加入了华夏，司马迁无法讲出一个民族融合的道理。

原非华夏族的国家和民族，一方面要神化自己的祖先，另一方面在他们逐步华化的过程中又尽量拉扯和华夏族的关系，《左传》襄公十四年，戎子驹支曰：“惠公蠲其大德，谓我诸戎是四狱之裔胄也。”这是说戎狄的祖先乃五帝时的四岳。关于“四岳”，《史记·五帝本纪》集解引“郑玄曰：四岳，四时官，主方岳之事”。《正义》引“孔安国云：四岳即上羲和四子也，分掌四岳之诸侯，故称焉”。由此可见，尽管古代传说中矛盾重重，但是后来各国各族的祖先都发生了这样或那样的联系，乃至最后形成一个大的汉民族，黄帝成为共同的始祖，大家都是炎黄子孙。

丁山在《中国古代宗教与神话考》一书中说：“史前神话人物世系多出商周祭典”，以及夏、商、周、秦“四代开国前世系皆宗祝伪托”。这些意见是正确的。如何从众说纷纭、真伪相混的传说中探索夏、商、周、秦开国前的历史，是值得进一步研讨的。过去关于我国文化起源的问题有许多争论，除了秦是从东方来的这个问题外，有人考证楚也是从东方来的，也有人认为商是起于西方的。到底我国文化是由西向东发展，还是由东向西发展，或者东、南、西、北各自独立的发展，然后才互相影响[1]。这也许将从考古发掘和考古学研究上得到解决。

秦人究竟起源于东方还是西方呢？已发掘的考古材料似乎还没有足以说明这个问题的，那仍然只有依靠现存的文献资料。但是，司马迁在作《三代世表》时说："五帝三代之记尚矣，自殷以前，诸侯不可得而谱。周以来，乃颇可著。"那么他根据什么来写《五帝本纪》根据什么来叙述夏、商、周、秦的先世呢？根据就是西周、春秋、战国时各种各样的传说记载，他在"百家言黄帝，其文不雅驯，荐绅先生难言之"的情况下，截断众流，整理了一番，也是难能可贵的。虽然他"信以传信，疑以传疑"，但是他用"好学深思，心知其意"的办法"择其言尤雅者"，这个选择就难免有他的主观臆断。因此，关于《史记》这方面的记叙，既不可不信，也不可全信。《史记·秦本纪》记叙了商周以前秦先世的许多传说，都是很难定论的，我们暂时不多加讨论（神话传说反映了什么又当别论）。从比较可靠而且没有重大矛盾的记载来看，我还是同意秦是西方戎族一支的那种说法，这可以从以下几方面来补充说明。

首先，商、周时代，秦的祖先都是活动在西方。《史记·秦本纪》的记载说，它们在商朝末年的时候，就是"在西戎，保西垂"，周代时"非子居犬丘"，"主马于汧渭之间"，也肯定是在西方，并且从周孝王开始正式"分土为附庸，邑之秦，使复续嬴氏祀，号曰秦嬴"，以后庄公"为西垂大夫"，这些应该是信史，也没有什么不同的记载。

秦人祖先既然商末已肯定在西方，那么，在商代或商代以前有没有可能由东向西迁徙呢？有一种可能是在夏朝灭亡的时候，过去有一种意见说："自夏亡殷，夏族被迫西迁，辗转戎狄之间，分散各地，分化为周、鬼方，大夏及秦诸族。"（吴泽：《古代史》）如果是这样，那么秦与商仍然没有关系，不过是"西返"而已，并不是起源于东方的。商代有可能西迁呢？商代实行过分封制，但没有材料证明把它的同族或有功的东方人封到西方去了；再说，如果秦人的祖先是分封去的话，这件大事在他们的历史中不会不反映出来。那么，有没有可能是在伐舌方、土方和鬼方时带去的东方部族呢？可能性也不大，因为当时用兵只到山西、陕西一带，离秦人起源地还很远。总之，还找不出什么证据来说明有一次由东向西的部族大迁徙。相反，已有的考古发掘材料表明，新石器时代早期的遗址多半在黄河流域的中、上游，晚期遗址则在下游，由此是否可以说，从石器时代开始，就是一个由西向东发展的趋势呢！周、秦不也是这样发展的吗！

其次，秦人自己讲自己祖先的活动，可靠的都是讲在西方的活动。襄公是秦国开国之君（《史记·秦本纪》"襄公于是始国"），《史记·封禅书》说："襄公既侯，居西垂，自以为主少皞之神，作西畤，祠白帝，其牲用骝驹、黄牛、羝羊各一。"虽然古今中外的学者对少皞有各种各样的考证，但都一致地认为，少皞是西天之神，《淮南子·天文训》说"西方金也，其帝少皞……"这应该是比较早的传说。襄公自以为主少皞之神，当然是认为自己的祖先是起源于西方的，而且他独树一帜，并不和夏、商、周拉扯上什么关系。司马迁在作《六国年表》时开头就说："太史公读《秦纪》，至犬戎败幽王，周东徙洛邑，秦襄公始为诸侯，作西畤，用事上帝，僭端见矣。《礼》曰：'天子祭天地，诸侯祭其域内名山大川。'今秦杂戎翟之俗，先暴戾而后仁义，位在藩臣而胪于郊祀，君子惧焉。"

又，《史记·秦本纪》上说，文公时"初有史以纪事"，当"文公东猎"时，"至汧渭之会，曰：昔周邑，我先秦嬴于此，后卒获为诸侯"。这里追述可靠的祖先历史，也认为是在西方。

以上可靠的记载说明，开国之初，还没有把关于自己祖先的神话都伪造出来，所以还没有更多的可说。《史记》上关于"帝颛顼之苗裔"，以及女修吞玄鸟卵"生子大业"等等传说，当是后来逐渐加上去的。对后加上去的神话传说不是不可以分析，但作为主要依据恐怕是靠不住的。

第三，春秋到战国初年，华夏族的诸侯国（包括华化较早的），一直把秦国当戎狄看待，《史记·秦本纪》所谓“秦始小国僻远，诸夏摈之，比如戎狄”，所谓“秦僻在雍州，不与中国诸侯之会盟，夷翟遇之”。如《华阳国志·蜀志》所说：“有周之世，限以秦巴，虽奉王职，不得与春秋盟会。”恐怕不单是地理形势上的限阻，更重量的是夷夏之别传统观念的影响。

当然，如果仅仅是“比如戎狄”，那还可以理解为轻视的意思，并不就是戎狄，但是史书上有更肯定的语言，那就是《管子·小匡篇》中所说的“秦戎”。并且更有力的证据是湖北枝江出土的一件铜钟铭文上写道：“秦王卑命，竞已用之，俞，救秦戎。”[2]据此可知，称秦为戎确实是当时的事实。稍后一些史书上，如《春秋穀梁传》称之曰“狄秦”（僖公卅三年），《春秋公羊传》说：“秦者夷也”（昭公五年）。这里的夷不是所谓“东夷”之夷，和戎、狄一样，是对西方非华夏族的一种称呼，王国维在《鬼方昆夷玁狁考》中说：“中国之称之也，随世异名，因地殊号，至于后世，或且以丑名加之，其见于商周间者曰鬼方、曰混夷、曰獯鬻，其在宗周之季则曰玁狁，入春秋后则始谓之戎，继号曰狄……综上诸称观之，则曰戎曰狄者皆中国人所加之，……鬼方之方，混夷之夷，亦为中国所附加。当中国呼之为戎狄之时，彼之自称绝非如此。”（《观堂集林》卷十三）春秋乃至战国初年，秦人还没有正式成为华夏族的成员之一，中原地区的国家（即当时史书上常用的“中国”）对秦是另眼相看的，魏公孙衍对义渠君说：“中国无事于秦，则秦且烧焫获君之国；中国有事于秦，则秦且轻使重币而事君之国也。”（《战国策·秦策二》）中原地区的国家都认为秦人非我族类，例如《左传》僖公十年记载，申生想“以晋畀秦”，并且说“秦将祀余”，狐突对他说：“臣闻之，神不歆非类，民不祀非族，君祀无殄乎！”显然晋人是不把秦当作同族同类的。

总之，正因为秦人本来是西方戎族的一支，所以西周以后，虽逐渐向中原靠拢，开始华化，但是春秋初年还不能得到中原诸国的平等看待。后来，随着秦国的国势强盛，它在诸侯国中的地位变化了，随着它武力兼并的发展，夷夏界线也逐渐消除了。秦在蚕食六国的过程中，曾经大量迁人，每攻取城邑，往往迁出其人民而把秦国人民迁入，如秦惠王“置巴郡，以张若为蜀国守，戎伯尚强，乃移秦民万家实之”（《华阳国志·蜀志》）。昭襄王二十一年，“魏献安邑，秦出其人，募徙河东赐爵、赦罪人迁之”（《史记·秦本纪》）。或者把边境戎狄迁人内地，或者徙内地人民去实边，如《左传》上说的“秦晋迁陆浑之戎于伊川”（僖公廿二年）。《汉书·高帝纪》十一年五月说的“秦徙中县之民南方三郡，使与百粤杂处”，如淳曰：“中县之民，中国县民也。”等等，此类记载甚多。这样做，自然而然消除了原来蛮夷戎狄与华夏的界线。

二　秦与中原文化的关系不深因而实行变法比较彻底

秦缪公曾经对由余说：“中国以诗书礼乐法度为政，然尚时乱，今戎夷无比，何以为治？不亦难乎！”（《史记·秦本纪》）这说明他是向往中原地区的所谓“诗书礼乐法度”的。不过，在实际上当时秦国还并没有受中原文化很大的影响。秦开国之始即“未能用周礼”（《诗序》）。到秦孝公时，商鞅仍然说“始秦戎狄之教”（《史记·商君列传》）。

“戎狄之教”是指的什么呢？一般史书上所列举的内容是：“父子无别，同室而居”（同上）；“乱人子女之教，无男女之别”（《春秋穀梁传》僖公卅三年）；再即所谓“今秦杂戎狄之俗，先暴戾，后仁义”（《史记·六国年表》），“彼秦者弃礼义……之国也”（《史记·鲁仲连列传》）。实际不止这些，政治制度上也有所不同，例如《春秋公羊传》所说“秦无大夫”之类（文公十二年，昭公元年）。当然，从政治上看更重要的是，不怎么讲礼义，只强调法制，如《韩非子·外储说右下》：“昭襄王曰：吾秦法，使民有功而受赏，有罪而受诛。”又如：“秦之法，任人而所任不善者，各以其罪罪之。”（《史记·范雎列传》）马端临有一段话说得很有意思：“秦人所行什伍之法，与成周一也。然周之法，则欲其出入相友，守望相助，疾病相扶持，是教其相率而为仁厚辑睦之君子也。秦之法，一人有奸，邻里告之，一人犯罪，邻里坐之，是教其相率而为暴戾刻核之小人也。”（《文献通考·职役考一》）这话是经不得分析的，但他说的中心意思是讲不讲礼义的问题。

作为戎狄出身的秦，与华夏的诸侯国比较，最大的不同就是“弃礼义”或者“灭去礼学”（《后汉书·舆服志》），《战国策·魏三》：“朱已谓魏王曰：秦与戎狄同俗，有虎狼之心，贪戾好利而无信，不识礼义德行。苟有利焉，不顾亲戚兄弟，若禽兽耳。此天下之所同知也。”这样破口大骂，主要的罪名也就是“不识礼义德行”，违反了中原地区的所谓文化传统。但是秦人自己并不讳忌这一点，而且公开反对那一套所谓礼义，《商君书·去强篇》说：“国有礼有乐，有诗有书，有善有修，有孝有弟，有廉有辩。国用诗、书、礼、乐、孝、弟、善、修治者，敌至必削国，不至必贫；国不用八者治，敌不敢至，虽至必却，兴兵而伐必取，取必能有之，按兵而不攻必富。”礼、乐、诗、书简直是亡国文化！没有它们国家才能富强！

反对礼义，主张刑罚，《商君书·弱民篇》说：“今当世之用者，皆欲为上圣，举法之谓也。背法而治，此任重道远，而无马牛；济大川，而无舡楫也。今夫人众兵强，比帝王之大资也。苟非明法以守之也，与危亡为邻。故民之察法，境内之民无辟淫之心，游处之（壬）［士］迫于战陈；万民疾耕战。”所以，“贾子曰：秦之俗，非贵辞让也，所上者告讦也；非贵礼义也，所上者刑罚也。”（《新书·保傅》）

由此看来，一方面秦本来没有中原那种礼义传统，另方面所谓“弃礼义”、“灭去礼学”又并不是要回到“戎狄之教”的那种状况去，他是依靠新立法度来使“民无辟淫之心”，“父子无别，同室而居”以及“无男女之别”这类落后状况也是要改变的，靠什么来改变呢？靠新的法制，“今我更制其教，而为男女之别”（《史记·商君列传》）。而且“大筑冀阙，营如鲁卫矣”（同上）。中原地区的制度，文化等等，有用的也照样采用。

汉代的贾谊说：“商君遗礼义，弃仁恩，并心于进取。行之二岁，秦俗日败也。故秦人：家富子壮则出分；家贫子壮则出赘。借父耰锄，虑有德色；母取箕帚，立而谇语；抱哺其子，与公并倨；妇姑不相说，则反唇相稽；其慈子耆利，不同禽兽者，亡几耳。”（《汉书·贾谊传》）这中间有偏见，有曲解，也有诬蔑。首先，说弃礼义仁恩不对，这是偏见，当时反对礼义仁恩不是没有一点道理，从缪公时由余的对话来看（详下），以及从上述《商君书》中的议论来看，都能说明那种以诗书礼乐为代表的上层建筑和意识形态并不是很合时宜的。其次，在生产力发展的基础上，适应小农经济发展的情况，“令民二男以上不分异者，倍其赋”（《史记·商君列传》，即所谓“家富子壮则出分”），虽然是从增加国家对农民的剥削着眼的，从历史发展的眼光看，应该无可厚非。况且这与礼义并不是太相干的事，硬拉扯在一起，岂不是有意地曲解。至于所举的那种“反唇相稽”之类的现象，在私有制社会里是根本无法克服的，高唱礼义时也莫不如此。“不同禽兽者亡几耳”，这当然纯是诬蔑谩骂。

关于当时（春秋时）社会混乱的根源，秦缪公时由余的一段对话倒是在一定程度上有道理，他认为，因为“中国以诗书礼乐法度为政”，“此乃中国所以乱也。夫自上圣黄帝，作为礼乐法度，身以先之，仅以小治。及其后世，日以骄淫，阻法度之威，以责督于下，下罢极，则以仁义怨望于上，上下交争怨而相篡弑，至于灭宗，皆以此类也。夫戎夷不然，上含淳德以遇其下，下怀忠信以事其上，一国之政，犹一身之治，不知所以治，此真圣人之治也”（《史记·秦本纪》）。这位“亡人戎，能晋言”的晋人，和商鞅一样，在比较落后的民族中找到了腐朽社会新生的途径和办法。

秦本是戎族的一支，行的是“戎狄之教”，没有或者很少有旧的传统的束缚，商鞅又利用秦人固有的某些条件[3]，遗弃中原地区的旧传统，因而能适应社会的发展变化，实行比较彻底的改革，使秦国日益富强，并近而完成统一的大业。所以贾谊也不得不承认：“然并心而赴时，犹日蹷六国，兼天下，功成求得矣。”（《汉书·贾谊传》）“赴时”，用现在的话来说就是适应了时代的潮流。在当时，摆脱某些旧传统的束缚，创立一些新的制度，是有一定进步意义的。

《荀子·强国篇》中说：“应侯问孙卿子曰：入秦何见？孙卿子曰：……入境观其风俗，其百姓朴，其声乐不流汙，其服不挑。甚畏有司而顺，古之民也。及都邑官府，百吏肃然，莫不恭俭敦敬忠信而不楛，古之吏也。入其国观其士大夫，出于其门，入于公门，归于其家，无有私事也。不比周，不朋党，倜然莫不明通而公也，古之士大夫也。观其朝廷，其闲听决百事不留，恬然如无治者，古之朝也。故四世有胜，非幸也，数也，是所见也。故曰：佚而治，约而详，不烦而功，治之至也，秦类之矣。”“古之民”、“古之吏”等等说法，不过是他牵强的理解，但他所说的秦国这种情况，恰恰是摆脱了西周以来旧传统的结果，大大不同于那些“繁文缛节”、“私门请托”、“朋党比周”等等的旧传统。

至于贾谊所说：“终不知反廉愧之节，仁义之厚，信并兼之法，遂进取之业，天下大败。众掩寡，智欺愚，勇威怯，壮陵衰，其乱至矣”。以及所谓“秦王之定取舍不审矣”（《汉书·贾谊传》）。那是以后的事，秦统一之后，形势的发展，政治上暴露出另一些问题，乃至走向某一极端，这些是需要另行讨论的。

（《社会科学战线》1980年第2期）

注释

［1］近年来金景芳先生作了《商文化起源于我国北方说》（《中华文史论丛》第七辑），他认为：“我国在尧舜时期，燕亳、砥石已经是一个重要的文化发源地。”假如秦和商同源，应该是从北方来的。

［2］此钟现藏荆州博物馆，当是一套编钟里的一件。铭文意义尚未全晓，可能是楚在某个时候答应秦之约出兵救秦，该钟为纪念其出兵而作。

［3］秦的地理位置使它不受（或少受）中原文化的影响。同时，是否又会接受其他一些文化影响也是值得注意的，丁山在《中国古代宗教与神话考》中说：“秦畤的青、白、黄、赤四色帝实本于须弥山王四面而与明堂五帝及社称五祀不是一源。”这种认为“印度婆罗门的宗教思想在公元前六世纪时即由荆楚输入中国”的意见是可以参考的。

秦人早期史迹初探

黄灼耀

在我国古代史上，秦国是一个后起的国家。《史记·秦本纪》说：秦文公十三年（公元前762年）“初有史以记事，民多化者”。这以前，秦人还处在蒙昧状态，还没有成文的历史。现存古代史籍中所记载的秦人先世史迹十分模糊。本文拟对秦人早期——武公以前的史迹做初步的探索[1]。

一　秦人的远祖及其与殷商的关系

据《诗·商颂》和《史记·殷本纪》，简狄吞食玄鸟卵而生殷人的始祖契。这样的“鸟生”传说，在我国历史上，从东北到渤海沿岸，以至于江、浙一带，是普遍流传的。这是以鸟作为氏族的图腾。据胡厚宣同志《甲骨文所见商族鸟图腾的新证据》（《文物》1979年第2期）一文，殷人远祖王亥的“亥”字都从“鸟”（隹），说明殷人以鸟作为图腾，在甲骨文中也是有证据的。

据《史记·秦本纪》，女修也是吞食玄鸟卵而生秦人的始祖大业。大业的孙子大廉，是“鸟俗氏”，“大廉玄孙曰孟衍、中衍，鸟身人言”，也都还是与始祖鸟生传说有关。这表明秦族和商族有共同的关于氏族诞生的神话传说，共同的图腾。又据《史记·秦本纪》，秦襄公“祠上帝、西畤”。《史记·封禅书》又载“秦襄公既侯，居西垂，自以为主少皞之神，作西畤，祠白帝”。少皞之墟在曲阜奄地（见《左传》定公四年），乃是商的旧都之一。郯国是东方的嬴姓国，与秦人共祖，也以少皞为其高祖（见《左传》昭公十七年）。

这些古史传说，说明秦人原来是在我国东部的与商族关系密切的氏族。但是，何以后来又活动在西北呢？

《史记·秦本纪》说：

> 费昌当夏桀之时，去夏归商，为汤御，以败桀于鸣条。大廉玄孙曰孟戏、中衍，鸟身人言。帝太戊闻而卜之使御，吉，遂致使御而妻之。自太戊以下，中衍之后，遂世有功，以佐殷国，故嬴姓多显，遂为诸侯。

御本来不是显贵的职务，而是奴隶的劳动。西周初期（约当周康王时）的《大盂鼎》记载周王赐给盂两宗人，铭文说：“赐汝邦司四百，人鬲自御至于庶人六百又五十九夫；赐夷司王臣十又三百，人鬲千又五十夫。”人鬲是奴隶，而御是包括在人鬲之中的高级的奴隶。《史记·秦本纪》又说“蜚廉生恶来。恶来有力，蜚廉善走，父子俱以材力事殷纣”。可能这一氏族是由于服劳役有功，改变了原来的奴隶地位，而上升为殷商的从属诸侯了。

秦字甲骨文作□[2]，或简作□[3]。金文作□（《鄦子簠铭》）、□（《秦公敦铭》）、□（《史秦鬲铭》)、[古文字](《师酉𣪕铭》)[4]。

以上所录，除了《师酉𣪕》的[古文字]外，其余均作上从两手持[古文字]（即杵字），下从秝之形。此外，古剑和古钵文字的秦字，间有作[古文字]、[古文字]、[古文字]的[5]。这是后起的简体、变体字。

《说文》："[古文字]，伯益之后所封国，地宜禾。从禾舂省。一曰：秦，禾名，[古文字]，籀文秦从秝。"照字形看，[古文字]是舂的意思，最初当不是名词。依《韵会》所引《说文》的原文是"从禾，舂省声"。秦，舂一声之转。所以秦字的构成，是会意而兼形声。《师酉𣪕铭》中的[古文字]，在两手持杵之下，一手持禾之上，加上了臼字，这是繁体字，是把舂的意思表示得更完全了。

师酉𣪕为周孝王元年器[6]。器铭说：

> 隹王元年正月，王才（在）吴（虞），……王乎（呼）史𦤎册命师酉，𤔲乃且（祖）啻官（啻读为嫡，嫡官即承继管理之意）邑人、虎臣，西门尸（夷）、[古文字]尸、[古文字]尸、京尸、[古文字]身尸……

依此铭文，师酉是虞的贵族。他奉王命，嗣其先祖，继续管理秦夷及其他夷族，知秦人之居虞地而为虞人之下属，当在懿王时代以前，共王时代，或远在穆王以前了。

虞地之所在，见于同𣪕铭文。同殷与师酉𣪕是同一时代的铜器，铭文载：

> 王命：同𢀜（左）右吴大父，𤔲易（场）林吴（虞）牧。自淲东至于𣶃（河）、毕逆（朔）至于玄水。世孙孙子子，𢀜（左）右吴大父，毋（毋）女（汝）又（有）闲。

这个"吴大父"，即《师酉𣪕铭》的"吴大"。本铭文说周天子任命同这个人辅佐虞大父，管理场（即《周礼》的"场人"）、林（即"林衡"）、虞（即"山虞"，"泽虞"之类）、牧（"牧人"，"牧师"之类），而其管理范围，是自洛水（淲水即陕西之洛水）东至于河，再由河溯而上之，至于玄水（即今之延水）；也就是，虞之领地是由延、洛、河、渭天然形成的一个区域[7]。这样，秦人的居处，是在延、洛、河、渭之间[8]。

原是殷商的从属的秦人，在殷亡之后，与其他夷人四族同归虞人的管制，此种情况，正与《左传》所载武王分给鲁、卫各以殷民若干族的情况（见《左传》定公四年）略同。所不同的是：虞是周畿内之国。依《同𣪕》铭文，同之辅佐虞太父，管理虞地的场、林、虞、牧，这是出自王命，而师酉之管理秦、[古文字]诸夷，亦出自王命。这样，虞国是由周天子管辖，而秦人为周天子之从属可知。

依《史记·秦本纪》，殷亡之后，嬴姓氏族中，从季胜到造父这一支成为周的奴隶，造父是周缪王的御者，也是服劳役有功，被封于赵城，成为后来的赵氏。这没有再论述的必要了。至于其他的嬴氏族，应该注意的是他们继续反抗周的统治。《孟子·滕文公》说："周公相武王，诛纣伐奄，三年，讨其君，驱飞廉于海隅而戮之，灭国者五十。"所述关于飞廉之死与《史记》不同。《史记·周本纪》和《秦本纪》所载伐奄是成王时事。但说飞廉是商纣的从属，他同周人对抗，结果失败被杀，这一点是一致的。成王时，徐（也是所谓淮夷）、奄反抗周的统治，于是有"东伐淮夷，残奄"之役。这是周人出兵东南方，消灭殷商的残余势力。《逸周书·作雒解》载：

> 周公立，相天子，三叔及殷东徐、奄及熊盈以畔……二年，又作师旅，临卫征殷，殷大震溃。……凡所征熊盈十有七国，俘维九邑。俘殷献民，迁于九毕。

按"熊盈"是"熊"或"盈"的复音词。《史记·秦本纪》载："秦之先为嬴姓，其后分封，以国为姓。"其中有"运奄氏"，当是"奄"的复音词。可为例证。《文选·古诗十九首》："盈盈楼上女。"李善注谓"盈与嬴同，古字通"。又，熊字（古文熊）金文作[古文字]（《能匋尊铭》）、[古文字]（《毛公鼎铭》）。嬴字金文作[古文字]（《嬴氏鼎铭》）。熊、嬴形近。很可能这"熊盈"就是"嬴"，而秦人的祖先是这次战败被俘，迁到今陕西境内。毕这个地方，据《史记·周本纪》"所谓周公葬于毕，毕在镐东南杜中”，大抵是把俘获的这些殷民作为奴隶，迁到今之陕西东南部去；也就是近于上述的延、洛、河、渭之间了。

如上述，《师酉𣪕》铭文中有“秦夷”，而秦字表示“舂”的意义，在古代，舂是奴隶担当的劳动。《墨子·天志》说：“大国之君攻小国。民之格者则劲拔（到杀）之，不格者则系操而归。丈夫以为仆圉胥靡，妇人以为舂酋。”孙诒让《墨子间诂》引毕沅《墨子校注》说：

毕云：《周礼》云“其男子入于罿，女子入于舂罿”。酋与舀，声形相近。《说文》云“抒臼也”，亦舂罿义与？……按毕说是也。《周官·舂人》有“女舂抌二人”。郑注云：“女舂抌，女奴能舂与抌者。抌，抒臼也。”《说文》舀或作抌。此与舂酋连文，则酋即抌之段字。

可见在古代从事舂米这种劳动的是奴隶；这种奴隶的来源，是战争得来的俘虏，而这在春秋战国时代还是普遍的情形。可能在周初，秦人是属于这一类劳动奴隶。《左传》定公四年文载，周灭殷之后，分给鲁国以殷民六族，又分给卫国的有七族。这十三族当中的索氏（绳工）、长勺氏、尾勺氏（酒器工）、陶氏（陶工）、施氏（旗工）、繁氏（马缨工）、锜氏（锉刀工或釜工）、樊氏（篱笆工）、终葵氏（椎工），都是从事手工业生产的奴隶。这可以作为秦人原是奴隶的佐证。

二　非子至襄公之前秦人活动的范围

《史记》说，非子为周孝王养马。养马本来是奴隶的劳动。非子养马有功，孝王给他“分土为附庸”，“邑之秦，使复嬴氏祀，号曰秦嬴”。这样说来，这以前，秦人是失姓断祀了。失姓断祀，当然是奴隶。到了非子，才改变了奴隶的身份。至于非子的居处，很有问题，要探讨。第一，《史记·秦本纪》载：

缪王以赵城封造父，造父族由此为赵氏。自蜚廉生季胜以下五世至造父，别居赵。赵衰其后也。恶来革者，蜚廉子也，蚤死，有子曰女防，女防生旁皋，旁皋生太几，太几生大骆，大骆生非子。以造父之宠，皆蒙赵城，姓赵氏。

按《史记》上文说“蜚廉生恶来”，这是一支。又说“蜚廉复有子曰季胜”。季胜之后是孟增、衡父、造父，这又是一支。恶来之后，是后来秦国的祖宗，而季胜之后，则是赵国的祖宗。所以《史记》“以造父之宠，皆蒙赵城，姓赵氏”这三句有问题。梁玉绳说：“案上文言造父封赵城，族由此为赵氏，是也。乃又谓非子蒙赵城，则非。”（《史记志疑》卷四）我认为这可能是乱简。原文应接在“赵衰其后也”之下。如此，于文理就顺当了。弄清楚这一点，其目的在于说明非子的居处与赵城无关。

第二、《史记·秦本纪》说“非子居犬丘”。这犬丘究在何处？是否与秦人所居之所谓“西垂”原是一地？这是更复杂的问题。首先，《史记·秦本纪》说，非子的远祖中潏就已经“归周”“居西戎，保西垂”。这不足信。因为中潏之子蜚廉，孙恶来还是殷纣的从属，是同周人对抗的人。其次，关于西垂与犬丘，前人有不同的论述。王国维《秦都邑考》（《观堂集林》卷十二）有所考证，唯其论据实有商讨之必要。今不厌其详，先录其原文如下：

案西垂之义，本谓西界。《史记·秦本纪》：中潏在西戎，保西垂。又，申侯谓孝王曰：“昔我先骊山之女为戎胥轩妻，生中潏，以亲故归周，保西垂，西垂以其故和睦。”又云：庄公为西垂大夫。以语意观之，西垂殆泛指西土，非一地之名。然《封禅书》言秦襄公既侯，居西垂。《本纪》亦云，文公元年居西垂宫，则又似特有西垂一地。《水经·漾水注》以汉陇西郡之西县当之，其地距秦亭不远。使西垂而系地名，则郦说无以易矣。唯犬丘一地，徐广曰：今槐里也。案槐里之名犬丘，班固《汉书·地理志》、宋衷《世本注》均有此说。此乃周地之犬丘，非秦大骆非子所居之犬丘也。《本纪》云非子居犬丘，又云大骆地犬丘。夫槐里之犬丘，为懿王所都，而大骆与孝王同时，仅更一传，不容为大骆所有。此可疑者一也。又云宣公子庄公以其先大骆地犬丘为西垂大夫。若西垂泛指西界，则槐里尚在雍、岐之东，不得云西垂。若以西垂为汉之西县，则槐里与西县相距甚远，此可疑者二也。且秦自襄公后始有岐西之地，厥后文公居汧渭之会，宁公居平阳，德以居雍，皆在槐里以西，无缘大骆庄公之时已居槐里，此可疑者三也。案《本纪》又云，庄公居其故西犬丘，此西犬丘实对东犬丘之槐里言。《史记》之文，本自明白，但其余犬丘字均略去西字。余疑犬丘、西垂本一地。自庄公居犬丘，号西垂大夫，后人因名西犬丘为西垂耳。然则大骆之起，远在陇西，非子邑秦，已稍近中国，庄公复得大骆之地，则又西徙，逮襄公伐戎至岐，文公始逾陇西，居汧渭之会。其未逾陇以前，殆与诸戎无异。自徐广以犬丘为槐里，《正义》仍之，遂若秦之初起已在周畿内者，殊失实也。

我认为：(一）庄公为西垂大夫，其所经略之地，犹未尝入陇西。庄公以前，更不用说了。因为直到武公时代，伐邽、冀之戎，秦人的领域才达到了今之甘肃天水、甘谷之间（详下）。如果说西垂即西县，则邽、冀之戎，何待武公之征讨？(二）犬丘有两处，但不能说周之犬丘非秦大骆、非子所居之犬丘。《史记·秦本纪》说“非子居犬丘……主马于汧、渭之间”。这是周孝王时代非子从槐里迁徙到汧、渭之间。后来孝王“邑之秦”，这秦地亦当在汧渭之间。按《史记集解》引徐广说“今天水陇西县秦亭也”。《史记正义》引《括地志》则说“秦州清水县本名秦，嬴姓邑。《十三州志》云秦亭秦谷是也”。此外，《水经·汧水注》既说犬丘在汉陇西郡西县，《渭水注》又说秦水“出东北大陇山秦谷……秦之为号始自是矣”。按秦亭、秦谷之说，大抵始于《汉书·地理志》。《地理志》说周孝王封非子为附庸，“邑之于秦。今陇西秦亭、秦谷是也”。其实，《地理志》没有说是在陇西郡的哪一个县。王先谦《汉书补注》说：“齐召南曰：此陇西非郡名，言陇县之西，有秦亭、秦谷，即其地也。”我认为问题就在这里，因为看见后起的地名，就加以附会，说这是历史上的什么地方。这种情况不少见。所以对于西垂、犬丘的地望，《史记》言之不详，引起后来有异议。

《秦本纪》说：三年（公元前七六三年）文公以兵七百人东猎。四年，至汧、渭之会，曰“昔周邑我先秦嬴于此，后卒获为诸侯”。乃卜居之。这是说非子所邑之秦，是在汧、渭二水会合之处，不是在陇西。《史记》已说得很清楚。而且，非子既然为孝王主马于汧、渭之间“汧、渭之会”处是他的封土，这就是很适当的了。《水经注·渭水注》说：龙鱼川（汧水上游）“东经汧县故城（在今陕西陇县南）北，《史记》秦文公东猎汧田，因遂都其地是也”。按此说不确。此地在汧水上游，非“汧、渭之会”。依《史记集解》所引《括地志》，文公所卜居之处，故城在郿县东北十五里（郿县旧治渭北，今在渭南）。今汧、渭会合之处，非在郿县，而在虢镇之西。而且文公时代的政治重心在歧、雍与陈仓之间，适在今汧水入渭之处（详下）。不过，《史记》仅泛言“汧、渭之会”，没有确指某一地点，略东略西，都可以概言之为汧、渭之会。《尔雅·释水》谓“水决之泽为汧”，疑古汧水入渭之处原来不是一个固定的地方。总之，非子所居之邑，约在今之郿县至汧水入渭之处，当不成问题。

《史记》说周孝王之封非子“亦不废申侯之女子为骆适者以和西戎”。自是秦人分为两个宗族。其一是大骆嫡子成之后，仍居槐里之犬丘。至周厉王之时，此一族为西戎所灭（见《秦本纪》)。其二是非子的后代，居西犬丘。《秦本纪》说：

周宣王时，秦仲为大夫，伐西戎，为西戎所杀。宣王召秦仲长子庄公昆弟五人，与兵七千人，使伐西戎，破之，于是复予秦仲后及其先大骆地犬丘并有之，为西垂大夫。庄公居其故西犬丘，生子三人，其长男世父。世父曰："戎杀我大父仲，我非杀戎王则不敢入邑。"遂将击戎，让其弟襄公。……襄公二年，戎围犬丘，世父击之，为戎人所虏。岁余，复归世父。

看来世父所居之犬丘与襄公所居之故西犬丘，原分两处。《史记》是说清楚的。但所谓"复予秦仲后及其先大骆地犬丘并有之"一语，语意颇觉含糊，依理似应释为"复予之秦仲后人所居之犬丘与其先大骆所居之犬丘并而有之"。这样，则"庄公居其故西犬丘"即秦仲后原有之犬丘，所以称"故"，其义乃明。自非子以后，历秦侯、公伯至秦仲数世，无迁都之事，是则西犬丘为非子始封之地可知。从而，西犬丘在汧、渭之会，亦可得而定了。

这里再说到槐里之犬丘，《史记集解》引徐广说"今槐里是也"。《史记正义》：

《括地志》云："犬丘故城，一名槐里，亦曰废丘，在雍州始平县东南十里。"《地理志》云："扶风槐里县，周曰犬丘，懿王都之，秦更名废丘。高祖三年更名槐里也。"

《秦都邑考》说："槐里之犬丘为懿王所都，而大骆与孝王同时，仅更一传，不容为大骆所有，此可疑者一次。"我认为：秦人初为周室之从属，失姓断祀，到了非子邑于秦，始为附庸，复姓续祀，则其居槐里之时，族小力微可知。以一微小之从属而居京畿之内，正合乎实情。《秦本纪》说："秦仲立三年，周厉王无道，诸侯或叛之，西戎反王室，灭犬丘大骆之族。"是则大骆所居之犬丘在王畿之内可知。所以我认为这里是没有什么可疑的。

《秦都邑考》说："若西垂泛指西界，则槐里尚在雍、岐之东，不得云西垂。若以西垂为汉之西县，则槐里与西县相距甚远，此可疑者二也。"我认为：周人自王季、文公以后，其政治重心已东移至丰、镐一带。庄公居西犬丘，称为西垂，自无不合。这也是无可疑的。

《秦都邑考》说："秦自襄公后始有岐以西之地，厥后文公居汧、渭之会，宁公居平阳，德公居雍，当在槐里以西。无缘大骆、庄公之时，已居槐里，此可疑者三也。"我以为：秦人初期自东向西迁移，到了文公以后，复回向东发展（详下），庄公之时已得槐里之犬丘与西犬丘，兼而有之，这也是无可疑的。

所以槐里之犬丘，虽本为周地，但也是秦人所居之处。这当不成问题了。《史记·周本纪》和《老庄申韩列传》都载太史儋见秦献公说"始秦与周公"，当是有根据的。看来秦人拓土迁徙的情况是：初期居于延、洛、河、渭之间。大骆居槐里之犬丘，已属西移。自今之陕东移至陕中。非子邑于汧、渭之会，则更向西开拓。其居处之所以亦名犬丘，这是居新土而袭用旧名。对槐里之东犬丘而言，这是西犬丘。

从上引《秦本纪》看来，自秦仲以至于庄公之世，秦人居处以西犬丘为主，东犬丘则因戎人之侵扰而时得时失。不过，总的说来，此时秦人活动地区，当沿渭水流域，东自今之兴平，西达郿县，以至汧水入渭之处。这大致是清楚的。

三　襄公时代的扩展

襄公所居之邑，《秦本纪》未载，但《史记正义》引《括地志》说"故汧城在陇州汧源县东南三里"。《帝王世纪》云："秦襄公二年徙都汧，即此城。"汧源即今之陇西陇县地，在汧水的上游。这是秦人由汧、渭之会逆溯汧水而上移。《秦本纪》载戎围犬丘世父，事在襄公二年（公元前764年），可见襄公都汧源之时，东犬丘仍为秦所有。《秦本纪》说：

七年（公元前759年）春，……西戎、犬戎与申侯伐周，杀幽王骊山下，而秦襄公将兵救周，战甚力，有功。周避犬戎难，东徙雒邑。襄公以兵送周平王。平王封襄公为诸侯，赐之岐以西之地。曰：戎无道，侵夺我岐、丰之地，秦能攻逐戎，即有其地。与誓，封爵之。襄公于是始国，与诸侯通使聘享之礼。

此时秦人始由附庸进而成为诸侯。襄公八年[9]作西畤。据《史记正义》引《括地志》，西畤在雍县南二十里之三畤原上。地当雍水上游之处，与汧水之下游极接近。可见此时秦人之政治重心在汧水流域。传世《石鼓文》出凤翔南，为襄公时代所作[10]，其中有关于汧水上下游风物的描写，可为佐证。《史记·封禅书》说“秦襄公既侯，居西垂”。此西垂亦泛指西界，而《正义》以为是陇西郡之西县，这也是不确。依《秦本纪》，“秦襄公既侯”，应该是八年的事。此时当仍在汧水上游，因为到了文公时代有东猎之事可知。

按所谓“岐以西之地”，虽然所指甚为广泛，然汧水流域正当岐以西之地，当然就包括在内了。《秦本纪》说襄公“十二年伐戎至岐，卒”，这是襄公末年自岐西而攻占岐山。

四 从文公到武公时代的都邑所在

文公元年，仍居西垂宫。三年东猎。四年卜居于汧、渭之会。这是政治重心回向东方迁移。十年（公元前756年）初为鄜畤。据《史记正义》，鄜畤亦在雍南之三畤原上。十六年（公元前750年）“文公以兵伐戎，戎败走。于是文公遂收周余民有之，地至岐；岐以东献之周”（《秦本纪》）。岐为周人发迹之地，文公完全占领其地，故能“收周余民有之”。此时攻占岐地的动向，是自西而东，这是继续襄公时期的攻势。

《秦本纪》和《封禅书》说文公十九年（公元前747年）得陈宝于陈仓北坂，《秦本纪》又说文公二十七年（公元前739年）“伐南山大梓”。据《史记正义》引《括地志》“大梓树在岐州陈仓县南十里仓山上”。可见当时秦之领域，有岐山及岐以西之地，至陈仓（今宝鸡县）境。文公之后，继位的是献公[11]。《秦本纪》说他“徙都平阳”。继位的是武公，“居平阳封宫”。平阳的所在，据《史记正义》：

《帝王世纪》云：秦宁公都平阳。按岐山县有阳平乡，乡内有平阳聚。《括地志》云：平阳故城在岐州岐山县西四十六里。秦宁公徙都之处。

宝鸡县发现的秦公钟、秦公镈为武公时代所铸器。发现的地点太公庙村，西距古岐州县城近五十里。可能宪公、武公所居的平阳就在这一带[12]。依《秦本纪》说，文公葬西山、宪公亦葬西山。文公所葬之西山，《史记集解》引徐广曰：“皇甫谧云葬于西山，在今陕西之西县。”至于宪公所葬之西山，据《史记正义》引：“《括地志》云‘秦宁公墓在岐州陈仓县西北三十七里秦陵山。《帝王世纪》云秦宁公葬西山大麓，故号秦陵山地’。按文公葬西山，盖秦陵山也。”如果说西山在西县，则距离岐地甚远，不合理。现在既然在宝鸡发现武公时代的钟与镈，就证明《括地志》是说对了。

宪公二年“遣兵伐荡社，三年与亳战，亳王奔戎，遂灭荡社”（见《秦本纪》）。依《史记正义》荡社在今三原与兴平之间。这是秦人再向东发展，而占有丰、镐西北方之地。是由岐山东进，而占有岐以东之地了。

武公元年（公元前697年），伐彭戏氏，至于华山之下。彭戏之戎，在今陕西白水县（依《正义》）。武公十年（公元前688年）伐邽、冀戎，初县之。《史记集解》注引《地理志》：“陕西有上邽县。”应劭曰：“即邽戎邑也。”冀县属天水郡。这样，邽、冀戎约在今甘肃天水与甘谷之间。伐邽、冀戎而县之。这是秦人向西扩展。十一年初县杜（杜在长安东南，郑在华县西北），灭虢。这样，秦人已占有丰、镐东北及东面之地。这是向东发展。应该注意的是秦人在陇西方面开拓的事迹，见于《史记》所载的，以伐邽、冀戎为首次。可能此时期以前，秦人领域大概尚未逾陇，纵已逾陇，亦未必达今之天水县。不然，何以前此秦人在陇西的史迹，除后人所资以附会的地名（如秦亭、秦谷之类）外，尚无所见呢？

综观武公时代，秦人的活动中心在岐、雍，而其势力向东西两方扩展，东抵丰、镐以东，西逾陇而达今之天水一带。是循渭水流域，顺流而东，逆溯而西，占有整个渭水流域了。

此外，宋代出土于甘肃秦州（今甘肃天水县）的“秦公毁”（亦称“秦公敦”）和“秦公钟”（亦称“秦盄龢钟”）”，据郭沫若同志认为此两器的花纹形制与齐《叔夷镈钟》相同，应是秦景公时代（公元前576——前537年）器。器和盖文均有后世凿的字。这是“西县宗庙之祭器”。“是文公始居西县之证”[13]。王国维《秦公敦跋》说“其出于秦州，得以其为西垂陵庙器解之”[14]。我却认为：这恰好是景公时代秦人势力已达今之天水的明证。因为这是合乎秦人由东向西扩展的动向的。

（《学术研究》1980年第6期）

注释

［1］秦人早期世系表：

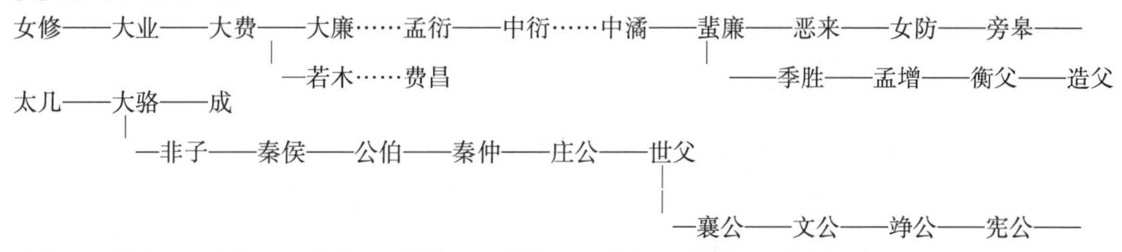

女修——大业——大费——大廉……孟衍——中衍……中潏——蜚廉——恶来——女防——旁皋——太几——大骆——成

（大费）—若木……费昌

（蜚廉）——季胜——孟增——衡父——造父

（大骆）—非子——秦侯——公伯——秦仲——庄公——世父

（庄公）—襄公——文公——竫公——宪公——武公——德公——宣公——成公——缪公——康公——共公——桓公——景公

［2］《殷墟书契后编》下第37页第8片。

［3］《殷墟书契后编》下第39页第2片，又见《戬寿堂所藏殷墟文字》第30页第9片，第44页第8片。

［4］𥞫字孙诒让《古籀余论》、王国维《史籀篇疏证》、林义光《文源》均释秦。

［5］见丁佛言：《说文古籀补补》。

［6］［12］据李学勤：《西周中期青铜器的重要标尺》（《中国历史博物馆馆刊》1979年第1期）。

［7］《同毁》铭文的考释依郭沫若《两周金文辞大系》。

［8］1959年在陕西蓝田县出土的《师询毁》，乃周厉王十七年师酉之子师询所作之器。器铭有“今余令女商官嗣邑人，先虎臣、后庸、西门尸（夷）、秦尸、京尸……”。下文又有“成周走亚，戍秦人、降人，服夷”等被管辖者。虽关于铭文的考释尚有异议，但已可证秦人在周厉王以前居今之陕西东南部。其后（孝王时代或孝王以前），秦人的一支（包括非子及大骆氏之族）迁到犬丘，而仍有一部分秦人留居上述地带。见郭沫若：《弭叔簋及訇簋考释》及段绍嘉：《陕西蓝田县出土弭叔等彝器简介》（《文物》1960年第2期）、李学勤：《西周中期青铜器的重要标尺》（《中国历史博物馆馆刊》1979年第1期）。

［9］《史记·十二诸侯年表》。

［10］见郭沫若：《古代铭刻汇考·石鼓文研究》及《续考·再论石鼓文之年代》。

［11］《秦本纪》和《史记·十二诸侯年表》作“宁公”，《秦始皇本纪》作宪公，依宝鸡出土《秦公钟》、《秦公镈》铭文，应以作宪公为是。见《文物》1978年第11期卢连成、杨满仓《陕西宝鸡县太公庙村发现秦公钟、秦公镈》。

［13］《两周金文辞大系》。

［14］《观堂集林》卷十八。

读《秦本纪》札记

伍仕谦

考证史籍，除了依靠有关古代文献，还必须利用考古发掘材料，互相参证。这是王静安先生的“史学二重证”的治史方法。自殷墟甲骨发现以来，国内很多历史学家，已应用甲骨文记载的资料补充修正古籍记载的缺失。本文试图利用一些新发现的考古材料，对照《史记·秦本纪》的记载，提出一些个人看法。

一　秦之世系

——关于十二公、十八世的考订，兼答张天恩先生

依照《史记·秦本纪》、《始皇本纪》所载秦的世系，列表如下：

颛顼……女修—大业—大费（柏翳）（与大禹商时）—┌大廉（鸟俗氏）……（玄孙）孟戏、中衍（殷太戊时）—
└若木（费氏）……（玄孙）费昌（夏桀时）。

（玄孙）中潏—蜚廉—┌恶来（殷纣时）——女防——旁皋——太几——大骆——非子。
└季胜—孟增（周成王时）—衡父—造父（周穆王时）（以后为赵之祖）。

以上为非子以前秦之世系。世系中屡见“玄孙”，据《尔雅·释亲》谓：“曾孙之子为玄孙。”注：“玄者，言亲属微昧也。”自本身上溯五世为高祖。大费即柏翳，应即伯益，为舜臣。其子大廉、若木应与夏禹或启同时，而大廉及若木的玄孙在夏桀及商太戊时，故玄孙之说不可信，中间不知道脱遗多少代。《说文》：“玄，幽远也。”玄孙当为久远之裔孙。

非子（周孝王分土为附庸，邑之秦）——秦侯（10 年）——公伯（3 年）——秦仲（周宣王以之为大夫）（23 年）——庄公（周宣王以之为西垂大夫）（44 年）——襄公（周平王封之为诸侯）（12 年）——
文公（50 年）——竫公（始皇本纪作静公）——宁公（始皇本纪作宪公）（12 件）——
┌出子（三代世表作出公）（6 年）。
├武公（20 年）。
└德公（2 年）——┌宣公（12 年）。
├成公（4 年）。
└穆公（39 年）——康公（12 年）——共公（5 年）——桓公（27 年）——景公（40 年）——
哀公（36 年）——夷公（不立）——惠公（10 年）——悼公（15 年）——厉共公（34 年）——
┌躁公（14 年）。
└怀公（4 年）——昭子（未立）——灵公（10）——简公（怀公之弟）（15 年）——惠公（12 年）——

出子（2 年）——献公（灵公之子）（23 年）——孝公（24 年）——惠文君（前 13 年，后 14 年）（称王）——武王（4 年）——昭襄公（56 年）——孝文王（1 年）——庄襄王（3 年）——始皇帝。

按司马迁作《六国年表序》称："余因秦记，踵春秋之后，表六国时事。"看来非子以前的世系，可能仍是根据《秦纪》。

《始皇本纪》之世系与《秦本纪》之世系，有很大的差异：

（一）《史记》记襄公以下列君年数，《始皇本纪》为五百七十二年，《秦本纪》为五百七十七年。

（二）悼公年数：《始皇本纪》十五年，《秦本纪》十四年。

灵公年数：《始皇本纪》十年，《秦本纪》十三年。

简公年数：《始皇本纪》十五年，《秦本纪》十六年。

献公年数：《始皇本纪》二十三年，《秦本纪》二十四年。

庄襄王：《始皇本纪》三年，《秦本纪》四年。

孝文王：《始皇本纪》一年，《秦本纪》称即位三日卒，不纪年。

为什么同一部史书，记载如此不同？梁玉绳《史记志疑》谓："此记是秦史官所录，史公采以作史记者，何以误端叠见，盖篆隶递变，简素屡更，传写乖讹，非《秦纪》之旧矣。"梁氏之说，殊难使人信服。篆隶递变，数目字不会有差异。《史记索隐》以为"史公据《秦纪》为说，与正史小有不同，今取异说重列于《始皇本纪》之后"。此说近是。盖史公根据两种不同的记载，两说俱并存之，以供参考。如《秦本纪》之宁公，年表及《汉书》古今人表与之相同，而《始皇本纪》则作宪公。前年宝鸡太公庙出土之秦公钟，铭文正作宪公，故《秦本纪》误而《始皇本纪》是。又如灵公、简公、献公、庄襄王在位年数，年表与始皇本纪同，故《始皇本纪》的可靠性大些。本表以《始皇本纪》为依据。

按秦之世系表，从秦侯起，即有年代可循。宋代著录之盄和钟，及 1921 年天水出土之秦公簋，其铭文皆有"十二公"之说。而 1978 年宝鸡出土的秦公钟七器铭文，则只列文公、静公、宪公三世。关于"十有二公"，从宋代至今都有争辩，迄无定论。拙文《秦公钟考释》（载《四川大学学报》1980 年第 2 期）以为十二公当自非子受周命，"分土为附庸，邑之秦"开始计算，至德公为十二世，作器者为德公，盄和钟及秦公簋铭文与秦公钟七器铭文辞意相同，字体相类，允为一人之作。兹将历代对十二公的说法列举如下：

（一）［宋］欧阳修以为十二公当自秦仲始，历十二世而至康公，不计出公，作器者为共公。

（二）［宋］杨南仲以为自非子至宣公，历十二世作器者为成公。计出公不计静公。

（三）［宋］薛尚功以为自秦襄公始，历十二世至桓公，作器者为景公。不计出公。

（四）［宋］黄伯思以为自非子起，历十二世而至成公，作器者即成公。不计静公、出公。

（五）罗振玉以为自秦侯始，历十二世至成公，作器者穆公。不计出公、静公。

（六）郭沫若以为自襄公始，历十二世至景公，作器者为景公。不计出公、静公。

（七）容庚先生以为自庄公始，历十二世至共公，作器者为桓公。计公出，不计静公。

（八）李学勤先生以为自非子始，历十二世至宣公，作器者为成公。不计出公。（《文物》1980 年第 9 期）

（九）李零先生以为自庄公始。他说："秦公簋的年代大约是在秦共公时。"（《考古》1979 年第 6 期）

（十）张天恩先生以为"秦公钟一出，基本是一锤定声了，十二公起从文公，先祖或皇祖当指襄公而言”。文公至桓公为十二世，作器者为景公。“至此十有二公近千年的词讼似可告结束了。”（《四川大学学报》1980年第4期）张先生说一锤定声，好像就成了定论，不能改易。鄙见以为这个问题还值得郑重分析。

首先，欧阳、薛、黄、杨、罗、郭、容不计出公或静公，是不合理的。出子在位六年，或以为无谥，这是不确切的。三代世表明明就称之为出公。静公是文公长子，虽不享国而死，但既已追谥称公，就应排列在十二公之内。过去人们都不算他，而新出土的秦公钟七器却以之与文公、宪公并列，所以不把他列入十二公之内是错误的。

再说十二公究竟该从什么人开始？按西周至春秋通例，位尊者可以称公，年高者可以称公，后嗣称父、祖亦称公。这在金文及史籍中屡见不鲜。非子被赏宅受国，受封，受邑，当然应该称公。李学勤先生说：“十有二公，只能是从始邑于秦的非子算起。”这应该是毫无问题的。周宣王以秦仲为大夫，诛西戎。周宣王召庄公，与兵七千人，伐西戎，以其先大骆地犬丘并有之为西垂大夫，那么秦仲及庄公不算在十二公之内，就更不合理了。正如李零先生说的，“不顾庄公已见称公的史实，是过于主观武断。……对文献记载庄公始见称公这一点，是不应该轻率否定的”。再次是襄公。平王封襄公为诸侯，赠之以岐以西之地。襄公于是乎始国，与诸侯通使聘享之礼。十二公如不列襄公，那就更说不通了。所以看起来，这个问题还应该仔细分析考虑，不能轻率地下判断。

至于宋代出土的盄和钟，及1921年天水出土的秦公簋与秦公钟七器是否为同时一人之作，我们也可以重加考虑。拙著以为就三铭的词意内容探测，确为同时所作。秦公簋、盄和钟的年代，关键问题是十二公。拙文定为德公，所持的理由：（一）十二公应从非子开始。（二）作器的主人现为君者，自己可以称公。（三）秦德公有“以牺三百牢祠鄜畤”的盛典，这是当时所作礼器。如以为景公所作，则十二公之说，不管从什么人算起，都说不通。

现在我们再进一步探讨，秦公簋、盄和钟与秦公钟七器是否为同时所作。拙文以为就三铭的词意内容比较，确为一人作品。解释铜器铭文，不只是逐字逐句，明其大意，而且要照顾全篇。三铭的词意，大同小异，尤以盄和钟及秦公钟七器铭文相同之处更多。揆其大意，应是作器之君自称继承先公，保有秦地，虩使蛮夏，我（作器之君）恭敬祖先，以受多福，和协臣下，以镇抚那些不服从的方国，要他们归顺。作此礼器，以享晏先祖，以受大福，保佑我长久在位，抚有四方。张天恩先生以为从三种器的铭文、形制、花纹都不能得出同时同人的论点，鄙意恰好相反。查三器铭文的意义及构词造句，基本相同。内容是一致的，但绝非“歌功颂德的板滞套语”。“受天命”、“鼏宅禹赉”、“竈有下国”和“赏宅受国”就是一个意义，表明受周王的封爵和土地。“十有二公”、“文公、静公、宪公”，干得很不错，能虩使蛮方。武公德公承文、宪之后，国势日强，而德公时，既有“梁伯、芮伯来朝”，又有祠鄜畤的大典，铸造礼器，记事铭功，合情合理。历史记载与地下文物，可以互相证明。当然铜器断代还得参考其他条件，如纹饰、形制、文字风格等等。就形制而论，盄和钟为镈形，与秦公钟的大纽钟三枚形制相同。李学勤先生谓：“现存考古图中的叔夷镈，实际是秦公镈，其形制似太公庙的秦公镈，篆部作S形螭文，恰为春秋前期偏晚的风格。”（《文物》1980年第9期）就纹饰论，秦公簋今藏北京博物馆，盖器为瓦纹，圈足为环带纹，都带有西周晚期的风格，与春秋中期以后的器有差别。这是可以对照参考的。再就字体分析，秦公钟七器铭文文字风格更近于石鼓文及诅楚文。盄和钟为宋人摹刻，暂不论。秦公簋的文字更近于古。二者为同时所造，尽管字体风格有些不同，而字的形体却是相同的。例如秦公钟七器铭文与石鼓文的乍、其、天、公、及、我、以、不、又、大、多、左、右、羕、于、受等字完全相同，与诅楚文的又、秦、王、其、公、邵、于、不、大、及、以、我、先、多、剌、乎、天、庚、万、咸、史、卿等字相同，与秦公簋的秦、公、不、受、宅、虩、使、緣、𡖊、明、又、无、方、且、朞、胤、士、盩、乍、咸、畜、文、敬、虔、朕、祀、以、邵、多、厘、屖、寿、天、剌、德等字相同。这些字都可以实地对比。张天恩先生就字体风格着眼，其实这不足据。试就微氏家族铜器群言之。同为商一人所作之商卣、商尊，字体即不相同。同为微伯𤼈所作的𤼈盨与𤼈壶，文字风格更大不相同。这等于书法家的字，风格虽异，形体则一。秦公钟与秦公簋不同之字，有“曰、皇、余”三字，两种形体都有过共同使用的时代，其他如命字，秦公钟既用命，又用令。领格我、朕并用，这都是这些字同时并用的证明。字体的演化是逐渐的，不是一下子突变的。如果只就三个形体不同的字，就判断其非同时之器，而忽略了其他相同的条件，这也不能使人信服。

此外与秦世系有关的古文，还有一篇诅楚文，文内称“昔我先君穆公及楚成王是缪力同心。……今楚王熊相……兼倍十八世之诅盟……”。旧说以为“此文作于惠文王后十三年，惠文王与楚怀王争霸，此诅为怀王也”。但就世系表计算，穆公至惠文王只有十七世，同时诅楚文第一句称“有秦嗣王”。按惠文王即位时并未称王，不得称为嗣王，据《周本纪正义》引《秦纪》云，“惠王十三年与韩魏赵并称王”，同时惠文君元年，为楚威王三年，以前并没有楚国“率诸侯之兵，以临加秦”之事。怀王十一年，即惠文王后元七年，乃有楚、燕、魏、韩、赵伐秦之役(见《燕世家》及《六国表》)。由此看来，诅楚文非惠文王作。嗣王，当即武王。武王元年，为楚怀王十九年，即公元前三百一十年。其前二年，秦与韩共攻楚。其前一年，张仪入楚说怀王，屈原使齐与齐联合。这些事实，与诅楚文相印证，完全吻合。旧说定诅楚文的年代，忽略了“嗣王”二字，因此致误。

二　秦民族系东方民族而非戎族辨

先师蒙文通先生曾谓：“秦为犬戎之一支，为戎族。中国三大皇帝始皇、汉武、唐太宗，秦、唐俱外族，仅武帝为汉族。”蒙先生《秦为戎族考》一文谓：“秦本纪称‘申侯言曰：昔我先郦山之女，为戎胥轩妻，生中潏，以亲故归周，保西垂。’胥轩曰戎，自非华族，此秦之父系为戎也。《左传正义》引《竹书纪年》云：‘平王奔西申。’范晔引《古竹书纪年》云：‘宣王征申戎破之。’则申侯之先，郦山之女亦当为戎，此秦之母系为戎也。”蒙先生还引证了许多古籍证明秦为戎族。我在反复读了《秦本纪》后，对先师蒙先生的判断有一些不同的看法。我以为秦族是东方民族，与殷民族关系亲密。其迁西垂，在周灭殷以后。《秦本纪》：“自太戊以下，中衍之后遂世有功，以佐殷国，故嬴姓多显，遂为诸侯。”又云：“其玄孙中潏，在西戎，保西垂。”根据这两条记载，嬴姓诸侯，究竟分布在哪些地域？据《秦本纪》赞：“秦之先嬴姓，其后分封，以国为姓，有徐氏、郯氏、莒氏、终黎氏、运奄氏、菟裘氏、将梁氏、黄氏、江氏、修鱼氏、白冥氏、蜚廉氏、秦氏，秦以其先造父封赵城为赵氏。”再据王符《潜夫论·志氏族》云：“梁、葛、江、黄、徐、莒、蓼、六、英，皆皋陶之后也。钟离、运掩、菟裘、将梁、修鱼、白冥、飞廉、密如、东灌、梁畤、白巴、公巴、剡、复蒲，皆嬴姓也。”王符比《史记》多出了几姓，并把皋陶与嬴分开。究竟皋陶与嬴是否有关系呢?《史记正义》引《列女传》：“陶生子五岁而佐禹。”曹大家注：“陶子者，皋陶之子伯益也。”即秦之先公伯翳。《秦本纪》，伯翳即大费，为大业之子，故大业即皋陶。《史记·夏本纪》称：“皋陶之后，封于英、六，为英六诸国之祖，伯翳之后为嬴，为嬴姓诸国之祖。”《左传》文公五年：“楚人灭江，秦穆为之降服出次曰‘同盟灭，虽不能救，敢不矜乎?’”由这些材料可证皋陶与嬴实为一族。他们分布的地区，俱在东方。如：莒，今山东莒县；

徐，今安徽泗县一带；黄，今湖北光化；江，今河南汝南；六，今安徽舒城；钟离，今江苏宿迁；英，今安徽六安；奄，今山东临沂。大概都分布在淮水以北、江苏北部、安徽北部、山东南部等地区。周初，管蔡及殷东、徐、奄、熊盈以畔。《鲁世家》云：“武庚率淮夷以叛。”看来所谓淮夷，应指嬴姓诸族。西周二百七十年间，与淮夷常常发生战争。铜器录卣、虢仲盨、兮甲盘、翏生盨、曾伯簠、禹鼎、敔簋，以及近来出土之驹父盨等器的铭文，俱有周王室征淮夷的记录，可与《书序》、《周本纪》、《鲁世家》、《齐世家》等文献史料互相参证，说明周灭殷以后，嬴姓各族诸侯，长期与周为敌。铜器中有班簋，成王时器，铭文有云“三年静东国”，这与《孟子》记载“周公相武王诛纣，伐奄，三年讨其君，驱飞廉于海隅而戮之，灭国者五十”，可以互相证明。所灭之国，奄与飞廉，俱嬴姓。所谓五十国，应皆为殷商属国。

再从殷、嬴二代的先世传说及神话故事探讨。《秦本纪》谓：“秦之先帝颛顼之苗裔，孙曰女修，玄鸟陨卵，女修吞之，生子大业。”此与殷商先世传说之祖相同。《殷本纪》：“汤始居亳，从先王居。”孔安国曰：“契父帝喾都亳，汤自商丘迁焉，故曰从先王居。”《五帝本纪》：“帝喾高辛氏，高辛于颛顼为族子。”商颂曰：“天命玄鸟，降而生商。”郑笺云：“天使鳦下生商者，谓鳦遗卵，有娀氏之女简狄吞之而生契。”又《秦本纪》：“大费生大廉，实鸟俗氏。大廉玄孙曰孟戏、中衍，鸟身人言。”《山海经·大荒东经》：“有人曰王亥，两手操鸟，方食其头。”甲骨文殷高祖王亥，字形作[illegible]，及[illegible]。例：“癸卯贞弜高祖王亥酒叀尞”（后上二一、一三），又“其告于高祖王夒三牛”（缀一四五三）。亥上作鸟形。又《海外东经》：“东方勾芒，鸟身人面。”《大荒东经》：“东海之渚中有神人面鸟喙。”看来神话传说，可以代表一定的地域性。秦族之祖先，起于东方与殷商民族祖先相同，同出于高辛氏，以后秦人西迁，而神话传说，仍留传下来。鸟的神话，与殷民族同。由以上的材料，可以证明秦民族与殷商族关系密切。秦民族起源于东方，是华夏族属，绝不是西方的戎族。既然是东方民族，又在何时向西迁徙的呢？《秦本纪》载：“蜚廉为纣石（拓）北方，还，无所报。死，遂葬于霍太山。自蜚廉至季胜已下五世至造父，别居赵。”赵，今山西赵城。大概蜚廉为纣经略北方，回国时，殷已亡，无所报命。他死后，其族人定居于山西赵城，是为第一次西迁。又《秦本纪》：“恶来之后非子居犬丘（今陕西兴平），周孝王邑之秦。”是为秦族第二次迁徙，由东迁西，方向很明显。由此看来，秦本来是东方民族，是殷民族的同族属国，殷灭亡以后，乃西迁秦陇。史籍记载是比较明显的，但因以后僻处西陲，在秦孝公以前，未能与中原诸侯会盟，于是目为夷翟，其实追本溯源，秦绝非西戎或夷翟，仍是华夏族属。

三 秦疆域的扩张

非子初受周孝王分土为附庸，邑之秦，邑在汧渭之会，地盘是很小的。《礼·王制》：“不能五十里者，附于诸侯曰附庸。”注：“小城曰附庸，以国事附于大国，未能以其名通也。”及庄公时，伐西戎，破之，并有大骆犬丘地。及襄公时，平王赐之岐以西之地，襄公伐戎而至岐。从此岐山以西之地，为秦所有，但此时西戎杂处，秦襄公并不能全部控制这一片土地。直到秦文公败戎，收周余民，地至岐，疆域乃扩展至岐东。宪公灭荡社，《正义》云：“其国盖在三原始平之界。”武公伐彭戏氏，伐邽、冀戎、县杜、郑，灭小虢。从此以后，秦之基础乃定。及德公时，梁伯、芮伯来朝，祠鄜祠，可见国力较强，俨然西方盟主。春秋晋楚齐秦四大国的形势逐渐形成。到了穆公时代，伐茅津，败晋惠公，获晋河西八城，即《左氏传》所称“河外列城五，东尽虢略，南及华山，内及解梁城”，即今潼关以西之地。既而灭梁、芮，欲向东进侵郑国，是时晋文称霸，兵力强，屡败秦兵。秦东进受阻，乃伐戎王，益国十二，开地千里，称霸西戎。故秦至穆公时，已并国甚多，蔚为大国矣。但穆公以后，秦即不振，晋人复夺河西，以洛为界。秦桓公及景公，国势衰落，屡败于晋。桓公二十六年，晋率诸侯伐秦，秦军败，追至泾而还。景公十八年，晋悼公率诸侯伐秦，渡泾，至棫林而还，深入秦的腹地。景公享国四十年，兵力不能出崤函。战国初年，秦僻在雍州，中国诸侯，以夷狄遇之。躁公时，南郑反，义渠伐秦。直至孝公用商鞅，秦乃复兴。当时战国形势，魏最强，《秦本纪》称："东围陕城，西斩戎之獂王，卫鞅将兵围魏安邑降之。"按孝公虽东征西讨，其国土并未扩展。所谓围陕城，并未取得。直到秦惠文王后元元年，张仪乃取陕城。在此以前陕城为魏所辖，孝公初年正值魏惠王极强时期，秦绝不能取得陕城。此时魏首都为安邑，尚未迁大梁。商鞅降安邑，也绝不可能。梁玉绳《史记志疑》已辨之矣。魏武侯二年，魏城安邑及垣，魏之西长城沿洛水东岸，秦之疆域，仍在洛水之西。按《史记》载战国前期百年事，极简略，对于当时列国强弱盛衰升降的情况，往往昧于情势。再加以贾谊《过秦论》过分渲染，因此给后世读者造成一种错觉，仿佛战国开始，就是秦国最强。其实战国初年，魏国最为强大，疆域最广。直到魏惠王东败于齐，南败于楚，西割地与秦，形势乃变。在此以前，秦兵力不敢出崤函一步。此正如《秦本纪》记载："孝公元年，河山以东强国六，楚魏与秦接界，魏筑长城，自郑滨洛以北，有上郡，楚有汉中，巴、黔中。魏僻在雍州，不与中国诸侯之会盟，夷翟遇之。……诸侯卑秦。"这一段话，正是当时各国间形势的实况。秦的疆域，仅陕西南部咸阳、栎阳，东不过王城、阴晋（今华阴县）。惠文王六年，魏乃纳阴晋。北不过洛水，魏长城即沿洛水建筑，陕北上郡之地，悉为魏有。韩尚未与秦地相接。楚占有汉中、商于、武关，及宝鸡以南大部地区。近年四川北部邻近陕西的青川等地区，及最近宝鸡附近出土巴蜀兵器及楚器。去年八月成都附近新都出土大批楚式铜器，其中有楚鼎一件，铭文有"昭之飤鼎"四字，与隋县出土之"昭之御鉴"及传世之"昭阳戈"互相参考，可知楚国势力远及汉中巴蜀。秦在惠文王以前的疆域（公元前337年以前），南不过蓝田、宝鸡。西方戎翟间居，西北与义渠相接，时被侵扰。惠文王后九年五国伐秦，义渠袭秦（见《犀首传》）。后三年伐义渠取二十五城。秦武王元年复伐义渠（见《年表》）。昭王时宣太后与义渠戎王乱，诈杀戎王，又起兵戎义渠（见《匈奴传》）。大事记谓秦昭王三十六年，乃灭义渠，然后西方乃得安定，始能倾其全力，经略东方。

惠文及昭襄两代，拓地最广。1975年湖北云梦秦墓出土秦简，有编年纪一册，内有昭王元年至秦始皇三十年（公元前306—前217年）秦并六国的记载。与《史记》比勘，可以更正补充《史记》的缺失。兹据《秦本纪》，参考编年纪，探讨秦疆域变迁情况。惠文君六年魏纳阴晋，八年魏纳河西地，十年魏纳上郡十五县。按上郡之地在今延安绥德一带，皆在洛河以东，自此以后河西滨洛之地，全入于秦。魏自郑滨洛之长城，俱为秦人所有。使此地不属于秦，则秦之东防，难于守御。此后，郩函之险，在秦而不在魏，秦可以任意出关以侵略山东诸侯，诸侯欲伐秦，则难于逾越函关。此种形势与秦穆公时大不相同。秦穆公兵力非不强盛，但始终为晋所阨，袭郑不成，攻晋屡败，盖无险可守。晋人可以渡河，渡洛，甚至越泾深入秦地，秦亦无可如何。上郡之得失，是秦魏强弱之关键，也是秦统一中国之关键。惠文一代，拓地情况，南灭巴蜀，又攻取楚汉中地六百里，西取义渠二十五城。秦之疆域东至陕县，与韩接界，南收汉中、巴蜀、武关、丹阳，密迩楚之方城，北至于甘泉，西括秦陇天水，一跃而为第一强国。昭襄即位，乘势扩充，"元年，攻皮氏。"睡虎地简文为"二年攻皮氏"。按《六国年表》，韩世家俱称昭王，与简文同。昭王初即位，国未定。庶长壮与大臣等为逆，似乎还不能对外用兵，故简文"二年攻皮氏"是也。皮氏在今汾水入河处。是时仅攻而未取。"四年，取蒲阪。"即《汉书·地理志》之蒲反，《魏世家》谓是年"秦拔蒲阪、晋阳、封陵"，简文称"四年攻封陵。五年归蒲反"。由此看来是四年拔蒲阪，五年复归，未能占有其地。这三个地方都在今黄河东岸，即今山西永济、阳城、风陵渡一带。“六年蜀侯煇反，司马错定蜀。”按《华阳国志》称：“赧王十四年蜀侯恽祭山川，献馈于秦，恽后母害其宠，加毒以进，王大怒，遣司马错赐恽剑自杀。”即此役也。煇、恽二字通假。“七年拔新城”，简文称“六年攻新城，七年新城陷，八年新城归。”按《括地志》：“许州襄城县，即古新城。”《年表》正作襄城，当时，属楚，在河南伊水上。当时攻新城，必经韩境，虽拔新城，不可能久守，故八年新城复归。《本纪》：“八年攻楚取新市”，“会齐魏韩攻楚方城”。此说有误，新市在江夏，深入楚腹地，当时楚还控制方城，秦兵不能远达新市。新市当为新城之误。故楚新城未得而复归于楚，简文是也。“九年，庶长奂攻楚，取八城。”简文称“攻析”。《六国年表》记此年伐楚。此条当合上文而言，大概即攻新城之役。“十一年，齐韩魏赵宋中山共攻秦，至盐氏而还。”即今山西监氏。按此时中山已亡。秦与魏河北及封陵之地，与韩武遂以和。可见秦此时尚无力攻取晋南豫西之地。“十三年伐韩，取武始，白起攻新城。十四年白起攻韩魏于伊阙。十五年白起攻魏，取垣复与之。攻楚取宛。十六年取轵及邓。十七年秦以垣易蒲阪、皮氏。十八年攻垣。”梁玉绳云：“下文十七年书秦以垣易蒲阪、皮氏，十八年书攻垣取之，则起未尝以垣与魏也，当衍复予之三字。”按梁说是也。简文云：“十三年攻伊阙。十四年伊阙□。十五年攻魏。十六年攻宛。十七年攻垣、枳。十八年攻蒲反。”简文只言攻而未言陷，盖垣未为秦所得。《始皇本纪》：“八年攻魏垣、蒲阳，秦乃取垣。白起攻垣，实未下。”总之这几年秦屡次用兵攻韩魏，从记载的史实看来，这些地方总有一个失而复得、得而复失的过程，不是一两次战役能够得到的。“二十一年魏献安邑”，简文云“二十年，攻安邑”。可能为二十年攻安邑，二十一年魏献安邑于秦。二十二年，以河东为九县，正式入秦的版图。“二十四年取魏安城”，简文云“攻林”。《括地志》谓“安城在豫州汝阳县”。林可能在安城附近。“二十五年拔赵二城”，简文云“攻兹氏”。按兹氏属太原郡（《汉书·地理志》），在山西东部，当时为赵地。兹氏或为秦拔二城中之一。“二十七年，白起攻赵，取代、光狼城。”简文云“廿年，攻离石”。《赵世家》谓“秦拔赵石城”。胡三省注通鉴，谓“西城即离石”。就地理位置研究，石城可能为《汉书·地理志》之石邑，在井陉东，汉时属钜鹿郡，原赵地。“二十七年拔楚黔中，二十八年白起取鄢邓。”简文云“二十七年攻邓”。大约拔邓当于二十八年。“二十九年，白起取郢为南郡。”简文云“廿九年攻安陆”。安陆，楚地。郢，原为楚都，楚迁都，秦取湖北为南郡。“三十年，伐楚，取巫郡。”简文云“攻□山”，或系巫山之残泐。“三十二年穰侯攻魏，至大梁。”《魏世家》：“安厘王二年拔魏二城，军大梁下。”简文云“攻启封”。启封即后之开封，汉避景帝讳，改启封为开封。“三十三年胡阳攻魏卷、蔡阳、长舍。”《魏世家》：“秦拔我四城。”简文云“攻蔡、中阳”。依简文校史记，应为“胡阳攻魏卷、蔡、中阳、长社”，如此乃合四城之数。此时仍攻而未取。始皇二年麃公攻卷，卷乃入秦。“三十三年，击芒卯华阳，破之，斩首十五万，魏入南阳以和。”梁玉绳谓：“此所书战最误，年表、世家、列传亦误。”是也。简文云“卅四年，攻华阳”，此可以证明梁玉绳之说，并可以校正《史记》之误。“卅六年，攻齐取刚、寿。”据《田完世家》：“襄王十四年，秦击我刚、寿。”齐襄王十四年，乃秦昭三十七年。简文云“卅七年，寇刚”，故田完世家与简文合，而《秦本纪》误。按寇，非取也，当时秦尚不能越韩魏而远驻齐地。“卅八年，胡阳攻阏与。”按阏与，赵地，在山西漳水上，今和顺县。简文只“阏舆”二字，不言攻取。按与、舆二字古通用。长沙马王堆帛书《老子》七章“不以其无私舆”，甲本作舆，乙本作与。《赵世家》赵奢大破秦军阏与下。秦军此役无功，故简文只有二字。简文云“卅九年，攻怀。”《魏世家》“安厘王九年，秦拔我怀”，是也。《秦本纪》：“四十一年夏，攻魏，取邢丘、怀。”《拓地志》：“平皋故城本邢丘邑，汉置平皋县。故怀城，周之怀邑，在怀州武陟县西四十一里。”《魏世家》：“十一年秦拔我郪丘。”

《集解》徐广曰："邢丘在平皋。郪丘，一作廪丘，又作邢丘。"由此可证郪丘即邢丘，《范雎传》亦作邢丘，不误。《国策》注谓廪丘、郪丘即邢丘，甚是。梁玉绳以为谬甚。如从简文"卌一年，攻邢丘"证明，则徐广是而梁玉绳谬。《本纪》之"怀"字，应为衍文，盖攻怀在三十九年也。古代地名，应从古代的记载。秦简为始皇三十年作品，目击当时情势，比较可信。至于梁玉绳引征"信陵君谓魏王曰'秦固有怀、茅、邢丘也'"，以此为秦早得邢丘之证。其实信陵君说魏王，应在秦昭王四十一年以后，即魏安厘王十一年后。简文云"四十二年，攻少曲，四十四年攻大行"。秦伐韩，当在此两年中，魏无忌说魏王，应在此时。故梁玉绳说不能成立。四十四年攻太行，与《韩世家》同，《秦本纪》不载，应补。《秦本纪》："四十七年秦攻韩上党，上党降赵，秦攻赵。"简文云"卌六年，攻□亭"。按此役《战国策》记载甚详。是时上党属韩，冯亭为上党守，以上党降赵，盖当时六国兵力足敌秦者唯赵。简文缺文当为"冯亭"之"冯"字。《本纪》之四十七年攻上党，应依简文为"攻长平"。秦昭王四十七年，白起大败赵括于长平，斩首四十五万。按此战为秦之统一中国极其重要之一役，据《白起传》秦悉发全国丁壮老幼诣长平，赵军四十五万，秦军当不止此数。或谓四十五万人，非可尽杀，此说不尽然，秦人尚首功，斩一首，爵一级，当时赵卒已解除武装，无战斗力，其被杀无疑。从此以后，赵卒尽，而六国之军力遂无能与秦军抗衡者。始皇即位，所向无敌，皆此战之功也。《秦本纪》："四十八年攻赵武安、皮牢，拔之。"简文云"攻武安"。武安，今河北武安，时为赵地。秦昭王二十九年封白起为武安君。梁玉绳云："秦封白起为武安君，则武安久已属秦，何待此时攻拔，二字宜衍。"按梁说大误。《正义》："言能抚养军士，战必克，得百姓安集，故号武安。"可见武安并非白起封地。同时，长平战前，赵兵力颇强，平原君为相，廉颇赵奢治其军，故韩上党守冯亭降赵以求保护。昭王二十九年，秦绝不可能越韩魏而取武安。武安入秦，应在长平战后，即昭王之四十八年，简文最足以说明问题。最近《史记》标点本，依梁氏之说删去"武安"二字，不当。仍当依旧本存"武安"为是。"四十九年，张唐攻郑，攻魏。五十年，攻邯郸。"简文云"攻邯单"。按此即魏公子无忌窃符救赵，解邯郸围之战。"五十一年攻韩取阳城负黍。"简文云"攻阳城"。又"五十一年攻赵，取二十余县，首虏九万"。此说可疑。《赵世家》："赵将乐乘、庆舍攻秦信梁军，破之。"此言破秦军，《秦本纪》言取赵二十余县，首虏九万，矛盾殊甚。不特此也，《本纪》又称："西周君背秦，与诸侯约纵，将天下锐兵出伊阙攻秦，令秦毋得通阳城。秦使将军樛攻西周，西周君来归，顿首受罪。尽献其邑三十六城，口三万。其器九鼎入秦，周初亡。"按《周本纪》、《正义》俱同。此说可疑之处甚多。是年秦拔魏宁、新中，楚韩赵救魏，秦军又拔韩阳城负黍，所向无敌，西周君敢为纵长，约诸侯攻秦，此一可疑。所谓诸侯及天下锐兵究竟是哪些诸侯？若谓西周合三晋，则三晋自顾不暇，楚正倾全国之力以灭鲁，更无暇西顾。齐当王建时，葸弱无能，从未出兵营救赵魏。所谓诸侯、锐兵，究何所指，二可疑。是年为周赧王五十九年，本纪所谓"献其邑三十六城"，据《集解》徐广曰"周比亡之时凡七县，即河南、洛阳、谷城、平阴、偃师、巩、缑氏"，何来三十六城，三可疑。灭亡周室，应是一件大事，而睡虎地秦简无记载，四可疑。

总之，秦昭襄一代是秦的极盛时期，六国兵力殆尽。秦每胜一次，即残杀一次，歼灭六国的有生力量。韩魏日受其侵凌，楚则放弃了原有的都会，迁都以避之。燕齐葸弱，罕与中国事，赵长平一战，壮士死尽，不足以自保，秦统一之局已告形成。但六国合纵抗秦自救的形势，也因自身存亡的关系而存在，于是有庄襄王三年魏无忌率五国兵伐秦之役。始皇六年，楚为纵长合魏韩赵燕伐秦，但终为秦蚕食并吞。贾谊《过秦论》所言，乃昭襄时的天下大势。由此即可知所谓苏、张合纵连横之说不可信。秦军力占绝对优势，乃有合纵连横的可能。

四　秦都之迁徙

——关于雍城及大郑宫遗址问题

秦原是东方民族，殷亡以后，屡次西迁。据《秦本纪》："非子居犬丘。"《括地志》："犬丘故城，一名槐里，亦曰废丘，在雍州始平县东南十里。"按在今陕西兴平县境。《秦本纪》又云："朕其分土为附庸，邑之秦。"徐广曰："今天水陇西秦亭也。"《括地志》："秦州清水县本名秦，嬴称邑，十三州志云，秦亭，秦谷是也。"这些说法与《本纪》记文公之事不合。"文公元年居西垂宫，三年以兵七百人东猎，四年至汧渭之会曰'昔周邑我先秦嬴于此，后卒获为诸侯'。乃卜居之，占曰吉，即营邑之。"故秦邑应在汧渭之会，汧今宝鸡市东汧水入渭水之交。周宣王以秦仲为大夫，秦仲死于戎，其子庄公破西戎。周宣王复与以大骆犬丘之地为西陲大夫。庄公子襄公，以兵送平王，平王赐之以岐以西之地，十二年伐戎而至岐。可见此时岐尚为戎所有。襄公子文公居西垂宫。《正义》谓即上西县。今陕西陇县。后沿汧水东下，邑于汧渭之会。宪公二年徙平阳，《正义》："帝王世纪云，秦宁（宪）公都平阳，岐山县有阳平乡，乡内有平阳聚。"《括地志》："平阳故城在岐州岐山县西四十六里。秦宁公徙都之所。"按此地即今宝鸡东阳平镇，在渭水北。此地即秦公钟七器出土的太公庙。《秦本纪》："武公元年，居平阳封宫。武公卒，葬雍平阳。"《正义》："即雍平阳也。""德公元年，初居雍城大郑宫，以牺三百牢祠鄜畤，卜居雍，后子孙饮马于河。"《集解》徐广曰："雍，今县在扶风。"《括地志》："岐州雍县南七里故雍城，秦德公大郑宫城也。"从以上记载"宪公都平阳"、"武公元年居平阳封宫"，可见封宫在平阳。"武公卒葬雍平阳"，这句话可以作两种理解。一、雍即平阳，二、平阳属雍。我以为第一种解释是有道理的。《左传》僖公十三年："晋荐饥，使乞籴于秦，秦输粟于晋，自雍及绛相继，命之曰泛舟之役。"《杜注》："从渭水运入河汾。"又《左传》昭公元年："后子享晋侯，造舟于河，十里舍车，自雍及绛。"《杜注》："造舟为梁，通秦晋之道。"秦秋初年绛在今山西新绛。如果秦之雍都，不在渭水边，而在其北面的凤翔，似乎与"造舟为梁"、"泛舟之役"的说法相违背。本来古代地名，时有变更，随地迁名，如晋之绛，楚之丹阳、郢，不指一地。如果墨守一说，而不综合所有的文献资料，那么判断也会发生错误。张天恩先生说："根据文献记载与考古发现情况，雄辩地说明这里是秦故雍城遗址。文献上记载大郑宫在雍城，据此也就可以说大郑宫在今石家营豆腐村的雍城遗址以内。"（《四川大学学报》1980 年第 4 期）按根据《考古》1963 年第 8 期《秦都雍城遗址勘查报告》一文，谓"从南城和马家庄以北出现的'年宫'与'棫阳宫'瓦当来看，秦统一以前的雍城，可能就在这一带。至于南古城、马家庄、河北里与王家河等地出现秦汉夯土城墙与大量的汉砖瓦等遗物，我们认为这些地方可能为秦汉官署遗址"。读了报告以后，实在得不出此地就是大郑宫遗址的结论。报告很客观地提到"雍城可能就在这一带"。按《汉书·地理志》："右扶风、雍。"注："秦德公都之，有五畤，橐泉宫孝公起，祈年宫惠公起，棫阳宫昭王起。"看来五畤都在这个地区。再从出土的橐泉宫当、年字云纹瓦等也可以证明祈年宫、橐泉宫的存在。至于棫阳的地址，陈直先生谓："地址在扶风，出土棫阳云纹瓦，殆为秦宫汉葺者。"（《汉书新证》第 22 页）1975 年 3 月扶风法门公社庄白大队发现伯㺇墓，出土㺇器多件（《文物》1976 年第 6 期）。㺇簋铭文有云："㺇率有司、师氏奔追御戎于𩁹林。"𩁹字从周从或，应即棫字，盖地点在周原，故字从周。《左传》襄公十四年："晋侯伐秦，使六卿帅诸侯之师以进，……济泾而次，秦人毒泾上流，师人多死，郑司马子蟜帅师以进，师皆从之，至于棫林。"可知棫林在泾水之西。《汉书·地理志》："右扶风雍县有棫阳宫。"《清一统志》："棫阳宫在扶风东北。"总之棫阳与棫林有关，地点在扶风东北，此说近是。晋兵本想攻秦都雍，而逗留在棫林，故曰“迁延之役”。以上的橐泉宫、祈年宫、棫阳宫既有文献资料，又有地下实物证明，但大郑宫则无任何文物可以说明它的故址所在。大郑宫之名，似与郑桓公所封之郑有关系。《汉书·地理志》：“京兆有郑县。”注：“周宣王弟郑桓公邑。”臣瓒曰：“周自穆王以下都于西郑。”唐兰先生说：“《竹书纪年》载穆王所居郑宫，铜器中如免觯、大簋铭文有‘王在郑’，说明穆王曾居郑。而这个郑，不是后来的京兆郑县，而是秦德公初居雍城的大郑宫。故大郑宫应是穆王郑宫的旧址，西郑本在凤翔扶风一带，即郑桓公始封之西郑。”（《文物》1976 年第 6 期）唐兰先生的说法是正确的。微伯瘐痪壶也有“王在郑”的铭文。可见郑之故址，应在凤翔扶风一带。前文提到在渭河滨之阳平，即太公庙，正在凤翔扶风之间。张天恩先生文中所谓“完全排除了太公庙是大郑宫遗址的可能性”，我认为值得商榷。因为阳平在渭河滨，是秦输粟于晋都绛的起点，是秦宪公的都城，是秦武公的封宫所在地，是秦武公的葬地，这些资料是排除不了的。棫林在扶风，徐广曰“雍，今县在扶风”，故扶风也不能排除。秦德公“居雍大郑宫”与秦武公卒“葬雍平阳”这两句话，仔细推敲，要坚持排除平阳是大郑遗址的可能性，就说不通。何况秦德公享国仅二年，活动时间有限，也不可能弃此而另谋新邑。总之这些宫殿都在凤翔、扶风一带的原上，要确指某宫在某处，某城在某处，应慎重考虑。文献材料只能说一个大概，而秦砖汉瓦发现之处不止一地。所以我认为雍城和大郑宫的遗址，可能是在凤翔南豆腐店，但不能排除阳平太公庙，不能排除扶风，也不能排除泾水西岸扶风东北一带，甚至不能排除朝邑一带。童书业先生在《春秋左传研究》一书中，强调“春秋秦雍都，疑离所谓王城不甚远（今陕西朝邑境），应在渭南。《诗·秦风》：‘我送舅氏，曰至渭阳，何以赠之，路车乘黄。’郑笺：‘秦都雍，至渭阳者，盖东行送舅氏于咸阳之地。’案晋在秦东北，如由凤翔往，似无缘至渭阳。若云取水路，则何以言路车乘黄。此亦彼时秦都在渭南之证。”童先生的看法，要想轻易排除，恐怕也不大可能。古地随地易名，数见不鲜。古物遗址，可作参考。以上看法，愿质之高明，共同探讨。

（《四川大学学报》1981 年第 2 期）

嬴秦人起源于东方和西迁情况初探

何汉文

历来的史学家大都认为，秦人是从中国西部戎人中成长起来的一个氏族部落。但从史实上考察，嬴秦人起初是生活于齐鲁之间，繁衍分布于江淮一带的东方部族，由于它在历史长河中的兴亡变易，才由东方辗转迁徙到陕甘一带，与西戎人杂处，逐步发展成为国家。为了搞清中华民族在历史上演变的来龙去脉，我们把建立秦国、建成统一中国的第一个秦帝国的嬴秦人的部族源流、繁衍发展、西迁情况加以探讨是有意义的。以下是我对这一问题的一些初步意见。

一　嬴姓的起源

秦人在中国古代氏族中为嬴姓，它的姓氏起源和祖先的事迹，据《史记·秦本纪》说：

> 秦之先，帝颛顼之苗裔孙曰女修，女修织。玄鸟陨卵，女修吞之，生子大业。大业取少典之子，曰女华。女华生大费，与禹平水土。已成，帝锡玄圭。禹受曰："非予能成，亦大费是辅。"帝舜曰："咨尔费，赞禹功，其锡尔皂游（旒）。尔后嗣将大出！"乃妻之姚姓之玉女。大费拜受，佐舜调驯鸟兽，鸟兽多驯服，是为柏翳。舜赐姓嬴氏。

《史记》这段记述，说得比较简单，而且附会了神话色彩。其中有许多问题值得进一步研究。比如：嬴姓究竟是什么意义呢？嬴秦人起源之初及发展成部落以后，他们住在什么地方呢？柏翳是怎样一个人呢？嬴秦人在中国古代属于哪个种族系统呢？嬴秦人为"颛顼之苗裔"，或为"少昊之后"，自来就有争论，我们应持何种看法呢？但由于古代典籍中别无详尽的记述，直到现在也很少有出土文物可供考证，因此，只能作下列初步探讨：

甲、嬴姓的意义

姓氏是古代母系氏族社会的产物。《说文解字》"女生为姓"。所以中国最古的姓大都从女，如姬、姚、姒、婤、姶、嫪、姞、妘、㚷等。其源于古代母系氏族社会，当无疑义。所以太史公叙述嬴姓人的第一个祖先是女修，为嬴姓人的母亲，而指不出父亲为谁。以女性为中心的氏族社会，姓氏是由母氏而起，而其意义：一方面是以姓氏作为同一血缘氏族人和别个氏族人相区别的标志；另一方面，姓氏也是代表人所自出、这一氏族所崇拜或依以为生的东西（某种动物或植物）。这就是说，姓氏在初民时代为氏族的一种图腾标帜。例如：姜姓是以羊为图腾，㚷姓是以猴子为图腾，姒姓是以蛇作图腾，齐姓是以平头禾作图腾，曹姓是以枣子作图腾，等等。

那么，嬴姓是以什么为图腾呢？嬴字的本义，据《说文》的解释："嬴，少昊之姓，从女，羸省声。"对"羸"的释义为："或曰兽名，象形，阙。郎果切。"段氏注云："或曰，不定之词。兽名，盖羸为臝之古字，驴、臝（骡）皆可畜于家，谓之畜，宜也。"据此可以了解嬴姓这个氏族，在原始氏族社会时期，是一个以女姓为中心的部落氏族，是以亷为其氏族的图腾。亷起初是一种野兽，是他们的狩猎物；后来被他们驯养成为一种有用的家畜，亦即马的前身，并以其为主要的生活资料，因此，大家很珍视它，把它作为氏族的图腾；嬴姓氏族也因此逐渐成长为牧马、用马的一个游牧部落氏族。

在嬴姓的世系中，其杰出的祖先有很多表现和马有密切的关系。例如柏翳，即后世公认为嬴秦人的第一个祖先，他赐姓嬴氏的功绩事业，是帮助舜“调驯鸟兽，鸟兽多驯服”，使人类获得划时代的进步，由野蛮人的渔猎时代进入了游牧时代。柏翳以后，据《秦本纪》所载，有为商汤驾御的费昌、为帝太戊驾御的孟戏与中衍、为周缪王驾御西巡的造父，为周宣王执御的奄父等。到非子时，因嬴人养马的技术更有进步，成绩卓著，因而受周孝王之命在汧渭之间主持马政，并得以分地封邑，以为附庸。以后直到秦孝公时，尚有公子伯乐以善相马名于世。

乙、嬴姓氏族的发源地点

因为嬴秦人建国最初是在甘肃东部和陕西西部地方，因此，过去一般中国史籍认为，嬴秦人是这一带的土著部族，其实这是一种误解。从史实上考察，嬴姓这个氏族部落的发源地点，是在山东西南部和苏北皖北一带。

嬴在中国史上首先见之用为地名的，是春秋时的齐国嬴邑。《春秋》桓公三年：“公会齐侯于嬴。”《左传》哀公十一年：“公会吴子伐齐，克博，至嬴。”到秦汉时，以嬴邑改置为嬴县。现在莱芜县西北四十里北汶水之北岸，俗称城子县，即嬴县之故址。这在郑樵《通志略·氏族略》、罗泌《路史·国名记》等书上都有说明。此即嬴姓氏族的发祥地。

丙、柏翳是谁？柏翳和伯益是否一个人？

柏翳是嬴姓氏族受领封地后的第一个祖先，也是当时嬴姓氏族部落中一个出色的首领。在谈到他的事迹时，首先必须解决的问题是：柏翳和伯益究竟是不是一人？过去史家对此有很多争论，是由于《史记》的记述有矛盾的地方。在《秦本纪》讲到大费时说：“佐舜调驯鸟兽，鸟兽多驯服，是为柏翳。”同时在《五帝纪》中说：“舜曰：谁能驯上下草木鸟兽？皆曰：‘益可’。于是以益为朕虞。”两者所说，是同时同一事迹，虽然“翳”和“益”字形各异，而字音相同，是柏翳和伯益应即为一人。但是《陈杞世家》中却又说：“柏翳之后，至周平王封为秦。垂、益、夔、龙，其后不知所封，不见也。”据此，柏翳和伯益又是两个人了。由于司马迁叙述中的矛盾，以致引起后人的争执：《汉书·地理志》、郑玄《诗谱》等书认为柏翳一号伯益，为同一个人；而《路史》和《困学纪闻》等书则根据《陈杞世家》，认为柏翳和伯益是两个人；此外，司马贞的《史记索隐》对《史记》上两处矛盾说法，采取怀疑的态度：“未知太史公疑而未决耶，抑亦谬误尔?”其实，只要仔细研读一下《五帝本纪》和《陈杞世家》的有关叙述，问题就可解决了。《五帝本纪》叙列舜时的十个大臣为：禹、皋陶、契、后稷、伯夷、夔、龙、倕、益、彭祖，并无柏翳。在《陈杞世家》叙列的十人则为：舜、禹、皋陶、契、后稷、伯夷、夔、龙、倕，益，而无彭祖。由此可见“夔、益、倕、龙，其后不知所封，不见也”，句中的“益”实为“彭”之误。彭祖在《楚世家》中虽列为陆终的第三子，而其后人是“殷之时尝为诸侯，殷之末世，灭彭祖氏。”其后裔情形从此就无下落，与《陈杞世家》的叙述正相符合。足见太史公的原文叙述并没有什么错误或疑而未决，而是由于后来传写的讹误所致。至于“翳”和“益”的差别，在古籍中这类的例子是很多的，如契又作卨，皋陶又作咎繇等。据此，可以肯定柏翳和伯益实为一人。

据史籍所载，伯益当时著有三大功绩：

第一是帮助禹治水有功。从前引《秦本纪》所述，禹的推崇和舜的赏赐来看，伯益佐禹治水完成得极为出色。

第二是“佐舜调驯鸟兽，鸟兽多驯服”。在此之前，是洪水横流，泛滥于天下，草木畅茂，禽兽繁殖，五谷不登，禽兽逼人，兽蹄鸟迹之道，交于中国。“舜使益掌火，益烈山泽而焚之，鸟兽逃匿。”（《孟子·滕文公上》）并在佐禹平完洪水之后，驯鸟兽为家禽家兽。这对人类生活进步具有划时代的意义。

第三是发明凿井技术。《吕氏春秋·勿躬篇》云：“伯益作井。”《淮南子·本经训》也说：“益作井而龙玄云，神栖昆仑。”这是伯益佐禹治水期间附带的一种发明创造，其重要意义实不下于治水。这样，使人民得以挖地取水，使居在北方广大平原上的人民，可以免去用水困难的问题。这样，人民既可以不必一定要住在低洼河湖的地方，以免受雨季洪水的威胁；二则人民可以任意居住认为适宜的地方，开始形成固定的村落，逐渐进入农业生活的阶段。

综观以上三大功绩，伯益实在够得上称为一个智慧劳动人民的典范。自然在他的部落中，乃至当时舜、禹统治的地域中，人民对他都有很高的评价。按理，伯益应为继禹之后而践帝祚的理想人物。但是《五帝本纪》说：“十年，帝禹东巡狩，至会稽而崩。以天下授益，三年之丧毕，益让帝禹之子启，而辟居箕山之阳。禹子启贤，天下属意焉。及禹崩，虽授益，益之佐禹日浅，天下未洽，故诸侯皆去益而朝启。”这里所说益之“佐禹日浅，天下未洽”，以致不能承继帝位，显然不合事实。因为《尚书》说过：“舜时益为司马，卨为司徒，禹为司空。”在当时伯益和禹的地位就已经相等，怎么能说他的资望会比禹的儿子启还要浅呢？伯益有上述的丰功伟绩，人民怎么会不拥戴他呢？可见禹死以后，帝位不能传之于益而传之于启，一定还有其他重大的原因。

从另外一些典籍中透露，伯益是被启攻杀而夺去帝位的。《晋书·束皙传》引《竹书纪年》云：“益干位启杀之。”《史通·疑古篇·杂说篇》云：“益为后启所诛。”《韩非子·外储说右》说：“禹爱益，而任天下于益，已而以启人为吏。及老，以启不足任天下，故任天上于益，而势重尽在启也。已而启与友党攻益，而夺之天下。”从这些记载来看，可知伯益并不是让贤，也不是因为资望浅而不能居帝位，而是启和他的党羽把他攻杀夺去帝位的。

启攻杀益而夺其帝位，显然是基于两个部族之间的斗争。因为禹是属于华夏集团，而伯益是属于东夷集团。当尧、舜、禹时，为了战胜洪灾，各部族间形成了一个前所未有的部族联盟。尧、舜、禹等天子的称号，便是在这种联盟中推举出来的首领。在尧时的八元、八恺、十六族，舜时的四岳、十二牧、二十二人，都是这个联盟的成员。伯益从尧至禹时，一直是联盟成员之一。在尧时，联盟尚未发挥重大作用，对于禹、皋陶、伯夷、夔、龙、倕益、彭祖，虽皆曾举用，但未有分职；到了舜时，对这些成员作了具体分工，使联盟发挥了巨大的抗灾斗争力量，先后把洪水平定了，鸟兽驱除了，山泽开辟了。到禹王末年，天下已呈现了一片太平景象。可是原来在患难中结成联盟的各部族之间发生了矛盾，开始分裂。因此，在禹死后，禹部族和伯益部族为了争夺联盟的首领，出现了启和友党（当然是指联盟中的其他部族）攻杀伯益，夺取帝位的斗争。结果是以益为首的嬴姓部族退出了联盟。《陈杞世家》所说的夔、龙、倕、彭后人下落不明，恐怕也是这次联盟瓦解的结果。

丁、嬴秦人是少昊之后

《史记》虽说“秦之先世，帝颛顼之苗裔”，但当时尚系母系氏族社会，不知有父，且所谓“吞玄鸟蛋”云云，神话色彩甚浓，不足为信。另据许多典籍，如《诗谱》、《说文解字》、《古史考》、《史记正义》、《史记索隐》和《路史》等书，都说秦人的祖先不是颛顼，而是少昊。其所持的论据是：

第一、嬴秦人的发祥地点是在山东莱芜县一带，其氏族的发展和分衍，大都是在山东皖北(将在下面详述)。而少昊系东夷，即海岱部族的代表者，山东曲阜一带是这个部族的中心根据地。《帝王世纪》说："少昊是为玄嚣，降居江水，有圣德，邑于穷桑，以登帝位，都曲阜，或谓之穷桑氏。"《古史考》云："穷桑氏，嬴姓也，以金德王，故曰金天氏。或曰：师太昊之道，故曰少昊。"

第二、《帝王世纪》说：皋陶生于曲阜，是以皋陶为东夷人。郑玄、曹大家认为，大业就是皋陶，而伯益为皋陶之子，当亦为东夷人。《世本》以皋陶出于偃性。段玉裁谓偃和嬴是一音之转，实为一字。则嬴姓人和少昊不仅生活在同一地区，且在姓氏上也有血缘关系，其为同一部族，自属显然。

第三、郯国是一嬴姓小国，在鲁昭公十年郯子来朝鲁国时，昭子曾向他询问少昊、鸟官的由来。他不但认定少昊是他的祖先，并且把鸟官的情况说得很详细。孔子遂云："见郯子而学之。""吾闻之，天子失官，学在四夷，犹信。"（《左传》昭公十七年）所谓"学在四夷"，更可证明这个嬴姓郯国的东夷部族身份。

第四、嬴秦人西迁，建国以后，襄公自列为诸侯时即主少皞之神，作西畤，祠白帝；以后文公作鄜畤、献公作畦畤，都祠白帝；一直到秦始皇时，虽然色尚黑，而在祭祀中的制服仍采用白色，以祭白帝为最隆重（均见《史记》）。这充分说明秦人始终自认是少昊的子孙。同时也可确定，嬴秦人是来自海岱地区的一个属于东夷系统的氏族部落。

二　嬴秦姓氏的分衍

秦自伯益受舜赐姓嬴氏，当时已确定了部落居住地区，即中国史籍中所谓有了封地，开始形成国家形式。如果照《古史考》"穷桑氏，嬴姓也"和《说文》"嬴，少昊之姓"的说法，则在伯益受赐嬴姓以前，在图腾时期，嬴姓早已经有了，此时不过因伯益之功，而把嬴姓部落分土定居，并将嬴列为国姓罢了。伯益当时的分土，自然是山东故嬴县一带，亦即见于《春秋》之嬴邑的起源。

嬴秦人自伯益以后，因为时代的演进，陆续产生了许多同姓异氏的分衍，这些分衍的国氏，都是由嬴姓子孙分化而成的。据《史记·秦本纪》，由嬴姓子孙因分土而分衍的姓氏共计：有徐、郯、莒、终黎、运奄、菟裘、将梁、黄、江、修鱼、白冥、蜚廉、秦、赵氏等十四个。实际上，嬴姓分衍的姓氏，《史记》上未列举的还有很多。如郑樵《氏族略》共列有三十五个；罗泌《路史·国名记》列有三十九个。

从上述三书所列，可以分为以下几个问题来研究：

甲、秦氏的起源

郑氏《氏族略》对嬴姓与秦氏的分衍关系，曾有下列的分析：

> 嬴，姓也；秦，氏也。何谓以国为氏乎？徐、郯、莒、江、黄，国也，以国为氏者。锺离楚邑，菟裘鲁邑也，以邑为氏者。飞廉人名也，以名为氏者。何谓以国为姓乎？凡此十三氏，并赵为十四氏，其为氏则不同，而姓则同嬴也。由司马氏作纪、世家，为谱系之始，而昧于此义，致后世之言姓氏者无别焉。言秦者又有三。秦国之后，以国为氏。其有出于鲁国者，以邑为氏，盖鲁有秦邑故也。出于楚者，未知以邑字与？然兹三者所出姓殊，皆非同姓。彼十四姓虽不同秦而同嬴，是为同姓。古者婚姻之制，别姓不别氏，三秦可以通婚姻。十四姓不可以通婚姻。此道湮芜已久，谱牒之家，初无识别。

郑氏对于姓与氏的区别是合乎中国古代氏族社会的组织情况的。但他把与秦国源流有直接关系的秦氏区分为三（实际上只有两个，因为他对于楚国的秦氏并无确切的论据和事实），这是他把姓氏区别的原则机械地运用而引起的误解。《急就篇》姓氏“秦妙房”，颜师古注：“秦本地名，后为国号，因为命氏。鲁有秦堇父、秦丕兹、秦祟，皆秦姓也。”这是认为非子之秦和鲁国之秦，是同出一源，并没有什么区别。从史实上来考察，不但鲁国的秦氏和非子封秦的秦氏是同出一源，并且非子的封秦是根据鲁国的秦氏而来的。

秦的由来，据《史记》说，是由于周孝王命非子主持马政于汧渭之间，成绩卓著，乃“分土为附庸，邑之秦，使复续嬴氏祀，号曰嬴秦”。上面已经说过，在伯益受赐姓嬴时，是有分土的，即嬴姓原来的居地山东莱芜一带。《秦本纪》说：“大费生子二人，一曰大廉，实鸟俗氏；二曰若木，实费氏。其玄孙曰费昌，子孙或在中国，或在夷狄。费昌当夏桀之时，去夏归商，为汤御，以败桀于鸣条。大廉玄孙曰孟戏中衍，鸟身人言，太戊闻而卜之使御，吉，遂致使御而妻之。自太戊以下，中衍之后，遂世有功，以佐殷国，故嬴姓多显，遂为诸侯。”秦氏就是在夏、商时因功成为较强大的部落首领（即所谓诸侯）的嬴姓子孙分衍而成的国姓之一。但是，到商亡周兴以后，“坠氏亡祖，踣其国家”，秦氏也和嬴姓一样，都中途失去了它原有的分土。直到非子受封为附庸时，周孝王以舜自比，并鼓励非子能和其祖先伯益一样：“昔柏翳主畜，畜多息，赐姓嬴。”但由于伯益原来的嬴姓分地及其子孙的秦氏分地，都已经变成鲁国和齐国封疆，无法再给予非子，就只得把新封的地方也称为秦邑，号曰嬴秦，使他继续秦嬴的祭祀。

非子所封的秦谷，是今甘肃清水县东北的故秦城，即今白河镇，这一带不宜种植禾稼。而据《说文》云：“秦，伯益之后，所封国地宜禾。从木，舂省。一曰，秦，禾名。”故就“秦”字的本身意义来讲，秦之原封国地也以在山东秦亭一带，比较符合史实一些。

鲁之秦氏，据《氏族略》云：“鲁又有秦氏，居于秦邑，今兖州范县北秦亭是其地。”关于秦邑和秦亭的史实，见于史籍最早的是《春秋》庄公三十一年：“秋，筑台于秦。”杜注云：“东平范县有秦亭。”这里所说“筑台于秦”，可见秦在鲁国为原有的古地名，并不是鲁国新设置的[1]。秦亭是在今山东范县南三里，在山东西部的黄河北岸；而嬴姓人的发祥地嬴，则是在山东中部的莱芜县，在黄河南岸[2]。从秦邑与嬴邑的地理位置来看，也可以看出嬴秦人的祖先从山东中部逐步向西发展的痕迹。

再从近代发现的殷墟甲骨文字，关于秦的一些材料，列举几个例子：

弜（音弗，辅弼）　秦宗于妣庚召。三牢丝（兹）用。（《殷墟文字甲编》五七四、同书七九四）

壬戌卜，宾贞，乎（呼）取（祭）秦。（《殷墟书契后编》下三七、八）

其彡（音衫，酒祭之名）　于祖丁秦右宗。（《战后宁沪新获甲骨集》卷三，胡厚宣摹）

口于岳秦犭（音御，驱灾之祭）（《殷墟书契后编》下三九、二）

由上列几条甲骨文的记载，可见：

一、在殷商时已经有秦。

二、秦在当时已经有人对它奉之为祭祀贞卜的对象。换言之，秦氏在殷商已经有祭祀卜问，且纪之于文字流传；并有专司祭祀卜问的卜官，其卜官之一名为宾。

三、当时已有“秦宗”之称，可见其宗庙和宗子。这就是说，在殷商时代秦已经成了一个领有分土、列为诸侯的氏族。并且从“祖丁秦右宗”的记载，可知秦在殷商时因世代有功，国姓繁衍，又有左、右宗的分衍。

四、关于“秦宗”、“秦右宗”的称呼，如更从古文中的舜宗、禹宗、河宗、岳宗等同一性质的称谓来研究，都属于在当时有一定神化意味的信仰对象，因而对它举行祭祀问卜者，并不限于其本部落氏族的子孙。说明秦已经有了悠久的历史，是具有一定政治势力的部落氏族或部落国家，在其统治范围之内，已经树立了一种神化的力量和信仰。秦人这种发展活动，其所处的时代，应为《秦本纪》所说的自太戊以下至帝纣辛以前的几百年中[3]。

从殷墟甲文这些材料来看，还可以证明上面所说的秦氏不是始于封在秦谷的时候，而是起于很古历史不明的山东范县秦亭的时代。因为甲文记载秦宗的事实，是远在非子之前一百年至二百年以上。并且在此甲文记载之时，秦已成宗，那么，在此以前，秦氏当然已有一段悠久的历史。

殷墟在河南的安阳县，和山东范县秦亭的距离不太远，因为政治的关系，秦宗的卜辞可能存于殷墟。这和《秦本纪》所载"自太戊以下，仲衍之后，遂世有功，以佐殷国。故嬴姓多显，遂为诸侯"的说法也完全吻合。

通过上面的分析，可以了解嬴姓与秦氏在嬴秦人的发展史上是代表两个不同的阶段，即在赐姓嬴氏时，嬴姓人还是在由渔猎时代进入畜牧生活时代，也就是刚从原始共产社会进入奴隶制社会的初期。在其分衍为秦氏、分封地名之为秦、祀为秦宗的时候，嬴姓人已经由畜牧生活时代进入种植禾稼的农业时代，也就是已经进入了奴隶制时代。

乙、由嬴姓分衍诸姓氏的地理分布情况

在确定了嬴秦人的发祥地点是在山东莱芜和范县一带以后，兹再就前述三书所列举的嬴姓分衍诸姓氏，来分析其当时地理分布情况，以进一步证明嬴秦的祖先是出于海岱地区的确凿性，同时也可以看出嬴秦人是经历夏、商长时期中一个繁衍分布很广的部落氏族。

首先从《秦本纪》所说的十四个出于嬴姓的分封国姓来看：

徐氏——古国。伯益子若木，封于徐。周初称王，后为周穆王所灭。再后复封其子孙于徐。春秋为吴所灭。徐之故城在安徽泗县北。

郯氏——古国。春秋时为越所灭。故城在今山东郯县西南境。

莒氏——古国。周武王封兹舆期于莒。周简王五年，楚灭莒。故城在今山东莒县。

终黎氏——《世本》和《路史》作钟离氏，古国。春秋时为楚所灭。故城在今安徽凤阳县东北。

运奄氏——《路史》分为运、奄二氏。运氏由来不明，春秋时为齐邑。奄氏为古国。《世本》云："奄、徐皆嬴姓。"《书序》云："成王东伐淮夷，遂践奄。迁其民于薄姑。"故城在今山东博兴县东北。

菟裘氏——古国，不知亡于何时。春秋时为鲁邑。故城在今山东泗水县北。

将梁氏——《路史》云："本曰良。今淮北有古良城。"故城在今江苏邳县北。

黄氏——古国。《春秋》僖公三年，楚灭黄。故城在今河南潢川县境。

江氏——古国。《春秋》文公四年，楚灭江。故城在今河南新息县西南。

修鱼氏——古国，不知亡于何时。战国时韩邑。故城在今河南武原县东。

白冥氏——不明。

蜚廉氏——商纣时飞廉封地之国姓。故城在今山西河津县境。

秦氏——详前。

赵氏——周穆王封造父于赵城，为赵氏。春秋战国时赵国，灭于秦。

其次，就《氏族略》所列举的三十五个姓氏，除与《史记》所列十四氏大体相同的以外，其出自西周以前有分地者，有下列六个姓氏：

邧氏——古国。春秋灭于楚。故城在今湖北安陆县境。

谷氏——古国。谷伯绥之后，春秋时灭于楚。故城在今湖北谷城县境。

葛伯氏——古国。夏时诸侯葛伯之后，为商所灭。故治在今河南宁陵县北。

梁氏——古国。《风俗通义·姓氏篇》说："梁氏，伯益治水，封于梁。"（见《路史》注引）

秦穆公十二年灭梁。今陕西韩城县南有古少梁城，即梁国国都故址。

裴氏——郑氏云：“伯益之后，秦非子支孙，封裴乡，因以为氏。裴乡今地无考，当在陕西境。”

渠丘氏——郑氏云：“嬴姓，莒国之君居于渠山，故谓之渠丘。今山东莒县有渠丘城。”

最后，就《国名记》所举的嬴姓三十九个国姓，除了与《史记》、《氏族略》十七个相同的姓氏和属于春秋以后分衍而成、或其出处不明者不计外，有下列九姓：

英氏——古国。春秋灭于齐。故城在今安徽英山县北。

六氏——古国。春秋灭于楚。故城在今安徽六安县北。

盈氏——古国。周武王时，与徐、奄等国联合抗周被灭。故地在今淮海一带。

费氏——古国。周初灭于鲁为费邑。今山东鱼台县西有费亭。

萧氏——古国。周初并于鲁。故城在今江苏萧县西北。

东不羹和西不羹——二不羹，古国，楚并之。东不羹在今河南舞阳县西北，西不羹在河南襄城县东南。

取虑——罗氏云：“徐之分。”为周穆王所灭。故城在今江苏睢宁县西南。

淮夷氏——古东夷国。周初与徐、奄等国抗周，为周所灭。故地在今江苏淮河流域。

根据三书所列嬴姓分衍的这些姓氏，其出于西周以前并有封地可考者，有上列二十九个姓氏，这些姓氏大都出于殷商至西周初期，被灭于西周至春秋期间。就其分布的地理位置来看，除白冥氏不明外，计在山东境内的六个，河南境内的六个，在苏北的有五个，皖北四个，此外在山西、陕西、湖北各二个，甘肃一个。其分布在山东、苏北、皖北和河南东北一带的特别多。由此更可以看出，嬴秦人在夏、商至西周这个时期的发展，是以山东曲阜南北附近地方为中心，向南发展到长江北岸的苏北、皖北，向西是沿黄河流域的河南、山西乃至陕甘一带分殖。山东这个地区，在上古时代本来是海岱部族（即史称东夷）的活动中心区域。上述二十九个源流既古、并且有封地关系的嬴姓国氏，当系由于商周以来的部族分土，以及周初的封建关系而产生的。他们都属于海岱部族的系统。

三　嬴秦人的西迁

在前面已经说过，嬴秦人的发源地点是山东中部泰山附近的嬴邑，但在夏商代的长时期中，只有逐步的外延发展，而无急剧的大规模迁徙。到殷末周初，因为政治情形的根本变化，才形成使嬴秦人急剧向西迁徙的时期。

甲、《史记》中所叙述的嬴秦人西迁情况

在《史记·秦本纪》中可以看出嬴秦人西移的史实：

> 其玄孙曰中潏，在西戎，保西垂。生蜚廉。蜚廉生恶来。恶来有力，蜚廉善走，父子具以材力事殷纣。周武王之伐纣，并杀恶来。是时蜚廉为纣石北方，还，无所报，为坛霍太山而报，得石棺，铭曰：“帝令处父不与殷乱，赐尔石棺以华氏。”死，遂葬于霍太山。

飞廉和恶来为纣使的西垂，不是非子封于秦谷的西垂。因为当时殷周之间已经进行了很长时间的剧烈斗争，周人的势力是在陕西东部，正横阻在西垂和黄河以东地区，飞廉不可能越过周人的势力范围和殷纣取得联系。从《史记》所说的“为坛霍太山”和“葬于霍太山”来看，大约自中潏以来，已经有一支嬴姓人自东西移，住在霍太山一带，即今山西太原以西地方。所以飞廉国姓的封地也是在山西境内。当时太原以西，已近西戎居地，故视为西垂。这是对殷人的政治中心与当时戎人据有的地方而言。当时殷都朝歌，故城在今河南淇县东北，就地理位置上和殷商国势上讲，以这些地方称为西垂是合理的。

关于飞廉父子为商纣死难的情形和地点，据《孟子》说："周公相武王，诛纣，伐奄三年讨其君，驱飞廉于海滨而戮之，灭国者五十。"傅斯年《周东封与殷遗民》云："周人逐纣将飞廉于海隅而戮之。飞廉在民间故事中曰黄飞虎。黄飞虎之祀，在今山东与玄武之祀同样普遍。"据此，飞廉抗周卫殷虽从西垂开始，但是在纣王已死，遭受挫败以后，不能向西撤退，而是向东转移，退到山东半岛。因为这些地方还有强大的奄国和其他许多嬴姓部落国家，当时周人的势力在占领朝歌之后，还不能挺进到这些地方。飞廉参加了以奄国为首的东方诸侯联盟的抗周斗争。结果，这一斗争轰轰烈烈持续了三年。一直到奄国被灭，飞廉还继续向山东半岛东部退却，最后被追到海边上才牺牲了。所以直到现在流传于民间的故事，飞廉并不是"助纣为虐"的恶人，而是一个可歌可泣的民族英雄，并且在后来的历史上变成了一个神话化的人物。例如《汉书·武帝纪》："元封二年，作长安飞廉馆。"应劭注："飞廉，神禽，能致风气者也。"而晋灼注云："飞廉身似鹿，头如雀，有角而蛇尾，文如豹文。"这是把飞廉变成了神鸟。《淮南子·叔真训》说："骑飞廉而从困敦。"高诱注："飞廉，兽名，长毛，有翼。"这又把他变成了神兽。《楚辞·离骚》说："后飞廉使奔属。"注："飞廉，风伯也。"《吕氏春秋》、《淮南子》、《风俗通义》等书都把飞廉神化为风伯。帝王的宫殿、仙道的坐骑、天上的神祇，都托之于飞廉，可见对他都是很崇拜的。

不过，再就后来恶来子孙大骆族的居地看，当时自中潏以下，嬴姓人的向西发展地区，也确有一部分人已辗转西进到了甘肃天水一带。这是嬴姓人在殷商末年已由山东逾河北平原，西迁到山西西部，乃至陕甘地区的第一个事实。

《秦本纪》又说："蜚廉复有子曰季胜，生孟增。孟增幸于周成王，是为宅皋狼。"按皋狼在战国时为赵地，其故城在今山西离石县西北。飞廉在霍太山听到周人伐殷，以"帝令处父，不与殷乱"铭于石棺。又《史记·赵世家》云："飞廉有子二人，而命其一子曰恶来事纣，为周所杀，其后为秦，恶来弟曰季胜，其后为赵。"这是说，飞廉看到殷商大势已去，自己久为纣臣，不得不为殷死难，而其两个儿子，则只以恶来事纣，不使季胜也作殷臣。所谓"不与殷乱"的处父，《索隐》虽以为是飞廉的别号，其实应为季胜。由于飞廉作了这种安排，所以他和恶来虽为周人所杀，而保全了季胜这一支。周灭殷后，季胜以未曾事纣，当然投降了周室。因此，到了他儿子孟增，便又得宠幸于周成王，使后来这支嬴姓子孙，又得和周室发生密切的政治关系。以后造父之封赵，也是在霍太山和皋狼之间的地方，也就是这支嬴姓人原先移居的地方。不过既云"宅皋狼"，想必是殷末周初从另一地方移居到皋狼来的。但是在恶来被杀之后，其后代子孙自大骆、非子以下又出现于甘肃天水、清水一带的西垂，这是因为受了飞廉、恶来的政治影响，而向西流窜到这些地方来的。

由山东中部的莱芜一带到西部的范县，越过河北平原，再由朝歌到霍太山、皋狼和赵城一带。最后更沿汾水，逾黄河，沿渭水向陕甘边境转移，是为嬴秦人由海岱地区自动向西迁徙的路线。

乙、商末周初嬴秦人的被迫西迁

上面已经说过，一个氏族部落的分衍转移，除了由于经济上生活上的需要原因之外，还有政治上的原因。很多嬴姓人由辅佐殷商，获得分封土地，因而分衍成为前述的许多国姓。这些国姓，在当时是政治上的当权派。但武王伐纣时，殷商崩溃灭亡，这些往日当权的嬴姓诸侯，当然也随之没落了。这种没落，一方面是在反抗战争中受到大规模的镇压屠杀，一方面是在反抗战争失败以后，变为俘虏奴役，或视为顽民，而被迫迁徙，甚至加以管制奴役。这样的政治原因，形成了嬴秦人在殷末周初急剧向西移徙的一段重大史实。这些史实的事例很多，兹列举几件较为重要的显著的记载如下：

《周书·多士》是周公旦把淮海一带抗乱平定以后的殷民，以武力强迫迁徙到洛邑一带，因为恐殷民对强迫迁徙继续反抗，所以用政治的手腕，发出这篇劝导的布告。在这一布告中说：

告示殷多士：今予惟汝不杀，子惟时命有申：今朕作大邑于兹落，予惟方周攸宾，亦惟尔多士攸肥，臣我多逊，尔乃尚有尔土，尔乃尚宁干止。尔克敬，天惟畀矜尔，尔不克敬，尔不啻不有尔土，予亦致天之罚于尔躬！今尔唯时宅尔邑，继尔居，尔厥有干，有年[4]于兹落，尔小子乃兴。从！尔迁！

这是周公旦以最严厉的命令告诫殷民：摆在面前只有两条道路，一条是服从强迫命令，迁徙到洛邑去；一条是如不服从，将加以杀害。结果大批殷民被迫迁徙，到洛邑接受强迫农业劳动。

其次，《周书·多方》是周成王即位以后，奄人和淮夷人起来反抗，成王平灭了奄国以后，因作这篇文告，告诫奄人。布告中说：

今尔尚宅尔宅，畋尔田，尔曷不惠王，熙天之命？尔乃迪屡不静，尔心不爱，尔乃不大宅天命，尔乃屑播天命，尔乃自作不典。图忱于正，我唯时其教告之，我唯其战要囚之。至于再，至于三，乃有用我降尔命，我乃其大罚殛之。非我有周秉德不康宁，乃唯尔自速辜。

征服嬴姓子孙的奄国，是周初最大的一次征伐。《汉书·地理志》叙述齐地的沿革说："少昊之世有爽鸠氏，虞夏时有季（崱），汤时有逢公柏陵，殷末有薄姑氏，皆为诸侯，国此地。至周成王时，薄姑氏与四国共作乱，成王灭之，以封师尚父，是为太公。"由以上记载及前引《孟子》所述，可知奄国是一个古老的部族大国，它的国境，至少包括了齐、鲁二国，即山东全境；它的历史，自少昊之世的桑鸠氏，以至联合四国反抗周人的薄姑氏，有千年以上。力量是相当强大的。周人投以全力，费时三年，灭五十个奄的联盟部落小国，才勉强把奄征服。而奄人反抗势力依然存在，所以不得不分遣重臣，以为镇压，封太公望于齐，封周公旦于鲁，"处少昊之虚"。对于奄人、淮夷人则一方面实行大规模围剿屠杀，"大殛罚之"；一方面劝诱他们，顺应"天命"，"图忱于正"，同时强迫他们西迁河洛，从事农业劳动。

当时周人强迫徐、奄、盈、淮夷、熊等人西迁的安置地点，由于人数众多，除了以洛邑为中心外，一直延伸到陕西西安一带。《逸周书·作雒解》云：

元年夏六月，葬武王于毕。三年，又作师旅，临卫攻殷，殷大震溃。降辟三叔，王子禄父奔北，管叔经而卒。乃囚蔡叔于郭凌。凡所征熊、盈族十有七国，俘维九邑，俘殷献民，迁于九毕。

所谓九毕，孔晁注云："成周之地，近王化也。"毕，当为"葬武王于毕"的毕，即为毕原。据清孙星衍《毕原毕陌考》说[5]，毕原是在渭水南岸，周文王、武王和周公旦所葬之地，在长安县西南。九毕是把俘虏来的徐、奄、熊、盈等十七国的大批人民，在毕原周围附近建立九个新邑，以为管制之所。而徐、奄、盈等国都是嬴姓的子孙，由此可知嬴秦人的大批西迁，实因周人的强迫，不得已来到九个新邑，从洛阳直到西安以西的几百里地区，其西迁人数之多，可以概见。《元和姓纂》于奄姓云："成王践奄。《左传》，秦大夫奄息其后也。"亦可见奄国被周平灭后，其子孙被迫西迁，直到春秋时，还有奄人以国为姓并为秦大夫的情况。

周人对于齐鲁一带的殷人，除了上述大规模的屠杀和强迫迁徙之外，还有一些表示臣服的氏族部落人民，便令他们居住在原来的地方，加以管制。例如《左传》定公四年有一段记述：

分鲁公以大路大旗，夏后氏之璜，封父之繁弱。殷民六族：条氏、徐氏、萧氏、索氏、长勺氏、尾勺氏。使率其宗民，辑其分族，将其丑类，以法则周公。是之执事于周，以昭周公之明德。分之土地陪敦，宗祝卜史，备物典册，官司彝器。因商奄之民，命以伯禽，而封于少昊之虚。

上述的“殷民六族”中，除条、索、长勺、尾勺四氏的属性不明外，其余徐氏、萧氏都是嬴姓的子孙。所以原来住在东方海岱地区的嬴姓人民，除了上述大规模的西迁外，还有一部分则仍居留在原来的地方，以后做了齐、鲁等国统治下的臣民。

简短的结论

嬴秦人是上古时代住在齐鲁淮海一带的氏族部落。他们的发祥地是在今山东莱芜泰山附近一带。这是由渔猎时代进入以畜牧为生活的时代。在夏、商时期，由嬴秦人这个血统分衍出来的氏族部落，不但分布在山东境内，并且南至苏北、皖北、豫东乃至鄂东一带，西至河北、山西、陕西一带，都有他们的子孙分布。在此长期中，嬴姓人不但在生活上由游牧时代进入了农业时代，并且在政治上有许多嬴姓子孙已经建立了部落国家，其中最著名的如徐、奄、郯、莒、肖、盈、英、六、淮夷等国。从而加速了嬴姓人向许多地区分布繁衍。殷商时期，他们已经成了殷商王朝政权的重要组成部分。在海岱地区，嬴姓子孙有着强大的统治势力。

到商末周初，当纣辛被周人所杀、殷商王朝崩溃的时候，嬴姓各部落国家，对周人曾发生过剧烈地反抗运动，这个反抗运动是以古老而强大的奄国为首，和熊、盈、徐、萧、郯、淮夷等国结成联盟。经过三年的剧烈斗争，反抗终于失败了。因联盟反抗而被周人消灭的部落国家有五十个之多。因此，这些嬴姓国家的人民，除大批的被屠杀外，有十七个部落国家的人民大部分都被俘虏沦为奴隶，被武力强迫迁徙到洛阳至西安一带，在严格管制之下，从事奴役的农业劳动。其余一部分投降了，仍居原地，在周人统治之下生活着。

由于这种种原因，本来是东方海岱部族的嬴秦人，迁徙流窜，来到西方，和西方土人长期杂处，逐渐变成了一种和西戎人没有区别的部族，逐步发展成为嬴姓的秦国，最后统一了中国。

（《求索》1981 年第 4 期）

注释

［1］按宋邓名世的《古今姓氏书辨证》云：“秦氏出自姬姓，周文王世子伯禽父受封为鲁侯，裔孙以公族为鲁大夫者，食邑于秦，以邑为氏。”邓氏所云，显为附会。因为《史记》已明确指出秦氏为嬴姓分衍：殷墟甲骨更有“秦宗”之称。可见秦邑之起源是远在伯禽封鲁之前。

［2］现在莱芜在黄河南岸，范县在黄河北岸。但在汉代黄河改道以前，两县地域都是在黄河以南。

［3］自太戊以下至纣辛死时的年代，依《纲鉴前编》说为公元前 1637 年至前 1121 年；依李兆洛《纪年》则为公元前 1481 年至前 1052 年。

［4］“年”字古文即为禾字。“有年于兹洛”，就是叫殷人到洛邑一带去从事农业劳动。

［5］《孙渊如先生全集·问字堂集》卷三。

周公东征和嬴姓西迁

林剑鸣

周公东征是西周历史上的一件大事，众所周知；而嬴姓西迁却长期未被人注意。但这两件事有紧密不可分的关系，且对几百年以后的历史产生不小的影响。所以本文把这两件事一并述评。

周公东征是怎么回事？又如何同嬴姓西迁联系到一块？要弄清这两点，还要从殷商的历史说起。

商是我国疆域内一支古老的民族，在夏王朝统治时期（公元前21世纪至公元前16世纪），商人活动于以孟诸泽（今河南商丘以北到山东曹县、单县一带的沼泽地区）为中心的东方地区。当时，活动于这一地区的还有许多原始氏族，其中与商人最亲近的就有嬴姓氏族。商族与嬴姓氏族都把“玄鸟”视为自己的祖先。“玄鸟”，就是燕。所以，他们最早很可能是以燕为图腾的一个部落，后来才分为两族。公元前十六世纪，已经强大起来的商人，在他们的首领汤的率领下推翻了夏王朝，建立了奴隶制的殷商王朝。由于在灭夏的过程中，嬴姓氏族作为商的联盟力量出过力，所以商王朝建立后，嬴姓也成为统治民族，其上层人物多成为显贵。

商王朝的统治近五百年，到公元前十一世纪就衰落了。这时，居于商西方渭水流域上游的周人强大起来。周人是姬姓，在商王朝强大的时候臣服于商。随着周人力量的逐渐壮大，商王朝奴隶主贵族统治的日益腐朽，周同商的冲突愈来愈剧烈，商王文丁（又作太丁）曾杀死周人领袖季历，季历之子就是周文王姬昌。周文王时商朝奴隶主的统治更加黑暗，商王纣（帝辛）穷奢极欲，实行严刑酷罚，又多次征伐边境的少数民族，促使阶级矛盾和民族矛盾激化：“小民方兴，相为敌仇。”（《尚书·微子》）商朝统治者处于四面受敌、风雨飘摇的形势之下。周人内部则十分稳定：“关市讥而不征，泽梁无禁，罪人不孥。”（《孟子·梁惠王下》）矛盾比较缓和。在这种形势下，周文王姬昌决心伐商，他首先督促本族人从事“糠功，田功”（《尚书·无逸》），即发展生产，充实经济力量，同时又率全族同西北各族进行战争，扩大地盘。但是，周人还没来得及东向伐商，文王就死了。

周文王死后，子姬发继位，这就是周武王。武王的弟弟姬旦辅佐，姬旦就是著名的政治家周公。当时周的势力东面已越过黄河，都城已由岐下迁到丰（在今陕西长安县境内）。公元前1027年[1]，在周公辅助下，武王联合了庸、蜀、羌、髳、微、卢、彭、濮等族，率戎车三百乘，“虎贲”（勇猛的战士）三千人向商王朝统治中心发动全面进攻。商王纣仓促发兵抵抗，双方会战于牧野（当今河南汲县）。在战斗中，备受商王朝奴隶主贵族压迫的商朝军队士兵在阵前造反，“皆倒兵以战”（《史记·周本纪》），掉转头来替周人打仗。结果，纣军被打败，纣王逃到鹿台“自燔于火而死”（同上）。武王率众浩浩荡荡地开进商的首都朝歌。周人就这样把商王朝的统治推翻了。

但是，武王灭商，斗争并没有结束。周公东征和嬴姓西迁就是这场易代斗争的继续。

灭商以后，摆在周人面前的一个严重问题，就是如何对这样大的一片国土进行统治。因为商是一个具有较高文明的奴隶制大国，人数也比周人多。此外，在周初的疆域中还散布着许多民族和氏族，如有夏（杞、鄫）、舜（陈、遂）、尧（唐、铸、杜）、太昊（宿、任、须句、颛臾）、祝融（桧）、少昊（郯）、颛顼（邾）、黄帝（南燕）等古老氏族的后裔。另外尚有较这些“诸夏”族经济、文化都落后的“戎”“狄”“夷”等异族，如猃狁（犬戎）、骊戎、陆浑之戎、戎蛮（茅戎）、北戎、山戎、赤狄、白狄、长狄、东夷等等。当时，对周人统治威胁最大的是东方，因为东方是殷人的故居，与周人为敌的不仅有殷人，而且有嬴姓氏族。东南的徐戎、淮夷、荆蛮和东北方面的无终、北戎、山戎也是周的劲敌。为便于统治，西周奴隶主贵族采取种族奴隶制的统治政策，即把全体殷商族人都变为周人的奴隶，但仍保留殷商人原有的社会组织，连原来殷商人的盟族也成为周人的奴隶，而原来殷商的奴隶则成为奴隶的奴隶。这样，嬴姓氏族当然也成了周人的奴隶。

当时，由于商刚刚灭亡，原来商王畿地区尚不稳定，周武王就封纣王的儿子武庚为殷侯，让他负责统治原来商王畿的地区，管理这里的奴隶主和奴隶。同时武王又封自己的弟弟管叔、蔡叔、霍叔三人在武庚周围监督，称为“三监”。在灭商中有功的周贵族和周人的盟族也都分得了封地和奴隶，如武王的另外两个弟弟叔鲜封于管（今河南郑州）、叔度封于蔡（今河南上蔡）。与周人有联盟和婚姻关系的姜姓氏族大贵族师尚父（名望，也就是姜太公）也因辅佐武王灭商有功而封于营丘（今山东临淄北），建立齐国。周公姬旦则封在东方的曲阜，建立鲁国。因周公留在京师辅佐武王，就由长子伯禽就位曲阜统治鲁国。在这期间，周武王又下令将纣王聚敛的“鹿台之财”散给众人，把抓来的罪囚释放出去。然后率兵西归，仍居留关中，以镐京（今陕西长安境内）为首都。

周武王虽凯歌高奏地回到关中，但东方殷商“顽民”及其盟族的残余势力并未彻底屈服，反抗周族统治的运动不断发生，使武王提心吊胆，以致“自夜不寐”（同上），后来竟病倒了。周公见此即设坛向祖宗神灵祷告，请求以自身代替武王病死，并将写有祷词的策书藏在金縢匮（即用金属包起来的柜）中，不准任何人将此事传出。所以，后来武王病愈，别的贵族也不知此事。

克殷后两年（公元前 1025 年）武王终于死去。子成王（姬诵）继位。当时成王还是个小孩子，上朝要人抱着，于是周公代行国政。这时，周的统治尚不十分稳定，周公治国十小分心，连洗澡、吃饭时都不安心，“一沐三捉发，一饭三吐哺”（《史记·鲁周公世家》），唯恐有人造反。尽管周公为政小心谨慎，周朝的贵族中还是有人怀疑他有野心。管叔就散布说：周公“将不利于成王”。言外之意就是周公要篡位。周贵族内部矛盾一出现，就给殷“顽民”可乘之机，武庚遂拉拢管叔、蔡叔，又联合了嬴姓的徐、奄、盈以及熊、薄姑等东方氏族、邦国发动叛乱。于是，周王朝统治的东方地区，形势立刻紧张起来。

这时刚死的武王尚未安葬，周贵族内部矛盾重重。周公能不能迅速平息东方这次叛乱，是周王朝能否巩固统治的关键，于是，周公首先向召公等恳切解释，安定内部，迅速将武王安葬。随即整顿军队，率师东征。出发前，周公发布檄文，以成王口气号召臣民团结起来，用武力去平定叛乱。这就是流传至今的《尚书·大诰》，在这篇檄文中，周公宣布成王承老天爷的旨意，讨伐武庚叛乱，完成文王、武王的开国大业。周公亲自领兵东征。他集中力量对准叛乱中心，向以武庚为首的殷人发动进攻。武庚的叛军本来就是乌合之众，遇到周军立即溃散。叛乱被镇压下去后，周公诛管叔，杀武庚，将蔡叔流放。接着又乘胜平定淮夷等东方各邦国的叛乱，嬴氏诸侯和盈、奄、徐以及熊、薄姑等也在这时被镇压。周公经过两三年的时间，才一一平定了东方各族、邦国的叛乱，周朝统治的危机解除了。

这次周公东征，是周人第二次克商。第一次武王灭商，虽然推翻了纣王的统治，但周人并没有牢固地控制商王畿，尤其是商王畿东方各邦国实际仍在“东夷”势力范围之内。周公镇压了以武庚为首的叛乱之后，东方诸侯、邦国才真正臣服于周，周人的统治势力达到东海之滨。

征服东方后，周公采取了几项措施巩固对这里的统治。首先，将一部分被俘的殷“顽民”整族整族地分给周王朝的贵族当奴隶；又把其余的一部分殷“顽民”迁离他们的故居。最先周公宣布将他们迁到黎水地方（今河南浚县东北），地近朝歌，“顽民”相当满意。大概周公觉得这里仍不利于对“顽民”统治，就卜问鬼神，结果据说是洛阳最好。于是就把笃信鬼神的殷“顽民”迁到洛阳。为了加强对这些“顽民”的监视，周公令商的旧属国的人，替“顽民”造屋筑城。新城称为成周。又在成周西约三十余里的地方修了一座城，称为王城。周公派八师的兵力共二万人驻在成周，监视“顽民”，随时准备镇压他们的反抗。对于和殷“顽民”一起叛乱的其他族人，周公也采取迁出其本族故地的办法，削弱他们的反抗力量。嬴姓氏族是商的亲近盟族，被迁移的距离也最远，他们的大部分人沿着黄、淮流域被驱向西方。在长途跋涉中有些嬴姓人中途停留下来，在当地定居、繁衍。这些人的后裔先后建立了一些方国，到春秋时期仍然存在的嬴姓方国还有：徐（在今安徽泗县附近）、穀（在今湖北穀城西）、黄（在今河南潢川西）、江（在今河南正阳县东南）、葛（在今河南睢县北）、梁（在今陕西韩城西南）。这些遗留的嬴姓小国，象征着嬴姓从东向西迁的足迹。然而，绝大部分嬴姓族人则被迁往更遥远的“西垂”，即周人的西方边境。由于周朝的疆土愈来愈大，其西方边境愈来愈远，所以被驱的嬴姓也就被愈挤愈远，最后到达今甘肃天水附近。这部分嬴姓族人游牧在黄土高原，以养马为业，到周孝王时（约公元前 897 年）因替周王室养马有功，嬴姓族人被封为“附庸”，并准许在“秦”（今甘肃秦安县）地筑城定居。从此，“秦”就成为这部分嬴姓族人的称谓，他们就是春秋时秦国人的直接祖先。

从上述历史事实可以看出：周公东征在历史上具有很重要的意义，它不仅奠定了周王朝此后数百年统治的基础，而且是嬴姓西迁的原因。而嬴姓西迁几百年后，到公元前 770 年，在西方建立了秦国，这个秦国又经过了四五百年的奋斗，终于消灭了割据的诸侯国，统一了中国，建立了空前统一的封建王朝——秦朝。当然，这一后果是周公始料不及的。

最后，还应当补充一点：目前历史学界有不少学者还不承认秦人是东方嬴姓西迁而来的，他们认为秦人原来就居于西方，或就是“西戎”的一支。如果真是如此，自然就与周公东征无关了。对学术问题应当持谨严的科学态度。不应以自己看法强加于人。上述关于嬴姓西迁的观点，是笔者和部分学者的研究成果[2]，究竟何种看法更接近事实，我们相信读者自己能作出判断。

（《文史知识》1982 年第 11 期）

注释

［1］公元前 1027 年系通行说法，还有人推算应为公元前 1066 年。因我国古史在公元前 841 年以前无准确纪年，故目前尚难断定哪种说法正确。

［2］认为秦人来自西方的代表著作有蒙文通《西秦少数民族研究》、吕振羽《中国原始社会史》等书。秦人来自东方的详细论述，见拙著《秦史稿》。

关于夷族的西迁和秦嬴的起源地、族属问题

段连勤

关于秦嬴的远祖及其族属问题，前贤和当今有影响的学者们对此都发表过一些看法。司马迁在《史记·秦本纪》指出秦为嬴姓，与分布于淮济之间的徐、郯、莒、奄、终黎等11个夷族古国为同族。此后司马贞、张守节等人颇宗其说[1]。近人傅斯年、徐旭生以及《中国史稿》的作者亦发表了若干赞同的言论[2]。但由于多系随便道及，没有进行专题研究，其主张因缺乏充分的证据而不能为人所信服，遂产生了另一种说法。王国维在一篇专门探究秦国都邑的文章中开头就说："秦之祖先，起于戎狄。"[3]蒙文通先生《周秦少数民族研究》一书有《秦为戎族》一节，专门阐讨秦嬴起源于西戎的问题，反对司马迁秦起于东夷的观点。最近林剑鸣同志发表《秦人早期历史探索》一文，断定"秦同殷人最早源于一个东方的氏族部落"[4]。不久熊铁基亦发表关于秦人早期历史的文章，不同意林说，也不同意秦起源于东夷的说法。

笔者认为，秦的祖先起源于我国东方，是夏商之际西迁关中的东夷族的一支。本文就此问题略述浅见，错误之处，望同志们给予指教。

一　夏商之际东夷族向关中邠岐地区的迁徙

几乎所有流传下来的先秦文献资料，都说传说时代的夷族是居住在我国东方的。夏代以前东夷族的著名大酋长有太昊、少昊、皋陶、伯益。太昊居陈（今河南淮阳县），继太昊而起的少昊居曲阜（今山东曲阜县）。传说皋陶为少昊裔子（《路史》说为少昊四世孙）、伯益父，《帝王世纪》说"皋陶生于曲阜"，他们的居地当亦在太昊、少昊居地范围之内或与之为邻。

在传说的尧舜禹时代，华夏族与东夷族存在着良好的民族关系。皋陶、伯益都是华夏东夷族部落联盟议事会的成员，皋陶作士（主军事和刑狱），伯益作虞（主山林草木禽兽），他们在大禹晚年都先后被举为华夷部落联盟酋长的继承人。但是这时私有制和阶级都已产生了。夏朝创始人夏后启废除禅让制，将伯益杀死。伯益的被杀标志着华夷部落联盟的瓦解和我国早期奴隶社会的产生。

夏代初年东夷族分为九部，史称九夷，即畎夷、于夷、方夷、赤夷、白夷、黄夷、玄夷、风夷、阳夷[5]，东夷有穷氏酋长后羿在夏启死后曾乘夏国内部混乱之机，率领东夷人袭取夏都安邑，"因夏民以代夏政"[6]。后羿及其族人寒浞坐镇穷桑，统治夏国和东夷之地。穷桑为少昊旧都，在今曲阜一带。在夏代初年，东夷仍分布在今曲阜周围之地，即今山东西南部和河南东部。

太康、仲康死后，仲康子夏后相率夏遗民流亡在同姓斟寻氏（在今河南偃师境），并积聚了一些力量，试图恢复夏国。据《古本竹书纪年》及《路史》所载，他即位元年征畎夷，二年征风

夷、黄夷，七年“于夷来宾”。后相既是避居于斟寻氏，他掌握的力量肯定是不大的，他所征的畎夷、黄夷、风夷，当不会距离斟寻太远，很可能就在斟寻的以东或东方不远之地，西周春秋时，宋国有犬丘邑，其地在今河南省与安徽省搭界的永城县；卫国亦有犬丘，在今河南与山东搭界的曹县[7]。按犬与畎通，如畎夷《史记·齐世家》又作犬夷；丘，《正韵》：“四方高中央下曰丘。”河南东部、山东、安徽、江苏一带，在远古时期由于河、济、淮、泗水泛滥，水流漫延，地多潮湿，人们多选择高而平的丘地居住，所以这里的地名多有丘字，如楚丘、商丘、蔡丘、帝丘等。上述两犬丘，均距斟寻不远，且在其东方，或即夏时畎夷所留下之居址。

后相子少康在有虞和有鬲氏的支持下，杀寒浞，平定了夷人的反抗，恢复了夏国，史称“少康中兴”。少康子后杼率领夏军一直打到东海[8]，结果“方夷来宾”[9]，此后不久，“九夷来御”[10]，显然是东夷各部都归降了夏国。《古本竹书纪年》说：“荒（按即帝芒，后杼子）元年，命九夷，东狩于海，获大鸟。”后杼、后芒用兵和狩猎的地方既是夏国东方至滨海之地，那么“命”和“来御”的九夷，无疑也就在河南东部、山东和淮水一带了。后芒以后一直至后发，九夷归服夏朝的记载史不绝书，夷夏之间未见有战争发生，九夷的居地当也不会有什么变动。

后发死，帝位传给夏朝最后一位国君帝履癸。帝履癸可能为了转移夏国人民对腐败内政的注意而发动了对东夷的战争。《左传》昭公四年载：“夏桀为有仍之会，有缗叛之。”杜注曰：“仍、缗皆国名。”但不能确指其地望。按有仍之会既为夏桀集合军队讨伐东夷的誓师大会，其地当密迩夷地。《中国史稿》以山东金乡县当之，说或有据。夏的有仍之会点燃了东夷族反抗夏朝统治的烈火。《后汉书·东夷传》说：“桀为暴虐，诸夷内侵。”《左传》昭公十一年亦载：“桀为有仍之会以丧其国。”要之，夏桀时期东夷族的反抗斗争实为夏朝灭亡的重要原因之一。这时商族在黄河下游乘机崛起，同造反的九夷人民相汇合，形成了一股势不可挡的反夏力量。商族酋长汤率领商夷联军在鸣条与夏桀率领的夏军展开决战，夏军败溃，桀逃南巢（今安徽巢县），并且死在那里。商夷联军乘胜西进，攻占了夏朝的心脏地区汾河下游的大夏，并西上扫荡了泾渭流域的夏朝残余势力。

商夷联军进入陕西关中地区有没有文献上的根据呢？有的。《史记·封禅书》记秦地诸祠曰：“于社（杜）亳有三社主之祠。”《索隐》引徐广云：“京兆杜县有亳亭。”《史记·秦本纪》载：“宁公三年，遣兵伐荡社，三年与亳王战，亳王奔戎，遂灭荡社。”《索隐》：“亳王，盖成汤之胤，其邑日荡社，《正义》引《括地志》：‘雍州三原县有汤陵。又有汤台，在始平县西北八里。’”[11]上述材料虽是春秋时期的，但荡社、亳亭的商人，应是商族追击夏国残余势力时进入关中的商人的后裔，他们在商初时进入关中，商亡后，他们大概归服了周朝，春秋初年为秦所灭。

我们在探讨夏末以前东夷族的居地时已经指出，东夷诸部在夏末以前的传统居地是我国东方的济、淮流域，即今日山东省的中南部、河南省的东部及江苏、安徽的北部。这里要补充说明的是，先秦典籍所著录的有关夷族的所有传说资料，以及两汉以后的研究著作，都没有谈到夏末以前我国西方的关中地区、山西的汾河流域有夷人分布和夷人活动。但是在商夷联军灭亡夏朝之后，夷人的分布和活动地区发生了很大的变化：陕西关中地区突然出现了东夷人的活动。《竹书纪年》载：“桀三年，畎夷入于岐以叛。”《后汉书·西羌传》亦载：“后桀之乱，畎夷入居邠岐之间。”邠岐在今陕西旬邑和岐山县。正当关中肥美的泾渭平原上，此当为畎夷迁至关中时的最初居地。西周春秋时，今陕西兴平东南有犬丘，亦曰废丘；甘肃天水县西南亦有犬丘，史称西犬丘或西垂。此两犬丘当为畎夷入居泾渭流域后的居地。这一点可以从春秋经传对春秋时期卫国境内的犬丘的解释看出来。《春秋》隐公八年云：“八年春，宋公卫侯遇于垂。”左氏传曰：“八年春，齐侯将平宋卫，有会期。宋公以币请于卫，请先相见。卫侯许之，故遇于犬丘。”显然《春秋经》

所说的垂即《左传》所说犬丘，所以杜预《集解》注曰："犬丘，垂也，地有两名。"可见犬丘即垂，垂即犬丘，都是指的同一地方。天水西南的犬丘之所以又称西犬丘、西垂，正是相对于山东曹县的犬丘又称垂而言的。自王国维以来，西犬丘和西垂是一地还是两地，甚至西垂究竟是否具体地名真是聚讼不已[12]。郭沫若和日人中井积德都释垂为边垂（陲）[13]，即西部边疆之意，显然是忽略了上述春秋经传的记载。我们在前面已指出，地名有丘字，是我国东方夷人居住区所特有的。这里要指出的是，我国西北地区由于地处高原，并且多山，近水而宜于居住的地方多称原，如周原、固原等。关中的两犬丘，显然不是本地人的居址，而是畎夷迁入关中时从东方带来的（历史地理称之为地名迁移）。由山东曹县、河南永城县的犬丘，到陕西兴平、甘肃的犬丘，这正是畎夷由我国东方移至我国西方所走过的足迹。徐旭生先生斥《后汉书·西羌传》"后桀之乱，畎夷入居邠岐之间"为"范晔的错误"[14]。范氏不明了畎夷即东夷九族中的畎夷，将其误入西羌传中，当然是不妥的，但畎夷入居邠岐却是范史实录，并无什么错误。

我们上面已经讲到伯益（即《秦本纪》柏翳，详后）为东夷酋长，伯益玄孙曰费昌，《史记·秦本纪》说："费昌当夏桀之时，去夏归商，为汤御，以败桀于鸣条。"鸣条地望，一说在封丘东，一说在山西安邑县北。桀都洛阳，当以封丘东为是，费昌所率之东夷人绝不会在鸣条战后就罢手的。把这段材料同上述《竹书纪年》、《后汉书·西羌传》所载之史料以及犬丘遗址由东向西分布的情况联系起来，我们就有理由作出结论：东夷人中的一部分，主要是九夷中的畎夷，确实在夏末作为商夷联军的组成部分，由我国的东方进入了西方的关中平原。

《史记·周本纪》也透露了一些畎夷迁入关中的消息。畎夷入关中时，适值在邰（今武功）立国的周族酋长不窋在位。周族为夏国属部，不窋为夏稷官。"不窋末年，夏后氏政衰，却稷不务，不窋以失其官而奔戎狄之间。"不窋失官及逃窜的原因，史书阙载，后人也很少道及。但如把它同上述《竹书纪年》、《后汉书·西羌传》关于畎夷入居邠岐以叛的历史背景联系起来，就不难窥见周族受到商夷联军的打击和驱赶。这从另一个侧面证实了畎夷向关中的迁徙。

在商代前期，商朝无论是同仍然居住在东方的夷人还是同迁入关中邠岐的畎夷，关系都是好的。商代后期，特别是从武乙时起，商朝同东西两方的夷人关系都紧张起来。武乙调动大军一方面进攻江淮地区的东方夷人，一方面对泾渭流域的西方畎夷加强镇压。武乙本人据《殷本纪》说是在河渭流域之间田猎时被雷震死的，丁山先生已疑其说[15]。我们认为，武乙的死可能同他征伐泾渭流域的夷人有关。

殷武乙死后，经再传到帝乙。此时适值建国于岐山的周族酋长姬昌（后谥为文王）在位。周是殷的属国，造反的夷人大肆进攻周族。《帝王世纪》载："昆夷（按即畎夷）伐周，一日三至周之东门，文王闭门修德，而不与战。"《尚书大传》载："文王受命，四年伐畎夷。"《毛诗·出车序》亦载：文王时，"西有昆夷（按：即畎夷）之患，北有猃狁之难"。为了拯救殷朝在西方的支柱周族方国，帝乙于即位后的十年和十五年曾亲率殷国大军征讨渭河流域的夷方（即人方）。关于帝乙这两次出征夷人的战地、往返路线，李学勤同志的《殷代地理简论》一书第二章《帝乙十祀征人方路程》和发表在《考古学报》1958 年第 2 期的论文《帝乙时代的非王卜辞》已作了十分精辟的考证，此不赘。在文王晚年，畎夷可能归降了周国，《左传》襄公四年载："文王率殷之叛国以事纣，四十余国。"畎夷邻近周族，这四十余国中，应当包括畎夷。武王灭殷后，《史记》、《汉书》均载："放逐戎、夷泾洛之北。"[16]畎夷成为周朝统治下的一个少数民族。由于历史文献中直接记载夷族西迁的材料较少，所以我们不得不在夏代末年以前夷族的传统居地及夏末商初以后夷族活动地区向关中的扩展方面多用了一些笔墨。下面我们将证明，秦的祖先，正是在这次东夷人向我国西部的迁徙浪潮中，作为这个迁徙队伍的一支，来到陕西关中地区的。

二　关于秦嬴的起源地及族属问题

为了说明秦嬴的起源地及族属问题，我们认为先秦典籍中所记载和披露的以下几方面的材料具有关键作用。

（一）从秦嬴同犬丘（西垂）的关系看秦嬴的起源地和族属

秦嬴同犬丘的关系问题，是一个颇为奇特而饶有兴趣的问题。据《史记·秦本纪》，秦嬴九世祖曰中潏，“中潏在西戎，保西垂”。周孝王时，申侯对周孝王说：“昔者我先骊山之女，为戎胥轩（按：秦嬴八世祖）妻，生中潏，以亲故归周，保西垂，西垂以故和睦。”此均言中潏在西垂。中潏传七世至大骆，大骆生嫡子成及非子，“非子居犬丘，好马及畜，善养息之。犬丘人言于周孝王。孝王召使主马于汧渭之间”。此言非子居犬丘。以此知秦嬴从中潏至非子的八世都以犬丘（西垂）为都邑。按此八世所居的犬丘，应为今天水西南之西犬丘；今兴平东南之犬丘地近沣镐，为周朝王畿之地，且周懿王曾都之，周室绝不会让非子居此养马及畜。非子以犬丘起家，且有功于周室“周孝王欲以为大骆嫡嗣”，使永居犬丘，但终因他非大骆嫡子（大骆嫡子是成）而未果。周孝王改封非子于秦（今甘肃清水县）。非子被迫离开犬丘而“邑于秦”，号曰秦嬴。由此可见，犬丘是秦人世代相承的宗邑。因此，至少自非子以后，秦嬴族人每当犬丘出现危险或陷落时，就不惜一切地去保卫它，甚至为它而献身。非子传四世至秦仲，时当周厉王时。史载：“厉王无道，诸侯或叛之。西戎反王室，灭犬丘大骆之族。”秦仲为了复仇和夺回犬丘宗邑之地，奋起同西戎厮杀，结果“死于戎”。其子庄公继续同西戎战斗，终于打败了西戎，光复了犬丘。周宣王鉴于大骆嫡系已在犬丘陷落时被灭，于是将犬丘划归庄公，并命庄公承继秦族大宗。庄公由秦移都犬丘，宣王封他为西垂大夫。庄公长子世父发誓说：“戎杀我大父仲，我非杀戎王不敢入邑！”此誓言虽包含有为秦仲复仇之意，但也进一步证明西犬丘为秦嬴祖宗所在之地。后西戎又围犬丘，世父率族人击之，为戎所掳。庄公死，襄公立。周幽王被戎杀于骊山之下，襄公以兵送周平王东迁洛邑，有功，被封为诸侯，平王赐襄公“岐以西之地”，于是“襄公始国”。襄公死，文公立。“文公元年，居西垂宫”[17]。此西垂宫显然在西犬丘，为襄公“始国”时所建。可见秦嬴至襄公、文公时仍以西犬丘为都邑。秦嬴把都邑由犬丘迁至汧渭之会的时间是文公四年，即公元前762年。秦居西犬丘的时间，即使从中潏算起，也有十四世。中潏生于夏末，文公生于春秋初，秦嬴都西犬丘的时间比西周延续的年代还要长，至少有300年之久！在此期间，秦嬴族人对犬丘苦心经营之，洒血保卫之。有人说犬丘是秦民族的据点和生命线[18]，我看不过分。我们在前面已经指出，关中地区的犬丘（垂）是畎夷从东方夷人居住区迁移过来的地名，是畎夷由我国东方迁至西方时的居住遗址，它因畎夷而得名，并随畎夷的迁徙而迁移，而秦嬴早在商代就固守、经营这块居地，他们的祖先“居犬丘”、“居西犬丘”、“保西垂”、“为西垂大夫”，立国后又在这里建“西垂宫”，作为秦嬴的宗邑和都邑达数百年之久，这是偶然的吗？这难道不恰好说明秦嬴的祖先原来也是由东方迁来的东夷人（很可能是畎夷）吗？

（二）从嬴姓氏族和古国的分布看秦嬴的起源地和族属

《史记·秦本纪》载，秦三世祖柏翳（即伯益，详下）“佐舜调驯鸟兽，鸟兽多驯服，舜赐姓嬴氏”。秦祖嬴姓，在所有先秦文献中无异词。秦人的嬴姓来源颇古，虞舜赐姓之说，可能出于秦人伪托。因为从先秦典籍所载的传说资料看，早于虞舜时代的东夷族酋长少昊及其后裔少昊氏姓嬴。

这里先说一下姓在历史学和民族学上的意义。在远古，一个氏族或氏族成员姓什么，是一个颇为严肃的问题。许慎《说文解字》云："姓，人所生也，因生以为姓，从女生。"在氏族制度盛行的原始社会，姓表示着一个氏族成员所出生的氏族。同姓的氏族、部落，则表示这些氏族、部落在血统上的共同性。因此为了氏族的繁荣和后代成员的健康，同姓是不许婚配的，这条制度大概在非常遥远的古代就成为人们所共同遵守的惯例了。《左传》昭公元年载："侨（按即子产）又闻之，内官不及同姓，其生不殖，故《志》曰：'买妾不知其姓，则卜之。'违此二者，古之所慎也。"《左传》昭公二十三年也载："男女同姓，其生不蕃。"这些规定的主要根据，就是古人从实践中总结了的这样一条经验，即近亲（同姓）结婚，后嗣不蕃。因此古人对姓的区别是很认真的。在民族学上，我们根据姓的共同性，往往可以鉴别和寻找出许多已经分散的氏族、部落在氏族和血缘上的联系，从而成为我们鉴别它们是否属于一个民族或氏族的重要的辅助手段。

在先秦文献所著录的传说资料里，起源于我国西北的炎黄族及其后裔中，没有嬴姓；分布于我国南方的苗蛮各部及其后裔中，也没有嬴姓；唯有分布于我国东方的夷族少昊氏及其后裔伯益为嬴姓。这一点颇值得注意。

据《史记·秦本纪》，秦嬴三世祖曰柏翳，此人受舜命"与禹平水土"，并"佐舜调训鸟兽，鸟兽多驯服"。《尚书·尧典》亦记有名叫伯益的人，此人为舜虞官，主草木鸟兽，并与禹一起"乘四载，随山刊木，奏庶鲜食"，在平治水土、安辑流亡方面立了大功。柏翳与伯益均生于舜时，且职掌、事迹相同，注家向来认为是一人。按太史公记柏翳后裔所建嬴姓国家与《左传》、《世本》所记伯益所建嬴姓国家基本相同，柏翳与伯益应为一人。伯益为虞舜及大禹时东夷族著名酋长，秦嬴祖伯益，当然秦嬴也就是起源于东方并且是东夷人的后裔了。

再看看秦嬴的同姓国的分布情况。《史记·秦本纪》说："秦之先为嬴姓，其后分封，以国为姓，有徐氏、郯氏、莒氏、终黎氏、远奄氏、菟裘氏、将梁氏、黄氏、江氏、修鱼氏、白冥氏、蜚廉氏、秦氏。然秦以其先造父封赵城，为赵氏。"这里除蜚廉居犬丘、秦嬴居秦及赵父居赵城(今山西赵城)，封地均位于我国西方外，其余十一国的地望及史迹略如下述：

徐国——嬴姓，周初为东夷大国。《尚书·费誓序》曰："鲁侯伯禽宅曲阜，徐夷并兴，东郊不开，作费誓。"《左传》昭公元年亦曰："商有姺、邳，周有徐、奄。"《诗》之《大雅》、《小雅》、《鲁颂》均载伐徐事。战国时灭于楚。关于徐国的地望，《春秋》僖公三年杜预《集解》称"徐国在下邳僮县东南"，即今安徽泗县东北。此当为春秋时徐国的位置。观上述《费誓序》"徐夷并兴，东郊不开"之文，商周时期徐国的位置当在今曲阜以东之地，与古奄国为邻。

郯氏——《左传》昭公十七年载郯国国君自称其祖为少昊氏。少昊嬴姓。《史记·秦本纪》、《汉书·地理志》、《潜夫论》亦均载郯为嬴姓国。然杜预《春秋左氏传集解》却云："少昊金天氏，已姓之祖也。"以郯国为已姓。按已、嬴古音同，已应为嬴音之转。郯为周初封国，春秋时灭于越。郯国地望，史籍阙载。但既为少昊旧壤。《春秋》宣公四年载齐侯调解郯、莒二国争端，莒国在今山东莒县，郯应邻莒。今莒县东南有郯城县，或谓即古郯国所在。

莒氏——嬴姓国。传说周王封少昊之后于莒。春秋时灭于楚。莒国地望，先秦典籍阙载。观《春秋左传》文公七年"徐代莒"，宣公十三年"齐师伐莒"，成公九年"楚子自陈伐莒"，莒必在徐之东北与徐相近之地，《春秋》隐公二年杜预《集解》云："莒国，今阳城莒县是也。"《清一统志》以今山东莒县当之。

终黎氏——《潜夫论·志氏姓》作锺离，《世本》曰："嬴姓之国。"春秋经传屡见之，战国时灭于楚。汉有钟离县，故城在今安徽凤县境。

运奄氏——即奄氏，据《路史》，因由运（今山东郓城县）迁奄，故名。奄为商代东夷大国，周初参与武庚、三叔叛乱，周公、成王征之。《尚书·君奭》载："成王东征淮夷，遂践奄。成王既践奄，将迁其君于蒲姑。”奄亡，其地封伯禽，是为鲁国。《左传》定公四年：“因商奄之民命以伯禽，而封于少昊之虚。”是奄在鲁境，或曰在今山东曲阜县。雷学淇《纪年义证》认为奄在“鲁之正东，南距淮而北与齐接”。

菟裘——嬴姓，参见《潜夫论·志氏姓》。春秋前期亡于鲁。其国地望，《太平寰宇记》曰：“菟裘故城在泗水县北五十里。”宋代的泗水县治与今县治同。

将梁——程本《潜夫论·志氏姓》作梁，无将字。嬴姓。史迹无考。将梁地望，《路史·国名记》以“淮阳军古良城”当之。在今江苏邳县。

黄氏、江氏——《史记·陈杞世家》司马贞《索隐》引《世本》曰：“江、黄二国并嬴姓。”黄国地望，《左传》庄公十九年杜预《集解》“今弋阳县”，即今河南省潢川县。江国地望，《汉书·地理志》、《左传》僖公元年杜预《集解》均说在河南安阳县，即今河南省正阳县境。春秋时二国均灭于楚。

白冥氏——《潜夫论·志氏姓》作白寘；寘字误。嬴姓国。史迹地望无考。

修鱼氏——《路史·国名纪》：“即萧鱼，郑地。”在今河南修武县。

以上我们逐次考察了《秦本纪》所著录的秦嬴同姓国的地望。大量资料显示，这些与秦同姓的嬴姓古国，除修鱼外全部分布在山东江淮之地。对于这些嬴姓古国，秦嬴是把它们作为自己同族的国家看待的。《左传》文公四年载：“楚人灭江，秦伯（按：秦穆公）为之降服、出次、不举、过数。大夫谏，公曰：‘同盟灭，虽不能救，敢不矜乎！’”江国是僻处淮水的小国，距秦遥远。穆公之世，晋霸正隆，秦国势力东不能过函谷，且有东周、郑、许、蔡阻隔其间，秦国同江国不可能有由盟约结成的重大利害关系。江国灭，秦穆公竟素服（降服）、避正寝（出次）、去盛馔（不举），以过分的礼教来表示哀悼，这种不寻常的举动，绝不能用一般政治军事上的结盟关系来解释，而只能用秦、江为同姓（同族）国来解释。

这么多与秦同姓、同族的东夷嬴姓小国都分布在我国东方，秦嬴起源于东方的夷族不是很清楚的吗？

（三）从秦的原始宗教观念看秦嬴的起源地与族属

在生产力极其低下、交换关系还不发达的原始共产制时代，人们的原始的宗教观念具有非常明显的地域性和民族性。恩格斯说：“最初的宗教观念大部分对于每个有血统关系的部族集团是共同的，在这些集团分裂之后，便以各个部族所遭遇的生活条件而特殊的发展起来。”[19]秦嬴即起源于东方的夷族，那么根据恩格斯的指出，它的最初的宗教观念就应当与东夷族是共同的；秦嬴作为夷族的一支西迁关中之后，它的宗教观念也必然在原来的基础上有特殊的发展。

图腾信仰是原始宗教观念的重要内容。东夷少昊氏以鸟为图腾，这一点在《左传》昭公十七年里记载得很明白，曰：“郯子来朝，公与之宴。昭子问焉，曰：‘少昊氏以鸟名官，何故也?’郯子曰：‘吾祖也，我知之。我高祖少昊挚之立也，凤鸟适至，故纪于鸟，为鸟师而鸟名。’”接着郯子谈到了少昊氏的以 5 鸟、5 鸠、5 雉、9 扈共 24 种鸟命名的 24 个氏族。孔子听了郯子的叙述，感慨地说：“吾闻之，天子失官，学在四夷，犹信。”看来少昊氏及其嬴姓后裔以鸟为图腾是可以相信的。真是无独有偶，《史记·秦本纪》也记载了秦嬴始祖拜鸟的神话，曰：“秦之先曰女修，女修织，玄鸟陨卵，女修吞之，生子大业。”据研究玄鸟即燕，认为自己的始祖为神秘的玄鸟卵所生，这显然是秦先祖以鸟为图腾的遗迹。上述郯子所说少昊氏以五鸟命名的五个氏族中，就有一个氏族叫玄鸟氏。看来秦人崇拜玄鸟是渊源于极遥远的少昊氏时代的。与秦同祖的赵氏（后来建赵国），据《秦本纪》，是穆王封造父于赵城而“由此为赵氏”。实者，郯子所列之少昊氏五鸟氏族中就有一个氏族叫伯赵氏，伯赵亦是一种鸟名，造父以鸟名族及国，不也是以鸟为图腾的遗迹吗？最有意思的是秦文公对于陈宝的崇拜。《史记·秦本纪》对于秦拜陈宝，语焉不详，《史记·封禅书》记载较为具体，曰："九年，文公获若云石（《索隐》引苏林云：'质如石，似肝'），于陈仓北阪城祠之（按：陈仓北阪即今宝鸡虢镇南古陈仓山北坡）。其神或岁不至，或数岁来，来也常以夜，光辉若流星，从东南来，集于祠城，则若雄鸡（按：《汉书·郊祀志》作雄雉，司马迁避吕后讳，改雉为鸡），其声殷云（按：《汉书·郊祀志》作'其声殷殷'），野鸡夜雊。以一牢祠，命曰陈宝。"秦文公本来得到的是一块"似肝"的石头，他故弄玄虚，却建祠祭之，但这块石头的神灵却是从东南方飞来的雉鸟，这只"光辉若流星"的神雉一来，陈仓的野雉群鸣和之，因此文公所祠祭的陈宝，虽然表面上看是一块怪石，但实际上是他想像中的从东南方飞来的雉鸟。上述郯子所述少昊氏以鸟命名的氏族中，恰有五个以雉鸟命名的氏族。文公所祠祭的从秦国东南飞来的神雉难道同方位恰在秦国东南的少昊氏所崇拜的雉鸟没有关系吗？最奇怪的是这种神雉的叫声，"其声殷殷"。按殷读作衣[20]，"其声殷殷"应读作"其声衣衣"。神雉的这种叫声同玄鸟的叫声"鸣若嗌嗌"完全相同。因此这里又包含着对玄鸟崇拜的遗迹。我们认为这个神话故事反映了秦人在远古时代他们还未从东方迁来西方时就存在的对雉鸟、玄鸟崇拜的"最初的宗教观念"，这也说明了秦人的祖先是我国东方的夷族。

现在再看看秦嬴对少昊神的崇拜。《秦本纪》云："襄公于是始国，与诸侯通使聘享之礼，乃用骝狗、黄牛、羝羊各三，祠上帝西畤。"这位在秦开国大典时被祠的上帝是谁呢？《秦本纪》略之，但《史记·封禅书》却载得相当明白："秦襄公即居西垂，自以为主少昊之神，作西祠畤白帝。"说明很明白，襄公祠的上帝是少昊。徐旭生先生认为昊本意为白，所以少昊又称白帝[21]。少昊原为传说时代东夷族的著名酋长，后嗣将其神化，崇之为帝是很自然的。上面我们已经提到，我国古代有"鬼神非其族类，不歆其祀"的成规。秦襄公在开国大典时，杀牛宰羊，隆重地祭祀秦人最崇敬的祖先神，是很自然的。这也说明秦人是东夷族少昊氏的后裔，是从东方迁到西方来的。随着秦国领土的扩大和势力的东进，至战国，秦开始祭华夏的祖先神黄帝炎帝，但祭白帝少昊的祀典仍然是最隆重的。秦国由只祭少昊到增祭黄帝炎帝，这种变化正符合恩格斯所说的原始宗教观念，"在这些集团分裂之后（按：夷族一支西迁，实际上就是同仍留在东方的夷族的分裂），便依各个部族所遭遇的生活条件而特殊的发展起来"的论断。我们绝不能据此去否认秦人起源于我国东方的说法。

三　结　论

我国自古以来就是一个多民族的国家。从传说时代起，在我们伟大祖国960万平方公里的国土上，就生息繁衍着许多古老的民族。华夏族起源于西北的陕甘地区，东夷族起源于东方的江、淮、济水之间。这两大民族在传说所及的远古时代就开始交往了。首先是华夏族向华北和我国东部黄淮地区迁徙，东夷族的一部分也由于战争和其他原因，逐渐来到西北地区的汾渭流域[22]。华夷族的这种交互迁移，促进了华夏族与东夷族的民族同化与融合。秦汉时期已基本上形成的汉族，主要是这两大民族经过数千百年来的不断融合与同化的产物。

根据我们上面所提供的材料，夏商之际，随着商夷两族对夏朝战争的进展，的确有一支夷人（畎夷）来到了关中地区。秦嬴就是这支西来的夷人中的一部分。东夷人的一支向我国西部的迁徙，带来了夷人的经济文化，对关中地区经济文化的发展是有益的。

秦嬴起源于由我国东方西迁的东夷人，它很可能是畎夷的一支。按畎夷，在我国古代文献中，其族名往往又写作混夷（《诗·大雅·绵》）、昆夷（《孟子》、《毛诗·采薇序》）、绲夷（《史记·

匈奴传》)，也写作犬夷（《史记·齐世家》、《说文解字·口部》引），西周晚期所常常见到的犬戎，当是它的后裔。西周的统治者标榜自己实行的是仁政，讲究礼乐，他们对强悍尚武的少数民族或残暴的敌人，都鄙称之为戎，如称殷人为戎殷，称我国东北的少数民族（东胡的先祖）为山戎，称鬼方为鬼戎，称羌族为羌戎，等等。把戎同西连起来，一望到戎就认为来于西方，是西周晚期以后才发生的现象。长期以来人们认为犬戎既是戎，一定来源于西方，这实在是误解。蒙文通先生在其《周秦少数民族研究》一书中，虽极力反对秦嬴起源于东方的夷族，但他看出了秦嬴同犬戎的裔亲关系，认为秦族是犬戎的一支，并搜集了一些材料来加以证明。在秦嬴与犬戎的关系问题上，我们同蒙文通先生的分歧在于：我们认为秦嬴和犬戎都起源于畎夷；二者是兄弟关系，是畎夷的两个分支。论述这两个分支的形成和发展已非本文的任务，只好留待另文了。

有人认为秦开国前的世系，都是“宗祝伪托”，《史记·秦本纪》关于秦先世的记载，“难免有司马迁的主观臆断”[23]。司马迁在《史记》所载历史事件中，确实有主观臆断的地方，但是他的关于秦为嬴姓、与江淮夷族嬴姓小国为同族的主张，无论如何不应判为“主观臆断”。在西周春秋时期，东夷是被华夏族蔑视的，秦嬴如果同东方的夷族小国无民族血缘关系。它为何要把这个不光彩的夷姓冠在自己头上？其次，秦焚书时，秦史档案当不会被烧掉，司马迁撰秦纪，当是根据秦人自己撰写的秦史资料，而且对秦嬴先祖世系的撰述，恐怕靠主观臆断也是写不出来的。《史记·太史公自序》说：“迁二十而南游江淮，上会稽，探禹穴，窥九疑，浮于沅湘，北涉汶泗，讲学齐鲁，乡射峄邹，厄困鄱薛彭城，过梁楚以归。”司马迁所游览的地方，主要是古东夷族诸嬴姓国家和氏族分布的地方，他的《秦本纪》当是像《五帝本纪》那样，是参照在民间的许多调查材料写成的，与专注于文献资料者有所不同。因此《秦本纪》中关于秦嬴先世的记载应当说是比较可信的。

（《先秦史论文集》，《人文杂志》1982 年增刊）

注释

［1］《史记·秦本纪》司马贞《索隐》曰：“《左传》郯国少昊之后，而嬴姓盖其族也，则秦赵宜祖少昊。”张守节《正义》曰：“《列女传》云：‘陶子生五岁而佐禹’。曹大家注云：‘陶子者，皋陶子之伯益也。’按此即知大业是皋陶。”少昊、皋陶均为东夷族著名酋长。

［2］傅斯年：《夷夏东西说》，载《蔡元培先生六十五岁纪念论文集》。徐旭生：《中国古史的传说时代》。

［3］王国维：《秦都邑考》，《观堂集林》卷十二。

［4］《西北大学学报》，1978 年第 1 期。

［5］《竹书纪年》、《后汉书·西羌传》。

［6］《左传》襄公四年。

［7］《左传》襄公元年、隐公八年。

［8］《山海经·海外东经》郭璞注引《竹书纪年》。

［9］［10］《后汉书·东夷传》注引《竹书纪年》。

［11］《史记·秦本纪》，并参看董说《七国考》卷三《秦都邑》“犬丘、废丘”条。

［12］《观堂集林》卷十二《秦都邑考》：“西垂殆泛指西土，非一地之名。”

［13］郭沫若释“垂”，见《两周金文辞大系·秦公𣪕释文》。中井积德释“垂”见《史记会注考证·秦本纪》引。

［14］［21］徐旭生：《中国古史的传说时代》第 115、209 页。

［15］丁山：《商周史料考证》第 152 页。

［16］《史记》、《汉书》的《匈奴传》。

[17] 以上所引均见《史记·秦本纪》。
[18] 林庚：《〈天问〉中有关秦民族的历史传说》，《文史》第七辑。
[19] 恩格斯：《费尔巴哈与德国古典哲学的终结》。
[20]《吕氏春秋·慎大览》："亲郼如夏。"高诱《训解》："郼读如衣，今兖州人谓殷氏皆曰衣氏。"
[22] 迁至汾水下游的夷族，后来称赵氏，居地在今山西省赵城。
[23]《社会科学战线》，1980 年第 2 期熊铁基同志文章。

秦人族源刍议

高福洪

对秦人族源问题的探索，其目的在于探讨我国古代居民的活动情况，以及我国古代民族的形成和多民族国家形成的规律等问题。

某些学者认为秦人起源于戎狄。这种看法，值得进一步商榷。因为秦人的祖先并不是来自西方的戎族，而是来自东方的夷人，只有其迁居西方才与戎人共居。

一　秦人来自何方

秦人来自何方？至今仍有争议。有人认为："秦为西方戎族，华化较晚"、"它本身非华夏族、在强大起来之后，就要为自己的祖宗世系伪造一批英雄故事……伪造得越多，就漏洞越多，所以许多记载中矛盾百出"[1]。也有人认为："秦为戎族"[2]。或认为："秦之祖先，起于戎狄"[3]。也有人认为："所谓颛顼、少典，舜、禹，均是西方之人或神，安见嬴姓来自东方？若谓费昌为汤御，仲衍为大戊御，就算是东方人，……此不过传说中之冒认东族"[4]，"秦非东亚种，由此可类推周族之非东亚种也"[5]。

以上几种意见，都认为秦人来自西戎，特别岑仲勉的看法，不仅否定了秦人来自东土，即周人亦非华夏族，至华夏族本身，已非中国土著，此说实难令人信服。

与上述意见相反，认为秦人的祖先，是来自东方的夷族，非起源于西方之戎，只是迁到西方与戎人杂居，受戎化较深、实非起源于戎，且熊嬴同源，诸嬴共祖。"楚之祖先盖出于熊嬴之族"[6]。

胡厚宣从"秦赵的宗姓'嬴'，是因为后来被周人封建在西土的"[7]，论证了秦非戎族。黄灼耀认为秦人之来西土是由于与商联盟抗周失败，周灭商后，以奴隶的身份被强迫迁居西方[8]。顾颉刚更以大量史实论证了秦是以鸟图腾的东方夷族，著有《鸟夷考》，刘节对秦人之族源虽未看到专门论证，从一些文章中，却无可争辩地指出了秦人源于东方的观点。至于某些学者，以信书不如无书的看法，只看到秦人在西方的发展壮大，无视秦人在东方的长期发展，从而割断了秦人早期的历史，对于探讨我国古代先民的活动和古代民族的产生和形成，是没有任何补益的。

秦人族源问题，秦人自己也未尝自认为戎。楚人虽一面自认"我高阳之苗裔兮"一面也毫不掩饰的"我蛮夷也"的自认不讳，且与姬周顽固地安于对立地位。而秦则不然，不仅不与姬周为敌，反而助周抵抗诸戎。从秦穆公与由余对话中也能看出，秦人始终是以诸夏自居，不是以诸戎自负，向由余炫耀他是以"诗书、礼、乐，法度为政"蔑视戎狄的无知，俨然表现了一个诸夏诸侯的口吻[9]。

在其他文献中也多视秦为：

秦者夷也[10]。

嬴，柏翳之后也[11]。

（《韦氏解》）柏翳，舜虞官，少昊之后伯益也。

今秦染戎狄之俗，先暴戾，后仁义[12]。

秦始小国，僻远，诸夏摈之，比之戎狄[13]。

秦僻在雍州，不与诸侯之会盟，夷狄遇之[14]。

秦与戎狄同俗，有虎狼之心，好利而无信，不知礼义，德行不顾亲戚兄弟，若禽兽耳[15]。

始秦戎狄之教，父子无别，同室而居[16]。

这些材料，也只是说明秦人沾染戎俗，戎化较深，并不是说明它本身就是戎人。因而当时在用语上，只是把秦人“比如戎狄”、“戎狄遇之”、“染戎狄之俗”等称之。战国时期骂秦“暴戾”、“好利而无信”，这是由于秦人不断进行战争，遭到各国的反对，实际也没有反对它是诸夏之族。即使《管子·小匡篇》有“而秦戎是从”，《春秋谷梁传·僖公三十三年》也有“狄秦”的话，只是“秦戎”、“狄秦”二者的并称也不能说明“秦”就是“戎”、“狄”就是“秦”。

二　秦人来自东方

秦人的祖先，是从东方迁来，并非是西方的戎人，这从下面情况可以得到证明。

（一）从古代文献的记转进行分析

秦之先，帝颛顼之苗裔，孙曰女修，女修织，玄鸟陨卵，女修吞之生子大业。大业娶少典之子女华，女华生大费，与禹平治水土已成，佐舜调驯鸟兽；鸟兽多驯服，是为柏翳，赐姓嬴氏[17]。

从这记载可以看出下列问题：

1. 秦的祖先，是颛顼的后代，与舜和禹同时，且彼此部落间关系密切。据《史记》记载：禹曾荐举皋陶授政于他，皋陶死后，又举伯益任之政[18]。这指出了秦人的始祖是来之颛项，颛项为东方夷人。

2. 吞卵而生的故事，虽属神话，它反映了一个事实，即无父而生的大业，正处于原始社会母系氏族向父系氏族过渡的时代；它也指出这种“陨卵而生”的故事，正是东方诸嬴的夷人的共同传说。

3. 大费（柏翳）为舜调驯鸟兽，佐禹平治水土，舜赐姓嬴氏，舜，禹皆为东方之人，肯定与大费皆是同时人，共同治水，部落间关系一定密切，否则共同治水是不可能的。

《史记》的这些记录，恐非虚构，史迁素称良史。为史严谨，所录必有所本，他为了核实“五帝”的史实，就“西至崆峒，北过涿鹿，东渐于海，南浮江淮矣！至各长老皆往往称黄帝、尧舜之处”[19]。足证他是认真的。

（二）关于“玄鸟陨卵”的传说

关于“玄鸟陨卵”的传说，在我国古代东方沿海一带是屡见不鲜的。其原因是与当时当地的居民的生产生活有关。据《史记》记载，秦人的祖先，就是来自不知其父只知其母的大业。所谓：“女修织。玄鸟陨卵，女修吞之，生子大业。”[20]玄鸟即燕子。《礼记·月令》“仲春之月，玄鸟至；仲秋之月，玄鸟归”。女修由于吞吃的玄鸟陨卵，生子大业。大业的孙子为大廉，称鸟俗氏，大廉的玄孙为孟戎、中衍。（《索隐》旧解以孟戎、中衍为一人，今以孟、仲分，当是二人。）

也是“鸟身人言”都是与陨卵而生的始祖有关。这种与“鸟生”有关的记载，不仅嬴姓族有这种传说，商人的祖先也有这种传说。商人的始祖“契”也是无父而生，史载：

其母简狄，有娀氏之女……三人行浴、见玄鸟随其卵，简狄取吞之，因而生契。契长而佐禹治水有功……掌教化，封于商、赐姓子[21]。

据说“子”也是燕子，甲骨文“子”作𠄏，金文作𢀈、𢀈，为张口分尾燕子形。《诗经·商颂》也载：“天命玄鸟，降而生商”。胡厚宣指出殷人的远祖，王亥的“亥”从鸟(隹)[22]。说明商人的始祖也是与“鸟生”有关，是以鸟为图腾的氏族。秦人和商人都留下了与“陨卵而生”的传说，说明秦人和商人这种相同点不是偶然的，反映了它们共同的图腾崇拜，反映了它们都是东方人。否则不会这样巧合。

这种“鸟生”的故事，也见之于西周时期的徐，传说徐偃王，风姓，属太昊族，为卵生[23]。高丽国的始祖朱蒙，传说他从大卵中生出。新罗国居民。以鸡为图腾[24]。“清朝的祖先、布库里雍顺，是天女佛库伦吞神鹊的红果所生”[25]。以上也都是与“鸟生”有关。

不管是吞吃鸟卵而生，还是从卵中出生，这种与鸟有关系的生子传说，在我国西方古老的部落中，很少听到有这种传说。而在我国东方诸族中，这种传说，却分布很广。秦人即便有意夸大或炫耀自己的祖先，何以独找到这种鸟生的传说来炫耀自己呢？范文澜曾经指出：“卵生的神话，在东方诸族中分布很广。如秦（嬴姓）伯益后裔，周孝王时封于秦。祖先女修吞燕卵生子大业……大概卵生是东方诸族流行的神话。”[26]

上述这些传说，充分反映了东方诸族卵生传说的特点。我们如果用科学观点，进行分析，不难看出它所反映的时代、地区、历史内容。如果秦人真是西方的古老居民，何必一定要借用东方这种传说呢？正因为它是来自东方的古老部落，所以才有这种与东方相同的传说。这种共同的传说，无疑是由于它们存在着一种由远古就传下来的内在联系，基础就是它们远古的共同经济生活[27]。

（三）秦与“诸嬴”“少昊氏”的关系

从少昊氏和“诸嬴”可以看出秦与东方的关系。

周灭商后，商在东方的同盟、方国，有的为周所征服，其土地分给齐、鲁、唐、卫等国。周为了分化商人的反抗，把一些所谓“先王之后”的陈、杞等国，重新封建起来，其中许多嬴姓小国，从而得以保存。这些嬴姓小国是：郯、邾、徐、根牟、钟离等。《史记·秦本纪》曾把这些嬴姓小国概括为：

秦之先为嬴姓、其后分封以国为姓有：徐氏、郯氏、莒氏、终离氏、运奄氏、菟裘氏、将梁氏、黄氏、江氏、白冥氏、蜚廉氏、秦氏、赵氏。

这些嬴姓小国，是少昊氏之后。《说文》十二篇女部：“嬴，少昊氏之姓”。郯（郯国君）在朝见鲁君时，鲁国叔孙昭子问少昊氏以鸟名官之故，郯子回答说：“少昊氏，吾祖也，我知之”[28]。承认自己为少昊氏的后裔。《集解》也有“按《左传》郯子少昊之后，而嬴姓盖其族也，则秦赵宜祖少昊氏”。

少昊氏，是诸嬴之祖，是最早的鸟图腾部落。也是有名的治水部落。“少昊氏有四叔：曰重，曰该，曰修，曰熙，实能金、木及水”[29]“四叔”是分掌金、木、水的部落，被称为金正，木正，水正。而修和熙两个部落，又是分掌水正。正因为它们曾经合力治过洪水，所以传说他们的治水方法，大致与禹的治水方法相同，都是疏导积水，陂障散流等疏导的方法治理。这与秦的祖先柏翳佐禹治水是不谋而合。另外“秦襄公既侯，居后陲、自以为主少昊之神，作西畤祠白丽”[30]。秦人“主少昊之神……祠白帝”，白帝正是指的少昊。“昊”字《说文》“皓旰也，从日，杲声”。段注“皓旰，洁白光明之貌”，《考正玉堂字汇》“皓，光也，日出貌”。实际昊字原文为“皡”有太阳之象，秦祠白帝正是祭祀它的祖先少昊氏。

另外还有一点说明秦与东方“诸嬴”和西方诸戎的不同关系。《左传》文公四年载：当秦穆公听到楚灭了同姓的江氏小国（河南正阳县境）秦穆公竟为之“降服，出次，不举，过数”。表示深切的关注。相反，对西方的戎人，就完全不如此了，反而用由余的帮助“益国十二，开地千里”这充分看出秦对戎嬴的看法不同，原因就是秦人不是戎人的同族是明确的。

三 秦人西迁的原因

秦人原为东方氏族，后来迁到西方，周孝王时非子并在秦地营邑定居下来。它怎样迁到西陲，这是值得探讨的问题，本文认为对这一问题的探讨，必须对秦人早期历史联系起来进行全面的分析。尽管秦人早期历史文献不足，给我们带来困难。只要我们认真的分析，从它早期的史迹中，总会找到一些蛛丝马迹。例如《史记·秦本纪》：“子孙或在中国，或在夷狄”和“中潏在西戎保西陲”以及“周武王伐纣，并杀恶来”、“穆王以赵城封造父”、“非子居犬丘”把这些文字简赅的记录联系起来，不难看到秦人的西迁的脉络来。

第一时期，是在柏翳玄孙费昌之后，这时秦人的祖先为了避免黄河下游的水害，寻找比较美好的生产生活环境，溯河西上进入中原。中原当时仍然是地广人稀，且气候温和，对农牧业生产都是适宜的。秦人祖先作为一个游牧部落这是最理想的环境。正是这种情况使它们部落中的一部分迁到了中原、余下的仍留在原地，这就是司马迁所指的：“子孙或在中国，或在夷狄”的历史内容。

第二时期，时间当在夏朝末年。秦人的祖先费昌曾以与商同盟的关系，联合反对夏桀，大败夏桀于鸣条。费昌善于驾车，成为商汤的驭手。商建国前后也是同样迁徙，直到盘庚才在殷地定居下来。盘庚迁殷以后，经常威胁商人的，是西方的戎人。商虽然不断派兵征伐，如“高宗伐鬼方三年克之”《周易·既济》，武丁时伐芍方一次出动兵力多达一万三千人。据说在商西部黄土高原上，游牧部落很多；它们都是分合不定的游牧部落。商朝为了防止西方戎人的进攻，消除对“殷都的威胁”，也不断加强西部的防御力量。“除了在太行山区建立一些据点之外，又深入到今山西的中部和西部的沿河地带，发展一部分属国和建立城邑，借以控制周边各族”（见朱绍侯主编《中国古代史》64页）。秦人祖先中潏正是在这种情况下，在商的西部接近戎人的地区，为商“保卫西陲”，中潏既然奉商命为商朝保卫商的西部边境，必然是率领族人迁入西陲。像这种利用他族或本族进行防卫或远征敌人的军事力量，奴隶社会中有，封建社会中也存在，这些被派出的本族或他族，往往去而不返，留在驻地的大有人在。如元代征伐云南时派去大批蒙古骑兵，现在仍有万余蒙古族留居云南。清代出兵新疆，曾派出许多达斡尔族骑兵去新疆，至今定居新疆。秦人这种“在西戎保西陲”正是这种武装迁移，后来留居西部。

第三时期，是商朝末年，蜚廉、恶来父子是商纣的宠臣，武王伐纣，牧野一战，商朝灭亡，恶来被杀，蜚廉走死霍太山。从此秦人的祖先失去商王的凭依，又不堪周人的压迫，曾起来联合族人抗周，战败被周镇压下去，从此秦人在历史一度销声匿迹，似乎退出历史舞台。实际也不完全如此。其残留下来的，有一部西迁，迁徙到晋南，成为后来被封为赵城的造父一支，即后来战国时赵国的祖先。也有一部分继续西迁，深入到戎人地区，游牧在西犬丘一带，即周孝王时代，为孝王养马的非子一支。

总之，秦人的祖先，来之东方，绝不是源于西戎。如何从东方迁到西方，是一个复杂的问题，限于资料缺乏还不能作出十分肯定的回答。只能提出下列推测意见：也可能由于人口增殖，自然地向四边移动，东边阻于海，顺河而上是自然之势；也可能由于黄河下游水害，为寻求较好的生产生活环境的自然迁徙；也可能由于战争的需要，全族中一部分被派到西方为王朝保卫边境，久而久之留居西方；也可能随着夏商势力的活动逐步向西迁移。这些情况，也可能是兼而有之。但秦人西迁是肯定的，有的同志认为，是由周灭商时，秦人起来抗周，战败被俘成了周人的奴隶，并被押送到西方这种情况也是可能的，但被俘为奴的人，不可能为全部，同样有一部分逃到戎人地区，与戎人杂居，继续从事打牲养马的牧放经济，与戎人无异，所以东方诸国，往往对秦人以戎狄视之，其原因可能在此。

（《内蒙古师院学报》1982 年第 3 期）

注释

［1］熊铁基：《秦人早期历史的两个问题》，《社会科学战线》1980 年第 2 期。

［2］蒙文通：《周秦少数民族研究》。

［3］王国维：《观堂集林》、《秦都邑考》。

［4］［5］岑仲勉：《西周文史论丛》。

［6］刘节：《文史考存》。

［7］胡厚宣：《文史论丛》1957 年第 1 期。

［8］黄灼耀：《秦人早期史迹初探》，《学术研究》1980 年第 2 期。

［9］［14］［15］［17］［20］《史记·秦本纪》。

［10］《春秋公羊传》昭公五年。

［11］《国语·郑语》。

［12］《史记·六国年表》。

［13］《战国策·魏策》。

［16］《商君列传》。

［18］《史记·夏本纪》。

［19］《史记·五帝本纪》。

［21］《史记·殷本纪》。《吕氏春秋·音初篇》也有类似记载。《淮南子·地形篇》“长女简狄·次女连痴”；《列女传》“契母与妹，浴狄元邱之水”，皆为二人。

［22］胡厚宣：《甲骨文所见商族鸟图腾的新证据》。

［23］《博物·异闻》。

［24］周一良：《世界通史》第 39 页。

［25］［26］范文澜：《中国通史》卷一，第 39 页。

［27］见《尚书》，伯益是“上下草木鸟兽之长，而朱（豹）虎、熊、罴四人为之佐”；《后汉书·蔡邕传》“伯益综声于鸟语”，说他能仿效鸟的声音。以上说明秦之祖先嬴姓族，是一个与鸟兽有关的狩猎氏族。

［28］《左传》昭公十七年。

［29］《左传》昭公二十九年。

［30］《史记·封禅书》。

试论秦之渊源

刘庆柱

秦之渊源问题，过去不少人根据历史文献做过大量研究探讨，但意见很不一致。本文拟以近年来发现的一些考古资料，对这个悬而未决的学术课题作一探索。

一　秦之渊源的探索途径

《史记·秦本纪》载："襄公将兵救周，战甚力，有功，周避犬戎难，东徙雒邑，襄公以兵送周平王，平王以襄公为诸侯，赐之岐以西之地"。在陕西关中西部的陇县、眉县、宝鸡、凤翔一带的田野考古工作证实了文献记载的襄公徙都于汧、文公迁都汧渭会合之地、宁公徙都平阳和德公徙居雍城之地确在这一带[1]。

西周时期，关中地区为京畿之地，考古调查和发掘，这里未见秦文化。那么春秋以前的秦文化在什么地方呢？据《史记·秦本纪》记载：文公"居西垂宫"；庄公"为西垂大夫"，"居其故西犬丘"；"非子居犬丘"；殷商之际的中潏"在西戎，保西垂"。上述西垂、犬丘应为同地异名。《括地志》载：西垂即"秦州上邽县西南五十里，汉陇西西县是也"，即今甘肃省天水市附近。民国初年甘肃秦州出土的不其簋铭文也记载了庄公在西垂之地与西戎交战情况[2]。可见殷周之际秦活动于甘肃东部。

甘肃东部相当于殷周时代的考古学文化主要有寺洼文化和辛店文化。辛店文化是由相当于夏代甚或更早一些的齐家文化发展而来的。而齐家文化则由仰韶文化晚期的马家窑文化发展而来。

我们将关中和关东地区的殷周文化、二里头文化、龙山文化和潼关以东的晚期仰韶文化与甘肃地区同时期文化对比，明显看出秦文化与后者的关系属于同一文化的早晚关系，与前者则属不同地区的不同文化。

进行上述考古学文化分析、对比，我们主要从时、空两方面，就一个民族最保守、最重视的葬俗，最神圣的图腾崇拜和灵敏度高、变化大的陶器组合及其纹饰特点三个问题着手，作为追溯秦之渊源的途径。

二　秦的葬俗、图腾和陶器组合及其纹饰特点对比

（一）秦之屈肢葬俗

葬俗是人们（尤其是古代人们）最具保守性和承继性的文化因素，也是一个民族（或部族）中最具特点的方面之一，一般来讲它不是任何外因影响能促其很快改变的。

50年代以来，在陕西和甘肃（主要在陕甘交界地区）等地发掘的（已发表的资料）400多座春秋战国时代秦墓，从葬式方面来看，屈肢葬（卷曲特甚）占70%，直肢葬占12%，葬式不清者占18%。这种屈肢葬占大多数的情况，在春秋时代的秦墓中表现的更为明显。目前已发掘并发表资料的春秋时代秦墓主要有宝鸡福临堡、秦家沟、西高泉村、茹家庄、凤翔高庄（一期）、八旗屯（一至三期），长安沣西和甘肃灵台洞山等地的126座，其中有屈肢葬89座，占70.6%；直肢葬11座，占8.57%；葬式不清者26座，占20.83%。根据葬式不清者的墓室、棺椁长宽比例分析，其中大多数亦应为屈肢葬，这样屈肢葬在春秋秦墓中的比例将占85%以上[3]。

有的文章依据凤翔八旗屯一处族墓地的春秋殉奴墓中奴隶主直肢、殉奴屈肢葬式，从而认为秦宗室贵族为直肢葬，屈肢葬为殉葬的奴隶葬仪，这种看法是值得商榷的[4]。因为就在八旗屯邻近的高庄秦墓地中的殉奴墓里，奴隶主和奴隶均为屈肢葬式，大量春秋秦的独立屈肢葬墓中陪葬有成组青铜礼器或仿铜陶礼器，这种普遍现象也足以说明他们不是奴隶或“个别”被解放的奴隶。至于关中地区春秋战国时代的墓葬中，直肢葬者未必就是秦奴隶主或宗室贵族。在长安沣西71座东周墓中，仅有的5座直肢葬墓（其余：屈肢葬60座，葬式不清者6座），除K89只有一件陶壶外，其余4座墓没有任何随葬品，棺椁葬具都未发现[5]。因此我们认为关中地区春秋战国时代墓葬中的直肢葬者，在春秋时代，可能系周人后裔或客居秦国的关东诸国之民；在战国时代（尤其在战国晚期），则大多数可能是关东徙民或被关东文化同化了的秦人。

因此，我认为屈肢葬俗无疑应属于秦的自身文化传统。

春秋战国秦墓与西周墓或中原地区东周墓在葬俗上差异很大。秦墓中流行屈肢（卷曲特甚）西首葬俗；西周墓中流行直肢北首葬俗；中原地区东周墓中葬俗比较复杂，春秋时代直肢葬较多，屈肢（微屈）葬较少；战国时期则屈肢葬数量有所增加。中原地区东周墓无论春秋时代或战国时代，也无论直肢或屈肢，均以北首为多；屈肢均属微屈，像关中秦墓中那种卷曲特甚的屈肢葬很少[6]。

上述情况说明：第一，使用屈肢葬的秦人，春秋以前不在关中地区活动；第二，春秋时代关中地区主要活动者由使用屈肢葬的秦人取代了使用直肢葬的周人；第三，中原地区东周墓的屈肢葬，春秋时代少，战国时代多，当地西周墓中未见屈肢葬，这说明那里的屈肢葬是由外地传入，传入时间当在春秋时代。从时间和葬式来看，秦的屈肢葬既不会来源于中原地区，又与其并非同源。

上面提及绝大多数春秋战国秦墓，死者头向朝西。根据民族志材料，在一些民族中流行的鬼魂崇拜想法，头向表示鬼魂要去的方向。世界上有不少这种例子，如苏丹东尼尔兰人、新几内亚土人，他们“认为人死后，灵魂要回到氏族原来的（或传说中的）老家去，因此，头就朝着老家的那一方”[7]。基督教徒的坟墓常常也是面朝其圣地耶路撒冷。在我国民族志材料中，台湾排湾族的屈肢葬，其头向即表示祖灵所在之意[8]。因此我认为春秋战国秦墓中屈肢西首的秦人头向可能表示其祖籍所在的意义。

根据历史文献记载，结合春秋时代秦人死者头向的葬俗，殷周时代的秦应该活动于甘肃东部，这里有属于青铜时代的寺洼文化和辛店文化。寺洼文化葬俗流行直肢葬、二次葬和火葬，特别是火葬，说明他们可能与氐羌族有一定关系[9]；辛店文化葬俗流行直肢葬、二次葬和屈肢葬，值得注意的是，辛店文化的屈肢葬与春秋秦的屈肢葬惊人相似，如辛店文化姬家川遗址M2，有一屈肢葬，其足跟已靠近臀部，屈度特甚。显然辛店文化的屈肢葬是我们寻找春秋秦屈肢葬源流的重要线索[10]。

在辛店文化分布区，早于殷周，相当于夏代或略早于夏代的考古学文化为齐家文化。在考古发掘中发现辛店文化在齐家文化之上的直接地层叠积现象，再结合其文化内涵可以说辛店文化是从齐家文化发展而来[11]。齐家文化永靖大何庄遗址的屈肢葬墓，下肢向上弯曲紧贴胸前，这与辛店文化和春秋秦文化中的屈肢葬式相同[12]。在其他地区的考古学文化中则不见或极少见到这种卷曲特甚的屈肢葬俗。

在甘肃地区，早于齐家文化的是马家窑文化，这已为考古发掘中的地层叠压关系所证明。马家窑文化中流行屈肢葬俗，其中尤以甘肃兰州附近的马家窑文化墓葬中屈肢葬俗最盛行，而且其葬式与春秋秦、辛店文化和齐家文化十分接近。上述几种文化相近的屈肢葬俗，文化分布区域的基本一致，时代序列的上下相承，都表现了它们在葬俗上的承继性，说明了这几个不同时期（但时代上下相连）的、同一区域的考古学文化之间有着一定的渊源关系。

（二）秦的鸟图腾崇拜

图腾崇拜是原始社会开始发生的，当时的社会文化艺术都有这种图腾崇拜的烙印，而且它的影响一直延续很长时间。古代人们的图腾崇拜有的以“文身”办法将图腾标记留在人们肉体上，更多的还是在其传说记载和用具、武器、服装、建筑物上绘画或雕刻图腾形象。

关于秦的图腾崇拜的传说在历史文献中多有记载。《史记·秦本纪》载：“女修织，玄鸟陨卵，女修吞之，生子大业。”又载：大费“佐舜调训鸟兽，鸟兽多驯服……大费生子二人，一曰大廉，实鸟俗氏……大廉玄孙曰孟戏、仲衍，鸟身人言。”上述记载说明秦以鸟为图腾崇拜，“图腾崇拜，就其崇拜的直接对象来说，是自然物或动植物，而就其崇拜的观念来说，却具有灵魂崇拜或祖先崇拜的内容”[13]。鸟可能就是作为秦之祖先而成为崇拜的图腾。

关于秦的鸟图腾崇拜可以上溯至我国新石器时代。在潼关以西的新石器时代仰韶文化半坡类型彩陶中，动物花纹很多，有鱼纹、蛙纹、鸟纹和山羊纹等，还有一种神化了的人面纹；而潼关以东的豫西、晋南则动物花纹极少。其后，在关中和甘肃东部地区的仰韶文化庙底沟类型彩陶中有很多鸟纹、蛙纹；而豫西和晋南庙底沟类型彩陶中的动物花纹很少，但图案花纹相当发达；在三门峡以东伊洛—郑州地区的庙底沟类型彩陶中则未见动物花纹。上述情况说明鸟、蛙、鱼等动物纹饰在关中和甘肃东部的彩陶中流行，尤其在甘肃东部，继庙底沟类型而兴起的马家窑文化、齐家文化、辛店文化中鸟纹饰更为普遍，延续时间比较长久。马家窑文化的彩陶纹饰中不仅大量存在鸟纹图像，并有许多由鸟纹变化出来的漩涡纹和大圆圈纹。这种漩涡纹和大圆圈纹也被称作拟日纹，而太阳在我国古代文献中又被称为金乌，可见拟日纹是鸟纹的变形[14]。辛店文化的彩陶中鸟纹（变形鸟纹）也十分普遍[15]。在春秋战国时代的考古资料中有不少以鸟为纹饰的资料，如水鸟纹、雁鸟纹瓦当、凤鸟纹花砖、鸟纹丝织品、禽首（鸟头）人身壁画等等。而且春秋战国时代秦人的都城葬地等多以“阳”为名[16]，这大概与阳为金乌化身大有关系的。

根据民族学材料，一种动物被视为他们的祖先，而这种动物纹饰又大量在他们的各种文物上出现，这可能就是他们的崇拜图腾。鸟纹饰在马家窑文化、辛店文化和春秋秦文化中持续相承地大量出现，正说明他们是出于同一个图腾崇拜的世袭相沿部族。

作为一个原始部落可能有几个、十几个甚至几十个氏族，当然部落联盟中的氏族就更多了。因为部落和部落联盟有许多氏族，而每个氏族又有自己的图腾崇拜，因此这就形成了部落或部落联盟中的图腾体系。墨西哥的克里克部落有 22 个氏族，也有 22 个图腾，如鸟、鱼、鹿、蟾蜍、山猫等[17]。关中和甘肃东部的新石器时代晚期这里可能存在着一个部落联盟，他们有着自己的图腾体系，从其彩陶纹饰来看，其图腾可能包括鱼、鸟、蛙、羊（或鹿）等动物。甘肃的马家窑文化则以鸟、蛙图腾崇拜为主，尤其以鸟图腾更突出。马家窑文化实际是从关中和甘肃东部仰韶文化发展起来的一个地方分支，它应属于仰韶文化一部分[18]。以鸟为图腾的秦文化可能为马家窑文化后裔。

（三）陶器组合及其纹饰特点

陶器的基本组合，秦秋时代秦文化是鬲、罐、盆、壶；辛店文化是鬲、罐、壶；齐家文化是鬲、罐、斝；马家窑文化是罐、盆、壶、钵等。黄河流域龙山文化时期中原地区（潼关以东）典型器物的鼎，在关中客省庄二期文化中少见，甘肃齐家文化中不见，辛店文化较殷商文化中少见，春秋战国秦墓又较关东地区东周墓内少见。

陶鬲是春秋秦文化中十分常见的器物，宝鸡斗鸡台秦墓中出土的铲脚袋足鬲虽然为数不多，但是这种独具特征的器物在辛店文化和齐家文化都曾出土[19]。尽管从春秋战国秦到辛店文化之间还间隔较长的时期，作为铲脚袋足鬲的变化还需通过田野考古发掘进一步弄清其来龙去脉，但这种铲脚袋足鬲分别存在于齐家文化、辛店文化和春秋战国秦文化中，却是我们探讨它们之间渊源关系的重要线索之一。

从陶器纹饰来看，春秋战国秦的陶器中以绳纹为主，辛店文化和齐家文化这一特点也十分明显。若以与齐家文化同时代或略早的中原地区的其他考古学文化来看，那里则流行篮纹，绳纹较少或很少。

彩陶是很有时代和地域特征的文化遗物，甘肃是我国彩陶最发达的地区之一。辛店文化、齐家文化和马家窑文化的彩陶均以黑彩为主，而东方则不明显，豫北的大司空类型的以红彩为主，大汶口文化的彩陶红黑兼有。联系到秦尚黑色，恐怕这不只是受五行学说影响，而是一种传统的文化和精神意识的反映。

从彩陶纹饰方面来看，春秋战国秦墓中的彩绘陶器，其纹饰有勾连雷纹、回纹、十字纹和三角纹等，在秦的瓦当、花砖、丝绸、壁画等文物的图案纹饰上大量存在S纹、变形S纹、涡形纹、太阳纹和鸟、鱼、狗、鹿、羊等动物纹。辛店文化的彩陶纹饰有连续回纹、云雷纹、菱格纹、十字纹、以三角纹为母体的各种宽带纹、宽彩纹、S纹、变形S纹、涡形纹、太阳纹和鸟（变形）、羊、鹿、狗动物纹等，其纹饰风格、内容与春秋秦文化较接近。

齐家文化的彩陶纹饰主要为平行直线、方块组成菱形格、格子纹、平行竖线和三角纹等。纹饰两边对称，比较规整。这里的菱形纹、平行线纹不仅流行于辛店文化，秦秋战国时代的秦文化还以此作为母体图案纹饰沿用着。

马家窑文化的彩陶中有鸟纹、蛙纹、密集曲线条构成的图案、波浪纹、菱形方格纹、平行线编织纹、漩涡纹间有锯齿纹等。

从上述情况看出，由春秋战国时代秦文化经辛店文化、齐家文化上溯至马家窑文化，这里的陶器基本组合鬲、罐、壶、盆延续时间较长，陶器中的绳纹比较发达；彩绘结束的较晚。彩陶中黑彩较发达，动物纹饰、几何纹饰较突出。对比潼关以东发达的植物纹彩绘纹饰，明显看出这是分别以动物和植物为图腾崇拜体系的两大部族。而马家窑文化、齐家文化、辛店文化乃至以后的春秋秦文化则是以鸟、蛙等动物为图腾崇拜体系的仰韶文化部族中一支地方文化。

三　秦之渊源

通过对秦的葬俗、图腾和陶器组合及其纹饰三方面与相关考古学文化的分析对比，使我们基本了解了秦之渊源变化。用考古学文化表示从早到晚秦之发展的文化序列就是：马家窑文化（或称甘肃仰韶文化）——齐家文化——辛店文化——春秋秦文化。

前已述及，马家窑文化、齐家文化、辛店文化彼此之间都有直接的、明确的地层叠压关系。

辛店文化的中心区在甘肃洮河流域，向东发展到陕甘交界，向西进入青海。齐家文化较辛店文化分布范围广泛，但以甘肃东部为主。甘肃中部的齐家文化，上与马家窑文化，下与辛店文化联系较为密切。马家窑文化主要分布在甘肃。甘肃兰州一带是马家窑文化中屈肢葬最流行的地区。马家窑文化中的屈肢葬者可能是当地部族，他们被先进的仰韶文化所同化。1964 年，在甘肃临洮马家窑和天水罗家沟两处遗址的试掘，发现了马家窑文化——石岭下类型——庙底沟类型三者由上而下相继叠压的地层关系[20]，从而说明马家窑文化是中原仰韶文化在甘肃地区的继续和发展。

秦及其先民文化的复杂是因其发育地区的陇东一带正是我国古代文化交流的叉口，秦文化在漫长的发展中受到过西北“戎人”、西南“羌人”和东北“狄人”诸古文化的影响，但来自东南的关中地区仰韶文化对其影响是最大的，就其文化本身来说，它也是源于新石器时代关中地区仰韶文化。因此，我认为秦及其先民文化——辛店文化、齐家文化和马家窑文化属于“华夏文化”中的一支地方遗存。

（《先秦史论文集》，《人文杂志》1982 年增刊）

注释

［1］武伯纶：《西安历史述略》，陕西人民出版社，1979 年。

［2］马端临：《通考》，341 卷。

［3］中国科学院考古研究所宝鸡发掘队：《陕西宝鸡福临堡东周墓葬发掘记》，《考古》1963 年第 10 期；陕西省文管会：《陕西宝鸡阳平镇秦家沟村秦墓发掘记》，《考古》1965 年第 7 期；宝鸡市博物馆：《陕西宝鸡茹家庄东周墓葬》，《考古》1979 年第 5 期；雍城考古队：《陕西凤翔高庄秦墓地发掘简报》，《考古与文物》1981 年第 1 期；吴镇锋、尚志儒：《陕西凤翔八旗屯秦国墓葬发掘简报》，《文物资料丛刊》1980 年第 3 期；中国科学院考古研究所《沣西发掘报告》，文物出版社，1963 年；《甘肃灵台两周墓葬》，《考古》1976 年第 1 期。

［4］韩伟：《试论战国秦的屈肢葬渊源及其意义》，《中国考古学会第一次年会论文集》（1979 年），文物出版社，1980 年。

［5］中国科学院考古研究所《沣西发掘报告》，文物出版社，1963 年；苏秉琦：《斗鸡台沟东区墓葬》，北平研究院史学研究所，1948 年。

［6］中国科学院考古研究所：《洛阳中州路》，科学出版社，1959 年；陈公柔：《河南禹县白沙的战国墓葬》，《考古学报》1954 年第 1 期；王仲殊：《洛阳烧沟附近的战国墓葬》，《考古学报》1954 年第 2 期。

［7］O. Tame：《Prehistoric Religion》。

［8］乔健：《台湾土著诸族屈肢葬调查》初步报告。

［9］夏鼐：《临洮寺洼山发掘记》，《考古学论文集》，科学出版社，1961 年。

［10］中国社会科学院考古研究所甘肃队：《甘肃永靖张家嘴与姬家川遗址的发掘》，《考古学报》1980 年第 2期。

［11］甘肃省博物馆：《甘肃武威皇娘娘台遗址发掘报告》，《考古学报》1960 年第 2 期。

［12］中国科学院考古研究所甘肃队：《甘肃永靖大河庄遗址发掘报告》，《考古学报》1974 年第 2 期。

［13］朱天顺：《原始宗教》，上海人民出版社，1978 年。

［14］严文明：《甘肃彩陶的渊流》，《文物》1978 年第 10 期。

［15］甘肃博物馆：《甘肃东乡崖头辛店文化墓葬清理记》，《文物》1981 年第 4 期。

［16］《史记·秦始皇本纪》，中华书局，1959 年。

［17］马克思：《摩尔根“古代社会”一书摘要》，人民出版社，1965 年。

［18］石兴邦：《有关马家窑文化的一些问题》，《考古》1962 年第 6 期。

［19］甘肃省博物馆：《甘肃古文化遗存》，《考古学报》1960 年第 2 期。

［20］甘肃省博物馆、北京大学考古专业：《从马家窑类型批驳瓦西里耶夫的“中国文化西来说”》，《文物》1976 年第 3 期。

嬴姓诸国的源流与分布

何光岳

嬴姓的祖先是伯益，据《路史·后纪七》说："伯翳、大费能驯鸟兽，知其话言以服事虞夏，始食于嬴，为嬴氏。"其实嬴氏乃燕氏之同音异字，系以燕为图腾，史学界大致都认为燕族最早起源于燕山一带，以后逐渐南迁，如嬴姓的徐人起初也发源于燕山之南的徐无山一带，后来因族类繁衍，分化为燕、匽、嬴、奄诸国，嬴姓自此也自成一族，它的发源地当也与燕、匽所在的冀中相近。《山海经·海内经》中"有嬴民，鸟足"，郭璞注："音盈。"与《大荒东经》之王亥"有嬴民，鸟足"相同。王亥为商之先祖，曾在河北的易水流域活动过，那么，嬴民，鸟足，说明是鸟夷的一支，与王亥相邻，地点当在今河北河间县一带，北魏曾于此建瀛州，正因为嬴族分布东部沿海一带，所以后来便从嬴字加水旁而衍义为瀛海的瀛字了。

据林剑鸣《秦史稿》第33页，注13说："奄，一作郁、盖（应为盈之误），它就是《史记·秦本纪》说的嬴姓奄运氏。徐，……《左传》昭公元年：'周有徐奄。'杜注：'二国皆嬴姓。'又《汉书·地理志》：'临淮郡徐县'下自注'故国盈姓'。而盈即嬴，这两个字通用，如楚大夫芳贾字伯嬴，《吕氏春秋》作'伯盈'。"论证确切。刘节《释嬴》亦说："燕、嬴，实为同类双声。"他认为奄就是嬴，并引用"文公六年贾季曰：辰嬴嬖于二君。杜预云：辰嬴、怀嬴"[1]。

嬴人后来南迁到山东莱芜县西北四十里的嬴城，即春秋时齐之嬴邑，《春秋》桓公三年："公会齐侯于嬴。"《左传》哀公十一年："公会吴子伐齐，克博至嬴。"汉于此置嬴县。附近有嬴汶水，都因嬴人定居于此而得名的。

嬴姓诸族，因尽力支持同族商人灭掉夏朝，立了大功，故"嬴姓多显，遂为诸侯。"[2]除徐、淮夷为嬴姓，需另文专述外，如《路史·后纪七》所载："江、黄、耿、弦、兹蒲、白、郯、复、巴、寘、榖、麋、邧、葛、祁、谭，皆嬴国也。"其中的巴、麋、邧、祁显系《路史》弄错，不是嬴姓之国。还有费、秦、赵、梁、裴、萧、奄等嬴姓之国。兹将嬴姓诸国按其分布区域分述如下：

一　嬴姓东支诸国的分布

奄，又加邑旁作郁，即燕、匽、嬴之同音，嬴姓[3]。奄或以鹌鸟为图腾而演进为国号。其所在地，《说文》云："郁，周公所诛，郁国在鲁。"《后汉书·郡国志》："鲁有古奄国。"注："皇览曰：奄里伯公冢在城内祥舍中，民传言鲁五德奄里，伯公葬其宅也。"《括地志》云："兖州曲阜县奄里，奄国之地也。"淹、郁、奄，古今字尔[4]。《路史·国名记》卷乙亦说："掩，即奄、郁也，兖之仙源故曲阜有奄城奄里，古之弇中。"掩、弇也系奄的同音字。《读史方舆纪要》卷三十二兖州府曲阜县：“奄城，在城东二里，古奄国也。……亦曰商奄里，又名奄至乡。”即今山东曲阜县城。奄与嬴相邻，为东夷中的宗主国，势力最强，曾和亲族徐国、淮夷同助商朝，以抗周国，被周公大军征伐，遭到严重失败后，国君被迁往蒲姑（山东博兴县南）去开垦海滨卤瘠之地。周公之子伯禽就把鲁国迁到奄地，建立了控制东夷的中心基地，就是《尚书大传》所说的：“周公以成王之命杀禄父，遂践奄。践之云者，谓杀其身，执其家，潴其宫。”从《书·多士》、《多方》及《孟子·滕文公下》都说到周初伐奄的重大战役。奄的彻底败亡，关系到嬴姓的分崩离析及纷纷被迫南迁到江淮一带，这些小国，结果大多被楚、吴等临国吞并，唯有秦、赵辗转西迁，由附庸逐渐发展成强国。齐思和说：“奄君既诛，成王曾再临其地，足征其地之重要。”[5]奄因为首联合了同姓嬴、偃诸国顽强抗周，遭到周国的惨重镇压，大批人民被俘虏成奴隶。剦、阉字的产生，或系因奄人的男子被割去睾丸，既要利用奄人奴隶的生产能力，又能防止奄人的繁殖。以后便发展为阉刑、阉官（太监），而奄人则叫自己作俺，至今山东人仍叫我为奄，是有其古老的来历的。《读史方舆纪要》卷三十五青州府临淄县有弇中峪，“自临淄县西南至莱芜，有长峪，界两山间，长三百里，中通淄河”。可能因奄君东迁蒲姑时所经过之地而得名。后来姜太公建立了齐国，侵夺了蒲姑之地，有一部分奄人便南迁到了江苏常州市东南二十里奄城，《读史方舆纪要》卷二十五常州府武进县：“淹城，……其城二重，濠堑深阔，周广十五里。《越绝书》，因此，陵县南城，古淹君地。”淹即奄，后奄地被吴所并。奄亡后子孙以奄为姓，秦有大夫奄息[6]。

费，又作鄪，《路史·国名记》卷乙云：“（伯）翳之封，音沸，费仲、费昌国、费州、费水之地，与鲁费河、南费异。”在山东费县西南七十里有费城，于钦《齐乘》称为“伯国姬姓，鲁懿公之孙”。说明费早已于西周初年，被鲁国所并，已为鲁的亲族姬姓所代替。周成王时，徐、淮夷抗周，周王朝派鲁“伯禽率师伐于肸，作《肸誓》”[7]。《集解》引“（裴）骃案：《尚书》作‘粊’。孔安国曰：‘鲁东郊之地名也。’”《索隐》：“《尚书》作《费誓》。”杨筠如《禹贡覈诂》说：“粊，今本作费。按《说文》：粊，恶米也。《周书》有《粊誓》。《周礼·雍氏》、《礼记·曾子问》郑注并作粊。则本作粊可知。《史记》索隐：粊，地名，即鲁卿季氏之费邑也。则唐初犹作粊，此卫包依小司马改之。《史记》作粊。徐广曰：一作狝，《大传》作鲜。段玉裁谓鲜、肸、狝，三字双声，皆今文也。孔谓粊，鲁东郊之地名也，小司马以费粊音近，遂以费当之。考费初为小国，隐元年《左传》：费伯帅师城郎，是也，后并于鲁以赐季氏。僖元年传：公赐季友汶阳之田及费，是也。其故城在今费县西北二十里，东去曲阜约一百七十余里。小司马之说，疑可信也。”是费即以恶米为族名而形成国家。伯禽占领了费地，并以此为基地，东征嬴姓、偃姓诸国。顾栋高《春秋大事表》云：“费，鲁大夫费庈父之食邑，与季氏费邑有别。季氏费邑在今沂州府费县治西南七十里；庈父费邑在今兖州鱼台县西南。”丁山认为：“费比声之转，古文尝通用。如今本《尚书·费誓》,《说文》引古文《尚书》作、粊誓；是庈父所居之费；祖乙所迁庇邑，亦即鲁西南疆之费邑，绝非意必之辞也。”[8]以上所指的鱼台、曲阜、费县三地之费，均应为费人陆续迁居而得名。

谭（音滛），子爵，《尔雅·释鸟》注：“鷣，鹞也，江南呼之为鷣，善捉雀，因名云。鷣音滛。”郝懿行《尔雅义疏》云：“鷣是雀鹰，今雀鹰小于春肩，大者名鹞子，皆善捉雀。”谭是以鷣鸟为图腾而发展为国家，它是鸟夷之一支。帝乙十祀的甲骨文有：“在瀛𨻰，今日步于𩑢，十祀。”[9]又“在𩑢，步于𨻰。”[10]𩑢即谭，𨻰即耒，耒国为谭的同族。谭的所在地，据《水经注》云：“武原水出谭城南，北经谭城东，俗谓之有城，谭国也。”《路史·国名纪乙》云：谭“子爵，齐桓二年灭之，今齐之历城，武德中为谭州。东南十里有故城，一作鄿。（杜）预云：济南东平陵西南有古谭城”。《说文》谭字也作鄿。《清一统志》载：“故谭城，在济南府历城县东七十里东平陵故城，在县东七十五里。谭国也。”在今山东历城县东南七十里。谭国的灭亡，据《左传》庄公十年：“齐侯之出也，过谭，谭不礼焉。及其入也，诸侯皆贺。谭又不至。冬，齐师灭谭，谭无礼也，谭子奔莒，同盟故也。”谭邻近强国之齐，势必为所并，说谭无礼只是借口进行灭国之由而已。

蒲兹，即蒲姑，又叫薄姑，古音蒲薄相通，蒲姑与布谷音又相同，即今叫布谷鸟，因这种鸟的叫声为蒲姑，后转为布谷。《辞海》说：“农家以为候鸟，以其声似呼布谷，故名。亦云勃姑、步姑、卜姑，又名鳲鸠、郭公等，亦皆因其声似呼之。”说得很有道理。童书业说：“蒲姑氏之蒲姑，亦鸟名。”[11]林剑鸣亦认为蒲姑氏“亦当为鸟图腾部落”[12]。薄姑即鸟夷之一支，以布谷鸟为图腾，后发展为国家，在商代时很强，与同族奄、徐、淮夷曾联合抗周。《诗·破斧》：“周公东征，四国是皇。”周王朝派周公所伐的四国，便是薄姑、商奄、徐、淮夷。西周初年的金文亦多有记载，如《疐鼎》：“王令遣慭反夷。”《䨻鼎》：“隹王伐东夷。”《小臣謎簋》：“叡东夷大反，白懋父以殷八自征东夷。”又《塱方鼎》：“隹周公邗征。伐东夷，丰白（伯）、尃古咸戈。……”陈梦家《西周铜器断代》（一）说尃古即薄姑，周经多次全力征伐，才基本平定了薄姑四国的反抗。《汉书·地理志》云：“殷末有蒲姑氏，为诸侯。至周成王时蒲姑氏与四国共作乱，成王灭之，以封尚父，是为太公。”太公吕尚因蒲姑旧地建立了齐国，以镇抚嬴姓等东夷诸国。故《左传》昭公九年载周大夫“詹桓伯曰‘蒲姑商奄，吾东土也’”。可见周成王时，蒲姑已被灭亡。它的所在地，据《史记·齐太公世家》正义引《括地志》云：“薄姑城在青州博昌县东北六十里。”《春秋》闵公元年：“公及齐侯盟于落姑。”沈钦韩《春秋左氏传地名补注》卷二引《汇纂》注，以为在东平州平阴县界，“按落姑即薄姑，声之缓耳，在青州府博兴县东北十五里”。即今山东博兴县东北，附近有淄水，淄即甾，《尔雅·释鸟》雉：“东方曰鶅。”可见淄水亦因鶅图腾部落所居而得名，亦系鸟夷之一支。蒲姑灭亡后，一部分遗族也和徐、淮等同族被迫南迁。《春秋》昭公十六年：“齐师至于蒲隧。”梁履绳《左通补释》卷七说：“蒲隧，徐地，下邳取虑县东南有蒲如陂。”《路史·国名记六》引杜注作下邳取虑东南有蒲如城。《后汉书·郡国志》引作县东南有蒲姑陂，是蒲隧即蒲如，亦即蒲姑了。梁氏又说：“东海昌虑县东有蒲乡。”《日讲春秋解义》云：“蒲隧在江南虹县北，县即古取虑也。……昌虑县，为今山东兖州府之滕县。”蒲姑之南迁，是先经藤县之蒲乡，与徐人相汇，然后南迁到今江苏睢宁县西南，即古之取虑县，成为徐国的臣民。

郯，据《路史·国名记六》云：“子爵，故东海郯县，唐入下邳，（越王）无疆云：‘顾齐试兵南阳莒地，以聚常郯之境。’则齐莒之间也。今淮阳军治有古郯城，在东北百五十（里）沂沭二水间，周十余里，有郯子庙。秦为郯郡。”《春秋大事表》云：“郯，帝少昊之后所封，案杜预：嬴姓国也。郯今山东沂州府郯城县西南百里有郯城，《纪年》云：越子朱句三十五年灭郯。今案《史记·楚世家》顷襄王十八年犹有郯国，相去一百三十五年。《纪年》误。”郯的名义，《诗·大田》：“秉畀炎火。”传：“盛阳也。”炎即是对盛阳的崇拜而引为国号，因盛阳对农作物的生长有利，古代在播种时要祭祀神明，炎就是祭祀盛阳而发展为国号的，炎以后加邑旁为郯。郯在商末是助商抗周的，到周灭商后，便东征郯、奄等嬴姓诸国，《逸周书·作雒篇》载：“三叔及殷、东、徐、奄及熊盈以畔。”熊盈急读为炎，盈与嬴通，故熊盈即郯国，而近代有些史学家没有具体分析，便断定熊盈十七国为楚，楚虽以熊为名，但从未作为国号和姓，也不是东夷族，显然有错。这个东夷族的熊盈十七国就是嬴姓、偃姓诸国分布在山东一带。虽然《矢令毁》铭文：“于伐楚伯，在炎。”记载了周成王征楚，到过郯国，但此时楚是楚，还没有熊的国族称号，所以熊盈应即郯的连缀音，如邾娄为邾，句吴为吴，于越为越那样。郯经过周的重大打击，臣服于周，国势自此衰弱，常被邻近大国齐、鲁、吴等侵犯，迫使郯国朝齐暮吴。《史记·齐太公世家》：齐桓公二年（公元前684年）“伐灭郯，郯子奔莒。初，桓公亡时，过郯，郯无机，故伐之”。郯不久复国而服于齐，《春秋》宣公四年（公元前605年），“公及齐侯平莒及郯”。到吴国勃兴而北向与齐争霸，便于公元前584年伐郯，迫使郯求和服于吴[13]。次年，鲁便与晋、齐、邾伐郯，向吴还击[14]，郯又倒向齐、鲁，公元前566年和前525年时，郯国国君向鲁朝贡[15]。一个世纪以后，越灭吴，国势强盛，便北上争霸，公元前419年，越王朱勾灭郯，俘虏了郯子鸪[16]。但到公元前281年，郯国还存在着，可能为越国另立为附庸国，《春秋大事表》说《竹书纪年》有误则不确当。《战国策·楚策》载楚人说“顷襄王膺击郯国，大梁可得而有”。则郯国最后为楚所并。郯国亡后，“子孙以国为氏，而世居沛（今江苏沛县）”[17]。

萧，子爵，周成王命鲁伯禽东征东夷的奄、徐、熊盈等十七国，其中当有萧国在内，后来周赐给伯禽的“殷民六族”中就有萧氏一族（《左传》定公四年）。《路史·国名记》卷乙云：“孟亏封徐之萧，汉故县，属沛。《北征记》云：城周十四里。”《通志·氏族略》云：“萧氏，古之萧国也，其地即徐州萧县，后为宋所并，微子之孙大心平南宫长万有功，封于萧，以为附庸。宣十二年，楚灭之，子孙因以为氏。”看来萧在西周初年，即为宋所并，已成为子姓的萧国，是宋的附庸国，以后又为楚所灭。《古今姓氏书辩证》卷十萧：“其后楚灭萧，裔孙不疑为楚相春君二客，世居丰沛。”秦于此置萧县，北邻兰陵（今山东枣庄市南兰城镇）的萧姓，到秦汉时仍为大姓，汉开国功臣萧何便是萧国之裔。《汉书·地理志》有“馀暨县萧山”，唐于此置萧山县，当为萧人南迁之地。江西清江县西五里有萧水萧滩，也当为萧人迁居而得名。至于萧的名义，据《山海经·中山经》载：“橐山多萧。”《周礼·甸师》：“共萧茅。”《礼记·郊特牲》：“然后焫萧合羶芗。”《诗·王风·采葛》：“采彼萧兮。”古代把萧草视为可贵的野蔬，《尔雅·释草》萧荻注：“即蒿。”疏：“或云牛尾蒿，似白蒿白叶茎粗，科生，多者数十茎，可作烛，有香气，故祭祀以脂爇之为香。”即《玉篇》所说的“萧，香蒿也”。古代多采摘嫩萧作为鱼肉的调味野蔬，利用萧的香味可以辟除腥臊，使荤菜味道转佳。老萧则用来点燃照明，可辟臭驱蚊。萧由图腾而发展为国家，至今萧县一带仍多香蒿，常为农民所采用。

二 嬴姓南支诸国的分布

黄，子爵，系以黄鸟为图腾，为鸟夷的一支。《尔雅·释鸟》：“黄鸟。”疏：“《诗·周南》：‘黄鸟于飞。’陆玑疏云：‘黄鸟，黄鹂留也。……幽州人谓之黄莺。’”玄鸟族的发源地在燕山，而黄鸟族为玄鸟的亲族，亦当在其邻近，据《新唐书·地理志》：“营州北四百里至潢水。”又《契丹传》：“逃黄水之南，黄龙之北。”《旧唐书·契丹传》及《安禄山传》皆作黄水。《热河志》卷七十一潢河：“《新唐书》始作潢字，辽金史因之，《一统志》原本谓别于西黄河，故曰潢。辽上京临潢府以此得名。”潢水即今辽河西源西拉木伦河，在今内蒙古东部。与商人先祖昭明所在地的砥石正相近，当为黄夷的发源地。后才南迁至山东半岛。《古今姓氏书辩证》卷十五说：“黄，出自嬴姓，少昊金天氏裔子曰昧，为水官，号玄冥师，生台骀，能业其官，宣汾洮，障大泽，有功。颛帝嘉之，封汾川，其后为沈、姒、蓐、黄四国，以国为姓。”说明黄夷已与华夏集团交往密切，在河南的内黄、外黄、黄沟、黄池、黄亭及山东冠县南的黄城，当系黄人迁徙居留过而得名。卜辞有：“己亥卜，㱿贞，㞢伐于黄尹，亦出于孀。”[18]说明黄近于商，只能在河南一带，才有可能担任商朝的尹官。至于山东黄县东南有古黄城，掖县南有黄山，博兴县有黄山、黄阜，正是九夷之一黄夷的活动地区。另一支则南迁到淮水上游，卜辞有“壬寅卜，在灊餗，贞：王贞：王其至于潢霍，以巛”。霍即今安徽霍邱，潢即近霍，即今河南潢川县，旁有潢水，系黄人迁居于此而得名。《太平寰宇记》卷一二七光州：“故黄州城在县南四十里，耆旧相传云：‘古黄国别城，宋昇明年置，郡带潢水，因名潢州。’”《清一统志》则说：“黄国故城，在光州西十二里。”据杨履选、杨国善考定，黄国故城在潢川县隆古公社，位于小潢河下游，“古城呈长方形，东西平均长1550米，南北平均长1350米，……城墙用夯土筑城”[19]。从《黄鬲》、《黄鼎》等黄国铜器铭文中，以及1975年在潢川县老李店的磨盘山又出土了《黄𬭚》、《黄太子伯克盘》、《黄君𣪕》、《黄韦俞父盘》的黄国铜器铭文中，都证明了黄国确系嬴姓。由于楚国逐渐强大，不断地威胁黄国，但黄国始终不服于楚。公元前704年，“楚子会诸侯，黄、随不会”[20]。公元前656年，鲁与江、黄伐陈[21]，因陈有亲楚的倾向。次年，楚灭弦，“弦人奔黄”[22]。楚国国境已与黄国相接，到公元前648年，楚借故责备黄人不向楚贡献，黄君认为自楚国郢都到黄国有九百里之远，不会有危险，结果被楚国所灭[23]。其遗民有迁至湖北黄岗，隋于此设黄州，附近又有黄陂、黄安，均以此得名。“楚灭黄，其族遂仕楚，春申君黄歇，即其后。……汉丞相霸、太尉琼，世居江夏。”“东周时，黄人出仕诸侯，卫懿公有前驱将黄夷，晋栾盈之党有黄渊。”[24]

江，亦作邛、鸿，音鸿，卜辞有“鸿”的国名[25]，系以鸿鸟为图腾，以后发展成为国号。这些卜辞记载商王帝乙时征人方，曾在此驻军，说明鸿与商关系密切。到周夷王时的铜器《散氏盘》铭文也作“鸿”。《史记·夏本纪》索隐：“鸿，大也。以鸟大曰鸿，小曰雁。”鸿距商都和成周都很近，即楚汉划界的鸿沟（在河南荥泽县），当系鸿人居留于此而得名。鸿人后南迁至息县西，《路史·国名记》卷乙说：“《晋志》：汝南安阳江亭也。按在信阳之东南，新息之西有安阳故城。”注：“《寰宇记》：阳安故城，江国之地。”到商末时，鸿人与商的关系疏远，曾对抗过商，卜辞有：“贞，勿伐邛，帝不我其受乂。”[26]周铜器《孙叔师父壶》铭文也作“邛”。《殷周青铜器通论》认为“邛即江国”。这是对的。江国因与同族黄、弦、英、六等国都受到楚的威胁，便依附于齐、宋。公元前658年，江国与齐、宋、黄会盟于贯[27]，次年，又同会盟于阳穀[28]，以对付强楚。到公元前623年，江国终为楚所灭，秦穆公因江是同姓之族，还为之挂孝、减膳而过度地悲伤，寝不安席[29]。楚“灭江，其子孙奔齐为大夫”，齐悼公时有江说[30]。《世本》亦说江“系伯益之后，封于江陵，为楚所灭，以国为氏”。

弦，《说文》：“弦，弓弦也，从弓，象丝轸之形。”东夷人善制弓矢，弦为东夷之一支族，当以善制弓弦得名。《路史·国名记》卷乙：“子爵，楚所灭，杜云弋阳轪县东南，今光（州）之仙居东十里弦亭也。（唐）武德三年为弦州。”故城在今河南潢川县西南。山东黄县南一百二十里有汉所置㡣县，或系弦之初居地，这里与黄人相邻，以后或与黄人同迁于潢川。附近的江、黄、道、柏等小国，皆弦国的亲戚，弦人恃有这些婚姻之国作依靠，对楚的袭击没有防备，结果于公元前655年被楚所灭，弦子奔黄[31]，“以国为氏”（《风俗通义》）。不久，黄又被楚所灭，弦子之后又避入于齐、郑，齐有大夫弦章、弦施，郑有商人弦高。一部分弦人则被迁到今湖北浠水县西北，《水经注》：“巴水南流，注于江，谓之巴口，又东经轪县故城南，故弦国也。”《读史方舆纪要》卷七十六黄州府蕲水县：“轪县城，在县西北四十里，故弦子国，为楚所灭。”蕲水县即今浠水县。

白，当以白鸟为图腾，后发展为国号，徐旭生认为白鸟是鹤[32]，《逸周书·王会解》：“白、州比闾，比闾者其华若羽，伐其木以为车，终行不败。”注：“白、州东南蛮，与白民接也。”白民即东夷，州在安徽怀远。白既邻近州及白民，当亦在淮河流域，据《水经注》：“青陂水分为二水，一水南入淮，一水淮南经白亭北。”《路史·国名记》卷乙：“蔡之褒信西南白亭，是楚平王灭以封子建之子胜曰白会。”白后为芈姓所取代，即《清一统志》所载：“白公城，在光州息城南。”

河南《息县志》云："县西南七十里，故曰白城。"

寘，据《古今姓氏书辩证》云："《史记·秦本纪赞》有白冥氏，盖嬴姓十四氏之一。"《路史·国名记》卷乙则说："《史记》作冥，云嬴后，有白冥氏，则以白冥为一也。冥在陕。"白冥应为二国，冥既在今河南陕县，查《穆天子传》云："天子南登于薄山寘轸之隥。"《水经注》："大阳县傅岩东北十余里，即颠轸阪也。有东西绝涧，左右幽空，穷深地壑，中筑以成道。"《元和郡县志》载："颠轸阪，在陕州平陆县东北七十里。"可见寘与颠通，寘轸乃大车行时响声很大的声音，即今之叮咛，当车行于"左右幽空，穷深地壑"时，响声更大，所以叫寘轸阪，真是名副其实。寘因奉大车之声为部族之称。后来北方民族的丁令（铁勒、勅勒），又叫高车，就是因高车响声丁令，故以名族，是否是寘的北迁，尚需进一步研究。丁令之名，早见于《尚书大传》："北方之极，自丁令北至积雪之野，帝颛顼、神玄冥司之。"冥亦即寘，玄冥即玄鸟之神冥，也可发现丁令与寘的一些微妙的联系，《路史·后纪七》云："寘则徐灭之。"邻近徐国之地只有慎，慎即寘，当系寘人南迁之地，《左传》哀公十六年："吴人伐慎，楚白公败之。"杜注："汝阴慎县。"即今安徽颍上县西北，在河南正阳县南又有慎水，汉于此置慎阳县，都因寘人曾居留于此而得名。在山东又有慎乡，汉置慎乡侯国，或亦系慎人曾由陕县东迁而得名。

縠，当以縠为图腾，縠的地名，据《史记·楚世家》云："楚使申侯将兵伐齐，取縠。"《集解》："杜预曰：济北縠城县。"《正义》："《括地志》：縠在济州东阿县东二十六里。"又叫小縠，东北有縠城山。《左传》桓公八年、庄公七年、二十三年都有縠的记载。《春秋发微》和《清一统志》又说曲阜西北有小縠城，这一带当为縠人最早的居留地，与同族的齐、秦、宋等以縠物为图腾的诸国相近。后来谭、縠之地入于齐[33]。又阳縠县东北有縠山，"县以此名"[34]。《春秋》僖公三年和十一年鲁、齐、宋等国会盟于阳縠。河南商邱县南有縠丘，是《左传》桓公十二年的会盟之地，当亦为縠人西迁时所停留过之地。河南新安县亦有"縠水自縠阳谷东北流"[35]。《山海经·中山经》："平逢之山，南望伊洛，东望縠城之山。"并说縠山之名，是因其上多縠，"附近有縠水"。郭璞云："在济北縠城县西。"既然縠城之山与伊洛相近，当为洛阳附近縠水的发源地，即由济北縠人西迁而得名，《清一统志》卷一百六十二河南府："縠山在新安县西南二十里。"縠国后来又南迁至今湖北縠城县北，《元和郡县志》："襄州縠城县，春秋时縠国，今县北十五里故縠城是也，今属襄阳府。"《春秋》桓公七年，縠伯绥到鲁朝贡，后为楚所并。安徽灵垡县西北有縠水（今睢水），汉于此置縠阳县，当为縠人迁居于此而得名。

复，系善于制輹的部落，后为国号。《广雅·释诂》："三輹束也。"《说文通训定声》：即"车轴缚也"。据《汉书·地理志》载清河郡有复阳县，即今山东武城县东北，当为复人的初居之地。汝南郡也有复阳县，注："湖阳乐乡。应劭曰：在桐柏大复山之阳。"今河南桐柏县东，为春秋初年的复国，后为楚所灭。北周曾于今湖北沔阳县西置复州，或系楚人灭复后，将其遗民南迁于此而得名。以后子孙以国为姓，汉有昆侯复象。

三　嬴姓西支诸国的分布

梁，《诗·小戎》："五楘梁輈。"又《甫田》："如茨如梁。"传："车梁。"梁人当以善作车梁而得名，与軫、佼人善作軫、佼而得名一样。梁人常居于山丘之上，如梁丘、梁山之类也因之得名，所以"梁仍然是高阜"[36]的借称。随着梁人迁居晋、陕一带的黄土高原，也就带去了梁的地貌名称，后人又加土旁为墚，从梁人和梁山而发展为梁州的区域性地名。梁人的来源，据《东观汉记》云："梁其先与秦同祖，出于伯益，别封于梁。"《元和姓纂》说："嬴姓伯益之后，秦仲有功周平王，封其少子康于夏阳梁山，是为梁伯。”梁建国很早，在西周后期业已存在，并非周平王时所封，且秦仲只封为子爵，而他的少子却封为伯爵，是不符合周代的宗法制度的，当与秦同为伯益之后为是。梁的始居地，据《路史·国名记丙》说：“伯益国，《地理风俗传》：扶柳西北五十（里）有梁城，故汉西梁县，西梁故城在今冀之南宫堂阳镇。”即今河北南宫县，正是嬴姓的发源地。梁人以后南迁到今山东梁父山（泰山下）及城武县东北二十五里的梁丘，即《春秋》庄公三十二年：“宋公、齐侯遇于梁丘。”《水经注》：“荷水东北径梁丘城西。”又“梁水出南梁山”，今山西长子县东。《尔雅·释山》：“梁山，晋望也。”梁父山不过是泰山下的一座小山，却受到秦始皇“禅梁父”的重礼[37]。是因梁与秦同祖相亲，而汉于此置梁父县。长子的梁山也并不太高，却是晋之望山，可见梁人在古代不但很兴盛，而且很有名望的。另一个梁地则在河南临汝县，《左传》哀公四年，楚将“袭梁及霍”，注：“梁，河南梁县西南故城也。”梁为春秋时周的小邑，后入于楚，战国时叫南梁，与大梁（河南开封市）、少梁（春秋时梁国，在陕西韩城县南）相区别，《清一统志》云：“梁县故城，在汝州西南四十五里，……《水经注》：霍阳山水又径梁城西。”这些以梁为地名的，即系梁人散布之地。梁人有一支西迁到少梁，《路史·国名记》卷乙：“梁，伯爵，本少梁夏阳也。今同（州）之韩城有少梁故城，（梁伯）好城而亡，有梁山。”《读史方舆纪要》卷五十四同州韩城县：“少梁城，县南二十二里，周梁国也。《左传》僖十九年，梁伯好土功，民罢而弗堪，秦穆公取之，即此。文十年，晋伐秦，取少梁。《魏世家》：文侯六年，城少梁；梁惠王九年，与秦战少梁。《秦纪》：秦取魏少梁。”韩城县南十九里又有梁山，即《禹贡》“治梁及岐”，《诗·大雅》的“奕奕梁山”。《春秋》成公五年的“梁山崩，壅河三日不流”。故龙门山亦兼梁山之名，这些都以梁人活动过而得名。还有《孟子·梁惠王》里所说的“太王去邠，逾梁山”，在今陕西乾县西北五里，亦系梁人西迁于此而得名，其时当在商代末年，也证明东夷嬴姓势力强盛，直扦入戎夏集团的中心区去了。梁国亡后，“子孙奔晋，以国为氏。晋有梁益耳、梁弘、梁由靡，并其后也”[38]。

葛，系以葛藤为图腾而发展为国号，葛藤可制葛衣及绳索，葛根可捣葛粉当粮食，营养丰富，是原始人类的采食品。《说文》作鄗。《世本》云：“葛氏，夏殷时葛伯，嬴姓之国也，其后为葛氏。”齐昭公之母叫葛嬴，葛乃嬴姓无疑。《史记·赵世家》载赵与燕易土，“燕以葛与赵”。即今河北安新县南，金置葛乡县，这里与燕、徐等同族相近，安次县东南有葛城，天津东南有葛沽，这一带当为葛的初居地，葛后南迁，“在河内修武有葛伯城、葛伯墓”[39]。《路史·国名纪甲》云：“《郡国志》：高阳有葛城，今郑西北有葛乡城，一名依城，汉高阳地。然葛乡故葛城，乃在宁陵北十五（里），郾城北三十（里），周四里，即葛伯国。”即《书·仲虺之诰》的“葛伯仇饷”和《孟子·滕文公下》的“汤居亳，与葛为邻”。注：“葛，夏诸侯嬴姓之国。”亳即今山东曹县南，李亚农说：“汤就是从这里开始了消灭夏朝的轰轰烈烈的征服战。他首先拿葛伯开刀，随后就去翦灭夏朝的与国。”[40]至于河南的长葛和距新蔡县七十里的葛陵城、葛陂，亦为葛人迁居之地。《读史方舆纪要》卷四十七许州郾城县：“葛伯城在县南，相传古葛伯国也。”

耿，《尔雅·释鱼》：“在水者黾。”注：“耿黾也，似青蛙，大腹，一名土鸭。”疏引《玄中记》云：“蟾诸（蜍）头生角者，食之寿千岁是也。其居水者名黾，一名耿黾，一名土鸭，状似青蛙大，而腹特大为异。陶注《本草》云：‘大而青脊者，俗名土鸭，其鸣甚壮，即此黾也。’”耿即以耿黾为图腾，后发展为国号。《世本》说“耿氏，殷时侯国”。卜辞有耿国，即《史记·殷本纪》中“祖乙迁耿”之地，在今山西吉县南，隋于此置耿州。又有耿乡城在河津县东南，邻接吉县，这一带商代时为耿人所在地。《路史·国名记》卷乙云：“耿，伯爵，河中龙门县十二（里）故耿城，晋献公灭以赐赵夙，遂曰夙，今晋之赵城。”《史记·晋世家》集解引服虔曰：“霍、魏、耿三国皆姬姓。”当为周灭商之后，耿人沦为臣民，周便封姬姓宗子于耿，嬴姓耿国便被姬姓所取代。到了公元前661年，晋献公所灭的乃是同姓姬的耿国了。

裴，《元和姓纂》：“裴，嬴姓，伯益之后，秦非子支孙封䨝乡侯，因氏焉，今闻喜䨝城是也。六世孙陵，周僖王封䨝邑君，及除邑从衣。”《古今姓氏书辩证》说：“裴，衣长貌。”不像鸟张开双翼而飞之貌，裴应是非子的图腾徽号，象征展开双翼而飞，下加衣，象征穿着长袖衣，举起双袖起舞之状。而《世本》认为“裴氏，伯益之后封于裴乡，因以为氏”，都说明了裴的族源，《路史·国名记》卷乙云：“非，蜚廉国，龙门县七里有蜚廉故城，非子祖也。又绛之正平蜚廉城，云事纣所居。”山西绛县与闻喜相邻，原为一地，蜚廉为伯益之后，则裴乡亦蜚廉城。非、裴、䨝、蜚音相通，从非字下分别加衣、邑、虫为符号。直到唐代，闻喜的裴氏仍为大族，一直定居了将近三千年，可说是奇迹了。

秦，《说文》：“一名秦禾。”《路史·国名记》卷乙云：“秝，䅨，禾名，隶省为秦，非子初封秦亭，今陇之汧原陇西镇有秦亭、秦城。然非子初封实秦谷，在今秦州陇城，汉陇县，襄公始侯，有岐丰地。”这只是东周初年秦人西迁后之地，秦人也起源于嬴姓的中心地山东。杨向奎说：“嬴姓诸国本在山东，秦之独西，亦由迁徙而往也。《秦本纪》记其祖先有蜚廉者，而蜚廉实东方传说的人物。《孟子》有云：‘周公相武王诛讨，伐奄三年讨其君，驱飞廉于海隅而戮之。’奄亦嬴姓，飞廉又为秦之祖先，是知秦、奄一族。而奄在曲阜，知实为东来。”[41]周惠王时，蜀人嘲笑秦为“东方牧犊儿”[42]，亦指明秦由东迁而来。《春秋》庄公三十一年：“筑台于秦。”《水经注》：“河水又东北经范县之秦亭西，《春秋》书‘筑台于秦’者也。”《清一统志》载：“古秦亭，在（山东）曹州府范县南三里。”秦人由此往西迁，周宣王时铜器《询簋》铭文中有：“今余令女、商宫司邑人先虎臣后庸：西门夷、京夷、𩵦夷、师笭侧薪、□华夷、由□夷、�人、成周走亚、戍秦人、降人、服夷……”《师酉𣪕》也列有秦夷、京夷等夷人，河南荥阳县东的贾鲁河，古名京水，又有京城，即京人所在地，他们被周征调去戍卫成周洛邑，被周王“当作奴隶被征戍去替西周奴隶主服役的。”[43]那么秦人也应在成周和京不远的地方，《国语·郑语》：“主芣騩而食溱洧。”《诗·郑风》：“溱与洧方洹洹兮。”溱为水名，据《读史方舆纪要》卷五十汝宁府汝阳县载：“溱水，在府南十八里，源出南阳府桐柏县之桐柏山。”下有溱口，一名沙河或吴寨河，俗名石滚河，东北流入南汝河。另一条溱水发源于密县东北圣水峪，东南会洧水为双洎河，东流入贾鲁河，一名潧水，或又作郐水。后一条溱水与洧水合流，更近于京、成周，当为秦夷迁居之地。前一条溱水在淮水上游，与嬴姓诸国相邻，当是一部分秦人畏避周王压迫而南迁的。但主要的秦族首领非子却西迁犬丘，今陕西兴平县，受到周孝王的重用，使牧马于汧渭之间。《读史方舆纪要》卷五十九秦州清水县：“秦水在县东北，《水经注》：秦水出陇山秦谷，西历秦亭，即秦仲所封也。”曹魏于此置秦州，隋也置秦岭县，金置秦安地，均因秦人曾居于此而得名。周宣王又命秦庄公为西垂大夫，在今甘肃天水市西南。到秦襄公二年徙都汧[44]，《括地志》云：“故汧城在陇州汧源县东南三里。”今陕西凤翔县。直到周平王东迁时，才“封襄公为诸侯，赐之岐以西之地”[45]。到秦始皇时，便统一六国，建立了秦朝。

赵，《尔雅·释鸟》：“鵙，伯劳也。”注：“似鶷鶡而大。《左传》曰伯赵氏。”疏：“樊光曰：《春秋传》曰：少皋氏以鸟名官，伯赵氏司至。伯赵，鵙也，以夏至来，冬至去。”曹植《恶鸟论》亦说：“伯劳盖贼害之鸟也，其声鵙鵙，故以其音名云。”《左传》昭公十七年杜注：“伯赵，伯劳也，以夏至鸣冬至止是也。”伯赵即伯劳，赵、劳同属小韵，伯劳鸟又名博劳，因叫声而名，一名鵙，夏至时飞来黄河流域，故说伯赵司至，可见我国的先民在四千多年以前就观察到这种候鸟的特性，是多么了不起啊！因而童书业的“赵本亦鸟名”[46]的说法是正确的。《史记·赵世家》

和《元和姓纂》说赵之先，与秦共祖，是伯益嬴姓之后，为商王之臣，其后裔恶来为秦之祖，恶来之弟季胜为赵之祖。周成王时，季胜之子孟增迁居皋狼，在今山西离石县西北，因赵亦为少皋之后，皋狼当系氏族徽号与本人的图腾相结合的名字。孟增之孙造文，又为周穆王御车有功，被赐给赵城，由此为赵氏。《路史·国名记》卷乙云："晋之赵城南三十五里故赵城，造父封。《寰宇记》：'今赵州其地也'。"即今山西赵城县。到公元前403年，赵籍脱离晋而独立，自称赵侯，建立赵国，后来又与韩、魏两国分晋，成为战国七雄之一。到公元前235年，赵幽缪王迁降于秦，前225年迁之兄代王嘉被秦所俘，赵被灭亡。公元前208年，赵歇又乘秦末大乱。自立为赵王，六年后，为汉所并，赵彻底灭亡。

嬴姓徐国和淮夷，已有专文分述，不再累赘。

（《信阳师范学院学报（哲社版）》1984年第3期）

注释

[1]《国立中山大学文学院研究集刊》第一册。

[2][45]《史记·秦本纪》。

[3]《左传》昭公二年注：奄国嬴姓。又襄公二十年注：徐、奄二国皆嬴姓。

[4] 汪中：《述学》。

[5]《中国史探研·西周地理考》。

[6]《风俗通义》。

[7]《史记·鲁周公世家》。

[8]《历史语言研究所集刊》第五本一分册。

[9]《金璋所藏甲骨卜辞》五七四、《库方二氏所藏甲骨卜辞》。

[10]《殷墟书契菁华》九·十。

[11][46]《中国古代地理考证论文集·鸟夷考》。

[12] 林剑鸣：《秦史稿》，第17页。

[13]《春秋》成公七年。

[14]《春秋》成公八年。

[15]《春秋》襄公七年、昭公十七年。

[16]《古本竹书纪年》晋幽公十五年。

[17] 邓名世：《古今姓氏书辨证》卷二十。

[18]《殷墟书契前编》一·五二·三。

[19]《春秋黄国古城考》载《信阳师范学院学报》1982年第1期。

[20]《春秋》桓公八年。

[21]《左传》僖公四年。

[22][31]《左传》僖公五年。

[23]《左传》僖公十二年。

[24]《古今姓氏书辩证》卷十五。

[25]《殷墟书契后编》上九·十二、《殷墟书契续编》三·三一·七、《殷墟书契前编》二·九·六。

[26]《殷墟书契前编》六·五八。

[27]《春秋》僖公二年。

[28]《春秋》僖公三年。

[29]《左传》文公四年。

[30]《古今姓氏书辨证》卷三。

［32］《中国古史的传说时代》（增订本），第 209 页。
［33］罗泌：《路史·后纪七》。
［34］《读史方舆纪要》卷三十三东平州阳穀县。
［35］《水经注》。
［36］李玄伯：《中国古代社会新研·中国图腾制度及政权的逐渐集中》。
［37］《史记·秦始皇本纪》。
［38］林宝：《元和姓纂》。
［39］《路史·国名记》卷乙。
［40］《殷代社会生活》第一章《殷族的起源及其活动的区域》。
［41］《夏民族起于东方考》，载《禹贡半月刊》第 7 卷 6、7 合期。
［42］常璩：《华阳国志·蜀志》。
［43］林剑鸣：《秦史稿》，第 27 页。
［44］皇甫谧：《帝王世纪》。

关于秦人族属及文化渊源管见

韩　伟

嬴秦的族属及其文化渊源，史学考古界众说纷纭。王国维先生的“秦之祖先，起于戎狄”，蒙文通先生的“秦为戎族”，翦伯赞先生的秦族是从“羌族中分化出来”的等等看法，对考古界都有较深远的影响[1]。因此，多年来考古界流行着屈肢葬、铲形袋足鬲、洞室墓既是戎人或羌人的文化特征，又是秦人自身的文化传统的观点，认为秦文化应属西戎文化系统。这些看法，与陕西地区现有的春秋战国秦的考古材料及有关文献不符合。笔者仅陈管见，以就教于方家。

一　屈肢葬、铲形袋足鬲、洞室墓不是秦人自身的文化传统

（一）关于屈肢葬

有的同志认为，从春秋时起，秦墓几乎全部都是这种屈肢葬（笔者按，指踡屈特甚者），一直到秦始皇时期，这几乎成为区别秦人墓与其他春秋战国墓的重要特征。

踡屈特甚的屈肢葬在春秋秦墓中已经出现，这是事实。但在春秋战国的秦墓中，并不乏直肢葬式。1976 年发掘的凤翔八旗屯的 AM5、AM9、BM27、CM2、CM3 的墓主，1977 年发掘的凤翔高庄的 M24、M15、M1、M39、M21、M32、M33、M45、M46、M47 的墓主，均采用直肢葬[2]。沣西客省庄、西安半坡的战国秦墓中，也各发现有五座直肢葬[3]。户县宋村春秋秦墓墓主之骨殖虽腐朽，但该墓棺长 2.4、宽 1.03 米[4]，按照秦墓屈肢葬者之棺长仅在 1.2 米左右的惯例，宋村墓主应为直肢葬。1954 年西北文物清理队在宝鸡姜城堡 8501 工地清理了 1 个战国墓群，约 100 座墓中仅有 1 座屈肢葬，其余均为直肢葬[5]。该墓地出土器物与宝鸡地区战国秦墓出土物完全一样，为秦墓无疑。该墓地直肢葬占绝对优势，至少说明秦人墓几乎都是屈肢葬的说法与事实有较大的距离。

尤其值得注意的是，凤翔八旗屯几座直肢葬者墓内，有屈肢葬的奴隶殉葬。其中未被盗扰过的凤八 CM2 还出土列鼎 3 件，足以说明这类墓主具有低级奴隶主贵族的身份。至于户县宋村墓主，殉葬 5 名奴隶，出土 5 鼎、4 簋、2 壶、1 盘、1 匜，其身份应为卿大夫。

春秋秦的贵族采用直肢葬式，就是到了统一后，嬴秦的宗室贵族也采用直肢葬式。1976 年在临潼始皇陵东侧上焦村探出一批排列有序的始皇陵陪冢。据其甲字形墓形制及有关历史记载，兵马俑坑考古队判断其墓主们应为嬴秦的宗室大臣。已发掘的墓中大多人骨零乱，葬式不明，仅 1 座墓（M11）的墓主骨骼完整，经鉴定为女性，仰身直肢葬[6]。可见嬴秦的统治阶级尤其是宗室贵族，并不采用屈肢葬式。这对研究秦人的种族乃至文化传统具有很大说服力。它说明“葬俗是人们（尤其是古代人们）最具有保守性和继承性的文化因素，也是一个民族（或部族）中最具

特点的方面之一，一般来讲它不是任何外因影响能够促其改变的”说法的正确性；同时，也否定了“屈肢葬俗无疑应属于秦的自身文化传统”[7]的看法。

这里，顺便提一下辛店文化葬式与秦人屈肢葬式的关系问题。刘庆柱同志在《试论秦之渊源》（以下简称“刘文”）中说：“辛店文化的屈肢葬与春秋秦的屈肢葬惊人相似，如辛店文化姬家川遗址M2，有一屈肢葬，其足根已靠近臀部，屈度特甚，显然辛店文化的屈肢葬是我们寻找春秋秦屈肢葬源流的重要线索。”[8]众所周知，辛店文化流行的是直肢葬、二次葬，而屈肢葬在马家窑文化半山类型和马厂类型、齐家文化、沙井文化中都有发现。姬家川发掘者指出：屈肢葬“在辛店文化中却发现的较少，像姬家川这样比较典型的屈肢葬尚属首次发现”[9]。而且仅有这一座墓葬。以此孤例，推断辛店文化是春秋秦屈肢葬源流的重要线索，恐有失偏颇。

（二）关于铲形袋足鬲

有的同志认为，在宝鸡一带，秦人直到战国时代还使用以足端扁平为特征的双耳高领袋足鬲（即苏秉琦先生命名的“铲形袋足鬲”），从而确认这种鬲是秦文化特征之一。刘文也说：这种鬲“分别存在于齐家文化、辛店文化和春秋战国秦文化中，是我们确定它们之间渊源关系的重要线索之一”。

实际上，铲形袋足鬲只是到了战国中或早期才在关中地区的秦墓中出现，到了战国晚期就绝迹了。在春秋秦墓中，只有锥形实足鬲，而铲形袋足鬲至今尚未发现。这点，苏秉琦先生早在40年前就已判明。他说：铲形袋足鬲晚于锥形袋足鬲、折足鬲及矮脚鬲。并在《瓦鬲的研究》一文中指出：铲形袋足鬲“属于屈肢葬墓初期，出现于矮足鬲（D型）在此业已流行，甚或绝迹之后”[10]。在斗鸡台，与铲形袋足鬲同出的A3（一）鬲，侈口，圆唇，腹部有折，小平底，与凤翔出土的战国陶盂相似[11]。在凤翔高庄的M9中，曾出土红陶单耳铲形袋足鬲1件。该墓按分期应属战国中期。所以，可以断定铲形袋足鬲在秦墓中的出现，不会早于战国时代，它不是从春秋到战国期间秦墓中始终存在、延绵不绝的典型器物。

这种铲形袋足鬲在战国秦墓中也极不普遍。据笔者掌握的资料，宝鸡斗鸡台出了4件，凤翔高庄、西村各出1件，宝鸡博物馆收藏1件，充其量陕西秦墓中出土这种鬲超不过20件。而陕甘地区已发表了资料的秦墓就多达四百多座。在经过正式发掘的凤翔姚家岗宫殿、凌阴遗址、马家庄宗庙中，从未见过这类器物或残片；在墓葬中仅偶尔可见。被指为秦文化源头的辛店文化中，铲形袋足鬲也不是一种数量很多的典型器物。我们知道，一种文化的典型器物，应在该文化的墓葬或遗址中普遍存在。然而，上述情况与此恰恰相反。因而，把铲形袋足鬲当作秦文化的特征之一，并断定这种东西就是戎人文化的表征，或者说由此得到了齐家文化、辛店文化与春秋战国秦文化之间“渊源关系的重要线索”，似乎缺乏坚实基础。

（三）关于洞室墓

有的同志认为，春秋秦墓除了竖穴土圹墓外，横穴和竖穴的洞室墓都很多，这同卡约文化有共同性，说明了秦人的文化传统，同羌人是同源的。

春秋时代秦人是否流行洞室墓呢？以陕西秦墓而言，户县宋村秦墓定在春秋早期[12]，宝鸡福临堡定在东周早期[13]，阳平秦家沟定在东周，“其中墓1、2可能稍早，约当春秋时期”[14]，茹家庄定在“春秋晚期，最迟也在战国之初”[15]，客省庄定在“战国早期或可早到春秋”[16]，宝鸡西高泉定在春秋[17]。上面所列的秦墓，全系竖穴土圹墓，而绝无洞室墓。即使甘肃灵台洞山屈肢葬墓群，也因“都是竖穴墓，未见较晚出现的头龛或洞室墓”，因而“可以定为中期或稍早，个别墓可到春秋晚期”[18]。这样，陕甘两省可能属于春秋的秦墓中（姑且不论断代是否准确），均未见到洞室墓。

陕西的横穴或竖穴洞室墓，从时代上说都在战国中晚期。关于卡约文化的时代，甘肃的同志判断早于西周或与西周同时，青海的同志认为相当中原地区的殷周时期[19]。那么，战国中晚期的秦代洞室墓，与殷周时期的卡约文化中间横隔着春秋这一段时间未见洞室墓。说两者文化有共同性，是同出一源的，似缺乏说服力。

洞室墓确实在青海的卡约文化墓葬中已出现，甘青同志称其为偏洞式。从葬式来看，卡约主要是仰身直肢葬、二次葬或迁葬、俯身葬[20]，屈肢葬未见报道。时代更早一点的辛店文化中，亦有偏洞室墓，流行仰身直肢葬与二次葬。屈肢葬仅在永靖姬家川遗址中发现1座，却采用长方形竖穴土坑而不是偏洞室墓。然而，从目前已发表的资料看，陕西的战国秦洞室墓主除个别者外，都采用踡屈特甚的屈肢葬式。战国秦的洞室墓主与青海、甘肃的卡约文化的偏洞室墓主，采用不同的葬式，仅仅墓葬形制有些类似，还很难作为判断两者文化同出一源的根据。

二　秦人的起源与其族属的关系

有的同志认为，秦人是起源于甘肃东部的。根据是《史记·秦本纪》讲的秦的祖先中潏在殷初就“在西戎，保西垂”。因此，秦人应是西戎的一支。

《史记·秦本纪》载：秦祖“大业取少典之子，曰女华；女华生大费，……是为柏翳，舜赐姓嬴氏。大费生子二人：一曰大廉，实鸟俗氏；二曰若木，实费氏。其玄孙曰费昌，……大廉玄孙曰孟戏、中衍，……中衍之后，遂世有功，以佐殷国，故嬴姓多显，遂为诸侯。其玄孙曰中潏，在西戎，保西垂。生蜚廉”。由此可见，中潏以前秦之世系，流传有序，中潏远非秦人始祖。秦人之始祖活跃于东方，舜才可能赐其姓曰嬴氏。因此，以中潏“在西戎，保西垂”来判断秦人就是西戎的一支，显然是不妥帖的。

段连勤先生在《关于夷族的西迁和秦嬴的起源地、族属问题》一文中认为：畎夷为夏初东夷九部之一，居住在东方。西周春秋时，宋国有犬丘邑（在今河南永城县）；卫国有犬丘（在今山东曹县）。依杜预《集解》注：“犬丘，西垂也，地有两名。”可知犬丘即西垂。这两犬丘即为夏代畎夷所留下的居址。畎夷参加了以汤为首的商夷联军，进入关中，其驻地“犬丘”之名称也随其由河南、山东迁移到陕西兴平、甘肃天水。天水西南的犬丘所以称西犬丘、西垂，正是相对于山东曹县的犬丘而言的。秦居西犬丘的时间，即使从中潏算起，到文公时也有14世。犬丘是秦人西迁后安身立命之处，所以苦心经营，洒血保卫，这不是偶然的，恰好说明秦嬴祖先原来是从东方迁来的夷人[21]。《史记·秦本纪》中说：“秦之先为嬴姓。其后分封，以国为姓，有徐氏、郯氏、莒氏、终黎氏、运奄氏、菟裘氏、将梁氏、黄氏、江氏、修鱼氏、白冥氏、蜚廉氏、秦氏。”经前人或近人考证，这些与秦同姓的嬴姓小国，除修鱼及蜚廉氏外，全部分布在山东江淮之地，正是嬴秦起源东方的力证。

原始宗教观念具有明显的地域性和民族性，嬴秦的宗教观念与东夷有着血肉关系。这点可从秦人的祭祀中得到回答。

《史记·封禅书》说：“秦襄公攻戎救周，始列为诸侯。秦襄公即位，居西垂，自以为主少皞之神，作西畤，祠白帝。”过了16年，“秦文公东猎汧渭之间，卜居之而吉。文公梦黄蛇自天属地，……于是作鄜畤，用三牲郊祭白帝焉。”又隔400年，“栎阳雨金，献公自以为得金瑞，故作畦畤栎阳，而祀白帝。”[22]

白帝就是少皞，亦即少昊，这在《史记·封禅书》中已说明白了。但秦人何以“自以为主少皞之神”呢？《汉书·郊祀志（下）》以为少皞是西帝，秦人在西方，所以要敬奉少皞，这是值得研究的。笔者认为秦人祭祀少昊，是因为皋陶与少昊同姓嬴，属于同一氏族的缘故。《帝王世纪》说："皋陶生于曲阜。"而曲阜本来就是"少皞之墟"。因之，说皋陶生于曲阜，实质是说皋陶出自少皞氏族。皋陶是什么人？《史记·秦本纪》正义说："曹大家注云：'陶子者，皋陶之子伯益也'。"按此即知皋陶是秦人始祖大业。大业出于少皞氏族。秦人"自以为主少皞之神"就丝毫不足怪了。《睡虎地秦墓竹简》一书《法律问答》中说："'臣邦人不安其主长欲去夏者，勿许。'可（何）谓'夏'？欲去秦属是谓'夏'。"这说明秦人自视华夏族。

秦人虽在中潏以后与西戎杂居，但在政治制度方面与西戎有着区别。《史记·秦本纪》载秦穆公见戎使由余时说："中国以诗书礼乐法度为政，然尚时乱，今戎夷无此，何以为治？"明白地把秦人划在戎夷之外，而且说秦国与中原各国一样，是以诗书礼乐法度为政的。

秦与西戎对待周室的态度不一样。西戎各支首领，与周天子一样称王，如丰王、亳王、戎王、獂王、义渠戎王等等。但秦与中原诸国一样，推周室为共主，在战国中叶以前未有称王之记载。因此，周人从来不把秦人看成异族。《史记·周本纪》载："烈王二年，周太史儋见秦献公曰：'始周与秦国合而别，别五百载复合，合十七岁而霸王者出焉。'"《正义》认为之所以提出这种"合别"关系，是因"周秦俱黄帝之后"的缘故。在"非我族类，必有异心"的概念流行的时代，这种"合别"论实质是周人对秦人族属看法的反映。还有个显例是秦襄公为诸侯时，周平王说道："戎无道，侵夺我岐、丰之地，秦能攻逐戎，即有其地。"秦若为戎，当此危难之际，平王当着襄公之面严词谴责其同类而无所区别，恐怕是不大可能的。可见，周人也并未将秦人视为西戎的一支。

秦与戎始终处在对立的地位。从秦襄公建国（公元前770年）以后的500年时间里，秦人灭丰、亳、彭戏氏诸戎，尽得关内周地；秦穆公伐戎王，"益国十二，开地千里，遂霸西戎"，孝公西斩獂王，惠文君伐取义渠戎王25城，昭王母宣太后诈杀义渠戎王[23]，将今陕甘境内之戎人并合净尽。戎人对秦人也相当严酷。《史记·秦本纪》载："秦仲立三年，周厉王无道，诸侯或叛之。西戎反王室，灭犬丘大骆之族。周宣王即位，乃以秦仲为大夫，诛西戎。"西戎把秦人看成周王室势力的代表，反王室的具体行动是诛灭居住在犬丘的嬴秦部族。而且，秦仲最终死于伐戎的战争，如果这里不是民族间的战争，是难以说得过去的。

三　从文化继承关系看秦人族属

搞清秦文化的根源及内涵，是推断秦人族属的关键。目前这一点虽然不可能完全达到，但依据现有的考古资料可以推断，秦文化与殷周文化有着明显的继承关系，而与戎人文化距离较大。

春秋时秦国青铜器已处于衰落时期。但宋代出土的秦公钟，民初在甘肃秦州出土的秦公簋，都是重要的秦国铜器。解放后，秦国铜器仍有不少发现。最珍贵的一批青铜器，是1978年1月在宝鸡县太公庙村出土的。这批器物主要是乐器，其中有纽钟3件、甬钟5件，造型古朴浑厚[24]。甬钟与克钟等西周晚期的甬钟形制一样，若不见铭文，很难判断其为秦器，可见秦人继承了周人的青铜制造技术。尤其这组甬钟与纽钟是秦公铸造的，因此，在判断周秦文化关系上，具有更为重要的意义。

用秦公钟、簋等器物的铭文，与周代的铜器铭文比较，在形、音、义等方面都是一致的。秦代金文已不见肥笔，大半呈上下等粗的柱状体，几乎没有波磔，而且如秦公钟5字1行，排列比较整齐。凡此种种，与西周后期的金文特征相同，而与所谓的"六国奇文"大相径庭。仅这一点也可看出周秦文化的密切关系。

文化继承关系上最显著的表现是宫殿与宗庙建筑的形式。在上古时代，一个民族的宫殿与宗庙形式是在特定的自然条件和历史条件下形成的，集中反映了本民族的传统文化。从这个观点出发研究秦人宗庙制度，可以看出秦人宗庙“直接承袭了殷人的天子五庙制度，以诸侯王的身份建立了三庙：太祖庙一、昭一、穆一”。而且，每座庙的各部分，“分别具有宗庙中的祭祀、燕射、接神、藏祧的功能，比起岐山凤雏（西周）甲组建筑群来说，与经文上记载的宗庙更为接近”。尤其不可忽视的是，秦人与殷人都“以牺牲来祭祀宗庙”[25]，因此，马家庄宗庙中有181座人、牛、羊等牺牲祭祀坑。这些特点说明秦人的宗庙制度是与殷周制度相同的。宗庙的建筑形式，实际上是和维护本民族生存和发展的追求联系在一起的，因此，具有相当顽强的沿袭性，秦与殷周宗庙制度如出一辙，实质上反映了秦人族种及文化渊源与殷周的密切关系。

秦人的宫寝制度也是如此。据凤翔钻探发现的秦公朝寝平面图得知，秦公宫寝在皋、库、雉、应、路五门的设置，外朝、治朝、燕朝的布局，高寝、左右路寝的建造等等方面，都与先秦时期有关殷周宫室制度的典籍相吻合[26]。自然也是秦与殷周文化属于同一体系的缘故。

秦公陵园制度，也反映了殷周文化因素。在雍城三畤原上，发现10多座陵园[27]。陵园中的大型墓可分为中字、甲字、凸字、目字、圆坑等几个类型。说明秦国诸侯与中原诸侯一样，都采用殷周以来的陵寝制度，尤其以圆坑殉奴，与殷墟大司空圆形坑完全一样，都是杀殉坑的性质。另外，在小墓中的用鼎制度、棺椁、车马殉葬的数目，无不与周代相同。如果秦人是西戎的一支，则很难解释秦与殷周的文化何以有这么多的共同性。因此，无论从部族或文化上，认为秦是西戎的一支，至少在目前还缺乏有力的证据。

那么，应如何理解在春秋秦出现的河湟地区常见的屈肢葬式，以及在战国秦出现的铲形袋足鬲与洞室墓这些现象呢?

秦从氏族公社末期进入奴隶制社会，大约在秦襄公前后。因此，文公、武公灭丰、彭戏之戎，穆公益国十二，孝公西斩獂王，惠文、昭王尽灭义渠戎等行动，除了扩充疆域外，更重要的是控制了大量的人口，建立了稳固的有雄厚兵员与劳力来源的基地。秦孝公时，秦可控制戎狄92国之众[28]，也就是说甘青一带许多后进的民族或部落沦为秦的种族奴隶了。《后汉书·西羌传》有“羌无弋爰剑者，秦厉公时为秦所拘执，以为奴隶”的记载，即可为证。随着甘青后进民族成员大批被俘获，屈肢葬、铲形袋足鬲、洞室墓等“西戎”文化因素融入关中地区的秦文化是完全可以理解的。由于资料的限制，目前还难以确指这些葬式、器物、墓制的族属。但是，不可将秦墓中出现的这些现象，当成秦族及其文化属西戎系统的证据，应该是可以肯定的。

（《文物》1986年第4期）

注释

［1］王国维：《秦都邑考》，《观堂集林》卷十二；蒙文通：《周族少数民族研究》；翦伯赞：《秦汉史》。

［2］陕西省雍城考古队吴镇烽、尚志儒：《凤翔八旗屯秦墓发掘简报》，《文物资料丛刊》第三辑。

［3］中国科学院考古研究所编著：《沣西发掘报告》，第132页；金学山：《西安半坡的战国墓葬》，《考古学报》1957年第3期。

［4］［12］陕西省文管会秦墓发掘组：《陕西户县宋村春秋秦墓发掘简报》，《文物》1975年第10期。

［5］茹士安、何汉南：《西安地区考古工作中的发现》，《考古通讯》1955年第3期；另见该墓地发掘记录，现存陕西省文管会资料室。

［6］秦俑考古队：《临潼上焦村秦墓清理简报》，《考古与文物》1980年第2期。

［7］［8］刘庆柱：《试论秦之渊源》，《先秦史论文集》，《人文杂志》1982年增刊。

[9] 中国社会科学院考古研究所甘肃队:《甘肃永靖张家嘴与姬家川遗址的发掘》,《考古学报》1980 年第 2 期。

[10] [11] 苏秉琦:《斗鸡台东区墓葬·瓦鬲的研究》。

[13] 中国社会科学院考古研究所宝鸡发掘队:《陕西宝鸡福临堡东周墓葬发掘记》,《考古》1963 年第 10 期。

[14] 陕西省文管会:《陕西宝鸡阳平镇秦家沟村秦墓发掘记》,《考古》1965 年第 7 期。

[15] 宝鸡市博物馆、宝鸡市渭滨区文化馆:《陕西宝鸡市茹家庄东周墓葬》,《考古》1979 年第 5 期。

[16]《沣西发掘报告》。

[17] 卢连城:《陕西省宝鸡县高泉村发掘一批春秋墓葬》,《中国历史学年鉴》第 273 页,1982 年。

[18] 甘肃省博物馆、灵台县文化馆:《甘肃灵台县两周墓葬》,《考古》1976 年第 1 期。

[19] [20]《甘肃省文物考古三十年》、《青海省文物考古三十年》,见文物编辑委员会编:《文物考古工作三十年》。

[21] 段连勤:《关于夷族的西迁和秦嬴的起源地、族属问题》,《先秦史论文集》,《人文杂志》1982 年增刊。

[22]《汉书·郊祀志》(上)。

[23]《史记·秦本纪》。

[24] 宝鸡市博物馆等:《陕西宝鸡县太公庙村发现秦公钟、秦公镈》,《文物》1978 年第 11 期。

[25] 拙文:《马家庄秦宗庙建筑制度研究》,《文物》1985 年第 2 期。

[26] 拙文:《秦公朝寝钻探图考释》,《考古与文物》1985 年第 2 期。

[27] 拙文:《凤翔秦公陵园钻探与试掘简报》,《文物》1983 年第 7 期。

[28]《后汉书·西羌传》。

秦人发祥地刍论

严　宾

秦人的发祥地问题，长期存在两说。一说秦人原系西方戎族，后来又逐渐向东方发展；一说秦人最早生活在东方，后来才开始向西方迁移。究竟孰是孰非？实有必要加以明辨。

秦人原本为戎其来自西方，此说提出较早、论证较详且影响较大者当推蒙文通先生。蒙先生著有《秦为戎族考》和《秦之社会》两文[1]，后皆收入《周秦少数民族研究》一书。蒙先生这些著作，反复论证和申述了秦人原为西方戎族的观点。这种观点固然有其独到之处，但究其实却是难以成立的。

蒙先生的第一个论据，是秦族为戎。他据申侯追述秦祖时所说“昔我先骊山之女为戎胥轩妻”[2]，这条基本资料，认为“胥轩曰戎，自非华族，此秦之父系为戎也”。又认为申侯之国即周平王遭褒姒之乱所奔的“西申”[3]，也就是周宣王末年所征服的“申戎”[4]，故称“秦之母系亦为戎也”。其实，“戎胥轩”是秦之先人由其担负的职务取得的名号，本义盖指以兵戈卫护国君所乘车辆。首先从文字的含义看，“天子乃教于田猎，以习五戎”[5]，郑玄注曰“五戎谓五兵，弓、矢、殳、矛、戈”。“笃公刘，于胥斯原”[6]，毛传曰“胥、相”。“黄帝始垂衣裳，有轩冕之服”[7]，颜师古曰“轩，轩车也”。其次从商周的“戎右”之职看，“戎右者，与君同车，在车之右，执戈盾，备制非常，并充兵中使役”[8]。再次从秦人历代的职务看，秦祖费昌“为汤御”，中衍为帝太戊御，“自太戊以下，中衍之后，遂世有功，以佐殷国”[9]。戎胥轩为中衍之后，其为殷王“卫御”是可能的。最后从秦人名号的来源看，秦祖孟增号为“宅皋狼”，依照徐广、司马贞与张守节的解释，“宅皋狼”之号即因居于皋狼之地而起[10]。“戎胥轩”不同于“宅皋狼”者，只不过是所缘起者有职务与居地之别罢了。这说明秦人的父系并非为戎。申侯说“昔我先骊山之女为戎胥轩妻”，当为“昔我先娶骊山女女为戎胥轩妻”之误，张守节说“申侯之先，娶于骊山”[11]可证。西周宣王以前，申国确实在西方，史称此申为“西申”。至周宣王时，“申伯旧国已绝”，宣王“能建国亲诸侯，褒赏申伯焉”，将申国迁居于谢[12]。当时西戎气焰方炽，东侵周疆，在申国迁谢前后，西申之地或为戎人所据。周宣王破“申戎”，朱右曾与王国维以为是周宣王三十九年事[13]。当时已是周宣王末年，所谓“申戎”当指侵据西申的戎人。齐、许、申、吕“皆黄、炎之后也”，“齐、许、申、吕由大姜”[14]。显然，申侯之国并非戎族。一说商时位于骊山的骊国“非骊戎之国”[15]，顾颉刚先生提出“骊戎之国当在今山西南部”。史书提到商周的骊山居民时并不称戎，例如“骊山女”即不称戎而只称女。可见骊山之女并非戎族。申侯与骊山女皆非为戎，其所生女固亦非戎。是秦之母系亦非戎族。

蒙先生的第二个论据，是秦同族之赵亦为戎。他以造父取骏马献之周穆王[16]，北唐之君亦取骏马献之周穆王[17]，认为造父即北唐之君；又晋孔晁说北唐为西北之戎[18]，故称赵亦为戎。

从时间看，北唐朝贡于周成王，即《逸周书》所谓“北唐戎以闾”[19]，说明北唐至迟在西周初年已经存在。造父别居赵并且得为赵氏，则是始于周穆王“赐造父以赵城”[20]。北唐的存在较之赵氏的出现，前后相隔至少五代周君大约一百多年。从地域看，周成王所灭唐国的中心在今山西太原市，北唐应在其北。造父所封赵城“在河东永安县”，即在今山西霍县。北唐与赵城之间，南北相距至少有三四百里。从政体看，西周初期的北唐已经是一小国，献马于周穆王者是这个小国“北唐之君”。而周穆王时的造父仅率一族之人，居一城之地，其地位很有点像郑玄说的“小城曰附庸”[21]。上述说明，北唐之君并非造父。郑玄引《周书》曰：“北唐以闾，析羽为旌。”[22]据《四库全书总目》可知，郑玄所引《周书》也就是流传至今的《逸周书》。是汉时相传的《周书》本不称北唐为戎，直到流传后世的《逸周书》方称北唐为戎。究其原委，我们认为《逸周书》所说“北唐戎以闾”一语，窜入了晋代孔晁所注“北唐，戎在西北者也”之文。进一步看，孔晁以北唐为戎，可能仅出于北唐“在西北”，即在周都镐京西北这样的推断。那里本为西戎之地，后又有周武王“放逐戎夷泾、洛之北”，当然很容易认定所居之民为戎狄了。显然，这种判断是不符合实际的。由此可见，北唐之君亦非为戎。赵亦非戎之属。

蒙先生的第三个论据，是有些史籍记载称秦为戎狄。他对史书所说“秦者夷也”、“狄秦也”、“秦戎”，似乎是深信不疑的。诚然，我国史籍有过秦为戎狄的记载。秦被称戎，或是由于从中原地区迁入戎地，与戎人长期杂处之故。秦祖伯翳初在中原服事舜禹，“其子孙或在中国，或在夷狄”[23]。这部分散居戎狄之地的秦人，后来就被称之为戎。“秦、楚、吴、越，夷狄也”，“皆戎夷之地，故言夷狄也”[24]。秦被称戎，或是因为它实行过一些与戎狄相同或相似的政教措施，风俗习惯接近戎狄。“始秦戎狄之教”，“秦与戎狄同俗”，指的便是这种情况。秦被称戎，也有可能是因其远在西方，只事戎狄而不与中原诸国结盟通好。史称“秦僻在雍州，不与中国诸侯之会盟，夷狄遇之”[25]，“秦始小国僻远，诸夏宾之，比于戎狄”[26]。秦被称戎，还有可能是因其历史上一贯以征伐为务，受到侵凌的东方各国贬称其为戎。“夫秦，虎狼之国也，有吞天下之心。秦，天下之仇雠也”[27]。另一方面，在我国历史流传的文献和发掘的竹简中，也时有称秦为夏的记载。“臣邦人不安其主长而欲去夏者，勿许”[28]，是秦土称夏。齐桓公西征渡河“拘秦夏”[29]，是秦族称夏。“何谓夏子？臣邦父、秦母谓也”[30]，是秦人称夏。“为之歌秦，曰此之谓夏声”[31]，是秦声称夏。由此看，安知史称秦为戎狄者，必为戎狄？又安知史称秦为夏者，必非诸夏？当初居夏后来迁夷者，虽或称夷而实应属夏。

秦人早期的生活地区究竟在哪里？秦人早期的生活活动地区大约在今黄河下游，即今山东省西南部、西部与河南省东北部、东部。

首先从秦人传说中的远祖看。传说秦人远祖是颛顼。“秦之先，帝颛顼之苗裔”，“秦之先曰伯翳，出自帝颛顼”。秦自颛顼的裔女女修才有世系繁衍，所以唐人称颛顼是秦人母族之祖，例如司马贞说“秦赵以母族而祖颛顼”。传说颛顼初都穷桑。“帝颛顼生自若水，实处空桑，乃登为帝。”若水不可考，空桑即穷桑。“穷桑地在鲁北”[32]，“穷桑在鲁北，或云穷桑即曲阜也”[33]。是穷桑在今山东省西南部。又传说颛顼徙都于帝丘。《帝王世纪》说“颛顼始都穷桑，徙商丘”。“商丘”即“帝丘”之讹，皇甫谧又称颛顼“都帝丘”可为显证。“卫，颛顼之虚也，故为帝丘”[34]，东郡濮阳县“故帝丘，颛顼虚”[35]。是帝丘在今河南濮阳县南。可见颛顼活动的中心地区在今山东省西南部与河南省东北部。一说秦人宜祖少昊。例如嬴姓郯子称少昊为其高祖[36]，秦襄公“自以为主少昊之神”[37]，“伯翳，舜虞官，少昊之后伯益也”[38]，“嬴，帝少昊之姓也”[39]。颛顼既为秦人母族之祖，则少昊应为秦人父族之祖，远古时期本不知父，嬴姓后人有所追记也。传说少昊之虚在曲阜。“封周公旦于少昊之虚曲阜”[40]，“少昊都于曲阜”[41]，“鲁者，少昊挚之虚也”[42]，“少昊虚，曲阜也”[43]。是古曲阜在今山东曲阜县。又传说少昊曾居清阳。“少昊曰清，清，地也，一曰清阳”[44]，“荥阳中牟西清阳亭是”[45]。是清阳之地在今河南中牟县。由此可知，少昊活动的中心地区亦在今山东省西南部与河南省东北部。

其次从秦人信仰的图腾看。“玄鸟陨卵，女修吞之，生子大业”[46]，表明秦祖是以玄鸟为图腾的氏族。这个玄鸟氏族，很可能就是少昊部落中的玄鸟氏。少昊以“鸟名官”，名官之鸟有二十四种，分为五鸟、五鸠、五雉和九扈，玄鸟即其中之一[47]。郭沫若同志认为少昊部落的二十四种鸟代表二十四个氏族，五鸟、五鸠、五雉和九扈就是由氏族结合起来的胞族[48]。少昊所都即少昊部落的活动中心，已知在今山东曲阜县。齐国之地初由爽鸠氏所居[49]，是少昊部落中包括爽鸠氏在内的五鸠胞族居今山东省东部。伯翳之后嬴姓奄国在今山东曲阜县[50]，是包括玄鸟氏在内的其他胞族居今山东省西部和西南部。“秦人的祖先与殷人祖先，最早可能同属一个氏族部落或部落联盟。”[51]因此，秦人早期的居地又可由殷人早期的居地加以推知。“天命玄鸟，降而生商”[52]，“有娀方将，帝立子生商”[53]，“有娀氏”二佚女获燕遗卵[54]，“有娀氏”女简狄吞玄鸟卵生契[55]，足证殷人之祖亦以玄鸟为图腾，这个信仰玄鸟图腾的氏族就是有娀氏。商汤伐夏桀，“桀败于有娀之虚”[56]，有娀之虚当在汤都与桀都之间。汤所都亳，王国维考证在今山东曹县南[57]；桀之所都，应在今河南洛阳市附近[58]。由此以推，有娀氏的居地可能在今河南省中部地区。秦祖与殷祖既属同一个氏族部落或部落联盟，它们的居地应相距不远。伯翳之后嬴姓葛国在今河南睢县东北[59]，是秦祖玄鸟氏在今河南省东部与东北部。

最后从秦祖伯翳的生活地区看。伯翳姓嬴，盖因所封地为嬴。史称伯翳为舜主畜“有土”[60]，在唐虞之际“受封赐姓”[61]。嬴地之名很早就出现了，“三叔及殷东徐奄及熊盈以畔”[62]，周武王伐纣后周国势力又及“嬴”地[63]，“嬴”与“盈”通。由此可见，说伯翳“始食于嬴”[64]，恐非妄言。嬴地当近姚虚，因为舜以姚姓之女妻伯翳[65]，姚姓女之所在殆即姚虚。舜生姚虚而姓姚[66]，舜“东夷人也”[67]，可见姚虚必在东方，“姚虚在濮州雷泽县东十三里”[68]，或可信。由此推断，嬴地约即汉代的泰山郡嬴县，在今山东莱芜县西北。是伯翳最初生活在今山东省西部。禹即天子位后，伯翳可能改封于费。帝禹“举益，任之政”[69]，禹“荐益而封之百里”[70]，“益”即伯翳。伯翳有子曰“若木，实费氏”[71]，此“费氏”即以所居费地为氏者。禹后有“费氏”[72]，此费氏或是代伯翳之后居于费地的夏人。所以，史称伯翳封于费[73]，或有其事。费地在哪里？春秋时滑国有费。滑之所在，杜预认为有二，一是“郑地，在陈留襄邑县西北”[74]；再就是“滑国都于费，今缑氏县”[75]。服虔曰：“滑，小国，近郑，世世服从”[76]，可见解作滑为郑地是不确的。晋缑氏县在春秋时称为“侯氏”，荀跞“军于侯氏”是也[77]，其地既名“侯氏”，安得同时又称为费？其实春秋时只有一个滑国，汉魏之间的学者也正是作如是观[78]。鲁庄公自鲁往郑“次于滑”[79]，“滑人叛郑而服于卫”[80]，“郑之入滑也，滑人听命；师还，又即卫”[81]，其地应在郑国与卫国之间，大致不出今河南省东北部。可见伯翳后来生活在今河南省的东北部。

居住在东方的秦人，后来有一支迁移到西方。伯翳之后中潏在殷末居西陲，其子飞廉与飞廉之子恶来俱事殷纣[82]，秦人西迁的时间似在殷纣即位以前或以后不久。李学勤先生说殷末外服范围的“西界达渭水之中游”[83]，秦人西迁的地区约在今陕西省渭水中游一带。周文王率“殷之叛国”四十余[84]，帝乙二年“周人伐商”[85]，秦人西迁的原因可能是出于殷要加强西边防守的需要。“中潏在西戎，保西垂”[86]，秦人西迁的使命显然是保卫殷西部边境的安全。这一支秦人的西迁本来是防御周国及其他方国叛乱的，后因某种历史原因却又投归于周。他们既然从此开始在西方定居下来，无疑也就成为西方秦人的第一代祖先。

（《河北学刊》1987年第6期）

注释

[1]《禹贡》1936年第6卷第7期、《史学季刊》1940年第1卷第1期。

[2][9][23][25][46][60][65][71][82][86]《史记·秦本纪》

[3]《左传》昭公二十六年《正义》引《竹书纪年》。

[4]《后汉书·西羌传》并李贤注引《竹书纪年》。

[5]《礼记·月令》。

[6]《诗经·公刘》。

[7]《汉书·律历志》。

[8]《周礼·夏官·戎右》。

[10]《史记·秦本纪》及《正义》,《史记·赵世家》及《集解》引徐广说、《索隐》。

[11]《史记·秦本纪正义》。

[12]《诗经·崧高》并《序》疏。

[13]《汲冢纪年存真》、《古本竹书纪年辑校》。

[14][63]《国语·周语》。

[15]《路史·国名纪》。

[16]《史记·秦本纪》、《史记·赵世家》。

[17]《穆天子传》郭璞注引《竹书纪年》。

[18]《逸周书·王会解》孔晁注。

[19]《逸周书·王会解》。

[20]《史记·赵世家》。

[21]《礼记·工制》郑玄注。

[22]《仪礼·乡射礼》郑玄注引

[24]《史记·天官书》并《正义》。

[26]《史记·六国年表》。

[27]《史记·苏秦列传》。

[28][30]云梦秦简《法律答问》。

[29]《管子·小匡篇》。

[31]《左传》襄公二十九年。

[32]《左传》昭公二十九年杜预注。

[33]《史记·周本纪正义》。

[34][36][47]《左传》昭公十七年。

[35]《汉书·地理志》。

[37]《史记·封禅书》。

[38]《国语·郑语》韦昭注。

[39]《说文》。

[40]《史记·鲁世家》。

[41]《太平御览》卷690引《田俅子》。

[42]《诗谱·鲁谱》。

[43]《左传》定公四年杜预注。

[44]《路史·少昊纪》注引《大戴礼记》。

[45]《路史·国名纪》注引杜预说。

[48]郭沫若主编:《中国史稿》。

[49]《左传》昭公二十年、《汉书·地理志》。

[50]《左传》昭公元年疏引《世本》。

［51］林剑鸣：《秦史稿》。

［52］《诗经·玄鸟》。

［53］《诗经·长发》。

［54］《吕氏春秋·音初篇》。

［55］［56］《史记·殷本纪》。

［57］《观堂集林·说亳》。

［58］《汉书·地理志》注引《竹书纪年》、《史记·吴起列传》、《逸周书·度邑解》、《史记·周本纪正义》引《括地志》。

［59］《秦史稿》、《汉书·地理志》并注。

［61］《史记·秦始皇本纪》。

［62］《逸周书·作雒解》。

［64］《路史·少昊纪》。

［66］《史记·五帝本纪正义》引《风土记》、《孝经援神契》。

［67］《孟子·离娄》。

［68］《史记·五帝本纪正义》引《括地志》。

［69］［72］《史记·夏本纪》。

［70］《越绝书·吴内传》。

［73］《路史·少昊纪》、今本《竹书纪年》、《史记志疑》。

［74］《左传》庄公三年杜预注。

［75］《左传》成公十三年杜预注。

［76］《史记·周本纪集解》引。

［77］《左传》昭公二十二年。

［78］《史记·周本纪集解》引贾逵说、《国语·周语》韦昭注。

［79］《左传》庄公三年。

［80］《左传》僖公二十年。

［81］《左传》僖公二十四年。

［83］李学勤：《殷代地理简论》。

［84］《左传》襄公四年。

［85］《太平御览》卷八十三引《竹书纪年》。

寻找秦文化渊源的新线索

赵化成

一　关于秦人来源和秦文化渊源的不同看法

在秦的历史和文化的研究中，关于秦人来源及其文化渊源是大家比较关注的问题。我们知道，现存秦人早期历史的文献记载主要是司马迁的《史记·秦本纪》。秦人自公元前841年秦仲时始有明确纪年，而这以前的记载比较简略和模糊，主要是一些断断续续的人名或族名，其活动地域“或在中国，或在夷狄”。既然记载不清楚，后来的研究者便各抒己见，就秦人来源问题自本世纪三四十年代起就有了两种相反的说法，概言之可称为“东来说”和“西来说”。

较早涉及这一问题的有蒙文通、徐旭生等。蒙氏撰有《秦之社会》、《秦为戎族考》两文，主张秦人源于西戎[1]。徐氏在他的《中国古史的传说时代》一书中论证秦之祖先为东夷民族[2]。翦伯赞所著《秦汉史》，认为秦族为东徙诸羌之一[3]。此外，周谷城[4]等主张西来说，黄文弼[5]、卫聚贤[6]等主张东来说。近年来，这方面的讨论文章较多。顾颉刚的《从古籍中探索我国的西部民族——羌族》一文认为：“秦本东夷族，在周公东征后西迁。”[7]林剑鸣新著《秦史稿》，辟章综论秦人源于东方之说[8]。东来者还有伍仕谦[9]、何汉文[10]、黄灼耀[11]、段连勤[12]等；西来说者有熊铁基[13]等。

主张东来说所持的主要理由有：

1. 秦人与东方的殷人、夷人都有起源于“玄鸟陨卵”的神话传说，即有着共同的鸟图腾崇拜。

2. 秦为嬴姓，而嬴姓族多居于东方，如西周、春秋时的徐、郯、江、黄、奄等国。

3. 秦人祀少皞之神，传说少皞嬴姓祖，居于东方。

4. 秦的祖先与殷王朝关系密切，如费昌、孟戏、仲衍、蜚廉、恶来都曾为殷臣。

东来说者认为秦人后来由东迁往西方的，其西迁时间说法不一，或认为在夏代末年，或认为在商代晚期，较多人主张在西周初年周公东征淮夷时被迁往西方的。

主张西来说所持的主要理由有：

1. 秦之祖先世系较连贯，可信程度较大是自中潏以后，已“在西戎、保西垂”。

2. 秦为西戎族，其远祖戎胥轩已称戎，并与申戎通婚，在西方。春秋之时东方诸国多称秦为戎。

3. 秦人祭祀用马，与中原诸国不同。秦人杂祀，崇拜草木、山川、禽兽，秦之风俗与戎狄同。

4. 秦人由东方而西迁的可能性不大，中潏时已在西戎，周公东征迁之于理不合。

以上诸说主要是从纯文献角度来讨论的。近些年来，随着秦国考古工作的不断深入，考古工作者开始运用考古发现特别是注重从考古学文化整体概念出发来探讨上述问题。

邹衡在其《论先周文化》一文中认为：金文中的“隼”（捕鸟形族徽）和甲骨卜辞中的“畢”、“𠂤”可能就是秦的祖先费、蜚之类，商王派𠂤族远去陕西“裒田”（开拓疆土），秦的祖先即迁到了西方[14]。

俞伟超在他的《古代“西戎”和“羌”“胡”文化归属问题的探讨》一文中，把秦墓的屈肢葬、铲形袋足鬲、洞室墓看作是自身的文化特征，并认为秦人是西戎的一支。后来，又进一步认为铲形袋足鬲是甘青地区古代文化带给秦文化的影响[15]。

韩伟曾对俞伟超的观点提出不同意见，认为屈肢葬、铲形袋足鬲、洞室墓不是秦的传统文化，他主张秦人源于东方[16]。

叶小燕在她的《秦墓初探》一文中就秦人流行西向墓这一点提出：“可能暗示了秦人是源于西方的。”[17]

刘庆柱的《试论秦之渊源》一文，更明确提出秦文化源于甘青地区的辛店文化[18]。

凡此种种，从考古材料出发探讨秦人来源和秦文化渊源也还是意见分歧，莫衷一是。究其原因，主要是有关秦文化考古发现仍局限于东周至秦统一后这一历史时期，更早阶段的秦文化尚未被认识。因此，寻找早一阶段的秦文化则成为探索秦文化渊源的紧迫任务了。

二　甘肃东部西周时期秦文化的发现及其主要特点

据司马迁《史记·秦本纪》，西周时期秦人是活动于甘肃东部一带的。根据这一记载，前几年，我们曾在甘肃东部一带做了一些考古调查与发掘，后来在天水地区的甘谷县毛家坪和天水县的董家坪找到了西周时期的秦文化遗存。其中，甘谷毛家坪遗址收获较为丰富，年代可至西周早期，有关毛家坪和董家坪秦文化的发掘收获以及年代分期、文化性质等方面的论述已有正式报告和专题论文[19]，因尚未刊出，这里需要把总的情况和主要特点加以简单介绍。

毛家坪和董家坪遗址同处渭河上游，两地点相距约五十公里。董家坪遗址地层扰乱较甚，发掘收获亦少。毛家坪遗址共发掘秦文化墓葬三十一座，根据陶器演变序列共分为五期，各期的年代分别为西周中、西周晚、春秋早、春秋中、春秋晚至战国早，其中属于西周中晚期的十二座；另发掘居址二百平方米，遗迹有灰坑、残房基地面等，根据地层堆积共分为四大期，年代从西周早期一直延续到战国中晚期。

墓葬陶器的基本组合为鬲、盆、豆、罐，罐有多种，除第一期外，其他各期多见大喇叭口罐，第一、二期即西周时期随葬陶器多是火候很低的红陶，第三期及其以后即东周时期随葬陶器绝大部分是火候较高的灰陶，但从形态上看有明显的承继关系。毛家坪东周秦墓陶器的组合、形态与关中地区同期秦墓相同，墓葬形制、葬俗亦同。即均为长方竖穴土坑、葬式屈肢、且大多数蹉屈特甚，头向朝西。毛家坪西周时期秦墓同东周秦墓葬俗相同。西周时期十二座都是东西向的长方土圹竖穴墓，葬式均为屈肢，其中八座墓蹉屈特甚，死者的头向均朝西。

毛家坪居址西周时期陶器的基本组合亦为鬲、盆、豆、罐，另有甗、甑等。与墓葬相比，陶器的形体较大且绝大部分为灰陶。居址西周时期陶器的最大特点是与周文化相似，如数量较多的陶鬲均为侈沿的连裆绳纹鬲，有的瘪裆。但也有不同之处，如不见仿铜陶礼器，绳纹乱而不规整等。

毛家坪西周时期秦墓与周墓差别较大，如葬俗的不同、陶器组合及陶质的差别等。但陶器形态与同期周墓也大致相似。

毛家坪西周时期秦文化除去自身特点外，总的来说与周文化相似，而与甘青地区其他古代文化相去较远。

三　关于秦文化渊源的几个问题

甘肃东部地区西周时期秦文化的发掘目前仅前述两个地点，而且发掘面积较小，这对于较全面的认识西周时期秦文化的特点还远远不够，因而有关秦人来源和秦文化渊源问题尚未弄清，但这些发现毕竟为今后的探索提供了新的线索，而且，对以前我们有关秦文化渊源的某些看法应当做进一步的认识。

关于屈肢葬　东周秦墓流行蹉屈特甚的屈肢葬这一特点已为人们所熟知。这种屈肢葬，俞伟超、刘庆柱等曾把它作为探索秦文化渊源的重要线索来看待，但韩伟在他的《试论战国秦的屈肢葬仪渊源及其意义》一文中提出新的看法，认为："战国秦的屈肢葬来源于春秋秦的殉奴葬仪"，而"春秋秦的独立屈肢葬……应是最早获得解放的奴隶"[20]。这两种意见究竟怎样？我们先看一张关中地区中小型秦墓葬式统计表（见下页表一）：

表一中，关中地区已发表的秦墓共452座，其中不明葬式者80座、直肢葬34座、屈肢葬338座，屈肢葬占全部葬式清楚墓的90%多。又我们把上述墓葬分为春秋、战国至秦两大阶段，每阶段各分为三类。分类的标准是：甲类主要出铜礼器，葬具为二棺一椁或一棺一椁，墓圹一般在四米以上，多有殉人；乙类墓主要出陶礼器，葬具一棺一椁，墓圹长约三米左右；丙类墓主要出日用陶器或无随葬品，葬具为一棺一椁或有棺无椁，墓圹大小与乙类墓相当或略小。这三类墓，前两类多出成套的礼器，一般是三鼎二簋，也有出五鼎四簋者，考察它们的用鼎制度，大体上应是中小贵族之墓。后一类成分较复杂，但主要也应是平民之墓，甲类墓属于春秋时期的17座，其中屈肢葬和直肢葬所占比例相当，乙类墓屈肢葬比例较高。目前，属于春秋时期的这两类墓葬材料还不多，特别是甲类墓多数葬式不明，但大致已可看出，秦的贵族墓也是盛行屈肢葬的。

关中地区已发表的秦墓，屈肢葬占了葬式清楚墓的90%，而且贵族墓也流行屈肢葬，这样，把秦墓的屈肢葬解释为奴隶的葬仪恐怕不够妥当。再则，毛家坪西周时期秦墓均为屈肢葬，而这一时期自然还谈不上奴隶解放问题。因此，屈肢葬应当是秦人特有的葬俗，是秦文化的一个重要特点。

关于这种屈肢葬的来源，如果排除了来源于奴隶葬仪的可能性，那么只能从更早阶段的其他文化中去探求。

我们知道，秦人在西周时期是活动于甘肃东部一带的，而在甘青地区的古代文化中这种蹉屈特甚的屈肢葬曾十分流行。甘青地区古代文化中，半山屈肢葬是最为多见而且大部分蹉屈特甚。马厂和齐家有一小部分屈肢葬。辛店文化目前只发现一例蹉屈特甚的屈肢葬。此外，在毛家坪西周早期秦文化层下发现了一座墓（编号TM7）[21]，该墓随葬一件彩陶双耳圜底钵，形体较大，与以前发现的诸文化均不同，可能是一种新的文化类型。这座墓也是屈肢葬式，但蹉屈较松弛。该墓的年代据地层关系和陶器的风格看，估计约相当于夏商时期。甘青地区屈肢葬的传统，从半山、马厂、齐家、毛家坪TM7到辛店文化，大体延续下来。晚一阶段的屈肢葬虽发现较少，但估计今后还会有较多发现的。这里，我们先不考虑秦人究竟是东来还是西来，至少可以说，这种屈肢葬仪应是当地土著习俗的承继和发展。

表一　　陕西关中地区中小型秦墓葬式统计表

地点	总墓数	春秋									战国至秦									不详年代			材料来源
		甲			乙			丙			甲			乙			丙						
		屈肢	直肢	不明	屈肢	直肢	不明	屈肢	直肢	不明	屈肢	直肢	不明	屈肢	直肢	不明	屈肢	直肢	不明	屈肢	直肢	不明	
宝鸡西高泉村	2				1		1																文物 80.9
77 凤翔高庄	46	2									2		2	9	9	8	11	2	1				考古与文物 81.1
76 凤翔八旗屯	40		4	5	2	1	6	1					2	6	1	1	1		3	1	6		文物资料丛刊 3
户县宋村	1			1																			文物 75.10
宝鸡福临堡	10			1	4		2	3															考古 63.10
沣西客省庄	71							3			1						56	5	6				《沣西发掘报告》
81 凤翔八旗屯	11				1									6		1						3	考古与文物 86.5
阳平秦家沟	5	2			1												2						考古 65.7
宝鸡茹家庄	7						1			1				2			2		1				考古 79.5
宝鸡姜城堡	1			1																			考古 79.6
凤翔西村	42												1				34		7				考古与文物 86.1
长武上孟村	28			1	1		6										19		1				考古与文物 84.3
宝鸡凤阁岭	2															2							文物 80.9
铜川枣庙	24	七墓为春秋，余为战国，三墓不明，余均屈肢。																					考古与文物 86.2
大荔朝邑	26										1						25						文物资料丛刊 2
西安半坡	112																104	5	3				考古学报 57.3
宝鸡斗鸡台	11																11						《斗鸡台沟东区墓葬》
长安洪庆村	2																		2				考古 59.12
凤高野狐沟	2										2												文物 80.9
耀县城东	1																1						考古 59.3
临潼上焦村	8											1	7										考古与文物 82.2
合　计	452	4	4	9	10	1	16	7		1	6	1	12	23	10	12	266	12	24	1	6	3	

说明：▲铜川枣庙未发墓葬登记表，不详，但在总数中做了统计。

▲沣西客省庄发表的陶器图版中有三墓属春秋，余均归入战国，和实际年代可能略有出入。

关于与辛店文化的关系　刘庆柱曾把辛店文化看作是秦文化的渊源，其论据除屈肢葬外，还认为春秋战国时期秦的彩绘陶器、瓦当、花砖、丝绸、壁画的装饰图案同辛店文化彩陶花纹相似，并有渊源关系。我们知道，辛店文化可以分为两个类型，即姬家川类型和张家嘴类型。根据近年新的发现与研究，姬家川类型早于张家嘴类型，它们是一个文化不同的发展阶段，姬家川类型的年代大体相当于商代，张家嘴类型的年代大体相当于西周。辛店文化分布在甘青邻近的河湟地区，它的后一阶段与甘肃东部地区西周时期秦文化差不多并行发展，两者的文化总面貌完全不同。姬家川类型的年代虽早于毛家坪西周时期秦文化，但年代已很接近，如果说有文化渊源关系的话也不会变得这样突然。此外，辛店文化的屈肢葬式目前仅见一例。笔者曾参加了青海民和县核桃庄三百多座辛店文化墓葬的整理工作，核桃庄包括了辛店文化的两个类型，其本身发展序列清楚，那里最多见的是二次葬和一种割体葬仪，屈肢葬基本不见。总之，辛店文化不会是秦文化的渊源。此外，如果说到辛店文化的彩陶花纹同东周秦的彩绘陶器、瓦当等花纹的关系，从总体上看，二者的差别是很大的，况且，越过一个西周阶段，做这种跳跃式的联系，自然难以说明问题的实质。

关于西向墓　秦墓的另一个特点是流行西首葬，即墓形往往呈东西方向，死者头向西（多数偏西北）。笔者曾统计过关中地区已发表的秦墓，西向者约占了80%以上。毛家坪两周时期的秦墓亦为西向。这种情况不仅中小型墓葬如此，秦的大型墓也是这个特点。如凤翔秦雍都秦公陵园内发现的三十二座大墓，均为东西方向。秦始皇陵根据墓道和兵马俑的位置判断，也是东西向的[22]。甘青地区古代文化中也比较流行西向墓，如像齐家文化大部分都是西向偏北的葬俗，卡约文化也比较流行西向墓。秦的西向墓可能同屈肢葬一样，也与甘青地区古代文化有一定关系。

这种西向墓的含义从毛家坪西周时期秦文化就使用这种葬俗来看，其本义并不代表秦人是来自西方的，因为这时秦人并未东迁。它的本来含义同屈肢葬一样当是与某种原始宗教信仰有关。据四川省民委民族识别调查组有关“白马藏人”的调查资料，居住在四川平武县白马乡的白马藏人，“人死后……用绳曲捆双膝，并使头屈至膝间成胎儿状，置于左角之桌上，面朝西方”，其意义是：“日落归西，人亦随太阳走的”，“葬时……面西侧卧，腿略屈，作睡觉状……”。又该资料引《龙州府志》：“番人死丧无孝……盘其足，坐如生时，用土石掩覆安埋。”[23]关于白马藏人的族属，该资料反映，当地许多人不认为自己是藏族，而是氐族。我们知道，近现代川西北地区的氐羌族追根溯源是与古代甘青地区氐羌族有着渊源关系的，因而白马藏人屈肢葬和面向西的葬俗以及对这种葬俗的解释，对于我们理解甘青地区古代文化乃至于秦文化的屈肢葬和西向墓是有一定意义的。

关于铲形袋足鬲　关中地区战国秦墓中有时可见一种分裆、双耳、足根作铲状的陶鬲，这种铲足根袋足鬲一度被认为与秦文化渊源有关。后来，韩伟提出是甘青地区古代文化带给秦文化的影响，这个意见是对的，这种以铲足根袋足鬲为代表的文化我们在毛家坪也已发掘到，年代大体相当于春秋战国时期。其陶器种类除铲足根袋足鬲外，还有小柱足根袋足鬲以及双耳深腹平口罐等。这种遗存在甘肃东部分布广泛，许多县、市文化馆有多件藏品。这一遗存当是甘肃东部东周时期戎人的文化遗留。毛家坪西周时期秦文化中绝不见这种遗存，因而与秦文化渊源无关。有关这一遗存的详细情况及其族属、文化关系的论述详见报告和专题论文，此处不再赘述。

关于洞室墓　关中地区秦墓中洞室墓的出现是在战国中期，春秋墓不见。毛家坪西周时期秦墓也没有发现洞室墓，因而洞室墓也不是秦的传统文化特征。

关于文化渊源问题　毛家坪西周时期秦文化的构成主要有两方面的因素。一是墓葬的葬俗如屈肢葬、西向墓可能与甘青地区古代文化有关，二是陶器的基本组合与器形同周文化有关。秦人与周人并非同祖，这是明确无疑的，因而秦文化最终并不源于周文化，周文化也是秦文化发展历程中的外来因素。在这种情况下，是否就可以把屈肢葬、西向墓等甘青地区古代文化因素说成是秦文化源于西方的，我们以为还不能做这样简单地推断，原因是：其一，西周时期秦文化从陶器上还看不出与甘青地区古代文化有任何联系；其次，在某些特殊原因下，一个民族的葬俗等也是可以改变的，如周人在西周时期基本是直肢葬式，而一进入东周则变为绝大部分是踡屈较松弛的屈肢葬式。总之，关于秦文化渊源及至于秦人来源现在还不宜过早下结论。

毛家坪西周时期秦文化年代上限可至西周早期，这说明，至少在这一时期秦人已经活动于甘肃东部地区了。再则，西周时期秦人的基本生活用品即陶器已经周式化了，那么，由原来的文化转变为现在这种情况须有一个过程，这个过程的开始自然至迟在商代晚期就应当发生了。《史记·秦本纪》记载商代末年秦人祖先中潏已“在西戎、保西垂”。这里的西垂有人认为是商之边陲，但从《史记·秦本纪》中申侯对周孝王的一段话来看，当指周之西垂。考古发现和文献记载都表明，秦人至迟在商代末年已经活动于甘肃东部，也就是说已经在西方了。秦人究竟是东来还是西来目前尚难以下结论，但可以肯定，一些人主张的周公东征迁秦人于西方的说法是难以成立的。

四　今后探索秦文化渊源的主要工作

毛家坪和董家坪西周时期秦文化是在过去被认为属于“周代遗存”的遗址中发现的，这种周代遗存在甘肃东部地区分布广泛，调查已知的就有数百处[24]。这些周代遗存，从现在的认识看来，除去周文化遗存外，有的就应当是毛家坪那样的秦文化遗存。今后首先应当进行较多的考古调查和有重点的发掘，弄清这些周代遗存哪些属于周文化？哪些属于秦文化？从而扩大我们对于西周时期秦文化的认识。

在进行这项工作时，今甘肃东部的天水地区有两个地段值得注意，这就是《史记·秦本纪》提到的西周时期秦人活动中心“西犬丘”和“秦”地。

“西犬丘”之地，秦人何时居此不详，但知道至迟在周孝王之时秦的祖先大骆、非子已有其地。大骆、非子所居之西犬丘，《史记》裴骃《集解》、张守节《正义》皆误为汉代槐里之犬丘。明人董悦[25]、近人王国维[26]、郭沫若[27]等已正其误，考证在汉代之西县地，即今天水地区的西和县、礼县一带。所谓“西犬丘”有两层含义，一为地区名，包括范围较广。今西和县、礼县的西汉水上游两岸，1958 年甘肃省博物馆张学正等调查发现了十多处所谓“周代遗址”[28]，这些周代遗址也许就是西犬丘地区的秦文化遗存。“西犬丘”的另一概念是城邑名，指具体的某个地点。关于西犬丘城邑所在，《水经注·漾水》条有详细记载：“西汉水又西南，合杨廉川水（按：廉为广之误），水出西谷，众川泻流，合成一川，东南流，径西县故城北。秦庄公伐西戎破之，周宣王与其大骆犬丘之地，为西垂大夫，亦西垂宫也。”[29]《水经注·漾水》所说的杨廉川水，又名西谷水，有人考证即今礼县盐关堡东北的红河，西犬丘城邑在盐关堡东南 2.5 公里的西汉水南岸[30]。今盐关堡一带，俗称盐关川，这里地势开阔，川道悠长，有作为西犬丘城邑的良好条件，但 1958 年调查发现的周代遗址，多分布在今礼县县城周围的西汉水两岸，距离县城东北十余公里的盐关川一带却发现较少。1982、1983 年我们曾前往调查，当时因时间关系，只看了些过去已知的古代文化遗址，对于盐关川一带周代遗址的分布情况尚不明了，西犬丘故址的具体地点也没有找到。今后，有必要对这一带进行详细的踏勘。

关于“秦”之地望，《史记·秦本纪》裴骃《集解》引徐广曰：“今天水陇西县秦亭也。”张守节《正义》引《括地志》云：“秦州清水县本名秦，嬴姓邑。”又引《十三州志》云：“秦亭，秦谷是也。”清乾隆《清水县志》卷二“秦亭山”条下云：“东四十里，俗名亭乐山。”又清乾隆《甘肃通志》卷六“亭乐山”条下云：“在县东三十里有秦亭遗迹，即非子始封处。”对于县志、省志所说的秦亭遗迹，当地群众也都这样传闻。这一地点，笔者曾同地县文物干部前往调查。从今清水县城向东，溯牛头河（即古清水）而上约十余公里，再向北翻过几道山梁即可到达。这里确有名之为亭乐山的小山堡，山下有秦亭大队。但这一带地势狭窄，一条无名小溪宽仅一两米，溪流两岸无发育好的台地。我们在这一带做过仔细调查，没有发现任何较早的陶片和文化堆积。

由此看来，此处作为非子封邑当属误传，应予否定。但这一带当属于“秦”地的大范围之内。

关于非子封邑，据《水经注》等较早记载看，并不在今县城以东，而应在县西。《水经注·渭水》：“其水（指东亭水，即清水）……又经清水城南，又西与秦水合，水出东北大陇山秦谷……而历秦川，川有育故亭，秦仲所封也。秦之为号，终自是矣。秦水又东南，历陇川，径六盘口。清水城西，南注清。清水上下咸谓之秦川。”这里所说的秦水即今后川河，系清水支流，在今县城西北。这里的育故亭，疑即秦亭。王先谦《汉书补注》引《水经注》此段话时就直称之为秦亭。关于清水城，今城是宋及明清的县治，清水故城在今县城西数里处，《括地志》所言：“秦州清水县，本名秦，嬴姓邑。”当指故城。

今清水县城一带（包括古清水城），古亦谓之秦川，这里地势开阔，有发育较好的台地，考古调查曾发现过周代遗址，县文化馆的同志在几个地点还采集过一些周代绳纹陶片，但目前尚未全面普查。这一地段包括古秦水，从自然地理角度看作为非子封邑似有可能，因此，也是今后重点注意的地区。

寻找西周时期秦人都邑之所在，对于较全面了解这一时期秦文化的内涵是重要的，但探索秦文化的渊源这仅是一个方面的工作。另一方面还应当对陕甘青地区的其他古代文化，如像齐家文化、辛店文化、寺洼文化、先周与西周文化以及关中地区的商文化等进行探索，进一步搞清它们自身的类型划分、年代序列以及与秦文化的关系等，并应注意甘陕地区新文化类型的发现。探索秦文化渊源是一项长期的、艰苦的工作，需要许多方面的共同努力才能完成，笔者写此短文的目的，也在于引起更多同志的关注，使这一历史疑案尽早地得到解决。

（《文博》1987年第1期）

注释

［1］蒙文通：《秦为戎族考》，《禹贡》第6卷第7期，1936年；《秦之社会》，《史学季刊》第1卷1期，1940年。

［2］徐旭生：《中国古史的传说时代》，1985年文物出版社增订本，初版于1943年。

［3］翦伯赞：《秦汉史》，北京大学出版社，1984年。初版题为《中国史纲》第二卷《秦汉史》，1946年由重庆大呼出版公司印行。

［4］周谷城：《中国通史》，第174页，开明书店1939年。

［5］黄文弼：《嬴秦为东方氏族考》，《史学杂志》1945年创刊号。

［6］卫聚贤：《中国民族的来源》，《古史研究》第三集，上海商务印书馆1934年。

［7］顾颉刚：《从古籍中探索我国的西部民族——羌族》，《社会科学战线》1980年第1期。

［8］林剑鸣：《秦史稿》，上海人民出版社1981年。

［9］伍仕谦：《读秦本纪札记》，《四川大学学报》1981年第2期。

［10］何汉文：《嬴秦人起源于东方和西迁情况初探》，《求索》1981年第4期。

［11］黄灼耀：《秦人早期史迹初探》，《学术研究》1980年第6期；《论秦文化的渊源及其发展途径》，《华南师范学报》1981年第3期。

［12］段连勤：《关于夷族的西迁和秦嬴的起源地、族属问题》，《先秦史论文集》，《人文杂志》1982年增刊。

［13］熊铁基：《秦人早期历史的两个问题》，《社会科学战线》1980年第2期。

［14］邹衡：《论先周文化》，《夏商周考古学论文集》，文物出版社1980年。

［15］俞伟超：《古代“西戎”和“羌”、“胡”考古学文化归属问题的探讨》、《关于“卡约文化”和唐汪文化的新认识》两文原分别刊于《青海考古学会会刊》1980、1982年第1、3期，后收入俞伟超的《先秦两汉考古学论集》中（文物出版社，1985年）。

［16］韩伟：《关于“秦文化是西戎文化”的质疑》，《青海考古学会会刊》第2期；《关于秦人族属及文化渊源管见》，《文物》1986年第4期。

［17］叶小燕：《秦墓初探》，《考古》1982年第1期。

［18］刘庆柱：《试论秦之渊源》，《先秦史论文集》，《人文杂志》1982年增刊。

［19］［21］甘肃省文物工作队、北京大学考古学系：《甘肃甘谷县毛家坪发掘报告》；笔者：《甘肃东部秦和羌戎文化的考古学探索》。均待刊。

［20］韩伟：《试论战国秦的屈肢葬仪渊源及其意义》，《中国考古学会第一次年会论文集》文物出版社1979年。

［22］陕西省雍城考古队：《凤翔秦公陵园钻探与试掘简报》，《文物》1983年第7期。徐苹芳：《中国秦汉魏晋南北朝时代的陵园和茔城》，《考古》1981年第6期。

［23］四川省民委民族识别调查组：《“白马藏人”调查资料辑录》，《白马藏人族属问题讨论集》1980年。

［24］甘肃省博物馆（张学正）：《甘肃古文化遗存》，《考古学报》1960年第2期。

［25］［明］董悦：《七国考》卷三《秦都邑》，中华书局1956年。

［26］王国维：《秦都邑考》，《观堂集林》卷十二，中华书局1959年。

［27］郭沫若：《两周金文辞大系图录考释》，科学出版社1985年。

［28］甘肃省博物馆：《甘肃西汉水流域考古调查》，《考古》1959年第3期。

［29］王国维：《水经注校》，卷二十一第642页，上海人民出版社，1984年。

［30］徐日辉：《新版〈辞海〉中“西垂”“西犬丘”释文疏证》，《西北史地》1983年第2期。

秦赵同源新证

林剑鸣

秦、赵同源，本是司马迁在《史记》中记载得很清楚的，后世学者如吕思勉等，也曾有过论述。不过，由于秦、赵在历史上出现的时间和间隔的距离太大：秦建国于公元前770年春秋开始之时、位于中国西部；赵建国于公元前403年“三家分晋”之后。因此，多数的史学家其实并未将其视为信史，许多人仍以郭沫若提出的“五帝三王是一家，都是黄帝的子孙，那完全是人为，那是在中国统一前后（即嬴秦前后）为消除各种氏族的畛域起见所生出的大一统的要求”（《中国古代社会研究》）的观点，来解释《史记》的记载，进而认为“秦赵同源”的说法也是后人附会的。然而，被公认为“辨而不华，质而不俚，其文直，其事核，不虚美，不隐恶，故谓之实录”（《汉书·司马迁传赞》）的《史记》既已留下“秦赵同源”的记载，就不能轻易否定它，故长期以来史学家们都回避这个问题。随着文化史研究的深入和考古发掘资料的增加，为对这一有意义的问题的进一步研究提供了条件。笔者特作《秦赵同源新证》，就教于各方面的专家、学者。

一

据《史记》记载：秦、赵皆为“大业”之后。《赵世家》云“赵之先与秦共祖”，若追溯其最早的“共祖”，当推“大业”。《秦本纪》记载：“秦之先，帝颛顼之苗裔，孙曰女修。女修织，玄鸟陨卵，女修吞之，生子大业。”这一传说反映的是母系氏族社会向父系氏族社会过渡的状况。女修吞玄鸟卵而生子，表明秦人祖先曾经历过母系氏族社会，民“知其母而不知其父”的历史阶段。至大业以后，该氏族开始步入父系氏族社会阶段。与“秦共祖”的赵，当然也是“大业”之后。毋庸赘言：在“大业”之前，赵人的祖先也应属于与秦同一群体的母系氏族。

从《史记·秦本纪》中可知，自大业后的世系为：“大业取少典之子，曰女华。女华生大费……舜赐姓嬴氏。大费生子二人：一曰大廉……二曰若木……其玄孙曰费昌……大廉玄孙曰孟戏、中衍……帝太戊闻而卜之使御，吉，遂致使御而妻之。自太戊以下，中衍之后，遂世有功……其玄孙曰中潏……生蜚廉，蜚廉生恶来……父子俱以材力事殷纣。”这一系世夹杂着神话和传说，笔者不在此考证。但其中透露了与赵人祖先关系的信息：“（赵之先）至中衍为帝太戊御，其后世蜚廉有子二人，而命其一子曰恶来，事纣，为周所杀，其后为秦。恶来弟曰季胜，其后为赵。”（《史记·赵世家》）表明至少在蜚廉之前（我们应把“蜚廉”视为一个时代的标志），秦、赵之祖先本为一家（即一族），“蜚廉”所生二子——恶来与季胜分别为秦、赵两国祖先。这也就是说，至迟到殷代末年以前，秦、赵仍是一家（即一族）。

尽管文献直接记载秦、赵同源的资料十分有限，但是在秦、赵历史发展过程中表现出的一些蛛丝马迹，却给我们提供了不少证明这一记载确非虚构的根据。

人类文化学和社会学的研究成果告诉我们：文化之不同层次，其转移速度并不是一致的。较快的是物质方面，其次是制度，再次是风俗、道德思想等，最后才是价值观。因此，在古代中国，以至全世界各民族不断分化、融合的过程中，文化的积沉往往能显示出各种民族的来源和历史发展。譬如当时所表现的物质或制度方面为同一群体，仔细观察其中某一部分人与另一部分人在思想、风俗及价值观方面却迥然不同。若认真考察，其原因则可能源于两种不同文化的群体(或曰两族)。这就是文化结构中不同层次的转移速度不同所致。反之亦然：譬如秦、赵两国，尽管其建国时间和地理位置相距甚远，但其文化积沉中却有相当重要的共同之处。

研究对图腾的崇拜，对了解原始民族的来源具有重要意义。对此，恩格斯早有论证，不赘(《马克思恩格斯选集》第4卷第81—83页)。赵国同秦国一样，其祖先均崇拜鸟图腾。《史记·秦本纪》云：女修吞玄鸟卵而生大业以及被赐为“嬴”姓的这些传说，均暗示其对鸟的崇拜，即秦人为一以鸟做图腾的原始部落。值得注意的是：战国时代的赵人，在追忆其祖先时，也时常透露出其祖先对鸟图腾的崇拜，如《史记·赵世家》记载：赵武灵王十六年“秦惠王卒，王游大陵。他日，王梦见处女鼓琴而歌诗曰：‘美人荧荧兮，颜若苕之荣，命乎命乎，曾无我嬴!’异日，王饮酒乐，数言所梦，思见其状。吴广闻之，因夫人而内其女娃嬴”。赵王之“梦”或许为娶娃嬴而伪托，但即使伪托，也应有某些传说为根据。而从所谓“曾无我嬴”及纳“娃嬴”这二种现象，可以看出赵与“嬴”姓的关系。因此，称秦、赵皆为“嬴”姓，则并非伪托。“嬴”即“燕”，笔者曾做过考证。燕为鸟之一种，赵之祖先为鸟图腾崇拜之部族成员可无疑。

赵之祖先为鸟图腾之部族成员，尚有另一证据，即关于扁鹊的传说。据《史记·赵世家》记载：“赵简子疾，五日不知人。大夫皆惧，医扁鹊视之。出，董安于问。扁鹊曰：血脉治也而何怪！在昔秦缪公尝如此，七日而寤。寤之日，告公孙支与子舆曰：‘我之帝所甚乐。吾所以久者，适有学也。帝告我：晋国将大乱，五世不安；其后将霸，未老而死；霸者之子且令而国男女无别。’公孙支书而藏之。秦谶于是出矣。献公之乱，文公之霸，而襄公败秦师于殽而归纵淫，此子之所闻。今主君之疾与之同，不出三日疾必间，间必有言也。居二日半，简子寤，语大夫曰……。”很明显，这一段记载很难令人相信是事实，而文中所记扁鹊为赵简子所做的诊断，与医生的身份根本不相符，完全是个巫师的口吻。对此，早有人指出：扁鹊诊赵简子之疾，根本无医理可谈，纯粹系赵武灵王及其史官为政治上的需要而造出的谣言（《扁鹊诊赵简子考》,《吉林中医药》1979年第1、2期)。但问题是：赵王为何伪托扁鹊？而扁鹊与赵又有何特殊关系呢？原来，“扁鹊”实为鸟图腾，伪托扁鹊编造谶语应是古老的图腾崇拜之遗迹。按“扁”据《广韵》释“乃鶣省文，取鹊飞鶣鷅之义”。“鹊”即“喜鹊”。“扁鹊”即“鶣鷅”飞翔之喜鹊。在我国远古的传说中，就有为人医病之“扁鹊”出现：《韩非子》中有“闻古之扁鹊之治其病也”的记载。这个“古之”，可能追溯到原始社会：《汉书·艺文志》记有：“泰始皇帝扁鹊俞拊方。”《史记正义》云：“《黄帝八十一难》……秦越人，与轩辕时扁鹊相类。”《道藏·轩辕本纪》：“又有扁鹊、俞跗二臣定脉经。”从这些记载中可知：扁鹊医病的故事至少在春秋以前就已流传。而为何将医者的名字与“扁鹊”——鸟联系起来，则从远古的图腾崇拜中可给以回答。据刘敦愿同志在《汉画像石上的针灸图》(《文物》1972年第6期）一文介绍，在山东微山县两城山出土的汉画像石——《扁鹊行医图》上所刻的扁鹊像，即为半人半鸟之形：胸以上为人，胸以下是鸟。这就表明：至少到汉代，在人们的观念中，“扁鹊”尚是一个半人半鸟的神话人物。联系到前面举出的秦、赵“嬴”姓，可以肯定这两国的祖先均出自鸟图腾崇拜的部族。赵之祖先出自鸟图腾之部族，还可找到一些根据。如《史记·赵世家》记载的另一件“怪事”：“赵襄子惧，乃奔保晋阳。

原过从，后，至于王泽，见三人自带以上可见，自带以下不可见。与原过竹二节……有朱书曰……至于后世且有伉王，赤黑，龙面而鸟噣。”上引几段文字中，不难看出被赵人视为神的形象与鸟有极相似之处。这绝非偶然，正是对于鸟图腾的追忆。

秦、赵同源，从两者文化传统比较中还可找到一个明显的证据，即宗法制的缺乏。宗法制，至迟自西周以来，就成为中原各族社会组织和政治组织中最重要的特征之一。但秦人则缺乏严格的宗法制，其表现就是王位的继承并不严格依嫡长子继承制。如春秋时代在秦穆公以前九代国君中，传位给嫡长子者仅宪公与德公二人而已，其余各代国君均未将君位传给嫡长子（参见拙著《秦史稿》第98—99页）。这种现象是缺乏严格的宗法制的表现，已为史学界所公认。值得注意是的，这种现象在赵国的历史上也可以见到，如赵衰在晋时有妻并生三子：赵同，赵括，赵婴齐。后赵衰随晋公子重耳出亡期间，又娶翟女为妻生子赵盾。若以宗法制论，赵衰在晋之妻为长，其子为嫡，翟女为妾，其子为庶，这是绝不容混淆的，但事实却并非如此：“赵衰既反晋，晋之妻固要迎翟妻，而以其子盾为适（嫡）嗣，晋妻三子皆下事之。”（《史记·赵世家》）这里，有三事与宗法制不相容：（一）晋妻为华人，翟妻为“夷狄”少数民族，“华夷之别”理应“翟妻”为下，但“晋妻”反“下事之”；（二）“晋妻”为长，“翟妻”乃妾，依长、少之分亦应以“翟妻”为下，而这里却不然；（三）“晋妻”所生之子赵同为长兄，同与括、婴齐等均嫡出；“翟妻”所生之子赵盾为弟，又为庶出，理应在同等之下，但相反却置于同等之上。此三事完全与宗法制之原则相悖，其原因虽由于“晋妻”之“固要”，但若在宗法制严格之家是绝不会出现的。不仅如此，后来赵盾果然继承赵衰“任国政”。可见，宗法制在赵氏族人中并不是太严格的。相反，就在赵盾执政的晋国，宗室中的宗法制是很难动摇的。如晋襄公死后，太子夷皋年少。赵盾“为国多难，欲立襄公弟雍”（《史记·赵世家》）。赵盾不曾重视嫡、庶之分，也可能出于赵氏本族的传统习俗，但他没料到却引起与本族内不同的后果：不仅太子之母在赵盾前哭闹，而且严重的是“恐其宗与大夫袭诛之”，最后还是不得不让步，“迺遂立太子”。这个太子就是历史上有名的昏暴之君晋灵公。可见，宗法制在晋宗室中与在赵氏族人中的影响是大不一样的。

在赵的世系中，不以嫡长子继承的绝非赵盾一人，其他有名者甚多，如赵简子废太子伯鲁，而以“贱翟婢”所生之毋邺继承，是为襄子。襄子死前亦不欲立己子，而立其兄伯鲁之孙浣，是为献侯。又烈侯死后继位者为其弟武公，而武公死后则传位给烈侯之子章，是为敬侯。至赵武灵王，更因废长子章，而立吴娃所生之子何为太子，结果引起一场内乱，致使主父武灵王“饿死沙丘宫”（同上）。以上这些事实皆足以表明：在赵氏家族传统中，宗法制的影响远不及晋国的其他家族，而恰与西方的秦极其一致。这并非偶然的巧合，除其同源外，很难找到其他的解释。

二

秦、赵同源的另一有力佐证是其价值观的相近。至迟自春秋以降，各诸侯国中显然存在着两种对立的价值观：一曰“重功利，轻仁义”；一曰“轻功利，重仁义”。这两种不同的价值观若以学派论，则前者为法家提倡；后者为儒家所主张。若以地域或国别论，则秦国倾向于前者，关东诸国则多倾向于后者（参见拙著《从秦人价值观看秦文化的特点》，《历史研究》1987年第3期）。然而，若仔细研究不难发现：在关东诸国中唯有赵人的价值观与秦人相近，表现出极为鲜明的“重功利，轻仁义”的特点。

首先，赵氏家族轻视宗法，不严格按嫡庶继承，就是从功利主义观点出发的。如赵简子立毋邺，就是因经过考察而发现其“贤”又有才干才下决心的。这种不在乎名分，只重实际的做法正是功利主义价值观的体现。相反，赵氏以外的晋国公族，则重视名分远过实际，如晋国人将昏庸的灵公杀掉，另立成公。杀人者本是赵穿，与赵盾无关，但由于赵盾"任国政"，"为正卿，亡不出境，反不讨贼"（《史记·赵世家》及《公羊传》），而被"君子"、"太史"讥讽，并将"弑君"的罪名加在他的头上，在史书上记下了"赵盾弑其君"（同上）的冤案。可见，就在晋国内部和关东诸国中，赵氏家族的价值观与其他家族是截然不同的。

"重功利"的价值观集中的反映，无疑是赵武灵王的"胡服骑射"了。历来论赵武灵王"胡服骑射"之史学家，无不肯定其重大意义，但无人论及此举所反映之赵人的价值观。实际上，赵人若无异于关东诸国流行之"轻功利"的价值观，则"胡服骑射"既不可能由赵武灵王提出，亦不会在赵国实现。在赵武灵王决心推行"胡服骑射"之前，便宣布了他的价值观："制国有常，利民为本，从政有经，令行为上。"（《史记·赵世家》）很显然，这里没有什么道德标准，而是实实在在的"利"，毋宁说"利民"和"令行"就是最高的道德标准。他还进一步将儒家提倡的"德"、"善"、"礼"等概念注入功利主义的意义："明德先论于贱，而行政先信于贵。""事成功立，然后善也。""夫服者，所以便用也；礼者所以便事也。圣人观乡而顺宜，因事而制礼，所以利其民而厚其国也。"（《史记·赵世家》）这里的"礼"和"德"、"善"的范畴完全与实用的功利一致，而与儒家的道德观念根本不同。这种观念不应视为赵武灵王个人的"创造"，实际乃其族人共有。如公子成开始对实行"胡服骑射"也有所不解，曾发过一套反对"变古之教，易古之道"的言论，但一经赵王指出"果可以利其国不一其用，果可以便其事不同其礼"，并提醒他切勿"恶变服之名以忘鄗事之丑"（《史记·赵世家》），不要因名害实，结果很快地说服了公子成。这表明：在赵推行"胡服骑射"，同商鞅在秦推行"赏军功"一样，是有基础的，即"寡义而趋利"（《淮南子·要略》）为其共同的价值观。

重功利的价值观与重"仁义"的价值观相较，有一个很明显的区别：前者注重实际，故其价值大小，可以用具体数量衡量；后者属道德范畴，其价值标准相当抽象，难以用具体数量表示。如商鞅变法时规定的"斩一首者爵一级，欲为官者为五十石之官；斩二首者爵二级，欲为官者为百石之官"（《韩非子·定法》）。这里，价值的大、小，完全可用爵、官之位表示出来。赵国人的价值观亦与此一脉相承，《史记·货殖列传》记载赵之民俗云："（赵都）邯郸亦漳河之间一都会也……齐赵设智巧，仰机利。……今夫赵女郑姬，设形容，携鸣琴，揄长袂，蹑利屣，目挑心招，出不远千里，不择老少者，奔富厚也。"这里也没有什么抽象的道德标准，而只有具体的"富厚"，价值的高低与"富"的程度、资财的数量成正比。难怪在建国后出土的七万余枚东周时代的钱币中，赵国的就占了近三分之一。这除了表明赵国经济比较发达外，还反映出赵人追求"富厚"而企望量多的价值观。

在这种功利主义价值观下的审美观，必定有唯"大"、尚"多"的特点。正如目前发现的秦文物中，秦俑、秦陵、秦宫殿、秦瓦当等皆以"大"和"多"著称一样，在赵国留下的文物、古迹中也不乏类似的特点。例如赵国的宫城，据考古工作者发掘后报告，"由呈'品'字形排列的三个小城组成"，"其体积之大和保存完整，都是无可匹敌的"（中国社会科学院考古研究所《新中国的考古发现和研究》）。1970 年以后钻探发现的赵王城东北另成一圈的大城，亦东西宽达 3000 米，南北长至 4800 米，墙宽达 20 米左右（《河北邯郸市区古遗址调查报告》，《考古》1980 年第 2 期）。而其西南隅与赵王城东墙北段相距不到 100 米，"二者之间的关系尚需进一步明确"（《新中国的考古发现和研究》）。据此推断，赵王城的全貌是相当可观的，恐除秦都咸阳外，没有任何一个国都可与之比拟了。

秦国君主、贵族墓葬之大，已有实物为证：雍城的秦公大墓、秦东陵以及秦始皇陵其规模之宏伟早为世人所知。除秦以外，战国时期赵国的陵墓也大到惊人程度，如邯郸赵王陵，其中温窑一号陵，陵台南北长340米，东西宽216米，台中封土长49米，宽47米，高3米（《河北邯郸赵王陵》，《考古》1982年第6期）。值得注意的是，在永年、邯郸二县已发现五处墓地，“每处墓地都有坐西朝东的陵台，一般长300米左右，宽200米左右，东侧有宽数十米的路直达岭下”（《新中国的考古发现和研究》）。从“量”所表现出的“大”和“多”，正是功利主义价值观的反映，这一实质与秦人价值观是一致的。

附带在此指出：在赵国的墓葬中，曾发现有屈肢葬者。据《新中国的考古发现和研究》一书中记载：在邯郸百家村、齐家村一带战国墓葬区内的81座墓葬中，“墓主头向北和仰身直肢的墓，占墓葬总数的三分之二左右，头向东和屈肢的各有十来座”。而有屈肢葬者为秦墓之一大特点，秦汉考古学家韩伟在《试论战国秦的屈肢葬仪渊源及其意义》（文物出版社：《中国考古学会第一次年会论文集》）一文中已有充分阐述，赵墓中出现屈肢葬当不是偶然的。若非与秦同源，又何以解释这种现象呢？

总之，上述种种现象，均反映了秦、赵在文化方面有惊人相似之处，尤其是在对祖先的图腾崇拜，功利主义价值观及表现于审美观之唯大求多方面更为突出。此类文化积沉，保存了久远以前秦、赵人之祖先同在一族中之共同特点。自殷末以降，秦、周人之祖先即已踏上各自不同的艰难而漫长的道路，分别在东、西两个方向寻求其自立于诸族或诸国之林的归宿，因而不能不大规模地吸收外族文化，以适应生存之环境。如秦人自春秋以来进入“西周故地”后，即“收周遗民”（《史记·秦本纪》），将周人先进文化大量地接受过来；同样，赵人也是在同晋国内部的不同族人——即《史记·赵世家》中所谓的“晋别”和晋国周围的少数民族：东胡、林胡、楼烦、胡貉（貊）等——交流和斗争中，吸取他们文化的。所以，至战国时代，当赵国以一个诸侯国的地位出现于历史舞台之时，其文化与远在关中的秦截然不同，这是不足为怪的。但是，尽管如此，在其文化深层仍然保留着十分相近的特点，特别是在价值观这一相当难以改变的文化层面，依旧透露出秦、赵同源的微弱信息。这些信息虽然微弱，却给追溯秦、赵历史提供了重要线索。而论证秦赵同源之更重要意义，除了证实司马迁撰《史记》之“实录”精神外，还在于从秦、赵文化发展及其变化中，可以进一步看出文化交流、融合及不同层次转移的规律和速度，从而为研究文化史和现代文化发展问题，提供有益的借鉴。

（《河北学刊》1988年第3期）

秦人起源范县说

李江浙

秦人是我国历史悠久的大族之一。他们在与其他各族共同创造我国先进的物质文明和精神文明的过程中，做出了巨大的贡献，对于后来的历史发展产生了深远的影响。认真探讨该族的起源，不但对于秦族历史本身的研究具有重要的意义，而且有助于了解中国历史的发展和中华民族的形成及其特点。因此，长期以来，秦族的起源始终是学者们热心努力研究的重要课题。

一

关于秦人的起源问题，长期存在“西方戎族说”、“北方夏族说”和“东方夷族说”三种主要主张。出现这种众说纷纭而长期不能取得一致或比较一致认识的情况，原因是多方面的。其中既有掌握史料的多寡和理解上的不同，又有研究方法上的区别。

所谓秦人的起源问题，理应是探索其最初兴旺发达之时的原始发祥地，而不是后来的复兴地。由于秦人是先秦大族，在后来的发展过程中，随着不同支族的产生和各自的兴衰变化，不仅各族的交往和融合关系错综复杂，“复兴”之地也是众多的。如果忽视这一点，便很容易把秦人的不同支族在不同时期的“复兴”之地，认定是秦族的原始起源地。这样，结果只能各执一端，发一隅之见，用力虽然甚勤，但是收效甚微。

“西方戎族说”和“北方夏族说”，都是把秦族人在后来发展过程中，不同支族与之发生的关系及其当时的住地视为秦人的发源地，因而都没有接触到秦人起源的原始发祥地。尽管如此，秦始于非子邑“秦”（今甘肃省清水县）的传统观念，至今依旧存在，可见其影响之深。“东方夷族说”的视野比较广远，距离秦人起源的原始发祥地也比较近，因而近年来信之者渐多。不过，由于论者在相当大的程度上是借助于旁证，即没有触及到秦人起源的原始发祥地这一实质性问题，所以只能在“东方夷族”的大范围里做文章。这表明探讨秦人起源问题虽然已经持续多年，也取得了一定的成绩，可是至今仍旧没有实质性的进展。

其实，秦人起源的原始发祥地，尽管史料十分缺乏，然而还是有迹可寻的。

秦之先人皋陶（《史记·秦本纪》称大业）和大费的初居之地，在以今日山东省曲阜县与费县地区为中心的鲁中南及其附近地带，拙著《越为大费支族考》和《大费育稻考》，已经做过论述[1]。因受篇幅限制，在此不宜多谈。

《潜夫论·三式》篇载：“伯翳日受封土。”《越绝书·吴内传》载：“益与禹臣于舜，舜传之禹，荐益而封之百里。”益即伯益，即伯翳，也就是大费，前人已有成说，这里毋庸多谈。

在古史传说中，大费的封地不只一处。可是，直接与“秦”、“秦人”、“秦族”之称联系在一起的，则独有“秦”。《盐铁论·结和》篇载：“伯翳之始封秦，地为七十里。”梁代崔灵恩在《毛诗集注》中说：“秦在夏商为诸侯，至周为附庸，则秦本建国，疑伯翳即封于秦。”[2]《史记·秦本纪》载周孝王封非子邑“秦”之时所云：“昔伯翳为舜主畜，畜多息。故有土，赐姓嬴。今其后世，亦为朕息马，朕其分土为附庸，邑之秦，使复续嬴氏祀，号秦嬴。”也是伯翳本封于“秦”地，而其后裔非子所邑之“秦”只是“复续”伯翳之号而袭用之罢了。清代者名学者洪亮吉认为崔氏所云“当有据”（《四史发伏》卷一），可见并非无稽之谈。

另外，宋代罗泌把鲁国之“秦”地，即《春秋》庄公三十一年所载“筑台于秦”之“秦”地，列入他的《路史·国名纪》卷己“五帝之世”的古老国名之中。这一历史事实表明，罗氏不仅认为伯翳曾经受封于“秦”，还进一步认定其地就是鲁国之“秦”。

鲁国之“秦”，在今河南省范县。宋代邓名世在《古今姓氏书辨证》卷六载：“周文王世子伯禽父受封为鲁侯，裔孙以公族为鲁大夫者，食邑于秦，以邑为氏。”秦嘉谟在《世本辑补》卷七载：“秦氏本自颛顼，后为国号，因以命氏。”《急就篇》卷一“秦妙房”下颜师古注云：“秦本地名，后为国号，因又命氏。鲁国有秦堇父、秦丕兹……皆秦姓也。”《元和姓纂》卷三所记，与此大同小异。《通志·氏族略》载：“鲁又有秦氏，居民秦邑，今濮州范县北秦亭是其地。”从这些材料里可以看出，尽管受封于秦的伯禽裔孙于经传无考，但是从其人因居秦地而以“秦”为氏，不难知道此地名“秦”的来源已经非常久远。

非子所邑之“秦”地，“本名上陇”[3]，与大费受封之“秦”毫不相干。鲁国之“秦”，地处河济，土壤肥沃，水分充足，是进行农业生产的理想之地。这里是“鲁西门”[4]的所在地。归晋国以后，是范武子的封地。战国以降，昔旧之“秦”又归于齐。由此可见，该地是军事、经济要地，鲁、晋、齐、宋、卫等国反复争夺，实非偶然。伯禽裔孙之所以受封于该地，与此密切相关。商族人多次贞卜“秦”、“秦宗”和“秦右宗”[5]，寻其根源，也与此有关。

秦人是颛顼的后裔。颛顼的故地在濮阳，古今学者无异词。鲁国之“秦”古与颛顼故地为一地，所以范县之地有“濮之苑北”（《路史·国名纪》卷乙）和“古颛顼氏之墟”（《山东通志》卷三）之称。如果依照《越绝书》所载大费封地百里计算，此地恰好是在颛顼之墟的范围之内。所以，从这里可以确认鲁国之“秦”是大费受封之“秦”的所在地。

“秦”字的金文和甲骨文写法，上部均作双手持杵临臼之形，下部则都作双禾。“禾”之为物，学者多据《说文》所云“嘉谷也”及《广韵》所谓“粟，禾子也”诸说，认为是今日的谷子，其实为今日的小米。众所周知，谷子是耐旱农作物，所以早从新石器时代起至今，始终是我国北方内陆干旱地区的主要农作物。《释名·释州国》载：“秦，津也。其地衍沃，有津润也。”这说明“秦”地不但土壤肥沃，而且所含水分很多，可谓卑湿之地。经验表明，适宜在干旱环境生长的谷子在卑湿之地是长不好的。据此，则知“因产善禾得名”[6]的卑湿之地“秦”，其所产“善禾”显然不应该是谷子。

《广雅》有“稻穞谓之禾”的记载。“穞”字从禾从鲁，或从禾从吕而作“稆”[7]，《集韵》、《韵会》、《正韵》诸书都释为“自生稻”。周武王克商杀纣以后，封周公旦于曲阜称“鲁”（《史记·周本纪》）。所以“穞”所从之“鲁”是地名，即今山东省曲阜县。其字从吕而作“稆”中的“吕”，即古嬴姓的“莒国”，约当今山东省莒县。两地相离不远，都是大费之族的初居之地。由此可见，穞和稆所从之“禾”，都是野生稻。大费是取义野生稻，又是把野生稻逐渐驯化为人工稻并不断推广稻作技术者。稻生于水，不生于湍濑之流。大费及其族人既然是稻作的创始者和推广者，无疑也最懂得多水的卑湿之地是稻作生产的理想之地。“稻”字的金文有从水者，禹在完成治水任务以后对帝舜说“非予能成，亦大费为辅”（《史记·秦本纪》）等等，都是这种历史事实的反映。鲁国之“秦”离大费初居之地不远，其地“衍沃”、“津润”更是进行稻作生产的理想之地，因而成为大费族人谋生的重要地区。历史悠久的“秦”字从双禾和作双手持杵临臼之形，正是稻谷加工之义。唯其如此，大费族人获得“秦”称，鲁国之“秦”起源于久居该地的大费族人之称“秦”，便是理所当然。

二

生活在关陇地区的秦族人，自认是颛顼的后裔。《史记·秦本纪》所载“秦之先，帝颛顼之苗裔”，是出自秦国的《秦纪》(《史记·六国年表》)，并非空言。所传在秦公大墓出土的石磬残铭，有“天子匽喜，龏桓是嗣。高阳有灵，四方以鼎”之文，可见秦共公和桓公的继承者秦景公认为秦族人为颛顼之后。因此，《世本》载“秦氏，本自颛顼”，也是有确凿的历史根据的。

颛顼初居少昊之地，古今学者都以为是。少昊之墟在今山东省曲阜县[8]，所以颛顼初居之地虽然不一定就在曲阜，也一定是在曲阜附近。

黄帝生于“寿丘”(今山东省曲阜县东北)[9]，登帝位于“穷桑”(鲁北)，后徙都于曲阜[10]。起初，黄帝娶居住在曲阜附近的西陵氏女雷祖，生青阳与昌意。青阳居江水。昌意居若水。

《史记·殷本纪》载《汤诰》说：“东为江，北为济，西为河，南为淮。四读已修，万民乃有居。”这说明青阳所居江水是在曲阜地区或其附近，并非今日的长江。黄帝族称“帝鸿氏”，其字从江从鸟，故黄帝又称“帝江”，而江水是其人发迹之地当是此称的来源之一。从《山海经·大荒西经》的作者，把黄帝族由穷桑至曲阜的发展过程称之为“江山之南栖为吉”，可以确认江山即泰山，江水即汶水。因此，青阳所居住的江水，就是黄帝率其本族徙居曲阜以后的故地汶水。

昌意所居若水，其字古与“桑”只有繁简的不同，本为一字，故应是《山海经》所载的“空桑之水”。空与穷古时通用，穷与穹为双声，而穹与空互通[11]，即此证。所以，空桑即穷桑。穷桑在鲁北，故“空桑之水”实即鲁北之水，只有汶水相当。汶水除《禹贡》所载“浮地汶，达于河”者外，古时还有东汶水，是沂水的上游。沂水古由赣榆入黄海。该水流经之地位于我国副热带季风气候的控制和影响下，夏热冬温，雨量丰沛，植物生长繁茂，所以古有北方“苍梧”之称。在这样的气候环境中，桑树生长得十分高大，古称“扶桑”，《说文解字注》等谓即“若木”。“空”之义为“大”，故“空桑”即大桑，也就是“若木”。联系若与顺为一声之转，而顺与沂同属“屯部”，所以昌意所居若水，也就是今之沂水。

由于沂水上源也是“诸汶”之一，所以昌意与青阳所居初本一地。后来各自的发展方向不同，才有后世文献所记的若水与江水之别。

昌意娶蜀山氏女，生颛顼于若水。《说文解字注》等释“蜀”，都认为是桑中蚕的专称。蜀古音独，今独山湖、蜀山和蜀山县诸地古时均属“苍梧”，虽然不是若水流经之地，但是相去不远。唯其如此，帝鸿氏的昌意才可能与蜀山氏女通婚。这就是说，颛顼的初居之地是在今鲁南和苏北地区的古沂水下游。这里距离曲阜地区不远，与文献所载颛顼十多岁佐少昊相合。

史载青阳居江水，“有圣德”，邑于穷桑，“代黄帝而有天下”，故有“穷桑帝”之称[12]。然而，《尸子·仁意》篇和《帝王世纪》诸书又载少昊氏邑于穷桑，以登帝位；《左传》昭公二十九年也有少昊氏有四叔，“世不失职，遂济穷桑”之说。以义求之，青阳就是少昊。《世本》、《春秋纬》、《潜夫论·五德志》和《易经·系辞下》疏引《帝王世纪》及《路史·后纪》卷五等等，也都有青阳即少昊之说。《通鉴外纪》卷一引《帝考德》说：“少昊名清。清者，黄帝之子清阳也。”《帝考德》是“考五帝德”的专书[13]，明言少昊就是黄帝之子青阳也一定别有历史根据。

少昊是因其“能修太昊之法”而得名的[14]。太昊是其母华胥履“大人”迹于雷泽（今山东省菏泽县东北）所生。依孙作云先生所考，“大人”是“熊”图腾崇拜者对于熊的“避讳”之称[15]，可知太昊崇拜“熊”图腾。另据班固《典引》所载“厥有氏号，绍天阐绎，莫不开元于太昊”[16]和历史文献所载太昊“钻木作火”[17]、“以佃以渔”[18]及女娲用黄土做“人”的传说[19]，也说明太昊是崇拜熊图腾者的始祖。黄帝族称“有熊氏”。《列子·黄帝》篇说，黄帝在“阪泉之战”中率熊、罴等族为先驱而“熊”居其首。其族姓“姬”是由熊趾转化而成[20]。这都说明黄帝族人是熊图腾的崇拜者。青阳是黄帝之子，当然也崇拜熊图腾，故以太昊为先祖是理所应当的。

《帝王世纪》诸书均载昌意“德劣”而为“诸侯”，尽管细节已难确考，不过黄帝事业的继承与发扬光大者是青阳而不是昌意，则十分明显。颛顼不佐其父昌意而佐少昊青阳，显然也与此有关。郝懿行在《山海经笺疏》中把《大荒东经》所载少昊孺帝颛顼于少昊之国，弃其琴瑟，释为“少昊即颛顼之世父，颛顼是其犹子。世父就国，犹子随侍，眷彼幼童，娱以琴瑟，蒙养攸基，此事理之平”。袁珂先生的《山海经校注》，认为郝氏所云“大致可信矣”。梁玉绳《汉书人表考》认为：“孺帝犹后世称孺子王。其嗣少昊，以臣代君，故以孺帝颛顼连言之。”总之，颛顼在少昊青阳的教育和影响下，最后成了少昊的接班人。在少昊衰落之时，“九黎乱德”，“颛顼受之”，命重、黎讨服[21]，使局势得到较快的扭转。

关于颛顼及其族人的住地，《帝王世纪》载始都穷桑，后徙商丘（今河南省濮阳县）[22]；《图经》载浚仪（今河南省开封市）有高阳故城，颛顼佐少昊有功封于此[23]；《竹书纪年》载颛顼即帝位，居濮（今濮阳县）；《左传》昭公十七年载卫是“颛顼之墟”，故称“帝丘”，杜预注云卫即濮阳县。如此等等，颛顼住地尽管有鲁北、开封和濮阳的不同，不过主要还是在濮阳。

颛顼母名昌濮，是蜀山氏女，濮与蜀同属“需部”，故颛顼所居之“濮”称，是由其母族得名。《左传》昭公元年载赵孟云：“吴濮有衅，楚之执事，岂其顾盟。”其中的“濮”是越族的代称，而越族是徙居江南地区的大费支族[24]，故“濮”本是大费族的别称。由南迁的大费之族逐渐发展成的“百越”族人称“我”为“秦”[25]，不仅说明江南越人自认是大费族人的后裔，同时也说明濮阳、濮水之地的“濮”称之义为“秦”。鲁国之“秦”与颛顼所居之“濮”实为一地，大费族与颛顼族因互通婚姻又实为一族，所以“濮”称既出自颛顼母族，又起源于此地大费族人之称“秦”。所谓秦人是颛顼的后裔，寻其根源，就在这里。

另外，《春秋》宣公八年所载“夫人嬴氏”，《公羊传》与《穀梁传》都作“夫人熊氏”；又载“葬我小君敬嬴”，二《传》又均作“顷熊”，可见熊与嬴古时互通。

史载大费是嬴姓的始祖。《国语·郑语》所载“嬴，伯翳之后也”，《路史·发挥》卷三所载“予尝考之，伯翳者，嬴姓之祖也”，而伯翳即大费（《史记·秦本纪》）。“嬴”字除去正中部分的“女”是皋陶、大费族人崇拜的“玄鸟”的正面立体偶像以外，剩余部分则是一个侧写的“能”即“熊”的单体象形；熊与嬴的互通即根源于此，同时也是大费及其族人崇拜“熊”图腾的历史遗迹。

皋陶生于曲阜[26]，其为嬴姓的始祖，古今学者都信以为是。“嬴”字的金文是玄鸟（燕）的正面立体象形处于穴中，其甲骨文则省穴独存玄鸟的正面立体象形，后隶变为“女”；该字的上部是鸟头，下部是鸟的躯翼，并非从口从女。大费身为皋陶之子，在其族人从皋陶族分离为独立的氏族实体以后，将其崇拜的“玄鸟”的正面立体偶像置于“嬴”的正中央，完全是理所应当的。

由于上古先民不懂得人生子女的真正奥秘，深信人生子女是其人崇拜的“图腾”人居妇女体内之后感孕的结果，所以人从出生之时起就具有了其人崇拜的“图腾”的性状。在古史传说中，

“皋陶鸟喙”[27]，大费“人面鸟身”[28]，中衍“鸟身人言”（《史记·秦本纪》)，飞廉“鸟身鹿头”[29]，等等，都是如此。这些人虽然性状各有不同，但是都有鸟的特征，因而都是“鸟”图腾的子孙，也就是同族。史载“因生以赐姓”（《左传》隐公八年），其原始含义也是由于其人在出生时就获得了先辈们崇拜的“图腾”的性状，所以凡是古老的“姓”，实际上都是出自其人崇拜的“图腾”。这样，同姓也就必然是同族。大费和皋陶都有“鸟”图腾的性状，说明他们都是“鸟”图腾的子孙。其人的“姓”尽管有嬴与嬺的不同，然而二者“古通”[30]，为“语之转耳”[31]，实际并没有本质的区别（其文字构成的一致，也足以为证）。

黄帝族人崇拜“熊”图腾，族姓为“姬”，大费族人虽然崇拜“鸟”图腾，族姓为“嬴”，却也是熊图腾的崇拜者。宋代邓名世《古今姓氏书辨证》卷六载秦人族姓为“姬”，也与此种事实相合。依上述崇拜的“图腾”相同及族“姓”相同者为同族之议，可以确认大费族与黄帝及其后裔颛顼是同族。

另外，黄帝族之称“帝鸿氏”，其字从鸟，是黄帝族人崇拜“鸟”图腾的历史遗迹，而皋陶、大费是该“图腾”崇拜者之祖，也是二者崇拜的“图腾”相同之证，因而同样可证大费族与黄帝族及其后裔颛顼是同族。

《山海经·海外东经》载共工同字，即上部均作“工”而下部均作“虫”。由此可知“共工”是“共”或“工”的缓读，所以共工氏均可单称“共”或单称“工”。黄帝族称“帝鸿氏”，其字从江，古读“工”声，实即“工”字。据《海外东经》所载共工均作从工从虫即“虹”之义，可知“帝鸿氏”含有“虹”图腾的历史遗迹。黄帝裔孙颛顼“世号共工”，以水为纪，“为水师而水名”（《潜夫论·五德志》)，同样是崇拜虹图腾之证。大费之称“伯益”，其字上部古作“共”字头（《汉书·百官公卿表》)，其人是治水能手，也是崇拜虹图腾的历史见证。泰山古称“江山”，其水汶河古称“江水”，而由“嬴”这个作为大费与黄帝及其后裔颛顼同族的明显标志转化而成的唯一地名“嬴”也在泰山地区的汶水河畔，当今山东省莱芜县。所有这一切，也都可以说明大费族和颛顼族是同族。

颛顼族的故地既然公认是在濮阳，那么大费及其族人因同族而居住在邻近的范县，完全是理所当然。范县地区被认为是“颛顼氏之墟”，与此也完全一致。所以，从这里也可以确定鲁国之“秦”的得名，是起源于大费及其族人久居此地。

三

黄帝在大费等族的大力支持下，经过“阪泉之战”和“涿鹿之战”击败炎帝与蚩尤等强族以后，在黄河中下游及其附近地区建立了我国历史上第一个规模庞大的部落联盟。在这个强大的部落联盟不断巩固与发展的过程中，大费族人也日趋壮大。

在帝尧任这个部落联盟的最高首领时期，大费被选为重要首领之一。在帝舜时期，大费受命调驯鸟兽和掌火辟草莱，被任为“虞官”。舜与大费互通婚姻，两族建立了十分密切的关系。通过佐禹治水和助禹平定“三苗之乱”，大费进一步受到各族的信赖和拥护，在帝禹任这个部落联盟的最高首领期间，被选为禹的继承人。大禹时期，黄河中下游及其附近地区温热多雨，草木“秋冬不杀”（《吕氏春秋·应同》)。禹命大费“予众蔗稻，可种卑湿”（《史记·夏本纪》)，大费出色地完成了任务，其影响又得到进一步扩大。因此，大禹死后，大费能够依照传统方式出任这个部落联盟的最高首领。

由于这个部落联盟的原始社会结构在帝尧后期已经开始解体，私有观念和部族意识在大禹大费时期成熟，所以围绕着部落联盟最高职位的明争暗斗，使当时秦夏两大族的关系相当紧张。在这种情况下，大费即位以后，不得不暂时“避禹之子于箕山之阴”（《孟子·万章》上篇）。

其地何在？学者多据《括地志》所载箕山在阳城县南，而认为是在今河南省登封县境。依当时形势而论，大费避禹之子启所居箕山之地，只能是在大费族人住地之内的进可攻而退能守的战略要地。登封县境当时是夏族心脏地区的重要组成部分，因而大费决无至此而避禹子启的道理。

考箕字从竹从其，即以竹为义，从其得声，可知此山是因其多竹而得名。《山海经·北山经》载流经今河南省安阳地区的淇水，发源于“沮洳之山”。沮与洳同属“豫部”，疾读如“具”，与淇字声古时同属舌根音（旧称牙音）群母，而淇水与箕山同为“其”声，故“沮洳之山”可作“箕山”。考古资料不仅表明黄河中下游地区早在仰韶文化和龙山文化时期就普遍地生长有竹林，安阳“殷墟”地也发现过以竹笋及竹根为食的竹鼠。这足以证明流经安阳地区的淇水发源之山，因其多竹而称“箕山”。

《水经·淇水》篇载淇水出河内隆虑县。该县名仍遗有“沮洳之山”的旧音，初置于西汉，东汉时因避殇帝刘隆讳改名林县，即今河南省林县。由此可见，箕山是在林县境内。丁谦据《水道提纲》认为淇水出山西省平顺县南而后入林县[32]，因彼此为邻，故实为一地。

淇水经林县出太行山以后，东南过朝歌（今河南省淇县）南入黄河。另外，《水经·洹水》篇说：洹水或出上党泫氏县（今山西省高平县）。《洹水注》曰：或出长子县洹山（今山西长子县），经林县北，东出太行山，经安阳县北入白沟。朝歌是殷都的南大门，地理形势险要，所以周武王伐纣，牧野（淇县西南）一战而定全局。这样，林县不但有许多河道山谷与晋东南相通，而且东、南都可同黄河与太行山构成的走廊地区相通。唐朝李抱真有“山东有变，上党为兵冲”，“若无上党，是无河东”之论[33]，表明林县是进可取中原而退能据险自守的战略要地。从当时秦夏两族的斗争形势来看，“箕山之阴”只能是在林县地区。大费之“费”古作“棐”，从米北声[34]。今河南滑县古有“费”称[35]，有鄁水，汲县东北和汤阴东南及安阳县东都有鄁城，都是大费族人久居其地的历史见证。

在秦夏斗争中，有扈氏支持大费，因而与启发生“甘之战”。有扈氏是少昊部落中的“九扈”之一，依少昊即青阳之议，因互通婚姻而为同族，可见反启并非偶然。据顾颉刚先生等考证，“甘之战”在今洛阳西南，当时有扈氏的住地在郑州黄河北的原武县一带[36]。考郑州大河村已发现距今五千年左右的稻谷，与禹使大费教民种稻于卑湿之地大体相合。洛水本字作“各”，而甲骨文“各示足有所至之形，为来格之格本字”[37]，可见各与从各的字，古时都有“至”义。“臻”字古文作二至，张揖《字诂》认为二至是臻的象形字[38]。依此，则知秦与至同，因而也和各同。洛水字古从各从隹。甲骨文隹与鸟同字，而大费是“鸟”图腾的化身，并直接在秦庙向秦穆公面授过秦将复兴的机密，足见洛水之称是起源于大费族人久居其地。所有这一切，不仅可以进一步证明顾先生等所考有扈氏住地和“甘之战”地是可信的，同时也可以充分说明大费族人是河洛地区的主要居民。

河洛之地距离范县之“秦”，与范县之“秦”距离大费故地所在的曲阜和费县之地大致相当，正是大费受封于“秦”之后的外延所至。因此，可以成为秦人起源于范县的证据之一。

四

大费在与启的反复较量中失败以后，回故地称“费侯”。其子若木事夏而受封于徐，大廉事夏后启而为“路俗氏”，飞廉为夏后启“折金于山川，而陶铸于昆吾”（《墨子·耕柱》）。徐当今江苏省宿迁县。昆吾在今河南濮阳。路俗氏则因居潞河而得名。潞河今称漳河，本应作“路”，从足从各。各示足所至之形，而至与秦同义，所以潞河是因秦人大费之族久居其地而得名。

考古工作者在位于漳河流域的河北省邯郸涧沟龙山文化早期遗址中，发现我国早期的两口饮水用井[39]。《世本》、《吕氏春秋·勿躬》篇和《淮南子·人间训》等重要历史文献都说大费是凿井的发明者。涧沟龙山文化早期遗址反映的社会面貌及其历史年代，也与大禹大费时期相合。从这里也可以确定大费族人很早就是漳河流域的主要居民。

山西临汾古有大费庙[40]，洪洞县有皋陶村和皋陶祠[41]，新绛县有飞廉城[42]，都是大费族人居此地的历史遗迹。渚、沁二水并流在邯郸城东合流后入任县泊（通澄湖），东北流在列人（今河北省肥乡县东北）入漳河，俗称小漳河。由此可见，漳河的上中游及其附近地区，都是大费族人的住地。

《水经注·清漳水注》载漳河下游所经章武县故城西（今河北省黄骅县西南），为古“涉邑”地，有“涉水”注入漳河。涉水今称母猪河，涉邑因其聚落滨涉水而得名。涉水既然是水名，则其字本应作“岁”。“岁”与“戉”本为一字，郭沫若先生《释岁》（《甲骨文字研究》，1952年人民出版社版）一文论之甚详，毋庸多谈。“戉”本是大费族人因善于制作性能良好的石斧而获得的代称，该字的上古读音与大费之“费”相通，而其人迁居江南之支族也以“越”相称。这就是说，漳河下游及其附近地区也是大费族人的住地。

漳河的上游、中游和下游都是大费族人的住地。漳河流域及其附近地区与范县之“秦”的距离，同范县之“秦”与大费故地之曲阜、费县的距离大体相当，正是大费受封于“秦”之后的外延所至。从这个意义上说，同样可以成为秦人起源于范县的证据之一。

另外，帝尧时曾经流共工于幽州，其族在夏商为“土方”，周秦为“东胡”。《括地志》载共工初居幽州之地在檀州燕乐县界，地当今北京市昌平县与密云县一带。据武丁卜辞载土方多次“自北”侵袭位于卢龙县至辽河地区的孤竹和在渔阳（今密云县西南和蓟县西北）的渔国[43]，可知其地是在燕山的东北，与《括地志》所载共工初居之地相近。《列子·汤问》篇载禹治水至“北海之北”，其国名“终北”。北海即今渤海。由于帝尧时正当全新世中期，气候温热多雨，“洪水横流，泛滥于天下”（《孟子·滕文公》上），海侵达到最大范围，渤海水直接通县东南、香河县东南及宝坻县一线，所谓“终北”之地实即《诗经·长发》篇里的“外大国”和“下土方”。

史载共工有子名句龙，称“后土”，上述“土方”即其后裔。《山海经·海内经》载“后土生噎鸣”，而噎鸣即大费的别称“伯益”，可知终北国地也是大费族人的住地。“终”古文作“冬”，与工、龙同属“丰部”，而大费之“费”古为“北”声，可知“终北”是句龙土族与大费族的合称。《后汉书·鲜卑列传》载檀石槐使人捕鱼于乌集秦水，该水其他史籍作託纥臣水、土护真水，即今图尔根河，都是土与秦的合声。这些事实可以充分说明辽西地区也是大费族人的住地。

其次，今永定河，《山海经》称“浴水”，《汉书》称“治水”，又作“台水”。台形为熊头，是“嬴”中富有代表性的一部分。路俗氏之“俗”又作“浴”，通县以下的北运河古称潞水，可知大费族又是永定河流域的主要居民。《山海经·西山经》郭璞注载浴水源于秦冒山，东流入河，《初学记》卷六引作“洛水”。其地与永定河源地相连，可见也是大费族人的住地。

上述辽西和永定河流域等地，虽然距离范县之“秦”较远，但是仍旧不失为大费受封于此秦之证。这里后来是戎狄之地，秦人起源于“西方戎族说”和“北方夏族说”，尽管与此不无关系，可是并非秦人的原始发祥地，是显而易见的历史真实。

（《民族研究》1988年第4期）

注释

［1］参见《民族研究》1986年第3期和《农业考古》1986年第2期。

［2］洪亮吉:《四史发伏》卷一引。

［3］《清水县志》卷三，清乾隆六十年刻本。

［4］高士奇:《春秋地名考略》卷十二。

［5］〔日〕岛邦男编:《殷墟卜辞综类》第99—100页，日本东京汲古书院1977年增订第二次出版。

［6］王鸣盛:《蛾术编》卷三十五。

［76］《后汉书·献帝本纪》所载“尚书郎以下自出采稆”注引《埤苍》。

［8］《左传》定公四年。

［9］《水经注·渭水注》。

［10］《史记·周本纪正义》引《帝王世纪》。

［11］《诗经·白驹》篇所云“皎皎白驹，在彼空谷”，《文选》班固《西都赋》及陆机《乐府十七首·苦寒行》李善注并引《韩诗》作“穹谷”。

［12］《左传》昭公十七年疏引《世本》及《春秋纬》，《通鉴外纪》卷一引《帝王世纪》。

［13］《汉书·律历志》颜师古注。

［14］［16］《通鉴外纪》卷一。

［15］《诗经与周代社会研究》第15—18页，中华书局1966年。

［17］马骕:《绎史》卷三引《河图挺辅佐》。

［18］《易经·系辞》下篇。

［19］《太平御览》卷七十八引《风俗通》。

［20］闻一多:《姜嫄履大人迹考》，《闻一多全集》卷一。

［21］《国语·楚语下》，《潜夫论·五德志》。

［22］《史记·五帝本纪集解》，《周本纪正义》。

［23］《太平御览》卷一五八。

［24］拙著《越为大费支族考》，《民族研究》1986年第3期。

［25］黄现璠、韦秋明:《试论百越与百濮的异同》，《思想前线》（云南大学编辑）1982年第1期。

［26］《史记·夏本纪正义》引《帝王世纪》。

［27］《白虎通·圣人》篇，《新论·命相》篇。

［28］《墨子·非攻》下篇，《太平御览》卷八八二引《随巢子》。

［29］《汉书·司马相如列传》郭璞注。

［30］刘师培:《同书补证》卷三。

［31］段玉裁:《说文解字注》释“嬴”。

［32］《水经注正误举例》卷四。

［33］康基田:《晋乘蒐略》卷四。

［34］《说文解字》释“莱”。

［35］《路史·国名纪》卷乙，《水经注·洛水注》。

［36］顾颉刚等:《〈尚书甘誓〉校释译论》，《中国史研究》1979年第1期。

［37］杨树达:《卜辞求义》铎部二，上海群联出版社1954年。

［38］慧琳:《一切经音义》卷一、卷十。

［39］北京大学、河北省文化局邯郸考古发掘队:《1957年邯郸发掘简报》，《考古》1959年第10期。河北省文化局文物工作队:《河北邯郸涧沟村古遗址发掘简报》，《考古》1961年第4期。

［40］［41］康基田:《晋乘蒐略》卷一。

［42］《路史·国名纪》卷乙。

［43］罗振玉:《殷墟书契菁华》2，3。

秦文化渊源初探

常　青

秦是春秋、战国时期一个很重要的诸侯国。关于秦人的起源问题，目前有两种观点，即秦的“东来说”与“西来说”。早在三十年代，以顾颉刚先生为首的疑古学派就认为秦起源于我国东方的东夷集团。其理由是：一、商、秦都有关于玄鸟的传说，说明他们都是以玄鸟作为图腾的；二、商与秦都祭祀“少皞之神”，说明他们出于同一祖先；三、据《说文》段注：“偃、嬴、语之转耳。”因此，秦之嬴姓，应是东方民族的姓。按《逸周书》曰：“三叔及殷东徐奄及熊盈以畔。”之后，周公镇压了叛乱，将他们一部分迁往淮河流域，一部分迁往今陕西一带。因此，秦起源于东夷集团。另一种观点，是以吕振羽，蒙文通为代表的秦人西来说，其理由是：一、《史记·秦本纪》曰：“昔我先郦山之女，为戎胥轩妻，生中潏、保西垂。”张守节正义曰：“胥轩，中衍曾孙也。”班固《律历志》曰：“伯益为天子，代禹。骊山女亦为天子，在殷周间。”于是指出：“知胥轩为名，胥轩曰戎，自非夏族，此秦之父系为戎也。”二、《古本竹书纪年》曰：“宣王征申戎，破之。”认为“申侯之先，骊山之女亦当为戎，此秦之母系亦为戎也”。又指出：“则中潏造父以来，于西周为北唐戎，此秦同族之赵亦为戎也。”[1]近年来，关于秦人起源问题的探讨又是在此两种观点上加以发挥，并运用了考古材料，对秦文化进行区系类型的研究，以弥补文献之不足[2]。本文结合文献与考古资料，试图提供秦人起源的另一种可能。

一　关于秦人的起源及其族属问题

“东来说”主张，由于秦商均以少皞为祖先，认为秦起源于东方。因此，弄清楚少皞的问题，应是解决问题的开端。

有关华夏祖先黄帝起源地的记载，见于《国语》：“昔少典氏娶于有娇氏，生黄帝、炎帝。黄帝以姬水成；炎帝以姜水成。”姬水、姜水，据徐旭生的考证，在今陕西境内，并“推断黄帝氏族的发祥地大约在今陕西的北部。它与发祥在陕西西部偏南的炎帝氏族的居住地相距并不很远”。徐又认为：“大约华夏集团从陕西、甘肃一带的黄土高原上陆续东迁，走到现在河南、山东、河北连界的大平原上，首先同土著的东夷集团相接触。”[3]又《史记·五帝本纪》曰：“黄帝居轩辕之丘。”即在今河南新郑一带。可知，黄帝起源于陕西，而后主要活动于中原一带。

《左传》昭公十七年杜注说：“少皞，金天氏，黄帝之子，已姓之祖也。”孔疏引《世本》说：“代黄帝而有天下，号曰金天氏。”因此少昊曾继黄帝为帝，他的活动地区与黄帝相距不会太远，即也在中原一带。这点从颛顼身上也可以得到证明。《史记·五帝本纪》记载：黄帝的正妃嫘祖，生有二子，其后皆有天下，一曰玄嚣，一曰昌意。以后昌意的儿子高阳立为帝，就是帝颛顼。可知，少昊与颛顼乃叔侄关系[4]。《帝王世纪》说：“颛顼生十年而佐少昊。”《左传》昭公二十九年孔疏引《楚语》说："少皞之衰，颛顼受之。"可以证实，颛顼在幼年时就与少皞在一起，并且以后辅佐少昊为帝直到代替少昊。关于颛顼活动地域，《左传》昭公十七年说："卫、颛顼之墟也。"杜注云："卫、今濮阳县。"可以断定，黄帝、颛顼活动于中原，那么为帝于黄、颛之间的少昊，是不可能以东方作为他的活动中心的。

商、秦之始祖都曾有关于玄鸟的神话传说。《史记·秦本纪》曰："女修织，玄鸟陨卵、女修吞之，生子大业。"《史记·殷本纪》曰："殷契，母曰简狄，有娀氏之女，为帝喾次妃。三人引浴见玄鸟堕其卵，简狄取吞之，因孕生契。"《左传》昭公十七年曰："……少皞挚之立也，凤鸟适至，故纪于鸟为鸟师也鸟名。"可知，少昊氏确以鸟作为图腾。颛顼与少皞氏的关系非常密切，可以说是名为叔侄，而亲如父子。帝喾是少昊的孙子[5]，因此，颛顼与帝喾都把少昊当作自己的祖先，这是完全有可能的。《史记·秦本纪》曰："秦之先，帝颛顼之苗裔，孙曰女修。"则商秦为何都祭祀少昊之神也可以得到证实了。这里必须说明的是，商、秦所奉的共同祖先，应指其远祖而言。黄帝有子十四人，为十二姓，少昊为其中之一的已姓，到了他们较近的始祖颛顼，帝喾，就已经分离了。屈原在《离骚》中说："帝高阳之苗裔兮。"可知帝颛顼是以后虞舜、夏禹、秦、楚的祖先[6]，而帝喾则是尧、商、周的远祖。[7]。在我国原始社会末期，氏族、部落林立，一方面从母氏族中不断地分派出子氏族，她们共同组成一个胞族；另一方面，氏族之间又不断地联合成部落和部落联盟。"颛项一方面能修黄帝之功，另外一方面夏后氏对于颛项举行祖祭，这就可以证明他们氏族中间派分的关系。"[8]

关于颛顼后代的活动地，《史记·秦本纪》说："(女修子）大业娶少典之子，日女华。女华生大费，与禹平水土。"张守节正义引《列女传》云："陶子生五岁而佐禹。"曹大家注云："陶子者，皋陶之子伯益也。"按此即知大业是皋陶，大费为伯益。皋陶曾辅佐尧、舜、禹三帝，在舜时为大理，使"民各伏得其实"。而皋陶的儿子益，曾帮助大禹治水，建立了大功，禹自己也认为："非予能成，亦大费为辅。"[9]益也因此深得帝舜的赏识，于是舜"乃妻之姚姓之玉女"并"赐姓嬴氏"。皋陶死后，禹"而后举益任之政"[10]。这样，皋陶、益就成为嬴秦的真正始祖，他们两人后代分封于何处，则与秦人的起源密切相关。

据《史记·夏本纪》记载，皋陶死后，大禹把其后代封于英、六、许等地，均属我国东方。它们有可能就是发展到后来的徐、郯、莒、终黎、运奄、黄、江等东方诸偃姓国，但其中并没有包括益那一支，因为益此时已被禹任命为接班人，则不可能被分封于东方。大禹死后，"以天下授益"，而"益让帝禹之子启，而辟居箕山之阳"。集解引《孟子》云："阳字作'阴。'"正义曰："按，阴即阳城。《括地志》云：阳城县在箕山北十三里。又恐'箕'字误，本是'嵩'字，而字相似。其阳城县在嵩山南二十三里，则为嵩山之阳也。"可知，在皋陶的后代分封于东方以后，益这一支仍活动于今河南登封一带，也正是《史记·秦本纪》中所说的"子孙或在中国，或在夷狄"。段玉裁说："偃、嬴，语之转耳。"东方的偃姓国与益的嬴姓也确是出于同一祖先，而嬴、偃的本源氏族则是在中原。《秦本纪》又说："（大费后代）中衍之后，遂世有功，以佐殷国，故嬴姓多显，遂为诸侯。其玄孙曰中潏，在西戎，保西垂。"可知，以后在西北兴起的秦嬴确为留在中原的益这一支发展来的。郑樵《通志·以姓为氏》中说："嬴氏，伯益之后。"此嬴氏当指秦嬴。

徐旭生认为："黄帝与夏后氏是华夏集团的中坚分子，毫无混入他集团的嫌疑。"[11]恩格斯说："一个胞族内的各氏族被认为是兄弟氏族，而别个胞族的各氏族则被认为是它们的从兄弟氏族。"[12]夏、秦正是这种从兄弟的关系。夏后氏乃帝颛顼的后裔，又是华夏族的主体，因此，秦人应该属于华夏族的一支。

秦虽是华夏的一支，但长期以来一直是中原夏、商、西周王朝的附庸，并与它们有着较为密切的关系。《史记·秦本纪》记载：

“费昌当夏桀之时，去夏归商，为汤御。”

“孟增幸于周成王，……造父以善御幸于周缪王……。非子居犬丘，好马及畜，善养息之。犬丘人言之周孝王，孝王召使主马于汧渭之间、……邑之秦，使复续嬴氏祀，号曰秦嬴。”

“（周）平王封（秦）襄公为诸侯，赐之岐以西之地。”[13]

可以看出，秦的活动地区先在中原，自中潏以后，移居西戎之地。之后，嬴姓造父的一支又迁居赵地，成为以后赵人的祖先；而大骆、非子一支则被周孝王“邑之秦”。《史记集解》引徐广曰：“今天水陇西县秦亭也。”《史记正义》引《括地志》则曰：“秦州清水县，本名秦、嬴姓邑。《十三州志》云秦亭秦谷是也。”即知，被封于今天水一带的秦嬴，就是以后兴起于西北的秦国近祖。

再看看秦与西戎的关系。

自中潏居于西垂之后，秦与西戎的矛盾就逐渐兴起，不断地进行战争。同时，两族在文化、生活方面也互相影响，秦在边远地区还与西戎杂居。这样，秦人在生活上虽仍以华夏之俗为主，也因此而形成了与关东诸国不同的风格特点。《史记·秦本纪》曰：

周宣王即位，乃以秦仲为大夫，诛西戎。西戎杀秦仲……，（襄公）十二年，伐戎而至岐，卒。……文公以兵伐戎，戎败走。

秦与西戎的对立到了穆公时，“益国十二，开地千里，遂霸西戎”。秦与戎如此残酷地斗争，应为种族与种族间的对立无疑。另外，秦戎间的许多战争，多是因戎威胁到周朝中央政府，周授命于秦前去征战引起的，可见，秦人始终是周朝势力的代表。而西戎反对周王室的具体行动，是诛灭居住在犬丘的秦嬴氏族。

此外，秦与西戎间也有和平的文化交流。《史记·秦本纪》说：“申骆重婚，西戎皆服。”申侯与西戎关系密切，曾引戎人攻打过周幽王。这条材料，正是秦、戎间和睦相处的例证，也是周借秦之力来统治西戎的旁证。《史记·十二诸侯年表》说：“今秦杂戎翟之俗。”可见，地处边远的秦国几百年来从未间断与西戎的融合，秦人自己虽自始至终以“诗书礼乐法度为政”[14]，但通过这种融合已形成了独自的风格，以至于被关东各国戎狄视之。然而，秦始终自视为华夏，并在政治制度方面与西戎也有着一定的差别。

二　从秦文化的时代特征看秦与西戎、关东诸国的关系

目前发现的秦人遗迹、遗物，就发表资料来看，最早仅到春秋早期，但已表现出了强烈的时代性，从而形成了自己的独特风格。这点同秦人在此期间与西戎、中原所发生的关系是分不开的。

春秋时代，特别是春秋早期的秦文化，与中原的殷、周文化存在着一定的继承关系。在埋葬制度上，凤翔南指挥公社发现的秦公大墓中，从平面上可分为中、甲、凸、目、圆形等，陵园内的设施，从未见有封土，应是继承了殷周时代“墓而不坟”的制度。多为东西方向，没有亚字形墓。殷代大墓南北向多，东西向少，有亚、中、甲字形之分。就形制来看，秦与殷有一定的继承性。现已发现的东周时代的大墓“中字形墓当为诸侯王国中最高级别的墓制”[15]。秦大墓在前方均有目字形或凸字形大坑，系殉葬车马之用，应为周代制度的延续。秦大墓中有椁室、墓道，沿

墓室四壁筑有多层土台，这与已发掘的中字形墓是一样的，说明秦国与中原诸国采用同一陵寝制度。有的大墓中还保留着殷周流行的殉葬制[16]。小型墓，在春秋早期的秦墓中，多为长方形竖穴土圹墓[17]，在的墓葬底部有腰坑，殉有狗。多为重椁单棺、一椁一棺，在骨架周围铺撒红色朱砂粉末，有的墓主人口内含有玉玦等，这些有见于中原西周春秋时期的墓葬[18]。此外，墓之间彼此往往排列较整齐，东西、南北都有一定的距离，且很少出现打破关系，可能为西周族葬制的延续[19]。在随葬品方面，秦人还以仿铜陶礼器代替青铜器之法，来再现周代的用鼎制度。在组合上，也与中原同时期的青铜器组合相似，为鼎、簋、壶、盘、匜、甗。可知，秦人在春秋早期仍用周人的礼制。在器物形制上，与西周晚期的很相似。如户县宋村出土的春秋早期的铜器，就其形制、花纹上都有中原春秋早期特征，甚至与西周晚期无甚区别[20]。可知，秦人在埋葬制度、青铜器制造技术、礼乐制度等方面，均与殷周（特别是西周晚期）联系比较密切。秦在西周时，为周王朝的附庸，在礼乐与埋葬制度上相类似于周王朝，这是很自然的；同时也说明，自平王东迁以后，秦与周的联系减少，因此能够较长时间地保留西周晚期的文化特征。

春秋中期以后，秦文化表现出了自己独特的风格。春秋早期的随葬品以铜礼器为主，兼有陶、漆等类器物。春秋中期以后，以陶质的彩绘仿铜礼器为主，陶器制作兴起，铜器趋于衰落；在数量上也多不合周礼，出现了秦国所特有的鼓腹罐和大口壶；器物形制已具有了独特的风格。在葬俗上，仍以竖穴土圹墓为主，多口大底小，墓壁有显著收分，时代愈晚，收分愈大。普遍使用椁棺，个别墓中仍有殉人现象，而此时殉人在中原已基本绝迹。有的墓中出现了以彩塑泥人俑、泥塑牛、羊等代替殉人的现象[21]。说明了周的礼制在秦已开始衰落，这种之所以能早于中原出现并初步形成秦文化的现象独特风格，应与在春秋中、晚期秦同中原诸国在政治、军事上的侧重点密切相关。

秦襄公被封为诸侯以后，开始用兵的重点是对付西戎。到了文公时，“以兵伐戎，戎败走”。于是文公“遂收周余民有之，地至岐，岐以东献之周”[22]。秦穆公时，为称霸中原，将军事重心转向了关东，与晋国争霸，多次东向作战，与晋互有胜负。从总的形势看，秦虽打了几个胜仗，然而损失不小，所得之利却是屈指可数，这样，强大的晋国给秦的霸业带来了很大的困难。穆公末年，秦改变了用兵政策，任用由余谋伐西王，终于“益国十二，开地千里，遂霸西戎”。以后较少与中原发生关系，因此，秦之周礼较早地出现了衰落、混乱的现象。而春秋中期以后秦文化的独特风格，应是秦在此期间向西方用兵，与戎人联系更加密切，互相杂居、融合的结果。

到了战国时期，秦文化的铜、陶器在组合、形制上较春秋时期又有很大变化，有的器物发展序列中断了，出现了与三晋两周地区同时期的同类器物相似的器物，在组合上也基本相近。陶礼器组合开始简单化，为鼎、豆、壶、罐、釜。在平民墓中，春秋时随葬日用陶器，到了战国时期，由仿铜陶器代之，同时也存在日用陶器。说明了周的礼乐制度进一步的崩溃，但个别地区还保留着车马坑的残余[23]。战国晚期到始皇统一为止，洞室墓在葬俗上占了主导地位，开始用半两钱随葬，随葬品主要有陶缶、铁剑、铁釜、铜鍪、蒜头壶等，均为新出现的器物。据《史记·秦本纪》记载，秦在战国初期，“不与中国诸侯之会盟，夷翟遇之”。孝公为“复缪公之故地，修缪公之政令”，任用卫鞅变法，国势大盛，于是秦又重新开始了与关东诸国，特别是三晋争夺地盘的战争，并击败魏国，收复了河西之地，迫使魏君迁都大梁。秦在随葬品中出现的三晋作风器物，应与这些战争有一定关系。战国末年，秦始皇发动了全国性的统一战争，所攻打的地方更加广泛，接触的人与民族也就随之多样化，这时所出现的许多新的器物形制，可能根源于大规模的兼并战争。

综上所述，秦在与东、西方交往的过程中，中原东周文化的因素始终居于主导地位，从史书记载也可看出，秦用兵西戎，巩固根据地，目的也是为了争霸中原。

三　从屈肢葬仪看秦文化的族属

葬仪，是一个种族的上层建筑的反映，也是与上层建筑相适应的意识形态的重要表现。它是受某个阶段的社会关系、亲属关系、政治、经济的发展条件，以及人们的认识力水平制约的。作为某一个种族的风俗习惯，葬仪的变化又往往落后于经济基础与上层建筑，有着相对的稳定性。它是随着民族的诞生、兴起而产生，随着民族的融合而逐渐消亡的。即使在华夏族这个范围内，不同的地域，也会有不同的风俗习惯。因此，对秦人葬仪进行研究，弄清楚它的来龙去脉，对于秦人起源问题定会有所借鉴。而秦人葬仪的最主要的特征就是屈肢葬。在秦人墓中也存在直肢葬，对此，需要搞清楚何种葬式居于首要地位，以及同样使用屈肢葬的民族与秦族的关系，这些族中屈肢葬仪所占之比重，等等。

就已发表的材料看，蜷屈特甚的屈肢葬仪（股骨与胫骨间的夹角在45°以内），在春秋，战国的秦墓中始终占有主要地位。在宝鸡平镇秦家沟村发现的五座东周秦墓，四座明确为屈肢葬[24]；凤翔八旗屯的40座墓中有葬式不明者20座，余有13座为屈肢葬[25]；宝鸡福临堡的12座墓中，除了葬式不清者外均为屈肢葬[26]；西安半坡所发掘的112座战国秦墓中，有104座为屈肢葬[27]；陕西长武县上孟村发掘的28座秦墓中，屈肢葬占26座[28]；宝鸡李家崖的41座战国秦墓中，36座资料完整，屈肢葬占21座[29]。上述屈肢葬多属单人墓葬，并且使用棺椁与陶礼器，因此，可以认为，屈肢葬代表了秦人自身的文化传统。另外，在春、战之际的秦墓中，也有不少使用直肢葬仪的墓葬，但相对于屈肢葬而言，是处于次要地位的。如1976年凤翔八旗屯发掘的秦墓，有5座属直肢，在40座墓之中，显然占少数，不能代表秦人的传统葬仪。

到战国末期，直肢葬有增多并多用于贵族墓中的趋势。1951年宝鸡姜城堡发现的战国墓地中，一百多座墓除两座屈肢外其余均为直肢葬[30]。据文献记载，春秋以后，岐、沣一带地区全部归秦所有，秦文公“遂收周余民有之”。秦之势力由犬丘扩至岐、沣一带。原西周的民众此时都归于秦的统治之下。对于周余民来说，虽受制于秦，而他们的信仰、风俗习惯是不易改变的。西周盛行的是仰身直肢葬，因此，那些杂于屈肢葬之中的少量直肢葬，可能代表了周族遗民的葬仪。另外，由于秦国的逐渐强盛，许多关东诸国的臣民纷纷投奔秦国，他们保留其旧有的直肢葬仪，也是完全有可能的。再者，至战国末期，秦国在人力、物力、财力方面居第一位，统一全国的雄心不断地增长。“秦取九鼎宝器……秦庄襄王灭东周、东西周皆入于秦，周既不祀。”[31]秦显然是想代周以正统自居，那么，则不难解释秦国在贵族墓中出现东周惯用的直肢葬仪的现象。

早于春秋秦文化，并与之葬仪相似的屈肢葬，主要在甘肃一带有所发现，但并不普遍。属马家窑文化马家窑——半山期的政和县边家沟发现的屈肢葬墓，股骨与胫骨的夹角在46°左右；甘肃景泰张家台1975年清理的22座半山类型墓葬，均为单身屈肢葬[32]；属于马家窑文化马厂期的兰州白道沟坪24座墓葬，其屈肢葬式为身躯侧卧，下肢屈度在45°以内，但也有相当的直肢葬墓[33]；甘肃永昌鸳鸯池发现的189座属半山、马厂期的墓葬，葬式主要是仰身直肢葬，屈肢葬极个别[34]。可知，在甘肃仰韶文化的范围内，仅某些地区比较流行屈肢葬。齐家文化的时代属新石器时代晚期至青铜时代早期，墓葬以长方形竖穴土坑墓为主，葬式多样化，分单人与合葬两类，在单人葬中以仰身直肢葬为主，屈肢葬仪占很小比例，并且股骨与胫骨间夹角在90°—120°之间。有个别的蜷屈特甚葬仪，但一般无随葬品[35]。继齐家文化之后，在甘肃西部代之以辛店、寺洼、沙井、卡约等文化，它们大都相当于中原的殷周时期，与秦人定居西垂差不多同时。辛店文化的墓葬，有仰身直肢和屈肢葬两种。1960年在临夏姬家川发现的1座墓葬，为单人屈肢葬，蜷屈程度与秦很相似[36]，但类似的并不多见。寺洼文化的墓葬为土坑葬与火葬并存，土坑葬的葬式能判明的均为仰身直肢，也有乱骨一堆的现象[37]。卡约文化主要是仰身直肢葬、二次葬或迁葬、俯身葬，屈肢葬未见报道[38]。沙井文化在民勤县沙井发现有屈肢葬，但下肢的屈度约130°左右，与秦之屈肢葬屈度差别较大[39]。以上材料可以看出，与秦屈肢葬相类似的，在辛店文化中有少量的发现，且与直肢葬并行；沙井与齐家文化的屈肢葬只是微屈；在较早的马家窑文化中，有与秦相似的屈肢葬，但它与秦定居西垂在时间上缺环较多，很难断定有什么渊源关系。

在甘肃东部，包括渭河上游，泾水上游，西汉水流域，在齐家之后，过去认为是被周文化遗存所代替。1982年，北京大学考古实习队在天水甘谷县毛家坪发现了6座墓葬，均为长方形竖穴土圹墓，内之人骨架都为屈肢。出土的陶器都比较小而粗糙，大多数为典型的西周形制，其中也有以后秦人流行的鼓腹罐。这六座墓葬应为西周早期的秦墓，也是目前为止发现的最早的秦墓[40]。天水一带正是非子所居的犬丘之地，而周人则世代居于岐、沣一带，在西周初年与天水一带很少发生关系[41]。秦在此时隶属于西周，在政治制度等方面难免仿周人之制。从上述6座秦墓中可以看出，除屈肢葬以及少量陶器不同于西周外，其余如墓葬形制、陶器类型等，均与周制所差无几，可见周文化的影响之大。另外，在秦文化所属范围内，也不全排除周文化的遗存，如，在1972年甘肃灵台洞山发现的一座仰身直肢葬墓，为西周墓[42]。

秦文化中的屈肢葬，与甘肃西部辛店以及马家窑文化的屈肢葬是否有所联系呢？杨锡璋先生认为："世界上处理死者的方法尽可有很多种，但同样的葬式仍可以在不同地方的不同民族中被使用，它的意义可能是各有不同。"[43]辛店、卡约、寺洼、沙井诸文化，按其位置以及历史的记载，当同属于西戎系统，但因地域关系形成了各自的风格。与秦人相似的屈肢葬，仅在辛店发现少量，不能代表西戎的一般埋葬风俗。而与这些文化几乎同时并进的西周秦文化，却表现出了与之完全不同的文化特征，并且流行屈肢葬。根据杨锡璋的观点，在此有两种推测：其一，屈肢葬本来就是秦族的埋葬风俗，关于它的形成，须尽可能发现早于西周的殷商时期的秦文化遗存，以期达到与文献对应的目的；其二，秦之屈肢葬，可能是受西部诸戎文化中某个部族的影响而形成的。根据文献所记，秦人祭祀白帝，坚信自己的祖先起源于西方。那么，他们迁居西垂之后，可以按照西部诸族屈肢葬的用意，而采取他们的葬仪，并且在安葬时将头向着西方。

上述两点肤浅的推测还有待于探讨，更有待于新的遗存的发现。

（《北京大学研究生学刊》1988年第1期）

注释

[1] 蒙文通：《周秦少数民族研究》，1958年。

[2] 迈尔观点，参见俞伟超：《古代"西戎"和"羌""胡"文化归属问题的探讨》，《青海考古学会会刊》1980年第1期；韩伟：《关于"秦文化是西戎文化"的质疑》，存陕西省考古研究所资料室。

[3] 徐旭生：《中国古史的传说时代》，科学出版社1960年。

[4]《史记·三代世表》索隐引宋衷曰："太史公书，玄嚣青阳是为少皞。继黄帝立者。"

[5]《史记·五帝本纪》。

[6] [10]《史记·夏本纪》。

[7]《史记·五帝本纪》、《史记·周本纪》。

[8] [11] 徐旭生：《中国古史的传说时代》。

[9] [14] [22]《史记·秦本纪》。

［12］恩格斯：《家庭私有制和国家的起源》。

［13］关于嬴秦的世系，参见《史记·秦本纪》。

［15］韩伟：《略论陕西春秋战国秦墓》，《考古与文物》1981 年第 1 期。

［16］吴镇锋、尚志儒：《陕西凤翔八旗屯秦国墓葬发掘简报》，《文物资料丛刊》1980 年第 3 期。

［17］中国科学院考古所宝鸡发掘队：《陕西宝鸡福临堡东周墓葬发掘记》，《考古》1963 年第 10 期；宝鸡市博物馆：《宝鸡县西高泉村春秋秦墓发掘记》，《文物》1980 年第 9 期。

［18］中国科学院考古研究所：《洛阳中州路（西工段）》，科学出版社 1959 年。

［19］宝鸡福临堡所发掘的十二座墓排列整齐，另外可参见陕西省考古研究所：《陕西铜川枣庙秦墓发掘简报》，《考古与文物》1986 年第 2 期。

［20］陕西省文管会：《陕西户县宋村春秋墓葬发掘记》，《文物》1975 年第 10 期。

［21］《陕西铜川枣姬秦墓发掘简报》，《考古与文物》1986 年第 2 期。

［23］雍城考古队，李自智、尚志儒：《陕西凤翔西村战国秦墓发掘简报》，《考古与文物》1986 年第 1 期。

［24］陕西省文管会：《宝鸡平镇秦家沟村秦墓》，《考古》1965 年 7 期。

［25］《陕西凤翔八旗屯秦国墓葬发掘简报》。

［26］《陕西宝鸡福临堡东周墓葬发掘记》。

［27］金学山：《西安半坡的战国秦墓》，《考古》1957 年第 3 期。

［28］陕西省考古研究所，员安志：《陕西长武上孟村秦国墓葬发掘简报》，《考古与文物》1984 年第 3 期。

［29］何欣云：《宝鸡李家崖秦国墓葬清理简报》，《文博》1986 年第 4 期。

［30］宝鸡姜城堡 85012 地战国墓葬发掘记录，现存陕西省文管会资料室。

［31］［41］《史记·周本纪》。

［32］甘肃省博物馆：《甘肃景泰张家台新石器时代的墓葬》，《考古》1976 年第 3 期。

［33］甘肃省博物馆：《甘肃古文化遗存》，《考古学报》1960 年第 2 期。

［34］《甘肃永昌鸳鸯池新石器时代墓地》，《考古学报》1982 年第 2 期。

［35］谢端琚：《略论齐家文化墓葬》，《考古》1986 年第 2 期。

［36］黄河水库考古队甘肃分队：《临夏姬家川遗址发掘简报》，《考古》1962 年第 2 期。

［37］夏鼐：《临洮寺洼山发掘记》，《中国考古学》第四册，1949 年；云翔：《寺洼文化墓葬葬式浅析》，《史前研究》1984 年第 4 期。

［38］文物编辑委员会：《文物考古工作三十年》中《甘肃省文物考古三十年》与《青海省文物考古三十年》两文，文物出版社 1979 年。

［39］J.G.Andersson：Researches into the Prehistory of China. P. 114. BMFEA. Vol15. 1943.

［40］天水甘谷县毛家坪西周秦墓发掘记录，现存北京大学考古系资料室。

［42］甘肃省博物馆、灵台县文化馆：《甘肃灵台两周墓葬》，《考古》1976 年第 1 期。

［43］杨锡璋：《〈上村岭的屈肢葬及其渊源〉管见》，《考古》1962 年第 2 期。

早期嬴秦西迁史迹的考察

尚志儒

崛起于陕西关中西部和甘肃东部的嬴秦，是我国古代最重要的民族之一——东夷族的后裔。虽然学术界对嬴族源问题的认识还有较大分歧，但是根据古籍记载和日益丰富的考古资料，说明绝大多数专家、学者认为嬴秦来自我国东方的观点，是符合历史实际的。

古文献及考古发掘资料表明，从新石器时代晚期到夏末之前，东夷族诸部一直居住在我国东方的济、淮流域，其地包括今山东中部和南部、河南东部和安徽北部。这支古代的居民，用其辛勤的劳动和聪明的智慧创造了光辉灿烂的古代文明——大汶口文化。东夷族与华夏族一样，是在我国境内最早发展起来的民族之一。

据文献记载，这个古老的民族早在夏代初年就已经分为九部，《古本竹书纪年》称之为九夷，《后汉书·东夷传》列举其名称有畎夷、于夷、方夷、黄夷、白夷、赤夷、玄夷、风夷、阳夷。而嬴秦则属于九夷中畎夷的支系[1]。

起源于我国东方的一个氏族部落，经过两三千年几乎是默默无闻的漫长岁月，居然在西方崛起，并最终建立了高度集中统一的封建大帝国，这真是历史的一大奇迹。那么，这样一个对中国历史有过重大贡献的民族，是在什么时候，因什么缘故促使他们踏上远离家乡的道路，向西方跋涉的呢？

对于嬴秦的西迁问题，学术界有两种不同的观点，其一认为嬴秦西迁于夏末商初，其二则认为西迁于西周初年。尽管两说在西迁的时间上分歧很大，但有一点是共同的，即嬴秦的西迁在其历史上只发生过一次。近年来，笔者在收集有关早期嬴秦活动的资料时，对其西迁一事颇为留意。经过对一些研究成果及文献记载的对比分析，发现嬴秦由东向西的迁徙并不十分简单，其中除含有若干曲折而艰辛的历程外，仅迁徙活动本身就可能发生过三次。大体说来，第一次发生在夏末商初；第二次约在商代末年；第三次在周成王接位之初。嬴秦经过上述三次迁徙后，就在我国西方的黄土地上生产、生活、繁衍子孙，并最终从那里崛起，为中国的历史长卷绘制了几页彩色绚丽的画面。

一 第一次西迁

如前所述，嬴秦的第一次西迁发生在夏末商初。这是华夷两族发生较大规模冲突的结果。历史上，东夷与华夏族曾长期和平共处，虽然传说在黄帝时期两族间曾发生过一次冲突，甚至黄帝还斩杀了东夷族的著名首领蚩尤。然而，那只是一片短暂的烟云，很快就飘散了。尧舜禹时期这种友好关系发展到了黄金时代，东夷族的著名首领皋陶、伯益（嬴秦之远祖）都是华夏、东夷部落联盟议事会的成员，甚至在大禹晚年，他们还被选举为两族部落联盟的继承人。但是由于私有财产的日益增多，这个部落联盟很快就跨进了阶级社会的门槛，大禹的儿子夏启不仅废除了盛行既久的禅让制，而且还把伯益杀死。伯益的死难，宣告了华夷部落联盟的崩溃和阶级社会的产生。正因为历史发生了这样一次深刻而巨大的变化，使华夏与东夷之间友好的民族关系，变成了统治和被统治、奴役和被奴役的关系，尤其是夏王朝末期对东夷连年用兵、民族矛盾更加尖锐深刻，致使东夷族的反抗情绪空前高涨，最终导致了嬴秦第一次较大规模的西迁。

对于这一次迁徙，段连勤先生已做过若干论述，甚是得当。正如段先生所言，嬴秦的这次西迁，是商族与东夷联军在反抗夏军，并由东向西追击和扫除其残部时，渡过黄河而进入关中西部地区的[2]。

我们之所以同意段先生的观点，认为夏末确曾发生过商夷联军入居关中西部地区的迁徙活动，主要是从以下三个方面考察的。

（一）古籍的有关记载

古籍有关商夷两族西入关中的记载，段先生多已指出，但尚可作些补充。《竹书纪年》曰："帝桀三年，畎夷入于岐以叛。"《后汉书·西羌传》亦曰："后桀之乱，畎夷入居邠岐之间。"邠岐之地在今陕西郇邑和岐山两县境内，地当泾渭流域中上游一带。言"帝桀三年"未必属实，但畎夷西入关中还是可信的。

《史记·秦本纪》载：宁（应为宪）公二年，"遣兵伐荡社，三年，与亳战，亳王奔戎，遂灭荡社"。《集解》引徐广曰："荡，音汤。"《索隐》曰："西戎之君号曰亳王，盖成汤之胤，其邑曰荡社。"[3]《正义》引《括地志》云："雍州三原县有汤陵，又名汤台，在始平县西北八里。"《史记·封禅书》记秦地诸祠又曰："于社（杜）亳有三社主之祠。"《索隐》亦引徐广曰："京兆杜县有亳亭。""亳"之作为地名在中原地区最多，如著名的西亳、北亳、南亳等，并且还有一个共同的特点，即诸"亳"都跟商族有密切关系，典籍中就有商汤都亳的记载[4]，关中地区的"亳"定与商族有关。另外，上述秦宪公所伐之荡社，注疏即以汤社当之，知其为成汤后裔居邑的名称，这就更明确地指出了与商汤的关系。这支进入关中地区的商人，曾分散在泾河下游两岸及今长安县一带居住，直到春秋时始为秦人所灭。

对于文献出现的畎夷入居关中西部邠岐之间及商汤后裔活动于这一带的记载，笔者过去也曾反复研究过，但没有找出令人满意的解释。段连勤先生从夏末时夏、商及东夷三族的关系入手，综合分析，认为文献关于商夷两族活动于邠岐一带的记载，是商夷联军在占领汾河流域后继续西进扫除泾渭流域夏朝残余势力的实录[5]。

我们知道，终夏一代，除其中期与东夷族的关系没有多大冲突外，其余时间始终处于敌对状态。到了夏王朝最后一位国君帝履癸夏桀时，为了转移国内人民的视线，发动了对东夷的战争。《左传》昭公四年所载的"夏桀为有仍之会，有缗叛之"，说的正是这件事。夏桀的有仍之会使东夷族与夏王朝的矛盾完全表面化了，导致了东夷的猛烈反抗。《后汉书·东夷传》说："桀为暴虐，诸侯内侵。"夏王朝便如同江河日下，日薄西山，迅速走上了覆灭的道路。与此同时，居住在黄河下游的商族，日渐强大起来，其著名首领商汤看到了夏王朝已是穷途末路，就乘机崛起，与反抗夏王朝的东夷各部汇合，形成了一股很强大的力量。在击败夏桀率领的主力后，便西上占据了夏朝的心脏地区——汾河流域的大夏，并进而西进，入居关中地区[6]。段先生主张的商夷联军西进说确有说服力。

（二）地名的迁移

古代居民有一种十分普遍的习惯，即某一氏族、部落及封国在由某地搬到另一地时，喜欢以原地之名称新居之地，这就是所谓的地名迁移。嬴秦由遥远的东方迁居西方时，也遵循了这一习惯。前已述及，嬴秦属于东夷族畎夷部之一支，其西迁实际上是伴随着东夷的向西迁徙而实现的，因此，考察有关畎夷的地名迁移情况，是探索嬴秦西迁的重要途径。

能够说明畎夷在西迁过程中曾有地名迁移情况发生的，莫过于文献记载中的“犬丘”和“垂”。段连勤先生在论述“犬丘”这一地名迁移时指出，西周春秋时，宋国有犬丘邑，其地在今河南省与安徽省搭界的永城县；卫国亦有犬丘，在今河南与山东搭界的曹县。按犬与畎通，如畎夷，《史记·齐世家》又作犬夷；丘，《正韵》：“四方高，中央下曰丘。”河南东部、山东、安徽、江苏一带，在远古时期由于河水泛滥，水流漫衍，地多潮湿，人们多选择高而平的丘地居住，所以这里的地名有丘字，如楚丘、商丘、蔡丘、帝丘等。上述两犬丘，均距斟鄩不远，且在东方，或即夏代时畎夷所留下的居址[7]。同时他又指出：“西周春秋时，今陕西兴平东南有犬丘，亦曰废丘；甘肃天水县西南亦有犬丘，史称西犬丘或西垂。此两犬丘当为畎夷入居泾渭流域后的居地。……天水西南的犬丘之所以又称西犬丘、西垂，正是相对于山东曹县的犬丘又称垂而言的。……我国西北地区由于地处高原，并且多山，近水而宜于居住的地方多称原，如周原、固原等。关中的两犬丘，显然不是本地人的居址，而是畎夷迁入关中时从东方带来的（历史地理称之为地名迁移）。”他总结说：“由山东曹县、河南永城县的犬丘，到陕西兴平、甘肃的犬丘，这正是畎夷由我国东方移至我国西方所走过的足迹。”[8]

除此而外，亦能说明这一问题并有较明确时空观念的材料，还见于商代甲骨文[9]。

（1）己酉卜，贞雀往正（征）犬，弗其禽。十月。（《铁》181·3）

（2）令犬方。（《后》下6·11）

（3）贞犬受年。十月。（《虚》44）

（4）贞令多子族从犬眔亩[illegible]叶王事。（《前》5.7.7与6.51.7合）

（5）贞令多子族眔犬侯戬周，叶王事（《前》5.7.7与6.51.7合）

（6）乙卯卜，率，贞令多子族从犬侯戬周，叶王事。五月。（《续》5.2.2）

以上六条材料均是武丁时期的卜辞。其内容主要是：由于犬方的反叛，商王派雀去征伐，结果犬方臣服了商朝。犬地一度成为商朝重要农业生产区，商王曾贞问那里是否丰稔。与此同时，犬方还接受商王之命与多子族一起征伐周族，勤勉于商王的事业。我们知道，商代卜辞记事有一个特点，即商王朝习惯上把本土以外的方国称某方，犬方就是犬部落的名称，犬为其省称，犬侯是其君长或酋长。犬方能够接受商王之命去征伐周族，知其距离周族一定不远。武丁时，周族居于陕西郇邑、彬县一带，犬方当与之邻近。前已言及，今兴平县东南的槐里村，周代叫做犬丘，胡厚宣先生指出：“周之犬邱，当即殷之故犬地。”[10]据《史记·齐世家》畎可作犬，知畎、犬通用，所以甲骨文的犬方应即文献之畎夷，武丁时期活动在关中及其西部地区的犬方，是夏末商初西迁畎夷的后裔。“犬丘”与“垂”两地名的西迁，得到了甲骨文和文献材料的证实。

（三）考古资料

关于嬴秦的考古工作过去仅局限于春秋以后各段，因此想从考古资料中探讨嬴秦早期活动的情况还是十分困难的。值得庆贺的是，近年来北京大学考古学系和甘肃省文物工作队的同志在甘肃东部的甘谷县毛家坪和天水县董家坪两地找到了西周时期的秦文化遗址，据该文化遗址的发掘者赵化成同志介绍，毛家坪遗址收获较为丰富，年代可以早到西周早期甚至更早一些。这个发现无疑是极为重要的。

毛家坪遗址共发掘秦文化墓葬三十一座，居住基址200平方米。墓葬中有十二座属西周时期，器物的基本组合是鬲、盆、豆、罐；器形与同时期的西周同类器几乎没有什么区别。墓圹均挖成长方形竖穴土坑，采取屈肢葬式，大多数蜷屈特甚，这种考古学文化的内涵与同地发掘的另外十九座春秋战国时期的秦墓具有明显的继承关系，而且与陕西关中地区发掘的同类墓葬也完全相同，这种现象说明秦文化的这一显著特点，至少在西周时期已经形成了。

毛家坪西周时期的秦文化年代的上限可至西周早期，因此，至少在这一时期嬴秦已经活动于甘肃东部地区了。赵化成同志说："西周时期的秦人的基本生活用品已经周式化，那么，由原来的文化转变为现在这种情况必须有一个过程，这个过程的开始自然至迟在商代晚期就应当发生了。"[11]在远古社会中，由于交通不便，地广人稀，部族间几乎完全处于封闭状态，在这种情况下，一个民族的文化特征转变为带有较强的别民族的文化特征，是需要很长时间的，没有长期的交往和相互影响，这种转变很不容易发生，即使是比较简单的生活用器的完全转变也颇费时日。因此，嬴秦基本生活用器周式化过程的开始，还应当更早些，或可早到商代中期。

经过上述三个方面的考察，说明至少在商代后期，陕西关中西部和甘肃东部就有嬴秦活动的足迹，从而表明夏末商初确有一支东夷部族从我国东方迁向西方，嬴秦中的重要一支就是随着这次迁徙而进入关中西部的。这是嬴秦早期历史中的第一次西迁。、

二　第二次西迁

嬴秦的第二次较大规模的西迁活动发生在商代末年，是从今山西省汾河流域出发的。

（一）汾河流域的嬴秦部族

我们在前面讨论畎夷的西迁时，曾论述过夏末商夷联军在占领了夏朝心脏地区山西的汾河流域后，即西进扫荡了泾渭流域的夏朝残余势力，可以想见，商夷联军既然攻占了夏朝势力最强大的地区，一定会留下较大的力量镇守在那里，因此西进的军队只是这支联军的一小部分。

《史记·秦本纪》载："费昌当夏桀之时，去夏归商，为汤御，以败桀于鸣条。大廉玄孙曰孟戏、中衍，鸟身人言。帝太戊闻而卜之使御，吉，遂致使御而妻之。自太戊以下，中衍之后，遂世有功，以佐殷国，故嬴姓多显，遂为诸侯。"正因为商夷两族曾结过军事同盟，并在此后一直保持着良好的关系，所以秦人的祖先能够长期辅佐商王朝，累有功勋，成为煊赫的族氏。《秦本纪》又载："其玄孙曰中潏，在西戎，保西垂。中潏生蜚廉。蜚廉生恶来，恶来有力，蜚廉善走，父子俱以材力事殷纣。周武王之伐纣，并杀恶来。是时蜚廉为纣石北方，还，无所报，为坛霍太山而报，得石棺，铭曰：'帝令处父，不与殷乱，赐尔石棺以华氏。'死，遂葬于霍太山。"《正义》引刘伯庄云："霍太山，纣都之北也。霍太山在晋州霍邑县。"地当今山西霍县东南。太史公在《秦本纪》最后记有秦之同姓蜚廉氏，即以国为姓，何汉文先生以为其地在今山西省河津县境内[12]。按照《史记》记载，当周武王灭商，殷纣王死于朝歌之鹿台时，蜚廉正在为商王朝经略北方，因纣已死，不能还报，他也就死了，并埋葬在霍太山。虽然，因纣王自杀，蜚廉亦被迫死难之说殊不足信，但认为蜚廉之族居于霍太山附近的河津县一带当可信从。《秦本纪》还载："蜚廉复有子曰季胜，季胜生孟增。孟增幸于周成王，是为宅皋狼。皋狼生衡父，衡父生造父，造父以善御幸于周缪王，……缪王以赵城封造父，造父族由此为赵氏。"按皋狼，地名，战国时属赵地，《正义》引《括地志》云：皋狼"西河郡皋狼县也"。其故城在今山西省离石县西北。赵城，在今山西省洪洞县北赵城镇之西南。读史至此，我们不仅要问，为什么周成王不把嬴秦之祖孟增封到别的什么地方，却偏偏要其"宅皋狼"；周穆王为何不把造父就近封在今甘陕交界的泾渭流域某地，却要封到远离嬴秦居地的黄河东岸的赵城呢？谛审史料，我们不难看出，这两件事情都与嬴秦第一次西迁时其中一部分成员留居汾河流域有密切关系。由上引之《秦本纪》知，周成王

伐纣“并杀”了在殷都事纣的蜚廉之子恶来，但他的另一个儿子却安然无恙。太史公对此事仅以“帝令处父，不与殷乱”八字概括。所谓“不与殷乱”的“处父”《索隐》以蜚廉当之，今以文义分析，应以季胜为是。正是由于季胜“不与殷乱”，所以在其父兄（或弟）俱被周人杀戮的关头，能够保全本族。

季胜虽然可以保全本族不被杀戮，并因此而投降了周王朝，但终因其父兄（或弟）俱为殷纣之宠臣，助纣为虐，所以周人对他们并不过于青睐，《史记》虽记有“孟增幸于周成王”，但还是被周人从肥美平坦的汾河流域赶到了今离石县西北的山陵沟壑地区，这不能不说是周人对嬴秦祖先的一个不太小的惩罚。何汉文先生说：“既云‘宅皋狼’，想必是殷末周初从另一地方移居到皋狼来的。”何先生虽然没有指明“另一地方”是什么地方，但认为皋狼是嬴秦移居之新地，则与我们的认识正相吻合，据上述分析，所谓“另一地方”当即夏末商夷两族入居的汾河流域。

自孟增迁出汾河流域后，他的儿孙们大约都居于皋狼，但到了造父时，因其为周穆王御，建有功勋，穆王就把造父封到赵城。周穆王之所以封造父于那里，揆其原意是因为汾河流域曾是造父祖先的故居。在古代，能够受封祖先的故地，是一种十分尊宠的礼遇。造父因得幸于周穆王而受封赵城，是穆王对他的特殊褒奖，由此说明汾河流域确实是嬴秦长期居住的地区之一。

（二）中潏归周与西迁

上节已经讲到，陕西兴平及甘肃天水县西南的两犬丘（后者或称西犬丘），是由我国东方迁移来的，而文献中又把天水县的西犬丘称为西垂。郭沫若释垂为陲，说西垂不是具体地名，而是泛指西部边陲[13]。何汉文先生也说是指商朝的西部边疆[14]。《春秋》隐公八年云：“八年，春，宋公卫侯遇于垂。”《左传》曰：“八年，春，齐侯将平宋卫，有会期。宋公以币请于卫，请先相见。卫侯许之，故遇于犬丘。”据此，段连勤先生指出：“显然《春秋》所说的垂即《左传》所说犬丘，所以杜预《集解》注曰：‘犬丘，垂也，地有两名。’可见犬丘即垂，垂即犬丘，都是指同一地方。”同时还指出郭沫若等人所以认为西垂是泛指西部边疆，“显然是忽略了上述春秋经传的记载”[15]。

西犬丘一名西垂已为古文献的记载所证实，注疏家以为其地在今甘肃省天水县西南一带，它是嬴秦早期居地中最为重要的都邑。《秦本纪》关于“中潏在西戎，保西垂”是嬴秦在那里活动的最早记录。

但是，又据《秦本纪》，中潏的儿子蜚廉的主要活动地区在今晋西南一带，学者多认为其族氏之封地即在今汾河下游的河津县境内，他的子孙季胜一族从商末到西周一代一直活动在汾河流域及晋西北一带，他们都与中潏的居地西垂相距甚远。这种现象说明，在上述几位嬴秦祖先中，必然有一两位发生过迁徙。据“中潏在西戎，保西垂”判断，是居父祖辈的中潏离开了汾河流域迁徙到西犬丘的。他的西迁与商周间的微妙关系及其势力消长密切相关。

文献记载表明，中潏在世约当商代末年，与周王应是同世之人。他之所以远离汾河流域而西进甘肃天水一带，跟周文王当时奉行的内外政策及总的战略实施有直接关系。周文王的战略目标是取代商朝的统治而王天下。为了达到这一目标，周文王采取了表面上顺从商纣，而暗地里积极积蓄力量的策略，这使他取得了极大的成功。商纣王还亲自“赐弓矢斧钺，使得征伐”[16]。正因为周文王有此“法宝”，他就能够一方面积极发展自身的力量，尽量扩大同盟军，另一方面亦可尽最大努力去分化、瓦解商朝的势力，或拉拢，或征伐，或结盟，或灭国，无论表现的形式多么不同，但都是为实现总目标服务的，所以文王时期发生的一些战争无不是审时度势的结果。《帝王世纪》载：“昆夷（段连勤先生以为即畎夷）伐周，一日三至周之东门，文王闭门修德，而不与战。”《尚书大传》亦载：“文王受命，四年伐畎夷。”《史记·周本纪》也载：“明年，伐犬戎。

明年，伐密须。明年，败耆国。……明年，伐邘。明年，伐崇侯虎，而作丰邑，自岐下而徙都丰。”经过周文王连续几十年的努力，到了他的晚年时，出现了“文王率殷之叛国以事纣，四十余国”[17]的局面，为最后消灭殷商王朝奠定了坚实基础。

居于汾河流域而又夹在商周两国的中潏一族，面对他们的明争暗斗，及殷商王朝的日渐衰落，姬周势力的日益强大，最终选择了归附周文王的道路，并向西迁徙，与戎杂居，镇守于西垂。史书的“中潏在西戎，保西垂”，记得正是这一历史事实。

《秦本纪》在记述了周武王伐纣并斩杀了蜚廉之子恶来后，紧接着就记有“帝令处父，不与殷乱”。对于这句话，以往多无解说。仔细研读，并以上下文意推测“处父”应即蜚廉的另一个儿子季胜，而“帝”则应以“天帝”、“上帝”为是。史载蜚廉、恶来均为殷纣之宠臣，助纣为虐之徒，当殷商灭亡时，他们或被杀，或负隅顽抗，自在情势之中。但作为早已是姬周臣属的中潏，却不能眼睁睁地看着他的儿孙们都成为殷纣的牺牲品，于是就“假借”“天帝”的名义，告诫他的另一个孙子季胜选择“不与殷乱”的道路。正因为中潏作了如此安排，在蜚廉和恶来先后被杀的关头，却保全了季胜一族。有的研究者认为作出“不与殷乱”安排的是蜚廉，这是不对的。前已言及，蜚廉是纣之宠臣，是殷纣推行暴政的鹰犬，殷商灭亡后，他又逃出晋西南的封地，窜回他的老家——东部沿海一带，继续负隅顽抗，并参与了以奄国为首的反周叛乱，直到被周公追杀于大海之上，才停止了对周室的反叛。我们很难想像，像蜚廉这样一只殷纣的忠实走狗，会指使他的儿子不要参与殷人的反周叛乱。恰恰相反，只有认为作出“不与殷乱”安排的是早已归附姬周的中潏，才能使这段史料字通意达，符合实际。中潏之归周，于此亦得以证实。

关于中潏一族归附姬周一事，文献还有这样一段文字，《史记·秦本纪》载：“非子居犬丘，好马及畜，善养息之。犬丘人言之周孝王，孝王召使主马于汧渭之间，马大蕃息。孝王欲以为大骆适嗣。申侯之女为大骆妻，生子成为适。申侯乃言孝王曰：‘昔我先郦山之女，为戎胥轩妻，生中潏，以亲故归周，保西垂，西垂以其故和睦。今我复与大骆妻，生适子成。申骆重婚，西戎皆服，所以为王，王其图之。’”周孝王因非子为周室养马而“马大蕃息”，就想以非子取代成作为大骆之后嗣。成为申侯之女所生，孝王的这一想法就受到了申侯的反对。有趣的是，申侯不是直接向孝王陈述自己的反对意见，而是拐弯抹角地讲了一段历史，目的是提醒孝王不要忘记成之祖先中潏及大骆为周室作出的贡献。虽然申侯说中潏“以亲故归”未免攀扯过远，但说中潏“保西垂，西垂以其故和睦”则是可靠的史料。申侯所讲的这段文字，正是中潏一族归附周文王，并进而西迁的忠实记录。

综上所述，中潏一族于商代末年从山西境内的汾河流域到甘肃天水一带的那次迁徙，是嬴秦的第二次较大规模的西迁活动。

三　第三次西迁

嬴秦的第三次迁徙是在周初众多的东方部族被迫西迁时发生的，与周公东征密切相关。由于这次迁徙的情况比较复杂，所以我们的论述还必须追溯得更远一些。

（一）留在东方的嬴秦部族

嬴秦在夏末时发生的第一次迁徙，使不少人从我国东方移居到了西方，但是那次迁徙只是嬴秦中的一部分，而另一部分仍留居东方，生息繁衍，得到了长足发展。

按《史记·秦本纪》的记载，嬴秦之称为秦，似乎始于非子的“邑于秦”。实际上秦这一名称的来源很古，很可能始于伯益时期。目前，有关于“秦”的最早材料，首推殷墟出土的商代甲骨文，兹列于下：

弜秦宗于妣庚𠂤。（《甲》797）

壬戌卜，宾贞乎取……秦。（《后》下37.8）

其酒日于祖丁秦右宗。（《宁沪》1.192）

……禾于岳秦飧（《京津》3937）

何汉文先生曾据这些材料指出，“殷商时已经有秦”，“殷商时代秦已经成了一个领有分土、列为诸侯的氏族。……又有左、右宗的分衍”。“秦已经有了悠久的历史，是具有一定政治势力的部落氏族或部落国家，在其统治范围之内，已经树立了一种神化的力量和信仰。秦人这种发展活动，其所处的时代，应为《秦本纪》所说的自太戊以下至帝纣辛以前的几百年中”[18]。看来，秦之得名远在非子之前，即以商代甲骨文观之，也比非子之秦早二百多年。非子的秦是西方出现的最早的秦名，那么比它早二百多年见于甲骨文的秦，就必然不在我国西方。

据《氏族略》云：“鲁又有秦氏，居于秦邑，今兖州范县北秦亭是其地。”《春秋》庄公三十一年载：“秋，筑台于秦。”杜注云：“东平范县有秦亭。”何汉文指出：“秦亭在今山东范县南三里。”[19]关于东方之秦，𠫑羌钟铭也提供了重要依据，其辞云：“唯二十又再祀，𠫑羌作戎厥辟韩宗，敽達征秦，遐齐入长城，先会于平阴。”据学者考证，钟铭记载的是周威烈王二十二年，𠫑羌跟随其主人韩国君与齐军作战，在秦、长城、平阴等地战胜齐军的情况。有些研究者曾把铭文中的秦以秦国当之，结果文义扞挌难通。秦在陕西关中，而平阴在山东齐地，相距数千里之遥，按照通常情况，同次战争，既征秦便不会入齐地，既入齐地就不能征秦，所以吴其昌说：“此秦非陕西之秦，乃山东齐鲁之交之秦地。齐鲁之交亦有‘秦’地，故《左传》鲁大夫庄公九年有‘秦子’，襄公十年‘秦堇父’、‘秦丕兹’，昭公二十五年有‘秦遄’，又孔子弟子有‘秦商’，皆以齐鲁之交秦地之人也。《春秋》庄公三十一年‘秋，筑台于秦’，杜注：‘东平范县西北有秦亭’是其地也。故东遐齐而即征秦也[20]。”文献资料和钟铭都说明东周时齐鲁之交有秦地，它当是古远的东方秦的遗迹。颜师古在《急就篇》“秦妙房”注里说：“秦本地名，后为国号，因以命氏。鲁有秦堇父、秦丕兹、秦遄，皆秦姓也。”他认为东方之秦与西方之秦本出于同源，是没有区别的。何汉文先生还进一步指出：“不但鲁国的秦氏和非子封秦的秦氏是同出一源，并且非子的封秦是根据鲁国的秦氏而来的。”[21]根据以上史料，我们认为至少在殷商时期嬴秦（或其中的一部分）就发展为一个领有分土并被列为诸侯的部族，后来虽曾向外迁徙，但并未失去原来的分土。周孝王封非子时，所以会把今甘肃省清水县一带叫做“秦”，盖源于东方原有的秦名。孝王说：“昔伯益为舜生畜，畜多息，故有土，赐姓嬴，今其后世亦为朕息马，朕其分土为附庸。”[22]说的就是历史上曾经发生过的那个变化过程。

（二）奄、盈诸部的反周叛乱与嬴秦西迁

西周立国之初，东方局势很不稳定，为了统治这些被征服的民族，周王室采取了派人进去和迁其出来的做法。虽然由于派去监督东方的管叔、蔡叔、霍叔参与武庚的叛乱而使这一措施受阻，但不久在周公镇压了这次叛乱后，外迁殷遗民，可见最后还是完全推行了。从《周书·多方》周公训诫殷遗民的话来看，他们主要被迁往洛邑一带。与此同时，在周成王即位以后不久，东方的奄、熊盈、徐、郯、淮夷等部族发动了大规模的反抗周室的斗争，周人投入了很大力量，费时三年才平定了这次叛乱，灭了五十多个以奄国为盟主的部落小国。因为这是周初的一件大事，所以周初的金文每每记有此事，班毁的“三年静东国”，与文献记载恰可相印证。跟殷商的命运一样，被周公旦平定了的奄、盈等国也被强迫迁往它处。关于这次迁徙的地点，何汉文指出：“当时周人强迫徐、奄、盈、淮夷、熊等人西迁的安置地点，由于人数众多，除了以洛邑为中心外，一直延续到陕西西安一带。”[23]

我们不难发现，在这次奄、盈等众多嬴姓国家、部族反周叛乱的参加者中还有嬴秦之族人。《孟子·滕文公下》说：“周公相武王，诛纣，伐奄三年讨其君，驱飞廉于海隅而戮之，灭国者五十。”此飞廉学者认为即《秦本纪》里中潏之儿子蜚廉。按《秦本纪》载，蜚廉在商纣王死后，亦已死难，并葬霍太山。不少学者对此持反对意见。清代梁玉绳辩之甚力，他在《史记志疑卷四·秦本纪》“赐尔石棺以华氏。死，遂葬于霍太山”条下自案曰：“孟子言‘飞廉戮于海隅’，而此言天赐石棺以葬于霍太山，妄也。”前已言及，蜚廉的封地在今山西省河津县境内，他的抗周活动自然应从这里开始，在商纣王被杀，他在力量单薄的情况下，只能向东撤退，回到他的老家——东方的盟族那里，以便寻找抗周同盟军。退到山东半岛后，就与当地的奄国和其他一些嬴姓部族国家汇合，成为以奄国为首的反周同盟的成员，并参加了那场叛乱活动。但是经过三年的斗争，奄、盈等国被周公消灭了，逃亡到海上的蜚廉也被杀死了，东方五十余国的联合反周叛乱终于失败了。蜚廉死难后，其部族人民与奄、盈等国人民一样，也一起被迁往西方。蜚廉而外，参与这一叛乱的还有原先留在当地的秦氏，因为那次叛乱规模巨大，几乎包括了所有的嬴姓部族和国家。在叛乱失败后，秦氏的遭遇，定与被周人强迫外迁的其他兄弟部落一样，也被迫向西迁徙，被安置在西安附近的“九邑”一带[24]，西周晚期师酉簋和师询簋铭文中的“秦夷”就是他们的后裔。

由于周公的东征，东方反周联盟的被摧毁，包括嬴秦在内的东方各部族的迁徙终于发生了，对嬴秦来说，已是第三次西迁了。

四 简短结语

经过上述三次西迁的嬴秦部族，在民族林立的我国西方逐渐定居下来，成了关中西部诸部族国家的重要一员。有迹象表明，三次迁徙到关中地区及甘肃东部的嬴秦，大约是由于民族内聚力的缘故，往往能够汇合到一起。如前所述，西方两犬丘的名称是由东方搬来的，但可以肯定，两地名称的迁移，跟甲骨文的犬方有直接关系。当犬方到达陕西兴平县并定居时，兴平便出现了犬丘地名；当犬方进入甘肃东部的天水县，则天水也就有了犬丘名称，后者又因在嬴姓居地范围的西部地区，或者为了跟兴平的犬丘有所区别，故又叫做西犬丘。可见，这两个犬丘都是第一次西迁嬴秦留下来的足迹。值得注意的是，第二次西迁的嬴秦祖先中潏，在归附周文王以后不是到别的什么地方去为周室服务，而是去镇守嬴秦第一次西迁的居地——西犬丘，这种情况恰好反映出这两次西迁嬴秦的汇合。第三次西迁的嬴秦是否也与前两批合汇，虽无直接证据，但有关材料说明，与嬴秦同时被迁的奄国部族却与嬴秦汇合了，并且还成为秦国统治集团的成员。《元和姓纂》于奄姓下云：“成王践奄。《左传》秦大夫奄息其后也。”奄国尚且与嬴秦汇合，那么，嬴秦自身的汇合，自当在情理之中。

（《中国史研究》1990 年第 1 期）

注释

[1]［2］［5］［6］［7］［8］［15］段连勤：《关于夷族的西迁和秦嬴的起源地、族属问题》，《先秦史论文集》，《人文杂志》增刊。

[3] 亳王既为成汤之胤，则不能为西戎之君是显而易见的。故《索隐》此说有误。

［4］《史记·殷本纪》："汤始居亳。"

［9］［10］胡厚宣：《殷代封建制度考》，《甲骨学商史论丛初集》，台湾大通书局影印本。上引甲骨材料均据此书。

［11］赵化成：《寻找秦文化渊源的新线索》，《文博》1987年第1期。

［12］［14］［18］［19］［21］［23］何汉文：《嬴秦人起源于东方和西迁情况初探》，《求索》1981年第4期。

［13］郭沫若：《两周金文辞大系图录考释·秦公毁释文》。

［16］［22］《史记·殷本纪》、《秦本纪》。

［17］《左传》襄公四年。

［20］吴其昌：《驫羌钟补考》，《国立北平图书馆馆刊》卷五十六卷第43页，1931年。

［24］《逸周书·作雒解》云："凡所征熊、盈族十有七国，俘维九邑，俘殷献民，迁于九毕。"注疏均以为九毕在今陕西长安县西南，安置徐、奄、熊、盈等十七国大批俘民的九个新邑就在毕原附近。

嬴秦族西迁考

何清谷

一　商朝的显族

夏朝末年，政治腐败，商国兴起，展开了与夏朝争夺中原统治权的斗争。嬴秦族奠基人伯益的后裔（见拙文《秦人传说时代的探讨》），为了摆脱夏朝的政治压迫，纷纷背离夏桀而归顺商汤。伯益的次子若木的玄孙费昌，给商汤御车，在鸣条（今河南封丘东）打败夏舜，成为商朝的开国功臣。费昌的子孙有的在中原，有的在夷狄，他们和后来的秦国无关，姑且不提。伯益的长子大廉的后代中衍，为第十代商王太戊驾车，商王给他娶了妻子。中衍之后，其子孙辅佐商王，世代有功，“故嬴姓多显，遂为诸侯”[1]。伯益的封地秦（今河南范县东南），商朝很可能被册封为诸侯国。

嬴秦族的人物确有在商都商王左右做大官的。他们的活动在殷墟卜辞中有记录：

①“戊戌卜，宾贞，乎取（祭，何汉文注）秦。”（《后下》三七·八）

②“弜秦宗于匕（妣）庚。”（《甲》五七一）

③“弜秦宗于佚（妣）庚古（故）。”（《甲》七九七）

④“弜秦宗。”（《佚》九五五）

⑤“弜秦……于小乙。”（《戬》四四八）

⑥“……未卜……有典于匕（妣）庚其奠秦宗。”（《南坊》五五八）

⑦“……其彭曰于且（祖）丁秦右宗。”（《宁》二九二）

⑧“……禾于烊秦既。”（《京》三九三七）[2]

从以上八条甲骨卜辞可见：

1. 殷商卜辞中的秦，只能是禹封伯益的秦，即今河南范县秦亭，绝不指西周中期周孝王封非子的秦。卜辞中的祖丁是商汤后第17代商王，小乙是第22代商王，证明嬴秦族人确有祖丁、小乙时在商都做官的。

2. 卜辞出土于殷墟，应是在商朝都城任职的嬴秦族人，对家乡和祖宗遥祭的遗物。“宾贞”是说由名叫宾的王室卜史主持占卜，这样规格的祭祀只有贵族、大臣才能享用。

3. 秦宗，据《甲骨文简明辞典》第127页的解释为“秦地之宗庙”。有“秦右宗”必有秦左宗。可知秦人在东方因宗族繁衍，人丁兴旺，已有右宗、左宗的宗族分枝，且已分别建立了宗庙。

嬴秦族中上升为商朝显贵的，当然可能会离开今河南范县的秦本土，迁往商都或其他封地。他们既臣服于商王，在供职或朝贺时必须按商朝的礼乐制度办事，这就自然的学习和吸收了殷商文化。我们从后来的秦文化中常可看到殷文化的积淀，应和秦人祖先的这一段经历有关。

二　中潏、蜚廉为商朝保西垂

《秦本纪》云：中衍的“玄孙中潏，在西戎，保西垂”。时间大约在帝乙和帝辛（即纣王）时。

“西垂”，一般泛指西方边地，这里专指商王国的西方边地。商王国的领土大约也像夏，介于山东、山西、河南、河北之间，而朝鲜及辽宁、陕西诸省，则为其宗主权所及的地方（《顾颉刚古史论文集》第二册481页）。“大约晚殷时代，商王朝的势力已逾太行山而西。”[3]商朝晚期所直接统治的西界到今山西太行山之西、黄河东岸。中潏的儿子蜚廉活动于今山西河津、霍县一带。据《元和郡县图志》卷十二载：龙门县有“蜚廉故城，在县南七里”。其地当今山西河津县境。应是《秦本纪赞》提到的“蜚廉氏”的封地。所谓“保西垂”，指中潏率领一部分族人替商王朝保西方边陲，即天邑商（河南安阳）之西今太行山至黄河东岸一带。

“西戎”，本为古代西北方戎族的总称，各个时期实指的对象不同。晚殷时代中潏“居西戎”，指居于商都西面晋南一带的戎翟聚居区。陈梦家说：“在武丁卜辞中所见的多方与诸国，尤其是与商王国敌对的方国，多在晋南即汉代的河东郡，一部分在上党郡。此两区，和商王国的王都及田猎区以太行山为分界。”“自武丁至文丁，殷的主要敌人在此。这些部族有些一直保持较原始的生活方式，即殷以后称为‘北戎’、‘北蛮’、‘赤狄’的；有的则混和了不同程度的中原文化，或其社会已进步到高一级的形式。”如姜氏之戎、蛮方、鬼方、猃狁等[4]。中潏之“居西戎”，就是杂居在这些对商王国时叛时服的部族之间，对他们进行监视和控制，其居地就是商王国的“西垂”。

中潏的儿子蜚廉和孙子恶来，都是殷纣王的宠臣。中潏生蜚廉，“蜚廉生恶来，恶来有力，蜚廉善走，父子俱以材力事殷纣”。由于蜚廉、恶来保纣最力，许多古籍中都记载了他们“助纣为虐”的事。《史记·殷本纪》：“纣又用恶来，恶来善毁谗，诸侯以此益疏。”《荀子·成相》：“世之灾，嫉贤能，飞廉知政任恶来。”《吕氏春秋·当染》：“殷纣染于崇侯、恶来。”武王伐纣时，恶来率兵守卫商都，兵败被杀。《尸子》云：“武王亲射恶来之口。”这大概是由于恶来的顽强抵抗而遭到的报复。当时，蜚廉奉命率兵守御北方，以对付土方（居今山西、河北北部）、鬼方（居今山西西北部和陕西北部）等族的进犯。他从北方归来，闻商朝已亡，不能当面向纣王汇报，便在霍太山（今山西霍县东南）筑起祭坛，向纣王的在天之灵举行报祭。祭后为商朝殉死，就葬在霍太山，这是《秦本纪》所记，与《孟子》云“驱蜚廉于海隅而戮之”不同。或许蜚廉葬霍太山是制造假象以麻痹周人，实际他跑回东方老家，潜伏起来待机反抗。

蜚廉还有一个儿子叫季胜，仍留在霍太山一带，投降了周朝。季胜的儿子叫孟增，受到周成王的垂青，成王把他安置在皋狼（今山西离石县西北有皋狼故址），人们唤他“宅皋狼”。孟增的孙子造父是著名驾车能手，曾给周穆王驾车去西方巡视，又回头去东南平息徐偃王叛乱，每天赶车驰驱一千里。穆王按功行赏，把赵城（今山西洪洞县北）封给他，造父遂以赵为氏，他的后裔后来建立了赵国。所以人们说“秦赵同祖”。

三　戎胥轩一支的西迁

《秦本纪》中记载了周孝王想把非子作大骆的继承人，引起大骆的嫡子成的外祖申侯的反对，申侯为了维护外孙成对大骆正宗继承人的地位，向周孝王追叙一段他先人与戎胥轩联姻的历史。申侯说："昔我先郦山之女，为戎胥轩妻，生中潏，以亲故归周，保西垂，西垂以其故和睦。"这段话颇费解。如果理解成中潏为周人保西垂，显然与《秦本纪》前段记载相抵牾，于事理亦不可通。当时已至商朝末年，商周对立已经十分尖锐。商王文丁杀死周族首领季历。商王帝乙二年，姬昌（周文王）为报杀父之仇，率"周人伐商"（《太平御览》卷83引《竹书纪年》），虽然失败，以后姬周对殷纣王有表面顺从，实则积极进行翦商，灭掉了亲商的诸侯崇国（今陕西户县东），把都城由周原迁到丰（今陕西长安县西），笼络"殷之叛国"，收留"殷之叛臣"，完全控制了黄河以西的土地。中潏及其子蜚廉既为商朝大臣，就没有可能为周"保西垂"。且按申侯言，戎胥轩当是中衍的曾孙，中潏的生父，但不见《秦本纪》所述的秦世系。不列入世系说明戎胥轩不是正宗继承人，而是庶出或旁枝，那就不可能是中潏的生父。申侯所云很可能是为了抬高申与大骆通婚的意义而有意编出戎胥轩生中潏。林剑鸣同志在《秦史稿》中指出这段话"完全是申侯为了讨好周孝王而故意混淆事实的说法"。即便不到完全混淆事实的程度，借题发挥加盐加醋是肯定存在的。

这段话如果仅限于戎胥轩率一支族人到周人西边活动，则可以说通。申侯话中只说戎胥轩生中潏，并没有说戎胥轩和中潏一同为周"保西垂"。戎胥轩的西迁与中潏无关，即使他们是父子关系，其父迁其子也可能未去。至于戎胥轩的西迁应属事实。商朝从武丁以来，多次派遣一些可以信赖的宗族去陕、甘一带"裒田"，即开拓疆土。申侯的祖先申戎，亦称姜氏之戎，起于羌族。商代"羌氏之戎"有一支曾活动于晋南（陈梦家《殷墟卜辞综述》，《方国地理》），武丁之后西移至郦山，又西至羌水流域的羌氏城（史念海《西周与春秋时期华族与非华族的杂居及其地理分布》，《中国历史地理论丛》1990年第1期），与周人结成联盟。戎胥轩既属亲商的嬴秦族人，又与申侯的祖先有婚姻关系，奉商王命率领一支嬴秦族人去周人的西边活动是完全可能的。这大概就是晚商时西迁到陕、甘一带的一支嬴秦族人。

邹衡先生在《论先周文化》一文中认为："卜辞中的𢀛氏族和金文中的隼氏族，很可能就是秦的祖先费、蜚之类。"他发现有出自陕、甘一带的广口折肩罐上亚字框中有鸟下加手的捕鸟形族徽，"其所代表的可能是一个善于捕鸟的氏族。古者以官职为氏，那么，此氏族必定会有一个善于捕鸟的祖先，曾经充任过商朝或其以前的鸟（或鸟兽）官，而他的子孙又住在今陕西、甘肃一带先周文化地域内。说至此，人们不难把这个氏族和秦的祖先联系起来"（邹衡《夏商周考古学论文集》）。这一支秦的祖先很可能是戎胥轩所率的嬴秦族人。戎胥轩一支大约在周季历时移居周的西面，但他没有得到发展，似乎不久就从历史上销声匿迹了。文献中不见戎胥轩西迁后的子孙活动的记载。这样的遭遇不难理解，他的同族在商纣麾下那样得宠，他不免要受到西伯昌的猜疑或嫉恨，很可能在文王翦商时把他们的首领翦除了。其氏族成员"免不了入境随俗，年代经久，自然也就是逐渐被当地同化，成为当地的居民了，因而在商末，陕西的隼族使用先周文化也就不足为奇了。秦的祖先本来起源于东方，后来为什么又到了西方，在这里似乎已得到了说明。"（同上书）

蒙文通先生力主秦人来自西戎说，重要根据就是申侯这段话。他认为"胥轩曰戎，自非华族，此秦之父系为戎也"[5]。首先，这是对《秦本纪》的断章取义。《秦本纪》对秦世系从女修、大业、伯益、大廉、孟戏、中衍、中潏、蜚廉等的记述比较清楚而蒙先生不采用，却从里面挖出申侯之言从而把戎胥轩定为秦人父系始祖，这样的取舍是不严肃的。按《秦本纪》戎胥轩绝不是秦人的始祖，而且他的名字没有列入秦族世系，他是秦人中哪一门的人不得而知，也无法证明后来建立秦国的秦襄公是他的后裔，他居西戎绝不能说明嬴秦族是西戎。其次，戎胥轩有人解作是

“由其担负的职务取得的名号，本义盖指以兵戈卫护国君所乘车辆”（严宾《秦人发祥地刍论》，《河北学刊》1987年第6期）。即使“胥轩曰戎”，胥轩是名，戎为周人所加，也不能肯定他必然是“西戎”。“戎”不一定表族属，也常用来示鄙薄、敌视之义。如周人骂商人为“蠢戎”、“戎殷”（马非百《秦始皇帝传》），绝不能证明商人就是西戎或起于西戎。如果真是“胥轩曰戎”，也是周人对戎胥轩敌视的表现。

四　周公东征对战俘的安置

武王灭商后两年而死，成王即位时年幼，其叔周公旦摄政，管叔、蔡叔对周公代成王当国不满，遂联合纣王的儿子武庚及东方诸侯，发动了一次大规模的反周叛乱。在东方的秦人显然也是积极参加。在周公东征过程中，坚决反周的秦人受到沉重的打击。《孟子·滕文公下》云：

周公相武王诛纣；伐奄三年讨其君，驱飞廉于海隅而戮之，灭国者五十。

如前所推测的，秦人祖先蜚廉在霍太山殉死可能是有意迷惑周人的假象，实则潜逃回东方老家——秦，在那里组织反周活动，参加的可能有恶来的后代及原居秦地的秦人。蜚廉兵败而被赶到山东半岛海滨，终于被杀。

《塱方鼎》铭云：

隹（唯）周公征伐东夷，丰白（伯）、专古（薄姑）咸𢦏。公归，荐于周庙。戊辰，畲（饮）秦畲。……

这是说，周公征东夷时东夷的丰伯、薄姑等国君都被戕死。周公凯旋归来，在周都的宗庙里向祖宗献俘。于戊辰这天，用秦地出产的清酒举行饮酒之礼。这里所谓“秦”无疑指河南范县之秦，秦酒亦东征中的掠获之物。这说明周公东征的兵锋确曾到过秦地。

周对东方经过多年的大事挞伐，终于平息了叛乱。战后周朝统治集团对战俘的处理，主要采取迁出原地的办法。其中一部分强迫迁到成周洛邑，见《尚书·周书·多士篇》所述；一部分则被迁到宗周京畿地区，大抵相当今陕西关中，直接受王室的监视和役使，成为周王室的宗族奴隶。《逸周书·作雒解》载：

周公立，相天子，三叔及殷、东、徐、奄及熊、盈以畔……三年，又作师旅，殷大震溃。……凡所征熊、盈十有七国，俘维九邑。俘殷献民，迁于九毕。

西周时在今陕西关中带毕字的地名很多。最著者有毕国，原是周文王的第十五子毕公高的封国，其地包括今西安市西北和咸阳原的大部分，毕陌、毕程、毕郢等是它的异名；有毕原，司马迁在《周本纪》赞语中说：“毕在镐东南杜中。”据卢连成调查：毕原在今西安市西南，镐京东南长安县祝村、郭杜镇一带，是西周天子陵寝区（卢连成《西周丰镐两京考》，《中国历史地理论丛》1988年第3辑）；有毕道，毛诗传云：毕终南之道名[6]。九毕可能是在毕原、毕道、毕国及其附近设九个或许多新邑，以安置俘虏，派官监督管理，使其为王室服役。九毕的分布已无法一一考知，在今蓝田县地的弭邑应属九毕之一。先后在蓝田县发现弭氏铜器十多件，其中两器的铭文最为重要。

《师酉簋》铭文：“王呼（乎）史嗇（墙）册命师酉：嗣（嗣）乃且（祖）啻官邑人、虎臣：西门夷、㚇夷、秦夷、京夷、弁身夷、新。……”

《询簋》铭文：“今余令女（汝）啻官邑人，先虎臣后庸：西门夷、秦夷、京夷、秦夷、㚇夷、师笭侧新、□毕夷、由□夷，𨈭人，成周走亚、戍秦人、降人、服夷。……”[7]

唐兰先生认为《师酉簋》铸于共王元年，《询簋》铸于共王十七年[8]。师酉和师询是父子关系，世袭官职师氏，《周礼》师氏掌教国子，并率所属守卫宫门。铭文中列举的周王命酉和询所管的虎臣和庸，为王驱使。虎臣是由六个夷族构成的，充当保卫周王宫门的隶役；庸是用降服了的夷族和非夷族做仆役。作为虎臣的秦夷和作为庸的戍秦人，很可能是周公东征时俘虏的一部分秦人，他们由弭邑的师氏管辖而为王室服役，经过成、康、昭、穆、共五代族名犹存，可见他们是聚族而居的宗族奴隶。他们和大骆、非子等，当是同族而异枝。

后来建立秦国的那支秦人，即恶来的后裔，也是周公东征抓获的俘虏。可能一开始就安置在今甘肃东部一带，与西戎杂居。

五　大骆、非子等为周朝保西垂

《秦本纪》云："恶来革者，蜚廉子也，蚤死，有子曰女防。女防生旁皋，旁皋生太几，太几生大路，大骆生非子。以造父之宠，皆蒙赵城，姓赵氏。"恶来革就是恶来，有《史记·赵世家》蜚廉"命其一子曰恶来，事纣，为周所杀，其后为秦"可证。这一支秦人由于是恶来的后裔，后又在东方参加反周叛乱，所以受到"坠命亡氏，踣其国家"（《左传》襄公十一年）的重罚。取消了他们的嬴姓、秦氏及秦地的封土，从女防、旁皋、太几、大骆四代不仅不能姓嬴，不能祭祀自己的祖先，连氏也只能附于造父族而姓赵氏。他们可能一度避居赵城，不久就被周朝把他们从赵城强迫西迁，可能安置在甘肃东部一带。

北京大学考古系的师生，"在天水地区的甘谷县毛家坪和天水县的董家坪，找到了西周时期的秦文化遗存"。毛家坪遗址共发掘出秦文化墓葬 31 座，其中属于西周中晚期的 12 座。"毛家坪西周时期秦文化除去自身特点外，总的来说与周文化相似，而与甘青地区其他古文化相去甚远。"（赵化成《寻找秦文化渊源的新线索》，《文博》1987 年第 1 期）毛家坪秦文化遗存虽不能明定是东来，但显然不是甘青地区古文化的西来。在毛家坪还"发掘居址 200 平方米，遗迹有灰坑、残房基地面等，根据地层堆积共分为四大期，年代从西周早期一直延续到战国中晚期"。"西周时期陶器的基本组合亦为鬲、盆、豆、罐，另有甗、甑等"（同上）。袁仲一先生说："从居住遗址中发现有灰坑、残房基地面，说明从西周早期开始，秦人起码已过着相对定居的生活。居址出土的陶器的基本组合，为鬲、盆、豆、罐，另有甗、甑等。这种组合反映了其饮食生活的内容，当以农作物的粮食为其重要的食物来源之一。这完全不像人们一般传统的说法，认为秦人当时是完全过着游牧、狩猎生活。"（袁仲一《从考古资料看秦文化的发展和主要成就》）袁先生的分析十分中肯。毛家坪、董家坪秦文化遗址很可能是女防、旁皋、太几数代秦人居住过的聚落，后来大骆虽然迁走了，留下的秦人还继续居住在那里。秦人远在伯益封秦时就基本上过着定居生活，秦字在甲骨文中作[illegible]，像双手抱杵舂禾之形，就是一个反映农耕生活的象形字。秦人经营畜牧固然是其长处，但在这时已经是有固定牧场的畜牧，与游牧民族的逐水草而迁是根本不同的。

这支秦人从骆开始迁居犬丘，并娶申侯女为妻，地位有了显著的改善。见《秦本纪》"大骆地犬丘"，"申侯之女为大骆妻"。申侯西周初封"申伯"，曾做过周王的卿士，几代都与周王室通婚[9]，大骆能与申侯攀亲当然可提高他的地位。大骆之迁犬丘，也是一件不寻常的事件。犬丘原是东方地名，有卫地犬丘，在今山东曹县北之句阳店；有宋地犬丘，在今河南宋城县西北 30 里；此三犬丘应是远古时期东夷族中以犬为图腾的"畎夷"留下来的居住遗址。夏末商初畎夷由东方向西迁徙，迁入新地仍用原住地的地名。畎夷的一支迁居于今陕西兴平境内的犬丘（段连勤《犬戎历史始末述》，《民族研究》1989 年第 5 期），另一支迁居今甘肃礼县境内的犬丘。由于这个犬丘在兴平境内的犬丘之西，故又名西犬丘。西犬丘初为犬戎所居，原是周代西面犬戎活动的中心。《后汉书·西羌传》云："文王为西伯，西有昆夷之患。"昆夷即犬戎，在周人西面，当在今甘肃东部。《史记·匈奴列传》："自陇以西，有緜诸、绲戎、翟、豲之戎。"绲戎亦即犬戎，秦穆公时其残部仍居陇西，即今甘肃天水一带。按"戎狄荒服"（《国语·周语上》），这些民族每年都要用当地的土特产向周王朝贡，但到西周中期西戎特别是其中的犬戎有时不来朝贡，于是周穆王西征犬戎。这件事《史记·周本纪》载：穆王征犬戎，"得四白狼，四白鹿以归"。《后汉书·西羌传》载："至穆王时，犬狄不贡，王乃西征犬戎，获其五王，又得四白鹿，四白狼，王遂迁戎于太原。"穆王西征犬戎，把犬戎迁出故地犬丘，迁往太原，当今甘肃庆阳一带，此时大骆乘隙进住犬丘。这推断有时间依据：周自武王、成王、康王、昭王、穆王五世，秦自恶来、女防、旁皋、太几、大骆也刚好五世，可见穆王把犬戎迁走，大骆占据犬丘，在时间上正好衔接。但大骆占犬丘好像未经周王册封，是周王对既成事实的默认。

西犬丘是西汉陇西郡西县的治所，应有故城遗址。《水经注·漾水注》云"西汉水又西南，合杨廉川水，水出西谷，众川泻流，合成一川，东南流，经西县故城北。秦庄公伐西戎破之，周宣王与其大骆犬丘之地"即此。《读史方舆纪要·秦州·西县城》云："即所谓西犬丘也，非子始都此。"西县城在西汉水南，今甘肃礼县境内，有人考证："西犬丘城邑，在今礼县盐关堡东南2.5公里的西汉水南岸。"（徐日辉《新版〈辞海〉中"西垂"、"西犬丘"释文疏证》，《西北史地》1983年第2期）这与《水经注》的记载相合，故城遗址还在寻觅中。

大骆的儿子非子居犬丘[10]，"好马及畜，善养息之"。据推测非子经营畜牧的牧场应在西犬丘附近的河谷地，即今西汉水南岸台地下的盐关州。这里是一肥沃的河谷盆地，加上气候湿润，是天然的农牧场所（同上徐日辉文）。犬丘人就把非子善于养马的本领报告给周孝王，周孝王把非子召去，派他在汧渭之间为周王室主管养马。这里水草丰美，是周王室的牧场，加上非子高强的畜牧技术，马匹繁殖得很快。周孝王为了奖励他养马的功劳，曾想让非子作大骆的正宗继承人。但非子不是大骆的正妻所生，申侯的女儿是大骆的正妻，生下儿子叫成，本来是大骆的嫡子。孝王要废嫡立庶，引起申侯的反对。申侯除了追述他祖先与戎胥轩的婚姻关系外，又说："现在我又把女儿嫁给大骆，生下嫡子成。申侯与大骆结亲，西方的戎族都归服，这是你王位安稳的原因。你好好考虑吧！"孝王只得不改变成的嫡子地位，命其享有对犬丘的继承权。对非子采取另外一种奖励办法。孝王说："昔伯翳为舜主畜，畜多息，故有土，赐姓嬴。今其后世亦为朕息马，朕其分土为附庸。"邑之秦，使复续嬴氏祀，号日秦嬴。这就是说，完全恢复伯益以来的嬴姓、秦的封邑及宗庙祭祀。

"附庸"是西周封土的一个等级，封地不超过50里。《孟子·万章下》云："天子之制，地方千里，公侯皆方百里，伯七十里，男五十里，不能五十里不达于天子，附于诸侯，曰附庸。"非子所封的秦，在今甘肃秦安县郑川。据《水经注·渭水注》载：（清水）"又经清水城增，又西与秦水合，水出东北大陇山秦谷，二源双导，历三泉合成一水，西历秦川，川有育故亭，秦仲所封也。"《辞海》秦川条云："今甘肃清水县境内，后川河谷地，因川内有故秦亭为秦国祖先非子封地而得名。"何双全根据《甘肃天水放马滩秦墓出土木板地图》推定："在今甘肃秦安县郑川，图中有亭形建筑标记，很可能就是秦亭。"秦安县金析成纪县及清水县一部所置，秦安县之秦亭与《水经注》中秦谷、故亭是一致的。但秦邑、秦亭之名不始于非子，而是恢复伯益原在东方的封地名，即移用今河南范县的秦邑，秦亭之名。可见到非子手里秦人才真翻身了，有了不足50里的封邑，恢复了嬴姓以及对嬴姓的祭祀。到此秦人才摆脱了受压抑的地位，而被周王室当作保卫"西垂"的力量加以利用。据考："西周王畿分为相互连接的西都王畿和东都王畿两部分，西都王畿以宗周为中心，南抵汉水之阳，东与成周王畿相接，西达甘肃天水一带。"（吕文郁《两周王畿考》）所谓的西垂当指今甘肃天水一带，为周王室直接控制范围的西部边陲。

穆王西征犬戎之后，“自是荒服者不至”（《史记·周本纪》），西戎与周王室的对立就公开了。在斗争中得到好处的秦人，自然就受到西戎的敌视，其中以犬戎、猃狁对秦人占据的西犬丘攻击最烈。秦人在保卫西垂的战斗中，真是不惜牺牲，浴血奋战，周王室对秦人也愈加信赖和支持。非子三传到秦仲，“西戎反王室，灭犬丘大骆之族”，即消灭了居住在犬丘的大骆和成的后代，周宣王封秦仲为大夫，授命讨伐西戎，结果秦仲被杀。秦仲有5个儿子，长子叫庄公。宣王利用他们的复仇情绪，给庄公兄弟5人7000兵，命他们讨伐西戎。经过激战，庄公终于把西戎打败，收复了犬丘。宣王重赏了庄公，把大骆之族的地盘犬丘划归他们所有，并册封庄公为西垂大夫。周代贵族职官公卿、大夫、士三级，大夫为第二级，按“大夫食邑”（《国语·晋语四·文公》），大夫世袭地享有自己封地的收入，除向王室交纳一定的贡赋和提供一定的军役、劳役外，其余全部归他们享用。西垂大夫应是以今甘肃天水市一带为食邑，治所在西犬丘，所以西犬丘又名西垂。

不嬰簋是记载周宣王时秦庄公破西戎的铜器，其铭文曰：

> 惟九月初吉戊申，伯氏曰：“不嬰，驭（朔）方严允广伐西俞，王命我羞追于西。余来归献擒，余命汝御追于笿，汝以我车宕伐严允于高陶，汝多斩首执讯。……”

李学勤先生认为《史记·十二诸侯年表》载：秦庄公名嬰。先秦时“不”字常用为无义助词，所以簋铭的不嬰很可能便是文献里的秦庄公。铭文大意云：猃狁侵扰周朝西部，周王命伯氏和不嬰抗击，进追于西。西即西垂，也就是秦汉陇西郡的西县。不嬰随伯氏对猃狁作战得胜，伯氏回朝献俘，命不嬰率领兵车继续追击，搏战之中多有斩获（李学勤《秦国文物的新认识》，《文物》1980年第9期）。

从庄公起秦邑移居西犬丘。庄公有3个儿子，大儿子叫世父。世父说：“西戎杀死了我祖父秦仲，我不杀死戎王就不敢进城安居。”于是带兵攻打西戎，把继承权让给其弟襄公。襄公二年，西戎围攻犬丘，世父进击西戎，被西戎俘虏。过了一年多，西戎才送回世父。襄公七年春天，即公元前770年，周幽王因宠褒姒戏诸侯招来大乱，西戎中的犬戎与申侯攻打周朝，杀幽王于骊山下。襄公率兵护送周平王东迁洛邑，平王感激他，封襄公为诸侯，赐给他岐山以西的土地，并说：“只要你能把西戎赶跑，岐山以东直至丰水就统统赐给你。”到这时，秦才成为一个受封的诸侯国。

六　余　论

关于秦人的族源问题，历史学界、考古学界长期分为两种意见，一种主张东来说，一种主张西来说。我在本文中申述了秦人自东向西迁徙的过程，当然对东来说笃信不疑，而对西来说持否定态度。但我希望这个讨论能够继续下去，以期最终取得符合历史真相的结论。为了使讨论更加深入，我认为在研究方法上有两点不可忽视：

首先，研究秦的族源不可忽视《史记·秦本纪》的记载。这是司马迁根据秦人官方的史书《秦纪》参之以《左传》、《国语》、《世本》等写成的，其所排秦人建国以前的世系及史迹，在甲骨文、金文中已能找出一部分佐证，有学者认为秦在非子以前的祖宗世系是伪造的，到非子居犬丘以后才是信史，秦人可靠的活动都在西方，由此得出结论“秦人本来是西方戎族的一支”。这种说法是不正确的。周孝王封非子时就提到非子的远祖伯益，以上8条卜辞说明秦人在商代政治舞台上相当活跃，蜚廉、恶来保商反周有大量文献记载，难道这都是伪造吗？我认为还是用王国维所提倡的“二重证据法”好，用考古资料印证和补充文献记载，用文献记载鉴定和解释考古资料，在没有充足证据时，不要轻率地把《秦本纪》中的记载定为伪造或伪托。

再者，应该把秦族的渊源与秦文化的渊源区分开来，这是两个有区别又有联系的概念。秦族的渊源是指以秦国君主为代表的秦国统治民族的族源，研究的内容应包括嬴秦族的初祖、族体的形成、繁衍、荣枯、世系、迁徙，与其他族的关系、文化特征等。秦文化则指春秋战国的秦国及秦王朝时期境内的文化，包括其统治民族和许许多多被征服民族的文化，还包括官方文化和民间文化，应研究各种文化因素的异同及接触过程中的互相吸收、融合、同化等，及在此基础上形成的文化特征。秦人在非子时有人估计有二三万之众（林剑鸣《秦史稿》第 34 页），庄公时宣王给了 7000 周兵，秦襄公立国后依靠周余民及周俘后裔的支持发展起来，以秦国君主为代表的秦族在秦国始终只占少数，而秦国统治的区域是一个民族杂居的地区，直到秦孝公时还有“戎狄九十二国”（《后汉书·西羌传》），举其荦荦大者至少有八族，即緜诸、绲戎、翟、豲、大荔、义渠、昫衍、乌氏，这八族盛行时都比秦族人多，秦国把这些民族征服后，一直采取“从其俗而长之”（《汉书·西南夷传》），即不改变他们的风俗、文化以至社会组织。所以“秦杂戎狄之俗”（《史记·六国年表序》），商鞅变法时致力于改变“戎狄之教”（《史记·商君列传》）是毫不奇怪的，这些都是研究秦文化内涵的宝贵资料，然而，这些材料与秦族起源无关。考古学家叶小燕撰《秦墓初探》（《考古》1982 年第 1 期）是对数百座秦墓进行综合研究的好论文，但概括全文的观点是“秦之先起于西北”，文中的论据就是“死者头向西为主，可能寓意他们来自我国西部”。但作者没有确定这些头向西的墓主的族属，墓主尚不是秦族而是西戎某族，其头向西与秦的族源有什么关系？此文若是论秦文化则可，倘旨在论证“秦之先起于西北”，则有结论与论证脱节之嫌。对于有争论的学术问题，判断其价值的主要根据是看论者阐明观点的论据是否确凿，是否能用不可动摇的论据去证实其观点。光有观点而无论证，或观点与论证脱节，或证明观点的论据不足为据，那种观点也就成了空话。

（《考古与文物》1991 年第 5 期）

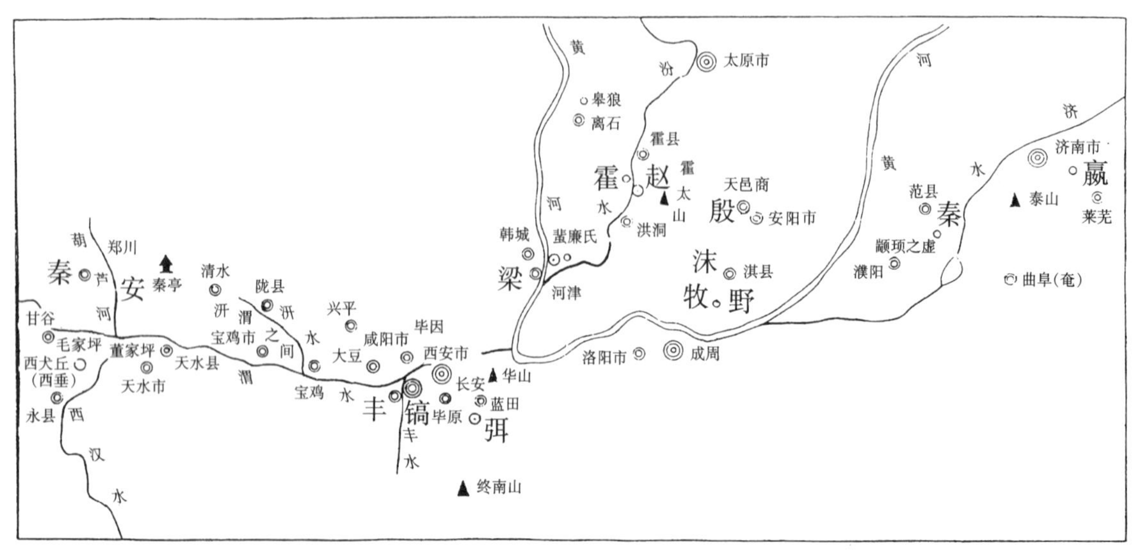

嬴秦族西迁图

注释

［1］《史记·秦本纪》。以下所引原文或述意凡出此篇者，不再注明出处。

［2］以上八条甲骨卜辞是著名商周考古专家徐锡台先生给我提供的，特致谢意。

［3］［4］陈梦家：《殷墟卜辞综述》第八章《方国地理》。

［5］蒙文通：《秦为戎族考》，《禹贡》第6卷第7期；《秦之社会》，《史学季刊》第1卷第1期。后二文俱收入《周秦少数民族研究》一书中。

［6］清孙星衍《毕原毕陌考》云："毕原在渭水南，周文王、武王、周公之所葬；毕陌在渭水北，秦文王、武王之所葬，即今咸阳之陵。""毕先见诗毛传云：毕终南之道名也，其名最古。"

［7］郭沫若：《弭叔簋及訇簋考释》，段绍嘉：《陕西蓝田县出土弭叔等彝器简介》，《文物》1960年第2期。

［8］唐兰：《永盂铭文解释》，《文物》1972年第1期。《永盂铭文解释的一些补充——并答复读者来信》，《文物》1972年第11期。

［9］申侯属姜氏之戎，周初封于申，其地不能确指。《水经注·渭水注》："岐水又历周原下，水北即岐山矣。岐水又东经姜氏城，东注雍水。"姜氏之戎盖在姜水、雍水左右，即今武功、岐山、凤翔一带。据《诗·崧高》：申国于宣王时东迁，分封于谢，在今河南南阳市。其留者称西申。《逸周书·王会解》有西申在申山，在今陕西安塞、米脂以北。西周末申侯联合西戎攻周幽王，后为秦所灭。

［10］非子所居之犬丘，一定是其父大骆所居之犬丘。《史记》裴骃《集解》、张守节《正义》皆误为汉代槐里之犬丘，明人董说、近人王国维、郭沫若等已正其误，考证在汉代之西县地。

秦人的族源及迁徙路线

王玉哲

一 秦族源于东方证

秦族最初起于东方，本为东夷之族。《史记·秦本纪》对其早期活动于东方的地望，已具基本轮廓，进一步阐释者大有其人。尤其近年来通过民族学、考古学与古史学多方面的综合研究，越来越多的人相继提出秦族起源于东土的有力证据，归纳起来有以下三点：

1. 秦人卵生之神话传说，属于东方诸多古老氏族的鸟图腾崇拜范围。

2. 秦祖少皞又称为颛顼之苗裔。少皞墟在今山东曲阜，颛顼墟在今河北南部之濮阳县。少皞、颛顼均为东方部落宗族神。

3. 秦为嬴姓。嬴姓之古老部族，大都在东方。

根据以上三个方面的证据，秦族源于东方，似乎已成定论。不过，由于嬴秦自春秋以来奠基于西土，史料记载极为明备，易使后人误其或本系西方土著民族。加之近代王国维、蒙文通两史学大师均著有专文，力主嬴秦为西戎之说[1]。因此秦为西土民族说，至今仍甚为流行。所以，不得不再为辨析。

细读主张秦源于西方的学者所提出的证据，大都属于对旧史料原文的误解。主要有以下几点，兹分别加以讨论：

第一，西戎、西垂的地望问题。《史记·秦本纪》记述秦的祖先中潏，远在殷商末年即已“在西戎、保西垂”。还记载申侯对周孝王说：“昔我先郦山之女为戎胥轩妻，生中潏，以亲故归周，保西垂。西垂以其故和睦。”学者多狃于旧说，以为秦远祖既已名“西戎”，而且又是保“西垂”，可见其为西方民族。

这里涉及两个问题：一是名为“戎”，而且是“西戎”，是否就意味着秦是中国西部的民族？二是这里所说的“西垂”一地到底在何处？

王国维、蒙文通两氏均列举上引《秦本纪》所述的两段话，用以证明秦的祖先起源于西方戎族，后来的部分学者也如此。其实战国以前称“戎”的，并不都代表西方的部族。西周青铜器《不嬰毁》铭文有称北方的猃狁为“戎”，《尚书·康诰》称中原的殷为“戎殷”，《费誓》称东方的徐为“徐戎”。这说明北方、东方的部族也可以称“戎”，不独西方为然。尤其蒙氏除引《秦本纪》所说秦为戎族外，又列举《公羊传》“秦者夷也”；《穀梁传》“狄秦也”；《商君》言“始秦戎狄之教、父子无别，同室而居”（哲按：此语出自《史记》本传）；《管子·小匡篇》“桓公西征，攘白狄之地，至于西河，而秦戎始服”等等。蒙氏据此谓秦非华夏族是正确的，但是引《公羊传》、《穀梁传》、《管子》诸书，仍有问题。因战国晚期所谓夷、狄、戎诸名词，乃是好侵暴人国者之称谓，已完全没有种族或民族的含义[2]。至于《秦本纪》称秦先祖中潏已“在西戎”，能不能以此就认定在中潏时秦族是在中国的西部呢？我看不能。《史记·秦本纪》原文是这样说的：

(秦远祖)费昌，当夏桀之时，去夏归商。为汤御，以败桀于鸣条。大廉玄孙曰孟戏、中衍。……帝太戊闻而卜之，使御。吉。遂致使御，而妻之。自太戊以下，中衍之后，遂世有功。以佐殷国。故嬴姓多显，遂为诸侯。其玄孙曰中潏，在西戎、保西垂。

一些主张秦人起源于甘肃东部的论者，主要根据就是上引文的最末这句话，认为秦祖中潏自商末以来即已“在西戎、保西垂”，可证其为西土民族。甚至连主张秦人源于东方最力的段连勤同志也不得不承认秦人在商代就已从东方西迁到甘肃的东部[3]。另外，主张秦人到底是东来还是西来尚难以下结论的赵化成同志也说，“秦人至迟在商代末年已经活动于甘肃东部，也就是说已经在西方了”[4]。但是，《秦本纪》说得很清楚，秦的远祖自夏末即已去夏归商，并且自中衍之后，史称每世佐商有功。一直到殷商末年，中潏“在西戎、保西垂”。这里说的“西”，当然是以商都殷墟为中心说的。西垂当然是指商的西垂，西戎是指殷墟以西的戎。殷墟是今天的安阳。安阳以西，就是今山西省一带。

殷商末年，在今山西省南部广大地区，散居着大批种姓不同的戎狄。见于《古本竹书纪年》的，当商武乙时有“西落鬼戎”，大(文)丁时有“燕京之戎”、“余无之戎”、“始呼之戎”、“翳徒之戎”[5]。这些戎狄的确切地望虽不可知，但均应在今山西境内[6]，一直到周初被封于晋的唐叔虞，实际上是生活于戎狄环绕的环境里。所以，《左传》昭公十五年说：“晋居深山，戎狄之与邻，而远于王室，王灵不及，拜戎不暇。”晋居戎狄之间，确是真实情况。晋在周初受封时，还要“启以夏政，疆以戎索”[7]，按照戎狄人的制度办事。可见在商末周初，今山西境内是大批戎狄聚居之地。殷商末对处在殷都西面的这些戎狄，自可称之为西戎，中潏佐商，当然是为商而“在西戎、保西垂”了。这个“西垂”不知是指殷都西边的边陲，还是指一个地名，但均在今山西境内，则无可疑。

《史记·秦本纪》述申侯对周孝王说：“昔我先郦山之女为戎胥轩妻，生中潏，以亲故归周，保西垂。西垂以其故和睦。”或谓此言在中潏时已言归周，则此西垂自然“当指周之西垂”[8]。我认为不对。此西垂应仍是指商的西垂。盖因中潏为商末时人，《汉书·律历志》载有汉昭帝时治古历的太史令张寿王，曾提到在殷周间有个作过“天子”的骊山女，可能与申侯说的其先人为戎胥轩妻的那个“郦山之女”为同一人[9]。与申侯那段话合观，既可证中潏之时代确为商末，并可知“郦山之女”为姜姓。殷商末年商周两族之间，民族矛盾虽已露端倪，但由于商周力量悬殊，在政治上周是臣属于商的。商周是一个政治单位，中潏佐商，当然也可以说是“归周”。至于所谓“以亲故归周”，是说中潏的归周是由于与周有“亲”。什么亲呢？需要加以解释：中潏是胥轩与申侯先人郦山之女所生。这个郦山之女的姓氏，不知是姬姓，还是姜姓？若是指骊戎的女儿就是姬姓，与周同姓，当然是“亲”了。申侯说郦山之女是他的先人，申侯姓姜，则郦山女又似指姜氏之戎。姜姬两姓在周代是世为婚姻，中潏既是姜姓所生，与姬周也可以说是“亲”了。但所谓“归周”，是申侯为了说服周孝王，委曲婉转地说秦与周有“亲”的关系，说秦早就归周了。实际上真正是“佐商”以御戎狄，“保西垂”保的是商的西垂。在商、周冲突中，中潏从未真正归周。看其子蜚廉和其孙恶来，都还死心塌地助商纣抗周[10]，就可以推知了。所以，中潏保的西垂，肯定是指商的西垂。如此，则主秦为西方土著者以西垂为证，便失去了根据。

第二，犬丘与西犬丘问题，犬丘和西犬丘为秦人重要的居留之地。《史记·秦本纪》和旧注叙述其居处经过及其地望，已很清楚。《秦本纪》说：在周孝王时“非子居犬丘”。由于他为周王养马有功，乃被“分土为附庸，邑之秦”。到周宣王时，“庄公居其故西犬丘”。显然，《秦本纪》是将“犬丘”与“西犬丘”分述为二地的。犬丘一地，裴骃《集解》引徐广曰“今槐里”；张守节《正义》谓：“《括地志》云，犬丘故城，一名槐里，亦曰废丘，在雍州始平县东南十里。《地理志》云，扶风槐里县。周曰犬丘，懿王都之。秦更名废丘。高祖三年更名槐里。”按此槐里之犬丘，在今陕西兴平县。《秦本纪》所说“庄公居其故西犬丘”的“西犬丘”，则为自非子被孝王“邑之秦”以来的封土，也就是“秦”地。《集解》引徐广谓秦即“今天水陇西县秦亭”。《正义》谓，“《括地志》云：秦州、清水县，本名秦，嬴姓邑。《十三州志》云，秦亭、秦谷是也。”按此秦即今甘肃清水县。非子因系庶出，原先本无封土，只能与嫡子成，以兄弟关系，同居陕西之犬丘。“邑之秦”后，才从陕西犬丘西迁到甘肃的清水，仍用原陕西“犬丘”旧名，名此新土。因地在原“犬丘”之西，于是又加一“西”字，名为“西犬丘”，以示区别。到周宣王时，秦人居此已历五世，故史文特加一“故”字，称“庄公居其故西犬丘”。只要细心阅读《秦本纪》和旧注，便觉其行文清晰，不会再有别的不同解释。

对《秦本纪》记述犬丘和西犬丘这几段史文误解的近代学者，最初是王国维。后来也还有不少学者有不同程度的误解。王国维《秦都邑考》，对旧注非子所居之犬丘为槐里说，提出三疑曰：

> 《本纪》云：非子居犬丘。又云，大骆地犬丘。夫槐里之犬丘为懿王所都，而大骆与孝王同时，仅更一传，不容为大骆所有。此可疑者一也[11]。

按懿王徙都犬丘说，只见于《世本》和《汉书·地理志》。懿王为何迁都不可知，何时又迁回丰镐，亦不详。此事不见于《史记》。纵令为史实，非子居周京附近，也没有怀疑的理由。因为非子为周王养马，主管王室生活杂役，其家族理应居住王室近地，才近情理。非子居槐里之犬丘，又有什么可疑呢？王国维继续说：

> 又云宣公子庄公（哲按：《本纪》谓庄公乃秦仲子，非宣公子）以其先大骆地犬丘，为西垂大夫。若西垂泛指西界，则槐里尚在雍、岐之东，不得云西垂。若以西垂为汉之西县，则槐里与西县相距甚远。此可疑者二也。

按《本纪》原文并不是说，庄公由于有了大骆地犬丘而为西垂大夫。原文是：“（宣王）于是复予秦仲后及其先大骆地犬丘，并有之，为西垂大夫。庄公居其故西犬丘。”这是说，周宣王因庄公伐西戎有功，于是重新封赐他，从非子“邑之秦”以来，经秦侯、公伯到秦仲三世所祖居之“秦”（在甘肃）和大骆嫡嗣子孙所居之大骆地犬丘（陕西之犬丘）两地“并有之”。所谓“并有”就已指明其非一地。庄公拥有陕西之犬丘，并仍有其历世祖居地甘肃之“秦”。而“秦”在陕西犬丘之西，故名西犬丘。所谓“居其故西犬丘”，这个“故”字就已说明庄公的祖和父，一直是居西犬丘的。西犬丘远在雍、岐以西，故可称西垂，并以此称为西垂大夫。以上对《本纪》原文的解释，应当是顺理成章的。王氏所举第二疑可以冰释。王氏又说：

> 且秦自襄公后始有岐西之地。厥后文公居汧渭之会，宁公居平阳，德公居雍。皆在槐里以西，无缘大骆庄公之时已居槐里。此可疑者三也。

这第三疑是说，秦族在庄公以后，其都城从西到东逐渐东移，德公时最东才扩展到雍。其祖先大骆、庄公之时，何能早已东向到达丰镐近地槐里之犬丘呢？王氏之所以有此疑问，是因他先有秦族来源于西土之成见在胸，认为秦只能从西到东迁移，不会再有其他方向。殊不知秦人早期本为东方土著，在大骆庄公以前的造父，已居比槐里更东的山西赵城，明载于《秦本纪》，王氏为什么竟熟视无睹？诚为可怪。盖秦人前期自东向西迁移（详后），只是自非子邑于秦以后，到庄公、襄公、文公、宁公才复回头向东发展。如此，则庄公居甘肃之西犬丘，并领有大骆地槐里之犬丘两地，又有什么可疑呢！

《秦本纪》叙述犬丘与西犬丘为两地，本甚清楚，王国维为了证明秦源于西土，却把两地说是一地。甚至毫无根据地删削《史记》原文以就其说，说《本纪》中“犬丘字上均略去西字”。古人“增字解经”，早已为人所诟病，现在又来了个“减字解史”，当然也不会得到学术界的认可。

王国维之所以将犬丘与西犬丘误认为一地，其原因主要是由于忽视了非子在周孝王封他“秦”地之前和以后，其居地已有了变化。对这个关键性的问题没有搞清楚，于是对秦史的理解，才出现了一系列错误。

以上，讨论了秦史中的西戎、西垂、犬丘、西犬丘几个名词。只要对《本纪》原文正确地理解，便知道这几个词对秦人源于西方之说，帮不了什么忙。相反，却成了秦人逐渐从东向西发展的绝好根据。

二　秦族西迁的时间和途径

承认秦族最初起于东方者，对何时西迁，也有分歧。有人谓，“秦本东夷族，在周公东征后西迁”[12]。又有人提出不同意见，认为“秦人至迟在商代末年已经活动于甘肃东部，也就是说已经在西方了”。又说，“一些人主张的周公东征迁秦人于西方的说法是难以成立的”[13]。到底什么时候西迁？其迁徙路线若何？有关史料奇缺，这也是意见分歧的主要原因。其实若对《秦本纪》细心体会，对这两个问题，还是看得出一些蛛丝马迹的。现在我先引出《本纪》中的一些有关段落。然后再进行具体地分析。《秦本纪》说：

> 秦之先，帝颛顼之苗裔。孙曰女修，女修织。玄鸟陨卵，女修吞之，生子大业。大业取少典之子曰女华。女华生大费，与禹平水土。……帝舜曰：咨尔费，赞禹功，其赐尔皁游。……大费拜受。佐舜调训鸟兽，鸟兽多驯服，是为柏翳。舜赐姓嬴氏。

《本纪》所记秦人远祖这段传说，杂有大量神话，还不能说是信史。但这种半神半人的古史，是世界大多数古老民族所同的。在这些传说中，可以从中抽出四点史实，似乎正反映出秦的一些真实历史。

第一，秦自以为是帝颛顼之苗裔，而颛顼都帝丘，在今河北省南部之濮阳县[14]。第二，秦人有与中国东方古氏族相同的玄鸟图腾的传说。第三，秦人嬴姓，而历史上嬴姓氏族，据近人考证多在东方。第四，秦远祖柏翳即伯益，封地可能在山东的费地，故又名大费[15]。

根据上述四点，可以得出这样结论：秦人远祖当虞夏时代，活动在今山东偏南一带。《本纪》又云：

> (秦祖) 费昌当夏桀之时，去夏归商。……大廉玄孙曰孟戏、中衍。……自太戊以下，中衍之后，遂世有功，以佐殷国。故嬴姓多显，遂为诸侯。其玄孙曰中潏，在西戎、保西垂。生蜚廉。蜚廉生恶来……父子俱以材力事殷纣。周武王之伐纣，并杀恶来。是时，蜚廉为纣石北方（按，据清人考证：“石”当为“使”字之误。说可从）。还，无所报。为坛霍太山而报。……死，遂葬于霍太山。……蜚廉复有子曰季胜。季胜生孟增。孟增幸于周成王，是为宅皋狼。皋狼生衡父。（《正义》谓“按孟增居皋狼而生衡父”）衡父生造父。造父以善御幸于周缪王……缪王以赵城封造父。造父族由此为赵氏。

《本纪》记载秦人这段历史，是说从夏末秦族便从夏转而归商，助商败夏桀于鸣条。从此，秦人世世佐商，一直到周武王克商时，仍忠贞不渝。至秦祖孟增以来，才转而归周。尤其是造父为周缪王御有功，被封于赵城。

从商至周初成王期间，秦族活动的地望，有西垂、霍太山、皋狼、赵城四池。

商时中潏所居的西垂，前面我曾说过，虽然不知其意是指殷都西面的边陲、还是指今山西的一个具体地点，但必然是在今山西境内无疑。按《春秋》隐公八年有："宋公卫侯遇于垂。"而《左传》则作"遇于犬丘"。是垂即犬丘。杜预注即谓："犬丘，垂也。地有两名。"杜预在《经》注中说："垂，卫地。济阴句阳县东北有垂亭。"即今山东曹县北之句阳店。山西的"西垂"与山东曹县又名犬丘的"垂"同名。根据历史上古人迁徙每以其故居名其新邑的惯例视之，很可能与古民族迁徙有关。段连勤同志把中潏所居山西的西垂，混同于后来天水西犬丘的西垂，虽然有误，但他认为"西垂"一名是对东方山东曹县的"垂"而言，是夷人从东方带来的，则极为合理。遗憾的是山西这个西垂，若确是一个具体的地点，在历史文献中还没有找到根据。

秦人在山西境活动的地域，除"西垂"外，还有三地，史实都比较明确。霍太山：《集解》引《地理志》言霍太山在今河东彘县，按即今山西霍县东南之霍山。皋狼：即《战国策·赵策》知伯使人之赵所请之地，按当在今山西离石县西北。赵城：《集解》引徐广曰"赵城在河东永安县"。按即今山西霍县南之赵城。

从上面对《本纪》这段记载的分析看，大概在夏末秦祖费昌开始佐商，至晚在中潏时或稍前，即从山东西迁到今山西省中南部。秦人居住山西约有几个世代，还建立了四五个根据地。《本纪》又云：

> 大骆生非子，以造父之宠，皆蒙赵城姓赵氏。非子居犬丘……孝王召使主马于汧渭之间，马大蕃息。……孝王曰……朕其分土为附庸，邑之秦。……亦不废申侯之女子为骆适者，以和西戎。……周厉王无道，诸侯或叛之，西戎反王室，灭犬丘大骆之族。周宣王即位，乃以秦仲为大夫……周宣王乃召庄公昆弟五人，与兵七千人，使伐西戎，破之。于是复予秦仲后及其先大骆地犬丘，并有之，为西垂大夫。庄公居其故西犬丘。

秦祖先从大骆、非子至庄公这段期间，所居留之地，主要的有犬丘、秦、西犬丘、西垂四个地名，在上节中都已经专门讨论过了。犬丘是指今陕西兴平县。西犬丘、西垂和秦为一地之异名，在今甘肃的天水、清水一带。非子原居陕西，自"邑之秦"以后，才从陕西迁到甘肃。

三　简要的结论

通过上面对《秦本纪》的考察，便可清楚地看出秦人早期从东到西逐渐迁徙的时间和路线。秦本东方夷族，兴于虞夏之际。殷商灭夏，秦人开始迁徙。大致分为三步，最后到达今甘肃境。

第一步，从山东西迁山西，大约是在胥轩、中潏时代。前已说过，至迟在中潏时已在西戎、保西垂。还可以上推一世，在其父胥轩时或已到达山西。因为申侯对周孝王说，其先郦山之女为胥轩妻，生中潏。郦山女之郦山，盖即春秋时之郦戎或丽土之狄[16]。顾颉刚先生考证，骊戎之地望在今山西境[17]。郦山之女的后人申侯的居地，在周宣王以前，原也在山西霍太山一带[18]。秦祖胥轩与在山西境之氏族为婚，而且秦、申世为婚姻[19]，则申与秦必为邻近的两族。以此推之，秦在中潏的父亲胥轩时，可能即已迁到山西。

第二步，从山西再西迁陕西犬丘，大约在大骆、非子时代。秦族从商末起在山西大概住了一百五十年左右。一直到大骆、非子时，还"以造父之宠，皆蒙赵城姓赵氏"。可见大骆、非子最初还住过山西赵城一带。不过《本纪》又说"非子居犬丘"，则至迟在非子时已迁到陕西的犬丘。《本纪》提到犬丘时，往往与大骆连文，曰"灭犬丘大骆之族"，曰"复予秦仲后及其先大骆地犬丘，并有之"，可知秦之受封于陕西之犬丘，很可能是大骆时代。

第三步，从陕西犬丘向西迁至甘肃西犬丘，则为非子时，有明文记载。不过这次与其说是迁徙，毋宁说是扩展。因为这时秦族分为两支：大骆嫡嗣居陕西犬丘；非子为庶出，本无封土，只有与嫡嗣住在一起。俟周孝王时，才分封他土地，“邑之秦”。他才从陕西犬丘，西至他自己的封地甘肃的西犬丘。秦族遂由一封地，变为两封地。周厉王时，嫡嗣在陕西犬丘那一支，被西戎所灭。周宣王时秦庄公伐戎有功，于是把甘肃之西犬丘和陕西之犬丘两地，又重新封予他，为西垂大夫。所以，这次不是西迁，而是秦族地盘的扩大。从此秦族的势力便越来越大了。

总之，上面三次从东到西的迁徙，是自山东开始，一迁山西，再迁陕西，最后到达甘肃。至秦襄公时代秦族的势力，便逐渐奄有陕西的大部分土地了[20]。

（《历史研究》1991年第3期）

注释

［1］王国维：《秦都邑考》，《观堂集林》卷十二；蒙文通：《秦为戎族考》，《禹贡》1936年第67期；及《周秦少数民族研究》中之《秦为戎族》节，龙门联合书局1958年。

［2］例如《穀梁传》僖公三十三年谓：“晋人及姜戎败秦师于殽。不言战而言败，何也？狄秦也。其狄之何也？秦越千里之险，入虚国，进不能守，退败其师徒，乱人子女之教，无男女之别。秦之为狄。自殽之战始也。”是秦在殽战之前，尚不为狄可知。按民族学上的是否戎狄族，何能决于一战？又如《穀梁传》昭公十二年称地道的华夏族的姬姓之晋为狄，反而称白狄的鲜虞为中国。这是因为晋侵伐鲜虞而被以夷狄之名。

［3］段连勤：《关于夷族的西迁和秦嬴的起源地族属问题》，《先秦史论文集》，《人文杂志》1982年增刊。

［4］［8］［13］赵化成：《寻找秦文化渊源的新线索》，《文博》1987年第1期。

［5］《后汉书·西羌传》注引《竹书纪年》。

［6］［12］顾颉刚：《从古籍中探索我国的西部民族——羌族》，《社会科学战线》1980年第1期。

［7］《左传》定公四年卫祝佗语。

［9］按此“天子”一词，意为少数民族之氏族首领。蒙文通主张骊山女与郦山之女为一人。可推知郦山女作过骊戎的首领。

［10］《孟子·滕文公》、《史记·秦本纪》。

［11］《观堂集林》卷十二。以下凡引王国维说，均出此篇，不另注。

［14］《左传》昭公十七年，“卫、颛顼之虚也。故为帝丘”；《史记索隐》引皇甫谧谓帝丘在东郡濮阳。

［15］按《秦本纪》之柏翳，《世本》作化益、后益。《孟子·滕文公上》谓：舜使益掌火，益烈山泽而焚之。《尚书·尧典下》谓益“作朕虞”、“上下草木鸟兽”。《国语·郑语》有佐舜的伯翳。这些柏翳、伯翳、化益、益等，盖均一人之异写，翳与益声相近而讹也。清梁玉绳《史记志疑》亦辨伯翳为伯益，甚详，可参看。至于“大费”则为伯益之封地。清雷学淇《竹书纪年义证》谓山东、河南间之费地有三：一为《左传》隐公元年费伯，地在山东鱼台县；一为《左传》襄公十六年之费滑，在今河南偃师；一为鲁东季氏之费邑，《左传》僖公元年公赐季友汶阳之田及费之费，故城在今山东费县西北。三费地均在东方。

［16］《左传》庄公二十八年谓晋献公伐骊戎，得骊姬；《国语·晋语》谓晋文公“行赂于草中之戎与丽土之狄，以启东道”。

［17］顾颉刚：《骊戎不在骊山》，认为骊戎之国在今山西南部。见《浪口村笔记》卷一（油印本）。

［18］拙文：《先周族最早来源于山西》第4节“姜姓之族原亦在山西”，《中华文史论丛》第三辑。

［19］申侯说：“申骆重婚，西戎皆服。”语见《秦本纪》。

［20］卫聚贤在三十年代就已说过：“秦民族发源于山东，至山西、陕西、甘肃，然后再向东发展。”（《中国民族的来源》，卫聚贤《古史研究》第三集，商务印书馆1934年）虽然卫氏仅仅说了这么一句话，并无其他阐释，但这个看法，却是他首先提出的。

简论西方嬴姓国的由来

杨东晨　杨建国

嬴族是东夷少昊的后裔，活动在今山东一带，距今约五千余年时，形成部落方国。其祖先伯益为部落方国酋长时，建都邑于今河南范县。范县古时称秦，故伯益族又称秦族、秦人或嬴秦[1]。伯益在舜为华夏部落联盟最高军事首长时，出任联盟机构的虞官（管理山泽资源），华夏与东夷族文化发生了广泛的交流和融合。历夏商周三代至春秋，在今山西、陕西等地区形成了四个嬴姓国家。拙文将对西方的嬴姓国之形成和由来作一粗浅的探讨。

一　春秋时期的西方嬴姓国

这里说的西方，是指东夷族居地（今山东）的西方，即山西、陕西及甘肃东部。经公社部落与夏商周三代，到春秋形成以下主要国家。

《史记·秦本纪》太史公曰："秦之先为嬴姓。其后分封，以国为姓，有徐氏、郯氏、终黎氏、运奄氏、菟裘氏、将梁氏、黄氏、江氏、修鱼氏、白冥氏、蜚廉氏、秦氏。然秦氏以其先造父封赵城，为赵氏。"其中的蜚（飞）廉氏在山西、陕西及甘肃东部逐步建立了嬴姓国。

赵国。嬴族首领伯益第十代蜚廉有二子，一曰季胜，一曰恶来革。季胜下传四代至造父。《史记·秦本纪》载："造父以善御幸于周缪王，得骥、温骊、骅骝、騄耳之驷，西巡狩，乐而忘归。徐偃王作乱，造父为缪王御，长驱归周，一日千里以救乱。缪王以赵城（今山西赵城县）封造父。造父族由此为赵氏。"赵氏族日益发展壮大，后为周的封国"晋"的卿士，至战国建立赵国。其真正姓氏，为蜚廉氏，上溯则为东夷嬴姓皋陶和伯益，远祖则又为东夷嬴姓少昊族。

吴树平《风俗通义校释》云："梁氏，伯益治水封梁。"应为伯益支族。梁国为周初封的伯国之一。《史记·秦本纪》云："梁，嬴姓。"《正义》引《括地志》云："同州韩城县（今陕西韩城市）南二十里少梁故城，古少梁。《国都城记》云梁伯国，嬴姓之后，与秦同祖。"春秋时期，臣服于秦。秦德公元年（公元前677年），初都雍城（今陕西凤翔）大郑宫，梁伯曾往朝拜祝贺。秦成公元年（公元前663年），梁伯又朝秦，与秦保持着友好关系。梁伯国隔黄河与强晋相对，加之当时韩城至华山以东又为晋的势力范围，故梁伯国又与晋国关系较好。《史记·晋世家》记载：晋献公二十三年（公元前654年），听信骊姬妃的谗言，派右行大夫贾华率军伐公子夷吾时，夷吾奔逃至梁国。晋大夫冀芮向夷吾进言："奔翟国，岚不如走梁，梁近于秦，秦强，吾君百岁后可以求入焉。"梁伯又将其女许予夷吾为妻，结为婚姻之好。《秦本纪正义》："予圉（晋惠公夷吾子）母，梁伯之女也。"秦穆公二十年（公元前640年）灭梁国，改其都为少梁城。秦惠文王十一年（公元前327年），又改少梁为夏阳。梁伯国在秦晋的抗争中起了一定的缓冲作用，也为古时弘城地区经济的开发做出了一定的贡献。

秦国。飞（蜚）廉之子恶来革被周武王处死后，对其族进行了镇压，并强迁他们至晋地。恶来革之子女防和其同族遗民被迫沦为半牧半耕奴隶。女防下传四代至非子，因其叔祖父造父封赵城之故，他的祖父太几、父亲大骆皆居赵城，亦姓赵。东夷嬴族有擅长养马及畜的传统，历五代，势力有所发展。

秦之先曰大业（亦名皋陶），又为舜“调驯鸟兽，鸟兽多驯服”[2]。皋陶母族颛顼，颛顼为东夷嬴姓少昊之后，飞廉又为皋陶第十一代孙，故云非子族为嬴姓，以养马及畜擅长。

非子族民日众，赵城地狭小，遂渡过黄河向西发展。《史记·秦本纪》云非子族民迁居犬丘（今甘肃天水）后，在渭水上游谷地游牧、农耕，卓有成效。周孝王封土予非子，又恢复其嬴姓，号曰秦嬴。秦族经数百年发展，战国时代成为强国。

耿国。《史记·秦本纪》云：秦武公十三年，“晋灭霍、魏、耿”。《正义》引《括地志》曰：“故耿城今名耿仓城，在绛州龙门县东南十二里，故耿国也。《都城记》云耿，嬴姓国也。”《左传》杜预注云：“平阳皮氏县东南有耿乡。”皮氏县即今山西河津县。

阮国。伯益随禹治水时，舜封其族人于阮（今甘肃泾川县东南）。胡尧《中国姓氏寻根》（上海出版社 1987 年）说：“阮，源出于偃姓。皋陶有子孙封在阮国，阮国在商末被周文王灭掉。”偃、嬴同祖，且同姓。

梁康伯国。《史记·秦本纪》载：嬴姓秦人非子的曾孙秦仲为周宣王伐西戎，不幸被杀。秦仲的五个儿子发誓为父报仇，周宣王支援他们七千名士卒，让他们继续攻打西戎。庄公弟兄五人拼死作战，击败了西戎，收复了失地。宣王封秦仲长子庄公为西垂大夫，封其次子康于梁山（今陕西乾县），称梁康伯国，春秋初为戎族所灭。

二　西方嬴姓诸国的由来

关于东夷嬴族何时来到西方的问题，论著多说是周公东征之后。林剑鸣先生的《秦史稿》持此说。斯维至先生亦认为：“周公东征是一场十分激烈的残酷的战争，它引起各族人民（包括北方的游牧部落和殷商人民）的大迁徙大动荡。秦（嬴姓）是殷商的同族或是邻近部落，与殷商有共同的祖先卵生的传说，它和赵大概都是周公东征时被迫从东方沿海迁徙到西北高原来的。”[3]周公东征后，迁殷旧民到西方，《史记·周本纪》有明确记载：“成王既迁殷遗民，周公以王命诰，作《多士》、《无佚》。”《多士篇序》云：“成周既成、迁殷顽民。”唐张守节按：“是为东周，古洛阳城也。”《括地志》云：“洛阳故城在洛州洛唁县东北二十六里（今洛阳白马寺东），周公所筑，即在周城也。”显然，这些殷旧贵族未到达今晋、秦、甘黄土高原。

东夷族从太昊时，就与炎帝族交错杂处，互相冲突和融合。《左传》僖公二十一年云：“任、宿、须句、颛臾、风姓也，实司太皞与有济之祀，以服事诸夏。”它们都是太昊的后裔，任国在今山东济宁市，宿国在今东平县东，须句国在东平县寿张县一带，颛臾国在费县西北。从而说明太昊为部落长时，邑于任是可信的。太昊后徙都陈，又称宛丘（今河南淮阳）。从陕西渭水流域进入中原的炎帝族，在与太昊族的争夺中取胜，初都于陈，后又东迁都于山东铭阜。太昊部族衰，少昊部族兴起，初都穷桑（曲阜北），后都于曲阜；炎帝部族衰亡，黄帝族昌，与东夷族冲突，东徙都于穷桑，后又迁至曲阜。东夷族首领颛顼继少昊之后，初都穷桑，后徙帝丘（今河南濮阳），出任华夏部落联盟最高军事首长。后来的东夷首领舜，也是由鲁入豫、晋，任联盟首长。到夏、商、周之先鲧、契、弃为止，华夏与东夷都以鲁、豫、晋、秦为活动中心区域。这也是东夷与华夏的第一次互徙和大融合。东夷的社会经济和文化是相当发达的，对华夏文明的贡献也是相当大的。有的学者认为“大约在公元前三千五百年以前各文化发展时期，中原地区同东方（山东和苏北）的步调基本一致，发展水平也是差不多。但在公元前三千五百年的大汶口文化和龙山文化时期，东方的经济文化在一些重要方面逐步超过了中原，在全国也处于领先地位”[4]。这个时期，进入中原的夷人已成为华夏族的一部分。

夏代的东方，《后汉书·东夷传》云：“夷有九种，曰畎夷、于夷、方夷、黄夷、赤夷、玄夷、风夷、阳夷，故孔子欲居九夷也。”《尚书·禹贡》记载：青州还有嵎夷和莱夷，冀州有岛夷，徐州有淮夷。“夷的得音当与方言有关，至今山东人还是读人为寅，与夷音极为相近。”[5]所以东夷各族又称人、莱人、淮人、岛人，或东隅之人（亦作隅）、莱山之人、淮水之人、海岛之人。“畎夷、于夷、方夷等大概也是地名人。至于赤夷、白夷、黄夷、玄夷（商代还有蓝夷）等，则犹言赤人、白人、黄人、玄人或爱穿某种颜色服装的人。风夷当为凤夷，是以凤鸟为氏族图腾的人。”[6]《说文·大部》：“夷，从弓从大，东方之人也。”夏都阳城、崇山、帝丘、阳翟、鄩、伊、洛之地，均在河南，平阳、安邑、晋阳、夏墟、东夏等，在今山西，斟寻、斟灌都城，除河南濮阳、巩县说外，又有山东潍县、平寿之说。从而可知，夏人的活动区域东至豫、鲁、冀三省交界地，西至渭水，山西南部及河南西部、中部是其中心地。商族也是兴起于山东夷地，后进入河南、山西的伊、洛和汾水流域。鲁、豫、晋均为东夷、夏、商的发祥和发展地，政治、经济、文化的交流密切，民族融合早而频繁，这就为东夷族的西来开辟了道路。

东夷嬴族也正是在夏商时代进行了第二次西迁和融合。《御览》卷八二：“帝相二年，征淮夷。”《后汉书·东夷传》注引《竹书纪年》：“帝相七年，于夷来宾”，“少康即位，方夷来宾”。《御览》卷七八〇：“后芬即位三年，九夷来御。”同时，夏之同姓国观、莘、杞、鄫、寒诸国，其地望是：观国在今山东观城县，居顾西，莘国在山东曹县，杞原在河南杞县，后迁今山东昌东，古姒姓国在山东峄县，寒国（姒姓）在山东曲阜附近。这些史实，一是说明夏与东夷交往甚多，二是说明夏中世纪之前政治中心确在今山东、河北、河南三省间，而以山东为重点，盖与东夷交错相处，有对峙，有斗争，而终融为一体。”[7]即是晚夏，其中心西迁至伊、洛，夏的同姓国依然存在于夷地；中原及淮北夏初封的嬴姓皋陶后裔国如英、许、六也仍居原地。四对东方依然十分重视。古本《竹书纪年》云：“荒（帝芒）元年，命九夷，东狩于海，获大鸟。”山东及滨海，都是夏的依附地。夏末帝桀为挽救其危机，转移国内人民视线，遂发动了大规模的征伐东夷之战。《史记·夏本纪》云：“自孔甲以来而诸侯多畔夏。”《左传》昭公四年“夏为有仍之会，有缗叛之”。《左传》昭公十一年：“桀为有仍之会以丧其国。”《后汉书·东夷传》：“桀为暴虐，诸夷内侵。”商族诸侯国君汤乘机广泛联合东夷各族军民攻夏。其联军以秋风扫落叶之势，由山东到达鸣条，同率领的夏军决战，夏军遗退，逃至南巢（今安徽巢县），死于那里，商汤灭夏定都西亳（今河南偃师县），商夷联军继续西进，扫除夏残余势力。商夷军民在取胜后，部分遂留居今陕西地区，后来势力逐渐发展，历商周至春秋仍存。《史记·秦本纪》：“宁公二年，公徙居平阳，遣兵伐荡社。三年，与亳占，亳王奔戎，遂灭荡社。”《索隐》：“西戎之君号曰亳王，盖成汤之胤。其邑曰荡社。徐广云一作荡杜，言荡邑在杜县（今陕西长安县南）之界，故曰荡杜也。”这是汤后裔立国之地，秦宁公征伐，亳王军战败，北逃至今陕西兴平与三原交界地，后被秦所灭。故《史记·秦本纪正义》引《括地志》衅：“雍州三原县有汤陵。又有汤台，在始平县西北八里。”东夷其他族亦有入陕者，如《竹书纪年》记载“三年，畎夷入于岐以叛”；《后汉书·西羌传》亦载“后之乱，畎夷入居分岐（今陕西旬邑和岐山县）之间”，说明畎夷是在夏时“内侵”居于关中的。西迁的畎夷是在殷灭夏后归忿于商，周强大后又臣服于周。《左传》襄公四年云：“周文王率殷之叛国以事纣，四十余国。”其中就有畎夷。后畎夷作乱攻周，声势较大。《帝王世纪》云：“昆（畎）夷伐周，一日三至周东门（岐山周原王城），文王闭门修德，而不与战。”足见畎夷势力之大。《毛诗·出车序》亦云：“（文王时）西有昆夷之患，北有猃狁之难。”周文王为防御和打击入侵之乱，遂向殷王请求支援，殷王武乙“为了拯救殷朝在西方的支柱周族方国，帝乙于即位后的十年和十五年曾亲率殷国大军征讨渭河流域的夷方”（《毛诗·出车序》）。东夷族居地多称丘，今陕西兴平东南的犬丘（废丘）、甘肃东部的西犬丘，都是东夷族的居地。今山西南部汾水流域在夏商时期也有东夷族民居住。这次大迁徙，使东夷人已遍布晋、秦、甘地区，为嬴族在西方的活动奠定了基础。

东夷嬴族，在夏初地位甚高。《史记·夏本纪》记载：嬴族首领伯益曾被禹确定为王位继承人，后被启杀害而夺位。伯益的后裔多在夏为官。夏末政治黑暗，商族强大，诸侯、大臣纷纷叛夏归殷，伯益后裔亦是如此。《史记·秦本纪》：伯益后裔“费昌当夏桀之时，去夏归商，为汤御，以败桀于鸣条”。鸣条一说在河南封丘东，一说在山西安邑县北。夏桀都伊、洛，当以封丘为当。费昌为伯益第六代孙，其“子孙或在中国（殷王畿中原），或在夷狄（鲁与晋北）”。《索引》云：“殷纣时费仲，即昌之后也。”《秦本纪》又云：伯益（大费）的另一第六代孙孟戏、中衍，“鸟身人言，帝太戊闻而卜之使御，吉，遂敢使御而妻之。自太戊以下，中衍之后（指费昌及仲衍之后），遂世有功，以佐殷国，故嬴姓多显”。嬴族在鲁和苏北立国的多达十七个，而奄国（都曲阜）为殷时东方大国。因嬴族与商关系紧密，有的又建国于中原，故殷王派伯益的第十代孙（中衍之玄孙）中潏到西戎地，保西垂（今陕西宝鸡以西地区）。而从《秦本纪》周孝王时，申侯对周孝王说“昔者我先骊山之女，为戎胥轩妻，生中潏”之记载看，胥轩军民的活动地当在今陕西关中西部，因“戎”族居地在该地至甘肃，再者，骊戎国立于夏商，在今临潼，两族能通婚，一是说明胥轩军民长期居于西戎地，与骊戎习俗相近，二是说明他们距骊戎不会太遥远。戎胥轩来到西北的时间，从《秦本纪》记载的其孙、曾孙为纣王大将的事实分析，是在殷帝武乙征渭河流域（岐山县一带）畎夷之时。胥轩约卒于殷帝太丁时期。其子中潏继承父业继续为殷王太丁、帝乙守西垂。中潏约卒于殷帝乙末年，其子又继承其业。嬴族军民在长期的耕战中，和西戎有斗争，有融合，至殷末，已形成一定的力量。中潏的儿子又有飞廉，飞（蜚）廉有子恶来革和季胜。“恶来有力（可手裂虎兕），蜚廉善走，父子俱以材力事殷纣。”恶来革与其同一祖先（伯益）的后裔费仲为朝臣。《史记·殷本纪》说纣用费仲为政。“费中（仲）善谀，好利，殷人弗亲。纣又用恶来。恶来善毁谗。诸侯以此益疏。”他们助纣为虐，谗害忠臣良将，祸国殃民。周武王伐纣，恶来革负隅顽抗，被杀。为殷保边陲的中潏后裔，被周军击败后废为奴隶，嬴族遗民被赶往周的西部边陲（今甘肃东部），被迫过着游牧或半耕半牧生活，地位、处境如西戎游牧部落。

中潏子飞（蜚）廉，殷纣王时为边将，镇守在今山西。《史记·秦本纪》：“蜚廉为纣石北方，还，无所报，为坛霍太而报，得石棺，铭曰：‘帝令处父（蜚廉）不与殷乱，赐尔石棺以华氏。’死，葬霍太山。”《正义》刘伯庄云：“霍太山，纣都之北也。霍太山在晋州霍邑县。”《索隐》云：“言处父（蜚廉别号）至忠，国灭君而不忘臣节，故天赐石棺，以光华其族。”《集解》皇甫谧云：“去彘县（今山西霍县）十五里有冢，常祠之。”是谁“常祠之”呢？显然是飞廉守北边时带去的嬴族军民及其后裔。从《史记·秦本纪》“蜚廉复有子曰季胜。季胜生孟增。孟增幸于周成王，是为狼皋宅（今山西离石县）”的记载知，季胜在纣王时随父从军，周武王灭纣后，蜚廉死，季胜复率其族军民，降于周，居于晋南汾水流域，这便是山西南部嬴姓国的来源。

恶来革被周武王处死后，其子女防，逃往其叔伯族季胜处。“女防生旁皋，旁皋生太几，太几生大骆，大骆生非子。以造父之宠，皆蒙赵城，姓赵氏。”[9]后来，大骆族日益发展，赵地狭小，遂率其族民渡过黄河向今甘肃东部迁徙。途中部分族民留居渭水入黄地带，历周至春秋，形成梁国。非子居犬丘，和其上八代祖中潏率领去的遗民一起牧马、农耕为生，后被周孝王赐姓（实为恢复）嬴，邑之秦，号秦嬴。

总之，东夷族在大禹治水与夏商之际来到了西方。西方的嬴姓诸国，则是商末期为殷保边陲的胥轩、中潏父子及蜚廉、季胜父子所带领的以嬴族为主的军民所逐步建立的，它们与春秋时期山东及江淮之地的郯国（今山东郯城县）、莒国（山东莒县）、奄国（山东曲阜）、菟裘（山东泗水县）、交梁（今江苏邳县）、终黎（安徽凤县）、黄国（河南潢川县）、江国（河南正阳县）、修鱼氏（河南修武县）和白冥氏等嬴姓国有着深深的族（或祖）源关系。更有趣的是，兴起、发展、立国的嬴姓东方诸国，却被历经漫长之坎坷道路而形成的西方强秦所统一，成为秦、汉民族的共同体。它们在创造中国秦汉文明盛世中作出了重大贡献。

（《秦陵秦俑研究动态》1992 年第 1 期）

注释

［1］李江浙：《秦人起源东方考》，《先秦史研究动态》1984 年第 3 期。

［2］［9］《史记·秦本纪》。

［3］斯维至：《论秦的社会与文化》，《中外历史》1987 年第 3 期。

［4］［5］［6］严文明：《夏代的东方》，《夏史论丛》，齐鲁书社 1985 年。

［7］杨向奎：评傅孟贞的《夷夏东西说》，中国先秦史学会《夏史论丛》，齐鲁书社 1985 年。

［8］段连勤：《关于夷族的西迁和秦嬴的起源地族属问题》，《先秦史论文集》，《人文杂志》1982 年增刊。

周代东夷嬴姓族的西迁和嬴姓国的业迹

杨东晨

黄河流域及其支流的民族，自古就经常迁徙。夏代、商代已形成东、西方民族互相在异地或中原立国，演出了一幕幕兴衰剧，西周更是如此。长江流域及其支流的民族亦然。

一　周代东夷嬴姓族的西迁

汾水流域与中原的嬴秦贵族在商末遭致命打击后，部分逃回东夷故地。武王灭纣，时间短促，重点打击殷主力军和处理殷王畿内事务后，便返回西方故都。四方的诸侯国或部族只要表示臣服，即可免遭征伐。从当时情况看，周军在攻克纣都后，打击了中原南部、东南部的一些盟国，东夷地区的奄、薄姑等国，并未受到严厉打击。也就是说，武王并未真正完成统一中国的大业。

武王建立西周后，未来得及营建洛邑以加强对东方的统治，便去世了。《史记·周本纪》载："成王少，周初并天下，周公恐诸侯畔周，公乃摄行政当国。管叔、蔡叔群弟疑周公，与武庚作乱，畔周。"周公力排众议，毅然派兵东征，并亲自挂帅。"周公奉成王命，伐诛武庚、管叔，放蔡叔"之后，继续征讨参与叛乱的南方、东方夷国，嬴姓秦人及它同族国受到了严重打击。《孟子·滕文公下》记载："周公相武王诛纣；伐奄三年讨其君，驱飞廉于海隅而戮之，灭国五十。"这里的"飞廉"，即以其为祖先或尊奉蜚廉的诸族国。《逸周书·作雒解》云"周公立，相天子，三叔及殷、东、徐、奄及熊，盈以畔"，"三年，又作师旅，殷大震溃"，"凡所征熊、盈十有七国，俘维九邑，俘献殷民，迁于九毕"。《塱方鼎》铭文亦载："隹周公征伐东夷，丰白、专古咸哉。公归，荐于周庙，禽秦禽。"铭文记周公的"灭国五十"，或"熊、盈十有七国"，绝大多数都是嬴姓少昊氏的后裔或裔支族，而"秦"、"飞廉"族国及"熊、盈"等国则都是商灭之秦宗族国。《史记·周本纪》云：周公东征，"三年而毕定"。《班簋》铭文云"三年静东国"。周公俘虏了包括以嬴秦诸族为主的许多东夷人，将他们迁入雒邑附近和"九毕"。关于"九毕"，有的学者认为是雒邑附近，有的认为是镐京附近。细查文献，商末周初，镐京附近"毕"字地名较多。《史记·周本纪》司马迁赞语云："毕在镐东南社中。"毕又称毕原、毕陌、毕郢。清孙星衍《毕原毕陌考》云："毕原在渭水南，周文王、武王、周公之所葬；毕陌在渭水北，秦文王、武王之所葬，即今咸阳之陵。""毕先见《诗》毛传云：毕终南之道名也，其名最古。"《辞海·地理分册·历史地理》云：毕即毕郢、程、毕原，"古地区名，又名毕陌。在今陕西咸阳、西安附近渭水南北岸，境域很广。周初王季建都于毕，武王封毕公高，都在渭水北岸，今咸阳市西北；亦称咸阳原，咸阳北阪。相传周文王、武王、周公坟墓，都在镐东南杜地（今西安市东南），则在渭水南岸"。卢连成先生对司马迁所说之“毕”地进行了调查，认为毕原在今西安市西南，镐京东南长安县祝村、郭村镇一带，是西周天子陵寝区[1]。河南洛阳附近也有称“毕”的地名。由此而析知，东夷所迁之地较广，包括洛阳至关中地区。何汉文先生考证说：“当时周人强迫徐、奄、盈、淮夷、熊等西迁的安置地点，由于人数众多，除了以洛邑为中心外，一直延续到陕西西安一带。”[2]尚志儒同志也认为：“蜚廉死难后，其部族人民与奄、盈等国人民一样，也一样被迁往西方，蜚廉而外，参与这一叛乱的还有原先留在当地的秦氏，因为那次叛乱规模巨大，几乎包括了所有的嬴姓部族和国家。在叛乱失败后，秦氏的遭遇同被周人强迫外迁的其他兄弟部族一样，也被迫向西迁徙，被安置在西安附近的‘九邑’一带。”[3]因《逸周书·作雒解》的“注疏均以九毕在陕西长安县西南，安置徐、奄、熊盈等十七国大批俘民的九个新邑就在毕原附近”[4]。这些认识，虽还略有歧义，但东夷在周公东征后大量迁入洛邑及关中则是一致的。《尚书·多士序》云：“成周既成，迁殷顽民。”说的是成王亲政后，将殷及东夷诸国旧贵族迁入今洛阳白马寺东的城内居住，予以监视，俘虏的夷人奴隶还在其附近地区；丰镐以北至程的地区，则多为嬴姓族民。

丰镐东北的今蓝田县，自商代就有少昊氏的裔支族“蓝夷”徙入，蓝田、蓝水、蓝谷、蓝水桥等，均以蓝人居此而得名[5]，且这支蓝人中，已有汾水流域之嬴秦人融入，蓝人建立小方国后，依附于周，并参加武王伐纣，被封为子爵国。周公将嬴姓族民安置于此，采取以夷治夷的策略。成王亲政后，废蓝国而设弭邑（荣伯邑），派师氏去加强统治。何清谷先生考证：“九毕可能是在毕原、毕道、毕国及其附近设有九个或许多新邑，以安置俘虏，派官监督管理，使其为王室服役。九毕的分布已无法一一考知，在今蓝田县的弭邑应属九毕之一。”[6]商代的戈方国（今陕西泾阳），在武王封公子高于毕后，遂成为毕国属民。成王还将嬴姓遗民安置在毕国境内，使其与皋陶后裔戈族民一起，在毕公的监督下为王室服役。这样一来，在今咸阳至长安县一带，便分布着不少嬴姓遗民。

周公东征，西迁之嬴姓俘虏的活动，文献无载。解放后蓝田县发现的10多件弭氏铜器中，有2件铭文可知一些情况。郭沫若先生释《师酉簋》、《询簋》铭文中有：王命酉、询所管的虎臣、庸、西门夷、秦夷、京夷、华夷、成秦人等[7]。唐兰先生认为《师酉簋》铸于周共王元年，《询簋》铸于共王十七年[8]。何清谷先生释曰：“《周礼》师氏掌教国子，并率所属守卫宫门”，“师酉和师询是父子关系，世袭官职师氏”，“铭文中列举的周王命酉和询所管的虎臣和庸，为王驱使。虎臣是由六个夷族构成的，充当保卫周王宫门的隶役；庸是用降伏了的夷族和非夷族做仆役。作为虎臣的秦夷和作为庸的成秦人，很可能是周公东征时俘虏的一部分秦人，他们由弭邑的师氏管辖而为王室服役，经过成、康、昭、穆、共五代族名犹存，可见他们是聚族而居的家庭奴隶。他们和大骆非子等，当是同族而异支”[9]。这共王时代的“秦夷”“成秦人”，无疑是东方秦人的后裔。秦、秦人、秦族之称非常久远。《潜夫论·三式》篇载：“伯翳日受封土。”《越绝书·吴内传》载：“益与禹臣于舜，舜传之禹，荐益而封之百里。”《盐铁论·结和》篇云：“伯翳之始封秦，地为七十里。”洪亮吉《四史发伏》卷一引梁代崔灵恩《毛诗集注》云：“秦在夏商为诸侯，至周为附庸，则秦本建国，疑伯翳即封于秦。”《春秋》庄公三十一年记载：“秋，筑台于秦。”杜预注：“东平范县有秦亭。”宋邓名世《古今姓氏书辨证》卷六载：“周文王世子伯禽受封为鲁侯，裔孙以公侯为大夫者，食邑于秦，以邑为氏。”秦嘉谟《世本辑补》卷七云：“秦氏本自颛顼，后为国号，因以为氏。”《急就篇》卷一“秦妙房”下颜师古注曰：“秦本地名，后为国号，因又命氏。鲁国有秦堇父、秦丕兹，皆秦姓也。”《通志·氏族略》云：“鲁又有秦氏，居民秦邑，今濮州范县北秦亭是其地。”濮州古称帝丘。《山东通志》卷三云：帝丘，“古颛顼氏之墟”。秦亭恰在帝丘范围之内，即今河南范县。鲁裔孙之封邑“秦”，为伯益封地之“秦”，夏商的秦诸侯国亦即此。胥轩、中潏、蜚廉、恶来、费仲等，均为该秦国贵族裔支。周公迁所俘虏之秦人，为其后裔，当无所疑。

二　西方故秦民与嬴姓国的发展

康基田《晋乘蒐略》卷一云：山西临汾有大费庙，洪洞县有皋陶村和皋陶祠。《路史·国名纪》卷乙载：新绛县有飞廉城。它们均为大费（伯益）及其后裔的居地遗迹。《墨子·耕柱》云：飞廉为夏后启“折金于山川，而陶铸于昆吾”。李江浙认为：“在费与启的反复较量中失败以后，回故地称‘费侯’，其子若木事夏而受封于徐，大费事夏后启而为‘路俗氏’徐当今江苏省宿迁县。昆吾在今河南濮阳。路俗氏则因居潞河而得名。潞河今称漳河，本应作‘路’从足从各。各示足所至之形，而至与秦同义，所以潞河是因秦人大费之族久居其地而得名”，故“漳河上下游及其附近地区，都是大费族人的住地”[10]。这也就是夏商汾水流域嬴秦族军民或立小方国的来源。这支秦人在蜚廉自杀后，流散在晋南地区。

西周初期，今山西南部、陕西东部、甘肃东部的秦之沦亡余民，除丰镐东北“弭邑”的秦夷有铭文记载外，其他均不见踪迹。其原因是他们地位微贱，沦为周王室或封国的仆役，或杂处于西戎之中，故文献和铭文不见其载。《史记·秦本纪》在追述周穆王之前的秦人历史时说：“蜚廉复有子曰季胜。季胜生孟增。孟增幸与周成王，是为宅皋狼（今山西离石县西北）。皋狼生衡父，衡父生造父。造父以善御幸于周缪王，得骥、温骊、骅骝、騄耳之驷，西巡狩，乐而忘归。徐偃王作乱，造父为缪王御，长驱归周，一日千里以救乱，缪王以赵城（今山西洪桐县南之赵城）封造父，造父族由此为赵氏。自蜚廉生季胜以下五世至造父，别居赵。”从周武王灭纣至穆王，季胜族余民一直处于奴仆地位，善于养马及畜。造父得骏马于桃林（今华阴及其以东地区），说明了造父族民已半耕半牧于汾水与渭水一带，成王至穆王时代为“御”（奴仆），平徐偃王之乱后才有封地和姓氏。《秦本纪》又云：“恶来革者，蜚廉子也，早死。有子曰女防。女防生旁皋，旁皋生太几，太几生大骆，大骆生非子。以造父之宠，皆蒙赵城，姓赵氏。”《索隐》按：“《左传》郯国，少昊之后，而嬴姓盖其族也，则秦赵宜祖少昊氏。”可见，武王灭纣，恶来革顽抗被杀后，其子女防亦率余民逃入汾水流域，依附其亲族季胜，穆王时，随造父居于赵城。这里还说明，从商末至周穆王时，嬴秦遗民已较多地活动在霍太山（今山西霍县东南）、宅皋狼及赵城一带。《史记·赵世家》亦载：蜚廉“命其一子曰恶来，事纣，为周所杀，其后为秦”。从直系祖先看，赵、秦同祖于蜚廉。

大骆、非子族何时沿何地迁往西犬丘？史无确载。卫聚贤先生三十年代就考证说：“秦民族发源于山东，至山西、陕西、甘肃，然后再向东发展。”[11]王玉哲先生持此说，进一步考证：秦“从山东西迁山西，大约是在胥轩、中潏时代”；“从山西再西迁陕西犬丘，大约在大骆、非子时代”；“从陕西犬丘向西迁至甘肃西犬丘，则为非子时”[12]。这种说法，有不少矛盾。首先是秦人的西迁，前已述，是在虞夏或夏商之际；胥轩子中潏在殷末期已由犬丘（今陕西兴平）派往“西垂”（今宝鸡以西）为殷守边；大骆、非子既是被周王所猜忌而迁，绝不会由晋南迁往镐京附近，而是迁到了偏远的戎狄之地“西犬丘”（今甘肃天水）。因此，这种“分三步”迁至西犬丘说难以成立，《后汉书·西羌传》云：“文王为西伯，西有昆夷之患。”昆夷即犬戎，说明商末，犬戎已南迁至今甘肃天水一带。《国语·周语上》云：“戎狄荒服。”从武王至穆王，犬戎都以土特产朝贡周王，表示归顺。《后汉书·西羌传》云：“至穆王时，戎狄不贡，王乃西征犬戎，获其五王，又得四百鹿，四百狼，王遂迁戎于太原。”即今甘肃庆阳一带。犬戎被迁后，西戎与商末沦亡于这一带的嬴秦余民才逐渐活跃。周穆王为加强对西犬丘的控制，遂将恶来之后的大骆、非子族迁往犬戎故地。同时，还将“弭邑”等渭水南北的“秦夷”也迁去了一部分。何清谷先生说：“周自武王、成王、康王、昭王、穆王五世，秦自恶来、女防、旁皋、太几、大骆也刚好五世，可见穆王把犬戎赶走，大骆占据犬丘，在时间上正好衔接。”[13]商末，周国强大后，占据了宝鸡以西地区，“西垂”系指今甘肃天水地区。大骆、非子及“秦夷”迁入该地后，为周守边。周共王灭密后，为加强统治，又迁“秦夷”于密故地，受大骆、非子管辖，周懿王时，铭文中不见弭邑之“秦夷”，即是其证。尚志儒同志亦认为：第三次西迁的嬴秦（即周初），是否与前两次（夏末商初与商末）西迁的嬴秦人汇合，“虽无直接证据，但有关材料说明，与嬴秦同时被迁的奄国部族却与嬴秦汇合了，并且还成为秦国统治集团的成员。《元和姓纂》在‘奄’姓下云：‘成王践奄。’《左传》秦大夫奄息其后也。奄国尚且与嬴秦汇合，那么，嬴秦自身的汇合，自当在情理之中”[14]。

大骆、非子与“秦夷”西迁犬戎故地后，商末嬴姓遗民自然也归入该族。对于商末至穆王迁大骆居西犬丘前嬴秦余民的活动，虽无文献记载，但考古资料却得到了证实。赵化成同志说：“在天水地区的甘谷县毛家坪和天水县的董家坪，找到了西周时期的秦文化遗存”，在毛家坪还“发掘居址二百平方米，遗迹有灰坑、残房基地面等，根据在层堆积共分为四大期，年代从西周早期一直延续到战国中晚期”[15]。袁仲一先生认为：“从居住遗址中发现有灰坑、残房基地面，说明从西周早期开始，秦人起码已过着相对定居的生活。居址出土的陶器的基本组合，为鬲、盆、豆、罐，另有甗、甑等。这种组合反映了其饮食生活的内容，当以农作物粮食为其重要的食物来源之一。”[16]“西周早期”西犬丘地区半耕半牧的“秦人”，显然是商末被文王灭国灭族后逐往“西垂”的中潏裔民，因为大骆、非子是在周穆王封造父于赵城后，才被迁往西犬丘的。何清谷先生说：“毛家坪，董家坪秦文化遗址很可能是女防、旁皋、太几数代秦人居住过的聚落，后来大骆虽然迁走了，留下的秦人还继续居住在那里。”[17]这显然是误解。因为何先生在同一篇文章中已说过，大骆、非子是周穆王时才迁入西犬丘的，而据《史记·秦本纪》载：大骆以前的几代人是在晋南，本不在今天水。甘谷县毛家坪、天水县董家坪文化遗址，均为沦亡之嬴秦遗民的聚落。

《史记·秦本纪》云：“非子居犬丘，好马及畜，善养息之。犬丘人言之周孝王，孝王召使主马于汧渭之间，马大蕃息。”徐日辉先生考证：“西犬丘城邑，在今礼泉县勖关堡东南2.5公里的西汉水南岸。”[18]这个河谷盆地，土地肥沃，水草丰富，气候湿润，适于农牧，加之商末周初嬴秦遗民与西戎、大戎的长期经营，为大骆、非子秦夷等在此耕牧打下了良好基础。大骆、非子族以其较先进的生产技术和因有的较高文化，在今甘肃东南部顽强拼搏，以善于养马而著名。周懿王为加强对西犬丘的控制，对这支秦民予以支持和保护。他的叔叔孝王继位后，得知非子善养马的事迹，便召非子入关中西部（今陕西宝鸡县西），主持周王室牧业，政绩突出，受到孝王的赏识。此时，申侯（今陕西眉县与周至间）的女儿已许配给大骆，生嫡子成。《史记·秦本纪》记载：“孝王欲以（非子）为大骆嗣。申侯之女为大骆妻，生子成为嫡。申侯乃言孝王曰：‘昔我先郦山之女，为戎胥轩妻，生中潏，以亲故归周，保西垂，西垂以其故和睦。今我复与大骆妻，生嫡子成。申骆重婚，西戎皆服，所以为王，王其图之。’”周孝王为使申侯、非子都忠心保王室，遂采取了一举两得的策略。于是孝王曰：“昔伯翳为舜主畜，畜多息，故有土，赐姓嬴。今其后世为朕息马，朕其分土为附庸。邑之秦，使复续嬴氏之祀，号曰秦嬴。亦不废申侯之女为骆嫡者，以和西戎。”即将西犬丘城邑故地归于大骆及嫡子成，将非子封于秦。《辞海·地理分册·历史地理》云：“西垂，古地区名。殷、周时对约今东南部一带的泛称：古邑名，即西犬丘。”非子“邑之秦”，在西犬丘城邑的东北。《史记·秦本纪》集解徐广曰：“今天水陇西县秦亭也。”《正义》

引《括地志》云："秦州清水县本名秦，嬴姓邑。《十三州志》云秦亭，秦谷是也。周太史儋云'始周与秦国合而别'，故天子邑之秦。"《辞海·地理分册·历史地理》云："秦，古邑名。即秦城、秦亭，在今甘肃清水县东北。秦代祖先非子封地而得名。"《水经注·渭水注》记载：清水"又经清水城南，又西与秦水合，水出东北大陇山秦谷，二源双导，历三泉合成一水，西历秦川，川有秦故亭，秦仲所封也"。依《孟子·万章下》"不能五十里不达于天子，附于诸侯，曰附庸"的记载，非子的封地，比申侯女婿大骆及嫡外孙成的地域小得多，只是"西犬丘"邑的一部分。但秦嬴有续伯益祖宗、祭祀殊荣。这是嬴秦族由沦亡奴隶成为周在边境可靠力量的开始，也是嬴秦人在西方复立小国的开始。它标志着秦人长期被奴役、被流放生活的结束。大骆及嫡子成，是否封国，史无详载。按当时申国的地位，申侯与周王室的关系，我认为周孝王不会将大骆及成置于秦嬴之下，很可能封为诸侯国，而使秦嬴依附于这个"诸侯"国。

秦嬴建立附庸国后，得到周王室的支持和恩宠；秦嬴则忠心耿耿为王室守边，这就激起了戎狄的强烈憎恨和反对。《史记·秦本纪》载："秦嬴生秦侯。秦侯立十年，卒。生公伯。公伯立三年，卒。生秦仲。"从秦嬴至秦仲，历周孝王、周夷王，至周厉王，国力日衰，戎狄猖獗，《秦本纪》又云："秦仲立三年，周厉王无道。诸侯或叛之。西戎反王室，灭犬丘、大骆之族。周宣王即位，乃以秦仲为大夫，诛西戎。西戎杀秦仲。秦仲立二十三年，死于戎。有子五人，其长者曰庄公。周宣王乃召庄公昆弟五人，与兵七千人，使伐西戎，破之。于是复予秦仲后，及其先大骆地犬丘并有之，为西垂大夫。"《集解》引《毛诗序》曰："秦仲始大，有车马礼乐侍御之好也。"《正义》引《注水经》曰："秦庄公伐西戎，破之，周宣王与大骆犬丘之地，为西垂大夫。"《括地志》云："秦州上邽县西南九十里，汉陇西县是也。"这就是说，秦仲立不久，大骆及成之西犬丘地被戎占，族被灭，至庄公时，才收复西犬丘城邑，袭父秦仲职，为"西垂大夫"。秦由附庸级小国升为大夫国，力量增大，国土增加，势力也随之发展。林剑鸣先生说：非子时，秦已有二、三万人[19]，那么，庄公时，秦起码有十万人之多。周宣王支援庄公的七千人，多是毕原"九邑"的秦夷。秦亭、秦谷也系秦东方故地的名称，史载的"秦夷"亦系东方俘虏迁居"九毕"的称谓，非指非子居西戎而称"秦夷"，因周王会见忠心保卫王室的秦嬴、秦仲、庄公等时未称为"秦夷"。《辞海·地理分册·历史地理》云："西犬丘，古邑名，在今甘肃天水西南。原名犬丘，因另有一犬丘在东，故改名。西周时，秦国祖先大骆、非子居此。非子后改封于秦"，"自秦庄公为大夫，后人因称西犬丘为西垂"。可见西垂与西犬丘实为一地的异称。庄公卒后，其长子世父，决心为祖父秦仲报仇，领兵同西戎作战，让位于弟弟秦襄公。襄公居犬丘，戎攻之，世父迎战，为戎败，俘世父。秦襄公二年，由犬丘迁都汧城（今陕西陇县）。申侯联合西戎、犬戎灭周幽王时，秦襄公出兵相助，立下战功。周平王东迁，秦襄公护送，因功被封为侯国。从此，秦与晋、卫、燕、鲁、齐、楚、郑、宋等国并立，揭开了秦史新的一页。甘肃天水地区发现的十二座西周晚期秦墓，当为非子至秦襄公时期之遗存。

周代还有以下嬴姓族或国的流动：

赵氏邑。《史记·赵世家》云："赵氏之先，与秦共祖。至中衍，为帝太戊御。其后世蜚廉有子二人，而命其一子曰恶来，事纣，为周所杀，其后为秦。恶来弟曰季胜，其后为赵。"季胜的裔孙造父，为周穆王御有功，封于赵地，遂以赵为姓。《括地志》云："桃林在陕州桃林县，西至潼关，皆为桃林塞地。《山海经》云夸父之山，北有林焉，名曰桃林，广阔三百里，中多马，造父于此得骅骝、騄耳之乘献周穆王也。"说明这支嬴秦人的后裔，也是善于养马主畜而受到穆王封赏的。"自造父以下六世至奄父，曰公仲，周宣王时伐戎为御。及千亩战（今晋南），奄父脱宣王。奄父生叔带。叔带之时，周幽王无道，去周如晋，事晋文侯，始建赵氏于晋国。"赵氏族人，在西周的发展，几乎与非子族走的是同一道路，但因其处于周与晋之间，发展缓慢，至周亡，也没建立国家，先后为周王室、晋公室服役，地位较低。

耿国。耿为虞夏之际迁入汾水流域的伯益后裔，在夏商所立的小国，在今山西省河津县。西周初与唐国一起被灭，成王封宗族于此，嬴姓耿国改姬姓耿国，民成为周封国之民。

霍太山嬴姓遗民。《史记·秦本纪》载，武王灭纣王又杀恶来后，恶来父蜚廉在霍太山设坛祭纣王，而后自杀，“葬于霍太山”。《正义》刘伯庄曰：“霍太山，纣都之北也。霍太山在晋州霍邑县。”《集解》引《汉书·地理志》云：“霍太山在河东彘县。”季胜军民被武王废后，沦亡于霍太山（今山西霍县）一带及他地。周武王封其弟度于霍而建国，嬴姓遗民成为霍国之民。

梁国。嬴姓伯益之后，夏商时立国于梁（今陕西韩城南）。胡尧先生说：梁，“源出于嬴姓。伯益后裔非子为周孝王养马有功，被封在秦谷，号称秦嬴。非子的曾孙秦仲为周宣王征讨西戎，不幸被西戎所杀。秦仲的五个儿子立志要报父仇，周宣王便给他们七千兵马，让他们再去攻打西戎。五个儿子同仇敌忾，团结一致，终于打败了西戎，收复了被侵占的疆土。周宣王封大儿子秦庄公为西垂大夫，封二儿子康在夏阳梁山，为梁康伯”[20]。梁为伯国，与周王室关系亲密。这就是说，周末，非子后裔有二封国，伯国在陕西韩城市，大夫国在今甘肃天水，均为周的可靠盟国。

裴乡侯。史国强先生考证：裴氏族“出自嬴姓，与赵姓同宗，为伯益之后。伯益的后代有人名飞蜚，他的裔孙封于萉邑，后人遂姓萉氏，至六世孙萉陵，徙于其他地方，便去掉非下邑字，改加衣字，成为裴姓，此嬴姓系裴氏的一支。秦国先公非子被周孝王封于秦，史称秦非子，他的支子被封为裴乡侯，裴乡在今山西省闻喜县裴城，其后人便以封邑为姓。此为嬴姓裴氏又支”[21]。裴乡侯封邑很小，依附于晋。

狼姓小国。“狼姓出自嬴姓，周成王时，封嬴入孟增于皋狼。皋狼本为赵国地。《史记·赵世家》载，孟增幸于周成王，是为宅皋狼，孟增的子孙定居于皋狼，乃有狼姓，以地名为氏。”[22]皋狼在今山西离石县，狼姓邑与赵城邑均依附于周，后依附于晋，为晋国所并吞。晋之赵氏、狼氏族民，均为嬴姓蜚廉后裔。此外，“出自东夷嬴姓伯益之后的李氏”[23]，周代也广泛分布于西方。

综合文献与考古资料，东夷嬴姓在尧舜禹时为向西的第一次迁徙，其原因是随皋陶、伯益佐禹治水，留居或封迁；夏末商初，嬴秦军民是第二次向西方迁移，其原因是随商夷联军扫除夏的残余势力；商末为关中之嬴秦国军民奉殷王命去镇守“西垂”，系第三次西迁，这支秦人被文王所灭，沦为游牧奴隶。同时被亡国亡姓氏的还有晋南蜚廉的一支秦人；周公东征，俘迁大批嬴姓族人于关中东部。周穆王时，又迁晋南赵氏大骆、非子族及关中东部之“秦夷”入“西犬丘”。周代是嬴秦人向西方的第四次大迁徙，至周晚期在西方复嬴姓，续守祀而立国。沦亡于晋南的季胜裔民，在周代逐渐有皋狼和赵城封邑。梁在宣王时被封为伯国。戈国、耿国，均在周初被亡，由姬姓封于此。其后，秦人在西方崛起，取代了周的地位，进而统一中国。先秦时期，尽管黄河、长江流域的诸民族都在或快或慢地发展，但占据主导地位，统一天下者，却一直是以华夏、东夷为主体的民族。从其融合和文化看，又可以说是华族。历史事实说明，先秦时期，炎黄与太昊、少昊后裔融合而成的华夏族，是比较进步的民族。

（《秦陵秦俑研究动态》1992 年《周秦专号》）

注释

[1] 卢连成:《西周丰镐两京考》,《中国历史地理论丛》1988年第3期。

[2] 何汉文:《嬴秦人起源于东方和西迁情况初探》,《求索》1981年第4期。

[3][4][14] 尚志儒:《早期嬴秦西迁史迹的考察》,《中国史研究》1990年第1期。

[5] 何光岳:《百越源流史》,江西教育出版社1989年。

[6][9][13][17] 何清谷:《嬴秦族西迁考》,《考古与文物》1991年第5期。

[7] 郭沫若:《弭叔簋及訇簋考释》,段绍嘉:《陕西蓝田县出土弭叔等彝器简介》,《文物》1960年第2期。

[8] 唐兰:《永盂铭文解释》,《文物》1972年第1期;《永盂铭文解释的一些补充》,《文物》1972年第11期。

[10] 李江浙:《秦人起源范县说》,《民族研究》1988年第4期。

[11] 卫聚贤:《中国民族的来源》,《古史研究》第三集,商务印书馆1937年。

[12] 王玉哲:《秦人的族源及迁徙路线》,《历史研究》1991年第3期。

[15] 赵化成:《寻找秦文化渊源的新线索》,《文博》1987年第1期。

[16] 袁仲一:《从考古资料看秦文化的发展和主要成就》,《文博》1990年第5期。

[18] 徐日辉:《新版〈辞海〉中"西垂"、"西犬丘"释文疏证》,《西北史地》1983年第2期。

[19] 林剑鸣:《秦史稿》,上海人民出版社1979年。

[20] 胡尧:《中国姓氏寻根》,上海文化出版社1987年。

[21][22] 史国强:《中国姓氏起源》,山东大学出版社1990年。

[23] 何光岳:《东夷源流史》,江西教育出版社1990年。

嬴秦族西迁对秦文化形成的作用

汪　勃　尹夏清

嬴秦族的迁徙与秦文化的渊源一直是史学界、考古学界关注的课题之一，但迄今为止，仍未取得比较一致的认识。关于秦人的迁徙问题形成“东来说”和“西来说”两种截然相反的意见，其中主张秦人东来的学者们对其西迁的认识也不尽相同。关于秦文化的渊源问题尚有较大争论，但秦文化起源于甘肃东部并受到商周文化较大的影响则是大多数学者都承认的。综观各家之研究，似乎都过于注重秦族的起源与秦文化渊源的关系，在一定程度上将二者混同起来了，致使有的学者在研究秦人的族源时将秦文化的某些特征当作秦族固有的文化因素，有的学者在研究秦文化的渊源时一推而至秦族的祖先，这都会得出不符合实际的结论。任何一种考古学文化的形成，既有对其先行文化的变革和继承，又会与周围其他文化相互借鉴、吸收和融合，同时还会受到自然地理环境的影响和制约。秦文化的形成是一部分嬴秦族人在其发展、迁徙、繁荣的过程中，在继承并改变某些秦人自身的宗教信仰、生活习俗等基础上，不断吸收融合其他一些文化因素而形成的，并且秦族的西迁是比较复杂的，故而，秦文化的渊源不可能仅仅是秦族原有的文化因素。研究秦文化的渊源离不开嬴秦族的西迁。秦文化应该是嬴姓氏族迁到陇东地区的这一支系列所创造的秦文化，可能包括东夷文化、甘青地区古文化、殷商文化、先周文化等。

嬴姓氏族起源于东夷族，大量的史料和一些研究成果都能说明这一问题，本文对此不再赘述。在此，主要探讨一下嬴秦族的西迁对秦文化形成的影响和作用，并以考古发掘资料探讨秦文化的渊源。

夏初，东夷族分为九部，《后汉书·西羌传》列举其名称有畎夷、于夷、方夷、黄夷、白夷、赤夷、玄夷、风夷、阳夷。嬴秦的祖先很可能是畎夷[1]。东夷族是我国东部有灿烂文化和悠久历史的一个庞大的古老部族，山东诸城前寨和莒县陵阳河出土的陶文，比商代甲骨文早一千多年[2]，龙山文化时期，“东方经济文化在一些重要方面逐步超过了中原，在全国处于领先地位”[3]。东夷文化如此发达，嬴秦族当不至于太落后，但是，此时的嬴秦氏族不可能具有文化的独立性，只能是创造或继承发展东夷文化的一分子而已。

夏桀时，夏与东夷族矛盾激化，商族日渐强大，商汤与反抗夏王朝的东夷各部汇合，形成一股强大势力，击败夏桀，西上占据夏王朝的腹地——汾河流域，并继续西进，入居关中，老牛坡商文化遗址和益家堡类型商文化的发现是其证据。部分嬴秦族也随之西迁进入关中西部，《后汉书·西羌传》载有“后桀之乱，畎夷入居邠岐之间”。这是秦人的第一次西迁。这时秦人的文化属于商文化圈。这部分迁至关中地区的秦人后来可能在先周文化的压迫下逐渐西移，辗转到今甘肃东部，为以后秦文化的形成奠定了一定的基础。这次随商夷联军西征的秦人除部分进入关中地区外，尚有部分嬴秦氏族留居在汾河流域[4]。另外，应当还有一些嬴秦氏族留在东夷地域内原居地，后来发展成一些嬴姓小国，《史记·秦本纪》中记载的就有徐氏、郯氏、终黎氏、远奄氏、菟裘氏、黄氏、江氏、白冥氏等。

秦人第二次西迁，当在商末中潏时期。此时，姬周势力日益强大，殷商王朝逐渐衰落。关于这次西迁，有学者已作了深入分析。中潏在西垂加强了嬴秦氏族在这一地区的统治势力，秦族力量壮大，影响增强，在原有社会基础及文化基础上，不断吸收土著文化和周边文化的一些文化因素，形成一支新的考古学文化——秦文化。

"殷商时期秦已经成了一个领有封土、列为诸侯的氏族"[5]，但是，创造并发展秦文化的主体是活动于今甘肃东部一带的嬴秦族，这部分秦人只是整个嬴秦氏族中很少的一部分。考古学文化是"代表同一时代的、集中于一定地域内的、有一定地方性特征的遗迹和遗物的共同体。这种共同体，应该是属于某一特定的社会集团的"[6]。故而，不能将秦文化的渊源与秦族的族源（包括秦族的祖先、迁徙、世系等等问题）混同起来。嬴秦人的一部分占据了甘肃东部地区，并形成了他们自己的社会集团，在保持原有一些文化因素的基础上，不断汲取新鲜血液，可能在中潏时期，秦文化方始形成。

甘肃省文物工作队及北京大学考古系在甘肃省天水地区的甘谷县毛家坪和天水县董家坪发掘了西周时的秦文化遗存[7]，发现了寻找秦文化渊源的新线索。

毛家坪遗址发现的秦文化遗存以绳纹灰陶为代表，主要有居址、墓葬。居址中西周时期的陶器器类有鬲、盆、豆、罐、甗、甑等，多见鬲，绳纹灰陶占绝大多数，早期素面和弦纹较少，晚期增多，这与周文化陶系基本相同。特别是毛家坪只见连裆鬲，其器形演变也能与周族本身所有之连裆鬲相对应，并且毛家坪居址一期相当于西周早期。一种文化由一种状态转变成另一种状态需要一个过程，毛家坪居址一期基本生活用陶器已经周式化，因而，它受周文化影响的过程最迟应发生在商末。根据目前对先周文化的研究可知，在商代末年，先周文化势力已达到宝鸡以东、庆阳地区以南，与嬴秦族之西犬丘相接。故而，秦文化中诸多周文化因素应是受到先周文化强烈影响所致。

毛家坪遗址发现西周时期秦墓十二座，其形制均为长方形土坑竖穴墓，其中有棺有椁者均有熟土二层台，与西周墓相似，但仅有一墓有腰坑，坑内亦无任何遗物，又与西周墓不同。秦墓葬式均为屈肢葬，且大多蜷曲特甚，头向均朝西，而西周墓大多仰身直肢葬且方向不定。屈肢葬本来是源于甘青地区原始文化的一种葬俗，从半山、马厂、齐家起均流行这种葬式，秦墓的屈肢葬当是受其影响所致。辛店文化也发现有一座屈肢葬墓，但不能就此推出"辛店文化的屈肢葬是我们寻找春秋秦屈肢葬源流的重要线索"[8]。至于西首葬，也是齐家文化流行的一种葬式，秦文化中出现这种葬式很可能是吸收了齐家文化的某些因素。毛家坪一期秦墓（相当于西周中期）随葬陶器组合为鬲、盆、豆、罐，均为红陶，火候较低、陶质松软，与西周墓葬陶器组合及陶系均不同，与居址中器型相比，显得少而粗糙，当是专为埋葬而烧造的。毛家坪居址发现的属西周早期的绳纹陶片，大多交错零乱，很不规整，与辛店文化的绳纹相似。辛店文化在年代上可能与先周文化并行[9]，且地域相近，因此，秦文化吸收了先周文化因素，也有可能融合辛店文化的某些因素。

秦墓葬俗与甘青地区古文化有许多共同点，这一地区的原始文化是秦文化形成的一个重要渊源，但是，需要注意二者的区别是主要的。如秦墓中洞室墓出现于战国中期，毛家坪西周时期秦墓不见这种形制，而洞室墓是甘青地区古文化特征之一；又如齐家文化、马家窑文化盛行彩陶，而毛家坪西周早期秦文化遗存中却未见彩陶。故而，只能认为甘青地区古文化是秦文化的重要来源之一，不能因为二者有一定的相似性就得出辛店文化、齐家文化、马家窑文化是"秦及其先民文化”，就如同毛家坪遗址有许多周文化因素而不能将之认为是周文化遗存。

董家坪秦文化遗存与毛家坪秦文化遗存属同类文化遗存。

秦人入居陇东地区的时代较早，秦文化至迟在中潏居西垂时就已形成，但是，秦族上层统治者们来到这一地区相对较晚，他们继承了较多的殷商文化，同商统治阶层比较接近，特别是在丧葬制度方面。

陕西省考古研究所等单位勘查了三畤原上的秦公陵园，并发掘了秦公一号大墓[10]。经钻探发现了十四座双墓道的中字形大墓、两座单墓道的甲字形大墓，另有十五座长方形坑、一座圆形坑。陵区中部偏北的一组陵园规模最大，其最南面就是秦公一号大墓。该墓为中字形，椁室置于墓室下部中间，椁室周围的二层台上埋有殉葬者，填土中有人牲等，地面可能还建有享堂。商代晚期带墓道的大墓依照墓道的数量分为亚字形、中字形和甲字形三种，亚字形大墓均为商王陵，中字形、甲字形墓则是王室成员或诸侯的陵墓。嬴秦为商诸侯时，其首领当是采用中字形或甲字形的墓形。凤翔秦公陵园中虽然有的规模比商王陵还大，但只见中字形或甲字形墓，秦公一号大墓形制与武官村大墓相同。这些，是秦国最高统治者承袭殷商之制的具体表现，反映出殷商文化对秦文化的强烈影响。

（《文博》1993 年第 5 期）

注释

［1］段连勤：《关于夷族的西迁和秦嬴的起源地、族属问题》，《先秦史论文集》，《人文杂志》1982 年增刊。

［2］逄振镐：《建国以来东夷古国史研究讨论述要》，《人文杂志》1984 年第 4 期。

［3］严文明：《古代的东方》，《夏史论丛》，齐鲁书社 1985 年。

［4］尚志儒：《早期嬴秦西迁史迹的考察》，《中国人民大学书报资料中心复印报刊材料》1990 年第 6 期。

［5］何汉文：《嬴秦人起源于东方和西迁情况初探》，《求索》1991 年第 4 期。

［6］《中国大百科全书·考古卷》。

［7］赵化成：《甘肃东部秦和羌戎文化的考古学初探》，《考古类型学的理论与实践》，文物出版社 1989 年。

［8］刘庆柱：《试论秦之渊源》，《先秦史论文集》，《人文杂志》1982 年增刊。

［9］李峰：《先周文化的内涵及其渊源探讨》，《考古学报》1991 年第 3 期。

［10］《凤翔秦公陵园钻探与试掘简报》，《文物》1983 年第 7 期。

关于秦人族源和秦文化渊源的几点认识

汪　勃　尹夏清

秦文化的研究内容非常丰富，本文拟就秦人的族源及秦文化的渊源谈几点浮浅的认识。

一　秦族起源与秦文化渊源涵义试析

秦人的来源及秦文化的渊源一直为史学界、考古学界所关注，但迄今仍未能取得比较一致的意见。综观各家的研究，似乎都把秦人的族源与秦文化的渊源在不同程度上混同起来了，致使有的学者在研究秦人的族源时，将秦文化的某些特征当作秦族固有的文化因素，有的学者在研究秦文化渊源时一推而至秦族的始祖，这样极易得出不符合实际情况的论断。分清秦族的起源与秦文化的渊源这两个概念的涵义，才能更加明确秦文化研究的年代范围、文化特征，才有利于进一步深入地探讨秦文化。

李伯谦先生在《论文化因素分析方法》一文中提到在探明考古学文化及其源流时，必须把与其有关的众多考古学文化因素进行比较研究，才能得到符合实际的结论，并进一步指出，当前“往往将考古学文化上的衔接关系误认作是文化传统上的传承关系，把复杂问题简单化了。事实上，一个考古学文化并不一定是由当地早于它的考古学文化直接衍变而来。在它的形成过程中，可能主要继承当地早于它的考古学文化因素，也可能接受当地和邻近地区早于它的多种考古学文化因素，甚至不排除由其他地区迁移而来”[1]。目前，在研究先周文化渊源和秦文化渊源的过程中，有的学者已认识到，一个考古学文化的渊源与创造、发展该文化的主体的源流之间不一定有明显的衔接关系，文化渊源与族源是不能混同起来研究的。如尹盛平先生提到国人的族源是渊远流长的，但先周文化的渊源相对来说较短[2]；又如何清谷先生提到秦族的渊源与秦文化的渊源是两个既有区别又有联系的两个概念[3]。

族源是指某一族体的初祖、世系及其形成、繁衍、荣枯、迁移以及与其他同时代有关古氏族的关系等，族体的发展与迁移，是一个特定的社会集团在社会属性、生存地域等方面的变更。秦族仅是嬴姓氏族的一支，研究秦族的起源，除过研究秦族族体的形成、繁衍、荣枯、迁徙流散，以及秦族与其他有关古氏族的关系等问题以外，还包括嬴姓氏族的始祖、世系，以及起源地。文化渊源是指同一时期同一地域具有共同特征的一个文化共同体所包含的主要文化因素的来源，即某种文化来源于哪种或哪几种比它早的文化。它是关于考古学文化渊源的研究。秦文化的渊源应是指迁徙到甘青地区并被称为秦人的这支嬴姓氏族所创造的文化的渊源。有关秦族起源的研究虽然还有不少分歧，但在有些问题上已取得了大多数学者共认的论点，关于秦文化渊源的认识尚存在较大的分歧。

任何一个考古学文化，其内涵必然是十分复杂的，不可能仅仅包含其主体的原有文化因素，而是在其发展过程中不断借鉴、吸收、融合其他文化，进一步改进、完善本身所具有的文化内涵，使自己更先进，更适于历史的发展。因而，研究一个考古学文化的渊源不能过于注重具有这一文化的主体的源流，却忽略了这种文化本身的特征。同样，一个考古学文化所具有的文化因素也不一定完全是其族体早期就具有的文化因素。分清族源与文化渊源，清楚二者的关系，才能更加明了一个考古学文化所研究的年代范围、文化特征等，以便于深入地探讨这种考古学文化的渊源并能得出比较正确的结论。将文化渊源与族源分开来研究并不意味着二者在一定程度上不能共同研究，也不是说二者必须分开，这样做的目的，只是为了更有利于理清线索，更有利于认识并恢复一个考古学文化的本来面貌。

秦人的族源与秦文化的渊源就是这样两个既有区别又有联系的概念，它们的涵义不能混淆。研究秦人的族源与秦文化的渊源这两个问题，都不能脱离秦人，但创造秦文化的这支秦人只是嬴姓氏族中很少的一部分而已。嬴姓氏族的发展是纷繁复杂的，其族体的几次迁徙，使得嬴姓“以国为姓，有徐氏、郯氏、莒氏、终黎氏、运奄氏、菟裘氏、将梁氏、黄氏、江氏、修鱼氏、白冥氏、蜚廉氏、秦姓。然秦以其先造父封赵城，为越氏”[4]。由此可见，嬴姓氏族广泛分布于今山东、安徽、江苏、河南、陕西、甘肃等地，而秦文化形成之初仅仅分布于甘青地区，可能“包括天水、武都、平凉、庆阳以及定西地区的一部分”[5]。秦族起源于东方，而秦文化是在西方形成的，这就是秦文化的渊源与秦人的族源根本区别所在。

一般来讲，族名产生后，才有可能将族体所具有的某种文化称作以其族名命名的文化，但却不能一概以族名的产生时间来确定其文化产生的时代。秦文化是居于陇东地区的嬴姓氏族在其发展过程中逐渐形成的，这支嬴姓氏族在西周时被称作“秦”是在非子居犬丘时，即孝王时期，属于西周中期偏晚，但秦文化的产生绝不可能是在周孝王时，已发现的相当于西周早期的秦文化遗存即是证据。殷商时已有“秦”这一族名[6]，可能就是陇东地区创造秦文化的这支嬴姓氏族的祖先。《说文解字注》引《诗·郑》：“秦，陇右谷名也。”可能是陇东的这支嬴姓氏族将“秦”的命名带到了甘青地区并以之为所居地名，但由于秦、周在殷商时的对立，故而一直到西周中期偏晚的孝王时方才又“邑之秦，使复续嬴氏祀，号曰秦嬴”[7]。可见，研究族体的形成与文化渊源的关系，必须分清楚族体与族文化之间的关系，不能简单地认为族体形成了，就必须有其族文化。

族名的产生与族体的形成也不是完全同步的。大多数族体的形成，是由于旧族体不断发展壮大，有必要进行更细的划分而产生的；另有一部分族体是在其母体发展过程中，离心力由于各种原因而增大，从而形成既不同于其母体又不同于其他氏族的新的族体；少部分族体是在不断迁徙、聚分的过程中逐渐形成的。陇东地区的嬴秦就是因不断迁移而聚居到一起形成的一支新的有别于其母体的族体。族名的出现不一定就能代表族体的形成，族体的形成也不等于一种新的考古学文化的出现。一种考古学文化产生的时间主要依据其文化因素的变化，其渊源也不能仅从具有这一文化的某一族体的源流着手去研究。

分清楚秦族的起源和秦文化的渊源这两个概念的关键，是要把秦文化作为一种考古学文化来研究。考古学文化是“代表同一时代的、集中于一定地域内的、有一定地方性特征的遗迹和遗物的共同体。这种共同体，应该是属于某一特定的社会集团的”[8]。大多数原始文化，要么主要是对某种原始文化的继承与发展；要么是本身形成强大的势力后侵入其他文化领域，从而形成一种新的文化或具有更加丰富的文化内涵。秦文化的形成还具有其自身的特殊性，它是由于嬴姓氏族的迁徙，其氏族的一支先行进入关中西部和甘肃东部，侵入了这一地区的古文化，后来这支嬴姓氏族在这一地带不断发展壮大并聚集起新迁来的嬴姓氏族，形成了一支新的族体——秦族，这支嬴秦在对其先行文化的继承变革并不断借鉴、吸收、融合周围其他文化的情况下，创造了秦文化。因而，秦文化的渊源不可能单纯是指嬴姓氏族原有的文化因素。秦文化是在嬴姓氏族迁徙、发展、繁荣的过程中，不断吸取新鲜血液，对其原有的宗教信仰、生活习俗等各方面加以扬弃，最终由迁到陇东地区的后来被称作秦人的这支嬴姓氏族所创造的。

将族源与文化渊源混淆，就有可能模糊某一文化产生的年代，将文化产生的时代拉得太长，难以确定一种文化产生的年代即其上限，以至于一定要搜寻到史籍中所载的创造该文化的主体的族源，并将其始祖生活的年代当作该文化可能产生的时间，造成许多考古学文化难以寻找到“最早”的文化遗存。实际上，有的考古学文化产生的年代是可以从发掘到的文化遗存表现出来的，这些文化遗存的最早年代就有可能是该文化的初级阶段，其文化渊源就可能是该文化所包含的各个文化因素各属于早于它的某种或某几种文化。

将文化渊源与族源混同，造成文化内涵的长期争论，却仍然难以得出确切的论断。这实际上是将复杂的问题更加复杂化。例如，将二者混同起来研究，就有可能对某种考古学文化产生的地域得出错误的推断，引起偏向作用，导致把族体的迁移路线等有关族源的研究内容强加进文化渊源的研究中来，致使文化内涵众说纷纭。族体的发展或迁徙，其族的血缘也许可能没有本质上的改变，但其社会属性必然会产生一定的变更，所表现出来的文化内涵也不可能与早先的相同，在某些特殊情况下，甚至可能与原有文化背离。

研究文化渊源离不开对文化融合的研究，还要注意文化因素的延续性，特别是那些新的不断增加的文化因素的延续发展。文化的融合不一定表现为文化内涵的扩大，在某些情况下，还有可能是文化内涵的缩减。如刘家文化融入先周文化，先周文化中刘家文化因素反而不断减少，以至于到西周初年高领袋足鬲消失，这就是姬姜联盟不断巩固，而古公亶父又“贬戎狄之俗”[9]。秦统一全国后，始皇帝推行“书同文字”等等众多的专制政策，各地区文化并没有得到较大的发展。

另外，某种文化中重要的文化因素，不一定必然是这一文化的主体继承其早期族体所具有的文化因素，这种错误产生的根源是传统考古学“文化中心论”的假说。这一假说，过于注重文化之间承接的必然性，有的将不占主导地位的文化因素看得过重，有的对某一主导文化因素的渊源的认识产生偏差，实际上，文化的产生也具有一定的偶然性，各种文化的产生不可能只依据一种规律。这种文化之间的承接性，即路易斯·宾福德所说的“文化联系”，就是“相同的外部特征在分区中的空间间隔被认为出于下列原因中的某一个：(1) 社会交往的自然间隔；(2) 拒绝接受外来特色的保守心理即母体之价值系统的作用；(3) 迁移或入侵到某一地区的居民，他们打破了先前的社会交往模式”[10]。路易斯·宾福德还在这篇文章中引用戴维·阿伯尔（David Aberle）对传统考古学的观点的归纳：“没有一个文化仅仅通过对现状的研究即可理解。由于历史发展的偶然性，它曾与许多不同的文化接触。这些文化为该文化提供了潜在的文化资料源，使它可以从中吸取新的资料。”

以上通过对秦人的族源和秦文化的渊源的关系的探讨，希望能说明族源和文化渊源两个概念的涵义，并能从中寻找到一个研究文化渊源和族源的比较正确的方法，不图抛砖去引玉，但求加砖能起效。

二　从青阳、少昊和颛顼再说秦人东来

关于秦人的来源问题，学术界存在两种截然相反的意见，即“东来说”和“西来说”。目前，

持“东来说”观点的学者较多，但对于嬴秦西迁的认识不尽相同。已发表的支持秦人东来的论据主要是从秦人的姓氏、秦族的原始宗教观念、秦族与殷商王朝的关系、秦人的族属以及地名学、文字语音学等方面论述的。本文在此谈谈秦族的始祖少昊，说明秦族源流于我国东部地区的东夷族。

少昊是东夷族的大酋长，少昊居空桑（今山东曲阜)。《史记·封禅书》载：“秦襄公即居西垂，自己为主少昊之神，作西畤，祠白帝（即少昊)。”《国语·鲁语》载：“非是族，不在祀典。”《左传》僖公十年载：“神不歆非类，民不歆非族。”《论语·为政》载：“非其鬼而祭之，谄也。”可见古时非同族不能祭祀。秦襄公祀少昊，少昊是秦之祖先当不会错。先秦文献所著录的传说资料中，也只有东夷族少昊氏及其后裔与秦人同姓嬴。

《史记·五帝本纪》载：“黄帝二十五子，其得姓者十四人。”注引《国语》胥臣曰：“黄帝之子二十五宗……唯青阳与夷鼓同己姓。”又云：“青阳与苍林为姬姓。”由此可知，黄帝有两个儿子皆名青阳，一个姓姬，一个姓己。《五帝本纪》又载：“嫘祖为黄帝正妃，生二子，其后皆有天下：其一曰玄嚣，是为青阳……其二曰昌意……”《索引》皇甫谧云：“（嫘祖）生昌意。次妃方雷氏女，曰女节，生青阳。”可见皇甫谧认为嫘祖只生有一子，名昌意，青阳为女节所生。太史公意玄嚣青阳非少昊，皇甫谧与宋衷皆云玄嚣青阳就是少昊，这两种相反的认识是不能共存的。实际情况可能是这样的：黄帝有两个儿子都叫青阳，其中一位青阳又叫作玄嚣，玄嚣青阳是黄帝正妃嫘祖所生之长子，可能姓姬，另一位青阳即是金天氏少昊，是黄帝次妃方雷氏女节所生，可能姓己。己、嬴古音同，己即嬴音之转[11]，则女节所生之青阳亦当姓嬴。《史记》曰“玄嚣是为青阳”，并认为玄嚣青阳并非少昊是没有错误的。皇甫谧认为女节生有一子名青阳，并且女节所生之青阳即是少昊，这些都是正确的，但皇甫谧又认为嫘祖没有生青阳，并将女节所生之青阳附会成为《五帝本纪》中所载之玄嚣青阳却都过于牵强。

《秦本纪》载：“秦之先，帝颛顼之苗裔。”颛顼是昌意之子，昌意则是玄嚣青阳同母胞弟。即使假使玄嚣青阳是金天氏少昊，也不能将秦人的祖先说成是昌意一脉的颛顼。根据《史记》中的记载，很容易使人们产生秦人的祖先与少昊是没有关系的这种错误观点。仔细分析《史记》中有关祖先的记载，不难发现这些记载有的不符合史实，有的则含混不清。《秦本纪》载：“舜赐（大费）姓嬴氏。”有学者已经明确指出这是出于秦人的伪托[12]。《史记·楚世家》载“楚之先出自帝颛项高阳”，《夏本纪》又说有虞氏、夏厉氏为颛顼之裔，如此，似乎颛顼是这些古老部族的共同祖先了。事实并非如此。秦统一中国后，其祭祀由单祭秦族的祖先而变为增祭黄帝、炎帝等诸族祖先，导致“万世一系”产生；加之秦始皇帝焚书坑儒，造成太史公时幸存之先秦典籍极其有限，致使《史记》中出现这类错误的记载。

《左传》昭公十七年中有一段记载，更加明确地说明了嬴秦的始祖是少昊而非颛顼。这段记载如下：

> 秋，郯子来朝，公与之宴。昭子问焉，曰：“少皞氏鸟名官，何故也?”郯子曰：“吾祖也，我知之。昔者黄帝氏以云纪，故为云师而云名；炎帝氏以火纪，故为火师而火名；共工氏以水纪，故为水师而水名；大皞氏以龙纪，故为龙师而龙名。我高祖少昊挚之立也，凤鸟适至，故纪于鸟……自颛顼以来，不能纪远，乃纪于近。为民师而命以民事，则不能故也。”

郯子回答昭子的问话时，首先自豪地承认少昊是他的祖先，而后不谈少昊氏“为鸟师而鸟名”，将少昊氏以鸟名官与黄帝氏以云纪、炎帝氏以火纪、共工氏以水纪、太皞氏以龙纪并举，以图说明他的祖先少昊氏“有天之瑞”。当郯子谈到少昊氏衰，颛顼受天下时，却说颛顼无远来之天瑞，所以颛顼只能“为民师而命以民事”。郯子对颛顼并无崇敬如祖先之意，颛顼应该不是嬴姓的祖先。《国语·楚语》也有“及少皞氏之衰也……颛顼受之……是谓‘绝地天通’”的记载，可知少昊与颛顼间存在较大的社会动荡，颛顼时“绝地天通”，与少昊氏及少昊氏以前有较大区别，颛顼氏大概不会是少昊氏的后裔。郯为周初封国，嬴姓，郯与秦有共同的祖先，因此，少昊是嬴秦的始祖，颛顼不是嬴秦的祖先。

少昊是东夷族大酋长，其发源地在今山东曲阜一带是众所公认的。少昊既然是秦人的始祖，那么，陇东地区的秦人当然是东夷族嬴姓氏族的一部分由中国东部地区逐渐迁移去的。

三　秦文化形成的时间

秦文化的形成是一个漫长而复杂的过程。嬴姓氏族起源于东夷族，秦文化形成于陇东地区，因而，研究秦文化的形成不能脱离嬴姓氏族的西迁问题。

夏初，东夷族分为九部，《后汉书·西羌传》列举其名称有畎夷、于夷、方夷、黄夷、白夷、赤夷、玄夷、风夷、阳夷。嬴秦的祖先很可能就是畎夷[13]。东夷族是居于我国东部地区，具有灿烂文化和悠久历史的一个庞大的古老部族。诸城前寨和莒县凌阳河出土的陶文，要比商代甲骨文早一千多年[14]。龙山文化时期，“东方的经济文化在一些重要方面逐步超过了中原，在全国处于领先地位”[15]。东夷族文化如此发达，嬴姓氏族应该不会太落后，但这一时期的嬴姓氏族不具有文化的独立性，只能是东夷文化的一分子而已。

夏桀时，夏与东夷族矛盾激化，商族日益强大。商汤与反抗夏王朝的东夷各部汇合，形成一股强大势力，击败夏桀，西上占据了夏王朝的腹地——汾河流域，并继续西进，入居关中，老牛坡商文化遗址和壹家堡类型商文化的发现是其证据。部分嬴姓氏族随同商夷联军进入关中西部地区[16]。《后汉书·西羌传》载“后桀之乱，畎夷入居邠岐之间”，这是嬴姓氏族的第一次西迁。《史记·周本纪》载“不窋末年，夏后氏政衰，去稷不务，不窋以失其官而奔戎狄之间”。此说源于《国语》。所谓不窋“自窜于戎狄之间”可能是不窋“去稷不务”后，随同西上的商夷联军回到了周族的聚居地，反过来讲，也就是说嬴姓氏族这次西迁，已经侵入了先周文化发祥的地区。至于为什么这里的戎狄有可能是指西迁的以畎夷为主的东夷族则是因为西周时期的统治者们对强悍尚武的少数民族或残暴的敌人鄙称为戎，特别是到了战国晚期，夷、狄、戎诸名词已完全没有种族的涵义，例如《公羊传》中有称秦为夷的，《谷梁传》僖公二十三年中称秦为狄，称秦为戎的较多。当时甚至还有称殷为戎的（如《尚书·康诰》）、称晋为狄的（如《谷梁传》昭公十三年）。

武丁时期有关于犬方的卜辞，如：“己酉卜，贞雀往正犬，弗其禽。十月。”（《藏龟》181.3）“令犬方。”（《后编》下卷6.11）“贞令多子族罩犬侯寇周，叶王事?”（《前编》5.7.7与6.51.7合）“乙卯卜，率，贞令多子族从犬侯寇周，叶王事？五月。”（《续编》5.2.2）[17]

畎亦作犬，犬、畎通用，故这些卜辞中的犬方、犬侯即就是畎方、畎侯。由这些卜辞可以得知，武丁时期，畎方已与周族相邻并发生过冲突，这里的畎方应该就是“入居邠岐之间”的畎夷的后裔，可能居于今陕西兴平东南古称犬丘的地方。卜辞中畎已是殷的方国，可见嬴姓氏族在关中西部的力量是比较强大的。这部分聚居到关中西部泾渭中上游的嬴姓氏族的后裔，后来可能在先周文化势力逐渐强大的情况下被迫西迁，辗转到今甘肃东部地区，为秦文化的形成奠定了一定的基础。

随同商夷联军西征的嬴姓氏族，部分深入到关中西部，部分留居在汾河流域[18]。另外，还有一部分嬴姓氏族仍然留在东夷族原居地，后来发展成一些嬴姓小国，有徐氏、郯氏、莒氏、终黎氏、运奄氏、菟裘氏、将梁氏等[19]。

中潏时期，嬴秦第二次西迁。关于这次西迁，尚志儒先生在《早期嬴秦西迁史迹的考察》一文中已作了深入的分析，此处不再缀述。这时，姬周族兴盛，殷商王朝逐渐衰落，嬴秦力量也进一步增强，这也就是史籍中嬴姓世系从中潏开始比较清楚的原因所在。中潏在西垂（即西犬丘，位于今甘肃天水西南）加强了嬴秦在陇东地区的统治势力，族体不断壮大，形成了自己特有的社会集团，对外影响扩大，在原有社会基础和文化基础上，不断融合、吸收土著文化和周边文化的一些文化因素，终于形成了一种新的考古学文化——秦文化。中潏约在文丁、帝乙时期。

甘肃省文物工作队及北京大学考古系，在甘肃省天水地区的甘谷县毛家坪和天水县董家坪发掘到西周时期的秦文化遗存[20]，找到了追寻秦文化渊源的新线索。

毛家坪遗址发现的秦文化遗存主要有居址、墓葬。居址第一期相当于西周早期，其基本生活用陶器已经周式化。一种文化由一种状态转变为另一种状态都需要一个过程，因此，毛家坪居址一期秦文化受周族文化影响的过程是先周文化时期。根据目前对先周文化的研究，在商代末年，先周文化势力已达到宝鸡以东，庆阳地区以南，与嬴秦之西犬丘相接。扶风壹家堡遗址的发掘[21]进一步证明了秦文化形成的时间。壹家堡遗址第一期以折裆鬲、尖裆鬲、假腹豆为代表，时代均相当于盘庚到武丁时期，是典型的商文化，这部分商文化可能就是进入关中地区的畎夷遗留下来的；壹家堡第二期相当于武丁到祖甲时期，先周文化特征明显，正说明了武丁以来周族兴起，畎方不得不“寇周”；壹家堡三期为廪辛到文丁时，姜戎文化特征明显，反映出此时的畎夷已被排挤出关中西部地区；壹家堡第四期是典型的先周文化，时代为殷墟四期偏早，说明先周文化在帝乙时期已经强盛起来，对周边文化具有较大的影响力，这也正是秦文化早期具有诸多周文化因素的原因所在。毛家坪秦文化遗址和壹家堡遗址的发掘，说明秦文化形成于殷墟三期，与通过文献研究的结论是一致的。

（《秦文化论丛》第三辑）

注释

［1］李伯谦：《论文化因素分析方法》，《中国文物报》1988年11月4日。

［2］严盛平：《关于先周文化的几个问题》，周秦学术讨论会打印稿。

［3］何清谷：《嬴秦族西迁考》，《考古与文物》1991年第5期。

［4］［7］《史记·秦本纪》。

［5］［20］赵化成：《甘肃东部秦和羌戎文化的考古学初探》，《考古类型学的理论与实践》，文物出版社1989年。

［6］何汉文：《嬴秦人起源于东方和西迁情况初探》，《求索》1981年第4期。

［8］《中国大百科全书·考古卷》。

［9］《史记·周本纪》。

［10］路易斯·宾福德：《考古学的系统论与文化进程的研究》，《当代国外考古学理论与方法》，中国历史博物馆考古部编，三秦出版社1991年。

［11］［12］［13］［16］［19］段连勤：《关于夷族的西迁和秦嬴的起源地、族属问题》，《先秦史论文集》，《人文杂志》1982年增刊。

［14］逄振镐：《建国以来东夷古国史研究讨论述要》，《人文杂志》1984年第4期。

［15］严文明：《古代的东方》，《夏史论丛》，齐鲁书社1985年。

［17］引自杨树达文集之五之《积微居甲骨文说》卷下第二类释犬方，上海古籍出版社 1986 年。
［18］尚志儒：《早期嬴秦西迁史迹的考察》，《中国人民大学书报资料中心复印报刊资料》1990 年第 6 期。
［21］《陕西扶风县壹家堡遗址发掘简报》，《考古》1993 年第 1 期。

嬴秦西迁问题新探

郭向东

嬴秦的西迁问题，论者以往多认为只发生过一次。至于西迁的时间，或认为在夏末商初，或认为在商代晚期，而较多的人则主张是在西周初年周公东征淮夷时被迁往西方。此后，有学者经过对一些研究成果及文献记载的对比分析，发现“嬴秦由东向西的迁徙并不十分简单，其中除还含有若干曲折艰辛的里程外，仅迁徙活动本身就可能发生过三次。大体说来，第一次发生在夏末商初；第二次约在商代末年；第三次在周成王即位之初”[1]。再往后，何清谷先生也发表文章，谈了对嬴秦西迁问题的诸多看法，他似乎也认为嬴秦族的西迁发生过三次[2]。

笔者在反复研读《史记·秦本纪》的有关记载，并综合前贤尤其是何清谷、尚志儒二位先生研究成果后认为：嬴秦族自东而西的迁徙，在其历史上至少发生过四次：第一次在夏末商初；第二次在商代末年；第三次在周成王时；第四次在周穆王晚期。下面就嬴秦族四次西迁的情况分别予以论述，因仓促撰文，错误、不妥之处一定很多，敬请专家批评斧正。

一

根据《史记·秦本纪》的记载，早在古史传说的尧舜时代，秦人的祖先伯益（即伯翳、大费）就曾与禹平治水土，“佐舜调驯鸟兽，鸟兽多驯服，舜赐姓嬴氏”。伯益是东夷酋长，其原始居地在今山东莱芜县西北。夏代，伯益族后裔遍布今山东、河南及河北、山西、江苏的部分地区，居地已十分广阔。

夏朝末年，政治腐败，战争频仍，“诸侯多畔夏”。伯益玄孙费昌于是去夏归商，率领族人加入到反抗夏朝统治的洪流中，成为商夷灭夏联军中一支重要的力量。随着联军的向西挺进，嬴秦族人西迁的序幕徐徐拉开。这次西迁的结果，使得嬴秦族人的一部分来到了山西南部的汾河流域，另一部分则继续往西，首次进入了陕西关中西部地区。有关嬴秦族人随商夷联军入居关中的情况，段连勤先生《关于夷族的西迁和秦嬴的起源地、族属问题》一文已有详细精辟的论述，此不赘。尚志儒先生《早期嬴秦西迁史迹的考察》一文，除对段先生的观点表示完全赞同外，又从三个方面作了补充论证。对尚先生的补充论证，我们亦大部赞同，唯其在此引用了非常重要的考古材料即甘肃东部毛家坪、董家坪西周时期秦文化遗址的考古材料，我们认为有些不妥。根据赵化成先生《寻找秦文化渊源的新线索》一文的介绍：“毛家坪西周时期秦文化年代上限可至西周早期，这说明，至少在这一时期秦人已经活动于甘肃东部地区了。再则，西周时期秦人的基本生活用品即陶器已经周式化了，那么，由原来的文化转变为现在这种情况须有一个过程，这个过程的开始自然至迟在商代晚期就应当发生了。……考古发现和文献记载都表明，秦人至迟在商代末年已经活动于甘肃东部。”[3]既然毛家坪西周时期秦文化遗存给我们的启示仅限于“秦人至迟在商代末年已经活动于甘肃东部”，那么能不能说嬴秦族人在夏末商初就已经活动于甘肃东部了呢？我们认为还不能，因为夏末商初随商夷联军西进的嬴秦族人只到达了关中西部的“邠岐之间”，即今陕西旬邑和岐山县一带，这是段连勤先生文章中反复强调了的，我们应该充分注意到这一点。另外，商代末年已经活动于甘肃东部的嬴秦族人与夏末商初入居关中西部的嬴秦族人之间究竟是一种什么样的关系？是不是夏末商初入居关中西部的嬴秦族人在随后的某个时期又全部或部分地西迁到甘肃东部呢？这样的问题，根据目前所能掌握的材料，我们还无法做出明确的回答，尚先生文中也没有予以说明，那么，用商末以前某个时期某支嬴秦族人在甘肃东部留下的文化遗存来作为夏末商初嬴秦族人入居陕西关中西部这一史实的论据，似乎就有些牵强。我们认为，毛家坪秦文化遗址很可能是商代末年从山西南部西迁到甘肃东部的嬴秦族人戎胥轩一支留下的遗迹。

二

《史记·秦本纪》说：“（中衍）玄孙曰中潏，在西戎，保西垂。”又说：“昔我先（指申侯之先）郦山之女，为戎胥轩妻，生中潏，以亲故归周，保西垂，西垂以其故和睦。”这里的“西垂”究竟是某个具体地名还是泛指西方边陲，自王国维以来一直聚讼不已。王国潍《观堂集林》卷十二《秦都邑考》云“西垂殆泛指西土，非一地之名”；郭沫若《两周金文辞大系·秦公簋铭文考释》亦云西垂“乃泛指西方边陲”。林剑鸣《秦史稿》采此说。前面提到的段连勤的文章根据春秋经传的记载认为，“大丘即垂，垂即犬丘，都是指的同一地方。天水西南的犬丘之所以又称西犬丘、西垂，正是相对于山东曹县的犬丘而言的”。上述“西垂”的二种解释，严格地讲均不为错，至于究竟是泛指还是确指，关键要看它出现在文献中的场合。从《秦本纪》上下文意分析，我们认为这里的“西垂”乃“泛指西方边陲”的说法更有道理。既然“西垂”是泛指西方边陲，那么它到底是殷商还是周朝的西方边陲？从申侯的话来看，中潏似乎在保卫着周人的西陲，但这显然与《秦本纪》前段的记载相牴牾，于事理亦不可通。因为当时已至殷末，殷周对立已经相当尖锐，先是商王文丁杀了周族首领季历，接着是“周人伐商”，报仇未果。此后，姬周对殷纣表面顺从，实则积极进行翦商，灭了亲商的诸侯崇国（今陕西户县东），把都城由周原迁到丰（今陕西长安县西），笼络“殷之叛国”，收留“殷之叛臣”，完全控制了黄河以西的土地。中潏、蜚廉父子既为商朝大臣，就没有理由为周“保西垂”。若中潏在周之西陲，则与殷之本土相隔太远，往来绝非易事。所以申侯所言中潏“以亲故归周，保（周之）西垂”的说法不可信。据此，中潏归周并由山西省汾河流域西迁甘肃天水一带的说法不能成立。

既然中潏一族不曾西迁甘肃天水，可是北京大学考古系师生“在天水地区的甘谷县毛家坪和天水县的董家坪，找到了西周时期的秦文化遗存”，“毛家坪遗址共发掘秦文化墓葬31座，根据陶器演变序列共分为五期，各期的年代分别为西周中、西周晚、春秋早、春秋中、春秋晚至战国早，其中属于西周晚期的12座；另发掘居址200平方米，遗迹有灰坑、残房基地面等，根据地层堆积共分为四大期，年代从西周早期一直延续到战国中晚期”[4]。这表明“秦人至迟在商代末年已经活动于甘肃东部”。那么，是谁率领这支秦的先民即嬴秦族人于商代末年来到陇东的呢？我们认为就是何清谷先生《嬴秦西迁考》一文中论及的中潏之父辈戎胥轩。

大家知道，商朝自武丁以来，多次派遣一些可以信赖的宗族在陕、甘一带“裒田”，即开拓疆土。申侯的祖先申戎，亦称姜氏之戎，起于羌族。商代“姜氏之戎”有一支曾活动于晋南（陈梦家《殷墟卜辞综述》之《方国地理》），武丁之后西移至郦山，山西至羌水流域的羌氏城（史念海《西周与春秋时期华族与非华族的杂居及其地理分布》），与周人结成联盟。戎胥轩既属亲商的嬴秦族人，又与申侯的祖先有婚姻关系，奉商王之命率领一支嬴秦族人去周人的西边活动（很可能还负有监视周人动向的使命）是完全可能的。这大概就是晚商时西迁到陕、甘一带的一支嬴秦族人。

邹衡先生在《论先周文化》一文中认为：卜辞中的滰氏族和金文中的𨻰氏族，很可能就是秦的祖先费、蜚之类，他发现有出自陕、甘一带的广折肩罐上亚字框中有鸟下加手的捕鸟形族徽，“其所代表的可能是一个善于捕鸟的氏族。古者以官职为氏，那么，此氏族中必定会有一个善于捕鸟（或鸟兽）的祖先，曾经充任过商朝或其以前的鸟（或鸟兽）官，而他的子孙又住在今陕西、甘肃一带先周文化地域内，说至此，人们不难把这个氏族和秦的祖先联系起来”[6]。这一支秦的祖先很可能是戎胥轩所率的嬴秦族人。戎胥轩一支大约在周季历时移居周的西面，他们在以后岁月里的活动史籍阙载，似乎不曾有大的作为，很可能在文王翦商时为周人所降服，成为周人的属民。其留在陕西的氏族成员“免不了入境随俗，年代经久，自然也就逐渐被当地同化，成为当地的居民了，因而在商末，陕西的𨻰族使用先周文化也就不足为奇了。秦的祖先本来起源于东方，后来为什么又到西方，在这里似乎已得到了说明。联系到以上族徽中有加‘西’字的，也许正是因为该族已经住在西方的缘故”[6]。

根据陈梦家、史念海、邹衡、何清谷、赵化成诸位先生提供的信息和结论，我们认为商代末年戎胥轩一支迁居陕、甘一带应属事实。这次迁徙我们称之为嬴秦族历史上的第二次西迁。

三

嬴秦族的第三次西迁发生于周初成王即位不久。当时，东方的奄、熊盈、徐、郯、淮夷等部族发动了大规模的反周叛乱，周王朝经过三年时间的努力，最终平定了这次叛乱，灭了以奄国为盟主的五十多个部落小国。对这些战败的部落国家，周王朝采取强迫其离开故乡，外徙到便于周王室监视和役使的地方的办法。在此情况下，一部分叛乱者被迁到成周洛邑，见《尚书·周书·多士篇》所述；一部分则被安置到宗周京畿地区，大抵相当今陕西关中一带，《逸周书·作雒解》云：“周公立，相天子，三叔及殷、东、徐、奄及熊、盈以畔……三年，又作师族，殷大震溃。……凡所征熊、盈族十有七国，俘维九邑。俘殷献民，迁于九毕。”按，“九毕”，注疏均以为在今陕西长安县西南，安置徐、奄、熊、盈等17国大批俘民的9个新邑就在九毕周围。关于嬴秦族参与叛乱的情况，《孟子·滕文公下》云：“周公相武王，诛纣。伐奄，三年讨其君，驱飞廉于海隅而戮之，灭国者五十。”这里的“飞廉”，有人推测就是“死，葬于霍太山”的蜚廉。“蜚廉在霍太山殉死可能是有意迷惑周人的假象，实则潜逃回东方老家——秦，在那里组织反周活动，参加的可能有恶来的后代及原居秦地的秦人。蜚廉兵败而被赶到山东半岛海滨，终于被杀。”[7]我们认为，这里的“飞廉”似应指蜚廉族诸侯国，即指秦、费二国，熊、盈十七国。“铜器文字，嬴字从能，能就是熊字的原始象形字，所以嬴和熊字也常通用”，“熊盈当即嬴姓。奄国反周时，所纠合的嬴姓国家是比较多的”[8]。战败的嬴秦族人迁往陕西后，其地位一落千丈，成为聚族而居的周王室的宗族奴隶，陕西蓝田发现的西周共王时期师酉簋和师询簋铭文中多次出现的“秦夷”、“戍秦人”就是他们的后裔。

四

何清谷先生在讲述周公东征对战俘的安置时说过这样一句话："后来建立秦国的那支秦人，即恶来的后裔，也是周公东征抓获的俘虏。可能一开始就安置在今甘肃东部一带，与西戎杂居。"又说："毛家坪、董家坪秦文化遗址很可能是女防、旁皋、太几数代秦人居住过的聚落，后来大骆虽然迁走了（笔者按：指迁往犬丘），留下的秦人还继续居住在那里。"[9]大骆迁居犬丘的时间，何先生认为在周穆王"迁戎于太原"之后。显然，何先生认为恶来的后裔从女防时就迁徙到了甘肃东部，到周穆王时，大骆始居犬丘。而段连勤先生认为"秦嬴从中潏到非子的八世都以犬丘（西垂）为都邑。按此八世所居的犬丘，应为今天水西南之西犬丘"[10]。也就是说，段先生主张后来建立秦国的那支秦人自商末就一直居住在西犬丘这个地方。对何、段二位先生的看法，我们均持异议。因为从《秦本纪》的记载可以清楚地看出恶来的后裔从女防开始便"以造父之宠，皆蒙赵城"，他们的活动范围当在赵城附近。一直到大骆时才在大骆、非子率领下徙居甘肃东部，而且一到甘肃就居住在了西犬丘，时间大约在周穆王晚期。大骆、非子族从山西汾河流域向甘肃东部的这次迁徙，我们认为是嬴秦族历史上的第四次也是最后一次大规模西迁，此次西迁无疑是嬴秦民族历史上的一个转折点，它为嬴秦族人在西方的复兴奠定了基础，其意义之重大显而易见。

前面我们说过，夏末商初嬴秦族人第一次西迁时，一部分到了陕西关中，另一部分则在山西南部居住下来。入居关中的嬴秦族人的活动不见史籍记载，他们似乎没有得到发展，倒是那些在商朝做官、在中原为将以及留居晋南为商王朝保卫西部边疆的中衍之后，因为辅助商王朝，累有功勋，地位逐渐提高，势力得到发展，正所谓"自太戊以下，中衍之后，遂世有功，以佐殷国，故嬴姓多显，遂为诸侯"[11]。晚商时期，中衍曾孙中潏的父辈戎胥轩（《秦本纪》言戎胥轩为中潏生父，何清谷先生对此表示怀疑）受商王派遣率领一支族人从晋南根据地出发到陕、甘一带开拓疆土，中潏一支则继续留在晋南，"在西戎，保西垂"，其活动范围始终不出天邑商（河南安阳）之西今太行山至黄河东岸一带。直至殷末，中潏的子、孙——蜚廉、恶来父子仍"俱以材力事殷纣"，成为商王纣的忠实属臣。周武王伐纣，恶来率军抵抗，战败被杀，《尸子》云："武王亲射恶来之口。""是时蜚廉为纣石北方，还，无所报，为坛霍太山而报，得石棺，铭曰：'帝令处父不与殷乱，赐尔石棺以华氏'。死，遂葬于霍太山（地当今山西霍县东南）。"[12]按，棺铭之语意与《秦本纪》前后文义不相统一，向来令人费解。有学者认为，"所谓'不与殷乱'的'处父'，《索隐》以蜚廉当之，今以文义分析，应以季胜为是"，而"做出'不与殷乱'安排的是早已归附姬周的中潏"[13]。对棺铭之语作这样的解说，愚以为不妥。首先，在没有找到充足的证据之前，《索隐》云处父乃"蜚廉别号"的说法不应受到怀疑。其次，暂且不论中潏早已归周的说法是否成立，就算其早已归周，他既然能"安排"儿子季胜"不与殷乱"，却为何对另一个儿子蜚廉、孙子恶来死心塌地效忠殷纣的行为不闻不问，而眼看着他们遭受灭顶之灾？对此我们同样难以想像。结合《秦本纪》下文，我们认为"棺铭"之语是周成王伐纣时见风使舵、暗中降周的季胜以及后来得宠于周成王的季胜之子孟增对其先祖曾经与周为敌、效忠殷纣的"不光彩"行为的一种掩饰和狡辩。所谓"不与殷乱"，无非是说周武王伐纣的关键一役——牧野之战，蜚廉没有参加而已。换句话说，蜚廉虽效忠殷纣王，但却没有与周武王兵戎相见。实际上，没有与周武王两军对垒，不是蜚廉不想（否则他不会急急赶回），而是侥幸没赶上，因为"还，无所报"，这才"为坛就霍太山而祭纣"。正是由于蜚廉没有与周武王作面对面的对抗，加上他的另一个儿子先此已投降周武王，这才使蜚廉的一部分族人免遭杀戮，得以幸存。

“季胜生孟增。孟增幸于周成王，是为宅皋狼。”孟增因何而幸，《秦本纪》未明言，我们推测可能与孟增没有参与成王之初爆发的东方嬴姓氏族的反周叛乱有关。即使如此，在周公强迫战败之国迁往它处政策的影响下，孟增也不得不率领族人离开原来其父的封地向北迁居到皋狼（故城在今山西离石县）这个地方，是为“宅皋狼”。孟增孙造父继承其祖先传统，成为著名的驾车能手，“以善御幸于周穆王”，为穆王驾车“西巡狩”又一日千里驾车东归，使徐偃王之乱及时得以平定，立下大功，于是穆王以赵城（今山西洪洞县西北）封造父，造父族由此为赵氏。

蜚廉死后，族人在其孙女防统领下，继续活动于霍太山一带，后来在周人大军压境情况下，可能未作什么抵抗也归降了周人。他们虽然保存了性命，但仍然受到周人严厉的惩罚，他们没有了自己的姓氏和封土，沦为周的宗族奴隶。从女防起，这支嬴秦族人便“以造父之宠，皆蒙赵城，姓赵氏”，过起了寄人篱下的悲惨生活，他们的发展受到了极大的限制。

女防下传三代至大骆，时值周穆王晚期，这支嬴秦族人终于有机会改变自己的境遇。他们离开晋南故地，迁居今甘肃天水一带，史称“居犬丘”。大骆一族的此次西迁，与犬戎犯周，周之西境不宁有很大关系。《后汉书·西羌传》载：“至穆王时，犬戎不贡，王乃西征犬戎，获其五王，又得四白鹿，四白狼，王遂迁戎于太原。”穆王西征的结果，不但没能使犬戎彻底屈服，关系反而更加恶化，“自是荒服者不至”。为防止犬戎之进犯，保障西方边陲的安定，周穆王需要一支信得过的力量去那里戍边，在这种形势下，大骆、非子很可能“自告奋勇”，主动要求西征。因为一来可以摆脱寄人篱下的困境，解除与造父族日渐增长的矛盾和摩擦；二来可以在新的环境中寻求新的发展。

初到西犬丘后，由于环境险恶，大骆一族的发展举步维艰，如何迅速站稳脚跟，成为当务之急。大骆一方面与历代和周王室有婚姻关系的申侯攀亲，娶申侯之女为妻，借以抬高自己的地位；另一方面利用申侯与诸戎的关系（按：“西周末年，申国能够联络西夷犬戎攻灭西周王室，说明申国同戎族一定有比较密切的关系。”[14]）使“西戎皆服”，暂时缓和了诸戎与周王室的矛盾。大骆卒，非子仍居西犬丘，因为善于养马，周孝王“召使主马于汧渭之间，马大蕃息”。孝王悦，欲以非子为大骆适嗣，这就威胁到了大骆另一子成的嫡子地位，成因为是申侯之女与大骆所生，所以申侯极力反对。面对申侯软中带硬的劝谏，周孝王亦无可奈何，只得退而求其次，一方面不改变成的嫡子地位，命其享有对犬丘的继承权，另一方面对非子采取“分土为附庸”的办法，“邑之秦，使复续嬴氏，号曰秦嬴”。非子别封地“秦”，在大骆居地“西犬丘”的东北，邑城在今甘肃清水县城西。非子封地，地域虽然狭小，地方不过五十里（“天子之制，地方千里，公侯皆方百里，伯七十里，男五十里，凡四等，不能五十里，不达于天子，附于诸侯，曰附庸。”[15]）但毕竟有了自己的政权和真正属于自己的地盘，嬴秦族从此摆脱了受压抑的地位，开始真正登上历史的舞台。他们在与戎狄的斗争中崛起，继而在与中原诸侯的争霸中强盛，最后终于消灭了其他割据政权，统一了中国，建立了中国历史上第一个统一的专制主义中央集权的封建国家——秦王朝。

综上所述，我们不难发现，嬴秦族自东而西的迁徙绝非一次所完成。每一次迁徙的原因虽各不相同，但多数都是被迫而为之。我们设想，假如没有这么多的被迫，不经受太多的挫折和磨难，嬴秦族人的历史或许永远不会有后来那样的辉煌，能够创造出一个又一个奇迹。俗语云：“塞翁失马，焉知非福。”谁说不是呢？

（《西北大学学报（社科版）》1995年第3期）

注释

［1］［13］尚志儒：《早期嬴秦西迁史迹的考察》，《中国史研究》1990 年第 1 期。

［2］［7］［9］何清谷：《嬴秦族西迁考》，《考古与文物》1991 年第 5 期。

［3］［4］赵化成：《寻找秦文化渊源的新线索》，《文博》1987 年第 1 期。

［5］［6］［14］邹衡：《论先周文化》，载《夏商周考古学论文集》，文物出版社 1980 年。

［8］唐兰：《中国奴隶制社会的上限远在五六千年前》论文注释十三，文载《大汶口文化讨论文集》，齐鲁书社 1981 年。

［10］段连勤：《关于夷族的西迁和秦嬴的起源地、族属问题》，《先秦史论文集》，《人文杂志》1982 年增刊。

［11］［12］《史记·秦本纪》。

［15］《孟子·万章下》。

秦文化二源说*

黄留珠

秦文化的渊源，迄今仍是一个存在较大争议的问题。首先是由于对秦文化本身理解不同而引起的争议。目前研究者对秦文化的理解大体有两种意见：一种意见认为秦文化是“秦族文化”、“秦国文化”与“秦朝文化”的总和，另一种意见则认为秦文化专指“春秋战国的秦国及秦王朝时期境内的文化”。按第一种意见，势必将秦文化渊源与秦族渊源联系在一起来作考察，而按第二种意见，则必然要把“秦族的渊源与秦文化的渊源区分开来”。

其次是存在于主张秦文化渊源与秦族渊源密不可分这一派学者之间的争议。争议的焦点在于秦人、秦文化源自何方。就目前来看，主张秦人、秦文化源自东方的“东来说”同主张秦人、秦文化源自西方的“西来说”，是两种最主要的对立观点。当然，在“东来说”与“西来说”各自的营垒中，还有不少争议，但基本上只是大同小异而已。

我认为如果不是从小文化而是从大文化的视角去观察，那么，秦文化的渊源与秦族的渊源之不容割裂，似乎并不是什么难以理解的问题。大文化意义上的秦文化，应该是也必须是同秦人这个称谓同步的。易言之，即是说历史上有了秦人，也就开始有了秦文化。《史记·秦本纪》把秦人的始祖上溯到吞玄鸟陨卵而生子的女修，其说虽难以完全考实，但它反映了原始社会母系氏族公社时期的某种历史真实，却为学人所公认。这说明秦人早在母系氏族社会便已留下了其足迹。论者一般把秦文化的开始追溯到此，不能说没有道理。

据现有的文献记载，“秦”这个称谓的正式出现，时在女修之孙大费之世。大费又名柏（伯）翳，或作伯益、后益、化益、益等，相传为虞舜时期一位杰出的部落首领，曾佐禹治水，获得成功。其始封之地为秦（故城在今河南范县），“秦”之称即由此而来。传说中的尧舜时代，史界通常都以原始社会末期的军事民主制时期当之。可见即使以“秦”的正式出现为准来衡量秦文化之开始，亦在原始社会的界限之内。其后在甲骨文及金文里曾有关于秦人的记载，这表明从原始社会末期直到西周，秦人始终活跃在当时的历史舞台上。尽管由于资料的限制，今天尚不能完全弄清楚建国前秦文化的全貌，但已经显露出的此期秦文化的若干亮点——例如有研究者指出大费是“把野生稻驯化为人工稻的创始人”，是“最杰出的种稻能手”[1]；再如考古工作者在今甘肃天水地区毛家坪、董家坪发现的属于西周时期的秦文化遗存[2]；再如已失落海外的前不久在甘肃礼县盗掘出土的一批属于建国前秦墓的金质棺饰等等[3]，均向世人表明，对于早期秦人，或曰秦族的文明程度、文化创造，不可忽视。如果把秦族文化排斥于秦文化之外，视野不免太狭窄了些！

---

* 本文据拙著《秦文化史》第二章中的一节改写。因篇幅关系，注释尽量从略。

基于上述认识，本文不再就秦文化渊源是否应该同秦族渊源相一致的问题作过多的讨论，而只是针对有较大争议的东来说与西来说问题，略陈一些粗浅的看法，以求教读者。

一

“东来说”与“西来说”之争，由来已久。目前虽然学人赞成东来说者有日渐增多的趋势，但西来说亦确有其坚壁不可撼的地方。90年代初，我曾就两说问题表示过这样一种意见：

> 应当承认，各派观点均抓住了早期秦人的某些特征，作了极为有益的探讨，但亦不能不看到，彼此也都存在一些明显的不足之处。目前来看，在这一问题上要有所突破，必须依靠考古工作新的重大发现。也许东来说与西来说都只看到了问题的一个方面，二者结合起来才能更好地反映事物的全貌。[4]

迄今，似乎还没有见到足以令我改变上述看法的新成果。当然，如何具体把这两种对立的观点统一起来，并不是一件简单的事。这里，首先需要找到二者相统一相结合的基础。为此，有必要对这两种对立的观点作些回顾与分析。

西来说认为秦人属于生活在西北广阔地区的少数民族“西戎”的一支。著名学者王国维、蒙文通以及周谷城、岑仲勉等，皆主此说。近若干年来，一些考古学家从分析考古发掘材料入手，并结合民族学、民俗学有关资料，进而论证秦文化源于西方戎人的问题。尽管其所说之“文化”，是考古学的文化概念，但对深化秦文化的研究明显有所启发和帮助。例如著名考古学家俞伟超考证，秦墓所具有的屈肢葬、铲形袋足鬲、洞室墓三大文化特征，皆“源自羌戎”，从而认为“秦人（至少其主体）是西戎的一支，应当是没有问题的”[5]。

总观秦人、秦文化西来说，其主要观点是：1. 秦开国前的世系，皆宗祝伪托；秦先世的记载，难免有司马迁的主观臆断。这种伪造与臆测的祖宗世系，不足征信。2. 所谓颛顼、少典、舜、禹，均是西方之人或神，安见嬴姓来自东方？秦祖先戎胥轩娶申戎女首领（即所谓“郦山之女”）为妻，说明秦之父系与母系皆为戎，而秦之同族赵亦为戎。3. 大量古文献皆称秦为戎狄。4. 殷末时中潏已“在西戎，保西垂”，说周公东征后始将秦人西迁甘陇，不合常理；秦世系记录可信有据的大骆、非子定居在西犬丘（今甘肃天水西南），秦文化自非子以后逐渐向东发展。5. 秦人宗教祭祀仪式独特，以马入牺牲品，祭祀对象庞杂，上至上帝，下及山川草木禽兽，祭俗与戎狄相同。6. 秦墓的屈肢葬、铲形袋足鬲、洞室墓及西首墓等文化特征与甘青地区古文化因素有密切的渊源关系。

尽管西来说的某些观点，不大能为多数学人所接受，但不可否认，它也的确提出了许多有价值的看法，启发人们去深入思考、研究。此说在文化发展史上最大的贡献在于揭示了这样的历史真实：不论秦人来自何方，秦人在自己有可靠文字记载以来的历史文化中，已深深打上西方少数民族的烙印，秦文化与西戎文化事实上已相互融合。

东来说认为秦人是长期活动于山东及其附近的古代夷族的一支。此观点似乎古已有之——这从《史记·秦本纪》末尾的“太史公曰”便可看出端倪[6]——但其明确作为一种学术主张正式提出则在本世纪三四十年代。主此说的代表性学者有卫聚贤、徐旭生、黄文弼等，另如郭沫若、范文澜、顾颉刚、马非百、王玉哲等亦力主之。80年代以来，不少研究者又进一步深入地论证了这一观点，使之更趋完善。

归纳东来说的基本观点，主要有这样几项：1. 秦人始祖玄鸟卵生的神话传说，与东夷人从鸟降生的传说如出一辙，是东方古老氏族鸟图腾崇拜的反映。2.《史记》称秦是“帝颛顼之苗裔”，又讲秦襄公“自以为主少皞之神”。颛顼、少皞（昊）都是传说中的东方夷族部落的首领和宗族神；颛顼墟在今河南濮阳，少昊墟在今山东曲阜，均位于东方。3. 嬴姓诸园原蔓延于东方，秦为嬴姓，亦应源自东方。4. 古文献记载秦人远祖柏翳的封地不只一处，但无论是“费”还是“秦”，都在东方。5. 秦与殷商关系密切，秦人与殷人有许多共同特点，如玄鸟传说，长于狩猎、畜牧，墓葬形制，鬼神崇拜等等。有商一代，“嬴姓多显”，秦人始终效忠于商王朝。6. 秦人最早在夏末商初就开始从山东迁往山西、陕西、甘肃，这一过程最晚在西周中期非子时结束。大部分秦人是在西周初年周公东征以后被迫西迁的。

毋庸讳言，东来说并非完全无懈可击，也存在一些值得进一步讨论的地方，其某些解释尚待考古资料的证实。但这并不影响该说的整体效果。它所提出的玄鸟图腾崇拜，秦与殷的文化相似性等观点，均颇能自圆其说。特别是此说对被西来说忽视了的中潏以前秦人活动的探索，具有极高的学术价值。

通过上述不难体察，西来说与东来说虽然是两种对立的观点，乍看起来也确实有点水火不相容的样子，但实际上它们还是存在有某种共同点的。就前者而言，它锐敏地捕捉到了秦文化与西戎文化融合的历史真实；就后者而论，它成功地揭开了中潏以前秦人活动于东方的秘密。二者对于深化秦文化的研究，均有重要意义。而这一点，恰恰也正是二说相统一相结合的基础之所在。

按照笔者的理解，东来说与西来说的统一结合，就是在二说存在的共同点之上——亦即在二说均对秦文化的真实面貌有所揭示的基础上，综合各自的合理部分，撷取其精华，从而形成认识秦文化渊源问题的新思路。如果用一句话来概括这一新思路，那就是“源于东而兴于西”。

所谓“源于东”者，是讲秦人、秦文化的原始发祥地在东方；而“兴于西”者，是说秦人、秦文化的复兴之地在西方。易言之，就是说秦文化有两个“源”：一曰“始发之源”，一曰“复兴之源”。依据通例，始发源与复兴源是不同的，二者不可混为一谈。然而由于秦人经历了一个漫长的由东而西的迁居过程，在迁居之后，深受西方戎人文化的影响，乃至被戎化，这样其复兴就不是以原有文化为基础，而是在“戎化”这一全新的起点上开始的。这种几乎是从零开始的复兴，使秦文化成为一个特殊的变例——即它在西方的复兴具有某种始发或曰再次起源的性质。唯其如此，所以才出现了东来说与西来说长期互相对峙的局面。其实，两说都探索到了真理。只是人们受习惯思维模式的制约，总以为世上之事，不是你吃掉我便是我吃掉你，从来没有考虑还会有你我共存的现象。结果遂使两种事实上都已触及到真理的观点，不仅没有缩小距离，反而强化了其间的抗争性。今天，在这个问题上是到了需要“换脑筋”的时候了。

二

按秦文化二源说，秦文化的始发源头在东方，秦人远祖是古东夷族的一支。1964 年正式命名的属于新石器时代晚期的大汶口文化，可能是原始秦文化赖以形成、孕育的母文化。

据《竹书纪年》、《后汉书·东夷传》等记载，东方济、淮流域的古夷族计有九种，统称“九夷”[7]。夷人见于文献记载的最早首领是太皞（昊），原属九夷中风夷一支，后成为夷族的共同首领。“太皞之墟”在陈（今河南淮阳），位于淮河流域。少皞（昊）是东夷族又一首领，传说因修太皞之法，故曰少皞。“少皞之墟”在今山东曲阜。春秋时郯国即少皞后裔所建。一般认为少皞族应是从太皞族分出来的支系。秦人自以为“主少皞之神”，表明其与少皞关系至近。

太皞、少皞之后，皋陶与伯益两支夷族与秦人有直接的血缘联系。按通常的说法，皋陶即《史记·秦本纪》中的大业，伯益为大业之子。郭沫若主编的《中国史稿》认为他们是两个近亲氏族部落发展下来的，说或有据。《史记·五帝本纪》载，皋陶、伯益等皆尧时已“举用”者，及舜时则给以“分职”。实际上，他们均是以尧、舜为盟主的处于黄河中下游地区的华夏氏族部落联盟的夷人酋长。其初居之地，在以今山东曲阜与费县为中心的鲁中南一带。皋陶的后裔有英氏、六、蓼和群舒（即舒蓼、舒鸠、舒鲍、舒庸、舒龙、舒龚），他们大体分布在江淮之间今安徽六安、舒城地区。伯益作为秦人的直系远祖，后裔有徐氏、郯氏、莒氏、终黎氏、运奄氏、菟裘氏、将梁氏、黄氏、江氏、修鱼氏、白冥氏、蜚廉氏、秦氏，其分布地区主要在今山东，另还有河南、安徽、江苏、山西等地。以上诸氏中，直接与“秦”、“秦人”、“秦族”、“秦国”之称能联系在一起者，唯有“秦氏”。

清洪亮吉《四史发伏》卷一引梁崔灵恩《毛诗集注》云：“秦在夏商为诸侯，至周为附庸，则秦本建国，疑伯翳即封于秦。”洪氏认为崔说“当有据”。甚是。实际上，这一问题在汉代人心目中似乎是很清楚的。如《盐铁论·结合》记“大夫”之言曰：“伯翳之始封秦，地为七十里。”司马迁《史记·秦本纪》记载周孝王封非子邑“秦”时所说的一段话——“昔伯翳为舜主畜，畜多息，故有土，赐姓嬴；今其后世亦为朕息马，朕其分土为附庸，邑之秦，使复续嬴氏祀，号曰秦嬴”——也是说伯翳本封于“秦”地，而其后裔非子所邑之“秦”，不过是“复续”伯翳之号而袭用之罢了。自然，伯翳受封之“秦”与非子所邑之“秦”，不是同一地方。此“秦”地当为“秦氏”故城今河南与山东交界处的范县。非子所邑之“秦”实际是根据东方之“秦”而来的(此系“地名迁移”，说详后)。

位于东方的夷族另一大支系颛顼族，与秦人关系亦至为密切。颛顼或称高阳，被秦人奉为始祖。《史记·秦本纪》：“秦之先，帝颛顼之苗裔。”《汉书·地理志》：“秦之先曰柏益，出自帝颛顼。”秦嘉谟《世本辑补》卷七：“秦氏本自颛顼，后为国号，因以命氏。”1986年陕西凤翔秦公1号大墓出土的石磬残铭，有“天子郾喜，龚桓是嗣；高阳有灵，四方以鼐”之文，则是出土文物中关于秦人始祖是颛顼高阳氏的直接证明。

前文曾指出，秦人自以为“主少皞之神”，那么，颛顼与少皞之间究竟是一种什么关系呢？

众所周知，我国典籍关于远古历史的记载颇多歧异，令人迄不能明。不过对于回答上述问题，有一种说法是值得重视的。《史记·五帝本纪》载，黄帝娶西陵之女嫘祖生二子：一曰玄嚣，是为青阳，二曰昌意；昌意娶蜀山氏女昌仆，生高阳，是为颛顼。《通鉴外纪》卷一引《帝考德》云：“少昊名清。清者，黄帝之子清阳也。”《世本》、《春秋纬》、《潜夫论·五德志》、《易·系辞下》疏引《帝王世纪》、《路史·后纪》等，也都有青阳即少皞之说。《山海经·大荒东经》云：“东海之外大壑，少昊之国。少昊孺帝颛顼于此，弃其琴瑟。”郝懿行《笺疏》：“此言少皞孺养帝颛顼于此，以琴瑟为戏弄之具而留遗于此也。……少皞即颛顼之世父，颛顼是其犹子，世父就国，犹子随侍，眷彼幼童，娱以琴瑟，蒙养攸基，此事理之平，无足异者。”袁珂《山海经校注》认为：“郝说是也；虽仍从历史观点解释，已近神话本貌矣。据《绎史》卷七引《帝王世纪》云：‘颛顼生十年而佐少昊，二十而登帝位。’则郝说所谓‘少皞即颛顼之世父，颛顼是其犹子’，大致可信矣。经文‘孺帝颛顼’之‘孺’，郝释为‘孺养’，当无问题也。”梁玉绳《汉书人表考》亦指出：“孺帝犹后世称孺子王。其嗣少昊，以臣代君，故以孺帝颛顼连言之。”又，《帝王世纪》等书还记载说昌意“德劣”而为“诸侯”，若联系《五帝本纪》关于“黄帝崩，葬桥山，其孙昌意之子高阳立，是为帝颛顼也”的记载来看，黄帝的事业显然是由青阳少皞和高阳颛顼继承的，而少皞与颛顼虽非亲父子，但颛顼未佐其父而佐少皞，并成为他的接班人。如果我们剔除这里面附加进去的父子、君臣一类的关系，可知少皞与颛顼应是有密切关联的两个相近氏族或部落，二者皆与秦有直接关系。

从地域上看，少昊之墟在曲阜，前文已言之。而颛顼及其族人的住地，古籍中有不同的说法。如《史记》之《五帝本纪集解》、《周本纪正义》引《帝王世纪》载其都穷桑（鲁北），后徙商丘（今河南濮阳）；《太平御览》卷一五八引《图经》载浚义（今河南开封）有高阳故城，颛顼佐少昊有功封于此；《竹书纪年》载颛顼即帝位居濮（今河南濮阳）；《左传》昭公十七年载卫是“颛顼之墟”，故称“帝丘”，杜预注卫即濮阳县；等等。综合以上诸说，可知颛顼居地主要应在濮阳。如是，自曲阜至濮阳，再加上前述之秦氏故城范县，这样一个位于鲁西南豫鲁交界处的三角形地带，当即为秦人、秦文化的始源之地。

三

夏末，帝履癸（夏桀）“为有仍之会”，发动对东夷的战争。这时居住在黄河下游的商族强大崛起，与反抗夏王朝的东夷各部汇合，组成反夏联军。双方在鸣条之野（或谓在今河南封丘东）决战，联军获胜。《史记·秦本纪》云“费昌当夏桀之时，去夏归商，为汤御，以败桀于鸣条”，所反映的当即这段史实。此后商夷联军乘胜西进，攻占夏王朝心脏地区——汾河下游的大夏，并西上扫荡泾渭流域的夏朝残余势力，如此就出现了迄今我们所能知道的最早的一次秦人、秦文化的西迁。

有关商夷联军西进关中造成秦人西迁一事，于文献是有印迹可寻的。《竹书纪年》载：“桀三年，畎夷入于岐以叛。”《后汉书·西羌传》亦载：“后桀之乱，畎夷入居邠岐之间。”为什么夏末关中邠岐地区突然出现了“夷”人的活动？这似乎只有联系商夷联军的西进，才可能作出合乎逻辑的解释。历史上，不乏出征军队留居出征之地而变成当地人的实例。如元代征伐云南时派去的大批蒙古骑兵，便有万余人留居当地。清代派出达斡尔族骑兵去新疆，至今仍定居该地。这种现象被称作“武装迁移”。商夷联军西进后，有一部分人留居关中，亦当是“武装迁移”现象。据前引文献还可确切知道，留居的夷人乃“畎夷”。有学者认为秦人是畎夷的支系，极当。

在“武装迁移”同时，还有“地名迁移”现象。“部族迁徙所至，即以该部族的族名或原住地的地名作为新居的地名，这是古代常见的事”[8]。畎夷留居关中地区后，随之迁来的地名，今可考见者有“犬丘”及“垂”。众所周知，西周春秋时，宋国有犬丘邑（今河南永城）；卫国亦有犬丘（今山东曹县）。古“犬”“畎”通。宋、卫两犬丘，或即夏时畎夷所留下的居址。无独有偶，就在同一时期，今陕西兴平东南也有犬丘（或称废丘），甘肃天水西南亦有犬丘（即西犬丘）。此两犬丘当为畎夷入居泾渭流域后的驻地。从东方的犬丘到西方的犬丘，这一地名迁移现象正反映了畎夷由东而西的迁徙足迹。犬丘又称垂。《左传》隐公八年杜预注：“犬丘，垂也，地有两名。”由此可知天水的西犬丘称作西垂，同样是地名迁移。

畎夷入据关中，在商代甲骨卜辞中也显露出某些蛛丝马迹。例如《殷墟书契》及其《续编》所录武丁时期卜辞中常见商王命犬部落酋长“犬侯”与多子族一起征伐周族、勤勉于王事的记载，当时活动于关中及其西部的犬部落（甲骨文称“犬方”或“犬”），无疑就是夏末商初西迁的畎夷的后裔。由此亦可旁证夏末商初秦人西迁的事实[9]。

秦人、秦文化的第二次西迁，约发生在商末。《史记·秦本纪》中有两则材料直接反映了这次西迁的史实——

材料一：……中潏，在西戎，保西垂。

材料二：申侯乃言（周）孝王曰：“昔我先郦山之女，为戎胥轩妻，生中潏，以亲故归周，保西垂，西垂以其故和睦……”

值得注意的是，材料一虽言中潏“在西戎，保西垂”，却未说明为谁“保西垂”；而材料二则明确指出，中潏“归周，保西垂”。这实际正是史迁惯用的“互见”笔法，通过材料二补充说明材料一。《史记》在这里的记述并无矛盾、抵牾之处。至于中潏为何“归周”的问题，近来有学者从当时商、周、犬戎三方的关系发展变化进行分析，或认为中潏归周是周对畎夷实行“和亲政策”的结果[10]，或认为是在周人强大、殷商衰落形势下中潏一族作出的“最终选择”[11]。尽管论者的见解尚存在分歧，但认为商末确有秦人、秦文化的西迁，则已是共识。

商末中潏一支秦人的西迁，在考古资料方面似也可以得到某种程度的印证。考古学家发现出自陕、甘一带的广折肩罐上亚字框中有鸟下加手的捕鸟形族徽，认为所代表的可能是一个善于捕鸟的氏族。古时习惯以官职为氏，据此可知该氏族必定有一个善于捕鸟的祖先，曾经充任过商朝或以前的鸟（或鸟兽）官，而其子孙又住在今陕、甘一带先周文化地域内。如是，人们自然把这个氏族同秦的祖先联系起来，甲骨卜辞中的“滜”氏族和金文中的“皐”氏族，或即指此[12]。另外，甘肃毛家坪、董家坪两处西周时期的秦文化遗存表明，该地的秦人早在商代晚期便已经生活于此，并开始了生活周式化的过程[13]。联系上述两方面的考古资料来看，商末曾有较大规模的秦人西迁，是完全可以肯定的。如果再结合文献记载，那么这支西迁的秦人，显然应该是“鸟身人言”的中衍之玄孙中潏所率的“归周保西垂”的嬴秦族人了。据另一些考古工作者的研究，认为陕西周原地区的壹家堡类型文化“可能是秦族文化或其中的一支文化”[14]。如果这一推测尚不致大谬，则可知商时西迁的秦人活动区域还是相当可观的。

第三次秦人、秦文化的西迁，发生在周公东征之后。过去人们谈到嬴秦西迁，一般均以此次当之，故论者甚多，兹不复赘。周公平叛后把所灭国人民一部分迁至成周洛邑，一部分则被迁到宗周京畿地区（所谓“迁于九毕”）。周器铭文中的“秦夷”，即后一部分迁民的后裔。总之，这次西迁，规模大，人数多，并带有强迫性。实际上，秦人是作为战俘而被迫西迁的。

上述三次西迁之外，约在西周中期偏晚，还有一次秦人自赵城（今山西洪洞北赵城镇之西南）向西方的迁移。周灭商后，助纣为虐的蜚廉、恶来父子虽死，但后裔仍存。蜚廉后裔造父以善御幸于周缪（穆）王，“缪王以赵城封造父，造父族由此为赵氏”；恶来后裔非子“以造父之宠，皆蒙赵城，姓赵氏”。记述这段史实的《秦本纪》行文至此，突然笔锋一转云：“非子居犬丘……”这里，从“赵城”一下子便跳到了“犬丘”，其间秦人经历了自赵城至犬丘的迁移，甚明。非子所居之犬丘，裴骃《集解》引徐广曰及张守节《正义》引《括地志》，均以汉代槐里当之。明人董说、近人王国维及郭沫若等皆指出其误，考证应在汉西县境，甚是。至于大骆、非子一支秦人此次迁移的确切时间及缘由，因记载过于简略，已难考其详。此中奥秘，能有待新出土的考古资料来揭示了。

以上几次秦人、秦文化的西迁，历时约六七百载，西迁后的居地，大体集中于今陕西关中西部至甘肃东部一带——这里，正是历史上所谓的“西戎”的活动地区。由于史料的阙如，今天要想完全搞清楚西迁秦人活动的具体细节，已十分困难，但有一点却可以肯定：即西迁的嬴秦族免不了入境随俗，被当地同化，成为当地的居民，而其原有的文化习俗则逐渐丧失。从这种角度来看，西来说视秦人为西戎的一支，应该是不差的。有学者研究认为，西戎三大支派之一的犬戎，即由夏末西迁的畎夷发展而来[15]。其说颇有见地。很显然，从“畎夷”变作“犬戎”，是西迁秦人“戎化”的集中反映。

众所周知，犬戎是西周时期的赫然大族。西周末，它与申侯等联合，“杀幽王骊山下”，“尽取周赂而去”，使西周灭亡；此后它即迅速解体。不过，这时与犬戎在族属上存在渊源关系的秦国却又崛起。如此，自“畎夷”到“犬戎”，再到“秦国”，似可联系起来，让我们大体看到西迁秦人历史发展的基本线索——尽管这中间还有很多相当大的缺环。从这当中不难看出，秦人西迁后的居地，虽非秦人、秦文化的始发之地，但却是其复兴再生之地；而真正对非传说性秦文化产生决定性影响的，并非东方秦人始发地的文化因素，相反倒是秦人移居西方后复兴之地的文化因素——即西戎文化因素。历史文献多称秦为戎狄，主持变法的商鞅亦大讲“秦与戎狄同俗”，不少秦墓都具有浓厚的“西戎”文化色彩等等，实际上正反映了这一客观现实。这些，就使秦人在西方的复兴不能不具有一种始发或曰再次起源的性质。

总之，在秦文化渊源问题上，不能仅有单向思维，而应作全方位的、多角度的考察。这里，既要看到秦文化的始发之源，又要看到它的复兴之源，还要看到复兴之源的再次起源特性，三者缺一不可。如是一种以“源于东而兴于西”加以概括的秦文化二源说，将秦文化西来说与东来说的精粹集于一体，实现了二者的统一结合，或庶几接近历史的真实。

（《西北大学学报（社科版）》1995 年第 3 期）。

注释

［1］李江浙：《大费育稻考》，《农业考古》1986 年第 2 期。

［2］［13］赵化成：《寻找秦文化渊源的新线索》，《文博》1987 年第 1 期。

［3］据韩伟教授在第四届秦俑研究学术讨论会大会上的发言。韩教授曾亲赴海外考察了这批文物。

［4］拙文：《秦文化概说》，《秦文化论丛》第一辑，西北大学出版社 1993 年。

［5］《古代“西戎”和“羌”、“胡”考古学文化归属问题的探讨》，《先秦两汉考古学论集》，第 187—188 页，文物出版社 1985 年。

［6］有论者据“太史公曰”这段文字，认为东来说最早为司马迁提出，或可备参考。

［7］即畎夷、于夷、方夷、黄夷、白夷、赤夷、玄夷、风夷、阳夷。

［8］谭其骧：《〈汉书·地理志〉选释》。

［9］秦人夏末商初的西迁，最先由段连勤教授提出，见其《关于夷族的西迁和秦嬴的起源地、族属问题》，《先秦史论文集》，《人文杂志》1982 年增刊；后尚志儒教授亦主之，见所著《早期嬴秦西迁史迹的考察》（《中国史研究》1990 年第 1 期）。二文均收入《秦文化论丛》第一辑。

［10］［15］段连勤：《犬戎历史始末述——论犬戎的族源、迁徙及同西周王朝的关系》，《民族研究》1989 年第 5 期。

［11］尚志儒：《早期嬴秦西迁史迹的考察》，《中国史研究》1990 年第 1 期。

［12］邹衡：《论先周文化》，《夏商周考古学论文集》，文物出版社 1980 年。

［14］刘军社：《壹家堡类型文化与早期秦文化》，1994 年油印本。

秦文化渊源与秦人起源探索

牛世山

秦在中国多民族国家的形成和推动民族融合过程中起了重要作用，关于秦人的起源问题是秦史研究的重要问题之一。早在本世纪（编者：指20世纪）二、三十年代，对此问题就有两种不同的观点，即西方说和东方说。王国维在《秦都邑考》中认为“秦之祖先，起于戎狄”[1]，蒙文通在《秦之社会》、《秦为戎族考》中明言秦人起源于西戎[2]，即西方说；卫聚贤在《中国民族的来源》中提出秦人起源于山东[3]，即东方说。直到70年代末，有关这方面的研究仍局限于利用文献资料的讨论。80年代以来，随着秦文化考古学研究的深入，研究者注重了文献资料与考古学的综合研究，在探讨秦文化渊源的基础上，也对秦人的起源作了有益探索[4]，不过这种综合性研究现在还比较少，对秦文化渊源和秦人的起源问题仍未取得一致意见。

现存关于秦人早期历史的文献资料主要来自《史记·秦本纪》。据记载，秦人的祖先为伯益，他活动于传说时代的帝舜之时，曾“与禹平水土”，“佐舜调驯鸟兽”。自伯益以下，历夏、商、西周，至西周末年，秦襄公助周平王东迁有功而被封为诸侯，此后，以秦国最高统治者为核心的秦族逐渐走上兴旺发达之路。从《秦本纪》的记载看，秦人在襄公立国以前已有悠久历史，但《秦本纪》对襄公立国以后的记载较多，对之前的记载非常少，秦先公的世系尚有缺环，有关其活动的记载更少，因此，仅靠《秦本纪》等提供的有限文献来探索秦人的起源已很难取得进展。但现在有关秦文化的考古学研究已取得很大成果，发现了西周至秦代的考古学文化遗存，如果能进一步深化秦文化特别是秦襄公立国以前的西周时期秦文化内涵的认识，通过其与周邻考古学文化关系的比较研究，找到秦文化的渊源，再结合文献记载就可能推断出秦人起源的可信结论。本文即按这个方法来探索秦文化的渊源与秦人的起源问题。

一　秦文化渊源探讨

1933年前中央研究院历史语言研究所考古组在宝鸡斗鸡台第一次发掘了战国时期的秦文化墓葬[5]，50年代特别是70年代以来，秦文化遗存不断发现，时代包括西周、东周和秦代，东周、秦代的秦文化研究已很深入，本文不再赘述。西周时期的秦文化为已发现的最早的秦文化，虽其时代基本在襄公立国以前，但也为秦文化的一个阶段，所以本文称之为“西周时期的秦文化”。下面重点对其分析，以探讨秦文化的渊源。

（一）西周时期的秦文化分析

西周时期的秦文化发现于甘肃南部，目前经正式发掘的有甘谷毛家坪[6]和天水董家坪[7]，此外，50年代曾在这一地区调查发现了很多类似的遗址[8]，“其中有的应当属于秦文化遗存”[9]。

毛家坪、董家坪遗址都处于渭河上游谷地，董家坪遗址的文化堆积被扰乱，文化面貌不清。毛家坪遗址保存较好，文化特征鲜明。该遗址发现居址和墓葬，其中居址分两期，时代分别为西周早期和西周中、晚期；墓葬也分两期，时代相当于居址第二期。居址中发现有房址和灰坑等，出土遗物有陶、石、玉器和兽骨。就出土最多的陶器来说，器类以联裆鬲、盆、豆、折肩罐最常见，其他还有甑、联裆甗、三足瓮、纺轮等。墓葬为长方形竖穴土坑式，屈肢葬，墓向多东西向，随葬品以陶器为主，多红陶，器体普遍较小，制作粗糙，组合为联裆鬲、盆、豆、折肩罐或圆肩罐，墓中均随葬石圭，个别墓还葬有铜铃、玉玦等。

秦文化，作为古代秦族（或以秦族为主体）使用的考古学文化，在其形成和发展中必有对先行文化的继承，同时也受周邻文化的影响，即构成该文化的文化因素不会是单一的，而这些又必然会在该文化遗存中反映出来[10]。因此加强秦文化的文化因素分析，对分析它与其他文化的关系及探讨其渊源具有重要意义。

毛家坪等地西周时期的秦文化遗存包含的文化因素有以下五类。

A类：器类有联裆鬲、联裆甗、盆、豆、折肩罐、圆肩罐等。这类器物出土数量最多，且在不同时期经常共出。关于其来源，将在下文中分析。

B类：仅有圆腹罐一种，出土较少。均夹砂灰陶，侈口，束颈，圆腹，通饰绳纹或腹饰稀疏的划纹。此类器物在西周秦文化北、西、南面的同时期及偏早文化中均未发现，仅见于以东的宝鸡一带，如在纸坊头、竹园沟等西周墓葬有少量出土[11]，相当于商末的出有蜀文化和刘家文化因素的茹家庄遗址出土较多[12]。B类因秦应是受宝鸡一带的西周文化和此前的古文化影响产生的因素。

C类：器类仅三足瓮，数量很少，这种器物产生于陕北、晋西北和内蒙古中南部地区，并成为这一地区青铜文化的主要器物，在与西周时期秦文化东邻的先周文化和西周文化中也有发现[13]。C类因素应直接来自先周文化和西周文化。

D类：墓向的东西向和屈肢葬式。这是西周时期秦文化葬俗的流行特点，其来源在下文中分析。

E类：墓坑底部有腰坑，仅见于个别墓。此种葬俗是商文化墓葬的主要特点，其在西周文化中也有发现[14]。E类因素应是受西周文化影响而产生的。

这五类文化因素中，A、B、C类因素通过日常使用的陶器表现出来，D、E类因素表现在墓葬的葬俗方面。就前三类因素看，A类因素的器物数量多，经常共出，而且器类齐全，组成了一套较完整的日常用器结合；其他两类因素数量较少或很少，各自都不能组成一套日常用器。可见，A类因素是西周时期秦文化的主要文化因素，其他两类因素则为次要因素；同样，D、E类因素分别是反映西周时期秦文化葬俗特点的主、次要因素。

上面的分析说明，A、D类因素是西周时期秦文化的主要文化因素，其所反映的是这个时期秦文化的主要特点，其他次要因素则反映了次要特点。同时，西周时期秦文化的主要因素与西周以后秦文化的主要因素间有明显的承袭关系，可见这两类因素是秦文化中最稳定的因素，其所反映的应是秦文化的本身特点。相反，西周时期秦文化的次要因素时有时无，均为受周邻文化影响的产物，因而并不能反映秦文化的本身特点。由此来看，追寻秦文化的渊源，应依据其主要文化因素来探讨。

但是，西周时期秦文化的两类主要因素能否都作为探索秦文化渊源的依据，还需要作进一步分析。A、D类因素虽为西周时期秦文化的主要因素，实质上代表了构成该文化的两个方面，即文化遗物和作为遗迹的墓葬。考古学遗存文化性质的判定、考古学文化关系的探讨等首先是通过文化遗物的比较来实现的，否则，离开文化遗物来探讨这些问题根本就无从谈起。不可否认，葬俗也是考古学文化的特点之一，但不是第一位的，同时期、不同时期、甚至毫无关系的考古学文化间，墓葬的葬俗以及其他遗迹所反映的特点多有相同或相似之处，这已是公认的事实，如果以之作为考古学文化的首要文化特点，那么考古学文化本身都难以把握，更不用说探讨其问题了。但是，考古学文化的遗物特别是陶器往往独具特点[15]，尤以构成一个文化主要文化因素的一组日常用器的特点最为突出。这组日常用器，数量多，种类齐全，一旦形成即具有稳定性，并贯穿该文化的始终，其应是创造和使用该文化的人们共同体固有文化传统的反映；同时，没有源流关系的考古学文化间的日常用器组合绝不会是相同或相似的。考古学文化遗物特别是日常用器组合所表现的这个特点使其成为判定考古学文化遗存的性质、考察考古学文化源流关系的依据。因此，西周时期秦文化的D类因素不能作为探索其渊源的依据，探索其渊源，应是寻找A类因素的来源。

（二）秦文化渊源探索

关于秦文化的渊源，现在也有东方说和西方说两种不同的观点[16]，但是，不论其源于何种考古学文化，探索其渊源，应以发现最早的秦文化即西周时期的秦文化为出发点，通过其与同时期和此前的周邻考古学文化的比较而向上溯源。

在西周时期秦文化的分布区和邻近地区，与其同时和稍早的考古学文化有寺洼文化、辛店文化、刘家文化、西周文化、先周文化和城固类遗存。关于城固类遗存，一般认为属于早期蜀文化[17]，其文化面貌与秦文化相去甚远，故不可能是秦文化的渊源，故此不作具体分析。下面主要分析西周时期的秦文化与另外几支文化的关系。需要说明的是，据前文分析，探索秦文化的渊源，实为追寻秦文化中处于主要地位的A类因素的陶器的来源，所以在有关分析中侧重于陶器的比较。

1. 寺洼文化

寺洼文化分布于渭河上游、洮河上游、西汉水、泾水上游及其支流马莲河等流域，经正式发掘的遗址有临洮寺洼山[18]、庄良徐家碾[19]、西和栏桥[20]等处。寺洼文化的遗物主要为陶器，陶色以橙黄为主，多不纯正，多为素面陶，器类以马鞍口带耳罐最常见，还有双耳平口罐、壶、豆、分裆鬲、联裆鬲等。墓葬为长方形竖穴土坑式，葬式有仰身直肢葬、部分解体葬和二次葬等，随葬陶器较多，一般十多件，多者四、五十件，也有的墓仅一件。时代相当于商代晚期和西周，族属为羌戎系统[21]。

就甘肃南部来说，这一带是文献记载的西周时期秦人的活动区域，也是这个时期秦文化的分布区，同时在甘谷毛家坪、天水董家坪秦文化地点以北的庄浪、以南的西和县也发现有寺洼文化遗址[22]。如果秦文化和秦人起源于西方，应首先与寺洼文化及其族属有关。从文化遗物看，寺洼文化常见的各种带耳罐、壶等不见于秦文化；两者都有豆，但形制差别很大，前者豆多呈毁形，深腹，柄粗而高，后者的豆为浅盘，细柄；前者中也有一些联裆鬲，但其显然是受后者和先周文化、西周文化影响产生的；后者中次要因素的器物也不见于前者。从墓葬看，两者都为土坑竖穴式，这是相同的因素。但前者的墓向不定，葬式多样，后者则流行东西向墓和屈肢葬式，后者墓葬中的腰坑特点也不见于前者；前者的随葬陶器多少不一，而后者的随葬陶器以鬲、盆、豆、罐为基本组合，组合稳定，这是两者的差异。总体来看，两文化的差异是明显的，西周时期秦文化中由文化遗物构成的三类因素均不会来源于寺洼文化，相反，后者的因素如联裆鬲的来源可能与前者有关。两文化仅在墓葬葬俗上有某些相同之处，但这不能作为前者源于后者的依据，何况两者的葬俗还有明显差异。因此，秦文化的渊源与寺洼文化无关。

2. 辛店文化

辛店文化主要分布于洮河中、下游、大夏河、湟水、庄浪河及其与黄河的交汇地区。经发掘的遗址有永靖姬家川[23]、张家嘴[24]、乐都柳湾[25]、临夏莲花台[26]等。该文化常见的也是陶器，主要器物有各种带耳罐、钵，彩绘发达。时代相当于商至春秋初年，与寺洼文化同属羌戎文化系统[27]。

辛店文化东邻寺洼文化，前者的影响也曾波及甘肃南部地区，如陇西西河滩就发现有辛店文化因素的陶器[28]，甘谷毛家坪秦文化地层下一墓中出土的彩陶钵与辛店文化的同类器物相似，该墓的葬式也为秦文化中非常流行的屈肢葬[29]。屈肢葬在马家窑文化半山类型以后、西周以前的甘青地区文化中较多见，而在甘肃南部以东地区很少见。看来，秦文化的屈肢葬和墓向的东西向等葬俗特点可能来源于包括辛店文化在内的甘青地区诸文化[30]。但从代表两文化基本面貌的陶器看，秦文化中的主要因素和次要因素均不见于辛店文化，可见两者的差异相当大。如果仅据葬俗上的相同因素来论证其间有源流关系，恐难令人信服。因此，秦文化的渊源与辛店文化无关。

3. 刘家文化

刘家文化是八十年代提出的考古学文化，分布于关中平原西部偏西地区和泾水中游流域。主要遗址有扶风刘家[31]、壹家堡[32]、宝鸡纸坊头[33]、麟游蔡家河[34]、长武碾子坡[35]等处。刘家文化陶器的主要器类有分裆袋足鬲、分裆甗、盆、豆、折肩罐、带耳罐、瓮等，陶器普遍施绳纹。在墓葬方面，有些地区常见土坑竖穴墓，仅随葬一件陶鬲；有些地区主要为偏洞室墓，随葬品多少不一，少者几件，多者十多件，器口普遍压有石块。

关于刘家文化的时代，据扶风壹家堡、宝鸡纸坊头等遗存分析，其活动于整个晚商时期。刘家文化的族属也不难推断，《诗经·大雅》、《史记·周本纪》记载周人与姜姓羌人有密切关系，周先公和西周诸王多与姜姓羌人通婚。从考古学文化看，与先周文化相邻的文化除商文化外，只有刘家文化；殷墟甲骨文中有一个羌方，其活动于商王朝西边，而关中地区是商文化的最西分布区，与关中商文化西邻的文化除先周文化外，只有刘家文化，这就将刘家文化的族属与甲骨文中的羌方群系起来，即刘家文化是商代的姜姓羌人使用的文化。

刘家文化的时代下限晚到商末，这与秦文化的上限相接，前者的分布区沿渭河谷地向西即入后者分布的甘肃南部。两文化间也有一些可比因素，如后者的主要器物联裆鬲在前者中有少量发现，墓葬都为土坑竖穴墓等。但两文化的差别也相当明显，前者的日常用器组合与后者A类因素的器物组合表面上似乎相近，但器物形制并不相同，后者的鬲都为联裆鬲，前者主要为分裆袋足鬲。前者也有少量联裆鬲，应为外来因素；两者的盆、豆、折肩罐、瓮等也有各自的演变序列，相互间并无发展关系，说明两者的主要因素并不相同。前者墓葬有一个突出特点，墓室为偏洞室，随葬器物口部压石块，这更为后者所不见。总之，秦文化与刘家文化的主要特征并不相同，特别是两者的日常用器间并无发展关系。因此，秦文化不会源于刘家文化。

4. 西周文化与先周文化

西周文化和先周文化是以周族为主体使用的文化。对于西周文化的研究已很深入，其文化面貌、分布地域等比较清楚。至于哪类遗存是先周文化遗存，还存在争议，争论的焦点是郑家坡类遗存的时代问题，或以为此类遗存属先周文化[36]，或以为属于西周早期文化[37]，扶风壹家堡遗址的发掘，证明郑家坡类遗存的时代在西周以前的晚商时期，即为先周文化遗存。据考古发现，先周文化主要分布于关中地区，主要遗址除郑家坡、壹家堡外，还有扶风北吕[38]、凤翔西村[39]、武功岸底[40]等。先周文化的主要器类有联裆鬲、联裆甗、盆、豆、折肩罐、瓮等，墓葬主要为土坑竖穴墓，以仰身直肢葬为主，随葬陶器仅鬲一种，或以鬲、罐为基本组合。

西周时期的秦文化与西周文化和先周文化的关系是最密切的。就前者与西周文化关系看，作为主要因素的A类因素是西周文化的主要文化因素，两者的主要器类相同，各自的演变轨迹也一致，前者的B、C、E类因素也为后者的次要因素。从墓葬特征看，两者墓葬都为土坑竖穴墓，以鬲、盆、豆、罐为基本组合。显然，两文化在主要方面是相同的。同时，两者也有一些差异，两者的器类演变轨迹虽然一致，但又不完全相同，如前者的盆上多绳纹，有一类豆的柄部为实柄，折肩罐越晚口部越大，领变长，肩部也不明显，成为东周时期大喇叭口罐的祖型，这些都是与同时期的周文化器物有所区别的。前者墓葬流行屈肢葬和东西向墓，随葬陶器为红陶，普遍随葬石圭。后者的墓葬主要为仰身直肢葬，墓向不定，随葬陶器主要为灰陶，随葬石圭不普遍。总体来看，两者的共性是主要的，差异是次要的，差异主要在墓葬葬俗方面，这些差异正好将秦文化与关中等地典型的周文化区别开来。因此，西周时期的秦文化同关东地区的晋、齐、鲁、燕等国文化一样，同为西周文化的地方类型。也就是说，这时期的秦人使用的文化是西周文化。同时，西周时期的秦文化与东周时期的秦文化有明显的发展关系，同属一个考古学文化，所以说，西周时期的秦文化是秦族（或以秦族为主体）使用的文化，而应将其从以周族为主体的人们共同体使用的文化中区分出来。

既然西周时期的秦文化是西周文化的地方类型，后者又源于先周文化，那么前者的渊源应与先周文化有关。从时代看，西周时期的秦文化的上限为西周早期，与先周文化的下限相接。就分布地域说，前者的分布区与先周文化分布的关中地区相邻，两者的时代和地域分布上的这种关系使其间具有成为源流发展关系的条件。从两文化的陶器看，先周文化的主要器类除瓮外，其他如联裆鬲、盆、豆、折肩罐等都是西周时期秦文化A类因素的器类，也是西周文化的主要器类，那么，西周时期秦文化的A类因素应从先周文化承袭而来，秦文化应源于先周文化。当然，两者间也有一定区别，这些区别主要在墓葬葬俗方面，如前者以鬲、盆、豆、罐为基本组合，流行屈肢葬和东西向墓，这些为后者不见或少见。这说明前者的这些特点是后来才形成的。

以上通过西周时期秦文化与相关考古学文化关系的分析，证明前者源于先周文化。秦文化渊源的确定，对进一步探索秦人的起源有重要意义。

二　秦人起源探索

自秦人的起源问题提出以来，这方面的研究文章已比较多，但多依《史记·秦本纪》等提供的文献资料对秦先公的活动地域、迁徙等作从早到晚的时代性阐述，有的甚至对一些文献资料未经缜密考证即加以引用，在此基础上的结论即使正确，也令人难以信服。本文以相关考古学文化关系的分析为基础，以文献记载为线索，对西周及此前秦先公的活动地域、秦人起源等问题进行从晚到早的探索。

（一）晚商至西周时期秦人的活动区域

早在晚商时期，秦人已活动于西方，这已基本得到公认，至于晚商至西周时期秦人的居邑、活动区域等问题，各家的分歧是明显的。弄清这一阶段特别是晚商时期秦人的活动区域及其活动于西方的原因，对解决秦人的起源问题是至关重要的。

据考古发现，在甘肃南部的渭河谷地、西汉水流域发现有“周代遗址”40多处[41]，甘谷毛家坪遗址的发掘证明，在这些遗址中除周文化遗址外，其中“至少有相当一部分应是像毛家坪那样的秦文化遗存”地点[42]，即西周时期的秦文化分布于甘肃南部。

据《秦本纪》记载，西周时期秦人的重要居邑有犬丘和秦等处。犬丘地望，今有两说，一说为汉代的槐里，此说见于《秦本纪》"非子居犬丘"下，据《集解》引徐广说："今槐里也。"其地在今陕西兴平境，或以为西周时期秦人所居的犬丘即在此地[43]。一说为汉代的西县，明董悦、近人王国维、郭沫若等考证甚详[44]，在今甘肃西和、礼县一带。按犬丘为秦先公大骆及其子成族系所居，后为西戎所破而灭族，西周晚期秦人与西戎的斗争都围绕犬丘进行，可知犬丘近西戎。而兴平在西周王朝的京畿腹地，从兴平东南越渭河即入长安县丰镐村一带，这里为西周王朝的宗周所在地。如果大骆等所居的犬丘在今陕西兴平，则其近周都而远西戎。所以西周时期秦人的犬丘邑必不在汉代的槐里，而以西县说为是。

秦为非子封邑，秦之地望，《秦本纪》下《集解》引徐广说："今天水陇西县秦亭也。"《正义》引《括地志》："秦州清水县本名秦，嬴姓邑。"其地在今甘肃清水县一带。

从犬丘、秦地所处的位置看，两地都在西周时期秦文化的分布区内。由此确证，西周时期秦人的活动区域就在甘肃南部。毛家坪遗址的发掘证明，在整个西周时期，秦人一直活动于这一地区。前已论及，西周时期的秦文化是西周文化的地方类型，说明甘肃南部的西周时期秦人的活动区是周王朝疆域的一部分。《秦本纪》记载秦庄公被周宣王封为西垂大夫，受领犬丘、秦等地，说明这一带正为西周王朝的西垂之地。

既然西周时期的秦人已活动于甘肃南部，其又是从哪里来的呢？据前文分析，西周时期的秦文化与邻近的寺洼文化及以西的辛店文化间，日常用器几无相同之处，两者间也无发展关系。如果秦人来源于使用这两个文化的羌族，秦人不可能在与羌族比邻相处的环境下将自己原来的文化传统丢得如此干净，这说明秦人不会来源于后者，前者的祖源是甘青一带羌族的可能性也就更小了。

事实上，西周时期秦文化与周文化的关系是最密切的，前者是西周文化的地方类型，又源于先周文化，这就将秦人的来源与使用先周文化的族属联系起来。我们知道，先周文化是以周族为主体、包括其他族或类于族的人们共同体使用的文化，使用先周文化的族的共同体不限于周族[45]。既然秦文化源于先周文化，西周以前的秦族应是使用先周文化的古族之一，应活动于先周时期以周族为主体的人们共同体的势力范围之内。

于此，还可以结合文献资料来分析。《史记·周本纪》记载周太史儋对秦献公说："始周与秦国合而别。"《秦本纪》、《封禅书》所记与此同。所谓"合"，《集解》、《正义》均以为指秦先公非子被周孝王封于秦地以前。既然为"合"，说明此前的周人与秦人安居共处，其间可能有共同的文化传统。关于这一点，已经为西周早、中期的周秦关系所证实。前已分析，此时秦人生活于周王朝的疆域内，秦人使用的文化实为西周文化，秦文化的日常用器组合与关中地区典型的西周文化的组合相同。周、秦考古学文化的这种关系证明两者具有共同的文化传统，两者考古学文化的密切关系正是其共同文化传统的具体反映。既然秦文化源于先周文化，那么，西周以前的秦人应使用先周文化了。这就与《秦本纪》中秦先公中潏的活动联系起来。

《秦本纪》记载申侯对周孝王说："昔我先郦山之女为戎胥轩妻，生中潏，以亲故归周，保西垂，西垂以其故和睦。"又据《秦本纪》，中潏之子蜚廉与商王帝辛同时，中潏应与商王帝乙同时，或可早至文丁之时，即其时代大致在殷墟文化三、四期之交前后，而其父戎胥轩当不晚于殷墟三期，其生活时代或可早到殷墟二期偏晚。中潏既然归周，就应使用先周文化了。

秦先公中潏使用先周文化，这是否意味着秦人在最早就属于周族或其支系呢？当然不能这样说。我们根据西周时期秦文化的特点推断其源于先周文化，进而认为秦人使用了先周文化，这不等于说前者在最早就是使用先周文化的周族或其支系。一定的考古学文化与一定的族或类于族的人们共同体是相对应的，但考古学文化与族的共同体并不是同一概念[46]。一个考古学文化的创造和使用者不限于一个族，它们的来源也是复杂的，不可能都来自一个祖源。同时，一个族或族的支系的形成、发展、演变等往往是一个漫长而复杂的过程，一般来说，这不可能仅在一个考古学文化的发展过程中反映出来，况且考古学文化的演变也有其复杂性。具体就秦族系来说，从其祖先伯益以下至秦代，在这样长的时期，其使用的考古学文化当不会仅限于一个。只有通过相关考古学文化横向和纵向关系的全面考察，结合文献提供的资料，才有可能揭示其形成、发展和消亡的全过程。

商代晚期的秦人虽已使用先周文化，但文献资料表明周、秦并非同源。《秦本纪》记载秦先公中潏是“以亲故归周”，既称“归周”，说明此前的秦人与周人本来有别，前者原本不属于后者或其支系，应有自己的文化传统。如此看来，中潏以前秦人的来源应从周族以外的其他族属中去寻找。

据《秦本纪》，秦先公戎胥轩与姜姓申侯祖先联姻，“生中潏，以亲故归周”，《周本纪》记载周先公与姜姓羌人也为婚媾关系，说明在殷墟三期之时，秦先公的活动地域与周人、姜姓羌人的活动区域邻近。前已分析，秦先公中潏归周而使用先周文化，秦先公要从原来使用的文化转向接受先周文化，也只有在原来的文化与先周文化地域相邻、相互交流的情况下才能实现。那么，中潏以前秦先公使用的文化应是在殷墟二、三期时与先周文化地域相邻的考古学文化之一。

据考古发现与研究，相当于中潏归周前后的先周文化分布于关中地区，在此前的殷墟二、三期阶段，该文化分布地域更小，主要分布于关中西部偏东一带[47]，与其相邻的考古学文化有刘家文化和商文化。下面来分析先周文化与这两支文化的关系。

刘家文化分布于先周文化的西方、西北方外围，这两个文化的时代相当于整个晚商时期。两者中都有来自对方的文化因素，说明二者在较长时期内并行发展、相互影响，但到商末，前者被后者完全融合乃至同化了[48]。

商文化在二里岗下层阶段已推进到西安、耀县一线[49]，占据了关中东部。此后继续西进，其势力一度波及关中西部的扶风、岐山交界一线[50]，进入先周文化与刘家文化的交界地带。但从殷墟二期开始，商文化的分布地域向东收缩，关中地区原属商文化的分布区内陆续出现了先周文化遗址[51]，说明这一地区逐渐成为先周文化的势力范围。综合关中地区的商文化、先周文化遗址的时代分析，到殷墟四期偏晚，前者完全为先周文化所取代[52]。

先周文化与刘家文化、关中地区商文化的这种关系说明，在晚商时期，由于先周文化势力的逐渐强大，其向西、向东扩张并取代了后两支文化。随着周人的势力迫近乃至完全覆盖这两支文化的分布区，留在这一地区、原使用这两支文化的族的共同体必然转向接受先周文化。由此来看，后两支文化都有为中潏归周以前的秦人使用的可能性。但是，秦文化并不源于刘家文化，即后者未发展为秦文化，因而也不会是更早的秦人使用的文化。那么，这个文化应是关中地区的商文化了，即秦人应是活动于关中地区的商人的一支。而《秦本纪》记载商代的秦先公正是商王的臣属：费昌、中衍分别为商王成汤、大戊之御，而且“中衍之后，遂世有功，故嬴姓多显，遂为诸侯”，中潏“在西戎，保西垂”，中潏之子也为商王帝辛之臣。据此，戎胥轩和归周以前的中潏也为商王之臣，他们之所以到关中地区这个商王朝势力到达的最西地区，就是为商保卫西部边疆。后来中潏投奔周人，即申侯对周孝王所说的“归周，保西垂”，是又到周人势力范围西部的关中西部偏西一带，为周开拓、保卫疆土。结合《秦本纪》中秦先公的有关记载与商文化、先周文化的分布地域分析，关中地区当为商代的西垂。

关于戎胥轩、中潏的居邑、史无记载。据前面的分析，西周时期的秦人活动于甘肃南部，其居邑有犬丘。上文提及，陕西关中地区也有一个与秦人有关的犬丘，此地见于《秦本纪》“非子居犬丘”下，这个犬丘在今甘肃西和、礼县一带，今已成定论，关中的犬丘必非西周时期的秦先公所居。此说来源较早，《秦本纪》下《集解》引徐广说：“今槐里也。”《汉书·地理志》槐里下：“周曰犬丘，懿王都之，秦更名废丘，高祖三年更名。”《史记·项羽本纪》有废丘：“项王乃立章邯为雍王，王咸阳以西，都废丘。”《索引》引孟康说：“今槐里是也。”《正义》引《括地志》：“犬丘城一名废丘，在雍州始平县东南十一里。”顾祖禹《读史方舆纪要》：“故城在兴平县东南十一里”，即今兴平境。马非百先生的《秦集史·郡县志》引《集古遗文》中收有秦废丘鼎，《十钟山房印举》收有秦废丘都尉印[53]，足证秦有废丘，在西周懿王时也当有犬丘。此犬丘又位于关中地区的商文化分布区内，据此推测，其在西周以前或早已有之，可能就为戎胥轩和归周以前的中潏的居邑。

（二）秦人起源探索

弄清了商代晚期及此后秦人的活动区域后，就可以追寻其起源问题了。前文分析，秦先公戎胥轩、中潏活动于关中地区，使用商文化，那么，商文化的中心就应在关中以东的中原地区，关中地区的商文化显然是东来的，包括的族属既有外来族（其中主要应是东来），也有当地土著族。根据《史记·秦本纪》，秦先公自商初以来就为商王朝的臣属，由此来看，使用关中地区商文化的秦人定非当地土著族，而是外来族，其应是随着商人势力的向西扩张迁到这里的，即关中地区也非秦人的起源地。于此，我们赞同秦人起源于东方说。

关于秦人的族属和最早起源地，徐旭生先生在《中国古史的传说时代》中将秦人祖先归入东夷集团[54]，历来持秦人起源于东方说的研究者也同意此观点。现已确认，分布于山东、苏北一带的大汶口文化、龙山文化、岳石文化及其后续文化为东夷文化系统[55]，作为东夷一支的秦人在西迁以前也应活动于这一地区。此外，这还可以在晚商和西周时期与秦人有关的地名中找到有关线索。西周时期的秦人活动于甘肃南部，《秦本纪》记载秦先公为西垂大夫，居于犬丘；商代晚期的秦人活动于关中地区，秦先公又保西垂，前文分析其居邑也当有犬丘，这说明西垂与犬丘之间、两地与商代晚期和西周时期的秦人之间似乎都有某种有机的联系，这可能暗示两地与秦人的起源地有关。《春秋》隐公八年即有垂地：“八年春，宋公、卫侯遇于垂。”而《左传》隐公八年则作犬丘：“八年春，……遇于犬丘。”垂与犬丘为一地，这与秦人在西方的居地同名。杨伯峻先生认为其地在今山东曹县之北[56]，在商代以前，这里为东方夷人的势力范围[57]，或许这一带正为秦人的起源地。

附记：本文初稿的写作得到李伯谦先生的指导，修改稿承蒙杨虎、刘庆柱先生审阅和指正，谨此一并致谢。

（《考古》1996 年第 3 期）

注释

［1］王国维：《秦都邑考》，《观堂集林》卷十二，中华书局 1956 年。

［2］a 蒙文通：《秦之社会》，《史学季刊》第 1 卷第 1 期。

b《秦为戎族考》，《禹贡》第 6 卷第 7 期。

［3］卫聚贤：《中国民族的来源》，《古史研究》第三集，上海商务印书馆 1934 年。

［4］a 邹衡：《论先周文化》，《夏商周考古学论文集》，文物出版社 1980 年。

b 俞伟超：《古代“西戎”和“羌”、“胡”考古学文化归属问题的探讨》，《关于“卡约文化”和“唐汪文化”的新认识》，《先秦两汉考古学论集》，文物出版社 1985 年。

c 刘庆柱：《试论秦之渊源》，《先秦史论文集》，《人文杂志》1982 年增刊。

d 韩伟：《关于"秦文化是西戎文化"的质疑》，《青海考古学会会刊》1981 年第 2 期。

e 韩伟：《关于秦人族属及文化渊源管见》，《文物》1986 年第 4 期。

［5］苏秉琦：《宝鸡斗鸡台沟东区墓葬》，北京大学出版社 1948 年。

［6］a 赵化成：《寻找秦文化渊源的新探索》，《文博》1987 年第 1 期。

b 甘肃省文物工作队、北京大学考古系：《甘肃甘谷毛家坪遗址发掘报告》，《考古学报》1987 年第 3 期。

c 赵化成：《甘肃东部秦和羌戎文化的考古学探索》，《考古类型学的理论与实践》，文物出版社 1989 年。

［7］［9］［42］见［6］c。

［8］［41］甘肃省博物馆：《甘肃古文化遗存》，《考古学报》1960 年第 2 期。

［10］a 李伯谦：《在晋文化研究会上的发言》，《晋文化研究座谈会纪要》，1985 年。

b 李伯廉：《论文化因素分析方法》，《中国文物报》1988 年 11 月 4 日。

［11］卢连成、胡智生：《宝鸡強国墓地》第 41 页图三十一：1、第 187 页图一三九：8、第 222 页图一六四：1、第 257 页图一九一：1、2 等，文物出版社 1988 年。

［12］见［11］第 7 页图四。

［13］a 陕西省考古研究所：《陕西武功岸底先周遗址发掘简报》图十九：11、14，见《考古与文物》1993 年第 3 期。

b 北京大学考古系：《陕西扶风县壹家堡遗址 1986 年度发掘报告》图二十：1、2，见《考古学研究》，北京大学出版社 1994 年。

c 中国科学院考古研究所：《沣西发掘报告》图版柒：2，文物出版社 1962 年。

d 罗西章：《扶风出土的商周青铜器》图一六，《考古与文物》1980 年第 4 期。

［14］a 见［13］c。

b 中国社会科学院考古研究所沣西发掘队：《1967 年长安张家坡西周墓葬的发掘》，《考古学报》1980 年第 4 期。

［15］见［4］a。

［16］主东方说者见［4］a、［4］d、［4］e，主西方说者见［4］b、［4］c。

［17］李伯谦：《城固铜器群与早期蜀文化》，《考古与文物》1983 年第 2 期。

［18］夏鼐：《临洮寺洼山发掘记》，《考古学论文集》，科学出版社 1961 年。

［19］中国社会科学院考古研究所泾渭工作队：《甘肃庄浪县徐家碾寺洼文化墓葬发掘纪要》，《考古》1982 年第 6 期。

［20］甘肃省文物工作队等：《甘肃西和栏桥寺洼文化墓葬》，《考古》1987 年第 8 期。

［21］见［4］、［6］c、［18］。

［22］见［19］、［20］。

［23］［24］中国社会科学院考古研究所甘肃工作队：《甘肃永靖张家嘴与姬家川遗址的发掘》，《考古学报》1980 年第 2 期。

［25］青海省文物管理处考古队等：《青海柳湾》，文物出版社 1984 年。

［26］a 中国社会科学院考古研究所甘肃工作队：《甘肃永靖莲花台辛店文化遗址》，《考古》1980 年第 4 期。

b 甘肃省文物工作队等：《甘肃临夏莲花台辛店文化墓葬发掘报告》，《文物》1988 年第 3 期。

［27］a 见［4］b。

b 南玉泉：《辛店文化序列及其与卡约、寺洼文化的关系》，《考古类型学的理论与实践》，文物出版社 1989 年。

［28］甘肃省博物馆：《甘肃文物考古三十年》，《文物考古三十年》，文物出版社 1979 年。

［29］见［6］b。

［30］见［4］c 及［6］a。

［31］陕西周原考古队：《扶风刘家姜戎墓葬发掘简报》，《文物》1984年第7期。

［32］a北京大学考古系：《陕西扶风县壹家堡遗址发掘简报》，《考古》1993年第1期。

b见［13］b。

［33］宝鸡市考古队：《宝鸡市纸坊头遗址试掘简报》，《文物》1989年第6期。

［34］田仁孝等：《碾子坡类型刍论》，《文博》1993年第6期。

［35］中国社会科学院考古研究所泾渭工作队：《陕西长武碾子坡先周文化遗址发掘纪略》，《考古学集刊》第6集。

［36］宝鸡市考古工作队：《陕西武功郑家坡先周遗址发掘简报》，《文物》1984年第7期。

［37］张长寿等：《关中先周青铜文化的类型与周文化的渊源》，《考古学报》1989年第4期。

［38］扶风县博物馆：《扶风北吕周人墓地发掘简报》，《文物》1984年第7期。

［39］韩伟等：《凤翔南指挥西村周墓的发掘》，《考古与文物》1982年第4期。

［40］见［13］a。

［43］王玉哲：《秦人的族源及迁徙路线》，《历史研究》1991年第3期。

［44］董悦：《七国考·秦都邑》，中华书局1956年；王国维文见［1］；郭沫若：《两周金文辞大系图录考释》，科学出版社1957年。

［45］［46］见［4］a第329页。

［47］牛世山：《武功岸底遗址发掘与先周文化研究》，待刊。

［48］a见［47］。

b孙华：《关中商代诸遗址的新认识——壹家堡遗址发掘的意义》，《考古》1993年第5期。

［49］［50］徐天进：《试论关中地区的商文化》，《纪念北京大学考古专业三十周年论文集》，文物出版社1990年。

［51］与商文化的由西向东退缩相适应，先周文化遗址的时代上限偏西者越早，向东、东南则越晚，如关中西部的礼泉朱马咀先周遗址的上限到殷墟三期；关中东西部之交、渭河以北的耀县丁家沟先周墓时代为殷墟四期偏早，或早到殷墟三、四期之际；渭河南岸的沣西遗址的上限则不早于殷墟四期偏晚。朱马咀遗址资料见［48］孙文及秋维道等：《陕西礼泉发现两批商代铜器》，《文物资料丛刊》第三辑，1980年；后两遗址资料分别见［13］c和贺梓城：《耀县发现一批周代铜器》，《文物参考资料》1956年第11期。

［52］a见［48］。

b卢连成：《先周文化与周边地区的青铜文化》，《考古学研究》，三秦出版社1993年。

［53］马非百：《秦集史》，中华书局1982年。

［54］徐旭生：《中国古史的传说时代》，文物出版社1985年增订本。

［55］a严文明：《东夷文化探索》，《文物》1989年第9期。

b王迅：《东夷文化与淮夷文化研究》，北京大学出版社1994年。

［56］杨伯峻：《春秋左传注》第56页，中华书局1981年。

［57］见［55］b。

阳鸟崇拜与“西”邑的历史地位

祝中熹

近一个世纪来的古史研究和考古发现业已确认：自先秦至两汉，在秦岭以西的西汉水中游，有一个简称为“西”的城邑存在。西邑曾经在五帝时代被确定为华夏大地西部标位点，又曾经长时间作为秦人早期的都邑。以西邑为中心的这一片河谷盆地，当时是位置险要、南北通达、经济繁荣的著名区域；在民族关系极其复杂、政治局面变换频繁的古代西北发展史上，西邑地区起过相当重要的作用，具有辉煌的历史地位。由于种种原因，东汉以后西邑渐趋衰落，几乎完全退出了历史舞台，并被世人所遗忘。直到90年代秦先公西陵墓区在西汉水中游被发现，人们才又开始对它给予关注。数年前笔者曾撰《秦人早期都邑考》一文[1]，对西邑地望作过考辨；今又成此篇，意在揭示西邑兴起的深层次的文化背景及时代机遇，并阐述其在当时受重视的原因。

上篇　阳鸟崇拜与西极标位

在人类脱离动物界的漫长过程中，人类大脑对外部世界的感受，印象最深的莫过于太阳。在人类生存发展的宏观大环境——天与地的主体性对立统一中，太阳居于最为炫目、最为灵动、最具感召力的地位。它给人类带来光明和温暖，也带来人类赖以生存的万物生长。“日月光华，旦复旦兮”，它就这样永恒地伴随着人类；人们“日出而作，日入而息”，依从着太阳的抚慰。人们赞颂上天之无量功德时，称之为“昊天”，于“天”上加“日”以示其崇高伟大。史前社会的太阳崇拜风习，存在于世界各民族的童年期；而在中国，这一历史现象表现尤为突出。我们从上古文献记载中，从神话传说中，从考古发现的实物资料中，均能找到大量的不容置疑的证据。

我国远古关于太阳的神话，最生动、最具东方色彩的莫过于十日轮番运照的传说了。这一传说的古籍记载甚多，时代较早而又言之最详的，当首推《山海经》。在该书的描述中，太阳是有生命的，是被人“生”出来的，一共有十个：“东海之外，甘水之间，有羲和之国。有女子名曰羲和，方浴日于甘渊。羲和者，帝俊之妻，生十日。”（《大荒南经》）这十个太阳，栖息在“扶桑”树上：“汤谷上有扶桑，十日所浴。在黑齿北，居水中，有大木，九日居下枝，一日居上枝。”（《海外东经》）之所以有一日“居上枝”，是因为它正整装待发，要升起来照耀大空，即《淮南子·天文训》所说的，“登于扶桑之上，爰始将行”。十个太阳，依次从东方汤谷的扶桑树上升起，并以此树为交接点，轮流运作：“汤谷上有扶木，一日方至，一日方出，皆载于乌。”（《大荒东经》）《太平御览》所引《竹书纪年》亦载此传说曰：“本有十日，迭次而运照无穷。”长沙马王堆西汉墓所出帛画，即以此神话为题材，高大的扶桑树上，错落相间，共画了九轮红日。日只有九，因为另一个正在天空值班运行。屈原《天问》中有一问，即针对此神话而发：“日月安属，列星安陈？出自汤谷，次于蒙汜，自明及晦，所行几里？”十日的传说，对我国古代思想、文化影响甚大，且不说它派生出来的那些动人的故事（如羿射九日、夸父追日等），早已融入我国传统文化之中，与古代人们日常生活密不可分的“天干”，即由此而来。三代以天干与地支相配的方式纪日，六十日为一循环周期。是时早已通行使用序数，为什么置极方便的序数不用而取干支纪日呢？深层原因就是崇日观念的牢固存留：太阳有十个，在天空轮番运照，每天出现一个，人们给每个太阳起一个名字，它的名字也便是它值班的这一天的代号。日共有十，夏商时代盛行“旬”（十天）的概念，旬在社会生活中的地位比月还重要，原因即在于此。

只有鸟类才能在天空飞行。在先民们的幼稚想像中，有一种鸟在背负着太阳飞翔于天际，这便是前引《大荒东经》所说的十日“皆载于乌”。事实上人们看不见背负太阳的飞鸟，故这神话后来演变为鸟在日中。流行于战国至秦汉时的装饰性日、月图案中，已经把鸟画在日轮之内了。《淮南子·精神训》说“日中有踆乌”，其《本经训》说羿射九日，“日中九乌皆死，堕其羽翼”。《艺文类聚》卷九二引《春秋元命苞》说：“阳，天之意，乌在日中。”皆此神话演变的反映。想像有一种运送太阳的载体，乃远古社会世界上许多民族都有过的一种观念。如古埃及人认为太阳是由一艘船载行的，古希腊人认为太阳是由一辆四马驾驶的车子载行的，地中海沿岸一带的古人则和我们的祖先一样，为太阳安上了鸟的翅膀。

华夏文明中飞鸟载日的神话，缘自更为古老的史前社会的阳鸟图腾崇拜。阳鸟图腾是日图腾部族与鸟图腾部族结合后形成的一种复合图腾，出现于原始社会的晚期。阳鸟崇拜在华夏文明孕育过程中，曾产生过巨大影响；阳鸟图腾部族是构成华夏族的主要成分，在历史舞台上占据过重要位置。因此，在我国原始社会后期的主要文化遗存中，几乎到处可以找到阳鸟崇拜的影迹。仰韶文化彩陶，向我们展示了许多鲜明的阳鸟图案。尤其是庙底沟型的某些彩陶，不仅鸟形生动逼真，其背负的太阳也都明确无误，有的光焰熊熊，栩栩如生[2]。大汶口文化遗址中多处发现过的、被唐兰先生释为“炅”字的那个图像文字，是由日、鸟、山三个形体组合而成的，日在鸟上的意蕴一望可知。刻有这个图像的那些陶器，很可能就是祭日时特用的器皿。《礼记·效特牲》言及举行“报天而主日”的效祭时指出：“扫地而祭，于其质也；器用陶匏，以象天地之性也。”这是在强调郊天祭日的简朴性；其实，这正是原始社会扫地为坛、陶具以献的古风遗存。良渚玉器上的许多雕饰，学者们几乎一致认为是太阳神徽与阳鸟祭坛图。前者上方一圆圈表示太阳，下方火焰纹表示太阳的性状；后者坛体边框线内刻有阳鸟负日或太阳神徽，而坛顶中央树一柱，顶立一鸟[3]。连云港市西南郊锦屏山马耳峰南麓的将军崖史前岩画中，有以鸟喙人面纹为主的太阳神群像图，又有以星象与变型鸟纹为主的鸟历星象图，另有三块雕有对称圆窝图案的大石，被认为是祭祀太阳神的祭坛[4]。

史前社会的阳鸟崇拜，其实质是部落群体对始祖神和保护神的敬畏，对始祖神、保护神降福赐佑的企盼，对农、牧业生产获丰收的渴望。太阳既是天象的主体，而天象又同群体的生产、生活紧密相关，那么，阳鸟崇拜就必然意味着对天象的观测与探求。我国早期天文学就是这样发展起来的。在文明时代到来的前夜，在部落联盟完成向国家过渡的最后阶段，即人们经常提到的那个以军事民主制为特征的五帝时代，我们看到了阳鸟崇拜与天象观测凝结在一起的例证。《尚书·尧典》为我们保留了一份极其珍贵而且翔实的资料。《尧典》述尧之政绩，首言天时历象：

> 乃命羲和，钦若昊天，历象日、月星辰，敬授人时。分命羲仲，宅嵎夷，曰旸谷。寅宾出日，平秩东作。日中星鸟，以殷仲春。厥民析，鸟兽孳尾。申命羲叔，宅南交。平秩南讹，敬致。日永星火，以正仲夏。厥民因，鸟兽希革。分命和仲，宅西，曰昧谷。寅饯纳日，平秩西成。宵中星虚，以殷仲秋。厥民夷，鸟兽毛毨。申命和叔，宅朔方，曰幽都。平

在朔易，日短星昴，以正仲冬。厥民隩，鸟兽氄毛。

文中反映了当时的宾日、饯日制度，以及这些制度与阳鸟神话之间的关系。主管祭日、测日的是羲仲、羲叔、和仲、和叔四人，合称羲和。这显然同我们前引《山海经》中所说的那个“生十日”的羲和有关。在古代神话传说中，羲和为日神，发明了马车之后，又演变成了“日御”，即驾车载日飞行的神人。郭璞注《山海经》曰：“羲和，天地始生主日、月者也。”屈原《天问》：“羲和未扬，若华何光?”王逸注云：“羲和，日御也。”尧时部落联盟领导集团所设司日之职名羲和，他们当然实有其人，应为擅长观测天象的部族代表；进一步说，他们实即阳鸟图腾部族的首领。羲和部族大约就是虞夏时代东方“九夷”中的凤夷和阳夷的结合群体。《后汉书·东夷列传》介绍“九夷”，言及凤夷、阳夷之后，插了一句话：“昔尧命羲仲宅嵎夷，曰旸谷，盖日之所出也。”分明是在有意强调羲和同凤夷、阳夷的关系。《尚书大传》言舜巡守泰山，“乐正定乐名”，云：“羲伯之乐，舞将阳”，“和伯之乐，舞玄鹤”。这也从侧面告诉我们羲和的族属及其图腾。

羲和的任务是“钦若昊天，历象日月星辰，敬授人时”。“钦若”，《史记》释为“敬顺”；“历象”，包含长期跟踪观测的意思。《汉书·李寻传》载寻对此语的解释：“此言仰视天文，俯察地理，观日月消息，候星辰行伍。”目的在于授民以时，即以天象观测指导社会生活，确定与农、牧业息息相关的季候节气，这是部落联盟领导中心的头等大事。《尔雅·释诂》：“寅，敬也。”《字汇》：“寅，恭也。”宾义为迎导。饯，《说文》曰：“送去也。”《玉篇》：“饯，送行设宴也。”日出要敬迎，日入要恭送，礼仪相当隆重。最值得注意的是，针对太阳的周天运行，《尧典》确定了东南西北四个观测点，在另外一些典籍中，称之为“四极”。东方曰旸谷，南方曰文阙，西方曰昧谷，北方曰幽都。旸谷，《史记索隐》云《史记》旧本作“汤谷”，《说文》引用则曰：“崵谷”，音义皆同，即《山海经》、《天问》、《淮南子》等书所言有栖日之扶桑的那个汤谷，意味着光明。与之相对应的西方之“昧谷”，则意味着昏暗。《汉书·郊祀志》：“东北，神明之舍；西方，神明之墓也。”注引张晏：“神明，日也。日出东北，舍为阳谷；日没于西，故曰墓。墓，蒙谷也。”墓即暮，蒙、昧双声可通，“蒙谷”显然就是《尧典》所说的“昧谷”。如果说旸谷、昧谷、明都、幽都等称，皆为据太阳在该位置时的性状而言的话，则嵎夷、南交、西、朔方无疑为地域名。《说文》：“嵎夷，在冀州阳谷。”又曰：“崵山，在辽西。一曰嵎夷，崵谷也。”《尚书》孔传谓“东表之地称嵎夷”。据《禹贡》：“青州，嵎夷既略，莱夷作牧。”地当在山东半岛东端。颜师古注《汉书》，亦认为乃唐时莱州之地。和仲所宅之“西”，与嵎夷相对应，也必为具体地名而非指方向。《史记集解》引徐广曰：“今天水之西县也。”又引郑玄：“西者，陇西之西，今人谓之兑山。”兑山，《后汉书·郡国志》引郑玄此语作“八充山”，“兑”字乃“八充”二字之误合。八充山者，著名的嶓冢山也。《汉书·地理志》陇西郡有西县：“西，《禹贡》嶓冢山，西汉所出，南入广汉白水，东南至江州入江，过郡四，行二千七百六十里，莽曰西治。”“西汉”即指西汉水，此水发源于嶓冢山，今入嘉陵江，南流四川；但在汉代以前，此水并不南流入川，而是在今阳平关附近注入汉水之上游沔水（今称勉水)。《山海经·西山经》说：“嶓冢之山，汉水出焉，而东南注入沔。”乃当时之实况[5]。这是一条在当时极受重视的河流。嶓冢山即今天水市以南的齐寿山，乃古文籍中经常提到的西北名山。此山为流经礼县的西汉水和流经徽县的永宁河之分水岭，《汉中记》所言“嶓冢以东，水皆东流；嶓冢以西，水皆西流。”亦为该山水系之实况。永宁河今亦为嘉陵江的支脉，但在汉代以前，它被称作“漾水”，和西汉水一样，也流注入沔水，此即《禹贡》所言“嶓冢导漾，东流为汉”者。“漾”古籍也作“瀁”，孔传云：“泉始出山为瀁水，东南流为沔水，至汉中东流为汉水。”说得最为简明。漾水和西汉水为同出嶓冢山的汉水之东西二源。漾字从永，《诗》“江之永矣”，《说文》引作“江之羕矣”。此河今称“永宁”，即缘于漾字，“永宁”实为漾字之缓读。至此，我们可以领悟西汉水名称之由来，它本即汉水之西源，有些古书则直接称它为汉水或简称作汉。

《尧典》所说和仲所宅之“西”，即秦汉时陇西的西县，又有嶓冢山、西汉水这样的名山名水为坐标，其地望是不难确定的。作为城邑，西的具体位置当在今甘肃省礼县、西和两县邻接的永兴、长道附近。从政治角度讲，《尧典》确定的东南西北四个测日点，其实也就是当时华夏族势力所能达到范围的四至，也就是当时人们所能判断的四方坐标。正如《墨子·节用》所言：“昔者，尧治天下，南抚交趾，北降幽都，东西至日所出入，莫不宾服。”古人把这四处地域称为“四极”是有一定道理的。

须强调指出，四方测日点的标定，并非一种观念上的虚拟，它们是真正到位的实测地。不要忽略《尧典》中的“宅”字，它的表义极其明确。甲、金文中宅字用作动词时，恒表居住或营建居处之义，无一例外。故司马迁在《五帝本纪》中引用《尧典》内容时，即以训诂代经文，直接把宅字改作“居”字。尧对羲和四子的指令是，要他们定居于那四处地域，以完成祭日、测日的任务。所以郑玄更进一步认为，尧不仅任命羲和四子为四时之官，同时又让他们“主方岳之事，是为四岳”。《尚书大传》言四岳八伯，即有羲伯、和伯，郑说不谓无据。姜亮夫先生在其《尧典新义》中引述赵庆益先生之说，《尧典》四仲中星非在一地所测，而是分别在山东东部、湖南长沙以南、甘肃境内和北京一带四个地区的实测结果，属于夏初之天象[6]。这就是说，当时曾经有一个部族，肩负着“寅饯纳日”的使命，为追寻太阳的归宿而西行。他们翻过陇山（即神话传说中的昆仑山），来到西汉水中游，在那里辟地作邑，生活下来。这必然是个崇拜阳鸟的部族，能以强大的群体精神响应阳鸟感召力的部族，有祭日传统并擅长天象观测的部族。羲和四子中的和仲，则是这个部族的首领。文献记载又启发我们进一步推想，这个部族中走得最远的一支，曾沿着河湟谷地继续西行至青海湖畔。在这里，他们最后中止了对太阳归宿的追寻，因为地理环境已经给了他们答案；而且再往西是流沙和戈壁，已不适于远徙部族的生存。《淮南子·天文训》曰：“日出于旸谷，浴于咸池，拂于扶桑。”《楚辞·离骚》曰：“饮余马于咸池兮，总余辔乎扶桑。”注亦云咸池乃“日浴处”。咸池当指青海湖；也有人说咸池即“天池”，这是由于青海湖位处西北高原之故。青海湖的地理位置，恰与传说中的咸池相当。人们从青海湖边，遥望黄昏时的太阳从湖中落下，这便是“日浴咸池”的由来。人们早已知道太阳在东方就是从大海中升起的，现在它又落入了西方的海水，这便是其归宿。至于那棵作为太阳栖息处和换班交接点的扶桑树，位于宇宙的背面，只存在于人们的想像中。《山海经·西山经》在叙述了积石山（今黄河以南甘、青两省交界处）之后，接着说：“又西二百里，曰长留之山，其神白帝少昊居之。其兽皆文尾，其鸟皆文首，是多文玉石。实惟员神磈氏之宫。是神也，主司反景。”郭璞注：“日西入则景反东照。主司察之。”少昊本为东方阳鸟图腾部族的首领，现在他成了河湟地区“主司反景”之神了，这只能用东方阳鸟部族之一支，为追日而西迁来解释。曰“长留之山”，意味着这支远徙部族至此不再前行，也不再东归，永远留居下来了。“主司反景”，就是掌管对落日的观测，这正是和仲的职司。《西次三经》又说：“泑山，神蓐收居之……是山也，西望日之所入，其气员神红光之所司也。”郝懿行云：“李善注《思玄赋》引此语作濛山，盖即《淮南子》云日至于蒙谷是也。”这条资料和前一条关于少昊的资料内容完全一致。濛山即昧谷，日之所入处；“西望日之所入”，即“主司反景”的另一种说法；而蓐收，据《吕氏春秋·孟秋篇》高诱注，乃少昊之子。《左传》昭公二十九年言少昊氏之四叔，其中的“该”即蓐收。《尚书大传》亦谓：“西方之极，自流沙西至三危之野，帝少皞神蓐收司之。”

这支西行的阳鸟图腾部族到达过青海湖畔，但其部族主体却活动在西汉水中游一带，因为这里的自然条件较好，交通形势优越，更适宜于部族群体的繁衍发展。这一地区被定名为“西”，当然首先由于对位处中原的部落联盟中心来说，它在西方，但也与阳鸟部族在此定居栖息不无关系。考察一下“西”字的表义缘由是很有趣的。在汉字未发明前，东西南北这四个方位词，无疑早已存在于人们的语言中，但那只是音与义的结合。后来人们构创文字时，用何种形体表达这些方位词的含义，却不能不受当时文化背景及社会心理的影响，不能不受当时认知水平的制约。《说文》是这样解析“西”字的：“西，鸟在巢上也，象形。日在西方而鸟栖，故因以为东西之西。”段注：“下象巢，上象鸟，会意。上下皆非字也，故不曰会意而曰象形。”许氏所言，实乃假“栖”为西。但说该字为鸟在巢上之形，不足信。古文巢字的形体结构与“西”字绝不相同。而且，“西”字古读若“先”，故“西施”也作“先施”，洗字声从先；“西”字最初读音与后起的“栖”字读音并不相同，无从假借。考之甲、金文，西字实为鸟翼形。用鸟翼之形体表方位词“西”之义，也许就因为阳鸟部族西迁，且其居住地被确定为四至的西方标位点。《尧典》成文的时间可能较晚，但其所反映的时代，正与汉字的雏形期相当，那正是阳鸟部族西行的文化背景，故造字者才有这种联想的表义思路。此外，迁徙的迁字，古文从西，读音亦与西字同。段玉裁曾引《汉书》曰：“西，迁也。”班固在《白虎通义》中也说：“西方者，迁方也。”这都显示“西”字的造形表义同阳鸟部族的西迁并落脚于西地存在某种微妙的关联。

下篇　秦、戎对西邑的争夺

《尧典》所说的在西极“寅饯纳日”的和仲一族，后来哪里去了呢？他们在西汉水中游地区栖息繁衍，发展农、牧业，在极其复杂的民族关系中小心周旋，学习先进的周族文化，吸收陇山以西的土著文化，艰难地成长着。在夏末商初的某一段时期，他们曾一度因犬戎的攻掠而被迫离开西邑，但他们始终不想放弃这片祖地，一直为回归故土而奋争。他们便是日后完成了统一中国大业的嬴秦一族。

秦人嬴姓，本属东夷集团中以鸟为图腾的部族，后来西迁至关陇。这一认识已被越来越多的古史研究者所接受。但在秦人何时西迁、因何西迁的问题上，学者们意见尚不一致。段连勤先生的观点影响较大，他认为秦人原系东夷“九族”中畎夷的一支，在夏末与商人结成反夏的商夷联盟，乘胜西进关中。《竹书纪年》载：“桀三年，畎夷入于岐以叛。”《后汉书·西羌传》云“后桀之乱，畎夷之居邠岐之间”，即指此而言[7]。依段先生说法，秦人与犬戎同族而分支。笔者赞同畎夷西迁后称犬戎说，但不同意秦人乃畎夷一支的主张，主要理由有二：一，在关陇地区，秦人与犬戎的关系虽也有友好交往、相互影响的一面，但更多的是矛盾冲突乃至战争，尤其表现在对西邑的争夺上，已处势不两立的状态。二，犬戎是以犬为图腾的部族，这不单显示在其族名上，还有另外许多史证。“夷”为先秦对东方部族的习称，犬戎在先周时又称“昆夷”，即居于昆仑山（陇山）地区之夷。《逸周书》所载《伊尹四方令》言“正西昆仑狗国”，正指昆夷而言。《山海经·大荒北经》也说：“有人面兽身，名犬夷。”兽身谓狗的形象。这其实是一种“图腾装扮”，故《海内北经》说“犬封国，曰犬戎国，状如犬”。又说：“有人名曰犬戎。黄帝生苗龙，苗龙生融吾，融吾生弄明，弄明生白犬。白犬有牝牡，是为犬戎。”在图腾信仰的较高阶段，图腾物不仅被视为群体的保护神，同时也被视为本部族的始祖，因此动物图腾大都被人格化。犬戎族为犬生，其以犬为图腾是显而易见的。而嬴秦族则是以鸟为图腾的，这已是学界之共识，不需再加论证。绝然不同的图腾信仰，表明秦人与犬戎绝非同族。

我认为，秦人应属东夷九族中的凤夷、阳夷相结合的阳鸟图腾部族。秦人乃颛顼之后裔，颛项称“高阳氏”，其父名昌意，其母名景仆，字皆从“日”。《竹书纪年》曰：“颛顼产伯鲧，是维若阳，居天穆之阳。”《史记·夏本纪》谓鲧之父曰帝颛顼，《索隐》引皇甫谧云“鲧，帝颛顼之子，字熙”。颛顼家族的名号大都与太阳及其光芒有关。古籍中还有许多颛顼之母感受“白虹”、“瑶光”而生颛顼的神话传说。总之，颛顼之族是一个以日为图腾的部族。秦人又以少昊为始祖神，自以为乃少昊之后。秦人在其祖地西邑立祀白帝少昊之“西畤”和“畦畤”[8]，其山称“人先山”，其祠称“人先祠”，足证秦人视少昊为自己的始祖。《潜夫论·五德志》说武王克商后，“封少昊之胄于祁”，祁即祁山，在汉代西县境内，乃秦都西邑之门户。少昊是最著名的东方鸟图腾部族首领。值得特别提及的是，少昊与颛顼，存在着一种极不寻常的关系。他们皆都于“穷桑”（今山东曲阜一带），《帝王世纪》说：“颛顼生十年而佐少昊，二十而登帝位。”《山海经·大荒东经》说：“东海外大壑，少昊之国。少昊孺颛顼于此。”孺通乳，含养育义。《世本》又有“颛顼母独山氏之青阳，即少皞，黄帝之子”的说法。颛顼有可能属少昊之母系一族，他们两人或许是甥舅关系，或许是表兄弟关系，这是原始社会普那鲁亚式婚姻的影迹[9]。继少昊之后，颛顼成为东夷部落联盟的首领，把东夷集团带入了历史上最昌盛的时代。凤夷和阳夷这两个彼此通婚的部族，大约就是在少昊、颛顼前后结合为阳鸟图腾群体的。“昊”（或皞）字从日，也显示了这方面的信息。秦人既视颛顼与少昊均为自己的先祖，则秦人的鸟图腾也必具有阳鸟崇拜的性质。据《史记·封禅书》，秦文公在陈仓修建“陈宝祠”，就是为了祭祀一种神物，它自东南方飞来，“光辉若流星”，“则若雄鸡，其声殷云，野鸡夜雊”。该地后来即因此称“宝鸡”，唐初又改名曰“凤翔”。愚意此神物非阳鸟莫属，陈宝传说反映了远古时代的图腾崇拜，对后世民众的心理观念仍有较深影响。故《汉书·郊祀志》言及“陈宝祠”已延祀七百余年时说：“此阳气之旧祠也。”“阳”字道出了实质。

羲、和历来被看作是重、黎的后裔，他们在尧时承袭了先世的职司，而负责“历象日月星辰，敬授民时”。既然少昊、颛顼乃秦人之始祖，重与黎又是少昊、颛顼的后代，而羲与和又是重、黎的胄裔，那么，羲、和与秦人皆属阳鸟图腾的同一血缘祖系就不证自明了。和仲作为阳鸟图腾部族的时代较早的代表，率族人西迁至西汉水中游一带，以履行祭日、测日的使命。与和仲一族同一族系，共同信仰阳鸟图腾，而又生活在同一地区，只是时代有先后之别的秦人，只能是和仲一族的后裔。《秦本纪》言秦之先祖有名“若木”者，而若木在神话传说中为西方日所入处。郭璞注《山海经》说，若木“生昆仑西，附西极”。《淮南子·坠形训》：“若木在建木西，末有十日，状如莲华，光照其下。”《文选·月赋》注引此文时，下有“日之所入处”五字。《离骚》有“折若木以拂日兮”之句，《天问》有“若华何光”之问。总之若木为入日之处，而秦祖以它为名，这其中当有某种关联。

姜亮夫先生说：“羲和者，古伏羲与女娲之合也。”[10]我要进一步指出，关于伏羲的传说及遗迹存留，存在着明显的东、西两极背分现象，这正是该族由东方迁西方的历史痕迹。而伏羲在西方的传说及遗迹留存，又极引人注目地集中在天水、陇南（尤以礼县、西和两县为著）地区，这在地方史志中有大量资料可寻。这正是秦人的早期活动领域。

秦人以西邑为活动中心，正史明文可查的时间是在商后期。《史记·秦本纪》说以中潏为首领的一支嬴人，“在西戎，保西垂”。这个“西垂”，古今不少学者认为是泛称，意为“西部边陲”。《史记正义》则认为是具体地名，并引《括地志》云：“秦州上邽县西南九十里，汉陇西西县是也。”郦道元注《水经·漾水》，亦持此说。现在我们已经可以肯定地说，“西垂”确非泛称，它就是本文所论的西邑[11]。西垂又名犬丘（或曰西犬丘），那是因为此地曾是犬戎居地。中潏这支嬴人居此后，习用了犬丘的地名。“保西垂”的“保”字，亦因西垂被理解为泛称而被误释为保卫，有的学者甚至武断地说，中潏是奉商王之命，为商王朝防护西部边疆。其实，商代并没有严格意义上的“边疆”，对王畿外的无数氏国族邦，中央王朝是通过方伯制度实现宗属关系的。商后期西北地区的方伯一直由周族承当，商王室不可能越过周邦的势力范围，派一个部族跑到陇山以西去保卫边疆。西垂既是城邑名，则“保”字当训作“据有”或“筑城自固”之义。《诗·唐风·山有枢》：“宛其死矣，他人是保。”郑笺：“保，居也。”《礼记·月令》“四鄙入保”，郑注：“小城曰保”。《左传》襄公八年：“焚我郊保，冯陵我城郭。”《穆天子传》言穆王“至于瓜纑之山，三周若城，阏氏、胡氏之所保”。“保”字皆用小城之义。周灭商后，居于犬丘的秦人转而臣服于周。作为周王室与陇西诸戎的联系纽带，秦人发挥了稳定西部民族关系的作用。周孝王时，犬丘的秦人首领为大骆。大骆与当时王室权臣申侯建立了婚姻关系，娶申侯之女为妻，生子名成，为大骆的嫡嗣。大骆另有一庶子名非子者，为孝王养马有功，被“分土为附庸，邑之秦”。但此时的非子，只是大骆一族分出的别支，大骆的氏国仍以犬丘为中心。数代之后，关陇地区的政治形势和民族关系发生了重大变化。由于周厉王无道，诸侯纷纷叛离，西北诸戎趁势反周，与周王室关系密切的大骆一族首当其冲，成为西戎直接攻掠的对象。结果大骆氏国被灭，西垂遂被犬戎占领。对犬戎来说，这也是故地回归。宣王时为了加强与西戎的斗争力量，大力扶植非子那一支秦人的首领秦仲，封他为大夫，命他“诛西戎”。结果秦仲也被戎人所杀。宣王乃召集以庄公为首的秦仲的五个儿子，“与兵七千人，使伐西戎”。这一次秦人终于取得了胜利，收复了犬丘地区。这样，秦庄公便除了控制其父秦仲所据的秦地之外，又占领了其先祖大骆的故地犬丘而“并有之”，号称“西垂大夫”，并将其活动中心又移至犬丘。由此可知，犬丘在秦人心目中，始终是祖业基地，是正统的宗邑邦都。虽然庄公的族人已在秦地生活了数代，但在取得了对犬戎的胜利之后，他们还是要向宗邑回归。这以后，为了保卫西邑，秦人继续与犬戎长期对立，战争不断。即使在周王室东迁、秦襄公被升封为诸侯之后，情况也是如此。襄公虽然武功显赫，最终还是死在了伐戎的军事行动中。直到文公四年（公元前 762）营邑于“汧渭之会”，秦人开始把活动重心移向关中，文公十六年彻底打败西戎，“收周余民有之”，秦人方在关中立稳脚跟。即使如此，秦人仍显示出对祖地西邑的眷恋，文公死后仍要归葬西邑，甚至其孙宪公即位后，一度仍居于西邑。武公之后，秦人的领导集团才最终脱离了西邑地区，完成了政治、文化中心由西汉水中游向汧渭平原的转移，逐步卷入了与关东列强相周旋的更宏伟的政治、军事格局中去。但秦人在西邑立有“西畤”和“畦畤”，保持了对始祖神少昊的定期祭祀。1919 年在天水之西南乡出土了著名的秦公毁，原器铭之外，又有秦汉间凿字：“西元器一斗七升八奉”。刻铭目的在于标定该器的容量，但却声明是“西元器”，即西邑原有之器。王国维先生说：“秦自非子至文公，陵庙皆在西垂。此敦（熹按：应作毁）之作，虽在徙雍之后，然实以奉西垂陵庙，直至秦汉犹为西县官物，乃凿款于其上。”[12]所言甚是。

秦人在西方的崛起，一直是以西邑为基地的。秦人为开拓、繁荣西邑而作出了卓越的贡献，也为保卫、收复西邑而付出了血的代价。西邑一直是犬戎与秦人争夺的核心地域。围绕西邑归属问题的秦、戎斗争，不仅可上溯到中潏时代，还可以上溯到夏末商初。邑名而称“丘”，段连勤先生早就指出过，这是我国东方夷人居住区特有的风习。他曾经考察过《禹贡》、《诗经》、《左传》、《战国策》、《尔雅》这些古籍所载的 59 个含丘的地名，几乎全都分布在黄淮下游地区；除犬丘外，无一分布于西部者[13]。西汉水中游的西邑名犬丘，按照谭其骧先生著名的地名随部族迁徙的说法，当为东方九夷中的“畎夷”西迁后居于该地的结果。更有力的证据是，中国东部春秋时期也有几个地方名犬丘，其中位于今山东曹县境内的犬丘，又名垂，恰与西汉水中游的犬丘又名西垂相对应。这除了视为部族迁徙在地名上留下的史迹外，没有更合理的解释。我们在上文已言及，夏末商初，畎夷西迁，后来肆虐于关陇地区的犬戎，即其后裔。畎夷初至关中，最初的落脚点可能是汉代名槐里（今陕西兴平）的那个地方，因为槐里也曾有过犬丘之名；后称“废丘”，是因为犬戎后来又离弃了该地，西越陇山，到了西汉水中游，占据了尧时曾作为西极测日标定点的西邑地区。畎夷的离关中而西上，大约是不敌周、姜两部族联盟的强大势力，在关中难以立足的缘故。翻越陇山后，畎夷赶走了本定居于西邑地区的和仲一族，即秦人的祖先，兹后西邑便开始被称作犬丘。畎夷控制西邑的时间不会很短，因为犬丘地名影响颇深，一直到春秋时期，即在秦人重新取得了它之后，都还一直在沿用。综上所述可知，西邑地区最早是由秦人的祖先和仲一族开发起来的，那时的地名就叫做“西”。后来畎夷西进，占领了该地，便又有了“犬丘”的地名（又称“西垂”）。兹后秦人与犬戎长期争夺对该地区的控制权，斗争十分严酷，西邑曾几度易手。

为什么秦人不惜一切代价，定要从犬戎手中争夺这一地区呢？除了因为这里是他们的宗邑邦都，这里是他们赖以繁衍昌盛的祖业基地外，也还由于这一地区的地理位置、交通条件与自然环境，具有不可取代的优越性。这里是汉水流域同渭水流域的接壤地，东依秦岭，西望岷山，乃川、陕、甘三大地区的交通枢纽。沿西汉水河谷，东可入汉中盆地，南可下成都平原，北循嶓冢山麓经天水可达泾渭流域。直到汉魏时代，这里都是兵家必争之地。两汉之交割据陇右的隗嚣，战败后就曾固守过西邑；东汉伐羌名将段颎，也曾在西邑结栅布兵，以遮羌众散逃之路；诸葛亮北伐曹魏，更是两次取道西邑，围攻祁山。《魏书·明帝纪》载明帝语：“先帝东置合肥，南守襄阳，西固祁山，贼来辄破于三城之下者，地有所必争也。”祁山乃西邑的东北门户，被魏明帝视为魏国赖以固存的东、南、西三大军事要塞之一，其重要性可想而知。以西邑为中心的西汉水中游这一地带，又是一片肥沃的河谷盆地，即今日西起大堡子山东至祁山的永兴川（当地俗称“店子川”）。西和河（古建安水）由南而北与西汉水汇合，山川交错，河流纵横，地势开阔平坦，气候温润，物产丰饶，人烟稠密。《水经注》在叙述西汉水流经祁山之南后，接言：“汉水又西，经南岈、北岈之中。上下有二城相对，左右坟垄低昂，亘山被阜。古谚云：南岈北岈，万有余家。诸葛亮《表》言：祁山去沮里五百里，有民万户。瞩其丘墟，信为殷矣。”熊疏云：“此南岈、北岈，谓南北二壁间之大空也。”说的正是今日的永兴川。所谓上下“二城相对”，也正是西邑的实况。汉代西邑（西县县城）城旁有个姊妹城曰戎丘，之所以有比肩并存的二城，是因为秦人在庄公时代收复犬丘之后，在其旁边又营建了一处新的居住点，即《秦始皇本纪》载宪公即位后所居之“西新邑”。此西新邑发展为秦汉时代的西县城，在其旁的原犬丘城址被称为“戎丘”。今日西和河与西汉水交汇处有永兴、长道二镇，相距约 0.5 公里之遥，尚能略窥古代二城并立的遗韵。这一片河谷，自古以来为产粮区，《魏书·邓艾传》言邓艾分析姜维必复出的各种因素，其中即有“若趋祁山，熟麦千顷，为之悬饵”一条。总之，在汉代及其以前，这里是秦岭、陇山以西最富庶的地区。

西邑地区兴旺的原因之一是盛产井盐。距祁山约五公里的盐关镇（即汉代西县的卤城），以产优质井盐而远近闻名，汉代曾在该地设盐官，管理井盐的生产和经销。最近新披露的出土于西安市北郊的秦封泥，其中有“西盐”之印，可知秦时这里已设盐官[14]。在海盐难以在内陆流通而岩盐尚未获大量开采的古代，产井盐的地区必受极大的重视。而且，产盐也是畜牧业得以发展的优越条件。近人朱绣梓所撰《西和县志》云：“盐官城内卤池，广阔十余丈，池水浩瀚，色碧味咸，四时不涸。饮马于此，立见肥壮。”朱氏所言是有道理的，大家畜需从水草中不断补充盐分。因此，盐关附近地区畜牧业历来发达，盐关镇一直是西北著名的骡马交易中心，至今遗风犹存。当年生活在这里的秦人，即以善养马而著称；非子就是因为“好马及畜，善养息之”而被周孝王召去服务的。

此外，西邑地区矿产丰富，这为秦人的冶铸业提供了条件。从今日所知的情况看，礼县、西和一带产铅、锌、金、铁和铜。考古发现业已证明，秦时西邑曾是一处重要的武器铸作中心，和“栎阳”、“雍”、“咸阳”等地一样，是秦中央武库兵器的提供地。铭署“西工”的兵器为数不少。在新出土的秦封泥中，有一枚“西采金印”，论者以为印主“当为西县掌冶金（铜）之官”[15]。也有人认为乃“主冶铁的部门”[16]。愚意“金”字含义尚需斟酌。是时之铁、铜、金已有明确区分，封泥中另有“齐采铁印”、“楚采铜”、“楚采铜丞”、“临淄采铁”等印，铜、铁二字的使用已表义严格，故“西采金印”之“金”也有可能指黄金。礼县、西和盛产沙金，近年发现的礼县大堡子山秦先公墓葬中，出土了大量黄金铸品及金饰片。西周末春秋初的这段时期，西邑地区极有可能已存在较发达的黄金采集业和冶铸业。

西邑地区有优越的地理条件，有宜人宜畜的自然环境，有丰盛的物产，乃秦人西迁后创业延宗的基地。数百年间，秦人在这片肥沃的土地上繁衍壮大，逐渐丰满了日后翱翔关中平原的羽翼。面对强悍的犬戎侵掠，秦人拼死保卫西邑。在漫长的历史岁月中，西邑曾几度易手，但最终以秦人的彻底胜利画了句号。

（《丝绸之路》专辑）

注释

［1］［5］［11］拙文：《秦人早期都邑考》，《陇右文博》1996 年创刊号。

［2］王大有：《龙凤文化源流》一书图版 14—16，北京工艺美术出版社 1987 年。

［3］杜金鹏：《良渚神祇与祭坛》一文，《考古》1997 年第 2 期。

［4］《连云港将军崖岩画遗迹调查》，《文物》1981 年第 7 期。

［6］姜亮夫：《古史学论文集》，上海古籍出版社 1996 年。

［7］《关于夷族的西迁和秦嬴的起源地、族属问题》，《先秦史论文集》，《人文杂志》1982 年增刊。

［8］据《史记·封禅书》言，畦畤作于栎阳；但《集解》和《索隐》均认为在西邑。姑存疑。

［9］祝中熹：《秦人远祖考》，《陇右文博》1997 年第 2 期。

［10］姜亮夫：《古史学论文集·羲娲合德说》，上海古籍出版社 1996 年。

［12］《秦公敦跋》，《观堂集林》卷十八。

［13］《犬戎历史始末述》，《民族研究》1989 年 5 月。

［14］［15］周晓陆等：《西安出土秦封泥补续》，《考古与文物》1998 年第 2 期。

［16］任隆：《秦封泥官印考》，《秦陵秦俑研究动态》1997 年第 3 期。

《山海经》与秦人早期历史探索

田　静　史党社

《山海经》是一部神奇的书，历来被视为怪诞不经，连司马迁也“不敢言之”[1]。后来的《汉书·艺文志》、《隋书·经籍志》、《四库提要总目》等皆有著录。现在，《山海经》重要的研究价值愈来愈被人们发掘出来，它是研究上古地理、历史、神话、民族、动物、植物、矿产、医药、宗教的极有价值的资料。对于《山海经》的合理内核有着进一步加以认识的必要。

关于《山海经》的成书，其不于一时，也非经一人之手。既然司马迁已看到它，它最初的成书年代就不会晚于西汉武帝时期。《山海经》依笔者之见，可能是巫者一类祭祀山海之神及其他神灵怪物的参考书。因为在每章中，多有一地神灵描写及祭祀方法，这大概正是《山海经》的作者作此书的目的，即为了祭祀巫占的有用。《山海经》就整体而言，通篇贯穿着一种统一的地理观念，即把天下分为东西南北中等部分，但总的说来强调的却是地理观念的整体性，与战国晚期邹衍的大九洲的地理观念的历史背景十分相似。因而，其成书年代当接近于天下统一或统一之时，应与战国晚期邹衍的时代不相上下。如果再参考司马迁的话，《山海经》的成书年代必不出战国晚期至西汉前期这一大的范围。

对于襄公立国以前的秦人早期历史，学者们已多有讨论，《山海经》也为这一问题探索提供了有用的资料。笔者从《山海经》中梳理出五则与秦人早期历史有关的资料，综释如下。

1.《海外东经》：“东方勾芒，鸟身人面，乘两龙。”

勾芒乃东方神名。与之相应的还有南方祝融、西方蓐收、北方禺疆，东南西北四神对应。勾芒的形象，在汉画像中有所反映，如神木大保当东汉墓 M11 墓门上的勾芒形象，人面、人身、双足作鸟形三趾、兽尾、乘两龙[2]。与《山海经》中记载勾芒形象鸟身、乘两龙相似，但其他方面已稍有变形。关于古代东夷集团与鸟的密切关系，古籍多有记载，这一点已没有人怀疑。东夷集团有许多关于鸟的传说。秦人这一方面的传说也很多，如《秦本纪》等记载秦人也有女祖吞玄鸟卵的故事，其后大费、费昌、孟戏、仲衍、衡父、造父等皆为三代之鸟兽官。秦先祖仲衍“鸟身人言”，东方神勾芒既“鸟身人面”，必能“人言”，故“鸟身人言”与“鸟身人面”实为一义，二者是同一母题的衍生物。关于秦人与勾芒的关系，《墨子·明鬼》还记载了这样一个传说：秦穆公在庙中遇见一个穿黑衣服的神，十分害怕。谁知这个神说，他是来保佑穆公国家繁荣昌盛的，穆公问其名，神说：“予为勾芒。”有学者以为这个勾芒即玄鸟[3]。仲衍与穆公二则材料说明，秦人与勾芒关系密切。关于秦人的来源，历来有东西两种说法，当今学者多倾向于东来说，即秦人是古老的东夷集团的一支，而与鸟的关系密切正是东来说的重要论据之一。这里的东方神勾芒，载于《海外东经》，并且与秦人关系密切，因而《海外东经》的这则记载可以作为秦人来自东方的证据。

2.《东山经》："又东二百里曰太山，上多金玉、桢木。有兽焉，其状如牛而白首，一目而蛇尾，其名曰蜚，行水则竭，行草则死，见则天下大疫。"

这个怪兽蜚，字下从虫，与《经》文载其"蛇尾"的传说相合。秦祖在殷末乙、辛时期，有蜚廉，"以材力事殷纣"。蜚廉，《荀子》作飞廉，《路史》蜚又作非，故蜚＝飞＝非。以后又有秦祖非子。从几个人名来看，蜚廉，蜚其氏，廉其名，《史记·正义》又云其号处父，乃其字。非子，非其氏，子其爵，子即公子之义。如后世秦子戈、秦子矛之子皆指公子。又如春秋鲁公子季友，又称季子，乃其证。因而，蜚是秦人早期氏名，即族称，是没有疑问的。就是说，在秦人早期历史中，曾经有一个以蜚为氏的阶段。上古氏制，有一套严格的规定，都要经过命赐的手续，按照《左传》隐公八年的记载，命氏主要有三种情况，一是以字命氏，主要是祖父字，也有以父字命氏的；二是世官，则其族以官为氏；三是以国（邑）为氏，其实就是以地为氏。举几个例子，秦祖伯益字大费，其后一支称费氏，属于第一类以父字命氏者；另一秦祖非子被封于秦(今甘肃清水县)，以秦为氏，称秦氏，属于第三种以地为氏者。秦人世为三代之鸟兽官，因而其一支便称鸟俗氏，这属于第二种以官为氏者。我们这样说是有证据的，鸟俗为氏名，其既非地名，又非祖或父之字，其必属于另一种情况即以官为氏者。正是由于其养鸟兽，为鸟兽官而熟知鸟兽习性，故可称"鸟俗"，鸟俗为氏名是由世官而来。再由此联想到秦早期的氏名蜚，司马迁在《秦本纪》及《赵世家》中都写作蜚，这应是蜚廉之蜚的本字，《荀子》、《路史》之飞、非乃其假借字。蜚，先秦时其指一种食稻类庄稼的小飞虫，是一种害虫的称呼[4]。《山海经》言其为怪兽，乃其另一义。秦人早期名号，多与草木鸟兽有关（下文还将谈到)，盖与其祖先世为鸟兽官有关。因此，蜚氏的来源应即东方传说中这个有名的怪兽蜚，在上述命氏的三种情况中，其属因官得氏。至少从商末蜚廉或更早时期，秦人称蜚氏，一直到非子，才改蜚（非）为秦，以地名秦为氏。《山海经》中有关蜚的记载，说明了秦人早期历史上称蜚氏的来历，同时也反证了秦人与鸟兽的密切关系。《东山经》大致指今山东半岛一带，地域必不出"东至成山角，北起莱州湾，南抵安徽濉河"[5]这一范围。这正是蜚这一怪兽传说的起源地。秦人以东方怪兽名命氏，再一次说明，秦人来自东方。

3.《海内经》："北海之内，有蛇山者，蛇水出焉，东入于海。有五彩之鸟，飞蔽一乡，名曰翳鸟。"

翳鸟即五彩之鸟，没有疑问。《山海经》它处亦有记载。《大荒东经》云："有五彩之鸟，相向弃沙，惟帝俊下友。帝下两坛，采鸟是司。""大荒之中，有山名猗天苏门，日月所生。有壎民之国。有綦山，又有摇山，有䰝山。又有门户山，又有盛山，又有待山，有五彩之鸟"。翳鸟之翳，《离骚》、《史记·司马相如列传》张揖注、《文选·思玄赋》注、《后汉书·张衡传》注并作鷖[6]，是翳即鷖。翳鸟，《海内经》郭璞注："凤属也。"郝懿行引《广雅》云："鷖鸟，鸾鸟，凤凰属也。"《离骚》"驷玉虬以乘鷖兮"。王逸《楚辞章句》谓鷖为"凤凰别名也"。若再加上翳鸟"五彩"的特征，则翳鸟肯定是凤凰之类。有时，凤凰又可理解为玄鸟，如《离骚》云："凤凰既受诒兮，恐高辛之先我"，《天问》作"简狄在台，喾何宅？玄鸟致贻，女何喜？"二篇同言殷祖简狄吞鸟卵有喜事，而一为凤凰，一为玄鸟，可见二者为一。凤凰与玄鸟在古人看来是一种东西，即同为吉祥之鸟。

秦祖柏翳，《秦本纪》作柏翳，《古文尚书》、《列子·汤问》、《汉书·百官表》、宋娄机《班马字类》等作伯益，《易》井卦释文引《世本》、《吕氏春秋·求人》、《汉书·律历志》等又作化益，战国楚简益又写作嗌[7]。在古籍中，柏翳的事迹之记载非常多，如《古文尚书》、《墨子》、《孟子》、《列子》、《世本》、《吕氏春秋》、《史记》、《大戴礼记》、《汉书》、《后汉书》、《竹书纪年》、

《诗谱》、《水经注》、《路史》、《列女传》等。这些古籍记载柏翳为舜臣。关于其职掌，《国语·郑语》说："伯翳，能议百物而佐舜者也。""百物"韦注云即"草木鸟兽"；《秦本纪》载柏翳"佐舜调训鸟兽"；《汉书·百官表》云"益作朕虞，育草木鸟兽"；《后汉书·蔡邕传》言其"能与鸟语"；《诗·秦风谱》云"益知禽兽之言"。由这些记载来看，柏翳是为舜掌草木鸟兽之官，相当于《周礼》中的山虞泽虞之类。柏翳之柏为木名，翳为鸟名，正与其职掌相合。因此，在柏翳的不同写法中，柏翳乃其正读，余皆为其假借或讹变。正是由于秦祖与草木鸟兽的密切关系，世为鸟兽之官，因而其名多与草木鸟兽有关。如，鸟俗氏以鸟名之、若木以木名之（见下文）、蜚以兽名之、大骆以马名之，这里柏翳又以木与鸟名之。柏翳之翳是五彩之鸟，一说凤属，一说玄鸟，若是后者，则其又反映了秦祖与玄鸟的密切关系。总之，无论如何，《海内经》等记载，给我们提供了秦祖与鸟兽关系密切的又一证据。

4.《海内经》："南海之内，黑水、青水之间，有木名曰若木，若水出焉。"《大荒北经》："大荒之中，有衡石山、九阳山、洞野之山，上有赤树，青叶、赤华，名曰若木。"

若木即桑木，证据有三：一是若木"赤树、青叶、赤华"的特征，正与桑树及其花性状相合；二是在甲骨文中，若、叒（读音作若）同字，叒，又可借为桑，故桑就是若；其三，《离骚》云："折若木以拂日兮"。这句话中的若木即榑桑，即桑，有许多证据。如《大荒东经》云："汤谷上有扶木，一曰方至，一曰方出，皆载于乌。"《淮南子·天文训》云："日出于汤谷，浴于咸池，拂于扶桑。"《坠形训》注云："扶木，扶桑也。"《大荒东经》与《天文训》的扶木、扶桑的记载，正是《离骚》"折若木以拂日"之所本。也就是说，以若木拂日的传说由来已久，因而屈原在《离骚》中可借用它。拂意为挡住太阳，不让它下落。故《说文》云："叒，日出东方汤谷所登榑叒，桑木也。"段注谓："盖若木即谓扶桑，扶若字，即榑叒，扶若字，即榑叒字也。"综上所述，若木，即上古以来传说中有神性可以拂日的桑。也可写作扶桑、榑叒、扶若等。

巧合的是，秦祖柏翳的另一子叫若木，即后来费氏这一支的祖先。柏翳给自己儿子取以木名，盖以其职之故罢。前已述柏翳为舜掌"百物"即草木鸟兽。《山海经》中若木的有关记载又一次说明秦人祖先与鸟兽的关系。并且，若木既为扶桑，而扶桑生于汤谷（或写作肠谷），汤谷是传说中的东方日出之地，这亦说明，秦祖若木与东方有着密切的关系。

5.《海内经》："有嬴民，鸟足。"

有嬴即嬴，秦祖柏翳被舜赐姓嬴，这一记载明确无误地说明了嬴姓之民与鸟的密切关系。"鸟足"并不可据，乃传说而已，然而传说必有所据，本于嬴姓之民与鸟的密切关系。《秦本纪》载："（秦祖）佐舜调驯鸟兽，鸟兽多驯服是为柏翳，舜赐姓嬴氏。"前引《左传》隐公八年又说"因生以赐姓"，即因其生地而赐姓，因而嬴同时又可为地名。春秋时，齐有嬴地。《春秋》桓公三年，"公会齐侯于嬴"，秦代设嬴县，地在今山东莱芜西北。这应是嬴姓民初居之地，亦即嬴姓始祖柏翳的居地，也是秦人的起源地。由此开始，嬴姓后裔主要向西发展，散布于今山东、河南、山西、湖北、陕西、甘肃等地。柏翳的儿子大廉，即鸟俗氏的这一支向西迁移，大约商晚期其后中潏归周，最终到了西方今甘肃天水一带。春秋时期的齐嬴地，应与嬴姓起源有关，而嬴姓之民"鸟足"的传说，说明嬴姓，乃东方民族，正可作为佐证，前引大保当汉墓东方神勾芒即鸟足。《海内经》的这条记载给我们可提供二方面的信息，一是秦人与鸟的关系；二可更进一步推测其始居地。

以上五则记载，都与秦人早期历史有关，这六则记载主要说明了两方面的问题，一是秦人早期历史与鸟兽的密切关系，另一方面说明秦人与东方的关系，即秦人来自东方。前一方面，与《秦本纪》等可有力地互证，互相阐释；后一方面，与学术界日益坚定的秦人东来说是相符的。

在探讨秦人早期历史的时候，是不可忽视《山海经》这种看似荒诞不经的传说材料的。

（《华夏文化》1999 年第 2 期）

注释

［1］《史记·大宛列传》。

［2］陕西省考古研究所、榆林地区文物管理委员会：《陕西神木大保当第 11 号、第 23 号汉画像石墓发掘简报》，《文物》1997 年第 9 期。

［3］丁山：《中国古代宗教与神话考》，上海龙门联合书局 1961 年。

［4］《左传》隐公元年；《尔雅·释虫》。

［5］谭其骧：《〈五藏山经〉的地域范围提要》，《山海经新探》第 13—14 页，四川社科院出版社 1986 年。

［6］转引自袁珂：《山海经校注》第 461 页。

［7］《江陵九店东周墓》，科学出版社 1995 年。

秦人早期历史的几个地理问题

——以钱穆说为中心

史党社

西周以前秦人的早期历史，并不是十分清楚。秦人祖先是嬴姓的一支，嬴姓祖先伯益在传说中的尧舜时代得姓，后子孙不断分衍，秦为其中一支。司马迁说："秦之先为嬴姓。其后分封，以国为姓，有徐氏、郯氏、莒氏、终黎氏、运奄氏、菟裘氏、将梁氏、黄氏、江氏、修鱼氏、白冥氏、蜚廉氏、秦氏。然秦以其先造父封赵城，为赵氏。"[1]这些徐氏、郯氏之类，其实都是氏。司马迁以赵为秦之先，是因为秦祖与赵氏同为飞廉之后的缘故。这些族邦虽然不是秦人的直系祖先，但却是与秦同姓的血缘之国，因而并不是没有联系。嬴姓的初封地在今天的山东半岛一带，后来逐渐大致呈扇形向西扩散，分布于今山东、河南、湖北、安徽、山西、陕西、甘肃等地。如徐氏、郯氏、莒氏在今山东一带；终黎（钟离）氏本居于今山东峄县，后迁往今山西长治一带；运奄氏在今山东，后可能迁往山西运城[2]；菟裘氏在今山东泗水县；将梁氏本在今江苏邳县，后迁往今陕西韩城一带，东周时期为梁国，后被秦灭掉；黄在今河南潢川县；江在今河南信阳淮河岸边；飞廉故城在今山西河津县等等。其中中潏——飞廉的一支，其后裔向西又到了今甘肃天水一带，并且以地为氏，得名为秦，春秋初年建立了秦国。在嬴姓后裔向西迁移的过程中，许多地名可能也被带到了西方，如终黎（山东峄县）——黎（山西路城）、运奄（山东曲阜）——运城（山西运城?）、将梁（江苏邳县）——梁（陕西韩城）、东方秦（山东范县）——西方秦（甘肃清水）等，这正是嬴姓后裔向西方迁移的路线。

本文要讨论的是商周时期秦祖的居地。关于这一问题，目前大部还处于推测的阶段。不过大的范围，还是可以稍理出一点头绪的。

最近又读早年钱穆先生的《古史地理论丛》与《史记地名考》[3]两书，深感其中有的说法尚存淆乱，需要辩正。有些问题，钱先生的说法则可给我们启示，本文拟把这些问题在钱先生的观点基础上，重作讨论。

一　商代后期秦祖活动地蠡测

秦人来自于东方，这种观点现在得到了较多学者的同意。持这种观点的人认为，秦人祖先是三代时候从今山东半岛一带到了今西方甘肃一带的。本文并不想讨论秦祖更早的活动地，而是把时段放在秦祖离开山东半岛逐渐向西方迁移、到达今天的陕甘一带以后，大致即商代后期，牵扯到的地区主要有关中和甘肃东部。这一段秦人的早期历史，本身是含糊不清的，所有学者的研究考证实际上都处于推测阶段，而且看法并不完全一致。

根据文献记载，商代晚期——西周可能与陕甘一带有联系的秦祖有中潏、大骆、非子等。

本节主要讨论秦祖中潏的活动地。

中潏处商代晚期，乃飞廉之父、非子高祖。中潏所居，钱穆先生推测其可能与今西安南郊的潏水有关，饶宗颐先生亦有此看法[4]。潏水是西安附近一条古老的河流，发源于终南山，注沣水入渭，乃“长安八水”之一。《说文》云“在京兆杜陵”，《水经注》作沈水。在《山海经》中，有关于潏水和潏山的记载，一则在《中山经》，其文曰：

又北三十里，曰牛首之山。有草焉，名曰鬼草，其叶如葵而赤茎，其秀如禾，服之不忧。劳水出焉，而西流注于潏水。是多飞鱼，其状如鲋鱼，食之已痔。

此处既有潏水，又有劳（涝）水，都是古长安附近河流，由此可知《中山经》中的潏水就是今陕西关中西安附近的潏水。另外在《大荒东经》中还记载有潏山，其文曰：“有潏山，杨水出焉。”这个潏山在东方，大致在今天的山东半岛一带，它与西方关中一带的潏水之关系，不可确知。另外，在今山西临汾附近，亦有一条潏水，又名三交水、巢山水，西北流入汾水。几者之间的关系，是应注意的（见下）。

在户县发现的秦封宗邑瓦书，上有“潏水”之记载。饶宗颐先生说：“因之中潏保西垂，其母为戎胥轩妻。中潏之名当源于潏水，瓦书所谓‘取杜在酆邱到于潏水’者也，此即秦之居于戎狄者。”钱、饶两位先生的看法有一定道理。因为，从商代甲骨文看来，商代的族邦名、人名、地名往往为一，中潏之名很可能与潏水有关。如果再考虑到，向北越渭水的兴平县一带还有一个与秦有关的地名犬丘、汤台，向东南不远处的杜曲附近亦有一个与商有关的荡社[5]，这种可能性还是很大的。

潏水一带东有骊山戎、西有姜戎，并且在商王畿之西，亦符合《秦本纪》所说的中潏“在西戎，保西垂”的历史记载。

中潏父戎胥轩所处的时代大约相当于殷墟三期晚段，中潏的时代相当于殷之文丁——帝乙、周之季历——文王时代，约当殷墟三期偏晚，或殷墟三、四期之交，最迟也应在殷墟四期的早段。这时，周人的势力已经在西方兴起，中潏因此“归周”。但是中潏的儿子飞廉、孙子恶来却都事于殷纣王，活动地大致在今山西一带，与中潏的政治选择是迥然不同的。出于这一原因，戎胥轩——中潏这一支与飞廉——恶来一支的活动地应在不同的地域。飞廉——恶来既然活动于今山西一带，戎胥轩——中潏的活动地就应在山西以外的地方。以上面的推测，今天西安南郊长安县西部的潏水一带，应是一个值得重视的地方，这里或许曾是商代秦祖——中潏的活动地。

关于潏水之名，是否与《大荒东经》中的潏山有关，可以稍加推测。秦人起源于东方，《大荒东经》中记载的东方有潏山，正是学者们认为的秦人的起源地山东一带；西方的二条潏水，也可能是秦祖的生活地。如山西的潏水临汾有大费庙、陕西的潏水被怀疑与秦祖中潏有关，想必这些现象不可能是巧合吧。前述嬴姓后裔向西迁移，许多地名因此被带到了西方，应与此同例。或许正是秦祖把潏山之名带到了西方，然后西方山西临汾、陕西关中一带才有了潏水之名的。这条路线应正是秦祖向西迁移的路线。

下面我们简单附带说一下槐里犬丘、山西与秦祖的关系。

距潏水不远与之隔渭河相望的地方，有一个犬丘，此即人们经常说的槐里犬丘，具体位置在今陕西兴平县东南一带。段连勤先生以为，丘乃高丘之谓，犬丘称丘，与东方黄淮一带地名多谓之丘同例。犬丘地名本源于东方，大约在今山东一带，乃畎夷旧地，三代时候畎夷西迁，把这一地名随其踪迹西移。虽然目前还没有确切的证据说明，槐里犬丘就一定与秦祖活动有关，但是起码有三点值得注意：其一，这个犬丘距离怀疑中的中潏父戎胥轩、中潏的活动地都不太远；其二，至于西周中期，《秦本纪》明确记载大骆——非子一支居于犬丘，不管这个犬丘是指的西犬丘，即今礼县犬丘，还是槐里犬丘，都可证明秦人祖上确实与犬丘一地有关，犬丘这一地名与秦不是没有关系[6]；其三，这一点也是我们下面将要谈到年代属于西周中期的大骆居地问题。把这三点理由加在一起上推商代，也可说明秦祖在商代的居地或许与犬丘有关。

《秦本纪》记载，中潏“在西戎，保西垂”。关于“西垂”之“垂”，既可理解为边陲之垂，又可理解为具体的地名犬丘，这一点已为学者所熟知。我们以为，此处的“西垂”乃具体的地名。如学者们经常引用的《春秋》经：“（隐公）八年春，宋公卫侯遇于垂。”《左传》曰：“八年春，齐侯将平宋卫，有会期。宋公以币请于卫，请先相见，卫侯许之，故遇于犬丘。”杜注：“犬丘，垂也，地有两名。”是垂即犬丘，“西垂”即西犬丘[7]。如果考虑到，商朝是以城邦为基础的邦国联盟，秦祖欲保西垂，必有一个赖以固守的据点，把“西垂”理解为具体的地名比较合理。因此，很可能中潏归周前是居于槐里犬丘的，归周后才西迁至于今甘肃东部。

与“西垂”相联系的还有后来西周晚期的西垂大夫、春秋时期的西垂宫。《秦本纪》记载，秦庄公被宣王封为西垂大夫，文公居西垂宫。《正义》云西垂即“上西县是也”。钱穆则有异说：

> 《春秋》隐公八年宋卫过于垂，《传》作犬丘，则西垂殆即西犬丘也。庄公居西犬丘，襄公徙，文公未卜居汧渭之会以前居西垂宫，当即在，亦不得至甘肃境。《秦本纪》文公、宁公皆葬西山，而不记襄公葬地，《秦始皇本纪》则云襄公、文公皆葬西垂，则西垂又即西山，而后人皆以陇西西县说之，大误。

钱穆说西垂在汧（今陇县）、西垂宫亦在关中西部汧一带，是不对的。近年的发现确切地说明，襄公、文公葬地西垂就在今天的礼县大堡子山，并不在关中西部的汧一带。襄公、文公葬地既在礼县一带，西垂宫亦必于此。

今天的山西一带，也是商代后期秦祖的活动地之一。据《秦本纪》记载在山西活动的秦祖就是飞廉、恶来两位。商代晚期的飞廉、恶来之活动区域在今天山西一带，有以下几个方面的证据：(1) 飞廉为纣所守的“北方”（指殷商之北方）、“霍太山”（今天山西霍山），都在今山西境内；(2) 至于西周，季胜——造父的一支仍居于赵（今山西霍县，与“霍太山”一地）；(3) 后世山西有许多大费、飞廉的传说（如临汾有大费庙，河津有飞廉城）；(4) 如果把甲骨文中的毕氏认为与秦祖有关，这个毕氏的活动地亦与山西有关[8]；(5) 上举嬴姓中的终黎氏、运奄氏曾经生活于山西。以上论据说明，自商代——西周时期，山西都与秦祖有着密切联系。关于这个问题的详细情况，笔者将另文讨论。

关于更早的中潏父戎胥轩的活动地，根据文献推测，似乎也在今关中一带。

文献中有关戎胥轩的记载极为简略，仅有的《秦本纪》只记载戎胥轩娶申侯之女，推测其活动地应与申侯居地不远。申，又称申戎、即姜氏之戎，其一部分周宣王时被封于谢（今河南南阳），《国语·郑语》韦昭注：“谢，宣王之舅申伯之国，在今南阳。”但是，申的初封地并不在南阳，有学者以为在今陕西眉县、周至间[9]，相对于南阳的申国，又称“西申”[10]。当然这是西周时候的情况。从此可上推到商代后期，申乃姜戎，属于甲骨文中所言之“羌”的一支。按照甲骨文中的记载，商代后期之“羌”，活动地在今天的山西、陕西一带，即商朝的西北方。戎胥轩的居地估计应与“羌”之一支——申姓羌戎不远，推测其应在关中、山西一带。更进一步，以考古发现来说，商代所谓的“姜戎文化”，即刘家文化，其分布地在今天的关中西部，从来就没有越西安而东。所以商代晚期的申戎，其生活地应该在今关中西部一带，西周时期的西申或许就是因其地而来的。以此推测戎胥轩的居地应近之，也应在关中西部。

这里有一条资料需说明，《秦本纪》记载：“（申侯言于周孝王）昔我先骊山之女，为戎胥轩妻，生中潏。”关于这句话所说的事实，《正义》已说得很明白，“申侯之先，娶于骊山”，就是说，骊山氏之女嫁于申侯之先。但有学者却曲解了这句话，以为中潏父戎胥轩娶于骊山氏，比如钱穆先生[11]。这样的理解是不对的，下面的话可以为证。《秦本纪》中申侯继续说“申骆重婚”，准确说明秦祖娶于申氏，而非骊山氏。申侯接着又说中潏“以亲故归周”。申为姜姓之戎，姜姓之戎是周之婚族，与周联系紧密；又为周之封国，故秦祖与申联姻而可言“亲”，并因此归周。

以上根据文献记载所作的推测，说明至少在商代后期，秦祖戎胥轩、中潏可能已经在关中一带活动了。

让我们来看一看商代后期关中地区考古学文化的分布情况。商代关中地区有三种主要的考古学文化类型，一种是“郑家坡文化”，主要分布于周原一带。第二种是“刘家文化”，主要分布于关中西部，关中东部没有分布。第三种就是商文化。商文化在二里岗期已经分布于关中的大部地区，殷墟二期以后，其分布范围逐渐缩小，“退缩到了西安以东地区，并且其文化面貌也发生了变异。大约到了殷墟四期，商文化就逐渐被以周人为主体的考古学文化所取代”，退守于渭河南岸一隅[12]。在关中地区商文化中，发现有成批的商式青铜礼器，例如老牛坡、朱马嘴、京当等地。这说明使用这些礼器的人，遵从的是商朝的礼制，在政治上应该与商有主从关系，起码是与国。联系到此前的殷墟三期时，商王武乙还往渭河一带狩猎；殷墟四期时，关中西部的周人势力壮大，亦尊商王为天下之主。这些都充分说明，关中是商朝的疆域。有的学者由此推测关中地区是商代的“西垂”所在地，是有道理的[13]。

根据商文化的这种分布状况与文献，关中是中潏归周以前的活动地，或者说其中之一。按照这个条件，西安南部的潏水、偏西北的槐里犬丘，还有有的学者所说的今周原京当一带[14]，都是符合的。西安附近是值得怀疑的地区之一。至于中潏归周后，生活地肯定随之西移，在周之“西垂”，即在今天的周原以西一带。

有的学者根据《秦本纪》说，中潏归周前为商“保西垂”，归周后又为周“保西垂”[15]。我们知道，商、周的“西垂”是不同的，商代的“西垂”，在今天的关中；而周之“西垂”，则必在周之核心区域周原以西。就是说，中潏归周前后，其活动地应有变化，总的趋势是由东向西迁移。如果把“西垂”理解为具体的地名西犬丘，这一地名在中潏归周前应指关中之槐里犬丘，因为在商朝的西部边疆，故又可称“西犬丘”；归周后指天水之西犬丘，这也是我们常说的一般意义上的西犬丘。中潏归周前，很可能像钱穆先生所说的那样，地跨渭河两岸兼犬丘和潏水一带而有之。

说中潏时代，秦祖已经到了今天的周原以西，即西方天水一带，除了前文所说的商文化的分布情况的间接证据外，另外更加确切的考古学证据，就是毛家坪西周时期秦文化的发现。这样，除关中之外，就涉及到了商代后期陕甘一带与秦祖有关的另一个地区——甘肃东部。

甘肃天水毛家坪西周时期的秦文化的发现，为我们上推商代秦文化提供了一个可靠的标尺。毛家坪居址一期的绝对年代，发掘者推断为西周早期。并由此说，“秦人至少在商末周初已到了西方天水一带”[16]。最近，滕铭予进一步认为，发掘者所说的居址一期的④层、H29，其中的陶器“均可在壹家堡遗址晚期阶段甚至更早的遗存中以及与之年代相当的郑家坡遗址晚期遗存中找到形态相似者，其年代亦应相当”[17]。壹家堡晚期与郑家坡遗址晚期相当于殷墟四期，就是说，毛家坪居址一期的绝对年代可早至殷墟四期，即商代末期。在此基础上，滕铭予把毛家坪居址一期秦文化与先周文化作了比较，最后得出结论，毛家坪遗存“不论是在居址还是在墓葬中，都表现出与单纯的郑家坡类型相近的文化面貌，这表明毛家坪一期秦文化遗存就其文化性质来说，应属于郑家坡类型，其源头亦应到郑家坡类型中去寻找”。

对于毛家坪文化的主人，即商代秦祖何时到了天水一带，滕铭予作了十分有趣的推测，她说：

> 毛家坪遗址地处陇东，隔六盘山与关中西部的宝鸡地区相邻，而毛家坪一期秦文化遗存所表现出的这种文化结构，不是同于距离较近的宝鸡斗鸡台、凤翔西村等遗址，而是隔宝鸡地区与周原地区的黄家河、郑家坡墓地相同。……之所以会产生这种在分布上跨越地域式的相似，似乎很难用文化的自然传播和扩展的过程来解释，很可能是有一支使用郑家坡类型文化的人群由于某种原因由周原地区向陇东地区迁移，或者是由于迁徙的时间很短促，以致于来不及与其所遭遇的其他文化发生关系，或者是由于这一支人群具有一定的保守性，以致于在迁徙的过程中以及到达陇东后，都保持了原有的文化面貌。从这个意义讲，以甘谷毛家坪为代表的早期秦文化应源于郑家坡类型文化，即起源于先周文化。

滕铭予所推测的人群，可能就是秦祖中潏的一支，其所谓的“某种原因”，应是中潏归周这一重大的历史事件。

还有一个重要的证据，就是邹衡、刘军社所说的亚禽罐的主人问题[18]。二人都认为亚禽罐可能是商代秦祖所留。如果此说成立，那么，当然可以作为秦祖商代晚期已经到了今西方陕甘一带的证据。因为，按照邹衡先生的判断，这种亚禽罐的年代多在“商末周初”，而且“必出西方陕甘一带”，这与秦祖在商代后期在关中——陇东活动的历史足迹是相合的[19]。

以上论点可以综述如下：殷商时代，秦祖可能已曾在今关中的中西部活动，与之相关的地名有潏水、槐里犬丘，还有京（见于甲骨文，即今周原京当）；商代晚期，由于中潏归周，秦祖又迁往今甘肃天水一带。在这几个地名中，钱穆先生等人所提到的潏水，未为一般学者注意，这是本节着重要强调的。

与关中、甘肃东部相联系的还有今山西一带，文献、考古、古文字等几种材料都可以提供相应的证据。

二　西周时期秦祖在陕甘一带的活动地

本节要讨论的是秦祖大骆、非子等的活动地。

文献记载的西周时期的秦祖，活动地都在陇山以西，直至春秋初年的襄公、文公时期，才越过陇山到达关中。西周时期的秦文化，已经在有类似于毛家坪的地点被发现，由此推测，类似的秦文化遗存绝不会是这么一处。有学者以为，原先所谓的“周代遗存”，有很多应是像毛家坪那样的秦文化遗存。类似于毛家坪那样的秦文化遗存，主要分布于今天的陇东的天水、陇南一带、即渭水、西汉水的上游地区。赵化成说：

> 统观已知的这些秦文化遗存，似可以两周之际分为两大阶段。这两大阶段的分布地域不同，文化面貌也有阶段性差异。例如，前一阶段的秦文化在关中地区没有发现，墓葬形制多窄长，随葬陶器中红陶占相当数量，居址中夹砂陶居多。后一阶段的遗存则以关中地区最为丰富，其墓葬多宽短，陶器中灰陶占绝大多数，居址中泥质陶多于夹砂陶。只要再结合史籍记载来考虑，两大阶段的划分是与秦的历史发展的阶段性是分不开的[20]。

但是，是否因为西周时期类似于毛家坪那样的秦文化遗存在关中地区没有被发现，就可以说西周时期秦祖没有涉足关中，答案似乎并没有那样简单。在文献中，还是给人们留下了值得怀疑的余地。

西周时期，文献记载秦祖在今甘肃东部的生活地有犬丘与秦两处。犬丘，就是我们通常所说的西犬丘，具体地望在今天的礼县一带。秦，在今天的张家川县城西（张家川县旧属清水县，因此有说属于清水县，也是可以的）。除此之外，考古发现中的毛家坪、董家坪也是周代秦祖的曾居地。

《秦本纪》记载，西周时期非子父大骆及“大骆之族”、庄公居于礼县西犬丘，有人并不同意这样的观点，比如徐广、裴骃、张守节，以及本文中着重提及的钱穆先生等人。

大骆，在《史记》中相关的记载如下：“申骆重婚以和西戎”；“西戎反王室，灭犬丘大骆之族”；“周宣王复与秦庄公其先大骆地犬丘并有之，为西垂大夫”。在《史记地名考》卷八中，钱穆先生说：

> 今陕西周至县西南有骆谷，又有骆谷水，在周至县东，亦名沙河。大骆与骆谷名字相关，殆居渭北犬丘，跨渭而南兼有今周至县境也。

从钱穆说来看，今天秦岭中通于关中的骆谷，与秦祖大骆有关。其中原因与前面所说的潏水与中潏的关系相类似。骆谷就是古代有名的党骆道北段所经，是关中经秦岭通往汉中的几条主要通道之一。钱穆认为，大骆犬丘与非子——庄公所居之犬丘为二。大骆之族所居为槐里犬丘，为戎所灭后，大骆犬丘即槐里犬丘毁于戎，故庄公所居为西犬丘。在《古史地理论丛》中，他说：

> 称西犬丘者，别于东方之槐里犬丘而言。称故者，秦仲乃非子一支，本居西，与大骆一支别也。亦称犬丘者，此余谓古代地名随民族而迁徙之一例。

笔者按，以大骆所居为槐里犬丘，应非；以庄公所居为西犬丘，应是。在《史记地名考》卷八中，钱穆又继续把其中的西犬丘错误地怀疑为三国时的小槐里，仍在今兴平县界，非礼县西犬丘。他说：

> 犬丘大骆之族乃申侯所生子为大骆嫡者，名成，居犬丘，其后为犬戎所灭。庄公乃成之弟，非子居秦之后嗣，在大骆之西。宣王虽仍予以大骆地犬丘，惟其地已毁于戎，故庄公仍居其故，当在大骆犬丘之西，故曰西犬丘，以别于大骆犬丘也。槐里故城，今兴平县东南，本周犬丘邑，又有小槐里城，在兴平县西，接武功县界，三国时杨阜为武都太守，徙郡小槐里，即槐里之西城，疑庄公所居西犬丘即是。

钱穆说之误有以下几点。第一，不但商代晚期秦祖已经到了天水一带，而且《秦本纪》明确记载大骆所处的犬丘在周之“西垂”（庄公有大骆犬丘，被封为“西垂大夫”，可证大骆犬丘在周之“西垂”）。周之“西垂”，应在甘肃东部，因为这里不但有周文化分布，而且周孝王封非子于秦时亦说“分土”，显然包括秦在内的甘肃东部应属于周疆。槐里犬丘地近周都，绝不会是大骆所居[21]，大骆之时秦人早已到了甘肃东部；第二，非子在邑于秦前，是居于犬丘的，《秦本纪》记载的明明白白。大骆似有两子，长者成、幼者非子。庄公乃非子曾孙，从非子以来别居秦。庄公时代，此时大骆长子成之一支仍居犬丘者，已经被戎所灭，所以周宣王才可以封庄公以秦仲后“及其先大骆地犬丘并有之”。《秦本纪》紧接着又说：“庄公居其故西犬丘。”言“故”者，是因为非子——庄公这一支是本居于犬丘而迁于秦的，现在重新回居犬丘，所以言“故”。这充分说明，庄公所居之“故西犬丘”与大骆犬丘实指一地，西周中晚期的大骆——庄公的时代，今礼县的西犬丘，一直是秦与戎斗争的据点，至于非子别居秦，至庄公又重新居于犬丘，即礼县西犬丘，与槐里犬丘无涉。

以上论述说明，西周时候至少从大骆时代起，《秦本纪》所言犬丘、西犬丘，都是指的礼县犬丘。这样，钱穆所疑槐里犬丘为大骆所居，并且大骆地跨渭水向南兼有今周至骆谷，嫌于论据不足。但是，到底骆谷与大骆是怎样一种关系，我们现在还不得确知。

钱穆先生的著作中，还谈到了地名秦，就是非子被封为附庸始居之地。关于秦之地望，《史记集解》引徐广曰："今天水陇西县秦亭也。"《正义》引《括地志》说："秦州清水县本名秦，嬴姓邑。《十三州志》云秦亭，秦谷是也。周太史儋云'是周与秦国合而别'，故天子邑之秦。"现在的学者多从徐广说，又经徐日辉等先生的实地考察[22]，可以基本肯定，非子所居之秦，就在今天的张家川县县城西不远处。不过，《秦本纪》中，关于秦之记载本身就有矛盾之处，因而，钱穆由此推测非子之秦在今陕西宝鸡市一带，与传统和徐日辉先生的说法相去甚远。

钱穆以为，秦之地望乃《元和郡县志》所言之秦城（今宝鸡市）。因为，非子邑秦在"汧渭之会"，若以陇山以西的秦亭当之，失之太远。钱说是一个值得重视的观点，但至今在学术界并没有引起注意。

细读《秦本纪》的原文，钱说似有一定的道理。《秦本纪》记载秦祖非子居于犬丘，因善养马，被周孝王召于"汧渭之间"养马，养马有成，又被分土为附庸，邑之秦。这个"汧渭之间"，《正义》说："汧音牵。言于二水之间，在陇州以东。"唐代陇州即今陇县，"汧渭之间"就是今天宝鸡县城西汧水入渭处向西北至于陇县的这一个扇形地区。"汧渭之间"既在此，非子所邑之"秦"理应亦在此地。更为重要的是，后来春秋初年秦文公东猎，又至于此，并且说了一段意味深长的话："昔周邑我先秦嬴（即非子）于此，后卒获为诸侯。"文公所说文中称作秦嬴所封为"汧渭之会"，应指汧水与渭水的汇合处，地理面积应小于"汧渭之间"，包含于"汧渭之间"。这段话确凿无误的说明，非子所邑之秦，就在"汧渭之间"的"汧渭之会"，非子之秦应到"汧渭之间"去寻找，此处有一个地名秦城，不会是偶然的。《元和郡县志》记载："秦城在陇州东南二十五里是也。"以此推之，这个秦城应在今天宝鸡市以北至于千阳县一带。无论如何都不会是今张家川县（旧属清水县）的秦亭。这个秦城若与秦没有关系，是不会贸然叫做秦城的，它很可能就是非子所邑之秦。钱穆把这个秦城与非子秦邑联系起来，应该有一定道理。

这似是一个无法调和的矛盾。行文至此，我们对张家川（清水）秦亭说也发生了怀疑。那么，怎样解决这样一对矛盾呢？我们现在也没有答案。

三　余　　论

以上我们对于商周时代秦祖的生活地又作了一番讨论，对于其中的观点，有些论据并不是十分的充足。我们的目的在于重新提出问题。因为，近若干年来，由于毛家坪等地的考古发现，对于春秋以前秦人的早期历史一度成为了一个较热的话题，其中就包括秦祖的生活地问题，这是考古学材料的突破下带来的必然结果，是值得高兴的。但是，在讨论这个题目的过程中，还难免有这样或那样的缺陷。这些缺陷主要表现在如下方面。

首先，有些研究者对于多重证据重视不够。商周时期秦人的早期历史的材料，主要有考古材料、文献、甲骨金文等三个大的方面。实际上，这三方面的材料都是不足的，材料的丰富程度还没有达到可以对秦人早期历史的许多重要问题下结论的地步。在这种情况下，需要研究者把这些并不充足的材料有机的结合起来，而这一点恰恰是许多研究者做的不足之处。在这个前提下，首先必须做的就是三方面的材料工作，这是一切研究的基础：考古资料方面，当然最主要的还是需要有更多的发现。文献需要加以重新辨认，如前面对于庄公所居之犬丘的辨正，就是十分必要的。在考古资料不足的情况下，文献显得尤其重要。甲骨、金文方面，邹衡先生已经为我们开了一条路子，现在要做的就是对更多的甲骨金文材料做全面梳理，如果像某些研究者那样，只依靠部分的甲骨金文资料，结论肯定是靠不住的。多重资料的结合，是研究秦人早期历史的必由之路。这一方面，我们最主要的是希望有更多的考古资料被发现。

第二，有许多理论问题，亦需要加以解决。怎样看待历史上所谓的秦族、或者叫嬴秦族的问题？这是需要认真加以对待的。有的学者有意无意间混淆了秦族的界限。在此情况下，产生了秦祖分几次到了西方的概念，这是十分不可取的。我们知道，秦人仅仅是嬴姓后裔的一支，严格的秦人的概念，应是指非子即嬴秦族的这一支，并以此上推，只有秦族的直系祖先，方可称做秦祖，他的历史亦才可称做秦人的早期历史。如若不然，秦人的早期历史将会是多么的混乱！因为非子之前嬴姓——非子这一段嬴姓后裔的分衍实在是太多了。比如，有的学者因此以为夏末商初的畎夷，就是秦祖，或者说秦祖是其中一支。其实所谓畎夷的血缘，不知离秦祖有多么的遥远！如果按照他们的推理，嬴姓的许多后裔都可算做秦祖了，这当然是极不严谨的。在商代晚期中潏以前，秦祖的足迹，谁也没有办法说得清楚。中潏之前，《秦本纪》在叙述的时候，只是说的是嬴姓，即所谓“中衍之后，遂世有功，以佐殷国，故嬴姓多显，遂为诸侯”。大约从夏代的费氏若木至于夏末的费昌，再到商代晚期的费仲、飞廉，直到西周中期的非子时期，秦祖都是称做费氏的（费、飞、非同音相通），而秦祖也不过是费氏的一支！[23]比如说费仲、赵氏之类，虽与秦祖同属费氏之后，但却不是后来非子这一支秦人的直系祖先。

对于秦人早期历史中的活动地问题，以上的论述告诉我们，真实的历史或许是十分复杂的，并不是一个简单的线条。不但文献本身过于简略，文献与考古资料之间也存在着矛盾，有许多不能吻合的地方。如文献在说商代秦人历史的时候，并没有提到中潏与潏水的关系；还有的学者根据考古资料说，秦祖在西周时期没有越过陇山，只生活于陇山以西，但是这与文献却存在着矛盾，比如我们文中论述的骆谷、秦城、汧渭之会等地，都说明西周时期秦祖可能曾经越过陇山到了今天的关中一带活动过。鉴于这个理由，对以前类似钱穆先生的说法，还不能轻置可否。在以后探索秦人早期历史的时候，这些问题是应该注意的。

（《秦文化论丛》第九辑）

注释

［1］《史记·秦本纪》。

［2］终黎即钟离，见《世本》（《史记·秦本纪集解》引）。先秦就有终黎地名，《史记·齐世家》：“灵公十九年，诸侯盟于钟离。”《括地志》云：“钟离故城在沂州承县界。”即今山东峄县西南。《尚书·西伯勘黎》中，黎当终黎，在今山西长治。另外，今安徽凤阳县也有钟离一地，见于《左传》成公十五年等，当终黎氏或其一支曾南迁所留。运奄氏，据《路史》记载，居于郓（今山东郓城）而迁于奄，故名运奄氏。一般认为在今山东曲阜，先秦河东有盐氏，在今运城一带，盐氏可能与运奄氏有关。《史记·秦本纪》记载：“韩魏赵宋中山五国公攻秦，至盐氏而还。”《括地志》说：“盐氏故城，一名司盐城，在蒲州安邑县，掌盐池之官，因称盐氏。”其中所说盐氏就在今运城一带。

［3］《古史地理论丛》，台湾东大图书出版公司 1982 年；《史记地名考》，台湾三民书局 1984 年。

［4］王辉：《秦铜器铭文编年集释》饶序，台湾新文丰出版公司 2000 年。

［5］李学勤：《荡社、唐土与老牛坡遗址》，《周秦文化研究》，陕西人民出版社 1998 年。

［6］［7］段连勤：《关于夷族的西迁和秦嬴的起源地、族属问题》，《先秦史论文集》，《人文杂志》1982 年增刊；又见秦俑博物馆：《秦文化论丛》第一辑，西北大学出版社 1993 年。

［8］［19］相关资料与论述可参史党社：《秦人早期历史的相关问题》，秦俑博物馆编《秦文化论丛》第六辑，西北大学出版社 1997 年。

［9］刘怀君：《西周申国初封地浅谈》，《陕西省文博考古科研成果汇报会论文集》第 160—161 页，陕西省

文物局1982年5月编印。

［10］《古本竹书纪年》晋文侯七年。

［11］前引《古史地理论丛》第153页。

［12］孙华：《关中商代诸遗址的新认识——壹家堡遗址发掘的意义》，《考古》1993年第5期。

［13］牛世山：《秦文化渊源与秦人起源探索》，《考古》1996年第3期。

［14］［15］刘军社：《壹家堡类型与早期秦文化》，秦俑博物馆编《秦文化论丛》第三辑，西北大学出版社1994年。

［16］赵化成：《寻找秦文化渊源的新线索》，《文博》1987年第3期。

［17］滕铭予：《秦文化起源及相关问题再探讨》；张忠培、许倬云：《中国考古学跨世纪的回顾与前瞻》，《1990年西陵国际学术研讨会论文集》，科学出版社2000年。

［18］邹衡：《论先周文化》，《夏商周考古学论文集》；刘文见［14］。

［20］赵化成：《甘肃东部秦和羌戎文化的考古学探索》，余伟超《考古类型学的理论与实践》，文物出版社1987年。

［21］民国时期出土于礼县的秦车器，年代约在穆王前后，比非子还早，可作为大骆时代礼县西犬丘已为秦所居之旁证。参李学勤《探索秦国发祥地》，《中国文物报》1995年2月19日。

［22］笔者于1999年秋亦曾去张家川县考家，知徐日辉先生说不误。

［23］关于槐里犬丘为何成了废丘，可能也存在着因为秦祖曾经以非为氏的原因。《史记·项羽本纪》、《索隐》引韦昭曰："周时名犬丘，懿王所都。秦欲废之，故曰废丘。"云梦秦简《封诊式》有"法（废）丘"地名，铜器中有废丘鼎盖（《汉金文录》一·二十·二）。可见，秦确实有废丘地名。但是，韦昭所说"秦欲废之"而名犬丘曰废丘，实在是望文生义之说。秦改犬丘为废丘，据《世本》（王先谦《汉书补注》引）、《地理志》，时代在西周以后。在西周中期非子以前，秦祖有一个以非为氏的阶段（见［8］）。废、费、非、飞同音，我们怀疑，可能正是由于秦祖曾居于犬丘，所以东周时期秦人要把（槐里）犬丘更名为废（费、非、飞）丘，以与犬戎有别。

秦人早期历史的相关问题

史党社

一 所谓“嬴秦”的称谓问题

秦人嬴姓，大概没有人怀疑。我们这里要强调的是，秦人仅仅是嬴姓后裔的一支。嬴姓是古老的东夷族团的一支，其共同祖先伯益，被舜赐姓嬴。历史上可考的嬴姓族邦至少有15个。排列如下：徐氏、郯氏、莒氏、终黎氏、运奄氏、菟裘氏、将梁氏、黄氏、江氏、修鱼氏、白冥氏、蜚廉氏、秦氏[1]、縠[2]、宁[3]，分布地在今山东、河南、山西、湖北、陕西、甘肃一带。嬴姓分衍是很混乱的，连司马迁也说不清楚，在《秦本纪》中，给我们留下了一大堆人名和一个有缺环的世系，为了说明问题，列示如下。

伯益—┬大廉(鸟俗氏)…┬孟戏
　　　│　　　　　　　└仲衍……戎胥轩—中潏—蜚廉
　　　└若木(费氏)……费昌……费仲

蜚廉—┬恶来—女防—旁皋—太几—大骆—┬成
　　　│　　　　　　　　　　　　　　└非子—秦侯—秦钟—庄公—┬世父
　　　│　　　　　　　　　　　　　　　　　　　　　　　　　　└襄公
　　　└季胜—孟增—衡父—造父

前列的15个嬴姓族邦名，其实都是氏，即族称，这十五氏所代表的是嬴姓的不同的15个血族。这十五氏也即司马迁所说的“其后分封，以国为姓”之“姓”，都是指氏而言的。如果把世系表中的鸟俗氏、费氏也算进去，那么与嬴姓有关的氏至少有17个。世系表非常简略，只列了与后来秦人有关的氏。这些氏是：鸟俗氏、费氏、蜚（廉）氏、赵氏（季胜——造父一支）、秦氏五支。其中的费氏、赵氏由表中可以看出，并非后世秦人的直系祖先，因而，对探讨秦人早期历史意义不大。

所谓“嬴秦”，亦即秦氏，是指非子之后这一支秦人。《秦本纪》记载得明明白白，其得氏为秦，在非子之时。换句话说，以前秦人的祖先不称秦，而称作鸟俗氏、蜚氏，就像现在俗称“姓张的”、“姓王的”的一样。有许多人在探讨此前的秦人早期历史的时候，忽略了秦人早期称谓的阶段性，把历史上的秦人一概称为“嬴秦”或“秦”，实际上是十分不严谨的。秦人在非子之前何曾叫做秦人？其并不以秦为氏。弄清这一点十分重要。其重要性下文还将谈到。

二 甲骨文的𠂤氏与晚商金文中的亚𠦪氏

与上文相关，先秦时期姓氏制度是非常严格的，都要经过命赐的手续。《国语·周语下》记载：

唯有嘉功，以命姓受祀，迄于天下。及其失之也，必有慆慆之心间之，故失其氏姓，踣毙不振，绝后无主，湮替隶圉。

这个制度来源是很古的，大概阶级社会一产生便有。如唐虞时，禹有功，“皇天嘉之，祚以天下，赐姓曰姒，氏曰有夏”。四岳有功，“命以侯伯，赐姓曰姜，氏曰有吕”。关于赐姓命氏的方法，《左传》隐公八年记载：

天子建德，因生以赐姓，胙之土而命之氏。诸侯以字为谥，因以为族。官有世功，则有官族，邑亦如之。

姓是因其生地而命。命氏有三种情况，一是以字命氏，主要是以祖父字，这种情况最常见。也有以父字命氏的。第二种情况是世官，则其族以官为氏，即“官族”。三是以其封邑（国）命氏，其实就是以地为氏。

姓和氏都是有一定身份的人才有，一旦沦为隶圉，身份变得卑贱，自然要“失其氏姓”了。嬴姓十五氏说明嬴姓在历史上的显赫地位。与秦人早期历史相关的三氏：鸟俗、蜚、秦，时间大致从夏朝到西周晚期，从秦鸟俗氏——秦氏，延续了一千多年，所以，对于这样一个脉络较清楚的古老族氏，在历史上必然留下其踪迹。文献诸如《秦本纪》、《竹书纪年》记载已很多了。另外甲骨文中有许多氏、金文中有许多“族徽”[4]，那么其与文献中的族名，也就是氏就有可能存在着某种对应关系，这已被大量研究所证实。我们首先来谈一谈甲骨文中的皁氏。

关于甲骨文中的皁氏这一问题，笔者根据姚孝遂、肖丁的《殷墟甲骨刻辞类纂》，对《甲骨文合集》、《小屯南地甲骨》、《怀特氏等收藏甲骨文集》中的有关皁氏的约400条辞例进行分析，得出以下认识。皁或作㿝，1—4期卜辞皆有，主要见于1期武丁卜辞和4期武乙、文丁卜辞。1期多写作皁，4期多作㿝，为一字二构。皁在卜辞中，既是人名，又是族邦名。由1—4期卜辞来看，其为商之世族；又，武丁时代其官或称臣，或称小臣，武乙、文丁时代官称亚，因而其作人名理解时，又为商之世官。这两方面的意思是，皁族首领世代在商朝做官、皁族是商朝显族。如陈梦家也有这样的推测：“武乙的亚皁可能即武丁的小臣皁。”[5]在1期武丁时期，由卜辞可知皁的主要职掌是：祭祀、征伐（对象主要是𢀛方、羌方）、田猎。4期武乙、文丁时代职掌大致相同，不过征伐对象主要是召方。不同时期，皁职掌大致相同，可证皁为商之世官无疑。称臣、小臣、亚，其实并无多大区别。另由其他卜辞可知，皁商二族关系密切。

丁山以为这个皁字，又通𠬪，二字是同名异字[6]。那么，卜辞中的皁、𠬪二族实为一族。卜辞中的𠬪，见于1、3、4期，而以1、4期为主。其字，1期多作𠬪，4期有时作㘣。此𠬪有三种含义，一为动词𠬪，有人或释禽，即擒。二为人名。三为族邦名。其为人名时，1期称𠬪子，4期称亚𠬪。𠬪的主要职掌与皁相同。其为族邦名时，与商关系密切。这个𠬪与前述皁一切都惊人的相似，有理由相信，𠬪氏即皁氏，丁山的说法是正确的。

邹衡对丁山说加以引申，认为甲骨文中的皁即秦人祖先费、蜚、非之类[7]，其主要根据就是音韵学上的证据。皁从匕得音，读若匕，按古无轻唇音的原则，费、蜚、非都可以读匕音。故皁、费、蜚、非音似可假。费发匕音，有许多文献学上的证据。如，《古文尚书·费誓》，费又作粊；《左传》僖公八年杜注；《汉书·地理志》颜师古注；《秦本纪》司马贞索隐；陆德明《经典释文》等。这个费既是氏，又是地名，地在今山东费县。丁山误以为山东鱼台。费为氏时，由《秦本纪》可明确看出，在秦人世系表中，费并非秦人的直系祖先。如果说甲骨文皁氏与秦之先有联系，也是与蜚（非与之同）氏，即仲衍……戎胥轩—中潏—蜚廉这一支有关，而与费氏，即为汤御的费昌、纣臣费仲这一支无关。这样，就排除了邹衡的过度发挥，以费氏为甲骨文皁氏的可能性，甲骨文中的𠂤氏只能是蜚廉之蜚。

《秦本纪》是我们研究秦人在商代历史的最基本的材料，对甲骨文中的𠂤氏，可与《秦本纪》等材料做对比研究，或许可以找到二者之间的关系。据《秦本纪》记载，仲衍“鸟身人言”，为商王太戊御（即驾车），同时也说明其是太戊之鸟兽官。驾车的是武官，乃古之通例。商末时蜚廉、恶来“俱以材力事殷纣”，二人无疑亦是武官。而古代武事与田猎并无本质的区别，因而，蜚氏一支在商朝职掌有二：征伐、狩猎。《秦本纪》另有记载，蜚廉“为坛霍太山以报”，这显然是一种祭祀行为。如此，则商时秦之先之职掌主要有征伐、狩猎、祭祀，后二者由于《秦本纪》体例之限制，并无太多记载。这样，甲骨文中𠂤氏的职掌，就与《秦本纪》载秦之先蜚氏职掌大致相同，甲骨文中的𠂤氏，由文献与音韵证明极有可能就是秦之祖先蜚氏之类。邹衡的推测是有道理的。

邹衡更进一步推测，以亚隼罐为代表的先周文化器物中的这一类铜器，很可能就是甲骨文中𠂤氏的遗物，也就是秦人祖先蜚氏的遗物。这类铜器的年代范围一般为商末周初。笔者搜集了其中的9种，列如下：（1）爵，《三代》15·11；（2）爵，《三代》15·12；（3）爵，《三代》15·35；（4）父乙尊，《三代》11·7；（5）父丁㲃，《三代》6·14；（6）铙，《善图》19；（7）觯，《贞松文》9·16·1；（8）罐，《三代》11·39·6；（9）辛斝，《录遗》286。计有爵3，尊、㲃、铙、觯、斝、罐各1。这类铜器的基本铭文是物上鸟形，廓以亚形外框，有的无框。关于这个图形，诸家多以为族徽，高明、李学勤认定是字，李学勤更以为所谓族徽其实是氏[8]。也就是说，这个图形所代表的字其实是族之氏，即族称。

亚形外框，即亚字，是一种官职或爵称。物上鸟形，释各异。其实这个字从毕，即禽、擒，鸟与毕组成其字隼，此字会意，应为捕鸟兽之义，乃亚之职守。亚隼连读，意为捕鸟兽之官。同时，亚隼还是一种氏，即俗称“族徽”，是以官为氏者。这类铜器年代为商末周初，即大致相当于殷墟4期，甲骨5期，也即乙、辛时期。这类铜器肯定是祭器，是此时的“亚隼”氏为了祭祀此前的其祖先而做的铜器。其祖先在商代末期（乙、辛时期、殷墟4期、甲骨5期）以前曾经做过商朝的捕鸟兽之官（即狩猎之官、武官）。亚隼氏即以官为氏，其必世为商之鸟兽官，即《左传》所说的世官，那么，他不是秦之先蜚氏又是谁呢？

这个说法还有下列证据。鸟下物从毕，毕又通𠂤，足证隼、𠂤之间的密切联系。亚隼器作为祭器，所祭的是商末以前亚隼氏祖先亚隼。在甲骨文中，𠂤氏中称亚𠂤的，只有甲骨4期才有，即武乙、文丁时期。亚隼器年代前述为甲骨5期，甲骨4期中的亚𠂤与5期时的亚隼铭文年代的衔合；隼、𠂤二字之密切联系，证明甲骨4期的亚𠂤即5期时代青铜器铭文的亚隼。换句话说，亚隼器所代表的亚隼氏的祖先即卜辞中的亚𠂤氏、亦即1期卜辞的小臣𠂤、臣𠂤，也就是商代秦人的祖先蜚氏之类。

还有一个现象需要解释，甲骨4期时，𠂤氏还是商臣属，其首领职官为亚，常去为商伐召方。到了5期时，突然不见于甲骨文，这个问题怎样解释，我们认为或许与中潏归周有关。中潏大致与文丁同时，即甲骨4期偏晚、殷墟3期晚期，最迟不过甲骨4、5期之交，亦即殷墟3、4期之交。文丁时，周人已在西方兴起。从古公亶父起，周人已“居岐之阳，实始剪商”，表现在考古学上就是先周文化在关中西部已开始扩张，商文化向东退缩[9]。《殷本纪》的记载，此时多是“殷道衰”、“殷益衰”之类，商周矛盾已很尖锐，文丁杀掉季历。周人势力的膨胀，伴随的就是商势力的衰落。在这一大背景下，终于使中潏归周，从商臣转而为周卖命，为周“和西戎”、“保西垂”。《周本纪》记载，王季“修古公遗道，笃于行义，诸侯顺之”。这些归顺的诸侯中可能就包括秦之先中潏。《秦本纪》载中潏“以亲故归周”，实在是粉饰的说法。

上面我们推测商末以来青铜器铭中的亚隼氏，商代甲骨文的𠂤氏、秦之先蜚氏三者为一。我们还可进一步推测𠂤氏的居地。在甲骨 4 期中，多有𠂤氏伐召方的记载[10]。召方在今周原一带，商王畿在今豫北晋南一带，𠂤氏为商伐召方，其居地必不出今周原——晋南这样一个大的地域范围。中潏父戎胥轩娶于戎，即骊山氏，中潏居地应近骊山，在骊山附近最有可能的地名就是槐里犬丘，即今兴平东南一带，此犬丘离骊山不过百余里，这可能就是戎胥轩与其子中潏归周以前的居地。中潏先是为商“保西垂”，商之“西垂”，在晋南以西，槐里犬丘正好在这样一个范围内；归周后，中潏转而为周保西垂，周之“西垂”必在岐周以西，即今周原以西一带，这个地名应当即天水之西犬丘，在今甘肃清水县。中潏既已归周，其在商朝的甲骨文中不见，也在情理之中。

中潏当甲骨 4 期偏晚，其居地从槐里犬丘迁移到了天水西犬丘。甲骨 4 期之前的𠂤氏居地，亦可进一步推论出。甲骨 1 期时的武丁时代，𠂤氏的居地可能在晋南。陈梦家谓：“武丁卜辞的记载的与羌作战的𣲙、戊、𠂤、雀等，或在晋南，或在河内附近太行山的区域。”[11]甲骨文中有非字，1—4 期皆有。甲骨文非既是否定词非，有时又是地名。如：

（1）己丑卜㱿贞在□（非）虎獲（1 期）《合集》10977；

（2）……午贞王步自□（非）于轡（文丁，4 期）《屯南》82。

辞例（2）大意是商王从□到轡这个地方去，□与轡皆地名。而且□当离轡不远，轡在今山西中部偏西一带，按照商势力多集中于晋南的事实，这个□亦应在晋南。□即非，非、𠂤同音可假，因而这个地名非，很可能就是武丁以来𠂤氏的居地。到了甲骨 4 期时，𠂤氏居地向西迁移到了骊山附近今兴平东南的槐里犬丘，大概是因为商伐召方的缘故。因为甲骨 4 期时有𠂤氏伐召方的许多辞例。甲骨 4 期偏晚或 4、5 期之交的中潏时代，𠂤氏归周，被迁往今天水西犬丘。槐里犬丘可能就是中潏归周前与其父戎胥轩居地。中潏子蜚廉又回到晋南一带活动，新绛（《路史》）、河津（《元和郡县志》）都有“蜚廉城”，蜚廉城霍县（《秦本纪》）、闻晋有裴乡（《新唐书》）、临汾有大费庙，都反映出晋南与𠂤氏之关系。不过蜚廉回到晋南，只是返回老家而已，其祖上是早已在此居住的。

𠂤氏居地，从甲骨 1 期武丁时期以来，𠂤氏居于晋南；甲骨 4 期偏晚，𠂤氏迁往今兴平东南的槐里犬丘；由于中潏归周，𠂤氏被迁往今甘肃天水的西犬丘。在这里，槐里犬丘的来历；秦人何时到了西方天水一带；为什么毛家坪的材料说明秦人至少在“商末周初”已到了西方天水一带[12]；为什么以亚隼罐为代表的先周文化器物年代多为“商末周初”，而且多出于“西方陕甘一带”[13]，都得到了说明。这都与秦之先𠂤氏向西迁移，特别是中潏归周这一重大的历史事件有关。文献材料与甲骨文、金文材料如此融会贯通，有什么理由不相信司马迁《秦本纪》的记载呢？有人还为中潏所保“西垂”争论不休，至此可以休矣。《秦本纪》二言中潏“保西垂”，一是为商保西垂；归周后又为周“保西垂”。前一“西垂”指商而言，地大致相当于晋南——周原一带；后一“西垂”指周而言，指岐周以西包括今天水一带的广大地区。顺便提一下，我们既然认为是因中潏归周，秦人才到了西方，当然对有关秦人何时到了西方的其他论断、对于有人甚至说秦人分好几次到了西方的论断是持否定态度的。

这些有关𠂤氏、亚隼氏的论断，是在假定邹衡之说正确的情况下展开的，在这种假定下，许多问题豁然贯通，也反证了邹说的合理性。在目前所拥有的文献、考古材料状况与研究水平的情况下，邹说对于文献、甲骨文、金文材料的综合解释，是一种最合理的解释。我们所说的只是对邹说加以发明而已。

三　甲骨文中的“秦”及两周金文中的“秦”、“秦夷”、“戍秦人”的问题

秦字，甲骨文基本字形作[illegible]，为双手持杵舂禾形，1—4期皆有。在甲骨文中，秦用作动词，为祭祀之义。有人不了解其义，故而以为其为族邦名，这显然是错误的。有的人甚至说：

> 殷商时代秦已成了一个领有分土，列为诸侯的氏族……又有左、右宗的分衍，秦已经有了悠久的历史，是具有一定政治势力的部落氏族或部落国家。在其统治范围之内已经树立了一种神化的力量和信仰。秦人这种发展活动，其所处的时代，应是《秦本纪》所记的自太戊以下至帝纣辛以前的几百年中[14]。

真是发挥有余呵！我们已说过，秦人称秦，自非子邑秦后，才可称秦，此前秦人称“鸟俗氏”、“非氏”，秦这时无论是什么，都与秦人并无关系。连《秦本纪》也记载得清清楚楚，怎么能一下子肯定商代秦人已得名为秦呢？若照此说，则商代已有秦国了。让我们来看一看甲骨文中所谓有关秦的辞例，诸家立论所引用的辞例不外乎以下几种：

（1）其彭曰于祖丁秦侑宗（3期）《合集》23715；

（2）弜秦宗于妣庚舌（3期）《合集》30329；

（3）甲寅……祖乙舌秦宗（3期）《合集》30340；

（4）……秦宗（3期）《合集》30344反；

（5）……于岳秦即……（3期）《合集》30416；

（6）弜秦宗于妣庚（4期）《合集》32742；

（7）弜秦宗（4期）《合集》34064；

（8）①囚岁叀高祖乙逆三牢

②弜秦宗（3—4期）《屯南》3210。

辞例（1），侑为祭名，有人释为右，故而以为秦已有左、右宗的分衍。实是误解。这些辞例常言“弜秦宗”，弜为副词，略通于勿，表示意愿[15]，宗即宗庙。弜既为副词，宗为名词，那么秦就绝对为动词。事实上，甲骨文中，弜后所跟必动词，如“弜从”、“弜令”、“弜又”、“弜出”、“弜正”、“弜往”、“弜已”、“弜枽”、“弜田”、“弜窐”、“弜疋”、“弜征”、“弜用”、“弜罕”、“弜涉”、“弜至”、“弜人”等[16]。这个秦为动词，其义与祭祀有关。有人以秦为名词，秦宗是秦人宗庙之义。若这样理解，就难以解释在“秦宗”祭祀殷人先考先妣“祖丁”、“祖乙”、“妣庚”的矛盾。鉴于这两个理由，秦字在这些辞例中绝非名词，秦宗也绝非名词词组，义为秦人宗庙。这就彻底否定了甲骨文中秦字是指秦人的说法，那些以此为据引出的论断当然也就难以成立了。

在西周——战国金文中，亦有秦字，可理解为地名或族邦名。我们要讨论的是与秦人历史有关而有争议的师酉毁[17]、询毁[18]匽羌钟[19]三种。

与师酉毁、询毁相联系的还有传世器师询毁[20]。师询毁与1959年蓝田出土的询毁同为一人之器。三器内容互相关联。三器都记载师酉或询因佐周王有功，被周王赏赐之事。酉与询乃父子（一说叔侄）。父子二人担任一职，为世官，即师氏。现在最关键的是三器的年代，诸家争论颇多，郭沫若[21]、黄盛璋[22]、唐兰[23]、白川静[24]、李学勤[25]皆有异释。李学勤从三器铭文、形制、纹饰以及与官器的比较中得出三器年代如下：

师酉毁　孝王元年

询毁　　厉王十七年

师询簋　宣王元年

笔者认为这个年代的确定是比较合理的。这个年代的确定对我们合理利用其铭文十分重要。下面我们主要谈一谈师酉簋与询簋。

孝王时器师酉簋记载周人赏赐师酉一事，包括命官、命服、赐土地人民。在所赐人民中，有“秦夷”一项。其文曰：

嗣乃且（祖）啻官邑人、虎臣、西门夷、麋夷、秦夷、京夷、畀□夷、新。

文中西门、麋、秦、京皆为地名，并非指氏。“秦夷”即秦地之夷之义。在文献中，所谓的“某某戎”、“某某夷”，如莱夷、徐夷、淮夷、东夷、大荔戎、陆浑戎、邽冀戎皆指居于某地之戎，前加者为地名，并非指戎夷之氏。只有称“某某氏”、“某某人”时，如骊山氏、秦人、徐人，这种情况下，前加者才可为氏。这二类称呼的区别，还可举两个熟悉的例子来说明，如骊戎、骊山氏，前者骊为地名，后者骊山才是氏。徐夷、徐人徐字前者为地名，后一为氏，不可混淆。如此，则“秦夷”之秦绝对指秦地而言。麋，乃商周古地名，在今宝鸡县南部一带；京，在今扶风周原一带；西门以“西”言之，亦应在岐山周以西。以这些地名相较而言，此秦地绝对在西方，即后来非子所居之秦，在今甘肃清水县。周王对师酉的这次赏赐，时间是孝王元年，这说明在孝王元年以前，秦这个地方已有东夷人后裔居住，其于孝王以前早年来到秦，秦这个地名是孝王以前就有的。因为师酉簋铭文追述师酉祖考之事，其祖考已领有“秦夷”。我们的这个结论，与《秦本纪》载孝王封非子于秦为附庸，非子一支因地为氏为秦氏的说法是相符的。

这个说法的进一步的证据是：秦人在居于秦之前，是居于犬丘的，即今甘肃天水西南礼县一带的西犬丘；秦在天水东北清水县。一个天水西南，一个天水东北，犬丘与秦绝非一地。秦人因善养马而被封于秦的时间，不会早于师酉簋年代孝王元年。《竹书纪年》载：“（周孝王）八年，初牧于汧渭。”[26]这是指周孝王使秦祖非子牧于汧渭之间的事情。非子养马有成，才被封到秦，非子的这一支从此由犬丘到了秦。非子之后大骆后裔由此分为二支：嫡子成仍居犬丘；非子一支迁居秦，以地为氏改原来氏（可能是蜚）为秦氏。据《竹书纪年》记载非子一支居秦必在孝王八年以后；即使不相信《竹书纪年》的记载，非子居秦年代也不会早于孝王元年。所以，师酉簋铭文中的“秦夷”必非后来的秦人，而是早年来到西方的东夷后裔。

蓝田县寺坡村出土的询簋，铭文记载了周王册命师询的事件。铭文中“惟王十又七祀”即厉王十七年，这是此次册命的时间。与师酉簋所不同的是在此次册命所赏赐的人民中，除了“秦夷”等上述师酉簋所记诸夷外，又多了“□华夷、由□夷、�人、成周走亚、戍秦人、降人、服夷”等内容。我们所关心的是其中的“戍秦人”是指什么，为什么与“秦夷”并见一文，以及二者的关系。

首先必须说明师酉簋、询簋中的“秦夷”的身份。此二器“秦夷”所指显然一致。师酉与询之官为师，即师氏。按《周礼·师氏》与西周青铜器铭文记载，师氏之职非常庞杂，其中一项就是捍卫王身，即做周王的近卫。《周礼·师氏》说：“使其（师氏）属帅四夷之隶，各以其兵、服，守王之门外，且跸。”在作为捍卫王身近卫之时，师氏所帅有属官；属官下又有“四夷之隶”，即来自夷族（其实还有华夏族）的少数民族士兵[27]。即师氏——属官——“四夷之隶”的构成模式。师氏之说与师酉簋、询簋铭可相互印证。二器铭中师氏的属官即“虎臣”。虎臣下又有西门夷、秦夷等，相当于文献中的虎士、虎贲，虎臣即其长。所言虎，取其勇猛之义[28]。“秦夷”的身份至此已经清楚，即作为周王近卫军的少数民族士兵，身份是奴隶，是来自东夷族的后裔。“秦夷”既为隶仆，即《周语》所言“湮替隶圉”，秦必非氏名。

询簋中的“戍秦人”，戍，甲骨文习见，此处乃职官名。张亚初、刘雨即有此看法。二人并推测："戍是一种武官名，可能是守边之武职。"按《左传》及后世典籍戍即有守边之义。如《左传》中的"齐戍"，即指齐国守边的军队。这个推测是有道理的。张、刘谓戍这里并且是"殷遗"。让我们来看一看与询簋同时，即厉王十七年时秦人的情况。厉王时，秦人早已居于秦，已是周的附庸，即秦人的首领已是周官。《秦本纪》记载，由于"周厉王无道，诸侯或叛之"，西戎这时也"反王室，灭犬丘大骆之族"。据《竹书纪年》载："西戎入于犬丘"在厉王十一年。也就是说，厉王十七年册命师询之时，戎与秦的关系已是有灭族杀父之仇而不共戴天的。故而宣王即位后，乃以秦仲为大夫，伐戎；以后的庄公、世父都以伐戎为第一要务。世父更是咬牙切齿地说："戎杀我大父仲，我非杀戎王则不敢入邑。"这是后话。

厉王十七年左右，秦即为周效力伐戎，这跟常说的"保西垂"是一个意思，都是为周戍边。再看一看询簋中的"戍秦人"，其既是殷遗，又为周戍边，那么它不是非子一支秦人又是什么？这个"戍秦人"，与成周走亚等武职并列，其亦应是武官，地位显然比"秦夷"为高。总的说来，"戍秦人"是指为周戍边的秦人，其地位比"秦夷"为高，并非隶仆。"秦夷"是来自东方的东夷后裔，而"戍秦人"有可能是武官。"秦夷"与"戍秦人"显然有别，二者同列询簋一铭，更是旁证。"秦夷"不是、"戍秦人"才是后来的秦人。

按照学术界的一般看法，称夷者被认为最初来自东方，属于东夷集团。周人按照正统的观点，把四方的少数民族称作东夷、南蛮、西戎、北狄，因此，周人若称它族为夷，则绝对指东夷。师酉簋与询簋铭文中所言的"西门夷、㚇夷、秦夷、京夷、畀□夷"、"□华夷、由□夷"等即东夷后裔。显然，这些夷人都经历了一个由东方到西方的这么一个过程。其中的"秦夷"也必是从东而来。文献与屭羌钟铭给我们的论点提供了证据。春秋时代，东方鲁国有个地名叫秦，地在今山东范县。《春秋》经庄公三十一年记载："秋，筑台于秦。"杜注："东来范县西北有秦亭。"这个秦，同见于解放前洛阳金村出土的屭羌钟铭。其文曰：

唯二十又再祀，屭羌作戎其辟韩宗，率征秦，遐齐入长城，先会于平阴。

钟铭记载的事情是战国初年，周威烈王二十二年（公元前404年），韩与齐的一场战争。韩在秦、长城（齐长城）、平阴战胜齐军。以前学者们以为此秦是西方的秦，文义殊不通。若以春秋以来的范县之秦当之，则豁然贯通。以同见地名来看，平阴乃齐地，在今山东平阴北，位于战国齐长城脚下；长城，指齐长城无疑，从今平阴北一直到今胶南县南，沿泰山、鲁山山脉东西延伸。长城、平阴既为齐地，秦怎么会是西方之秦呢？由此我们推测，这师酉簋与询簋中的"秦夷"，乃早年（周孝王以前）从东方今范县一带迁到西方的东夷后裔，原因或许与周公东征有关。其与后来的秦人同属东夷集团，但却不是秦人的祖先。他们到了西方，把其东方老家的地名秦也搬到了西方。西周中期周孝王时，非子被封于秦，以地为氏，这一支非子的后代称秦人，这就是我们今天常说的秦人。

关于师酉簋与询簋铭文中的"秦夷"、"戍秦人"的看法，是学术界一个十分聚讼的问题。如果望文生义，认为言"秦"者必指秦人，实在不是一种认真的态度。这个"秦夷"居于秦地，非子居秦后，或许与非子这一支真正的秦人发生交往、融合，但在秦人发展演变的过程，其充其量是秦人发展历史过程中的外来因素，这些外来因素与骊山氏等性质是一样的，在探讨秦人的源流时是不能把其列为秦人的主体的。虽然从商晚期秦人祖先已到了甘肃天水一带，但是秦人祖先并不是这一带的唯一居民，至少还有西戎、东夷、周人等也在这里活动着。秦人祖先所拥有的大概只是犬丘邑及其周围不大的一块地区。不过从考古学角度来说，从商末周初起，一个新的文化类型——秦文化就在这一带开始形成，不然就无法解释天水毛家坪这类西周——东周时期的秦文化遗存。上述诸人群所拥有的文化因素在秦文化中都可以找到，这正是不同民族人群杂处融合的结果[29]。这些东夷人中，就有师酉𣪕、询𣪕中的“秦夷”、“西门夷”等，换句话说，秦人也不是这一带自西周以来唯一的一支东夷后裔。秦人因袭了“秦夷”居地秦，并改族氏为秦。在这里，范县之秦自然也就不是秦人的起源地了（秦人的起源地可能是今山东费县，此文不赘）。

“秦夷”并非后来的秦人，还可以从地名上找到证据。其实已有人注意到了从地名角度去探讨秦人的渊源。在秦人由东向西迁移的过程中，有两个地名系统值得注意，即秦与犬丘两个地名的演化。东方的秦即范县的秦，即前引《春秋》经及杜注所言之秦，在东夷的一支向西方迁移的过程中，被带到了今甘肃清水县一带。这个迁移的原因，大概是由于周公东征这一支夷人被迁往西方，其居地名也随之迁来。西周中期孝王时非子因其地。犬丘，东方也有一个犬丘，西方的犬丘由东方迁来，是没有疑问的。春秋时，宋、卫二国都有犬丘地名。《左传》隐公八年：“故遇于犬丘。”此卫犬丘，地在今山东曹县北之句阳店，或以为鄄城东南十五里处；另《左传》襄公元年：“郑子然侵宋，取犬丘。”此宋犬丘，地在今河南永城西北。西方有两个犬丘，一为槐里犬丘，地在今兴平东南一带；一为天水清水的西犬丘。西方的犬丘见于记载，最早的是《秦本纪》记载的周孝王时“非子居犬丘”，我们前已推测，中潏归周前与其父大骆可能即居于槐里犬丘，归周后居西犬丘。现在还有证据表明，这个推测是对的：垂与犬丘为二称，其实为一，二者可互换。前引《左传》隐公八年“故遇于犬丘”，经文作“宋公、卫侯遇于垂”。杜注：“犬丘，垂也，地有两名。”《水经注·瓠子河》盖因其说。是犬丘即垂，垂即犬丘。从读音来说，垂是犬丘的速读，这应该是垂与犬丘一地二名的原因。中潏在归周以前，为商“保西垂”，归周后又为周“保西垂”，这二个同名的“西垂”，并非一地。但由于垂可理解为犬丘，中潏归周前后居地亦即犬丘，这跟前文的中潏归周由槐里犬丘向天水西犬丘迁移是不谋而合的。这充分说明，自中潏归周后，商晚期以来，西犬丘一直是秦之先的世袭居邑，自非子才始“邑之秦”，非子以前就居于秦的“秦夷”与后来的秦人有何干系?!

本文实际上是一个互相联系的整体，我们主要从姓氏的角度，谈了历史上秦人早期的称谓；秦人早期的迁移、世系以及相关的文献、甲骨文、金文材料的辨正。我们是力求把多种材料融会而贯通的。对于文中的论点我们坚信不疑，也希望读者指正，最希望的当然是有更多的考古材料被发现。

（《秦文化论丛》第九辑）

注释

[1]《史记·秦本纪》司马迁言。以下非注明者皆据《秦本纪》。

[2]《春秋大事表》卷五《春秋列国爵姓及存灭表》。

[3]《左传》文公五年。

[4] 高明：《古文字类编》第557—658页，“徽号文字”。

[5][11] 陈梦家：《殷墟卜辞综述》第510、281页，科学出版社1956年。

[6] 丁山：《甲骨文所见氏族及其制度》第85页，中华书局1988年。下引同氏著。

[7][13] 邹衡：《论先周文化》，《夏商周考古学论文集》第326—329页，文物出版社1980年。

[8] 李学勤：《考古发现与古代姓氏制度》，《古文献论丛》第122页，上海远东出版社1996年。

[9] 徐天进：《论关中地区的商文化》，《纪念北京大学三十周年论文集》，文物出版社1989年；卢连成：《先周文化与周边地区的青铜文化》，陕西省考古研究所《考古学研究》，三秦出版社1993年。

[10] 姚孝遂、肖丁：《殷墟甲骨刻辞类纂》，中华书局1989年。

[12]［29］赵化成:《寻找秦文化渊源的新线索》,《文博》1987年第1期;《甘肃甘谷毛家坪遗址发掘报告》,《考古学报》1987年第3期。

[14] 何汉文:《嬴秦人起源于东方和西迁情况初探》,《求索》1981年第4期。

[15] 裘锡圭:《释弜》,《古文字研究》第一辑。

[16] 考古研究所《考古学专刊》乙种第十八号,《小屯南地甲骨》下册第二分册:“字、词索引”。

[17]［20］《殷周金文集成》4288—4291、4342《师酉毁》。

[18] 段绍嘉:《陕西蓝田县出土弭叔等彝器简介》,《文物》1960年第2期。

[19] 吴其昌:《匾羌钟补考》,《国立北平图书馆馆刊》卷五十六,1931年。

[21] 郭沫若:《弭叔簋及訇簋考释》,《文物》1960年第2期。

[22]［28］黄盛璋:《关于询毁的制作年代及虎臣的身份问题》,《考古》1961年第6期。

[23] 唐兰:《西周青铜器铭文分代史徵》,中华书局1986年。

[24] 白川静:《西周史略》第105—107页,袁林译,三秦出版社1992年。

[25] 李学勤:《西周中期青铜器的重要标尺》,《新出青铜器研究》第90—91页,文物出版社1990年。

[26] 四部丛刊本。

[27] 张亚初、刘雨:《西周金文官制研究》,第4—7页,中华书局1986年。

国君纪事（节选）

马非百

非子　秦侯　公伯　秦仲　庄公

先代传说：秦之先，帝颛顼之苗裔孙曰女修。女修织，玄鸟陨卵，女修吞之，生子大业。大业取少典之子，曰女华。女华生大费，与禹平水土。已成，帝锡玄圭。禹受曰：非予能成，亦大费为辅。帝舜曰：咨尔费，赞禹功，其赐尔皁游。尔后嗣将大出。乃妻之姚姓之玉女。大费拜受，佐舜调驯鸟兽，鸟兽多驯服，是为柏翳。舜赐姓嬴氏。

大费生子二人：一曰大廉，实鸟俗氏；二曰若木，实费氏。其玄孙曰费昌，子孙或在中国，或在夷狄。费昌当夏桀之时，去夏归商，为汤御，以败桀于鸣条。大廉玄孙曰孟戏、中衍、鸟身人言。帝太戊闻而卜之使御，吉，遂使御而妻之。自太戊以下，中衍之后，遂世有功，以佐殷国，故嬴姓多显，遂为诸侯。

其玄孙曰中潏，在西戎，保西垂。生蜚廉，蜚廉生恶来。恶来有力，蜚廉善走，父子俱以材力事殷纣。周武王之伐纣，并杀恶来。是时蜚廉为纣石北方，还，无所报，为坛霍太山而报得石棺，铭曰：帝令处父，不与殷乱，赐尔石棺以华氏。死，遂葬于霍太山。

蜚廉复有子曰季胜。季胜生孟增。孟增幸于周成王，是为宅皋狼。皋狼生衡父，衡父生造父。造父以善御幸于周穆王。得骥、温骊、骅骝、騄耳之驷，西巡狩，乐而忘归。徐偃王作乱，造父为穆王御，长驱归周，一日千里以救乱。穆王以赵城封造父，造父族由此为赵氏。自蜚廉生季胜以下五世至造父，别居赵。赵衰其后也。

非子亦蜚廉之苗裔。蜚廉又有子曰恶来革，早死。有子曰女防。女防生旁皋。旁皋生太几。太几生大骆。大骆生非子。以造父之宠，皆蒙赵城，姓赵氏。非子居犬丘，好马及畜，善养息之。犬丘人言之周孝王，孝王召使主马于汧渭之间，马大蕃 息。孝王欲以为大骆适嗣。申侯之女为大骆妻，生子成为适。申侯乃言孝王曰：昔我先郦山之女，为戎胥轩妻，生中潏，以亲故归周，保西垂，西垂以其故和睦。今我复与大骆妻，生适子成。申骆重婚 ，西戎皆服，所以为王。王其图之。于是孝王曰：昔伯翳为舜主畜，畜多息，故有土，赐姓嬴。今其后世亦为朕息马，朕其分土为附庸。邑之秦，使复续嬴氏祀，号曰秦嬴。亦不废申侯之女子为骆适者，以和西戎。

秦嬴生秦侯。秦侯立十年，卒。生公伯。公伯立三年，卒。生秦仲。秦仲立三年，周厉王无道，诸侯或叛之。西戎反王室，灭犬丘大骆之族。周宣王即位，乃以秦仲为大夫，诛西戎。西戎杀秦仲。秦仲立二十三年，死于戎。有子五人，其长者曰庄公。周宣王乃召庄公昆弟五人，与兵七千人，使伐西戎，破之。于是复予秦仲后及其先大骆地犬丘并有之，为西垂大夫。庄公居其故西犬丘。立四十四年卒。太子襄公代立。《史记·秦本纪》。

元材案：关于嬴秦一族之来源，历来学者间有两种不同之意见。其一为西来说，王国维、蒙文通主之。王氏云："秦之祖先，起于夷狄。"（王国维《秦都邑考》）。蒙氏云："《秦本纪》称申侯言昔我先骊山之女为戎胥轩妻，生中潏，保西垂。"班固《律历志》称：张寿王治黄帝调历。言北益为天子，代禹。骊山女亦为天子，在殷周间。仲潏生蜚廉，善走，以材力事纣。则骊山之女固在殷周间，当即张寿王所谓骊山女为天子者也。殷周之间，中国焉得有天子曰骊山女？斯其为西戎种落之豪欤？故《史记》言仲潏在西戎，骊山之女为戎胥轩妻。胥轩曰戎，自非华族。此秦之父系为戎也。《左传正义》引《竹书纪年》云：平王奔西申。盖以别于谢邑之申。则申侯者西申也。范蔚宗引《古竹书纪年》云：宣王征申戎，破之。是也。则申侯之先骊山之女亦当为戎。此秦之母系亦为戎也。《周书·王会》：正北方西申以凤鸟。考《西山经》有申山。《毕注》：即今陕西米脂县北诸山。有申首之山，申水出于其上。《毕注》：案其道里，当在陕西榆林府北塞外。西申之所在，应在陕北，密迩安定。故曰犬戎共为祸梗也。《赵世家》言蜚廉有子二人，曰恶来，曰季胜，季胜生孟增，是为宅皋狼。皋狼生衡父。衡父生造父，幸于周穆王。造父取骥之乘匹与桃林温骊、骅骝、騄耳，献之穆王。穆王使造父御，西巡狩。乃赐造父以赵城。《穆天子传注》引《古竹书纪年》云：穆王时，北唐之君来见，以骝马，是生騄耳。《竹书》以骝马、騄耳之献为北唐之君，《赵世家》以为献自造父。则造父即此北唐之君。《周书·王会》云：北唐戎以闾。孔晁注曰：北唐，戎之在西北者。则仲潏、造父以来，于西周为北唐戎。此秦同族之赵亦为戎也。见秦之为戎，固自不疑。蒙氏于上述根据之外，又杂引《公羊》、《榖梁》、《商君》、《管子》之言，以实其秦为西来之说。最后，又推断秦与骊山皆为犬戎（见蒙氏所著《秦之社会》一文，载《史学季刊》第一卷一期。又《禹贡》六卷七期蒙氏有《秦为戎族考》一文，内容与此略同）。其二为东来说，卫聚贤、黄文弼等主之。黄氏有《秦为东方民族考》一文，载《史学杂志·创刊号》。卫氏在《古史研究》第三集《中国民族的来源》一文中，以郯、榖、黄、梁、葛、徐、江、奄等嬴姓之国原蔓延于山东、江苏及河南、湖北，而秦亦嬴姓，故谓秦民族发源于山东，后至山西（谓"在西戎保西垂"为山西太原）。陕西、甘肃，然后再向东发展。又《春秋》鲁有秦地，及《楚辞·九歌》有"东皇太一"。前者名同于秦，后者与李斯所云"泰皇最贵"之说相合，亦为秦东来之证。二说当以东来说为符合史实。秦为颛顼之后，与殷商同属于鸟系祖先传说系统。而其祖先柏翳，佐舜调驯鸟兽，及佐禹平治水土，与伯益同为一人。其子孙或在中原，或在夷狄，司马迁在《秦本纪》、《赵世家》中固明言之。其在中原者有徐氏、郯氏、莒氏、终黎氏、运奄氏、菟裘氏、将梁氏、黄氏、江氏、修鱼氏、白冥氏、蜚廉氏、秦氏等，大多数皆在东方。又费昌助汤灭夏，孟戏、中衍与太戊缔结婚姻，中衍之后世为殷国诸侯。蜚廉父子均以材力事纣。皆其证也。而秦在西戎，保西垂，则所谓"或在夷狄"者也。中原人固有本为华族，而以或在夷狄之故，因而有变为夷狄之俗者，如赵佗本真定人，而一入南越，遂染其习。陆贾使越，佗弃冠带，椎髻箕倨以见之。且其上文帝书，至自称为"蛮夷大长"。则秦有戎之称号，岂得遽目之为戎？况公羊、榖梁皆为汉人，《管子》书亦多汉人手笔。汉人对于亡秦，例无褒词。则其骂秦为戎，亦不过如周人之骂商人为"蠢戎"，为"戎殷"，与南北朝人之互骂为"北虏"，"岛夷"而已！事实上蒙氏所举西戎各族，皆为吾国少数民族，其地点不出今陕西、甘肃、宁夏、青海等省范围，亦不得以之与域外民族同日而语也。

襄　公

襄公，庄公子也。《史记·秦本纪》、《汉书·古今人表》。史忘其名。庄公生子三人。其长子世父。世父曰：戎杀我大父仲，我非杀戎王则不敢入邑。遂将击戎，让其弟襄公为太子。庄公卒，太子襄公立。

元年，以女弟缪嬴为丰王妻。

二年，戎围犬丘世父，世父击之，为戎人所虏。岁余，复归世父。《史记·秦本纪》是年，徙居汧。《秦本纪正义》引《帝王世纪》。

七年，春，周幽王用褒姒废太子，立褒姒子为适，数欺诸侯，诸侯叛之。西戎犬戎与申侯伐周，杀 幽王郦山下。公将兵救周，战甚力，有功。周避犬戎难，东徙雒邑，公以兵送周平王。平王封公为诸侯，赐之岐以西之地。曰：戎无道，侵夺我岐、丰之地，秦能攻逐戎，即有其地。与誓，封爵之。公于是始国，与诸侯通使聘享之礼。《史记·秦本纪》。

公既侯，居西垂。《正义》：汉陇西郡西县也。今在秦州上邽县西南九十里。自以为主少皞之神，作西畤，祠白帝。《秦本纪》作上帝。《十二诸侯年表》作白帝，与此同。其牲用駠驹、黄牛、羝羊各一云。《史记·封禅书》作各一，《秦本纪》作各三，未知孰是。是后，周室衰微，诸侯疆并弱。齐、晋、秦、楚始大，政由方伯。《史记·周本纪》。

十二年，公伐戎，至岐而薨。《史记·秦本纪》及《十二诸侯年表》。葬西垂，享国十二年。《史记·始皇本纪》附《秦纪》。

文　公竫公附

文公，襄公之子也。《史记·秦本纪》、《十二诸侯年表》、《秦始皇本纪》附《秦纪》、《汉书·古今人表》。襄公卒，公即位。竫公附

元年，居西垂宫。《秦本纪》、《秦纪》。

三年，以兵七百人东猎。《秦本纪》。

四年，至汧渭之会，曰：昔周邑我先秦嬴于此，后卒获为诸侯。乃卜居之，占曰吉。即营邑之。《秦本纪》。

十年，公梦黄蛇自天下属地，其口止于鄜衍。公问史敦，敦曰：此上帝之徵，君其祠之。于是作鄜畤，用三牲郊祭白帝焉。《史记·封禅书》、《汉书·郊祀志》。

十三年，初有史以记事，民多化者。《史记·秦本纪》。

十六年，公以兵伐戎，戎败走。于是遂收周余民有之。地至岐，岐以东献之周。《秦本纪》。

作鄜畤后九年，公获若石云于陈仓北阪城。祠之。其神或岁不至，或岁数来。来也常以夜，光辉若流星，从东南来集于祠城，则若雄鸡，其声殷云。野鸡夜雊。以一牢祠，命曰陈宝。《史记·封禅书》。

二十年，法初有三族之罪。《秦本纪》。

二十七年，伐南山大梓，丰大特。《秦本纪》。时雍南山有大梓树。公伐之，辄有大风雨，树生合不断。时有一人病，夜往山中。闻有鬼语树神曰：秦若使人被发，以朱丝绕树伐汝，汝得不困耶？树神无言。明日，病人语闻。公如其言伐树，树断。中有一青牛出，走入丰水中。其后牛出丰水中，使骑击之，不胜。有骑堕地，复上，发解。牛畏之，入不出。故置髦头。武都郡立怒

特祠，是大梓牛神也。《史记·秦本纪正义》引《括地志》。

四十四年，鲁隐公初即位。《周本纪》、《十二诸侯年表》。

四十八年，太子卒，赐谥为竫公。竫公之长子为太子，是文公孙也。《秦本纪》。

五十年，公卒，葬西山。《秦本纪》。一曰葬西垂。《秦始皇本纪》附《秦纪》。享国五十年。

元材案：陈宝之义，言人人殊。《史记正义》引《三秦记》云："陈仓山有石鸡，与山鸡不别。赵高烧山，山鸡飞去，而石鸡不去。或言是玉鸡。"《方舆纪要》亦谓"宝鸡县陈仓山，一名鸡峄山。上有石类山鸡"。全为后人附会之词，实不可信。王国维作《陈宝说》，以秦所得陈宝，其质在玉、石间。盖汉益州金马璧鸡之比。秦人殆以为《周书·顾命》之陈宝，故以名之。是陈宝亦玉名也。其说亦似是而非。陈宝即陨星也。昔乃失之者，盖以秦僻处西陲，罕明星象，而祥瑞之说又从而乱之耳。其言"光辉若流星，从东方来，其声殷云"者，星初陨也。"野鸡夜雊"者，星陨有声，野鸡皆惊而鸣也。必言"祠成而其神来集"者，亦诡辞以示神异而已。张衡《西京赋》注引应劭曰："时以宝瑞作陈宝祠，在陈仓，故曰陈宝。"引自与《尚书·顾命》陈宝异义。陈宝唐初改凤翔县，后改宝鸡县，亦取陈宝鸣鸡之义。然陈宝之真，失之久矣。《史记索隐》引苏林云："质如石似肝。"《水经注》卷七十云："其色如肝。"意最近之。吾读《唐书》载："宪宗元和六年（公元811年）三月戊戌日晡天阴寒，有流星大如一斛器，坠于兖、郓间。声震数百里，野鸡皆雊。所坠之上，有赤气如立蛇，长丈余，至夕乃灭。"又载："十二年（公元817年）九月己亥夜，有流星起中天，首如甕，尾如二百斛缸，长十余丈，声如群鸭飞，砉砉坠地。有大声如屋坏者三。在陈、蔡间。"又《史记·天官书》称："旬始状如雄鸡，枉矢类大流星，望之如有毛羽然。"是古人描写陨石震声之大，多有用"野鸡夜雊"者，与《封禅书》言"野鸡夜雊"，情形正同。又所谓"从东方来，若雄鸡，其声殷云"，则与《唐书》之"声如群鸭飞，砉砉坠地"，及《天官书》之"状如雄鸡"，亦无二致。盖"若石"者，陨星即石也。"其色似肝"者，陨石成分多含铁质也。"光辉若流星"者，即星初陨时，与空气相摩擦，而发光之景象也。此论至章鸿钊氏始发之。吾以其极合于科学之解释，故附著之于此云。

一九五〇年八月二十五日灯下于北京东城马大人胡同三十四号。

宪　公

宪公，竫公之子，文公之孙也。《史记·秦本纪》。生十岁立，居西新邑。《史记·秦始皇本纪》附《秦纪》。

二年，鲁隐公九年徙居平阳。遣兵伐荡社。《索隐》云：西戎之君，号曰亳王。盖成汤之裔，其邑曰荡社。

三年，与亳战。亳王奔戎。遂灭荡社。《史记·秦本纪》。

七年，鲁桓公三年芮伯万之母芮姜恶芮伯之多宠人也，故逐之，出居于魏。《左氏桓三年传》。案芮，周初畿内国，姬姓，伯爵。今陕西朝邑县南有芮城，即芮国故城。又山西芮城县西二十里郑村内有芮伯城，即芮伯万居魏之处。

八年秋，秦师侵芮，败焉，小之也。冬，周师、秦师围魏，执芮伯以归。《左氏桓四年传》。

十二年，伐荡氏，取之。《秦本纪》。公卒，葬西山大麓，号曰秦陵山。《秦本纪》及《正义》引《括地志》及《帝王世纪》。一曰葬衙。《秦始皇本纪》附《秦纪》。

元材案：宪公，《史记·秦本纪》及《十二诸侯年表》均作宁公。据1978年1月陕西宝鸡县太公庙村出土秦公钟、秦公镈铭文均记有文公、竫公、宪公三代人之世系1978年《文物》十一期宝鸡市博物馆庐连成同上题报告。与《秦始皇本纪》所附《秦纪》相符。证明《本纪》及《年表》作宁公者实有讹误。竫与静通，见《后汉书·崔骃传》朱骏声说。《集解》云宁一作曼，尤非。

献　公

献公一名元献公。《秦纪索隐》引《世系》。又曰元王。《越绝外传·记地》。名师隰。《秦本纪·六国表索隐》。一名连。《吕氏春秋·当赏篇》。又名元。《吕氏春秋高诱注》。灵公太子也。《秦本纪》及《六国表索隐》。灵公薨，公不得立。出子二年，庶长菌改迎公于河西而立之，是为献公。《秦本纪》。秦以往者数易君，君臣乖乱，故晋复强，夺秦河西地。《秦本纪》。

元年，公元前三八四年止从死。《秦本纪》。

二年，城栎阳。《秦本纪》、《六国表》。徙都之。《秦本纪集解》徐广曰。

三年，日蚀，书晦。《六国表》。

四年，公元前三八一年正月庚寅，孝公生。《秦本纪》、《六国表》。

六年，初县蒲、蓝田、善明氏。《六国表》。是岁，故齐康公卒，田氏遂并齐而有之。太公望之后遂绝。《六国表》。齐桓公午卒，子威王立。《田齐世家》。

七年，初行为市。《秦纪》。

八年，蜀伐楚，取兹方。楚为扞关以拒之。《楚世家》。

九年，魏武侯、韩哀侯、赵敬侯灭晋侯而三分其地。晋静公迁为家人，晋绝无后。《晋世家》、《韩、赵、魏世家》、《六国表》。是岁，周安王崩，烈王立。《周本纪》。

十年，日蚀。韩灭郑，因徙都郑。《韩世家》及《六国表》。为户籍相伍。《秦纪》。赵敬侯卒，子成侯立。《赵世家》。

十一年，县栎阳。《六国表》。使苏胡帅师伐韩。韩将韩襄败苏胡于酸水。《纪年》及《水经注·济水注》。是岁，周太史儋见献公曰：周故与秦国合而别，别五百岁复合，合七十七岁而霸王出。《秦本纪》。《封禅书》作合十七年而霸王出，《汉书·郊祀志》作合七十年而伯王出焉。韦昭曰；武王、昭王皆伯，至始皇而王天下。颜师古曰：七十当为十七，今《史记》旧本皆作十七字。伯王者，指谓始皇。始皇初立，政在太后、嫪毐，未得称伯。自昭王灭周后，至始皇九年诛嫪毐，止十七年。《本纪》、《年表》其义显，而韦氏乃合武王、昭王为数，失之远矣。

十四年，与赵战高安，《正义》：盖在河东。败绩。《赵世家》。是岁，韩严弑其君哀侯。子懿侯立。《韩世家》。楚肃王卒，无子，立其弟熊良夫，是为宣王。《楚世家》。魏武侯卒，子惠王立。《魏世家》。

十六年，民大疫。日蚀。《六国表》。桃冬花。《秦本纪》。周烈王崩，显王立。《周本纪》。中山筑长城。《赵世家》。

十七年，栎阳雨金，四月至八月。《六国表》。《秦本纪》列在十八年。公自以为得金瑞，故作畦畤栎阳，而祀白帝。《封禅书》。

十九年，韩、魏会于宅阳，城武堵，为秦所败。《魏世家》。案《正义》引《括地志》云：宅阳故城一名北宅。在郑州荥阳县东南十七里。此云会于宅阳，城武堵，则武堵当在宅阳附近。又《六国表·秦表》作败韩、魏洛阳。《魏表》云：与韩会宅阳，城武都。《韩世家》云：舆魏惠王会宅阳。宅阳与洛阳，武堵与武都，必有一误。

二十一年，使章蟜《六国表》。伐魏，赵救之。与战于石阿，《赵世家》，败之，斩首六万。天子贺以黼黻。《秦本纪》。按石阿，《赵世家正义》云：盖在石、隰等州界也。《本纪》、《六国表》皆作石门，不知孰是。秦始复疆，而三晋益大，魏惠王、齐威王尤强。《楚世家》。

二十二年，攻魏少梁，赵救之。《赵世家》。

二十三年，使庶长国伐魏少梁，虏其太子痤。《赵世家》。案《秦本纪》作“虏其将公孙痤”。而《六国表》秦、魏两表皆作太子。当是太子名公孙痤也。取庞。《魏世家》。公卒，葬嚣圉，享国二十三年。《秦纪》及《六国表》。案《魏世家》作惠王九年，秦献公卒，子孝公立。与此同。《秦本纪》作二十四年，《秦纪索隐》引《系本》称元献公立二十二年。《越绝》作二十年。并非。是岁，赵成侯与韩昭侯遇上党，《赵世家》。谋侵秦也。

元材案：秦自武公二十年（公元前678年）开以人从死之风，计从死者六十六人。中经德、宣、成、穆、康、共、桓、景、哀、僖、悼、厉、躁、怀、灵、简、惠、出子以至献公元年（公元前384年），凡十九君，历时共二百九十四年。各代从死人数，史无记载。然《武公纪》既云“初以人从死”、《献公纪》又云“止从死”，可知其事在十九君中，实为国家定制。以穆公之贤，从死者竟达百七十七人之多。子车氏之三子奄息、仲行、鍼虎为国人所爱戴者，亦在其内，规模较武公为更大。吾人今日读《黄鸟》之诗，尚不禁发生阴森惨毒之感！献公于即位之初，竟能毅然废而除之。此实由于社会进化之趋势有以使然，然献公在人类史上之贡献，固不在林肯解放黑奴之下矣！然吾观《国策》载昭襄王时，宣太后将死，令曰必以魏丑夫为殉。又《始皇本纪》亦称始皇葬时，后宫无子者皆殉，从死者甚众。则献公止从死之后，殉葬之风仍未全绝也！

（《秦集史》，中华书局 1982 年）

秦国发祥地

李学勤

最近流散的一些珍贵文物，为探讨秦国早期历史文化提供了非常重要的线索。

1994年6月，在纽约出现了一对秦公壶，我和伦敦大学亚非学院艾兰博士有文介绍[1]。我们根据壶的形制、纹饰类似颂壶和芝加哥艺术研究所的一对壶，认为可能是秦庄公之物，当然也可能再晚一些。

9月，《文博》1994年第5期有韩伟先生文，提到在巴黎见到的秦国金饰片等物。这批金器11月在巴黎展出，著录于伦敦出版的戴迪野《秦族黄金》图录，包括顾首金虎2件、鸟形金饰片8件、重环纹鳞片形金饰片26件、窃曲纹梯形金饰片2件、窃曲纹方形金饰片2件、简化窃曲纹圭形金饰片2件。韩伟先生撰有《罕见的文物，重要的发现》论文。

韩文说，金饰片流散时曾透露为甘肃礼县所出。甘肃省考古研究所田野考古队在该县东的大堡子山清理了三座墓，1号墓是曲尺形车马坑，长37米；2号墓是中字形大墓，通长87米，墓室长12米；3号墓系长形车马坑，长110米，其西北有其主墓。韩文据饰片纹饰及金虎木芯的碳14年代，判断属于西周晚期，并推论大堡子山墓葬群为“秦仲、庄公之陵墓”。

传闻流散的器物还有不少，内有长铭的青铜器，有待证实。

文献记载，秦的先世居于西垂。王国维《秦都邑考》(《观堂集林》卷十二）说明，西垂原指西界，后特指一地，即西犬丘。此地至汉为陇西郡西县，《清一统志》云其故城在今天水西南一百二十里。

查《史记·秦本纪》，秦始封君非子原居犬丘，因为周孝王养马有功，得为附庸，邑于秦，在今甘肃清水东北。同时，非子之父大骆的嫡子成一族仍有犬丘。非子递传秦侯、公伯、秦仲，已到周厉王时，西戎反叛王室，灭了在犬丘的大骆一族。周宣王以秦仲为大夫，伐西戎而死。宣王又命其子庄公兄弟五人再伐西戎，获胜，于是将犬丘也赐给庄公，为西垂大夫。据《秦始皇本纪》，庄公之后的襄公、文公都葬在西垂。

由此可知，甘肃清水、天水、礼县这个区域是秦国的发祥地。

这一区域过去已有重要文物发现，最有名的是现藏于中国历史博物馆的秦公簋。簋的发现经过见《陇南丛书》中冯国瑞的《天水出土秦器汇考》，其自序云：“民国八年（1919年)，天水西南乡出土铜器颇多，旋即散佚。今传世秦公簋初流传至兰州商肆，置厨中盛残浆，有贾客以数百金购之，其名乃大著。后为合肥张氏所得，携往北平（《陇右金石录》)。十二年（1923年)，王静安先生即为之跋矣，于是举世皆知。”

这里说的王国维的跋，见《观堂集林》卷十。王氏不仅讨论了簋的铭文，还注意到该簋“器盖又各有秦汉间凿字一行，器云‘西元器一斗七升八奉敦（簋)’，盖云‘西一斗七升太半升，盖'。西者，汉陇西县名，即《史记·秦本纪》之西垂及西犬丘。秦自非子至文公陵庙皆在西垂。此敦（簋）之作虽在徙雍之后，然实以奉西垂陵庙。直至秦汉，犹为西县官物，乃凿款于其上。"王氏的说法是对的，因为秦已有西县之名，见《史记·周勃世家》。秦公簋出于天水西南乡，证明了西县位置，也和最近的发现相呼应。

还有一次发现，也见于《天水出土秦器汇考》。书中所收冯国瑞《秦车辖图说》记述："三十三年（1944 年）秋，天水南乡暴雨后出土古车数两（辆），器饰零碎颇多，且有髹漆轼轮之属，初未毁散。"冯氏请人前往，得到三件青铜车器，书中附有绘制的器形。

1944 年发现的，显然是一处车马坑。三件车器，有两件是軎，一件是轴饰，与近年宝鸡茹家庄所出颇为近似。较长大的軎所饰蕉叶纹结构同于茹家庄 1 号车马坑的軏饰。较小的軎，辖上兽面类似茹家庄 3 号车马坑的轴饰。轴饰的形制则近于茹家庄 1、3 号车马坑所出，只是上饰以雷纹为地的饕餮纹，而且挡板断掉了。茹家庄墓的年代是周穆王时，推想天水南乡车马坑的时期也差不多，这就比非子还要早些。

清水、天水、礼县区域的考古，无疑是大有可为的。对当地遗存采取严格的保护措施，尤为必要。

（《缀古集》，上海古籍出版社 1998 年）

注释

［1］李学勤、艾兰：《最新出现的秦公壶》，《中国文物报》1994 年 10 月 30 日。

秦陇文化的地域特色与历史地位

葛承雍

秦陇文化作为一种地域性文化，相比齐鲁、中原、荆楚、巴蜀、吴越、岭南、闽台等地方文化，不仅有渔舟唱晚与金戈铁马的南北之差，也有大漠雄风与古雅正声的东西之别，即使在秦汉、隋唐大一统中华文化整体结构中，也有同一共性与独特个性的区别。一部秦陇文明发展史，实际上就是半农半牧或农牧互补为典型特点的地域文化。从根系或源流上考察，秦陇的黄土文化与滨海文化、江湖文化、草原文化、山地文化、戈壁文化等都不相同，地理环境养育着不同区域的人类，而人文因素的选择与介入，又与地域文化的形成有着不可分割的联系。

由于起源早、根系大、脉络清、生命强、延续长等诸种因素，秦陇文化曾长期成为中华多元文化中的主体文化，其领先地位、中心传播、表现形态也曾不断地给予全国各个地域文化的发展以重大影响，直到宋代以后才渐趋衰落，但秦陇文化的地域特征、历史地位仍是联系炎黄子孙的精神纽带。

一 秦陇文化形成的因素

地理环境是影响人类生活的重要因素，优良的地理环境，有利于人类生息繁衍，为社会生活和文化发展提供便利。恶劣的地理环境，客观上会造成社会发展的滞缓与文化的落后，甚至会给该地域或民族带来灾难，但同时又会激励人们去改造自然。秦陇文化的形成，与秦陇地区的地理环境息息相关。

从自然条件看，秦陇地区广袤的黄土高原前后左右联结着河西戈壁莽川、内蒙古大漠草原、晋豫丘陵沟壑、巴蜀秦岭高山，黄河呈凸字形两度贯穿秦陇地区。秦陇地区既有千里沃野的平川，地势高坦的塬峁；也有峰高谷深的群山，连绵起伏的峻岭。河西走廊，曾是通往西域的狭长大动脉，中亚、西亚的商贸文化来往赖此通行。关中“左据函谷二崤之阻，表以太华终南之山，右界褒斜陇首之险，带以洪河泾渭之川”（班固《西京赋》）。从酒泉、张掖、武威、兰州到天水、西安，皆位于地理要冲，在这种特殊空间条件下形成的秦陇文化，既有益于比较直接吸收外来文化，也有利于输出中国文化，绝不是后来陕甘两省的地域相加和单一的农业文化，仅就自然地理划分，还应包括川、青、宁一些地区，其文化内容同中有异，文化原型也极为丰富。

从经济基础看，秦陇有着典型的农牧混杂特征。在古代中国大地上，北方草原文化、中原农业文化和南方“水”文化都非常清楚，而秦陇地域既有“农”文化的特点，又有“牧”文化的特征，粟麦彩陶与马牛羊皮共存，在新石器时代半坡、姜寨、马家窑、齐家坪等有代表性的文化遗址中，皆发现许多农耕与畜牧并举的实物，这是一种边缘文明与混合文化的典型反映。直到近代，布帛与皮货、粮食与肉干的商贸交易仍是秦陇经济的一种特色。秦岭作为横贯南部的天然屏障，把南北方文化区分开来，而流延陕甘的黄河则没有阻碍西北和蒙古地域游牧文化的冲突与融汇，在古代以陆路交通为主要沟通渠道的前提下，秦陇的农牧互补经济对文化的影响是多方面的。

从民族融合看，秦陇分布着大量少数民族，周代在陕甘北部的猃狁、犬戎，春秋战国时在陇东和洛水流域有义渠、大荔等西戎，秦汉时期在陕甘青以及内蒙古河套地区的匈奴、羌人、氐族等势力非常强盛，仅居住关中的氐族就有二十万户以上，居住在河西走廊的匈奴人达三十万人以上，遗留在秦陇的匈奴文物俯拾皆是，特别是反映畜禽动物和草原搏斗风格的金银饰件很有特点。魏晋以后迁徙安置在秦陇的匈奴、鲜卑、柔然、稽胡、羯族等更是不计其数，史书记载的北狄入塞部落有二十多种，关中、陇东、陇西、河西的少数民族几乎占人口一半。隋唐时期突厥、吐谷浑、党项、回纥、吐蕃等民族的人在秦陇地区杂居错处，这是其他任何一个文化区域所没有的现象。游牧民族进入秦陇，那种勇武善战、质朴坚强、粗犷剽悍的特点，不仅改变了秦陇民众的品格和素质，而且带来了新的文化生机，“秦汉雄风”、“隋唐气象”都与少数民族文化息息相关。

从人口迁移看，秦陇是全国大规模移民最集中的地区之一。秦国商鞅变法后，就通过招诱邻国人民和迁移被征服地区人口以增加自己的实力，秦统一后，一次就迁徙关东豪富十二万户于咸阳，计六十万人。以后又几次从六国移民，并在河套平原建立“新秦中”移民区。汉代继续推行“实关中、戍边地”政策，从东部移入关中的贵族官僚、豪强地主和附庸人口近三十万，其后裔至西汉末年约一百二十一万。汉武帝时又向河西四郡和陇西、金城、天水诸郡移民八十多万。汉代人口密度居全国之冠的是长安三铺。强制性移民中有大量关东士族高门，他们文化程度高，如集中在咸阳五陵邑和河西武威的累世儒宗士人，他们的迁入，无疑促进了秦陇文化的发展，北朝到隋唐时中亚西域昭武九姓胡的大批东迁，在河西、陇西和关中建立许多聚落，他们又将很多外域文化融合进秦陇地区，从而使秦陇文化成为“胡汉一家”最具代表性的地域。

从政治中心看，长安曾为 11 个王朝国都，丝路重镇武威在十六国时曾为前凉、后凉、北凉、南凉都城，这种具有全国和地方政治、经济、文化中心的双重特点，使得秦陇文化不仅扩展到中国各个地域，而且也渗透到中国文化各个方面，如《史记》、《通典》等第一流文化典籍，汉长安、唐长安等第一流国际都城，阿房宫、大明宫等第一流宫殿皇阙，慈恩寺、西明寺、青龙寺等第一流皇家寺院，还有闻名海内外的第一流文化名人等等，既为秦陇文化赢得了不朽的光荣，也为中国文化与世界文化作出了贡献。特别是在周、秦、汉、隋、唐等大一统王朝时期，秦陇的核心地位和国都的中心位置，更容易使其文化具有整体中华文化的代表特征。尽管秦陇地域在不同时期融合了无数的“夷狄戎蛮”，但由于其为京畿政治中心和文化中心的原因，始终保持着强大的同化力，即使边远游牧民族军事上战胜了秦陇农业民族，但往往在文化思想上却被迅速同化。所以，秦陇文化长期存在于政治中心占支配的地位，又有一种正统性、权威性的特点。

秦陇文化在形成的悠久历史过程中，有着极为博大的吸收性、包容性和融汇性，西周灭商纣吸取了殷文化，秦人破六国摄收关东文化，西汉初期崇尚楚风，北朝保留“五胡”文化原型，隋唐全面融合胡俗南风，这种大范围的引进、吸收四方文化，不但为秦陇区域性文化的兴旺繁荣创造了良好的氛围，而且一发端就带有其他地域所没有的鲜明地方色彩，例如胡袄短靴、帷帽袴褶、女着男装等服饰习俗在南方就很少见到，胡饼乳酪、炙肉烤脍、羊羹麦饭等饭食习惯在南方也不流行，虽然秦陇屡次成为统一中国的中心区域，但其区域文化的某些特点一直没有完全消失。秦陇文化的区域概念，正是历经数千年演变自然形成的。今日秦陇人口超过六千多万，居住着30多个民族，区域面积达65.5万平方公里，仍是现代中华文化的主流之一。

二　秦陇文化的发展与变化

秦陇文化作为中华文化精华的重要组成部分，源远流长，历经百代沧桑变迁。在这里发祥产生的典章制度、思想学术、文献典籍、文学艺术等内容，既是地域文化，也是全国文化，尤其是在周秦汉唐时期，国都与关内的重要地理位置，使其文化内涵中全国性的兼容并包相对大于或重于地方特色。因此只有站在超地域的高度，才能分辨了解秦陇文化的特殊性与地域性。

秦陇文化的发展有着明显的阶段。

第一，远古至商周的文化萌芽与诞育。石器时代秦陇依河岸而居的仰韶文化遗址发现一千余处，沿黄河、渭河、洛水、泾河、灞河以及汉江、嘉陵江上游，都有代表性文化，如大荔沙苑石镞、华县老官台橘红陶器、西乡李家村双弧刃石铲、西安半坡陶塑、临潼姜寨地穴房屋、临洮马家窑彩陶、广河齐家坪铜器、长安客省庄“吕”形房等等。这些文化遗存不仅说明秦陇是远古先民理想的定居之地，而且显示了土木建筑、文字符号、彩绘陶塑、冶炼技术的源头。商代铜器在关中地区比比皆是，直线纹簋、龟鱼纹盘、羊首勺、马首刀等地方特色明显，像大口尊、龙纹钺、人面斧之类是中原商代文化中从未发现的，反而带有巴蜀铜器特征。活动于陇东泾川和关中西部的周人，在游牧部落戎狄、獯鬻侵袭下迁居周原后，周文化发展迅速，西周的青铜器数量之多，时间之长，为世界所罕见，著名的盂鼎、毛公鼎、何尊、天王簋、禧盘等国家瑰宝饮誉海内外，现存有铭文的青铜器就达1万件左右，最长的铸刻铭文（即金文）达497字，这是世界各地上古青铜器中仅见的长篇巨制。周原出土的甲骨1.75万片，其中300多片卜甲有刻辞，这与安阳殷墟甲骨文的发现有同等重要的意义。西周的宫殿建筑布局、材料等都风貌独特，三千年前的夯土坯和砖瓦等是其他地域少见的。这些，都为秦陇文化奠定了根基。

第二，春秋战国至秦汉的地域文化形成与发展。“嬴”姓秦人从陇东犬丘（今甘肃天水一带）游牧部落强大起来后，不仅征服了西部戎狄，而且逐步东迁扩展到整个关中，文化上，它在小部分模仿周文化的同时，采取了文化功利主义，追求重实惠、轻礼乐的价值观念。秦国建都凤翔雍城后建筑的宫殿、宗庙、凌阴（冰窖）、陵园以及制造的编钟、铜件等，都具有宏大豪华的特征，是目前所知先秦时代其他文化区域远不能相比的。秦统一全国后，文化上以法家为主兼收各学派，产生过《吕氏春秋》杂家著作，吸收过韶乐和郑、卫之音，集中过六国宫殿建筑精华，以秦篆、秦隶独用统一了全国文字，显示了秦文化独有特色和交流并蓄的精神。现考古发现的秦咸阳宫殿遗址、车骑人物壁画、秦陵兵马俑和铜车马等，都表现了秦文化的魅力。汉王朝继承周秦文化的主要精髓，又与楚越、齐鲁等地域文化交融，揭开了中国文化新一页。象征着天上北斗的汉长安城面积达36平方公里，周长9公里的未央宫雕梁画栋壮丽异常，天禄阁、石渠阁收藏着全国图书秘籍，建章宫“千门万户”，飞阁复道长达10公里，五陵邑的石刻雕塑和随葬裸俑栩栩如生，遍布关辅的瓦当画砖饰纹优美、寓意吉祥，排比铺陈的汉赋开创了文学新局面，巧夺天工的金器、玉器、铜器等无数手工艺品琳琅满目，居延和武威的汉简震惊后人，仿佛是一个非凡的文化世界呈现在秦陇黄土地上，独特的文化成果充分反映了中国文化发展的第一个大高潮。

第三，魏晋至南北朝的文化大融合。东汉后期开始的内乱外患，虽使秦陇陷入分裂割据的痛苦时代，但文化并没有因此而中断、停滞。三国时曹操、诸葛亮、司马懿等著名人物纷纷在此活动，关中、陇东、陕南都留有许多重要文化史迹，如五丈原诸葛亮庙、汉中勉县武侯祠、定军山下诸葛亮墓、褒斜道石门摩崖曹操隶书大字“衮雪”等。河西地区聚居了大批中原避乱迁移的文化名士，以经史传家世代保持儒风，如张轨、李暠等五凉统治者，往往本人就是熟读经史的硕学宿儒，所以带动了河西地域文化的昌盛。大规模的少数民族内迁，使得胡汉文化互相吸取和融汇，苍凉动魄的游牧民歌，豪迈旷放的边朔诗赋，西域旋律的音乐舞蹈，方正刚健的北碑书法，五胡民族的风俗习惯，都在秦陇传播扩散。特别是河西走廊、陇东孔道、关中平原为佛教东传与发展的最重要道路，西域僧侣和中原高僧常在秦陇讲学求法。最早开凿于氐族统治下前秦建元二年（366年）的敦煌石窟，成为东方佛教文化的宝库。武威天梯山石窟、酒泉文殊山石窟、永靖炳灵寺石窟、天水麦积山石窟等，都是这一时期佛教文化的传播胜地。后秦皇帝姚兴甚至出动军队攻破凉州，将西域高僧鸠摩罗什抢到长安尊为国师，特建逍遥园让他率领八百多名僧人译经，奠定了中国翻译事业的文化基础。匈奴、氐、羌、鲜卑族等先后在秦陇建立了前赵、前秦、后秦、西秦、后凉、北凉、南凉、大夏等政权，都不同程度地引进汉人参政，兴办儒家文化教育，形成了“胡人汉声”的新局面。

第四，隋唐时期秦陇文化的空前繁荣与发展。来源于西魏、北周的关陇军事贵族集团，本身就是鲜卑与汉族血缘融合的产物，他们相继建立了疆域超过秦汉的大一统政权——隋唐王朝。尤其是统治长达三百多年的唐王朝，其高度发达的经济文化和高度开放，吸引了周边游牧民族和中亚、西亚国家纷纷进入秦陇地域，将唐王朝尊为“大中国”、“天可汗”，文化交流空前繁盛。长安城内胡商番将云集，敦煌、武威成为“华戎都会”，南亚、西亚的宗教在秦陇设寺传布，罗马、阿拉伯、波斯的货币在此流通，丝绸之路带来了一批批西方金银、玻璃、香料、药材等珍品，新罗、高丽、日本等国的学者、僧人长期在长安留学生活，大量的外域异族文化在秦陇生根开花。而从秦陇输出的中国造纸术、印刷术、陶瓷器、丝织品等，也影响着欧亚大陆的文明进程，特别是从长安传播到北印度的道教，传播到新罗、日本的汉字，传播到阿拉伯的炼丹术，传播到西域、中亚的城市建筑艺术等等，都使中外文化的交流融合达到了后人难以想像的地步。后世称赞文化上的“隋唐气象”就是在秦陇地域首先发展的，其中外交流和南北融汇的一系列文化硕果犹如丰碑突起，精品荟萃，仅从考古文物看；唐代帝陵前的蕃酋石像，长安墓葬中的胡俑、黑人彩塑、唐墓壁画上的波斯马球和胡族舞图，长安王府遗址中的中亚风格金银器皿，佛寺埋藏的波斯玻璃器物，敦煌保存的犍陀罗佛教雕塑和祆教、摩尼教文书，法门寺地宫珍藏的南方越州窑各色瓷，大明宫遗址出土的南方金银器等贡物，西安碑林保存的南方秀丽圆润风格的书法作品等等，不仅说明了秦陇文化与其他地域文化的关系，也反映了中国文化的空前繁荣与发展。

第五，宋元至明清的整体衰落与变化。唐末五代以后，由于政治中心东迁，经济重心南移，丝绸之路切断，边疆界域退缩，自然生态破坏，秦陇文化也相应开始“内向 ”保守。原先东西贯通的地理环境变得封闭堵塞，原先少数民族融合变成进逼防御和华夷分明，原先广阔的农牧混合经济变成人稠地窄的单一小农经济，原来多元文化类型也变为一种“尊先王遗风”的义理约束。国都长安也退居为宋代京兆府、元代奉元路、明清西安府。面对西夏等民族的进攻，陇东竟成了西陲边界，直到明清才恢复了河西行政建制。当然，历史积淀的地域文化在某些方面仍有发展，例如以张载为代表的“关学”在全国还占有一席之地，宋耀州窑为全国八大窑系之一，元代安西王府遗址下发现的五块阿拉伯数码防灾辟邪铁板“魔方”，明代西北民间规模最大的三原城隍庙建筑，西安碑林、户县全真道祖庵、明长城终点嘉峪关、武威文庙以及其他风土文化遗迹，都是秦陇文化的象征。但斗转星移，沧桑嬗变，秦陇文化整体上趋向衰落，失去了核心辐射作用，并与其他文化区域交流很少。明天启五年（1625年）《大秦景教流行中国碑》出土后，北京天主教传教士金尼阁、汤若望、鲁德昭等到西安考察布教，竟遭到百般诽谤与迫害。狭隘、保守、封闭、排外的文化心理已远不能与汉唐那种开放大度、吸收融合的文化气度相比。秦陇文化只剩下西北一方的地域特征了，其文化发展与其他区域的差距，也日益明显。

三　秦陇文化的主要特色

与文质彬彬的中原齐鲁文化和秀丽婉约的江南楚越文化比较，秦陇文化有着雄健磊落、慷慨激昂的独特格调。广阔的黄土农耕环境和严酷的草地游牧生活，造就了各民族杂居交融的秦陇人民，具有质朴豪爽、粗犷悍厉的民族气质，洋溢着积极向上、开拓进取的乐观精神。只是宋代以后才内敛为敦厚沉吟、倔强固执的文化心理。

如果说齐鲁文化的特质表现为重礼仪、重宗法等级和人之道德完善的伦理主义；楚越文化的特征表现为重想像、重抒发情感和人之内在审美的浪漫主义；那么秦陇文化的特色则突出表现为重实效、重结果功利和人之切身利益的现实主义；这就是决定了其文化具有与众不同的特征。

在社会心理上，秦陇人自古具有强烈的西北地域观念，但缺乏其他地域那种错综复杂的宗法血缘观念，虽然周人建立了严格的宗法等级制度，尚礼崇德，施仁保姓，崛起的秦人却没有严格的宗法制约束，不仅没有实行嫡长子继承制，而且缺乏礼义道德修养。秦人对东方各国普遍流行的先王观念十分淡漠，不提倡祖先崇拜，重视的是现世地域生活，关心的是攻伐农牧、开塞徕民、重本抑末等与国计民生有直接利害之事。所以东方各国视秦人“虎狼之国”，“秦国之俗，贪狠强力，寡义而趋利”（《淮南子·要略》）。汉唐时期的人口迁徙和民族融合，更难形成一脉不变的宗法世系，即使“胡种狄裔”硬编出一个门阀谱牒，实际上重视的仍是关陇“郡望”，军事贵胄代替了高门士族，这种重军功、重地域、重现实的价值观念与其他地域差别很大，具有鲜明的地方主义色彩。特别是长安建立的中央政权里没有封闭排外的宗法制，但却有按地域选择人才的倾向。

在学术思想上，秦陇地域的大思想家很少见，在农牧文化和军事征服的影响下，“重耕战”、“赏军功”一直成为传统，人们无暇去讨论仁义道德、礼乐教化，因而关东文士抨击“秦与戎翟同俗”，是蛮夷之地。当东方诸国百家争鸣、学派林立时，秦没有一个具有独立思想体系的哲学家，与楚人丰富的浪漫想像和齐鲁杰出的思辨水平相比，秦人的理论思维水平低下。即使吕不韦编《吕氏春秋》，也是召集关东宾客撰成，故《吕氏春秋》被列为“杂家”之流。汉代实施黄老之治和独尊儒术以后，秦陇虽然学者汇聚，实质上外儒内法，仍没有推出一个思想家，东汉的“关西孔子”杨震和马融等只是注释校订的经学家。隋唐的颜师古等人也只是训诂学家。宋代的张载和其弟子创立的“关学”，探讨了天命、性、道等理学命题，并提出气本论学说，在理论思维上有独特创见，但其重视实际、躬行礼数的朴实学风，并未发扬和继承理学思辨特点，明代以后沦为理学末流，没产生全国性的影响。

在科技发明上，秦陇由于一贯重视与人们切身利益相关的日常生活和社会生产，包括生老病死、农耕畜牧、屋室建筑、自然灾害、仓库收入等，所以产生了不少的科学家和技术人才。例如秦陇是全国医学最发达的地区之一，秦国的医缓、医竘、医和在战国时非常有名，淳于意为中医史上“医案”创始人，唐代孙思邈被誉为“药王”，王焘被称为整理医药文献大师。畜牧业是秦陇独盛的领域，周秦汉唐相马术、饲养术、兽医等享誉海内外，官营牧监在秦陇被保持到清代。农业在全国更是发达地区，周秦率先兴修水利，汉代推行牛耕和铁工具，赵过的代田法名闻农史，隋唐的园艺业和复种精耕法推广全国。此外，机械发明家马钧、天文学家杜预、数学家李淳风、地理学家贾耽、引进西方力学的先驱王征等，都是秦陇的科技名家。在宋元以前，秦陇的科技领域始终处于全国领先地位。

在城市建筑上，秦陇以长安为代表，达到了中国古典建筑的高峰。面积36平方公里的汉长安城远远超过同时代14平方公里的罗马城，隋唐长安84平方公里的面积是同时代阿拉伯首都巴格达的一倍半，即使60平方公里的明清北京也没有超过唐长安城。而且隋唐长安城的棋盘布局直接影响着地方州城和邻国都城的建设，如南方益州城、扬州城，北方幽州城、云州城，中亚碎叶城、怛逻斯城，渤海国上京龙泉府城，日本平城京、长冈京、平安京、新罗庆州城等。西周岐邑宫殿和沣镐宫殿，秦雍城宫殿和咸阳宫殿（信宫、甘泉宫、北宫、阿房宫等），汉长安未央宫、长乐宫、建章宫等，唐长安太极宫、大明宫、兴庆宫、华清宫等，再加上遍布关洛的离宫别馆和风景苑囿，成为中国古代夯台建筑和木构建筑的高峰代表，不仅组群布局、造型设计别具一格，而且利用环境、艺术加工巧夺天工。秦陇宫殿、寺院、陵墓、园林、城市等共同特色就是唯“大”尚“多”，崇“高”求“阔”，气势磅礴，震慑人心，雄浑高迈，深厚大方，这是其他文化区域绝无仅有的。

在文史创作上，秦陇地域不仅较早地创作了《诗经》中的《周颂》、《大雅》、《豳风》、《秦风》等，而且秦汉时期的散文名篇层出不穷，《谏逐客书》、《过秦论》、《上林赋》、《两都赋》等皆为后世范文。唐代的古文运动首先在长安发起，变骈为散，批评华艳形式主义，追求流畅奔放的文风，杜牧的《阿房宫赋》、柳宗元的《种树郭橐驼传》、韩愈的《谏逐佛骨表》等，成为情理并茂、文采飞扬的名作。以长安为基地的唐诗创作，南北诗风交融互补，是中国诗歌发展的高峰。李白、杜甫、白居易、陈子昂、高适、岑参、王维、刘禹锡等大诗人，都在长安即景抒情，触物起兴，写下了千古绝唱的诗篇。无论是宫廷诗、风光山水诗，还是边塞诗、咏史诗，都以雄阔壮美、高昂激越的基调见长，达到了炉火纯青的境地。司马迁《史记》为中国第一部通史，班固《汉书》为中国第一部纪传体断代史，杜佑《通典》为中国第一部典章制度专史，证明了秦陇的史学在全国也占有相当重要的地位。

在宗教信仰上，秦陇地域从周人祭祀的甲骨文开始，就有注重地理、人物、官职、动物、天文、八卦、算筹等世俗生活的传统，对鬼神缺少大胆的夸张与渲染，并赋予鬼神道德伦理的惩赏标准，吉凶福祸都与“德”相联系。秦人的多神崇拜和鬼神观更表现出直观、质朴的世俗特色，“天”、“上帝”均和世间事物对称，而且与道德伦理毫无关系，没有理论的上升。秦皇汉武的寻仙求神，吸收了东方的超人怪异思想，但也没有形成成熟的宗教体系。秦陇由于地理、民族等因素，是最先受外来宗教传播和影响的地区。到隋唐时，佛、道特别兴盛，佛经翻译、寺观设置、佛教艺术、信仰人数等都达到了高潮，并且建立皇家内道场，汇集全国高僧，佛教八个宗派中有六个宗派在长安创立，法门寺七迎佛骨轰动全国，景教、祆教、摩尼教等皆在秦陇传布。这都反映了秦陇宗教信仰的兼容并蓄和世俗狂热，但秦陇却很少有佛学理论家，只有重信仰的形象思维，没有重思辨的哲学思维，原因在于其缺乏理论的传统。

在民风习俗上，地处西北的秦陇受游牧、农业风俗文化的双重影响，既有质朴强悍、好胜尚武的民风，又有敦厚重土、不慕异地的内向性格。婚礼骑驴跨马，新妇足不踏地；丧礼大哭大号，奠馔献果示寿；既有中原传统的礼仪规范，又有北方少数民族的习俗。节日的社火、转九曲、燎百病、打腰鼓等场面壮观、欢腾热烈，民俗的挂老虎馍、驱五毒、蝎子符等威吓镇鬼、祈求平安，饮食的涎水面、熬油茶、石子馍、牛羊肉泡漠、烙锅盔、腊牛羊肉等“胡味”十足、保存持久，服饰的白茬皮袄、羊肚子毛巾、牛鼻梁鞋、毡疙瘩等带有少数民族抗寒御冬的特征，民歌的信天游、道情、花儿等高亢激越、直抒胸怀，戏曲的秦腔、眉户、碗碗腔、陇剧、高山戏等苍凉激昂、古朴厚重，方言中发音硬、鼻声重、咬字干脆，许多地方还保留古入声字的念法。与其他地域相比，秦陇的民俗保留着不少的汉唐遗风和胡人习俗，粗犷矫健、豪爽大方。

四　秦陇文化的历史地位与研究状况

文化交流的一般规律是，较高的文化必然地向较低的文化流动。一种地域文化，历史愈悠久，文明愈发达，它对周边文化区域所产生的辐射影响就愈大。秦陇文化既有地域性又有超地域性的双重特点，由于它处于具有一千多年特殊的国都地理位置，不像其他地域文化那样仅仅限于一隅之地，常常要涉及到全国性的范围，因而其文化的凝聚与传播，对加速各民族融合、形成大一统广阔地域的中华文化，起到了独特的作用。

在凝聚方面，从“人文初祖”的炎黄到与戎狄错居杂处的周人，创造了秦陇华夏族最早的文化雏形。成长于西戎的秦人，在兼并争霸与统一全国后，“同书文字，匡饬异俗”；吞纳六国文化精粹，其儒法互补、尚武轻文、皇帝极权的文化模式对以后中国产生很大作用。汉晋南北朝开通西域与各个民族内迁，聚汇和融合了多源流、多类型的文化，而且民族界限逐渐为地域关系所代替，各民族、政权都承认秦陇“正宗”文化的地位，少数民族带来的新鲜血液反而使汉文化传统格局得到了局部更新。有着胡汉血缘的关陇军功贵族集团，更是面向世界吸收外族异域的优秀文化，高丽乐、波斯帽、中亚舞、天竺画等汇聚盛行秦陇，使秦陇地区成为当时中外文化交流的中心。宋元以后，秦陇文化借重于自身的深厚内涵和传统的习俗力量，仍内聚了某些自己的特点。

在传播方面，秦陇文化由于博采众长而雄浑壮大，造就了其非凡的同化力，在周秦汉唐与其他区域文化交流中，经常处于“多元一体”的主导地位，具有传播、影响的带头作用。例如两晋到隋唐的南下移民浪潮，使关中汉族语言的声调韵母至今保留一部分于闽粤方言中。现在闽粤妇女喜欢发鬟上戴花、脑后插簪枝、脚穿木响屐，这都是唐长安妇女流行的服饰化妆风俗。西南南诏文化中也大量吸收盛唐文化，当时有不少南诏蛮族子弟入长安学习，南诏历史文献自称“人知礼乐，本唐风化”，其官制礼仪和语言文字、生活习俗均有强烈的仿唐性。至于秦陇隋唐文化对日本、朝鲜等东亚诸国的重要影响，就更多了。

中华文化的统一性、包容性和先进性，无疑是国都所在地作为代表特征。秦陇曾长期占有此地利位置，必然也使其文化呈现出地方性——全国性——地方性的特点。特别是“胡风汉俗共相融”、“华性夷种共一家”的时代，其文化有着阔大驰骋的气象，艺术形象上的肥腴健美，民族感情上流汩自如，真有“百川会海、繁盛之巅”的品格，即使来自其他地域的文人士子，受其地理环境和文化氛围陶冶，也一改“柔媚糜丽”之音，变得粗犷刚健、雄奇激越，给人耳目一新之感。秦陇文化格调上的古朴质实、遒劲豪迈，同江南艳丽娴静的风格形成鲜明对照。一种地域文化特质，实与地理、时代和民族诸因素密不可分。

值得深思的是，中国历史上大多是由北而南的统一进程，以长江地域为基地统一过大半个中国的只有朱元璋一人，而其儿子还又把国都迁往了北方。这说明在古代科技生产力和交通运输以马、陆路为基本条件的情况下，秦陇地域依靠丝绸之路沟通着东西方文化交流，其中心长安的开放程度超过了国内其他地域与沿海地区，成为周边民族地区和东亚、东南亚、中亚、西亚等地仰慕与学习的目标。因此，秦陇文化的历史地位，在一定历史时期内代表着整个中国文化的水平。

毋庸讳言，秦陇文化在宋元明清以后趋于衰落，虽然同在这块土地上，但其整体特征表现为内聚封闭、守旧僵化。淳朴敦厚的民风变成了克己谨慎的行为习俗，强悍刚烈的气质嬗变为倔强排外的心理反映，务实重惠的性格退化成不敢开拓的群体意识，就连承担文化传统延续的学者也以“慕古因循”洋洋自得。在与沿海文化地域相比中，其近代化、现代化的脚步远远落后了，原因确是耐人寻味。

秦陇文化的总结与研究，不仅对探讨该地域的文化发展、地理优劣、民族融合、人文特征、中外交流、历史地位等有重大价值，而且对建设当代中国区域经济和探讨文化发展规律有巨大意义。从汉代就开始留下的文化典籍、历史文献、地方志书，有大量有关秦陇各个方面的记载，除《史记》、《汉书》等古籍外还有《三秦记》、《三辅黄图》、《三辅旧事》、《关辅古语》、《关中记》、《三辅故事》、《西域风土记》、《长安志》、《雍录》、《雍州图经》、《类编长安志》、《关中金石记》、《关中胜迹图志》、《陕西通志》、《甘肃通志》等100余种。这些清代以前的史书，搜录了地理山川、都城宫殿、名胜古迹、教育科技、民俗物产等许多重要资料，有着可供研究的参考价值。但这些著书大多是政书、类书、地理方志、笔记小说、杂史文赋，没有一本从地域文化意义上撰写的专著。

近半个世纪以来，随着出土文书和考古文物的增多，秦陇文化的研究在两个领域取得了重大进展，一是以敦煌遗书为代表的文化研究方兴未艾，形成了海内外学者共同关注、研究的“敦煌学”，并带动了简牍学、吐鲁番学、丝绸之路、河西史地、中亚史、西北民族关系史、吐蕃史、西夏学、石窟艺术等研究的深入，其研究成果大量涌现，成为国际文化界重视的领域。二是以长安考古为中心的地域文化研究硕果累累，周原青铜器、秦兵马俑、汉唐陵墓、法门寺珍宝等都多次震惊中外，促进了周秦汉唐的历史、文学、宗教、艺术、科技、经济等门类的研究进入新的高潮。目前秦陇文化中的许多研究项目在国内外均为独树一帜，并吸引着越来越多的学者在此领域耕耘。

近几年来，人们也开始注意从宏观上研究秦陇文化，有人认为秦陇文化在周秦时是“圜道一统”的思想文化，秦汉时是雄伟壮阔的建筑文化，隋唐时是保健养生的医药文化，宋明时是“太虚气本”的哲学文化；也有人认为秦陇文化演变模式是周的“积善累德、务民稼穑”，秦的“安士息民、修德行武”，汉的“外儒内法”、“儒道兼融”，唐的“援道入儒、三教合一”，宋的“崇礼务实、性道合一”；还有人认为秦陇文化是稳重厚朴的农业文化典型，或是进取开放的游牧文化代表，但工商文化则大大落伍。此外，还对秦陇文化的厚朴民风、农牧文明、边缘融合、怀古趋向、务实心理、宗教特点进行了讨论。这些专题文化研究的新成果，对秦陇文化多方位的研究探讨，无疑有很大的借鉴和参考价值，有利于进一步从总体上概括、总结秦陇地域文化的特色，探讨中华文化与各地域文化之间的发展规律与相互关系。

（《人文杂志》1998年第1期）

秦建国前活动考察

徐日辉

在秦的发展史上，存在着早期由“秦”到“秦国”的转变问题。有意义的是这个历史性的转变是在甘肃省东部的天水地区完成的。如果没有这个“质”的飞跃，很难说会产生影响中国2000多年的大秦帝国。就时间而言，大约从商末周初嬴氏的一支西迁到陇山西侧的甘肃天水市甘谷县毛家坪一带开始，到秦文公四年（公元前762年）返回到关中为止，前后大约300年左右。这是秦建国前后主要的活动时期。其间已知名的主要代表人物有：非子、秦侯、公伯、秦仲、庄公、襄公、文公等。而活动的地区，大体上以陇山为界，往复于陕西西部的宝鸡地区与甘肃东南部渭水及西汉水流域的天水地区之间[1]。其活动的时序为：商末周初最先到达甘谷毛家坪、天水县董家坪一带的嬴氏族人；非子由西犬丘被东调至“汧渭之间”的陇山牧马受封秦亭；秦仲始大身亡于西戎；庄公兄弟从关中率七千救兵返杀西戎替父报仇；襄公护周平王东迁封诸侯后又回归西垂故地；以及文公三年由西垂宫出发东踰陇山，四年卜居“汧渭之会”等若干个涉及和影响由“秦”到“秦国”建立前后的重大事件，鉴于这方面研究的不足，因此本文以时序为经结合文献与新出土的秦文化遗存及多年踏勘所得，作一探讨，并就教于大家。

一　非子以前“秦人”的活动

秦之为秦，发祥于非子，这在《史记》里讲得很清楚。《秦本纪》称：

> 非子居犬丘，好马及畜，善养息之。犬丘人言之周孝王，孝王召使主马于汧渭之间，马大蕃息。……孝王曰：“昔伯益为舜主畜，畜多息，故有土，赐姓嬴。今其后世亦为朕息马，朕其分土为附庸。”邑之秦，使复续嬴氏祀，号曰秦嬴。

这是司马迁据《秦纪》而记述的，其“朕”就是最好的说明。据现、当代多位专家的考证，认为嬴氏兴起于东方，是西迁到关中、山西等地的。他们有过“嬴姓多显，遂为诸侯”的光荣历史[2]，也有过屈辱的经历。在商末周初的迁徙中，有一支率先越过了陇山，来到渭水上游甘肃东部天水地区的甘谷县毛家坪一带。

甘谷县位于渭水上游，是原甘肃省天水地区和今甘肃省天水市所辖的县区之一。东距天水市驻地秦城区40多公里。甘谷县自然条件优越，是渭水谷地发达的农业区，很早就有古人类在此活动，是渭水流域文明的发祥地之一。现已查明并列入省级重点保护的新石器仰韶文化遗存就有距今5800年的灰儿地遗址、渭水峪遗址、礼辛镇遗址等，还有毛家坪周秦遗址。列入县级重点文物保护的遗址，从距今5500年前仰韶文化至距今5000年的石岭下类型、距今4500年的马家窑类型、距今4000年的半山类型，距今3500年的齐家文化类型及周秦遗址有：渭阳镇遗址、十坡村遗址、五甲坪遗址、刘家墩遗址、嵌瓷儿遗址、城南遗址、尚家洼遗址、十里道遗址等。这些遗址除礼辛镇遗址在渭水北岸18公里处的溪南渠（渭水支流）外，余者全部有序地排列在渭水两岸。从东边的渭水峪仰韶文化遗址起到最西边的五甲坪仰韶遗址止，形成一条沿渭水东西长约25公里、宽约3—5公里的古文化带。

在这条跨越时空3000年之久的文化带中，出土了大量的文物资料。其中以距今5600年左右的通高38、中径6.8、底径10.5厘米的彩绘瓶最为出名。该瓶出土于甘谷县的西坪村，瓶上彩绘人面蜥蜴文身的图案[3]，“是甘肃东部地区彩陶上特有的花纹”[4]，现为甘肃省博物馆馆宝之一。悠久的历史，丰饶的自然条件，五六千年以来就一直是先民们集居的理想之地。大约在商末周初嬴氏族人的一支西迁到此选中毛家坪作为落脚点，另一支则落户于天水县的董家坪一带。两部落共同奋斗，开始了长达数百年的繁衍生息，他们为嬴氏在西部的发展开辟了第一块根据地，其历史功绩是不容磨灭的。遗憾的是古文献中没有明确记载。直到1987年甘肃省文物工作队与北京大学考古学系在此地的考古发掘，才向世人揭露出嬴氏族人在这里早期活动的踪迹。随着研究的不断深入，毛家坪作为秦人早期文化遗存已得到学术界的确认。尤其是A组的文化，最引人注目。发掘报告说：

> 毛家坪A组遗存的文化面貌与陕西关中的西周文化和东周秦文化相似或相同。通过分析比较，可知其年代为西周和东周时期，并可推知其各期的年代。……同已发表的东周秦墓资料相比较，毛家坪三期墓的IV式鬲、IV式和V式大喇叭口罐与八旗屯、宝鸡西高泉春秋早期鬲、大喇叭口罐相似；毛家坪四期墓的VI式鬲、VI式大喇叭口罐与八旗屯春秋中期鬲、大喇叭口罐相似；毛家坪五期墓的VII式鬲、VII式大喇叭口罐与高庄春秋晚战国早期的同类器相似。因此，毛家坪墓葬三至五期的年代约当春秋早至战国早期。那么，毛家坪墓葬一、二期的年代则可能早至西周[5]。

这是个令人兴奋地发现，它解决了长期以来秦人早期活动的时间和地域等重大问题，弥补了史籍中记载的若干个不足。它表明秦人的先祖嬴氏族人在甘肃天水地区的活动至少可上溯到西周时期。而它的后段即毛家坪三、四、五期与陕西宝鸡一带秦文化相同，其内涵说明：

在陇山东西两侧有着相同的秦文化在发展，它们之间不是孤立的，而是在相互交往和运动中相互联系和借鉴的，是本民族文化的具体体现，但从时间上讲源头应在甘谷毛家坪一带。因为我们发现关中秦早期文化的遗存是在秦文公四年（公元前762年）以后才发展起来的，在此之前，秦文化的根源与发展是在渭水流域和西汉水流域的天水地区，尤以甘谷毛家坪为代表。这个结论的由来，应感谢我们的考古专家们，如果没有他们的辛勤工作，还不知道要打多少年的文字官司。

另外，这个结论也来自于曾两次参加过毛家坪遗址发掘的赵化成先生。他认为：

> 毛家坪西周时期秦早期文化年代上限可到西周早期，这说明，至少在这一时期秦人已经活动于甘肃东部地区了。再则，西周时期秦人的基本生活用品即陶器已经周式化了，那么，由原来的文化转变为现在这种情况须有一个过程，这个过程的开始自然至迟在商代晚期就应当发生了。……考古发现和文献记载都表明，秦人至迟在商代末年已经活动于甘肃东部，也就是说已经在西方了[6]。

赵先生的研究表明，毛家坪早期秦文化至少在商代末年就开始形成，这比文献留给我们的资料要早得多，可靠得多。他给我们提供的信息是：嬴氏族人（秦先祖）进入陇山西侧的上限时间是商代末年，这也是目前所知道的秦人在陇山西侧渭水流域发展的第一阶段，同样可看作嬴氏在秦国前的最早文化记录。但有一个问题比较费解：即这一支是从哪里来的，归于何系。段连勤先生认为嬴氏是在夏商之际东夷西迁到关中的。他从非子养马事迹考证说：

> 以此知秦嬴从中潏至非子的八世都以犬丘（西垂）为都邑。按此八世所居的犬丘，应为今天水西南之西犬丘；今兴平东南之犬丘地近沣镐，为周朝王畿之地，且周懿王曾都之，周室绝不会让非子居此养马及畜[7]。

段先生的意见是很有道理的。我曾于1983年在《新版（辞海）中“西垂”、“西犬丘”释文疏证》一文中指出：“非子居犬丘即西犬丘”，“因为司马迁写‘非子居犬丘’、‘庄公居其故西犬丘’是不同表述方法”，并且与实地考察相结合，得出西犬丘在今甘肃省天水市西南从天水镇至礼县永兴乡之间，长约30公里，宽2—3公里的西汉水两岸台地[8]。何清谷先生在1991年发表的《嬴秦族西迁考》一文中支持了我的观点，认同非子居犬丘即西犬丘以及关于西犬丘具体地望的考证[9]。不过非子这一支从何而来，何时来到此地，段先生作了一些探讨。他提出：

> 秦居西犬丘的时间，即使从中潏算起，也有14世。中潏生于夏末，文公生于春秋初，秦嬴都西犬丘的时间比西周延续的年代还要长，至少有300年之久[10]！

这就是说非子是中潏一支西迁入甘肃东部天水地区的，对此韩伟[11]、尚志儒等先生持同一观点[12]，但也有不同的看法[13]。根据段先生的推算秦文公加300年，即公元前1062年。也就是说在秦文公四年到达关中以前，秦人是公元前1062年左右进入天水地区的。有意义的是段先生推算的年代与赵化成先生“商末秦人即在毛家坪”的年代大体相吻合，同在商代末期。如是，这又产生出另外一个有兴趣的问题：即非子一族与毛家坪一族之间有什么关系呢？

在我们探讨这两支嬴氏族人在甘肃天水地区他们之间的关系时，有必要了解毛家坪一支的来历。由于没有明确直接的文献记载，所以这个问题仍在讨论中。以何清谷先生为代表认为毛家坪一支秦人的先祖是中潏的生父戎胥轩一支。他提出：

> 毛家坪、董家坪秦文化遗址很可能是女防、旁皋、大几数代秦人居住过的聚落，后来大骆虽然迁走了，留下的秦人还继续居住在那里[14]。

这个观点得到郭向东先生的支持。他认为：

> 既然中潏一族不曾西迁甘肃天水，可是北京大学考古系师生“在天水地区的甘谷县毛家坪和天水县董家坪，找到了西周时期的文化遗存”，……这表明“秦人至迟在商代末年已经活动于甘肃东部”。那么，是谁率领这支秦的先民即嬴秦族人于商代末年来到陇东的呢？我们认为就是何清谷先生《嬴秦西迁考》一文中论及的中潏之父辈戎胥轩[15]。

但是郭先生不同意段、何二先生关于非子居西犬丘的族系及时间。指出：

> 因为《秦本纪》的记载可清楚地看出恶来的后裔从女防开始便“以造父之宠，皆蒙赵城”，他们的活动范围当在赵城附近。一直到大骆时才在大骆、非子率领下徙居甘肃东部，而且一到甘肃就居住在了西犬丘，时间大约在周穆王晚期。……女防下传三代至大骆，时值穆王晚期，这支嬴秦族人终于有机会改变自己的境遇。他们离开晋南故地，迁居今甘肃天水一带，史称“西犬丘”[16]。

关于非子、大骆，杨东晨先生认为：

> 秦嬴邑之时，非子的封地在犬丘。周厉王时，西戎反叛，“灭犬丘、大骆之族”；“秦庄公伐西城，破之，周宣王与大骆、犬丘之地”，均指今（甘肃）清水、天水两地之族[17]。

写到这，非子居地及非子与毛家坪嬴秦族人之间的关系就像煎好的一剂中药，难辨成分。不过仔细梳理一下，还是可找到头绪的。

专家们之所以对毛家坪嬴秦的来历有不同的看法，原因就是面对新发现的秦早期文化遗存，用现存的模糊不清的文献资料去套用，其分歧是难以避免的；而这个分歧又直接影响了对非子一族居西犬丘的种种看法。现在看来，问题的症结还是在对毛家坪秦早期文化的认识上。

应该说现有的文献资料是无法彻底弄清楚毛家坪嬴秦的来历。因为司马迁在写《史记·秦始皇本纪》时就已经很模糊。他说：

> 秦既得意，烧天下《诗》、《书》，诸侯史记尤甚，为其有所刺讥也。《诗》、《书》所以复见者，多藏于人家，而史记独藏周室，以故灭。惜哉，惜哉！独有《秦纪》，又不载日月，其文略不具[18]。

正因为如此，司马迁在写秦的历史时，将重点放在秦襄公及秦襄公以后的记事上。对于这一特殊的叙事方式，我们应该体谅司马迁文献不足的苦衷。因为司马迁所能看到的有关秦的文献资料，应该是完整的秦史资料，它既是唯一完整的诸侯史记，也是萧何保护的结果。由于《秦纪》自身的不载日月又其文略不具，因而也就为研究秦史留下诸多问题，尤其是秦早期的研究。近年来大量的秦文物的出土，解决许多历史悬案，如秦世袭的排列等问题。但涉及到秦文公四年（公元前762年）以前的事，仍有不少缺憾。毛家坪秦早期文化遗存的发现，客观上解决秦人最早西迁甘肃东部的一些问题，也弥补了史书记载的不足。正因为弥补了史书记载的不足，所以才显现出它的价值。不过问题的另一面则是由于史书记载的不足，才无法与之一一吻合。有三方面的原因：一是我们熟知的以《史记·秦本纪》为基础的资料本身记载含混不清；二是毛家坪没有留下文字记录；三是毛家坪不是孤立的，它是秦文化中的一个最先发现的点。因此，在目前认定那一支为毛家坪的嬴秦，为时尚早。

我之所以说为时尚早，就因为在甘谷县本身还有若干个周秦遗址没有发掘。赵化成先生指出：

> 毛家坪和董家坪西周时期秦文化是在过去被认为属于“周代遗存”的遗址中发现的，这种周代遗存在甘肃东部地区分布广泛，调查已知的就有数百处。这些周代遗存，从现在的认识看来，除去周文化遗存外，有的就应当是毛家坪那样的秦文化遗存[19]。

赵先生的看法是对的。以往我们天水一带不大注意秦文化。从分类上往往忽略了这一历史阶段。毛家坪在1981年9月1日甘肃省人民政府公布为省级文物重点保护单位时，就明确为仰韶——周文化遗址。现在看来，类似于毛家坪的秦早期文化遗址还不止一处。从甘谷毛家坪到天水县董家坪（1963年被甘肃省公布为县级文物保护单位时，亦明确为：仰韶、齐家及周代遗存）以及天水县的周代遗存汝季村、十字坪等，虽谈不上满天星斗，却也不下数十处，近几年来发现和收藏的与毛家坪A组遗存中的IV式、VII式鬲，IV式和V式VII式大喇叭口罐，在天水地区比比皆是，无论是县级博物馆还是农民家中都有收藏。这条秦文化带，据我们的调查：东起陇山脚下的张家川回族自治县、清水县一直延伸到天水县、秦安县、甘谷县、武山县的鸳鸯镇一带为止。沿渭水两侧，东西长约150多公里（直线），宽3—30公里不等。有一天，我们能将这条带中20%的有代表性的墓葬进行挖掘，将会有一个比较令人满意的答案。

尽管如此，毛家坪周代、秦早期文化遗存的发现意义还是重大的。它使我们了解到除非子一族外，还有一族在渭水流域活动。尤其从秦在天水建国的意义上讲，这支嬴秦的迁徙运动是极为重要的，它为嬴秦最终立足于天水、建国于天水起了先导和铺垫作用。活动于天水地区西汉水流域的非子一族与活动于天水地区渭水流域的毛家坪、董家坪等不知名的嬴秦族人相互联系共同发展，为最终建立秦国付出了共同的劳动，这在出土的文物中已得到了证实。

二、非子时期的活动

非子时期嬴秦的活动，是指非子在西犬丘后的迁徙活动，而不是指何时到达西犬丘的活动。这个问题在无新资料的证实下，只能各持一理。《史记·秦本纪》载：非子居犬丘（西犬丘），善养马及畜，犬丘人告知周孝王。“孝王召使主马于汧渭之间，马大蕃息”。这是非子奉周孝王命，从西犬丘（今天水西南西汉水流域）东上到达今甘肃省天水市东北的张家川回族自治县一带，替周孝王养马。段连勤先生认为非子的此次迁徙是被迫离开西犬丘的[19]。段先生的看法很有道理。我以为周孝王召非子主马于“汧渭之间”有几层意思，首先，事情的本身证明非子在西方的发展有了一定影响，才引起周王的注意。这个影响不是一天两天就可以形成的，它有一个渐变的过程，这个过程也就是非子一族发展和积累的过程。其次，周孝王召非子离开西犬丘主马于“汧渭之间”，还有一个意图，就是让非子替周王室守边护路。要说明这个问题，首先要弄清楚“汧渭之间”的确切位置。

“汧渭之间”与“汧渭之会”不同。“汧渭之间”指汧水与渭水之间，而“汧渭之会”则是指汧水与渭水相交汇的地带。

汧水发源于甘肃张家川回族自治县县治东北，东南流，至陕西宝鸡市一带汇入渭河。在汧水与渭河交汇点附近，就是秦文公四年卜居的“汧渭之会”所在地。而“汧渭之间”则在汧水与渭水这个60°夹角之内地区，便是非子主马之地。依据文献和实地考察，非子牧马的“汧渭之间”正在今甘肃天水市辖张川县东南陇山西侧的马鹿乡一带草场，这里至今仍是牧马区。从历史上看，这里原属陕西省陇县与甘肃清水县交界地，但是自1953年8月便由陇县清水县西地分出划归甘肃省张家川回族自治县[20]。因此，从1953年8月以后，非子主马在“汧渭之间”的地方应在甘肃省的东部张川县境为是。

所说非子替周室守边护路，是因为张川县马鹿乡一带正是扼守出入陇山东西的交通要冲，为关陇咽喉。古诗《陇头歌》唱道：“陇头流水，流离四下，念我行役，飘然旷野，登高望远，涕零双堕。”[21]乾元二年（759年）唐代大诗人杜甫从华州流寓秦州时，路径陇山道，发出：“迟回变陇怯，浩荡及关愁。水落鱼龙夜，山空鸟鼠秋”的叹惜[22]。古诗所云就在今马鹿乡五公里处的老爷岭一带，至今古道犹存。在废弃古道旁的摩崖石刻上的《河（阿）阳重修路碑》，是东汉时期记叙阿阳人李翕修整陇山道的碑刻，大体在《西狭颂》、《郙阁颂》修路碑之前，虽已残阙，但作为越陇山至秦外、经武都达汉中入蜀的古道见证，是无可非议的。

考察表明马鹿乡附近的秦家塬正是非子当年牧马的地方。秦家塬是典型的陇上绿洲，面积30多平方公里。地势开阔，土地肥沃，水草茂盛，至今仍是“风吹草低见牛羊”的大牧场。马，作为古代重要的战略物资，主要用于军事活动。非子在此牧马驯马，一是选中可供发展的秦家塬畜牧基地；二是扼守踰陇山之要冲，具有双重战略意义，因为马与防范西戎都是周孝王的重要大事。所以当非子牧马有功后被封为“附庸”并“邑之秦”，这个“秦”就在陇山西侧的今甘肃张川县城南瓦泉村一带地，也正是后人所讲的“秦亭”。这是我于1983年发表的《秦亭考》一文中首次提出的[23]，该观点目前已逐渐为学术界所认可。周孝王封非子的“秦”，与非子牧马的“汧渭之间”紧紧相连，而且也包括在“汧渭之间”的大范围之内。后来秦仲、庄公为“西垂大夫”，其目的还是替周王室守护西部边陲，所不同的只是对秦势力增大的认可而已（包括对周室的忠心程度），而让其为周守边的这一最终目的与非子牧马并无区别，《师酉簋》与《询簋》中：“秦夷”之称就是最好的证明。

关于非子替周孝王牧马，除了上述几个原因外，近日发现与周孝王时期的荒年似乎有些关联，作为问题，提出来供大家研究。有周一代灾荒频频，尤其是旱灾，有时长达6年，甚至20多年之久，连中央官员都权宜救急。在周原发现的西周甲骨文卜辞中，就有祈求年成的卜告[24]。而传世的《曶鼎》铭文中，则记载了周孝王时期一个叫曶的奴隶主用匹马束系（相当于汉五铢钱50个）的代价，向另一奴隶主买了五个奴隶。后遇上灾荒，五个奴隶只能抵“卅秭”，即三十捆稻[25]。在其他出土文物中也有零星的记载，这表明周孝王时期是个多灾荒的年代，在长期粮食不足的状况下，会不会食马，以备应急之用，也未可知。不过这只是我个人的推测，还请大家指正。但有一点可以判定，那就是非子不单纯是养马。《秦本纪》说他：“好马及畜，善养息之”，显然除牧马之外还是一位养家畜的好手。因此，在周孝王天灾频频的年代，非子在陇山牧马的同时当兼养其他家畜，供王室及有关之用，也在情理之中。正因为非子有了上述种种大功于周室的贡献，才得以被封，得到了一块新的封地，开始了由“秦”到“秦国”的漫长的奋斗之路。

非子从西犬丘被召到张川县境内牧马，这次由西向东的活动，虽说开始是被迫离开西犬丘故地的，但结局则是意想不到的收获。当然这与周王室的衰落有关。其事实无论如何都使非子一支开辟了一块新的领地，而且是堂堂正正的封地。从这个意义上讲，非子从西犬丘到陇山牧马的活动是一次开创性的活动。在这次活动中，非子至少得到了陇山以西的大片土地，且又获得“秦”之封号，更重要的是控制着出入关陇的交通线，这一点对后来的发展至关重要。也就是说：非子的活动，使嬴氏的一支从天水市西南偏僻的西汉水流域向东发展到天水市东北的渭水流域，这是一个十分了不起的发展，它对秦的发展起了无法比拟的关键性作用。如果非子一族继续留在偏僻的西犬丘，那么，这个“秦”是否会出现，都将成问题。

从时间上讲，非子受封于秦时，大体在周孝王末期的公元前895年左右。这个时间与毛家坪“西周中，西周晚”期[26]相同。意味着当时在渭水流域同时活动着两支嬴氏族人。当然，毛家坪的嬴氏是无法与非子相比的，所以后来只留下非子的传人而不见毛家坪的记载，原因就在于非子受封后便一跃成为正统，而其他人只好淹附于其中了。

但是，我们从非子所在地的张川、清水一带向西到董家坪、毛家坪这条文化带上大量的周秦墓葬以及多年来陆续出土文物来看，它们之间有着很多的相同之处，具有鲜明的秦文化的特点，是否可以这样认为：非子在创建“秦国”之初便开始了统一渭水流域原有的、以毛家坪为中心的嬴氏族人，或者是毛家坪、董家坪的嬴氏归服于非子。这是因为非子作为“嬴秦”之正宗，在恢复“嬴氏祀”后，又“邑之秦”，既是嬴氏传人又是皇封，俨然是西部一方诸侯，完全有理由有条件统一陇山西侧渭水流域的其他嬴氏族人，这是发展的必然。而其他嬴氏族人从现实利害出发，归宗于非子总比被西戎吞食掉好的多。另外，如果没有毛家坪、董家坪等地嬴氏族人的支持，非子要在秦亭一带站住脚也是很困难的，至少在短期内发展不起来，因为他的北部和正西部就是强大的西戎。事实上，自非子而后，到秦仲为“西垂大夫”不过40余年，就已经雄视西方、初具国家的气势了，它来自于内外的共同努力，而外援正是毛家坪、董家坪等地的嬴氏族人，这是我们从相同内涵的出土文物中得出的结论。

考察秦、秦国的发展史，非子从西犬丘到陇山牧马受封于“秦”，是重大的历史转折。从此以后嬴氏便有了“秦”的名号，而且扩大了地盘，控制了出入关陇的交通线，所以后人将非子所邑之“秦”，称作“秦亭”者[26]，就是取边地亭障之意。总之非子的此次活动，将嬴氏的势力范围从原有的西犬丘扩大到渭水流域的秦地天水一带，为以后秦国的建立和发展奠定了坚实的基础，其历史作用是不容低估的。

（《秦俑秦文化研究》2000年8月）

注释

［1］天水地区，习惯上指1985年以前所辖的天水市、天水县、清水县、张川县、秦安县、甘谷县、武山县、漳县及西汉水流域的西和县、礼县、徽县和两当县。总计为12县、市。

［2］《史记·秦本纪》及注。

［3］该图案一般认为是娃娃鱼（鲵纹），通过古动物学家的鉴定：因图上有鳞，而娃娃鱼在至少一万年间是无鳞的，因此判定为蜥蜴类。参见徐日辉《龙城，为天水别名小议》，《科技先导》1997年第3期。

［4］张朋川：《中国彩陶图谱》，文物出版社1990年。

［5］《甘肃甘谷毛家坪遗址发掘报告》，《考古学报》1987年第3期。

［6］［26］赵化成：《寻找秦文化渊源的新线索》，《文博》1987年第1期。

［7］［10］［19］段连勤：《关于夷族的西迁和秦嬴的起源地、族属问题》，《先秦史论文集》，《人文杂志》1982年增刊。

［8］徐日辉：《新版〈辞海〉中“西垂”、“西犬丘”释文疏证》，《西北史地》1983年第2期。

［9］［14］何清谷：《嬴秦族西迁考》，《考古与文物》1991年第5期。

［11］韩伟：《关于秦人族属及文化渊源管见》，《文物》1986年第4期。

［12］尚志儒：《早期嬴秦西迁史迹的考察》，《中国史研究》1990年第1期。

［13］［15］［16］郭向东：《嬴秦西迁问题新探》，《秦文化论丛》第三辑，西北大学1994年。

［17］杨东晨：《秦人的崛起与纳贤》，《文博》1987年第1期。

［18］《史记·六国年表序》。

［20］《陇县志》，陕西人民出版社1993年。

［21］《古诗源》卷四。

［22］《杜诗镜铨·秦州杂诗》。

［23］徐日辉：《秦亭考》，《文史知识》1983年第1期。

［24］［25］陈全方：《周原与周文化》，上海人民出版社1988年。

秦建国前活动考察（续）

徐日辉

一　秦侯至秦仲时期的扩张活动

秦侯是非子的儿子，史称秦嬴之子。《史记·秦本纪》载：

> 秦嬴生秦侯。秦侯立十年，卒。
>
> 生公伯。公伯立三年，卒。生秦仲。

这短短的23字载述，文虽简略，但内涵却异常丰富。

首先，“侯”与“立”的提法在《史记·秦本纪》中是第一次出现，它是秦发展史中的重大飞跃，意味着一个新的世袭爵位或政权嬗递的开始。所称“侯”者，是对秦先祖非子为“附庸”之后地位上升的追述和认同。表明秦人是以发展的态度来提升自身历史的。“秦侯”不是真名，而是尊称。

其次，称秦侯“立十年”之“立”者，就是指其世袭或职掌政权，这是司马迁在表述帝王及诸侯国世袭的常用词。如《史记·殷本纪》中“契卒，子昭明立。昭明卒，子相土立。相土卒，子昌若立。……主癸卒，子相乙立，是为成汤”及《周本纪》中“周后稷，名弃。……后稷卒，子不窋。……公季卒，子昌立，是为西伯。西伯曰文王”等，大凡初用“立”字者，都与开国有关，上起三代下至吴、齐、鲁、燕等诸侯国，无一例外。因此司马迁称秦侯“立十年”者，就是以国的待遇而追认，意义十分重要。尽管此时的“秦侯”尚不具备建国的条件，也可能是秦人比之于东方而自量于“侯”，但司马迁依据《秦纪》而赋予其如此重要的政治地位，寓意之深，是不容忽视的。

秦侯在位十年，居于秦邑，继续非子的事业，为周室养马守边。卒后，传位于儿子公伯。公伯，也不是真名。伯是序次，应劭称：“伯者，长也。言其咸建五长，功突明白。”[1]公，则是尊称。如盠方彝铭文称文祖为益公者[2]，即是明证。另外，公伯之“公”者，内含古之爵位“五等之首曰公”之意[3]。《礼记·王制》称：

> 王者之制禄爵，公、侯、伯、子、男，凡五等。

又《春秋公羊传·隐公五年》称：

> 天子三公称公，王者之后称公；
>
> 其余大国称侯；小国称伯、子、男。

毫无疑问，从“侯”到“公”，是上升的见证。以“公伯”比之于“秦侯”，虽然都是后人对其历史功绩的追记，但透露给我们的信息则是：伴随着秦的势力壮大而形成的事实上的政治地位的提高，这在出土的周代器物师酉簋和询簋中得到了印证。师酉簋铭文曰：

王呼（乎）史翦（墙）册命师酉：嗣乃且（祖）啻官邑人、虎臣、西门夷、㚇夷、秦夷、京夷、畀□夷、新[4]。

又询簋铭文曰：

今余女（汝）啻官邑人，先虎臣后庸；西门夷，秦夷、京夷、㚇夷、师笭侧新，笭华夷、由□夷、匽人，成周走亚，戍秦人、降人、服夷[5]。

师酉簋的年代在周孝王时期，询簋的年代在周厉王时期。师酉簋中的“秦夷”，是指秦地之夷。这一点，我同意史党社先生的意见[6]。而询簋“戍秦人”，乃是戍守西垂的秦人，即史称“保西垂”的秦人。相互印证，可以认定周孝王时的“秦夷”，是指以非子为代表的生活于今甘肃东部渭水流域北部的天水市所辖之张川县清水县等地的秦人。因为这里早在秦人到来之前就称之为“秦”，而周孝王封非子“邑之秦”者，就是以此秦地之名而名的[7]，还有与天水市西南交壤的西汉水流域的礼县、西和县一带的秦人，即秦与西犬丘两地的秦人。其政治中心则是非子为附庸“邑之秦”的秦邑，今甘肃天水市张川县一带。此时的非子已经恢复了源于东方之夷的“嬴氏祀”，又被邑之于秦，因此，称其为“秦夷”者是不足为怪的。另外，以非子为附庸“邑之秦”为标志的历史转折，证明非子从西犬丘调至陇山脚下的“秦”，除了养马畜牧外，另一重要职责就是为周室看守通往关中的陇山道，以保障关中的安危，周王用秦人牧马、戍边，可谓一举两得，但在客观上却为秦人的发展创造了条件。

从师酉簋，询簋的记载中，我们看到从秦侯至公伯时期秦人地位的提高，这与文献所提供的信息是相互对应的。对此，辛怡华先生认为：“地位高的嬴秦族，可能是早期居住在陕甘一带的嬴秦族，如秦人、戍秦人；而秦夷、西门夷、㚇夷、京夷等可能是周初被迫迁至京畿附近的东夷族，地位卑微。但无论是戍秦人，还是诸夷，他们对周室是非常忠诚的，周室对他们也是信赖的”[8]。辛先生提出秦人自周孝王以来地位逐渐提高，甚为有理。

公伯作为过渡性人物，其地位的提高，为后来秦仲的发展打下基础。公伯立三年，卒。其子秦仲即位，逐步进入到一个新的发展历程。

秦仲，大概是公伯的次子，仲，排行为二，孔丘字仲尼者即是此意。秦仲是秦国历史上划时代的人物之一，从他开始，西方的秦人便正式跻身于周王室的官僚序列，成为事实构建的西方诸侯。《史记·秦本纪》载：

秦仲立三年，周厉王无道，诸侯或叛之。西戎反王室，灭犬丘大骆之族。周宣王即位，乃以秦仲为大夫，诛西戎。西戎杀秦仲。秦仲立二十三年，死于戎。

秦仲为周宣王大夫，是该族西迁以来的第一次，其身份的提高，足以证实秦在这一时期的成功发展。《诗·秦风》中的首篇《车辚》是这样表现秦仲的：

有车辚辚，有马白颠。
未见君子，寺人之令。
阪有漆，隰有栗。
既见君子，并坐鼓瑟。
今者不乐，逝者具耋。
阪有桑，隰有杨。
既见君子，并坐鼓簧。
今者不乐，逝者其亡。

这是一首赞美秦仲的诗，它为我们展现出秦仲统治下一派欣欣向荣的发达景象。其车马鼓乐的阵势，俨然是一方之主。对此《诗·秦风谱》称：

秦仲始大，有车马礼乐侍御之好焉。

仔细琢磨《秦风谱》所言，当有褒贬两义。其褒者，为赞美秦至秦仲才开始壮大，并配有车马礼乐。孔颖达疏此称：

言秦仲始大者，秦自非子以来，世为附庸，正国仍小，至今秦仲而国大矣。由国始大而得有此车马礼乐，故言始大以冠之。……以《驷驖序》云始命，始命为诸侯也，即知此始大谓国土始大也[9]。

孔氏所言极是。秦仲时期拓土扩境的大发展，已经冲破了所谓“不能五十里，不达于天子，附于诸侯，曰附庸”[10]的制约，自立于西方。其贬者认为秦仲有尊大僭越之嫌。孔颖达在疏《秦风谱》“《驷驖》美襄公也，始命有田狩之事，园囿之乐时说：《正义》曰：作《驷驖》诗者美襄公也。秦自非子以来，世为附庸，未得王命。今襄公始受王命为诸侯，有游狩猎之子，园囿之乐焉，故美之也。诸侯之君，乃得顺时游田治兵习武取禽祭庙。附庸未成诸侯，其礼则阙。故今襄公始命为诸侯，乃得有此田狩之事故”[11]。

从孔颖达“附庸未成诸侯，其礼则阙”的诠释以襄公诸侯比之于附庸秦仲，就其级别而言，尚处在附庸地位的秦仲配乐游肆，似有越礼之嫌。尤其是“有车邻邻，有马白颠。未见君子，寺人之令”，“既见君子，并坐鼓瑟”，“既见君子，并坐鼓簧”之气派，显然与身份不大相符。事实上秦人不受礼制的约束是一贯的，并不奇特，1998 年甘肃礼县大堡子山东南的赵坪圆顶山春秋早期贵族夫妇墓中七鼎六簋礼器的出土，得到了验证。另外，据一不愿透露身份的人讲，在大堡子山东北至盐关镇一带，曾发现数座五鼎四簋一盘一匜的棺椁墓。从出土文物表明，至少在甘肃东南部秦人早期管辖的地区内鼎、簋级别的使用上，存在着不受礼制的明显僭越[12]。

秦仲不受礼制约束的发展，成为当时一支不可低估的力量，并风传于东方。当时郑国的桓公就天下大事请教于史伯说：

若周衰，诸姬其孰兴？对曰：“臣闻之，武实昭文之功，文之祚尽，武其嗣乎！武王之子，应、韩不在，其在晋乎！距险而邻于小，若加之以德，可以大启。”公曰：“姜、嬴其孰兴？”对曰：“夫国大而有德者近兴，秦仲、齐侯，姜、嬴之俊也，且大，其将兴乎？”公说……[13]。

关于这段对话，前人曾作注说：

秦仲，嬴姓，附庸秦公伯之子，为宣王大夫。《诗序》云：“秦仲始大。”齐侯、齐庄公，姜姓之有德者也。此二人为姜、嬴之俊，且国大，故近兴[14]。

由此可见，当时的东方诸国已经注意到地僻西方的秦仲，并将秦仲与齐庄公相提并论，为嬴姓所兴之佼佼，这表明在他们的心目中秦仲已经是尚未册封的“诸侯国”了。正是基于这一传统的共认，司马迁才在《十二诸侯年表》里言及秦事时，就是从秦仲开始的。

正当秦仲致力于陇山西侧渭水流域的开拓时，居于西犬丘周边的戎人乘机发难，侵占了秦人的老家西犬丘。秦人、秦仲遇到前所未有的严峻挑战。《史记》载：

秦仲立三年，周厉王无道，诸侯或叛之。西戎反王室，灭犬丘大骆之族。周宣王即位，乃以秦仲为大夫，诛西戎。西戎杀秦仲。秦仲立二十三年，死于戎[15]。

西戎，泛指西部各族，所谓“西方曰戎”者即是。自商代以来，西戎一直是中央王朝的西部大患。西戎与中央王朝若即若离，随着中央王朝的盛衰而行进退行止。商代，中央王朝在中原，西戎便深入至关中地区，秦人的先祖中潏“在西戎，保西垂”，这个“西垂”不是非子时代的“西垂”，而是商王朝的“西部边垂”（陲），在今关中地区。周人兴起于关中的渭北原上，随着势力的发展壮大，西戎逐渐被压迫到陇山以西以北地区。但是，又随着周王室的衰落，秦人便承担起防范西戎，替周王室保卫西垂的重要任务。至周厉王时期，沉寂了200年之久的西戎[16]，又重新集聚起来，并以强大的力量公开反叛周王室。在当时秦仲的势力扩张的渭水上游就布满了戎族。其北、东北部有足以抗衡秦国的义渠；北、西北部有强悍的犬戎；南部西犬丘所在地的西汉水南部则以氐人为主，形成了三面包围的态势。这些“西自汧陇，环中国而北”的戎族[17]，对刚兴起的秦人政权构成了严重的威胁。西戎要东经关中，必须与秦相争，否则无法逾陇入关。作为前奏曲，西戎乘秦仲在渭水流域“并坐鼓瑟”、“并坐鼓簧”[18]之际，一举攻占了西犬丘，并消灭了秦嬴的大骆之族。根据地的丧失，几乎是断了秦仲的后路，不亚于灭顶之灾。于是秦仲向周宣王求救。刚刚历经过共和之后的周宣王，出自关中的需要，决定支持秦仲。他册封秦仲为大夫，并命其“诛西戎”。所谓“诛”，就是代上讨伐。中山王壶铭文有“是以身蒙皋胄，以诛不顺”之句[19]，便是此意。秦仲升为大夫，名正言顺地代天子以伐西戎，在政治上由小团体恩怨上升为国家行为，获得了主动。不过周宣王仅仅是政治安慰，并未派一兵一卒。尽管如此，刚升为大夫的秦仲还是率“数万”[20]秦军与西戎展开殊死的斗争。

秦仲与西戎交战三年“不克”[21]，最后于公元前822年的一次战斗中被西戎杀死，结束了奋斗与辉煌并存的一生。

秦仲虽然在位23年，但其作用却相当重要。在秦仲的领导下，巩固和发展陇山以西的封地，冲破礼制的约束，建立起事实上的诸侯之国，使秦人脱开“附庸”的地位，成为周王室的命臣，翻开了新的历史篇章。

二　秦庄公时期重新崛起的活动

秦仲为保家卫国不幸被西戎杀死，秦人与戎结下深仇大恨，直到公元前395年秦惠公灭绵诸为止[22]，与西戎的斗争持续了400多年。秦仲死后，其长子庄公立于秦邑，继续父辈的事业，与西戎战争。《史记·秦本纪》载：

> 秦仲立二十三年，死于戎。有子五人，其长曰庄公。周宣王乃召庄公昆弟五人，与兵七千人，使伐西戎。破之。于是复予秦仲后，及其先大骆地犬丘并有之，为西垂大夫。

这是一次反击西戎的重大胜利。秦庄公在周宣王7000军队的支援下反击成功，终于雪耻了杀父之仇，成为真正的“西垂大夫”。关于秦庄公此次破西戎的具体战役经历，传世的不其簋可为佐证。据李学勤先生的研究“不其簋所记是周宣王时秦庄公破西戎的战役”。[23]其铭曰：

> 惟九月初吉戊申，伯氏曰：“不其，驭方猃狁广伐西俞，王命我羞追于西。余来归献擒，余命女（汝）御追于略，女（汝）以我车伐猃狁于高陶，女（汝）多折首执讯。”[24]

大意是说秦庄公不其与伯氏一道受命打击侵犯周室西部边陲的猃狁等戎族。伯氏与不其追击于西（即西垂）大获全胜。伯氏回朝向周宣王献俘，并命不其继续追击。不其遵伯氏之命率兵车连续打击，追戎于“略”与“高陶”，经过一番搏杀，多有斩获，取得了胜利。这段珍贵的铭文与《秦本纪》中庄公伐西戎的记载相合，可相互印证补其史阙。

秦庄公在周宣王的支持下反击西戎成功，夺回了失去的西犬丘，使秦重新振作起来，恢复了生机。但是，西戎并未臣服，依然是伺机侵扰，形势不容乐观。为此，秦庄公伐戎胜利后便离开秦邑，重新返回到西犬丘，坐镇该地防范西戎。《史记·秦本纪》载：

> 庄公居其故西犬丘，生子三人，其长男世父。世父曰：“戎杀我大父仲，我非杀戎王则不敢入邑。”遂将击戎，让其弟为襄公。襄公为太子。

为了消灭西戎，庄公的长子世父宁愿不当太子，可见其决心之大，同时也反映出西戎的势力也不小。从秦庄公开始，秦与西戎进入了长达400多年的拉锯斗争，这一点，我们从西犬丘（即今天水市西南礼县、西和县东北）地区出土的、被称做戎族的“个”形铜箭头，得到了证实。

通过秦庄公反击西戎的胜利，我们可以判断秦庄公时期的势力范围及活动区域大体为：重新收复了“西犬丘”，控制了西汉水上游地区；巩固了以秦邑及周边地区的渭水流域，并打通了以“略”（在秦邑西部）为据点的向西向北发展通道，形成了以秦邑与西犬丘两处中心的政治格局，并偏重于西犬丘。秦庄公在事关秦人存亡的关键时刻大败西戎，挽救了秦人的命运，恢复了秦人的尊严与信心，似有再造之功。同时再次体现出秦人不怕牺牲勇于拼搏的伟大精神。

三　秦襄公时期东扩立国的开创性活动

秦襄公是秦庄公的次子，其兄世父为杀死戎王替祖父秦仲报仇，自愿让去太子之位，坐镇西犬丘，与西戎坚持斗争。《秦本纪》载：

> 庄公立四十四年，卒，太子襄公代立。襄公元年（公元前777年），以女弟缪嬴为丰王妻。襄公二年（公元前776年），戎围犬丘，世父击之，为西戎所虏，岁余，复归世父。

庄公死后，秦襄公面对戎人强大的势力，采取了怀柔政策，将妹妹嫁给戎人领袖，企图以和亲的手段来减轻戎人对秦的压力，但未能奏效。第二年（公元前776年）戎人又一次围攻（西）犬丘。一心要杀死戎王的世父与之战斗，不料失利被俘，一年后才被释放，一腔豪言壮语化为灰烬。从西戎杀秦仲、俘世父来看，西戎的势力确实不小。然而，此时此刻的秦襄公人在何处，采取了什么应对措施，便成为秦史研究中的一个悬案。

关于秦襄公二年的行踪，有两个问题一直为学术界诉讼不清。其一，在西犬丘被围世父被俘之际秦襄公人在何处，是在现场还是迁徙它处？其二，若迁徙它处，又在什么地方？《史记》没有记载。幸好张守节在做注时为我们提供了下列信息：

> 《括地志》云：“故汧城在陇州汧源县东南三千里。”
>
> 《帝王世纪》云：“秦襄公二年徙都汧，即此城。”

这条材料表明秦襄公不仅不在现场，而且已逾过陇山东徙于汧。对于后出的这条材料学者们反映不一，有人认为“襄公迁汧之说乃《括地志》引文时的讹误”[25]，不可靠。有人认为该说可信，并有考古发现为证明秦襄公都汧，即今陕西陇县县城东南6.5公里处的磨儿原一带[26]。

实际上，在有争议的汧邑以外的陇山西侧并存着秦邑和西犬丘两处都邑。从时间上讲西犬丘为非子及八世祖所居，其时间下限在公元前895年；而秦邑，则是非子从西犬丘东调首封的邑地，其后秦侯、公伯、秦仲均都于此，其时间在公元前895年—前822年之间。后来西犬丘丢失秦仲被杀，秦庄公替父报仇大胜西戎，夺回西犬丘，并坐镇于此以防范西戎。自公元前821年秦庄公居其故西犬丘开始，到秦文公三年（公元前763年）离开该地东猎为止，成为继秦邑同时的又一政治中心，是不容置疑的。

这样，我们可知：即从犬丘撤出东行，必先经秦邑，而后才能逾陇山至汧。这一客观现实应是我们讨论秦襄公都汧与否的重要参考因素。

从文献角度讲，司马迁撰《秦本纪》，所依据的第一手资料来源于秦人自己撰写的《秦纪》，其所居都邑的次序是：非子邑于秦，庄公居故西犬丘，襄公既侯居西垂[27]，文公元年居西垂宫、三年东猎、四年到汧渭之会，宁公二年徙居平阳，德公元年初居雍城，灵公居泾阳，献公都栎阳，孝公都咸阳[28]，脉络相当清楚。甚至连都之41年的泾阳及54年的栎阳都很清楚[29]，唯独没有“汧”。有的是秦文公四年卜居的“汧渭之会”。因此，司马贞在注《封禅书》“秦文公东猎汧渭之间，卜居之而吉”时称：

《地理志》汧水出汧县西北入渭。皇甫谧云“文公徙都汧”者也。

司马贞与张守节是同时代人，引用的又是同一种书，因此，他二人所说都能成立，不能有所偏废。但现在的问题是如何圆满地解释陇县边家庄高规格秦贵族墓葬及其相邻的磨儿原春秋城址[30]。对此，徐卫民先生提出：“首先我们必须知道司马迁《史记》并非把当时的所有大事都记载了，这个从后代的考古发现中已得到证实，因此不能因为《史记》未有记载而否认其本身的存在”[31]。从考古资料出发，徐先生的观点同样无法否定。综上，我以为要解决文献不足与考古发现的矛盾问题，不妨换一个角度，从位于西犬丘与汧之间的秦邑着手，或许会有新的认识。

汧，位于陇山东侧，是当时由关中通往“西垂”的第一重地；秦邑，位于陇山西侧，是由“西垂”通往关中的第一重地，两地以陇山为险，一东一西从不相属。

秦邑，在陇山之西，介于汧与西犬丘之间，其地理位置决定了向西可控制西犬丘；向东则可逾陇山而渗透关中。秦襄公即位后让其兄世父留在西犬丘，自己离开该地返回秦邑，兄弟二人一西一东相互支持控制西方。秦襄公回到秦邑后，以此为东进的桥头堡，一方面与丰王和亲一方面渗透关中。在渗透关中的行动中，第一站至汧是必然趋势，后来秦人向东发展的经历证明了这一点。因此，陇县边家庄、磨儿原在这一阶段得到发展是完全可能的。至于汧城的具体所在，当地学者认为不是磨儿原，而是县城东南乡的郑家沟原上[32]。到底以何处为准，只有依赖今后的考古发现了。

公元前775年，被西戎俘虏的世父回归到西犬丘，秦襄公才腾出手来面向关中，渗透到以浥为据点的过渡性中心，伺机向东发展。《秦本纪》载：

七年（公元前771年）春，周幽王用褒姒废太子，立褒姒子为适，数欺诸侯，诸侯叛之。西戎犬戎与申侯伐周，杀周幽王骊山下。而秦襄公将兵救周，战甚力，有功。周避犬戎难，东徙洛邑，襄公以兵送周平王。平王封襄公为诸侯，赐之岐以西之地。曰：“戎无道，侵夺我岐、丰之地，秦能攻逐戎，即有其地。”与誓，封爵之。襄公于是始国，与诸侯通使聘享之礼，乃用骍驹、黄牛、羝羊各三，祠上帝西畤。

秦襄公护送周平王东徙洛邑和始封诸侯，是秦人历史上划时代的大事情，周王室衰落与戎人的入侵，客观上为秦襄公攻戎救周创造了条件，从此以后，秦便以诸侯的平等身份与郑、宋、齐、晋等互通聘礼。政治地位的提高，诸侯国的合“礼”化，为秦的继续发展赢得了契机。对此，司马迁异常重视，他先后在《秦本纪》、《秦始皇本纪》、《十二诸侯年表》、《秦楚之际月表》、《封禅书》、《齐太公世家》、《鲁周公世家》、《燕召公世家》、《管蔡世家》、《陈杞世家》、《宋微子世家》、《晋世家》、《楚世家》、《匈奴列传》等不厌其烦地重复载述秦襄公始为诸侯之事。尽管当时救周有功被封为公的卫侯[33]，但在重视的程度上都有着惊人的差异。另外《国语·郑语》《后汉书·西羌传》等均有记载，足以证明秦名正言顺地建国，当起自秦襄公。

秦襄公为诸侯以后，并没有立足关中，去争夺周平王许诺的岐、丰之地，而是返回老家西犬丘建立祠庙，完成诸侯国的礼仪制度。《封禅书》载：

秦襄公既侯，居西垂，自以为主少皞之神，作西畤，祠白帝，其牲用骍驹、黄牛、羝羊各一云。

骍驹，黑鬣色的马。用马、牛、羊三牲齐备谓之太牢，是诸侯祭祠之礼。按礼制一般为牛、羊、豕。《尚书·召诰》载：召公营洛邑，在开工祭祠上就用“牛一、羊一、豕一”。秦襄公用马，是出于秦人爱马喜马的习惯，这在礼县大堡子山秦襄公墓的陪葬坑中出土的车马所证实[34]。另外，在秦邑一带流出的长8.5厘米、宽6厘米的马型虎食羊金箔饰片，也说明了马在秦人心目中的地位。西畤，即秦襄公在西犬丘所立之畤。至于少皞之神，有西方之神[35]与东方之神[36]两种不同说法。白帝，据徐旭生先生的研究：白帝即是少皞[37]，李白凤先生指出少皞遗址在今山东曲阜东南约 40 里之处[38]。

秦襄公不乘击戎护周东进之势留在关中发展，反而跑回老家立庙祭祀，不外乎有三个原因。其一，是将此天大的好消息遍告秦地民众及先祖列公，祈求先祖的护佑，是当时“国之大事，在祀与戎”[39]的标准体现。其二，慑于关中戎人的势力，因为《秦本纪》紧接着记道“十二年（公元前 766 年），伐戎而至岐，卒”。这就充分说明关中戎人势之强大。对此形势，顾颉刚先生认为：

> 自周幽王为犬戎所灭，宗周的王畿已住满了戎人，住在丰京的称为“丰王”（缪嬴嫁丰王其事在东迁前，这个称号谅据后来事言之），位在三原的称为“亳王”。秦文公收了周的遗民，疆域开始东展到岐山[40]。

顾先生所论极是。周平王东迁之后，关中无序可言，已经成为不同戎人聚合的宴会厅，其他人很难分享其羹。在这种大背景下，迫使秦襄公不敢有所动作，只好暂时返归故里以待时变。这也是我们从“秦西垂陵庙”[41]的器物——秦公簋中得到的佐证。其三，在戎人鼎盛的形势下，秦襄公不得不认真考虑陇山西侧领地得失安危。当时这里同样住有绵诸、绲戎、翟、獂等戎，他们各自分散于山谷，独立为国，聚则声势浩大，散则飘忽不定，且百有余戎[42]。对此，顾颉刚先生在《秦与西戎》一文中的指出“所谓‘陇以西’者为今甘肃之陇南及陇西诸县地，‘岐、梁以北’者大致为今甘肃之陇东诸县地，兼及陇西、宁夏”[43]。由此可见在陇山西侧确实布满着诸戎。《后汉书·西羌传》载：

> 自陇山以东，及乎伊、洛，往往有戎。于是渭首有狄、獂、邽、冀之戎，泾北有义渠之戎……

其中“獂、狄、邽、冀”之戎（或是小国）就在今甘肃省天水市境内[44]。综上表明，在戎人从西向东，或从北向南汇集关中之际陇山西侧也不太平。我们从今张川、清水两地出土的带有游牧民族特色的青铜牌饰中，可得到证实。因而秦襄公返回西土巩固后方扩大势力，以解决东进关中的后顾之忧，真可谓一石二鸟兼顾各方的高明之举。

经过了四年的精心准备，秦襄公于公元前 766 年率军从西犬丘出发，经秦邑补充调整后逾陇山至汧东进关中，争夺周平王空头支票中的“岐、丰之地”。不幸在伐戎至岐时牺牲，结束了开创性的一生。秦襄公从即位到死才短短的 12 年时间，在这之中秦襄公冲破陇山以西戎人的压力，渗透关中涉足汧邑，并以护周之功臣始封为诸侯，实现了秦人建国的重大变革。所以司马迁称“秦襄公立，享国十二年”者[45]，其“享国”之“国”就是对秦襄公一生业绩的最好总结。

四　余论：秦文公离开西垂发展关中的建设性活动

公元前 766 年，享国十二年的秦襄公在东征中死去，由其子文公即位。《秦本纪》载：

> 十二年（公元前 766 年），伐戎而至岐，卒。生文公。文公元年（公元前 765 年），居西垂宫。三年（公元前 763 年），文公以兵七百人东猎。四年（公元前 762 年），至汧渭之会。曰：“昔周邑我先秦嬴于此，后卒获为诸侯。”乃卜居之，占曰吉，即营邑之。……十二年（公元前 753 年），初有史以纪事，民多化者。……二十年（公元前 746 年），法初有三族之罪……

依据记载，我们得知秦文公初年戎人的势力还是很强大的，他不继续父业伐戎而是退回老家就是证明。对此，王辉先生认为："在周室东迁后最初几年，岐及距它不远的汧水流域为戎所占。《史记·秦本纪》记载秦襄公十二年'伐戎而至岐'，未言胜负。大概终襄公之世，秦人并未据有汧水流域。直到文公三年，才'以兵七百东猎'，四年才'至汧渭之会……即营邑之'"[46]。王先生的研究很有道理。由于戎人的强大和秦襄公的新丧，秦文公即位后不得不又退回到陇山以西老家之地的西垂宫[47]，继续巩固西土伺机向东的战略。三年，秦文公率700士兵由秦邑进入陇山游猎。次年才到达汧水与渭水交汇的"汧渭之会"，占卜大吉而营居之。从此秦人彻底离开了哺育其成长的甘肃东部，在关中生根开花发展壮大，为最终统一天下迈出了关键性的一步，历史由此也进入到令人振奋的新阶段。

作为本文的结束，是随着秦文公迁徙关中之后，兴盛了300年之久的西犬丘和秦邑的衰落而告结束。但还有一个问题需要说明的是：文中没有交代所讨论的非子、秦侯、公伯、秦仲、庄公、襄公及文公的归葬地。这个问题比较复杂，非一两句话说得清楚，在这里只能简要地提及一下。依据文献记载和礼县大堡子山秦襄公墓地的发现，以及张川县秦邑遗址上的秦早期大墓和清水县早期秦墓群中流出的与大堡子山相同的金箔饰片、牌饰、车马器分析，可以初步推测非子、秦侯、公伯、秦仲四人的墓葬当在秦邑一带；而庄公、襄公、文公三人中，已知礼县大堡子山为襄公墓葬[48]，依此而论，庄公、文公亦当在此地区。由于篇幅所限，只有另行撰文论述，兹不赘言。

（《秦文化论丛》第八辑）

注释

［1］《风俗通义》卷一。

［2］［5］吴镇烽：《陕西金文汇编》，三秦出版社1989年。

［3］《字汇·八部》。

［4］马承源主编：《商周青铜器铭文选》，文物出版社1988年。

［6］史党社：《秦人早期历史的相关问题》，《秦文化论丛》第6辑。

［7］徐日辉：《论秦与大地湾农业文化的关系》，《农业考古》1998年第1期。

［8］辛怡华：《早期嬴秦与姬周关系初探》，《秦俑秦文化研究》，陕西人民出版社2000年。

［9］［11］《毛诗正义》，阮元十三经注疏本。

［10］《孟子·万章下》。

［12］［34］［46］戴春阳：《礼县大堡子山秦公墓地及有关问题》，《文物》2000年第5期。

［13］［14］《国语·郑语》及注。

［15］《史记·秦本纪》。

［16］［42］《史记·匈奴列传》。

［17］王国维：《观堂集林》卷十三。

［18］《诗·车邻》。

［19］张政烺：《中山王壶及鼎铭考释》，《古文字研究》第一辑。

［20］林剑鸣：《秦史稿》，上海人民出版社1981年2月。

［21］《后汉书·西羌传》。

［22］《史记·六国年表》。

［23］李学勤：《秦国文物的新认识》，《文物》1980年第9期。

［24］王辉：《秦铜器铭文编年集释》，三秦出版社1990年。

［25］祝中熹：《秦人早期都邑考》，《陇右文博》1996 年创刊号。
［26］刘明科：《秦国早期频繁徙都问题的思考》，《秦俑秦文化研究》，陕西人民出版社 2000 年。
［27］《史记·封禅书》。
［28］《史记·秦本纪》。
［29］［31］徐卫民：《秦都城研究》，陕西人民教育出版社 2000 年。
［30］张天恩：《边家庄春秋墓地与汧邑地望》，《文博》1990 年第 5 期。
［32］《陇县志》，陕西人民出版社 1993 年。
［33］《史记·卫康叔世家》。
［35］熊铁基：《秦人早期历史的两个问题》，《社会科学战线》1980 年第 2 期。
［36］［37］徐旭生：《中国古史的传说时代》，文物出版社 1985 年。
［38］李白凤：《东夷杂考》，齐鲁书社 1981 年。
［39］《左传》成公十三年。
［40］顾颉刚：《从古籍中探索我国的古代西部民族——羌族》，《社会科学战线》1980 年第 1 期。
［41］王国维：《观堂集林》卷十八。
［43］顾颉刚：《史林杂识》，中华书局 1977 年。
［44］徐日辉：《秦州史地》，陕西人民美术出版社 1994 年。
［45］《史记·秦始皇本纪》。
［47］王辉：《秦文字集证》，艺文印书馆 1999 年。
［48］徐日辉：《犬丘与西犬丘》，《天水日报》1998 年 4 月 4 日。

对秦嬴"西垂"及相关问题的考察

徐日辉

在秦人漫长的发展史中，"西垂"占据着很重要的地位。从商代秦先祖中衍的玄孙中潏在西戎，保西垂，到周代非子及秦庄公为西垂大夫，前后历经商、周两个阶段。对于商代阶段研究者甚多，兹从略。本文专题考察自秦非子到陇山以西后替周室牧马、守边之"西垂"及其相关的一些问题。

一　"西垂"之概念

"西垂"在古代的典籍中多与汉代"西县"相连，如《括地志》就将"西垂"定为"秦州"上邽西南九十里，"汉陇西西县是也"[1]。后来《读史方舆纪要》亦称西垂在秦州西南一百二十里等[2]。查《史记》、《汉书》，西县置于秦代，《汉书·地理志》在陇西郡下设有西县。但是，汉代的"西县"并不能代表秦早期之"西垂"，只能看作"西垂"范围内的一个点，这是两个不同的概念。所以王国维怀疑道：

> 西垂，殆泛指西土，非一地之名。然《封禅书》言秦襄公既侯，居西垂。本纪亦云，文公元年居西垂宫，则又似特有西垂一地。《水经注·漾水注》以汉陇西郡之西县当之。其地距秦亭不远，西垂而系地名，则郦说无以易矣[3]。

因此，王国维在致马衡的一封信中又说："今观器（秦公簋）中凿款首为西字，西为秦汉陇西县名，即秦本之西垂及西犬丘，（在今秦州西南百廿里）为文公以前秦之故都。秦自非子至文公陵庙皆在西垂。[4]"郭沫若亦称西垂"泛指西方边陲"[5]。近几年来由于甘肃礼县大堡子山秦公墓的发现，有不少学者将"西垂"与"西县"等同起来，认定在甘肃礼县一带。这是很含混的提法，是没有见到渭水流域张川、清水两地出土的与礼县基本相同的秦早期文化遗存所致。但对于研究秦文化及历史地理而言，确有辨明的必要。在辨明"西垂"概念之前，首先要弄清楚"垂"与"西垂"之间的关系。

"垂"，亦作"陲"，为边地之义。《说文》曰："垂，远边也。"段玉裁注曰："垂本谓远边。引申之，凡边皆曰垂，俗书边垂字作陲。"朱骏声《说文通训定声》称："书传皆以陲为之。"

再说"陲"，《说文》曰："陲，危也"。段玉裁注曰："许义垂训远边，垂训危。以垂从土陲从阜之故。今义训垂为悬，则训陲为边，边陲行而边垂废也"。所以《古今韵会举要·支韵》径称："陲，远边也。"《增韵》称"疆也"。《左传》载"芟夷我农功，虔刘我边陲"即是此意[6]。又《史记》载汉文帝即位，将军陈武等商议征伐南越、朝鲜之事。文帝主张休养生息不动兵戈，说："愿且坚边设候，结和通使，休宁北陲，为功多矣。且无议军。"[7]此处的"北陲"指与匈奴接壤的北部边疆，与西戎交土的“西垂”在含义上是一致的，所不同的只是时间和方位的差异。正因为如此“垂”才被释为“危”、“悬”、“疆”，且多与战争有关。秦非子替周室养马有功，被周孝王赐“邑之秦”[8]，即后世所称的“秦亭”，在今甘肃天水市张家川回族自治县城南石泉村一带[9]，而所保之“西垂”就是周王室的西部边疆，具体范围在陇山以西原天水地区的渭水流域和西汉水流域[10]，1985 年后则分属今甘肃天水市及陇南地区。

1982 年 10 月 22 日至 11 月 20 日，1983 年 9 月 1 日至 11 月底，甘肃省文物工作队和北京大学考古学系先后两次对甘肃省天水地区的甘谷县毛家坪遗址进行发掘。共发掘西周至战国早期的秦文化墓葬 31 座，出土了大量的遗物。据陶器演变序列，可分为西周中、西周晚、春秋早、春秋中和战国早期五个时间段。报告说：“毛家坪遗址主要有三种文化遗址：以彩陶为特征的石岭下类型遗存，以绳纹灰陶为代表的‘A 组遗存’，以夹砂红陶为特征的‘B 组遗存’”。“毛家坪 A 组遗存的文化面貌与陕西关中的西周文化和东周文化相似或相同。通过分析比较。可知其年代为西周和东周时期，并可推知其各期的年代。”[11]比较结果：毛家坪一、二期与关中张家坡的西周遗存相似，而三、四期则与已发表的宝鸡西高泉春秋早期，凤翔八旗屯春秋中期的秦墓相同。因此报告认为：“毛家坪 A 组遗址的后段，不论其陶器形态或是墓制葬俗，都与东周秦文化相同，应当是东周秦文化遗存。”[12]“所以毛家坪 A 组遗存前段的发现，对研究东周秦文化有重要意义。”[13]参加过两次发掘的赵化成先生认为：“毛家坪西周时期秦文化年代上限可至西周早期，这说明，至少在这一时期秦人已经活动于甘肃东部地区了。再则，西周时期秦人的基本生活用品即陶器已经周式化了。那么，由原来的文化转变为现在这种情况须有一个过程，这个过程的开始自然至迟在商代晚期就应当发生了。”[14]赵先生的看法对研究秦人早期在陇山以西的活动十分重要。通过毛家坪的秦文化遗存，再结合原天水县（今天水市北道区）董家坪周代秦文化遗址，以及在该社区内收集到的双耳高领袋足鬲等，为我们重新认识和判定秦人所保“西垂”的概念和地界提供了科学的依据。

毛家坪秦文化遗址的启示，赵化成等专家的研究成果以及董家坪秦文化遗存，使我们初步判定《史记·秦本纪》中“中潏在西戎，保西垂”之“西垂”与渭水上游的天水地区有着某种广义上的联系。尽管这不是非子所保的那个“西垂”，但退一步讲：有相当多的秦人“在西戎居西垂”应该是没有大问题的。因此，尚志儒、汪勃、尹夏清诸先生认定中潏保之“西垂”，在今甘肃天水西南[15]。右依毛家坪秦文化为据，则天水东北、西北（毛家坪所在地）应划归于何处，属不属于“西垂”之列呢？郭向东先生认为“毛家坪秦文化遗址很可能是商代末年从山西南部迁到甘肃东部的嬴秦族人戎胥轩一支留下的遗迹”，而不是中潏一支迁入甘肃天水的[16]。现在看来，要认定是秦（嬴）的具体哪一支进入甘肃天水为时尚早，因为对该问题的讨论必然会涉及到秦人从何处来的老问题。而且就目前的研究状况看，确有相当的难度。但是，无论从任何角度讲，认定天水毛家坪一带为殷、周之“西垂”是能够成立的。因为从大概念上讲，关中与陇山以西的天水都属于殷人的“西垂”边地。

甘肃省的天水作为殷、周时期的“西垂”，是文献资料与现代考古成果的结合。毛家坪、董家坪秦早期文化遗址的发现，又为界定“西垂”的西部之“陲”提供了科学的依据。

毛家坪，位于甘谷县城西 25 公里处的渭水南岸，距今甘肃天水市区 70 公里，与天水市所辖的武山县接壤。这一地区处渭水上游，原本就是“西戎”所在地，也是秦人赖以生存和反复争夺的地区之一。《史记·秦本纪》载：“（武公）十年，伐邽、冀戎，初县之。”秦武公十年是公元前 688 年，也就是说秦人至少在公元前 688 年已将其势力扩张到这一地区。其“冀县”；即今甘谷县，这是中国历史上最早设置的“县”[17]。但是，秦人虽设县行政于甘谷，那只是强大时的状况，并非一帆风顺。《史记·秦本纪》载："三十七年（公元前623年），秦用由余谋伐戎王，益国十二，开地千里，遂霸西戎。"对此，《匈奴传》有不同的载述，文曰："秦穆公得由余，西戎八国服于秦，故自陇以西有绵诸、绲戎、翟、豲之戎。"无论十二国还是八国，都说明"西戎"之多，秦穆公霸西戎，不包括已设县的邽、冀在内，虽无明载，但据史料分析，从秦武公设县到穆公益国十二遂霸西戎，反映出戎与秦之间的斗争非常激烈。《后汉书·西羌传》载：

及平王之末，周遂陵迟，戎逼诸夏，自陇山以东，及乎伊、洛，往往有戎。于是渭首有狄、豲、邽、冀之戎，……秦穆公得戎人由余，遂霸西戎。……秦献公初立，欲复穆公之迹，兵临渭首，灭狄、豲戎。

秦献公初立，当在公元前384年以后。又《史记·六国年表》载：（秦厉公）二十年（公元前457年）公将师与绵诸战。（秦惠公）五年（公元前395年）伐绵诸。绵诸，西戎之一，地靠陇山，在邽、冀、豲、狄之东的天水市北道区境内，曾一度强大于天水，多次为难于秦，直到公元前395年才被消灭。另外，《史记·秦本纪》又载："秦孝公元年（公元前361年）……出兵东围陕城，西斩戎之豲王。"从文献记载得知，陇山以西渭水上游的戎人是十分强大的。从秦武公十年（公元前688年）到孝公元年（公元前361年），在这长达三百多年的时间内，戎人始终与秦人在斗争，形成错综复杂的拉锯状态，直到秦昭王二十八年（公元前279年）在今甘肃临洮设立陇西郡为止，总算清剿完"西戎"诸部。所谓称陇西之"西"者，事实上是指当时秦人在陇山以西的最西行政处的标志。在此期间，渭水流域天水一带被秦人消灭的西戎有：邽、冀、绵诸、豲，再加上渭水源头地区与洮水间的狄，是为西戎八国中的五国，因而，只要弄清了此五国的具体所在，事实上也就辨明了秦人替周室守边"西垂"的大体范围。

《汉书·地理志》陇西郡下载：狄道、上邽；天水郡下载：绵诸、冀、豲道。需要指出的是天水郡为汉武帝元鼎三年（公元前114年）从陇西郡分出而置，因此，天水郡下三县在先秦时期归属陇西郡。如果我们将此五地平面展开，发现从西至东呈"一"字型排列，分别为：狄、豲、冀、邽、绵诸。具体而言：狄，在今甘肃省定西地区之临洮；豲，在今甘肃天水市武山县城南与陇西县之间的鸳鸯镇一带地；冀，在今甘肃天水市甘谷县城东南；邽，今甘肃省天水市；绵诸，在今甘肃天水市东北北道区东社棠镇[18]。

以甘肃甘谷毛家坪为中心，其"西垂"的西界最远可达到洮水流域的"狄"（即狄道，今甘肃临洮县）；向北已超出"秦亭"（今甘肃天水市张家川回族自治县）[19]；向南已超越渭水流域，进入西汉水流域的"西"（即秦昭王二十年〈前287年〉置）[20]，今天水市东南天水镇至礼县东北大堡子山及永兴乡赵坪与西和县长道乡一带地，上述地区包括了部分秦（嬴）族人在殷时所居之"西垂"以及非子、秦仲、庄公之际的周代"西垂"。

二　西、西垂与西县

考察西垂必然涉及到"西"与"西县"。西，初为方位词。罗振玉《殷墟书契前编》载："帝于西。"（5.13.4）董作宾《小屯·殷墟文字乙编》载："贞西土受年。"（7009）《史记·五帝本纪》引《尚书·尧典》称："申命和仲，居西土，曰昧谷。"郑玄注曰："西者，陇西之西。"但，西又是具体所在。《史记集解》引徐广说："以为西者，今天水之西县也。"据知"西"有两意：一为泛指西方或西部地区；一为具体的秦汉间所置的"西"县。由于秦人真正的发展是非子在陇山以西地区，所以治秦史者往往又将"西"与"西垂"及"西县"连涉在一起。前几年甘肃礼县大堡子山秦人大墓的发现震惊了学术界，尤其是治秦史者。故尔又有学者径直认定这里就是"西"，秦人早期的国都[21]。如果是推测，不无道理。但问题是忽略了“西县”是由“西”、“西垂”演化而来，内含着发展变迁的历史过程。并且是不同时期有着不同的内涵，并代表着秦人在陇山以西开拓进取的历史足迹。

首先从大的方面讲，“西”可以涵盖秦人在殷、周时期所保的“西垂”；其次“西”作为具体的地名——西县，又存在于“西垂”之中，而且是秦人长期以来保西垂的成果之一。

“西”作为大的地域概念，在与秦有关的记载中当数传世的不其簋。其铭曰：

唯九月初吉戊甲，伯氏曰：“不其驭方猃狁广伐西俞。王命我羞追于西，余归来献禽（擒）。余命女（汝）御追于略，女（汝）以我车宕伐猃狁于高陶，女（汝）多折首执讯。”

不其簋是一件颇有来历的青铜器。自陈梦家先生指出“西周金文不其簋为秦人之器”以后[22]，李学勤先生进一步研究认定：铭文中的不其，就是《史记·十二诸侯年表》中载秦庄公名其之其，是秦国最早的一件青铜器，为秦庄公其器，“其年代当为前820年左右”[23]。李先生的观点受到学术界的高度重视，已为大家所接受。袁仲一、刘钰先生新出的《秦文字通假集释》就采取了这一观点[24]。另外，王辉先生在认同李学勤先生的基础上，提出此簋“作于秦仲后期，即周宣王六年（公元前822年）之前数年内”[25]。研读该簋所记，无论是秦仲还是庄公，都与陇山以西的甘肃天水及礼县有关。铭文记述猃狁犯周西部，周王命伯氏与不其抗击，并追于“西”。不其随伯氏作战得胜。伯氏回朝向周王献俘，命不其率车马继续追击于“略”及“高陶”，搏杀中多有斩获。审视这段珍贵的铭文记载，其中“西”与“略”两处涉及到天水及礼县一带。铭文“西”、“西俞”，均指陇山以西而言。所称“西俞”者，学者们释为西隅，泛指西部地区，是正确的。我认为“西俞”，亦可看作伐猃狁俞（逾）越陇山至西。《说文》释：“俞，空中木为舟也。”舟，渡水之工具，与逾、踰理相通。《史记·蒙恬列传》载：“若知贤而俞弗立，则是不忠而惑主也。”《史记索隐》注曰：“俞即踰也，音臾。谓知太子贤而踰久不立，是不忠也。”又《尚书·武成》载：“既戊午，师逾孟津。”《孔传》称：“逾亦作踰。”所以《史记·夏本纪》在全录《尚书·禹贡》时将原来的“逾于洛，至于南河”就写为“踰于洛，至于南河”。就此袁仲一、刘钰先生将俞通假为逾、踰是有道理的[26]。可见，西俞指踰于西是能够成立的，因为铭文在“西”之后紧接着出现了“略”。

略，作为地名首见于不其簋。其地以往多不详备。1989年甘肃天水放马滩战国秦汉墓群的发现解决了这一难题[27]。在一号秦墓中出土了七幅绘制于松木板上的地图，这是我国迄今为止所发现的最早地图实物。在第一块松板的A面“绘有山、水系，沟溪等地形。注明地名10处：邽（封）丘[28]、略、中田、广堂、南田、壂、灊、杨里、真里、邸”[29]。这个“略”（略里），正是不其簋中所记之“略”，也就是两汉以来的略阳道、略阳郡、略阳及《水经注》中“略阳川水”之“略”[30]。陈汉平先生在释不其簋中的“略”时说：“故疑‘略’字当读为‘略阳郡’之‘略’。‘略阳郡’为晋泰始中所置郡名，辖境相当今甘肃省静宁、庄浪、张家川、清水等县及天水、秦安、通渭部分地区，治所在临渭（今天水东北）。今天水东北之庄浪县城又名‘水洛城’，略、洛古音相同，故金文‘略’可读为‘略阳郡’之‘略’，‘水洛城’之‘洛’。”[31]略、洛，不但古音相同，就是在今天水的大部分乡村依旧同音，陈先生疑之即是。略，即略阳道、郡，《汉书·地理志》有记载。其地在今甘肃天水市秦安县东北九十里略阳川水（今清水河）流域的陇城镇一带，至今仍有两汉城残垣[32]。而翻过一道梁，便是庄浪之水洛城。西汉末年隗嚣居于陇上，建立“汉复”政权，便是依靠略阳作为军事重镇而成功地阻止了刘秀平陇蜀的战略实施。直到建武八年（公元32年）春，刘秀大将来歙“伐山开道，从番须、回中径至略阳”，用突然袭击的手段斩杀隗嚣守将金梁，袭得略阳城。刘秀闻知大喜过望，称“略阳嚣所依阻，心腹已坏，则制其支体易也”[33]。为了夺回略阳，隗嚣曾派王元、行巡、王孟、牛邯四员大将封锁陇山道，亲自指挥争夺。四川的公孙述也派兵支援，但未能得手。之后刘秀派众将上陇，河西的窦融又率兵支持，终于大败隗嚣。刘秀奇袭略阳，被军事家们认为是“腹内挖心”的战术，给予了很高的评价[34]。三国后期诸葛亮率军兵出祁山与魏争夺陇右，著名的街亭之战就是以略阳城为中心展开的[35]。所以魏明帝也说“昔光武遣兵悬据略阳，终以破隗嚣”[36]，就是向众将强调这一地区的重要性。

对“西”、“西垂”在渭水流域上游的考察，但绝不能排除“西”、“西县”在西汉水上游的存在，尤其是“西县”。“西县”是秦人继邽、冀、豲之后又一处所获得的实地。由于秦昭王二十六年（公元前281年）署铭“西工”的陇西郡戈在甘肃与陕西交界的凤阁岭（古蟠史关）一带出土[37]，以及礼县出土的“西工造戈”[38]，湖南岳阳城陵矶墓中发现秦昭王二十年（公元前287年）“西工师□”戈等[39]，有力地证明“西”作为县称及县治，至迟在秦昭王二十六年前就已经存在于“西”及“西垂”这一大范围之中。近年来西安秦章台遗址出土的秦封泥“西盐”[40]，秦陵北吴中村遗址“西道”印陶的发现[41]，再结合文献中楚汉之际周勃“围章邯废丘。破西丞”[42]，樊哙“还定三秦，别击西丞白水北”的记载[43]，还有天水出土的秦公簋器上外刻的“西”县表记等。说明西县在“西”及“西垂”中确占有重要的地位。其地，在西汉水上游，今天水市天水镇至礼县东北大堡子山及永兴乡赵坪与西和县长道乡一带，东西长约30公里、南北宽约1—3公里的河谷川地及西汉水两岸的台地上。具体县治，据《水经注》和近年来地下文物的出土与公布状况之综合考察分析，当在上述流域中部盐官镇偏东一带地。

三　西陵区与秦仲、庄公之墓

自韩伟先生的大著《论甘肃礼县出土的秦金箔饰片》在《文物》1995年第6期刊发后，引起了很大的震动。韩先生依据在国外见到的秦金箔饰片以及亲临大堡子山挖掘现场，得出礼县大堡子山是秦仲、秦庄公的陵墓；并且认为秦人的图腾“如果是鸱枭一类猛禽，则图腾意味更浓烈”，并指出秦人使用的黄金不产于当地，又得不到东方诸国及周王朝的提供，“因此，这些黄金很可能来自黄金产地的河西走廊或阿尔泰地区”。对此，有三个问题需要辨明。

首先，秦人所在的地区，尤其是礼县、西和一带不是不产黄金，而大量地生产黄金。西和、礼县一带在地质上称作“西成盆地”，属于西秦岭西段，该盆地有层控型铅锌矿，其储量和品位都居全国前列，还有铜、锑等，是著名的有色金属矿带，伴生的有砂金矿和含金石英矿，有着悠久的开采历史。近几年由于过度开采，已造成生态失衡，当地政府已在西和、礼县及天水一带明令限制，并封闭了不少小金矿。因此，秦人的金箔饰片所用的原料就来自于当地的砂金。当然也不能排除与河西等地的交往。

其次，秦人最初的图腾确实是燕子，并有各种实物为证。后来才转变为韩先生看到的鸱枭，这是受到生存环境的改变而变化的。其实迁到陇山西侧的秦人，在发展的历史长河中由于多与戎人相交，使观念意识都有所变化，其图腾也在不断演变。如近年来在渭水流域天水市辖的清水、张川一带出土的鹰型（一片4只对称）、龙（蟠螭）型、虎型、牛型（一组两只）、虎身马头食羊型等十分精美的金箔饰片，都反映出秦人的文化特性。而且这些金箔饰片与韩先生在国外看到的及收藏于甘肃省博物馆的礼县大堡子山出土的金箔饰片大体一样，但在年代上可能略早于礼县（我将有专文论证，此从略）。

再次，礼县大堡子山是否为秦仲、庄公之墓，是否为秦人唯一的西陵区，颇值得研究。

先说大堡子山。位于礼县东北 15 公里处。因山上有大土城堡（建于清末民国初年，系躲兵燹而修，这一带山上比比皆是）而名。一山兀起屹立于永兴河下游与西汉水交汇处，向东一眼可望见 30 公里长的河谷川地（包括古西县在内），与相距 10 余公里处的战略要冲祁山堡遥相呼应，具有很重要的军事价值，也是进入今礼县的东大门。在大堡子山，除了秦墓外我们还发现了秦人的生活垃圾等，可以断定大堡子不仅仅是墓葬区，而且也是生活区，不过生活区要略低于墓区。

礼县大堡子山秦墓的发现，对研究秦人早期在甘肃东部的历史意义相当重要。从目前所获取的不太丰富的实物资料，也足以弥补文献的许多不足，尤其是对于认识和理清楚西汉水流域与渭水流域秦人发展的先后关系，至关重要。大堡子山曾经出土了三十几枚石磬，据讲是在墓椁上的，应挂在四方形四根立柱的横梁上，当有四组四十八枚。由于盗墓者的破坏和随处掩埋砸碎，只剩下三十几枚。其中二十几枚被甘肃省博物馆收去 。就我们能看到的礼县博物馆所藏的几枚石磬而言，其色泽、石质、形制与雍城秦公一号大墓出土的石磬如出一辙，几乎可以认为出自同一处作坊。而且石料的来源，据我的调查，极有可能出自天水市的清水县。秦公大墓的年代，据韩伟、焦南峰先生的研究："基本确定为春秋中晚期之交继共公、恒公之后任秦国国君的秦景公"[44]，其年代应在公元前 576—前 537 年之间。依石磬而论，大堡子山墓葬的年代最早当在庄公。当然这还有待于最终的鉴别。对于大堡子山的年代，我曾与礼县博物馆的馆长张奎杰先生多次商讨，一致认为应在公元前 700 年左右，较之于渭水流域要晚若干年。去年在礼县赵坪（大堡子山东南）又出土了大量的精美的器物，据张馆长对我讲，年代又要晚于大堡子山。张馆长看法有理。秦仲为西垂大夫在秦亭被西戎杀死时，西犬丘在戎人手中，其葬当在秦亭一带为是。这在《秦本纪》里讲得很清楚。

在讨论西陵区的时候，有一个问题很值得重视。据韩伟先生的文章讲，礼县大堡子山的金箔饰片，经苏黎世联邦综合科技研究所莫尔夫人精心操作，从金虎的爪内提取 Wood32—ETH118TT、Wood33—ETH11878 两件木质标本，用碳十四分析标本年代。分析结果表明，Wood32—ETH11877，距今 2805±60 年，树轮校正年代为公元前 1085—前 825 年；Wood33—ETH11878，距今 2700±60 年，树较校正年代为公元前 943—前 791 年。这个年代十分重要，它既符合石兴邦先生认为的非子公元前 895 年的时代[45]，也符合秦仲至庄公（公元前 844—前 778 年）时代。而第一组的上限年代，则又与甘谷毛家坪的时代相合。

现在的问题是，在渭水流域的陇山西侧的清水、张川同时出现了至晚是与礼县大堡子山同一时期的金箔饰片，而且更粗犷。依照韩先生提供的年代值，我们如何才能圆满地解释这一现象呢？清水、张川一带目前虽未发现大型的秦人墓葬，但盗掘的高级别的墓葬群却不在少数。并且张川县城南的瓦泉村（秦亭所在地）就现存一处面积约 8000 平方米的秦人大墓。近年来也遭盗掘，并有大量的木炭出土，周围已有不少小型墓被盗，另外，在清水县秦早期墓葬尚有多处，很有可能出现大规模高级别的秦陵区。对于保护和普查，两县已列入议事日程，尤其是张川县，甘肃省文物局已发文加强保护瓦泉大墓。我相信在不久的将来会有新的振奋人心的结果面世。但是，在尚未揭开渭水流域秦人陵区之谜以前，依据目前两地现存的秦人金箔饰片及其他器物，定论礼县大堡子山为秦西陵区及秦仲、秦庄公之墓为时似乎偏早，因为非子、秦仲所居"秦"、"秦亭"之地出土的大量的高级别的秦人早期器物，将会给人们以意想不到的惊奇，同时也将会对以往的看法提出革命性的挑战，因为从地理方位上讲，张川、清水的秦墓也属于秦人的"西陵区"之范畴。

（《陕西历史博物馆馆刊》第七辑）

注释

［1］《史记正义》注《秦本纪》引《括地志》。

［2］《水经注·漾水注》。

［3］《观堂集林》卷十二《秦都邑考》。

［4］《王国维全集·书信》，第327页，中华书局1984年。

［5］《两周金文辞大系·秦公簋铭文考释》，科学出版社1956年。

［6］《左传》成公十三年。

［7］《史记·律书序》。

［8］《史记·秦本纪》。

［9］［19］徐日辉：《秦亭考》，《文史知识》1983年第1期。

［10］原甘肃省天水地区跨有渭水、西汉水两流域。辖有天水市、天水县、秦安县、清水县、张家川回族自治县、甘谷县、武山县、漳县、西和县、礼县、徽县、两当县。1985年将西和、礼、徽、两当四县划归陇南地区，漳县划归定西地区。

［11］［12］《甘肃甘谷毛家坪遗址发掘报告》，《考古学报》1987年第3期。

［13］《甘肃省文物考古工作十年》，《文物考古工作十年》，文物出版社1991年。

［14］赵化成：《寻找秦文化渊源的新线索》，《文博》1987年第1期。

［15］尚志儒：《早期嬴秦西迁史迹的考察》，《中国史研究》1990年第1期；汪勃、尹夏清：《关于秦人族源和秦文化渊源的几点认识》，《秦文化论丛》第三辑，西北大学出版社1994年。

［16］郭向东：《嬴秦西迁问题新探》，《秦文化论丛》第三辑，西北大学出版社1994年。

［17］徐日辉：《秦始县于甘肃二地考》，《社会科学》（甘肃）1984年第3期。

［18］徐日辉：《秦州史地》，陕西人民美术出版社1994年。又王世刚先生发表于《天水师专学报》1991年第2期题为《清水灵子城为绵诸古地新说》一文称，经过一星期的考察后提出绵诸道在今北道区东北二十余里处的清水县贾川乡林河村。

［20］王辉：《秦铜器铭文编年集释》，三秦出版社1990年。

［21］刘瑞：《秦信宫考——试论秦封泥出土地的性质》，《陕西历史博物馆馆刊》第五辑。

［22］陈梦家：《殷墟卜辞综述》，科学出版社1956年。

［23］李学勤：《秦国文物的新认识》，《文物》1980年第9期。

［24］［26］袁仲一、刘钰：《秦文字通假集释》，陕西人民教育出版社1999年。

［25］王辉：《秦铜器铭文编年集释》，三秦出版社1990年。

［27］《甘肃天水放马滩战国秦汉墓群的发掘》，《文物》1989年第2期。

［28］徐日辉：《邽丘辨——读天水〈放马滩秦墓出土简图〉札记》，《历史地理》第十四辑。

［29］何双全：《天水放马滩秦墓出土地图初探》，《文物》1989年第2期。

［30］《水经注·渭水注》。

［31］陈汉平：《金文编订补》，中国社会科学出版社1993年。

［33］《后汉书·来歙传》及注。

［34］《中国军事史》第二卷，解放军出版社1986年。

［35］徐日辉：《街亭考》，《兰州大学学报》1983年第3期。徐日辉《续〈街亭考〉》，《全国第九次诸葛亮学术研讨会论文集》，甘肃文化出版社1997年。

［36］《三国志·明帝纪》。

［37］王红武、吴大焱：《陕西宝鸡凤阁岭公社出土一批秦代文物》，《文物》1980年第9期。

［38］康世荣：《礼县红河——秦先祖的发祥地》，《礼县文史资料》第一辑。

［39］周世荣：《湖南楚墓出土古文字丛考》，《湖南考古辑刊》第一辑。

［40］《秦代封泥的重大发现》，《考古与文物》1997年第1期及《秦陵秦俑研究动态》1997年第1期。

［41］任隆：《说说秦印陶》，《中国书画报》1998 年 2 月 23 日。
［42］《史记·绛侯周勃世家》。
［43］《史记·樊哙列传》。
［44］韩伟、焦南峰：《秦都雍城考古发掘研究综述》，《考古与文物》1988 年第 5、6 期合刊。
［45］石兴邦：《秦代都城和陵墓的建制及其相关的历史意义》，《秦文化论丛》第一辑，西北大学出版社 1993 年。

说明：由于有各种原因没有随文提供详细的照片资料，请谅解。

论天水秦文化的形成及其特点

雍际春

一

所谓秦文化，就是特指伴随秦人、秦族、秦国的发展演变而产生和形成的变化。这一文化产生并形成于秦人的发祥之地陇右天水一带，经春秋战国时期的发展壮大，最终因秦国统一中国而上升为波及华夏、统治中国的文化。因而，它在中华民族和华夏文化发展史上都产生过巨大影响。秦文化的发展，经历了产生与形成、发展与壮大到上升为统治文化这样一个渐进的过程和阶段。秦人在陇右天水一带有长达300多年的发展过程。伴随着秦人的兴起和建国，秦文化也产生和形成，因此，天水地区就是秦人、秦族、秦文化的发祥地。然而，由于史料简略，特别是受传统史学观念的束缚和限制，人们谈及秦人建国前的历史与文化，往往将其视为戎狄，而与野蛮、落后划上等号，从而忽视了秦人自兴起至建国期间的文化创造和文化成就。这一偏见与谬误长期盛行，几成定论，已严重阻塞和限制了人们对秦人早期历史文化丰富内涵和真实面貌的认识。鉴于此，为了克服这种偏向，推动对秦人早期历史与文化研究的深入，提出天水秦文化这一学术概念，就显得非常必要。

任何一种文化，不论它后来的发展和趋向如何，这一文化的基本内核和特征，无不与其渊源和最初面貌有着无法割断的密切关系，也与生成这一文化的最初环境存在千丝万缕的联系。天水秦文化作为秦文化发展的活水源头和最初阶段，由于秦人历史的独特性及其生存环境的复杂性，其产生和形成，既有显著的民族特点，又有鲜明的地域特色。揭示这一文化的生成过程、丰富内涵和基本特点，对于探求此后秦人的崛起与强大至关重要、不可或缺。这也正是提出天水秦文化这一学术命题的目的和意义所在。

二

秦人族出东夷，以少昊苗裔、伯益之后自居，其始祖是卵生神话中的女修。这是秦人早在母系氏族社会留下自己足迹的反映。秦人的这位始祖女修是少昊支系颛顼的裔孙，她与少昊后裔通婚而生子大业；大业又娶中原黄帝族后裔女华为妻生子大费[1]。这反映出三层文化信息：其一，秦人始祖女修因吞玄鸟即燕子卵而生子，则揭示了秦人以燕子为图腾的来源；其二，大业的父族和母族都是少昊后裔，因而秦人奉少昊为先祖；其三，大费与女华的通婚，标志着东夷部落的秦人与炎黄部族已开始交往与融合，说明秦人很早就已与华夏族有了血缘关系和文化交往。

大业又称皋陶，大费又叫伯益，父子二人都曾辅佐帝舜与大禹，并屡建功勋而享有很高的威望。如伯益佐舜驯化鸟兽，又助大禹平治水土等。他们在舜禹时代显赫的地位，便利和推动了秦人的发展。后伯益在与夏启争夺王权的斗争中失败被杀，秦人的发展因此受到削弱，秦人部落也被迫分化与迁徙。

从女修至商周之际的秦人，其历史尚处于传说与历史相混杂的阶段。其间，秦人经历了两次兴衰起落和三次西迁。舜禹时代，秦人获姓嬴氏，地位日显，促成秦人的初步兴起，但至夏初，伯益被杀，秦人第一次受到打击而衰落。夏末，秦人叛夏归商，其“子孙或在中国，或在夷狄。……自太戊以下，中衍之后，遂世有功，以佐殷国，故嬴姓多显，遂为诸侯”[2]。秦人重新崛起并得到空前的发展。周人灭商过程中，秦人作为商朝的坚定追随者和反周势力而遭到周人的残酷镇压。这又一次打击不啻是一次灭顶之灾，嬴氏部族被迫离散、迁徙，而且秦人也失姓灭国沦为周人的部族奴隶而长期受到压制和排挤。秦人的第一次西迁发生于商初，在商人灭夏的战争中，属于东夷族的“九夷”部族中的畎夷，曾进军关中扫灭夏朝残余势力，战争之后即居留陕甘一带。部分秦人随畎夷而西迁。文献中留下的有关山东曹县、河南永城县、陕西兴平县和甘肃天水都曾有过“犬丘”一名的记载，正是上古地名随部族而迁移的反映。秦人的第二次西迁出现于商末，其时，秦人首领胥轩、中潏奉命西迁天水，“在西戎，保西垂”[3]。周初，周公东征，曾灭嬴姓十七国（《孟子·滕文公》），部分嬴姓部族被迫西迁至天水一带，与前次西迁的秦人会合，这就是秦人的第三次迁移。

秦人的两次起落、三次西迁经历了由夏初到商末周初长达千年的漫长过程，秦人与夏商及中原各族广泛、频繁而密切的交往，一方面促进了秦人自身的发展和文明进步，秦人不仅以培植水稻、发展农业而著称[4]，也以驯化鸟兽、发展畜牧和善御而见长；另一方面，秦人及其文化也完全汇入华夏民族与华夏文化。所以，秦人西迁天水之前，已经是华夏民族与华夏文化的一部分，秦人、秦文化的原始发祥地在东方。

商末，中潏在西戎、保西垂入居天水地区，秦人进入了世系清楚、有史可征的信史时代，也开始了秦人长达300多年的部族发展和文化创造活动。周初秦人遭到失姓灭国、被迫迁徙和沦为部族奴隶的沉重打击，周公东征后一部分西迁的嬴姓族人也入居天水和中潏子孙会合，从而形成秦人部族的主体。他们肩负起复兴本族的历史使命，承受失姓之辱和亡国灭族之恨的巨大创伤，面对残酷现实，无怨无悔迎接新的挑战，去主动适应完全陌生的新的生存环境，以重新振兴秦族和实现秦文化的再生。

秦人在天水地区的重新兴起和文化创造，是在一种极为险恶的生存环境中起步的。陇右天水一带东隔陇山与周室王畿之地相邻，其西、北两面广布戎、狄，西垂正处于周人与戎狄的夹缝之中。西北戎狄部族长期以来一直威胁着周王室的西部边界，现在秦人在群戎包围的形势下要定居下来并争取生存空间，无异于与虎谋皮，困难重重。与此同时，天水地区群山溪谷、山原广布和林茂草丰的自然环境，也与秦人原在中原的自然面貌大异其趣，这同样是一种新的挑战。好在秦人历经变故和磨难，又有农牧兼长的生产经验，在新的生存环境中，一面主动与西戎友好交往、虚心学习并通婚融合，开创了与西戎和睦相处的新局面，从而使秦人广泛吸收了戎狄文化的异质养料，为秦文化的再生注入了活力与新鲜血液；也使秦人赢得西戎的认可，在西垂站稳了脚跟；而且秦人也通过戎人的周旋与周王室改善了关系。另一方面，秦人因地制宜，趋利避害，发挥农牧兼长的优势，筚路蓝缕、披荆斩棘发展生产，种植黍、粟和养马牧畜均获得成功，出现农牧两旺的景象，为秦人的兴起和文化创造奠定了基本的物质基础。从天水市毛家坪与董家坪发现的西周时期秦墓遗址文化层表明，秦人屈肢葬、西首墓等葬俗[5]，显然是秦人受西戎文化影响的结果，而农业定居与随葬礼仪等又是秦人生活“周式化”的反映。实际上，人们习惯所称的秦人生活与文化的农耕文明因素，与其说是秦人“周式化”的产物，毋宁说是秦人在天水对此前中原农耕文化的保留和继承。总之，自中潏至非子八代秦人在天水地区艰苦卓绝的创业活动，终于使秦人开始摆脱困境、走向复兴，而天水秦文化也由此产生。

黄留珠先生对秦文化渊源曾精辟地概括为“源于东而兴于西”，指出“所谓‘源于东’者，是讲秦人、秦文化的原始发祥地在东方；而‘兴于西’者，是讲秦人、秦文化的复兴之地在西方。易言之，就是说秦文化有两个‘源’：一曰‘始发之源’，一曰‘复兴之源’。依据通例，始发源与复兴源是不同的，二者不可混为一谈。然而由于秦人经历了一个漫长的由东而西的迁居过程，在迁居之后，深受西方戎人文化的影响，乃至被戎化，这样其复兴就不是以原有文化为基础，而是在‘戎化’这一全新的起点上开始的。这种几乎是从零开始的复兴，使秦文化成为一个特殊的变例——即它在西方的复兴具有某种始发或曰再次起源的性质”[6]。秦文化的“再次起源”正是在非子受封之前完成的。所谓秦文化的“戎化”过程也主要是这一阶段出现的。

公元前872年，周孝王封非子为附庸，是秦人发展史上的里程碑，也是秦和西戎、周王室关系发生变化的转折点。秦人从此恢复嬴姓，也拥有了新的族号——秦，我们习称的秦人、秦族、秦文化也即由此而来。以非子受封为标志，秦文化的发展又由“戎化”进程转而向华夏文化回归。与此同时，受封又是秦人在周室政治地位上升的起点，从此秦人与西戎友好和睦的关系被兵戎相见所代替，周秦关系则由以前那种受压疏远转而协同一致，共同反戎。秦与西戎、周人关系的这一转换，既有现实利益的需要，更有深层的文化背景和民族心理因素。秦人虽然西迁天水后才开始稳定下来并走向复兴，但他们始终没有忘记失姓亡国之耻，因而有着强烈的回归故土、回归华夏进而重新崛起建国的愿望，此志代代相传而不移。要实现这一夙愿，得到周王室的认可，改善双方关系就成为不可超越的前提。一旦秦人在群戎包围的环境中立足已稳，则弃戎亲周就成为必然之举。而秦人扩充势力，又必然要从戎人手中争夺生存空间，因而，秦人和周人在对待西戎上利益一致，利害共同，只不过秦人又以反击西戎保卫西周西部安全为代价，需要周王室不断提高其地位作为补偿，借以壮大自身，崛起建国。从非子至襄公六代秦人百余年间，是秦人迅速发展的阶段，他们不惜失地亡君，惨淡经营，勉力抗击西戎，誓死保卫西周西部的安全，终于由附庸而大夫，由大夫而西垂大夫，进而位列诸侯，始建秦国，并得到周平王允许秦人东进关中的许诺[7]。在此阶段，秦人在文化发展上也是突飞猛进，秦仲时已“始有车马礼乐侍御之好”，襄公始国，更有一番从政治、军事、经济到制度、宗教、礼仪等各方面的文化建设，使秦人在物质文明和精神文明诸方面，都取得不亚于关东诸国的文明成就。尽管如此，秦文化中的“戎化”因素和自身特点，仍被中原文化视为戎狄之教而往往受到歧视。再加之秦人长期与西戎作战，既无力制服西戎，又常常遭受战失利的打击，进一步促使秦人更加自强不息、发愤图强。经过文公迁都关中至穆公的百余年发展，秦人终于拓地广境、称霸西戎，位列春秋五霸之一，成为东方诸国不敢轻视的诸侯大国，四百多年后，最终统一了中国。

三

据上可知，秦人的起源与发展经历了中原—天水—关中的运动轨迹，与之相适应的文化发展也有一个华夏化—戎化—回归华夏的转换升华的进程。所以，秦人西迁天水，在秦人发展史上，既是其重新兴起进而崛起建国的关键时期，也是其文化再生和升华发展的主要阶段。就秦人的崛起和文化特点而言，陇右天水才是秦人、秦族、秦文化的真正发祥地。可见，天水秦文化既是秦人重新崛起强大过程中走向文明的文化结晶，也是秦人建立霸业、统一中国的文化优势所在。无疑，这一文化具有不少显著的特点和潜在价值。

首先，天水秦文化具有强烈的兼容性和博大的开放性。天水地区是中华文明的起源地之一，以距今7800年前的大地湾文化为代表，包括西山坪和师赵村古遗址所揭示的文化信息表明，当地原始先民创造了堪称发达的史前文明；而古史传说系统中那些文化英雄如伏羲、女娲、黄帝亦出自这块神奇的土地。至于与中原仰韶、龙山文化前后相当的马家窑文化、齐家文化则是中原文化在甘陇一带的地域文化。这说明，在中华文明肇启之际，陇右天水一带已是一个各族交错、文明交汇和农牧文化相互碰撞之地。秦人迁入这块具有深厚文化土壤与多元文化背景的土地上，无疑不可避免地要受到当地人文环境的熏染和塑造。面对空前的生存压力，怀着强烈的复国回归心理的秦人，毫不犹豫地选择了兼容开放的文化政策，在固有华夏文化传统的基础上，入乡随俗，兼收并蓄西戎文化中对其有用的异质养料，也不断从周文化中吸取精华，从而迅速实现了摆脱困境、站稳脚跟而复兴再生的初衷；也使秦人在群戎环峙中由弱到强、脱颖而出。传统所谓天水秦文化的“戎化”倾向和“周式化”风格，实际上正是秦文化具有兼容性特点的最好注解；兼容性特点又促成秦文化产生开放、进取的价值观念，这对于秦人及其秦文化的发展壮大与文化优势的积淀都至关重要。

其次，天水秦文化具有鲜明的功利色彩和进取精神。秦人西迁天水，是在亡国失姓、遭受打击的情况下完成的，其回归故土振兴旧业的愿望始终不坠；而中原诸国与华夏文化对秦人的歧视与排挤，更是激起秦人奋起直追、后来居上的跃进意识，并且一以贯之。秦人不惜失地亡君和血的代价，世代与西戎争战，以求得周室的重视和提拔；秦人在祭祀、丧葬乃至礼乐制度等方面不断僭越礼制名分的大胆之举，还有多神崇拜的宗教信仰，无不是这个后起的民族功利心理的集中展现。这一切既是秦人励图崛起、建立霸业、入主中原政治抱负的体现，也是他们跻身华夏、回归中原文化心理渴求的反映。功利心理的强化和延续，孕育了其致力强大的进取精神。正是这种进取精神，不断推动和塑造了秦人不畏艰难、百折不挠实现理想与目标的坚定信念，并支撑秦人取得自身发展和文化勃兴的辉煌业绩。

再次，天水秦文化具有典型的尚武精神。秦人入居天水，与长于游猎骑射、强健勇猛的戎狄部落为伍，面对高原旷野、山林野兽出没和放牧驰骋的环境，特别是与戎狄部族旷日持久的对峙与血战，练就了秦人轻死重义、果敢勇猛、粗犷悍厉的民族气质和洋溢着不怕困难、积极向上、开拓进取的乐观精神。秦人文化中像《石鼓文》和《秦风》等文学作品，多以歌颂本民族车马田狩和赳赳武夫的内容为主。秦人正是挟持这种大无畏的文化优势，一江春水向东流，走向强大、建立霸业进而扫灭六合，一统天下。而且影响所及，直至两汉魏晋，秦人故地西北地区仍然名将辈出，雄风不减，六郡良家子、十二郡骑士金戈铁马、驰骋疆场，关东出相、关西出将常为人们津津乐道。所谓“山西天水、陇西、安定、北地处势迫近羌胡，民俗修习战备，高上勇力，鞍马骑射。故秦诗曰：‘王于兴师，修我甲兵，与子偕行。’其风声气俗，自古而然，今之歌谣慷慨，风流犹存耳”（《汉书·赵充国传》）[8]。正是对天水秦文化尚武精神的极好概括。

第四，天水秦文化具有质朴无华的风格。秦人那种兼容开放的文化政策和功利主义的价值取向的长期推行，在民众习俗中又形成了质朴豪爽、朴实现实的文化风格。在秦人的领地，既少周文化中的宗法等级约束，亦无齐鲁之邦崇厚礼教的传统。秦人不仅没有实行嫡长子继承制，而且缺乏严格的礼仪道德修养，他们重视和追求的是现世世俗生活。如在宗教信仰上，他们对山川、人物、动物、植物乃至星宿都可祭祀崇拜，这种多神崇拜和鬼神观念更表现出直观、质朴的世俗特色，“天”、“上帝”均与世间事物对称，而且与道德伦理无关，没有理论的上升。在音乐上，那种敲击瓦器、呜呜快耳的“秦声”，正是秦人久居地老天荒的西北高原而产生那种苍凉粗犷、古朴厚重、雄奇激越的民俗文化的生动写照。

四

我们从秦人兴起壮大的艰难足迹中发现，秦人在天水的文化建树，既内涵丰富，又独树一帜。其文明成就和文化水平都达到相当的高度。由于这种文化包含着不少戎狄游牧文化的因素，是一种以华戎交汇、农牧并举为特征，具有秦人、秦地特色的新文化，与中原农耕文明及其文化自然面貌不同，差别明显。无论周人还是中原诸侯，从自身政治需要和价值观念、文化标准出发，斥秦人及其秦文化为“戎狄之教”，与野蛮、落后等同，显然是有失客观公允的偏见与歧视。如秦人贵族中就不乏精通诗书礼乐修养之人，秦穆公以秦国拥有“中国诗书礼乐法度为政”自居[9]，（《秦本纪》）坐而论道、出口成章、滔滔不绝，就是一个典型例子。如果我们从科学的立场出发，排除传统观念的干扰与限制，揭开秦人早期兴起发展的神秘面纱，展现在我们面前的天水秦文化，是一派生机勃勃、洋溢着青春活力而充满希望的景象。它有“胡风汉俗共相融”，“华性夷种共一家”的气度，开放进取、兼容质朴；富有刚健雄奇、尚武重利的特色和积极向上、开拓进取的精神风格。虽然秦人入关之后，由于地域的变化和发展、统一的需要，秦人文化中农耕文明的成分不断上升，但积淀于秦人民族心灵深处的固有特质和文化内核，却始终永葆活力、威力不衰。正是秦人所特有的民族气质、价值追求和文化优势，奠定了其铁骑东向，扫灭六合统一中国的文化基础，并最终完成了一统天下的大业。此后，秦人那种“同书文字、匡饬易俗，”吞纳六国文化精粹，儒法互补、尚武轻文和皇帝集权的文化模式对以后中国产生了深远影响，还有那“秦汉雄风”的形成，究其渊源，无不与天水秦文化具有水乳交融的联系。

不难看出，秦人入居天水所创造和得到发展的天水秦文化，既是后来一统天下，升华为中国主体文化的源头，而且它也构成了天水古代地域文化的基本特征和鲜明风格，谱写了天水地域文化辉煌灿烂的新乐章。

（《天水师范学院学报》2000 年第 4 期）

参考文献

［1］杨东晨：《秦人秘史》，第 52 页，陕西人民教育出版社 1991 第。

［2］司马迁：《史记》，中华书局 1978 年。

［3］李江浙：《秦人起源范县说》，《民族研究》1988 年第 4 期。

［4］甘肃省文物工作队、北京大学考古学系：《甘肃甘谷毛家坪遗址发掘报告》，《考古学报》1987 年第 3 期。

［5］黄留珠：《秦文化二源说》，《西北大学学报》1995 年第 3 期。

注释

［1］杨东晨：《秦人秘史》，第 52 页，陕西人民教育出版社 1991 年。

［2］［3］［7］［9］司马迁：《史记·秦本纪》，中华书局 1978 年。

［4］李江浙：《秦人起源范县说》，《民族研究》1998 年第 4 期。

［5］甘肃省文物工作队、北京大学考古学系：《甘肃甘谷毛家坪遗址报告》，《考古学报》1987 年第 3 期。

［6］黄留珠：《秦文化二源说》，《西北大学学报》1995 年第 3 期。

［8］班固：《汉书·赵充国传》，中华书局 1979 年。

礼县等地所见早期秦文化遗存有关问题刍论

张天恩

二十世纪八十年代前期，考古工作者在甘肃谷县的毛家坪遗址[1]发掘到一批与秦有联系的西周文化遗存之后，学术界就开始觉察到，中国古文献所记秦国初期的历史具有较大的可信性。仅仅过了十个年头，许多铸有“秦公”铭文的珍贵青铜器就出现在国外和香港，随后即有传闻，秦公器实出于甘肃礼县大堡子山被盗掘的古代大墓。显然，这里是一处秦公墓地，或称陵区。秦公墓惨遭盗掘，使人痛感惋惜，所幸有贤达之士和有关部门收购和追缴了部分文物，使一批直接关乎秦国早期历史的实物资料得以回归，长期以来求之不得的秦西山陵区遂得确认。

毫无疑问，这些发现和礼县等地与秦有关的其他资料，近年来已成为探讨早期秦文化和历史的热门话题，许多课题的研究正在不断深入。受此影响，笔者亦望充数其中，拟对有关的一些问题略抒己见，不当之处，祈请斧正。

一　试议犬丘的地望

大堡子山的发现，实实在在地把秦西山陵区确定在西距礼县县城13公里、东北距天水市约84公里的黄土山峁之上，这无疑对进一步寻找秦人早期在陇山以西活动时所居的都邑——犬丘，获得了一个最为明确的坐标。

犬丘及西垂，是与秦民族的兴起紧密相连的地方。《秦本纪》载有中潏“在西戎，保西垂”、“非子居犬丘”等。涉及秦史研究的学者，均无法不去尽心考辨和论证其具体的所在。但由于文献记载不详，以往又缺少过硬的考古资料佐证，所论难免含糊不明。

西垂所指，历来说法不一，而主要的差别在于是泛称还是说具体地点。

文献所记本来就不确定，在不同的语言环境中，表达着不同的意思，读者必然会有具体的小地方，和睦与否，对周王朝又有多大的意义呢？申侯以之作为谏阻周孝王拟以非子为大骆适嗣的理由，恐难收到什么效果。既然申侯能以此说服孝王，当指一个比较大的区域范围，应以指整个西部边陲为宜；而“文公元年，居西垂宫”的西垂，肯定非常具体。

因此，要将两者整合并不容易。但考虑至在西垂的某一地点建起一座宫室，而且“西垂”来命名，确也未尝不可。所以，我们赞同泛指西部边陲的看法。

犬丘，则是西垂的一个具体地方，还是居于陇右的嬴秦民族领有地区的首邑，或可称为都城。文献所记犬丘的所在地，除了涉及可能是秦人更早的活动地陕西兴平外，基本是以汉代陇西郡的西县当之。《水经注·漾水》记：“西汉水又西南合杨廉川水，水出西谷，众川泻流，合成一川，东南流，经西县故城北。秦庄公伐西戎破之，周宣王与其先大骆犬丘之地，为西垂大夫，亦西垂宫也。”杨廉川水，今已无其名。若依《水经注》所说，其水多支流，是一条较大的水系，处盐官（即今礼县盐关镇一带）以东的西汉水上游地区，最大可能应是现在的红河。以之推求，汉代西县以及秦之犬丘当在戏河中下游的南岸，西汉水北岸的较远处。《史记》正义引《括地志》云：“秦州上邽县西南九十里，汉陇西西县是也。”秦州上邽县即今天水市，所指里程位置约略接近。

王国维等申述古书中的西垂、犬丘，以礼县、西和一带为解[2]。今人多从之，然实亦笼统之说。概言之近是，细推是不详。近有研究者也以《水经注》立论，认为杨廉川水又名西谷，亦以今红河当之。但谓西犬丘在盐关堡东南2.5公里的西汉水南岸[3]之说，恐有误读《水经注》之谦。已有学者指出其误，并据大堡子山的发现而谓“犬丘故址可能就在墓地不远处的汉水北岸一带”[4]。此论以大堡子山墓地为基点，并引秦雍城陵区距雍城不远为例，可以说是虽不中亦不远矣。

近悉甘肃考古部门于1998年，在礼县永兴乡赵坪村的圆顶子山，又发掘了春秋秦墓地一处[5]。具体位置在大堡子山东南方向约3公里处的西汉水南岸阶地上，北临西汉水，东傍西和河，西有小河沟，阶地的地势高平宽广，河谷开阔，自然环境优越。这一发现，无疑为确定犬丘的所在，又增添了新的线索。

赵坪墓地会有多少墓葬，未见进一步的报道。已发掘的有中型墓两座，小型墓和车马坑各一座。其中M2出的礼器有七鼎六簋等，M1出五鼎四簋等。所能见到的鼎、簋、壶、甗、盉、匜等，造型多大气华美，显然属于秦国青铜器之精品。全部铜器均未见铭文，自应不是秦公之墓，但亦当为秦国高级贵族，绝非一般人所能拥有。鼎、簋的形制纹饰，增多酷似陇县边家庄1979年一号墓所出的同类器[6]。而鼎的蹄足中部均加有一道箍，更与边家庄M：1镬鼎雷同，与边家庄M1其他鼎稍异。比照秦器演变的特点，可知赵坪的年代，明显晚于大堡子山两座大墓，约与春秋早期偏晚的边家庄79M1相当或略晚，但要比春秋中期的福临堡M1[7]为早，基本可以确定在春秋早中期之交，估计相当于秦武公、德公或宣公时期。

赵坪的发现说明，早期秦公的陵区位于大堡子山，而另有秦国的贵族墓地处于赵坪附近的圆顶子山。考古资料揭示，商周至春秋时期的都邑与陵墓的分布有一个特点，一般平民和部分贵族的墓葬处都邑附近甚至其内，王公陵墓多距都邑有一定的距离。而且常有近（或隔）水就高置陵的现象，墓地附近一般有河流[8]。我们熟知的殷墟，宫殿和遗址区主要分布在洹水南岸小屯附近，西起白家庄、戚家庄，东至京广线一带。其间多有商代中小型墓发现，并有“妇好”墓这样较大的王室成员的墓葬。商王陵区集中在洹水北岸武官村、侯家庄之北的西北冈一带，距小屯宫殿区约2.5公里[9]。西周都邑周原、丰、镐的遗址区内或附近，多有中小型墓葬。沣西张家坡、大原村一带的中小型墓数以千计，并发现了身份相当高的贵族井叔家族墓地[10]，但至今尚没有发现西周王陵的任何线索，表明其可能不在遗址的范围之内。《史记》正义引《括地志》说周武王墓在雍州万年县西南二十八里毕原上。古本《竹书纪年》说：“毕西于丰三十里。”假如，这些说法有真实性，则王陵与都城丰镐的距离就更远了。还有晋、虢、燕等诸侯的都邑与陵区的设置亦类此。

就秦国本身而言，先公、先王以及秦始皇的陵墓都在国都雍城、咸阳之外，相距近则数公里，远则数十公里，中小型墓则多见于近郊。这种现象的出现，应是由于王陵墓过大，需选土厚水深之地营建所致。所以，大堡子山既是陵区，就不可能再是其都邑犬丘所在地。这里地势高，并可采到西周至战国的陶片，但也不会是主要居住区的遗留，而有可能属于守陵、墓祭有关的居留遗存，或是早于墓地的居址。

另外一处较高级的贵族墓地位于圆顶子山，在西汉水南岸的阶地上，附近的赵坪、龙槐村周围，三面临水，地势平缓，自然条件优越，是人类聚居生息的理想处所。在这一带，西汉水南岸水系较发达，河谷开阔，现代村落连绵，树木葱茏，人烟稠密，文献记载，这一地区在三国时期及其前后，曾是富庶之地。《水经注·漾水》记西汉水流经祁山军（当为今祁山乡所在地），自南来汇的有鸡水、建安水、申谷水等（其中建安水为大，所汇诸多水流。以今之地形度之，祁山乡以西的南岸众水之中，西和水最大，作众多支流，知其应是建安水）。然后，“经南岈北岈中，上下有二城相对，左右坟垅低昴，亘山被阜。古谚云：南岈北岈，万有余家。诸葛亮言：祁山去沮县五百里，有民万户。瞩其邱墟，信为殷矣”。而据有关考古资料的介绍，赵坪恰是一处范围较大的古代文化遗存，长 700、宽 300 米，面积约 21 万平方米[11]。这在西汉水上游地区调查发现的古遗址中，属于最大者之一。

一处较大的周代遗址，连接着春秋时期秦国的贵族墓地，与之相对的是处于西汉水西北岸，相距仅 3 公里的大堡子山秦公墓地——西山陵区，这就不能不予考虑，其就很有可能正是我们所要寻找的犬丘故地。

对照前述的有关资料，与时代相当的都邑和陵区所处位置是多么一致。也与《管子·乘马篇》“凡立国都，非于大山之下，必于广川之上。高毋近旱，而水用足。下毋近水，而沟防省。因天材，就地利”的说法较相吻合。犬丘建立之初，并不一定有这种建筑思想，但秦人作为来自有着悠久的筑城传统的东方民族，客居西土，处戎狄之间，从生存和安全着想，选择这样一个较优越的环境，应是一种自然而实际的需要。

如果将来在与西汉水交汇处的西和河下游沿岸，找不到更大、更好的周代遗址的话，犬丘则非赵平遗址莫属。新出的《礼县志》说犬丘在今永兴乡一带。但不知是指赵坪遗址，还是其他地方，书中没有进一步的说明，也未说出更确切的证据和具体的地点。既有这样的说法，亦必有其道理。总之，这种看法和笔者的意见是最为接近的。

二　从有关考古资料试探秦人在陇右活动的时间

1982—1983 年，有关单位对甘肃省谷毛家坪遗址进行了发掘，发现了一批重要的周代文化遗存。发掘者认为其中的 A 类遗存属于秦文化，年代从西周一直延续到战国中期晚，上限已可以到西周早期[12]，从而提供了西周早中期秦人就已活动于陇山以西的基本线索。由于当时没有发现秦人早期的中心聚落（或说都邑），致使研究者对能否在文献记载的秦人活动的中心地区，西汉水上游犬丘和清水流域找到其存在的踪迹仍存疑虑。

明确了秦公所葬的西山陵区和犬丘遗址的位置以后，秦民族早期活动的历史，已经得到了最直截了当的实证。对于过去有些学者所说秦人没有到过陇山以西的意见，当然就不必理会了。但还应当回答一个最重要，而紧密联系的问题，就是他们从何时起生活在这里，特别是西汉水上游地区。

虽然，西山陵区的年代只能推至两周之际的襄公时代[13]，但由其位置是在文献所记西汉水上游的犬丘附近，而不是在清水流域的秦邑周围，则明确地告诉我们，这一地区早从非子之前，即西周中期以前，就已经是秦人领地的这个事实。

因为，襄公一系的祖先是非子，所封之地为清水的秦邑。《秦本纪》说：“非子居犬丘，好马及畜，善养息之。犬丘人言之周孝王，孝王召使主马于千渭之间，马大蕃息。……孝王曰：‘昔伯翳为舜主畜，畜多息，故有土，赐姓嬴。今其后世亦为朕息马，朕其分土为附庸。’邑之秦，使复续嬴氏祀，号曰秦嬴。”秦，集解引徐广曰：“今天水陇西县秦亭也。”正主引《扩地志》云：“秦州清水县本书秦，嬴姓邑。”很清楚，秦是周孝王以非子为附庸的分土，在甘肃清水县境内，和非子曾居住过的犬丘不是一地。据说，清水及相邻的张家川也发现了不少动物纹的金饰片，并有属于秦人的墓地，其中还有高级别的墓葬[14]。如此说确凿，无疑将对进一步考定秦邑的地望有非常重要的意义。

到了周宣王时期，襄公之父庄公才从戎人手中夺回其先大骆地犬丘，非子一系又回到了西汉水上游。《秦本纪》载：“秦仲三年，周厉王无道，诸侯或叛之。西戎反王室，灭犬丘大骆之族。周宣王即位，乃以秦仲为大夫，诛西戎。西戎杀秦仲。秦仲立二十三年，死于戎。有子五人，其长者曰庄公。周宣王乃召庄公昆弟五人，与兵七千人，使伐西戎，破之。于是复予秦仲后，及其先大骆地犬丘并有之，为西垂大夫。”显然，犬丘原为大骆及其以前的秦先祖所据有。一度曾被西戎占据，后经秦仲、庄公两代人的浴血奋战后再有其地。西山陵区的发现，很好地印证了文献这些记载的可靠性。

我们再对礼县及附近的天水一带的有关考古资料进行分析，还能进一步了解非子之前秦人在西汉水上游生存的线索。

1958年，考古调查在天水市采集陶簋和陶鬲各一件[15]。陶簋形制为盆形，折腹，高圈足。与沣西张家坡西周墓地第一期的I、II型式簋[16]较相似，张家坡一期相当于武、成时期，这件簋的年代应相近。鬲也有西周早期的特征。

李学勤先生曾介绍过三件青铜车器，为两年车害（其一带辖），一件轴饰[17]。说昌见于《陇南丛书》内冯国瑞的《天水出土秦器考汇》，其中的《秦车辖国说》记：三十三年（1944）秋，天水南乡暴雨后出土古车数两（辆），器饰零碎颇多，且有髹漆饰轮之属，初未戏期的风格。李学勤以为这三器与宝鸡茹家庄车以坑同类器比较相似，年代则同于茹家庄墓葬，相当穆王时期，比非子还要早些，参看附图，其说可从。天水南乡，大约应在今天水市南秦城区境内，地与礼县西北部接壤。

这里既发现了车马坑，必然会有不同时期的墓葬及遗址。与采集的鬲、簋等陶器，天水县董家坪遗存[18]等，其同显示出西汉水上游附近确有西周早中期的文化遗存。其重要之点在于更靠近秦人早期活动的中心，并是居于陇南的嬴秦族与周王朝的统治中心关中地区沟通的交通要道。

而更能引起我们注意的，则是礼县发现的一组青铜器。为一鼎一簋。资料尚未正式发表，照片刊登在《礼县志》。笔者参观礼县博物馆时揣摩过实物，并听县馆馆长讲，系同出于今礼民县县城西。一鼎一簋的组合，很可能是一座墓葬的随葬品。

铜鼎为微敛口，立耳，深直腹，柱足。上腹饰一周圆泡纹，腹内壁一侧铸有铭文，外为“亚”字框，框内有一族徽及三字。鼎的形制为殷墟晚期的常见样式，圆泡纹始见于殷墟二期，三、四期亦可见，陕西绥德任家沟晚商墓出土过一件[19]。带“亚”字框铭文的铜器，均为商器，并被认为是爵位的标识，唐兰先生说：“凡此亚旅之文，前人多不详其解，得甲骨金文互证，始可定亚为爵称。”[20]丁山先生引申唐说：“凡卜辞金文所谓‘亚某’者，皆畿服内的诸侯。”[21]可见这件鼎的年代为商代晚期。

铜簋为乳钉纹盆形簋，颈下及圈足饰卷夔龙，有浮雕兽面分隔，腹饰云雷乳钉纹为先周文化的典型铜器，邹衡先生已有陈说[22]。主要见于周人的发祥地关中西部，相邻的甘肃东部崇信等县也有零星发现，年代基本都在商代晚期。乳钉粗壮，尖端圆钝者较早，可到殷墟三期，饰尖细乳钉纹的标本，一般相当于殷墟四期。该簋的特征属后者，与鼎的年代大体一致。鼎簋的组合形式，与商人不同，而有先周铜器墓的特点，反映了墓葬与先周文化有关。

与先周有关的墓葬，既有周式簋随葬，又出商式鼎并带有商式铭文，说明墓主人在商代晚期隶属于先周文化，但又曾经与商王朝存在过一定的牵连，而最后却生活并死葬在西汉水上游的礼县。史书记载，秦之先确曾服务于商王朝，又“以亲故归周”，后“保西垂”活动于陇右。这就不能不使人考虑，此墓所代表的族属就是西迁陇南的嬴秦祖先，或与嬴秦民族有着相似命运而同迁西垂的商遗民。至此，就可以认为，考古学材料已在一定程度上将嬴秦民族生活在西汉水上游地区的时间，推早到商代末期。可见，文献对这一方面记载的正确性，实在是不容忽视。

三　嬴秦民族西迁陇右的历史背景

这里，有必要先回顾一下秦人更为久远的历史。

按照文献的记载，嬴姓氏族出于东夷。《秦本纪》说秦为颛顼之苗裔，早在夏代末期就同商民族有了密切的联系。秦之先“费昌当夏桀之间，去夏归商，为汤御，败桀于鸣条”，而“自太戊以下，中衍之后，遂世有功，以佐殷国，故嬴姓多显，遂为诸侯”。

但是，作为殷商王朝诸侯的东土嬴秦部族，因何迁徙并一直到了偏远的西垂，历史文献虽然没有比较明确的记录，但也有一些蛛丝马迹可寻。随着考古学的发展，少量有关的考古材料线索，在被研究梳理后也渐露端倪。

《古本竹书纪年》记载夏桀时“畎夷入居豳、岐之间”。《后汉书·西羌传》说“后桀之乱，畎夷入居邠、岐之间”，当本于《纪年》。豳（或邠）、岐之间，当指今陕西的彬县到岐山县的区域。畎夷本属东夷的一支，与嬴姓有关，这里就透露了嬴姓民族曾徙居于关中西部的最早线索。其原因，史书并无说明，其应是“费昌当夏桀之时，去夏归商，为汤御，败桀于鸣条”，这一史实延展和继续的结果。

对于此点，段连勤先生曾有精到论述，认为是商族和东夷的联军在灭夏时，扫荡夏的残余势力而流入关中，畎夷曾经居住之地后被称为畎丘或犬。这就是陕西兴平曾称为犬丘的来历。“由山东曹县、河南永城的犬丘，到陕西兴平、甘肃天水的犬丘。这正是畎夷由我国东方移至我国西方所走足迹。”[23]关中西部本是周人的起源和发祥之地，嬴姓民族既到了这里，与周族发生关系就已是不可避免的事情了。

秦人祖先与先周文化联系的考古学线索，是邹衡先生最先发现和研究出来的一个学术课题。他指出可能是出土于联系的考古学线索，是邹衡先生最先发现和研究出来的一个学术课题。他指出可能是出土于陕甘地区的一件先周式铜罐，带有“亚”字框的“隼”形族徽，可称为“亚隼罐”。与多件类似族徽的铜器，以及甲骨文的“𠂤”、“隼”氏族，为同一部族。代表的可能是一个善于捕鸟的民族，其族内必有一个善于捕鸟（或捕鸟兽）的祖先，曾任过商或其以前的鸟（或鸟兽）官，而其子孙又住在今陕甘一带的先周文化区域内，就不难把这个民族和秦的祖先联系起来，卜辞记载该被商王派到陕西或山西开荒，也就意味着开拓疆土，免不了入境从俗，年代经久，渐被同化，到了商末，其族就使用先周文化了[24]。

近年来，邹先生的这一观点引起了研究者的重视，遂被进一步引申推演，将发现于关中西部扶风壹家堡的一类商文化遗存，直接与“隼”氏族相对应，视为商代的秦文化[25]，或以为中潏归周后，秦人使用的是先周文化，此前，使用的应是磁中地区的商文化[26]。

关中地区的商文化的面貌，随着近20年的考古工作开展，已基本廓清，自泾河下游至西安一线为界，分为有一定差异的东、西两部分。关中东部，从二里冈下层偏早阶段开始，就已经纳入商王朝的统治，成为早商文化“二里冈型”[27]的分布区域，文化面貌与中原的郑州、偃师等地的典型商文化有较多的一致性。晚商时期发生了变化，老牛坡遗址晚商遗存[28]与殷墟文化出现了一些差别。

关中西部商文化遗存面貌较复杂，与中原及关中东部地区的商文化差异较大。笔者依据礼泉朱马嘴、扶风壹家堡及周原地区发掘和发现的商文化遗存，对此问题进行过较全面的研究[29]，已经能较清楚的了解到，商文化是从二里冈上层偏早阶段分布到关中西部的周原以东至泾河下游、西安以西地区，周原及畤沟河以西再未见商文化的遗迹。经历了二里冈上层、殷墟一期、殷墟二期或略晚这样一个较长的发展时期。文化内涵除了商文化为主外，还有属于先周、刘家、碾子坡等关中地方文化因素，与典型商文化有较明显差别的文化遗存，我赞成了最初“京当型”[30]的命名，只是将原来的限于早商年代延伸到晚商时期。殷墟三期及其以后，这一地区已见不到商文化遗存的线索，成为自西而来的刘家文化的自东北而来的先周文化之分布区，宣告了京当型的最后消亡。

如果《古本竹书纪年》等文献所说“畎夷入居邠、岐之间”确指嬴秦民族不误，则与京当型的分布区域恰是相吻合的。虽然，京当型出现的年代较晚，与夏代灭亡已有一定时距。但在这一区域内，特别是偏东的兴平一带，将来发现更早商文化的可能也许不可排除。因此，可以认为嬴姓民族就是京当型的一个组成部分。笔者分析过京当型商文化的族群构成，认为除了属于商王族系的子姓人群，如曾居于周原的目族等以外，还有与商王朝关系密切的嬴秦祖先，以及出于夏遗民后裔的崇族，与先周文化有关的当地居民等[31]。因而，以为磁中西部的京当型商文化（或被称为壹家堡类型）就等于商代秦文化的认识，则又是失于偏颇。而本末倒置了。

至于京当型消亡后其人群的去向，笔者有过分析，以为主要有两个：其一，迁回中原或远走他乡，只能是少数贵族和上层人所取；其二，继续留居原地，归附于周人，应是大多数中下层人群的出路[32]。很有可能，嬴秦祖先和许多的京当型商文化的遗民走的是后一条道路，约从殷墟三期的后段起，为先周文化所同化。这样一来，就与邹先生的看法趋于一致，也将秦之先与商人及周人的纠葛理出了眉目。

至此，也就不难想像，包括嬴姓氏族在内的京当型商文化遗民，必然会在很大程度上沦为周人驱使的工具，当先周文化势力在商末向陕甘地区迅猛扩张的时候，他们也就不可避免地充当起周人开拓疆域的一部分有生力量。随着先周统治集团对陇山以西经营的战略需要，嬴姓氏族和一部分京当型遗民便可能被派遣而后安置于西汉水上游地区，以固西部边防。《秦本纪》的中潏“以亲故归周，保西垂，西垂以其故和睦”，是之谓也。而礼县城西墓葬的铜器，无论是时代、组合特点，还是其所含的文化信息，将其视为归附于先周的嬴秦祖先或其他的京当型遗民的遗存，应是不错的。分析到这里，对于秦人早期迁徙的曲折复杂的历史文化背景，也就有了一个基本的认识。

还有一点，仍需加以说明，即商末及西周时期居于西垂的秦了，只是周文化发展到陇右势力的一部分，这一地区并非全为嬴秦民族的占领区，渭河上游和西汉水上游地区的周文化遗存，也不完全等于西周的秦文化，特别是西周中期以前，更应是如此。

四　秦人长期经营犬丘的原因试析

上文的研究已能较清楚地表明，西汉水上游的犬丘地区从商代晚期就成为秦人的又一生息之地，到非子时已有近于二百年的历史，当然可称为祖宗基业。至少到襄公时还将陵区措置于附近的大堡子山，可知嬴秦子孙对犬丘的重视程度，远远超过了秦邑，一个重要的原因就是此地本为秦人在陇右活动的最早根据地。

这就不难理解了嬴秦子孙特别重视犬丘，拼死以争之，徙邑营陵以固之的道理所在。因其地位远非经营了几十年的秦邑可比。

不过，这可能还不是最本质的问题。而更深层的原因，却极有可能与经济利益有较大的关系。

陇南的西汉水上游，属于长江流域，对甘肃境内及中国西北部地区来说，雨量较为充沛，物产较为丰富，自然条件优越，生存环境远比偏北的清水一带良好。此点，也应加以考虑。

而尤其值得注意的是，犬丘附近的盐关镇一带，本是一个古代井盐生产区。汉代在此设有盐官，三国魏晋时期谓之卤城，中唐时期还有相当规模的盐业生产。安史之乱，杜甫在秦州避乱所作的《盐井》诗："卤中草木白，青者官盐烟。官作既有程，煮盐烟在川。汲井岁榾滑，出车日连连。"就是对这里井盐生产情景的描述。

盐业生产不仅关系民生大事，而且具有极高的经济及军用价值，历代王朝都非常重视，一直是由国家官府直接控制经营的行业。《晋书·食货志》记怀觊语："盐者国之大宝。"又记嘉平四年，司马懿"表徙翼州农夫五千人佃上邽，兴京兆、天水、南安盐池，以益军实"。故秦人倾注全部心血和热情争夺该地区的潜在因素，应是为了获得这一盐业基地的控制权。而在商代晚期，先周文化将其势扩展到偏远的陇南一隅，并置秦之先等源于东方的人群保守斯土之目的，实际亦可能是出于此目的。发祥于关中西部的先周文化，除了陇南之外，统治区及周围再无更近的产盐区。随着其势力的扩展，仅依赖与他人的交换贸易得到盐资源，势必受制于人，而影响自身的发展。

秦人后来所走的道路，与周人如出一辙。因而，因向东方发展的过程中，从未放松过对西汉水上游的经营的原因，除了为了护卫先祖的陵寝外，不可否认应有保证军民用盐供给的意义。近年西安出土的秦封泥文字有"西盐"，就是对此认识的绝佳实证。"西"应即西县。"西盐"当是处于西县有司盐衙署。秦文字资料中与盐有关者，迄今只此一例，却是来自西县，可见，到秦统一前后，西盐对秦帝国仍很重要。更早时期，亦不会没有对盐的需求。

五　余　　论

本文以秦西山陵区的为坐标，结合有关的考古和文献资料，指认赵坪遗址为秦国的早期都邑犬丘。在此基础上，就陵、邑附近的礼县、天水等地有关考古发现，推论了嬴秦民族活动于西汉水上游的时间可以追溯到商代末期。并梳理了其与商周王朝分别所具有的密切关系。分析了他们迁于陇右的历史文化背景，和全国经营西汉水上游地区的主要原因。从而反把秦人的早期历史，与中原的商周文化系统联系在一起，无疑是对秦民族和秦文化起源于东方观点的有力支持。

本文的分析，当然还可以感受到一个比较明晰的信息，那就是嬴秦民族一个相当长的时期中，实际并没有自身独立的文化系统。其在商代，使用的是商文化及先周文化，在西周，使用的则是周文化。秦文化特色的形成，可能到了春秋早期。究其原因，显然是与其民族不断的迁徙，居无定处有关。因为不断迁徙民族的数量总的是有限，其本体文化往往只能成为新居地区文化体系的部分因素，而不能成为主体成分。是被同化的对象，不可能相反。

考古学文化与族属的关系问题，是长期困扰学术界的难解课题之一，如何正确认识，分寸极不易把握。嬴秦民族在不同时期、不同居地，使用当地主体文化的实例，也许有利于对这一问题的合理理解。

（《文博》2001 年第 3 期）

注释

[1]［12］［18］甘肃省文物工作队等:《甘肃甘谷县毛家坪遗址发掘报告》,《考古学报》1987年第3期。

[2]王国维:《秦都邑考》,《观堂集林》卷十二，中华书局1956年。

[3]徐日辉:《新版〈辞海〉中“西垂”、“西犬丘”释文疏证》,《西北史地》1983年第2期。

[4]王世平:《也谈秦早期都邑犬丘》,《陕西历史博物馆馆刊》第二辑，三秦出版社1995年。

[5]戴春阳:《礼县大堡子秦公墓地及有关问题》,《文物》2000年第5期，以下有关大堡子山和圆顶山墓地的发掘资料，不注明者，均本此文。

[6]尹盛平等:《陕西陇县边家庄一号春秋秦墓》,《考古与文物》1986年第6期。

[7]中国科学院考古研究所宝鸡发掘队:《陕西宝鸡福临堡东周墓葬发掘记》,《考古》1963年第10期。

[8]孙华:《周代前期的周人墓地》,《远望集》，陕西人民美术出版社1998年。

[9]中国社会科学院考古研究所:《殷墟考古发现与研究》，科学出版社1994年。

[10]中国社会科学院考古研究所沣西发掘队:《张家坡西周墓地》大百科全书出版社1999年。

[11]张学正:《甘肃西汉水上游考古调查》,《考古》1959年第3期，文内将村名称为赵家坪。

[13]张天恩:《试说秦西山陵区的有关问题》,《考古与文物》待刊稿。

[14]徐日辉:《对秦嬴“西垂”及相关问题的考察》,《陕西历史博物馆馆刊》第七辑，三秦出版社2000年。

[15]甘肃省博物馆:《甘肃古文化遗存》,《考古学报》1960年第2期。图二五，2、5。

[16]中国社会科学院考古研究所沣西发掘队:《张家坡西周墓地》图85，8—10，大百科全书出版社1999年。

[17]李学勤:《探索秦国发祥地》,《中国文物报》1995年2月19日。

[19]陕西省考古研究所等:《陕西出土商周青铜器》(一)图版九一，文物出版社1979年。

[20]唐兰:《武英殿彝器考释》，转引自丁山《甲骨文所见氏族及其制度》，中华书局1988年。

[21]丁山:《甲骨文所见氏族及其制度》，中华书局1988年。

[22]［24］邹衡:《夏商周古论文集》第七篇。文物出版社1980年。

[23]段连勤:《关于夷族的西迁和嬴秦的起源地，族属问题》,《先秦史论文集》,《人文杂志》1982年增刊。

[25]刘军社:《壹家堡类型文化与早期秦文化》,《秦文化论丛》第三辑，西北大学出版社1994年。

[26]牛世山:《秦文化渊源与秦人起源探索》,《考古》1996年第3期。

[27]［30］邹衡:《夏商周考古论文集》，文物出版社1980年。

[28]刘士莪:《试论老牛坡商代墓》,《西北大学学报》(哲学社会科学版)1987年第1期。

[29]［32］张天恩:《关中西部商文化研究》，北京大学1997年博士研究生学位论文，待刊。

[31]张天恩:《关中西部商文化的人群构成分析》，待刊。

甘肃东部秦早期文化的新认识

徐日辉

纵观秦人的发展史，大致可分为三个历史阶段：第一阶段，从秦人发祥起，至西迁到关中一带止；第二阶段，从非子自西犬丘东上到天水市东北的张川县境的秦亭一带，至秦文公三年返回陇山东侧“汧渭之会”的关中地区止；第三阶段，从秦文公四年回到关中开始到秦统一六国至公元前206年灭国止。在上述三个历史阶段中，第一、三阶段研究者甚多，产生了一大批可喜的成果。唯独第二阶段略显不足，甚至有些误差。事实上第二阶段对秦人的发展是至关重要的。当时秦人再次被迁徙到陇山以西的天水地区，可视为一种变相的流放；名义上是为周王室牧马，但实际上是将秦人置于周室的西部边陲——西垂为其守边。当时的“西垂”，主要指今甘肃省东部渭水流域的天水市及西汉水流域的西和、礼县一带地。秦人在天水牧马的同时还肩负着看守“西垂”的任务。因为这里是古代多民族的集居区，作为弱小的秦人，稍有不慎将会招来灭族之祸。公元前822年，西垂大夫秦仲就是被该区的戎、狄所杀死的。秦仲死后，周宣王又召秦仲的大儿子庄公昆弟五人，领兵七千返杀西戎，取得大胜，从此才真正站住了脚，开始了在“西垂”漫长的发展历史。历经秦庄公、秦襄公五十余年的经营，已雄踞西垂一方。到秦文公三年（公元前763年）率七百兵卒东向陇山游猎，以观周室态度，后见周室不加干涉，便卜居在“汧渭之会”的今陕西宝鸡市东的斗鸡台一带地[1]。从此秦人便依据关中雄视天下而统一六国。因此，弄清楚秦人从非子到秦文公三年这段历史是很有意义的。

笔者在该地区工作三十余年，时时关心秦文化，并有幸目睹了秦文化的发现。故而在以往研究的基础上[2]，依据最新出土的文物资料及实地踏勘所得，发表一点看法，并就教于诸位大家。

一　秦的由来

《史记·秦本纪》载：

> 非子居犬丘，好马及畜，善养息之。犬丘人言之周孝王，孝王召使主马于汧渭之间，马大繁息。……孝王曰：“昔伯益为舜主畜，畜多息，故有土，赐姓嬴。今其后世亦为朕息马，朕其分土为附庸”。邑之秦，使复续嬴氏祀，号曰秦嬴。

秦人之所以称为“秦”，概源于此，也就是说我们今天称作“秦”的历史正是从这里开始的，这是第一层内涵。第二“邑之秦”者，不是因为有了非子才有“秦”，而是非子得到了“秦”地才号为秦。《说文》称：

> 秦，伯益之后所封国。地宜禾，从禾、舂省。一曰秦，禾名。

《说文》的解释是对的。秦在甲骨文里写作：[illegible]，从[illegible]从[illegible]从[illegible]。像抱杵舂禾之形。在金文陶文里秦省作。所谓秦为禾名者，指的是在“秦”盛产的“禾”，也就是黍，即今天所称的糜子。黍，甲骨文写作：像一株散开穗的禾（糜子）。而“秦”则是收割后正在用手（）抱着工具（）在舂禾（糜子）。从释义可以看出由黍到秦有一个历史过程，体现了从生长、成熟到收割加工的过程，正因为加工是最后一道工序，所以“秦”又被称作“禾名”[3]，它表明：非子封邑的“秦”是在非子以前就存在的产黍区。1978年甘肃天水秦安大地湾遗址的发现解决了这一难题。大地湾遗址最早距今7800年，最晚距今4300年，有三千多年的文化连续，是公认的中国文明的发祥地之一[4]。令人振奋的是在大地湾一期距今7800年前的遗址中发现了黍和油菜籽的残骸以及大量的农业工具。这一重大发现改变了过去对中国农业文明起源的看法，使大地湾成为中国农业文明的发源地之一，“也是中国旱作农业黍稷的起源地”[5]。王乃昂先生在研究这一发现时结合甘肃的地理环境提出以下的看法：“在距今7800—7300年的秦安大地湾一期文化层中，发现了禾本科的黍（俗名糜子）和十字花科油菜籽残壳。黍是禾谷作物中最耐旱的植物，生长期短，适宜在黄土高原的沙性土壤中生长，本区现在仍广泛种植。”并从出土的生产工具中得出当时的大地湾一带社区“农业经济相当发达”[6]。我们认定“秦”来源于距今7800年前的黍（糜子）时，才清楚史书记载的“邑之秦”及“秦亭”、“秦谷”的具体内涵。也与郑樵《氏族略》中的以地为姓相合。

秦亭、秦谷，来源于秦，均在原来的秦地之内，如同非子“邑之秦”一样，只能是该地区中的具体一处。因为“秦”是一个涵盖范围较大的区域名，它既包括了具体的被认作是非子邑之于秦的“秦亭”、“秦谷”[7]，同时还包括今甘肃东部渭水流域的天水市所辖的秦城区、北道区、清水县、张家川回族自治县、秦安县、甘谷县、武山县和古老的大地湾社区以及西汉水流域的西和县、礼县（1985年前归天水地区）等周边地区。所以《方舆纪要》卷六十九称：“天水本隶秦”，就是指“秦”地而言的。

具体来说，非子为附庸所邑之“秦”，即秦亭，在今甘肃省天水市辖的张川县城南3公里处的瓦泉村一带地。这个结论是我以文献为基础并结合多次考察后于1983年得出的，改变了过去一直认为秦亭在清水县的传统看法[8]。其理由有三：

第一，清水与张川本为一县。

张家川回族自治县（简称张川县），原叫张川镇，又名长家川，长碧川，是一处具有战略要地的镇子，自汉代以来就属清水县管辖。1953年7月6日从清水县分出，与秦安、庄浪及陕西陇县分出的一部合置为张川县，至今未变。所以说古代清水张川本为一县。因此《十三州志》、《括地志》、《元丰九域志》、《太平寰宇记》、《嘉庆重修一统志》、《甘肃新通志》、《直隶秦州新志》均称“秦亭”在清水县境是正确的。但是从1953年7月6日以后再持这种观点就不对了，因为秦亭所在地恰好在清水县分出的张川县境内。

第二，《水经注》有明确的记载。

《水经注·渭水》条云：

> （秦）水出大陇山秦谷，二源双导，历三泉合成一水，而历秦川，川有故秦亭，非子所封也。秦之为号，始自是矣。

秦水即今张川县境的后川河，发源大陇山南麓，历张川镇西南流，在今清水县治北汇入清水，然后南流入渭。汇入清水后，今称之为牛头河。所谓“二源双导”者，指源头的自亥水与秦谷水。在二水交汇点附近的今张川县城南3公里的瓦泉村一带，正是古秦亭所在地。

第三，实地考察所在。

依文献所指，我曾多次实地踏勘这一地区。考察表明，该地有一座长约300、宽约200米的大墓，这是一处面积6000平方米的人为台地，布满了夯土层。依我与秦兵马俑研究室的徐卫民教授及秦俑考古队的史党社、任建军先生的考察，均认为这是一处早期的秦人大墓，其形制与陕西雍城相仿。最近我通过对礼县大堡子山秦人大墓的数次考察，觉得此墓与之十分相似。而且近几年有不断的秦早期文物出土，并在其周围还有多座大型的连山墓。由于我们的建议，目前甘肃省文物局已下令作认真的保护。

张川大墓的意义就在于它可以佐证非子为周孝王附庸之所在。庸，首先作功劳讲。《尚书·舜典》称："五载一巡守，群后四朝。敷奏以言，明试以功，车服以庸。"又作酬谢讲。《小尔雅·广言》曰："庸，偿也。"庸又假借为墉。墉，即城。《诗·大雅·崧高》"因是谢人，以作尔庸"，毛传曰："庸，城也。"所以《水经注·江水》巫城下称：

城缘山为墉，周十二里一百一十步，东西北三面皆带傍深谷，南临大江，故谓之夔国也。

又同卷秭归条下曰：

古楚有之嫡嗣有熊执者，以废疾不立，而居于夔，为楚附庸。

据文献所指，非子为附庸，其城正在今瓦泉村一带的台地上，与大墓联为一体，构成含有边地之意的"亭"[9]、秦亭。

从历史渊源讲，秦是大地湾农业文化的产物，所以秦人才能在这里从事农业、牧业活动。但是秦亭作为秦人在西方的重要立足之地，在其漫长的发展历史中，它既是周人西部的前哨阵地，又是秦人据此为依托而向西扩张，向东发展的根据地，有着极为重要的作用。

二　早期活动范围

秦人早期在甘肃东部的活动，来自于新的考古资料和传统的文献记载。先说考古资料。考古资料以前不多见，直到1987年甘肃天水市辖的甘谷毛家坪遗址的发现，这才使秦人在甘肃东部的活动有明确的答案。毛家坪遗址位于甘谷县西盘安乡毛家坪村，东距甘谷县城25公里，距天水市70多公里。毛家坪遗址分为A组和B组文化遗存。其中A组文化属于秦早期文化。据发掘报告称：

毛家坪A组遗存的文化面貌与陕西关中的西周文化和东周秦文化相似或相同……同已发表的东周秦墓资料相比，毛家坪三期墓的Ⅳ式鬲、Ⅳ式和Ⅴ式大喇叭口罐与八旗屯[10]、宝鸡西高泉[11]春秋早期鬲、大喇叭口罐相似；毛家坪四期墓的Ⅵ式鬲、Ⅵ式大喇叭口罐与高庄[12]春秋晚战国早期的同类器相似。因此，毛家坪墓葬三至五期的年代约当春秋早至战国早期。那么，毛家坪墓葬一、二期的年代则可能早至西周[13]。

这是一个令人兴奋的发现，它完全可以证明秦人很早就已经来到甘肃天水一带活动了。其年代要早于非子百余年。据此，参加过先后两次发掘的赵化成先生说：

毛家坪西周时期秦文化年代上限可至西周早期，这说明，至少在这一时期秦人已经活动于甘肃东部地区了。再则，西周时期秦人的基本生活用品即陶器已经周式化了，那么，由原来的文化转变为现在这种情况须有一个过程，这个过程的开始自然至迟在商代晚期就应当发生了……考古发现和文献汇载都表明，秦人至迟在商代末年已经活动于甘肃东部[14]。

赵先生是两次发掘者之一，其结论在秦史界反响很大。应该指出：毛家坪的"秦人"虽与非子共为一宗，但今称之为"秦"者，则是非子封为"秦"以后，被套用的"秦"人概念。

长期以来，有一个模糊的概念：讨论秦文化，必以关中为基准。这种作法不是不可以，但至少忽略了两点情况：

第一，秦的概念不是发自关中，而是起源于甘肃天水，因此在设定秦文化标准及编年排序时应考虑以非子为发源地的“秦”文化。

第二，正因为在关中为标准的前提下，甘谷毛家坪秦早期文化的发现，给研究者排序造成极大的困惑。我之所以这样说，就是因为毛家坪的断代有着不同的看法。前边所引赵化成先生的观点，就很明确认定为西周早期或商末。则甘肃省文物工作者认则从毛家坪一、二期出土的不同器物及墓坑分别定为：“可能早至西周”、“约当西周后期”、“可能早到西周前期”、“一、二期土坑墓和居址一、二期，为西周时期”[15]。

这是发掘后的结论。而甘肃省文物考古研究所在总结毛家坪秦文化时，是这样说的：

A组遗存的后段为东周秦文化遗存，前段与关中西周文化相似，但有些特点如流行屈肢葬，普遍随葬石圭等，又不见于西周文化，而与秦文化有联系。由于A组遗存前后段之间存在发展的连续性，所以毛家坪A组遗存前段的发现，对研究东周秦文化有重要意义[16]。

这是肯定毛家坪A组后段遗存为东周秦文化，与《报告》没有异议。可以认为：毛家坪A组后段的年代，至迟是秦襄公八年（公元前770年）护周平王东迁有功被封为诸侯以后产生的文化。这一点非常重要。因为秦襄公被封为诸侯以后，其文化除带有周的礼制内涵外，又增加了自身文化的特点，这在甘肃东部渭水流域的清水、张川、西汉水流域的礼县一带所出土的秦早期金饰片、牌中有突出的反映。

但是在早于东周秦襄公年代的毛家坪秦文化的断代上却出现了分歧意见，原因之一就是没有统一的标准或者是没有统一的界说。造成这种状况的出现，除了科学自身的特点外，套用公元前762年秦文公以后的秦文化，也是一个重要原因。如果以甘肃甘谷毛家坪作为秦早期文化的“段”标准，那么一切问题都会迎刃而解了。随着大量不断的甘肃东部秦早期文化的发现，这个问题将会越来越突出。不过无论如何编排断代，甘肃甘谷毛家坪早期秦文化作为关中秦文化的源头之一，是无可争议的。

以上是考古资料给我们提供的信息，而文献资料提供的在甘肃东部的年代，则是从非子开始的。关于非子的年代，林剑鸣先生认为在公元前897年在犬丘养马[17]；而石兴邦先生则认为在公元前895年[18]。但对秦文公三年（公元前762年）到达关中的看法是一致公认的。如是，秦在甘肃东部早期活动的时间就约在公元前890—前762年之间，总计一百二十余年。大体经历了非子、秦仲、庄公、襄公及文公三年。据《史记》记载：这是与西戎斗争的一段，也是自保身家谋求发展的一段历史。其间秦仲为周宣王的西垂大夫“诛西戎，西戎杀秦仲”。后宣王召秦仲长子庄公及弟兄五人借兵七千终于平服了西戎，同时袭“西垂大夫”。关于庄公伐西戎之事，在传世的不其簋中有一段记载：

唯九月初吉戊申，伯氏曰：“不嬰，驭方猃狁广伐西俞。王命我羞追于西，余来归献擒。余命女（汝）御追于略，女（汝）以我车宕伐猃狁于高陶，女（汝）多折首执讯。”[19]

大意是秦庄公其与伯氏一道受周王命伐猃狁，并追到“西”，大获全胜，伯氏回朝报捷献俘，秦庄公其又继续追击于“略”，并多有斩获。不嬰簋中明确指出有“西”与“略”两地。这个“西”，就是秦仲、庄公为“西垂大夫”之“西”，是秦人在甘肃东部活动的主要地区。

西，是地域名称，泛指西方或西部边陲。秦人历来所保之“西陲”，无论其西界何处，就中央王朝而言，均在“西”的范围之内。但是，商代之“西”与周代之“西”是不同的。秦人自非子起在“西”为周室养马守边，其“西”正在陇山西侧甘肃东部的天水地区一带，包括今陇南地区的西和县与礼县（此二县在1985年前归天水地区管辖，所以习惯上仍称天水地区）。是跨黄河流域的渭水上游和长江流域的西汉水上游。不娶簋中的“西”指的就是这一地区，同样“西垂大夫”之“西”指的也是这一地区。但是，“西”又是具体的地名及县治所在。因此《史记正义》引《括地志》说：“秦上邽县西南九十里，汉陇西西县是也。”上邽即今甘肃天水市。西县在其西南。另外发现于天水西南的秦公簋，其盖外刻有“西一斗七升大半升，盖”，器身上刻有“西元器一斗七升奉，簋”。这里的“西”，就是具体的地名。王国维云：“此簋之作虽在徙雍以后，然实以奉西垂陵庙，直至秦汉间犹为西县官物。”[20]王国维的观点对后世影响极大。大体上说王氏所言无误。《史记·绛侯周勃世家》称：“围章邯废丘，破西丞。”西丞，西县之丞。又《史记·樊哙列传》称：“（哙）还定三秦，别击西丞白水北。”新近出土的秦代封泥中就有“西盐”[21]，而秦简上则有“西道”印陶[22]。在甘肃与陕西交界的凤阁岭一带出土了秦昭王廿六年署铭“西工室阉”戈[23]等，都说明“西”作为县治是完全存在的，而且是秦代所置。其地，依据出土文物、《水经注》及实地考察所得，当在今天水市驻地秦城区西南西汉水流域的天水镇至礼县东部永兴乡这一长约60公里的河谷川道两侧台地，具体治地在盐官镇东侧一带台地上[24]。

在“西”的大范围内，还有一个“略”。略，作为地名首见于不娶簋。其地以前无考，也多为不识，直到1989年甘肃天水放马滩秦墓群发现后，才涣然冰释。在一号秦墓中出土了7幅中国最早的实物地图。分别绘制于松木板上。在第一块A面“绘有山、水系、沟溪等地形。注明地名10处：封[25]、邽丘、略、中田、广堂、南田、鄤、扬里、真里、邪”[26]。其中所标的“略”，正是不娶簋中秦庄公其所追之“略”。关于该图的年代，有不同的看法，我赞同章珊先生考证的，下限可断在公元前300年以前的观点[27]。天水放马滩地图中的“略”，就是后来两汉间的略阳道、略阳郡、略阳之“略”，其地在今甘肃省天水市秦安东北九十里的略阳川水南岸台地上的陇城镇一带地[28]，处于古秦亭与大地湾之间。东汉初年刘秀平陇蜀，大将来歙袭得略阳，几败隗嚣，三国后期诸葛亮出祁山马谡失街亭，南北朝时苻氏氐人兴起等，均在略阳这一地区[20]。

除了秦亭、西、略以外，还有一处，就是人们谈论最多的“西犬丘”。《史记·秦本纪》称：“庄公居其故西犬丘。”这是庄公为西垂大夫以后的事。所谓“西犬丘”是与关中槐里的犬丘相对而言。从渊源上讲则是从东方畎夷而来[30]。作为地望西犬丘是与狭义的“西”联系在一起的，具体在今礼县盐关镇一带西汉水南岸的半月形台地上[31]。

通过上述考察，现在清楚了秦文公四年以前，秦人在甘肃东部只有渭水流域的秦亭、毛家坪略以及汉水流域的西、西犬丘等地。也就是东经105°—106°30′，北纬34°—35°10′，包括今甘肃省天水市辖的秦城区、北道区，清水县、张川县、秦安县、甘谷县、武山县（部分），陇南地区辖的礼县、西和县（部分），计七县二区。

必须指出，秦在对上述地区拥有的同时，也还存着西戎与其拉锯及相应的臣服，并非真正的占有。否则秦武公十年（公元前688年）为什么还要兴师动众在天水一带“伐邽、冀戎，初县之”[32]（即今甘肃省天水市、甘谷县地）呢？

三　西陵区

西陵区是相对秦人在陇山东侧的东陵区而言。石兴邦先生称作西陲陵园（或西山陵园）[33]。其得名之由来，源于《史记·秦本纪》及《秦始皇本纪》秦襄公葬西垂、秦文公葬西山、葬西垂的记载。这是一个颇有争议的课题。王国维在《秦公簋跋》中说：“自非子至文公陵庙皆在西垂。”[34]具体地望：《史记集解》引徐广曰：“皇甫谧云葬于西山，在今陇西之西县。”今学者王利器先生在《史记注释》中称："西山，在今甘肃省天水县西南。"[35]高次若先生则认为在今陕西宝鸡市贾村塬南塬坡下面的山坡地带[36]等，众说纷纭。但文公以前庄公、秦仲、非子之墓在何处，学者们则知之甚少。

《文物》1995年6期上发表了韩伟先生撰写的《论甘肃礼县出土的秦金箔饰片》一文，改变了世人的看法，而趋向于甘肃礼县的大堡子山。韩先生依据在国外看到的礼县大堡子山出土的唇纹鳞形、云纹圭形、兽面纹盾形、目云纹窃曲形、鸱枭形金饰片及金虎等，并亲自到现场目睹了秦人大墓的挖掘。因而提出礼县大堡子山为秦仲、庄公之墓。于是近几年来此观点几乎成为定论。

但是韩先生只看到了礼县大堡子山出土的金箔饰片，而未能看到渭水流域秦亭所在地的张川、清水出土的秦早期高级别墓中钉在棺椁上的金箔饰片、牌。

这里出土的金箔饰片，有长9、宽6厘米的虎食羊，其形状很特殊，是虎头马身，在吞食一只小羊；有长8.5、宽4.5厘米的金箔牛形饰片，而且是一对，牛面也有些像虎；有长6.5、宽6厘米见方的金箔饰片，四周角内刻有镂空4只相对的鹰，其形状比韩先生见到的鸱枭要厚重。还有太阳、月亮十二条龙，象征十二个月的金箔牌饰，以及燕形青铜牌饰和石圭等。其中有些造型与宁夏固原博物馆藏的金、鎏金、青铜牌饰相仿，但绝大多数与韩先生所见以及甘肃省博物馆收藏的相同。这些造型的实物资料，既反映出非子养马的历史，又体现了秦人在与戎人斗争中形成的新的凶悍的气概。另外，礼县大堡子山出土的石磬，其造型与雍城秦墓如出一辙，而石材，据我的考察，却出在张川、清水一带。因此上说秦仲、庄公之墓未必就在礼县大堡子山。另外，文公葬西山者，西山，泛指西部之山，也很难说就在宝鸡一带。这一点应予重新考虑。

本文之所以提供以上信息，目的就是要恳请有关人员，在作这方面的结论时，不要忘了渭水流域高级别秦早期墓葬的存在。它肯定会改变世人传统的以及近年来形成的一些看法。

（《考古与文物》2001年第3期）

注释

[1]［36］高次若：《先秦都邑及秦文公、宁公葬地刍论》，《秦文化论丛》第三辑，西北大学出版社1994年。

[2] 徐日辉：《秦州史地》，陕西人民美术出版社1994年。

[3] 徐日辉：《论秦与大地湾农业文化的关系》，《农业考古》1998年第1期。

[4]［16］参见《甘肃省文物考古工作十年》，《文物考古工作十年》，文物出版社1991年，及相关的报告。

[5] 冯绳武：《从大地湾的遗存试论我国农业的源流》，《地理学报》1985年第3期。

[6] 王乃昂：《历史时期甘肃黄土高原的环境变迁》，《历史地理》第8辑。

[7]《史记·秦本纪》张守节注引《括地志》。

[8] 徐日辉：《秦亭考》，《文史知识》1983年第1期；《释"秦"》，《天水日报》1998年1月6日。

[9]《汉书·西域传》："有敦煌而西至盐泽，往往起亭""列亭障至玉门"。汉人说"亭"，兼有边地之意。

[10]《陕西凤翔八旗屯秦国墓葬发掘简报》，《文物资料丛刊》第三辑。

[11]《宝鸡县西高泉村春秋秦墓发掘记》，《文物》1980年第9期。

[12]《陕西凤翔高庄秦墓地发掘简报》，《考古与文物》1981年第1期。

[13]［15］《甘肃甘谷毛家坪遗址发掘报告》，《考古学报》1987年第3期。

[14]《寻找秦文化渊源的新线索》，《文博》1987年第1期。

[17] 林剑鸣：《秦史稿》，上海人民出版社1987年。

［18］［33］石兴邦：《秦代都城和陵墓的建制及其相关的历史意义》，《秦文化论丛》第一辑，西北大学出版社 1993 年。

［19］王辉：《秦铜器铭文编年集释》，三秦出版社 1990 年。

［20］王国维：《观堂集林·秦公簋跋》。

［21］《秦代封泥的重大发现》，《考古与文物》1997 年第 1 期。

［22］任隆：《说说秦印陶》，《中国书画报》1998 年 2 月 23 日。

［23］王红武、吴大焱：《陕西宝鸡凤阁岭公社出土一批秦代文物》，《文物》1980 年第 9 期。

［24］徐日辉：《新版〈辞海〉中“西垂”“西犬丘”释文疏证》，《西北史地》1983 年第 2 期。

［25］徐日辉：《邽丘辨——读天水〈放马滩秦墓出土简图〉札记》，《历史地理》第十四辑。

［26］何双全：《天水放马滩秦墓出土地图初探》，《文物》1989 年第 2 期。

［27］章珊：《放马滩出土地图的年代问题》，《历史地理》第八辑。

［28］［29］徐日辉：《秦州史地》，陕西人民美术出版社 1994 年版；《说“略”》，《天水日报》1998 年 1 月 20 日；《街亭续考二题》，《全国第九次诸葛亮学术研讨会论文集》，甘肃文化出版社 1997 年。

［30］段连勤：《关于夷族的西迁和秦嬴的起源地、族属问题》，《先秦史论集》，《人文杂志》1982 年增刊。

［31］徐日辉：《犬丘与西犬丘》，《天水日报》1998 年 4 月 4 日。

［32］《史记·秦本纪》。

［34］《观堂集林》卷十八。

［35］《史记注释》，三秦出版社 1988 年。

秦西垂文化的有关问题

康世荣

秦人早期发展状况，史料匮乏，研究者鲜。1919年天水西南乡秦公簋的出土，曾引起过史学界的轰动。1944年冯国瑞又介绍了天水南乡出土的车马器[1]，并未引起史学界的足够重视。此后再无重大发现，对秦早期历史的研究似无重要进展。1993年秦西垂陵区在甘肃礼县大堡子山揭谜后，形成了研究者众多，研究盛况火暴的大好局面。我姑妄言几点看法，就教于大方之家。

一　西垂秦公陵区被发现经过

秦西垂陵区在甘肃礼县大堡子山的被发现，被历史、考古学界誉为20世纪继敦煌藏经洞、秦始皇兵马俑之后取得的又一重大成果。这一发现绝非偶然，它是专家、学者、史志工作者们共同努力的必然。其背景是：陕西的秦陵园勘探、发掘、研究，已取得累累硕果。以雍城为中心的秦西陵区，以芷阳为中心的秦东陵区，以始皇陵园为中心的秦兵马俑等均于80年代基本探明，《人民日报》等重要媒体先后发表长篇报道[2]，促使甘肃史学界加快对本辖区秦西垂陵园的研究步伐。事实上随着改革开放的实行和考古研究的发展，对秦西垂都邑及陵园的研究，早在80年代初已经开始。1982年北京大学考古系的部分师生曾到天水地区对秦早期文化遗址进行过考察，足迹也到过礼县大堡子山一带，可惜的是考察与发现擦肩而过，他们后来把重点放到了天水正西的甘谷县，对该县毛家坪遗址进行了发掘，并取得了一些成果[3]。与此同时，天水地区各县的方志编纂者们，为了搞清本辖区的历史沿革，也都积极地对西垂地域和西犬丘具体地望进行了实地考察。1985年拙文《秦都邑西垂故址探源》，把西犬丘故址确定在大堡子山以东的红河镇。80年代末，全国刮起的盗墓之风吹到了礼县，1993年春夏之交形成了大规模的盗掘狂潮，大堡子山秦公墓地终于被发现。

被盗之后，我数次去过现场。满地盗洞累累，其中最大的一个盗坑约六米见方，正位于后来正式发掘的二号秦公大墓正中。据了解，从这个盗坑里取出了青铜鼎簋壶及金玉石器无数，最大的一件为大方鼎，四个“大力士”村民未能抬起，最后只得用木板木头搭成斜坡形，用绳索捆住鼎之耳、足，数人连推带拖才装进拖拉机运走。据说，方鼎运走时只有三支半鼎足（这残缺的半截鼎足在后来的正式发掘中被挖出）。

大堡子山的大量文物被盗，惊动了有关部门，经国家文物局批准，甘肃省文物考古研究所于1994年3月至11月在大堡子山进行了为时八个月的抢救性发掘。依山势由下而上共发掘了拐把形大型车马坑一座，中字形、目字形大型墓葬各一座，大墓周边的小墓九座。关于墓葬形制规模及出土文物，发掘报告尚未发表，甘肃省考古所的戴春阳先生以个人名义发表的文章中[4]，有轮廓性的介绍。

在抢救性发掘收效甚微的同时，此前被盗的大量文物，有的已流失到国外，如美国有秦公壶，法国有金饰片、金虎。有的已流散到港台，如上博马承源先生从香港抢购回的秦公鼎、簋；有的被公安机关缴获，如西安缴获铜罍，礼县缴获成套编钟；有的还隐藏在盗墓者手中，如大方鼎。珍贵文物的大量流散，重要遗址的惨遭破坏，引起了全国专家学者的高度关注，并纷纷发表研究文章。1994 年李学勤先生发表了《最新出现的秦公壶》[5]，认为器主“应该就是庄公”；1995 年韩伟先生写了《论甘肃省礼县出土的秦金箔饰片》[6]，认为“营造大墓者，非秦仲、庄公莫属”；1996 年李朝远先生发表了《上海博物馆新获秦公器研究》[7]，认为“从秦公器的形制、铭文、纹饰、铸造特点以及相关的史实看，上海博物馆新获的秦公诸器应为秦襄公、文公之器；礼县大堡子山的两座大墓的年代应为春秋初期，墓主分别为襄公、文公”；秦俑馆的徐卫民先生曾到秦公墓地考察，他认为“结合西汉水一带优越的地理环境、古代的文献记载以及现在的考古发现，我认为秦的西垂（西犬丘）就在现在礼县的永兴附近”[8]；戴春阳先生认为“大堡子山 M2 的墓主可能是秦襄公”[9]；祝中熹先生的看法更具体：“质言之，目字形墓应为襄公墓，中字形墓应为文公墓”[10]。此外，陈昭容、王辉等先生也都专文表述了自己的观点。

1996 年 4 月，礼县大堡子山秦公墓地被甘肃省政府公布为省级文物保护单位。

继秦公陵墓发掘之后，礼县博物馆于 1998 年冬，在省考古所的指导下发掘了位于秦公墓东南向的赵坪村的一座车马坑，两座中型墓及一座小型墓。2000 年春又在上址北侧发掘了一座中型墓。这五座墓葬均坐落在西汉水南岸挨近山麓的平川内，发掘至距地表两米多时即有大量地下水蓄积，被群众称为“水墓”，经过抽排水之后，继续下挖 3 米多才到墓室底部。在中型墓葬的男性墓主坑内出土有七鼎六簋等，女性墓主坑内出土有四轮车形方盒等。戴春阳先生经过考证后认为，1998 年发掘的两座中型墓葬当为秦贵族夫妇的同茔异穴合葬墓[11]。秦贵族墓的发掘，为进一步研究秦人葬制提供了新的实物资料。2000 年 7 月，礼县县委和县政府为了更进一步保护、开发、利用西垂文化资源，在李学勤先生的支持与帮助下，邀请中国社会科学院历史研究所、夏商周断代工程专家小组、故宫博物院、北京大学考古系、上海博物馆、陕西省文物考古研究所、秦始皇兵马俑博物馆、甘肃省博物馆的专家学者，在礼县召开了“西垂文化保护、开发、利用座谈会”，与会专家在考察了秦公墓地及参观了出土文物后形成共识：礼县是秦人的发祥地，西垂陵区秦公墓的被发现是早秦时期历史考古的重大成果。2001 年 7 月，礼县大堡子山秦公墓地被国务院公布为全国重点文物保护单位。从此，秦都由西垂而雍城而咸阳的发展轨迹，得以首尾完整地展现给世人；秦国由发祥而发展壮大而统一全国的渊源流变，将可得到系统合理的解释。

二　西垂秦人的族源问题

西垂秦人之族源，史界颇有争议。以王国维、蒙文通为首的史家主“西来说”（或称“土著说”），认为“秦之先祖，起于戎狄”[12]。随着研究的深入，很大一批专家学者主“东来说”。总的论点是，秦人之祖是东夷九族中的畎夷人西迁而来。但论据各家旁征博引，发微探幽，均有不同。归纳起来，离不开这三次西迁[13]。第一次西迁在夏末时，商夷联军攻打夏军，首先占据了汾河流域，留一部分联军驻守该地，另一部分联军继续西进，到达了泾渭流域的分豳岐之间；第二次西迁发生于商末时，原留守于汾河流域的商夷联军，经有商一代发展成了中潏一支，因看到商室日衰周宝日强，便去商归周西迁为周保西垂；第三次西迁发生于西周初，因东方的奄、盈等嬴姓诸部族反周叛乱，周人便将其西迁。

读完这些文章，笔者在受到启发得到教益的同时，总感到虽有丰富的材料作依托，但并不能直接支撑起专家们的论点。第一次西迁，商夷联军确曾“入居豳岐之间”，并不等于入居到陇山以西的西垂。两地之间不但有相当长一段距离，有险峻的陇山阻隔，而且还有世居的戎人顽强固守，东夷人如何迁得进？更重要的是，这支东夷人是在何时什么原因又继续西迁至陇山以西的呢？我们得不到答案。第三次西迁，周人确曾西迁过反周的奄、盈诸部族，但安置地最西也只到丰镐附近，连豳岐之间也未曾到达。这些东夷人又是在何时什么原因再次西迁到陇山以西的呢？同样得不到答案。第二次西迁，指的是中潏一支直接到达西垂。笔者赞同此观点，但对中潏一支形成于汾河流域，并且是为周保西垂的具体论述却持异议。其一，中潏这支嬴人在未到西垂前的族居地，不见文献记载。我们只能笼统地认为“居于东方”，或者缩小点范围“居于山东济淮之地”，怎么能断言是第一次西迁中，留守汾何流域的一部分商夷联军繁衍发展起来的呢？其二，中潏归周西迁并为周保西垂的问题。商末时，中潏和周侯都臣属于商王朝，地位相当：商王对中潏的前辈和后裔又都很器重和信任；按有关专家的观点，汾河流域又是其宗邑地，他为何要去商归周为周保西垂呢？难道真是他看到商室日衰周室月强想另攀高枝吗？若诚如此，作为中潏来说，就应带领合族人众西迁以避祸，为何却要留下嫡子蜚廉，嫡次孙季胜父子在故地为商效力，把嫡长孙恶来留在朝中为商卖命，自己只带着曾孙女妨西迁呢？作为商王为说，中潏已去商归周，为何直至商朝天亡时止，还一直重用着他的子孙呢？作为周侯来说，中潏在商末已归附并为周保西垂，当属有功之臣，为何在周王朝建立后不对其后裔加以任用和封赏呢？

正因为有这些疑点，作以中潏一支起源于汾河流域，商末归周后西迁为周保西垂的观点和依据令人难以置信。

下面笔者想就中潏一支西迁保西垂的始末，并成为西垂秦人始祖的史实，陈述两点浅见：

第一，嬴人中潏一支的世系接续及身份地位的变化。《秦本纪》对嬴人的渊源嬗递虽记得简略，但脉络清楚：始祖伯益，因与禹平水土有功，舜赐姓嬴氏；夏代其子孙“或者中国，或在夷狄”；商代“自太戊以下，中衍之后，遂世有功，以佐殷国，故嬴姓多显，遂为诸侯。其玄孙曰中潏，在西戎，保西垂”。从史迁的这些文字中，我们可以得到如下信息：嬴氏一族，古老悠久。夏时已分布于国中和夷地，尤其到商之中后期，中衍之后的各世，因佐殷有功，不但“嬴姓多显”，而且“遂为诸侯”。谁是显贵，谁为诸侯，史迁未言其详。我们可以作如是理解：中衍及以下各世均为“多显”，至其玄孙中潏为商保西垂时“遂为诸侯”。因为戎人占据着大片地域，性格那么悍，势力那么强大，以至于非王亲征、非侯往讨就不能使其臣服。所以中潏“在西戎，保西垂”的地位，应该是“边地诸侯”兼“军事统领”的双重身份。

中潏是何时到达西垂的呢？商末王室衰微，戎狄不来贡，诸侯不来朝。商王对戎狄或亲自征伐，或命周侯征讨，或派“嬴侯”去长期镇抚。祖甲“十二年征西戎，冬王返自西戎，十三年西戎来宾”[14]，这是商王亲征。戊乙“三十五年周公季历伐西落鬼戎”[15]，这是商王命诸侯往讨。大约在帝乙或帝辛时，商王认为对待时叛时服的戎人，临时性的征伐已不能从根本上解决问题，便命佐殷有功的中衍之玄孙中潏到西戎聚居地去保西垂，并委以“军政统辖”的身份。

中潏这一支嬴人要到荒凉偏僻的西垂去长期镇守，绝不是轻车简从，其规模一定不小。人员上，以中潏为长，率领着包括其子蜚廉，其孙恶来、季胜在内的合族人众；率领着军队及各业技工等后勤人员。物资上，带有武器、生产工具、生活用品等。否则既不方便大批人员到达后的长期居住，也不具有对戎人的镇压力和威慑力。中潏一支到达西垂后，依据商末衰微的政治形势，审时度势的对戎人采取了怀柔抚和政策，居然也很奏效，西界得宁。最后把治所选定在西犬丘。

对于商王朝来说，西戎问题虽然圆满解决了，但与以周为首的众多诸侯国的矛盾却更加激化。为了充实朝中实力及加强自身安全，于是帝辛便将远在西垂戍边的正当年富力强的中潏之子蜚廉，之孙恶来、季胜召回内地为其效力；将已老的中潏、尚幼的恶来之子女妨仍留西垂驻守。蜚廉父子三人返回朝中后，纣王根据各自的“材力”予以分配：将忠诚老实的蜚廉、季胜派往山西霍太山一带负责采石[16]；将矫健善谗的恶来留在朝中任用，“纣又用恶来，恶来善毁谗，诸侯以此盖疏”[17]。不久，终于爆发了以周侯姬发为首，联合众多小诸侯国陈师牧野的灭商之战。是役结束，商朝灭亡，周室代之。助纣为虐的恶来被姬发亲自射杀，“为纣石北方”的蜚廉闻讯后，便自殉以报商。

风云突变，改朝易代，遂世佐殷有功的中潏一支几乎遭受灭顶之灾；所幸的是西周伊始当务之急是平定中原，彻底铲除商王朝的残余反叛势力，暂时搁置了并未与周直接为敌的其他部族势力。在此大背景下，作为遂世效忠于商王朝的中潏及其子孙来说，因并未与周室直接为敌（除恶来直接与周作战被杀外，其他人或在边地和戎，或在北方采石），便分别在西垂和山西霍太山一带侥幸存活下来。原保西垂的中潏（此时可能已老，死）及女妨，因政治地位的丧失和生活处境的逆转，只得滞留于西垂戎地和当地戎人一起生产生活，一起忍辱负重，给周室服役纳贡。互相通婚，互相同化、融合。在此后西周早中期长达一个半世纪的时期里，嬴人几同戎人，历经艰难曲折，繁衍成了女妨、旁皋、太几、太骆、非子一支。直至西周孝王时，因非子养马有功，才得以被“邑之秦”[18]。这就是“嬴秦族”的由来。原保西垂后与父蜚廉被召回内地“为纣石北方”的季胜，命运和西垂的侄儿女妨同样悲惨，也只得淹留于山西霍太山一带，和当地人一起过着被周人奴役驱使的生活。在此后西周早中期长达一个多世纪的时期里，繁衍成了季胜、孟增、衡父、造父一支。直至西周穆王时，因造父“善御”，才得以被封“赵城”[19]。这就是“嬴赵族”的由来。因秦、赵两支的嫡先祖是中潏、蜚廉父子，故史称“秦赵同源”；因为两支的嫡先祖中潏父子都曾原居西垂，故史迁将季胜至造父一支书为“别居赵”。“别”字在此很重要，义为分解。表明“别”居赵的一支是由“本”居西垂的主支分解出来的。山西霍太山一带的嬴赵人是中潏一支的“流”而不是“源”。

第二，嬴人中潏所保“西垂”的地域。在探讨西垂地域之前，须先确定“西垂”的含义，否则便成了“混淆概念”。郭沫若认为是“西方边陲”，应属泛称；王国维认为“西垂、犬丘为一地”，当是特指。笔者认为，西垂的起始义当属前者，泛称西部边界的大片土地。而这片土地的管理者总要找一个“特指”的地方住下来进行统治，时间既久，“特指”的治所便具有了“特指”与“泛称”双重含义。

下面我们先从文献记载的角度，以“泛称”西垂的含义，来探讨西垂地域。有专家认为“商晚期所直接统治的西界到今山西太行山以西，黄河东岸”[20]。“中潏之居西垂，就是杂居在这些对商王国时叛时服的部族之间，对他们进行监视和控制，其居地就是商王国的西垂”。我们承认今山西太行山以西，黄河东岸是商晚期直接统治的西界，那么各个归顺商王朝的诸侯国所统辖的地域，难道不被商王朝视作自己的版图范围吗？周是商晚期最大的诸侯国，归顺于商王朝，西伯昌还被殷纣任用为三公之一[21]。周所直接统治的地域就在今陇山以东的陕西关中地带，商王将周所辖地域的西界视作商王朝地域的西界，也是情通理顺的。《竹书纪年》商武丁五十九年有“是时舆地东不过江黄，西不过氐羌，南不过荆蛮，北不过朔方”[22]的记载，清楚地划出了商王朝的四界。西界不过氐羌，陇山以西正是氐羌人的世居地田[23]，由此也足以证明商王朝是将陇山以东视作自己的西界的。

再从考古发掘与出土文物的角度来考察西垂地域：1974年礼县雷神庙遗址出土了典型的商

末青铜文物“亚字鼎”（下节作详细介绍）；1982 年北京大学考古系的部分师生在今天水市所辖的甘谷县毛家坪作了考古发掘，得出结论说“考古发现和文献记载都表明，秦人至迟在商代末年已经活动于甘肃东部，也就是说已经在西方了”[24]；1994 年西垂秦人的开国公墓又在礼县大堡子山秦西垂陵区被发现。

以上这些实证亦可说明，商末中潏所保西垂的地域不在今山西太行山以西，黄河东岸，而是在今陕甘分界的陇山以西的甘肃天水地带。根据近年来甘肃省及外地文物单位的普查，西垂地域包括今陇山以西，陇西县以东的渭河两岸及其支流地区；西汉水上游两岸及其支流地区。具体辖地为今张川、清水、秦安、天水、甘谷、武山、礼县、西和等县区。与秦族、泰国、秦王朝共始终的秦宗邑、秦都邑西犬丘，虽暂时尚未找见，据推断当距礼县大堡子山秦公墓地不远。

本节最后，笔者作如下小结：西垂秦人之始祖来自东方，是为商保西垂的中潏这支嬴人，在商灭亡后沦落西垂，与当地戎人长期同化、融合，终于形成的嬴姓秦氏支族。

三　西垂秦人的发展状况

一个部落或民族在一个地域繁育生息，总要受到诸多客观条件的制约和影响，秦民族能够在西垂地域孕育发展起来，与当地的经济、军事、文化等条件紧密相关。

首先看经济自然条件。今整个甘肃地形以兰州为中心，西为祁连山地、河西走廊；东为陇西（直到陇山以西），属中、东部黄土高原；南为甘南草原，东南为陇南山区。位于礼县东北部的秦西犬丘，刚好位于黄土高原、甘南草原、陇南山区的三角交接地带，气候属暖温带半湿润半干旱气候的过渡带，具有综合发展农牧林业之利。

再看军事地理位置。东有坂陇这一南北绵亘的天然屏障，可以阻挡强大的周人；西部和南部均为岷峨群峰所围绕，可以和周边的戎人迂回周旋。唯独东北向是进出口交通要道，属典型的簸箕状地形。中潏一族是为保西垂而来。从军事作战的需要和自身的安全考虑，他不会把治所选在一马平川极易受敌的黄土高原（今天水、陇西一带）上，也不会选在荒凉的草原（今岷、洮一带）和闭塞的林区（今武都一带）腹地，于是“背靠岷峨、前临渭滨，扼蜀陇咽喉，控关陇要冲”的西犬丘，便成了中潏一族军事治所的理想选址。

三看政治、文化背景。秦人始祖是商末时，中原嬴人中潏一支西迁而来。周代商后，西周前期无暇西顾，戎秦人无力东扰，政治上有百年时间相对和缓。文化上，嬴人因是商之显贵，本身就具有较高的文化底蕴，到西垂后又得到了学习、吸收周、戎文化的机会和环境。

秦人就是在这样的客观条件下孕育和发展起来的。以下我们再做具体的探讨和分析。

第一，经济。秦安大地湾仰韶村落遗址中，发现了前仰韶文化时期（公元前 7800—前 7300 年）的“我国第一批粮食品种——黍”[25]；礼县高寺头仰韶村落遗址中，出土了仰韶文化中期（公元前 6000—前 5500 年）的“窖藏糜谷”[26]；甘谷毛家坪秦文化遗址，出土了大量西周早期的陶质鬲、盆、豆、罐、甑、甗等储粮食器组合[27]；礼县西周末春秋初的秦人墓葬中出土的储粮食器，形制由小变大。这说明不仅西周早期秦人已从事农业，这一地区的农业传统还可以追溯到仰韶及前仰韶文化时期。

畜牧是戎、嬴人的主业，我们从“非子居犬丘，好马及畜”的记载以及秦公墓殉葬 48 匹马的规模，即可看出畜牧业的发展程度。许多证据表明，西垂地区的这支嬴人，已经过着半农半牧的定居生活。

西垂秦人较早使用铁器，上层阶级所使用器质量较好，下层庶卒所使用器质量低劣。秦贵族墓出土的铁质短剑迄今锋利完好；一般秦人墓出土的长剑及其他用品，出土时已锈蚀严重，或断为数截，或不可辨识。这说明是时秦人使用铁器仅处于起始阶段。

青铜器的冶炼技术和铸造工艺都达到了很高的水平。西垂陵区出土的大量鼎、簋、壶、簠、甑、甗、盉、四轮车形方盒等，无论其形制、纹饰、文字、铸造工艺都不亚于周人。有学者认为早期秦人尚不具备这种水平，是聘请周室匠工所为。这种观点是基于对秦文化的渊源流变看法偏颇所致。

秦公墓葬中还出土有金饰片、金虎等大量金器，这说明早期秦人已具备开采、冶炼及铸造金器的能力。礼县当地产金，现在年产量在五百公斤左右。除开埋藏较深工艺较复杂的原生矿外，大量的是浅层或裸露于地表的氧化矿。秦人金器的原材料当取自于本地。

从《诗经·秦风》对漆、栗、桑、杨、竹、柲、楸、梅、杞、棠等的描述推测，再从秦公墓中出土的红黑相间的漆器残片考察，秦人已经多方面利用林业资源于日常生活之中了。

西犬丘产盐，《读史方舆纪要》卷五十九“煮水成盐，民资其利”。从秦封泥中有“西盐”出土，可看出西垂秦人对当地的井盐已经开发利用。非子在西垂以养马出名，与其用盐水喂马得以膘肥体壮不无关系。

第二，军事。中潏到西戎地为商保西垂，明显的是军事行动。要平伐西部诸戎，就需要有一个相当规模的军事集团，否则就不具备足够的镇压力。尽管中潏在西垂没有动用军事武力，采取抚和手段便达到了“以和西戎”的目的，那也是凭借军事上的威慑力才产生的效果。这支嬴人应属且耕且屯、亦农亦战的准军事性质。

非子始封后，秦、戎关系急剧恶化。由“和戎”变成了“拒戎”，老友反目，仇恨更烈，发展到秦仲时“西戎反王室，灭犬丘大骆之族”，双方矛盾斗争达到了不共戴天的顶峰程度。非子至秦仲要“拒戎”，自然会有公开的武装，只不过规模尚小，还不足以抵拒方强的戎人。庄公时秦人弱小的军事力量得到了周宣王的增援，与兵七千人实力得到了补充和扩大。襄公始国后，由于诸侯地位的确立，“拒戎”变成了“伐戎”，“十二年，（襄公）伐戎而至岐，卒”，“保卫战”变成了“攻击战”。庄、襄二公时，秦人武装发展到与戎人武装不相上下的规模。文公时，连东猎也带兵七百人，“十六年以兵伐戎，戎败走”，“地至岐”，这时秦人军事力量超过了戎人，已经相当强大。

第三，文化。秦西垂文化还只是族文化、地域文化，在我们研究其特点时，却会惊奇的发现：它既具中原商文化的底蕴，又具戎文化的特征，还具周文化的内涵，是一种兼容性很广但又独具特色的新的地域文化。1974 年在大堡子山之西 11 公里处的礼县城关镇西山雷神庙遗址，群众修梯田时挖出了商末遗物“亚字鼎”（现存礼县博物馆），形制与周、秦鼎有异，基本素面，属商末的“直壁细柱足式”[28]，腹内壁一侧颈口处，铭有一长方形“亚”字族徽，形成全包围符号，符号内有“保父辛□”四字，“父辛”为商时对父之称谓：“□”字象形，似鹿又似虎。铭文五字排列与 1953 年的河南安阳大司空村殷墓葬中出土的“亚□母朋钟”[29]酷似。商末文物在礼县秦公墓地附近出土，即或不能完全证明是中潏保西垂时带来，至少能说明中潏保西垂时，商文化已经在这里传播。广义的西垂文化涵盖内容广泛，下面仅从狭义上浅说三点：

1. 基本礼法已具雏形。

葬礼。发掘的无论大中小型秦墓葬均为竖穴，东西向，头西足东，直肢葬。大中型墓葬前有车马坑，墓穴或中字形或目字形，上大下小，半腰有二层台，均有殉人。随葬礼器虽循周制但多僭越。夫妇合葬墓为同茔异穴，从随葬品可区分出男女性别，大型墓葬有东西向斜坡形墓道，墓室内设腰坑。根据西垂秦公墓的葬制我们考察了雍城景公大墓，除开规模更大以外，基本葬式并无太大变化。

祀礼。西垂秦人崇尚祭祀，从襄公刚始国就立即“立西畤祠白帝”可见一斑。从其严格按照“骝驹、黄牛、羝羊各三”的规制备牲，连种类、数量、颜色、雌雄均不敢马虎的严肃态度，可窥见其对神灵的恭谨和虔诚。再从其不惜耗费大量贵重金属让高级技工精细地铸造各种礼器，如铸造大方鼎等，也可看出其对先祖和神灵的无比崇拜。虽然我们对其具体的祭祀时间、地点、规模、仪程并不知道，但可以肯定其有。

乐礼及通使聘享之礼。在秦公墓地出土有成套的编钟及石磬。钟磬属宫室“雅乐”器，一般在庄重场合下演奏，所谓“制礼作乐”。由此推知，乐礼也已具雏形。通使聘享属外交礼仪，襄公始国后二世才东迁，诸侯之间的往来礼仪不仅已经形成，而且当和东方诸侯此前礼制同，所谓“循周礼”。

有“礼”即有“法”。“文公二十年，法初有三族之罪”，这说明文公东迁之前已经有“法”可依，只不过还没有制定出更严酷的“三族连坐”之法罢了。秦人的始祖为皋陶，这个尧典的创始人，其后裔绝不会完全忘掉祖制“九德”、“五典”、“五礼”、“五刑五用”[30]等礼法的。

2. 口头文学创作及“诏诰”、“称颂”体作品已经产生。

《诗经·秦风》中收有秦诗歌十首，被儒家确定为秦仲至文公时期的作品有五首：《车邻》、《驷铁》、《小戎》、《蒹葭》、《终南》[31]，内容为车马、田猎、战争、爱情，是当时秦人生活的生动写照；艺术上也为四言韵体。比之其他十四国风毫无逊色。

简短的“诏诰”、“称颂”体作品，我指的是105字长铭的《秦公簋》文和152字的《不其簋》文，尽管这两篇文字的铸造时间还有争议，我还是把它们放在此时段内。限于篇幅不作辨析。

3. 秦大篆体文字已经定形。

礼县出土的秦早期铭文，我们现在所看到的只有中国历史博物馆藏《秦公簋》，上海博物馆藏六件秦公簋、鼎，甘肃省博物馆所藏的两件秦公鼎。对照这些文字，形体已完全固定，只有某些字的部件有省与不省之分；文字各部件的结构安排已相当整齐匀称，呈长方块状；文字气势流畅，风格遒劲。将其与东迁之后的秦文字（太公庙村出土的秦公钟、镈铭文，石鼓坪出土的石鼓刻文）相比属同一体系，前后的传承关系很明显。

四　西垂秦国在秦帝国发展历史上的地位

西垂秦人的发展，归纳起来分三个时段：第一时段是嬴人中潏一支合族西迁定居西垂，时间在商末，历时约50年。第二时段是女防、旁皋、太几、大骆沦落西垂，戎嬴融合同化形成秦族。时间是西周前期，历时约150年。第三时段是非子始封至襄公始国，秦族人正式被封为“秦国”，政治上发迹。时间为西周后期、春秋初年，历时百年。在约300年的历史中，嬴人由商之“显贵”变成了周之“奴隶”，继而又变成了周之“附庸”、“诸侯”，走过了一条艰苦曲折的道路。究竟西垂阶段的秦国在整个秦帝国发展史上占何等位置呢，这就是本文最后要讨论的。

第一，西垂是秦国的发祥地，秦国居西垂的阶段，是秦帝国的草创时期。秦史专家们很细致地将秦帝国史划分为四个时期，九个阶段[32]，我很受启发，受益匪浅。这里我想依据秦都的变迁，依据一般事物的发展轨迹，只把秦国史轮廓性地概括为三个阶段。第一是秦帝国在西垂地域的孕育发祥阶段（约公元前1060年—前762年），历时约300年。第二以雍城为中心的发展壮大阶段（公元前762年—前383年），历时380年。第三以咸阳为中心的完成大业及很快灭亡阶段

(公元前383年—前221年)，历时160年。在秦民族的800年历史中，西垂发祥阶段历时三分之一以上，无论在政治、经济、军事、文化各方面，都为以后秦帝国的发展打下了坚实牢固的基础。尤其是秦人在西周前期，因政治的压迫，环境的严酷，戎人的影响，铸就了他们吃苦耐劳、勇猛顽强的民族性格和崇尚武力、开拓进取的斗争精神。这种性格和精神为东方各诸侯国欠缺或不具有，才使得秦人的东图扩张、横扫六合、统一华夏得以实现。应该说秦人在西垂形成的这种性格和精神，是秦国世代相传的一笔宝贵的精神财富。

第二，西垂是秦国发展中的后方基地。襄公开国之后不上十年，文公为了东图发展，便将都邑迁移到了陇山以东的汧渭之会。作为秦国发祥地的西垂，并没有因政治中心的东移而削弱其实际地位，它仍作为秦人可靠的后方基地而存在。根据有两点：1. 献公继位距文公东迁已有378年，中间接续的“公”已达23位，献公未继位前仍住在西垂。“庶长改迎灵公之子献公于河西而立之”，正义解释：“西者，秦州西县，秦之旧地。时献公在西县，故迎立之。”[33]可见秦都东迁后，有不少的贵族胄裔仍居西垂。近期发掘的春秋战国时期秦贵族墓葬的形制规模、出土文物亦可证明这一点。2. 西垂是秦人宗邑。“西亦有数十祠”，“西畤、畦畤祠如故，上不亲往”，“至如它山川诸神及八神之属，上过则祠，去则已”[34]。秦始皇统一后还如此重视“西畤”，亦可想见其特殊重要地位。秦国在发展中以西垂为后方基地的原因有三：一是西垂不仅是族居宗邑地，而且是公侯发迹地。地灵人杰，神圣不可废弃；二是西垂乃戎人世居，驻守西垂，可遏制戎人寻衅滋事，后方安全可得到有力保障；三是西垂地域农牧业发达，可筹措大量军需物资，尤其是战马以支援东方前线。

(《陇右文博》2002年第2期)

注释

[1] 冯国瑞：《天水出土秦器汇考》中的《秦车軎图说》。
[2]《秦陵研究昭示五百余年秦国史》，《人民日报》1987年12月20日。
[3] [24] [27] 赵化成：《寻找秦文化渊源的新线索》，《文博》1987年第1期。
[4] [9] [11] 戴春阳：《礼县大堡子山秦公墓地及有关问题》，《文物》2001年第5期。
[5]《中国文物报》1994年10月30日。
[6]《文物》1995年第6期。
[7]《上海博物馆集刊》第七期。
[8] 徐卫民：《秦都城研究》。
[10]《大堡子山秦西陵墓主及其他》，《陇右文博》1999年第1期。
[12] 王国维：《秦都邑考》，《观堂集林》卷十二，中华书局1956年。
[13] 尚志儒《早期嬴秦西迁史迹的考察》，《秦文化论丛》第一辑。
[14] [15] [22]《二十二子》中《竹书纪年卷六》，上海古籍出版社1986年。
[16] [18] [19] [33]《史记·秦本纪》。
[17] [21]《史记·殷本纪》。
[20] 顾颉刚：《顾颉刚古史论文集》。
[23]《后汉书·西羌传》。
[25] 大地湾文管所：《大地湾遗址》。
[26] 1986年甘肃省考古所的朗树德先生在礼县高寺头遗址发掘时出土。
[28] 马承源：《中国青铜器》。
[29] 徐中舒：《殷周金文集录》。

［30］《尚书·尧典》。

［31］《十三经注疏·毛诗正义》。

［32］王云度、张文立：《秦帝国史》。

［34］《汉书·郊祀志上》。

祁山稽古

康世荣

三国时期著名政治家、军事家，诸葛亮“六出祁山”的故事，早已为我国人民所熟悉；他为统一事业所表现的百折不挠、鞠躬尽瘁的精神，更为全国人民所赞颂，已成为中华民族优良传统的一部分。“六出祁山”是诸葛亮晚年西线北伐战略行动的统称，也是人们为理想执著奋斗不达目的誓不罢休的毅力与意志的象征。

祁山的准确位置和所涵盖的范围，至今还没有一个权威的说法。或独言祁山之“名”；或仅介绍大体方位，“嶓冢之西七十许里”、“西和县东北七十里”、“天水西南”等；或只言祁山“六出”史实，而不介绍具体位置。笔者根据管见的有关文献、文章以及对实地的多次考察初步认定为：祁山位于甘肃礼县东西汉水北岸，西起北岈（今平泉大堡子山），东至卤城（今盐官镇），东西向绵延近五十华里。虽曰祁山，实际上它既不高峻挺拔，也不风光旖旎，只不过是甘肃省东南部梁峁沟壑地带一道很普通的山梁而已。祁山是三国古战场。至今这里还残留有诸多三国遗址，如藏兵湾、圈马沟、九土堆、卧龙桥、卤城、川口等；流传着许多蜀魏争战的故事，如诸葛亮卤城割麦，司马懿九土堆被骗等。

值得高兴的是，人们把祁山及其附近地带同三国联系得如此紧密，说明人们对祖国著名山川和著名历史人物的热爱和崇敬。但令人遗憾的是，人们对祁山及其附近地带更早的历史事实——是戎人的聚居地，是秦国的发祥地，是最早的秦都邑，是最早的秦西垂陵区等——却毫无所知。为填补祁山发展史研究的空白，笔者论据很不充分地草成这篇《祁山稽古》，以就教于大方之家。

一　西山　人先山　祁山　大堡子山

1993年夏，在祁山西尽头的大堡子山上发现了震惊中外的秦公大墓[1]，亦出土了大量珍贵文物[2]，经全国许多秦史专家论证，确认为是秦国四大陵区中最早的西垂陵区。已被国务院公布为全国文物保护单位[3]。《史记·秦本纪》明确记载，秦始国之初的襄公、文公均“葬西山”，那么秦公大墓所在地的大堡子山，理所当然就是《史记》所言的“西山”了。人们会问，缘何把祁山西尽头一个翘起的尾巴（或者说一个抬起的头颅）称为“西山”呢？“西”表方向，这就须要寻找一个坐标。若以秦汉时期西垂或西县境内的标志性大山——嶓冢山（西汉水所出）为准，虽然大方向对，但两者相距100多华里，显然有些牵强；若以较近的西汉水、长道城为准，应是“北山”，连大方向也错了；如果以最早的秦都城西垂宫为准，那么都城一定得建在大堡子山以东的西汉水北岸，但是都城遗址至今尚未发现。从实际地形观察：大堡子山正好位于西汉水与平泉河交会的东夹角内（祁山西段到此终止），两水交会后西流入峡谷，两岸无川，根本无法建都；

而大堡子山以东的西汉水上游两岸，地形开阔、土地肥沃、水草丰美、宜农宜牧，形成总长达80华里的盐官川，宜于建都。再参照秦人东迁至陕西后国公陵墓与国都相距很近的事实进行判断，西垂宫最大可能是建在今捷地村附近（与大堡子山相距10华里，地形最开阔）；中等可能是建在今祁山堡附近（相距20华里）；最小可能是建在今盐官镇附近（相距35华里）。倘如此，秦都城西垂宫之西的秦公墓地称“西山”，就能得到正确合理的解释。

《史记·封禅书》中还提到西县的“人先山”。《索隐》引《汉旧仪》云：“祭人先于陇西西县人先山。”两汉时期的汉阳郡都辖有西县，郑玄释西县时说：“西在陇西西，今谓之人充山。”[4]（笔者注：郑玄的前句方位错，应为陇西东；后句的“充”因和“先”形近而误，应据《封禅书》更正为人先山）“人先山”即“先人山”之谓。山居何地迄今无考，笔者窃以为“人先山”是“西山”的别称。因为西山之上埋葬着秦人的先祖先公，其后代为表示对先辈的崇拜与敬重之情，所以将“西山”也尊称为“先人山”（即“人先山”）。一山或一水同时存在二名或多名的现象屡见不鲜，用不着举例。

“祁山”之名源于何时？《史记》成书于西汉，全书不言祁山。其后的《正义》、《集解》、《索隐》等权威注家，也无只字提及。查《汉书》、《后汉书》的《地理志》，两书的“西县”条下标志性的山水都只有嶓冢山、西汉水，直到三国时才初有“祁山”之名，陈寿的父亲和诸葛亮系同时人，陈寿在《三国志·蜀书·诸葛亮传》中首次提到祁山。“六年春，诸葛亮身率诸军攻祁山”，“九年，亮复出祁山”。稍后的晋常璩在《华阳国志·刘后主志》中，也有基本同于陈寿的叙述。北魏的郦道元还给祁山大体定了位：“汉水北连山秀举，罗峰竞峙，祁山在嶓冢之西七十许里。”[5]

根据古文献的记述和秦公大墓所在的确切位置，我们惊异地发现：“西山”、“人先山”、“祁山”的地理位置重合，都在嶓冢之西的约百华里处，都在西汉水北岸，都在秦公墓地附近。对此现象作何解释呢？笔者以为，“西山”之名起源最早，最迟出现于商末秦人先祖中潏来到西垂之时，或许在更早的戎人聚居西垂时即名“西山”。“人先山”之名当起源于“西山”之上埋葬秦公以后。从此，或曰“西山”，或曰“人先山”，一山二名同时存在，直到后汉末年。“祁山”之名始于三国，它是“西山”、“人先山”的更名。具体更名时间虽不能确知，但据魏明帝“先帝东置合肥，南守襄阳，西固祁山”[6]的话来判断，当是魏文帝从陇西郡析置秦州之时。还有一个很值得重视的现象可以佐证笔者的“更名说”，那就是自从有了“祁山”之名以后，秦、汉时期西垂、西县境内的“西山”、“人先山”之名从三国后的著述中消失了。从而使后来的不要说常人，连研究秦汉史的专家学者，因不了解西山、人先山、祁山之名的演变过程，也坠入了千年疑团，甚至把西山、人先山、祁山误认为是各不相干的三座山。更名之山缘何以“祁”名？据《说文》等字书，“祁”的义项较多：盛也、大也、众多也、繁茂也、舒迟也、秉常不衰也、姓也、还通“祈”。不少人以“大”山之义解之，到实地一看大失所望。更名者的真正意图我们不得而知，按理是取“秉常不衰”，同时也隐含秦汉于此山“祈祷天地”之义。

至于大堡子山的称谓，是由于清代当地民众为防兵燹匪患而于山头筑有土堡而得名。它只是整座祁山许多山头中其中一个局部俗称，这里不再赘述。

二　祁山堡　西畤　九土堆　畦畤

由大堡子山而东，沿祁山南麓的公路行10公里，便到了祁山堡。郦道元是这样叙述该堡的“祁山在嶓冢之西七十许里，山上有城，极为严固，汉水经其南，城南三里有亮故垒”[7]。所谓亮之故垒，指的就是祁山堡。《秦州志》云：“（祁山堡）与祁山不粘不连，平地突起一峰，高数十丈，周围里许，四面巉削，上平如席，其下为长道河（笔者夹注：西汉水流经长道的一段也称长道河），此即诸葛武侯六出祁山驻师之所，上有武侯祠，春秋祭焉。”《礼县志·山水》中也有同于《秦州志》的叙述。笔者于上世纪60年代初应《中国新闻社》之约，采写《古战场祁山纪游》一稿时首登此堡，并作了详细考察。该堡为坐落于盐官川中的与四周不相连接的孤立山堡；北对祁山正峰（今俗称风骨碌梁），南饮西汉水，东7.5公里，西10公里分别与盐官镇、大堡子山相望。堡呈椭圆形，南北略长，东西略短，通高约50余米。底部周长约1000米；顶部平坦处面积约为2500平方米（南北约70米，东西约40米），上建武侯祠，一进三院。整堡为半天然半人工的石土质构造（下部为石质，约高30米；上部为土质，约高20余米），石土相接处筑有一周土质堡墙（高约4米，厚约2米）。堡门西向，正对大堡子山，被阴阳家称为“庚字门”。整个堡形确如一只巨龟匍匐于川中。

此堡在文献中被称为“诸葛故垒”，《三国演义》及民间传说中被称为“祁山大寨”，武侯祠内骚人墨客的题咏中被称为“祁山堡”。祁山堡是否确为蜀魏争战中始筑的军事要寨呢？笔者的看法是否定的，祁山堡还有其更古老更辉煌的历史。

《史记·秦本纪》：“七年春，……襄公于是始国……祠上帝西畤。”《索隐》曰：“襄公始列为诸侯，自以居西，西，县名，故作西畤，祠白帝。”《秦始皇本纪》：“襄公立，享国十二年，初为西畤。”“畤”的含义，《索隐》注释为“畤，止也，言神灵之所依止也。亦音市，谓为坛以祭天也”；《说文》解释为“天地五帝所基止祭地也”。襄公始国后在西垂所立的西畤，迄今亦未发现遗址，笔者以为西畤之址就是祁山堡。理由如下：古代国君认为“国之大事在祀与戎”。只有常祀天地祖宗，才能赖其庇佑使国运昌盛、物阜民康；只有整军经武，才能捍卫并扩展疆土，所以襄公始国后的第一要务便是立西畤祠白帝。祀天之畤庄严肃穆，非任何一地都可立畤，选址甚为严格。正如《汉书·郊祀志》中所言：“盖天好阴，祠之必于高山之下畤，命曰畤。地贵阳，祭之必于泽中园丘云。”意思很清楚。畤之所在不能在高山之上，也不能在平川之下，只能立在有水之川的土高处。再一个要求是遵循周制祠上帝必须“祀于郊”，也就是说，畤必须立在国都之近郊方能称“郊祀”。祁山堡完全符合上述两要求：位于西汉水之阳，是平川中自然凸起的一石堡；还居西垂宫之近郊。只要在石丘之上再加以封土、环以堡、筑以坛，便自然天成。秦祀官绝不会放过这块倚山面水近在咫尺的风水宝地而另选他址去“立西畤”。秦人亦爱占卜，能象征秦国万年不衰的龟形山堡，立畤不用更待何时！再者，秦人居西垂的时间仅从立西畤时算起至秦二世灭亡，也有500多年，他们有充分的时间和足够的人力去逐年加高加固它。汉承秦制，对周秦遗留下来的“郊祀”仪礼，不但完全继承，而且还有所发展。高祖刘邦就曾说，天有五帝，而秦只祠白、青、黄、赤四帝，我须增立黑帝祠，名北畤。于是“悉召故秦祀官，复置太祝、太宰，如其故仪礼”[8]。由此可知，立于祁山堡上的西畤在两汉时的地位一如其旧。三国虽是各路诸侯混战时期，但敬天祀地尊君的传统在表面上仍继续维持。曹操意在篡汉，“挟天子以令诸侯”，打的仍是维护汉室统一的旗号；刘备想当皇帝，却是以刘氏后胄理当恢复汉室的面目出现。按理，秦汉以来天神所依止的西畤，蜀魏双方出于不授人以柄的考虑，也不会轻举妄动它。反过来，我们考察一下祁山堡的军事地形，正北的祁山主峰远比祁山堡要高大得多，站立山巅俯视平川，祁山堡仅一小土丘而已。作为三国军事家的诸葛亮和司马懿，他们怎么会不去攻守祁山主峰上的严固之城，而要到孤立的也是兵家最忌的祁山堡上去驻师扎寨呢？双方都不可能自行“入瓮”。因此，我们有理由断言：三国时代的祁山堡，在秦汉时代是西畤所在地；三国时，蜀魏即使不再把它作为天帝的祭坛，但也未加以破坏；稍后的西晋初年，代畤而立的是诸葛亮的祠宇以至于今。我们应该给祁山堡正名：它不是军事要寨，而是千秋祠宇。有关祁山堡的军事传说，是人们把发生于祁山周围的战事，经浓缩后集中附会于该堡所致。

由祁山堡沿公路再东行 1 公里，在西汉水北岸的平川中，由西向东总长达 1.5 公里的范围内，依次蛇形排列着九个间距大体相等、或大或小、或方或圆用黄土夯筑而成的土台。最大者高约十一、二米，顶部直径约五、六米；最小者高约七、八米，顶部直径约三、四米，大小相差将近一倍。1962 年夏，笔者和县博物馆的吕自俭先生对九土台一一考察过，当时每土台的顶部和周身都长满了荆棘和野草，底部周围都种满了小麦和玉米，我们曾攀上其中的一土台小憩，四周为斜坡形，并无台阶痕迹。询问当地群众，答曰：“诸葛亮出祁山途中缺粮，恐司马懿来攻，便筑了九个土堆，然后在上面撒上石灰、炭末，伪装成米山、面山、柴山、炭山。司马懿果然中计，误以为诸葛亮兵多粮广，未敢来攻。”祁山堡上一位姓独的道人告诉我们：“诸葛亮会奇门遁甲，九数表示多，土堆的大小方圆及排列与天上的星座相对应。”当地群众把九土台统称“祁山九寨”或“九土堆”。可惜这九土台在后来的修梯田运动中被挖平，现仅存一堆的残迹。

正如四川广汉人用传说解释“三星堆”一样，甘肃礼县人用传说解释“九土堆”。传说毕竟不能代替历史；历史、考古学家也自然不会相信。要真正探索九土台的起源，仍得从秦国历史说起。《史记·封禅书》：“栎阳雨金，秦献公自以为得金瑞，故作畦畤栎阳而祠白帝。”《集解》：“晋灼曰：‘汉注在陇西西县人先祀山下，山上皆有土人，山下有畦，埒如菜畦，畦中各有一土封，故云畤。’”将已知的祁山九土堆与尚未发现的人先山下的畦畤土封联系起来对照考察，笔者认为，九土堆就是畦畤的土封遗址。作畦畤是献公十八年的事，先叙述一下献公的身世，有助于笔者观点的确立。献公乃灵公之子，其父卒后本应继位，但因秦宫室内部斗争复杂，公位被灵公季父继承了，称简公，后又传位给惠公、后出子，最终还是靠着庶长们的帮助，杀掉后出子，献公才得以继位。可以说献公的为君之路是坎坷的。由于被排挤，献公继位之前一直居住在秦旧都西垂宫，直到继位时才被迎到“德公以下十八世居雍”的雍城（今陕西凤翔治）。《正义》云：“西者，秦州西县，秦之旧地，时献公在西县，故迎立之。”[9]献公到雍城继位后的第二年，便迁都栎阳。十八年栎阳雨金，献公认为是吉兆，认为自己的最终继位和东进扩疆的胜利均是天地神灵和列祖列宗庇佑的结果，便诏令建畦畤。按《史记·封禅书》原文，“畦畤栎阳而祠白帝”；按《集解》、《索隐》的注释，则是畦畤西县人先山下。不同的两说孰是孰非？陕西的栎阳至今未发现畦畤遗址，前些天秦俑考古队的史党社先生还专门来信询问西县人先山的确切位置；西县虽也未发现畦畤遗址，但笔者以为畦畤建于西县人先山下更为合理。一者献公继位前一直居西垂。二者最早的秦国都和秦公陵墓在西垂，三者栎阳是刚建不久的临时性国都，四者司马迁的“故作畦畤而祠白帝”这句话本身就有矛盾，西垂早有西畤祠白帝了，还用得着再祠白帝！献公建畦畤的用意，极有可能是诏建一座综合性的祭坛：既祀上天五帝，也祭地神先祖。一神（或一类神）一土封，让诸神（或诸类神）各有所依止。如果仅祠一帝，一畤即足，何必要筑如畦一样的许多土封呢？畦畤的土封数目《史记》未言，注家们也只是说“状如韭畦”、“各一土封”。可以理解为三个五个，也可以理解为十个八个。祁山堡东的土台确数为九，符合注家的“如畦”之数。九土台还有方圆大小之分，按照古人的“天圆地方说”，圆形土封当是祭天，方形土封当是祭地；大土封当是祭天地，小土封当是祭祖宗。

最后将本节内容作一综述：祁山堡不是三国时始筑，也不是军事堡垒；而是襄公始国后的西畤所在地。两汉仍其旧。三国混战时期未遭破坏，也未作祭祀。西晋伊始便成了诸葛亮的祠宇，一直到今。毗邻祁山堡的九土堆，应是献公所立畦畤的土封遗迹。

（原为全国十三届诸葛亮研讨会论文）

注释

［1］戴春阳：《礼县大堡子山秦公墓地及有关问题》，《文物》2000 年第 5 期。

［2］韩伟：《论甘肃礼县出土的秦金箔饰片》，《文物》1995 年第 6 期；李朝远：《上海博物馆新获秦公器研究》，《上海博物馆集刊》第 7 期。

［3］《中国文物报》2001 年 5 月 7 日。

［4］《后汉书·郡国志》。

［5］［7］《水经注·漾水》。

［6］《三国志·魏书·明帝纪》。

［8］《汉书·郊祀志》。

［9］《史记·秦本纪》。

都　邑　表

马非百

秦之帝也，用雍州兴（《史记·六国年表》语）。当殷之末，有中潏者，已居西垂。大骆、非子以后，始有世系可纪，事迹亦较有据。其历世所居之地，曰西垂，曰犬丘，曰秦，曰汧渭之会，曰平阳，曰雍，曰泾阳，曰栎阳，曰咸阳。此九地中，惟西垂一地名义不定，犬丘、泾阳二地，有异实而同名者。后人误甲为乙，遂使一代崛起之地，与其经略之迹，不能尽知，世亦无有正其失者，甚可叹也！

案西垂之义，本谓西界。《史记·秦本纪》："中潏在西戎，保西垂。"又申侯谓孝王曰："昔我先郦山之女，为戎胥轩妻，生中潏，以亲故归周，保西垂。西垂以其故和睦。"又云："庄公为西垂大夫。"以语意观之，西垂殆指西土，非一地之名。然《封禅书》言："秦襄公既侯，居西垂。"《本纪》亦云："文公元年，居西垂宫。"则又似特有西垂一地。《水经注·漾水注》以汉陇西郡之西县当之。其地距秦亭不远。使西垂而系地名，则郦说无以易矣。

惟犬丘一地，徐广曰："今槐里也。"案槐里之名犬丘，班固《汉书·地理志》，宋衷《世本》注均有此说。此乃周地之犬丘，非秦大骆、非子所居之犬丘也。《本纪》云："非子居犬丘。"又云："大骆地犬丘。"夫槐里之犬丘，为懿王所都。而大骆与孝王同时，仅更一传，不容为大骆所有。此可疑者一也。又云："宣公子庄公，以其先大骆地犬丘为西垂大夫。"若西垂泛指西界，则槐里尚在雍岐之东，不得云西垂。若以西垂为汉之西县，则槐里与西县，相距甚远。此可疑者二也。且秦自襄公以后，始有岐西之地。厥后文公居汧渭之会，宪公居平阳，德公居雍，皆在槐里以西。无缘大骆、庄公之时已居槐里。此可疑者三也。案《本纪》又云："庄公居其故西犬丘。"此西犬丘实对东犬丘之槐里言，《史记》之文，本自明白。但其余犬丘字上，均略去西字。余疑犬丘、西垂本一地，自庄公居犬丘，号西垂大夫，后人因名西犬丘为西垂耳。然则大骆之起，远在陇西，非子邑秦，已稍近中国，庄公复得大骆故地，则又西徙，逮襄公伐戎至岐，文公始踰陇而居汧渭之会。其未踰陇以前，殆与诸戎无异。自徐广以犬丘为槐里，正义仍之，遂若秦之初起，已在周之畿内者，殊失实也。

又《史记》于《始皇本纪》论赞后，复叙秦世系都邑陵墓所在，其言与《秦本纪》相出入。所纪秦先公谥号及在位年数，亦与《本纪》及《六国表》不同。盖太史公别记所闻见之异词，未必后人羼入也。其中云："肃灵公（即《秦本纪》之灵公）。居泾阳。"为《秦本纪》及《六国表》所未及。泾阳一地，注家无说。考春秋之季，秦晋不交兵者垂百年，两国间地在北方者，颇为诸戎蚕食。至秦厉共公十六年，始堑河旁，以兵二万伐大荔，取其王城。则今之陕西省大荔县也。二十一年，始县频阳，则今之蒲城、同官二县间地也。至灵公六年（《六国表》作七年）。晋城少梁，秦击之。十三年城籍姑。皆今之韩城县地。然则厉共公以后，秦方东略，灵公之时，又拓地于东北，与三晋争霸，故自雍东徙泾阳。泾阳者，当在泾水之委（今之泾阳县地）。绝非汉安定郡之泾阳也。且此时义渠方强，豲诸未灭，安定之泾阳，与秦中隔诸戎，势不得为秦有。即令秦于西北有斗入之地，而东略之世，决无反徙西北之理。厥后灵公子献公徙治栎阳。栎阳在今高陵县境，西距泾水入渭水之处不远。则泾阳自当在高陵之西，今泾阳之境矣。

然则有周一代，秦之都邑分三处，与西周、春秋、战国三期相当。曰西垂，曰犬丘，曰秦，其地皆在陇坻以西，此西周之世，秦之本国也。曰汧渭之会，曰平阳，曰雍，皆在汉右扶风境。此周室东迁，秦得岐西后之都邑也。曰泾阳，曰栎阳，曰咸阳，皆在泾渭下流，此战国以后秦东略时之都邑也。观其都邑，而其国势从可知矣。

附表

时代	地名	今地	始居者	经历年数	附注
西周时代	西垂	即汉西县，故城在今甘肃天水县西南百二十里。	中潏在西戎，保西垂。	自中潏至非子，凡经八代，约自公元前一一五四年至公元前九〇九年，共约二百五十年。	《史记·秦本纪》。
	犬丘	同上。	非子居犬丘，庄公居其故西犬丘。	自庄公元年至文公四年，共六十年。	同上。
	秦	徐广曰：今天水陇西县秦亭也。即今天水县地。	孝王赐非子姓嬴，分土为附庸，邑之秦。	自非子至秦仲，凡经四代，约自公元前八九七年至公元前八二二年，共七十五年。	同上。
春秋时代	汧渭之会	《一统志》：陇县在凤翔府西少北一百五十里，秦汧邑。文公猎汧渭之交，即其地。	文公四年，至汧渭之会，即营邑之。	自文公四年至宪公二年，共四十八年。	同上。
	平阳	故城在陕西岐山县西南。	宪公二年，徙居平阳。	自宪公二年至德公元年，共三十六年。	同上。
	雍	今陕西凤翔县南。	德公元年，初居雍城。	自德公元年至灵公元年，共二百五十三年。	同上。
战国时代	泾阳	今陕西泾阳县境（王国维说）。	肃灵公，昭子子也，居泾阳。	自灵公元年至献公二年，共四十六年。	《史记·秦始皇本纪》附《秦纪》。
	栎阳	故城在今高陵县境（王国维说）。	献公二年，城栎阳。徐广曰：徙居之。	自献公二年至孝公十二年，共三十四年。	《秦本纪》及《六国年表》。
	咸阳	今陕西咸阳县东三十里（顾祖禹说）。	孝公十二年，作为咸阳，筑冀阙，徙都之。	自孝公十二年至秦亡，凡一百四十四年。	同上。

又案《秦本纪》于献公即位前，说秦以往者数易君，君臣乖乱，故晋复强，夺河西地。孝公元年，下令国中，亦曰会往者厉、躁、简公、出子之不宁，国家内忧，未遑外事，三晋攻夺我先君河西地，诸国卑秦，丑莫大焉。献公即位，镇抚边境，徙治栎阳，且欲东伐云云。则灵公之

世，国势颇蹙，又未尝东徙。《秦始皇本纪》后，虽云灵公居泾阳，然于其陵墓，则云葬悼公西。悼公葬雍，则灵公亦葬雍。厥后简公、出子亦葬于雍。是灵公虽居泾阳，未尝定都也。然以其经营东北观之，则其居泾阳之事，殆无可疑。河西之失，亦非尽事实。《本纪》书简公六年，堑洛，城重泉，而灵公之子献公未立时亦居河西。则河西仍为秦有。不过疆场之事，一彼一此，时有之耳。孝公下令，欲激发国人，故张大其词。观《本纪》、《六国表》所记灵公时事，可知矣。表之如左，以见其国势发展之迹云（王国维《观堂集林·秦都邑考》）。

（《秦集史》，1982 年）

陵 墓 志

马非百

山 陵

蜚廉死，遂葬于霍太山（《史记·秦本纪》）。皇甫谧曰：去彘县十五里，有塚，常祠之（同上书《集解》）。彘水出东北太岳山，《禹贡》所谓岳阳也，即霍太山矣。上有飞廉墓。飞廉以善走事纣，恶来多力见知。周武王伐纣，兼杀恶来。飞廉先为纣使北方，还无所报，乃坛于霍太山而致命焉。得石棺，铭曰：帝命处父，不与殷乱，赐汝石棺以葬。死遂以葬焉（《水经注·汾水注》）。

襄公葬西垂（《史记·秦始皇本纪》附《秦纪》）。宋太宗时，襄公塚坏，得铜鼎，状方而四足。铭曰："天公迁洛，歧丰赐公，秦之幽宫，鼎藏于中。"（《通鉴》）。

文公葬西山（《史记·秦本纪》）。徐广曰：皇甫谧云：葬于西山，在今陇西之西县（同上书《集解》）。案：《秦始皇本纪》附《秦纪》则云葬西垂，当即一地。

宁公葬西山（《史记·秦本纪》）。秦宁公墓在岐州陈仓县西北三十七里秦陵山。《帝王世纪》云：秦宁公葬西山大麓，故号秦陵山也。案：文公亦葬西山，盖秦陵山也（同上书《正义》引《括地志》）。今案：《始皇本纪》作宪公葬衙。《集解》裴骃案：《地理志》冯翊有衙县。与此不同。

出子葬衙（《史记·秦始皇本纪》附《秦纪》）。

武公葬雍平阳（《史记·秦本纪》）。一曰葬宣阳聚东南（《史记·秦始皇本纪》附《秦纪》）。案：《陕西通志》：据刘绍周《平阳封域辨》，以秦武公墓在郿县。考武公葬平阳，以平阳为属郿县者，《魏书·地形志》、裴骃《集解》是也。以平阳为属岐山者，《括地志》、《史记·正义》是也。又考《元丰九域志》：虢县有平阳镇，盖即平阳故城。虢县元时省入宝鸡。而《一统志》谓平阳在岐山县西南，按宝鸡界，地理颇合。则以武公墓在岐山为有据。今从之。

（《秦集史》，1982 年）

《史记》中所见秦早期都邑葬地

李 零

秦早期都邑葬地的确定，对探索秦早期考古文化遗址的分布具有重要意义。

应当说明一下，本文所论“秦早期都邑葬地”，是指从非子封邑于秦到德公都雍以前秦先公、先君的都邑葬地。讨论仅限于此，是因为非子以前“秦”的称谓还不存在，德公以后秦的都邑葬地比较明确。

古书记载秦早期都邑葬地，主要材料保存在《史记》的《秦本纪》和《秦始皇本纪》附录的秦世系当中[1]。前者是司马迁本《秦纪》而作，后者附载于该本纪太史公赞语之后，班固评贾、马赞之前，前人推测是别本《秦纪》，其来源虽不明，但文字简古，绝非后世附益[2]。

《史记》这两篇记述颇有不同，前人说解亦多分歧，今为之考辨如下。

一　非子初居西犬丘，但秦之称秦始于非子邑秦

司马迁作《秦本纪》，也像其他《本纪》、《世家》一样，是参考各种先秦世谱写成，所以照例要有一番关于始祖和姓氏来源的交代。他所记非子以前的世系主要是交代秦人的族属来源，非子以后才是真正的秦史。

据《秦本纪》，秦是出自嬴姓氏族。嬴姓始祖据说是舜的虞官伯益（亦作伯翳）。虞官职掌畜牧，伯益的后世子孙很多都以养马御车著称。司马迁说，嬴姓分支众庶，“子孙或在中国，或在夷狄”。它们的居住活动范围和文化面貌彼此间大不一样。

嬴姓氏族在夏、商、西周时代很有名，如属于费氏一支的费昌曾为汤御，属于鸟俗氏一支的孟戏和仲衍曾为大戊御，他们都是以御车而显名。这些人共事王室，据说曾被封为“诸侯”，想必在“中国”领有封邑。但另外也有一些分支是在“夷狄”，如商代末年被称为中潏的一支，据说“在西戎，保西垂”，就一直是住在西戎聚居活动的地区。

司马迁关于嬴姓各支，重点是讲中潏一支，因为秦人是从这一支发展而来。中潏的后代分两支：一支是蜚廉，另一支是恶来革。蜚廉一支，很多也是共事王室，其中最有名的是造父。周穆王以赵城封造父，这就是春秋战国时很有名的赵氏。恶来革一支，后代有大骆。大骆住在西犬丘。

关于西犬丘，应当说明一下。第一，《史记集解》和《史记正义》把它定为周懿王所都犬丘是不对的。王国维据《水经注·漾水注》指出，它的地望应在汉代的西县（今甘肃天水西南、礼县东北一带）[3]，当时属于西戎之地。第二，西犬丘又名西垂，西垂是具体地名而不是泛指西方边陲，王国维等人读西垂为西陲是不对的。因为春秋卫国也有一个叫垂而别名犬丘的地方（在今

山东曹县北)，《春秋》隐公八年："春，宋公、卫侯遇于垂。"《左传》"垂"作"犬丘"，杜预注："犬丘，垂也，地有两名。"可见西垂是指西方的垂，正像西犬丘是指西方的犬丘一样，它是个具体地名[4]。

非子是大骆一族的庶支。大骆居西犬丘，非子最初也住在西犬丘。由于他擅长养马，"犬丘人言之周孝王，孝王召使主马于汧渭之间"。他到周王室来做事，才离开犬丘，后来被封于秦。

非子被封于秦，有一番经过：据说非子来到"汧渭之间"养马，"马大蕃息"，孝王对非子宠遇非常，打算改立非子为大骆嫡嗣，但阻于申侯之言，所立为申侯之女所生子成。这样，非子才被别封于秦。

申侯反对立非子为嫡所讲的一段话很重要。他说：

> 昔我先郦山之女，为戎胥轩妻，生中潏，以亲故归周，保西垂，西垂以其故和睦。今我复与大骆妻，生适子成。申骆重婚，西戎皆服，所以为王。王其图之。

这段话透露出，申人和大骆族为周人倚重，是因为他们的态度向背对周镇抚西戎有举足轻重的关系。这里申是西申，即大约住在今陕甘一带的申戎，属于姜姓之戎。大骆族从中潏起也一直住在西戎，其后代一直到秦孝公时还常常被中原诸夏鄙视为"夷翟"。

非子虽然没能继嗣大骆，但孝王不肯亏待他，说是"昔伯翳为舜主畜，畜多息，故有土，赐姓嬴（案：赐姓之说不可信）。今其后世亦为朕息马，朕其分土为附庸"，把非子封在秦，让非子承祀造父，也立为赵氏。秦人正式称秦就是从这里开始的。

秦之称秦始于非子邑秦，这一点很重要。因为无论探索秦的族属来源还是文化来源，都得从这一点向上追溯。

长期以来，史学界一直有秦人是"东来"还是"西来"的争论[5]。人们争论的其实并不是秦人本身。秦人本身，居住活动范围很清楚。他们争论的是秦人的族属来源和文化来源。诚然，这个问题可以追溯到很远：司马迁说，秦与徐氏、郯氏、莒氏、终黎氏（亦作钟离氏）、运奄氏、菟裘氏、将梁氏、黄氏、江氏、修鱼氏、白冥氏等东方嬴姓部族有着姓氏同源关系（它们大多属于东夷和淮夷系统）。但秦人不属于东方各支，他们是来自早在殷代末年即已定居在西戎地区的中潏一支。因此至少从殷末起，秦的直系先祖先是受西戎文化后则受周文化影响，在这些影响下形成自己的文化面貌，这一点完全可以肯定。

二　非子所邑之秦不在甘肃清水一带而在"汧渭之会"

1978年陕西宝鸡县太公庙秦铜器窖穴出土的秦公钟、镈，是一批罕见的春秋秦国重器[6]。器铭一开头有"秦公曰：我先祖受天命，赏宅受国"一语，"赏宅受国"，"赏宅"是指非子受封邑，"受国"是指襄公被封为诸侯，这是秦人心目中很了不得的两件大事。

非子受封于秦，从此他的后代便以秦为氏，这正像周之称周是始于太公迁居周原一样。秦邑地望的确定对研究秦史来说，正像周史研究中的岐周一样重要。

但秦究竟在哪里呢？传统说法都是把它定在今甘肃清水县附近，如：

(1)《史记集解》引徐广说："今天水陇西县秦亭也。"

(2)《史记正义》引《括地志》："秦州清水县本名帮，嬴始邑。"

(3) 同上引《十三州志》："秦亭，秦谷是也。"

徐广等人把秦邑定在天水东北的清水一带，清水一带当时有秦亭、秦谷大概不会有问题，但他们说秦亭、秦谷就是非子所邑之秦却明显是附会。因为此说与《秦本纪》的原文全然不符。

《秦本纪》原文写得很清楚：

第一，大骆族是分两支，成一支是住在犬丘，与戎杂处，而秦则是周人“分土为附庸”，最初是住在周地[7]。

第二，司马迁虽没有直接说非子所邑之秦究竟在哪里，但明确讲到文公四年，“至汧渭之会”，文公追述说：“昔周邑我先秦嬴于此，后卒获为诸侯。”在该地卜居营邑。这个重筑的城邑显然与非子所邑之秦是同一地点，它应当就是非子当年为周孝王养马的“汧渭之间”。

所以，秦邑应在“汧渭之会”而绝不在甘肃清水一带。

当然，我们把秦邑定在“汧渭之会”，这只是划出一个大致的范围，其确切地点还需作进一步推定。

今天的“汧渭之会”，即千河和渭水交会处，地点在宝鸡县千河公社西、宝鸡市卧龙寺东。渭水以北的塬区至此为千河截断，东面是凤翔塬，西面是贾村塬。千河就是穿过这两个塬由西北流注入渭。秦人是“养马世家”，他们逐水草而居，这一带当然很理想。非子当年在这里筑有秦邑，后来秦文公又重新回到这里筑城，都不是偶然的。文公筑的城，我们估计很可能就是陈仓（详见下文），非子所邑之秦既与文公所筑城邑为一地或者相近，则其地亦当在陈仓附近。

三　秦仲、庄公西略伐戎，收复西犬丘

非子、秦侯、公伯、秦仲四世，应当一直住在秦邑。秦仲三年，适当周厉王末年（公元前842年）。这一年发生国人暴动，厉王出奔于彘。事件引起的震动之一，是“西戎反王室，灭犬丘大骆之族”。它意味着周人用以镇抚西戎的据点被人拔掉了。这是一个不祥之兆，它预示了其后西周被灭的那次更大戎祸。

犬丘被灭在秦与西戎之间播下仇恨。秦人旧宗所居的故地被西戎占领，不啻为秦人切齿痛恨，也为周王室所不容。所以“周宣王即位，乃以秦仲为大夫，诛西戎”。但结果“西戎杀秦仲。秦仲立二十三年，死于戎”。

庄公继位，“周宣王乃召庄公昆弟五人，与兵七千人，使伐西戎，破之”，由于借助周王室的兵力，这第二次伐戎终于获得胜利，秦人收回了犬丘故地。犬丘被收复，有两个重要意义，一是秦人代替成一支继承大骆，由小宗跃居大宗；二是秦人代替成一支守西垂，庄公被周王室封为西垂大夫，秦人的活动中心转移到了西犬丘。

从庄公起，秦人从秦邑徙居西犬丘。庄公收复西犬丘，为其后秦人东进准备了后方基地。襄公创国，是由庄公奠立基础。庆公在秦史中的地位如同周史中的文王，所以襄公称公以后，庄公也被追称为公[8]。他是秦史上很重要的一个人物。

四　襄公东略攻戎，居葬均在西犬丘，“襄公徙都汧”之说不可靠

秦庄公收复犬丘是一个标志，至此，秦人的西略伐戎暂时告一段落。但庄公死后，襄公继位，正当周幽王之世。幽王晚年，发生郦山之难，西周被申侯勾结犬戎攻灭，周人退出岐、丰故地东迁，秦人的发展出现新的转机。

在郦山之难中，申、秦扮演着截然不同的角色。申、秦本与戎和周都有密切关系，但在这一事件中，申与戎是站在一边，秦与周是站在一边，壁垒分明。形成这种局面，一方面是因为申与

周关系恶化，另一方面则是因为秦与戎为仇，周王室支持秦。

襄公时，秦与戎之间的攻战一直没有停息。最初这种争夺还是集中在犬丘一带，但自从周人弃土东逃，这种争夺便扩大开来。司马迁说，周室东迁，襄公护送有功，“平王封襄公为诸侯，赐之岐以西之地。曰：‘戎无道，侵夺我岐、丰之地，秦能攻逐戎，即有其地。’与誓，封爵之”。从此秦正式列为诸侯。周人不但承认了秦对岐以西之地的所有，而且允许秦人从西戎手中夺取本为周人占有的岐、丰之地。于是，襄公的东略伐戎开始了。襄公东略伐戎，是他在位的最后五年（公元前770—前766年），《秦本纪》说：“（襄公）十二年，伐戎而至岐，卒。”说明他曾一直进军到岐山附近。但岐以西是否都收复了呢？司马迁没有说，恐怕是还没有完全收得。襄公的东进还非常有限。

这时襄公的都邑在什么地方？《封禅书》说“秦襄公既侯，居西垂”，他仍然是住在西犬丘。其葬地，据《始皇本纪》，也在“西垂”。可见当时秦人活动的中心还是在犬丘一带。

襄公居葬均在西垂即西犬丘，这一点本来很清楚，但过去却流行一种“襄公徙都汧”的说法。这种说法又是怎么一回事呢？

按《秦本纪》“襄公二年”下《正义》引《括地志》云：“故汧城在陇州汧源县东南三里。《帝王世纪》云秦襄公二年徙都汧，即此城。”所谓“襄公徙都汧”，主要就是指这段话。由于《正义》所引《括地志》是注在“襄公二年”下，而原文却未言徙都之事，郭沫若先生遂推测“襄公二年”下“当有夺文”[9]，似乎襄公确曾徙都于汧。《括地志》所说的汧是汉代的汧县，在今陕西陇县南，当汧水中游。如果襄公曾经徙都于汧，那么文公就应是沿汧水经今陇县而到达“汧渭之会”。

不过，襄公徙都汧的说法其实是靠不住的。因为《括地志》所节引的《帝王世纪》，他书引用，完全不同。《帝王世纪》记述秦都邑，有相当完整的一段文字保存在《太平御览》卷一五五内，原文是：“秦非子始封于秦，故《秦本纪》称周孝王曰朕分之土邑秦，本陇西秦谷亭是也。……及襄公，始受酆之地，列为诸侯。文公徙汧，故《秦本纪》曰公事（东）猎至汧，乃卜居之，今扶风郿县是也。”这段话完全是重述《秦本纪》，核之《秦本纪》，可知这里的“始受酆之地”，是指“始受岐、丰之地”；“文公徙汧”和“公事（东）猎至汧”，是指“文公徙汧渭之会”和“公东猎至汧渭之会”。另外，《封禅书》索隐引皇甫谧说亦作“文公徙都汧也”。这都足以说明《括地志》引用《帝王世纪》是一种误引。所谓“襄公徙都汧”，“襄公”乃是“文公”之误，“徙都汧”也并非指徙都于陇县之汧，而是指徙都于“汧渭之会”。

《史记正义》引用《括地志》次在《秦本纪》“襄公二年”下，我们认为这并不能证明原文脱去“襄公徙都汧”等字。因为古人注释体例，有引附史事的一种，并非处处字合句应，这里《正义》所引不过是因为《括地志》转引《帝王世纪》正好也是讲襄公罢了。“襄公”后面还有“二年”，我们怀疑是《正义》加上去的。总之，“襄公徙都汧”的说法是靠不住的。

五　文公继续东略伐戎，初居西犬丘，后卜居汧渭之会，葬秦陵山

襄公死后，文公继续东略伐戎。《秦本纪》说“文公元年，居西垂宫。三年，文公以兵七百人东猎。四年，至汧渭之会”，卜居营邑。“十六年，文公以兵伐戎，戎败走。于是文公遂收周余民有之，地至岐，岐以东献之周。”至此，岐周之地尽被秦人占有。

文公最初“居西垂宫”，仍住在西犬丘，但后来麾兵东进，一直攻到汧渭之会，回到了非子

所居的故地，在秦邑旧地重建了一座新的都邑。这座都邑，我们在前面说过，它应当就是文公十九年获陈宝以为祥瑞的陈仓。

陈仓的地望明确可考。据《元和郡县志》，陈仓城“有上下二城相连，上城是秦文公筑，下城是郝昭所筑”，上城“在今县东二十里”，即今宝鸡市东卧龙寺西北。《汉书·地理志》记载，陈仓城“有上公、明星、黄帝孙、舜妻育冢祠。有羽阳宫，秦武王起也”。文公十九年，在这个地方发现过一块色赤如肝、降自天上的玉石，被称作陈宝，“于陈仓北阪城祠之”（《封禅书》）。陈宝实际上是陨星[10]。祠祭陈宝，一直到汉代犹不衰。秦汉时期的西北，陈宝祠与四畤一样有名，所谓“唯雍四畤上帝（即白、青、黄、炎四帝）为尊，其光景动人民唯陈宝”（《封禅书》）。可见这个地方很重要。陈仓地处汧渭之会，《秦本纪》于文公伐戎至汧渭之会不太久即提到文公于陈仓获陈宝，若说文公在这样短的时间和这样小的范围里另外筑有一座陈仓城，那是不能想像的。所以陈仓应即文公于汧渭之会所营之邑是不会有多大问题的。

《史记》关于文公的葬地，《秦本纪》记为“葬西山”，《始皇本纪》记为“葬西垂”。皇甫谧说西山“在今陇西之西县”，似乎与西垂是一回事。但这样理解恐怕并不一定对。

我们考虑，文公徙都汧渭之会后，其活动中心已经东移，其葬地当不在西垂，而就在附近。《史记正义》：“《括地志》云：‘秦宁（宪）公墓在岐州陈仓县西北三十七里秦陵山。《帝王世纪》云秦宁（宪）公葬西山大麓，故号秦陵山也。’按：文公亦葬西山，盖秦陵山也。”我们认为《括地志》以西山即秦陵山的说法是非常值得注意的。旧宝鸡县城有“左金陵、右玉涧、面渭水、背陵塬”之称。秦陵山在陈仓县西北三十七里，从方位和里数看，地点应即今宝鸡市（旧宝鸡县治所在）正北之陵塬。陵塬自吴山绵亘而来，是该县的主山。《秦本纪》说秦文公“伐南山大梓”，《括地志》说“大梓树在岐州陈仓县南十里仓山上”，可见“南山”是对陈仓城址的位置而言。秦陵山既在陈仓县西北三十七里，称为“西山”也是十分合理的。

六　宪公至武公的都邑葬地平阳和衙

秦人从襄公起，基本上一直是沿渭水东进，向岐周之地扩展它的势力。如果说汧渭之会的陈仓是秦人东进过程中建立的第一个据点，那么平阳就是第二个据点。

秦宪公和武公，都城都在平阳。秦武公的葬地也在平阳。可见平阳是很重要的一个地方。《秦本纪》载：“宁（宪）公二年，公徙居平阳。”平阳是宪公新立的都邑，又叫“西新邑”（《始皇本纪》）。

关于平阳故城的地望，前人有以下说法：

(1)《史记集解》引徐广说：“郿之平阳亭。”

(2)《史记正义》：“《帝王世纪》云秦宁（宪）公都平阳。按：岐山县有阳平乡，乡内有平阳聚。《括地志》云：‘平阳故城在岐州岐山县西四十六里，秦宁（宪）公徙都之处。’”

(3)《太平寰宇记》卷三〇：“《三辅黄图》云右辅都尉理所，秦宁（宪）公徙居平阳即此地，今县东十五里渭水故郿城是也。”

按平阳故城当即今宝鸡县东阳平镇，与《正义》所说岐山县西四十六里之阳平乡为一地，而并非郿县故城。郿县故城说当由北魏改郿县为平阳县误托。平阳是宪公和武公所居都邑，这是没有问题的。但《始皇本纪》说出子（《年表》作“出公”）“居西陵”（《索隐》“一云居西陂”），这个“西陵”在什么地方，现在已无从稽考，估计也应在平阳附近。

下面我们再来谈谈宪公和出子的葬地。

《秦本纪》说宪公“葬西山”，《始皇本纪》则说宪公“葬衙”。另本《始皇本纪》（《史记索隐》引）说出子也是“葬衙”。这个衙在什么地方，也是值得讨论的。

《始皇本纪集解》说这个衙就是《汉书·地理志》的衙县。《汉书·地理志》的衙县，颜师古注说“即《春秋》所云‘秦晋战于彭衙’”（见《春秋》文公二年）的彭衙。诚然，汉代的衙县确实是春秋时期很有名的秦邑。《国语·楚语上》记楚灵王欲城陈、蔡、不羹，使仆夫子晰向范无宇征求意见，范无宇举春秋各国史实为例表示反对，说明“国为大城，未有利者”。其中提到“秦有征、衙”，“秦征、衙寔难桓、景”[11]。讲的是秦桓公之子、景公之弟公子鍼由于封邑征、衙逾制，对景公造成威胁，被排挤出奔于晋。可见征、衙都是很大的城邑。

《国语》提到的征、衙，征又叫北征（《左传》文公十年），即今陕西澄城县，衙即今陕西白水县东北之彭衙堡。它们都与宪公、出子时秦人活动的中心地区相距甚远，若说宪公、出子死后会葬到这样远的地方，未免不合情理。

我们考虑，《始皇本纪》提到的衙应当是另外一个衙。它应当就在西山即秦陵山一带，所以《秦本纪》说宪公“葬西山”。这里值得提出的是，1974 年宝鸡市渭河南岸发现了西周强伯墓，它的地点与我们估计中的衙是比较接近的。強、衙古音可以互假。作为秦宪公、出子葬地的衙会不会就是古強国之強呢？这是耐人寻味的。

七 结 语

根据以上所述，我们可以勾画出秦人早期迁徙活动的大致路线：很明显，秦人早期活动的中心有两个，东面一个中心，是汧渭之会的秦即陈仓（围绕陈仓，西有秦陵山和衙，东有平阳），地点在今陕西宝鸡市东；西面一个中心，是西犬丘，地点在今甘肃天水、礼县一带。秦人最初是由周人赐邑，定居于秦，经过西略伐戎，收复其先大骆所居西犬丘；然后，又以西犬丘为根据地，东略伐戎，重返秦邑故地，营筑陈仓并徙都平阳。先是由东而西，后是由西而东。其中居秦邑者有非子、秦侯、公伯、秦仲，居西犬丘者有庄公、襄公、文公（元年至三年），居陈仓者有文公、宪公（元年），居平阳者有宪公、武公，各历时三、四十年至四、五十年不等（参看附表）。通过对有关文献的考证，我们指出，前人所谓的“西垂即西方边陲”说、“秦在清水”说、“襄公徙都汧”说、“衙即彭衙”说等等均不可信。特别是“秦在清水”说和“襄公徙都汧”说，给人造成错觉，似乎秦人从一开始都邑就在西犬丘附近，后来秦人是由汧水上游，经今陇县，顺汧水而下到达汧渭之会，自始至终是从西向东发展。这些说法是尤其需要辨明的。

本文主要是从历史文献学的角度来考证秦早期都邑葬地，问题的证实还有待于考古学的发现。解放以来，考古工作者们对早期秦文化遗存已经做出不少有益探索，像陕西宝鸡市姜城堡、甘肃灵台景家庄、陕西宝鸡县西高泉发现的秦墓，陕西宝鸡县太公庙发现的秦铜器窖穴，都属于我们讨论的这一时期[12]。这些发现主要集中在宝鸡市和宝鸡县，甘肃境内的发现报道还比较少。怎样从时间、地域两方面去确定这些发现在秦人早期历史活动中的位置，还需要做进一步的工作。我们希望这篇文章能对这一问题的探索提供某些线索。

最后附带说一句。三年前，我在一篇讨论秦铜器的文章中，已对秦早期都邑葬地的有关记述做过初步排比[13]，可作本文参考。不过应当检讨的是，该文写作时，由于未做深入考虑，其中仍有若干地方谬袭前人成说，现在应依本文为准予以纠正。

（《文史》第二十辑）

附表

秦早期都邑葬地

先公、先君名	都　　邑	葬　　地
非子	秦（在今宝鸡市东千河、渭水交会处）	不详（估计应在秦邑附近）
秦侯	同上	同上
公伯	同上	同上
秦仲	同上	同上
庄公	西犬丘(又名西垂,在今甘肃天水西南、礼县东北)	不详（估计应在西犬丘附近）
襄公	同上	西犬丘
文公	(1) 西犬丘（文公元年至三年） (2) 秦邑故地（应即陈仓，在今宝鸡市东卧龙寺西北，文公四年至五十年）	西山（又名秦陵山，在今宝鸡市北陵塬）
宪公	(1) 秦邑故地（宪公元年） (2) 平阳（又名西新邑，在今宝鸡县东阳平镇，宪公二年至十二年）	西山或衙（在今宝鸡市）
出子	西陵或西陂（不详）	衙
武公	平阳	平阳

注释

［1］《史记·秦始皇本纪》详记襄公以来秦君居葬，但《秦本纪》于德公以下不言居葬。

［2］梁玉绳：《史记志疑》卷五。

［3］王国维：《秦都邑考》，《观堂集林》卷十二，中华书局 1956 年。

［4］此则承裘锡圭先生提示。

［5］林剑鸣：《秦史稿》，上海人民出版社 1981 年。

［6］卢连成、杨满仓：《陕西宝鸡县太公庙村发现秦公钟、秦公镈》，《文物》1978 年第 11 期。

［7］《史记·周本纪》等篇记周太史儋之言，所谓“始周与秦国合而别”，“周与秦国合”就是指周人在岐周附近的汧渭之会赐邑于非子。

［8］《诗·秦风谱》孔颖达疏。

［9］郭沫若：《石鼓文研究》。

［10］傅云起：《中国古代最早的陨星记录》（未刊稿）。

［11］此事亦见《左传》昭公十一年，其中没有提到鲁、晋、秦三国。

［12］王光永：《宝鸡市渭滨区姜城堡东周墓葬》，《考古》1979 年第 6 期；刘得桢、朱建唐：《甘肃灵台景家庄春秋墓》，《考古》1981 年第 4 期；卢连成、杨满仓：《宝鸡县西高泉村春秋秦墓发掘记》，《文物》1980 年第 9 期；卢连成、杨满仓：《陕西宝鸡县太公庙村发现秦公钟、秦公镈》，《文物》1978 年第 11 期。

［13］李零：《春秋秦器试探》，《考古》1979 年第 6 期。

秦都邑西垂故址探源

康世荣

有秦一代，若从殷末之“中潏在西戎，保西垂”时算起，历时达千年左右；若从周孝王“邑非子于秦”时始计，也前后经历了约七百年时间。对如此漫长历史时期内秦都邑的建置及迁徙路线进行准确的稽考，无疑对深入研究秦代的政治、经济、军事、文化有重要意义。《秦本纪》记载的秦都名凡十，其中甘肃省清水县境内的秦（秦亭、秦谷），诸家并无异议，陕西省境内的七地，历来的研究者看法基本一致，并已为近廿多年来我国考古工作者的勘探、发掘秦三陵区（西陵区、东陵区、始皇陵区）所证实。唯独西垂（西犬丘）故址及西垂陵区，这一最早的秦都邑，秦人的发祥地，虽研究者甚多，但异说也最多。甚至有人将西垂解释为西部边陲的大片土地，而根本不承认《周礼·地官·小司徒》注所规定的那种“四井为邑，方二里”的都邑含义。建国后，西垂作为秦人最早都邑的结论，已为专家所共识。但西垂故址究竟在何处？迄今仍是个谜。连最新研究成果也仍然只是指示了个大致区域：“最早为西垂陵区，葬秦襄公、文公，在今甘肃西和、礼县一带”。时隔三千年，地涉两个县，故址荡然无存，陵园不封不树，“众里寻他千百度”，也仍如大海捞针，不知所处。近年笔者因编修地方志，不得不对当地有关历史进行考察与研究，在翻阅文献资料，研究出土文物，考察西汉水上游过程中，综合得出了如下臆断：西垂故址就是今甘肃礼县红河乡岳费家庄庄址。理由如次：

一

按文献资料推断。

秦人发祥地在西垂，西垂的大体方位《史记正义》引《括地志》已作了注释：“秦州上邽县西南九十里，汉陇西西县是也。”在“迎灵公之子献公于河西而立之”的“西”后又注释：“西者，秦州西县，秦之旧地，时献公在西县，故迎立之。”《史记索隐》释西畤时云：“襄公始列为诸侯，自以居西（畤），西（畤），县名，故作西畤，祠白帝。”可见，西垂（西犬丘）故址即是后来的西县故址。西县位置不难寻找，《汉书·地理志》陇西郡下有西县，颜师古注：“禹贡嶓冢山，西汉所出，南入广汉白水，莽曰西治。”《后汉书·郡国五》汉阳郡下领西县，刘昭注补：“西故属陇西，有嶓冢山，西汉水。”再参照其他有关典籍看，西县地域大致包括了今天水市秦城区的平南、牡丹、秦岭、杨家寺、小天水，及今礼县辖地红河、盐官、祁山、永兴一带。限定了西县的大体范围，那么，西县治所何在呢？《水经注·漾水》对西县故址有准确记述，我们就根据郦元所注的漾水（西汉水）来追根溯源吧！西汉水现仍其名，发源于天水市秦城区西南六十华里的齐寿山（即嶓冢山），北源出长板梁子（称龙渊水），南源出寨子山（称马池水），二源汇合后始称西汉水，东西向流经平南镇、小天水镇、罗家堡后，接下来《水经注》有这样一段文字：“西汉水又西南合杨廉川水，水出西谷，众川流泻，合成一川，东南流经西县故城北。又东南流，会茅川水，水出西南戎溪，东北流经戎邱城南，又东北流经西谷水，乱流，东南入于西汉水。”在这段话的“西县故城北”后，郦氏加了很长的注，大意是：这里就是故西垂宫；王莽时曾改名西治；东汉光武帝征隗嚣时，嚣曾携带妻子来这里从杨广，吴汉、岑彭曾用缣缦盛土筑堤，壅西谷水灌西城，城被淹没丈余不坏。后因杨广而名县，由于繁体广、廉二字字形相近，而讹为杨廉县。郦元所注各条，均见正史：西垂故址说，见《秦本纪》、《秦始皇本纪》；吴、岑围嚣说，见《光武帝纪》、《冯陈贾列传》、《吴盖陈臧列传》；置杨廉县说，《魏书》志七载，秦州汉阳郡下领阳廉县、黄瓜县、阶陵县。按照郦元的这段注释寻踪，我们只要弄清杨廉川水（西谷水）的源尾，就能确定西县故址的具体位置。

按郦元所记西汉水支流的顺序，杨廉川水是西汉水发源后，盐官水以东的最后一条东南向流注西汉水的支流，盐官之名与地址自汉迄今未变，据此可知杨廉川水即今之茅水河（也写作毛水河、冒水河、峁水河）。该水发源于今天水市秦城区辖地芦子滩右，上游的杨家寺一带分别有十条支流左右汇聚，中游的最大支流花石水，是由七条小流汇聚而成。茅水河的正流与花石支流两水均为东南流向，交汇于今红河镇东南，费家庄正北，六八图村西南，形成一广阔的三角形平缓地带。岳费家庄不仅符合“众川流泻，合成一川”的水系，也符合“东南流经西县故城北”的方位。茅水河流经岳费家庄后，两岸山势陡然变得窄狭，直至石沟门（今天的红河水库就修建在此狭谷内，上起岳费家庄，下至石沟门）。如果在岳家庄前面窄狭处筑堤壅水，茅水河可倒流入庄，更符合吴、岑“围嚣壅水灌西城”的地形。茅水河流出石沟门后，两岸山势又陡然变得宽阔，东南流约十华里，右会一支流茅川水（今茅贼水）。茅川水出西南，东北流注茅水河之前，先要流经一块高地（今名唐家台地，是县级文化遗址）之南，此高地就是《水经注》所记的戎邱城遗址。茅川水流经戎邱城南后，东北流注茅水河。沿此而下，茅水河再无支流，就东南向一直流入西汉水了。

这是笔者根据《水经注·漾水》对于西汉水支流之一——杨廉川水的记述，在考察了今茅水河的来龙去脉后，得出的初步看法：杨廉水即今礼县的茅水河；西县（西垂）故址即今礼县红河乡岳费家庄庄址。

二

从自然条件与地理位置考察。

自然条件。

就大范围来看。礼县所在的整个陇右，自古以来即属气候温和，雨量充沛，草茂林密，宜农宜牧的地区。礼地旧属秦州，乃羌戎所居之地。“秦”，《说文》云：“伯益之后所封国，地宜禾，从禾舂省；一曰秦，禾名。”“羌”，《说文》云：“西戎，羊穜也。”“秦”、“羌”者，考其本义，农牧之意也。汉代时，是“渭川千亩竹”，“天水陇西山多林木，民以板为室屋”，“天水、北地、上郡……畜牧为天下饶”。宋代尚“岁获大木万本，以给京师”。这样的自然条件，就给以畜牧起家的秦人提供了一块天然宝地。

就小范围而言。西垂故址——礼县红河乡岳费家庄，上有红河川（杨廉川），下有盐官川（又称天水川），茅水河流其前，天台山矗其后，有山有川，有水有滩，具有极其优越的发展农牧业的自然条件，是礼县主要粮食产地之一。庄西南径距不到十五公里的盐官镇，现在仍是陇右最大的骡马交易市场，成年交量达一万余头。再者，盐官镇的煮盐业历史悠久，西汉时即在此设盐官，镇名因官职而得，沿用至今。唐时杜甫为避“安史之乱”发秦州至同谷途经盐官时，已经是“卤中草木白，青者官盐烟”的宏大规模了。食盐是饲养大家畜（特别是马牛）必不可少的辅料之一，秦人西垂养马，“马大蕃息”，膘肥体壮，受到周王室的青睐，不能说与盐水饲马毫无关系。

地理位置。

就大范围而言。位于礼县红河乡的秦人发祥地西垂，地处秦州西南，东有陇坂作屏障，远离古时的东西交通要冲，相对来说，比较安全。周秦对峙时，双方以陇坂为分界线，东难西向，西难东图，这对于较周弱小的秦人来说十分有利。当时东西交通要道只有两条：一条是距西垂东北数百公里的位于清水县境的陇山口。此道虽较易行，但周与犬戎战争频仍，极不安全。周孝王封非子于秦亭后，都邑曾从西垂迁到秦亭，结果秦仲为犬戎所杀。庄公继位，接受前鉴，只得再将都邑迁回西垂，“居其故西犬丘”。另一条是经宝鸡渭水南而西达秦州，此道虽近，但需翻越无数崇山峻岭，交通极为不便，周人伐秦是绝不走此道的。秦人正是选择了既有发展农牧之利，又有安全军事地理位置的西垂作为政治、经济活动中心，东以陇山作屏障，才抗击了强大的周人，并使周人的政治势力、活动范围始终未能到达陇坂之西，反而使自己很快发展、强大起来，最后东向灭周。虽然东西地理位置比较安全，但后倚广汉，前临渭滨，实为南北之咽喉。东汉隗嚣据天水，光武亲征时，隗嚣将妻子南奔西县从杨广，就是想利用西县南北咽喉的地理位置，他的意图是：部将若能抵拒光武，保住上邽，则即回师天水；若上邽不保，就南逃入蜀。我们从吴汉、岑彭围攻西县城数月不克，即可想见其军事位置之优越。从三国时蜀伐魏，诸葛亮一出祁山兵败街亭后退师时“拔西县千余家以还汉中”，亦可想见其地理位置之重要。从十六国时，仇池国能在其南百余里处存在约三百年，有利时，便自号为王；不利时，便南北依附，更可想见西县确为南北咽喉。

由局部位置看。西垂故址正坐落在“众川流泻，合成一川”后的宽阔平川上。红河镇、岳家庄、费家庄构成一右弯弓形，成犄角之势。前有茅水河流经，后有天台山耸峙，该山高出平地约200米，孑然特立。临水的北侧，下半段山势平缓，形成二级台地，上半段山势陡峭，但勉强可上。其余东南西三面，自顶至麓，山势壁立，无法攀援。山顶自然形成约600米见方的天然平台，故名天台。很有可能秦襄公就在此台上“建西畤，祠白帝”。秦后，南北方战争增多，因此台地势险要，便屡建城堡，现遗址尚存。若在山顶备下滚木礌石拒敌，北面可直接滚到二级台地，其余三面可一直滚到山底。当地群众言，清同治年间回汉争端时，群众曾上山避难；民国年间“扇子会”暴动时，首领曾占山拒敌。站立山顶，四面眺望，前面近处的红河水库，远处的牡丹、秦岭、杨家寺；左侧的花石村及其上游；右侧的石沟门和盐官川；背后的上、下草滩沟及诸多山峦尽收眼底。如此面水背山，进可攻退可守的优越地形，在上古神灵崇拜的时代，不能不被当时的占卜家所相中：前有青龙缠绕，后有白虎雄踞，上有天台神衹保佑，下有真龙天子坐镇，真是藏龙卧龙，钟灵毓秀，物华天宝，永寿恒昌的一块天造地设的风水宝地。建邑于此，可眉寿无疆；置县于此，可物阜民康。

所以，无论从自然条件及地理位置的大小范围考察，岳费家庄都能满足古代建邑置县的需要。

三

以出土文物来证明。

建国以来，甘肃省文化局及地、县有关部门，对礼县的古文化遗址进行了多次普查，结果证明：礼县西汉水上游两岸，古文化遗址相当集中，属省、县两级保护的就有盐官、永兴、永坪、城关、石桥等乡镇的仰韶文化遗址六处，距今约六千年左右。红河镇周围的田间地头，宅边道旁，灰层遗迹到处可见，红陶片、破汉砖俯拾皆是。七十年代整修梯田时，发现多处汉代墓葬，曾一次出土王莽货布及絜刀币三十多公斤。此后还出土了战国铭文铜戈，共刻十五字，内容为："□□命□文右库工师□□冶□□造"（曾在北京展览）。也出土过边无框字凸起的秦币——"半两"。

最有实证力的是1922年在与红河镇壤土相接的秦岭乡出土的"秦公簋"。该器驰名中外，器高19.8厘米，口径18.5厘米，足经19.5厘米，器盖共铸铭文一百零五字。盖五十四字，盖铭释文为："秦公曰丕显朕皇祖受天命鼏宅禹迹十又二公在帝之怀严龏夤天命保鑋乎秦虩使蛮夏余虽小子穆穆帅秉明德剌剌趄趄万年是敕。"器五十一字，器铭释文为："咸畜胤士盇盇文武锓静不廷虔敬朕祀乍𢓊宗彝以邵皇祖其严归各以受纯鲁多釐眉寿无疆峻疐在天高弘有庆造佑四方宜。"盖器连读，内容衔接。另外，在盖器之内均有秦汉间后刻铭文各一行，盖内文是："西一斗七升太半升，盖"；器内文是："西元器，一斗七升八奉，𣪘。"该簋出土后先藏于兰州南关商肆，后为甘督张广建所得，再辗转归大兴冯公度所藏，最后捐献给故宫博物院，1959年故宫博物院拨交给中国历史博物馆，作为通史陈列展出。秦公簋的制作年代，名家王国维、郭沫若均作过考证。王氏断定："此簋之作虽系徙雍以后，然实以奉西垂陵庙，直至秦汉犹为西县宫物。"郭氏考证为秦景公时器，自然更是在徙雍之后了。笔者认为，1922年甘肃秦岭出土的秦公簋与1978年陕西宝鸡太公庙村出土的秦公钟、秦公镈，虽然铭文内容与文字体势都很相近，但制作时间却不相同：前器簋应是制作于秦襄公时（当时的秦都邑仍在西垂），因秦襄公刚始国，他作为第一代诸侯国的正式国君，自然要仿照其他诸侯国的礼仪行事。既要建西畤，祠白帝；又要铸祭器，祀先祖。先祖具体指谁呢？第一公当是"在西戎，保西垂"的中潏，接下来是蜚廉，恶来、女防、旁皋、太几、大骆、非子、秦侯、秦伯、秦仲、秦庄公。这十二公虽为秦人的实际首领，但毕竟并未正式受周天子封，名不正，言不顺，不能明言，所以只是概括性地、笼统地称"十又二公"。后两器钟与镈应是制作于秦武公时，当时的秦都邑已经由西垂东徙宝鸡一带达四世了（文公、静公、宪公、武公）。武公仿照西垂先例再铸祭器、祭祀都邑越过陇坂后葬在西陵区的先公三人是顺理成章的事情。因为襄公始国以后的各公都名正言顺，所以铭文也就称颂得很具体，直接写着文公、静公、宪公。至于铭文内容相似，文字风格相近，只能证明其继承关系毋庸置疑，而不能断言三器为同时铸造，后二器留西陵，前器运回西垂以奉陵庙。所以我认为王、郭二名家的说法是不能成立的，至少是不能令人信服的。

退一步说，就算秦公簋制作于武公时，它作为秦人祭祀先祖的祭器却是谁也否定不了的。秦先祖的祭器在时隔近三千年后，又在秦的发祥地西垂境内发现，这也绝不能说是偶然，只能说明西垂陵园（葬文公以前的诸公如庄公、襄公等）当在祭器附近，西垂故址当距此不远。

（《礼县史志资料》1985年第6期）

也谈秦早期都邑犬丘

王世平

1994年春，由于一大批极其精美罕见的中国古代金箔饰片在法国展示，从而引起国际考古界的关注。为搞清这批金箔饰片的出处，1994年8月，笔者曾随韩伟、吴镇锋先生驱车甘肃礼县，在金箔出土的古墓群发掘工地作了短暂考察。

墓群所在的大堡子山，位于天礼（天水至礼县）公路西北侧和西汉水西北岸，是高出河面约90—100米高的二层台地，属黄土地貌。这里东距礼县盐官镇约21公里、诸葛亮北伐誓师的祁山堡约12公里，西距礼县约13公里。墓区二面环水，地势高敞向阳，视野开阔，显然经过精心的选择。山下为西汉水冲积而成的宽阔川道，当地称盐关川，长约百余里，属于条件较好的滨河农业区。

考察归来，韩伟先生已有初步研究报告，其中有两点结论关乎于本文，即：出土该批金箔的墓主人非秦仲、庄公莫属；墓葬群的发现进一步证实了秦族早期都邑西犬丘在礼县之说。

由于犬丘可能是秦族最早的一座都邑，所以长期以来，关于犬丘的研究一直是学术界关注的大问题。但因资料有限且解释歧出，同时缺少必要的实地考察和考古发掘资料，以致辨讼不已，得不出一致结论。本文拟从三个角度，谈谈与犬丘有关问题的一些看法。

一

讨论犬丘，应先从西垂问题说起。这涉及秦人在商周之际的分布，活动范围以及所达到的社会发展水平等，是讨论犬丘的前提之一。

《史记·秦本纪》记秦嬴九世祖曰中潏，“中潏在西戎，保西垂”。学术界的分歧，就是由这句话开始的。其主要不同处在于，有人认为“西垂”是泛指西界，见于郭沫若、中井积德（日）、林剑鸣[1]、何汉文[2]的有关文章；也有人认为西垂是具体地名，即指位于今甘肃礼县的西犬丘，此说以王国维[3]、段连勤[4]为代表。

泛指者，是根据垂的一般训义，释“陲”为边陲、边界，再由中潏及其子孙蜚（飞）廉、恶来为商之臣，甚至“助纣为虐”的史实，把中潏之西垂指为商之西界，具体解释有今山西（何清谷说）[5]、山西太原以西（何汉文说）、关中（徐日辉说）[6]、渭水流域（林庚说）[7]、渭水中游（林剑鸣说）等，总之是在商界以西但又在周界以东。

然而，是说还有难通处，《秦本纪》又记：

> 周孝王召（非子）使主马于汧渭之间，马大蕃息，孝王欲以为大骆适（嫡）嗣。申侯之女为大骆妻，生子成为适（嫡）。申侯乃言孝王曰：“昔我先骊山之女，为戎胥轩妻，生中

潏，以亲故归周，保西垂，西垂以其故和睦……”

这里，申侯对孝王说中潏是为周而非商保西垂，则此西垂应在周境之西，是即今甘肃东部一带，与前说是矛盾的。

林剑鸣先生就此陈说，以为申侯之言是为讨好周孝王而混淆事实，这一看法得何清谷先生赞同，他们都认为申侯之言不可信，中潏所保是商而非周之西垂。

与泛指西垂为西界说法不同，王国维指西垂为具体地名，但显得不很肯定。他在《秦都邑考》一文中说：

以语意观之，西垂殆泛指西土，非一地之名，然《封禅书》言："秦襄公既侯，居西垂"，《本纪》亦云："文公元年，居西垂宫。"则又似特有西垂一地。《水经注·漾水注》以汉陇西郡之西县当之，其地距秦亭不远。使西垂而系地名，则郦说无以易也。

对王国维这种推测成分很重的西垂具体说，林剑鸣先生曾予以批评。

主西垂即西犬丘最力者是段连勤先生。他称西犬丘从中潏起即为秦之都邑，前后历 14 世至少 300 年，比秦人任何一座都邑的时间都长，也比西周王朝的时间长。为了使自己的论述精微化，他引用《春秋经》和《左传》，说明二书所称的卫地犬丘与垂同指一地，证明犬丘训义与垂通，他还引用了杜预《集解》注“犬丘，垂也，地有两名”，以力证西垂即西犬丘。由此，他认为郭沫若等人把西垂泛化是忽略了《春秋经》的记载，这一点又得尚志儒先生赞同[8]。

这种西垂即西犬丘说，其难解处在于，中潏或其子孙何以能既居今甘肃东南甚至建有都邑，中间隔着周地，又可远跨二千二三百里去今河南北部（商都朝歌之所在，其里程计算从《元和郡县志》）而为殷纣服务？且其几代人的活动地域及葬地均在今山西中部？另外，段文所引《春秋经》及《左传》，只可说明卫地犬丘又名垂（从二书所记看，卫侯、宋公是在犬丘相会，则犬丘似恰在卫地边界，即卫之垂），却不能由这种特解推出所有犬丘都等于垂的通解来。从西周到春秋，犬丘至少有四，并非都能释为垂。这种通过文字推衍直接把西垂解释为西犬丘的推论，目前还是难以让人接受的。

面对诸家歧出的不同看法，又有学者力图弥合二大说的矛盾，如尚志儒先生就有中潏本人去了甘肃但留子孙在山西的二分说[9]，何清谷先生也有类似的解释，但由于推测成份偏重，其说服力仍显不足。

综合各家之说，我认为在目前可有以下几点认识：

1. 晚商秦人还在山西（商之西垂）而未至甘肃，在此前提下，当然也谈不到在陇西建立任何都邑。

那秦人何时逾陇而至甘肃呢？学术界对此有三说：一是本来（或很早）就在甘肃，此即所谓秦人西来说；二是晚商时中潏已来甘肃（段连勤、尚志儒说）；三是周初成王时，周公讨平诸叛，强迫原在山西而又参与叛乱的秦人西迁至甘肃（林剑鸣、何清谷说）。我意取此说，也就是最晚的一说较是。除其他学者已陈述的各自理由外，我另外考虑了两点：首先，是近年来在甘肃天水地区发现了早期秦文化遗存[10]，其年代可上推至周初，这与此说在时间上是吻合的；其次，不论秦人西来说或晚商已至甘肃说，都不能回避商末周初还有很多秦人在山西、河南一带活动的史实。同为秦人，如果有的在甘肃有的在山西，这意味着他们长时间并且在彼此相隔很远的状态下被一分为二。由于生活环境和各方面条件差异甚大，会造成彼此发展水平、生活方式的很大差别。但是以后两部分秦人居然又毫无困难地于西周初叶合在一起了，这可能吗？应当说，愈是落后、不发达的民族和部族，就愈难长期保存自身的各种特征。先秦时人们特别看重“族”，那是因当时的生产水平迫使人们聚族而居，而所有的特征皆由“聚”才能产生和体现，个人或家族一旦被逐出族外，不要说保持民族部族特征，甚至连生存都感困难。当时的“流放”与后来的含义不同，无非就是被赶出本族，而那是很可怕的惩罚。从考古发现看，天水地区的秦文化遗存，体现的发展水平并不高，自身的特征也不明显，那么，这种特征就是不稳定的并很容易失去。后来的秦人屡屡能够进行比较彻底的、大幅度的社会变革，正说明构成秦人自身特征的那些因素是不稳定的，穷则思变，变革亦易。很显然，这样的秦人是经不起长时间分裂的，一旦分裂将无法再捏合到一起。历史事实也证明了这一点：西周时周穆王“以赵城封造父，造父族由此为赵氏”，此即所谓秦赵同祖。但后来赵人却不但不认秦人为同祖，反而以敌国相向，这就是分裂的结果。段连勤先生一方面引恩格斯的话并加按语道：“在这些集团分裂之后（按：夷族一支西迁，实际上就是同仍留在东方夷族的分裂），便依各个部族遭遇的生活条件而特殊地发展起来。”[11]但另一方面又力主秦人早在商代（文中甚至提夏末，恐为笔误）已去甘肃说，这实际上等于是讲长期分裂无妨重新会合，与自引恩格斯的话是矛盾的。我认为秦人在商周之际没有也不可能大规模分裂过，逆而推之，就是排除秦人原在甘肃或商代已至甘肃的说法。至于到了周初，秦人以整体或陆续之方式西迁，于是保持了其文化及传统的完整性和连贯性，这就没什么矛盾了。仍留在山西赵城一带的赵氏一族，以后走上不同的发展道路，又是另一回事。

2. 周初西迁秦人的发展水平还很低，不具有建立都邑的可能与意识。

对逾陇而至天水地区的秦人，其社会发展水平究竟如何？王国维说“殆与诸戎无异”；林庚说“是一个微不足道的弱小民族，它在周人的势力范围之下寄居游牧”；林剑鸣说“西周末年，秦人还是徘徊于周王朝‘西垂’的一支游牧民族”；而根据考古材料，袁仲一说“完全不像人们一贯传说的说法，认为秦人当时是完全过着游牧、狩猎的生活”[12]，这话不太明确，但充其量也只说是达到半农半牧的经济水平。总之，所有的说法都认为当时秦人的社会发展水平还很低。想当初，中潏父子为商服务，其经济水平如何不得而知，但起码在政治上为商所用，还应有点地位；周初秦人被以叛民身份强迫西迁，不但政治地位大大下降，原有的生活方式和经济水平恐怕也不能维持了。以后经几代人直到西周中叶的非子时，还只能以畜牧经济为主，在这种前提下，西周早期才至陇地的秦人是很难谈到建立高级形态的社会并修筑都邑的。由此我认为那种仅仅通过文字诠释，把商末的西垂释为西犬丘，从而就得出西犬丘是历 14 世 300 年的都邑，或如王国维因“居西垂”、“居西垂宫”几个字的史文就把西垂具体化为地名，都是把建立都邑看得太随便太容易了。

以上，算是从对“西垂”的认识谈起，尝试分析一直到周中叶之前秦人的活动范围、社会发展水平等，从而探讨秦人最初建都的前提与背景。我的结论基本上是否定此期秦人有都邑的，或者说，在资料和论证都还很不完备的情况下，宁可取谨慎的看法。

二

接着讨论犬丘。

史籍中提到从西周到春秋至少有四犬丘，分别在卫、宋、槐里及陇西，当今山东、河南、陕西、甘肃。

《秦本纪》最早提到的是“非子居犬丘”，但在后来又称犬戎灭“犬丘大骆之族”，“复予秦仲后，及其先大骆地犬丘并有之”，是把居该犬丘的历史上溯至非子之父大骆之时。然而不管是他们父子之中何者，时间都在周孝王时即周之中叶。对此犬丘，《史记》三家注徐广曰“今槐里也”，是指在今陕西兴平县的犬丘。《正义》也支持此说。该地周曰犬丘，秦曰废丘，汉曰槐里。

王国维在《秦都邑考》中，认为槐里犬丘曾为周懿王之都，“仅更一传，不容为大骆所有”。他又从《秦本纪》“庄公居其故西犬丘”一语中，断出“西犬丘”一词，认为“此西犬丘实对东犬丘之槐里言”，第一次明确提出东西犬丘说。他根据《水经注》，定此西犬丘在汉陇西郡之西县，也就是今甘肃天水西南。此说既出，便得到学术界广泛认同（但也有对此说不太肯定的），包括《辞海》、《中国历史地图集》等都采是说。于是，当周之中叶，槐里犬丘与陇西犬丘并立，一时已成定论。

但是，细究此说，还有很多需探讨之处。

1. 该犬丘是原有的，还是秦人所筑？

据前，周初秦人才到甘肃，发展落后，应不具有筑都的条件与意识，又从《秦本纪》史文看：

> 非子居犬丘，好马及畜，善畜养之。犬丘之人言之周孝王，孝王召使主马于汧渭之间，马大蕃息。

这里似乎非子是客居犬丘，与“犬丘之人”不是同族，意即犬丘是原有的而非秦人所筑。何清谷先生认为是因周穆王西征犬戎，“大骆乘隙进驻犬丘”，“大骆占犬丘好像未经周王册封，是周王对既成事实的默认”[13]。我进一步推论，连犬丘的名字也不应是秦人所取。

2. 犬丘是地区还是都邑？

据现有史文，看不出犬丘是地区、都邑还是宗邑。段连勤先生主“地名迁移说”，认为“犬丘”地名是畎（即犬）夷人由东方带来的，此说应可成立。但既然不是秦人命名，那畎夷人为何有此命名，究竟是命地区还是都邑名，这又涉及畎夷人进步到何种程度等等。我以为，在没有肯定资料前，当大骆非子进驻犬丘时，还是把犬丘释为地区好。对此，亦可从另一角度去谈。

张光直先生研究认为：“商周两代都制虽不尽相同，却在两点上相似。一是最早建国的都城名称即是朝代名称……二是政府中心所在屡次迁徙。”他又追溯夏代，认为也是以初都之名为朝代名[14]。我想，三代既同，则可谓之规律，谓之传统，或曰有一定规律性。以之验之秦，结果秦也是以其第一个都邑名为秦而定国名（这里不是严格意义上的国，而只是具有独立性的政治实体），于此规律无不合（尚志儒先生以为先有秦族名，后有周孝王命地名为秦，这是一个可以争议的看法）。这样说，既是把非子受封为附庸而邑秦以前的秦人，没有看作为有任何独立性的政治实体，从而不存在什么都邑问题，同时，也因犬丘只是地名而非都邑，所以秦人应是把秦作为其第一个都邑。

《秦本纪》又有：“庄公居其故西犬丘，生子三人，其长男世父。世父曰：‘戎杀我大父仲，我非杀戎王则不敢入邑’。”这里世父立意报祖父秦仲血仇而“非杀戎王则不敢入邑”。他“不敢入”的是哪里？对此，学术界也有不同看法：何清谷、段连勤文中未明言但似指犬丘；林庚则具体指秦邑。我想，世父切切报仇不敢入邑，然而，西戎灭犬丘大骆之族是大骆嫡子成那一支苗裔，被杀的乃祖秦仲却是大骆庶子非子一支苗裔（说详后）。秦仲有邑在秦而与犬丘实际没有关系，何况当世父时犬丘已经收复，世父要报血仇，为什么会不敢入犬丘呢？所以，这里世父所不敢入者，一定是和报血仇有关的秦邑，否则讲不通。但这又可反证在庄公、世父眼中，都邑是秦而非犬丘。

3. 非子犬丘在哪里？

这是最关键的问题，所以需要详细讨论。要弄清它，除应先谈犬丘是地区还是都邑外，另外涉及迁移问题，如一直在原地未动和曾有迁移是不同说法，兹分别探讨。

如前，“西犬丘”是王国维断句断出来的，但他一方面说“史记之文，本自明白”，另一方面却又说“但其余犬丘上均略去西字，余疑犬丘西垂本一地，自庄公居犬丘号西垂大夫，后人因名西犬丘为西垂耳”（《秦都邑考》）。很显然，他对自己的结论不放心，没把握。他也注意到短短一段史文，先后6次提到犬丘，但何以不前不后只在中间一处加一西字，这似乎很奇怪，于是他为之解释以自圆其说，这里就从王氏的解释谈起。

首先，若西犬丘之“西”字，是后人为了区别于槐里犬丘而特别加上的话，那从《秦本纪》的行文次序看，是只应加在第一个犬丘之前即“非子居犬丘”一句中。“庄公居其故西犬丘”一语，与上文“及其先大骆地犬丘并有之”一句之间，仅仅隔着“为西垂大夫”5字，上下文对照，意思很清楚，完全不需要另加西字，而且，除第一个外，文中其余5个犬丘都不需加西字。由此，说此处西字是为区别方位而加在道理上不通。

其次，王氏用“余疑西垂犬丘本一地，自庄公居犬丘号西垂大夫，后人因名西犬丘为西垂耳”来自释其疑。但西垂得名在前（王氏已定商末中潏西垂为地名），西犬丘得名在后，如果是由于庄公多了一个头衔，后人要加以考虑的话，就应是从此把西垂称为西犬丘才对，怎么能相反说是“因名西犬丘为西垂”呢？再者若说后人因庄公为西垂大夫而在犬丘上加西字，从道理上也讲不通。

复次，如果“庄公居其故西犬丘”中“故”字作旧地、故地讲，那这里紧接上文，意思不含混，顶多说“庄公居犬丘”即可，何必多此“故”字？据前引《秦本纪》，周孝王因非子养马有功，准备废嫡立庶，即让庶出的非子取代大骆的嫡子成以继承大骆，但遭到成的外祖父申侯的反对，于是孝王改封非子于秦地，而让成继承了大骆犬丘（从段连勤、何清谷说）。后来，“犬戎灭犬丘大骆之族”，指的就是成这一支。非子一支苗裔秦仲攻打犬丘身亡，直至他儿子庄公时才收复（这里史文不详，是否收复不敢十分肯定），周宣王对庄公是“复予秦仲后，及其先大骆地犬丘并有之”。那么庄公得到的毕竟是成一支后裔的地盘，虽说他们同祖，但已隔了五世，这里并非自己的故地，所以用“故”作此解释也很勉强。

总之，王国维以断句立论，我觉得有些突兀孤立；他自释其疑的解释，也不能令人完全信服，从论据到推论方法及最后结论都有可议之处。

我意这句话或可有别解，即解作庄公是居其故地以西之犬丘，把“西”作移动方向而不是方位解，即不是犬丘一词的连缀。我此说，意为非子居一犬丘（目前还不能排除槐里犬丘，申说见后），到后来庄公收复，又在犬丘故地以西再建一犬丘，并且筑为都邑。兹具体申说如次：

①若非子犬丘已在陇西西县，当今甘肃礼县，则距周京丰、镐远过千里（距离按《元和志》所记里程算），犬丘之人在这么远的距离外向周孝王报告非子的养马业绩，孝王又远隔千里调其养马；非子去了汧渭之间，距老家大本营犬丘有六七百里，兼之“马大蕃息”需很长时间，那这意味着非子长时间脱离宗族背井离乡在很远的地方，似乎很不合情理，所以我怀疑此犬丘距周京没那么远，因此也不能排除槐里说。

②由于厉王无道，西戎反王室，灭犬丘大骆之族。按史籍其他记载当厉王时，犬戎已进犯至关中中西部和北部，甚至到了王畿丰、镐一带。周宣王即位用秦仲为大夫“诛西戎，西戎杀秦仲”，可见战争进行得很艰苦，一直到庄公时，“周宣王乃召庄公昆弟五人，与兵七千人，使伐西戎，破之”，这里只说周王给庄公七千人伐西戎，没有谈从哪里出发打到哪里，但似乎是收复了犬丘。这就应问：周军七千人是一直打到距周京千里之外的地方吗？一路上有没有阻隔，通过谁的地盘？或者说此时周王朝还有那么大的能力，能在这么大的范围里出动大军长途作战吗？周室衰微虽经宣王中兴，但也不能重振元气，说周军长驱千里作战是可疑的，这更进一步使我相信周军配合庄公收复的犬丘不在陇西。弄清此点，要详细分析当时从周京至陇西形势如何，周军进军

路线及有无障碍等等，这些非本文所能论及，但在没有证据情况下，我宁可相信周军在宣王时打不了那么远的仗。

③如果以我之推测，庄公在故地以西筑犬丘，是乘战胜余威，进一步扩大战果。同时，他身为大夫要求高了，《毛诗序》称“秦仲始大，有车马礼乐侍御之好”[15]，他比父亲更胜一筹，筑起象征政权的都邑，是顺理成章的事，其所筑犬丘才是在天水西南，即今甘肃礼县一带。段连勤、尚志儒所主“地名迁移说”，至此才真正得到体现，即到庄公才是按原有地名命名新筑都邑为犬丘。

以上，我把“庄公居其故西犬丘”释为“庄公在其故地以西之犬丘”，是一种推论，应当说，我仅仅只是借此提醒，对王氏“西犬丘”说应多加考虑，多问几个为什么，庶几可使诸如“犬丘”是地区还是都邑，从非子以后它在哪里，是否有过迁移等不容回避的问题，得到更充分更深入的讨论。这里把我之结论谈得更具体一点，那不是：

①非子犬丘是地区而非都邑名，为原已有之；

②非子犬丘可能在今甘肃天水至陕西西安之间某地，不能排除在兴平（槐里）说；

③从庄公时起又有犬丘在原犬丘以西，即在今礼县者，但所有犬丘名前均无“西”字，秦汉时也无此命名；

④从庄公时起犬丘才是都邑，但它只能说是秦人早期的都邑，在它之前，仍有更早的都邑。

三

庄公犬丘的具体地望，怎样去分析探讨和查找？这里也作一讨论。由于这个问题虽为学术界所关注，但却少有人去实地踏勘，而且对文献作具体解读的人也不多，所以提到者一般语焉不详，至多只说在今甘肃天水西南或礼县。现唯有徐日辉先生有文章[16]作了具体介绍，并称已作了实地踏勘，云此“西犬丘”故址在礼县东盐官（关）镇东南五里、西汉水南岸的一级台地上。

然而，细读徐文却发现有相当多不该出现的错误，致使文章结论是否可信令人疑窦丛生。

徐文称：“西犬丘在今甘肃天水西南二百里，西汉水南岸的第一台地上。具体位置在礼县东北一百里盐关堡东南约五里。盐关堡，俗称盐关城，在西汉水的北岸。因这一段西汉水是从东北向西南流，故沿河两岸地分南北，盐关堡是古卤城，即三国时西县城的城邑，比西犬丘要晚。”

短短几句，错讹颇多。

①我们先弄清徐文所指的盐关在哪里。文中称犬丘在盐关东南约五里，则去天水绝没有200里，因今天水距盐关仅64公里。但这非徐文笔误，因他在提出的词条校正中，又非常肯定地重复道：“西犬丘应在今天水西南100公里。”

另，盐关堡在礼县东北，但并无徐文所称百里之遥，按公路走仅33公里。由于此处道路沿西汉水川道西行，没有捷径和迂回之途，故不会有一百里这个里数。这也非笔误，因徐文在另一处又强调盐关在“礼县东北50公里”。

以上两处里程均误，故所记盐关堡位置不准。

无独有偶，徐文中另段还有，称红河（即《水经注》中的杨廉川水）“在距今城三十多里的罗家堡”入注西汉水。罗家堡是今地名，而“今城”若指盐关则不足，因盐关至罗家堡仅8公里；但若指礼县却又太远，是礼县距罗家堡41公里，故“三十多里”之数不知何所自来。要之，这一段徐文中里程多误，难以为凭。

②文中称盐关堡是古卤城，此卤城是什么？我开始不得其解，但细检徐文所引用王国维《秦

公簋（敦）跋》[17]云：“盖卤者汉陇西县名，即《史记·秦本纪》之西垂及西犬丘”，这才恍然大悟，王国维照秦公簋上“[illegible]字”，在跋中作“卤”（见学林版《观堂集林》影印本），而徐文再抄时，又误作“卤”字。王国维对“卤”字没有解释，但今人已知其实为小篆“西”字。以讹传讹，致有徐文鲁鱼亥豕之误，于是徐文中出现“卤城”。至于为什么把此“卤城”（即西城）定在今盐关堡，徐文没有写出依据，我考虑是否作者先依自己的误抄知有一“卤城”，再将“卤”与“盐”联系在一起而致（《汉书·地理志》记陇西郡有盐官、铁官）？

③《水经注·漾水注》以为汉之西县即西犬丘，对此从王国维以来并无异议。然而徐文称：“王的考证（指上引王著《秦公簋跋》）不精确，因他没有实地踏勘，不知道汉西县的位置有沿革变化，故误以卤城为西犬丘，但无大误。卤城，是三国以后的西县城，而不是秦汉间的西县城。秦汉间的西县城即西犬丘，但不叫卤城。卤城在西汉水的北岸，西犬丘在南岸。”

这一段问题也很大。

一是说秦汉西县外另有卤城为三国后西县城，这除误“西”为“卤”凭空生出一“卤城”外，另说秦汉三国各有西县也于典无征。《中国历史地图集》第三册，在三国魏凉州部中，所标西县位置与秦汉时一样，原地未动。

二是说秦汉西县在西汉水南岸，这也是错误的（对此我有看法见后）。

三是徐文对王国维的批评是凭空的，也就是说，不是王国维的错反而是徐文自己的错误。王国维在《秦都邑考》和《秦公簋跋》中已清楚指出西犬丘当汉陇西郡西县，对此应无可指责。遗憾的是，王氏《跋》文中未指出所录“卤”字实即“西”字，这应算小小不足，但偏偏这当批评之处却被徐文认可又误录作卤城。

④徐文定西犬丘在西汉水南岸，大误。这原因在于他误读了《水经注·漾水注》原文。他引用《水经注·漾水注》云：“西汉水又西南合扬廉川水，水出西谷，众川泻流合成一川，东南流经故西县城北。秦庄公伐西戎破之……为西垂大夫，亦西垂宫也。”

这里首先是断句，王国维校《水经注》该条是这样断的：“西汉水又西南，合杨廉川水，水出西谷，……东南流经西县故城北。”很明显，这里流经西县故城北的是杨廉川水而非西汉水。实际上，《水经》在叙述此段后，有不短的一段文字专写杨廉川水，包括汇入杨廉川水的茅川水，直至茅川水“又东北流，注西谷（即杨廉川水，因其出西谷）水，乱流东南，入于西汉水”，这才又开始描述西汉水本身。由于这一根本性的解读错误，导致得出西县故城在西汉水南岸的结论。其次，这一破绽是早就可以看出的：流经西县故城之水既然是东南流，那就显然不是西汉水；西汉水在礼县之前一直是西南流，没有出现东南流这种大幅曲折。

徐文此处大误，但误读此段《水经》的却还另有人在。《甘肃省通志》承《读史方舆纪要》云：“汉置西县，晋改始昌县。”意思是说始昌与汉西县在同一地。然而《水经注·漾水注》述及此处，是“西汉水又西南经始昌峡，始昌故城西，《晋书地道记》曰：天水始昌县故城西也，亦曰清崖峡”。西汉水在这一段作西南流，且流向变化很小，它既在始昌故成西流过，则始昌故城必在左岸，大范围讲即为南岸而不能是北岸。故此《中国地名大辞典》云“始昌，晋置，后废，故城在今甘肃西和县北”，应是。而《中国历史地图集》也标始昌在西汉水南。《水经》在此之前，叙汉西县在西汉水以北的杨（阳）廉川畔，把西县、始昌区分得一清二楚，故二者不应在一地。《读史方舆纪要》把西县始昌说成同一地，结果进一步使人产生始昌故地即西犬丘所在的错觉，这大约也是“西犬丘在南岸说”所本之一。我推想晋始昌城故址，大约在盐关对面偏东不远，恰与徐文所述西犬丘所在台地相左右，故徐先生在南岸踏勘如确发现有遗迹，或者应和晋故始昌城有关。

⑤徐文中又有多处方位讹误。

这方面除前揭西汉水不能东南流外，又有："秦汉之西县城当在今盐关城东南，西汉水东岸约五里处。"这里西汉水西南流方向偏西，只有南北岸而无东西岸，徐文在同文另处也讲过。笔者驱车过盐关，水流平直无大曲折，故不存在"东岸"，此恐系南岸之笔误。另，文称西犬丘所在第一台地在西汉水南，"居高向阳，是建邑的好地方"，该台地既在水之南即是坐南向北，亦即背阴，何得"居高向阳"？

⑥徐文又一重大失误，是他在连引《史记》三家注《正义》、《嘉庆一统志》、《读史方舆纪要》和《甘肃新通志》四书后，对书中所指"西县城，在（秦）州西南百二十里"，以及"秦州上邽县西南九十里"等，非常肯定地写道："上引地志中的'州'和'上邽'均在今甘肃天水市境内，去今天水市西南一百多里，即今天水地区礼县的盐官堡一带，我们通过实地考察，证明文献记载基本正确。"这里，首先是与前引文字自相矛盾：前引文两次称盐关堡距今天水市二百里和一百公里，这里却谈一百多里；其次，根据各种地书和其他史籍，并无古秦州、上邽在今天水西南一百多里的任何记载，这一点完全是凭空写来。

⑦由于以上种种史误、文误，所以徐文所称实地踏勘已没有意义，因为作者自己也没搞清到底踏勘的是什么。更何况即使如此，文中也一点没有报道踏勘结果究竟若何，有何遗迹遗物，根据什么断为城邑等等。总的来说，徐文在判断西犬丘具体地望问题上，非徒无所助益，反而横生枝节，为廓清史疑带来新的困惑，故读之不可不慎和不可不辩。

放下徐文不谈，庄公犬丘到底可能在哪里？由于史籍只有《水经注·漾水注》最为具体可信，称其在杨廉川南岸即红河一带，大致可在今盐关、罗家堡以北红河流域探寻，《中国史稿地图集》（上册）、《中国历史地图集》标其位置，在今天水、礼县之间居中处，且三点一线，应当说大致不差。除《水经注》外，最早有《括地志》标出此犬丘具体方位："秦州上邽县西南九十里，汉陇西西县是也。"（《史记》三家注《正义》引）后来的一些志书大多作一百二十里（如《读史方舆纪要》、《甘肃省通志》等），惟《秦州志》稍有不同，称"秦州西南一百里，四道岭有秦嬴非子繁息战马故址"。但这只说是非子息马处，并未明言犬丘。总之，是有在今天水西南九十、一百、一百二十里等说，但与我所指之处并无大差距，仍是在今盐关堡、罗家堡以北的红河一带。

然而还有问题，即此犬丘仅仅是在汉西县范围内，还是更具体在西县城邑？若是前者，找寻范围就会大得多，这里从另一角度谈。

新发现的秦仲、庄公大墓在永兴乡大堡子山，这一方面证实庄公犬丘确实可能在礼县一带，但另一方面由于墓地位置是已确定的，就会产生都邑距它多远的新问题。按前所述，犬丘在汉西县城邑，即今盐关西北一带，那它距墓地直线距离约 30 公里，这似乎太远了，不论祭祀、守卫均很不方便。从陕西已发现秦早期陵园和都邑距离都不远的考古实际看，应不会距离这么远（其中凤翔秦公陵园距雍城只有 2 公里多），这样，以墓地为中心划一数公里半径的范围，在此范围内找寻邑址，未尝就不是可行之举。对此，《水经注》为我们提供了重要的线索。

《水经注》在叙过诸葛亮北伐誓师的祁山堡（今存，距墓地约 12 公里）之后，沿西汉水流向顺次叙述。在经过一段距离后记："汉水又西经南岍，北中岸之上下有两城相对，左右坟垅低昂，亘山被阜，古语云：南岸北岸万有余家；诸葛亮表言：祁山县出租五百，有民万户，瞩其丘墟，信为殷矣。"值得注意的是按这一段《水经》叙述方位是已过祁山而未至礼县，而大堡子山墓地也正在祁山与礼县之间，去礼县 13 公里去祁山约 12 公里，就在此左右不远。从所引古语看，古代这一带非常富庶，人烟稠密，所以"南岸北岸万有余家"，"瞩其丘墟，信为殷矣"。从条件分析，墓地在西汉水北岸，其附近才真正是居高向阳、背塬面水的理想建邑之地。这里要问：就在这一带的“上下二城相对”，它们是什么城，何时何人所筑？“左右坟垅低昂，亘山被阜”又是什么？从行文看，虽不清楚是诸葛亮还是郦道元在“瞩其丘墟”，但总是有丘墟存在，对它也应该有个说法，即此丘墟是什么？相信，以上记载应是我们具体寻找犬丘遗址的有用参考，值得仔细研究和高度注意。按我对以上记载的分析，犬丘故址可能就在墓地不远处的汉水北岸一带。

最后，回到本文一开头即提到的两点：秦仲庄公墓地的发现，确实证明了有犬丘在礼县之说，而且为具体寻找邑址提供了一个肯定的坐标；墓主非秦仲、庄公莫属，这又为犬丘的建邑时间、是否迁移等问题，提供了一个论证前提。

四

对秦早期都邑犬丘的探讨寻找，是学术界关注的大问题，现在由于墓群的发现，为解决这一问题既提供了线索，也增加了尽早解决它的压力。如果历史、考古及历史地理学各方面有愿及此，按现有文献及考古资料提供的线索，通过科学的方法去作田野工作，相信是会有所收获的。本文通过案头工作对现有资料、论点做了一点爬梳，并提出自己不成熟的看法及推测，为的都是及早解开犬丘之谜，以推动秦史的研究工作。文中谬误之处自所不免，尚祈方家指正。

（《陕西历史博物馆馆刊》第二辑）

注释

[1] 林剑鸣：《秦史稿》，第23页起，上海人民出版社1981年。
[2] 何汉文：《嬴秦人起源于东方和西迁情况初探》，《求索》1981年第4期。
[3] 王国维：《秦都邑考》，《观堂集林》卷十二，中华书局1956年。
[4] [11] 段连勤：《关于夷族的西迁和秦嬴的起源地、族属问题》，《先秦史论文集》（《人文杂志》增刊）。
[5] [13] 何清谷：《嬴秦族西迁考》，《考古与文物》1983年第2期。
[6] [16] 徐日辉：《新版〈辞海〉中“西垂”、“西犬丘”释文疏证》，《西北史地》1983年第2期。
[7] 林庚：《〈天问〉中有关秦民族的历史传说》，《文史》第七辑。
[8] [9] 尚志儒：《早期嬴秦西迁史迹的考察》。
[10] 赵化成：《寻找秦文化渊源的新线索》，《文博》1987年第1期。
[12] 袁仲一：《从考古资料看秦文化的发展和主要成就》，《文博》1990年第5期。
[14] 张光直：《考古学专题六讲》，文物出版社。
[15]《史记·秦本纪》三家注。
[17] 王国维：《观堂集林》卷八，中华书局版影印本。

谈甘肃礼县大堡子山秦公墓地及文物

陈昭容

一

秦先世起于西垂，其地在今甘肃天水西南约一百二十里处[1]。自非子善养马畜，周孝王召使主马于汧渭之间，分其土为附庸，邑之秦，地在今甘肃清水县城附近[2]。其后数代，秦侯、公伯、秦仲，皆以渭河流域上游甘肃清水、天水一带为活动范围。被封为西垂大夫的庄公仍居西犬丘，至襄公代立，二年（公元前776年）徙都汧[3]，七年受赐岐以西之地，封诸侯始国；文公四年（公元前762年），营邑于汧渭之会[4]，仍以渭河流域为主要活动范围。

自襄公立国，文公奠定秦国基业，秦国的走势基本上是以渭河平原为基础，沿河向东发展，宪公二年（公元前714年）徙居平阳，德公元年（公元前677年）初迁雍城，至献公二年（公元前383年）迁栎阳，居雍共294年，秦人不仅站上中原舞台，并拥有半壁江山。孝公十二年（公元前350年）都咸阳之后，更是势如破竹，百余年间，统一中国。

秦自襄公始国，至秦二世灭亡，传三十二代，历五百多年，沿渭河流域向东发展的历史脉络十分清楚，秦人营建的君主陵寝，位置与都城或秦君的活动范围，多能密切配合[5]，已知有西垂、雍城、毕陌、芷阳、骊山五大茔域，其中，除西垂陵地外，其余四处的位置都能确指。

由于西垂为秦人早期发展基地，西垂陵地的具体位置未曾有过明确的辨认，近一两年间陆续出现在巴黎、纽约、香港的珍贵秦国文物，共同来自甘肃礼县大堡子山两座附有大型车马坑的带墓道大墓，为探究早期秦史提供重要的线索，特别引起学界的重视[6]。

二

出于甘肃礼县大堡子山墓地的文物，已经正式发表的有：

1．秦公壶一对1994年6月纽约James Lally & Co. 拍卖图录著录。

2．秦公鼎一件1995年6月上海博物馆青铜器来台湾展出，展出图录《认青铜器》著录器形、花纹、铭文。

3．金器一批Christian Deydier私人收藏，1994年11月在巴黎展出，出图录《秦族黄金》一书共著录鸱枭形金饰片共八件（高52厘米、宽32厘米）、顾首金虎二件（长41厘米、高16厘米、宽3—4厘米）、口唇纹鳞形金饰片二十六件、云纹圭形金饰片、兽面纹盾形金饰片二件、目云纹窃曲形金饰片二件。韩伟《论甘肃礼县出土的秦金箔饰片》（《文物》1995年第6期）有图版及说明。

4. 上海博物馆藏“秦公乍铸用鼎”二件（其中一件已著录于《认识青铜器》书中）、“秦公乍宝用鼎”二件、“秦公乍宝毁”二件。见李朝远《上海博物馆新获秦公器研究》《上海博物馆集刊》第七期，著录器形及铭文。

除了上述已经正式发表的文物之外，据说香港坊间尚有出自同一墓地的青铜礼器一百件左右[7]，甘肃礼县公安局也缴获“秦公乍铸用鼎”、“秦公乍铸用毁”铭文拓片共三件。

从1987年开始，甘肃礼县即有古董收购商教唆盗掘。上述这些器物出土的大堡子山墓地自1993年夏秋间遭盗掘，甘肃省考古研究所田野考古队紧急抢救清理，共清出四座大型墓葬，目前尚未有正式的发掘报告，仅在韩伟文章中有简略的描述：

一号墓为曲尺形，最长的一边为37米，深7米，被盗掘一空，仅余残碎马骨，推测应为车马坑。

二号墓为中字形，总长87米，墓室面积12×11米，深11米，接近西墓道处有人牲六具。有可辨识盗洞，有的留有上下台阶。

三号墓为目字形，长100米、宽10米，深9米以上。从形制上看，推测为车马坑（?）[8]。

四号墓为曲尺形车马坑，在原先发现的三座大墓之南[9]。韩伟在《论甘肃礼县出土的秦金箔饰片》文《后记》中指出大堡子山墓地是一座中字形墓、一座车马坑组成一座陵园。此墓地的发掘简报未发表，根据韩伟的叙述，我们猜测原先被认为是车马坑的三号墓，有可能也是一座中字形墓。从出土的文物及墓葬规模看来，大堡子山墓地两座陵园的墓主应是两位秦国贵族。

试比较西周时期的几个贵族大墓，如：宝鸡茹家庄BRM1 強伯墓为甲字形竖穴土坑墓，总长约31.5米[10]，长安张家坡M157井叔墓为中字形大墓，总长35.4米[11]；山西北赵村M8晋献侯苏墓为甲字形大墓，总长约为43.5米[12]；北赵M64晋穆侯墓为甲字形大墓，总长约为24.3米[13]。上述这几个西周贵族的墓葬，较之礼县大堡子山墓地，不仅是规模小了很多，墓葬青铜器数量似也有所不及。再看年代与大堡子山墓地最接近的北赵M93晋文侯仇（公元前780—前746年）墓，中字形竖穴土圹墓总长32.5米[14]，晋文侯仇曾护送平王东迁有功[15]，地位崇高，墓葬规模也远不及大堡子山墓地。从墓葬规模宏伟及青铜礼器自铭“秦公”来看，我们猜测大堡子山墓地的主人应是春秋早期地位相当崇高的两位秦君。联想到雍城陵地秦公一号大墓，为总长300米中字形大墓，附属车马坑全长有86.3米[16]，而春秋有名的王室墓地如淅川楚墓、三门峡虢国墓地皆竖穴土圹墓，苏州真山吴王墓为浅穴岩坑墓，皆无墓道，墓口长宽皆不超过10余米，可以想见秦在春秋时期对周朝礼制倾向于不保守的态度[17]。

三

礼县大堡子山墓地的墓主及出土文物的断代问题，已经有不少学者做过讨论：关于秦公壶的讨论，李学勤、艾兰最早据器形、纹饰定为秦庄公即位后所做器[18]。其后白光琦以秦庄公称公应为追谥，认为此壶应为襄、文时器[19]，陈昭容认为秦公壶器主应为葬于西垂的文公[20]，王辉认为应晚至文公以后[21]，卢连成认为壶是文公或宪公的遗物[22]。除了“庄公”意见外，其他诸家意见是不约而同相当接近。

上海博物馆藏秦公鼎、秦公簋，《认识古代青铜器》编者从鼎足铸造法上认为秦公鼎年代应在襄公立国（公元前770年）到前七世纪[23]。李朝远从器形、铸造、纹饰、铭文及史实各方面，详细研究上海博物馆新获的四件秦公鼎、两件簋，认为秦公诸器应为襄公、文公时物[24]。

关于金饰片的讨论，韩伟从纹饰上做了细致的讨论，并据金虎爪木芯碳十四测定年代认为这些金器为秦仲及庄公时物[25]。

礼县大堡子山墓地对秦国早期历史的探究极为重要，前述这些讨论，对这个课题的研究，无疑是有相当的意义。至于这些文物的时代及铭文中自称的“秦公”究竟谁指，似可再作一些补充讨论。

四

礼县大堡子山秦公墓地出土铜器为墓主自作用器，器铭自称“秦公”，说明这必须是秦襄公封为诸侯以后才有可能。这一点孔颖达在《毛诗·国风·秦谱》中已经指出“襄公始为诸侯，庄公已称公者，盖追谥之也”[26]。襄公始国之前，秦仲、庄公都不可能称“公”，将大堡子山出土秦公诸器定在襄公以后，这是非常重要的观点。秦仲、庄公时为周之附庸，不仅不能生称公，在墓葬规模上如此逾制[27]，恐怕也不可能。

从器形与纹饰来看，秦公壶的蟠龙高浮雕纹饰固与颂壶、晋侯壶相近，但以这种母题为饰的方壶，除了颂壶、晋侯壶、芝加哥藏壶之外，年代约略可知者尚有：(a) 山东常清县仙人台遗址六号墓出土的铜方壶，为春秋早期偏晚的邿国铜器[28]。(b) 河南历史博物馆藏新郑郑韩故城内端湾村出土铜壶，为春秋早、中期郑国铜器[29]。(c) 台北国立历史博物馆藏新郑出土铜方壶，年代约与端湾壶相近[30]。(d) 陕西户县宋村 M3 出土秦国铜方壶，时代约在春秋早、中期之交[31]。(e) 中央研究院历史语言研究所藏琉璃阁 60 号墓出土铜方壶，时代应在春秋中、晚期[32]。像秦公壶这样的蟠龙纹方壶应是盛行于西周晚期到春秋时期。秦公壶盖内铸铭文，与颂壶、晋侯壶同，但腹部与颈部的比例不如颂壶、晋侯壶、芝加哥壶那样悬殊，开启典型秦国方壶的先河，与宋村 M3 方壶接近，这一点我们已经谈过[33]。

秦公壶壶体四面的蟠龙纹饰盛行于西周晚期至春秋时期，壶上其他的纹饰如颈上的波带纹、圈足上的窃曲文、耳上的螺角牺首，也都是西周晚期至春秋早期盛行的纹饰。上海博物馆收藏的秦公鼎、簋纹饰基本上以兽目交连纹为主，李朝远文中已指出：“这种纹饰实际上是一种兽纹的变形，在西周晚期和春秋早期都大量存在，尤其是口沿下的此类纹饰，西周晚期与春秋初期无别。”这是很正确的分析。同样的，金箔饰片上的口唇纹（为重环文的变形）、目云纹、云纹、窃曲纹等，也常见于西周晚期到春秋早期。要用纹饰做主要判断，在这段时间内确立一个更精密的点，怕有些困难。碳十四年代对较长时间范围的断代有帮助，短时间的判断，恐怕也难做到精准。

总的说来，大堡子山墓地出土的器物及金饰片，基本纹饰应以西周晚期到春秋早期为范围，但铭文自称“秦公”必须在襄公立国之后，铸造、器形方面也都指向春秋早期，这个墓地是《史记》记载的葬于西垂的襄公及文公陵地，应是合理的推测。

五

王国维《秦都邑考》（《观堂集林》卷十二）认为西垂原指西界，后特指一地，即西犬丘。此地至汉为陇西郡西县，《清一统志》云：“其故城在今天水西南一百二十里。”礼县正好是在这个地区。有名的秦公簋就是 1919 年天水西南一带出土，盖上有秦汉间凿铭“西一斗七升大半升”，“西”是置用地“西县”，王国维《秦公敦跋》云“此敦之作虽在徙雍之后，然实以奉西垂陵庙”。

礼县大堡子山墓地应即秦国早期历史上的秦公墓地，即所谓西垂陵地。

《史记·秦始皇本纪》后附秦君享年及居处葬地表中指明葬于西垂的秦君唯襄公及文公二人。文公虽已迁都至汧渭之会的陈仓，但归葬于成长居住过的西垂[34]，在父亲长眠的陵地旁建立陵园，是可以理解的。

襄公退犬戎、送平王有功，受封为诸侯，赐之岐以西之地，是秦"受天命、赏宅受国"的始国者[35]，作西畤，在秦国有其特殊的地位。文公为秦君五十年，营邑汧渭之会，为鄜畤，初有史以记事，民多化者，伐戎，地至岐，其以东献之周，制订法律（法初有三族之罪），是一个很有作为的君主。有很多奇怪的传闻如：梦黄蛇、得陈宝、伐南山大梓等，虽然荒诞，却说明文公在秦史上重要的地位。《本纪》说文公葬西山，《集解》徐广引皇甫谧曰"葬于西山，在今陇西之西县"。以襄公、文公在秦国创国的地位上来看，享有规模宏大、葬品丰厚的墓葬，是可能的。

宪公生十岁立，立二年徙居平阳，历十二年卒，年方二十二岁。《本纪》称宪公葬于"西山"，《正义》引《括地志》云"秦宁公墓在岐州陈仓县西北三十七里秦陵山"。秦君享年及居处葬地表说宪公"葬衙"，不知何者为是。但以宪公的年轻、任国君时间短，兼之伐荡社、与亳战，连年征伐，是否有能力经营远在西垂、规模宏大、葬品丰富的陵墓，很值得怀疑。

司马迁在《史记》中对襄公、文公之郊祀天地，颇有批评，《封禅书》曰："自周克殷后十四世，世益衰，礼乐废，诸侯恣行……秦襄公攻戎救周，始列为诸侯。秦襄公既侯，居西垂，自以为主少皞之神，作西畤，祠白帝，其牲用骝驹黄牛羝羊各一云。"又曰文公"作鄜畤，用三牲郊祭白帝"[36]。《六国年表》序言中说："太史公读《秦纪》，至犬戎败幽王，周东徙洛邑，秦襄公始封为诸侯，作西畤用事上帝，僭端见矣。礼曰：'天子祭天地，诸侯祭其域内名山大川。'今秦杂戎翟之俗，先暴戾，后仁义，位在藩臣而胪于郊祀，君子惧焉。"《索隐》："以言秦是诸侯而陈天子郊祀，实僭也。"[37]关于"周室东迁，礼序凋缺，诸侯僭纵"[38]，国家社会秩序混乱，这些现象不仅表现于祭祀方面，举凡车马、服饰及婚姻关系等，莫不如此[39]。司马迁着重于指责襄公西畤上帝，扬雄对此也有所批评，《法言》曰："天子制公侯伯子男也，庸节，节莫差于僭，僭莫重于祭，祭莫重于地，地莫重于天……昔者襄公始僭，西畤以祭白帝。"[40]汉儒的看法，可用《诗序》的"未能用周礼"涵盖，《秦风·蒹葭序》曰："蒹葭，刺襄公也，未能用周礼，将无以固其国焉。"[41]襄公、文公墓葬规模之宏大，葬具金饰之华丽，陪葬品之丰赡，这些厚葬现象，也是僭越不用周礼的反映[42]。

六

大堡子山秦公墓地出土器物中，已知有铭文的共有上海博物馆的四件鼎、两件簋，及出现在纽约的秦公壶一件，另有礼县缴获的二鼎一簋，究竟这些秦公器何者属襄公、何者属文公？由于这些器物均没有发掘记录，很难肯定究竟谁属。以下我们从铭文的字体结构及风格方面，试着作一些推测。

李朝远文中已指出上海博物馆新获的四件鼎，"从铭文上看，恐也不是一套器"[43]，这个看法是很正确的。其中鼎一、鼎二铭文"秦公乍铸用鼎"与鼎三、鼎四"秦公乍宝用鼎"铭文内容不一，字体风格亦异，应该不是一套列鼎。从铭文的字体结构风格来看，礼县出土的秦公诸器，约可分为两件器群：

（一）上博所藏的鼎三、鼎四铭"秦公乍宝用鼎"与两件秦公簋铭"秦公乍宝簋"，为一人之器（以下称"秦公器群"）。

（二）上博所藏的鼎一、鼎二铭“秦公乍铸用鼎”、纽约秦公壶铭“秦公乍铸尊壶”、礼县公安缴获的“秦公乍铸用鼎”二件、“秦公乍铸用段”一件，为一人之器（以下称“秦公器群”），与前一器群有先后之分，器主应非同一人。

秦系文字是在西周晚期文字的基础上发展，从春秋开始，逐渐走出自己的风格，篆体的意味逐渐增多。过去春秋秦文字资料不多，对于秦篆风格的形成，总不敢推得太早。1978年宝鸡太公庙村出土窖藏春秋早期晚段秦武公（公元前697—前678年）所做器共五件铜钟、三件铜镈，纹饰与西周晚期相似，但铭文“字体已有一定的秦篆意味”[44]。这对于秦篆风格形成的研究，相当重要。相较于西周晚期的虢季子白盘、不其段，“秦公器群”的铭文风格明显趋近于太公庙秦武公钟鎛，字体有一定的秦篆意味，这一点，在讨论秦公壶的时代问题时，已经有许多学者指出。“䅽公器群”铭文字体则没有秦篆意味，与虢季子白盘、不其段较近。把“秦公器群”与“䅽公器群”铭文相比较，风格区别是满明显的。

从个别字例上看，也可以发现这两个器群铭文写法略有先后之分。先看“秦”字的写法。《说文》“秦，伯益之后所封国，地宜禾，从禾舂省。一曰：秦，禾名。秝籀文秦从秝”。“䅽公器群”铭文中的“䅽”字上部从舂（舂），《说文》：“舂，捣粟也，从廾持杵临臼上，午，杵省也。”䅽公鼎、段中的䅽字是从舂不省，字下部从二禾，正与《说文》籀文同。“秦公器群”中“秦”字与《说文》籀文全同，秦文字材料中屡见“秦”字，如武公钟、秦子戈、景公磬、天水秦公段诅楚文等都写作秦，与籀文同，小篆又为籀文之省（详文后附表）。甲骨文中有秦字作秦《后下》37.8、秦《甲编》794，又有蓁字，作蓁《乙》732[45]。西周金文垦鼎史秦鬲訇段写法皆与甲骨同，仅西周中期的师酉段作秦，此字从“臼”的部分写得不太像“臼”，下部又易一“禾”为“又”，三版《金文编》将此字放入附录，为不识字[46]，四版才收入正文“秦”字条下。曾侯乙墓出土竹简有“郬”字（辞例“郬弓”），写作郬从邑秦声，秦字上从舂从禾，较䅽器群的“䅽”字省一禾，裘锡圭、李家浩认为是秦国之“秦”的专用字，[47]可信。春秋金文如𠫑羌钟、许子匿铭的秦字写法与籀文及秦文字同，战国晚期楚国金文、竹简中的秦字则作秦，从午从秝，不从臼，又省収，此为楚系写法的特色。秦字作“䅽”，证实《说文》小篆“从禾舂省”的说法，秦系文字作“秦”，从秝从舂省（省臼），与籀文同，可能是承袭甲骨、西周金文以来一贯的结构，但改变布局安排[48]；也有可能是秦人自写作“䅽”，再省作“秦”。从春秋早期晚段武公钟鎛以下秦文字中的“秦”字写法皆不再作“䅽”看来，“从秝舂省”的“秦”字是更接近春秋战国秦人习惯的写法。

再看“段”字。段字左半的“皀”旁像食器之形，下有圈足或底座。右半的“殳”像手持匕柶所以报之者也。“皀”即《说文》“皀”字，为段之初文，即、既、乡、食等字之所从[49]。许慎以小篆“皀”字形体“皀”为说，以为“像嘉穀在裹中之形，匕所以报之”，其实“皀”字是食器的整体象形，下半是与器身相连的底座，不可分割，更不是个匕字。从秦文字中从“皀”诸字演变的历程（详文后附表），可以看出小篆“皀”字下半的匕形，实由器座之形（皀）变为两笔写成尖核形（皀）、再从两笔一长一短（皀）写成像匕形（皀），就成了小篆的“皀”“段”等字。从这个角度看，上博所藏的两件“䅽公乍宝段”，其“段”字器座部分的写法作两笔相交成尖核形（段），礼县公安缴获的“秦公乍铸用段”，的“段”字器座部分写成两笔一长一短（段），渐与武公钟鎛、景公石磬、石鼓文等的“皀”字写法趋近。由此约略可以推测“䅽公器群”的制作时代可能稍早于“秦公器群”。

七

综合以上的讨论，我们认为礼县大堡子山秦公墓地应是秦开国后最早营建的西垂陵地，墓主是秦开国之君襄公及其子文公，这个结论不仅符合《史记》襄公、文公葬于西垂的记载，也符合出土器物自铭“秦公”的称谓，而墓葬规模之宏大与葬品之丰赡，也能与襄公、文公在秦史上的地位配合，出土器物的形制、铸造、纹饰等，与春秋初期的风格也都能合而不悖。

大堡子山秦公墓地出土的有铭铜器，约可分为“⿱𡗗秝公乍宝用鼎”“⿱𡗗秝公作宝毁”及“⿱𡗗⿱禾秝公乍铸用鼎”“⿱𡗗⿱禾秝公乍铸用毁”“⿱𡗗⿱禾秝公乍铸尊壶”两个器群，从字形、风格上分析，“⿱𡗗秝公器群”可能稍早于“⿱𡗗⿱禾秝公器群”，推测“⿱𡗗秝公器群”的主人是秦襄公（公元前777—前766年），“⿱𡗗⿱禾秝公器群”的主人是文公（公元前765—前716年）。这两批铜器是目前可见秦建国后最早的铜器。

由于礼县大堡子山秦公墓地被盗掘一空，出土的文物四处流散，其后墓地虽经科学考古的发掘，但已经很难追溯文物与出土坑层的关系，对于这个墓地、葬品以及早期秦史的研究，都是一件无可弥补的遗憾。本文综合许多学者的研究成果，对礼县大堡子山秦公墓地相关的问题略作补苴，也算是拙作《谈新出秦公壶的年代》一文的续作，其中尚有不少缺漏，希望未来有更多相关的资料发表，并期方家不吝指正。

《后记》1996年11月初，我曾在史语所文物图像研究室以《甘肃礼县大堡子山秦公墓地》为题，做过一次演讲及讨论，本文即根据该次演讲的初稿和与会先生们的意见改写而成。在演讲前，曾向陕西省考古研究所王辉先生请教，交换过意见，并从王先生处借阅了尚未发表的珍贵资料，非常感谢。我们对于礼县秦公诸器分属襄公、文公的看法大略相同，王先生将有相关论述发表于其新作《秦文字辑证》一书中，即将出版，请读者参看。

（《大陆杂志》第95卷第5期）

注释

[1] 王国维：《秦都邑考》、《清一统志》：“其故城在今天水西南一百二十里。”

[2]《史记正义》引《括地志》云：“秦州清水县本名秦，嬴姓邑。”

[3]《史记正义》引《括地志》云：“故汧城在陇州汧源县东南三里。《帝王世纪》云秦襄公，二年徙都汧，即此城。”汧邑地望约在今陕西省陇县边家庄墓地附近。张天恩：《边家庄春秋墓地与汧邑地望》，《文博》1990年第5期。

[4] 在今宝鸡县汧河乡西、宝鸡市卧龙市东，即史书中所记的陈仓城。王学理：《秦物质文化史》，三秦出版社1994年。

[5] 除了少数秦公（宪公、出子葬“衙”；献公葬“嚣圉”；孝公葬“弟圉”）的葬地还有争议之外，多数秦公葬地的具体位置多已知晓。

[6] 李学勤：《探索秦国发祥地》，《中国文物报》1995年2月19日。

[7] 李朝远：《上海博物馆新获秦公器研究》，《上海博物馆集刊》第七期。

[8] [9] 韩伟：《论甘肃礼县出土的秦金箔饰片》，《文物》1995年第6期。

[10] 一棺一椁，青铜礼器五鼎四毁，附属车马坑长5.6米，年代约在昭王、穆王时期，公元前1000年左右。卢连成、胡智生：《宝鸡強国墓地》，文物出版社1988年。

[11] 井叔采活动年代约在孝、夷之际，公元前900年左右。卢连成：《张家坡西周井叔墓地的昭穆排列》，《中国文物报》1995年3月5日。

[12] 8号墓墓口长25.1米，墓道长18.45米，一棺一椁。此墓经严重盗掘，遗有晋侯稣鼎一、晋侯毁二、晋侯壶二及晋侯稣编钟一六枚等，墓东有约21×15米大型车马坑。《天马一曲村遗址北赵晋侯墓地第二次发掘》，《文物》1994年第1期；马承源《晋侯稣编钟》，《上海博物馆集刊》第七期。8号墓墓主为晋献侯稣，约可无异议，编钟铭文“三十三年”是谁的纪年则有争议，王占奎认为“稣钟三十三年是指‘共和’以来的三十三年”，是宣王纪年，即公元前809年，见《周宣王纪年与晋献侯墓考辨》，《中国文物报》1996年7月7日。

[13] M64墓口长6.6米，墓道长17.7米，二棺一椁。随葬品有五鼎四簋及楚公逆编钟一套八件等。《天马——曲村遗址北赵晋侯墓地第四次发掘》，《文物》1994年第8期。

[14] M93墓室长6.6米，宽5.1米，北墓道长11.6米，南墓道长14.7米，二棺一椁。随葬铜器有实用器五鼎六簋二壶及盘匜甗各一。明器八件，鼎簋尊等各一。《天马——曲村遗址北赵晋侯墓地第五次发掘》，《文物》1995年第7期。

[15]《尚书·文侯之命》。

[16] 秦公一号大墓墓室长59.4米，宽38.1米，东墓道长156.1米，西墓道84.5米，此墓经严重盗掘，存物不多，出有著名的石磬。墓主为秦景公（公元前556—前537年），春秋晚期早段。雍城墓地已探测出18座中字形大墓，墓长超过200米者五座，100—200米者十一座，100米以下者两座，皆有附属车马坑，最长的车马坑（M8）有111.6米，其主墓（M7）墓长256.7米。见《秦物质文化史》，第268页。

[17] 战国以后中字形墓超过100米者较常见，如辉县固围村中字形大墓170米，中山王墓110米。

[18] 李学勤、艾兰据秦公壶器形、纹饰与颂壶（宣王三年，公元前825年）、晋侯壶（靖侯宜臼，厉王晚期，公元前858—前841年）相近，定秦公壶为秦庄公（公元前821—前778年）器。《最新出现的秦公壶》，《中国文物报》1994年10月30日。

[19] 白光琦：《秦公壶应为东周初期器》，认为西周后期非卿士不得称公，非姬姓不得为卿士，秦庄公称公应为追谥。秦公壶时代不出襄、文二世。《考古与文物》1995年第4期。

[20] 陈昭容：《谈新出秦公壶的时代》，也认为庄公为西垂大夫，不得称公，史称庄公为死后追谥。秦公壶器形与陕西户县宋村壶接近，铭文风格与秦武公钟鎛近，器主宜为葬于西垂的秦文公。《考古与文物》1995年第4期。

[21] 王辉在拙文《编辑后记》中认为秦公壶的铭文“从字体上看，显然应晚至文公以后”。

[22] 卢连成：《秦国早期文物的新认识》，认为大堡子墓葬规格超过西周晚期的卫侯、晋侯、井叔，作为西周附庸的秦国不可能如此逾制。秦公壶的器形文饰最接近户县宋村（春秋中期德、宣、成时代）铜壶，铭文书体接近秦武公（公元前697—前678年）钟鎛，壶的时代很难早到西周晚期，最可能是秦文公（公元前765—前716年）或宪公（公元前715—前704年）的遗物。《中国文字》新二一期，1996年。

[23] 上海博物馆：《认识古代青铜器》，认为秦公鼎的马蹄形足背面为凹弧形空间，与西周时代鼎足内范单独悬空的铸造法不同，这一空间是放陶范的，自春秋末到战国初鼎足分铸，也不会出现这一情况。因而断秦公鼎年代在公元前770年—前七世纪。台北艺术家出版社，1995年。

[24] 李朝远：《上海博物馆新获秦公器研究》，研究上海博物馆新获的秦公鼎四件、簋两件，认为纹饰为西周晚期和春秋早期大量存在兽目交连文，蹄形足足内凹半空弧状，为春秋早中期常见的铸造法。簋的器形晚于西周晚期的师寰毁，兽目交连纹晚于函皇父鼎。《上海博物馆集刊》第七期。

[25] 韩伟：以金饰片上的口唇文与庄白1号青铜器瘐壶盖沿花纹比较、以目云纹与齐家村出土瓦文簋口沿盖沿花纹比较，认为是西周晚期之物。金虎爪木芯碳十四测定树轮校正年代为公元前1085—前825年、公元前943—前791年。韩伟定这些金器为秦仲（公元前838—前822年）及庄公（公元前821—前778年）时物。《论甘肃礼县出土的秦金箔饰片》，《文物》1995年第6期。

[26]《毛诗注疏》，《十三经注疏》本，卷六之三，第2页下。

[27] 关于墓葬规模之宏大，卢连成、李朝远文中都已指出，韩伟文中对于以金饰片装饰棺具的现象也有讨论。

[28]《山东常清仙人台遗址发现邿国贵族墓地》，《中国文物报》1995年12月17日。

[29] 杨宝顺：《新郑出土西周铜方壶》，《文物》1972年第10期；河南省博物馆编《河南省博物馆》，图28，

文物出版社 1985 年。第 173 页说明以为是西周郐国铜器，恐有未当。

[30] 国立历史博物馆：《国立历史博物馆馆藏青铜器图录》，图版 61，台北国立历史博物馆 1995 年。

[31] 陕西文管会秦墓发掘组：《陕西户县宋村春秋秦墓发掘简报》，图 17，《文物》1975 年第 10 期。

[32] 郭宝钧：《山彪镇与琉璃阁》，图版 84。郭氏断琉璃阁 M60 为战国墓，因谓此壶为"先世遗物留传下来的埋入此墓中"。

[33] 陈昭容：《谈新出秦公壶的时代》；卢连成：《秦国早期文物的新认识》。颈部收缩较少的现象，其他地区出土的铜壶不如秦壶明显，河南出土的铜方壶以颈部较长为特色。

[34] "文公立，居西垂宫。五十年死，葬西垂"语出《史记》卷六。

[35] 参见王辉《秦器铭文丛考》，《文博》1988 年第 2 期；陈昭容：《秦公簋的时代问题——兼论石鼓文的相对年代》，《史语所集刊》六四本四分，1993 年。

[36]《史记》卷二十八，中华书局点校本。

[37]《史记》卷十五，中华书局点校本。

[38]《后汉书》卷十（上），中华书局点校本。

[39]《后汉书·志第二十九》。

[40] 扬雄：《法言·重黎》第十卷，汪荣宝：《法言义疏》第十四卷，台北世界书局 1962 年。

[41]《诗经》，卷六之四，《十三经注疏本》。虽然《诗·序》说诗之大义少有可信者，但其批评襄公的僭越行为，与不少汉代学者一致。

[42] 李朝远文中也引述了《史记》及《诗序》的资料，详尽的分析说明春秋秦公蔑视周礼的现象，请读者参看。

[43] 李朝远：《上海博物馆新获秦公器研究》，《上海博物馆集刊》第七期。

[44] 李学勤：《秦国文物的新认识》，《文物》1980 年第 9 期。

[45] 辞例为"周以嫀""周弗以嫀"，嫀字义可能为秦地之女。

[46]《金文诂林附录》。

[47] 裘锡圭、李家浩：《曾侯乙墓竹简释文与考释》注 24，湖北省博物馆编《曾侯乙墓》，文物出版社 1989 年。

[48] 李朝远（第 30 页）指出西周金文的"秦"字，虽然大多数为从禾舂省，但字形与秦公器的秦字差别很大。秦公器铭中省臼之"秦"字，实开春秋战国秦系文字作"𥡆"之先河。

[49] 详李孝定：《甲骨文字集释》"𣪘"字条下引戴家祥《释皀》及按语。

也谈礼县大堡子山秦公墓地及其铜器

王　辉

甘肃省礼县大堡子山秦公墓地，近年出土“秦公”铭文铜器甚多，已知者有：1. 纽约拉利行秦公壶一对；2. 礼县所出而由上海博物馆修复的壶一件；3. 礼县公安局缴获器十余件，我曾得见其中二鼎一簋；4. 上海博物馆从香港回收四鼎二簋；5. 据闻香港坊肆尚有秦公器约百件。对这批铜器及其铭文，已有李学勤、艾兰、陈昭容、白光琦、卢连成、李朝远等加以研究，提出了许多很好的意见，但歧见仍不少。此后甘肃省文物考古研究所柴生芳、毛瑞林二位曾对该墓地作了抢救性发掘，共发掘中字形墓一座、目字形墓一座、曲尺形墓一座，还探明一座曲尺形墓，此外还有中小型墓 9 座。遗憾的是，大墓已被盗掘者洗劫一空，出土器物甚少且至今未有简报发表。大堡子山秦公墓地及其出土器物对探索秦人早期历史关系甚巨，故为秦史及秦文化研究者所重视。笔者近年对秦文字稍有涉猎，所以一直注视着这方面的动态，并多次与同行就其中的一些问题进行讨论。1995 年初，曾与卢连成先生讨论到纽约秦公壶，以为是秦文公器。1995—1996 年撰写《秦文字集证》一书，其第一章 1—4 小节曾对已知秦公铜器逐件讨论。1996 年 11 月，陈昭容博士在台北史语所讲《甘肃礼县大堡子山秦公墓地》，讲前曾同我就相关问题交换意见，我们的看法大略相同，即都认为曩组秦公器属襄公，舂组秦公器属文公。其后陈博士有文刊《大陆杂志》95 本 5 分（1997 年）。近日陈平先生将大作《浅谈礼县秦公墓地遗存与相关问题》寄《考古与文物》编辑部，我复信略抒拙见，陈先生据拙见对其文加以修改，又提出了若干新看法，并在文中引用了拙见。拙著《秦文字集证》尚未出版，我本不准备就此问题另做文章。但鉴于陈平文已引用了拙见，为了活跃学术空气，也附骥一鸣，作此小文，希望能有助于讨论的深入。

一　大堡子山有几座秦公墓

这个问题，以目前的条件，似还难有定论。大堡子山目前只发现了一座中字形墓，两座曲尺形墓都是车马坑，这点学者间认识一致。韩伟先生原先推测还应有一座未发现的中字形墓，但经过柴生芳等钻探，并未发现，且从地形条件看，此墓地似亦不允许再有一座中字形墓。面对这种情况，陈平倾向于大堡子山只有一座秦公墓。问题的关键在于我们如何看待墓地的目字形墓。目字形墓韩伟先生认为“从形制上看应是车马坑”，但未申述理由。陈平对韩说极为赞成，并加以补证。陈平指出凤翔秦公陵园目字形墓排列在主墓右下方，在钻探中发现有马骨，韩说“有相当的考古学依据为支撑”。陈氏认为目字形墓既是车马坑，又不可能再有中字形墓，则大堡子山墓地理所当然只有一座秦公墓。李朝远将目字形墓看作一座秦公墓，也未申述理由，陈平代之拟了几条理由，也不知是否符合朝远先生的初衷，不过陈氏显然是不大相信这几条理由的。

我以为，陈平的说法确有其道理，值得重视，若其说成立，则大堡子山就只有一座秦公陵园。不过，陈氏似乎忽略了大堡子山目字形墓与凤翔秦公陵园目字形墓的一些差别。这些差别主要是：

1. 大堡子山目字形墓长 110 米，大于中字形墓（87 米）；而凤翔秦公陵园目字形墓皆小于中字形主墓。如凤翔 1 号陵园中字形墓 3 座，其中 M1（秦景公墓）长 300 米，M3 长 226.4 米，M33 长 204.4 米；而 3 座目字形墓，M4 长 53.6 米，M6 长 38 米，M34 长 44.5 米。又如凤翔Ⅳ号陵园中字形墓 M15 长 214 米，目字形墓 M16 仅长 106.4 米。

2. 大堡子山目字形墓位于中字形墓之左后方，而凤翔秦公陵园目字形墓皆位于中字形墓之右前方。

3. 大堡子山 2 座曲尺形墓为车马坑，学者间无异议，若目字形墓也是车马坑，则一座中字形墓附有 3 座车马坑。在凤翔秦公陵园中，主墓作中字形或甲字形，Ⅳ号陵园还有一座刀形小墓，或为甲字形墓之半，墓主身份较低；车马坑作目字形或凸字形，而且一座主墓配一座车马坑（Ⅳ号陵园 M19 甲字形墓及Ⅳ号陵园 M43 刀形墓无车马坑）。在这一点上，二者是截然不同的。

考虑到以上三点不同，所以我们还不能简单地援引凤翔秦公陵园之例肯定大堡子山墓地目字形墓是车马坑，而不会是另一位秦公之墓。固然，考古所见春秋时诸侯一级主墓大多有一至两条墓道，墓呈甲字或中字形；但也有少数没有墓道，如安徽寿县蔡侯墓、河南淅川楚墓、河南三门峡虢国墓、江苏苏州真山吴王墓都是竖穴土圹或浅穴岩坑墓，均无墓道。对大堡子山目字形墓，我们不能说它本是一座甲字形墓，而被发掘者挖错了；但我们却可以怀疑，秦襄公初为诸侯时，虽有僭越（详下），但礼仪制度并不完备。即以中字形墓而论，凤翔秦公陵园大者二三百米，小者一百余米（如Ⅴ号陵园 M13 米为 143 米），而大堡子山中字形墓仅有 87 米。这说明在秦初立国时，陵寝制度尚无定制。

二　⿱𦥑秝组与⿱𦥑秝组秦公器孰早孰晚

大堡子山墓地出土秦公器数量大，形制、铭文、纹饰也有差异，所以学者多怀疑其非一人之器。李朝远对上海博物馆所藏秦公四鼎二簋及一件无铭簋作了仔细研究，以为："上海博物馆新获秦公诸器属襄公、文公，究竟何属襄公、何属文公，目前尚难定一……上海博物馆新获的四件鼎，从铭文上看，恐也不是一套器。"我和陈昭容以为铭文秦字作⿱𦥑秝的一组秦公器时代较早，为秦襄公器；秦字作⿱𡗗秝的一组秦公器时代较晚，为秦文公器。陈平认为⿱𦥑秝组秦公器晚于⿱𡗗秝组秦公器，如大堡子山有一座秦公墓，则后者为文公早期器，前者为文公晚期器；如有两座秦公墓，则前者为宪公器。陈平的主要理由是：

1. ⿱𡗗秝字见于殷商甲骨文及西周金文史秦鬲、盥方鼎、询簋等，⿱𦥑秝字见于西周共王时的师酉簋，这两种写法"在西周中期至春秋早期并行共存了一段时间，它们反映的，只是不同书手对秦字书法习惯的不同，而并不具有年代先后上的不同"。

2. "公"字的写法，⿱𡗗秝组 4 器公字上部的八上口聚得不紧，下口张得不开，与太公庙秦武公钟、镈公字作㒶者相距较远。⿱𡗗秝组器公字则与秦武公钟、镈距离较近。

3. 从器形上看，⿱𡗗秝组秦公器中上海博物馆藏鼎一、二有西周晚期器垂腹平底的作风，属早期特征；而⿱𦥑秝组秦公器中上海博物馆藏鼎三、四下腹圆形外鼓，腹与底连接处作圆弧状吻接，属晚期特征。

我的看法则与陈氏相反，以下试加申说：

1. 从文字风格上看，𥶲组秦公器，特别是上海博物馆藏鼎三文字风格更古拙，与太公庙秦武公钟、鎛差距较大，而与虢季子白盘、不其簋风格差距较小。𥶲组秦公器，特别是上海博物馆藏鼎二、纽约拉利行秦公壶字体修长秀丽，与秦武公钟、鎛差距较小。如公字写法秦公壶、上博鼎一都与武公钟、鎛接近，而上博鼎三、簋一却差距较大，只有簋二比较接近。陈平仅据一例立论，而置二例于不顾，似乎偏颇。又如𣪘字，陈昭容分析了𣪘字的演变过程，指出𣪘字（[illegible]）左旁[illegible]像食器之形，下有圈足或底座；西周金文[illegible]下底座逐渐变为两笔写成尖核形（[illegible]），再从两笔一长一短（[illegible]）写成像匕形（[illegible]），就成了小篆的"皀"、"𣪘"等字。上博鼎三、四𣪘字器座部分的写法作两笔相交成尖核状（[illegible]），礼县公安局缴获秦公簋𣪘字器座两笔写成一长一短（[illegible]），渐与武公钟、景公石磬、石鼓文等的皀字写法趋近。由此约略可以推测𥶲组秦公器可能稍早于𥶲组秦公器。其说殆是。

2. 𥶲、𥶲二字的年代早晚问题比较复杂。陈平既说二字在西周晚期、春秋早期并行共存了一段时间，并不具有年代先后上的区别，又说"𥶲组器年代较早"，"𥶲组器年代较晚"，似乎未加照应。固然𥶲字已见于殷商甲骨文及西周史秦鬲、盥方鼎、询簋，𥶲字见于西周共王时之师酉簋，二者也完全可以同时存在。问题在于：在秦系文字中，𥶲、𥶲二字能否分出早晚？

关于𥶲、𥶲二字的演变，李朝远云：

> 金文中绝大部分"秦"字的字形都为从禾舂省，唯有西周恭王时的师酉簋秦字未省臼字，作"[illegible]"、"[illegible]"。虽未省臼，但臼字上下开口，不成全形。目前所见最完全的从舂从双禾、未省臼字的"秦"字，即为秦公簋一、簋二、鼎三、鼎四的"秦"，应隶定为"𥶲"。

在上博鼎三、四、簋一、二出土以前，师酉簋"秦"字中间的"[illegible]"、"[illegible]"是否是臼，人们都不清楚，现在看来，它们都是臼的讹变。既有讹变，则其时应该还有不讹变者，只是我们尚未发现罢了。我推测可能西周早中期秦人把他们族名秦字写作"𥶲"，并一直延续到襄公时；文公在位五十年，又颇有作为，其晚期文字发生变化，乃省臼作"𥶲"。文公以后秦器如秦子戈、秦武公钟、秦景公磬、簋皆用省臼之"𥶲"，遂成定制。西周中期，秦先祖"选父为穆王御"，为王室所知；其后非子为周孝王养马，孝王分土为附庸，邑之秦。但其时秦势力弱小，周大臣皆以"秦夷"目之，不加重视，所以作师酉簋时将𥶲族名写错，讹"臼"为"[illegible]"、"[illegible]"，讹二禾为"权"。

总之，𥶲显然要早于𥶲。如果说𥶲字较早，那就是说，秦人早期用𥶲，中间用𥶲，后来又用𥶲，这似不符合文字发展规律。至于说这是不同书手书写风格不同，也有难于理解之处。秦是国族名，对秦人自己来说，其写法是至为严肃庄重的，同一时间之内有两种写法，怕也是不能允许的。

3. 𥶲组秦公器与𥶲组秦公器文例也不同。上博鼎三、四云："秦公乍宝用鼎。"上博鼎一、二云："秦公乍铸用鼎。"上博簋一、二云："秦公乍宝𣪘。"𥶲组器用"作"，𥶲组器用"作铸"。"作铸"亦见于1978年陇县边家庄出土的卜淦□高戈，张懋镕、刘栋以为该戈"可能早到静公、宪公"，也与文公接近。

4. 从器形上看，上博鼎三、四底稍圜，鼎一、二底稍平。不过这种不同，在断代上似没有典型意义。西周晚期圆鼎如上海博物馆藏颂鼎、陕西岐山贺家村出土荣有司鼎皆圜底，春秋早期圆鼎如山东邹县邾国故城出土费敏父鼎亦圜底，这说明圜底并不是春秋早期晚段以后的器物特点，并不能据此认为上博鼎三、四比鼎一、二晚。礼县大堡子山秦公器不管是出自一位秦公之墓还是出自两位秦公之墓，其为春秋早期器是肯定的。在春秋早期，器物形制、花纹的变化远没有文字风格明显。上博所藏二簋，与西周晚期簋器形几乎没有区别，就是明证。因此，要根据器形分出两组秦公器的早晚，目前似有困难。陈平仅据上博鼎三、四下腹与底相接处圆形外鼓，认为“已初露向此后典型春秋秦鼎器形转化的端倪”，既然仅是“端倪”，并不明显，也就没有很强的说服力。

三　宪公葬于何处

《史记·秦本纪》云：“五十年，文公卒，葬西山。”《集解》徐广曰：“皇甫谧云：葬于西山，在今陇西之西县。”《秦本纪》又云：“宁公二年，公徙居平阳，遣兵伐荡社。三年，与亳战，亳王奔戎，遂灭荡社。……十二年，伐荡氏，取之。宁公生十岁立，立十二年卒，葬西山。”《正义》：“《括地志》云：秦宁公墓在岐州陈仓县西北三十七里秦陵山。《帝王世纪》云：秦宁公葬西山大麓，故号秦陵山也。”

卢连成《秦国早期文物的新认识》认为，宪公葬地应在礼县。卢氏云：“据《史记·秦始皇本纪》记载，秦襄公葬西垂，《史记·秦本纪》记载，秦文公葬西山，秦宁（宪）公葬西山。《秦本纪》和《秦始皇本纪》所指西垂、西山似为一地。”

陈平也以为宪公所葬之“西山”，与《史记·秦本纪》所说“文公卒，葬西山”之“西山”同，就在陇西西县。

二氏所说不无道理，但宪公葬地仍有异说。《史记·秦始皇本纪》后附《秦纪》云：“宪公享国十二年，居西新邑，死葬衙。”《集解》：“《地理志》云冯翊有衙县。”《秦纪》又云出子亦“葬衙”。陈平说宪公“葬衙”乃涉下文出子“葬衙”而误，为推测之辞，无法证明。难道我们能说《秦本纪》宪公“葬西山”之说是涉上文文公“葬西山”而误吗？看来这不是解决问题的办法。我以为，《秦本纪》固然较《括地志》等唐人的说法可靠，但《秦纪》作为秦人自己的记载，应该比《秦本纪》更可信。宪公《秦本纪》作宁公，《秦纪》及出土秦器如武公钟、镈皆作“宪公”，就是证明。根据《秦纪》，我们只能确定襄公及文公葬于“西垂”，亦即今礼县范围内。至于衙，恐非汉左冯翊衙县，衙县即今白水县，其地当时尚不属秦，秦公无法葬于其地。通例，诸侯死后或归葬于旧都附近，或在新都附近，都与白水县不相干。出子是被庶长弗忌、威累、参父杀害的，更无必要远葬于白水，所以此“衙”只能在新都西新邑附近，只是具体地点今已无法确知。《秦纪》说宪公“居西新邑”，曲英杰《先秦都城复原研究》（黑龙江人民出版社1991年）以为“西新邑”可与出子“居西陵”（《秦纪》）联系起来考虑，云：“其西陵或西陂当指陈仓西北之山，即西山。其地在文公时为祭陈宝已有所兴建。宪公迁此，当进一步有所扩建，而因山为名称西。又为有别于庄公所都之西，而称西新邑。”其说或是。

宪公生十岁立，立十二年卒，还是一个青年。陈昭容也因之说：“以宪公的年轻，任国君时间短，兼之伐荡社，与亳战，连年征战，是否有能力经营远在西垂、规模宏大、葬品丰富的陵墓，很值得怀疑。”

要说大堡子山秦公铜器有宪公之物，在文字风格上也有困难。太公庙出土武公钟、镈铭称“余小子”，作器时武公及其母“王姬”并称，足见其时武公年龄尚小，地位未稳，器作于武公初即位时。宪公卒年下距武公即位年只有出子在位的六年，就秦系文字的演变过程而言，这六年短到几乎可以忽略不计。大堡子山秦公器𧸘组与武公钟、镈文字差距较大，舂组器差距虽较小，但绝对不可以忽略不计。即此而言，也可见大堡子山不大可能有宪公器。

四　襄公可否制作铜器

为了论证大堡子山秦公墓是文公墓或文、宪二公墓，陈平极力排除襄公制作铜器的可能性。陈氏云：

> 秦在襄公七年受封为诸侯始国以前，制作大型铜礼器当皆借用周室之熟练铸铜工匠和书艺精湛之史官书佐为之，故其形制、纹饰、铭文书风均与周季无别……秦襄公自七年始任诸侯至十二年伐戎至岐卒，连年与戎苦战而最后战死，其生前也无心力过多注重秦之大型青铜礼器之铸造及工匠书佐之网罗。故而我们虽不敢说襄公在此期间未作过一器，但却敢说他即使此间曾作了也必不多，且工艺必较粗糙，铭文书法比较拙劣，形制与书体也均不可能已具有早期秦国青铜文化的特殊作风。

说襄公在未立为诸侯前器物形制、纹饰、铭文风格方面与周季差别不大，是可以的；但要说二者毫无区别，则未免过于绝对。西周晚期，有些贵族和诸侯已试图在文字风格上标新立异，虢季子白盘文字风格与西周晚期正统王器有所不同，学者都是承认的，李朝远、陈平也都认为虢盘对秦文字影响深远。不其簋作于周宣王六年（公元前 822 年）之前数年内，其时庄公尚未即位，秦仲尚在，庄公虽已成年，但仅为军队统帅（拙著《秦铜器铭文编年集释》第 6 页），故簋之形制、纹饰“与周季无别”，庄公在位四十四年，秦族于此间逐步强大，终能在襄公七年保护周平王东迁。在五十年的时间内，秦文字发生一些小的变化，是完全可能的。𩨷组秦公器比之典雅周器，器形、纹饰、文字变化不大，但还是略有一些。上博所藏两件秦公簋与上博所藏西周晚期师寰簋近，皆弇口宽体大耳虎足。上博秦公四鼎二簋饰兽目交连纹，此纹亦见周幽王时之函皇父鼎，李朝远对此已加分析，以为秦公鼎之兽目交连纹龙头和龙身变为抽象线条，比函皇父鼎晚。上博秦公鼎三、四与西周晚期史颂鼎相似，但略显粗糙。上博鼎三铭“乍宝用鼎”，“用”字少铸一竖，第二横下有一凹点，可见其“书法比较拙劣”。从这个角度说，𩨷组秦公器为襄公器，不是没有可能。

至于说平王东迁时，周室铸器工匠及书佐皆随之而去，又说襄公连年征战，无心力注重青铜礼器之铸造，似不尽然。襄公是始封诸侯，在秦史上有其特殊地位，其子孙皆以“受天命”目之（秦武公钟、镈铭“我先祖受天命赏宅受国”；秦公簋铭“不显朕皇祖受天命，鼏宅禹迹”，“先祖”、“皇祖”皆指襄公）。襄公既有如此地位，故颇欲标新立异，有所作为。李朝远引用《诗·秦风·蒹葭》毛诗序“蒹葭，刺襄公也，未能用周礼，将无以固其国焉”，指出襄公行为有违于《周礼》。《史记·封禅书》云：“秦襄公既侯，居西垂，自以为主少皞之神，作西畤，祠白帝，其牲用骝驹、黄牛、羝羊各一云。”又《史记·六国年表》序：“太史公读《秦纪》，至犬戎败幽王，周东徙洛邑，秦襄公始封为诸侯，作西畤用事上帝，僭端见矣。礼曰：天子祭天地，诸侯祭其域内名山大川。今秦杂戎翟之俗，先暴戾，后仁义，位在藩臣而胪于郊祀，君子瞿焉。”李朝远说：“东西周之交时敢于违周礼而大有作为的秦公唯有襄、文二者。”陈昭容说：“襄公、文公墓葬规模之宏大，葬具金饰之华丽，陪葬品之丰赡，这些厚葬现象，也是僭越不用周礼的反映。”襄公既僭越，则其收罗或自己培养部分铸铜工匠及书佐，铸造大型礼器，本不足怪。

总括上文，结论如下：

1. 大堡子山秦公陵园有两座或一座秦公墓，如是一座，则可能是文公之墓；如是两座，最大可能是襄、文二公之墓。

2. 𩨷组秦公器时代早于𩨸组秦公器，如是文公墓物，则前者作于文公早年，后者作于文公晚年；如是两墓物，则前者为襄公物，后者为文公物。

由于大堡子山墓地发掘简报至今未发表，器物出土情况不明，加之出土铜器流散各地，未能尽睹，种种不定因素，因之本文的结论只能是初步的，带有很多推测成分。荒谬之处，尚祈海内外学人指正。

1997年8月18日

后记：近时往访香港中文大学，蒙张光裕先生厚谊，得见若干件流散至港的秦公器照片、拓本，其类型仍不出以上所论述的范围，于此向张先生表示感谢。又拙著《秦文字集证》对有些问题讨论较详，该书约今年10月可由台湾艺文印书馆出版，读者可以参看。

1998年7月28日王辉记

（《考古与文物》1998年第5期）

浅谈礼县秦公墓地遗存与相关问题

陈　平

甘肃礼县，盛传为秦人东猎关中前旧都西垂故地，故而久为学人所关注。90年代初，哄传礼县城东大堡子山秦公大墓惨遭盗掘，出土国宝重器甚多，且大多已流失海外。学人闻之，莫不扼腕叹息。不久，这一消息就被刊于《中国文物报》1994年10月30日第3版的李学勤、艾兰《最新出现的秦公壶》一文所证实。嗣后，有不少专家学者就礼县秦公墓地的发现作过披露与研究。但由于该墓地出于盗掘，出土时之情况既暧昧不明，出土后文物之下落复又扑朔迷离，其中未知因素甚多，误区也不在少，故学人间的意见歧异。本文拟在前人研究的基础上，就礼县秦公墓地遗存与相关问题略抒己见。不当之处，还乞海内外方家赐正。综括现有线索，礼县秦公墓地共有大小墓葬数十座，均分布在今礼县城东大堡子山的南坡上。其遗存主要有：大型墓坑4座、已发掘的小型墓9座、传出青铜器百余件和金箔饰片若干，现依次探讨之。

一　四座大型墓坑

这4座大型墓坑，自北向南，依次布列在大堡子山南坡上。关于它们的情况，目前尚无简报可据，唯一的线索就是韩伟先生在一文中的介绍。韩先生说："1号墓为曲尺形，最长一边为37米，深7米，已清理到底，被盗掘一空，仅余残碎的马骨，推测应为车马坑。2号墓为中字形，总长87米，墓室在中部，墓室面积为12×11米……3号墓为目字形，长110、宽10米，深在9米以上，从形制看应是车马坑。推测在目字形墓之西北，还有中字形墓，为此目字形车马坑的主墓。"在同文《后记》中他又补充道："1995年4月12日甘肃省文物考古研究所主持大堡子山大墓发掘的柴生芳、毛瑞林二同志告知：在原先发现的三座大墓之南，又发现曲尺形车马坑一座（M4）。这样，一座中字形墓、一座车马坑组成一座陵园。所以，大堡子山现有两座陵园，与我们推测为秦仲、庄公两墓吻合[1]。"上海博物馆李朝远先生近年撰文，据韩先生文作出了这样的推断："四座墓坑中，No. 1和No. 4（按：即M1与M4）为车马坑，No. 2和No. 3（按：即M2和M3）为秦公墓葬。这样，一座墓和一座车马坑组成一组墓园，大堡子山秦公墓地共发现两组墓园。""从秦公器的形制、铭文、纹饰、铸造特点以及相关的史实看，上海博物馆新获的秦公诸器应为秦襄公、文公之器、礼县大堡子山两座大墓的年代应为春秋初期，墓主分别为襄公、文公。"[2]1996年4月18日，甘肃省文物考古研究所柴生芳同志信告笔者说："大堡子山秦国墓地的发掘工作是从1994年3月份开始，到11月份就基本上全部结束，共发掘大墓3座，另外还探明一座；中小型墓9座。大墓基本上被洗劫一空，除零星小件外，并无其他收获。……此数十座墓葬分布在大堡子山的南坡上，从现已被改造的地貌看，大墓所处位置基本上平缓，中小型墓拱卫于外，地形选择性不大”。据1997年7月4日王辉先生信告笔者，已知涉及礼县秦公大墓墓主的论著，还有卢连成先生刊于《中国文字》新廿一期（台北艺文印书馆1996年12月》的《秦国早期文物的新认识》，台湾陈昭容女士待刊于《大陆杂志》（台北史语所编辑刊行）的《谈甘肃礼县大堡子山秦公墓地及文物》，和王辉先生本人尚未刊行的《秦文字集证》的有关部分。以上后两者，因未刊而无缘拜读；前列之卢先生文虽已刊，亦未能查到。只是据王辉先生来信得知卢先生以秦公壶为宪公器：而陈、王皆以𧶠组秦公器属襄公、𣚰组秦公器属文公，似亦认为礼县有秦襄公秦文公二墓者。

以上韩伟先生文虽得出结论，称礼县大堡子山4个大坑中有两座秦公墓，李朝远、陈昭容、王辉等先生文也依从韩文云该地有两座秦公墓。尽管以上四家对墓主有秦仲、庄公与襄公、文公的不同。但认为在那4坑中已有两座是秦公墓却是相同的。笔者认为：要从韩文所提供的线索得出礼县大堡子山4座大坑中有两座秦公墓的结论，似乎尚有疑点。在这些疑点没有弄清以前，大堡子山4坑应并存只有一座秦公墓和同出两座秦公墓两种可能，我们应当就这两种可能分别作出分析与讨论。

1号曲尺形坑，据韩文讲尚余残碎马骨，因此韩文将该坑说成是车马坑的推测当无失误。4号坑与1号坑同为曲尺表，故而将其说成是车马坑也当无误。韩文称：“从形制看”，3号目字形坑“应是车马坑”。如果韩文将3号目字形坑“从形制看”作是车马坑的判断不误，那么礼县四坑中1、3、4三坑皆为车马坑，只有2号中字形坑可作秦公之主墓坑，又怎么可能得出他在《后记》中所说的礼县大堡山现有每组由一座中字形墓、一座车马坑组成的两组秦公陵园的结论来呢？那个2号坑以外的另一座中字形墓坑又从何而出呢？韩文曾推测，在3号目字形车马坑的西北可能还有一座尚未被发现的中字形坑，并认为可由这座尚未发现的中字形坑和已被发现的2号中字形坑同作秦公墓而组成两座秦公陵园。然而，经过甘肃省文物考古研究所柴生芳、毛瑞林二同志率队在大堡子山的认真钻探，人们并未在3号目字形坑西北发现韩文所推测的那座中字形墓坑，而且可以说整个大堡子山秦公墓地也并不存在2号坑以外的第二座中字形墓坑。因此，我们若承认韩文将3号目字形坑说成是车马坑的判断不误的话，就不可能得出礼县大堡子山4坑中有两座秦公墓的结论，而只能得出大堡子山4坑只有2号中字形坑一座秦公墓，其余1、3、4三坑皆为其附葬车马坑的结论。礼县4坑中可能不可能只有2号中字形坑为秦公墓，其余3坑皆为车马坑呢？如果情况真是这样，又如何解释𧶠组秦公器与𣚰组秦公器在形制、纹饰与铭文字体上所存在的种种差异呢？笔者认为，这种情况是有可能存在的。如果大堡子山4坑确实只有2号中字形坑一座秦公主墓，那么其墓主便当以秦文公为宜。陈昭容女士与白光琦先生已撰文指出秦庄公之称公乃是出于其子襄公平王东迁始称公后对其先父的追称，故而他不当是已生称公之礼县秦公壶之器主，也不当是礼县秦公墓之墓主[4]。我以为，陈、白两先生据此批评李学勤、艾兰文将秦公壶断为庄公器的立论是正确的。我也赞成陈昭容女士文从形制、花纹、铭文字形诸方面将秦公壶断为文公器的论证。如果秦公壶为秦文公器，而礼县大堡子山4坑中又只有2号中字形坑一座秦公主墓，该墓墓主自然就应当是秦文公。据《史记·秦本纪》载，秦文公在位长达五十年[5]。五十年是个不短的时间，在其间是足可引发出其初年与其晚年所作青铜器在形制、纹饰与铭文字体上的种种差异来的。因此，我们不妨将年代特征较早的𣚰组秦公器说成是文公早年所作之器，而将年代特征稍晚的𧶠组秦公器说成是文公晚年所作之器。从王辉先生来信称他与陈昭容女士均断𧶠组为襄公器、𣚰组为文公器分析，他们均以𧶠组器年代特征较早而以𣚰组器年代特征较晚，且应分属前后两公。看起来，我们在这一点上认识尚不一致。

韩文说1号、4号曲尺形坑为车马坑，因有1号曲尺形坑的残余马骨为证，我以为问题似乎不大。成问题、需推敲的，应是已被韩文初步判定为车马坑的3号目字形坑。如果要从1、4两座曲尺形坑和3号目字形坑中再甄别出一座埋有秦公的主墓来的话，3号目字形坑无疑应当首先予以考虑。那么，韩文是依据什么将3号目字形坑推断为车马坑的呢？据称他是“从形制看”的。如何从形制便可看出3号目字形坑是车马坑来呢？这一点，韩先生在文中没有讲。众所周知，韩伟先生多年在凤翔主持秦都雍城的发掘工作，特别是凤翔秦公陵园的钻探发掘工作。他的“从形制看”，乃是以其在凤翔发掘多年的丰富经验作基础的。在韩先生80年代初撰写的一篇有关凤翔秦公陵园的论文中，他就曾指出：凤翔秦公墓“从平面上讲可分为中字形、甲字形、凸字形、目字形、圆形几种”，其中中字形、甲字形为埋葬秦公室贵族的主墓，“而目字形或凸字形大墓，按其性质可能属车马殉葬坑，则排列在主墓的右下方，这些似乎属秦陵特点”[6]。陕西雍城考古队稍后也刊文指出：凤翔秦公陵园中的“目字或凸字形墓按其形状及钻探中发现马骨来推测，可能是车马殉葬坑”[7]。原来，雍城考古队曾在凤翔秦公陵园的目字形坑中钻探出了马骨。因此，韩伟先生以形制判定礼县3号目字形坑为车马坑也是有相当的考古学依据作支撑的，而3号目字形坑作为车马坑的判断就不应轻易否定，礼县4坑中只有2号中字形坑一座秦公墓的可能性也就不容轻易排除。从这个意义上讲，韩先生在正文中讲3号目字形坑为车马坑，而在《后记》中又说礼县大堡子山有以一座中字形主墓与一座车马坑组成的两组秦公陵园，就不免有自相矛盾之处了。

那么，我们是否可以因此就断言3号目字形坑肯定是车马坑，礼县大堡子山秦公墓地4坑中只有2号中字形坑是秦公主墓了呢？我看目前这样讲，似乎也有点为时过早。因为，还有许多迹象表明，那里好像不是只有一座秦公墓，而更像有两座秦公墓。韩伟和李朝远、陈昭容、王辉等先生正是因此而判断该处有两座秦公陵园的。而要想顺理成章地将礼县大堡子山秦公墓地说成有两组秦公陵园，除了要接受韩文这样的结论以外，还必须推翻韩文将3号目字形坑说成是车马坑的判断，李朝远先生就是这么做的。他在文中明确认定：“No. 1和No. 4（按即1、4号坑）为车马坑，No. 2和No. 3（按No. 3即3号目字形坑）为秦公墓葬。”[8]这样，李文就将韩文判定为车马坑的3号目字形坑改定作了秦公主墓坑。这样改定，当然也不失为一个好的选择。但李文若能特别说明这不是韩文的看法，而是经他改定韩说后的新见解，并交代本人所以作如此改定的理由，效果也许会更好一些。当然，这些在目前条件下要做到也并非易事，故而我们也不必苛求于朝远先生。

朝远先生虽未明言他所以作此改定的理由，但从其文的字里行间，我们仍不难看出他此举可能是出于以下几点考虑。一、韩先生在《后记》中既将四坑分为一座中字形主墓坑配一车马坑合为一组秦公陵园的布局，那么在2号中字形主墓与邻近的1号曲尺形车马坑合为一组秦公陵园以后，只有将3号目字形坑改定为秦公主墓才能将其与4号曲尺形车马坑组成第二座秦公陵园。二、礼县秦公墓地所出青铜礼器甚多，据说仅在香港坊间有秦公铭文的就有百余件。如此众多的青铜礼器，即使秦公厚葬逾制，也不至一墓即如此其多。比较合理的解释，是那里可能出有两座秦公墓。三、除李学勤、艾兰文著录的两件秦公壶外，另外还曾有礼县所出秦公壶送到上海博物馆修复。若以春秋早期秦墓每墓出两件铜方壶的常例观之，也以另有一座秦公主墓为宜。四、据李朝远先生研究，上海博物馆新获“秦公诸器在形制、铭文、纹饰上存在小的差异”，“四件鼎，从铭文上看，恐也不是一套器”。下一步的推论，就是这些器当为两位秦公所作，分出于两座秦公墓了。应当承认，这些都不失为是将3号目字形坑改定为2号中字形坑以外又一座秦公墓坑的良好理由。若3号目字形坑确为秦公主墓坑而不是车马坑，则礼县大堡子山秦墓地就应当有两座秦公大墓。

关于这两位秦公的归指，韩伟先生以为是秦仲、庄公；李朝远、陈昭容、王辉三先生以为是襄公、文公；卢连成先生文未及拜读，不知其确实见解。笔者以为，秦仲时史虽称其始大，但附庸秦邑之地位依旧，远未称公。且秦仲时非子一系秦人的活动中心当在甘肃天水东北方之清水秦邑。秦仲为西戎所杀时，其族之大本营仍在清水秦邑；而地处礼县之西垂当时正被灭犬丘大骆之族的西戎所占。故秦仲死后的归葬地必在清水秦邑，而绝不可能在已陷戎手的礼县西垂。礼县西垂秦公墓地之不可能有秦仲墓，是显而易见的。至于生前尚未称公的庄公不可能作为有秦公铭文铜器的秦公大墓墓主，陈昭容、白光琦二先生文已将理由阐述得很充分。李朝远、陈昭容、王辉三先生虽均以两墓秦公为襄公、文公，但在具体的见解和论证的深入程度上却略有不同。李朝远先生率先从礼县秦公铜器在形制、纹饰、铭文字体所存细微差别上指出它们有可能是分属襄公、文公的两套器，但又认为“究竟何属襄公何属文公，目前尚难定一”，采取了比较审慎的态度。陈昭容、王辉二先生在李文分析的基础上又有所前进，认为“𩁹”组秦公器应属襄公“𥟈”组秦公器应属文公。笔者认为，大堡子山若果有二秦公之墓，这二秦公更有可能是秦之文公与宪公。其中“𥟈”组的秦公两壶、上博秦公鼎一、鼎二有诸多早期特征，似当为秦文公所作；而“𩁹”组的上博秦公鼎三、鼎四与簋一、簋二含诸多晚期特征，似当为秦宪公所作。这一看法，似乎又与李朝远、陈昭容、王辉三先生的襄公、文公说略有差异。我觉得，这里至少应有两个问题尚需斟酌推敲。一、如何对礼县秦公大墓秦公的绝对世次从文献学上作出恰当的趋间估计。二、如何对礼县秦公铜器的相对序列从形态学上作出合理的安排。这两个问题，我们将在本文青铜器一节再略加讨论。

二　九座中、小型墓葬

1996年4月18日，甘肃省文物考古研究所主持礼县大堡子山秦公墓地补救性清理发掘的柴生芳同志致函于笔者，披露了他们1994年曾在那里又发掘9座中、小型墓的情况。信函中说：“大堡子山秦国墓地的发掘工作是从1994年3月份开始，到11月份就基本上全部结束。共发掘大墓3座，另外还探明一座；中小型墓9座。中小型墓则是在有选择的情况下进行的，全部保存完好。出土器物和年代可以从西周晚期延续至春秋战国之际，时代脉络基本清晰。”笔者以为，这里首先有一个如何正确识别西周晚期墓与春秋早期墓的问题。春秋早期本直接上承西周晚期而来，春秋早期偏早的出土文物比如陶器和青铜器，在形制、纹饰上往往与西周晚期同类器作风一致而极难区分。比如上海博物馆新获之秦公铜器鼎、簋，如果器上没有秦公铭文，人们就很难相信它们会是春秋早期的秦器，而多半会判定它们为西周晚期之物。由于春秋初年的标准器不多而造成的人们对春秋早期器与西周晚期器的相似性的普遍估计不足，目前在春秋初年墓葬与出土文物估定上的一个主要偏颇，就是往往容易把它们误定为西周晚期的墓葬与文物，在年代估计上失之偏早。我说这番话，绝不是怀疑甘肃省文物考古工作者对墓葬断代的水平与能力，而只是想从这个角度提起学人们的注意。此外，也不妨退一步考虑一下：大堡子山小型墓中原定的西周晚期墓，有没有作为春秋初年秦墓而与埋葬于此的秦之襄、文二公或文、宪二公同步同时之可能？如果这些墓确为西周晚期墓，则似应属周宣王时秦庄公自清水秦邑迁居西垂至平王东迁以前的秦墓。而春秋至战国者，则应包含自襄、文二公西垂期末年经陈仓、平阳而至雍城期的秦墓。因有关资料尚未公布，故无从着手分析。

文献记载表明，秦人自商代晚期的中潏开始，中经蜚廉、恶来革、女防、旁皋、太几、太骆、成，而后至庄公、襄公、文公，共在礼县西垂邑经营约三百余年。那里自商而至春秋初年，必有大批中小型秦墓有待发现。由于这里是早期西迁秦人的大本营，所以这里中小型墓所反映的商周早期秦文化面貌，就应比甘谷毛家坪等地的来得更为逼真与地道。只有这里和清水秦邑，才是早期秦文化的正宗。其中，相当于商代晚期中潏初迁西垂时的中小型秦墓特别值得注意。它的随葬器物（尤其是陶器）作风与葬式葬俗，将为秦人的起源与族属提供最为重要的实证，从某种意义上讲，这些早期中小型秦墓甚至比出有国宝重器的晚期秦公墓更为重要，更有学术价值。而我最感兴趣的，还是它的葬式。如果西垂商末秦人墓的主要葬式不是屈肢葬而是直肢葬，这将表明屈肢葬并非秦文化的早期固有因素，西周至春秋战国时盛极一时的秦地屈肢葬墓主也不一定就是秦族人，而倒有可能是依附于秦的为数甚多的源出甘青的西北戎羌部族之民。反之，则当另行考虑。其随葬陶器作风与文化内涵如何？是否与关中商文化中的扶风壹家堡类型相近或有关[9]？也颇值得注意。值得庆幸的是这些墓葬尚未遭盗掘，也尚未被发现。即使仅从这一点而言，礼县秦文化的考古也是大有作为的。

三　秦公大墓铜器

礼县大堡子山秦公大墓所出青铜器，已知者有秦公壶二、秦公鼎四、秦公簋二；上海博物馆还新收有形制、纹饰均与秦公簋同却无铭的铜簋一，据说也可能是礼县秦公墓中之物；此外，据传香港坊肆中尚有与上海博物馆新获之秦公器同铭的青铜礼器百余件，礼县公安局尚有从盗掘者那里缴获的秦公铜器十余件（按：其中3件王辉先生曾得见拓片，并已收入了其未刊专著《秦文字集证》中）。两秦公壶，李学勤、艾兰文附有器形图与铭文拓本，观之颇感该器制作之粗糙，怀疑其为与多年前所出户县宋村M3相类之明器。秦公之四鼎、二簋器形图与铭文拓本，均已刊附于李朝远先生文，且笔者曾于1997年5月亲赴上海博物馆，蒙李朝远与周亚二先生热情接待，得以目验手摩其中之一鼎一簋。观后感受与《中国文物报》所刊秦公壶器形图迥然不同，可谓耳目一新。但见这组铜器体量高大（鼎高38.5厘米，径37.8厘米；簋高23.9厘米，径18.6厘米，两耳间宽37.4厘米），铜质亮丽，制作虽如李朝远先生所分析的那样，较之周季礼器略欠精致，但纹饰完美，表面光洁，制作仍然比较考究。比之户县宋村M3那组粗糙的明器，不知要工细多少倍（按：户县宋村M3铜器1981年笔者亦曾在陕西省博物馆获目验手抚，但见其铜质粗砺多孔，制作极为粗糙，整组当皆为明器，而非原简报之所谓“明实兼用”）。其余诸器皆属耳闻，而未曾得见图片，故无印象观感可言。要正确估量礼县秦公铜器，我以为以下两个问题似尚需斟酌推敲。

（一）如何对礼县秦公大墓秦公的绝对世次从文献学上作出恰当的区间估计。李学勤、艾兰文首刊秦公两壶，论者每仅就其立论，多以为仅有一墓一公，遂有庄公、襄公与文公三说。后韩伟先生称大堡子山有两墓两公，问题遂趋于复杂，又有秦仲、庄公和襄公、文公两说。由于诸多情况不明。目前还只能将一墓一公与两墓两公两说并存而分别加以讨论。就文献学而言，我以为墓主自庄公（含庄公）以上秦之诸先公均不能考虑，因为他们生前皆未曾如铜器铭文那样称“秦公”；自前出子（含前出子）以下诸秦公也均不能考虑，因为文献已明确记载他们的葬地皆不在礼县西垂，而在秦都平阳与雍城附近。目前可以考虑的，似仅有生前既已称“秦公”而葬地又有可能在礼县西垂、世次复介于庄公与前出子之间的秦之襄、文、宪三公。

非子秦嬴一系，自庄公始方复踞礼县西垂。庄公虽非这次有铭铜器之秦公，但墓葬却必在礼县西垂无疑。《秦本纪》于襄公虽仅云“十二年，伐戎至岐，卒”，未明言其葬地，但《始皇本纪》后《秦纪》却明言道：“襄公立，享国十二年，初为西畤，葬西垂。”故襄公葬地也必在礼县西垂无疑。需要略加讨论的，是文公与宪公的葬地。《秦本纪》云："文公卒，葬西山。"《集解》引皇甫谧云文公所葬之"西山在今陇西之西县"，而《正义》引《括地志》注《秦本纪》"西垂"亦在陇西西县，《始皇本纪》后《秦纪》则经言"文公立，居西垂宫，五十年死，葬西垂"。以上文献似已足可证明《秦本纪》所载之文公葬地"西山"，当即汉陇西西县而今之礼县西垂之山。《秦本纪》言宪公葬地与文公同，亦在"西山"，是宪公藏地亦在礼县西垂之证。然歧说也并非没有，比如《始皇本纪》后《秦纪》即云宪公"死葬衙"，《正义》引《括地志》又云"秦宁（宪）公墓在岐州陈仓县西北三十七里秦陵山"。笔者以为，《秦纪》之所谓宪公"死葬衙"，或为涉下文"出子葬衙"而误，不可轻信。李零先生80年代曾撰文依《括地志》说，将秦之文公、宪公墓均推定在了今宝鸡市正北的陵塬之上[10]。近年高次若先生亦撰文附石兴邦先生近年秦人"陵随都移"之说[11]，以《括地志》引《帝王世纪》"秦宁（宪）公葬西山大麓，故号秦陵山也"之文为据，将秦文公，宁（宪）公墓均推定在了秦都平阳以西、陈仓城以北今宝鸡贾村塬南麓斗鸡台戴家沟一带，并指认1927年那里被土匪党玉琨盗掘的、出有西周早期重器盥方鼎的大墓就是秦文公墓[12]。

笔者认为，以上李、高二先生之说均有可商榷。《帝王世纪》仅言"秦宁（宪）公葬西山大麓，故号秦陵山也"，并未说宁（宪）公所葬之"西山大麓"不在陇西西县故西垂，而在《括地志》所言"岐州陈仓县西北三十七里"，更没说此处"西山"是因在宁（宪）公所都平阳之西而得名，其地应在平阳以西的今宝鸡斗鸡台戴家沟。同是西晋皇甫谧所言，在《集解》引徐广语中皇甫谧却直言《秦本纪》所说秦文公下葬的"西山"就在陇西西县，即西犬丘西垂故地。因此，即使信从皇甫谧的说解，秦文公与宁（宪）公所葬的"西山大麓、秦陵山"也应当就在汉晋之陇西西县亦即今之甘肃礼县旧西垂地。研究秦公葬地，应当以《秦本纪》和《始皇本纪》后《秦纪》为基本文献而加斟酌取舍；《括地志》晚出于初唐，其说不可轻信。《秦本纪》之"西垂"。经段连勤先生确凿考证，已证实它就是一个与西犬丘异名同实的具体地名，而不是泛指西方边陲的含糊的地理概念[13]。这一点，已成史学界之共识。而高文却仍坚持"西垂"并非一个地名而是一个泛指的地理方位的陈说，不免有点落后于形势。高文所称石兴邦先生秦"陵随都移"之说，从宏观上讲是很精辟的。但这并不意味着每个秦公陵墓都必然随着都邑的迁徙而转移，而不存在特殊的例外。这一观点，即使是高文在对其秦宁（宪）公陵在远离平阳的宝鸡贾村塬西山说作解释时，也是承认和使用了的。其实，秦文公之陵不是随都转移至陈仓近侧，而是翻越陇山返葬于西垂，也是客观形势使然。从石兴邦先生原文的归纳看，秦"陵随都移"之俗形成并得到较为严格的遵守，当是德公都雍以后的事情。故都雍以前的秦文、宪二公，恐怕还不能以"陵随都移"而一概限定之。文公于其三年离开西垂东猎，四年到达汧渭之会营筑新邑于陈仓。其后四十年他虽在陈仓为鄜畤，作陈宝祠、伐大梓、丰大特，伐逐西戎，置史立法，苦心经营，稍有根基，但其地也只是岐以西弹丸之限，岐以东关中大部仍陷戎手，陈仓也每有朝不保夕之虑。这种危急局面，直到秦武公伐彭戏氏至华山下，伐邽、冀诸戎，初县杜、郑，灭小虢之后，方才基本解除。在如此危急的局面下，秦之文、宪二公当然不会放心大胆地将其尸灵安葬于新都陈仓、平阳近侧。为保险起见，似乎也当以返葬西垂老根据地为上策。《帝王世纪》言"秦宁（宪）公葬西山大麓"，未必是站在宁（宪）公都邑平阳的立场上而言的，其"西山"之西也未必就指平阳以西。《秦本纪》称"文公卒，葬西山"，称"宁（宪）公卒"后亦"葬西山"。显然，文公和宪公葬地相同，皆在西山。此山当在文公时的秦都陈仓以西，而不当在陈仓以东的斗鸡台戴家沟。高文之说，显然是讲不通的。《始皇本纪》后《秦纪》又言文公葬西垂看，《秦本纪》文公所葬之西山，应当就是西垂之山，也就是今甘肃礼县城东的大堡子山。其山名依《帝王世纪》，可改作

“秦陵山”。陈梦家先生《断代》在言及盄方鼎时，只是客观地介绍该器“《金文历朔疏证》以为‘凤翔秦文公墓出土’”，而绝不等于陈梦家先生就认为该器乃“凤翔秦文公墓出土”[14]。况且，吴世昌先生《金文历朔疏证》作此说也多半受当地古老传言之影响，似亦不可信据。我们从高文介绍的斗鸡台戴家沟墓地的情况看，该墓地所出铜器多为西周早中期物，而未出一件春秋早期的，更没有出过一件带“秦公”铭文的，怎么能让人相信这里就是秦文公、宁（宪）公的墓地呢?

综上所述，秦文公、宪公墓应与襄公、庄公墓同在汉晋之陇西西县而今之礼县秦西垂故地。礼县大堡子山出有“秦公”铭铜器的墓主秦公的世次，从文献学角度考虑，应在秦之襄公、文公和宪公三公之间。礼县至少应葬有秦的庄、襄、文、宪四公之墓。当然，它们可能并不全都葬在大堡子山，有的也许葬在其附近的另外某地。目前秦公大墓方出其一、二，而仍余其二、三。因此，即使仅从发掘秦公大墓的前景而言，礼县的秦文化考古也仍是大有希望、大有作为的。

（二）如何对礼县秦公铜器的相对序列从形态学上作出合理的安排。笔者认为，秦国的物质文化，特别是青铜文化在西周之际发生了一系列令人瞩目的重要变化，铜器的形制、纹饰与铭文从西周晚期完全由周人代作而呈晚周作风，一变为春秋早期由秦人自作而呈秦文化特色。对这些变化开始发生的具体时间、地点以及起因做深入研究和科学判断，不仅对研究秦文化的发展进程颇有意义，而且对我们正确判定礼县秦公铜器的器主也将会有直接的帮助。秦在襄公七年受封为诸侯始国以前，制作大型铜礼器当皆借用周室之熟练铸铜工匠和书艺精湛之史官书佐为之，故其形制、纹饰、铭文书风均与周季无别，秦庄公所作之不其簋与其铭文便是佳证。自襄公七年周室之熟练铸铜工匠与书道精湛之佐史随平王东迁以后，至文公四年东猎汧渭、定都陈仓得以收罗关中周族遗民（包括未及随平王东迁之铸铜工匠与书佐）以前，在这段不足十年的短暂时光中，秦人仍僻处西垂，周室之熟练工匠、书佐既无法再度借到，流散关中的原周室工匠、书佐也很难以网罗，秦大型青铜礼器的制作正处于青黄不接的严重困难时期。秦襄公自七年始任诸侯至十二年伐戎至岐卒，连年与戎交兵苦战而最后战死，其生前也无心力过多注重秦之大型青铜礼器之铸造及工匠、书佐之网罗。故而我们虽不敢说襄公在此期间未作过一器，但却敢说他即使此间曾作了也必不多，且工艺必较粗糙，铭文书法必较拙劣，形制、纹饰与书体也均不可能已具有春秋早期秦国青铜文化的特殊作风。春秋早期秦国青铜礼器具有秦文化的特色，当在文公四年东猎汧渭、定都陈仓以后，在秦文公网罗到了原周室流散于关中西部岐、虢地区的史官书佐（如《史记·封禅书》载秦文公时之史官史敦）和较熟练的铸铜工匠以后，在秦人进入关中地区这个新天地以后。其年代上限，大约不会早于《秦本纪》载“初有史以纪事，民多化者”的秦文公十三年。

从已发表的礼县两秦公壶、四秦公鼎、两秦公簋的器形图片和铭文拓本看，其8器铭文的字体书风均已与秦庄公不其簋相距较远而与太公庙秦武公钟、镈十分接近，可以说礼县秦公8器的铭文书体皆已具有了春秋早期秦青铜文化的特色。其8器的器形发展不太平衡，壶颈内缩较少而下腹内缩较多，比之西周晚期颂壶更显颀长细高，且这一趋势在此后秦壶中还有进一步的发展，似已初具春秋秦青铜文化特色；上海博物馆新获鼎一、鼎二的器形仍与周季作风无别，但鼎三、鼎四下腹与底相接处已作圆形外鼓，也已初露向此后典型春秋秦鼎器形转化的端倪；簋形从总体上看则仍与周季作风无别。秦公8器的纹饰，仍以绞龙纹、双头窃曲纹、重环纹为主，也还保持着周季作风。上述秦公8器在铭文书体与器形上已具有的春秋秦青铜文化特色表明，它们的年代上限均不太可能早于我们前边所说的秦文公十三年。

礼县秦公器铭本身，也向我们透露了这一方面的信息。李朝远先生在文中曾写道：“马承源先生指出，秦国铭文形体有别于西周晚期通行的字体，它源于虢季子白盘铭，一系列的秦国铭文都同一体系，秦公簋、鼎铭也一样。”从李文注释可知，马先生此批语实本于王国维《秦公敦跋》[15]。以礼县秦公器和太公庙秦武公钟、鎛及传世秦公钟、簋诸铭与春秋秦石刻《石鼓文》等春秋秦诸铭刻文字书体观之，王跋马批实为不刊之论，可谓至真至确。在叹服前辈名家真知灼见的同时，我也在考虑这样一个问题：春秋秦系文字书体之源于虢季子白盘铭始于何时？它与什么重大历史事件有关？虢季子白盘为周季虢国之器。考周之虢国有四：曰西虢、东虢、南虢、北虢。其先皆出于周文王母弟虢仲、虢叔二兄弟，初封地皆在今陕西省宝鸡市、秦文公所都陈仓城以东三、四十里处，称西虢。《正义》引《括地志》言西虢有西虢城，云：“故虢城在岐州陈仓县东四十里，次西十余里又有城，亦名虢城。”此两虢城当一属虢仲，另一属虢叔，其一当即今宝鸡县城关之虢镇。东虢在今河南荥阳，为二虢之一移封之地；南虢为随平王东迁的西虢之后迁于上阳之虢；北虢在今山西平陆，春秋为晋假道于虞而灭。虢季子白盘清道光年间于陕西宝鸡县虢川司出土，地邻西虢二城，当为西虢之后虢季氏子白所作，其铭则多半系西虢之史官所书。周代盛行世官世禄制，为虢季子白盘书铭之史官，其先与其后皆必为西虢之史官，而其独特书风也必世代相守相承。春秋秦系文字书体所以会源于虢季子白盘铭，我以为当是西虢随平王东迁于南虢后未及随行之西虢史官或子弟为东踞关中占有虢地之秦国收留为史官而仍以虢季子白盘铭为世代相承之书体的缘故。秦国东据关中而占有西虢之地，必在秦文公东猎汧渭、定都陈仓以后。《秦本纪》载：“文公十三年，初有史以纪事，民多化者。”这位在文公十三年初为秦史官者，很可能就是流落关中的原西虢史官或其子弟，其书风仍承其祖先所书虢季子白盘一路，并为继作秦史官的其后裔所世守。其人，我以为很可能就是《史记·封禅书》所提到的秦文公的史官史敦。如果我们的上述分析不误，则礼县8器的年代上限均不得早于秦文公之世（可含文公之世），襄公作器的可能性大体可以排除。而礼器8器的铭文，或均为秦文公时史官史敦一人所书，或为史敦及其子弟所共书，这要视8器为文公一人之器还是文、宪二公两人之器和史敦其人的寿命长短而定。从8器铭文字体有别看，似以分出于史敦及其子弟二人的可能性为大。其年代偏早者，或出史敦；年代偏晚者，或出于其子弟。当然，一人书风前后略有小变，8器铭皆出史敦一人之手的可能性，似也不能绝对排除。

李朝远先生首先提出了礼县秦公器不是一套器而是两套器，这两套器应分属秦襄公、文公的学术观点，但他又认为：“究竟何属襄公何属文公，目前尚难定一。”从王辉先生近日给笔者的一封来信中披露，陈昭容女士与王辉先生皆以“𥻘组秦公器”定为襄公之器，将“𥼶组秦公器”定为文公之器[16]。信又称，卢连成先生1996年曾刊文，将“𥼶组秦公器”定作了宪公之器[17]。以上三文笔者皆未能拜读，现仅就来信内容作一点肤浅的分析。

陈昭容、王辉二先生之所以将“𥻘组秦公器”定为襄公器、将“𥼶组秦公器”定为文公器，不知是否是因为二位皆认为礼县大堡子山有襄公、文公两墓而“𥻘”字的写法又要比“𥼶”字年代稍早的缘故。卢连成先生既将“𥼶组秦公器”定为宪公器，如他也认为该墓地有两秦公墓县“𥻘组器”年代稍早，则有可能将其定为文公器。笔者通过前边的论证，基本上已经排除了礼县大堡子山秦墓地有襄公墓及其所作铜器的可能。也就是说，我认为大堡子山秦公墓墓主只能从秦文、宪二公中考虑。同时我还认为：如大堡子山仅有一座秦公墓，则当为秦文公墓。其中𥼶组器年代较早，应为文公早期器；𥻘组器年代较晚，应为文公晚期器。如大堡子山有两座秦公墓，则当为秦文公与宪公墓。其中𥼶组器年代较早，应为秦文公器；𥻘组器年代较晚，应为秦宪公器。各家的看法所以如此不同，主要是对作器秦公世次绝对年代区间的估计和对“𥻘”、“𥼶”两组秦公器相对年代序列的排定上看法有分歧。对于大堡子山秦公墓墓主只能从文、宪二公中考虑和该墓地目前宜以一座与两座秦公墓两种可能性并存，笔者在前边已作了较为充分的论证。现在应当重点讨论的，是“⿱𡗗秝”、“⿳𡗗臼秝”两组秦公器在相对年代序列上谁早谁晚的问题。

礼县大堡子山秦公器两壶，两鼎铭之秦字书作“⿱𡗗秝”，另有两鼎、两簋之秦字书作“⿳𡗗臼秝”。前者从秝从舂省，后者从秝从舂；前者简省，而后者繁芜。秦字的上述两种写法，在早于春秋礼县秦公器的商代与西周就都已经存在了。写作“⿱𡗗秝”的，曾见于商代甲骨文和西周金文中的史秦鬲、盨方鼎、询簋等器铭，其中盨方鼎学界一般认为是西周早期成王时器；写作“⿳𡗗臼秝”的，则有西周中期恭王时的师酉簋铭。上述情况表明：秦字作“⿳𡗗臼秝”的写法未必就比作“⿱𡗗秝”的早。从西周早期盨方鼎铭、西周中期懿王时器询簋铭及春秋早期礼县“⿱𡗗秝组秦公器”秦字皆书作“⿱𡗗秝”，而西周中期恭王时器师酉簋与春秋早期礼县“⿳𡗗臼秝组秦公器”秦字皆书作“⿳𡗗臼秝”看，秦字的“⿱𡗗秝”、“⿳𡗗臼秝”两种写法至少曾在西周中期至春秋早期并行共存了一段时间。它们反映的，只是不同书手对秦字书法习惯的不同，而并不具有年代先后上的区别。因此，仅就秦字两种写法的不同，还不足以判定礼县秦公器中“⿳𡗗臼秝组器”的年代早于“⿱𡗗秝组器”。

礼县秦公 8 器可资比较年代早晚的因素，比较重要的是各器铭“公”字书体和鼎的形制上的不同。⿱𡗗秝组 4 器公字上部“八”多作)(、)(等形，其上口聚得不紧，下口也张得不开，显得不够规整与成熟，与太公庙秦武公钟、镈公字作公者相距较远；而⿳𡗗臼秝组四器公字上部多作)(、儿等形，其上口聚得较紧而狭长，下口张得较开而疏朗，显得比较规整与成熟，与太公庙秦武公钟、镈公字作公者相距较近。我以为，这是“⿳𡗗臼秝组秦公器”在年代上要晚于“⿱𡗗秝组秦公器”的一个特征。“⿱𡗗秝组秦公器”中，上博的鼎一、鼎二呈典型的西周晚期垂腹平底鼎作风，显出了一定的早期特征；而“⿳𡗗臼秝组秦公器”中，上博的鼎三、鼎四鼎的下腹作圆形外鼓，腹与底的连接处则作圆弧状吻接，显出了一定的晚期特征。我以为，这是“⿳𡗗臼秝组秦公器”在年代上要晚于“⿱𡗗秝组秦公器”的又一个特征。基于以上两点理由，我倾向于“⿳𡗗臼秝组秦公器”在年代上要略晚于“⿱𡗗秝组秦公器”。如果大堡子山仅有一座秦公墓，则应为秦文公墓，“⿱𡗗秝组器”为秦文公早年所作，而“⿳𡗗臼秝组器”为秦文公晚年所作（秦文公在位五十年，其早年与晚年所作之器有区别，是很正常的）；如果大堡子山有两座秦公墓，则⿱𡗗秝组器应为秦文公所作，而⿳𡗗臼秝组器应为秦宪公所作。如将礼县秦公器与关中地区其他春秋秦墓铜器联系起来考察，我们就不难发现：最先具有春秋秦青铜文化特色的秦器铭文的书体，随后的是形制，最后才是纹饰。形制中最先出现变化的是壶，其次是鼎，最后才是簋。秦式铭文书体出现于春秋早期的秦文公时，秦器器形完成转化约在春秋中期偏早的秦穆公早期，秦器纹饰完成转化则大约要到春秋中期居后的秦共桓景时期。

四　金箔饰片

是韩伟先生于 1994 年 4 月末在法国巴黎的克里斯狄安·戴迪先生家中最先发现了这批金箔饰片，并初步判定它们大约属春秋秦国之文物[18]。也是韩伟先生最先撰文、摄影，向国内公布了这批珍贵文物的资料[19]。这批金箔饰片已公布的计有 44 件，其中鸱枭形者 8 件，虎形者 2 件，口唇纹鳞形者 26 件，云纹圭形者 4 件，兽面纹盾形者 2 件，目云纹窃曲形者 2 件。韩伟先生根据香港古董商对这批金箔饰片出于甘肃礼县的透露，参照陕西凤翔东社村采集的春秋战国秦的“人刺虎”纹瓦当，结合河南淅川下寺春秋楚墓所出金箔饰片、湖北随县擂鼓墩曾侯乙墓内棺所绘棺饰，将这批金箔饰片判定作了礼县秦公墓的棺饰。这一判定，是极有见地的，也是准确无误的。不过，韩伟先生据莫尔夫人从金虎饰片内木质标本所作碳十四年代测定数据、结合文献所作礼县秦公墓墓主为秦仲与庄公的判断却颇有可商。这一方面，是由于碳十四年代测定的误差或摆幅较大，它只能确定一个较大范围的年代区间，却不足以用来帮助确定具体的秦公世次；另一方面，则是由于韩伟先生在文献与礼县秦公墓资料的结合考查上也略有疏忽。然而，这些都不过是美中之不足，韩伟先生在考证礼县秦公大墓金箔棺饰上的突出贡献，是学界同仁有目共睹、啧啧称道的。这批金箔棺饰，若该墓地仅有一秦公墓，则当属文公棺饰；若该地有两秦公墓，则有分属文公与宪公棺饰之可能。

（《考古与文物》1998 年第 5 期）

注释

［1］［19］韩伟：《论甘肃礼县出土的秦金箔饰片》，《文物》1995 年第 6 期。

［2］［8］［15］李朝远：《上海博物馆新获秦公器研究》，《上海博物馆集刊》第七期，上海书画出版社 1996 年。

［3］从［2］李朝远文介绍的情况看，上海新获秦公器鼎一、鼎二与李学勤、艾兰文载两秦公壶之“秦”字均书作“森”，我们称之为“森”组秦公器；上博新获秦公器鼎三、鼎四与簋一、簋二之“秦”字均书作“𥞫”，我们称之为“𥞫”组秦公器。

［4］陈昭容：《谈新出秦公壶的时代》（按：文后附有王辉先生的《编辑后记》）；白光琦：《秦公壶应为东周初期器》。陈、白两文均刊于《考古与文物》1995 年第 4 期。

［5］《史记·秦本纪》：“（文公）五十年，公卒。”

［6］韩伟：《略论陕西春秋战国秦墓》，《考古与文物》1981 年第 1 期。

［7］陕西省雍城考古队：《秦都雍城钻探试掘简报》，《考古与文物》1985 年第 2 期。

［9］近年陕西的刘军社同志撰文认为，关中商文化中的壹家堡类型，有可能就是自东方海岱西迁关中尚未移居陇东西垂的秦人文化遗存。该文题曰《壹家堡类型与早期秦文化》，《秦文化论丛》第三辑，西北大学出版社 1994 年 12 月。

［10］李零：《〈史记〉中所见秦早期都邑葬地》，《文史》第二十辑，中华书局。

［11］石兴邦：《秦代都城和陵墓的建制及其相关的历史意义》，《秦文化论丛》第一辑，西北大学出版社 1993 年。

［12］高次若：《先秦都邑陈仓城及秦文公、宁公葬地刍论》，《秦文化论丛》第三辑，西北大学出版社 1994 年。

［13］段连勤：《关于夷族的西迁和秦嬴的起源地、族属问题》，《先秦史论文集》，《人文杂志》1982 年增刊。

［14］陈梦家：《西周铜器断代（一）》，《考古学报》第九册，科学出版社 1955 年。

［16］陈昭容：《谈甘肃礼县大堡子山秦公墓地及文物》，《大陆杂志》台北史语所待刊；王辉：《秦文字集证》，待版。

［17］卢连成：《秦国早期文物的新认识》，《中国文字》新二十一期，台北艺文印书馆 1996 年。

［18］韩伟：《中国文物仍流失海外，“北京猿人”下落有新说——访法国、比利时纪实》，《文博》1994 年第 5 期。

天水附近秦都城考论

徐卫民

关于秦在天水附近的都城，司马迁《史记》中有多处记载。还在殷王朝时，秦先祖中潏“在西戎，保西垂”，到非子时先“居犬丘”，后被“分土为附庸，邑之秦”，庄公时，“居其故西犬丘”，文公元年，“居西垂宫”。这些不同的早期都邑，是这一时期秦人发展的缩影，因此，搞清这一时期都邑的地理位置及其变化，具有重要的意义。

一　秦人早期的发展脉络

关于秦人的来源，历来有东来说与西来说，持东来说者认为秦人是从东方迁来的，西来说者认为秦人是从西方发展起来的。

虽然两者争论不休，但是都承认秦人是从天水一带壮大发展起来的，在此被周王册封为诸侯并东进关中。那么其早期的都邑位置在什么地方呢?

关于秦在天水的都邑所在众说纷纭，莫衷一是，王国维先生撰有《秦都邑考》，他提出：

> 庄公为西垂大夫，以语意观之，西垂，殆泛指西土，非一地之名。然《封禅书》言秦襄公既侯，居西垂。《本纪》亦云：文公元年居西垂宫，则又似特有西垂一地。《水经注·漾水注》以汉陇西郡之西县当之，其地距秦亭不远。使西垂而系地名，则郦说无以易矣。唯犬丘一地，徐广曰今槐里也，……此乃周地之犬丘，非秦大骆、非子所居之犬丘也。《本纪》云：非子居犬丘。又云：大骆地犬丘。夫槐里之犬丘，为懿王所都，而大骆与孝王同时，仅更一传，不容为大骆所有。此可疑者一也。又云：宣公子庄公，以其先大骆地犬丘为西垂大夫。若西垂泛指西界，则槐里尚在雍、岐之东，不得云西垂。若以西垂为汉之西县，则槐里与西县相距甚远。此可疑者二也。且秦自襄公后始有岐西之地，厥后文公居汧渭之会，宁公居平阳，德公居雍，皆在槐里以西，无缘大骆庄公之时，已居槐里。此可疑者三也。案《本纪》又云：庄公居其故西犬丘，此西犬丘实对东犬丘之槐里言，《史记》之文本自明白，但其余犬丘字上，均略去西字。余疑犬丘、西垂本一地，自庄公居犬丘号西垂大夫，后人因名西犬丘为西垂耳[1]。

徐仲舒先生认为位处今陕西兴平的犬丘与位处今天水市西南境犬丘，秦人都曾居住过（地名随部族而迁)，而天水西南之犬丘称西犬丘，又称西垂，也即《史记集解》引徐广所说之秦亭[2]。

高亨先生认为非子所封之秦，即今天水市的故秦城，秦庄公所居之犬丘，即今陕西兴平县东南的槐里城[3]。

林剑鸣先生认为非子以前秦人所居之犬丘，即汉代的槐里（今陕西兴平），而西犬丘也就是非子所邑之秦，即汉代陇西县之秦亭，所谓“西垂”，乃泛指西部边陲，非具体城邑[4]。

段连勤先生则肯定中潏至非子八世皆在犬丘，也即西垂，地处今天水之西南方，而非子所邑之秦，处今甘肃清水县境内[5]。

我认为，秦人是由东方辗转迁到今天水一带的，不断的迁徙反映出当时的秦人在发展中的艰难历程，也培养了秦人不畏艰险吃苦耐劳的精神，对秦以后的发展有重要的意义。

天水的秦人是东夷族迁徙而来的，东夷诸部在夏末以前的传统居地是我国东方的济淮流域，即今日山东省的中南部、河南省的东部及江苏、安徽的北部[6]。那么东夷族为何要西迁呢？这得从东夷与夏商的关系说起。夏朝初年东夷分为九部，史称九夷，即畎夷、于夷、方夷、赤夷、白夷、黄夷、玄夷、风夷、阳夷[7]，东夷曾在夏启死后乘夏内部混乱之机，率领东夷人袭取夏都安邑，统治夏国和东夷之地。到夏后相子少康时，在有虞和有鬲氏的支持下，杀寒浞，平定了夷人的反抗，恢复了夏王朝，史称“少康中兴”。少康子后杼率领夏军一直打到东海，使“九夷来御”[8]。到夏桀时为了转移夏人对腐败内政的注意力而发动了对东夷的战争，出现了“桀为暴虐，诸夷内侵”的局面，这时商族在黄河下游乘机崛起，同东夷联合，消灭了夏王朝，因此，夏桀时期东夷部的反抗斗争实为夏朝灭亡的重要原因之一。

从此后，东夷人开始西迁，进入关中地区，《竹书纪年》载：“桀三年，畎夷入于岐以叛。”《后汉书·西羌传》也载：“后桀之乱，畎夷人居邠岐之间。”

春人的第二次西迁发生在商朝末年，是从今山西省汾河流域开始西迁的。据《史记·秦本纪》云：“费昌当夏桀之时，去夏归商，为汤御，以败桀于鸣条。大廉玄孙曰孟戏、中衍，鸟身人言，帝太戊闻而卜之使御，吉。遂致使御而妻之。自太戊以下，中衍之后，遂世有功，以佐殷国，故嬴姓多显，遂为诸侯。”反映出在商时，秦的力量开始强大，并得到重用，与商的关系密切。《史记·秦本纪》又载：其玄孙中潏“在西戎，保西垂。中潏生蜚廉，蜚廉生恶来，恶来有力，蜚廉善走，父子俱以财力事殷纣，周武王之伐纣，并杀恶来。是时蜚廉为纣石北方，还，无所报，为坛霍太山而报”。看来由于秦人对商朝的过于忠诚，遂成为西周的眼中钉。到蜚廉的儿子季胜时，“生孟增，孟增幸于周成王，是为宅皋狼。皋狼生衡父，衡父生造父，造父以善御幸于周穆王，得骥、温骊、骅骝、騄耳之驷，西巡狩，乐而忘归。徐偃王作乱，造父为穆王御，长驱归周，一日千里以救乱，穆王以赵城封造父。造父族由此为赵氏”，皋狼在今山西省离石县西北。赵城，在今山西省洪洞县北赵城镇之西南。

季胜及后人虽然投靠了周人，但还是因其先人俱为殷纣之宠臣，助纣为虐，所以周人对他们并不怎么感兴趣，把他们从肥美的汾河流域迁到了今离石县。

实质上在秦人西迁过程中，一部分人迁到山西，还有一部分人迁到关中地区，前面已提到夏朝末年就有人迁至邠岐之地。到中潏时“在西戎，保西垂”，到非子时，“居犬丘，好马及畜，善养息之。犬丘人言之周孝王，孝王召使主马于汧渭之间，马大番息。孝王欲以为大骆适嗣”。申侯之女为大骆妻，生子成为适。申侯乃言孝王曰：“昔我先骊山之女，为戎胥轩妻，生中潏，以亲故归周，保西垂，西垂以其故和睦。今我复与大骆妻，生适子成。申骆重婚；西戎皆服，所以为王。王其图之。”于是孝王曰：“昔伯益为舜王畜，畜多息，故有土，赐姓嬴。今其后世亦为朕息马，朕其分土为附庸。”邑之秦。使复续嬴氏祀，号为秦嬴。

从上可看出此时周人和秦人的关系已开始转变，周秦关系开始向良性发展。更由于这时西戎势力开始强大，直接威胁西周王朝的后方，于是周令秦人伐西戎。“周厉王无道，诸侯或叛之。西戎反王室，灭犬丘大骆之族。周宣王即位，乃以秦仲为大夫，诛西戎”[10]。秦仲在与西戎战争中被杀，周遂命其长子庄公“与兵七千人，使伐西戎，破之。于是复予秦仲后，及其先大骆地犬丘并有之，为西垂大夫”[11]。

庄公时，“居其故西犬丘，……襄公二年，戎围犬丘，世父击之，为戎人所虏，岁余，复归世父”[12]。

从以上的文献记载来看，秦在西迁过程中曾到陕西关中西部和甘肃东部一带，在这一带得到了发展，建立了秦早期的都邑西垂（犬丘）和秦。

二 西垂与犬丘

关于西垂，论者观点不一。《史记正义》引《括地志》云：西垂在“秦州上邽秦县西南九十里，汉陇西西县是也”。《汉书·地理志》陇西郡属县中确有西县，新莽时改名曰“西治”，东汉时又复称“西”。王国维先生云：“余疑犬丘、西垂本一地，自庄公居犬丘号西垂大夫，后人因名西犬丘为西垂耳。”[13]林剑鸣先生云：西垂，泛指西部边隆，非具体城邑[14]；徐仲舒先生认为“西犬丘又称西垂”即二者为一地[15]；何清谷先生认为：“西垂大夫应是以今甘肃天水市一带为食邑，治所在西犬丘，所以西犬丘又名西垂。”[16]

笔者同意何清谷等先生的意见，即犬丘、西犬丘、西垂作为秦的都城在一个地方，即现在甘肃省陇东地区的礼县。

实质上早在战国时期即有西县之建置。我们可以从考古资料中得以证实。1919 年发现于天水西南的著名秦公簋，在原器铭之外，“器盖又各有秦汉间凿字一行，器云‘西元器一斗七升。八奉敦（奉簋）’，盖云‘西一斗七升太半升，盖’。西者，汉陇西县名，即《史记·秦本纪》之西垂及西犬丘”[17]。1978 年出土于宝鸡秦墓的“陇西郡戈”（为秦昭王二十六年造）有“西土宰阉”的署名[18]。出土于甘肃礼县战国秦右库工师铸戈，铭文中署有“西工造”，此“西”即为西县（此戈现存甘肃礼县博物馆）。李学勤先生在《释〈不其簋〉铭》一文中也认为西是具体地名，即古时叫西垂的地方，也即秦汉时期陇西郡之西县。1971 年在岳阳也出土了一件刻有“廿年……西工师曰”铭文的戈，王辉先生认为是在秦故都西设立的工室制造的。

西垂、犬丘本是一地。春秋时东方也有一地名犬丘，昔日秦人西迁时将此地名带到了关陇地区。而且，东方的犬丘还有一个名字叫“垂”。《春秋》隐公八年：“春，宋公、卫侯遇于垂。”《春秋左传》释曰：“八年春，齐侯将平宋、卫，有会期。宋公以币请于卫，请先相见。卫侯许之，故遇于犬丘。”杜注：“犬丘，垂也。地有两名。”《水经注·瓠子河注》：“瓠渎又东经垂亭北。”《春秋·隐公八年》：“宋公、卫侯遇于犬丘，经书垂也。京相璠曰：今济阴句阳小城阳东五里，有故垂亭者也。”《后汉书·郡国志》济阴郡下云：“句阳有垂亭。”《春秋》桓公元年：“三月，公会郑伯于垂。”顾栋高《春秋大事表》释曰：“垂，《左传》作犬邱，一地两名。济阴句阳县东北有垂亭。今山东曹州府曹县北三十里句阳店，是其地。”《汉书·地理志》沛郡有敬丘县，应劭注曰：“《春秋》‘遇于犬丘’。明帝更名大丘。”汉时已认为“犬”字不雅，故明帝改犬为大，后来又称“敬丘”。《左传》襄公元年亦言及此地：“郑子然侵宋，取犬丘。”这个位处东方而又叫做“垂”的犬丘，在古代是很有名的，《中国历史地图集（一）》将此犬丘标在今山东省曹县境内，并以括号注一“垂”字。《左传》成书远在《史记》之前，犬丘与垂一地二名是早已存在的事实。上古时代部族迁徙十分频繁，地名随族而迁的现象相当普遍。段连勤先生认为秦族本是东方九夷中的畎夷。故其所居之垂地亦称犬丘。秦人西迁后，西方也便有了垂与犬丘一地二名的对应，而加“西”以示其方位，曰西垂，曰西犬丘[19]。

槐里（今陕西省兴平）亦曾称犬丘，《水经注·渭水注》称槐里“古犬丘邑也”，“秦以为废丘”。《史记集解》引徐广认为非子所居之犬丘乃“今槐里也”，《史记正义》引《括地志》也说：“犬丘故城一名槐里，亦曰废丘，在雍州始平县东南十里。”徐广及《括地志》依据的是《汉书·地理志》：“槐里，周曰犬丘，懿王都之。秦更名废丘。高祖三年更名。”关中槐里之所以有犬丘之称，大概是当初秦人西迁时，曾在那里居住过。后来秦人继续西迁，越陇而至甘肃东部，天水周围成为秦人长期经营发展的地区，其中心城邑遂名秦邑、西垂、西犬丘。而关中之犬丘便被称为“废丘”。犬丘在丰镐附近，故周懿王曾一度迁都于其地，懿王所都，秦人何能居其地。新近出土的秦封泥中有“废丘”。因此，《史记·匈奴列传》只言“懿王迁都废丘”而不言犬丘。《今本竹书纪年》则直接言懿王迁槐里。《集古遗文》收有秦废丘鼎，《十钟山房印举》载有秦废丘左尉印，皆为秦有废丘地名之确证。秦称关中槐里为废丘，此邑与“西”毫无牵连，绝非又名西垂的那个秦人祖地犬丘。

既然西垂和犬丘的地望在西县，那么探讨秦时西县的治所是非常必要的。实质上只要弄清楚了西县的治所，秦早期都城的地望便迎刃而解。

西县的地望，《史记正义》引《括地志》云“秦州上邽县西南九十里”。顾祖禹《读史方舆纪要》、王国维《秦公敦跋》、马非百《秦集史》、刘琳《华阳国志校注》，均采天水西南一百二十里之说。《汉书·地理志》：“西，〈禹贡〉嶓冢山，西汉所出。”《后汉书·郡国志》：“西，故属陇西。有嶓冢山、西汉水。”《史记·五帝本纪索隐》：“嶓冢山在陇西西县，汉水所出也。”这为确定西县故城的位置不仅有方位、距离可参，又有山、水可依。嶓冢山，即位于今甘肃省天水县中南部的齐寿山。西汉水，源于嶓冢山的西麓。上游为盐官河，流入嘉陵江，南入四川。《水经注·漾水注》云：“西汉水又西南，合杨廉川，水出西谷，众川泻流，合成一川，东南流经西县故城北。(秦庄公伐西戎破之，周宣王与其大骆犬丘之地，为西垂大夫，亦西垂宫也)。”《水经注》这段记载实质指出了犬丘、西垂的所在位置。但人们在对这段话的理解上是有偏差的，因而具体位置上也有差异。

郦道元在为西汉水支流杨廉川作注时指出：北魏时在该地置杨廉县。因此只要搞清杨廉川的位置，西县城所在就清楚了。

按照郦道元所记西汉水支流的顺序，杨廉川水是西汉水发源后，盐官水以东的最后一条由东南流注西汉水的支流，因此，可知杨廉川水即今之茅水河（或峁水河）[20]。

康世荣先生在对《水经注》考证后认为犬丘（西垂）位于今礼县红河乡岳家庄、费家庄一带，他指出：“茅水河发源于今天水市秦城区辖地芦子滩屯，上游的杨家寺一带分别有十条支流左右汇聚，中游的最大支流花石水，是由七条小流汇聚而成。茅水河的正流与花石支流两水均为东南流河，交汇于今红河镇东南，费家庄正北，六八图村西南，形成一广阔的三角形平缓地带。岳费家庄不仅是‘众川流泻，合成一川’的水系，也符合‘东南流经西县故城北’的方位，两岸山势陡然变得窄狭，直至石沟门。如果在岳家庄前面窄狭处筑堤堵水，茅水河即可倒流入庄，更符合吴岑‘围嚣壅水灌西城’的地形。”[21]。

祝中熹先生针对康先生的观点进行了商榷，他指出：郦氏关于西汉水流域的记述虽极详备，却有两处十分明显的矛盾：(1) 上文既言“杨廉川东南流经西县故城北”，下文却又说汇纳杨廉川之后的西汉水，“又西南经始昌峡，始昌县故城西。《晋书地道记》曰：‘天水始昌县，故西城也’。”《太平寰宇记》亦言始昌城即汉代的西县城，晋省西县而置始昌。《后汉书·隗嚣传》李贤注：“西，县名，属汉阳郡。一名始昌。城在今秦州上邽县西南。”显然，始昌即西县。那么，其故城究竟位处杨廉川经域呢，还是位处西汉水主流经域？(2) 郦氏介绍水道汇入之流，是沿水流方向按汇入之先后顺序叙述的，记西汉水也不例外。但注文述西汉水汇合盐官水及左谷水之后，却先介绍建安水，后介绍祁山。建安水即今甘肃省西和县西部之西和河，它由南而北，在今礼县永兴镇西侧入西汉水。而祁山在永兴镇以东十余华里处。西汉水此段走向大体是由东而西，须先经祁山脚下，再西流十华里后，方与由南而来的建安水也即今西和河相汇。

我认为不管是杨廉川还是杨广川，对我们研究秦都城犬丘意义并不重要，尽管名称不一，但讲的都是今天的红河川，我曾亲自去红河川考察，发现此处并非建都的理想场所，这里地域狭窄，不开阔，而在红河流入西汉水之地才是建都的理想场所。从历史文献的记载来看，西汉水流域是古代陇南通往天水的最理想的道路，这里历来是兵家必争之地。而其支流杨廉川则差一些。

《水经注·漾水注》记载：西汉水又西南经始昌峡，“西汉水又西南经宕备戍南，左侧宕备水自东南西北注之，右侧盐官水南入焉”，始昌县即西县，西晋时改名。从现在的盐官沿西汉水到永兴一带，作为秦早期都城是合适的。通过地形地貌来看，作为秦早期都城比红河谷要好。这一带地形宽阔，是诸多支流入西汉水的交叉地方，加之西汉水流经的西汉川，显得颇为优越。

据史书记载，西垂（犬丘）在今天水市西南，礼县的盐官、永兴一带正在天水的西南方向，且其和天水的距离与史书记载相当。《水经注》记载的西县县治也就在这一带。更重要的是，近多年，考古工作者在永兴乡的大堡子山（位于永兴乡西边的平泉和文家之间）发现了三座秦墓葬。1 号墓为曲尺形，最长一边为 3.7 米，深 7 米，已清理到底，被盗掘一空，仅余残碎的马骨，推测应为车马坑。2 号墓为中字形，总长 87 米，墓室在中部，墓室面积为 12×11 米，深 11 米，在接近西墓道处发现人牲六具。现在已可辨的盗洞有 7 个，有的盗洞留有上下台阶。3 号墓为目字形，长 110 米，宽 10 米，深 9 米以上，从其形制看应是车马坑。推测在目字形墓之西北，还有中字形墓，为此目字形车马坑的主墓。[23]这几座秦墓曾遭屡次盗掘，被洗劫一空，特别是在考古工作者对墓葬进行发掘清理以前，该地盗掘成风，因而有许多贵重文物被盗并卖到国外。

韩伟先生曾在法国看到一批金箔饰片，据收藏者讲，该批文物出土于甘肃礼县，这批金箔饰片，形制奇特，数量众多，制作精美，前所未闻，实属罕见文物。其中有鸱枭形金饰片 8 件、金虎 2 件、口唇纹鳞形金饰片 26 件、云纹圭形金饰片 4 件、兽面纹盾形金饰片 2 件，目云窃曲形饰片 2 件。韩伟先生经过与同时期器物的花纹比较研究以及碳 14 的测定，认为应是西周晚期的秦人制造[24]。

拥有如此众多且贵重的金饰品，非一般人所有，结合大堡子山秦公墓地的发掘，推测应是秦先公墓的陪葬品，被盗后卖往国外。因为大堡子山曾发现中字形墓，按照殷时陵墓制度，亚字形为天子陵墓，中字形为诸侯王级。西周时大墓至今未有发现，其葬制不详，但东周时诸侯国的墓葬为中字形。因此韩伟先生在《略论陕西春秋战国秦墓》一文中指出：“秦大墓与殷大墓制度相近，其中的继承和渊源关系是显而易见的。”秦时的墓葬形制，只有诸侯国国王才有此特权，而按当时秦国的地位，结合前面对秦人发展的研究，只有到秦庄公时才被封为西垂大夫。韩伟先生指出：“综观秦族在西犬丘的历史，非子、秦侯、公伯三者处于附庸地位，不可能营造如此规模的大墓，营造大墓者，非秦仲、庄公莫属。”他断定这批金箔饰片也是秦仲、庄公墓内随葬品。其用途为木棺上的装饰品[25]。

与此同时，在该墓葬内还发现了不少的青铜器和陶器，这些青铜器和陶器一部分存甘肃省考古所，一部分存礼县博物馆，而大部分被盗卖海外，上海博物馆已从海外购回了四个铜鼎和两个簋，其中最大的一个鼎高 47 厘米，口径 42.3 厘米。器腹内铸有铭文二行六字“秦公乍铸用鼎”，最小的一个鼎高 24.2 厘米，口径也为 24.2 厘米。一秦公簋高 23.5 厘米，口径 18.8 厘米，器盖对铭各有五字：“秦公乍宝毁”。还有一个没有铭文的兽目交连纹簋，高 19.2 厘米。从秦公器的形制、铭文、纹饰、铸造特点以及相关的史实看，上海博物馆新获的秦公诸器应为秦襄公、文公之器，礼县堡子山两座大墓的年代应为春秋初期，墓主分别为襄公、文公[26]。

李学勤先生在美国纽约也发现一对秦公壶，这对壶保存良好，高 52 厘米，通体覆蓝绿色薄锈。壶的横切面为圆角长方形，盖上设捉手，捉手壁饰窃曲纹，盖捉缘饰吐舌的两头龙纹。器长颈，颈饰被带纹，两侧有耳，耳上饰螺形角的兽首，垂环。颈腹之间，以一道弦纹宽带为界。腹下方膨出，面饰大盘龙纹，有若干龙蛇结盘曲，低圈足，饰窃曲纹。器口内壁有铭文，两行六字："秦公乍"，"铸隮壶"，故称之为秦公壶。

经过对这对秦公壶的研究，李学勤先生认为其器在周厉王晚期到宣王初年这段期间，就是秦庄公，壶作于他即位以后，比不其簋要晚一些，这对秦公壶，很可能出于器主的墓葬[27]。

最近，甘肃省考古工作者又在大堡子山的对面赵坪发现了三个秦墓，这三个墓葬未被盗掘，出了大量的青铜器、车马器、陶器，这批文物现藏甘肃省礼县博物馆。

从这两处秦墓葬来看，秦的西垂城址应在此附近，因为古代君王的墓葬都在都城的附近，特别是秦前期都城更是如此，如雍城、栎阳等，不管这个中字形墓是谁的墓葬，秦的西垂（犬丘）都应在此附近，这两处墓地都位于西汉水的两岸，地势较高，是建都的理想场所。

秦在西垂的祭祀性建筑有西畤，《史记·秦本纪》云：秦襄公立国后，"与诸侯通使聘享之礼，乃用骝驹、黄牛、羝羊各三，祠上帝西畤寺"。宗庙的修建是都城建设中不可或缺的部分。

不仅如此，这一带过去经常出土有秦的青铜制品，如秦公簋、不其簋等。秦公簋是 1919 年发现的，该器驰名中外，器高 19.8 厘米，器盖共铸铭文 105 字。器云："西元器一斗七升，八奉敦。"盖云："西一斗七升太半升，盖。"据王国维先生考证，文中"西"，即汉代陇西郡西县，亦即秦之西垂（西犬丘）。

秦公簋铭文字体规整严谨，疏密有致，静穆大方，有其独特风格。秦公簋，器、盖铭文均由印模的制范上打就，制作方法新颖，在古代青铜器中实为罕见，开创了中国早期活字模之先例，是古人发明创造的重大科技成果之一。

"国之大事，在祀与戎"[28]。商周社会，从王室到一般中小奴隶主贵族，都要隆重祭祀天帝祖宗，宣扬家族的荣耀和个人的功业的显赫，这在青铜礼器的铭文上表现得十分突出。秦人是殷周文化的继承者，也是光大发扬者，秦公在铭文中极力表达自己对上天神灵的崇敬，对祖先功烈的颂扬，以此来祈望庇荫子孙后代，天长地久，兴旺发达。宋代出土的秦公鎛，民国出土的秦公簋，以及近年陕西出土的秦公钟都是东周前期秦国国君为祭祀自己的先祖而制作的宫廷重器。

秦公簋制作于何时，各家说法不一，有襄公时、文公时、德公时、景公时等数说。虽然各家都持之有据，言之有理，但有一点是共同的。无论以何时始计，十又二公，早期都礼县西垂的庄、襄、文公均被列入其中。簋铭的内容大概是说秦人在华夏成为诸侯已十二代，文臣武士，人才济济，国力强盛，威名赫赫。秦公继承了先祖的功德，抚育百姓，建功立业，永葆四方，缅怀先祖，铸作彝器，以尽祭祀之礼。

王国维先生作《秦公敦跋》指出：西者，汉陇西县名，即《史记·秦本纪》之西垂及西犬丘。秦自非子至文公，陵庙皆在西垂。此敦簋之作，虽在徙雍之后，然实以奉西垂陵庙，直至秦汉犹为西县官物，乃款于其上[29]。

我于 1998 年 7 月去甘肃礼县一带考察，实地考察了西汉水上游盐官、永兴一带的地理环境。这里素称"秦陇锁钥，巴蜀咽喉"。在秦先祖时，环境远比现在优越得多，北邻秦岭、岷峨山，西汉水两岸形成了高数米或数十米的黄土地，或梯形坡地，或起伏土丘。尤其是黄土台地，因土壤肥沃，气候温暖湿润，临近水源，适宜耕种。早在原始社会晚期，人类就开始在这里生产、生活，在此发现了不少仰韶时期的文化遗址。

秦人迁居这里后，利用这里优越的地理环境，发展农业和畜牧业，在此定居，并不断扩大自己的势力范围，征服了周边民族，走出陇山，挺进关中平原。

盐官镇具有悠久的历史，早在周朝时人们已开始利用这里的盐，这里的盐是通过盐井供人们利用的，至今盐官地区还流传着一些盐井发源于周秦的神话和传说，相传胶鬲为周秦时的第一任盐官，还认为盐井是胶鬲发现的。

盐是人们赖以生存的必要条件，同时也是秦人善于养马的必备条件，西汉水上游两岸低洼之处，遍地卤水池滩，一边是鲜美的嫩草，一边是卤水，这为养马创造了得天独厚的条件。朱绣梓《西和县志》记载："盐官城内卤池，广阔十余丈，池水浩瀚，色碧味咸，四时不涸，饮马于此立见肥壮。"这里的土壤有别于其他地方，骡马喜欢舔吃这里的盐土，最近，在汉长安城附近发现的秦封泥中有"西盐"，即为西县盐官之简写，反映出秦时盐官的作用。秦人之所以善于养马与此有很大的关系。

盐官、永兴、大堡子山一带，历史上一直是战略要地，因此从周到三国时期，西汉水两岸发生了无数次的争夺战。《史记·周勃世家》载："周勃围章邯废丘，破西丞击盗巴军，破之，攻上邽。"《史记·樊郦滕灌列传》："入汉中，还定三秦，别击西丞白水北。"这两个西丞均为西县的军事长官。三国蜀诸葛亮六出祁山即在此处，充分反映出这里地理位置的重要性。《水经注·漾水注》在叙述西汉水流经祁山之南后指出："汉水又西，经南岈、北岈之中，上下有两城相对，左右坟垅低昂，亘山被阜，古谚云：南岈北岈，万有余家。熊疏（实物杨守敬疏）云：此南岈、北岈，谓南北二壁间之大空也。"其地理位置正是东由祁山西至大堡子山的永兴川，当地人习称为"店之川"，为礼县的富庶繁华之地，西汉水两岸的永兴镇和长道镇都是富庶之地，人烟稠密，物产丰富。西和水由南而北，流入西汉水，是古代由汉中进入陇西的要道，被称为"塞峡"。

结合西汉水一带优越的地理环境、古代的文献记载及现在的考古发现，我认为秦的西垂（西犬丘）就在现在礼县的永兴附近。

三 秦 邑

据《史记·秦本纪》记载：由于非子善于养马，周孝王指出"昔伯益为舜主畜，畜多息，故有土，赐姓嬴，今其后世亦为朕息马，朕其分土为附庸，邑之秦，使复续嬴氏祀，号曰秦嬴"。从"邑之秦"可看出，秦人曾以秦为都邑。

关于秦邑的地望，《史记正义》引《括地志》云："秦川清水县，本名秦，嬴姓邑。"《史记集解》引徐广云："今天水陇水县，西县秦亭也。"《汉书·地理志》云："今陇西秦亭，秦谷是也。"《十三州志》云："秦亭，秦谷是也。"又据《水经注·渭水注》云："（秦）水出大陇山秦谷，二源双导，历三泉合成一水，而历秦川，川有故秦亭，非子所封也。秦之为号，始自是矣。秦水西经降陇县城南，……过清水城西，南注清水，清水上下，咸谓之秦川。"

从上记载来看，秦邑应在秦川，而秦川是由秦水冲蚀形成的。秦川有故秦亭，即是秦的都邑秦，即非子所封之地。

对于秦邑之所在，传统观点认为在甘肃省天水市清水县一带，也有人认为在汧渭之间[30]。笔者认为应在今甘肃的张家川自治县，而张家川所在地，是从甘肃清水县分出的，因此应该说以前人们讲在甘肃清水是没有错误的。

在这里有必要对提出秦在汧渭之间的观点予以澄清。主张秦在汧渭之间者认为：

> 徐广等人把秦邑定在天水东北的清水一带，清水一带当时有秦亭、秦谷大概不会有问题，但他们说秦亭、秦谷就是非子的所邑之秦却明显是附会。因为此说与《秦本纪》原文全然不符。第一，大骆族是分两支，成一支是住在犬丘，与戎杂处，而秦则是周人“分土为附庸”，最初是住在周地。第二，司马迁虽没有直接说非子所邑之秦究竟在哪里，但明确讲到文公四年，“至汧渭之会”，文公追述说：“昔周邑我先秦嬴于此，后卒获为诸侯。”在该处卜居营邑。这个重筑的城邑显然与非子所邑之秦是同一地点，它应当就是非子当年为周孝王养马的“汧渭之间”。

从李零先生文中可以看出，他认为“秦”在汧渭之会处，这种观点是值得商榷的。他对《史记·秦本纪》的理解是错误的，实质上司马迁这段话的大意为：大骆的儿子非子居犬丘，由于善于养马，犬丘人便把他的本领报告到周孝王，周孝王把非子召去，派他在汧渭之间为周王室主管养马。这里水草丰美，加上非子的养马技术，马匹繁殖得很快，周孝王为了奖励他们，曾想让非子作大骆的正宗继承人，但非子不是大骆的正妻所生，申侯的女儿是大骆的正妻，生下儿子叫成，是大骆的嫡子，孝王要废嫡立庶，引起申侯的反对，申侯除了追述他祖先与戎胥轩的婚姻关系外，指出：现在我把女儿嫁给大骆，生下嫡子成，申侯与大骆结亲，西方的戎族都归服，这是你王位安稳的原因，请孝王考虑。孝王只好不改变成的嫡子地位，命其享有对犬丘的继承权，而使非子“邑之秦”，使复续嬴氏祀，号曰秦嬴。

这里所邑的秦，是离犬丘不远的张家川县，而非汧渭之间。秦邑，实质是附庸地位，周的附庸根本不会安排在处于周畿地区的汧渭之间，后来文公在汧渭之会立都时追述嬴秦曾在汧渭一带是指秦人从东来西迁过程中曾经经过汧渭之会，关于这一点笔者在前文已讲过，不需赘述。不能因此而认为秦的非子在此建邑。

秦的地望就在今甘肃省天水市张家川自治县的瓦泉一带，这是文献资料记载和实际考察的结果，文献资料已经很明确指出秦在清水。晋代的《十三州志》认为秦亭在清水县东北。徐日辉曾撰文并对新版《辞海》予以纠正，认为：“秦亭不在张家川东，更不在清水东北，而在今张家川县城南之川地上。其根据有二，其一，张家川历来属清水县所辖，1961 年后张家川从清水分出，成立回族自治县，以前的著作记秦亭在清水还无大误，但分县后的新著说在清水就不对了。其二，秦亭不在清水而在张家川城南，是以错引《水经注·渭水注》：‘(秦) 水出大陇山秦谷，二源双导，历三泉而合成一水，而历秦川，川有故秦亭，非子所封也。秦之为号，自是始矣。秦水西经降陇城南……过清水城西，南注清水。清水上下，咸谓之秦川。’从而得出非子台封之秦亭，在秦水二源汇合的秦川上的结论，即今张家川县城南、后川河的两个支流北川河与东川河汇流点附近川地上。”[31]

但清水县方志办的同志认为秦不在张家川县而在清水县，其根据就是在清水县东有一“秦亭”，他们指出：《十三州志》早有“秦川清水县秦亭，秦谷是也”的记述，而《水经注》则更明确指出秦水汇流的秦川是秦仲封地育故亭，以别于清水上游东亭川先有的秦亭。清水县的秦谷正在县城东北 45 里，今秦亭乡秦乐山下秦亭河谷地的秦亭铺村，历史上是通关中过陇山必经孔道。

这里需要说明的是，清水的秦亭不具备作都邑的条件，这一带地势狭窄，一条无名小溪仅宽 1—2 米，溪流两岸无发育较好的台地，未发现任何较早的陶片和文化堆积。它是秦时在交通要道上设置的驿亭，这条道路是当时从关中进入陇西的主要通道，此秦亭大约处于陇县和清水县中间，因此秦设秦亭是出于交通的需要，与“邑之秦”没有关系，像这种驿亭，秦时还有白起亭、轵道亭、咸亭等。清水县在秦亭附近发现的古居住遗址及其古遗物应是当时秦亭建筑及后代所留，与秦邑无关系。

在今张家川南的瓦泉乡也有一个秦亭，位于清水（秦水）的岸边，1998年7月份，在张家川县博物馆、县方志办及天水师专徐日辉的陪同下，我们来此考察，觉得秦邑即在此。从文献上来讲符合秦邑位于清水县东北的记载。秦水即今甘肃张家川县境之后川河，是清水的支流。清水古称东亭水，又名桥水，今名牛头河。狭义的秦川即秦水所经河谷地，又名长家川，也就是今张家川后川河谷也，广义的秦川则包括清水的流经地，即“清水上下，咸谓之秦川”，为今张家川、清水两县地，据《水经注》所云，秦亭是在秦水二源汇合后之秦川上，即狭义的秦川谷地上。二源的汇流点在今张家川县城南，也就是说秦亭当在今张家川县城南汇流附近之东岸。

经过实地考察，发现张家川县城南一带依山傍水，地形优越，地势开阔，是建都邑的理想场所。更为重要的是，这一带发现了大量的秦墓，出土了大量的秦文物，我们在张家川县博物馆看到了秦时的鼎、壶、铜柄铁殳、铜矛、半两钱及二、三十斤的车马器，均出于这一带。我们在此还发现了很多被盗的秦墓，内有黑木炭。更为重要的是发现一大遗址，面积约250×150米，这是一个大夯土层，据当地人反映，在此夯土层下曾发现过秦建筑材料砖、瓦等，这种情形和秦公大墓的情况相类似。从此夯土层下被盗秦墓中，发现有黑木炭等。

据当地人讲，此处原有古城，现已湮没。希望考古工作者能在此进行勘探，以弄清秦邑的情况。

（《西北大学史学丛刊》）

注释

［1］王国维：《秦都邑考》，《观堂集林》卷十二。

［2］徐仲舒：《先秦史论稿》，巴蜀书社1992年。

［3］高亨：《诗经今注》，上海古籍出版社1980年。

［4］林剑鸣：《秦史稿》，上海人民出版社1981年。

［5］［6］［19］段连勤：《关于夷族的西迁和秦嬴的起源地、族属问题》，《秦文化论丛》第一辑，西北大学出版社1993年。

［7］《后汉书·西羌传》。

［8］《后汉书·东夷传》引《竹书纪年》。

［9］［10］［11］［12］《史记·秦本纪》。

［13］王国维：《秦都邑考》，《观堂集林》卷十二，中华书局1956年。

［14］林剑鸣：《秦史稿》，上海人民出版社1981年。

［15］徐仲舒：《先秦史论稿》，巴蜀书社1992年。

［16］何清谷：《嬴秦族西迁考》，《秦文化论丛》第一辑，西北大学出版社1993年。

［17］王国维：《秦公敦跋》，《观堂集林》卷十八。

［18］刘占成：《陇西郡戈考》，《考古与文物》1994年第4期。

［20］赵永复：《水经注通检今释》，复旦大学出版社1985年。

［21］康世荣：《礼县红河——秦先祖的发祥地》，《礼县文史资料》第一辑，内部资料。

［22］祝中熹：《秦早期都邑考》，《陇右文博》1996年创刊号。

［23］［24］［25］韩伟：《论甘肃礼县出土的秦金箔饰片》，《文物》1995年第6期。

［26］李朝远：《上海博物馆新获秦公器研究》，《上海博物馆馆刊》第七期，上海书画出版社1996年。

［27］李学勤、艾兰：《最新发现秦公壶》，《中国文物报》1994年10月3日。

［28］《左传》成公十二年。

［29］王国维：《观堂集林》卷十二。

［30］李零：《〈史记〉中所见秦早期都邑》，《文史》第二十辑，中华书局 1983 年；祝中熹：《秦人早期都邑考》，《陇右文博》1996 年创刊号。

［31］徐日辉：《秦亭考》，《秦州史记》，陕西人民美术出版社 1994 年。

秦公帝王陵四大陵区及其形成原因

徐卫民

从秦襄公被封为诸侯开始，直到秦始皇，秦公帝王的发展经过了从公到王再到皇帝的发展过程，秦公帝王的墓葬也经过从“墓”到“陵”到“山”的演变过程，其规模也随着国力的日益强大而扩展，由享堂墓发展到冢墓。陵园内的设施也日益完备，发展到秦始皇陵时，形成了中国历史上第一个皇家陵园。

秦公帝王陵经过了从西向东的发展过程，建立了四大陵区，形成了完整的秦陵墓发展体系，对于研究秦公帝工陵的发展演变提供了难得的资料。

秦公帝王陵的四大陵区

（一）西垂陵区

西垂陵区包括甘肃张家川县南的瓦泉陵墓和位于甘肃礼县大堡子山的秦公墓地。但这两个墓地又不能全部包括当时在此地葬埋的秦公。

张家川的秦公墓地只是笔者1997年根据考察提出来的，尚未经过考古工作者的钻探和试掘，因此详细情况还不得而知。这里应埋葬着秦襄公的祖先，包括非子、秦侯、公伯、秦伯等。

礼县秦公墓地被大规模盗掘后，考古工作者对之进行了抢救性的发掘，大堡子山上发现了两座中字形大墓和两座车马坑，又在大墓旁发现了多座中小型墓葬[1]。文物工作者先后在美国、法国、日本、香港等地发现过出土于甘肃礼县秦公墓地的文物，上海博物馆还从香港购得若干鼎和簋，从墓葬形制和出土文物来看，这个墓区并非一般人的墓区，而是秦公的墓区。

礼县大堡子山秦公墓区出土有金箔、青铜鼎、青铜簋，还有石磬等，只可惜文物大多被盗卖，墓葬的规模不小，陪葬坑大，从铜器铭文“秦公乍”来看，这些墓葬应是秦公的墓葬，从史书记载来看，秦文化及其襄公的陵墓皆在礼县一带（即西犬丘），他们以秦公的名义葬在此。庄公是襄公时追认的，如果不是僭越礼制的话，发现的这两座墓葬不是庄公的，那么庄公的墓葬应在什么地方，笔者认为还在礼县大堡子山附近一带。

（二）雍城陵区

位于秦都雍城之南，即今凤翔县南指挥乡一带。在此处理葬着从宪公到出子时期22位秦公（包括未享国的），现已探出14个陵园、49座大中型墓[2]。大墓的平面有丰字形、中字形、甲字形、刀形等，车马坑则为凸字形和目字形两种，陵园面积达21平方公里。

在陵园之外围以横剖面呈槽形的兆沟，对陵园起保护作用，有外、中、内三兆。即整个陵地用外兆包围，每座分陵园或仅有中兆，或中、内兆均有。

雍城陵区是秦公帝王陵区中埋葬秦公最多的一个，也是时间最长的一个，保存情况也不错。其中的秦公一号大墓是一中字形大墓，长达300米，深24米，经过考古工作者10年的辛勤发掘才挖到底部，该墓是目前发现的春秋时期最大的陵墓，陵墓内有殉人182个，殉葬者的地位也不同，有贵族、平民、奴隶之分，虽经历史上200多次盗掘，该墓仍出土金、铜、陶、石等文物3500余件，由此可见该墓当年的规模和陪葬品的丰富，从该墓中出土的文字判断，秦公1号大墓疑为秦景公的墓葬。

（三）栎阳地区

到秦献公时，为了对付东方魏国对秦的入侵和吞食，将都城迁至栎阳，这样距离战争前线较近，便于秦公上前线亲自指挥战争。随着都城的远迁，雍城的秦公陵区距秦都栎阳太远，不可能把献公和孝公两个葬入雍城陵区内，因而在栎阳城的东北修建了栎阳陵区，这在《水经注·渭水注》中有记载。

栎阳陵区的秦公墓已由享堂墓变成冢墓了。《云梦睡虎地秦简》记载，“何为甸人，守孝公、献公冢者也”，即冢墓，这里秦公帝王陵形制上的一次重大变化，从此后冢墓越修越大，秦咸阳陵区都实行冢墓形制，至秦始皇陵时，冢墓已发展到登峰造极。

（四）咸阳陵区

咸阳陵区是指围绕秦都咸阳而建立的几个陵区的总称，是秦迁都咸阳后从惠文王到秦始皇之间的帝王的陵墓。

从惠文王开始改公为王，秦的国力发展进入了一个新的时期，随着秦国力的强大其墓葬也由墓改为陵，到秦始皇时，陵改为山，称做“丽山”，陵与山相对于墓来讲，规模更大，特别是到秦始皇时修建的中国第一个皇帝陵园，已将中国古代帝王陵墓发展到一个新的阶段。

咸阳陵区包括三个部分。即秦咸阳西北的秦惠文王、秦武王陵墓，埋葬着秦昭王、孝文王、庄襄王等的秦东陵和一墓独尊的秦始皇陵。这一阶段的陵墓规模愈来愈大，设施越来越齐全，“事死如事生”在陵园中的体现更深刻，高大的封土堆、众多的陪葬坑和陪葬墓充分显示出王权和帝权的尊严，“亚”字形和超“亚”字形大墓则是中国古代陵墓的最高级别。

在这一阶段，陵园中的变化较前越来越大，由墓上享堂制变为墓侧的寝便殿，在秦东陵就发现了寝便殿建筑，从而纠正了寝便殿制度开始于秦始皇陵的观点。陵园的围护设施已被墙垣所代替，秦始皇陵出现了有内外城的回字形墙垣，城垣高大，并有门阙和角楼，十分壮观。在秦始皇陵园内还发现了庞大的饤官遗址。秦始皇陵园完全是按照“事死如事生”的礼制而设计的，生前所有在陵园中基本上都体现出来了。连生前所居住的都城也尽量在陵园中表现出来。正如《吕氏春秋·安死》后云：“其高大若山，其树之若林，其设阙庭、为宫室、造宾阼也若都邑。”袁仲一先生也认为：“秦始皇陵园的设计意图也是如此，一切都模拟于生前，把地上王国模拟于地下。秦始皇陵高大的封土及其下的地宫象征着生前的咸阳宫；地面上的两重夯土城垣，象征着京师的内外城或名之曰大小城；外城垣东侧的兵马俑坑，象征着守卫京城的宿卫军；上焦村小型马厩坑群及西内外城垣之间的大型马厩坑象征着京师的宫廷厩苑；陵封土西侧的铜车马坑，象征着宫廷的乘舆，为始皇的车驾卤薄；西内城垣之间的一批珍禽异兽和跪坐俑坑，象征始皇生前的囿苑，供其狩猎和游乐；陵封土北侧的寝殿，即《独断》所说的，‘有起居衣冠象生之备。皆古寝之意也’；陵园内的便殿即《三辅黄图》所说的‘以象休息闲宴之处也’。”[3]近几年发现的石甲胄坑象征着生前的武库，发现的百戏俑坑象征着生前的宫廷娱乐等等，“夫玩好货宝，钟鼎壶滥，舆马衣被戈剑，不可胜其数。诸养生之具，无不从者”[4]，是对秦始皇陵的形象概括。

四大陵区形成的原因

（一）陵随都移

秦公帝王陵四大陵区的形成与秦民族的发展壮大和秦都城的变迁有着非常密切的关系。自秦民族从襄公封为诸侯之后，便获得了周天子的承认，具备了和其他诸侯平行发展的机会。虽然周平王给秦人开的是一张空头支票，但对于秦这个特殊民族来讲，无疑是一次难得的发展机遇。从此后秦人与周边民族进行了不懈的斗争，逐渐扩大了自己的统治地盘。

秦襄公始封为诸侯时，建都邑西犬丘（或西垂），西犬丘的地望据研究在今甘肃省礼县，虽然具体的都邑地望还不能确指，但大堡子山秦公墓地的发现，为寻找秦都邑西犬丘提供了重要的参考系，因为秦公陵墓是随都城的迁移而迁徙的，均在都邑的附近，这种“陵随都移”的规律是中国古代帝王陵墓的普遍规律。之所以如此，是为了各代帝王祭祀先辈的方便及便于对陵园的管理。

大堡子山秦公墓地发现的两座中字形大墓，笔者认为应是襄公和文公的陵墓，庄公的陵墓按理也应在大堡子山附近，还需考古工作者继续寻找。

在庄公之前秦的非子被周天子封为“附庸”，秦仲被封为“西垂夫夫”，他们的陵墓在今甘肃省张家川自治县城以南的瓦泉一带。

襄公曾跨越陇山进入关中，定都汧（今陕西宝鸡市陇县东南），时间不长，文公又率兵七百人东猎建都“汧渭之会”（今宝鸡市宝鸡县魏家崖一带），宪公时又定都平阳（今宝鸡市宝鸡县阳平镇一带）。到了德公时定都雍城，在此之前的汧、汧渭之会、平阳作都时间都比较短，秦人一直处于向东拓展领土阶段，都城都很简单，完全是临时性的，所以，文公的陵墓仍在甘肃礼县大堡子山，宪公以后的陵墓选择在凤翔原上，即雍城的南郊。实质上宪公以后的陵区继承了宪公选择的陵区。

由于雍城作为都城达255年，时间长，前后有22位秦公（包括未享国的）埋葬在雍城以南，成为秦公帝王陵区中时间延续最长、埋葬秦公最多的陵区。

秦灵公时为向东方进攻的方便，遂将都城东迁至泾阳，但到出子时，其陵园仍在雍城。他们虽然以泾阳为都，但由于这些人仍然比较保守，仍向往雍城的宗庙，所以陵墓仍建在雍城。

秦献公和秦孝公是秦史上继秦穆公以后比较有作为的国君，将国都建在栎阳（今西安市阎良区武屯一带），除了向东与晋国争夺领土外，还进行了重大的改革，著名的秦献公改革和商鞅变法就发生在这里，他们也直接将陵墓选在都城栎阳附近，建立了栎阳陵区。

秦孝公十二年，又将都城迁至环境远比栎阳要好的咸阳，从惠文王开始，对咸阳都城进行扩建，形成“渭水贯都，以象天汉”的规模，即将都城从渭北扩大到渭南。咸阳作为都城144年，因此在咸阳周围也埋葬着从秦惠文到秦二世共计七代国君，从咸阳北部的毕陌陵区到咸阳东南的秦东陵和秦始皇陵。

由于秦都迁咸阳后国力日益强大，陵墓的规模也越来越大，陵园中的设施也日益健全。咸阳陵区是秦公帝王陵区中规模最大、设施最齐全的一个，尤其是秦始皇陵，不仅在秦公帝王陵墓发展中首屈一指，而且对汉代乃整个封建社会的帝王陵墓均产生了一定的影响。

（二）风水的影响

风水即后代的堪舆学说。中国古代从帝王到一般平民，在选择墓葬地时，无不受到风水的影响，秦公帝王陵址的选择必受这种影响。

古代的堪舆学认为，风水有好坏之分，选择好地方，则子孙荫福；而选择坏地方，则祸患无穷，“山环水抱必有大发者”。实质上古代的风水除过迷信的东西外，还有很多合理的成分，是对自然环境研究后得出的结论。因为在古代生产力水平低下的情况下，人们大多是对自然环境的依赖，只是恰当充分地利用自然环境，才能找到好的地理位置，也才能使死者入土为安。

“气”在中国古代风水学中占有非常重要的地位，被视为天地万物的最基本构成单位。《庄子·外篇》：“气变而有形，形变而有生。”《孟子·公孙丑》云：“其为气也，至大至刚，以直养而无害，则塞于天地之间。”

气是一种力，一种场，是不断流动着的。重浊的气属阴，轻清的气属阳，阴阳相对，生成万物。“葬者，乘生气也。夫阴阳之气，噫而为风，升而为云，降而为雨，行乎地中而为生气，行乎地中发而生乎万物……气行乎地中，其行也，因地之势；其聚也，因势之止，丘陇之骨，冈阜之支，气之所随”；“气乘风则散，界水则止，古人聚之使不散，行之使有止，故谓之风水”[5]。《青乌先生葬经》也云：“内气萌生，外气成形，内外相乘，风水自成。……内气萌生，言穴暖而生万物也；外气成形，言山川融结而成形象也；生气萌于内，形象成于外，实相乘也。”《管氏地理指蒙》也云：“水随山而形，山界水而止，界分其域，止其逾越，聚其气而施耳。水无山则气散而不附，山无水则气塞而不理……山为实气，水为虚气。土愈高其气愈厚，水愈深其气愈大。土薄则气微，水浅则气弱。”葬者，乘生气也。

山和水对于风水学也尤为重要，仁者乐山，智者乐水，有山行水之地是古代人选择居址和陵墓时必须考虑的重要因素，也是风水学非常讲究的。风水学对于自然山水的赞美，寄托着天地人合一的理想。他们也自称为“山水之士”。宋人郭熙在《山水训》中指出：“真山水之川谷，远望之以取其势，近看之以取其质。”

风水学实际上是集地质地理学、生态学、景观学、建筑学、伦理学、心理学、美学等于一体的综合性、系统性很强的古代建筑规划设计理论。它与营造学、选园学构成了中国古代建筑理论的三大支柱。在中国数千年营造城镇、宫殿、寺庙、民居及陵墓的演变中，风水不仅是关于环境景观优选的理论，而且是满足人们心理和行为需要的易理思维[6]。

风水学在秦汉时期已经形成，秦代大将蒙恬曾奉始皇命修长城，开驰道。秦始皇死后，蒙恬被赵高矫诏逼自杀，当时民间以为蒙恬之死应归罪于他“绝地脉”，司马迁在《史记·蒙恬列传》中对此持有异议，认为“恬为名将，不以此时强谏，……而阿意兴功……何乃罪地脉哉”。说明秦时已有“地脉”观念了。这与秦汉时的阴阳五行和谶纬迷信思想有关。其集大成者为晋人郭璞，经典著作有传说中的黄帝时人或西汉人青乌先生著《青乌先生葬经》和郭璞著《葬书》等。书中详细论述了选择墓葬地址的种种理论和必要。在《吕氏春秋》中也有不少关于陵墓风水等方面的内容。

秦公帝王陵的发展演变正与风水学有一定的关系。其陵址均选在山环水抱的高台地上，均经过堪舆学家的认真勘探。西垂陵区位于西汉水边的高台地上，地势高敞宽阔，陵墓正好修在大堡子山的顶部。凤翔雍城陵区处于雍城以南三畤原，南临渭河，北眺雍山，西依灵山，东接扶岐，位于周原的西部，因而土厚水深，利于坟墓的建造。

秦东陵修建在山环水绕的骊山西麓、灞水之边，地势高敞，能起到以山为陵的效果。秦始皇陵的选址更是经过认真的勘察，修建于骊山北麓，渭河在其陵墓的北面。骊山素以风景秀丽、富有温泉而享誉天下，早在西周时，周天子就看上了这块风水宝地，在此修建离宫别馆。秦始皇时继续在此修建离宫，已被考古资料证实[7]，在唐华清宫遗址下，发现了大量秦时的建筑材料。始皇陵正处在“背依山峰、面临平原的山冲”之地，处于骊山北坡的大水沟和风王沟之间的开阔地带，位当渭河南岸三级阶地与骊山山地之间的台原上，不但地势较东西为高，而且受东西两侧水流的拱卫，是一处极为理想的墓地。正如北魏郦道远在《水经注·渭水注》中记载的："秦始皇大兴厚葬，营建冢圹于郦戎之山，其阴多金，其阳多玉，始皇贪其美名，因而葬焉。"虽然选始皇陵址时秦始皇尚年幼，未免知道其风水好坏，但当时的皇太后及丞相一定是对陵墓所在地的风水进行一番评估后，然后才选定的。

古代陵墓之所以选在土厚水深之处，一方面是由于古代帝王盛行厚葬。又怕被人盗掘，所以陵墓一般挖得很深，给盗墓者造成一定的困难，正如《吕氏春秋》所云："古之人有藏于广野深山而安者者，非珠玉国宝之谓也，葬不可不藏也。葬浅则狐狸扣之，深则及于水泉。故凡葬必于高陵之上，以避狐狸之忠、水泉之湿，此则善也。"《大汉原陵秘葬经》云："立冢安坟，须籍来山去水。择地斩草，冢穴高深。"其意为挖坟埋人之地须背山靠水，坟要挖在高处，这样墓穴才可挖得深。秦公帝王陵的选址均考虑了以上因素，均选在山形山胜之处。

总之，秦公帝王陵之所以能形成四大陵区，并由西向东发展，一是与秦国国力的强大不断向东扩展国土有关，二是受风水的影响。有学者曾提出秦公帝王陵的形成受昭穆制度的影响，但缺乏足够的证据。根据秦人的发展史，秦人的性格特征，及秦人功利主义的价值观判断，秦人很少受儒家及传统观念的束缚，而是按照实用主义的功利价值观办事，未受到西周昭穆制度的影响。

秦公帝王陵发展演变的特点

秦公帝王陵在发展演变过程中形成了自己的特点，在长达近六百年的时间里，随着秦国国力的强大而变化。具有以下几个特点：

（一）延续时间长，序列清楚

这在春秋战国时期的其他诸侯国中是根本没有的，从目前的考古调查和试掘情况来看，秦的四个陵区形成序列化、系统化，每一代秦公帝王的陵墓都有迹可寻，这对研究秦陵墓的发展演变是至关重要的，也对揭示春秋战国时期的陵墓制度提供了第一手的资料。

（二）墓葬均为坐西面东

从礼县大堡子秦公墓地到秦始皇陵均为坐西面东，这是秦人的一种葬俗。目前关中地区已发掘的千余座秦墓，大都是坐西面东。

礼县大堡子秦公墓地为坐西朝东，雍城秦公陵园的14座秦公陵园也均为坐西面东，临潼秦东陵的四座陵墓和秦始皇陵，也为坐西面东。之所以都面向东方，与秦人来源于东方有关。秦人发源于东方，后逐渐西迁，在天水一带发展壮大，立足关中，统一全国，面向东方寓意着秦人要回归故土，也表明秦人欲扫灭六国、统一天下。

（三）规模愈来愈大

秦人自进入关中地区以后，很快发展强大。随着国力的强大，秦公帝王陵的规模便日益扩大，级别越来越高，僭越礼制的行为愈来愈严重。从大堡子山的两座中字形墓到雍城的14座陵园、49座大中型陵，又到秦东陵的三个亚字形大墓、两个中字形大墓，到秦始皇陵一墓独尊，建成超"亚"字形大墓，陵园面积达56.25平方公里，比雍城的14座陵园面积还要大。

墓葬也由早期的享堂墓发展到中后期的大型冢墓，由墓上祭礼的享堂墓演变为在陵旁祭祀的寝便殿制度。陵墓的防卫设施也由早期的隍壕演变为城垣制度，陵墓的随葬品、陪葬坑越来越多，日益丰富，从早期的一般车马坑发展到秦始皇陵的铜车马坑、马厩坑。厚葬之风盛行，真可谓"国弥大，家弥富，葬弥厚，含珠鳞。施夫玩好货宝，钟鼎壶滥，舆马衣被戈剑，不可胜其数，诸养生之具，无不从者。题凑之室，棺椁数袭，积石积炭，以环其外"[8]。

（四）不循规蹈矩

秦人是实用主义者，只要对自己有用的东西便拿来采用，哪怕是僭越礼制之事，因此秦公帝王陵中不循规蹈矩的事例颇多。例如秦人早期便实行积炭墓制度、黄肠题凑制度。墓葬均修建的既大且深，秦公 1 号大墓是我国目前发现的春秋时期最大的陵墓，长达 300 米，深达 24 米，比商王陵还要大三倍，到秦东陵时，便修成亚字形这种周天子才可使用的墓葬形制，这虽然与当时礼崩乐坏有关，但也与秦人的性格特点和民族风格有关。

从上可知，秦公帝王陵在墓葬规模、形制、结构等方面与春秋战国时的诸侯国有相同的方面，但有很多方面是不同的。随着秦统一全国，秦的陵墓制度不但传遍全国各地，而且对后代帝王陵也产生了深远的影响，特别是对汉代帝王陵的影响最为直接。

（《秦俑秦文化研究》专辑）

注释

[1] 戴春阳：《礼县大堡子山秦公墓地及有关问题》，《文物》2000 年第 5 期。
[2] 焦南峰、段清波：《陕西秦汉考古四十年纪要》，《考古与文物》1998 年第 5 期。
[3] 袁仲一：《秦始皇陵考古纪要》，《考古与文物》1988 年第 5、6 期合刊。
[4] [8]《吕氏春秋·节丧》。
[5] 郭璞：《葬书》。
[6] 王其亨：《风水理论研究》，天津大学出版社 1992 年。
[7] 唐华清宫考古队：《秦汉骊山汤遗址发掘简报》，《文物》1996 年第 11 期。

秦人早期都邑西垂考

雍际春

据《史记·秦本纪》记载，秦人首领从中潏开始，“在西戎，保西垂”；至非子时“居犬丘”；而庄公进封西垂大夫，是“居其故西犬丘”；秦文公郡位，又“居西垂宫”。西垂——犬丘——西犬丘，这是秦人在天水地区除了秦邑之外，三百多年间世居之地和国都所在。

这四个地名是同地异名还是名异地亦不同呢？古今学者对此多有所论，但众说纷纭，莫衷一是。就近人的考证来说，王国维先生最早对西垂、犬丘和西犬丘的关系作了辨析，认为“犬丘、西垂本一地，自庄公居犬丘号西垂大夫，后人因名西犬丘为西垂耳”[1]。徐中舒先生主张今天水西南的犬丘和陕西兴平的犬丘，秦人都曾居住过，是地名随部族而迁移的反映；天水西南的犬丘称西犬丘，又称西垂，也就是《史记集解》中引徐广所说的秦亭[2]。高亨先生认为秦庄公所居之犬丘，即今陕西兴平县东南的槐里城[3]。林剑鸣先生又主张西垂是泛指西方边陲，而犬丘则指具体固定的地区，是一个较大的地名，其地望相当于秦之陇西郡，汉代又从陇西郡分出天水郡，所以，犬丘就在今天水境内[4]。段连勤先生肯定秦人自中潏至非子八代世居犬丘，犬丘即西垂，地在今天水西南[5]。何清谷先生认为庄公封为西垂大夫，则“西垂大夫应是以今甘肃天水市一带为食邑，治所在西犬丘，所以西犬丘又名西垂”[6]。杨东晨先生主张中潏所居西垂是今宝鸡以西地区，周初秦人遭到西周打击，迁往更西的天水地区，西垂一名也随之西移到天水地区，他们地居犬丘，为与陕西兴平的犬丘相区别，故称西犬丘[7]。类似以上这样的见解和争论还有不少。

学者们的争论虽然见仁见智，但有一点是共同的，即犬丘、西犬丘与西垂同为一地。但要确定西垂即犬丘的具体地理位置，首先要辨明西垂属泛指天水地区还是天水地区境内的一个具体地名，以及西犬丘与关中犬丘的关系。我们认为西垂、犬丘与西犬丘是同一地名，且有具体地望；而西垂宫则是秦人建国后所修的宫殿名，襄公始国以西垂为都，西垂宫自然也在这里。

《史记》除了《秦本纪》记载秦先祖居西垂之外，在《秦始皇本纪》和《封禅书》两篇中也有关于西垂的记载。前者说：“至周之襄，秦人兴邑于西垂”；后者又说：“秦襄公既侯，居西垂”。这清楚地表明西垂不是泛指区域或方位，而是有确切位置的地名。祝中熹研究认为，周代凡说到大夫，如冠以地名的话，一般均是具体城邑，很少见有言地域方位的例子。上古记史笔法虽略，但极其重视部族活动的中心居邑，记载某王某君登位，必说他“居”在某处，可以有缺载，但凡言及居地的均系具体城邑，决无泛指[8]。这一观点很有道理。司马迁在《秦始皇本纪》篇末根据《秦纪》资料附有秦襄公以来历代君主在位顺序及所发生的大事，亦有各位君主的居地和葬地。如春秋时期的秦国十七公中，注明居地的有十一公，而葬地则全部注明，这些居地和葬地都是具体地点，则其中的西垂、西垂宫自然不会例外，是具体地名无疑。

西垂不仅是具体地名，与犬丘同为一地，而且这两个名称之间还存在着固定的对应关系。原来“犬丘”和“垂”都是商周以来东夷及中原地区特有的地名，因为东方平原地带地多潮湿，河水经常泛滥，人们多选择“四方高中央下”之地即高而平的丘地居住，所以那里的地名多有丘字。据统计，在《春秋》和《左传》中东方以丘为名的地点多达40多处，如帝丘、商丘、葵丘、梁丘、贝丘等。西周春秋时期东方的宋国与卫国都有“犬丘”这一地名，宋国犬丘在今河南永城，卫国犬丘在今山东曹县，而且犬丘又叫做“垂”。据《春秋》隐公八年记载：“春，宋公、卫侯遇于垂。”《左传》解释说：“八年春，齐侯将平宋、卫，有会期。宋公以币请于卫，请先相见。卫侯许之，故遇于犬丘。”唐代杜预《集解》注释说：“犬丘，垂也，地有两名。”可见犬丘即垂，垂即犬丘，都是指的同一地方。在《春秋》桓公元年和《左传》襄公元年，两书还记载到犬丘与垂，后人的解释同样认为是一地两名，上古时代部族迁移十分频繁，而其族名或原居地的地名随之作为新居住地地名的现象，在古代经常发生。段连勤先生认为秦族本是东方九夷族中的畎夷，他们的居地“垂”又称“犬丘”。由山东曹县、河南永城县的犬丘，到陕西兴平、甘肃天水的犬丘，这正是畎夷包括秦人由我国东方移到西方所走过的足迹。今陕西兴平的犬丘，秦时称废丘，汉代改称槐里。西周懿王时因避犬戎进攻，还一度从镐京迁都于犬丘。周懿王约与非子之父大骆同时，若大骆、非子父子居今兴平之犬丘，则周懿王就不可能也入居犬丘为临时国都。所以，今陕西兴平的犬丘，应是秦人在商末中潏入西垂之前，畎夷或秦人曾经居住过而留下的地名。由于秦人入居天水，位于他们一路西迁的最西边，所以便将在天水定居下来的居地仍以“垂”或“犬丘”相称，只是名前又加上表示方位的“西”，而称西垂或西犬丘，以与以前所居住过的“垂”或“犬丘”加以区别。

《史记》记载说秦襄公“居西垂”，又说秦文公“居西垂宫”。这里透露出一个向来为人们所忽视的重要信息：秦襄公位列诸侯而建国时，虽仍以他们世代居住的犬丘为都城，但却进行了一番都城的扩建等一系列与建国相关的建设工作，如修建西畤祭祀远祖少昊即是一例。西垂宫当属开国建设活动的一个重要措施。《秦始皇本纪》说：“至周之衰，秦人兴邑于西垂。”这里所说的“周之衰”，显然是指西周灭亡，周平王东迁一事，而“兴邑于西垂”的秦人首领正是被周平王封为诸侯的秦襄公。所谓“兴邑”，也就是襄公因开国而对犬丘城的增修扩建。襄公立国仅四年即去世，西垂宫至襄公去世时尚未完全竣工，而文公即位后“居西垂宫”，说明在文公即位不久，这座新宫殿就已告竣。文公所居西垂宫，应是秦人因开国的需要而在犬丘城新修的宫殿，这同此后历代秦君即位后而居于都城内某一宫的道理是完全一样的。如秦武公“居平阳封宫”，德公“居雍大郑宫”，宣公“居阳宫”等，都指的是历代秦君居住在都城内的具体宫殿。所以，人们习惯上把西垂宫与西垂、犬丘、西犬丘三名并列，看作是西垂这一地名在不同时期的不同称呼，显然是一种误解。因此，西垂宫是秦人开国之都西垂或犬丘城内的新修宫殿名，而不是城邑地名，只有西垂、犬丘和西犬丘三名，才是一地而异名的城邑地名。

分清了以上的种种关系之后，西垂或犬丘城的具体位置才有可能确定。古人关于西垂的位置记载，都与秦汉时西县有关，如：《史记正义》引《括地志》说西垂在“秦州上邦县西南九十里，汉陇西西县是也”。《史记正义》也认为西垂就是汉代西县。顾祖禹《读史方舆纪要》认为西县城在秦州（今天水市）“西南百二十里，即所谓西犬丘也”。此外，《甘肃通志》、《直隶秦州新志》、《天水县志》以及王国维《秦公敦跋》、马非百《秦集史》、刘琳《华阴国志校注》等，都主张西垂即西县在天水西南一百二十里的观点。这些记载说明，西垂或西犬丘即后来的西县，而西县的具体位置就有天水西南九十里与一百二十里两说。

按西县的设立时间较早，至迟在战国时已经设立。现存中国历史博物馆著名的秦器秦公簋，

1919年发现于天水西南，该器除了原铭文外，又在器与盖上各有秦汉间凿刻字一行，器上刻字为“西元器一斗七升。八奉敦（簋）”10字；盖上有“西一斗七升太半升，盖”9字；刻文中的“西”即陇西郡西县。1971年在湖南岳阳出土的一件战国时戈，上有“西工师曰”的铭文。王辉先生认为是在秦故都西所设的工室制造的。1978年出土于宝鸡秦墓的“陇西郡戈”，上有“西工宰庵”等铭文，据考是秦昭王二十六年（公元前281年）所造[9]。出土于礼县的战国秦在库工师戈，铭文中也有“西工造”。在秦汉封泥资料中，也发现有“西采金印”，该印被认为“当为西县掌冶金（铜）之官”[10]，这些铭文的“西”字即是指西县。李学勤先生《释〈不其簋〉铭》一文中也认为西是具体地名，即古时叫西垂的地方，也就是秦汉时代陇西郡的西县。秦汉之际，周勃“破西丞”，樊哙“别击西丞白水北”[11]的记载，也指的是西县之丞。这些考古和文献资料充分证明，早在秦汉前的战国时代，西县就已经设立了。

据《汉书·地理志》陇西郡有西县，“西，《禹贡》嶓冢山，西汉所出，南入广汉白水，东南至江州入江。过郡四，行二千七百六十里。莽曰西治”。《后汉书·郡国志》：“西，故属陇西。有嶓冢山，西汉水。”《史记·五帝本纪》索隐也有“嶓冢山在陇西西县，汉水所出也”的记载。上述记载，为确定西县位置提供了方位距离和山水走向，嶓冢山就是今天水市秦城区中南部的齐寿山。西汉水发源于嶓冢山西麓，上游称盐官河，大致由东向西流，在今礼县县城以下转而南流，下游转向东南流入嘉陵江。《水经注·漾水注》：“西汉水又西南，合杨廉川。水出西谷，众川泻流，合成一川，东南流经西县故城北。秦庄公伐西戎破之，周宣王与其大骆犬丘之地，为西垂大夫，亦西垂宫也，王莽之西治矣。”郦道元这段话不仅明言西县、犬丘、西垂同为一地，而且指出西汉水支流杨廉川流经“西县故城北”。这条杨廉川今名峁水河，这条河发源于天水市秦城区西部杨家寺乡芦子滩，呈西北向东南流入礼县东北部，注入西汉水上游盐关河。王国维曾说：“使西垂而系地名，则郦说无以易矣。”[12]康世荣先生经实地考察认为，犬丘（西垂）就位于今礼县红河乡岳家庄、贾家庄一带。因为峁水河上源杨家寺一带分别有10条支流左右汇聚，中游的最大支流花石水，是由7条小流汇聚而成。峁水河的正流与花石支流两水均为南流河，交汇于今红河镇东南，贾家庄正北、六八图村西南，形成一广阔的三角形平缓地带。岳家庄、贾家庄不仅是“众川流泻”，合成一川的水系，也符合“东南流经西县故城北”的方位，两岸山势变得窄狭，直至石沟门。如果在岳家庄前面窄狭处筑堤堵水，峁水河即可倒流入庄，更符合汉初吴岑包围隗嚣“壅水灌西城”的地形[13]。康世荣先生的分析与《水经注》的记载是吻合的。祝中熹先生对此提出不同看法，认为《水经注》对西汉水上游盐关河支流汇入顺序与沿途地名有错乱，举例说上文既言西县故城在西汉水支流杨廉川经域，下文又说西县故城即是西汉水主流盐关河所经的始昌县故城。而且，《水经注》应先介绍位处上流的祁山，却先介绍了祁山之西的建安水（今西和河）。由此认为《水经注》对西汉水这一段落的记载，“郦氏把握得并不十分准确”。祝先生经过大量的分析和旁证，最后认为在今礼县永兴附近，西汉水“又西经南岈、北岈中，上下有二城相对”，这二城，即是东汉初西域与附近的姊妹城“戎丘”的位置，因而，西县城即西垂应在今礼县永兴和长道附近[14]。

实际上，祝先生的论证和结论大有商榷之处。首先，西县城与戎丘城《水经注》有明确记载，都在西汉水支流杨廉川。其次，《水经注》虽在建安水后才介绍祁山，但这里只是对建安水汇入西汉水处之北形胜的总括介绍；而在记述建安水之前的上文，郦道元已按西汉水流向顺序记述了祁山；西汉水“又西角，兰皋水出西北五交谷，东南历祁山军，东南入汉水”。很清楚，祁山军即祁山，是按军事设置而介绍的，而建安水后所说的祁山是将西汉水北岸作为地貌形胜而介绍的。郦道元对祁山与建安水的论述顺序并未错乱。祝先生立论的实际根据是以近年礼县发现秦公墓的大堡子山为坐标，将《水经注》所论杨廉川的西城与戎丘城搬到大堡子山附近的永兴和长道。这种结论虽然将秦公墓葬与西垂位置联系了起来，但毕竟以大胆的推测来落实尚未发现遗址的西垂城址，既无力否定《水经注》的记载，方法也是欠科学的。

大堡子山秦公墓地位于礼县永兴乡西边的平泉与文家之间，按古代君王墓葬多在都城附近的惯例，西垂位置可能在秦公墓地的附近，但这“附近”的范围应该有多大，距离有多远，恐难有确切的标准，按《水经注》所载西县所在的杨廉川（今峁水河）与永兴县的直线距离约在40华里，也不能说这个距离就一定在都城的“附近”以外。今礼县至天水一带，都曾是秦人长期活动的范围，只不过《水经注》记载的杨廉川谷地略显狭窄而已，正如徐卫民先生指出的，就地形地貌来看，作为都城而言，红河谷地（峁水河）没有今盐关上下的西汉川一带优越[15]。因此，史籍中关于西县城又是后来始昌城的记载就值得重视。

西县经秦、西汉后，西晋时“改置始昌县而县废”[16]。这是说西晋在原西县域新设始昌县，取代西县一名。《后汉书·隗嚣传》李贤注说：“西，县名，属汉阳郡。一名始昌。城在今秦州上邽县西南。”《太平寰宇记》也说始昌城就是汉代的西县城，晋省西县而置始昌。按《水经注》的记载，杨廉川水（今峁水河）注入西汉水后，西汉水又西南经始昌峡而至始昌县故城，然后有“宕备水”（今西沟河）自南侧注入而至盐关镇。可见从今峁水河入西汉水处至今盐关镇之间的西汉水谷地，正是始昌县城即西县城的大致位置所在。盐关以东正是今天水市秦城区（上邽）的西南方，两点间直线距离约90华里，实际公路里程约120华里；这里地形开阔，距礼县永兴也只有30华里，同时也与郦道元所注西县城的位置不远，郦氏即使注错西县城址，也不至相差到相隔七条河流、数十里外的今固城河附近。因此，从方位、里程、地形和史料记载综合分析，西垂即西县城址就是西晋所设的始昌县故城，它的大致方位，确定在今礼县盐关镇以东，是比较可靠的。

（《天水行政学院学报》2000年第4期）

注释

[1]［12］王国维：《秦都邑考》，《观堂集林》卷十二。

[2] 徐仲舒：《先秦史论稿》，巴蜀书社1992年。

[3] 高亨：《诗经今注》，上海古籍出版社1980年。

[4] 林剑鸣：《秦史稿》，上海人民出版社1981年。

[5] 段连勤：《关于夷族的西迁和秦嬴的起源地、族属问题》，《先秦史论文集》，《人文杂志》1982年增刊。

[6] 何清谷：《嬴秦族西迁考》，《秦文化论丛》，西北大学出版社1993年。

[7] 杨东晨：《古史论集》，陕西人民教育出版社1994年。

[8]［14］祝中熹：《秦人早期都邑考》，《陇右文博》，1996年。

[9] 刘占成：《“陇西郡戈”考》，《考古与文物》1994年第4期。

[10] 周晓陆等：《西安出土秦封泥补续》，《考古与文物》1998年第2期。

[11]《史记·周勃世家》，《史记·樊哙列传》。

[13] 康世荣：《礼县红河——秦先祖的发祥地》，《礼县文史资料》第一辑。

[15] 徐卫民：《天水附近秦都城考论》，《天水师专学报》1999年第4期。

[16]《大清一统志》卷二七五。

秦族源及早期都邑、葬地歧说集举

刘明科

前不久，得知甘肃礼县人民政府将邀请有关专家学者云集礼县，讨论大堡子山秦公大墓诸问题。这是秦早期文化研究中的一个热点，却引起了一个县级人民政府的重视，使人感慨万千。看来秦早期文化之研究已越来越引起人们的重视。随着大堡子山秦文化考古的重大发现，秦早期文化研究中一些重大问题逐步明晰。为便于对这个重要时期（非子以下至德公）发生在这个区域里（天水至宝鸡西部）的秦早期文化中的一些问题，诸如秦族源、都邑、葬地等，作更深入之研究，将一些主要问题上的争论观点集举如下：

一　关于秦人族源问题

族源问题自王国维以来，聚讼至今。问题的争论是从《史记·秦本纪》中“中潏在西戎，保西垂”这句话开始的。殆有“西来说”和“东来说”之争。目前“东来说”已为大部分学者所认可。

西来说　提出西来说的是蒙文通先生。他的主要依据是《秦本纪》中“昔我先郦山之女为戎胥轩妻，生中潏保西垂”这句话以及张寿王言“郦山女子亦为天子”之说，认为申侯之先中潏之母郦山之女为戎，并进一步推断秦与郦山皆为犬戎[1]。王国维先生在《秦都邑考》中亦提出“秦之先祖，起于夷狄”[2]。但他未明确提出“西来说”。

东来说　卫聚贤和黄文弼等先生主此说。卫先生在《中国民族的来源》一文中提出：“以郯、穀、黄、梁、葛、徐、江、奄等嬴姓之国原蔓延于山东、江苏及河南、湖北，而秦亦嬴姓，故谓秦民族发源于山东，后至山西、陕西、甘肃，然后再向东发展。”又云，《春秋》鲁有秦地，及《楚辞·九歌》有“东皇太一”。前者名同于秦，后者与李斯所云“秦皇最贵”之相合，亦为东来之证[3]。

上述两种都是依据古文献，从秦族源、原始宗教观念等方面论及的。近三十年来，随着考古资料的不断发现和秦文化研究的逐步深入，许多认同“东来说”的学者又从考古学、历史地理及秦人与殷、周的关系等各个角度对这个观点提出了更加具体的看法和理由。

首先是林剑鸣先生在《秦史稿》一书中，从图腾崇拜、经济生产的共同性和考古资料说明秦人与殷人同源，秦人起源于山东东海之滨，提出《秦本纪》中申侯说的那段历史是不可信的，指出蒙先生据此推论秦人祖先系戎族是不能成立的[4]。

刘保才先生亦认为司马迁记述的秦人先祖世家中没有胥轩这个人物，也没有说中潏父亲是谁（不过他肯定中潏是中衍玄孙），如此看来，他的父亲就不可能是戎族。从而提出“西来说”依据不坚实[5]。

接着以文博考古界、历史界为主的许多学者对秦人西迁的时间提出了三种意见

在夏末商初 主此说的有段连勤先生[6]。尚志儒[7]、郭向东先生也赞同此观点，但郭先生指出夏末商初嬴秦族人还不能到达甘肃东部，只到达了关中西部[8]。

商代末年 赵化成先生从研究甘肃天水毛家坪、董家坪遗址的考古资料入手，提出秦人至迟在商代末年已经活动于甘肃东部[9]。刘军社先生在研究宝鸡地区壹家堡文化遗存后指出，秦族或其中一支在二里冈上层时期就已入居关中，殷墟二期的时候又从关中西迁入居西犬丘[10]。段连勤先生认为秦国的秦人自商代就一直居住在西犬丘[11]。

西周初年 王世平先生在《也谈秦早期都邑犬丘》一文中说林剑鸣、何清谷先生认为周成王时，周公讨平诸叛，强迫原在山西而又参与叛乱的秦人西迁至甘肃[12]。

关于西迁次数，多数论者认为只发生过一次

何清谷[13]、尚志儒先生[14]认为发生过三次。郭向东先生在何、尚三次的基础上又增加了一次，即周穆王晚期的一次迁徙[15]。

史党社先生殆认为中潏归周后秦人才到了西方，对于其他论断以及秦人分好几次到了西方是持否定态度的[16]。

另，何清谷先生在研究嬴秦族西迁问题时指出，秦族的渊源与秦文化的渊源是两个既有区别又有联系的概念[17]。汪勃、尹夏清先生也强调了这一点，并且指出，秦族起源于东方，而秦文化是在西方形成的。汪、尹同时提出，少昊才是嬴秦的始祖，颛顼不是嬴秦的始祖[18]。段连勤先生指出嬴秦的祖先很可能就是畎夷[19]。

二 关于犬丘、西犬丘、西垂问题

西犬丘，即西垂，是秦人立国以前的重要都邑。自中潏到非子，凡经八代，加上庄公，历经310年[20]，在秦人早期历史上意义非凡。由于古文献中记注语焉不详，至今学者观点不一。

西垂非地名（泛指），与犬丘不属一地

王国维先生在《秦都邑考》一文中云“西垂殆泛指西土，非一地名”，全文贯通，但文后又有“余疑犬丘西垂本一地”，使得王的这个观点又显得不很肯定[21]。

郭沫若先生在《两周金文辞大系·秦公簋铭文考释》中亦指出西垂“乃泛指西方边陲”[22]。

何汉文先生亦认为中潏之西垂在山西太原以西[23]。

林剑鸣先生在《秦史稿》一书中认为西垂乃泛指西方边陲，而西犬丘则指具体固定的地区[24]。

王世平先生认为通过文字推衍直接把西垂解释为西犬丘的推论，目前还是难于让人接受的[25]。

西垂是地名（确指），与犬丘同属一地

马非百先生云：“余疑犬丘、西垂本一地，自庄公居犬丘号西垂大夫，后人因名西犬丘为西垂耳。”[26]

李零先生认为，西犬丘又名西垂，西垂是具体地名而不是泛指西方边陲。其具体地望应在天水西南礼县东北一带[27]。

徐中舒先生认为“西犬丘又称西垂”，二者为一地[28]。

何清谷先生指出，“西垂大夫应是以今甘肃天水市一带为食邑，治所在西犬丘，所以西犬丘又名西垂。”[29]

段连勤先生认为“犬丘即垂、垂即犬丘，都是指的同一地方。天水西南的犬丘之所以又称西犬丘、西垂，正是相对于山东曹县的犬丘而言的”[30]。

王学理先生在秦人都城迁徙路线示意图中，明确标示西犬丘、西垂为一地两名[31]。

徐卫民先生在近作《秦都城研究》一书中认为，犬丘、西犬丘、西垂作为秦的都城在一个地方，即现在甘肃省礼县[32]。

泛指确指应区别对待

郭向东先生认为对西垂的泛指确指均不为错。至于究竟是泛指还是确指，关键要看它出现在文献中的场合。他认为从《秦本纪》上下文意分析，这里的西垂乃指西方边陲的说法更有道理[33]。

实际上，这以前，马非百先生在《秦集史》都邑表的论述中也表明了这个意思。他说，“西垂之义，本谓西界”，“西垂殆指西土，并非一地之名”，这是根据《史记·秦本纪》中中潏在西戎，保西垂这段话说的。然而，他又据《封禅书》中“秦襄公既侯，居西垂”，《秦本纪》云“文公元年，居西垂宫”的说法指出，这里“似特有西垂一地”[34]。

秦、犬丘、西垂与嬴秦部族西迁关系

徐卫民先生指出，在东方，犬丘与垂一地二名是早已存在的事实，认为上古时部族迁徙十分频繁，地名随族而迁的现象相当普遍，秦人西迁后，西方也便有了垂与犬丘一地两名的对应[35]。段连勤先生认为，秦族本是东方九夷中的畎夷，故其所居之垂地亦称犬丘[36]。

林剑鸣先生说：“秦（西周末年），这个地方在今天的甘肃省清水的秦亭附近。”他在注释中说“犬丘是较大的地名，其中包括‘秦邑’，即陇西秦谷亭”。“至于后来‘邑之秦’的‘秦’，则是在上述地区范围的较小地点”[37]。

王世平先生指出，史籍中提到西周到春秋，至少有四个犬丘，分别在卫、宋、槐里及陇西，当今山东、河南、陕西、甘肃。对其所指及其属性难一定论[38]。

槐里之犬丘与非子无关

林剑鸣先生说，“古代人没有把犬丘地位弄清楚”，“都认为犬丘即汉代槐里（陕西兴平东南）”，“以后的著作都沿袭了这个错误说法”。“犬丘本有东犬丘、西犬丘两地，东犬丘即槐里，非子所居乃西犬丘”。他强调说，槐里是秦始皇时的废丘，“二者不可混为一谈。非子所居乃犬丘，而非后来的废丘”[39]。

马非百先生在《秦集史》中指出：“此（槐里）乃周地之犬丘，非秦大骆、非子所居之犬丘也。”“槐里之犬丘，为懿王所都”、“此西犬丘（西垂）实对东犬丘之槐里言”[40]。

徐卫民先生指出，“槐里犬丘与‘西’毫无牵连，绝非又名西垂的那个秦人祖地犬丘”[41]。

徐中舒先生认为秦人曾住过槐里（犬丘）[42]。

高亨先生认为秦庄公居之犬丘是槐里[43]。

西犬丘在今天水市西南之礼县

东西犬丘之说是王国维第一次明确提出来的，并将西犬丘定在汉陇西郡之西县，即今甘肃天水之西南。这个观点已得到了学术界广泛认同。

最早的《括地志》说西犬丘在今天水西南 90 里，《读史方舆纪要》、《甘肃省通志》说在天水西南 120 里，《秦州志》说在秦州西南 100 里。

徐卫民先生经过对史料（特别是大堡子秦公墓地）及各家之说的综合研究，又经去该地区实地考察，提出西垂（西犬丘）就是礼县的永兴附近[44]。

康世荣先生在对《水经注》的考证后认为，犬丘位于今礼县红河乡岳家庄、费庄一带。祝中熹先生认为此观点应该商榷[45]。

徐日辉先生认为西犬丘故地在礼县东盐官镇东南五里、西汉水南岸的一级台地上[46]。王学理、尚志儒、呼林贵等先生在《秦物质文化史》一书中亦持此观点[47]。

王世平先生认为徐日辉先生考证错讹颇多，不可信。指出犬丘故址可能就在墓地（大堡子山）不远处的汉水北岸一带[48]。此说和徐卫民先生观点殆同。

三　关于秦和秦邑问题

“秦”最初含意不是地名，秦地与秦人无关

史党社先生认为秦以非子划线，非子以前的祖先不称秦，而称鸟俗氏、蜚氏。秦人称秦，自非子邑秦后，师酉𣪘铭文中的“秦夷”并非后来的“秦人”，而是早年来到西方的东夷后裔。卜辞中的秦当为祭名，不是地名[49]。

祝中熹先生对许慎的地名说提出异议，认为“将卜辞中的秦理解作地名或族名，道理上无法讲通”。他又认为，“东方之秦与西方之秦并没有族缘承袭关系”，“不应把东方之秦与西方嬴姓之秦硬拉扯在一起”，“并非所有的异地同名现象都是由居民迁徙而造成的”[50]。

非子邑秦在兴平

近人王国维、郭沫若等人已对非子邑秦在槐里（今兴平东南）正其误。但今人王世平先生认为非子犬丘（邑秦）可能在甘肃天水至西安之间某地，不能排除兴平说[51]。

非子邑秦在千渭之会

李零先生认为，非子所邑之秦不在甘肃清水一带而在“千渭之会”。他进一步论述，“非子所邑之秦既与文公所筑城邑为一地或者相近，则其地亦当在陈仓附近”。具体所指当在千河汇入渭河的西夹角以西的宝鸡县贾村塬下的戴家湾村一带[52]。

台湾学者张光远先生在《秦国文化与史籀作石鼓诗考》一文中的地图上亦十分明确地标明了非子邑之秦在李零先生所说之处[53]。

祝中熹先生认为“非子所封之秦必在千渭之间”。他又追述司马迁在《秦本纪》中的话后强调说“非子当年即封于‘千渭之会’”[54]（笔者注：其实祝先生具体所指的本意为，非子所邑之秦在陇山以东的今陇县边家庄一带。这里充其量只能是“千渭之间”，并非“千渭之会”。祝先生在这里犯了两个致命的错误，一是把《秦本纪》中的“千渭之间”，和“千渭之会”混为一个概念；二是把襄公徙千和文公徙千渭之会混为一个概念。尽管襄公徙“千”不可靠，但这个“千”和“千渭之会”不是一回事。不过祝先生认为非子邑之秦在“千渭之间”是忠实于《史记》本意的）。

非子邑秦在甘肃清水县

马非百先生在《秦集史》中注明非子邑秦是“陇西”“秦亭”[55]。这实际上是承《史记·集解》引徐广之说。

林剑鸣先生认为非子邑之秦当在清水县[56]。杨东晨先生在《秦人秘史》书中指出具体地望在清水县城西[57]。段连勤先生亦持此说[58]。

王学理、尚志儒、呼林贵等在《秦物质文化史》一书中否定了以往史料中在清水县东北三十里秦亭的说法。指出当在县城（清水）以西之秦川宫[59]。

赵化成先生亦认为县城（清水）西之秦川宫作为非子的封邑之地似有可能[60]。

张天恩先生亦说应在陇山以西的甘肃清水县[61]。

非子邑秦在甘肃张家川县

徐卫民先生经研究古文献和实地考究，认为非子邑秦的地望在天水张家川自治县城南的瓦泉一带[62]。徐日辉先生亦认为在张家川县城西之川地上，殆与徐卫民先生考察结论一致[63]。

另，还有高亨先生“非子所封之秦，即今天水市的故秦城”之说[64]。

秦邑按诸秦公属分

祝中熹先生认为秦邑有非子所封之秦和秦仲所封之秦区分。非子所封之秦当在陇山以东之“千渭之间”“千渭之会”，秦仲所封之秦当在“陇上”（即陇山以西之清水、张家川县一带）[65]，高亨先生认为庄公邑秦在槐里[66]。

李零先生认为秦邑有非子、秦侯、公伯、秦仲、庄公之分，非子以下至秦仲当在千渭之会，庄公在西犬丘[67]。

四　关于千邑

千邑是否存在过？因正史无载，学者认识不太一致。殆有以下三种观点：

秦襄公确曾迁徙过“千”，地点在今陇县东南乡磨儿塬一带

西晋皇甫谧在《帝王世纪》中说“秦襄公二年徙都千”。

林剑鸣先生殆也认为襄公迁过千，他在《秦史稿》一书中说“秦在戎、狄进攻面前采取两个措施，一方面秦襄公将自己妹妹嫁给西戎中的丰王为妻，以便分化戎人；另一方面迁都千邑”[68]。

张天恩先生在追述了古籍中关于襄公徙千的记述后，经过对近年陇县新发现考古资料的研究和实地考察，提出襄公所徙之“千邑”可确定在陇县东南乡磨儿塬一带[69]。王学理、尚志儒、呼林贵等编著的《秦物质文化史》，杨亚长、田亚岐先生执编的《陇县店子秦墓》及徐卫民先生《秦都城研究》等书中都肯定了这个定位。

秦襄公徙“千”不可信

李零先生认为“襄公徙都千的说法是靠不住的”。他说《帝王世纪》中记述秦都邑，有相当完整的一段文字保存在《太平御览》卷155内，文中的“文公徙千”是指“文公徙千渭之会”，所谓“襄公徙都千”中的“襄公”乃是“文公”之误[70]。

祝中熹先生亦对襄公徙都“千”持否定态度[71]。

秦襄公徙千是指秦文公徙千渭之会

李零先生认为《帝王世纪》中的襄公徙“千”应是文公徙“千”[72]。祝中熹先生亦认为迁“千”的应是文公而非襄公[73]。他们两人在否定襄公徙“千”上是一致的，但李与祝的观点又不同，李先生认为文公徙“千”应是指“文公徙千渭之会”，地点在古陈仓城，两者所指不同；祝先生认为“千”与“千渭之会”是一个含意，地点在陇县。

张大可先生在《史记》全本新注中亦说“文公在千渭之会所作都邑即千邑，故城在今陇县南”[74]。

五　关于千渭之会

千渭之会地望问题不但史料争议很大，今人亦认识颇不一致。殆有以下四种观点：

今日眉县扶风一带说

最早出现在《史记》引《括地志》的注释上，其后的许多著录都沿袭了这个说法，如北宋的《太平环宇记》等。

林剑鸣先生在《秦史稿》一书中承袭了此说法[75]。紧接着有杨东晨先生在《秦人秘史》一书中也是这么描述。王学理先生在《秦都咸阳》一书中殆是这么说的（但在《秦物质文化史》一书中又改变了这个观点）。

千河汇入渭河交汇处西夹角（千渭之间）说

最早提出此观点的是北京大学教授李零先生和台湾学者张光远。李先生认为“非子所邑之秦既与文公所筑城邑为一城或者相近，则其地亦当在陈仓附近”。殆在千河汇入渭河西夹角处的卧龙寺西北一带[76]。

张光远先生在《秦国文化与史籀作石鼓诗考》一书中，亦把千渭之会十分明确地标注在千河汇入渭河交会处西夹角的古陈仓[77]。

高次若、刘明科先生经过对秦早期史料和考古资料的综合分析，又经反复踏察，得出了和李零先生一致的意见，并进一步肯定千渭之会就是古陈仓上城，千渭之会和陈仓城实际上是一地二名[78]。

天津古籍出版社新近出版的《史记》全注全释一书中，亦明确指出千渭之会当指陈仓城[79]。

《秦物质文化史》一书在千渭之会都邑一节中也明确指出“陈仓城应即文公所营之居邑”[80]。

苏秉琦先生虽没有直接论述千渭之会地望，但他二十世纪30年代在千渭之会西夹角之斗鸡台调查选择发掘地点时殆指出，发掘地点当在周秦早期都邑附近[81]。

千河汇入渭河交会处东北角一带说

徐卫民先生主要根据宝鸡县土产公司蒋五保先生提供的资料，并经实地考察，认为千渭之会当在千河汇入渭河东北角的魏家崖一带[82]。杨东晨先生后来修正了自己在《秦人秘史》中的观点，同意徐卫民先生之观点[83]。韩伟先生认为在长青孙家南头村千河东岸。

今日陇县说

马非百先生在《秦集史》都邑表中，依据《一统志》，说千渭之会在今日之陇县，“《元和郡县图志》在述凤翔府陇州为秦文公所都”[84]。

祝中熹殆持在陇县之说[85]。

六　关于西垂陵区和西山陵区暨秦襄公葬地与秦文公葬地

很长时间由于成公以前的平阳陵区、西山陵区、西垂陵区没有发现，史料中对秦襄公以下至成公的葬地记载语焉不详，近世学者对他们的葬地作了多种论述和揣测。前些年，由于甘肃礼县大堡子山秦公墓地的发现，似乎争论已久的西垂陵区之问题殆可划上一个句号了。但由于大堡子山墓地遭严重盗扰，对其主人仍难统一认识，有以下四种观点：

当为秦仲、庄公

史料对秦仲和庄公葬地未作任何记录。李零先生估计秦仲葬地应在秦邑（千渭之会）附近；庄公葬地应在西犬丘附近[86]。

韩伟先生对大堡子山秦公墓地考察后认为“墓主人非秦仲、庄公莫属”[87]。

当属秦襄公

秦襄公葬地《史记·秦始皇本纪》附《秦纪》中有载，曰“葬西垂”。又《史记》中有《索隐》在《秦始皇本纪》附《秦纪》后说襄公“立十三年葬西土”。别的史料无异说。马非百先生在《秦集史》中有一段话涉及襄公墓，说宋太宗时，“襄公冢坏，得铜鼎，状方而四足，铭曰‘天公迁洛，岐丰赐公，秦之幽宫，鼎藏于中’”[88]。

李零先生认为，秦襄公居葬均在西犬丘[89]。

戴春阳先生主要针对 M2 的研究情况并结合已有的研究结果，认为秦公鼎的铭文只有 6 个字，如果其是文公早、晚期所铸，与太公庙秦公钟铭文 135 字相比，文公与武公相差仅 40 年左右却发生了质的变化，这是很难让人理解的。认为 M2 的墓主可能是秦襄公[90]。

当为襄公、文公

王辉先生和台湾陈昭容博士主要依据铭文“秦”字研究，认为大堡子山秦公陵园如是一座，则可能是文公之墓；如是两座，最大可能是襄、文二公之墓。如是文公墓，则前者（𥻆组）作于文公早年，后者（森组）作于文公晚年；如是两墓物，则前者为襄公物，后者为文公物[91]。

当为文公、宪公

陈平先生对铭文“秦”字研究的结果与王辉先生相反，认为“𥻆组”在年代上略晚于“森组”。指出如果大堡子山仅有一座秦公墓，则应为秦文公墓；如果有两座秦公墓，则“森组”器应为秦文公所作，“𥻆组”器应为秦宪公所作[92]。

另，李朝远先生认为，上博秦公器铭文“虽有不同的书写风格，但无法区分出早晚”，“上海博物馆新获秦公诸器属襄公、文公，究竟何属襄公、何属文公，目前尚难定一”[93]。祝中熹先生认为大堡子秦公墓区出现两类铭文风格颇有差异的青铜器，“单凭字形因素是很难判断其孰先孰后的”。但又从其结构演变的规律认为全体在先，省体在后[94]。

西山陵区不是西垂陵区，秦文公葬地在西山

文公葬地，《秦本纪》曰“葬西山”，《秦始皇本纪》附《秦纪》中曰“葬西垂”。《集解》引皇甫谧云文公所葬之西山在今陇西之西县。

王利器先生的《史记》注释中释“西山”在今天水县西南[95]；张大可先生的《史记全本新注》中释“西山”在西县而不在千邑[96]（笔者按：张又在同书中将宪公之“西山”释在宝鸡市西北三十七里秦陵山，同一历史背景矛盾甚多，不可信之）。

李零先生认为“皇甫谧说西山在‘今陇西之西县’，似乎与西垂是一回事。但这样理解恐怕并不一定对”。他说西山当是《帝王世纪》中所说的葬宪公的西山大麓（号秦陵山）。具体地点当是今宝鸡市区北之陵塬[97]。

韩伟先生认为凤翔西之“灵山”可能为“陵山”，从地理方位上疑“灵山”可能就是秦陵山[98]。

高次若先生认为西垂、西山不但是两个地理区域，而且是两个相去甚远的陵区，要说等同的话，西垂和西土是一回事，西山和秦陵山是一回事，西山当指陈仓城以北的今之贾村塬，并引用了“民国”三十五年出版的《最近宝鸡乡土志》中的一段话：“文公卒，葬西山。宁（宪）公卒，亦葬西山。按，西山，即西平塬（注，今日贾村塬）之阳。”她最后结论为秦文公当葬在这里[99]。

曲英杰先生根据《秦纪》中宪公“居西新邑”的记载认为，“西新邑”可与出子《居西陵》联系起来考虑，云：“其西陵或西陂当指陈仓西北之山，即西山”[100]。

西山、西垂似为一地，文公、宪公葬在这里

据王辉先生文，卢连成先生在《秦国早期文物的新认识》一文中云“据《史记·秦始皇本纪》记载，秦襄公葬西垂，《史记·秦本纪》记载，秦文公葬西山，秦宁（宪）公葬西山。《秦本纪》

和《秦始皇本纪》所指西垂、西山似为一地”。卢先生殆亦说宪公葬地在西垂（西山）[101]。

陈平先生认为《秦本纪》所载之文公葬地“西山”，当即汉陇西县而今之礼县西垂之山。并认为文公、宪公可能葬在这里[102]。

（原为陕西秦文化研讨会交流论文）

注释

［1］蒙文通：《秦之社会》，《史学季刊》第1卷第1期；《秦为戎族考》，《周秦少数民族研究》，《禹贡》第6卷第7期。

［2］［21］王国维：《秦都邑考》，《王国维遗书》第2册，上海古籍书店。

［3］卫聚贤：《中国民族的来源》，《古史研究》第三集；黄文弼：《秦为东方民族考》，《史学杂志》创刊号。

［4］［24］［37］［39］［56］［68］［75］林剑鸣：《秦史稿》，上海人民出版社1981年。

［5］刘保才：《关于女修吞玄鸟卵生大业的讨论》，《秦文化论丛》第二辑。

［6］［11］［19］［30］［36］［58］段连勤：《关于夷族的西迁和嬴秦的起源地、族属问题》，《先秦史论文集》，《人文杂志》1982年增刊。

［7］［14］尚志儒：《早期嬴秦西迁史迹的考察》，《中国史研究》1990年第1期。

［8］［15］［33］郭向东：《嬴秦西迁问题新探》，《秦文化论丛》第三辑。

［9］［60］赵化成：《寻找秦文化渊源的新线索》，《文博》1987年第1期。

［10］刘军社：《壹家堡类型文化与早期秦文化》，《秦文化论丛》第三辑。

［12］［25］［38］［48］［51］王世平：《也谈秦早期都邑犬丘》，《陕西历史博物馆馆刊》。

［13］［17］［29］何清谷：《嬴秦族西迁考》，《考古与文物》1991年第5期。

［16］［49］史党社：《秦人早期历史的相关问题》，《秦文化论丛》第六辑。

［18］汪勃、尹夏清：《关于秦人族源和秦文化渊源的几点认识》，《秦文化论丛》第三辑。

［20］［26］［34］［40］［55］［84］［88］马非百：《秦集史·都邑考》，中华书局1992年。

［22］郭沫若：《两周金文辞大系·秦公𣪘铭文考释》。

［23］何汉文：《嬴秦人起源于东方和西迁情况初探》，《求索》1981年第4期。

［27］［52］［67］［70］［72］［76］［86］［89］［97］李零：《〈史记〉中所见秦早期都邑葬地》，《文史》第二十辑。

［28］［42］徐中舒：《先秦史论稿》，巴蜀书社1992年。

［31］王学理：《秦都咸阳》，陕西人民出版社1985年。

［32］［35］［41］［44］［45］［46］［62］［63］［82］徐卫民：《秦都城研究》，陕西人民教育出版社2000年。

［43］［64］［66］高亨：《诗经今注》，上海古籍出版社1980年。

［47］［59］［80］王学理、尚志儒、呼林贵等：《秦物质文化史》，三秦出版社1994年。

［50］［54］［65］［73］［85］［94］祝中熹：《地域名“秦”说略》，《秦文化论丛》第七辑。

［53］［77］张光远：《秦国文化与史籀作石鼓诗考》，台湾故宫季刊第14卷第2期。

［57］杨东晨：《秦人秘史》，陕西人民教育出版社1991年。

［61］［69］张天恩：《边家庄春秋墓地与千邑地望》，《文博》1990年第5期。

［74］［96］张大可：《〈史记〉全本新注》，三秦出版社1990年。

［78］高次若、刘明科：《关于千渭之会都邑及相关问题》，《周秦文化研究》，陕西人民出版社1997年。

［79］《〈史记〉全注全释》一书，天津古籍出版社。

［81］《苏秉琦考古学论述选集·斗鸡台沟东区墓葬》选址的历史背景一节，文物出版社1984年。

［83］杨东晨：《多重据法运用的新成果》，《秦陵秦俑研究动态》2000年第2期。

［87］韩伟：《论甘肃礼县出土的秦金箔饰片》，《文物》1995年第6期。

[90] 戴春阳：《礼县大堡子山秦公墓地及有关问题》，《文物》2000年第5期。
[91][100] 王辉：《也谈礼县大堡子山秦公墓地及其铜器》，《考古与文物》1998年第5期。
[92][102] 陈平：《浅谈礼县秦公墓地遗存与相关问题》，《考古与文物》1998年第5期。
[93] 李朝远：《上海博物馆新获秦公器研究》，《上海博物馆集刊》第七期。
[95] 王利器：《史记注释》，三秦出版社。
[98] 韩伟：《陕西春秋战国秦墓》，《考古与文物》1981年第1期。
[99] 高次若：《先秦都邑陈仓城及秦文公、宁公葬地刍论》，《秦文化论丛》第三辑。
[101] 曲英杰：《先秦都城复原研究》，黑龙江人民出版社1991年。

再论西垂地望

——兼答雍际春先生

祝中熹

旧作《秦人早期都邑考》[1]有一节讨论西垂地望的文字，颇受研究秦史的志同者们关注，有几位在论著中引用了拙文，或表赞同，或提出质疑。当时因篇幅所限，许多方面未能展开述析；今已事隔七年，关于这个问题我又有了些新的认识，对个别学者的质疑，也理应作个交代。基于以上原因，再撰此专论，也算是自己多年涉猎这一古史课题的一份总结。最近又欣闻新华社正式发布了甘肃礼县大堡子山遗址为秦人西垂陵园，秦国最早都邑西垂就在礼县东境的消息，甘肃省文物局对早期秦文化的全面考古调查也已展开。希望本文对于探索西垂故邑遗址能有所裨益。

一　西、西垂、西县城

西垂在《史记》中又名犬丘或西犬丘，这是一座具体的城邑名，而不是泛指西部边陲。20年前段连勤先生就曾有力地论证过这个问题[2]，在《秦人早期都邑考》中，我又进一步作了阐述。如今多数学者都对此已表认可，毋须再论。应强调指出的是，西垂本名为“西”，是我国历史最悠久的城邑之一。最早言及西邑的先秦文献是《尚书·尧典》。古代高度重视天文星象，顾炎武说过：“三代以上，人人皆知天文。‘七月流火’，农夫之辞也；‘三星在天’，妇人之语也；‘月离于毕’，戍卒之作也；‘龙尾伏晨’，儿童之谣也。后世文人学士有闻之而茫然不知者矣。”[3]关注天象其实是人们生存斗争的实际需要，正如恩格斯所说：“首先是天文学——游牧民族和农业民族为了定季节，就已经绝对需要它。”[4]所以，观测天象，制定历法，授民以时，便是部落联盟时代领导集团的首要政务。与此相关的祭日、迎日、饯日等宗教活动，也是必须在规定地点按时举行的神圣礼仪。《尧典》详细记载了五帝后期部落联盟首领对测日、祭日任务的部署和分工，在东、南、西、北四方，指派专人负责执行这项崇高使命：

> 乃命羲和，钦若昊天，历象日月星辰，敬授民时。分命羲仲，宅嵎夷，曰旸谷，寅宾出日，平秩东作。日中星鸟，以殷仲春。厥民析，鸟兽孳尾。申命羲叔，宅南交，曰明都，平秩南讹，敬致。日永星火，以正仲夏。厥民因，鸟兽希革。分命和仲，宅西，曰昧谷，寅饯纳日，平秩西成。宵中星虚，以殷仲秋。厥民夷，鸟兽毛毨。申命和叔，宅朔方，曰幽都，平在朔易。日短星昴，以正仲冬。厥民隩，鸟兽氄毛。帝曰：“咨！汝羲暨和，期三百有六旬有六日，以闰月定四时，成岁，允釐百工，庶绩咸熙。”

羲仲的任务是执掌迎日典礼，居于称作旸谷的嵎夷；和仲的任务是执掌送日典礼，居于称作昧谷的西。旸与昧，分指日出、日落的明、暗之象；嵎夷和西，则显然是具体地名。《尚书·禹贡》："青州，嵎夷既略，莱夷作牧。"已指明嵎夷乃山东半岛东端之某地。西，《史记集解》引徐广曰："西者，今天水之西县也。"引郑玄曰："西者，陇西之西，今人谓之兑山。""兑"字实为"八充"二字合一之讹。"八充"者"嶓冢"也，音近而通。《后汉书·郡国志》汉阳郡西县条下，注引郑玄此语正作"八充山"。嶓冢山乃先秦西北名山，即今位于甘肃省天水县南境的齐寿山。该山处秦汉时之西县域内，故郑玄释"西"时举此山以示方位。昧谷也作柳谷，正如旸谷又称扶桑一样，所以《论衡·说日》云："儒者论日旦出扶桑，暮入细柳。扶桑，东方地；细柳，西方野也。桑、柳，天地之际，日月常所出入之处。"春天祭日于嵎夷，这是当时对大地认知的东极标位点；秋天祭日于西，这是当时对大地认知的西极标位点。对太阳的春迎秋送，是极其庄严隆重的大典。

《史记·秦本纪》关于"西"的记载以及三家注释，情况相当复杂，须细心梳理方能澄清。首次言及西垂是叙述中潏时代，秦人"在西戎，保西垂"，无注。后言"非子居犬丘"，《集解》和《正义》都说犬丘就是关中的槐里（今陕西兴平）。再后言庄公打败了西戎，收复了大骆故地犬丘而号称"西垂大夫"时，《正义》却又引《括地志》云："秦州上邽县西南九十里，汉陇西西县是也。"再后言秦襄公封为诸侯，"祠上帝西畤"，《索隐》曰："襄公始列为诸侯，自以居西，西，县名，故作西畤，祠白帝。"再后言"文公元年，居西垂宫"。《正义》解释西垂说："即上西县是也。"言及"文公卒，葬西山"。《集解》引皇甫谧："在今陇西之西县。"后来《史记》不再用西垂、犬丘等名，而直接用"西"名该邑，如言献公之立："出子二年，庶长改迎灵公之子献公于河西而立之。"《正义》曰："西者，秦州西县，秦之旧地。时献公在西县，故迎立之。"显然张守节所注《史记》本没有"河"字。王念孙也认为"正文西上本无河字，盖涉下文夺秦河西地而衍"[5]。《秦始皇本纪》载胡亥即位后议尊始皇庙，群臣奏言中有"先王庙或在西、雍，或在咸阳"。这是说先王宗庙都在三个时间最长的都邑中，不言西垂而称"西"。《封禅书》介绍先秦各地的重要畤祠，曰："西亦有数十祠"。《索隐》云："西即陇西之西县，秦之旧都，故有祠焉。"将上述记载和注释综合分析、权衡，便可得出这样的结论：《史记》所言西垂、犬丘、西犬丘、西，其实说的都是一个地方，即秦人的活动中心，也就是秦国最早的都邑。而《集解》和《正义》最初把犬丘说成是槐里，是个失误。徐广及《括地志》依据的是《汉书·地理志》，但《汉志》只说槐里曾名犬丘，并未说它就是非子所居之犬丘。槐里之有犬丘名，正如西垂又有犬丘名一样，那是夏末西迁的东方"九夷"中的畎夷带过来的地名。春秋时期海岱附近仍有地名垂兼名犬丘，那正是畎夷的故地。汉代的槐里，正处西周王畿腹地，周懿王还曾以之为都，那里怎么可能是秦人的活动中心呢！非子时代秦人的活动中心在陇山以西，这一点《史记·秦本纪》是从侧面点明了的，它说秦文公"东猎"而至"汧渭之会"，而且是前一年出发后一年到达，可知西垂必在陇山以西。除了槐里一说添了点麻烦外，古代学者们对西垂也即犬丘的认识是一致的，它就是《尧典》所言和仲所宅的"西"，也就是汉代陇西郡的西县。

明确了这一点事情就好办得多了，因为汉代陇西郡西县的位置，古籍不乏记载。《括地志》说西县在"秦州上邽县西南九十里"，《史记正义》同此说。《甘肃通志》、《直隶秦州新志》、《天水县志》等皆言在天水"西南一百二十里"。顾祖禹《读史方舆纪要》，王国维《秦公敦跋》，今人马非百的《秦集史》，刘琳的《华阳国志校注》，均采天水西南120里之说。90里与120里的差距，大约主要不是古今里的长度不同而造成的，恐与"上邽"地望有关。上邽地望也是个相当复杂的问题，此姑忽论。我们再来看关于西县的另外一些记载。《汉书·地理志》："西，《禹贡》嶓冢山，西汉所出，南入广汉白水，东南至江州入江。过郡四，行二千七百六十里。莽曰西治。"

《后汉书·郡国志》："西，故属陇西，有嶓冢山，西汉水。"《史记·夏本纪索隐》："嶓冢山在陇西西县，汉水所出也。"有了以上资料，我们确定西县故城的地望，便不仅有方位和距离可参，又有名山、名水可依。嶓冢山，如前所述，即今天水南部靠近礼县境的齐寿山；西汉水发源于嶓冢山西麓，入礼东境汇由南北流的西和河（古建安水）后，南下又东行过西和县，经成、康二县交界处入陕会嘉陵江。汉代的西县境内既含嶓冢山与西汉水，其治所又在天水西南约120华里处，则其县境的中心地域必为今礼县东部和西和县北部。

《三国志·蜀书》载建兴六年诸葛亮北伐初出祁山，因前锋马谡丢失关陇咽喉要地街亭而不得不仓促撤兵，撤兵时"拔西县千余家"。当时蜀军的进攻路线就是从阳平关入甘，沿今西和峡（古称塞峡，又名鹫峡）北上，围攻祁山；前锋则出木门经平南一带趋天水，渡渭后经街亭越陇。马谡前锋失利时，诸葛亮正在督大军攻祁山城而未下，是时蜀军的大本营即扎在西县城。《读史方舆纪要·陕西八》（卷五十九）述及此事："蜀汉建兴六年，武侯屯西县，使马谡与魏张郃战街亭，师败。武侯进无所据，乃拔西县千余家还汉中。"据此，西县城必在祁山附近，而且就在建安峡口与祁山之间。《三国志·魏书·杨阜传》言马超攻占冀城，违约杀害了凉州刺史韦康，别驾杨阜虽降超而阴怀不满，"内有报超之志"，等待起事的时机。正巧，阜妻死于西县，而阜之妻兄姜叙正屯兵于历城。杨阜便以经营妻丧为名向马超请假，趁机至历城与姜叙会面，密谋起兵卤城以反超。裴注引皇甫谧《列女传》述此事曰："会阜妻死，辞超宁归西，因过至历。"据《水经注》，此历城属西县，去仇池120里，后改名建安城。《通典·边防》亦云："历城今在同谷郡西十里，去仇池九十里。"《读史方舆纪要》则明言历城即建安，也即汉之上禄，今之西和。杨阜由冀（今甘谷六峰）至西县，并越过西县而至历与姜叙密会。显然，西县在由冀至历城的途中。精通历史地理的胡三省，在给《资治通鉴》（卷六十六）所作注中即言："卤城当在西县、冀县之间。"《读史方舆纪要》也赞同此说。卤城即今礼县东部的盐关镇，冀县在其东北，则西县必在其西南。

综上所述可知，西县故城也即秦都西垂的位置，当在西和河与西汉水交汇处的附近，只有这一带才能同上文所列举的所有古文籍记载相吻合，而且也符合先秦选建都邑必于两条大河交汇处的通例。需要指出的是，古建安水同西汉水的合流处比今日西和河河口要偏东数里，我们后文还将言及这个问题。

二　关于《水经注》的记载

西邑的大致方位明确之后，下一步即须探寻其故址的具体所在。为此人们都非常关注《水经注·漾水》的一段文字：

> 西汉水又西南，合杨廉川水。水出西谷，众川泻流，合成一川，东南流，经西县故城北。秦庄公伐西戎破之，周宣王与其大略大丘之地，为西垂大夫，亦西垂宫也。王莽之西治矣。

文中所言"大略"即秦君大骆，"大丘"即犬丘，乃传写之误。郦道元这段话不仅明言西县、犬丘、西垂同为一地，而且指出西汉水上游第一条大支流杨廉川流经"西县故城北"，因此备受学界重视。这条杨廉川，据郦氏说本应为"杨广川"，两汉之交割据天水地区的隗嚣，与刘秀较量最后惨败，率妻子奔西城投靠其部将杨广，后杨广死于该城，俗即以杨广之名名其川。繁体广字与廉字形似易混，故后世遂误称杨广川为杨廉川。该川今名峁水河，流经天水和礼县交界地区礼县一侧，东南流入西汉水上游盐关河。当年王国维先生曾高度评价郦说："使西垂而系地名，则郦说无以易矣。"[6]《中国历史地图集（一）》即依《水经注》之文，把西垂位置标在今天水市与礼县连线的中点上。十几年前曾主编《礼县县志》的康世荣先生，撰文主张西垂故址在今礼县红河乡岳家庄[7]，主要依据也是《水经注》的这段记载。问题的关键在于郦氏这段文字是否可靠。

在《秦人早期都邑考》中我已指出，郦道元关于西汉水上游流域的记述虽然堪称详备，但却有两处明显的矛盾：1. 既言杨廉川“东南流经西县故城北”，下文却又说汇纳杨廉川之后的西汉水，“又西南经始昌峡，始昌县故城西。《晋书地道记》曰：天水始昌县，故西城也”。既然西县故城与始昌故城为一地，那它究竟是在杨廉川经域还是在西汉水主流经域？2.《水经注》通例介绍水道汇入支流，是沿主流方向按汇入之先后顺序叙述的，记西汉水也不例外。但注文言西汉水会纳盐官水及左谷水之后，却先述建安水后述祁山。建安水即今西和河，它发源于西和县中部山区，北流至礼县永兴镇西侧注入西汉水。祁山在永兴镇以东10余华里处，西汉水此段流向大体是由东而西，须先经祁山脚下，西流10余华里后方能与建安水相会。这两处矛盾告诉我们，郦道元对西汉水上游流域这一段落，把握得并不十分准确。此外，郦氏说杨廉川本应为杨广川，因字形相近而误，我怀疑这可能是一种臆测。地名的流通不同于书面文字的流通，它首先是以声音为载体而不是首先以文字为载体的。地名赖音而存在，而通行，其生命力在于当地群众的习用。字形可以相讹，而实称却不会随音而变。何况杨广是以对抗中央王朝的贼将身份传名后世的，正史别记均不曾言其有过什么德政善举，其固守西城实给当地带来沉重灾难，西县民众没有理由用他的名字命名一条河流以示纪念。郦道元注《水经》喜欢广征博引，尤善附记与所述地域相关的史事和传闻。杨广确和西城有关，但因言杨广而把杨廉川附会为杨广川，从而把西城由西汉水主流经域，错置到了杨廉川经域，是郦道元的一个错误。郦道元终其一生未曾到陇右进行过实地考察，他注西汉水只是依据当时他所掌握的文献图籍资料，出现一些失误也在所难免。

这里我想回答一下雍际春先生对我上述论析的责难。雍先生读过我从前写的《秦人早期都邑考》[8]，承蒙赏识，对有些观点他表示赞同，但认为我关于西县的考证有两个错误。第一个错误是，西县城与戎丘城都在西汉水支流杨廉川，《水经注》“有明确的记载”，我的说法与《水经注》不同，所以错误。这个责难令我困惑莫解，因为我的立足点就是要说明《水经注》该处有误，我的看法当然和《水经注》不同，否则何必写那些文字？我对《水经注》的指误，雍先生可以据理反驳，指出《水经注》并没有错，没有矛盾之处，但却不能说我与《水经注》的说法不同就是个错误。更令人惊讶的是，雍先生指判我的“错误”时，给人的印象是在维护《水经注》的权威性，但他说了半天，绕了一个大圈子之后，竟然又回到了我立论的出发点——他也否定了《水经注》该处的记载，而提出了自己的看法。《水经注》如前所引明言西县故城在杨廉川经域，而雍先生最终却在西汉水主流经域的今盐关镇之东，找到了“西县城的大致位置所在”。我与《水经注》的说法不同是个错误，雍先生与《水经注》的说法不同又当何论？我的第二个错误，据说就是使用《水经注》“依据的版本有误”。我引用的《水经注》说西汉水“又西南经始昌峡，始昌县故城西。《晋书地道记》曰：天水始昌县，故西城也”。而雍先生所引《水经注》末句作“故城西也”。《水经注》确有此版本的不同，但为什么雍先生所用版本就正确而我所使用的版本便“有误”呢？

选择自己认为合适的版本，这是学界的通习。此姑置勿论，且说问题的实质。两种版本的一字之差，关系却十分重大，“故西城也”表明郦氏引《晋书地道记》的目的，是说明始昌故城也就是西城；“故城西也”，则表明始昌故城是另一座城，与西城无关。其实，写那篇旧文时，《水经注》的两种版本我都看过，而且思考过。我认为正是由于《晋书地道记》说始昌城就是“故西城”，郦道元才引用它；如果该书原文是“故城西”，则和郦氏注文完全重复，未告诉读者任何新的内容，引用也便毫无意义。《水经注》是以水为纲叙述地理，说某条水流经某座城的“故城西”，这是合理的表述方式，而《晋书地道记》并不以水为纲，忽然冒出一句“天水始昌县，故城西也"。是什么意思？能说明什么？朱绣梓所撰《西和县志》引《晋书地道记》此语曰："始昌县古西县城也，有戎丘城。"这才是该书合乎逻辑的表述方式。正是基于这种考虑，我选用了杨守敬的校注本。晋代的始昌城就是汉代的西县故城，这么说的不仅仅是《晋书地道记》。《通典·州郡四》谓天水郡所属上邽县之西南，"有汉西城县，城一名始昌"。《后汉书·隗嚣传》李贤注："西，县名，属汉阳郡，一名始昌。城在今秦州上邽县西南。"《太平寰宇记》："始昌城一名西城，城即汉西县城也，今废，在县西南。"《资治通鉴》卷四十二胡注引了《后汉书》李贤注文后又作了解释："余据《地理志》，西县本属陇西郡，后乃改属汉阳。西城者，西县城也；以西城为县名，误矣。"

雍先生既然认为我使用的《水经注》说"故西城"有误，那就意味着他相信《水经注》并没有说西县故城就是始昌城。如能将这一看法贯彻到底也是可以的，因为其他诸书无论怎么说都不能代表《水经注》。如《水经注》所引《晋书地道记》原文确是"故城西"，则《水经注》就在这个问题上没有矛盾可言，西县故城在杨廉川经域，始昌故城在西汉水主流经域，一北一南，各在其位。果如此，我对《水经注》此处的指误便毫无根据。雍先生由此入手批评我，我就无话可说。但把我搞糊涂的是，雍先生使用了自以为正确的否定西县城即始昌城的《水经注》版本，而他本人却又力主西县城就是始昌城！他也引用了我所引用过的那些材料，最终证明了"西县城址就是西晋所设的始昌县故城"！雍先生批评我"既无力否定《水经注》的记载，方法也是欠科学的"。雍先生使用了"科学的"方法，坚决维护《水经注》的权威性，最后却忘记了自己的出发点，甚至没有意识到维护已悄悄地变成了背离。

其实，雍先生和我的分歧，完全不在于对《水经注》的态度，而在于对西邑地望的判断。我判断西邑故城应在古建安水与西汉水交汇处附近，即祁山与永兴之间；而雍先生判断西邑故址在今盐关镇以东。这两种判断都与《水经注》的记载不符。如《水经注》绝对正确、不容置疑的话，那雍先生和我一样看法是错误的；如雍先生和我的看法中有一个是正确的，则《水经注》的记载肯定不对。西邑的具体位置是一个尚待深入探讨的问题，存在认识分歧和争论，是正常现象。我判断西邑地望，是从许多方面分析论证的，对那些论据和辨析，雍先生认为不妥完全可以指误驳正。使我难以理解的是，对那些论据和辨析，雍先生未置一词，却在是否遵从《水经注》的问题上做文章，一面批评我背离了《水经注》，一面却又同样在背离《水经注》的前提下确立自己的观点，这就有些不正常了。

我现在认为，晋代的始昌城与汉代的西县城并非一地的可能性是存在的，把它们说成一地，是包括郦道元在内的许多古代学者的一种误解。晋代在原西县地境设始昌县，人们便以为始昌县城也便是原西县城；又由于始昌县很快就废掉了，在历史上未留下较深的痕迹，所以人们并不怎么关注它的县城所在。我想，晋代为什么要抛弃秦汉时代声位赫然的西县之名，而新设始昌县呢？就是因为西县城已经荒凉败落。荒凉败落的原因除了连年战乱的摧残外，最关键的是诸葛亮的拔城迁民。前引《三国志·蜀书》载诸葛亮初出祁山北伐，败退时"拔西县千余家"。所谓"拔"即强制性迁民，裴注引郭冲语言此事曰："驱略士女数千人还蜀"，就是对"拔"字的恰当解释。对那个时代来说，"千余家"、"数千人"，大约就是县城居民的全部了。西县城由此一蹶不振。所以，晋代局势稳定后，完善地方行政编制，新选县城城址是完全有可能的。城址不再用原西县城了，故县名也就不宜再称西县，于是改用一个包含新生寓意的"始昌"。《水经注》对始昌故城的记述可能是正确的，大致在今盐关以东的高城附近；但郦氏又误信了不实的记载，引了《晋书地道记》，把西县故城与始昌故城说成为一地，以至于自相矛盾。先是误将西县故城由西汉水主流经域错置于杨廉川经域，后又将西县故城与始昌故城混为一地，郦道元在此犯了双重错误。至于对建安水和祁山的位置作了颠倒，却含有值得深思的因素，这反映了在郦氏注西汉水上游所依据的那些纷杂材料中，可能显示出西县故城与建安水比较靠近的信息，这提醒我们应对建安水即今西和河与西汉水交汇处，给予更多的关注。

三　天嘉古郡探究

由于西北地区政治形势大局的演化，又由于自然地理及人文地理诸多因素的变迁，特别是由于诸葛亮的拔城迁民，西邑在魏晋以后迅速衰落。接下来，陇南地区便长期处于民族纷争、豪强割据的状态，西邑不仅从历史舞台正面亮点的位置上消失，而且本名湮灭，渐被忘却[9]。因此，在后世的文献资料中，已很难找到有关西邑故城的记载和追述，它曾经是秦国第一个都邑的辉煌历史，更不见片言只字提及。州、县方志皆为明代以后所编撰，距春秋前期实在太过于遥远。

但是，既然我们已确知有秦人在西汉水上游活动过的那么一段历史，确知有一个被称作西垂或犬丘的古城邑就坐落在今礼县东部一带，既然历史演变过程是个不曾中断的整体，那我们就有理由相信，往昔总会在后世留下痕迹。尽管那些痕迹历经沧桑磨洗和岁月折射，不能一望而知。我们的任务便是认真为历史拂尘，鉴别、考察那些历史留痕，并作出分析和判断。

在此我想提请大家注意地方性文献中关于“天嘉古郡”的记载。几乎所有的礼县县志以及文涉礼县的省志、州志，都说礼县古称“天嘉”，有的甚至直接说，秦时在今礼县境内设过“天嘉”郡或“天嘉县”。如以明代天启年间稿本为基础，撰成于康熙二十七年的《巩昌府志》，其“礼县”目下即曰：

> 郡东南一村落耳，在前古，往往为郡县。秦曰天嘉，汉为汉阳，三国属蜀，诸葛出师履其地。后于祁山堡置长道县，属西和州。

乾隆二十九年刻成的《直隶秦州新志》，“礼县”目下云：

> 礼县，故州西南一村落。古为雍州，周为秦亭，秦为陇西郡，皆如州，秦置县曰天嘉。

“周为秦亭”一语是沿袭唐代以来的非子封于秦亭之误说，且不去管它。此志的编撰者后文声明，“天嘉”之说，乃“旧志云尔”，“自汉以下无天嘉之名……但由来称礼县为天嘉，或当别有据耶?”实事求是地交代撰志材料来源及其可疑点，是该书作者负责任的态度，非常可贵。所说的“旧志云尔”的旧志，大若就指《巩昌府志》。值得注意的是“由来称礼县为天嘉”一语，这表明作者所见到的有关礼县的古方志，都有天嘉之说。这种现象绝非偶然。光绪十六年成书的《礼县新志》“沿革”卷中说：

> 礼县在秦州西南一百六十里，旧称兰仓，莫考所自。秦为天嘉，汉为羌道、上禄、西县地，属陇西郡。

这个“天嘉”，且不说它是郡是县，既为一级行政建置，则必有城邑治所，其故址在何处?令人欣慰的是，对此诸志都有明确记载。《巩昌府志·古迹》：“天嘉古郡，在礼县东四十里，秦武公所置。”说天嘉是“郡”的建置，而且是属于春秋前期的秦武公所置，当然可疑，因为秦的郡名，后人已考证分明，其中并无“天嘉”。秦之普设郡县乃日后之事，武公时尚未成制。但话又说回来，在这类问题上方志撰写者有可能对所据材料缺乏正确选择与辨析，却绝不会凭空编造，既明确说“秦武公所置”，当有所据，此疑案尚有待于澄清。据《史记·秦本纪》载，武公是个武功显赫，颇致力于辟疆拓域的君主，“十年，伐邽冀戎，初县之。十一年，初县杜、郑”。武公时代在秦国地方行政建置上颇有建树，对于故都祖地特设某种行政机构，也并非绝无可能。至于“天嘉”之名，倒不一定是武公时代即有，起于后世的可能性更大一些，此姑勿论。我们引《巩昌府志》这段文字主要是取其方位说明天嘉故址在“礼县东四十里”。《直隶秦州新志》“礼县山水”条下：“古天嘉县。《巩昌志》云：在县东四十里。”“祁山堡，东四十五里。”“明礼店文州千户所，东四十里，秦为天嘉县，元为文州，明初仍之。今有故城。”《礼县新志·山河》也说：“明礼店文州千户所，县东四十里。秦为天嘉郡，元为礼店文州，明初仍之，今有故城。”这些记载一致告诉我们：今礼县城东40华里处有个城邑古称天嘉，它是一级行政机构的所在地，元、明时代以“礼店”为名的军政建置就设在那儿。除了上述诸志外，光绪十五年成书的《直隶秦州新志》也说礼县“（东）三十里为长道镇，即故县也，有雍国公墓。四十里有李店千户所址，又三里为祁山堡”。所言“李店”，即前引诸志所说的“礼店”。综观各种较早的原始资料，又据地名学原则考察可知，最初地名为“李店”，因李姓人家在该地设店铺而得名；后因不雅，遂遵儒学重礼传统而改为“礼店”，礼县之县名即由此而来。礼店，即今在礼县城东近35华里处的永兴镇的前身，至今永兴镇当地民众俗称“店子上”，西汉水流经永兴附近的那段河谷平原被称作“店子川”。不过需要强调指出的是，今日永兴镇所在地却非昔日“李店”原址，因为西和河也即古建安水与西汉水的交汇处发生了偏移。对这个问题，当地老人会对你讲述他们从先辈口中听来的故事，说西和河原先是直直地正对着北岸红土嘴附近冲入西汉水的，今日的永兴镇南北向的主街道，正是西和河的河道，而现在，西和河在永兴镇以南便开始西拐，至圆顶山脚下才注入西汉水。也就是说，西和河与西汉水的交汇处，往昔的位置要比现在的位置靠东约六七华里。这是西汉水北岸红土嘴、何家村附近的山体大滑坡造成的。沿徐礼公路祁山至大堡子山那段考察，很明显可以看出，红土嘴那一带地势陡高，且向南突出，西汉水河道略显南偏。这一切都显示出北岸的山体大滑坡迫使西汉水河床南壅，导致西和河的河口西移。今日的永兴镇，是在西和河河口西移后新发展起来的居民点，而原来的“李店”旧址当比现在的永兴靠东得多。现在的永兴在长道之西北，原先的李店当在长道之东北。所以《秦州直隶新志》说长道在礼县城东“三十里”，而李店则在礼县城东“四十里”。由于原李店已不复存在——是否毁于那次山体大滑坡？——故西移了数里的新兴居邑永兴，便在民间口头上承袭了“店子”的旧称。该志所说的“雍国公墓”，即曾任元朝礼店文州军民元帅府元帅的石麟之墓，墓址在今礼县永兴乡西汉水北岸友好村东北侧的山坡上。雍国公墓的方位也证明了元代建立的礼店文州军民元帅府的府址，就是天嘉古郡的旧址（或附近）。关于元代的元帅府址，地方志记载混乱，由于不明古代西邑附近称“汉阳”的事实，许多人把今礼县城南的汉阳误认作古代的汉阳，从而把元代军民元帅府的帅府正址错定在了今礼县城南。为篇幅所限，这个问题在此不容详述，笔者将专文论之。但因牵扯“天嘉川”的方位，须约略涉及。俗称“店子川”的永兴川（东自祁山西至大堡子山），在地方古文献中称“天嘉川”。刻于元代至正十一年（1351年）的“礼店东山长生观碑”，即有文曰：“郡之震方，有川曰天嘉。四顾则秀入画图，六仪则合乎地理。”震方即东方，这是永兴川古称天嘉川的明证。而元代的礼店文州军民元帅府就建在天嘉川，这也有碑文为证。出土于礼县崖城乡的“大元崖石镇东岳庙之记”石碑，碑文述帅府之初设：“上命秦国忠宣公按竺迩镇抚三方，开帅阃于西汉阳天嘉川冲要。”[10]对“西汉阳”的正确认识是理解碑文的关键。古代陇山以西的汉阳是个大地名，东汉时改称天水郡为汉阳郡。此名缘何而起？那时还没有嘉陵江，西汉水和汉水是通流的，西汉水是汉水上游的主要支流，故古文籍中常把它直接称为汉水。所谓汉阳就是西汉水之阳，故元代碑文名之曰“西汉阳”。作为地理名称，山之南、水之北为阳，故以阳为词尾的地名，一般都是东西流向的江河所形成的川原或原上的都邑。东汉时的汉阳郡，就是因其中心地域是西汉水之阳而得名，西汉水上游一段基本上是东西向的。曹魏时复称汉阳郡为天水郡，到北魏，又把天水郡的南部地域分出，再设汉阳郡，并以今长道镇为汉阳郡治。后来的汉阳地名，渐缩小为今长道、永兴地区。《元和郡县图志》述成州长道县时即曰："本汉上禄县地，后魏之天水郡也。废帝改为长道郡，又立汉阳县属焉。隋开皇三年罢郡，县属成州。十八年改汉阳为长道县。"前引元代"礼店东山长生观碑"，文中描写礼地之形胜，也有"汉阳长道之清流，夹涤污染；红岫湫山之茂麓，两助祯祥"之句，将长道与汉阳并举联提。很明显，宋、元时期已不存在汉阳郡或汉阳县了，但由于历史的惯性作用，人们仍称长道、永兴一带为汉阳。从明朝初期开始，西汉水中上游地区行政中心由大堡子山以东向大堡子山以西转换。随着礼店、长道行政地位的衰落，和今礼县城区政治、经济、文化诸方面兴起，汉阳地名也转移到了礼县城南一带，不仅出现了名为汉阳的村落，那一段西汉水川原也被称作汉阳川了。所以，后人理解上文引述的"大元崖石镇东岳庙之记"碑文所言"开帅阃于西汉阳天嘉川冲要"一语，便出现错置现象，认为元代军民元帅府建于今礼县城南的汉阳。其实碑文中的西汉阳所指乃长道、永兴一带，所言"天嘉川冲要"，正是指西和河与西汉水的交汇处，那里被公认是古代扼控蜀陇交通的枢纽地带。

综上所述可知，"天嘉古郡"是人们世代相接的群体记忆深处保留下来的今礼县境内最古老的城邑。人们模糊地知道，在遥远的古代，有那么一个行政中心，甚至可以上溯至秦，直到元代，它仍被视为扼控蜀陇要道的枢纽性邑镇。它的位置，就在礼县城东约 40 华里处的"天嘉川冲要"，即后世被俗称为"李店"的那个地方。而那也正是本文前两部分所考证的汉代西县城也即秦人最早都邑西垂之所在。"天嘉古郡"的故址，也就是西垂的故址。

四　大堡子山秦陵的启示

邹衡先生曾经说："时至今日，要考证夏、商、西周的地名，仅仅在文字上或文献上打圈圈，是很难找到正确答案的。当然，文字和文献，也不能弃之不顾，但检验文字和文献是否正确，我想只有依赖考古学。"[11]他举例说，甲骨文地名能与今名相合者，寥若晨星；《汉志》记晋之始封地在山西太原，与实际相差了八百里；郑州商城这样庞大的城址，在地理书上却找不到任何明确记载！邹先生的意见是积毕生文化考古实践的真切感受，也是古史学界的共识。秦国西垂都邑地望问题的最终解决，无疑尚有待于考古发现的"定音"，而上个世纪 90 年代礼县大堡子山秦陵的发现，可能已揭开了问题彻底解决的序幕。

大堡子山位于礼县城东约 26 华里处的西汉水北岸，上文所言"店子川"的最西端，西汉水贴其山脚由东而西流。秦公陵园就坐落在大堡子山顶部南面的缓坡上。陵墓发现时，已遭当时正十分猖獗的盗墓黑风的毁灭性破坏，甘肃省文物考古研究所进行了抢救性发掘，共清理目字形大墓 1 座（M3），中字形大墓 1 座（M2），曲尺形车马坑 1 座（M1），以及 9 座小型墓葬；并得知在已清理的车马坑西侧，还有一座曲尺形车马坑，而在陵园中心区的周围，有规律地分布着 200 多座中小型墓葬。虽然葬品早已被盗墓者洗劫一空，但墓葬的规模、形制和盗余的残存物，以及文物流失海外后反馈回国内的大量信息资料，尤其是经过公安部门从犯罪分子手中追缴和文物收藏部门通过各种渠道征集的许多文物，都明确地显示这是一处最早的秦公陵园，时代属春秋早期。关于陵园的主人，目前学界还没有统一的认识，主要有两种意见：一种意见认为这是一位秦公即秦襄公的陵园，是夫妻异穴合葬墓，M2 系襄公墓，M3 乃其夫人的祔葬墓[12]。另一种意见考虑到两座大墓出土物显示出较大的时差，主张 M3 为襄公墓，M2 为文公墓[13]。《史记·秦始皇本纪》文后附录，说襄公、文公死后都"葬西垂"，而《秦本纪》又说文公死后"葬西山"。西山当为西垂西面之山，所指可能就是大堡子山。综观先秦王公贵族们墓地与居邑之间的距离，一般都相去不太远。时代越早，人们的宗族观念越强，墓地与居邑的联系越紧密，越不可能如后世那样有时远离都城百里之外去选寻什么“风水宝地”。马振智先生曾说：“中原各国和秦国国君陵区一般都在都城近郊，以便于保护、管理和祭祀。陵墓背依高山，或就建于山巅，前方视野开阔，以显示死者生前的崇高地位。”[14]石兴邦先生也说：“秦人都城与陵墓的建筑是有机联系的，陵随都移，国都所在附近，即营陵寝，盖取死生相依之义。”[15]大堡子山秦公陵园的地势和处位，正同学者们的论说相吻合，与陵墓时代相应的秦人国都西垂，必在大堡子山以东的附近。

值得注意的是，大堡子山秦陵发现不久，又在与大堡子山隔河相望的永兴乡赵坪圆顶山，发现了一片秦人墓地。这片墓地涉域广阔，且跨时较长，往昔就多次出土过从春秋早期到战国晚期的贵重器物。经请示有关部门批准，在甘肃省文物考古研究所指导下，礼县博物馆在该墓地发掘清理了四座贵族墓葬和一座车马坑，其中有一座 7 鼎墓和两座 5 鼎墓，时代应属春秋中期偏早[16]。从墓地的规模、地理位置，及其与大堡子山陵园的距离来看，这里应当是秦的国人墓地。这片墓地的发现，更加坚定了我们对西垂地望的认识。在宗法礼仪领域，秦人是遵从周制的，国君陵园与国人墓地分区规划管理而又靠近。大堡子山公陵与圆顶山国人墓域隔西汉水而呼应，则其都邑必在不远处的西汉水河岸的台地上。笔者曾对古文籍中有记载的秦陵与都邑间距离，做过一番粗略的统计，发现相距最远者也不过 30 余华里，而以 10 华里左右者为多[17]。这可以作为我们推测西垂位置的参照数据。大堡子山以东 10 华里左右处，也正是我上文详论过的“天嘉古郡”邑址所在。

《国语·周语上》云：“夫国必依山川。”古代选定都邑基址，首先考虑的是生态环境，要为较密集的居民提供一个适宜于繁衍生息的自然空间；同时还要考虑族体的安全，地形地势须有利于防御异族的侵掠。理想位置是两条较大河流交汇处附近的向阳台地，依山面水，川原开阔，且又有险可据。而大堡子山以东的一段地域，正符合上述条件。由南而北的西和河与由东而西的西汉水在此交汇，形成了一片土壤肥沃的小盆地。西麓陡峭、东麓坡缓而临水的大堡子山守其西，以盛产井盐闻名遐迩的盐官镇（古卤城）扼其东，曾被魏文帝评价为全国三大军事要塞之一的祁山高耸其中。域内山川交错，河谷纵横，气候温润，物产丰饶，农畜两宜，确是建邦立邑的好去处。从宏观位置上说，这片川原东依高峻的秦岭，西望连绵的岷山，北联渭域，南接巴蜀，实为陇山以西的重要交通枢纽，也是联系、控制西部戎狄的战略要地。古代这一区域的形胜和繁庶，《水经注·漾水》曾有很充分的表述，在记叙西汉水流经祁山脚下后，注文接言：“汉水又西，经南岈北岈之中。上下有二城相对，左右坟垄低昂，亘山被阜。古谚云：南岈北岈，万有余家。诸葛亮《表》言：祁山去沮县五百里，有民万户，瞩其丘墟，信为殷矣。”熊会贞疏云：“此南岈、北岈，谓南北二壁间之大空也。”《读史方舆纪要》亦云：“今祁山西南有二岈”。所谓“大空”，即指两条河流交汇形成的盆地，正位处祁山之西南。所谓“上下二城相对”，是说西县城与戎丘城并立的形势。汉代西县城旁有个姊妹城名“戎丘”。《后汉书·隗嚣传》载光武帝遣大将岑彭、吴汉围攻隗嚣于西县城，并壅谷水以灌之，情势危迫。嚣之“大将王捷，别在戎丘，登城呼汉军曰：‘为隗王城守者，皆必死无二心！愿诸军亟罢，请自杀以明之。’遂自刎颈死”。从史文叙述情况看，戎丘就在西县城旁边。《水经注·漾水》言杨廉川“经西县故城北”之后，接述茅川水“出西南戎溪，东北流经戎丘城南”。我们前文曾指出，把西县城由西汉水主流域内错置于杨廉川域内，是郦道元的一个失误，但他把戎丘城紧靠西县城叙述，却符合事实。《读史方舆纪要·陕西八》载建兴六年蜀军北伐围攻祁山，“武侯屯西县”下文言“戎丘城在西城西”，武侯“亲引大军屯于戎丘即此”，也表明戎丘与西县城之靠近。《甘肃通志·舆地》曰：“汉置西县，晋改始昌，寻废。又有戎丘城，在西县城西南。”《史记·建元以来王子侯者年表》有戎丘侯刘让，可知西汉曾封侯于此。依笔者之见，戎丘城的大体位置应在今西和县的长道镇附近。长道也是历史非常悠久的一座城邑，汉晋以来经常成为郡、州、县等行政建置的治所。《汉书·百官公卿表》云“县有蛮夷谓之道”，长道无疑为少数民族聚居区。汉晋时代西汉水中上游的少数民族主要是羌族，而汉晋的羌族是先秦西戎的后裔，所以长道本为戎人的聚居地，原名戎丘。再往前追溯，戎丘就是犬丘（又称西犬丘），乃西垂因犬戎长期占据而形成的别名。说戎丘即犬丘，不仅因为其方位相符，也还有地名学上的根据。段连勤先生曾经指出，以“丘”名地是东方海岱地区和华北平原流行的习惯，西北地区绝无此俗。西垂之所以又名犬丘，是东方九夷中的“畎夷”（即犬戎）西迁后带过来的地名，西北名丘之地仅此一例[18]。所言甚是。据此，戎丘之名只能是由犬丘转化而来，别无源头。而西县城，则应当是《史记·秦始皇本纪》文后附录所言秦宪公所居之“西新邑”，即西邑旁边新建之邑。此事须略作交代。西垂故邑历史上一直是犬戎和秦人长期争夺的对象，曾几易其手。在秦庄公把它收复回来以前，它又被戎人占据了数十年。虽已收复，但戎人并不罢休，秦襄公即位的第二年，戎人再一次围攻西垂，并俘虏了襄公的长兄世父。在这种背景下，推测襄公为了安抚戎人缓和矛盾，把西垂故邑即犬丘作为归服的戎人聚居点，而在西汉水北岸另建新邑。应当注意到，秦人与生活在犬丘的这支戎人的矛盾，的确大大缓和了，不仅世父被释放，西垂地区从此再未出现过军事冲突。数年后西周王室发生申侯之乱，犬戎杀幽王，秦襄公还能率兵前往救援，表明西垂地区局势已稳定无忧。此后秦人与戎族的斗争完全转移到陇山以东，不再涉及西垂的争夺。在部族冲突剧烈、攻伐转换频繁的先秦时代，征服者与被征服者同处一地分邑而居的现象并不少见，历史上许多姊妹城即缘此而起，有人称之为“双城制”。如周人在灭商前所建的丰（即金文和《诗经》中常提到的“方”）和镐，即为相邻的双城，合称宗周；灭商后周人在中原经营洛邑，迁殷民居之，在其旁另建王城，为王室活动中心，二城并处，合称成周。这种传统延至后世，如汉武帝元鼎年间所设天水郡，所属有街泉和略阳道并存，位置同处今秦安县陇城镇一带，汉、氐分治。后来汉、氐杂居日久，风习趋于融合，才不复分治，省街泉而改略阳道为县。犬丘与西新邑的关系也当如此，二城一上一下，隔西汉水相望，合称西垂。

姊妹城隔水并立的格局，也是当时兴邑的常见现象。王玉哲先生曾经论及此，指出西周时代的大邑，有横跨一条河流的兴建传统。如洛邑，开始即营造于瀍水东西两岸；如虢国的都城（指山西南部近虞之虢），地跨黄河之南北；又如秦都咸阳，始建于九嵕山之南，渭水之北，山、水皆阳，故曰咸阳，后来向渭水之南扩建，包括了渭北、渭南紧相关联的两部分；宗周镐京也如此，渭北的镐京扩大到渭水南岸。这几乎成了当时都城的发展规律[19]。秦人第一个都邑西垂，跨西汉水两岸发展，完全符合当时城市发展的趋势。至汉代，原犬丘邑演变为戎丘，而西新邑则成为西县县城。

魏晋以后，西县城虽已衰落，但并未消失，在当地民众的群体记忆中，它以“天嘉古郡”的传称保留下来，元代掌管今陇南大部分地区的军政机构礼店文州军民元帅府，就设置于其故址。《巩昌府志》在说明它位处今礼店城东40里之后，还说“今有故城”。该邑从人们视野中消失，始于明初。《明史·地理志》有一段非常重要的记载，常被后世方志撰写者所忽视。其巩昌府目下有秦州领县三：秦安、清水、礼县。述礼县：

> 礼，州西南。元礼店文州军民元帅府，属吐蕃宣慰司。洪武四年十一月置礼店千户所，十一年属岷州卫，十五年改属秦州卫。成化九年十二月置礼县于所城，属州。故城在东，洪武四年移于今治。

所谓“故城在东”，就是在我们前文所引许多方志所说的今礼县城东40里处的“天嘉古郡”。明初在元代军民元帅府的基础上设礼店千户所，但把治邑迁到了大堡子山以西的今礼县城区（1371年），并于成化九年（1473年）在这里正式设县。可以说，洪武四年行政中心西迁后，“天嘉古郡”也即元代的李店便消失得无影无踪。困惑之余，我们不得不注意当地民众另一个世代相袭的传说：在今何家村和捷地村之间的红土嘴附近，古时曾有一处相当繁庶的邑镇，后来毁于山体大滑坡。我们在前文中讲过，导致西和河水口西移数里的，就是一次山体大滑坡，所谓“红土嘴”，就是那次山体滑坡的产物。如民间传说属实，则天嘉古郡故址的消失，应当是那次自然地理巨变的另一个悲剧性结果。明初行政中心的迁移，原因大约也在此。礼县自古以来是地震多发区，而大堡子山以东西汉水北岸的一段地带，历史上曾频繁发生山体滑坡现象，更为人们所熟知。据说今处红土嘴以西公路旁边的何家村，本在北山的山腰上，但某一天村民清晨醒来，奇迹般地发现村庄已来到了西汉水的岸边，除了几间破旧房屋和牲口圈棚有倾毁现象外，大部分房屋安然无恙。这是地表深层运动所造成的地面整体滑落，有幸未造成灾难性后果；但并非所有的山体滑坡都这么温驯，导致整个村落毁灭的山体大滑坡也完全可能发生。奇怪的是，不知由于什么原因，那次使“天嘉古郡”故址消失的山体大滑坡，竟在正史和方志中没有留下任何记载。

至于“天嘉”一名以及与之相关的嘉陵江的名缘，都可能和大堡子山秦陵以及圆顶山秦之国人墓地有关。对此我在《大堡子山秦西陵墓主及其他》[20]一文中提出过一些看法，此不赘述。

（《丝绸之路·文化》总第7期）

注释

[1]《陇右文博》，1995年创刊号。

[2][18]《关于夷族的西迁和秦嬴的起源地、族属问题》，《先秦史论文集》，《人文杂志》1982年增刊。

[3]《日知录》卷三十。

[4]《自然辩证法·科学历史摘要》，人民出版社1960年。

[5]《读书杂志》卷三。

[6]《观堂集林》卷十二。

[7]《秦都邑西垂故址探源》，《礼县史志资料》第七期，1986年12月油印稿。

[8]《嬴秦故园》第四章，甘肃人民出版社2000年。

[9] 祝中熹：《“西”邑衰落原因试析》，《丝绸之路·学术专辑》，2000年。

[10] 以上两碑实物均在，见礼县老年书画协会与礼县博物馆合编的《礼县金石集锦》，2000年。

[11]《桐宫再考辨》，《考古与文物》1998年第2期。

[12] 戴春阳：《礼县大堡子山秦公墓地及有关问题》，《文物》2000年第5期。

[13] 祝中熹：《大堡子山秦西陵墓主及其他》，《陇右文博》1999年第1期。

[14] 马振智：《试论秦与中原诸国陵寝制度的异同》，《陕西历史博物馆馆刊》第一辑，1994年。

[15] 石兴邦：《秦代都城和陵墓的建置及其相关的历史意义》，《秦文化论丛》第一辑。

[16] 部分墓葬的发掘报告见《文物》2002年第2期，发掘者认为墓葬时代属春秋早期。

[17]《试论秦先公西垂陵区的发现》，《秦俑秦文化研究》，陕西人民出版社2000年。

[19]《西周荩京地望的再探讨》，《历史研究》1994年第1期。

[20]《陇右文博》1999年第1期。

试论秦先公西垂陵区的发现

祝中熹

90年代中期，在甘肃省礼县西汉水中游域内的大堡子山，发现了已被历史尘封约2800年的秦先公西垂陵区。由于墓葬惨遭盗掘，随之又发展为群众性劫掠式抢挖，且长期得不到有效禁止，故随葬品已散失殆尽。虽经政府拨款由甘肃省考古研究所进行了抢救性发掘，共清理大小墓葬（含车马坑）13座，但所获甚微。而墓区所出大量珍贵文物却很快出现在纽约、巴黎、伦敦、香港和台北，令人扼腕顿足，恨恨不已。被盗文物有少量被当地公安部门追回；近几年甘肃省博物馆也多方筹资，陆续从社会上征集到一些，上海博物馆马承源馆长出重金从香港购回了一批青铜礼器。流散国外的器物，一部分已被收藏者公布，文博界有识之士曾将有关资料介绍至国内。大堡子山位于礼县永兴乡西汉水北岸，前年冬又在距大堡子山不远处的西汉水南岸赵坪圆顶山一带，发现了一批先秦墓葬。经甘肃省考古研究所派人指导，礼县博物馆主持发掘了三座中型墓和一座车马坑。这批墓葬虽也经盗扰，但因地下水的涌淹而保留下不少随葬品。笔者有幸见到该墓区所出堪称精美的青铜器，认为其时代以及与大堡子山秦公陵墓的关系，是个很值得深入探讨的问题。

依据前后两次抢救性发掘所提供的考古资料，综观目前已掌握在文博机构手中的部分出土实物，再参以来自国外的有关信息，我们不仅可以肯定西垂陵区的性质和时代，对其形制、规模与葬品的丰富程度有个基本印象，还能进而估测史籍所载秦人最早都邑西垂（西犬丘）地望之所在。这必将引发推动早期秦史的研究，其学术影响和在中国文化史上的意义自不待言。遗憾的是，20世纪末西北地区这一重大历史发现，不仅由于盗掘、走私文物妖风的猖獗而严重损害了其价值，又由于某些不正常因素的干扰而被漠视，被冷落，发掘报告也迟迟难以面世。虽有部分学者开始注意这一发现，并对某些问题展开了初步讨论，但总的说来尚未引起史学界与文博界的足够重视。许多考古数据和文物资料至今未能公开披露，以给人们及时提供思考探讨的依据。笔者多年从事秦人早期发展史的研究，深知此项发现关系之重大，也深为此种现状而痛心。撰写此文的目的，一则想陈述自己对相关学术问题的粗浅看法，以就教于学界同仁；二则也想借此以发声微弱的呼吁，希望能引起文化界对这一历史发现的重视。

一 《史记》有关秦人早期历史记载的验证

《史记》作为我国第一部纪传体通史，其文化价值举世公认。《史记》以其翔实的资料和进步的历史观，赢得了“信史”的美誉，成为后世研究汉以前历史以及进行考古发掘的最重要的文献依据。另一方面，《史记》内容的可信性，也不断地被后人的发现与研究所证实。这方面最典型的例子就是本世纪初殷墟甲骨的发现及王国维先生对卜辞的研究。王氏以卜辞考史，基本上将卜辞中出现的商代先王先公的名号，与《史记》所载殷之世系一一作了对应，从而证明《史记》的殷世系确为实录，更加坚定了人们对《史记》的信赖。礼县大堡子山秦先公西垂陵区的发现，对《史记》内容的可靠性再一次作了有力的验证。

司马迁写春秋、战国一段历史，叙述秦事尤为详明，这是因为有传世的秦国史书作蓝本。这一点，司马迁在《六国年表》的前言中说得很明确："太史公读《秦纪》，至犬戎败幽王，周东徙洛邑，秦襄公始封为诸侯，作西畤用事上帝，僭端见矣。""秦既得意，烧天下《诗》、《书》，诸侯史记尤甚，为其有所刺讥也。《诗》、《书》所以复见者，多藏人家，而史记独藏周室，以故灭。惜哉，惜哉！独有《秦纪》，又不载日、月，其文略不具。"也就是说，在先秦列国原有的史书中，司马迁所能见到的只有秦国的史书。虽然"其文略不具"，但总是秦的正式国史，足以帮助人们了解秦史的脉络，可资借鉴之处甚多。司马迁曾批评当时即已存在的那种轻视秦史的卑浅风气："学者牵于所闻，见秦在帝位日浅，不察其终始，因举而笑之，不敢道，此与以耳食无异。悲夫！"他本人对秦史评价甚高，他把秦与夏、商、周三代并列，写了《秦本纪》和《秦始皇本纪》，又在文后附了秦襄公之后的秦君生卒世系梗概；其《六国年表》，基本上也是依据《秦纪》编撰而成的。

对于秦人早期的历史，《史记》交代得很清楚。秦人本东方嬴姓部族的一支，其始祖女修乃高阳氏颛顼之"裔孙"，女修生大业，大业生大费。这个大费，即助禹治水成为禹的接班人，而又被禹子启所杀的伯益。嬴人的一支很早便西迁至甘肃东部，其在商后期的部族首领名中潏，居于西垂。这个西垂，又名犬丘或西犬丘，其地望据汉、唐诸儒说，大体在今甘肃省西汉水中游礼县与西和县交界地区。延至西周孝王时，西垂秦人首领名大骆。大骆有两个儿子，庶长子名非子，嫡子名成。非子善畜马，被周孝王召去为王室繁育马匹，活动于今陕西宝鸡以西汧、渭二水之间的区域。因畜马有功，周孝王让非子从大骆一族中分出，别宗立氏，封他为王室的"附庸"，封邑于汧渭之间的秦地。非子由此便有了"秦嬴"的名号。到非子的曾孙秦仲时代，周王室衰弱，西戎势炽，灭掉了仍居西垂的大骆一族，占领了西垂。周宣王即位后决心对西戎进行反击，任命秦仲为大夫，扶植他征伐西戎。是时秦仲一族已离开汧渭之间而西越陇山，定居于今甘肃张家川、清水一带，而"秦"这个地名也作为邦称随之迁于陇上。在对戎人的斗争中秦仲战死，其子庄公在周宣王的大力支持下，继续同戎作战，最终取得了胜利，并且收复了大骆一族所居祖地西垂，从而使陇上秦地与西垂连成一片，号称"西垂大夫"。秦庄公死后，襄公继位。适逢周王室发生申侯之乱，幽王被犬戎所杀；秦襄公将兵救周，并护送新即位的周平王东迁洛邑。襄公因此壮举而被周王室封为诸侯，并取得了关中地区的占领权。此后，秦人开拓部族发展领域的重心明显东移。襄公之子文公即位后不久，即迁都于当年其祖非子曾邑居过的汧渭平原，迈出了与中原列国周旋争胜的第一步，并由此结束了秦人以甘肃东部为活动中心的历史。

尽管《史记》叙述详明，但还是有不少学者忽视这段早期秦史的复杂性。在他们关于秦史的论著中，存在一种简化早期秦史的倾向，甚至把大骆祖地、非子封地、秦仲居地三者混为一谈，笼而统之地称之为"秦"。大堡子山秦先公西垂陵区的发现，起到为早期秦史拂尘的作用，促使学者们不得不坐下来重读、细读《史记》；秦人曾在西汉水中游域内活动过，并在那里立邑兴邦的史实由此得到确认。

马承源先生从香港购回的大堡子山秦西陵所出青铜器，具铭文的有四鼎二簋。二鼎铭曰"秦公乍铸用鼎"，二鼎铭曰"秦公乍宝用鼎"；簋铭曰"秦公乍宝簋"[1]。甘肃省博物馆所藏同地所出四鼎[2]，铭文为"秦公乍铸用鼎"。李学勤先生在纽约所见同地所出一对壶，铭文为"秦公乍铸障壶"[3]。以上十二器铭文确凿无疑地告诉我们：墓主系秦之先公。值得注意的是，上述铭文字体明显具有两种风格，突出表现在秦字的写法上：一种秦字结构上部为双手持杵，中间为臼，下部为双禾；一种秦字结构省臼，杵下即为双禾。学者们由此推测诸器并非一墓所出，也就是说，该陵区至少有两座秦公大墓。这种推断有道理。甘肃省考古研究所发掘盗后的该墓地时，共清理小墓九座，大墓两座（中字形、目字形各一），车马坑（曲尺形）两座，这与铭文显示的情况相合。至于时代，从器物形制、铭文字态笔势，以及大量出现的垂鳞纹、窃曲纹、重环纹、波带纹等纹饰看，显然系春秋早期甚至可上溯至西周晚期的器物。再让我们回过头来看一看《史记·秦本纪》关于早期秦史的记载。虽然至少从商后期的中潏时代，秦人即已居于西垂，但那时他们只是一个小小的氏邦，其首领绝不可能称“公”。秦人部族首领被封为诸侯自襄公始，按当时宗法贵族社会的风习，襄公之父称庄公，乃死后的追谥。襄公之子文公虽已迁都于“汧渭之间”，但他死后仍归葬于祖地西垂。秦人祖先有资格称“秦公”，并明确葬于西垂的，只有庄、襄、文三世；而他们的时代，正处于西周末到春秋初的范围内，这与大堡子山秦墓出土文物的时代特征完全一致。目前已知该陵区大墓只有两座，它们究系上述三公中的哪两公，是个需要进一步探讨的问题。此容后补论。

《史记》多处强调，生活在关陇地区的这支秦人，虽原本是嬴姓族，但在经历了殷亡周兴历史大动荡之后，他们“以造父之宠，皆蒙赵城，姓赵氏”。据《赵世家》言，秦赵共祖，至蜚廉时方别宗。蜚廉有二子，兄名恶来，“事纣，为周所杀，其后为秦；恶来弟曰季胜，其后为赵”。造父乃季胜之曾孙，他为周穆王驾车受宠而被封于赵城（今山西省洪洞县北境），其族众后即以赵为氏。居于西垂地区的这支嬴人也跟着造父一族姓了赵。《史记》关于此事的记载，曾遭清儒梁玉绳的非难，说先秦诸侯皆当以国、爵为氏，“岂容混冒妄载”[4]！殊不知西垂这支嬴人以赵为氏，其实是一种政治需要，他们要借助造父之宠调整好与周王室的关系。从当时的宗法制度上讲，这也是被允许的。嬴为其部族基姓，随着族众的世代繁衍，要不断地别宗立氏，即逐渐由基姓分化出许多新的姓氏。非子封于秦为后来的事，在非子若干代以前，就早已以赵为氏了。事实表明司马迁关于秦赵同祖、秦人以赵为氏的记载是正确的：在大堡子山秦西陵周围地区的当地居民，至今赵姓占最大比例，墓区的附近称“赵坪”、“赵家”的较大村庄即有数处。他们是秦之国邑东迁后，留居于陵区的族众后裔。

《史记》记载中的秦人，是一个善于养马、擅长驾驭马车的部族。秦人远祖费昌，即为商汤的御士，决定夏亡商兴的鸣条之战，就是费昌驾驭汤的战车而取胜的。其后中衍又为殷帝太戊御，并因此得以和商王室联姻。时至西周，造父又“以善御幸于周缪王”，著名的穆王八骏，就是经造父之手调驯出来的。穆王西游，东方的徐偃王反叛，“造父为缪王御，长驱归周，一日千里以救乱”。秦人西垂近祖名大骆，白马黑鬣谓之骆；部族首领以马为名，也说明这是一个善于畜马、用马的部族。故其子非子才被周孝王召去“主马”，并因为马繁殖快而立功受封。非子玄孙秦仲，更有“车马礼乐之好”。颇具传奇色彩的相马专家伯乐、九方皋，也均为秦人。秦人畜马善御的部族传统，在大堡子山秦墓中也得到充分显示。不仅两座秦公大墓附有车马坑，有的中型贵族墓也附有车马坑，而且规模都较大。所以，流散于社会，出现在文物市场上的大堡子山秦墓出土车马饰件，数量甚多。甘肃省博物馆征集到该墓地出土的两付軎辖，以及一些镀锡的车厢饰件，造型和纹饰均极精美，反映了秦人对车马的重视和制造车马器的工艺水平。

二　秦人族源及其鸟图腾崇拜的实物显示

嬴姓部族是以鸟为图腾的。秦人盛行鸟崇拜，这在古文献中证据甚多。《秦本纪》说秦人的始祖女修，就是吞玄鸟之卵而生大业的，这是典型的鸟始生神话。图腾崇拜初即始祖崇拜，这神话显示秦人为玄鸟的后代。《礼记·月令》郑玄注曰："玄鸟，燕也。"郑说可从。大业之子伯益的"益"为象形字，其初体即为燕形的省略，而且益、燕二字双声可通。《国语》、《史记》和郑玄的《诗谱》，益字皆作翳，字从羽，尚能看出此字的原意。翳亦为鸟名，《离骚》"驷玉虬而乘翳兮"，王逸注曰："翳，凤凰别名。"《山海经·海内经》曰："有五彩之鸟，飞蔽一乡，名曰翳鸟。"秦人先祖大都与鸟有某种关系，有的甚至具有鸟的形象特征，这都是远古时代部落首领图腾装扮在后世传说中留下的影迹。如伯益，《秦本纪》说他善于"调驯鸟兽，鸟兽多驯服"，《诗·秦风谱》说他"能知禽兽之言"，《后汉书·蔡邕传》说他"综声鸟语"。《秦本纪》又云大廉称"鸟俗氏"，孟戏、中衍"鸟身人言"或"人面鸟喙"，《括地志》云孟戏"人首鸟身"，凤凰与之随止。晚商时秦人首领有名"飞廉"者，而飞廉又被后世视为鸟类之神，《三辅黄图》云："飞廉，神禽，能致风气者。"更具说服力的是秦人少皞为其始祖神，《通志·氏族略二》言："秦氏，嬴姓，少皞之后也。"《史记·封禅书》言："秦襄公既侯，居西垂，自以为主少皞之神，作西畤，祠白帝。"这"西畤"，就设在秦人的西垂祖邑。秦人迁都于关中后，又陆续立了鄜畤、密畤、上畤、下畤、畦畤，也祀青帝、黄帝、炎帝，但终以祀白帝为主，祭祀规模有时达到"三百牢"，隆盛至极。原因就在于白帝少皞是秦人之祖神。故其在西垂的设畤之山，即名"人先山"，山上有"人先祠"。"人先"者，秦人最早的祖先也[5]。而少皞乃鸟图腾部族首领，这是古史学界所公认的。《左传》昭公十七年所载郯子那段名言即为力证。鲁昭子问郯子："少皞氏鸟名官，何故也?"郯子答曰："吾祖也，我知之。……我高祖少皞挚之立也，凤鸟适至，故纪于鸟，为鸟师而鸟名。"接下去他介绍了少皞氏大部族的各个分族，曰"五鸟氏"、"五鸠氏"、"五雉氏"、"九扈氏"。以鸟命名的24个氏族，在部落联盟中各有其政务分工。郯子说少皞名挚，《逸周书·尝麦》说少皞名质，其实字本当作"鸷"，一种凶猛的大鸟。这正合原始部族以图腾物为名的通习。秦人始祖或曰玄鸟，或曰翳鸟，或曰鸷鸟，那可能是远古史影在世代口传的部族记忆的演化与变异；也可能是鸟图腾部族内不同鸟族的分支。但秦人崇鸟这一点则是不容置疑的。正因为秦人有鸟始祖崇拜，故直到战国时人们仍常用大鸟来象征秦。《史记·楚世家》载，有人说楚王曰："故曰秦为大鸟，负海内而处，东面而立……奋翼鼓翅，方三千里。"

大堡子山秦西垂陵区出土物，为秦鸟图腾崇拜提供许多实物证据。这首先表现在青铜器的纹饰上。尽管秦人的青铜器无论制作工艺还是铭文及纹饰风格，均为周器的继承；但有些方面还是表现出不少秦人自己的特征，突出鸟形象即为其显例。从目前我们所能见到的秦西垂陵区所出青铜器及部分残片看，颈部或腹部大都饰有窃曲纹。一般周器上的窃曲纹，目形两边的图案是对称的，被认为是相互连接的变形兽纹，故也有人称之为"兽目交连纹"。但秦西陵所出青铜器的窃曲纹，目形两边的图案有许多并不对称，其一端实为一凤鸟形象；不认真察辨，往往将其冠羽的延长纹，误认为另一兽体。该陵区所出一套春秋早期的九枚编钟[6]，钟的鼓部饰有对称的大鸾鸟纹。值得注意的是，1978年出土于陕西宝鸡太公庙的秦公钟共五枚，铭文合而成篇的甲、乙两钟，鼓部也饰有相向而立的两只凤鸟；合而成同铭另篇的丙、丁、戊三钟，鼓部除饰两只凤鸟外，右侧另饰一鸟。可见秦人编钟鼓部饰鸟纹有其宗族相袭的传统，类似于商代的族徽，明显具有图腾崇拜物的性质。此外，赵坪圆顶山墓区出土物中有一辆微型的多辐四轮无辕铜车，车厢四角棱饰四只卧虎，厢上有可启合盖，盖中心饰一人一熊，而四角显著位置则饰四只立鸟，其崇奉之意，一望而知。所出其他青铜器纹饰中，鸟的形象也多据最普遍、最显赫的地位。

最能说明问题的，是西垂陵区所出大量金饰片。其中一批流至国外，数量相当可观，一部分曾在巴黎公开展出过。韩伟先生曾目睹过那批展品，并曾在《文物》上撰文作过介绍[7]。内有八件鸱枭形金片，高达52厘米，宽32厘米。金鸱形象为钩喙、环目、凸胸、屈爪，通体饰变形窃曲纹。另有26件口唇纹（亦称重环纹）鳞形、云纹圭形、兽面纹盾形金饰片。同类型金饰片，甘肃省博物馆近几年也陆续征集到约20件。甘肃省考古研究所在对大堡子山秦西陵抢救性发掘时，曾获得盗余的金饰片7件。在这三批已知的金饰片中，以口唇纹鳞形片所占比重最大。它们形制与规格不一，长度一般在7.5至12.5厘米间，宽度一般在3.5至9厘米间；最小的一种，长约4.3、宽约1.1厘米。细审鸱枭形与鳞形饰片，笔者认为它们均系秦公墓葬木椁上大型金鸷形饰的组成部分。金鸷有可能成对组合，鸷首雄昂，长羽披拂。鸱枭形饰片并非如韩先生所说是整只鸟的形象，它只是大型鸷鸟的头部和胸部；而口唇纹鳞状片，则为鸷鸟身、尾的羽饰，故笔者主张改称此种金片为“口唇纹羽瓣形饰片”。这种饰片略呈长方形，一短边作流波状，恰似数学算式中的大括弧；金片上的冲压纹则大体与金片外廓相似，重环相套，层次分明。这是对鸷鸟羽毛形状的一种高明的艺术加工。与括弧边相对的另一短边，两角部位有不规则的小破洞，那是将金片固定于椁面而留下的钉孔。不难推想，当年在木椁上为此金鸷造型时，这有钉孔的一端，必被前上方另一页金片所叠压，所有金片均呈鳞瓦式排列状态，以表现鸷鸟羽翼的丰满华丽。鸟身不同部位羽毛的形态和疏密程度有异，故羽瓣形饰片亦随之有大小与形制的差别。传闻大墓被发掘时，木椁虽早已朽失，而由金片组成双鸟对伏形象的大致轮廓尚隐约可辨。这些金饰片，虽经近3000年的埋蚀，如今依然熠熠耀目；可以想像当年由它们组合而成饰于椁面的一对对大金鸟，是多么灿烂壮观。如此华贵而独特的椁饰，只能用秦人的鸟图腾崇拜来解释。韩伟先生也是这样认识的，他在分析了秦人的鸟始生神话传说之后，认为“在秦人氏族首领的棺具上，用鸱枭为主要装饰是顺理成章之事”[8]。

大堡子山秦先公西陵的发现，不仅用实物肯定了秦人鸟图腾崇拜，并进而有力地支持了秦人东来说。关于秦人的起源，近代以来即有两大对立意见：一曰秦人系东方嬴姓部族的一支，后西迁关陇地区；一曰秦人本即生活在甘肃东部之戎族，后渐踰陇而东向关中发展。目前，秦人源于东方嬴族说已为越来越多的古史研究者所接受；但仍有部分学者坚持秦本西戎说。嬴姓部族早在文明时代前夜，即已活跃于华夏历史舞台。秦人的远祖，在夏、商、周三代的中央王朝中，都曾担当过重要角色。这在古文献中不乏其证。但持秦本西戎观点的学者们，认为那些说法只不过是秦国宗祝之“伪托”，秦人和许多民族一样，“在强大起来之后，就要为自己的祖宗世系伪造一批英雄故事”[9]。然而，如果说秦人为西北土著民族，关陇地区本即他们的老家，那么，我们应当在当地古文化中，找到秦文化的母体才是。换句话说，关陇地区的古文化应当存在一种与秦文化具有源流关系的类型。但是即以夏商时代关陇地区的古文化言，尽管是多元并存，彼此影响渗透，演变形态极其复杂，总体上说还是有脉络可寻的，几种主要文化如宝鸡地区的刘家文化、先周文化，甘肃东部的齐家文化、寺洼文化、辛店文化，其主体性特征考古学界基本上是搞清楚了的。它们无一能与秦文化相对应，其与秦文化不属同一系统为人们所公认。大堡子山秦西垂陵区的发现，再一次显示了上述现象。不论从墓葬形制、规格看，还是从葬品类型、工艺看，除了突出显示秦人受周文化的巨大影响外，我们看不出与关陇地区的羌戎文化有任何同源迹象。大墓为中字形和目字形，车马坑为曲尺形，除东西墓向呈现秦人独具的特色外，各方面皆循殷周旧制。随葬品的器物组合，虽经盗掘而难知其详，但所出器物类型已显示其与周制无别。所出青铜器之铸作工艺和形制，皆师法周人，尤其是纹饰与铭文风格，几乎完全是对周器的承袭。只不过是时之秦上升为诸侯国的时间尚短，生产水平与文化高度均和周人有较大差距，故其青铜制作还比较粗糙，尚未完全掌握周人已相当熟练了的内范悬浮法，器底垫片较多，器壁厚薄不匀，纹饰与铭文也缺乏周器那种流畅精美的神韵。但所采用的主要纹式都是诸如窃曲、垂鳞、重环、波带等，完全是当时周器流行的式样。只有变形凤鸟纹独具特色。如前所述这是秦人崇鸟情结所使然。铭文与西周晚期时兴字体有些差别，已不见肥笔，多用上下等粗的柱状笔态，开日后玉箸体之先河；但都全无六国文字的地方色彩和作风，而与《虢季子白盘铭》的风格一脉相承，毫无疑问乃由周脱胎而出。

《左传》襄公二十九年载吴公子季札在鲁国欣赏音乐，当他听到演奏秦国乐曲时，感叹道："此之谓夏声。夫能夏则大，大之至也，其周之旧乎！"服虔注云："（秦人）与诸夏同风，故曰夏声。"《史记·秦本纪》载周太史儋见秦献公语："周故与秦国合而别，别五百岁复合，合十七岁而霸王出。"这些记载都反映了秦人在文化上与中原地区的血缘关系。大堡子山秦先公墓葬提供的考古信息，正同文献记载相呼应。秦人向周人学习的倾向如此明显，这绝不单纯是臣属国倾慕宗主国的向心趋势，更深层的因素是由于秦人来自东方，经受过早期华夏文明的熏陶，具有中原文化母体的"基因"，故与周文化存在较大的趋同性和可融性。秦人之非西北戎狄，已基本可以认定。

三　西垂地望及相关历史地理问题的探讨

大堡子山秦先公陵区的发现，无疑使西垂地望问题被突显出来。对于秦国文公迁汧以前的都邑，古文献言及西垂、犬丘、秦等地，学界的认识极其混乱。如问其在今日之地望，更是众说纷纭，言者各异，令一般人莫适所从。数年前笔者曾撰《秦人早期都邑考》[10]一文，对此学术积案作过一番梳理和辨识。这里我想立足于大堡子山秦陵的发现，进一步阐述我对西垂地望及相关问题的看法，并对前文作些补充。

西垂和犬丘（又称西犬丘，乃针对位处今山东曹县境内亦名垂的古犬丘而言）本为一地，系西迁嬴人最早的中心居邑。所谓秦，乃西垂嬴人中以非子为首领的一支，在周王室主导下别宗而出的封地，其位置在今陕西宝鸡以西的汧渭之间。大约在秦仲时代，非子一族秦人离开了汧渭平原西迁至陇上，活动于今甘肃张家川、清水一带，并在那里站稳脚跟，壮大了国势，后世遂误视该地区为秦人的崛起地，从而掩盖了秦人在关陇地区发展跌宕起伏、几经演化的复杂性，并使最早的祖地西垂问题变得模糊起来。大堡子山秦先公陵区的发现，使人们耳目为之一新，关于秦人早期都邑的研究，理应翻开新的一页。

近代以来不少学者认为"西垂"不是具体地名，而是泛指西部边陲。但自汉至唐乃至清代的许多古史注释及地志著作，却视西垂为邑名，并指出它就是汉代的西县，位于今天水市西南方约120华里处[11]。汉代的西县，有史可查。《汉书·地理志》云："西，《禹贡》嶓冢山，西汉所出，南入广汉白水，东南至江州入江，过郡四，行二千七百六十里。莽曰西治。"所言"西汉"实指西汉水。《史记·五帝本纪索隐》："嶓冢山在陇西西县，汉水所出也。"《水经注·漾水》言西汉水支流杨廉川，"东南流经西县故城北。秦庄公伐西戎，破之，周宣王与其大略犬丘之地，为西垂大夫，亦西垂宫也。王莽之西治矣"。以上资料不仅给我们提供了汉代西县的方位和距离，而且还提供了当时著名的嶓冢山与西汉水以资参照，可以说已将西县位置大体划定了范围。然而由于西邑在东汉以后迅速衰落，渐被后世遗忘，其原址究在何处已岁久失考。近代以来，史著凡言及此邑时，大都含混地说在天水西南境。礼县大堡子山秦公陵墓的发现，为寻觅西垂古邑的确切地望带来了曙光。先秦王公贵族的墓地与其居邑相去不会太远。石兴邦先生曾说过："秦人都城与陵墓的建筑是有机联系的，陵随都移，国都所在附近，即营陵寝，盖取死生相依之义。"[12]石先生是立足于春秋中后期及战国秦墓而立论的，但这也完全适合春秋早期乃至西周时的情况。因为时代越早，人们的宗族观念越强，墓地与居邑的联系越紧密，越不可能如后世那样有时远离都城百里之外去选寻“风水宝地”。下面让我们罗列古籍记载有秦公室陵墓与都邑之间的距离，以求找到一种可资参照的较为合理的数据：

“秦宁（宪）公墓，在岐州陈仓西北三十七里秦陵山。”（《括地志》）

“穆公冢，在岐州雍县东南二里。”（《括地志》）

“秦惠文王陵在雍州咸阳县西北一十四里。”（《括地志》）

“（宣太后墓）在雍州新丰县南十四里也。”（《史记正义》）

“秦悼武王陵，在雍州咸阳县西北十五里。”（《括地志》）

“孝文王陵在雍州万年县东北二十五里。”（《史记正义》）

“（庄襄王母）夏太后陵在万年县东南三十五里。”（《史记正义》）

“秦庄襄王陵在雍州新丰县西南三十五里。”（《括地志》）

“秦始皇陵在雍州新丰县西南十里。”（《括地志》）

“秦胡亥陵在雍州万年县南三十四里。”（《括地志》）

此外，当代考古显示，秦公一号大墓位于陕西三畤原，距雍城15华里。

以上所言城邑，有的与墓主当年都邑的实际所在略有差距，古都邑实地距墓地还要近一些。总起来看，最远的距离也不过30余华里，而以十余里者居多。我们不妨据此假设，西垂古邑距大堡子山秦公陵墓，在10华里左右的范围之内。

大堡子山秦公陵墓处于今天水市的西南方，实距130余华里，东距汉魏时代著名的祁山约20华里。《史记·秦始皇本纪》后附《秦纪》言秦襄公、文公“葬西垂”，《秦本纪》又言文公“葬西山”，此西山当指西垂西面的山，也即今日的大堡子山。那么，西垂（也即汉代西县县治）必在大堡子山以东。西垂古邑后来之所以衰落，依笔者浅见，原因之一是被诸葛亮给“拔”掉了。《三国志·蜀志》载诸葛亮伐魏，建兴六年初出祁山，因前锋马谡丢失街亭而被迫撤兵还蜀，归途中“拔西县千余家”。诸葛亮出祁山，进与退走的都是塞峡，即古建安河谷。古建安河就是当今甘肃西和县境内由南向北注入西汉水的西和河。西邑必位于诸葛亮由祁山退回汉中的路线上。古代营建都邑，多选两条河流交汇地带，因此我们应把目光集中在古建安水与西汉水的合流处，即今礼县的永兴镇以及与之毗邻的西和县长道镇那一带。此地区东北距天水约120华里，西距大堡子山约10华里，又正处在诸葛亮退兵汉中的要道上，完全符合我们前面所分析的给西垂古邑标位的诸种条件。除此之外，还有一个有力的旁证：汉代西邑旁边还有个姊妹城曰戎丘。《后汉书·隗嚣传》载光武帝刘秀遣大将岑彭、吴汉围嚣于西邑，壅西谷水以灌之，情势非常紧迫。嚣将“王捷别在戎丘，登城呼汉军曰：‘为隗王城守者，皆必死无二心！原诸军亟罢，请自杀以明之。’遂自刎颈死”。王捷能在戎丘城头向围西邑的汉军喊话，说明二城必相距甚近。在戎夏杂居的秦汉时代，盛行这种双城制，汉族与少数民族分城而居，别而治之。西邑与戎丘双城并立的形成，历时已久，这在《史记·秦本纪》中亦能找到线索。非子封于汧渭之间的秦地之后，仍居西垂的大骆一族被犬戎给灭亡了，西垂被犬戎所占，直到秦庄公时才又收复回来。是时西垂也即犬丘城肯定遭到一定程度的破坏，并留居了一些被秦人征服了的戎族残部。故秦人又在其旁别建居邑，即《秦纪》所言宪公即位所居的“西新邑”[13]。此西新邑发展为秦汉时代之西县城，犬丘故城在其近旁，即后世所说的戎丘。先秦陇山以西的戎族，演化为汉以后的诸羌，故多居戎人的戎丘，后来称“羌道”。《汉书·百官表》云：“县有蛮夷谓之道”。羌道后来音变为长道，西魏始设长道县，隋代因之，方志明言，即汉之羌道。今日永兴、长道二镇比肩而立，余疑即古西邑与戎丘二城几经变迁后旧格局的遗迹。二镇一西一东，同处古建安水与西汉水的交汇地带，正是《水经注》所说的“南岈北岈之中，上下有二城相对”的形势。古建安水即今之西和河，是从永兴之西侧入西汉水的，它正是古籍中所说的“西谷水”。此水对永兴的威胁远大于西汉水。永兴至今水位甚高，每年夏季河水暴涨时，预防被西和河冲淹乃一大事，故当年岑彭、吴汉有壅西谷水困隗嚣于西城之举。

现在我们再来看方志的记载。乾隆二十九年刻印的《直隶秦州新志》，其“礼县”目下曰：“故州西南一村落，古为雍州，周为秦亭，秦为陇西郡，皆如州。秦置县，曰天嘉。”此志将秦亭和礼县混淆在一起是个错误；但它说“秦置县，曰天嘉”，却不宜漠然视之。该志随后又实事求是地解释说，谓秦置天嘉县，乃“归志云尔”，“由来称礼县为天嘉，或当别有据耶”？康熙二十六年修成的《巩昌府志》“礼县”目下曰：“郡西南一村落耳，在前古往往为郡县。秦曰天嘉，汉为汉阳，三国属蜀，诸葛出师履其地。”此志是以明代天启年间的稿本为基础撰修的，大约就是《直隶州新志》所说的：“旧志云尔。”由此我们了解，晚至明代，人们还隐约地知道礼县古有“天嘉”之称，并把它和秦人联系起来。这“天嘉”位处哪里呢？原来它正在我们上文所推论的那个可能性最大的古西邑标位点上。《巩昌府志》“古迹”目下云：“天嘉古郡，在礼县东四十里，秦武公所置。”光绪十六年刻印的《礼县新志》叙述礼县沿革云：“旧称兰仓，莫考所自。秦为天嘉，汉为羌道、上禄、西县地，属陇西郡。”其“山河”目下云：“明礼店文州千户所，县东四十里，秦为天嘉郡，元为礼店文州，明初仍之，今有故城。”秦郡中无“天嘉”之名，即以县言，是否如《巩昌府志》所说为“秦武公所置”，今已无考。但天嘉之处位，方志却说得极明确：在礼县城东 40 华里。元代因此地“当蜀陇之冲，宜镇守，置蒙古千户，屯禦番戎，为礼店文州军民元帅府”。明洪武年间置“礼店千户所”。礼县崖城乡九泉山泰山庙遗址，有一方元代石碑，言礼店文州元帅府的设置，称：“建帅阃于西汉阳天嘉川冲要。”此可证明清代方志所言不误，流经礼店的西汉水河谷平原，即称“天嘉川”。这个位于礼县城东 40 里，古称天嘉的“礼店”，正好就是我们上文用很多篇幅申说的位于西和河与西汉水合流处的永兴镇。至今当地民众称永兴为“店子上”，称西起大堡子山，东至盐官（汉代之卤城），长约 30 余华里的西汉水河谷为“店子川”。这条“店子川”乃一平阔的条状小盆地，土壤肥美，水源丰富，山川交错，形势险要。盛产井盐的古卤城扼控其东，临水而坡缓的大堡子山绵亘其西，易守难攻的祁山要塞雄踞其中。境内人烟稠密，宜农宜畜，自古至今为物产丰饶之地，确为古代部族立邑建邦的理想区域。

但截至目前，人们尚未在这片河谷盆地发现先秦古城遗址。我想这可能有两方面的原因：一是至今尚无人在这一地区展开过认真的考古调查；二是这一带水位甚高，西汉水河岸在不断上升，由于自然环境的变迁，古城遗址有可能已深埋于地下了。

与古西垂地望相关的，有个嘉陵和嘉陵江的问题。60 年代笔者初至礼县工作时，曾为西汉水的名称困惑不已。这条水与汉水毫无关联，为什么叫它西汉水呢？后来仔细阅读了包括《水经注》在内的许多古代地理著作，特别是阅读了 80 年代出版的刘琳先生的《华阳国志校注》，才弄明白，原来今日南流入川的嘉陵江，在晋代以前并不入川，而是在今陕西省阳平关附近与汉水通连，至今尚能窥其古河道的遗存。嘉陵江的两条主要支流，一条是从甘肃省天水县南流纵贯徽县境内的永宁河，即《禹贡》所言“嶓冢导漾，东流为汉”的古漾水；一条就是从天水县西南流经礼县，又东南经成、康二县界域而入陕的西汉水。这两条水一东一西，在晋代以前，事实上也就是汉水上游的两条主要支流。此即前、后《汉书》所说的东、西二汉水。它们都发源于嶓冢山（即今天水市南的齐寿山），一源于东麓，一源于西麓，嶓冢山为其分水岭。民国年间修的《天水县志》也说：“由齐寿山而南出一支为嶓冢山”，“西汉水自西，永宁水自东出焉”。知此方能真正理解《山海经·西山经》为什么说：“嶓冢之山，汉水出焉，而东南流注入沔。”此沔即今汉水上游之勉水。《水经注·漾水》综括诸书而肯定“东西两川，俱出嶓冢，而同为汉水者也”是正确的，所引《汉中记》云“嶓冢以东，水皆东流；嶓冢以西，水皆西流”，正是当地之实况。

明白了汉水上游古代水系的这一重大变化，我们对于嘉陵江的名缘便会有新的认识。汉以前并无嘉陵江之名，今嘉陵江上游古称故道水，源于汉代陇西之氐道县，又称氐道水。此水汉魏时代规模较漾水为小，从属于漾水，并不被视为汉水上游的主要支脉，故《汉书·地理志》说：“东汉水受氐道水，一名沔，过江夏谓之夏水入江。”那么，嘉陵之名从何而来呢？原来古代西汉水即有嘉陵江之名。《元和郡县图志》：“利州·绵谷县”目下即曰：“西汉水，一名嘉陵水。”《通典·州郡四》亦曰：“嶓冢山，西汉水所出，今经嘉陵曰嘉陵江。”《水经注·漾水》比以上二书更讲得早：它直接称西汉水为汉水，说汉水在流经今永兴川后，“又南入嘉陵道而为嘉陵水”。据刘琳先生考证：“嘉陵道故城在今甘肃西和县西，临近西汉水，故称西汉水流经嘉陵道之一段为嘉陵水。”他还指出，将故道水合西汉水而称嘉陵江，始自北宋的《元丰九域志》[14]。所谓“嘉陵道”乃西汉建置，东汉即废。其命名“嘉陵”，依笔者之见，当与前述方志所言西垂地区秦时有“天嘉”之称有关。我在写《秦人早秦都邑考》时，认为“天嘉实乃西县故城之别称，可能是后世秦人对其先祖居地的一种纪念性命名”。现在我又有些新的想法。天嘉之称，缘于嘉陵。嘉陵之“陵”，即指秦先公西垂陵墓而言；而“嘉”字，余疑当另有来历。说来话长，但古文记载的线索却清晰可寻。《史记·赵世家》太史公曰：战国末年的赵悼襄王，废其嫡子嘉而改立嬖妾所生的迁。赵国亡于秦之后，流亡于代地的赵国贵族拥立嘉为代王。《秦始皇本纪》也言及此事，云：“赵公子嘉率其宗数百人之代，自立为代王，东与燕合兵，军上谷。”6年之后，秦又灭代，“虏代王嘉”。代王嘉的下落如何，正史未作交代，而唐代林宝所撰《元和姓纂》，宋代郑樵所撰《通志·氏族略》以及邓名世所撰《古今姓氏书辨证》，却提供了一条极重要的信息。它们说代王嘉降于秦，秦命嘉之子名公辅者主西戎，西戎怀之，号曰赵王。这一支赵人，即“世居陇西天水西县”。秦灭代后，让公子嘉的后代“主西戎”，居西县，这绝不单纯是三代政治斗争中“废父兴子”传统的遗风，也是秦王朝的一种精心安排，反映了秦人对其祖地祖茔的重视。秦赵同祖，愈是古远的秦先公，与赵氏的族缘关系愈密切，愈亲近。公辅一族受秦命而远徙陇右西县，其任务显然是去看守嬴姓先祖之故都和陵墓，并主持定期的祭祀。公辅一族受此优待，公辅之父代王嘉必然与之同迁。按宗法制之余绪，这一族人必然尊嘉为宗主，嘉之名也必显闻于当地。是时王公之墓区早已开始称陵，代王嘉一族驻守秦先公之旧地，并主祭其陵墓，后世遂称该墓地为“嘉陵”。由此我们才能理解，为什么大堡子山附近还发现有不少时代靠后的秦贵族墓，社会上散见许多从该地区流出的战国乃至汉代文物；而大堡子山陵区周围赵姓居民之众，亦可得到更充分的解释。

大堡子山秦先公墓地称为“嘉陵”，西汉水正从大堡子山脚下流过，故经过大堡子山之后的那段河水便被称作嘉陵江；又由于西汉水曾经是汉水上游的主要支流，故汇入故道水和漾水的整个一条河流便也被叫做嘉陵江。此名既定，后来西汉水反倒被视为嘉陵江的一条支流了。当然，这可能与后来西汉水的水量减少也有关系。

四　对其他相关问题的思考与审视

大堡子山秦先公西垂古陵的发现，除了在上述几个大方面集中显示其学术价值外，还在若干具体问题上开拓了我们的视野，启发我们从新的角度进行思考。下面我略举数例：

（一）青铜器铭文问题

商、周青铜器凡具记叙性铭文者，不论长短，申明作器者与所作器，是一项主体性内容。长篇大论的铭文，只不过是在叙述作器缘由时借题发挥，或夸自身功德，或扬先祖荣耀罢了。而一般短铭多简练地说明器主与器名。大堡子山秦西陵所出青铜器，据传闻长铭者有多件，甚至有过百字者；但未曾目睹，流言难凭。仅就目前已知之铭言，皆为一句话的短铭。铭虽短，却有值得注意的几点：（1）作、铸并用。金文记器主与所造器时，绝大部分谓词用“作”字，极少用“铸”字，而作、铸并用者尤为罕见。据王辉先生说，“作铸”亦见于1978年陕西陇县边家庄出土的卜淦口高戈铭，该戈时代亦在秦文公前后。笔者孤陋寡闻，所知传世器中大约只有仲子平钟、哀成叔鼎、栾书缶等数器，铭中作、铸并用。而已知秦公十二器中有八器作铸并用，甘肃省博物馆还藏有大堡子山秦西陵所出多件鼎、簋含铭的残片，铭中也是作、铸并用。这能否视为早期秦器的一个特征？（2）秦字写法。许慎《说文》云：“秦，伯益之后所封国。地宜禾，从禾舂省。一曰秦，禾名。”籀文、小篆秦之字形均如许氏所说为舂省，上部双手持杵，杵下无“臼”，下部为双禾。金文中几乎所有秦字亦皆如此，只有恭王时的《师酉簋铭》秦字未省臼形，但臼字上下皆开口，其形不全。故不少学者不怎么相信许慎的“舂省”说，如林义光即认为秦字本义与舂无关，乃“获禾”。郭沫若认为秦字本义为“束禾”。上博所藏秦西陵所出有铭六器中，有四器秦字未省臼，充分证明了许慎“舂省”说的正确。（3）礼器刻铭。春秋以前的王公大墓所出青铜器一般均为铸铭。上博所收秦器毫无疑问为铸铭，而甘肃所收秦公鼎及其他有铭残片，经笔者仔细观察，很可能是刻铭。结合部分青铜器制作较为粗糙的情况分析，可知当时秦人的青铜工艺水平不太高，对礼器精美度的要求也欠严格。也可能由于其他因素，如墓主突然死亡，仓促入葬，来不及精工细作等。

（二）墓主问题

关于大堡子山秦西垂古陵究系何公之墓葬的问题，学界有较多的人给予关注。开始只围绕李学勤先生所介绍的出现在纽约的一对秦公壶器主是谁进行讨论。李学勤先生认为可能是庄公[15]，陈昭容女士认为可能是文公[16]，白光琦先生认为是襄、文二世中的一位[17]，韩伟先生开始将大堡子山墓地实况与器物特色结合起来考察，认为该墓地有两个秦公陵园，应为秦仲与庄公之墓[18]，李朝远先生立足于对上博新收秦器的研究，判断大堡子山两座大墓主人应为襄公、文公[19]。由于墓地形制等确凿考古资料至今未正式公布，陈平先生对大堡子山秦陵究系一公之墓还是两公之墓，尚持慎重态度。他认为如系一墓当是文公，如系二墓当是文公和宪公[20]。

《史记》述秦之称公，或名，或号，或谥，用语严格，断限分明。秦君称公自庄公始。如承认司马迁对早期秦史的记叙为有据可信，则应秦仲既不可能称公，亦不可能葬于礼县之大堡子山。这一点，陈平先生所言甚是：“秦仲时非子一系秦人的活动中心当在甘肃天水东北方之清水秦邑。秦仲为西戎所杀时，其族之大本营仍在清水秦邑；而地处礼县之西垂当时正被灭犬丘大骆之族的西戎所占。故秦仲死后归葬地必在清水秦邑，而绝不可能在已陷戎手的礼县西垂。”[21]至于宪公，其葬地本有歧说。《秦本纪》说文公、宪公死后均葬西山，而《秦始皇本纪》后附《秦纪》却说文公葬西垂，宪公葬衙。汉唐诸儒对此歧说已有异议，是非难定。而且，正如许多学者所指出的，从大堡子山秦陵所出青铜器的形制、纹饰和铭文看，如定在宪公时代似嫌偏晚。故我在本文第一部分曾说，在秦人先祖中，有资格称“公”并有明确记载葬于西垂的，只有庄、襄、文三世。

现已肯定，大堡子山陵区至少有两座秦公墓，而出土青铜器又明显具有两种风格，并能略辨时间早晚的差异。笔者认为，墓主为襄文二公的可能性大一些。因为襄、文二公的死年相去整整半个世纪，这段时间足以显示出青铜工艺水平及纹饰风格的变化。制作较为粗糙，使用刻铭显然乃临时铸作之明器者，应属襄公。襄公被封为诸侯，是时秦人之青铜制作技艺尚处向周人学习的阶段，水平较差；襄公又死于军旅，具有突然性，来不及对葬丧作充分准备。因此，其随葬礼器不可能十分精美。而文公则不同，是时秦人已彻底打败西戎，控制关中。文公在位50年，他迁汧拓域，承周人之基业；建立史官制度，强化刑法威力，完善了国家统治体制。我们从记叙其东猎汧原实况的《石鼓文》中可领略秦国公室的华盛气象。总之，那是一个秦人在军事、政治、经济、文化诸方面均获迅猛发展的时代。因此，文公墓葬的规格与随葬品的丰富程度、精美程度，肯定非襄公时所能达到。当前这个问题文博界正在展开讨论，希望能有新的考古发现帮助我们最终得到正确的答案。

（三）金器原料来源问题

大堡子山秦先公西陵出土了许多金制品，除了本文前面论述过的各种金饰片外，韩伟先生还在巴黎见到与金饰片同出的两件金虎，长41、高16、腹宽3至4厘米，系由10段不同形状的金片在木芯上铆接套钉而成[22]。此陵大量使用黄金的现象引人瞩目，因为在同时代其他文化的墓葬中，出土金质品极少。我们前面强调过，秦人以周人为师，秦文化受周文化影响的深度，乃学界所公认。但在泾渭流域的西周墓葬中很少发现金器。周原地区出土铜器的墓葬和窖藏约百座，但无金器出土；甘肃灵台白草坡西周墓葬出土了那么多精美珍贵的葬品，其中却没有一件是金制品。人们不禁要问：大堡子山秦西陵所出金器，原料来自何处？是否为当地所产？

从今天的矿产分布及开采情况看，西汉水流域的礼县、西和地区乃至范围更广些的白龙江域内，是产黄金的，而且是比较易于发现和开采的沙金。但在2800年前的西周晚期，这一地区是否存在黄金冶炼业？目前却没有答案。我们只知道秦代西垂曾是一处重要的武器铸作中心，存世兵器中署铭“西工”的为数不少。“西”和秦人后来的都邑栎阳、雍、咸阳等地一样，是秦中央武库兵器的提供地。在新出土的秦封泥中，有一枚“西采金印”，论者以为印主“当为西县掌冶金（铜）之官”[23]。也有人认为乃“主冶铁的部门”[24]。愚意此封印之“金”字含义值得斟酌。是时铁、铜、金已有明确界分，封泥中另有“齐采铁印”、“楚采铜”、“楚采铜丞”、“临淄采铁”等印，铜铁二字表义已经通行。故“西采金印”之金字，也有可能是指黄金。如果这一推测成立，则大堡子山秦西陵所出金制品，就地取材的可能性就不宜排除。当然，这问题的彻底解决，一靠今后当地考古发掘提供新的物证，二靠现代化科技的帮助。严格的金属化学分析有助于我们找到正确答案，因为某一地区的黄金所含微量元素的成分和比例是各有特色的。这将是文物检测与保护部门的一项很有意义的研究课题。

韩伟先生认为甘肃东部古秦地不产黄金，推测大堡子山秦陵所出金器原料来自外地。他说：“这些黄金很可能来自黄金产地的河西走廊或阿尔泰地区。”[25]韩先生不了解礼县、西和地区产沙金的实况，但他以多年研究古代金制品的经验，指出西垂陵墓黄金来源可能之一途，还是很值得重视的。此外，我想如果西垂秦陵的黄金确非当地所产，则四川也是可能性较大的一个来源。西汉水流域自古就是甘、陕通往巴蜀的要道，秦文化与巴蜀文化的交流也早已为考古学所证实。四川广汉三星堆遗址也出土了不少金制品，而且时代要比大堡子山秦陵早得多，二者对黄金的使用，是否存在着同源关系？

（四）秦人与塞族的关系问题

在甘肃省博物馆因经费短缺而未能征集入藏的大堡子山秦陵出土物中，有一件两面线雕的骨片。骨片呈鞋舌形，长约12厘米，宽端为外突圆弧，约7厘米，窄端较平，约4厘米。所雕图像为骑猎场景，人物高鼻巨目，多有圈腮胡，浓密的长发披至颈部后外翻上卷。身着腕部收紧而胁部宽肥的上衣，衣长至大腿根部，细腰束带，足着靴。骑马弯弓，正在追射虎、鹿及一种善奔的蹄类动物。其构图技法与人物形象，均与华夏风格截然不同，使人联想到中亚的塞族人。后来甘博又征集到一件据传亦出土于天水地区的骨筒，高 7.6、径 4.6 厘米，一端平齐，一端斜削，筒面刻武士射猎图。人物形象与上述骨片所雕者不同，但线雕技艺风格却极其相似，尤其是那流畅鲜明、动感很强的图像轮廓内填以细密斜线的表现手法，堪称是一脉相承。骨管的时代要晚一些，但亦为秦人域内所出。这些骨雕不仅同大堡子山秦陵内涵的文化风貌全然不同，也与后来的秦文化找不到血缘关系，故可设想它们是秦人和域外文化交流之所得，而且极有可能来自塞族。此外，秦人大量使用黄金饰品的现象，也可能是受了塞族的影响。我们知道，塞族人有喜爱黄金的传统。原苏联考古学家在克里米亚半岛发掘的一座贵族墓葬，曾出金器 1300 余件，其中有大量金饰片。在已知的许多塞族墓葬中，随葬金质品的比例相当之高。塞族人把黄金看得很神圣，王室每年为它举行典礼。如前所述，秦人是周文化的追随者，但西周墓葬中却很少出现黄金。秦人的喜用黄金，当是从塞族人那里学来的。西周、春秋之交时期的秦人与塞人有某些交往，在文化和习俗上存在相互影响，这种推测符合世界史范围的民族流徙大势，并非毫无道理。不少民族学家曾指出这一点，如易谋远先生即说："从世界史范围看，在公元前七世纪末发生了一次以吉尔吉斯草原为核心的波及欧亚草原的民族大迁徙浪潮。塞（sak）人，《汉书·西域传》、《张骞传》称为'塞种'，即西史所见'sakā'，佛教所谓'释种'者，它的直接祖先——西方的安德诺罗文化系统，向东曾直达我国的西北边境。而我国北部和西北部地区与中亚地区同属于干燥草原地区，宜于放牧，因而相互间联系密切。故至迟在春秋以前塞人已到达河西走廊地区，同居于河西昆仑的昆夷发生接触。部分昆夷被迫南迁四川，就可能与这次世界性的移民大浪潮有关。"[26]种种迹象表明，西周后期塞族的影响事实上已伸展至陇山东西，波及泾渭流域了。位处甘、陕、川交通要冲的秦人，与东移之风正盛的塞人，发生接触与交往，亦乃情理中事。

（五）圆顶山墓区的性质问题

1998 年由礼县博物馆主持发掘的永兴乡西南境赵坪村圆顶山墓地，具体情况与所出器物至今尚未公开披露。有些新闻媒体未做深入考察，误将该墓区与大堡子山秦公陵园混为一谈，应予澄清。首先，二者非处一地。大堡子山濒临西汉水北岸，靠近文家村；而圆顶山位处西汉水之南，与河岸尚有一段距离，靠近赵坪、龙槐二村。两处墓地虽隔河相望，但相去约有六七华里之遥。其次，大堡子山陵区有目字形、中字形大墓和长达百余米的车马坑，所出青铜器中有铭可确证为秦公葬品者，目前已知至少有十余器。而圆顶山墓区多为中、小型墓葬，已发掘的最大一座出七鼎六簋，但均无铭文，绝非秦公之墓。再次，大堡子山陵区所出器物具有明确的时代特征，学者们一致公认其时限不出西周晚期至春秋早期的范围。而圆顶山墓地情况则较复杂。据笔者所见出土青铜器形制、纹饰的显示，以及所闻参与发掘同志的口头介绍，初步印象是该墓地时代尚难贸然断定。所出尽管不乏春秋早期的器物，但有的可能晚至战国。如出土物中有三把镶嵌绿松石的铜柄铁剑，长达 70 厘米左右，还出有环首刀，均含晚于春秋时代的因素。甘肃省博物馆 1995 年新入藏一件出土于该墓区的铜格铁铍（铍身残长约 60 厘米，柄已断佚），铜格为长三角锯齿形，应为战国器物。礼县博物馆还藏有一件 1979 年出于该地区的四钮子口盖铜壶、壶身通体饰蟠虺纹和变形兽面纹，制作精美，纹饰华丽，为典型的战国时器。总之，圆顶山墓区时代，至少其下限要比大堡子山陵区晚得多。

前文言及，圆顶山墓区的性质是很值得探讨的问题。所出器物中，有一些颇具晋器的风格，这很令人困惑。如上面说到的微型多辐条四轮铜车，车厢四角扉棱饰有四只卧虎，车厢盖饰以鸟、熊等动物，还有一人（惜其首已佚）。这使我们不由想起山西闻喜晋墓所出的刖人守囿挽车。该车亦为微型葬品，亦无辕，亦有人，车厢四角亦各饰卧虎，箱盖上亦饰鸟兽等动物。不同的是该车有大、小六轮，制作更为精美。但从铸作意向和总体风格看，二者显然有承袭关系。

如何解释这种现象呢？上文述嘉陵江名缘，曾提到公子嘉的事。我想，圆顶山墓区很可能就是战国末年受秦始皇之命，从晋地迁至西垂地区的原赵国王室公子嘉一族的墓地[27]。他们的墓地必与秦先公陵园分处两地，但二者距离又不可能相去太远。如果这一推测成立的话，则不仅可以解释为什么在秦人国都春秋早期即已东移关中的背景下，西汉水中游地区还经常出土晚至战国乃至西汉时的精美器物；更能解释为什么圆顶山墓地所出青铜器中，有些显示了鲜明的晋器风格——那是公子嘉一族从其故地带至西垂的赵国公室旧器。我们期待着圆顶山墓区发掘资料的正式公布，以便检验上述推测的合理程度。

（《秦俑秦文化研究》）

注释

［1］［19］李朝远：《上海博物馆新获秦公器研究》，《上海博物馆集刊》第七期。

［2］此四鼎出土后，不法分子为便于偷运出境而将之砸成碎片，被西和县公安局追缴，移交文物主管部门。其中二鼎经中国历史博物馆修复，曾在1997年北京“全国考古新发现精品展”展出。

［3］［15］李学勤、艾兰：《最新出现的秦公壶》，《中国文物报》1994年10月30日。

［4］《史记志疑》卷四。

［5］《史记·封禅书》集解与索隐。

［6］这套编钟为礼县公安局侦破盗墓案件的查获品，后移交文博部门，现在甘肃省博物馆展出。

［7］［8］［18］［22］［25］韩伟：《论甘肃礼县出土的秦金箔饰片》，《文物》1995年第6期。

［9］熊铁基：《秦人早期历史的两个问题》，《社会科学战线》1980年第2期。

［10］《陇右文博》1996年创刊号。

［11］有书上说是约90华里处，这可能与历史上天水县治的变迁有关。据天水方志载，今天水市西南数十华里处有天水故城。

［12］石兴邦：《秦代都城和陵墓的建制及其相关的历史意义》，《秦文化论丛》第一辑。

［13］虽然秦文公时即已迁汧，但从其死后归葬西垂的情况看，当时秦人的政治中心并未完全转移至陇山以东，其对祖邑西垂仍极重视。文公在位时间很长，宪公作为世子，很可能留守西垂，并在西新邑即位。故在即位后第二年，便徙居平阳，开始到关中理政。

［14］《华阳国志校注》，巴蜀书社1984年。

［16］《谈新出秦公壶的时代》，《考古与文物》1995年第4期。

［17］《秦公壶应为东周初期器》，《考古与文物》1995年第4期。

［20］［21］《浅谈礼县秦公墓地遗存与相关问题》，《考古与文物》1998年第5期。

［23］周晓陆等：《西安出土秦封泥补读》，《考古与文物》1998年第2期。

［24］任隆：《秦封泥官印考》，《秦陵秦俑研究动态》，1997年第3期。

［26］易谋远：《论彝族起源的主源是以黄帝为始祖的早期蜀人》，《民族研究》1998年第2期。

［27］详论见拙文《大堡子山秦西陵墓主及其他》，《陇右文博》1999年第1期。

西垂西畤考

陈　泽

位于中国腹部的甘肃省礼县这个史称西垂的区域，是秦国的发祥地。

自殷末中潏“在西戎，保西垂”以来，至文公东徙汧渭之会的三百年间，秦人在西垂这个区域，不但有跌宕起伏的活动历史，而且为中华民族创造了光辉灿烂的西垂文化。

本文以《史记·秦本纪》的记载和地下新出土的资料为依据，通过实地调查，对秦人的西垂以及西畤，进行了较为翔实的考稽。现写出一二，求教于宿学时彦。

一　西垂考

《秦本纪》记述西垂的文字，凡见三处。(一）殷末中潏“在西戎，保西垂”。(二）申侯言于周孝王曰：“昔我先郦山之女，为戎胥轩妻，生中潏，以亲故归周，保西垂，西垂以其故和睦”。(三）庄公为“西垂大夫”。上述三处所言的西垂，皆指秦人在陇阪以西活动的区域。

《秦始皇本纪》论述西垂的文字，也见三处。(一）“至周之衰，秦兴，邑于西垂”。(二）“襄公立，享国十二年，初为西畤，葬西垂”。(三）“文公立，居西垂宫，五十年死，葬西垂”。其中秦兴，邑于西垂，这句话是很明白的。至于襄公葬西垂和文公葬西垂两处的西垂一词，我以为都是西山一词的借代。

司马迁在《秦本纪》中写道：“五十年，文公卒，葬西山。”接着写道：“宁公（即宪公）生十岁立，立十二年卒，葬西山。”这里出现的两个西山，均在陇阪以西，是今礼县东北二十五华里的大堡子山。

《秦本纪》和《秦始皇本纪》六处所言西垂，它包括现今哪些地方呢？论者说法颇不一致。现从下面几个方面来具体考查。

一、从史料及后人作注方面来考查。《秦本纪》记载太略，唐以前的典籍反映的情况很不一致，后人作注也未能相互吻合。《后汉书·郡国志》说：“西，故属陇西，有嶓冢山，西汉水。”这里指出了西垂的主要标志。

嶓冢山即今天水市秦城区平南镇以东二十华里的齐寿山。西汉水发源于嶓冢山后，流经平南、天水、盐官、店子到礼县汉阳川南入“嘉陵道”为嘉陵水。这就是说嶓冢山下，西汉水上游的这块地方，就是西垂。

近人张大可《史记全书新注》释西垂曰：“殷时的西垂泛指关中，周时的西垂指今天水地区，为秦发祥之地。”[1]所指范围偏大了点。李学勤先生说：“甘肃天水、清水、礼县这个区域是秦国的发祥地。”[2]这一结论，比较近似。

二、从战国、秦、汉时代，西垂周围的地名、地望来考察。按谭其骧先生《中国历史地图集(一)》所标地理名称：西垂的北部，应以抉水为界。南部应从天水市北道区的东岔算起，经当川、娘娘坝至西和县画眉山、横岭山和礼县的龙山、铁笼山为界，西部应以礼县崖城乡木树关为界，东部应以陇阪固关峡为界。标出以上西垂疆域的四至，我们可以得出结论说，西垂并不等于现在的天水地区。虽然它和汉陇西郡西县相当，但也不完全等同。

三、从地质资料来考察。今礼县红河乡草坝村有“天水湖”遗址。龙出湾北山有“海头下”遗址。大堡子山旁何家庄山上 1994 年出土了五块直径 1—2 尺大的鳖化石。西和县卢河乡陈山村 1978 年出土了直径 2.5 尺大的龟化石。礼县石桥乡圣泉村 1957 年出土了一块鱼化石。这些资料表明：嶓嵺山下，铁笼山以上西汉水上游两岸，在远古时代，曾经是一片“洪水滔天，浩浩怀山襄陵”的汪洋。据《禹贡》、《夏本纪》载：秦人远祖伯翳佐禹治水，“自嶓导漾，东流为汉”。这就是说，当伯翳和大禹率领先民们凿开了天台山下的石门峡，才有了红河川；凿开了大堡子山下的永固峡，才有了天水、盐官、店川；凿开了铁笼山下的松林峡，才有了礼县汉阳川。三峡既开，道西汉水归嘉陵道之后，经过千百年淤积，才出现了西垂这块平坦而肥沃的陆地。这就是秦襄公在秦公簋铭文中，言“朕皇祖鼏宅禹跡”的缘由。我以为襄公所谓“鼏宅禹跡”，实质上是“鼏宅西垂”。禹跡即西垂。

据上考证，可以得出结论说：西垂是指今天水西南、礼县东北的这块地方；在中潏至文公的三百年间，西垂一直是秦人的发祥地。

二　西畤考

《封禅书》云：“秦襄公既侯，居西垂，自以为主少皞之神，作西畤，祠白帝。”《秦本纪》亦云：“襄公于是始国，与诸侯通使聘享之礼，乃用骝驹、黄牛、羝羊各三，祠上帝西畤。”白帝就是少皞。《五帝本纪》云：“帝喾娶娵訾氏女，生挚。帝喾崩，而挚代立。”少皞名挚，他是五帝之一的西方上帝。王逸注《五帝本纪》曰：“五帝谓五方神也。东方为太皞，南方为炎帝，西方为少皞，北方为颛顼，中央为黄帝。”襄公所祠白帝，就是西方上帝少皞帝挚。

西畤的地望，《秦本纪》只言“在西垂”。冯国瑞曰：“秦作五畤，其四畤在歧雍，惟西畤当在西县。”周、秦西县治，在今礼县红河乡，冯说当是。

《说文》释畤曰：“畤，天地五帝所基地祭也。”《辞源》释西畤曰：“畤，祭天神之台。西畤，祀白帝之处。”礼县红河乡犬丘遗址南有天台山。我以为天台者，祭天之台也。天台与畤之义，合若符契。所以确定天台山为秦襄公作西畤祠白帝之处，殆无可疑。

天台山上古名岳山，是《封禅书》所记“自华以西陇右七大名山”之一。自秦襄公作西畤起，遂将岳山改名天台山。天台山在犬丘东南五华里，高出犬丘 300 余米，杰然特立，除北侧平缓可登外，其余三面自麓至顶，山势壁立，不可攀登。山顶有约 800 平方米的平台，像篆文岳字之形。

天台山自襄公作西畤始，数千年来，沧桑多变几经兴废。自秦、汉、魏、晋、唐、宋以迄于今，历代在天台山建立畤、观、庙宇不绝。秦亡汉兴，孝文帝十三年下诏曰：“名山大川在诸侯，诸侯祀各自奉祠，天子官不领。”“有司议增雍五畤路车各一乘，驾被具西畤、畦畤禺车各一乘，禺马四匹，驾被具。”孝武时窦太后独尊黄老，废西畤而祠泰一。天台山近年出土有“踏罡步斗”图形文字的大铜印一方。论者以为是汉代掌黄老教祠官之印。魏晋时，天台山改称庙台。隋唐时，在天台山立庆云寺。贞观年间铸有庆云神钟一座。北宋天圣年间，朝廷令天台山修“无量祖师庙”，亦称“真武观”。南宋绍兴年间，吴璘加固天台山城堡，以抗金兵。“民国”二十八年复修庆云寺，增其旧制。悬有于右任、白崇禧、范振绪、水梓、冯国瑞等各家所书匾额。还有由兰大教授张云石撰文，张邦彦书写的石碑。1983 年礼县县志办康世荣同志所撰《礼县红河——秦先祖发祥地》一文中说：“很有可能，秦襄公就在天台山上建西畤，祠白帝的。”康君是通过调查后得出的结论。无论从天台山下秦人所居犬丘、所立宗庙以及此地所出土的青铜器文字资料和所处位置坐标诸方面来判断，西佣遗址就在天台山是符合实际的。

秦襄公在天台山作西佣，祠白帝，后人亦有微词。司马迁在《六国年表（三）》中写到：“秦襄公始封为诸侯，作西佣用事上帝，僭端见矣。”“天子祭天地，诸侯祭其名山大川。今秦杂戎翟之俗，先暴戾，后仁义，位在藩臣而胪于郊祀，君子惧焉。”我以为，这是对周人传统礼制的轻蔑。正由于秦人有这种反传统的民族性，他才有“奄有四方”，“统一天下”的雄心壮志。秦人自从西垂崛起，步步向东推进，从而创造了秦国、秦朝辉煌灿烂的历史和西垂文化，它对中国历史的发展产生了深刻的影响。

（《礼县文史资料》第四辑）

注释

［1］张大可：《史记全书新注》，三秦出版社 1990 年。

［2］李学勤：《探索秦国发祥地》，《中国文物报》1995 年 2 月 19 日。

秦九都八迁的路线问题

李自智

秦自周孝王时非子受封而“邑之秦”[1]，到秦孝公十二年（公元前350年）的最后定都咸阳，在长达500多年时间里，随着势力的逐渐强大和不断东略，其都邑也逐步地东迁，期间共历经了九都八迁。对于秦九都八迁的起讫路线，目前还存在一些模糊认识，往往简单地表述为由甲至乙、由乙至丙式的依次相递迁徙，甚至还将个别迁徙的起讫之地本末倒置。这种认识可以图示为：

西犬丘（西垂）⟶秦⟶汧⟶汧渭之会⟶平阳⟶雍⟶泾阳⟶栎阳⟶咸阳

事实上秦都邑迁徙的起讫路线并不都是如此直线式的，而是有部分的迂回。起码有以下几次迁都的起讫路线值得讨论：

（一）秦的第一次迁都

秦的第一次迁都，学术界一直认为是从西犬丘（今甘肃礼县）迁至秦（今甘肃张家川县。原属清水县，1961年后分出，成立张家川回族自治县）。这种认识是不正确的。对此，笔者曾有论及[2]，今再申论之。

上述认识犯了一个概念性的错误，即忽视了秦人称秦这一大前提。也就是说，谈论秦的都邑，应该指的是秦人称秦后所建的都邑，而称秦前的所有迁徙之地，都不能算作是秦的都邑。

秦人的开始称秦，《史记·秦本纪》有明确的记载：“非子居犬丘，好马及畜，善养息之。犬丘人言之周孝王，孝王召使主马于汧渭之间，马大蕃息。孝王欲以为大骆适嗣。申侯之女为大骆妻，生子成为适。申侯乃言孝王曰：‘昔我先郦山之女，为戎胥轩妻，生中潏，以亲故归周，保西垂，西垂以其故和睦。今我复与大骆妻，生适子成。申骆重婚，西戎皆服，所以为王。王其图之。’于是孝王曰：‘昔伯翳为舜主畜，畜多息，故有土，赐姓嬴。今其后世亦为联息马，朕其分土为附庸’。邑之秦，使复续嬴氏祀，号曰秦嬴。亦不废申侯之女子为骆适者，以和西戎。”《秦本纪》的这段文字，有以下几点值得注意：

（1）非子受封之前居犬丘时，尚属犬丘大骆一宗，彼时尚无“秦嬴”称号。

（2）非子受封为周的附庸后，即从犬丘大骆一宗分离出来，以秦为都，始称“秦嬴”。

（3）非子受封之后，犬丘大骆一宗依旧居于犬丘，以大骆嫡子成为嗣，但不属“秦嬴”一支。

从《秦本纪》的记载可以清楚地看出，秦人称秦是开始于非子被封于秦时。此前的秦人，包括非子受封之前，以及其受封之后的犬丘大骆一宗，均未称秦。

秦人称秦，始于非子封于秦时。那么，秦邑即为秦的始都之地，也就是秦所建的第一座都邑。明确了这一点，我们就可以进而讨论秦的第一次迁都。

非子封秦后于秦地建立了秦的第一座都邑秦邑，此后历经秦侯、公伯、秦仲三代，均以此为都。周厉王时，西戎犯周，并灭了犬丘大骆一族。周宣王即位后，乃以秦仲为大夫，使伐西戎。秦仲被西戎所杀。宣王于是召秦仲子庄公等兄弟五人，与兵七千，大破西戎。庄公同时拥有了犬丘之地，并迁都于此。这便是秦的第一次迁都。

秦的第一次迁都多被误认为是非子自西犬丘至秦邑，原因主要是持此论者只注意到西犬丘为秦人的世居之地，而忽略了秦人称秦这一大前提。我们知道，西犬丘虽为秦人的世居地，但在非子受封称秦前，它还不能算作严格意义上的秦都。因为彼时尚未称秦，何言秦都？这是不符合逻辑的。正像我们不把秦人先世居住过的槐里犬丘称作秦都一样，西犬丘在秦人称秦前也不能算作秦的都邑。直到庄公迁都西犬丘后，西犬丘方可称为秦都。如我们曾经指出的，西犬丘是秦的第二座都邑，秦的第一座都邑应为秦邑。因此，秦的首次迁都是由秦邑迁至西犬丘[3]。

（二）文公的迁都

文公迁都汧渭之会，有认为是自汧邑迁徙而来的。这一观点亦值得商榷。

对于文公的迁都，《秦本纪》记载："文公元年，居西垂宫。三年，文公以兵七百人东猎。四年，至汧渭之会。曰：'昔周邑我先秦嬴于此，后卒获为诸侯。'乃卜居之，占曰吉，即营邑之。"《秦本纪》这里所说的"西垂宫"，正义谓"西县是也"，汉陇西郡西县亦即西犬丘。西垂宫应为西垂的一处重要宫室。既然文公元年（公元前765年）居西垂宫，说明其即位是在西垂，亦即西犬丘。三年东猎，四年至汧渭之会并徙都于此。显然，文公即位后到徙都汧渭之会前的这四年间，一直是以西犬丘为都。

再说秦都汧邑。此乃襄公二年（公元前776年）所都之地[4]。襄公的迁都于汧，事出有因。秦人早期居于陇西时，与西方诸戎杂处，但关系并不融洽，长期以来处于一种敌对状态。相反，秦人一直亲近于中原的商、周王朝。特别是西戎灭犬丘的秦人部族大骆一支，又杀襄公祖父秦仲，秦与西戎结怨日深，西戎成为秦的世敌。襄公二年，西戎围攻秦都犬丘，并俘虏了襄公兄世父，西戎的威逼对秦构成了极大的威胁。襄公为了暂避西戎一时之锋芒，被迫东越陇阪，迁都于汧。可以说，襄公的徙都于汧，是迫于无奈。在都城西犬丘面临严重危机之际，暂时迁往有陇山可作为天然屏障的汧地，并在那里建立临时性的都邑，亦不失为一种权宜之计。襄公徙汧的一年多后，被西戎所虏的世父获释，这说明局势已有所缓解。襄公七年，犬戎寇周，周平王东迁洛邑，襄公救周有功，被封为诸侯。为此，襄公立西畤，祠白帝，举行隆重的祭祀活动。西畤，《秦本纪》索引云："襄公始列为诸侯，自以居西（畤），西（畤），县名，故作西畤，祠白帝。"索引所言"西畤，县名"，指的应是汉陇西西县，"畤"为衍文，不存在西"畤"县。汉陇西西县即西犬丘所在。襄公能在西犬丘立西畤，祠白帝，表明此时的西犬丘已被收复。襄公虽已徙汧，但一些重大活动仍在西犬丘进行，说明西犬丘并未因襄公徙汧而失去其作为故都的地位，况且秦的祖陵、宗庙等还依旧在那里。这种种迹象表明，在襄公的后期阶段，秦的政治重心可能又移回到了故都西犬丘。明白了这一点，就不难理解后来的文公何以在西犬丘即位，并以此为都了。

襄公后来将政治重心虽然又移回西犬丘，但曾作为临时性都邑的汧邑并未因此而被废弃。因为汧邑毕竟是秦东略过程中在关中所建的一个立足点。襄公正是以此为据点，开始了驱逐犬戎之难中侵夺岐、丰之地的诸戎的斗争，以实现周平王的"秦能攻逐戎，即有其地"[5]的许愿。近年于今陕西陇县城东南的边家庄和磨儿塬村先后发现春秋时期的贵族墓地和城址，其地与文献所载襄公都汧的地望基本相合，当为襄公所迁汧邑之所在。就目前所获资料看，城址与墓葬均延用到春秋中期[6]。襄公卒于公元前766年，时当春秋初年。这就说明，汧邑的废弃已是襄公之后的事了。基于以上认识，我们认为，文公的迁都汧渭之会，并不是徙自汧邑，而是从西犬丘迁徙而来的。

（三）献公的迁都

献公迁都栎阳，有认为是由泾阳迁徙而来。这种看法也是令人质疑的。

献公徙都栎阳一事，《史记》中有以下记载：

《秦本纪》、《六国年表》：献公“二年，城栎阳”。集解引徐广曰：“徙都之，今万年是也。”

《秦本纪》：孝公下令国中曰：“……献公即位，镇抚边境，徙治栎阳，且欲东伐，复穆公之故地，修穆公之政令……”

《货殖列传》：“献（孝）公徙栎邑，栎邑北却戎翟，东通三晋，亦多大贾。”

《史记》关于献公徙都栎阳的记载，均未言明自何处迁徙而来。但在其他文献中却不乏有关献公徙都栎阳之起始地的记载，如：

《汉书·地理志》载左冯翊属县“栎阳，秦献公自雍徙”。

《水经注·渭水》载：“（白渠）又东经栎阳城北。《史记》秦献公二年城栎阳，自雍徙居之。”

《汉书》的记载当有所本，《水经注》所记或援自《汉书》，均明言献公的徙都栎阳是徙自雍，而不是徙自泾阳。

其实，我们再仔细分析一下献公即位时的情形，也不难得出同样的结论。献公乃灵公之子。据文献载，灵公死后，由于秦宫廷的矛盾斗争，太子献公未能继位，反而立灵公季父悼子，是为简公。简公卒，子惠公立。惠公卒，子出子立，亦称出公，即位时年仅四岁。但出子立二年就连同其母被庶长改等大臣所杀，原因是这些大臣又重新接回当时尚居于魏之河西地的献公，拥立其即位。对于献公归国时的情形，《吕氏春秋·当赏篇》有更为详尽的记载：公子连（即后来的献公）自魏之河西地归秦时，欲从郑所之塞入境，但为守塞吏所阻挠，未予放行，后改由焉氏塞入，“夫人（出子母）闻之，大骇，令吏兴卒，奉命曰：寇在边。卒与吏其始发也，皆曰往击寇，中道因变曰：非击寇也，迎主君也。公子连因与卒具来，至雍，围夫人，夫人自杀”。这里说的“至雍”的“雍”，即秦都雍城[7]。以此来看，献公的即位是在雍城，第二年自雍城徙都栎阳。

由《吕氏春秋·当赏篇》的记载看，从献公的迎立，到出子及其母的被杀，整个事件都发生在雍城。那么，出子在位的短短两年，亦当居于雍城。

再说简公，他的即位，如上所述并非正常的君位世袭，而是宫廷斗争的结果。其先的灵公曾徙都泾阳，《史记·秦始皇本纪》后附《秦纪》云：“肃灵公（即《秦本纪》之灵公），昭子子也，居泾阳。”“居泾阳”即迁都泾阳，《秦本纪》记述秦的迁都某地多谓“居”某地，如记庄公自秦邑迁都西犬丘曰“居其故西犬丘”，文公迁都汧渭之会曰“乃卜居之”，宪公迁都平阳曰“徙居平阳”，德公迁都雍曰“卜居雍”等。近年在泾阳县口镇发现一处秦汉时期的宫殿遗址，规模颇大，推测有可能为灵公所都之处[8]。灵公迁都泾阳，主要是出于军事上的考虑，以便遏制晋的侵伐。因为当时的秦国已非昔日穆公时的强盛，原所占据的晋河西之地又得而复失。而晋师伐秦往往渡过泾河，深入秦之腹地，直逼秦的大后方。所以灵公所徙都的泾阳，在当时来说也只是作为军事性很强的临时都邑。灵公死后，继位的简公是否仍以泾阳为都，实属疑问。按情理分析，既然灵公居泾阳，那么其在泾阳的势力毋庸置疑。而简公的继位，本身就不名正言顺，其即位后对于泾阳的灵公势力，不能不有所顾忌，设法远离灵公势力所在的泾阳，自在情理之中。故而简公移回雍城而未居泾阳，或直接就是在雍城即的位亦未可知。若此，则简公子惠公继位后亦当在雍城。

依以上分析，灵公后的简、惠、出三公均当居于雍城，而泾阳为都可能只是灵公一世。所以，献公的徙都栎阳乃徙自雍城而非泾阳，也因在先的上述三公都已移回雍城了。

以上我们分别讨论了秦首次迁都和文公、献公迁都的起讫路线，即庄公自秦徙至西犬丘，文公自西犬丘徙至汧渭之会，献公自雍徙至栎阳。秦其余几次迁都的起讫路线，文献记载相对比较明确，它们是：襄公自西犬丘徙至汧，宪公自汧渭之会徙至平阳，德公自平阳徙至雍，灵公自雍徙至泾阳，孝公自栎阳徙至咸阳（图一）。如此，我们可将秦九都八迁的路线图示如下：

秦⟶西犬丘⟶汧⟶汧渭之会⟶平阳⟶雍⟶泾阳⟶栎阳⟶咸阳

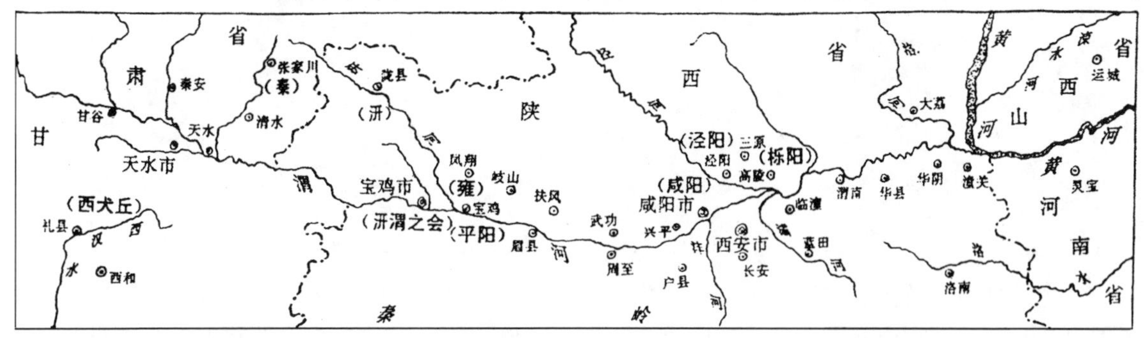

图一　秦九都八迁路线示意图

（《中国历史地理论丛》第十七卷第二辑）

注释

[1]［5］《史记·秦本纪》。

[2]［3］李自智：《关于秦都邑迁徙的几个问题》，《秦俑秦文化研究》，陕西人民出版社 2000 年。

[4]《史记·秦本纪》正义引《帝王世纪》。

[6] 张天恩：《边家庄春秋墓地与汧邑地望》，《文博》1990 年第 5 期。

[7] 陈奇猷：《吕氏春秋校释》，学林出版社 1984 年。

[8] 徐卫民：《秦都城研究》，陕西人民出版社 2000 年。

秦都城研究的现状及前瞻

秦　汉

秦都城是秦的政治、经济、军事和文化中心，因此要研究中国古代史、都城史，秦都城是非常重要的一环。它在中国古代都城制度史上具有承上启下的作用，是中国都城史上的转折点，既具有传统性，又具有典型性。既有对以前都城的继承，又进行改造，不断发展，形成自己的都城的特点。

正由于秦都城的重要性，学者们便不遗余力地进行研究和探索。但由于历史上留下来的秦史料太少，给后人研究带来极大的困难。正因为如此，林剑鸣先生认为："秦的历史记载相当缺乏，以至古代大史学家都没有能在一套二十五史中补入秦史。"同时又指出，秦史研究者"如何在这十分可怜的史实中追寻秦的历史足迹，确实是一件极其困难的任务"[1]。但随着秦陵兵马俑的发现、云梦秦简的出土、秦都雍城、栎阳及咸阳的考古发掘等，为秦文化研究注入了一股活力，秦文化研究开始出现新的局面，学者们通过文献资料结合考古发掘成果开始对秦文化的方方面面进行研究，取得了一批成果，如《秦史稿》、《中华秦文化辞典》、《秦文化论丛》、《秦始皇陵兵马俑研究》等，在秦都城的研究方面也出现了喜人的成果。

对秦都城的研究，王国维先生是必须提到的，他撰写的《秦都邑考》，首先考证了秦都邑的所在，这篇文章字数虽不多，但开拓之功实是应该记一笔的。

对秦都城研究用功最多、见解最深刻的是业师史念海先生，作为中国古都学会会长，身先士卒，对古都包括秦都城进行了深入的研究，在《古代的关中》、《中国古都概论》、《中国七大古都——西安》、《中国古都和文化》等专著及论文中都对秦都进行了颇为深入的研究，提出了许多精辟的见解。

石兴邦先生在《秦都城和陵墓的建置及其相关的历史意义》[2]一文中，对秦都城及其相关的帝王陵墓进行了研究。

何清谷先生的《三辅黄图校注》中有关章节对秦的都城也作了深入研究，特别是对秦的离宫别馆所在的位置提出了精到的见解。

曲英杰先生的《先秦都城复原研究》，对秦都雍城、泾阳、栎阳、咸阳进行了复原研究，见解颇深。

王学理先生结合自己在秦都咸阳的实地考古发掘，撰写了《秦都咸阳》、《咸阳帝都记》，对秦都咸阳的方方面面进行了专题研究，是研究咸阳的专题著作。

杨宽先生的《中国古代都城制度史研究》及《中国古代陵寝制度史研究》，对秦的都城也有涉及，并提出了自己的观点。

李自智先生近年来对秦都城的城郭问题进行了综合研究，并与其他国家的城郭制度进行了对比研究，得出了令人信服的结论。

李令福先生近几年也有多篇论述秦都城咸阳的文章，提出了自己的观点。

1983年中国古都学会在西安成立后，在史念海会长的指导下，把中国古都的研究队伍组织起来，每年召开一次学术讨论会，取得了一大批学术成果，中国古都学会的旗帜已经高高举起，解决了许多理论上、概念上的问题，既有宏观的研究，又有微观的研究。在秦都城问题上也是如此。

尤其是近20多年来，对秦都城的考古钻探发掘，使研究工作获得了一批史书上没有的资料，如对秦西垂（西犬丘）、秦邑的考察、调研及大堡子山的秦中字形大墓的发掘，使人们对西垂、秦邑的地望基本搞清楚了，对秦汧城遗址的考察及陇县边家庄春秋墓地的发掘，为人们找到汧城的地点提供了实物资料，秦公钟、镈的发现，为人们找到平阳古城提供了依据，凤翔秦都城的城墙已找到，并探出了几个宫殿遗址、凌阴遗址、宗庙遗址及市遗址，使人们对雍城的布局有了一定的了解，对秦栎阳城的勘探和局部发掘，既找到了城桓，又找到了宫殿及城中道路的分布。秦都咸阳的发掘工作已进行了30多年，发掘了一、二、三号宫殿遗址及壁画和大量的建筑材料，为人们研究秦咸阳的宫城形制及复原秦咸阳提供了第一手资料。

由于考古资料的不断涌现及实际考察工作的深入，秦都城研究的文章越来越多。王学理先生对秦都城咸阳用功甚多，先后出版了《秦都咸阳》和《咸阳帝都记》两部专著，在秦都咸阳研究方面建树很多。徐卫民先生的博士论文《秦都城研究》已出版，他从文献资料入手，结合考古资料和实际考察资料，从泛义的都城（包括离宫别馆、帝王陵墓、苑囿等）对秦都城进行了全面系统的研究，他认为秦有九个都城，从甘肃天水附近不断向东迁徙，即秦邑、西垂（西犬丘）、汧、汧渭之会、平阳、雍、泾阳、栎阳、咸阳。对每一个都城的概况及迁徙的原因进行了分析，填补了秦都城断代史研究的空白。

（一）秦有几个都城

对于秦究竟有几个都城，学术界迄今未有统一的定论。王国维先生的《秦都邑考》中指出：秦“历世所居之地，曰西垂，曰犬丘，曰秦，曰汧渭之会，曰平阳，曰雍，曰泾阳，曰栎阳，曰咸阳。此九地中惟西垂一地，名义不定”。根据大多数人的研究，西垂和犬丘是一地异名。近几年在甘肃礼县发现的秦公大墓为人们找到西垂地理位置提供了一条重要的线索。

对于汧为秦都城的问题，学界意见还不统一。张天恩先生经过实际考察，结合文献记载，认为汧确实做过都城[3]。徐卫民先生也认为秦人在从秦邑越过陇山以后，确实在汧（今陇县东南的边家庄）立过都[4]。

对于汧渭之会所在地存有争议。林剑鸣先生认为在今眉县附近[5]；高次若先生认为在今宝鸡市汧水以西的陈仓[6]；蒋五宝先生认为在宝鸡市汧水以东的魏家崖一带[7]；李零先生认为在宝鸡市东卧龙寺西北[8]。

关于泾阳为秦都的问题，文献中只有《史记·秦本纪》中“灵公二年，居泾阳”的记载，王国维先生和史念海先生在论文中都提到过泾阳为秦都的问题，徐卫民先生在《泾阳为秦都考》[9]中结合秦的历史发展，指出秦人在从雍城迁到栎阳的过程中，确实以泾阳为临时性的都城，是由于军事上的需要而建立的临时都城。

对于栎阳为秦都的问题，王子今撰文提出异议，认为栎阳没有作过秦的都城[10]。但大多数学者都认为秦曾在栎阳建过都城，徐卫民认为栎阳和泾阳一样，是秦为了对付东方的魏国而建立的临时性都城。因此都城的规模不大，当完成军事上的征服任务后，就失去都城的意义了。

（二）在秦都城研究中争论最多的问题是咸阳。主要集中在：

1. 关于渭水侵蚀对秦都城的影响。一种观点认为冲毁较多，几乎找不到秦咸阳的踪迹[11]。另一种观点认为虽冲毁了一部分，但主体在，咸阳原上的建筑遗址即是咸阳城的中枢所在[12]。

2. 有无城郭问题

一种观点认为，秦咸阳有城有郭，只是还未发现，这是过去大多数人的看法。另一种观点则认为秦无外郭城，只有宫城[13]。近年来，持这种观点的人越来越多。

3. 关于甘泉宫的所在位置

目前对秦甘泉宫的所在地有四种意见，其一在渭水以南，即现在的汉长安城遗址内[14]；其二在淳化县甘泉山[15]；其三在现乾县的注泔乡南孔头村[16]；其四认为秦时甘泉宫有两个，一是在渭河以南的汉长安城中，另一是乾县注泔乡南孔头村[17]。

4. 关于秦都城的形制和规模

秦都城形制是争论较大的问题，由于迄今未找到秦咸阳的郭城，加之秦咸阳横跨渭河，对咸阳的形制和规模争论莫衷一是。尽管在渭北咸阳找到了宫城城垣，但在渭河南仍未找到阿房宫、甘泉宫等宫城所在。在此，杨宽先生等人认为咸阳在城制布局上仍然是“西小城”连接“东大郭”的格局，进而指出，汉长安城与秦咸阳城一样，依然是坐西朝东[18]。徐卫民在《论秦汉都城的面向》一文中针对杨宽先生的观点进行了商榷，认为秦都咸阳和长安城均为坐北朝南的形制[19]。

杨宽先生以秦成都城来推论秦咸阳也是由东、西两城组成的，即西城东郭[20]。王学理、罗开玉、李令福、徐卫民等先生均不同意此观点，他们认为秦都城一直在扩建中，张若筑成都城时仿效的乃是咸阳某一王宫的宫城[21]。实质上成都城和咸阳城一致之处，表现在“置盐铁市官并长丞，修整里阓，市张列肆”上[22]，李令福先生也持以上观点[23]。

综上所述，对秦都城的研究是一个非常重要的问题，参与研究的学者愈来愈多，随着考古工作的深入进行，新的资料的不断披露，秦都城的研究将会更加深入。

（《秦文化论丛》第八辑）

注释

[1] 林剑鸣：《秦人秘史序》，陕西人民教育出版社 1991 年。

[2] 石兴邦：《秦都城和陵墓的建置及其相关的历史意义》，《秦文化论丛》第一辑，西北大学出版社 1993 年。

[3] 张天恩：《边家庄春秋墓地与汧邑地望》，《文博》1990 年第 5 期。

[4] 徐卫民：《汧为秦都考》，《陕西历史博物馆馆刊》第七辑，陕西人民教育出版社 2000 年。

[5] 林剑鸣：《秦史稿》，上海人民出版社 1981 年。

[6] 高次若：《先秦都邑陈仓城及秦文公、宁公葬地刍论》，《秦文化论丛》第三辑，西北大学出版社 1994 年。

[7] 蒋五宝：《“汧渭之会”遗址具体地点再探》，《宝鸡文理学院学报》1998 年第 2 期。

[8] 李零：《〈史记〉中所见秦早期都邑葬地》，《文史》第二十辑，中华书局 1983 年。

[9] 徐卫民：《泾阳为秦都考》，《中国历史地理论丛》1998 年第 1 期。

[10] 王子今：《秦献公都栎阳说质疑》，《考古与文物》1982 年第 5 期。

[11] 武伯纶：《西安历史述略》，陕西人民出版社 1979 年。

[12] 刘庆柱：《试论咸阳城布局形制及其相关问题》，《文博》1990 年第 5 期。

[13] 王学理：《秦都咸阳》，陕西人民出版社 1985 年；《咸阳帝都记》，三秦出版社 1999 年；徐卫民：《秦都

城研究》，陕西人民教育出版社 1999 年。

［14］何清谷：《关于秦宫位置考察》，《秦文化论丛》第二辑，西北大学出版社 1993 年。

［15］聂新民：《秦始皇信宫考》，《秦陵秦俑研究动态》1999 年第 2 期。

［16］曹发展：《秦甘泉宫地望考》，《陕西历史博物馆馆刊》第 4 辑。

［17］王学理：《咸阳帝都记》，三秦出版社 1999 年。

［18］［20］《中国古代都城制度史研究》，上海古籍出版社 1993 年。

[19] 徐卫民：《给秦西汉都城的面向——兼与杨宽先生商榷》，《秦文化论丛》第六辑，西北大学出版社 1997 年。

［21］王学理：《秦始皇陵研究》，上海人民出版社 1994 年。

［22］王学理：《秦都咸阳》，陕西人民出版社 1985 年；罗开玉：《秦在巴蜀的经济管理制度试析》，《四川师范学院学报》1982 年第 4 期。

［23］李令福：《秦成都城“与咸阳同制”考辨》，《陕西师范大学学报》1998 年第 1 期。

礼县大堡子山秦陵墓主再探

祝中熹

上个世纪90年代甘肃礼县大堡子山秦公陵园的发现，引起了海内外考古学界和古史学界的深切关注。尽管陵墓葬品已被盗劫一空，事后的抢救性发掘收获甚微，但陵园的发现意味着秦人崛起于甘肃东部那段失落已久的历史得以再现，从丰实华夏古文化的宏观角度言，这本身即具深远意义。何况，陵墓的方位、规模和形制，珍品流失海外后反馈回来的资料、信息，国内文博机构通过各种渠道掌握的该陵所出部分实物，已为我们判断陵园的时代、性质和价值提供了基本依据。所以，尽管正式发掘报告由于种种原因至今尚未问世，对陵墓的研究工作却已初步展开。尤其是墓主问题，最为学者们所关注。

一

大堡子山位于礼县东部永兴乡和永坪乡交界地区的西汉水北岸，距礼县城约26华里。这是一座很不起眼的土山包，为主峰在其东约20华里处的祁山脉系的最西端，因其西南山嘴曾有个建于清代的民间自卫性土堡围而得名。西汉水从南麓山脚流过，北来的永坪河自其西崖下注入西汉水，由天水徐家店到礼县的公路绕经山腰。被历史积尘掩埋了近2700年的秦国西垂陵园，就坐落在山南麓高处向阳的缓坡上。陵区中心部位由上而下由北到南，平行并列着两座大墓，一座为目字形在北（M3）[1]，一座为中字形在南（M2），两座瓦刀形车马坑又在中字形大墓之南，一东一西。周围有规律地分布着200多座中、小型墓葬。两座大墓均坐西朝东，有东、西两条斜坡墓道，墓室呈斗状，设二层台，台上有殉人，皆有腰坑，内各殉犬1只、玉琮1件。葬式为仰身直肢，殉人则多为屈肢葬。车马坑也东西向，辕东舆西，从已清理发掘的一座（M1）看，殉车4排，每排并列3乘，每乘两服两骖。陵区出土过大量青铜礼器和金器，其中一部分已被甘肃省博物馆、上海博物馆和礼县博物馆收藏，流失海外的有许多业已披露。从众多的青铜器铭可知，这是一处秦公陵园。陵园发现后不久，又在永兴乡赵坪村西侧圆顶山北面坡地上，发现了一处秦国贵族墓地，目前已清理发掘了4座中型墓葬和1座车马坑[2]。4座墓中含1座7鼎墓和2座5鼎墓。那一带以往即曾多次出土过品位较高的春秋、战国时的秦器，初步勘察已知是一片范围较大、跨时甚长的墓区，应为秦国最早的国人墓地。据笔者考证，秦国第一个都邑西垂地望，即在大堡子山以东十余华里处[3]。圆顶山墓地和大堡子山公陵一南一北，隔西汉水相望，共同拱卫着国都之西南方，其布局正是当时族茔与都邑最合理的态势。

最早言及大堡子山秦陵墓主问题的是李学勤先生。1994年10月，他撰文介绍在纽约所见一对传出礼县的秦公壶[4]，那时他还不知大堡子山秦陵被发现的事，仅凭辨识青铜器物形制、纹饰的深厚功力，联系古文献关于“西垂”的记载，作出了“器主应该就是庄公”的判断。李先生指出，那对秦公壶与传世西周晚期器颂壶酷似，时代要比不其簋略晚，当作于庄公即位之后，故壶铭称公。陈昭容女士则认为，纽约出现的那对秦公壶与颂壶相比，腹、颈比例较小，时代应较颂壶为晚；而且庄公之称公，可能为襄公始国后的“追谥”，所以“秦公壶的作器者应是庄公以下春秋早期的某一位秦公”。她倾向于认为是文公[5]。与陈女士意见相近的是白光琦先生，他指出颂壶不可能早于宣王中期以前，而秦公壶应为东周初期器，不出襄、文二世。他也认为秦之始国之君为襄公，庄公的身份是大夫，不得称公[6]。1994 韩伟先生在巴黎见到一批出土于礼县大堡子山秦陵的金器，他对那批金器进行了研究，同时也对墓主问题发表了看法。他主要依据金虎木芯朽质的碳十四测定的大致时代，推断陵区两座大墓的墓主应为秦仲和庄公[7]。李朝远先生、王辉先生皆主张两座大墓的墓主应为襄公和文公[8]。王辉先生还就秦公诸器铭文中“秦”字写法阐述了意见，认为含“臼”之秦时代较早，应为襄公时器铭，省“臼”之秦时代较晚，应为文公时器铭。陈平先生强调秦仲死时其族居地为清水秦邑，当时西垂已陷戎手，秦仲的墓葬不可能在西垂。这也就是说，大堡子山秦陵主人绝非秦仲。关于“秦”字写法问题，陈先生的看法与王辉先生正好相反，认为省“臼”之秦比含“臼”之秦时代要早。他对墓主是否为两位秦公持慎重态度，如确系两位秦公，他认为当是文公和宪公[9]。笔者步诸位学者之后尘，曾试撰《大堡子山秦西陵墓主及其他》一文[10]，论证在该陵所出器物显示的时段内，秦仲、庄公、静公、宪公为墓主的可能性均应排除；那个时段内葬仪有资格称公且文献明确记载葬于西垂的秦君，只有襄公和文公。笔者又进而指出：两座大墓中，目字形墓（M3）应为襄公之墓，中字形墓（M2）应为文公之墓。

后来戴春阳先生撰文介绍大堡子山秦陵发掘的基本情况，并对墓主问题提出了一种新看法[11]。他主张大堡子山陵区只是一位秦公即秦襄公的陵园，是夫妇异穴合葬墓。中字形墓（M2）乃主墓，即襄公之墓；目字形墓（M3，戴先生认为也是中字形）乃祔墓，即襄公夫人墓。理由如下：（1）两座大墓位于陵园北部，而两座车马坑则位于陵园南部，“并不像凤翔秦公陵园那样，中字形大墓各有自己的从葬的车马坑”。凤翔 1 号陵园中有三座中字形墓，韩伟先生曾指出其中 M3 是 M1 的祔葬墓，“这种祔葬形式应是夫妇关系的表现”。据此，则大堡子山同一陵园中的两座大墓也应当是妇墓祔于夫墓的合葬墓。（2）西汉水南岸赵坪村圆顶山已发掘的几座秦墓，M2 为男性墓主，其西侧的 M1 是女性墓主，其东侧为车马坑。“赵坪 M2、M1 应属春秋早期的贵族夫妇墓”。赵坪 M2 的二层台上埋有 7 个殉人，而大堡子山 M2 的二层台上也埋有 7 个殉人，所以大堡子山的两座墓也应是夫妇墓。（3）两座大墓不仅并列相依，墓上还统一覆盖五花土，“它们很可能是异穴共丘的封土”。

二

墓主问题首先是个时代问题。

大堡子山秦陵的大致时段，学界无多歧议，因为出土器物的形制、纹饰和铭文字体，均无可置疑地呈现出西周晚期到春秋早期的时代特征。如鼎有厚大立耳，浅腹下垂，底较平，蹄足粗矮而有扉棱；簋有高大捉手，宏伟华美的兽首耳，耳下有珥，下腹尚略存垂意，外撇圈足下附三小支足；壶呈椭方，长颈垂腹，小耳衔环，宽边圈足，颈部曲率较小，腹径露收缩趋势；纹饰多用凤鸟为母型的窃曲纹、或大或小的宽波带纹、垂式或横置的重鳞纹、瓦棱纹、大绞龙纹等；铭文字体不仅已无肥笔波磔，且线条平直化已成定式，规整劲秀的秦字风格已初步形成。如结合文献记载考察，大堡子山秦陵的时段还可以压缩得更短一些。《史记·秦本纪》有明确交代，非子被周孝王别祖立宗封于秦地，直到庄公时才重返西垂。最初的秦邑在宝鸡以西的“汧渭之间”，后来随部族转移到陇上今甘肃清水、张家川一带[12]。两处秦地均距西垂甚远。也就是说，自非子至庄公以前的几代秦君，其墓葬都不在西垂域内。而生活在西垂地区的大骆主族首领与“秦”无关，是不称“秦公”的。即以非子这一族而言，称公也只能自庄公始。《史记》对秦君称号用语十分严格，庄公以前绝无称公之例。民国年间出土于礼县东境的秦公簋，宋代已有著录的秦公镈，被公认为春秋中期器，其铭文上溯先祖曰“十又二公”，这也是秦君称公不早于庄公的明证。

庄公之后历代秦君的葬地，《史记·秦始皇本纪》文后附录都有记载。襄公葬于西垂，文公虽已迁都于汧，但死后归葬于西垂。继文公而立的宪公，葬于衙，《集解》引《地理志》云：“冯翊有衙县。”但宪公葬地《秦本纪》又说是“葬西山”，由于同篇也说文公葬西山，如文公所葬西山指西垂西面之山（熹按：实即今之大堡子山）的话，宪公也当葬于同地。对《史记》这相互矛盾的两种说法，我认为当从《秦始皇本纪》之附录，因为它可能采自秦之国史《秦纪》，比较可靠；而《秦本纪》言宪公葬西山，则可能是传抄者承上文之文公葬西山而生的笔误。对于文公之葬西山，《集解》引徐广说“在今陇西之西县”；对于宪公之葬西山，《正义》则引《括地志》说“在岐州陈仓县西北三十七里秦陵山”。同样是西山，注家说一在陇西西县，一在陈仓西北。人们依据的是事实，没有曲从字面。宪公之后的秦君，陵墓皆在关中，考古发现已对史载作了证实，无须再论。这么一来，有可能成为大堡子山陵园主人的，便只有庄、襄、文、静四公。

庄公之称公，正如许多学者已指出的，那是其子襄公封为诸侯后对父君的追称，那是庄公死了 7 年以后的事。庄公死时身份仍为大夫，不可能随葬铭“秦公”的器物；除非襄公升爵为诸侯后，又改治葬品以公之仪格把父亲重葬了一次。静公是文公的太子，宪公之生父，未及即位便早逝。但后世却称他为公，因为他是秦国公室直系大宗链条上的一环，具有承上启下的宗子身份。出土于宝鸡太公庙的秦武公钟、镈，铭文即有“剌剌邵文公、静公、宪公不坠于上”的颂语，静公与其父其子赫然并列称公。但和庄公一样，他的称公也只能是其子宪公即君位后的追称。静公以太子身份去世，那时其父文公还矍然在位，文公当然不会用公的葬仪安葬自己的儿子。据以上推论，西垂茔域中葬器铭文称公的秦君，应当把庄公和静公排除在外。那么，大堡子山陵园的主人，最大可能便是襄公和文公。

在此基础上，我们还可进一步思考：两座大墓哪一座是襄公之墓，哪一座是文公之墓？

从墓位看，目字形墓（M3）在北，在上；中字形墓（M2）在南，在下。前者要比后者高许多。按先秦山坡地形规划族茔的通习，皆以上为尊，先在高处营墓，后代依次葬于其下，即所谓“父登子肩”；同辈人的墓葬，则大都安排在同一高度的层面上。依此而论，M3 应为襄公墓，M2 应为文公墓。从墓葬规格看，M3 全长 115 米，墓室口长 24.65、宽 9.8 米，墓深 16.5 米；M2 全长 88 米，墓室口长 12.1、宽 11.7 米，墓深 15.1 米[13]。二者有相当大的差距。襄公为开国之君，文公之墓在与父君墓并列在一处陵园的情况下，规格不可能高于父君之墓。所以，M3 应为襄公墓，M2 应为文公墓。从墓葬形制看，M3 有些特殊，墓室与墓道交接处没有折棱，墓室口也没有外扩成中字形的迹象，墓室的南北壁与墓道的南北壁大致连接为一线，只在墓室处略显向外弧凸，微呈枣核状，与通常所谓中字形墓判然有别，实为有点变形的目字形墓。M2 则为典型的中字形墓。人们都知道，中字形墓是诸侯们习用的墓式，秦为诸侯国自襄公始，以前的秦君均不用中字形墓，所以秦人对这种墓式很陌生。襄公封为诸侯仅 5 年便死于戎事，故其墓式仍习惯性地采用了传统的目字形，只是增大了规格，墓道挖宽，墓室略外扩，这实际上是向中字形墓过渡的现象。文公居诸侯位日久，是时秦人活动中心已移至西周王畿，对中字形墓式已十分熟悉。秦之国君采用中字形墓式，就是从文公开始的。

我们还应特别注意两座大墓出土器物所显示的时差。陵墓惨遭盗掘，葬品流散八方，本是无从与墓号对应辨其归属的。但值得庆幸的是，一个偶然性因素，给研究者提供了部分器物可与墓号对应的"机遇"。大堡子山陵区所出青铜礼器收藏在大陆的主要有两批。一批在上海博物馆，包括铭示器主为秦公的4件列鼎，铭示器主为秦公的2件簋和1件同形同饰而无铭的簋，1件铭示器主为秦公的镈，1对虽无铭但被认为是大堡子山秦陵所出的椭方壶。皆为征集品。这批器物李朝远先生曾进行过细致研究，并两次发表专论[14]。另一批在甘肃省博物馆，为公安部门侦破盗墓案的追缴品。初为数百块器物残破的部件和碎片，经整理辨析，知鼎的部件残片中，有铭文者20余块，分属7个鼎体，现已有3鼎修复完整，铭示器主为秦公；有铭文的簋部件和残片显示，至少分属5个簋体，器主为秦公（这批簋正在修复中）。甘博收藏的这批器物，破案时曾押解盗墓者至现场指认，出自M3。盗墓者的交代是可信的，因为那批器物残破处皆为旧碴，而陵区正式发掘显示，M3墓室历史上确曾发生过坍塌，至少部分青铜器被砸碎，墓室内尚留有若干盗余的青铜器小碎片，而且也是旧碴。大墓只有两座，既然甘博所藏那批秦公器出自M3，那么，按逻辑推理，上博所藏那批完整无损的秦公器即应出自M2。观察对比甘博、上博这两批秦公器不难发现，它们存在时间先后的差异，前者时代略早，后者偏晚。即以鼎言，甘博所藏鼎垂腹更宽深，足腹相接处较内拢；以垂式重鳞纹为主体纹饰，鳞片大而粗疏，颈部饰以独体凤鸟为母型的窃曲纹，属突目对称式。而上博所藏鼎垂腹已显回缓趋势，三足跟向外偏移，蹄底也更粗阔些；颈、腹皆饰凤鸟为母型的窃曲纹，腹部主饰窃曲纹已用双层繁复式，分尾断羽，凤喙被强化。二者相较，显然后者时代略晚。甘博藏器铭文中"秦"字均省臼，上博藏器铭文"秦"字4例含臼，3例省臼。前文曾言及，关于哪种"秦"字较早，学者们有争论。依笔者浅见，对于会意字来说，其结构演变总的规律，当然是全形在先，省体在后。但在文字使用过程中，繁体与省体却常因书写者个人习惯而异。正如我国在上个世纪50年代即已推广简化汉字，而至今仍有不少人喜欢写繁体字一样。所以，凭"秦"字是否省臼判断器物之早晚是不科学的，上博所藏器形、纹饰完全相同的秦公列鼎中，铭文既有含臼之秦，也有省臼之秦，就是明证。还有个"簋"字，王辉先生曾引用陈昭容女士对该字演变过程的分析，说左旁像食器之形，下为圈足或底座，西周金文下底座逐渐变为两笔，写成尖核形，再从两笔一长一短写成形，就成了小篆的"皀"。上博藏器铭中㲃字器座部分写法作两笔相交成尖核状，而甘博藏器铭中㲃字器座两笔写成一长一短，渐与武公钟、镈及景公磬、石鼓文的写法趋近，所以时代应晚于上博藏器[15]。就簋字形体演化规律而论，陈女士的分析是有道理的；但具体说到甘博藏器铭中的簋字，还须作进一步推敲。因为那些器铭中簋字的左旁完全是另一种体例的写法，其上部是按"卣"字笔路走的，写作，下部也是尖核状，只是不甚规整而已。并且左旁字形联结成一个整体，笔态圆浑，没有棱角，这正是周金中此字较早的风格；上博藏器铭中簋字左旁已为食器另外添加了"A"形顶盖，且盖与器分离，笔势刚劲，棱角分明，这应当是时代较晚的现象。椭方壶的问题也能说明两座大墓的时差。目前已知传出大堡子山陵园的椭方壶共有两对，一对即前文所言李学勤先生介绍过的出现在纽约者，另一对即李朝远先生介绍过的上博新入藏者[16]。通常情况下，方壶一墓只出一对，所以上述两对方壶应分别出自两座大墓。上博方壶是最新征集的，与那批铭示器主为秦公的鼎、簋，不是同一批器物，因此我们无从确定它们出自何墓。但李朝远先生经过对比研究后认为，上博那对方壶时代略早于纽约出现的那一对。立足于上文的分析，笔者推测，上博那对壶应出于M3，也即襄公之墓，是有幸未被坍塌墓土砸碎的器物；之所以未铭秦公，可能是襄公未封诸侯前所作器。襄公只当了5年诸侯便死于军旅，丧事仓促，来不及作充分准备，故其葬品只能因陋就简，制作粗率，鼎簋铭文乃至錾刻而成，他器或以生前未称公时之用器配置。

李学勤先生说过：青铜器和其他文物一样，随着制造年代的不同，在形制、纹饰、铭文字体和铸作工艺等方面不断演变发展，“大约每隔五十年，青铜器的这些方面就会有明显的变化，这种根据青铜器本身特点辨别制造年代的方法，应用最为普遍”[17]。换个角度说，青铜器物在较短时间内，是难以看出变化来的。大堡子山陵园M3和M2所出器物在形制、纹饰、铭文字体等各方面已呈现明显变化，即昭示两墓的时间差距至少在50年左右。秦襄公和秦文公的谢世，相距恰好是50年。在西周末到春秋初这一时段内，除了襄、文二公外，再没有另外两位相及秦君的墓葬，拉开了这么大的时距。所以我们说，大堡子山秦陵两座大墓的主人，非襄、文二公莫属。

三

大堡子山陵园会不会如戴春阳先生所说，是秦襄公夫妇的异穴合葬墓？回答应当是否定的。

首先，夫妇异穴合葬说与两座大墓的时差难以相容。我们上文指出，M3时代早于M2。确如戴先生所说M3为襄公夫人墓的话，则她必死于襄公之前；而其墓中器物已铭“秦公”，则她又必死于襄公封诸侯之后。襄公是在封诸侯5年后死的，这也就是说，襄公夫妇两人的死年最多相距5年。如前所述，这么短的时差是绝不会导致葬品呈现明显变化的。其次，夫妇异穴合葬说与两座大墓的墓位和规格难以相容。M3是妇墓、祔墓，却在上而且规格大；M2是夫墓、主墓，却在下而且规格小。这是无法解释的，尤其是在襄公身为开国名君的情况下。戴先生曾援引凤翔1号陵园M1、M3和礼县圆顶山M2、M1作为例证，姑且假定那两处都是夫妇关系墓（事实上并无确证），但1号陵园的M1和圆顶山的M2，作为夫墓也都比其妇墓处位高，规格大。

从器铭称谓上说，也排除了襄公夫妇异穴合葬的可能性。先秦贵族社会青铜礼器铭文，对作器者和器主的显示十分明确。如果器主系女性，称谓格式有其特征。大堡子山秦陵M3如确为襄公夫人墓，则其随葬青铜礼器不外两种情况：一是她自作之器，一是其夫襄公为她所作器。如系自作器，则当自名，名的格式一般是国名加族姓，后面或附或不附如排行、谥号、美称等其他名素。国名可能是夫国名，也可能是母国名。如“虢姜作宝隩簋”，表明器主是姜姓女子嫁至虢国为妻者；“鲁姬乍尊鬲”，表明器主为鲁国女子，其夫为何国则不知。如系襄公为夫人作器，则主格襄公称谓之后，即应交代夫人之名，即她的母国及母国姓。如“格伯作晋姬宝簋”，这是格伯为其夫人晋国女子所作器，晋为姬姓；“王作丰妊单宝盘盉”，这是周王为其妃丰国女子所作器，丰为妊姓。夫妇异穴合葬墓，在器铭称谓上也必有身份反映。如陕西宝鸡茹家庄的两座西周时的夫妇异穴墓，较大的主墓M1器铭曰“強伯自作用器”，较小的祔墓M2器铭曰“強伯作井姬用器”[18]。墓主关系一望而知。而大堡子山两座大墓的情况却并非如此，M3和M2出土器物铭文尽管字体书写风格有异，格式却非常统一。鼎、簋、壶、钟、镈，凡已知器铭，除一例“秦子”作器外，一律是“秦公”作器，只在谓格中有“作铸”与“作宝”的区别，丝毫看不出有器主为女性的任何迹象。说M3为襄公夫人墓，在器铭中找不到依据。

为证成夫妇异穴合葬说，戴先生将大堡子山秦陵与凤翔秦陵以及圆顶山墓地作了类比。我认为作这种类比必须注意到彼此间在性质、时代、地势、葬丧文化背景等诸多方面的差异，否则便很难得出正确结论。即以凤翔1号陵园论，与大堡子山陵园相隔约二百年。后者墓主如按多数学者的看法是襄、文二公的话，他们是秦升为诸侯国后的最初两位君主，其墓葬的布局、规格、制度尚处始立阶段，这便难与二百年后秦国公陵制度完全成熟、已经体系化了的情况相比。公陵墓葬配置格局形成明显的规律，需要较长的时间过程。凤翔秦陵中字形大墓都是南北拉开一定距离、东西前后相错的，每墓所附车马坑都在墓的右前方。大堡子山陵园布位的确与此不同，但这又能说明什么？这就能说明大堡子山陵园是夫妇异穴合葬墓？那么，被戴先生举为夫妇异穴墓例证的凤翔1号陵园的M1和M3，也是东西前后相错、车马坑各处其主墓右前方，和大堡子山的墓葬配置截然不同，这又怎么解释？

如果说大堡子山陵园和凤翔陵园还可以类比的话，大堡子山陵园和圆顶山墓地则没有可比性，因为它们不属同类墓葬。周代诸侯国都邑旁的族茔，君陵与国人墓地是分区规划、分别管理的，这是各国通例。国君墓葬和一般贵族墓葬的性质不同，布局是不一样的。我们没有理由因为圆顶山两座相近墓葬的主人可能是夫妇关系，就推论说大堡子山陵园中的两座大墓的主人也应是夫妇关系。何况圆顶山那两座墓的位置是东西斜向相错的，和大堡子山两座大墓的墓位毫无相似之处。至于殉人，尤其不能说明问题，它与墓主之间的关系绝对沾不上边。殉人是先秦王公贵族墓葬中的习见现象，秦国为盛。由于大堡子山M2和圆顶山M2的二层台上都殉了7人，便说它们都是袝了妇墓的夫墓，这是个奇怪的逻辑。难道殉人数量相等的墓葬，便在性质上乃至性别、身份上完全相同？大堡子山的M2是一座长达88米的中字形大墓，而圆顶山的M2只是一座长6.25、宽3.25、深7米的高级贵族墓。就以殉人来说，大堡子山M2虽在二层台上仅殉了7人，但在墓道中却殉了12人，而圆顶山M2为长方形竖穴土圹墓，根本就没有墓道。二者怎能相比！

大堡子山陵区的中心地带，很久以前即被辟为耕地，解放后又经过历年的大修水平梯田，地形早已发生了变化，土层早已被打破扰乱。而且，陵区在正式的考古发掘前，已遭长时间群众性的疯狂盗掘，盗洞密布如蜂窝，深挖后又横向探掏，以至于相互串通，形成了交织似蛛网的地下隧道。当盗墓风受到社会强烈谴责，省上领导派员追查此事时，地方上某些决策人为了掩人耳目，组织人力，出动拖拉机，使用炸药爆破，对盗洞进行大范围平填。以上种种因素，都使大堡子山陵区中心部位的土层在相当深度内大大改变了原貌。戴先生所说两座大墓统一为五花土覆盖的现象，可能同上述地貌变化背景有关，不能视为墓上封土。秦国的葬丧习俗，除了西首向独具特色外，和中原葬丧传统基本一致，春秋中期以前，不论是国君还是平民的墓葬，均“墓而不坟”，“不封不树”。凤翔陵域时代比大堡子山陵园晚得多，跨时近300年，埋葬着20位秦公，但所有墓葬无一有封土。晚至芷阳陵域时代，方有封土现象。所以，说大堡子山秦陵已开墓上封土之滥觞，似嫌过于大胆了些。退后一步说，即使大堡子山陵园中心的确当初就统一覆盖着五花土，那也不能证明它就是一处夫妇异穴合葬墓，因为也可能是营墓时有意使两位墓主集中在一个陵园内的现象。

秦文公是秦国历史上一位承前启后、功业卓著的国君。他在位50年，越陇迁汧，辟疆拓域，打败强戎，收周余民，完善各种制度，强化国家体制，把秦国引向了政治、经济、文化全面发展的新时代。文公倡导宗教，具有极其浓重的崇神敬祖观念。所以，他虽迁都于关中，但死后仍归葬于旧都西垂，表现出对祖邑故土的深切眷恋；他执意要与襄公同陵，长伴于襄公身旁，也显露了对父君的依慕之情。事情很可能是这样的：当年为襄公营建陵墓时，文公已将自己日后的墓位考虑在内了，故有意加大了主墓与车马坑的距离，为将来自己的墓葬留出位子，以形成两座大墓一上一下平行在北，两座车马坑一东一西前后纵列在南的布局。襄、文时代秦国公陵规划安排远未形成定制，而且大堡子山南麓山坡为地势所限，也不可能如凤翔南指挥地区那样，对陵墓作疏散配置。在大堡子山陵区东侧，已发现从坡底部伸向顶端山嘴的一道夯土遗迹，虽已被水平梯田多段打破，但断续的残存仍能显示出那是一条茔域的北界。在陵园的正上方，有夯土台基的遗存，附近发现过秦瓦残片及云纹瓦当，表明那里曾经有过陵寝之类墓上建筑。两座大墓和两座车马坑，紧凑地集中在一个大致成方形的茔域内，组成一处俨然有致的陵园。应当承认，如果最初规划的宗旨便是要二墓同陵上下并列，以昭显父子间亲密相依关系的话，这是该处地形条件下最合理、最妥当的一种墓位布局。

文公时代秦之国力和声望，已远非襄公时代所能相比。所以文公不仅采用了标准的诸侯级的中字形墓式，而且陪葬品要比襄公的陪葬品豪华精致齐全得多，正如两座大墓出土器物所显示的那样。韩伟先生在巴黎见到的众多一边有钉孔的小型金箔，甘肃省博物馆也征集了不少，它们实际上是棺或椁上大型金鸷身、尾的羽瓣之饰[19]。据了解盗墓现场情况的当地群众说，那些成对的大鸟金箔片即出自 M2。又据传 M2 墓室前部正中还出土过一件鼎口约与办公桌面相仿的大方鼎。这些信息都表明文公墓陪葬物有很高的品位。这都是时代背景不同而导致的现象。尽管如此，文公作为继位的子辈，其墓葬却只能营于襄公墓之下，而且规格要明显地小于襄公之墓。

（《周秦社会与文化研究》，陕西师范大学出版社 2003 年）

注释

［1］对此墓墓形存在不同认识。主持发掘工作的戴春阳先生在文章中说是中字形（《礼县大堡子山秦公墓地及有关问题》，《文物》2000 年第 5 期），而礼县博物馆则认为是目字形。笔者见过该墓现场清理时的照片，又曾多次到墓地作过实地考察，倾向于判断那是一座格式略有变异的目字形墓。

［2］部分发掘内容已经公布，见甘肃省文物考古研究所、礼县博物馆《礼县圆顶山春秋秦墓》，《文物》2002 年第 2 期。

［3］祝中熹：《秦人早期都邑考》，《陇右文博》1996 年第 1 期；《再论西垂地望》，《丝绸之路·文论》，2003 年。

［4］李学勤、艾兰：《最新出现的秦公壶》，《中国文物报》1994 年 10 月 30 日。

［5］陈昭容：《谈新出秦公壶的时代》，《考古与文物》1995 年第 4 期。

［6］白光琦：《秦公壶应为东周初期器》，《考古与文物》1995 年第 4 期。

［7］韩伟：《论甘肃礼县出土的秦金箔饰片》，《文物》1995 年第 6 期。

［8］李朝远：《上海博物馆新获秦公器研究》，《上海博物馆集刊》第 7 期。王辉：《也谈礼县大堡子山秦公墓地及其铜器》，《考古与文物》1998 年第 5 期。

［9］陈平：《浅谈礼县秦公墓地遗存与相关问题》，《考古与文物》1998 年第 5 期。

［10］祝中熹：《大堡子山秦西陵墓主及其他》，《陇右文博》1999 年第 1 期。

［11］［13］戴春阳：《礼县大堡子山秦公墓地及有关问题》，《文物》2000 年第 5 期。

［12］祝中熹：《地域名“秦”说略》，《秦文化论丛》第 7 辑。

［14］李朝远：《上海博物馆新获秦公器研究》，《上海博物馆集刊》第 7 期；《上海博物馆新藏秦器研究》，《上海博物馆集刊》第 9 期。

［15］王辉：《也谈礼县大堡子山秦公墓地及其铜器》，《考古与文物》1998 年第 5 期。

［16］见［14］后一文。李先生文中言及甘肃省博物馆还收藏有一对秦公壶，此系误传，应予澄清。

［17］李学勤：《失落的文明》，上海文艺出版社 1997 年。

［18］《陕西省宝鸡市茹家庄西周墓发掘简报》，《文物》1976 年第 4 期。

［19］祝中熹：《试论秦先公西垂陵区的发现》，《秦俑秦文化研究》，陕西人民出版社 2000 年。

试说秦西山陵区的相关问题

张天恩

地处陇南丘陵的甘肃礼县大堡子山古墓群，沉睡约2700年以后，在1992—1993年惨遭疯狂盗掘。大量珍贵文物流向海外，许多铸有“秦公”铭文的壶、鼎、簋、编钟等重要青铜器及枭形、虎形等黄金饰件，先后在欧、美、日本和香港古董市场上亮相。学界闻讯，立悟必是求之不得的早期秦公陵墓被盗，莫不为之扼腕切齿。

所幸上海博物馆等单位抢救购买了少量秦公鼎、簋等铜器归国，执法机构追缴了部分文物，甘肃文物部门对被盗残墓进行了清理发掘，亦得一些收获。虽已属劫余遗珍，亦得聊慰国人之心，学术界则是激奋不已，竞相观览文物，寻访遗迹故地，并纷纷掰翰，争陈己见。或考订器物年代，论证墓葬主人，或推求地名地望，追溯历史渊薮，一时新见迭出。笔者近期因缘得访礼县，与学林数位同行观赏铜器，踏查墓地，心有所得，遂草成拙稿，略抒管见，以就教于方家。

一　礼县大堡子山秦公墓地的名称

大堡子山墓地后被认定是出土带有“秦公”铭文青铜器的地方，已清楚地说明这里就是一处秦国的国君陵区。从古代文献可以了解到，秦人是扬着牧马竿走出历史地平线的一个古老的部族，西周时期就已经繁衍生息在甘肃东部的陇山以西地区，并有秦先公埋葬在这一带。

《史记·秦本纪》说：“五十年，文公卒，葬西山。”《集解》徐广曰：“皇甫谧云：‘葬于西山，在今陇西之西县。’”汉代的西县，约相当于现在的甘肃礼县及附近。《史记·秦始皇本纪》后附《秦纪》说文公“五十年死，葬西垂”。虽有西山与西垂的不同记载，由于为同一个人，是知在这里必并指一地。《秦纪》还说襄公也“葬西垂”，又明确了两位秦公的葬地实为同一地点，但西县也罢，礼县也罢，文献诉诸于我们的和据文献推断的，均仍然是非常模糊的结论，谁也无法指出更确切的位置，仍然是中国历史上一个难解的千古之谜。

大量铸有“秦公”铭文的青铜器被确认出土于礼县大堡子山墓葬之后，这一古史之谜遂告破解，从而明确了大堡子山就是秦先公陵寝安置之地，无疑《史记》所说的“西山”或“西垂”就指这里，此地正好处于一座高峻的山峁之上，与古人所说西山吻合，故称为“西山陵区”较妥，亦能与秦国的“雍城陵区”、“芷阳陵区”相对应。

二　也说已发掘大墓所葬的秦公

尽管现已解决了秦公葬地的问题，却由于墓地惨遭盗掘，致使墓葬结构破坏，随葬器物失散，组合关系不明等，又带给我们更多的疑问。其中，已发现的大墓所葬者是哪些秦公，则是被提出最早且争讼最大的一个难题。这里是否还有其他秦公的墓葬，也不能不引起大家更进一步的思考。

最初，李学勤和艾兰先生称见于纽约的“秦公壶”，可能是庄公之物[1]；韩伟先生据法国斯狄安戴收藏的金饰片和大堡子山当时正发掘的大墓，而认为非秦仲、庄公莫属[2]。后李朝远先生据上海博物馆所购的“秦公鼎”、“秦公簋”等资料，认为是襄公、文公[3]；卢连成先生提出为宪公[4]；陈昭容、王辉先生说是襄公、文公或仅是文公[5]；陈平先生说是文公、宪公或仅是文公[6]，等等。

以上的争议是在墓地尚未发掘之前，或正在发掘期间，甚至在墓地是一座大墓还是两座大墓都不清楚的情况下，加上文献记载葬地与西山有关的秦公不限于一位，至少要涉及襄、文、宪三公，故出现歧见不足为怪。可是，在发掘告一段落，已知有两座大墓之后，却依然有不同的看法。有代表性的如：祝中熹先生认为目字形墓是襄公墓，中字形墓是文公墓[7]；戴春阳先生视两座大墓为襄公夫妇的异穴合葬墓[8]。这主要是因墓葬被盗掘破坏，而墓地又未进行较全面发掘的影响，同样导致了不同的推断。但在目前的情况下，做出一些更为合理的推断也不是没有可能。所以，秦仲、庄公的判断，已为大家所不取，因庄公及其以前秦先祖无称公之名分，故不得随葬秦公之器也。

但即使将秦仲、庄公等除外，要把现有的两座大墓与西山有涉的几位秦公具体结合，确也不易。祝中熹先生以宪公葬地在《秦本纪》与《秦始皇本纪》所记有异，以及注家的说法不同，否定了西山陵区有宪公之墓，而与襄、文对应。戴春阳先生则以墓地发掘者的有利条件，挟残墓所存形制与器物资料，参照附近赵坪墓地夫妇异穴合葬墓和雍城秦公陵园布局之例。而创夫妇异穴合葬的新说，认为中字形墓（M2）为襄公墓，目字形墓（M3）为襄公夫人墓。

前说圈定两墓两公，似已无多少变化的余地。后说突破了以两公对两墓的思维定式，颇有新意。同一墓地的两座大墓，构成一个有主有次的秦公夫妇的陵园，其可能性不可谓不大，与同时期许多诸侯国国君的墓地也有一致性。

但细予斟酌，也不是没有可以商量的地方。

据戴先生的文章介绍，两座大墓的形制实际上都是中字形墓，只是M3的墓道宽度与墓室的宽度相近，从上部看似目字形，遂有是说。M2全长83米，东墓道长37.9、宽6、最深11米，西墓道长38.2、宽4.5—5.5米，墓室长6.8—12.1、宽5—11.7、深15.1米。M3全长115米，东墓道长49.85、宽8.3、最深13米，西墓道长41.5、宽8.2米，墓室长6.75—24.65、宽3.35—9.8、深16.5米。从整体上讲，M3的形制要大于M2。要是秦公夫妇，则是襄公墓小于夫人墓。这种国君墓比夫人墓为小的现象，就现有的考古资料似还没有发现过。

西和县缴获的七鼎四簋经由盗墓罪犯指认，均出于M3，分别铸有“秦公作铸用鼎”和“秦公作铸用簋”的铭文。由此可推，有“作铸”字样铭文的铜器，均应出自M3。现能掌握的资料表明，除了这一组外，还有上海博物馆所购两鼎，甘肃省博物馆新藏四鼎中已修复的两鼎（见祝中熹文），纽约所见的两壶，均有“秦公作铸用鼎”的铭文。至少已计有17件同铭的器物，其中是11鼎、4簋、2壶，可知当出于该墓。很明显，这是一个不完整的组合形式。即便如此，这个墓内出土的铜鼎已不少于11件，若是秦公墓，也已逾制，而况夫人之墓乎？那就更加不合礼数了。况且已知至少有“秦公”同铭鼎、簋、壶的礼器组合，显然不像是一位夫人墓所能具有的。

从有关资料得知，西山陵区所出带铭铜器中秦字有两种书体：其一，为“𥣫”形，从“春”、从双“禾”；另一为“秦”形，从“春”省“臼”，从双“禾”。有“秦公作铸”铭文铜器的秦字则是前一书体，已知“⿱𡗗秝”组器实出于M3，则“⿱⿱𡗗臼秝”组器当出自M2。若是夫妇关系的墓葬，作器者实是秦公一人，文字的书体和词句的运用，不当有这样明显的区别。而且，将书体、词语不同铭文的铜器，分别随葬在秦公和夫人的两墓中，更属匪夷所思。

因此，要把西山陵区确定为一公一陵的夫妇异穴合葬陵园，尚有较大的问题，笔者也就无法赞同这一新颖的观点，而更相信现有两座大墓所埋葬的定是两位秦公。

下面，就让我们继续讨论，到底是哪两个秦公应为两座大墓的主人。

前面已讲到与西山陵区有涉的秦公，至少包括了襄、文、宪三位，要正确予以取舍，也绝非易事。文献对于宪公葬地的记载存有异说，相信在西山的学者认为，已发掘的两大墓之一可能就属于宪公，怀疑者则认为这里没有宪公的墓。

笔者以为，已发资料中与秦公有关的铜器形制，均明显较早，基本是西周晚期的器物风格。宪公所处的年代，已进入春秋早期的后段，出土铜器尚没有显示出春秋秦器的某些特点，难以使人相信。年代与之相当的陇县边家庄[9]、灵台景家庄等地墓葬[10]，已普遍见到具有秦国自身特征的青铜器。天水市[11]、礼县赵坪秦墓的时代[12]，大约略晚于宪公，亦均出较典型的春秋秦器。秦公墓的随葬品虽不一定要领风气之先，但也不会不反映一定的时代气息，几乎全随葬先代之物，而少当时的礼器，殊为不经，故应是年代早一些的墓葬。有些学者提到宪公正值青春鼎盛之年崩卒，怀疑难有规模宏大、葬品丰富之墓，也是一个值得考虑的意见。因此，现有的两座大墓没有属宪公者。

这样，已发掘的大墓就只能是襄公和文公。襄公在位的时间，为两周之际，文公处春秋早期的前段，去周不远。墓内均随葬西周晚期风格的铜器，亦不足为奇。对于二公与两墓的具体对应，已有研究者做过努力，却由于在不明确器物与墓葬对应关系的情况下，推断不免含糊。现已清楚了某组器出于某墓，则将对分析这个问题大为有利。

前文明确了“作宝”器组出于M2，“作铸”器组出于M3。现在，只要分辨出两组器物的早晚，自然就能确认哪一个墓为哪一位秦公。实际上，两组器中秦字写法的不同，可能存在有早晚的问题已引起了学者的注意和讨论。陈平认为省“臼”字组为早，从“舂”字组为晚。王辉的认识则相反。文字形体的演变，本有一定的规律性，如能正确认识和把握，作为判断时间早晚的标准之一，应有较大的可靠程度。依据相同的材料，得出了相反结论的原因，除了认识的偏差之外，主要是由于当时所见的标本太少。随着有铭铜器的增多，文字特征更加清楚。比较而言，似以王说为胜。

陈说的不切处，王文已有纠辨，此不赘。撮王说之要，有从“舂”字组的上海博物馆藏鼎三的文字更古拙，“与虢季子白盘、不其簋风格差距较小”，省“臼”字组的上海博物馆藏鼎二、秦公壶的文字，“与秦武公钟、镈差距较小”，秦国文字后来只有省“臼”的秦，而无从“舂”之秦，则说明后者为早，不再使用等等[13]。

经对比新增文字资料，确乎如此，其说可从。从“舂”字组之文字，笔画普遍较粗而圆润，有西周晚期铭文书体之韵味。省“臼”字组的文字，笔画一般纤细而修长，已开秦武公钟、镈为代表的秦系文字之先河。前者为早，后者为晚，已很分明，早者出于M2，当属于襄公墓，晚者出自M3，应是文公墓。

秦文公在位达50年之久，为秦国历史上可圈可点的人物，文治武功均多有建树。据《秦本纪》载：“文公元年，居西垂宫。三年，文公以七百人东猎。四年，至汧渭之会。曰：昔周邑我先秦嬴于此，后卒获为诸侯。’乃卜居之，占曰吉，即营邑之。十年，初为鹿畤，用三牢。十三年，初有史记事，民多化者。十六年，文公以兵伐戎，戎败走。于是文公遂收周余民有之，地至岐，岐以东献之周。十九年，得陈宝。二十年，法初有三族之罪。二十七年，伐南山大梓，丰大特。”说明文公是把秦国的统治重心从偏远的陇山以西转移到关中的真正奠基者，亦有充裕的时间和经济实力来为自己营建宏大的陵寝，故有M3这样的大墓。至少有铜鼎11件，已明显逾制，墓内的随葬品本来还要更为丰富一些。铭文词语的变化，省“曰”秦字的写定，也许是文公注重文化发展的某些反映。与“初有史记事，民多化者”，“法初有三族之罪”一样，都属于文治方面的业绩。

三　试说可能葬于西山陵区的其他秦公

对于宪公的葬地，文献有不同的说法，故有学者以之否定大堡子山有他的墓。我们虽认为已发掘的两座大墓不属于宪公，但并不是说这里就不存在其墓。毕竟《秦本纪》有宪公“立十二年卒，葬西山”的说法，那么，就无法排除这个墓地葬有宪公的可能。

宪公以十岁的幼童孩提继位，十二年的在位时间又杀伐不止，不大有闲暇另营墓地，也可能还未曾去考虑相当遥远的身后事，猝然谢世，很自然的会依先公而葬，实地观察陵区，并据有关介绍可了解到，两座大墓和两座车马坑处于大堡子山顶东南部的平缓坡地上，其东北、北部和西部，分布着约200座中小型墓，但其东部和西南部尚有一定的空余地段，排列一座或几座较大的墓葬，似无困难，在这里发现宪公墓的希望还是存在的。况且，现知墓葬分布区在山顶所占的面积，实际是很有限的。

由此可见，西山陵区除了已发掘的襄公墓（M2）、文公墓（M3）外，并有望发现宪公墓。

还有一位未被注意的秦公，可能也葬在西山，那就是静公。因静公不享国而死，生前未曾称公，研究者咸谓所见有“秦公”铭文的铜器均与其无涉，当然可信。但却不能因此而完全否认西山葬有静公的可能性。

据《秦本纪》所记，文公四十八年，静公是以太子身份而卒，但葬地失载。依其子宪公在文公卒后继位时十岁推算，静公去世时的年龄约在三十岁左右，却英年早逝，卒于乃父之前，丧事当是文公安排，定不会被葬以秦公之礼，而墓穴也就不可能与襄公、文公的墓排列在一起。但静公死时，襄公墓已在西山，文公年事已高，自己的墓即使尚未兴建，而兆域当已确定在西山。如此而言，文公就极有可能将太子的墓葬也安置于西山，而不是其他的地方。

这就是说，西山陵区还应有静公的墓。但其公的称号系赐谥，难与乃祖乃父并列，而可能与其他的陪葬、从葬者处于相同的位置。这和上村岭虢太子墓同其他中小型墓在一起，而与近年发现的虢仲、虢叔等虢君墓有一定距离的情况[14]应比较相似。如是说不谬，现已知道的大墓附近二百多座中小型墓中，应有一座就是静公墓。只可惜墓地因盗掘破坏而又未经全面发掘，现在尚无法具体认定。但流散海外的大堡子山文物中，实际已经发现了很可能是出于静公墓的铜器。

据悉日本近年新购秦器有铭“秦公”和“秦子”作的编钟多件，颇疑“秦子钟”即是由静公墓盗出流入东瀛。与西山陵区相涉的襄、文、宪均是曾在位执政之秦公，都不可能以“秦子”的器物随葬。到目前已有不少诸侯国的国君墓葬被发掘，但未见有以某子之器随葬之例。所以秦子钟不会出于三公之墓。

传世文物中铸“秦子”铭文者，已知有戈、矛等铜兵器，年代均可到春秋早期。对于器主人，王辉先生认为是秦国新践祚的年少国君，如出子[15]。陈平先生初以为是只有太子身份的静公，后又改从王说，只是在出子之外，加上了宪公、宣公的可能[16]。

王说引用文献有关东周时期宋、卫等诸侯国在丧嗣君称子的例子，确有道理。但果真如此，则秦国历史上可称子的嗣君一定不会只有这三人，何以“秦子”器仅见于春秋早期？就器物时代而言，出子似乎不错。但出子系被三父等所贼杀，死后，能否被运回故地，依制安葬，随葬以“秦子钟”等礼乐之器，是大可怀疑的。

其实，“凡在丧，王曰小童，公侯曰子”，当不限年幼嗣君称子，年长嗣君又保尝不能称子。《史记·周本纪》说周武王“东观兵，至于盟津。为文王木主，载以车，中军。武王自称太子发，言奉文王以伐，不敢自专”。武王继位时已进入老年的行列，尚有此称，何况其他。而且秦国有年少新君就可称公的事实，秦武公钟铭文记公与王姬并列，则说明当时武公尚年少，而由其母王姬参与主事，却已明确以秦公而非以秦子称之，可见此例并不一定合于秦制。故秦可能有在铜器铭文中将太子称为秦子的现象，而不像其他诸侯，如虢国之称虢太子。那么，所谓的秦子器，也许不能排除是秦太子之器的可能，特别是处太子位年岁特别长久者，制器勒铭的可能性极大。如静公，正值盛年，定有机会和能力替年事已高的文公做一些事，并应备一定的器用。所以，年代较相当，身份也还吻合者，恐以静公较妥。

由此说明，西山陵区所葬者有父子相承的四代秦公，襄、文、静三公之墓均已遭盗掘，文物大多失散，襄、文之墓已能确认，静公墓现还不能具体认定，唯一幸存而未被盗扰者，可能仅宪公的一座墓，有待日后钻探寻找。

还有一个应当提及的问题，就是秦公夫人的墓葬。依两周时期诸侯国国君墓地的布局，多有国君与夫人有异穴合葬之制。如北赵晋侯墓地、上村岭虢国墓地、辛村卫国墓地、蚩阳岭应国墓地[17]以及雍城秦公陵园等。但西山陵区尚无可确定为秦公夫人墓的原因，可能有二：其一，夫人就在秦公大墓之侧，尚未被盗或被发现。但据称墓地已经过了钻探，则这一可能性极小；另一，是夫人没有与秦公异穴合葬，而葬于周围，混在200多座中小墓之中，也许已被盗掘，亦可能的有幸保存下来者，有待将来的发掘证实。据有关资料，国君与夫人墓葬分开的现象并非绝对不存在，黄土坡燕国墓地的燕侯可能使用了单独的墓地，燕侯夫人和其他高级贵族使用的是不同的墓地[18]。从现有材料分析，以后一种可能性为大。

四　对秦人早期的葬制葬俗的初步认识

西山陵区和圆顶子山墓地的发现，初步揭开了秦居雍以前公室贵族埋葬习俗和礼制的奥秘，使我们可以对其有一个基本的了解。

首先，秦公有处于都邑之外的独立陵墓区，旁边还附有不少贵族及其他身份的墓葬。据我们对大堡子山和礼县一带的秦文化遗存的分析，秦国的早期都邑——犬丘，可能就是距西汉水南岸阶地上的赵坪遗址[19]。位于该遗址西北约3公里的西汉水北岸之大堡子山，是秦公西山陵区所在地。

陵区建于都邑之外的布局，与中原地区自商周以来至春秋时期，商周王室及许多诸侯国对都城和陵区选址特点基本相同，说明秦国早期在这一方面继承的是商周以来中原地区的文化传统。这对秦国以后的国都与陵区位置的选择，无疑产生了直接的影响。国都雍城、咸阳与陵区都分开设置，明显是对这一传统的继承和发展。

西山陵区是一处以国君大墓为核心，旁置卿大夫级公室贵族中型墓，及许多士一级小型墓为拱卫的墓域，与文献所记的“公墓”制度极为吻合。因未经全面钻探发掘，尚不清楚是否存在以昭穆顺序排列的制度。陵区墓葬的布局，与周代诸侯国中的辛村卫国墓地、蚩阳岭应国墓地等类似。但与雍城陵区秦公各有独立陵园，和夫人异穴并列合葬的格局明显不同。表明秦人迁雍以后，陵区的结构布局出现过巨大的变革。

其次，秦公室及贵族墓流行头朝西的东西向仰身直肢葬，带有腰坑。西山陵区的大、中、小型墓，以及赵坪圆顶子山墓地的发掘资料，均清楚地表明嬴秦公族在早期就已流行头西足东的东西向墓。仰身直肢，墓底带腰坑也是秦人的固有葬俗。与周人以头北足南的南北向墓葬为主，有着明显的差别。春秋战国时期，秦国一直盛行的东西向、带腰坑墓的来源，显然是他们居于陇山以西时的传统葬俗。

东周时期秦国流行屈肢葬，是其文化的显著特征之一，成为区别秦与东周列国墓葬的重要标志。不少学者都曾研究过这一文化现象，提出过许多见解，但无一致的认识。雍城秦公一号大墓因盗扰严重，无法确认秦公本人是屈肢或直肢葬。故长期以来，关于嬴秦公室贵族实行什么葬式，成为一个难解之谜。有的学者已曾认为秦的贵族采用直肢葬式，“尤其是宗室贵族，并不采用屈肢葬式”[20]。但由于早期的贵族墓也有一定数量的屈肢葬，又缺少可确认的公室贵族墓的葬式资料证明，这个问题不但没有得到学术界的认同，反而受到不少的质疑。西山陵区和圆顶子山墓地发现，以最为直接的形式，对于该问题认识的正确与否，给出了最终的评判。但同时又提出了秦国采用屈肢葬墓的人群族属如何认定，及其文化渊源在哪里？何以又终成为秦文化一个显著特色，与嬴秦公族的关系等问题。由于受目前所见资料的限制，还无法做进一步的研究。

再次，西山陵区和圆顶子山墓的资料显示，秦国早期公室贵族，有普遍以人殉葬和从葬的习俗。

西山陵区的墓葬，由于盗扰严重，形制结构有所破坏，殉葬人已非确数。经过清理发掘的襄公、文公大墓都有较多殉人，九座中小型墓，有的也发现殉人。襄公墓（M2）残留迹象发现东、南、北三面二层台上，有 7 人殉葬，均为直肢葬，有葬具（有的是漆棺），多随身葬有小件玉器。西墓道填土中殉 12 人，均屈肢葬，有生殉和杀殉的区别，多为青少年，计该墓殉人当在 19 人以上，文公墓（M3）二层台盗扰过甚，仅存北侧二层台一个殉人，西墓道填土中殉 7 人，估计此墓殉人数肯定多于 8 人，圆顶子山没有被盗，M2 二层台上殉葬 7 人，M3 二层台上殉 3 人。

这些发现都是公室贵族墓，则把秦国殉葬的历史大为提前。考古资料明确反映周文化没有以人殉葬的制度，特别是出于姬周直系的贵族和诸侯国，基本未见殉人现象。无论是以现于京畿的沣西井叔家族墓地，还是分封于外的北赵晋侯墓地、上村岭虢国墓地、黄土坡燕国墓地、卫国墓地等，基本无例外。可见，属于周王朝附庸的秦国，不可能从周文化中接受这一影响。而商文化却曾广泛流行殉人制度，虽与西山陵区墓葬的年代相差较远，但考虑到文献记载嬴秦民族与商文化有过千丝万缕的联系，也许应该相信秦人的殉葬习俗与这种更为深远的历史背景有关。换言之，秦人的殉人制度，是继承了商文化的传统。如果相信此点，其殉人的历史很可能绝不仅仅限于西山陵区墓葬的年代。至于雍城及关中东周时期秦墓所见的殉人制度，无疑就是来源于秦西山陵区及更早的传统习俗。

按照《秦本纪》所记：“武公卒，葬雍平阳，初以人从死，从死者六十六人。”则是讲秦国的殉人制度，从武公卒后实行，此前不应出现。但西山陵区的襄公、文公墓分别要比武公卒年早 88 年和 38 年，却都发现了不少的从葬和殉葬的人，即使不考虑秦有可能发现更早的殉人，亦可证明文献的这条记载有误。武公葬在平阳，是清楚的。地当在今宝鸡县阳平镇及杨家沟一带，即秦武公钟的出土地附近，故不会出现西山陵区有武公墓被误认的可能。

即便把从死理解为“自觉自愿”的赴死，殉葬是被迫和被强制去死，也难以说明这个记载正确。因为，西山陵区墓内的殉人已有从死和殉葬两类。放置在椁室周围二层台上，有葬具，并有玉器随葬的直肢葬者，无疑属于从死。埋在墓道填土中的屈肢葬者，应是殉葬的形式。另外，钻探表明，大墓的东北、北部和西部山弯，有规律地分布着200座以上的中、小型墓，不排除其中一部分为陪葬者，如静公墓、秦公夫人墓等，但还有不少应属于从葬墓，甚至殉葬墓。在雍城陵区的秦公陵园内，发现的一些与大墓内匣殉墓年代一致的小墓，就被认为是从葬墓[21]，可以作为对此问题的说明。

当然，《秦本纪》的记载也许有另外的意义。那就是长期在周文化熏陶下的当地姬周遗民，基本没有以人从葬及殉葬的观念，也不清楚秦人居于陇山以西时的葬俗，当见到进入关中的秦国第一座国君墓以数十人从死的景象时，一定会惊诧不已，铭记在心，广泛流传。而这种传闻，最终却成为史家记录的原始素材。如果这一认识不误，恰恰证明了武公之前的宪公墓不在关中，而确实在西山陵区。则又为前文有关此点的论述，增添一条新证。

确认了有殉人的东西向仰身直肢葬带腰坑墓，是嬴秦公室贵族的丧葬习俗，对于进一步在陇山以西继续寻找西周或更早的典型秦人墓，树立了一处非常准确的标志。可以预料，这为将来发现和认定庄公及其以前的先公、公族墓葬，以及秦邑所在地，都提供了有利的条件。同时，也为区分东周以后秦国公族及非公族墓葬，找到了一个标准。

至此，不得不涉及陕西陇县边家庄墓地的一些问题。边家庄是一处范围很大的春秋战国秦墓地，面积约20万平方米。先后多次清理发掘墓葬30多座。随葬青铜器的墓占三分之一，多数为五鼎四簋组合的中型墓。出土各类文物达4000余件，其中有400多件青铜器。随葬器物的形制特征显示，发掘的大多数墓的年代属春秋早期，少量为春秋中期。由于墓地所处位置和时代的关系，学术界普遍认为这是一处比较典型的秦国墓地。

但是，现以西山陵区和圆顶子山秦墓来比较，边家庄墓地就有了一定的差别。最为明显的是，边家庄已发掘的墓葬基本上都是头朝北的南北向竖穴墓，均为仰身直肢，中小型都没有发现以人从葬或殉葬的现象，故被研究者作为武公以前秦国未出现从葬制度的典型个案介绍[22]。西山陵区的大墓和中小型均为头朝西的东西墓，以人从葬和殉葬的习俗非常流行，而且源远流长。时代比较接近的两地墓的差别是如何发生的，就不能引起注意。

葬俗是古代民族（甚至也包括现代许多民族）最为保守和具有继承性的习俗之一，一般情况下，是极难改变的。秦雍城陵区与西山陵区多方面的一致性，就是极好的证明。边家庄墓地的时代和位置均处于两个陵区之间，并可能与襄公二年所迁的千邑有关[23]，如果属于秦公室贵族墓地，无由出现这样大的变化。

对于这一现象的合理解释，只能考虑边家庄墓地（现只能讲已发掘墓葬）的族属，并不是嬴秦的公族一系，甚至也不是随秦东迁的其他陇右民族。从墓葬形制多有口小底大，采用北首的南北向仰身直肢葬的特征，多与周人墓相似来看，应是属于周文化系统之墓葬。因为年代已是春秋时期，称为周遗民的墓葬应更为合适。《秦本纪》记载："十六年，文公以兵伐戎，戎败走。于是文公遂收周余民有之，地至岐。"秦人进入关中后，能迅速发展壮大，应与被周人弃于故地的周余民支持，有着直接的关系。因此，在关中发现周遗民的墓葬，本不足为怪。当然，这并不是指整个边家庄墓地，只是就已发掘墓葬而言。因为该墓地与千邑相关，范围又极大，肯定不能排除将来发现秦国公族墓葬分布区的可能性。

可见，秦国墓葬乃至秦文化的族属结构是相当复杂的，不可仅仅局限于对直肢葬、屈肢葬区别及其相互关系的分析。就是直肢葬本身，还需要注意墓向、有无殉人等特征，才能有比较正确的认识。

另外，墓上出现有封土或墓上建筑的遗迹。受盗扰和现有发掘墓葬较少的限制，所知的材料还只有西山陵区的大墓一条。据介绍，M2、M3统一在墓室开口以上覆盖五花土，残存厚度

0.2—1米，被认为很可能是异穴共丘的封土[24]。如果确为封土，那就是自远古以来，至于三代，中原文化系统的墓葬中最早的一例。与《易·系辞》“古之葬者，厚衣之以薪，藏之中野，不封不树”的记载不同。这或者是因为所处地域的关系，受到西北其他更早文化影响的结果，已知辛店文化墓地曾发现过可能是封土的遗迹[25]。

但大堡子和圆顶子山的其他中小型墓没有见到封土的迹象，雍城陵区也未见有关资料的介绍，故还是有可怀疑的地方。也许，这所谓的封土实际可能是墓上建筑的残迹。关于先秦时期墓上建筑的问题，学界虽有不同的意见。但雍城陵区已经发现大墓墓口之上，多有建筑遗存，已没有人产生怀疑。周人墓地除扶风北吕有一例可能属于墓上建筑[26]外，包括众多西周诸侯国大墓在内，似已再无可举者。浚县辛村1号墓发现过与墓内土色相同，高于墓口的夯土，但没有介绍存在与建筑相关的迹象，无法确定是否属于墓上建筑，因此，就不能认为周人墓葬曾有过这类设施，东周的秦陵也就不可能从周人那里接受这一方面的影响。而最有可能的是秦人本有这一习惯作法，雍城陵区的墓上建筑，当是对其自身文化传统的继承和发展。西山陵区的发现，可能正是其来源。

五　余　论

本文的分析，使我们对于秦西山陵区有了一个基本的认识。

这里所葬的不只是两代秦公，而可能是襄、文、静、宪四代，及其夫人。

西山陵区和圆顶子山墓地的发现，初步揭示了秦国早期公室贵族丧葬礼俗制度，对秦人迁雍以后的葬制有比较直接的影响，许多方面在后来都得到了继承和发扬。同时，还使我们了解到了陵邑位置选择、陵区分布特点等与部分周代诸侯国有相似的地方，铜器、陶器等文化因素，基本属于周文化的范畴。另外，在以人殉葬等埋葬习俗方面，还显示了与商文化有千丝万缕的联系。

秦文化的来源和嬴秦民族的起源，是一个重大学术问题，考古学和历史学界有过长期争论，但并无一致意见。秦西山陵区等有关考古资料与商周文化的种种联系，说明了处于陇山以西的早期秦文化，尤其是嬴秦公族所体现的文化特征，属于以商周王朝为代表的中原文化系统向西发展而产生的一支区域性文化。无论从文化面貌、礼制习俗、文明程度等方面来看，早期秦文化与商周时期甘青地区的戎狄文化有较大的差别，所以，我们不可能将其视为戎狄文化的一部分。虽然，在秦文化发展过程中发现过一些戎狄文化因素，现在看来只是受到后者的一部分影响，并没有改变其继承中原商周文化的基本特征。尤其是表现在物质文化方面的西周文化特点，甚至比许多分封于关东地区姬姓诸侯国更为充分。

早期秦文化的来源基本清楚之后，当然有助于解决嬴秦民族的起源问题。从其文化对商周文化因素的大量继承的情况分析，古文献关于秦人来自东方的记载，确实不可忽视，而需要用实事求是的目光来认识。

（《考古与文物》2003年第3期）

注释

[1] 李学勤等：《最新出现的秦公壶》，《中国文物报》1994年10月30日。

[2] 韩伟：《论甘肃礼县出土的秦金箔饰片》，《文物》1995年第6期。

[3] 李朝远：《上海博物馆新获秦公器研究》，《上海博物馆集刊》第7期。

［4］卢连成：《秦国早期文物的新认识》，《中国文字》第 21 期。

［5］［13］王辉：《也谈礼县大堡子山秦公墓地及其铜器》，《考古与文物》1998 年第 5 期。

［6］陈平：《浅谈礼县秦公墓地遗存与相关问题》，《考古与文物》1998 年第 5 期。

［7］祝中熹：《大堡子山秦西陵墓主及其他》，《陇右文博》1999 年第 1 期。

［8］［24］戴春阳：《礼县大堡子秦公墓地及有关问题》，《文物》2000 年第 5 期。以下有关大堡子山和圆顶子山墓地的发掘资料，不注明者，均本此文。

［9］a. 尹盛平等：《陕西陇县边家庄一号春秋秦墓》，《考古与文物》1986 年第 6 期。

b. 宝鸡市考古工作队：《陕西陇县边家庄五号春秋墓》，《文物》1990 年第 11 期。

［10］刘得祯等：《甘肃灵台县景家庄春秋墓》，《考古》1981 年第 4 期。

［11］汪保全：《甘肃天水市出土西周青铜器》，《考古与文物》1998 年第 3 期。

［12］《礼县志》，三秦出版社 1998 年。

［14］a. 中国科学院考古研究所：《上村岭虢国墓地》，科学出版社 1959 年。

b. 孙华：《周代前期的周人墓地》，《远望集》，陕西人民美术出版社 1998 年。

［15］王辉：《关于秦子戈、矛的几个问题》，《考古与文物》1986 年第 6 期。

［16］陈平：《秦子戈、矛考》，《考古与文物》1986 年第 2 期。又《〈秦子戈、矛考〉补议》，《考古与文物》1990 年第 1 期。

［17］［18］见［14］b。

［19］张天恩：《礼县早期秦文化遗存的有关问题刍议》，《文博》2001 年第 3 期。

［20］韩伟：《关于秦人族属及文化渊源管见》，《文物》1986 年第 4 期。

［21］［22］田亚歧：《关中秦墓殉葬制度研究》，《青果集》，科学出版社 1994 年。

［23］张天恩：《边家庄春秋墓地与千邑地望》，《文博》1990 年第 5 期。

［25］甘肃省文物工作队等：《甘肃临夏莲花台辛店文化墓葬发掘报告》，《文物》1988 年第 3 期。

［26］罗西章：《北吕周人墓地》，三秦出版社 1994 年。

秦公敦跋

王国维

右秦公敦，出甘肃秦州，今藏合肥张氏。器盖完具，铭辞分刻，器盖语相衔结，与编钟之铭分刻数钟者，同为敦中所仅见。其辞亦与刘原父所藏秦盄龢钟大半相同，盖一时所铸，字迹雅近石鼓文。金文中与石鼓相似者，惟虢季子白槃及此敦耳。虢槃出今凤翔府郿县礼村，乃西虢之物，班书地理志所谓西虢在雍者也。此敦虽出甘肃，然其叙秦之先世曰十有二公，亦与秦盄龢钟同。虽年代之说，欧赵以下人各不同，要必在德公徙雍以后。雍与西虢壤土相接，其西去陈仓亦不甚远，故其文字体势与宝槃猎碣血脉相通，无足异也。此敦器盖又各有秦汉间凿字一行，器云："西元器一斗七升八奉敦。"盖云："西一斗七升太半升盖。"西者，汉陇西县名，即《史记·秦本纪》之西垂，乃西犬邱。秦自非子至文公，陵庙皆在西垂。此敦之作，虽在徙雍以后，然实以奉西垂陵庙，直至秦汉犹为西县官物，乃凿款于其上。犹齐国差𦉜上有"大官十斗一钧三斤"刻款，亦秦汉间尚为用器之证也。故此敦文字之近石鼓，得以其作于徙雍以后解之；其出于秦州，得以其为西垂陵庙器解之。(汉西县故址在今秦州东南百廿里）癸亥八月。

（《观堂集林》卷十二）

秦公𣪘韵读

郭沫若

王国维秦公𣪘跋云，秦公𣪘出甘肃秦州，今藏合肥张氏。器盖完具，铭辞分刻，器盖语相衔结，与编钟之铭分刻数钟者，同为𣪘中所仅见，其辞亦与刘原父所藏秦盄龢钟大半相同，盖一时所铸。以其字迹雅近石鼓文，断其必作于秦德公徙雍以后。又据其器盖各有秦汉间刻款，知为西县官物（原注汉西县故址在今秦州东南百二十里），乃秦时以奉西陲陵庙之器，故得出于秦州。

王氏之说大抵近是。器之必作于德公以后，此由铭文格调辞句多与晋邦盦相同，亦可得一旁证。盦云：余虽小子，敢师井先王，秉德𩐋𩐋，和燮万邦。此𣪘云：余虽小子穆穆帅秉明德，剌剌桓桓，万民是敕。盦云：咸绥胤士。此云：咸畜胤士。盄龢钟云：咸畜百辟胤士（案：胤士字样仅见此三器）。晋邦盦已证其为晋襄公时所作，则此𣪘与盄龢钟必约略同时，可以远后于晋邦盦，而不能远先于晋邦盦。盖嬴秦后起，其文化稍后于中原。铭文之与晋邦盦相类似者，乃采仿中原风气故。余以为铭中所称之十有二公，如非以秦仲起算，则必以庄公起算，十二世而至共桓，当于鲁之宣成，在秦缪公与康公之后约二三十年，即后于晋襄公者亦约三二十年，故此铭文体格全然相类也。

盄龢钟乃有韵之文，王国维《两周金石文韵读》已收录。𣪘铭亦有韵之文也，与钟铭虽大同，然亦有小异，且有足以证钟铭之误者。今将二铭比录之如下：

盄 龢 钟

秦公曰，不显，朕皇且受天命，竈又下国，十又二公，不㒸于上，严龏夤天命，保𤔲氒秦，虩事蛮夏曰：余虽小子，穆穆帅秉明德，叡尃明井，虔敬朕祀，以受多福，𬙊（协）龢万民，虔夙夕剌剌趄趄，万生（姓）是敕。咸畜百辟胤士，𧾚𧾚文武，锓静不廷，𩟄柔燮百邦，于秦执事，作盄龢钟，其名曰𬙗邦，其音铣铣，雝雝孔皇，以卲零（格）孝享，以受屯鲁多釐，𦶷寿无疆。畯疐在立（位），高弘又庆，匍又亖方永宝图。

秦 公 𣪘

秦公曰不（丕）显，朕皇且（祖）受天命，鼏宅禹賷（迹），十又二公，在帝之矿，严龏夤天命，保𤔲（业）氒秦，虩事䜌（蛮）夏，余虽小子，穆穆帅秉明德，剌剌（烈烈）趄趄（桓桓），万民是敕。咸畜胤士，𧾚𧾚文武，锓（镇）静不廷，虔敬朕祀，作□宗彝，以卲皇且，𢍰（其）严𢓊（御）各（格），以受屯鲁多釐，𦶷（眉）寿无疆，畯疐在天，高弘又庆（有庆），造囿三方图。

就𣪕铭而言，第一句乃以且（祖）賁（迹）矺夏为韵，命命秦为韵。矺当在之部，此与鱼部字为之鱼合韵，例于诗经中往往有之，如巷伯以谋字韵者，虎宾之初筵以呶韵，僛是也。𣪕铭如此读去，十分自然。而钟铭则大有问题，钟铭首句之“⊥二”二字，宋人吕大临及薛尚功读为“上帝”，翟耆年读为“在上”，近人从翟读，孙诒让云上作＝，与“奄有下国”下字作＝同用。古文在为⊥者，元文当为丰✝，即才字也，叚才为在，金文屡见。盖吕所见拓本不精，遂成⊥形，薛摹从之疑矣。此以“在上严”为句，王氏韵读从翟读，亦似从孙读，故其所圈之韵脚为命㒸命秦。注云“真部，㒸在脂部，脂真对转”，夏字乃不入韵，然今以𣪕铭按之，则孙王之读均误也。“严龏夤天命”之必为一句，于𣪕文已断无可疑，𣪕之“十又二公，在帝之矺”，即钟之“十又二公，不㒸⊥二”然。如读为“在上”则失韵，且与“在帝之矺”不合，与“竈又下国”亦不相条贯。为求韵谐义协，余谓二乃＝字泐文也，⊥固丰之泐，毫无可疑。＝字上笔与之相接近，亦同时略有阙泐，故遂误成为二字也。“不㒸在下”，犹虢叔旅大林钟云“翼在下”，“下”与“祖”、“国”、“夏”为韵。国在之部，此亦之鱼合之一例也。

“鼏宅禹賁”，王国维云“即大雅之维禹之绩”。商颂之设都于禹之迹，禹賁言宅，则賁当是蹟之借字。齐镈言“㬎㬎成唐（即成汤），有敢（即严字）在帝，所尃受天命”，“咸有九州，处禹之堵”。堵字《博古图》释“都”，“处禹之堵”，亦犹鲁颂“缵禹之绪”也。

“保𤔲氒秦，虩事蛮夏”。𤔲，宋人释“业”，许书业字，古文作𤔲，与此近似。此似从去声，去在鱼部，业在叶部，近人魏建功以业为鱼咸之入声，则业从去声，亦有说也。

“虩事蛮夏”，犹晋邦盨言“广嗣四方”，事嗣字通。毛公鼎之“参有嗣”，诗作“三有事”，嗣、事，治也。蛮夏犹言华夏，又如今人言中外，近人有谓“蛮夏”，乃斥中夏为蛮夏者，恐未必然。

第二第三两句，以子、德、敕、士、祀为韵，同在之部。

𥁕字当即盍字，许书作盇，以为从皿大。案其字当从皿，去声，古文去作厺，与皿相连，则类从皿大，故小篆致误也。盍从去声，犹𤔲从去声，𥁕则盍之繁文耳。𥁕𥁕则犹赫赫。

第三句以祖、格为韵，鱼部。

第四句以疆廔、方、图为韵，阳部。图字余定为房𡈼之户（说见《大丰𣪕韵读》）。在此读为尝或尚，一字为韵。器乃秦室，作以奉其西垂陵庙之物，故言“以卲皇祖”，以卲零孝亯。而铭末或缀以“永宝图”，或单缀以“图”，犹今人于祭事之末之缀以“尚亯”也。

全铭韵脚句识之如下：

秦公曰，丕显朕皇祖。受天命。十有二公，在帝之矺，严恭夤天命，保业厥秦（真部），虩事蛮夏（之鱼合韵），余虽小子，穆穆帅秉明德，剌剌桓桓，万民是敕。咸畜胤士，𥁕𥁕文武，镇静不庭，虔敬朕祀（之部），作□宗彝，以卲皇祖，其严御格（鱼部），以受纯鲁多釐，眉寿无疆，畯疐在天，高弘有庆，竈囿四方图（阳部）。

（《殷周青铜器铭文研究》）

石鼓为秦文公时物考

马叙伦

故国子监所存十碣，世所谓石鼓者也。昔人据《左昭四年传》成王狩于岐阳，而定为周成王时作；或目其文字同籀书，而世传籀书为周宣王太史所作，以为周宣王时物；或又以为元魏宇文周时所作者，要皆不能确证。郑樵谓为秦物，作于惠文王之后，始皇之前；巩丰以为献公之前，襄公之后；近有震钧罗振玉定为文公时物；余友马衡从巩说，而意主穆公以鼓出雍城故地，岐山在其东，汧水在其西，而鼓有“汧殹洎=”及“舫舟西逮”之辞，明自雍至汧为西逮，而秦自德公始居雍。鼓之文字与《秦公敦》同，《敲》为穆公作，鼓当与之同时。可谓持之有故、言之成理者矣。余以为即《鼓》辞而证之，可以为周物者，独弟七鼓有“乐天子来”之辞，似为民所以颂王者。然来字独安国《十鼓斋本》有之。而近影印安本来字属连天子，虽与薛尚功所录同，薛录多与石异，不可据。而安氏原本未见，影本经剪装，非复原次，不知原本来字属连天子与否。而弟九鼓有“公谓大□”之辞。诸金器称公者，率为诸侯国物，诸侯于国中称公也，此亦当然。则非周物之一证。《荀子》，“天子雕弓，诸侯彤弓”，而弟四鼓有“□弓孔硕，彤矢□=”，则非周物之二证也。《左庄十八年传》虢公晋侯朝，王皆赐马三匹。赐马三者，《说文》骖驾三马也。《鼓辞》多言左骖右骖。《诗·小雅·彤弓》序，“彤弓，天子锡有功诸侯也。”而《鼓辞》亦言“□弓彤矢”，是左骖右骖，彤弓彤矢，皆诸侯受之于王者。《史记·秦本纪》西戎犬戎与申侯伐周，杀幽王骊山下，而秦襄公将兵救周，战甚力，有功。周避犬戎难，东徙雒邑。襄公以兵送周平王。平王封襄公为诸侯，赐之岐以西之地。则襄公宜受三马之赐，彤弓之锡，周制然矣。此可证为秦物者一也。诗《四载》美襄公始命，有田狩之事，园囿之乐。《诗》言游于北园，《传》、《笺》不详其地。然襄公虽受岐西之赐，实未尝有其地。《史记·秦本纪》言赐之岐以西之地，曰戎无道，侵夺我岐丰之地，秦能攻逐戎，即有其地。而襄公十二年伐戎，而至岐卒矣。此终襄公之世未得郊酆之证。《本纪》又言文公十六年以兵伐戎，戎败走，于是文公遂收周余民，有之。地至岐，岐以东献之周。盖至文公十六年始尽得郊酆之地，故《秦本纪正义》曰：“《括地志》：故汧城在汧源县东南三里，《帝王世纪》秦襄公二年徙都汧，即此城也。”检《秦本纪》，非子居犬丘。《汉书·地理志》：槐里，周曰犬丘，懿王都之。懿王为孝王父。《本纪》言非子畜蕃息，犬丘人言之孝王，孝王召使主马汧渭之间。是时孝王仍都犬丘。《水经注》：渭水自雍来，东经槐里县故城南。《汉书·地理志》：雍及槐里并属右扶风。《左僖十三年传·正义》：雍临渭，则槐里亦临渭，而在雍东。犬戎杀幽王，则犬丘为戎据，而襄公居汧不徙，始立国都。盖亦无所居矣。然则北园者，当在汧也。《本纪》言文公三年以兵七百人东猎，四年至汧渭之会曰：昔周邑我先秦嬴于此，后卒护为诸侯。乃卜居之，占曰，吉，即营邑之。《正义》引《括地志》谓文公所营邑即郿县故城。然《本纪》言孝王赐非子姓嬴，分土为附庸，邑之秦，号曰秦嬴。是秦嬴即非子，而周邑之于秦。《汉书·地理志》：秦，今陇西秦亭秦谷也。秦谷固在渭北，而与汧渭之会相去远矣。《水经注》：渭水自郁夷来合汧水磻溪水，东经积石原，又经五丈原，北又经郿县故城南。则《括地志》以为郿县故城者近之。盖是时畿京近地即《本纪》所谓使主马于汧渭之间者也。地在汧东。文公初居西垂宫，故《本纪》言东猎至汧渭之会也。郿雍相近，是时皆为秦有。《鼓辞》："汧殹洎=，蔞=□□，舫舟西逮，□□自廱"王国维释廱为雍是也。《鼓辞》所记田渔二事，而渔不于渭而于汧。又《鼓辞》言西逮，又言𩙿西𩙿北，则其溯汧水而至襄公故都也。《鼓》又有"汧殹沕=，烝彼淖渊，及帅彼阪，□□=□，𦉢为卅里"之辞。检《水经注》，汧水有二源，一水出县西山，世谓之小陇山，其水东北流历涧注以成渊，而郦道元谓小陇山岩嶂高险，不通轨辙。故张衡《四愁诗》曰："我所思兮在汉阳，欲往从之陇坂长。"《后汉书·郡国志》："陇有大阪。"而鼓辞"□□□猷，乍邍乍□□=□=，导徰我嗣，□□□除，帅彼阪□□=□，𦉢为卅里"，及"吾水既瀞，吾导既平，吾□既止，嘉𣏟则里"，皆为开治道路之意，皆可为其田渔直至汧都之证。而"𩙿西𩙿北"之后有曰："叀𪔂孔□，□鹿□=。"则囿，盖即《四𢦏》所谓北园者也。古之田狩，所以共承宗庙教习兵行之义。而《易·明夷》：明夷于南狩，注，狩者，征伐之类。余意文公将以兵伐戎，故大狩以习兵。《鼓辞》极陈车徒之盛，而"𩙿西𩙿北，勿竈勿伐"，竈借为祰，《周礼》："太祝大师造于祖司马法将用师，乃造于先王。"造亦祰之借。《鼓辞》复有"□□太祝"，尤足证为文公将伐戎而归祰于祖庙。盖虽已营居汧渭之会，岐酆未复，犹逼于戎，未尝立宗庙耳。由此言之，鼓为秦物，而作于文公明矣。或谓穆公伐西戎，此皆穆公事耳。不悟《鼓辞》先言𩙿西𩙿北而后言勿竈勿伐，明祰在离汧渭之会后也。穆公之时，宗庙社稷具于雍久矣，故知不然也。若其文字类《秦公敦》，则由此本周世通行文字，秦居周故地，袭其文化，故诸秦刻遗文皆类之。知鼓作于文公，则《秦公敦》之文字同于鼓，益无所致疑耳！二十二年四月十一日马叙伦在北平。

（《国立北平图书馆馆刊》七卷二号）

秦公毁跋

商承祚

民国二十年，见此毁于北平，器制色泽皆不美观，腹部丁头迹凡若干，盖乡愚无知用以代椎也。越二年，合肥张氏后人质于张允中，再度见之。又二岁，以二千余金归冯恕，尚不能越于余四年前所出之值，可见物之得失不能相强。器铭器盖连读固属创见。予尚见一不附盖之毁，前人目为彝类者，凡四十余言。起句为鬻，语意不属，知必另有一器与之相连。其制尤异它器，铭文刻于一版，然后施范。此则逐字单刻，个别印之范上，故行款倚斜不整，印迹显露，为活字版之鼻祖。秦公钟为同时物，与此同文者，其字必相同，当日铸器必多，而字又必同，可断言也。刻款仍在汉前，以一毁字知之，器外文当读："西元器一斗七升奉毁。"奉上以"八"异文，仲翔学兄以此器出天水故乡，乃摹其器形、铭文，集之成册，因记所知归之。三十二年四月十日，商承祚志于巴郡契斋。

（《天水出土秦器汇考》，1944 年）

天水出土秦器汇考序一

胡受谦

西北为吾民族文化发祥之地，而天水适居关陇冲要。秦汉以还，先民文物有足征者，顾以世鲜，著录遂阒然无闻，良足惜也。受谦承乏陇南，喜从邦人士之后搜求散失，尝闻诸绪论矣。故家流风至今尚存。冯仲翔先生学问文章蜚声陇上，比年遨游蜀陇，辄为当局礼重，致力于西北文化事业，历寒暑不稍辍。尝集诸友好编辑陇南丛书，表彰前贤，发扬文物，若《秦州记》、《麦积山石窟志》等，皆集资刊行，为世珍重。学人报国之道，与夫搜辑之勤，为不虚矣。近以其所辑《天水出土秦器汇考》一书，商余付梓。诸作皆详邃可征，翼辅史实，当为景公与其先公所作之祭器，更无疑者。《诗·秦风》十篇，《驷驖》、《小戎》、《蒹葭》、《终南》，先儒论定皆为襄公而作。秦声慷慨，诗人美之，良不诬也。今器铭辞实足骖驾诸篇。在昔郡国，往往于山川所得之鼎彝与典籍互证，兹器之若合符节，实不多见，斯尤足重已。又《水经·渭水》郦注有云："汉武帝元鼎三年改天水郡，其乡居悉以板盖屋。"《诗》所谓"西戎板屋"，亦足为秦器出土天水之一证。蒿目时艰，寇难未已，披籀兹编，不禁有六辔在手之感。是为序。

民国三十三年十一月，安陆胡受谦识于天水官署。

（《天水出土秦器汇考》，1944 年）

秦公𣪘器铭考释

冯国瑞

秦公曰不（丕）显，朕皇且（祖）受天命，鼏宅禹责（绩）。

按，秦公当为景公自谓也。

秦本纪：“秦之先，帝颛顼之苗裔孙，曰女修。女修织，玄鸟陨卵，女修吞之，生子大业。大业取少典之子曰女华，生大费，与禹平水土已成，帝锡玄圭。禹受曰，非予能成，亦大费为辅。帝舜曰，咨尔费，赞禹功，其赐尔皁游尔。后嗣大出，乃妻之姚姓之玉女，大费拜受，佐舜调驯鸟兽，鸟兽多驯服，是为伯翳，舜赐姓嬴氏。”

礼记大学篇：“大甲曰，顾諟天之明命。”

说文：鼏，鼎覆也。礼，古文作密，叚借字也。鼏宅，谊同覆宅。诗商颂，天命多辟，设都于禹之绩。笺立都于禹所治之功。春秋左氏传，茫茫禹迹。化为九州。迹同蹟。

十又（有）二公。

按，十有二公当自襄公始，自景公上溯襄文□宁武德宣成缪康共桓，凡十有二公也。其可征信者有三：秦本纪，周宣王始以秦仲为大夫，封西垂。秦仲有子五人，长曰庄公，为西垂大夫。水经注云，秦庄公伐西戎，破之，周宣与大骆犬丘之地，为西垂大夫。括地志云，秦州上邽县西南，汉陇西郡西县是也。至襄公将兵救周，战甚力，有功，周避犬戎难东迁雒邑，襄公以兵送周平王，王封襄公为诸侯。年表载，始列诸侯在襄公七年，庄公实为大夫，其称公者，按年表庄公元年。索隐，其，名也。正义按，秦之先公并不纪名，恐非其名。或者为襄公始称公，后进尊其亲之词。是则秦之先为诸侯，而称公实自襄公始，一也。秦始皇帝本纪，二世皇帝元年，亦称先王庙或在西雍或在咸阳，自襄公以下云云，而不始庄公，可知庄公衹为进谥且未入庙，二也。秦风诗序云，驷驖美襄公也，始命有田狩之事，园囿之乐，三也。器铭之十有二公当自襄公始，以次推计，决知非景公以前之物也。兹为秦世系表俾便省览：

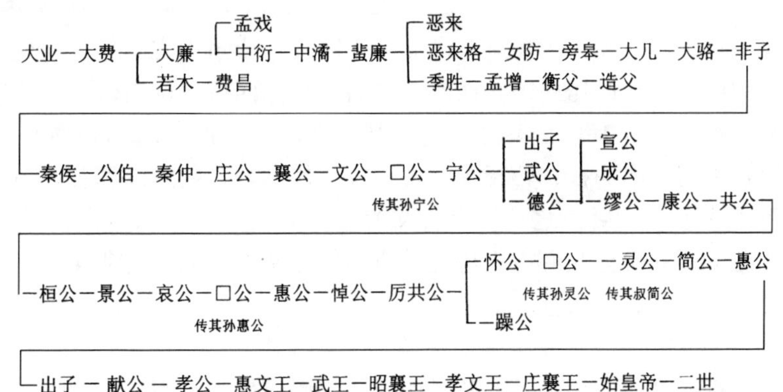

王静安先生谓設与盄龢钟同。虽年代之说欧赵以下人各不同，要必在德公徙雍以后。兹更将秦設与石鼓之年代问题，参互众说，可得一比较之确定。马衡氏石鼓为秦刻石考，以为秦設与石鼓同为秦缪公时物。其说云：

秦自襄公有功王室，得岐西之地，而列为诸侯。至缪公始霸西戎，天子致贺。鼓文纪田猎之事兼及车徒之盛，又有颂扬天子之语，证以秦公設設当作設烈烈桓桓之文，则此鼓之作当与同时云云。

马叙伦氏石鼓为秦文公时物考（北平图书馆刊七卷二号），虽未以为与秦設同时，而在德公徙雍以前。秦先公在西垂金石制作，多疑在文公时。清末震钧天咫偶闻辨，石鼓为秦文公东猎时所刻。罗振玉氏日村不折，均祖其说。

郭沫若氏石鼓文研究（孔德研究所丛刊之一）以为襄公时所作。

按石鼓文字残阙，凭资旁证，考其年代，致聚讼纷歧。马氏谓鼓設同时者，仅据烈烈桓桓之文。亦未敢深信。郭氏石鼓文研究眉批有云，按秦公钟花纹与齐灵公时叔夷钟全同，知其年代必相近，与齐灵同年代者在秦为景公，则十有二公者，实自襄公起算也。此足为余钟設为景公时物有力之佐证，不必强牵与石鼓同时矣。

秦本纪，祖先宗系始自大费佐禹平水土。至费昌而去夏归商。中潏以亲故归周，保西垂。蜚廉以材力事殷纣，殷亡季胜复归周。所云吞卵生大业，鸟身人言，长驱归周，一日千里之种种神话传说，在神权时代为古史所习见者。

本纪，缪王以赵城封造父，造父族由此为赵氏。自蜚廉至季胜以下五世至造父，别居赵，赵衰其后也。又曰大骆生非子，以造父之宠皆蒙赵城，姓赵氏。

三代世系表，秦表，始自恶来，系成王初封。十二诸侯年表，秦始自秦仲。索隐，非子曾孙，公伯之子，宣王命为大夫，诛西戎也。而自非子居犬丘，好马及畜，善养畜之，犬丘人言之孝王，孝王召使主马汧渭之间，马大蕃息。又云，孝王曰，昔柏翳为舜主畜，畜多息，故有土赐姓嬴。今其后世亦为朕息马，朕其分土为附庸，邑之秦。集解，徐广曰，今天水陇西县，秦亭也。正义括地志云，秦州清水县，本名秦，嬴姓邑。十三州志云，秦亭秦谷是也。周太史儋曰，始周与秦国合而别，故天子邑之秦，至庄公宣王以为西垂大夫。正义引括地志云，秦州上邽县西南九十里，汉陇西郡西县是也。及是襄公周室东迁，襄公以兵送周平王，平王封襄公为诸侯，赐之岐以西之地。按襄公实未有其地，马叙伦氏已言之矣。而文公元年居西垂宫，正义，即上西县是也，五十年文公卒，葬西山。集解，徐广曰，皇甫谧云，葬于西山，即今陇西之西县。秦州志，今麦积山有秦文公墓，至宁公徙居平阳。集解，徐广曰，郿之平阳亭。用知宁公以前皆居西垂。

在帝之矿。

段玉裁曰，畤不见于经，秦人因周制，垗五帝于四郊，依附为之。年表，襄公立西畤，祠白帝。索隐，襄公始列诸侯，自以居西畤。西畤，县名，故作西畤，祠白帝。文公作鄜畤，宣公作密畤，灵公作上畤，献公作畦畤。是秦之五畤，其四在岐雍，惟西畤当在西县。秦先公祖述禹德，在帝之矿，字疑为畤，或为社，帝指禹言也。按三代世表，尧舜固称帝，禹亦称帝，有夏一代之君皆称帝。目禹为王者，后人之意。今古文尚书之大禹谟，不曰帝禹而曰大禹，知其非实矣。今器铭称禹为帝，可并史记为有力之佐证，决知伪古文尚书大禹之非实。

独断天子之社，曰王社，曰帝社。

严龚夤天命。

书皋陶谟，日严祇敬六德。无逸，严恭马作俨。论语俨然民望而畏之。古本又作严。段玉裁谓经典多严俨不分，是尧典寅宾出日，说文寅辰名夤敬，惕也。尚书古本多作夤字，故唐人引书多作夤，李仲璇孔子庙碑作夤宾，尔雅释故，寅，敬也。文选，永明九年策秀才文，夤奉天命，李善引尔雅，夤敬也。鄧展注汉书亦曰，夤，敬也。则尔雅古本亦作夤，与铭文合。

保𦘴（业）久（厥）秦，虩吏（事）䜌（蛮）夏。

𦘴，与说文业之古文同，当为业重文。段云，字形未详其意。

虩，说文虎部，训为恐惧。易，震来虩虩。王静安先生毛公鼎考释，虩虩，许许。亦引郑注，许许犹虩虩也。叔夷钟，虩虩成唐。杨树达氏叔夷钟跋，释为赫赫。今器铭虩事，仍以说文训为长。

说文，从虫之蛮。段注引诗角弓，如蛮如髦。传曰，蛮南蛮也。于䜌下引赵荣秘阁有宋公䜌、餗鼎与竹书宋景公䜌。合从虫当为后起，虢季子白盘，䜌方与此器铭同。书皋陶蛮夷、猾夏。汉书匈奴传赞曰，书戒蛮夷，猾夏、蛮夏、夷夏谊同。

余虽小子，穆穆帅秉明德，剌剌烈烈𧇉𧇉，迈民是敕。

小子合金文，此例甚多，诗大雅，戎虽小子。

剌同烈，双声通假，尔雅释训，桓桓烈烈，威也。

迈即万，善父克鼎，迈年无疆，与此器铭同。书尧典，允厘百工。史记五帝本纪作信饬百官。徐广曰，饬古勑字。广韵曰，敕今相承用勑，勑本音賚，器铭德敕为韵。

咸畜胤士，𧇉𧇉（赫赫）文武，银（镇）静不廷。

秦自文公初有史以记事，民多化者，伐戎至岐，文公伐戎。宁公灭盪社，武公伐彭戏氏至华山，又伐邽冀戎初县之，灭小虢。缪公救王伐戎，蹇叔、百里奚由余先后用，益国十二，开地千里，遂霸西戎。至景公伐晋楚，为我援如晋盟，均见秦纪铭词云云，盖景公颂扬缪公以上先公之功烈也。

虔敬朕祀，作嘉宗彝，以邵皇且，娶（綦）严御□各（格），以受屯（纯）鲁（禄）多釐。

邵，昭也、绍也。诗大雅，于昭于天云。召诰，王来绍上帝。毛公鼎用印，邵皇天意。同此。

缪公三十七年，天子使召公过贺，缪公以金鼓秦之宗彝，当悉承周制。正义引庙记云，橐泉宫，秦孝公造；祁年殿，德公起。盖在雍州城内，可知德公迁雍以后，四畤而外，尚有祈年。而德公以上，庄襄以来，列公陵庙皆在西。

瀪（眉）寿无疆，颂鼎同。

畯疐在天

书皋陶谟，九德咸事，俊乂在官。文选，曹植责躬诗，李注曰，尚书隽乂在官。汉书谷永传，永待诏，公车对曰，经曰九德咸事，俊艾在官。

高弘有庆。

易坤，积善之家，必有余庆。

竈（奄）囿（有）亖（四）方。

诗周颂清庙之什执竞，自彼成康，奄有四方。郑于閟宫玄鸟笺，皆以奄为覆，覆盖四方，同为已有，与传不异也。疆庆方为韵。

宜

礼，宜乎。杜，当也。吴其昌氏谓宜当为祖声，同哉，为秦方言。

西元器一斗七升八奉𣪘。

此刻在器外。

西一斗七升大半升，盖。

此刻在器盖。

王静安先生曰，此𣪘器盖又有奉汉间凿字一行云云，盖西者，汉陇西县名，即史记秦本纪之西垂及西犬丘。秦自非子至文公，陵庙皆在西垂，此𣪘之作虽在徙雍以后，然实以奉西垂陵庙，直至秦汉犹为西县官物，乃凿款于其上，犹齐国差𦉜上有大官十斗一钧三斤刻款，亦秦汉间尚为用器之证也。故此器出土于秦州，得以其为西陕陵庙器解之汉西县故址在今秦州东南百廿里。

商锡永氏曰，刻款仍在汉前，以一𣪘字知之。器外文当读元器一斗七升奉，𣪘。奉上从八异文。

按西之地望，史记五帝纪，申命和仲居西土。徐广曰，西者，今天水之西县也。骃案郑玄曰，西在陇西之西，今人谓之兑山。周勃世家，破西丞，徐广曰，天水有西县，丞，西县之丞也。樊哙传，别击西城丞白水北，索隐曰西谓陇西之西县，白水，水名，出武都，经西县东南流，言击西县之丞于白水之北耳。晋书地道记，天水始昌县，故西城也，亦曰清崖峡，后汉书段颎传注，西县，故城在今秦州上邽县西南九十里。通典，汉西县城，一名始昌，在今秦州上邽县西南。清一统志，西县故城，在今秦州西南。州志云，在州西南一百二十里。静安先生误东南，今天水西南一百二十里之盐官镇、店子镇、太门镇一带，富有故城遗迹。

（《天水出土秦器汇考》，1944年）

秦公钟器铭考释

冯国瑞

秦公曰不（丕）显。朕皇且（祖）受天命，竈（奄）又（有）下国，十又（有）二公，不㒸在下。

诗鲁颂，奄有下国，俾民稼穑。与器铭同。谓十二公之功烈不坠于下也。

严龚夤天命，保〓（业）久（厥）秦，虩事䜌（蛮）夏曰，余虽小子，穆穆帅秉明德，叡专（敷）明井（刑），虔敬朕祀，以受多福，〓（协）龢万民。

诗商颂，洪水芒芒，禹敷下土。书敬敷五教，同叡敷。吴其昌氏谓〓为协龢之〓。按诗大雅，内奰于中国之奰，说文习也。或为奰之异体。

虔夙夕刺刺（刺刺）趄趄（桓桓），万生（姓）是敕。咸畜百辟胤士，趚趚（赫赫）文武，锒（镇）静不廷，夒（柔）燮百邦，于秦执事。

诗大雅生民之什，百辟卿士。笺曰，百辟，畿内诸侯也；卿士，卿之有事也。趄，因字模之边而误，右下为笔画。夒同优，叚柔，番生殷有〓字。百邦，考古图皆误作百辟。

作盄龢钟，久（厥）名曰晢（哲）邦。其音铣铣，雝雝孔皇，以邵霝灵教孝亯。

摹本脱钟字，十二诸侯年表正义注，秦先公不记名。盄龢或为景公名。铭辞当读其音铣雝，铣雝孔皇。诗周颂，钟鼓喤喤。从口音，摹本误作言[1]。

以受屯（纯）鲁（禄）多釐，釁（眉）寿无疆，畯疐在立（位），高弘有庆，匍（备）又（有）四方永宝宜。

四方合文

按钟铭题跋，始自欧阳公集古录卷一，跋尾云。

秦昭和钟铭。

右秦昭和钟铭曰，秦公曰不显，朕皇祖受天命，奄有下国，十有二公。按史记秦本纪，自非子邑秦，而秦仲始为大夫。卒，庄公立。卒，襄公、文公、宁公、出公、武公、德公、宣公、成公、穆公、康公、共公、桓公、景公相次立。太史公于本纪云，襄公始列为诸侯。于诸侯年表则以秦仲为始。今据年表始秦仲，则至康为十二公，此钟为共公时作也。据本纪自襄公始，则至桓公为十二公，而铭钟者当为景公也。故并列之，以俟博识君子。治平元年二月社前一日书右真迹。

又按亦政堂重修考古图卷七，著为秦铭勋钟。铭一百三十九字，有图未摹入，其跋尾云：

右不知所从得，口径衡尺有五寸，缩尺有二寸九分，深二尺二寸六分。顶径衡尺有二寸，缩尺有一寸，柄高八寸，卦柄四垂，为卷云藻文之饰，声未考，铭百有三十九字。

杨南仲云，秦钟其铭云，十有二公。按秦自周平王始邑非子于秦为附庸，平王始封襄王为诸侯，非子至宣为十二世，自襄公至桓公为十二世，莫可考知矣。集古云，按史记本纪，自非子邑秦而秦仲始为公，襄公始为诸侯。于诸侯年表则以秦仲为始，今据年表始秦仲，则至康公为十二公，此钟为诸侯作也。据本纪自襄公始，则至桓公为十一公，而铭钟者当为景公也。未知孰是，始俟博识君子定之。

又按薛尚功历代钟鼎彝器款识法帖卷五，盄和钟跋尾云：

右钟铭按古器物铭云，丕显朕皇祖受天命，奄有下国，十有二公。欧阳文忠公集古录，以为太史公史记于秦本纪云，襄公始列为诸侯，而诸侯年表则以秦仲为始。今据年表始秦仲，则至康公为十二公，此钟为共公时作也。据本纪自非子为周附庸邑于秦，至秦仲始为大夫，仲死子庄公伐破西戎，于是予之秦仲后及其先大骆地犬邱并有之，为西垂大夫。庄公卒，子襄公代立，犬戎之难，襄公有功周室，于是平王始封襄公为诸侯，赐之岐以西之地曰，戎无道，侵夺我岐丰之地，秦遂能攻戎即有其地，与誓封爵之，襄公于是始国，与诸侯通使聘享之礼。而诗美襄公亦以能取周地始为诸侯，受显服盖。秦仲初未尝称公，庄公虽称公，然犹为西垂大夫，未立国也。至襄公始国为诸侯矣，则铭所谓奄有下国，十有二公者，当自襄公始，然则铭斯钟者，其景公欤！此钟铭一百四十二字，藏在御府皇祐间，尝模其文以赐公卿，杨南仲为图刻石者也。

又按钟铭题识不只此数则，而钩摹失真率皆相类似，欧阳公始著录于集古录，其所依据故系刘原父所藏铭词。若谓当时即据原器摹刻，何遽铭词敓伪失真若是。欧阳公酬唱吟侣，惟梅苏刘诸公耳。今读诸公集，于宛陵集中有，饮刘原父家，观古钱金错刀，卷十六饮刘原父舍人家，观白鹇孔雀凫鼎、周亚夫印钿玉鼎、赫连勃勃龙雀刀，卷十八及其他此类题目甚多，未见题昭和或秦铭勋钟或盄龢钟之篇什，当时张筵观古器物，以劝酒佐饮，竞相习尚。以此颇疑，即欧梅亦未见秦钟原器耶。

其他秦器之出土于秦州者，尚有熊足槃，见续考古图。其题识云：

熊足槃，崇宁元年，秦州甘谷新边民耕得之，献于定西高庙。为掷挂槃，又刻凿于槃中，以记献送年月。铜槃甚雄壮，平底下作三熊负之，内外涂金皆全，但已为民间刻坏，甚可惜也。槃面径黍尺之一尺八寸五分，唇径十分半。熊高二寸二分，深一寸二分，容汉一斗二升，以今秤秤之，重一十八斤。

其刻凿献送年月等字之意义，与秦公段在汉代续刻西器二行款识相类，惜铭词不传。因系秦器，亦附列之。又有一石刻，与段钟铭词书体相类，足资参证者，为秦巫成朝那、诅楚文朝那。今甘肃固原大沉久湫，陇右金石录，张鸿汀氏以为在今华亭化平之交为近是。自集古著录代有考释，黄鲁直以今文训释之，于古文苑得其文，而原刻皆不传。今于汝帖中得见诅楚文，校以古文苑，脱落字数甚多，而石刻篆文，公然与段钟铭词体势仿佛。如

又秦嗣王之秦，不显大神之丕显，两邦之邦，伐灭我百姓之百姓，灵德之德。

与段钟参校，诸字几于惟肖，说者谓汝帖以险急偏倾之势发之，石理粗而刻工拙，所谓鲍老当场郎当舞袖。而此文殊有可观，虽虎贲重佁亦不易得，石为顷襄王时物，于段钟云，礿绵衍，所谓小篆之祖大篆之孙也。以石又出于陇上故参互及之云。

（《天水出土秦器汇考》，1944 年）

注释

[1] 考工记、凫氏为钟两欒之铣。郑云故书欒作乐，杜子春云当为欒，书亦或为欒。铣，钟口两角，释云欒铣一物，俱谓钟两角，古之乐器。应律之钟，状如今之铃，不圜，故有两角也。此借为钟音铣雝也。

秦车辖图说

冯国瑞

三十三年秋，天水南乡暴雨后出土古车数辆，器饰零碎颇多，且有髹漆轼轮之属。初未毁散，即怂恿珍弟亲往探购，仅获铜辖三事。其一作圆锥状，高建初尺六寸二分，径二寸三分，洞其中，上端有底，前端之前面有一长方穿孔，无文字，花纹作连绵三𠘧字形，宀下钩镂，左右若自字，似以官字引申花纹作图案状者。其二较低，其半径亦略小，显非一车之器，无花纹而有键，键首作虎头形。证以秦公段器座之回环虎头文，及他器之虎形，秦当以虎形图腾者，当别为文详之。其三作椭圆形，一端略圆，高四寸二分，径横阔四寸，纵阔三寸，侧有长方穿孔，洞中无底，覆盘有缘，阔六分，如箕状一隅已残。花纹刻镂极精，兵器森列，绕以云雷，与秦段器腹部之兵器花纹，作风相近，更审为秦器无疑。三器之厚均一分许，呈绿蓝锈色，古艳夺目，而金错镂丝，数处可见，今俗沿称此器为钉头。罗振玉氏辨为车辖，亦微有失。其俑庐日札云，稽古齐箸录之汉安昌车钉，文曰安昌，予曾见其拓本，乃一小圆形而略有□角，二字中列，初不省其器何状，嗣得一器文曰嫿妊作安车。其状如筒，高建初尺三寸二分，上端八棱，径二寸三分，下口径三寸八分，而洞其中，两旁各有一穿盖，以加键者，考其形制乃古车辖也。方言车辖，齐谓之錑，注车轴头也。史记田单列传，今其宗人尽断其车轴末而傅铁笼，铁笼即方言之錑。又说文，軎，车轴耑。与方言之辖，史记之铁笼同。阮氏所载车钉，形制与予所藏嫿姙安车辖同，盖安昌亦车辖，非车钉也。以文达之淹惟尚有此误，遇物能名古人所难信夫。

余按说文，軎，轴耑也，从车象形。杜林说辖軎或从彗。罗氏车辖之说，已迈阮氏，然不若车辖之确当。说文，辖，毂耑，錔也。錔者目金有所曰也。段玉裁曰，毂孔之里，以金裹之，曰钉毂。毂孔之外，以金表之，曰辖。辖之言管也。方言曰，关之东西曰辖，南楚曰轪，赵魏之间曰鍊鐈，镨取重沓之意。故多叚沓为之。汉书外戚传，切以铜沓黄金涂，谓以铜冒门限，以黄金涂铜也，故知軎辖为车轴耑，而尚为木制，以铜器冒于辖耑，此器即曰辖，于谊始合。南楚曰轪。离骚曰齐王轪。而并驰。赵魏之间曰鍊鏅，与轪音同，而亦可以椭圆之辖形释之。

考工记轮人职曰，五分其毂之长，去一以为贤，去三以为轵。郑司农曰，贤大穿也，轵小穿也，今三器大穿为贤系，仅一长方孔。小穿为轵，杜子春曰轵当作斩或读斩。为簪笄之笄。盖两軎左右出毂外，如笄之出髮然。有铁牵以键之，又似笄之母髮也，故其字从笄，取平岐头之意。杜说是也。案穿贤轵笄键五字，音悉同之，虎形键其制正如笄，今俗引申闩字称之，亦或键音微转耳。

又考工记，载周人上舆秦之先公近居周域，僭事不一而足，今此车辖发见于天水，与钟段等器当同为秦先公之遗物。由质转文，金镂涂错，制作之精，上侔天子，刘昭舆服志称，秦以战国即天子位，乘舆备文，驷驖车辚见于秦风，当不自穆公后始进桓赫也。

（《天水出土秦器汇考》，1944 年）

十有二公后之秦公说

刘文炳

秦为诸侯，入庙之公，据始皇本纪二世元年所云，自襄公始。是自襄公以下之弟十三公，即为秦公𣪘及秦盄和钟，所谓秦公曰之秦公，即为其十有二公之后紧接之一公。但此十有二公之间尚有二问题：一文公之太子在文公四十八年卒，赐谥称公曰竫公，但未莅位为君而称公者，是否入庙？二宁公之少子莅位为君六年，秦本纪书出子，而十二诸侯年表又称出公，卒。一书两歧，或是史公之误，或则二者尚有一伪。如依表，则莅位为君六年。有谥称公者，应如卫出公、晋出公之例，在入庙之列。如依本纪，既称出子而不称公，当未入庙。竫公与出公是否入庙，然后十有二公后之秦公可坐而致。又按乔松年萝摩亭札记云，史记律历志以汉武太初元年为甲寅，则知十二诸侯年表干支一格，乃后人所益，非史公之旧云云。今又见书秦出公卒与本纪相异。秦纪为祖龙未火之籍，史公据以为本纪，当较确实。于书谥称公称子当为谨严，十二诸侯年表其伪乎，俟再考。

（《天水出土秦器汇考》，1944 年）

秦公𣪘及秦盄和钟两铭为韵文说

刘文炳

两铭皆为四段韵文。第一韵段皆以受天命、寅天命两排在脚之字为韵，就𣪘铭上文相连意义及下文夏之韵脚推之，𥘈确为今社字，因与夏同为马韵字之故。钟铭亦当同此韵法，但其韵脚之二（上）与夏不同韵，此正所云摹刻失真脱漏之处，同一之字在同时作⊥作二，既属希有，不坠上上亦不成文，就古之韵文例之，此韵脚字应在马韵或语麌母韵之间，又因歌戈鱼虞模麻韵之字，古亦有与入声字相韵，如周颂思文，夏与极育可韵，大雅思齐，瑕与式入可韵，故禹绩之绩与下国之国，亦可与社夏及□夏为韵。第二韵段𣪘铭穆德敕为韵，钟铭穆德福夕敕为韵，又因同为四字结构，恐虔字之上或下有夺字。第三韵段𣪘铭士廷彝为韵，钟铭士廷事为韵，廷字在古不以鼻音收声，凡庚耕清青蒸各韵字，在古之西北无鼻音读有鼻音。自唐而始其例甚多，见于周代之韵文，如大雅瞻卬，哲夫成城，哲妇倾城，懿厥哲妇为鸮为鸱。城与鸱为韵。荀子不积蹞步无以至千里，司马法曰举足曰蹞，蹞与跬同。集韵跬或作頃蹞，頃在当时皆无鼻音，虽别在纸梗却为同音（详拙著《庚耕青清蒸韵字在唐以前西北无鼻音考》）。第四韵段𣪘铭疆庆方为韵，钟铭邦煌疆庆方为韵。

𣪘　铭

秦公曰不显，朕皇祖受天命。鼏宅禹绩，十有二公，在帝之𥘈。严恭寅天命，保业厥秦，虩事蛮夏。

余虽小子穆穆。帅秉明德。烈烈桓桓，万民是敕。

咸畜胤士。赫赫文武，镇静不廷。虔敬朕祀、作嘉宗彝。以邵皇祖，𥾣严𧟰，以受纯旅多，釐眉寿无疆。畯疐在天，高弘有庆。奄有四方。宜。

社夏麻穆德敕屋德职士廷彝友青疆庆方阳。

钟　铭

秦公曰不显，朕皇祖受天命。奄有下国，十有二公，不坠□□。严恭寅天命。保业厥秦，虩事蛮夏。

曰，余虽小子穆穆。帅秉明德。叡尃明刑，虔敬朕祀，以受多福，协和万民、□唬夙夕。烈烈桓桓，万民是敕。

咸畜百辟胤士。赫赫文武，镇静不廷。𩁹燮百邦，于秦执事。作盄龢钟厥名，曰𢧢邦。其音铣铣，雝雝孔煌。以邵零孝享，以受纯旅多釐。眉寿无疆。畯疐在位，高弘有庆。备有四方。永宝宜。

□夏□麻穆德福夕敕屋德昔职士廷事支青邦煌疆庆方江阳。

（《天水出土秦器汇考》，1944 年）

与冯仲翔论秦公𣪘书

刘文炳

昨承赐翰，敬铭一一，秦器固有𣪘铭，而将宋以来种种待考之钟铭文字，虽未得见其原拓，然相比而可证者正自不少。可谓张公两龙剑，神物合有时也。尊稿虽正在奋进之中，然批郤导窾，先立其大。弟以丧家棲流，当年载籍，徒萦梦寐。抚此文物，不无负负，稍有所见，先书请正。(一) 不显见于大雅周颂者十，朱注多不得其解，明明有否定辞在，而曰岂不显乎，或则曰不显显也。今就诗比较其意，则知当时所谓不显云者，乃周人对庙祖或祀神之尊称代名，如孔子以视之弗见，听之弗闻，写其盛德之义。秦人近居周域，大雅周颂当所习知，自文公以后，僭事不一而足。胪于社，天子也，小子穆穆，天子也。又以不显文王、不显成康者，不显其先公，正史公所谓君子惧焉者也。(二) 鲁为旅之古文，又叚胪说文旅下，古文以为鲁卫之鲁。史记周本纪，周公受禾东土，鲁天子之命，尚书序作旅天子之命，周礼天官掌次王大旅上帝注，国有故而大祭曰旅。史记六国表序位在藩臣而胪于郊祀，索隐秦以诸侯而陈天子郊祀，犹季氏旅于泰山然。正义胪祭名。(三) 邵绍之古文作繁，书召诰王来绍上帝，康诰绍闻衣德言。(四) [illegible]如以为柔字即是乃字，今日之柔虽读曰纽，然在古亦泥纽音，说文乃惊声也，以形以文义，此处似需乃字。(五) 图[illegible]为宜于社之宜，从多又为多声。吴其昌氏以为祖且云，秦方言同哉。冀所依据亟愿闻也。又尗叔豆弔古同舌端音，尗弔为同声相叚，故盘与盄有时书法不一，其他亦渴欲知之，可暂县为问题，进之以渐。

(《天水出土秦器汇考》，1944 年)

秦公簋年代的再推定

李学勤

现在中国历史博物馆陈列的秦公簋，是最重要的春秋青铜器之一。此簋1919年出土于甘肃天水西南乡[1]，铭文与宋仁宗时得于陕西的秦公镈相似，为同一秦公所作。此镈发现后，对作器者究竟是哪一代秦君，各家说法纷纭，直到今天仍莫衷一是。1978年在陕西宝鸡太公庙发现一批秦公王姬镈、钟[2]，铭文与秦公簋等可相参照，作器者公认为秦武公，从而为判断秦公簋年代提供了新的线索。好几位学者据此作出研究，如李零、吴镇烽两位同志分别撰写的论文[3]，均以秦公王姬镈、钟铭文与旧有簋、镈对读，多有收获。

1980年，我在一篇小文里对春秋前中期秦国青铜器试加整理，涉及秦公簋、镈在秦器序列中的位置，从宋人杨南仲之一说，以为秦成公器[4]。后来，陈平同志在秦国青铜器分期方面作了详细的工作[5]，承他在发表前示以文稿，我读后即觉自己对秦公簋等器年代的估计需要重新考虑，但几年间无暇及此。最近才有机会草此短篇，献为中国历史博物馆新馆建成三十周年纪念，并再向读者请教。

秦公簋、镈的年代，历来共有六说：

一、成公说：杨南仲；

二、穆公说：罗振玉；

三、共公说：欧阳修；

四、桓公说：容庚；

五、景公说：杨南仲、欧阳修又一说，郭沫若[6]；

六、哀公说：吴镇烽[7]。

这已经把春秋早期之末到晚期之初各代秦君都包括在内，青铜器年代争论之多，莫过于此。造成这种现象的原因，主要是仅从铭文内容推想，没有其他参照材料。如我在过去那篇小文中所说，“青铜器研究本来是考古学的一部分，把形态学的方法与铭文考释结合起来，常能解决单凭后者不能解答的疑难”。下面试从形制、纹饰、铭文等各个方面，再对秦公簋等器作一考察。

就形制来说，比较容易讨论的是秦公镈。问题是，在《考古图》中收录的此镈器形，与《博古图》叔夷镈器形雷同。容庚先生已曾指出这是《博古图》误袭《考古图》的结果[8]，我也论证过，现存镈图合于《考古图》所描述的秦公镈，而不合于《博古图》所描述的叔夷镈，因此图属秦公镈无疑[9]。后来读到日本学者白川静氏的《金文通释》，他说：

> 《博古》所载齐侯镈（按即叔夷镈）图，与《考古》七·九所载秦公镈全同，惟尺寸相异。就尺寸比例言，《考古》所记与图形一致，看来该图系秦公镈误入。原器与编钟同制，应饰有细密的蟠虺纹，然则约与䵼镈等近似[10]。

这是完全正确的。

以秦公镈与宝鸡太公庙的秦公王姬镈比较，可以看出前者是后者的发展。关于镈的演变过程，已有高至喜同志做了研究分析[11]，他说明，秦公王姬镈直接继承着西周晚期的D型镈。D型镈的标本是周原出土的克镈，器顶有钮，两侧联以镂空夔纹构成的很宽的扉棱，镈身饰卷曲的夔纹，上下夹以饰乳丁的绊带，中间又有镂空夔纹的扉棱[12]。秦公王姬镈的形制甚相类似，只是镈身改饰横S形的夔纹，绊带上除方形乳丁外还有蝉纹。秦公镈则进了一步，钮和镂空夔纹的四面扉棱依旧，保持着克镈以来的传统轮廓，但镈面上出现了篆带，上饰S形蟠螭纹，篆间有相当钟枚的涡纹。

秦公镈迈进的这一步，表现了镈与钟设计的靠拢。春秋较晚的镈，例如上面提到的齐器𪓐镈，一般推定为春秋中期之末齐灵公初年之器[13]，已经没有扉棱，只剩下顶上钮侧的装饰，并且出现了钲间。高至喜同志很注意这一点，他说：

> ……从目前所见，所有西周铜镈钲间尚未形成。如西周夷王时的克镈的钲部正中还有棱脊，并无钲间，铭文铸在鼓部。就是春秋早期的秦武公镈，钲部正中仍有棱脊，并无钲间可以铸铭。大概直到春秋晚期的镈才在钲部正中形成钲间，如江苏六合程桥春秋末期的吴墓所出铜镈已有钲间[14]。

𪓐镈以下的镈，和钮钟的形制区别主要就是下缘的直曲了。

这样看来，秦公镈的年代应该在秦武公和齐灵公之间。考虑到和𪓐镈差别更大，或许年代距秦武公较近一些。

再看秦公簋。簋的形制是盖上设捉手，盖缘及器口下饰勾连形“蟠虺”纹，腹为瓦纹，两侧有带兽首的耳，无珥，低圈足饰波带纹。其器形轮廓，我过去已指出，最接近陕西宝鸡阳平镇秦家沟所出的簋[15]，但细心观察，秦家沟簋的圈足要更高一些。陈平同志文已排出秦国簋的序列，其次第为宝鸡姜城堡——户县宋村M3——宝鸡福临堡M1——凤翔八旗屯CM2——宝鸡秦家沟M1。福临堡簋圈足低而耳残，八旗屯簋圈足亦低而腹耳俱失。仅从圈足来看，秦公簋可能比秦家沟的略早。

秦器的勾连形“蟠虺”纹与中原的蟠虺纹不同，有其独立的起源，而且其发生比中原的要早。前些时发表的1979年发现的陕西陇县边家庄一号墓，其青铜器可以作为论据。墓中青铜器形制多和宝鸡福临堡一号墓相似，器物组合也接近：

边家庄M1：鼎6、甗1、簋4、壶2、盘1、盉1；

福临堡M1：鼎3、甗1、簋2、壶2、盘1、匜1、敦1。

边家庄匜是扁体的，见于宝鸡姜城堡的春秋初期墓，而福临堡的敦则是较晚的新出器种，所以边家庄墓或许略早也未可知。这座墓的鼎79LBM1∶1和甗79LBM1∶11上面，都有很细密的勾连形“蟠虺”纹。另外，如陈文所举出的，八旗屯CM2鼎上也有这种花纹。

附带说一下，边家庄一号墓出的四件戈亦为较早型式。戈都是三角锋的，三穿，其中Ⅰ式戈最上一穿是横的，与以前著录的秦子戈相同，也见于宝鸡西高泉一号墓[16]和姜城堡墓。秦子戈大约是出子时期的[17]，姜城堡、西高泉墓则属春秋初年，因此这种型式的戈是较早的。

总之，秦公簋的年代应该在边家庄、福临堡器群和秦家沟器群之间。考虑到和边家庄等簋形制距离较大，或许年代离秦家沟更近一些，置于春秋中期前段比较合适。

具体谈秦公簋、镈的年代，还是要推敲两者的铭文。

李零同志文章已通过对读，充分显示了簋、镈铭文与秦公王姬镈、钟铭文的类似性。这种类似一方面是由于器铭有陈陈相因的套语，另一方面也是由于年代相距不是太大。近年发掘的凤翔南指挥一号墓，出有石磬铭文，从报端披露的小部分已可看出，虽和秦公簋等铭文有相似之处，但差异就更多了。南指挥磬铭自明是秦景公时的，秦公簋、镈应该更早。

秦公王姬镈、钟和秦公簋、镈的铭文，都大体分为三段：第一段追叙先世功业，第二段自述本人事迹，第三段记作器并祈福寿。这里面第一、二两段都能借以推求作器者的年代。

让我们先由第二段谈起。多数论者没有给以足够的注意，实际上这一部分不仅是套语，而是反映了一些重要的历史事实。秦公王姬镈、钟的这一段是：

公及王姬曰：余小子，余夙夕虔敬朕祀，以受多福，克明又心，戾和胤士，咸畜左右，䜌䜌允义，翼受明德，以康奠𢽾朕国，盗百蛮，具即其服。

秦武公讲到他如何虔敬祭祀，如何治理众臣，使国家安定和谐，诸少数民族皆来服事，这些都有其历史背景。据《史记·秦本纪》，武公系宪公太子，宪公死，大庶长弗忌、威垒、三父废太子，立出子为君，六年后又命人贼杀出子，复立武公。武公即位，诛三父等人，恢复了国内的安定，又先后征戎族彭戏氏、邽、冀戎及羌族小虢等，获得胜利。这些事迹，和铭文所载一致，可知铭文并非虚指。

秦公镈的第二段是：

曰：余虽小子，穆穆帅秉明德，睿敷明刑，虔敬朕祀，以受多福，𢽾和万民，唬夙夕，烈烈桓桓，万姓是敕，咸畜百辟胤士，䜌䜌文武，锓静不廷，扰燮百邦，于秦执事。

秦公簋的第二段与之相仿而较简短：

余虽小子，穆穆帅秉明德，烈烈桓桓，万民是敕，咸畜胤士，䜌䜌文武，锓静不廷，虔敬朕祀。

这段话一部分因袭前人，而关键的是强调了“烈烈桓桓”和“锓静不廷”两句。按《诗·长发》“相土烈烈”，《黍苗》“烈烈征师”，《泮水》“桓桓于征”，《书·牧誓》“尚桓桓”，均为威武之意，见于传注及《尔雅·释训》。《左传》隐公十年“以王命讨不庭”，“不庭”即不朝[18]，“锓”字前人读为“镇”，故所谓“镇静不庭”即征讨不服秦国的少数民族，正和上文“烈烈桓桓”之语互相呼应。作器的秦君必须是有显赫武功的人，相称的只有那“益国十二，开地千里，遂霸西戎”[19]的秦穆公。过去罗振玉《贞松堂集古遗文》意识到这一点，是很有见地的。

现在让我们来读几篇铭文的第一段。秦公王姬镈、钟的这段是：

秦公曰：我先祖受天命，赏宅受国，烈烈昭文公、静公、宪公，不坠于上，昭合皇天，以虩事蛮方。

秦公镈：

秦公曰：丕显朕皇祖受天命，奄有下国，十有二公，不坠在上，严恭寅天命，保𤕌厥秦，虩事蛮夏。

秦公簋：

秦公曰：丕显朕皇祖受天命，鼏宅禹迹，十有二公，在帝之坯，严恭寅天命，保𤕌厥秦，虩事蛮夏。

按《秦本纪》，周孝王时非子主马于汧渭之间，有功，孝王“分土为附庸，邑之秦”；至西周覆亡，秦襄公将兵救周，以兵送平王东迁，“平王封襄公为诸侯，赐之岐以西之地，……与誓，封爵之，襄公于是始国，与诸侯通使聘享之礼”。非子始为附庸，有分土，襄公封为诸侯，始国，这是两件事。李零同志指明铭文“讲到了非子的‘赏宅’，讲到了襄公的‘受国’”，是非常正确的。所以，秦公王姬镈、钟的铭文实际是追溯到非子，所说“先祖”包括非子直到襄公，从而下面就只提文、静、宪三公了。

秦公簋、镈则有所不同，铭文所说皇祖“奄有下国”，“鼏宅禹迹”，意思只是说在九州中得到宅居之地。对比秦公王姬镈、钟，这只是“赏宅”，没有涉及“受国”，也就是说仅指非子而言。

从秦公王姬镈、钟铭知道，前面受天命的“先祖”和后面“不坠”命的文、静、宪三公是分开的。以此例彼，秦公簋、镈的“皇祖”和“十有二公”也应当是分开的。以往大家都没有悟及这一点，只有吴镇烽同志作了区分。以非子相当铭中“皇祖”，再加上十二公，作器者不是别人，乃是称伯西戎的秦穆公[20]。

秦穆公即位于公元前659年，卒于公元前621年，相当于春秋中期前段。他上距秦武公之卒仅约二十年，在位的三十多年中武功显赫，特别是征服了曾颠覆西周的西戎，成为霸主，受周天子之贺。从各方面考虑，和本文对秦公簋、镈的分析都是契合的。

下面用世系图说明我们对“十有二公”的数法：

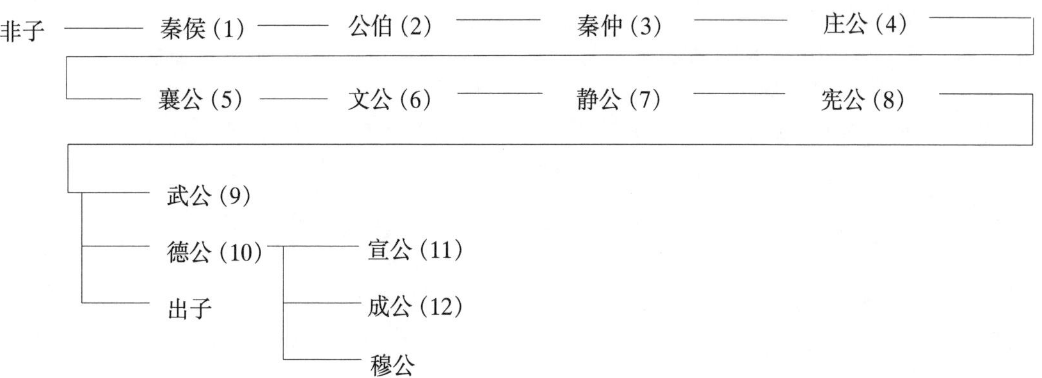

末了还应谈谈铭文的字体问题。东周时期秦国文字自成一系。王国维论秦公簋时曾讲到：

> 字迹雅近石鼓文。金文中与石鼓相似者，惟虢季子白槃及此敦耳。虢槃出今凤翔府郿县礼村，乃西虢之物，班书《地理志》所谓西虢在雍者也。此敦虽出甘肃，然其叙秦之先世曰‘十有二公’亦与秦盄和钟（即秦公镈）同。虽年代之说欧、赵以下人各不同，要必在德公徙雍以后，雍与西虢壤土相接，其西去陈仓亦不甚远，故其文字体势与宝槃、猎碣血脉相通，无足异也。[21]

虢季子白盘应即籀文，秦武公、穆公器所用文字即承之而来，下延至南指挥一号墓的秦景公石磬以至石鼓，遂成秦篆的先行形态。秦国文字的一个特点是相当规范化，从武公器以下，变化不多，以致王国维说“字迹雅近”。由于石磬文字尚未发表，这个问题只能在将来再仔细讨论。

有关秦国的考古工作正在不断进展，许多看法有待补充修正。本文关于秦公簋年代的推定也只是一种看法，希望有更多新材料加以印证。

（《中国历史博物馆馆刊》第13、14合期）

注释

[1] 冯国瑞：《天水出土秦器汇考》序二，《陇南丛书》。

[2] 卢连成、杨满仓：《陕西宝鸡县太公庙村发现秦公钟、秦公镈》，《文物》1978年第11期。

[3] a. 李零：《春秋秦器试探》，《考古》1979年第6期。

b. 吴镇烽：《新出秦公钟铭考释与有关问题》，《考古与文物》1980 年第 1 期。
［4］［9］［15］李学勤：《秦国文物的新认识》，《文物》1980 年第 9 期。
［5］陈平：《试论关中秦墓青铜容器的分期问题》，《考古与文物》1984 年第 3、4 期。
［6］同［3］a。
［7］同［3］b。
［8］同［3］a 注［1］。
［10］白川静：《金文通释》，二一五，叔夷镈。
［11］高至喜：《论商周铜镈》，《湖南考古辑刊》第三辑，1986 年。
［12］《中国美术全集》工艺美术编 4 青铜器（上），二二八。
［13］白川静：《金文通释》，二一六，云灵公四年，公元前 578 年。
［14］尹盛平、张天恩：《陕西陇县边家庄一号春秋秦墓》，《考古与文物》1986 年第 6 期。
［16］陈平：《试论春秋型秦兵的年代及有关问题》，《考古与文物》1986 年第 5 期。
［17］王辉：《关于秦子戈、矛的几个问题》，《考古与文物》1986 年第 6 期。
［18］杨伯峻：《春秋左传注》。
［19］高士奇：《左传纪事本末》卷五十二。
［20］出子不计算在内，同［4］。
［21］王国维：《秦公敦跋》，《王国维遗书》三《观堂集林》卷十八。

秦公簋的时代问题

陈昭容

一 前 言

春秋时期的秦国铜器不多，见于著录者，仅有秦子戈一件（《三代》19.53.2)、秦子矛一件（《三代》20.40.3)、秦公钟（《考古图》7.9称“秦铭勋钟”，《历代钟鼎彝器款识》6.70称“盄和钟”)、秦公簋（《三代》9.33.2）及近年在陕西宝鸡县太公庙村出土的秦公及王姬钟五件、镈三件（《文物》1978.11)[1]。其中秦子戈、矛二器同铭，铭文十五字，模糊不清之处甚多；宋代著录的秦公钟（以下据薛氏《款识》改称“盄和钟”）因辗转翻刻，颇有失真，且原器已佚。因此，讨论春秋时期秦国铜器铭文，所可赖者，仅现存于中国历史博物馆的秦公簋及现存于陕西宝鸡博物馆的秦公及王姬钟、镈铭文。对春秋秦文字的讨论，这无疑是最重要的材料。

春秋战国时期的秦国文字资料，除了上述的铜器铭文之外，尚有兵器、符节、权量、竹简、石刻等文字资料。其中铭文较长且系典丽篆书者，以石鼓文及诅楚文为最重要。石鼓文的时代问题至今仍聚讼纷纭，莫衷一是，诅楚文也曾有不少学者疑其为伪[2]。因之，利用这些重要的铜器铭文及石刻文字作为材料，观察春秋战国秦系文字演变之迹的论文，尚付阙如。结合石鼓文与秦公簋、秦公及王姬钟镈铭文、诅楚文对秦系文字的演变再作讨论，实有其必要。

本文试图讨论盄和钟、秦公簋的时代问题，并从秦系文字演变的观点，论石鼓文的相对年代，希望订出这几件重要秦器的相对位置，从而对汉字在春秋战国时期走向整齐化、规范化的过程，有比较清晰的认识。

二 宋代到近代对盄和钟、秦公簋年代的讨论

盄和钟出土地不详，北宋庆历年间（公元1041—1048年)，叶清臣守长安时，上之于朝[3]。皇祐元年（公元1049年）春，自内府降出，俾考正乐律官臣图其状[4]，并尝摹其文以赐公卿，杨南仲据之为图刻石[5]。吕大临《考古图》及赵明诚《古器物铭》皆有著录[6]。薛尚功《历代钟鼎彝器款识》又据赵氏著录之铭文摹刻[7]。

关于盄和钟的年代，历来学者皆据钟铭加以讨论。盄和钟铭文开首几句是：

> 秦公曰：丕显朕皇祖受天命，竈又下国，十又二公，不坠在上。严龚夤天命，保业厥秦，虩事蛮夏。……

最早根据钟铭推测盄和钟年代的学者是杨南仲，他说：

> 秦钟，其铭云十有二公。按秦自周孝王始邑非子于秦为附庸，平王始封襄王为诸侯。非

子至宣公为十二世。自襄公至桓公为十二世，莫可考知矣[8]。

这段文字指出直至今日仍争论不休的问题："十又二公"关键著盄和钟的年代，但究竟该自谁起算？

以下为了讨论的方便，根据《史记》、《秦本纪》、《秦始皇本纪》及《十二诸侯年表》，将春秋秦世系列表如下（秦公名后的数字是世系的顺序）：

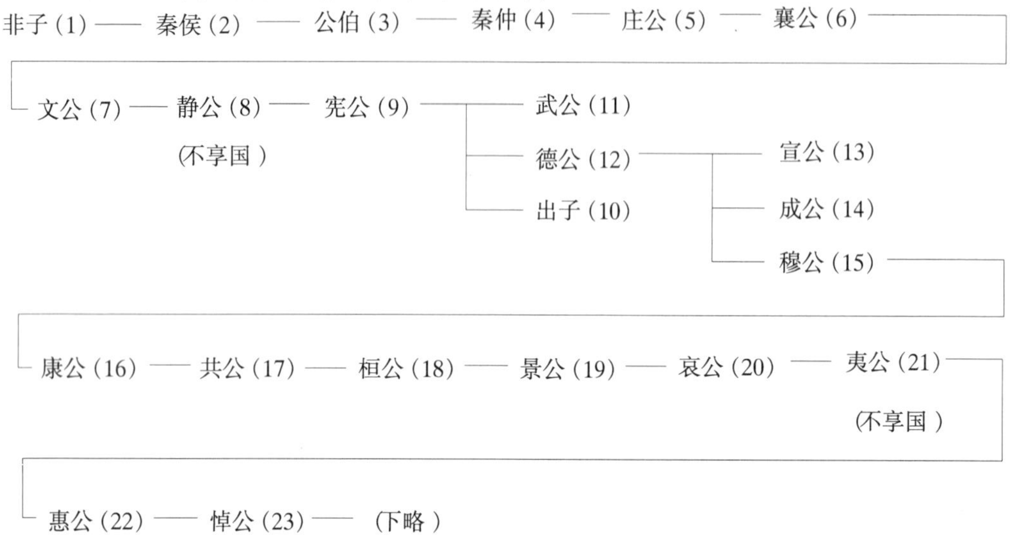

宋代学者对盄和钟年代的讨论简单摘要如下：

学者姓名	十二公起讫	作器者	备　注
杨南仲 A B	非子至宣公 襄公至桓公	成　公 景　公	不计静公或不计出子 不计静公或不计出子
胡　恢	秦侯至成公	穆　公	计静公不计出子[9]
欧阳修 A B	秦仲至康公 襄公至桓公	共　公 景　公	不计静公，计出子 不计静公，计出子[10]
赵明诚	襄公至桓公	景　公	不计静公，计出子[11]
董　逌	非子至宣公	成　公	不计静公或不计出子[12]
薛尚功	襄公至桓公	景　公	不计静公，计出子[13]
黄伯思	非子至成公	成　公	十二公包含作器者，不计静公及出子[14]

从宋代学者的讨论中，可见盄和钟的作器时代问题极为复杂，其中不仅牵涉到"十又二公"应自谁起算的问题之外，静公早卒未立，出子童年被杀，究竟该不该计入世次，也是另一个争论的重点。

这些问题一直悬而未决。民国初年，甘肃天水出土秦公簋，铭文与宋著录盄和钟极为相似，绝大多数的学者认为是同一秦公所作[15]。至于作器者是哪一个秦公，仍然说法纷纭，兹仍以简表摘要如下：

学者姓名	十二公起讫	作器者	备　　注
罗振玉	秦侯至成公	穆　公	不计静公，计出子[16]
柯昌济	庄公至共公	桓　公	计静公，不计出子[17]
郭沫若 A B C	秦仲至康公 庄公至共公 襄公至桓公	共　公 桓　公 景　公	不计静公，计出子[18] 不计静公，计出子[18] 不计静公，计出子[19]
于省吾	襄公至桓公	景　公	不计静公，计出子[20]
容　庚	庄公至共公	桓　公	不计静公，计出子[21]
杨树达	襄公至桓公	景　公	不计静公，计出子[22]

除此之外，还有不讨论十又二公起讫，只论秦公簋年代者，如王国维以其“字迹雅近石鼓”，“要必在德公徙雍以后”[23]。

从以上摘要的资料看来，学者对盄和钟及秦公簋作器者的讨论，几乎包括了春秋中期到晚期早段的所有秦公。在铜器中，争议如此之多者，大概无出其右。

三　从“受天命”的观点看“十又二公”的问题

盄和钟、秦公簋的年代争议，由于资料的局限，未能得到一个较具共识的结论。这个问题，直到 1978 年陕西省宝鸡县太公庙村发现秦公钟、秦公镈之后[24]，情况才有些突破。太公庙秦公钟、镈铭文相同，开头几句铭文是：

秦公曰：我先祖受天命，赏宅受国，剌剌邵文公、静公、宪公，不汆于上，邵合皇天，以虩事緐方。

前辈学者在计数“十又二公”时，多数都不把静公计入世次。根据《史记·秦本纪》，秦国有两位不享国的秦公，即静公和夷公，《十二诸侯年表》都没有把这两位秦公排列进去。论“十又二公”时不把静公计入其中，大概是因此之故。太公庙秦公钟镈出土之后，铭文中明白将静公与文公、宪公并列，这显示秦人在计算先公谱时，是把不享国者也计算在内的。至于出子，虽然年幼即位被杀，但确曾在位六年[25]，不计算在世次内，实无理由[26]。孙常叙曰：“把钟铭（案：指太公庙秦公钟）和《年表》对照起来，可以看出，论‘公’和论‘世’是两个体系。‘先公谱’是称公必录，‘世系表’是为君才能算数。”[27]其说甚是。就这一点而言，太公庙秦公钟镈铭文解决了从宋代以来一直混淆不清的概念，孙氏依此对《史记》、《秦纪》、《年表》记载之不同，作了合理的解释，极具卓见。

前辈学者对盄和钟与秦公簋“十又二公”的算法，大都认入出子而不计静公，太公庙秦公钟镈铭文出土之后，计入静公已成定局，前人对于盄和钟及秦公簋时代所作的结论，都必须修正。从 1978 年底太公庙秦公钟、镈出土的报告发表之后，盄和钟及秦公簋的时代问题再度被热烈讨论。以下仍以简表摘要如下：

学者姓名	十二公起讫	作器者	备　　注
孙常叙	襄公至共公	桓　公	计入静公及出子[28]
李　零	庄公至康公	共　公	计入静公及出子[29]
伍仕谦	非子至德公	德　公	计入静公及出子，十二公包括作器者[30]
张天恩	文公至桓公	景　公	计入静公及出子[31]
吴镇烽	文公至景公	哀　公	计入静公，不计出子[32]
李学勤 A	非子至宣公	成　公	计入静公，不计出子[33]
王　辉	文公至桓公	景　公	计入静公及出子[34]
李学勤 B	秦侯至成公	穆　公	计入静公，不计出子[35]

“十又二公”应计入静公及出子，理由已如前述。剩下来的，就是从谁起算的问题了。学者的意见约有以下数种：（一）自非子始，（二）自秦侯始，（三）自秦仲始，（四）自庄公始，（五）自襄公始，（六）自文公始。认为自非子始的原因是周孝王始邑非子于秦为附庸，然根据《秦本纪》，秦自庄公始称公，非子至秦仲并不称公，因此此说不能成立。认为自秦侯始者，理由是自秦侯至成公为十二世（罗振玉不计静公，李学勤不计出子），作器者为秦穆公，铭文中“烈烈趄趄”之语正配合穆公五霸之一的身份。前文中已讨论过静公及出子都必须计入先公谱中，自秦侯始则历十二公当至宣公止，作器者是成公，成公仅在位四年，无霸业可言，自不能配合“烈烈趄趄”之语，故自秦侯始的说法亦不能成立。认为自秦仲始的原因是太史公的《十二诸侯年表》以秦仲为始，然《年表》是以西周的年代为基准，始于西周共和元年，其时正值秦仲四年，《年表》并未以秦为基准，故谓十二公始于秦仲实无意义。比较值得注意的是从庄公始及襄公始这两种看法。秦自庄公始称公，庄公破西戎有功，周宣王与大骆、犬丘之地，为西垂大夫[36]。庄公子襄公以兵送周平王避犬戎难，东迁雒邑，平王封襄公为诸侯，赐之岐以西之地，“襄公于是始国，与诸侯通使聘享之礼，乃用骝驹、黄牛、羝羊各三，祠上帝西畤”[37]。襄公始列为诸侯，是秦立国之始。故《史记》卷六《秦始皇本纪》后附《秦之先君立年及葬处》以“襄公立”为始。襄公始国在秦国历史上自有其特殊意义，此为庄公“西垂大夫”之地位所不及。

笔者主张盄和钟、秦公簋铭文中的“十又二公”须从文公起算，着眼处即是襄公在秦国历史上的特殊地位。这个观点与张天恩、王辉两位先生的意见相同[38]。以下笔者将从铜器铭文及文献资料中举证，对铭文中所谓“受天命”这一观点多作讨论，以证实“受天命”应指始封之君，作为笔者主张“十又二公”应自文公起算的证据。

盄和钟、秦公簋、太公庙秦公钟三件铭文一开始都追述了先祖受天命而有土有国之事：

太公庙秦公钟：“秦公曰：我先祖受天命，商（赏）宅受或（国）。剌：邵（绍）文公、静公、宪公，不豕（坠）于上。邵合皇天，以虩事緐（蛮）方。”

天水秦公簋：“秦公曰：不（丕）显朕皇且（祖），受天命，鼏宅禹賁（蹟）。十又二公，在帝之矿（矿）。严龚夤天命，保鑋（业）厥秦，虩事緐夏。”

宋著录盄和钟：“秦公曰：不（丕）显朕皇且（祖），受天命，竈又（有）下国。十又二公，不豕（坠）在上。严龚夤天命，保鑋（业）厥秦，虩事緐夏。”

先秦“受天命”一词通常指国祚、帝位而言，尤其特指开国之君。其意盖以立国为王，皆由上帝所命，此系为王者借神权以巩固人心的手段。试观西周彝铭，凡言“受天命”者，皆指周文王、武王而言，没有例外：

大盂鼎：王若曰“盂，丕显玟王受天有大令，在珷王嗣玟乍邦，闢厥匿，匍有四方。……”

𣄰伯簋：王若曰“𣄰白，朕丕显且玟珷，应受大命，……”

师询簋：王若曰“师訇，丕显文武，应受天令，……”

毛公鼎：王若曰“父厝，丕显文武，皇天𠨘厌厥德，配我有周。应受大命，率褱不廷方……”

师克盨：王若曰“师克，丕显文武，应受大令，匍有四方……”

文王受天命，其事始于断虞、芮之讼，诸侯闻之曰“西伯盖受命之君”，归之者四十余国[39]。武王伐纣克商后，曰“膺更大命，革殷，受天明命”[40]。文武受命在《书》《诗》中也有充分的反映，如《大诰》“天休于宁王，兴我小邦周，宁王惟卜用，克绥受兹命”；《康诰》“帝休，天乃大命文王，殪戎殷，诞受厥命，越厥邦厥民”；《大雅·文王》“文王在上，于昭于天，周虽旧邦，其命维新”；《大雅·大明》“有命自天，命此文王，于周于京”；《周颂·昊天有成命》“昊天有成命，二后受之”，二后即指文、武二王。周之开国始于文王，完成于武王之手，文王受命不卒而崩，武王东征西讨，常“载文王木主”“遵文王”“奉文王以伐”[41]，故西周彝铭并称“文武膺受大命”。

商代受天命之君则是成汤。文献资料如《诗·商颂·玄鸟》“古帝命武汤，正域彼四方。方命厥后，奄有九有。商之先后，受命不殆”。《书·多方》“乃大降显休命于成汤，刑殄有夏”。春秋齐器叔夷镈（齐灵公时器，公元前581—前544年）铭文“尸（夷）篾其先旧及其高祖，虩虩成唐（汤），又严在帝所，专受天命，鬲伐頣（夏）司……咸有九州，处墒（禹）之堵（土）”。叔夷为齐灵公之臣，宋穆公之后，宋为商后，故叔夷追溯其先祖成汤受命立国之事。

诸侯国受封始国也称“受天命”。以春秋时器晋公盆为例，铭曰“我皇且唐公，□受大命，左右武王，□百蠻，广嗣四方，至于大廷，莫不来□。□命唐公，冂宅京自，□□晋邦”。铭文中明言受命者为“我皇且唐公”，唐公即唐叔虞，周武王之子而成王之弟，成王时封于唐，为晋国始封之君[42]。晋公盆是晋平公器，作器年代为晋平公二十一年（公元前537年）[43]，年代与盄和钟、秦公簋非常相近，铭文中字句相同或相似之处亦多，对于“受天命”者为始封之君的观点也应相似。

从“受天命”专指开国之君或始封之君的观点来看，太公庙秦公钟“我先祖受天命，赏宅受国”，盄和钟“丕显朕皇祖受天命，竈有下国”，秦公簋的“丕显朕皇祖受天命，鼏宅禹迹”，铭文中受天命的“我先祖”“朕皇祖”应是指被周平王封为诸侯，赐予岐西之地的襄公。所以太公庙钟铭在赏宅受国之后，接下来就说“剌剌邵文公、静公、宪公，不豢于上”，指出襄公之后的文公、静公、宪公在位时皆威武的继承襄公之绪业[44]，去世后也皆“在帝之所”、“在帝廷陟降”，不从帝所坠落[45]。既有“受天命”一语在前，特指始封国之君，“赏宅受国”就不宜强分为“赏宅”、“受国”两件事，而应是泛指有土有国。与秦公钟“赏宅受国”相对应的是盄和钟的“竈有下国”、秦公簋的“鼏宅禹迹”。“竈有下国”犹如《诗·鲁颂·閟宫》的“奄有下土，缵禹之绪”，“竈”读为“肇”，始也，“肇有下国”与《诗·商颂·玄鸟》“肇域彼四海”近似，即“始有下国”之意[46]。“鼏宅禹迹”与叔夷镈铭谓成汤“咸有九州，处禹之堵（土）”，《诗·商颂·殷武》“天有多辟，设都于禹之绩”相似，即安居于九州之意。“宅”字不宜视为狭义的“居处”而言，何尊“唯武王既克大邑商，则廷告于天，曰：余其宅兹中国……”可证[47]。结合“竈有下国”“鼏宅禹迹”两句铭文来看，正与秦公钟“赏宅受国”相同，泛指先祖受天命有土有国之事，接着再历数受命的先祖以下诸先公，太公庙秦公钟“剌剌邵文公、静公、宪公，不豢于上”对应的就是盄和钟"十又二公，不豕在上"及秦公簋的"十又二公，在帝之矿（坯）"。"十又二公"不包括那位受天命的先祖，从太公庙秦公钟铭文对照可以清楚确定。

"十又二公"是否包括作器者，论者也有不同的看法[48]。盄和钟"十又二公，不豕在上"的"在上"二字，《考古图》作"丄二"，薛氏《款识》亦据之释为"不豕上帝"，字形既不合，词义亦不可通。孙诒让从翟耆年《籀史》读为"不豕在上"，认为"丄"之原文当为"十"，即"才"字，假为"在"，金文屡见[49]。但孙氏把铭文读为"十又二公不豕，在上严"，其句读甚为不辞。郭沫若同意孙氏"丄"为"十"之泐的看法，却又认为"在上"失韵，因疑"二"乃"〒"字之泐，读为"不豕在下"于韵始合[50]。今太公庙秦公钟出，铭文为"文公、静公、宪公，不豕于上"，"公"与"上"为韵脚，东阳合韵，并未失韵，于是可知盄和钟"丄二"二字确为"在上"，"十又二公，不豕在上"，"公""上"二字为韵脚，与秦公钟同。"不豕在上""不豕于上"的"豕"读为"队"，《说文》"队，从高队也"，今俗作"坠"。金文中屡见"豕"字，皆读为"坠"。秦公簋铭文与"不豕在上"对应的是"在帝之矿"，"矿"读为"坯"[51]，"在帝之坯"犹言"在帝之所"，叔夷镈"虔虔成唐，有严在帝所"与此义同。又金文屡言先王祖考"其严在上"（如宗周钟，虢叔旅钟、番生簋、士父钟等），猶钟曰"在帝左右"、㝬钟曰"在帝廷陟降"，文献中亦有"文王陟降，在帝左右"（《大雅·文王》），皆谓皇祖先考在世间为人王，去世后则至帝所，与天帝同在。确定了"不豕在上"、"在帝之坏"的意义后，可知三件铭文都是先叙受天命的皇祖，次叙已升天至帝所的先公，其后曰"余小子"、"余虽小子"是作器者自称，层次井然。由此可确知在世为人王的作器者不包含在"十又二公"之中。

综合前述，盄和钟、秦公簋铭文中，受天命的皇祖指襄公，"十又二公"当自文公起算，包括不享国的静公及立六年即被杀的出子，不包含作器者在内。十又二公实指文、静、宪、出子、武、德、宣、成、穆、康、共、桓，作器者为秦景公（公元前576—前537年）。景公在位四十年，联楚抗晋，取得不少胜绩，盄和钟铭"柔变百邦，于秦执事"，又钟簋皆有"剌剌桓桓"之语，1986年出土的凤翔南指挥秦景公大墓残磬铭文有"专蛮夏极事于秦，即服"等（详后），虽不免有些夸大，但以景公壮盛秦国势力的地位，应可约略当之。

前文所述，多是就铭文本身加以讨论。以下将讨论几个外围问题，以为论证秦公簋、盄和钟年代之佐助。春秋铜器中以晋邦盦的铭文与盄和钟、秦公簋最为相似，这一点，郭沫若在30年代早已指出两者"铭文体格最为相类"，并且以晋邦盦的年代为晋襄公（公元前627—前621年）时期，认为秦公簋的年代应是晚于晋襄公二三十年的秦共公（公元前608—前604年）或桓公（公元前603—前577年）时期，铭文相似盖嬴秦文化落后，采仿中原风气[52]。但在《两周金文辞大系考释》中，郭氏改采唐兰之说，认为晋邦盦为晋定公时器（公元前511—前475年），并改称秦公簋作器者为秦景公（公元前576—前537年），遂不再重提两者铭文体格相似的论点。最近李学勤有《晋公盦的几个问题》一文指出晋公盦为晋平公器（公元前557—前532年）[53]，论证翔实可信。秦景公与晋平公时代相当，其铭文体格相类，可谓时代风气使然。又1986年在凤翔南指挥秦公大墓出土的编磬铭文在字体与文例方面，据说与秦公簋、盄和钟有很多共同点，如磬铭有"□廷锲静"，钟簋铭有"锲静不廷"；磬铭与钟铭皆有"锴锴雒雒孔皇"等[54]，王辉根据磬铭"天子匽喜，龏超是嗣"，及"隹四年八月初吉甲申"，论证此秦公大墓的墓主为秦景公[55]，此说已得多数人的同意。磬铭与秦公簋、盄和钟铭有共同之处，也可作为钟、簋年代的参考。由于秦公大墓的发掘报告至今尚未发表，无法详细比较，非常可惜。不过，金文中熟语的套用已成惯例，且自西周至春秋战国，仿作已成风气，如㾓钟之仿墙盘，石鼓文之仿三百篇，诅楚文之仿吕相绝秦文。考虑此因素，就不能将晋公盦、秦公大墓残磬铭作为盄和钟、秦公簋断代的依据，但却是很重要的参考材料。

铜器断代的研究，器形学上的证据应是相当重要的。郭沫若曾指出作于齐灵公时期（公元前581—前554年）的叔夷镈与盄和钟“除大小相异外，其花纹形制全如出自一范也”，认为这是盄和钟作于秦景公时的坚确证据[56]。此证据曾被许多学者所引用，其后经过容庚、李学勤、白川静等人的考证[57]，确定是《博古图》中的叔夷镈图误袭了《考古图》中的盄和钟图。这条资料自然必须放弃。李学勤在《秦公簋年代的再推定》文中，详细讨论了盄和钟及秦公簋的器形与花纹，指出盄和钟应在秦武公钟及鎓镈之间，即秦武公（公元前697—前678年）和齐灵公（公元前581—前554年）间，具体年代可能距秦武公较近一些；又秦公簋器形与宝鸡阳平镇秦家沟器群最近[58]。这样的研究确实为秦公簋的断代开出新的方向。遗憾的是，考古资料中能确定具体年代的标准器数量太少，对于各器物或遗址的年代争议仍多，要作为断代的依据，尚嫌不足。就以秦家沟器群为例，简报认为是春秋时期[59]，李学勤先认为在春秋前期偏晚，后又改订在春秋中期前段[60]，陈平则认为在春秋中期晚段的共、桓、景时期[61]，说法很不一致。张政烺谓秦公钟、簋由形制花纹考察，皆为春秋晚期之物[62]。专家的意见如此分歧，看来在这方面需要努力之处仍很多。

肯定盄和钟与秦公簋的作器者是秦景公的学者，在宋代有杨南仲、欧阳修、赵明诚、薛尚功；在30年代，有郭沫若、于省吾、杨树达，稍后有唐兰（没有说明理由及十二公的计算法）[63]，他们对于“十又二公”的起讫及算法都因太公庙秦公钟镈的出土而须作修正，但基本上，他们认为盄和钟及秦公簋应属春秋晚期的偏早阶段（或早期的偏晚阶段），这个看法是正确的。太公庙秦公钟镈出土后，讨论者甚多，笔者对“十又二公”自文公起算的看法与张天恩、王辉两位学者的观点相同；对“赏宅受国”“竈有下国”的“先祖”“皇祖”是指始封之襄公，笔者也同意前贤的看法，本文仅特别着重“受天命”指始国之君或始受封之诸侯的观点，对前述意见略作补苴。最近有张政烺先生提出一个全新的主张，认为先秦典籍中许多“十二”都只是虚数，“十又二公”并不是实有所指，下面可增，上面可斫，对考证作器者没什么意义[64]，笔者不赞成他的看法。但他仍同意郭沫若的说法，肯定作器者为秦景公[65]。

（《中央研究院历史语言研究所集刊》第64本第4分）

注释

［1］北京故宫博物院另藏有秦子戈一件，见王辉《秦铜器铭文编年集释》第7页，三秦出版社1990年。另1990年陕西永秦县出仲滋鼎一件，拓本未刊，摹本见王辉《周秦器铭考释（五篇）》第76页，《考古与文物》1991年第6期。

［2］拙文：《从秦系文字演变的观点论诅楚文的真伪及其相关问题》，《史语所集刊》62本4分，第569—621页，1998年。

［3］黄伯思：《东观余论》卷上《秦昭和钟铭说》第55页上，《石刻史料新编》第三辑四十册，新文丰出版公司1986年。

［4］黄逌：《广川书跋》卷四《秦和钟铭》第2页下，《石刻史料新编》第三辑三十八册，新文丰出版公司1986年。

［5］［7］［13］薛尚功：《历代钟鼎彝器款识》（古书流通处影印本）卷六《盄和钟》，第72页下。

［6］吕大临：《考古图》（四库全书本）卷七《秦铭勋钟》，第9—11页。赵明诚：《金石录》卷十一《秦钟铭》，第2页，《石刻史料新编》第一辑十二册，新文丰出版公司1978年。

［8］杨南仲语，见吕大临《考古图》卷七，第11页引。

［9］见黄伯思《东观余论》卷上《秦昭和钟铭说》引，第 55 页。胡恢谓“秦侯至穆公十三世”，其意盖谓秦侯至成公为十二世，穆公（作器者）为十三世。

［10］欧阳修：《集古录跋尾》卷一《秦昭和钟铭》，第 14 页下—15 页上，《石刻史料新编》第一辑二十四册，新文丰出版公司 1978 年。

［11］赵明诚：《金石录》卷十一，第 2 页下—第 3 页下。

［12］董逌：《广川书跋》卷四，第 2 页下—第 3 页上。

［14］黄伯思：《东观余论》卷上《秦昭和钟铭说》，第 55—56 页。

［15］认为秦公簋和盄和钟为同一秦公所作的学者甚多，此处不一一列举。唯有马承源主编：《商周青铜器铭文选》四，第 919 页，文物出版社，认为盄和钟之作器者为秦武公，秦公簋之作器者为秦景公，但没有说明理由。

［16］罗振玉：《贞松堂集古遗文》（清同治庚午刊本）卷六，第 13—16 页。

［17］柯昌济：《韡华阁集古录跋尾》（民国二十四年刊本）丙篇，第 37 页。

［18］郭沫若：《殷周青铜器铭文研究》Ⅱ，《秦公簋韵读》第 44—45 页，大东书局 1931 年。

［19］郭沫若：《两周金文辞大系考释》（1934 年增订本，香港影印）第 248 页。郭氏在此提出新说，但并未就共公、桓公说提出反对或修正意见。

［20］于省吾：《双剑誃吉金文选》卷上一第 13 页，《秦公钟铭》，大业印刷局，民国刊本。

［21］容庚：《秦公钟簋之时代》，《考古社刊》1937 年第 6 期。

［22］杨树达：《积微居金文说》卷二《秦公簋再跋》，第 44 页，科学出版社 1959 年。

［23］王国维：《秦公敦跋》，《观堂集林》卷十八，第 889—891 页，台北商务印书馆 1979 年。

［24］卢连成、杨满仓：《陕西宝鸡县太公庙村发现秦公钟、秦公镈》，《文物》1978 年第 11 期。

［25］《史记》（鼎文书局点校本）卷五《秦本纪》，第 181 页：“宁公（案：即太公庙钟镈铭文中的宪公）卒，大庶长弗忌、威垒、三父废太子而立出子为君。出子六年，三父等复共令人贼杀出子。出子生五岁立，立六年卒。三父等乃复立故太子武公。”

［26］李学勤认为根据太公庙钟铭，那时的秦世系应计入静公而不计出子（《秦国文物的新认识》，《文物》1980 年第 9 期）。吴镇烽也认为出子享国六年，死后无谥，在太公庙钟铭中没有排在先公之列，静公为太子，未享国而卒，却被列入先公行列，因此他推测十二公中也可能包含静公而没有出子（《新出秦公钟铭考释与有关问题》，《考古与文物》1980 年创刊号）。案：太公庙钟镈之作器者为秦武公，大致已成定论。出子为武公之同父异母弟，兼有废立之事，武公作器只提曾祖、祖父、父亲而不提出子这个不愉快的兄弟，是可以理解的。秦公簋的作器者约晚武公一百年，其间经过了四代七个秦公主政，和出子的关系与武公不同。对秦公簋的作器者而言，出子是曾经在位六年的祖先，似应计入先公中。

［27］［28］孙常叙：《秦公及王姬钟、镈铭文考释》，《吉林师大学报》1978 年第 4 期。孙氏此说同时也可解释诅楚文“兼倍（背）十八世之诅盟”的“十八世”之算法，解决了诅楚文的时代问题。按：诅楚文“昔我先君穆公及楚成王寔戮力同心…兼背十八世之诅盟”，“十八世”是记“世”，与秦公诸器是论“公”不同。从秦穆公算起，排除不享国的夷公，到秦惠文王，正好是十八世，诅楚文的作者是秦惠文王，被诅者是与之对垒的楚怀王。

［29］李零：《春秋秦器试探》，《考古》1979 年第 6 期。

［30］伍仕谦：《秦公钟考释》，《四川大学学报》1980 年第 2 期。

［31］张天恩：《对“秦公钟考释”中有关问题的一些看法》，《四川大学学报》1980 年第 4 期。

［32］吴镇烽：《新出秦公钟铭考释与有关问题》，《考古与文物》1980 年创刊号。

［33］李学勤：《秦国文物的新知识》，《文物》1980 年第 9 期。又见李学勤：《东周与秦代文明》第 178 页，文物出版社 1991 年。

［34］王辉：《秦器铭文丛考》，《文博》1988 年第 2 期。又见王辉《论秦景公》，《史学月刊》1989 年第 3 期。

［35］李学勤：《秦公簋年代的再推定》，《中国历史博物馆馆刊》1989 年第 13、14 合期。

［36］《史记·秦本纪》。《史记正义》引《括地志》指出“大骆与犬丘”在“秦州上邽县西南九十里，汉陇西

西县是也”。

［38］张天恩认为十又二公自文公始，是因太公庙器铭自文公起算，张氏不曾讨论受天命的观点。王辉认为十又二公自文公起算，他文中针对李零的意见（见本文注［29］）提出讨论，认为不能就受天命之事将秦庄、襄公与周文、武王并论，因文武王受命，文献记载甚多，而文献上从未见秦襄公受命的记载。

［39］［40］［41］《史记·周本纪》。

［42］《史记·晋世家》。

［43］［53］唐兰认为晋公盦铭文中两见“余𨾚今小子”之“𨾚”字为器主名，晋定公名午，故为定公器。《晋公𨾚盦考释》，《北京大学国学季刊》4卷1期（1934），第11—14页。郭沫若先订为晋襄公器（见《殷周青铜器铭文研究》下《晋公盦韵读》，第35页），后又改从唐兰说（《两周金文辞大系考释》，第231页）。李学勤《晋公盦的几个问题》（《出土文献研究》第134页，文物出版社1985年）指出春秋战国之际，晋国文字“虫”字每作“[illegible]”，“余[illegible]今小子”之“[illegible]”应是“雌”字，对比于金文习见之“余隹小子”“余唯小子”及文献中的“予惟小子”，知盦铭“余雌今小子”之“雌”字是语词而不是人名，又器铭文字体及纹饰，皆属春秋晚期，盦铭中有“宗妇楚邦”，此时期晋楚联婚事在《左传》昭公四年楚灵王请婚于晋，晋平公许之。故晋公盦为晋平公器，作器年代为平公二十一年，公元前537年。李学勤此说可信。

［44］“剌剌”通“烈烈”，金文中作“剌”者，典籍中多作“烈”，秦公簋“剌剌桓桓”，《尔雅·释训》“桓桓、烈烈，威也”。“邵”，各家皆读为“昭”，为明显、显现之意。鄙意以为“邵”读为“昭”，于义难通，似应读为“绍”，《书·盘庚》“绍复先王之大业”、《孟子·滕文公》“绍我周王见休”，“绍”为“继续”、“继承”之意。

［45］金文中屡言先祖皇考“其严在上”（如宗周钟、虢叔钟、番生簋等）、“有严在帝所”（叔夷钟），其义犹猶钟之“在帝左右”、㝬钟之“在帝廷陟降”。《大雅·文王》“文王陟降，在帝左右”，亦即“格于上帝”（《君奭》）、“克配上帝”（《文王》），在帝之所，与天帝同在之意。

［46］“竈有下国”，旧释“竈”为“奄”，容庚《金文编》，中华书局1985年，第541页亦引《诗·皇矣》“奄有四方”释之，郭沫若读为“造”（《两周金文辞大系考释》第247页），杨树达读为“肇”（《积微居金文说》卷二，第45页）。案：“竈”字又见于秦公簋“竈囿四方”，读为“奄”是从词例比对而来，声韵上不可通；读为“造”意义难明，似以杨树达读为“肇”于义较长。

［47］李学勤：《秦公簋年代的再推定》第233页认为“铭文所说皇祖‘奄有下国’，‘鼏宅禹迹’，意思只是说在九州中得到宅居之地，对比秦公王姬镈、钟，这只是‘赏宅’，没有涉及‘受国’，也就是说仅指非子而言”。笔者认为“鼏宅禹迹”与《殷武》“天下多辟，设都于禹之迹”类似，指各诸侯国在九州间设国立都，“设都”二字所指实较字面意义为广。叔夷镈所谓成汤“咸有九州，处禹之堵”也是此意。

［48］大多数论者都认为十又二公不包括作器者，唯宋人黄伯思、近人伍仕谦认为十又二公包括作器者，见［14］、［30］。

［49］翟耆年：《籀史》，《文渊阁四库全书》681册第24页，台北商务印书馆1985年。孙诒让：《古籀拾遗》（清光绪戊子刊本）卷上《盄和钟》，第5页。

［50］郭沫若：《殷周青铜器铭文研究》Ⅱ《秦公簋韵读》，第49页。

［51］竞卣有“在鄲”，吴其昌曰“秦公敦云在帝之䂺，其字从土从丕，与此鄲字盖即一字，因此字从𩫏从丕，古金文中从𩫏之字与从土之字皆互可通”。吴其昌：《金文历朔疏证》卷五，第2—3页，转引自周法高《金文诂林》卷十三，香港中文大学1975年，第7458页，“坏”字条。

［52］郭沫若：《殷周青铜器铭文研究》Ⅱ《秦公簋韵读》，第45页。

［54］王辉：《秦铜器铭文编年集释》，第31页。

［55］王辉：《论秦景公》，第20—21页。

［56］郭沫若：《两周金文辞大系考释》，第248页。

［57］［60］李学勤：《秦国文物的新认识》，第27页，《秦公簋年代的再推定》，第231页。

［58］李学勤：《秦公簋年代的再推定》，第232页。

［59］陕西省文物管理委员会：《陕西宝鸡阳平镇秦家沟村秦墓发掘记》，《考古》1965年第7期，第346页。

［61］陈平：《试论关中秦墓青铜容器的分期问题》上，《考古与文物》1984年第3期，第69—70页。

［62］张政烺：《“十又二公”及其相关问题》，《纪念顾颉刚学术论文集》，第193页，巴蜀书社1990年。

［63］唐兰：《中国文字学》，第152页，香港太平书店1963年。

［64］［65］张政烺：《“十又二公”及其相关问题》。张氏认为：“十二”这个数字是源自“天之大数”，《左传·哀公七年》“周之王也，制礼上物不过十二，以为天之大数也”，尤其是《春秋》大义之一的“三世”之说，在公羊家大力敷衍推广，成为一种风气，根据古人的这种观念看，秦公钟、簋的“十又二公”当是虚数。案：张氏文中确实列举典籍中许多“十二”是法天之大数的例子，孔子著《春秋》，也是记鲁国“十二公”之事。但是我们不能不考虑儒家学说对秦有多少影响力的问题，秦处关中，孔子西行不及秦，秦文化中有多少儒学的因素，值得深思。

论甘肃礼县铜镬

李学勤

1997年冬，在“全国考古新发现精品展”令人目不暇接的展品中，有一件看似无奇的器物，特别引起若干学者的注意，就是1995年甘肃礼县发现的铜镬[1]。

这件镬高约20厘米，口沿上有绳索状小立耳，缘下饰中间有目形的窃曲纹带，下加索状纹一道。深腹近圆筒形，饰垂鳞纹，腹底有喇叭形小圈足，平素无纹饰，上有三个不甚规则的方形穿孔。

与这件镬形制纹饰几乎全同的另一件，1995年11月至1996年9月在美国华盛顿的沙可乐美术馆展出，收入图录《中国北疆的贸易者和侵袭者》[2]。该镬高21.8、径18.8厘米，各方面都近似礼县一件，只是圈足没有穿孔。据记器来自中国西北，乃范乔治（George Fan）博士夫妇所藏。

我还曾观察过一件类似的镬，系加拿大多伦多的皇家安大略博物馆藏品，高21.5厘米，绳索状小立耳，缘下饰有目形的窃曲纹，但结构同上两件略异，下加索状纹一道。深腹上饰波带纹，底部喇叭形圈足没有穿孔。

这里还可以举出几件有相关特点的镬，以为对比：

第一件是陕西省物资回收公司西安北郊大白杨仓库的收集品[3]，高11.8、径9.8厘米，绳索状立耳，缘下饰窃曲纹，下加一道索状纹，深腹素面，喇叭形足有方形穿孔。

第二件为陕西凤翔东社采集[4]，高18.6、径19.4厘米，立耳上有小突起，缘下饰横S形双首龙纹，下加一道弦纹，深腹素面，喇叭形足无穿孔。

还有一件也应是陕西地区的出土品[5]，高22.3、径17.4厘米，立耳上有小突起，缘下饰刻划的重环纹带，深腹素面，喇叭形足有小圆形穿孔，现藏于西安市文管会。

以上各镬，仔细分析尚有异同。礼县的镬和范乔治、安大略两件，以及最后一件西安市文管会藏品，器腹均近圆筒形，圈足壁较直，接近所谓截锥形。西安大白杨仓库收集与凤翔东社两件，器腹都较粗矮，最后一件更呈球腹状，足部也很低。凤翔东社的镬，和西安市文管会最后一件，立耳上皆有一突起，与其他各件作绳索状有别。

镬不仅存在于中国北方，而且是整个欧亚大陆北方地区的典型器物，流行时期相当长久。其质料主要是青铜，少数为红铜，个别还有铁的，器形还见于岩画（西伯利亚上叶尼塞河流域）。国内关于镬的综合研究不多，近年田广金、郭素新两位先生《鄂尔多斯青铜器》一书有《铜（铁）镬》专节[6]，刘莉女士有《铜镬考》一文[7]，可备参考。1995年，美国纽约的厄尔迪著有长篇论文《欧亚发现的匈人与匈奴式镬》[8]，对欧亚出土的这一类镬进行了比较研究，为我们探讨礼县等镬的性质和意义提供了背景资料。

厄尔迪文将他所说“匈人与匈奴式镬”和“斯基泰式镬”区别开来，所以对（1）有三足或矮座的，（2）低矮圆腹的，（3）腹壁有饰动物形柄的鍑，置诸不论。他划分“匈人与匈奴式鍑”的分布区域为6个区：

（1）多瑙河——顿河区（中欧、俄罗斯）；

（2）伏尔加河——鄂毕河区（俄罗斯、哈萨克斯坦、乌兹别克斯坦）；

（3）上叶尼塞河区（俄罗斯）；

（4）准噶尔——天山区（中国）；

（5）贝加尔湖——奥尔铿区（俄罗斯、蒙古）；

（6）黄河——辽河区（中国）。

然后依鍑的耳、足形态分式，以有喇叭形或截锥形足的为A、B二式：A式是方耳的，共分三型：

A1型：耳上有多个蕈形突起，最早见于准噶尔，流行于欧洲。

A2型：耳上呈双弧形，流行于贝加尔湖，也见于中国的鄂尔多斯。

A3型：简单的方耳，远东、欧洲均有。在伏尔加河——鄂毕河区及上叶尼塞河区，耳上可有突起。

B式是圆耳的，共分两型：

B1型：耳上有突起，始见于黄河——辽河区。

B2型：耳上无突起，见于黄河——辽河区，如北京延庆军都山。

厄尔迪将其他形足或平底的鍑划为C式，仿铜陶鍑则划作D式。

从考古学类型学的标准看，厄尔迪氏的分式有不少可讨论处，例如他把器口沿上的立耳与沿侧外附的环形耳混同起来，一律叫做圆耳，恐怕便是不妥当的。但他的论文下列几点结论值得介绍：

鍑出土时一般附有烟炱，知系实用炊器（这与《鄂尔多斯式青铜器》的看法相同），参看岩画，可证它在祭典及日常生活中均可使用。鍑的发现从不在草原内部，而在草原边缘及山林地带，多靠近泉河湖沼等水源，反映了器主的生活状态。

就年代而言，最早的鍑属于中国黄河——辽河区。《中国北疆的贸易者和侵袭者》的作者也说“中国人可能是最早制作鍑的民族之一”[9]。

礼县鍑和本文前面列举的其他几件鍑，都有流行于西周晚期至两周之际的典型纹饰，如窃曲纹、双首龙纹、重鳞纹、波带纹和重环纹，足以证明它们的年代在公元前8世纪范围内，确是欧亚大陆已知最早的鍑。

我们还可同陕西宝鸡、凤翔发现的另两件鍑作一比较。宝鸡甘峪秦墓的一件，高约21、径也约21厘米，立耳上有一突起，腹足形似凤翔东社的那件，但全素无花纹，从同出器物看当属春秋早期[10]。凤翔东指挥采集的一件，高仅6.8、径7.2厘米，也近似上件，通体光素，只是耳上没有突起，时代估计亦为春秋[11]。

出土地点较远的，可举出北京延庆西拨子的鍑，残高27、径38厘米，其耳上有一突起，侈唇，无纹饰，时代在两周之际[12]。还有山西闻喜上郭村的一件，高29.2、口径27.2厘米，立耳上有一突起，腹上仅一道弦纹，喇叭形足[13]。出这件鍑的墓，据称年代在春秋早中期之际。就形制而言，上郭村这件显然更近于前述各器，应系由于地理位置较近的缘故。

这些年代较晚或地点较远的鍑，都没有礼县鍑一类的中原一带的典型花纹，所以礼县这种鍑乃是一定时期和地区的产物。

甘肃礼县境内过去已有重要文物发现。现在中国历史博物馆的重要青铜器秦公簋，据冯国瑞

《天水出土秦器汇考》云系 1919 年出于“天水西南乡”。近经礼县学者见告，实出自礼县东北王家东台。可知簋上刻铭西县即西垂、西犬丘的位置就在礼县，与《清一统志》记其故城在今天水西南 120 里符合。

1993 年，礼县有文物出土流散。关于在国外出现的秦公壶、金饰片[14]我曾有小文讨论[15]。甘肃省考古研究所学者在该县大堡子山清理了一座中字形大墓和两座车马坑，流散文物当即那里所出。查《史记·秦本纪》和《秦始皇本纪》，西周晚期宣王把西犬丘赐给秦庄公，为西垂大夫，其后襄公、文公均葬于西垂[15]，大堡子山的大墓应属于西周末到东周初的这些秦公。礼县镀的年代恰好也同他们相当。

秦的早期历史，本与西戎有密切联系。《秦本纪》载，商代晚年秦远祖戎胥轩聚郦山之女，生中潏（一作滑），“在西戎，保西垂”。传至西周中叶，大骆又聚郦山之后申侯女，生适子成，“申骆重婚，西戎皆服”。周孝王因大骆另一子非子养马有功，邑之秦（今甘肃清水）之附庸，同时也没有废掉在犬丘的成，“以和西戎”。非子生秦侯，秦侯生公伯，公伯生秦仲，已到周厉王时，“西戎反王室，灭犬丘大骆之族”。宣王即位，以秦仲为大夫，“诛西戎”，被杀，宣王于是召其子庄公（名其）弟兄五人，“使伐西戎，破之，于是复予秦仲后，及其先大骆地犬丘并有之，为西垂大夫”。由此可见，秦一直处于礼县、清水一带，有时与戎通婚，到厉宣时才相攻伐。

西戎，秦庄公不其簋铭称为“驭（朔）方严允”[16]。如王国维先生指出的，猃狁、西戎是对同地少数民族的不同称呼。古代文献对这类民族“随世异名，因地殊号。……其见于商国间者，曰鬼方，曰混夷，曰獯鬻；其在宗周之季，则曰猃狁。入春秋后，则始谓之戎，继号曰狄；战国以降，又称之曰胡，曰匈奴”，或系本名，或为内地人所加[17]。秦人久在西戎，其与北方民族在文化上交流融会是必然的。

上面谈到的礼县镀以及凤翔等地类似器物，正具有这样文化交融的特点。看这些最早的镀自腹以上的形状、纹饰，很像中原甗的甑部，底下的喇叭形足则非中原青铜器所有。几件镀耳上有突起，是后来镀耳蕈形突起的萌芽，更不见于中原器物。看起来秦人糅合中原和北方民族文化的因素，制造出这种很有特色的炊器。它虽未传播到中原及南方，由于适合北方民族社会生活的需要，在北方流布发展，并且摆脱了中原文化因素的影响，形成自身的演变传统，终于横贯欧亚大陆，一直传播到中欧地区。

西周晚期的秦是铜镀的起源地，自然只是根据已有材料做出的假设。大略同时，在中国北部还有个别镀的发现，但没有秦地这样集中。请容许我暂时谈到这里，以待今后更多的材料和研究。

（《缀古集》，上海古籍出版社 1998 年）

注释

［1］《中国文物精华》编辑委员会：《中国文物精华 1997》未收此器。

［2］苏芳淑、埃玛·邦克：《中国北疆的贸易者和侵略者》，22（Jenny F. So and Emma C. Bunker，Traders and Raiders on China's Northern Frontier，Catalogue 22），沙可乐美术馆、华盛顿大学出版社 1995 年。此书承两位作者寄赠，在此致谢。

［3］王长启：《西安市文管会藏鄂尔多斯式青铜器及其特征》，图一，13，《考古与文物》1991 年第 4 期。

［4］［7］刘莉：《铜镀考》，图一，1，《考古与文物》1987 年第 3 期。

［5］同［3］图一，6。

［6］田广金、郭素新：《鄂尔多斯式青铜器》，第 145—149 页，文物出版社 1986 年。

[8] 厄尔迪：《欧亚发现的匈人与匈奴式镀》，《欧亚研究年鉴》第 67 期，1995 年（Mikl ó s Erdly，Hun and xiongnu Type Cauldron Finds throught Eurasia，Eurasian Studies Yearbook，67）。该刊旧名《乌拉尔—阿尔泰年鉴》，原在德国出版，后移美国。

[9] 同［2］第 108 页。

[10] 同［4］，图一，5，又第 61 页。

[11] 同［4］，图一，3。

[12] 同［4］，图一，8。

[13] 山西省考古研究所：《1976 年闻喜上郭村周代墓葬清理记》，图十三，1，《三晋考古》第 1 辑，山西人民出版社 1994 年。

[14] 戴迪野：《秦族黄金》（Chritian Deydier，L'Or des Qin），1994 年。

[15] 李学勤、艾兰：《最新出现的秦公壶》，《中国文物报》1994 年 10 月 30 日；李学勤：《探索秦国发祥地》，同上 1995 年 2 月 19 日。

[16] 李学勤：《新出青铜器研究》，第 272—274 页，文物出版社 1990 年。

[17] 王国维：《鬼方混夷猃狁考》，《王国维遗书》二《观堂集林》卷十三，上海古籍书店 1983 年。

最新出现的秦公壶

李学勤　艾　兰*

今年夏天，一对秦公壶出现在美国纽约，见于拉利（James Lally）行六月出版的图录54。

这对壶保存良好，高52厘米，通体覆蓝绿色薄锈。壶的横截面为圆角长方形。盖上设捉手，捉手壁饰窃曲纹，盖缘饰吐舌的两头龙纹。器长颈，颈饰波带纹，两侧有耳，耳上饰螺形角的兽首，垂环。颈腹之前，以一道弦纹宽带为界。腹下方膨出，面饰大蟠龙纹，有若干龙蛇纠结盘曲。低圈足，饰窃曲纹。器口内壁有铭文，两行六字：

秦公作

铸障壶

故称之为秦公壶。

秦公壶的形制、花纹，使人们立即联想到著名的颂壶。颂壶也是一对，一件据《周金文存》所载跋文，系清初王益朋所藏，先在河南获其器，后在京师相国寺得其盖，现不知下落；另一件原藏清热河行宫，今在台北故宫博物院，见该院《商周青铜酒器》53。后一件颂壶高63.9厘米，主要纹饰都和秦公壶一样，只是捉手、圈足作鳞纹，盖缘饰窃曲纹，耳上兽首岐角，略有不同。

美国芝加哥艺术研究所（The Art Institute of Chicago）有一件壶，失盖，高50.5厘米，形制、花纹更接近秦公壶，图见《商周青铜酒器》图版说明53.3。由于未见铭文，不能作更多讨论。

1992年冬到1993年初，北京大学和山西的考古学者发掘清理山西曲沃北赵的晋国墓地，在M8出土一对晋侯断壶，见《文物》1994年第1期简报彩版。壶高68.8厘米，主要纹饰也与秦公壶相似，唯装饰较为华丽，捉手加镂空莲瓣，耳上兽首有翘起的长鼻，颈腹间作重环纹带。

壶铭的晋侯，李学勤曾推想为靖侯宜臼。据《史记·晋世家》及《年表》，靖侯十八年卒，为周共和元年，故他的在位年是公元前858—前841年，主要是在周厉王晚期。壶铭云“惟九月初吉庚午”，试算当在公元前855年，即靖侯四年。

颂壶铭“惟三年五月既死霸甲戌”，马承源先生《西周金文和周历的研究》（《上海博物馆集刊》总第2期）推定为公元前825年，周宣王三年。

秦公壶的年代，自应与上述两例相近，也就是说在周厉王晚期到宣王初年这段期间。

《史记·秦本纪》载，周孝王命秦的先世非子在汧渭之间养马，马大蕃息，分土为附庸，邑于秦。非子生秦侯，秦侯生公伯，公伯生秦仲，秦仲在周厉王时。周宣王即位，以秦仲为大夫，伐西戎，死难。秦仲在位共二十三年，“有子五人，其长者曰庄公。周宣王乃召庄公昆弟五人，与

* 艾兰：英国伦敦大学亚非学院。

兵七千人，使伐西戎，破之。于是复予秦仲后，及其先大骆地犬丘并有之，为西垂大夫”。

庄公是秦第一位称公之君，《史记·年表》说他名其。李学勤曾经指出，不其簋的器主不其就是庄公（《新出青铜器研究》第272—274、285—286页）。秦仲被西戎所杀，《年表》记于周宣王六年，公元前822年，《后汉书·西羌传》说在宣王四年，公元前824年，后者当本于古本《竹书纪年》。查不其簋铭云“惟九月初吉戊申”，合于宣王三年，公元前825年，该年九月乙巳朔，戊申为初四日。《史记》、《后汉书》的记载都嫌略晚。

秦庄公在位甚久，《秦本纪》云共四十四年，其子襄公继位，已到周幽王时。因此，形制酷似颂壶的秦公壶的器主，应该就是庄公。壶作于他即位之后，比不其簋要晚一些，称号也不同了。

不其簋铭的字体，和一般西周晚期金文没有差别，秦公壶的字体则已向后来秦器趋近。请以壶铭和1978年宝鸡太公庙出土的秦公钟、镈（器主为秦武公）铭文比较，便可明白。这一点是很值得注意的。

秦公壶这样的成对器物，很可能出于器主的墓葬。庄公墓何在，史无明文，但其后襄公、文公，据《史记·秦始皇本纪》，均“葬西垂”，作为西垂大夫的庄公，应该也葬于该地。西垂即西，在今甘肃天水西南。1919年天水西南乡曾发现秦公簋，见冯国瑞《天水出土秦器汇考》，簋上刻有“西”这一地名。秦公壶以及近时出现的一些有关器物，是否可能来自该地，有待探讨。

（《缀古集》，上海古籍出版社1998年）

论甘肃礼县出土的秦金箔饰片

韩 伟

甲戌暮春，接受克里斯狄安·戴迪先生（Christan Deydier）的邀请，赴法国、比利时作短期访问。其间，戴迪先生出示了新近收藏的一批秦人金箔饰片，形制奇特，数量众多，制作精美，前所未闻，实属罕见。尤其是这批文物关涉到秦人早期历史，在秦史研究上有着重要的学术价值。故不揣简陋，辄罄所闻，尚祈四方君子，正讹纠谬。

一

1．鸱枭形金饰片 8件，可分2型。

Ⅰ型4件，高52、宽32厘米。鸱枭以金箔剪裁而成。钩喙、环目、长尾、屈爪，通身饰变形窃曲纹以为翎毛，使得鸱枭形象异常富丽。其中1件鸱爪与腹部脱离。2件鸱枭周边有双眼钉孔等距离地分布在喙、首、项、背、尾、爪、腹各部位（图一）。

Ⅱ型4件，高52、宽32厘米。鸱枭以金箔剪裁而成。钩喙、环目、长尾、屈爪，通身亦饰变形窃曲纹，但在每只鸱身之窃曲纹余白中，刻出10个形状各异的镂孔。这些镂孔当日是否有镶嵌物已不得而知了。其中1件屈尾遗失。在喙、首、背、尾、爪、腹等部位，有9处双眼钉孔（图二）。

以上8件鸱枭形金饰片，正面打磨黄亮，背面未经打磨，故色暗发涩。

2．金虎 2件。通长41、高16、腹宽3—4厘米。行虎回首，阔鼻上卷，鼻孔圆小，双睛圆凸，竖耳直尾，身体硕长，双腿卷曲，双爪如钩。通身以金箔包裹木芯，以10段不同形状的金箔片互相铆钉，套接组成金虎。全身还以朱砂描绘出“〈〈〈〈”形平行纹表示虎毛，造型生动，手法简练（图三）。

3．口唇纹鳞形金饰片 26件，可分3型。

Ⅰ型20件，通高7.5—7.8、宽3.8厘米。长方形鳞片下端有菱弧线。上端两侧有钉孔，或各一孔，或各二孔，说明这类鳞形金饰片当日只固定上端，形成垂鳞状态。片饰之两侧及下端有边缘轮廓线。片饰中心上下各有口唇形纹饰各一，双线勾勒，唇线清晰，极富装饰效果（图四）。

Ⅱ型3件，通高12—12.2、宽7.5—7.6厘米。形状、纹饰与Ⅰ型相同（图五）。但其高、宽度均超出Ⅰ型一倍左右，说明与Ⅰ型使用的部位有所不同。

Ⅲ型3件，通高12—12.2、宽7.8—8.8厘米。形状、纹饰与Ⅰ、Ⅱ型相同，使用部位相异。两唇之间的闭合线较Ⅰ、Ⅱ型明显（图六）。

4．云纹圭形金饰片 4件。通高14.2—14.8、上宽8.6—9、下宽7.8—8.2厘米。金饰片呈

图一 Ⅰ型鸱枭形金饰片

图二 Ⅱ型鸱枭形金饰片

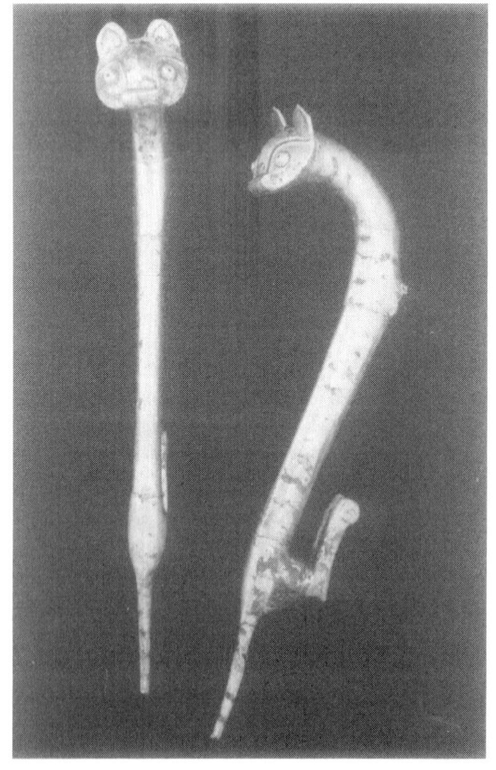

图三 金虎

图四 Ⅰ型口唇纹鳞形金饰片

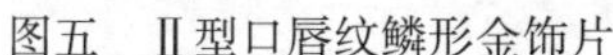
图五　Ⅱ型口唇纹鳞形金饰片

图六　Ⅲ型口唇纹鳞形金饰片

倒置的圭状，下端为圭首，上端略呈梯形。在隐约可辨的轮廓线内，饰相背的简化云纹上下两组（图七）。构图明快，手法简洁，此类饰片未见钉孔。

5. 兽面纹盾形金饰片　2件。通高20.3、上领宽10.2、肩宽18.5、下摆宽8.3厘米。削肩，两侧斜收向下，形状似盾。器面上下饰变形兽面纹。领、肩、腹、摆部位之左右，各有钉孔一（图八）。从绣痕判断，当日以铜钉固定。

6. 目云纹窃曲形金饰片　2件。通高11.3、宽10—10.3厘米。外形似窃曲，首尾凸出于饰片的左上与右下，饰片中心有椭方形眼目一只，左右窃曲环绕，组成目云纹饰，首尾各有钉孔一枚（图九）。

二

这批金箔饰片上，未发现文字，因此将金箔纹饰与已知有明确时代的青铜器花纹进行类比，则是判断金箔饰片时代的重要依据。

口唇纹是鳞形金饰片的母题纹饰。这种纹样在扶风庄白一号青铜器窖藏（76FZH1）内的十三年瘐壶甲、十三年瘐壶乙两器中使用。十三年瘐壶甲之颈饰长鸟纹，盖沿及壶腹均饰口唇纹（或称重环、鳞带纹）。该壶有铭文56字，大意是说十三年九月戊寅，瘐在成周接受周王册赐的情况。因有作册尹和徲父同时在场，所以，此壶定为西周懿王时期（公元前903年）。乙壶与甲壶文字、形制相同，故均为西周中期之物，现均藏扶风周原博物馆[1]。

目云纹窃曲形金饰片之母题纹饰——目云纹，与1960年10月扶风齐家村西周青铜器窖藏出土的瓦纹簋甲、瓦纹簋乙、瓦纹簋丙、瓦纹簋丁盖沿与口沿上装饰的目云纹相同。以上四器已被

图七　云纹圭形金饰片

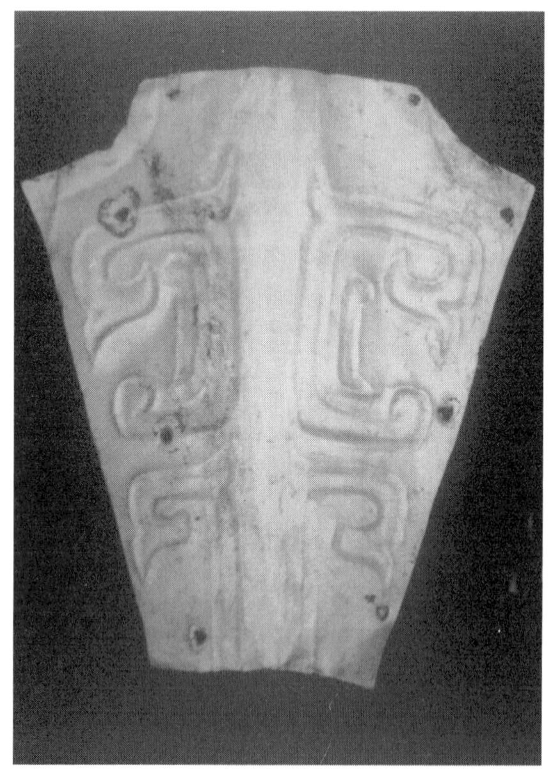

图八　兽面纹盾形金饰片

图九　目云纹窃曲形金饰片

确认为西周中晚期之器物。另外，云纹圭形饰片上云纹，与庄白一号窖藏所出六式钟甲、六式钟乙的鼓、舞、篆各部的云纹亦相同[2]。饰片上纹样中期与晚期共存，按照考古学的方法，应推断这批饰片时代为西周晚期。

1993年12月21日，ETH—苏黎世联邦综合科技研究所莫尔夫人精心操作，从金虎的双爪内提取Wood32—ETH11877、Wood33—ETH11878两件木质标本，用碳十四分析标本年代。分析结果表明，Wood32—ETH11877，距今2805±60年，树轮校正年代为公元前1085—前825年；Wood33—ETH11878，距今2700±60年，树轮校正年代为公元前943—前791年[3]。这个化验结果非常重要，它与考古学上对年代的推断是完全一致的。

图一〇　“人刺虎”纹瓦当

时代确定后，就涉及到这批文物的族属。在金虎身上，以朱砂描绘了许多“〈〈〈〈”形纹样，这透露了这批文物主人族属的信息。陕西雍城考古队，曾在春秋秦的国都雍城南郊、今凤翔县东社村采集到春秋战国秦的“人刺虎”纹瓦当一枚（图一〇）。人执长兵，刺于虎之腹部。虎张口回首，钩爪，通身以“〈〈〈〈”形纹样表现了虎毛，与金虎的表现手法如出一辙[4]。这在周代虎身上不曾发现，应视为秦人的独特风格。这个推断如成立，则这批金饰片应属西周晚期的秦人所制造。

图一一　曾侯乙墓里棺（西侧）彩绘图

但拥有如此众多且贵重的金饰者，其身份亦相当显尊。这批金饰片流落境外时，曾向香港古董商透露为甘肃省礼县所出。经向有关方面查询，得知礼县县东大堡子山确有数座大墓被盗。据云，从1987年始，部分群众在挖龙骨时发现小型秦墓，即有不法古董收购商窜入，唆使盗掘，且规模愈来愈大。我们赴礼县大堡子山调查时，已有甘肃省考古研究所田野考古队钻探并清理大堡子山 3 座大型墓葬。1 号墓为曲尺形，最长一边长 37、深 7 米，已清理到底，被盗掘一空，仅余残碎的马骨，推测应为车马坑。2 号墓为中字形，总长 87 米，墓室在中部，墓室面积为 12×11 米，深 11 米，在接近西墓道处发现人牲 6 具。现在已可辨的盗洞有 7 个，有的盗洞留有上下台阶。3 号墓为目字形，长 110、宽 10 米，深在 9 米以上，从形制看应是车马坑。推测在目字形墓之西北，还有中字形墓，为此目字形车马坑的主墓。

那么，礼县大堡子山墓主究竟是谁呢？《史记·秦本纪》载：秦之祖先中潏“在西戎，保西垂”，说明最晚在商末秦族已活动于甘肃东部。《史记·秦本纪》还说：从非子，历秦侯、公伯、秦仲、庄公，均居西犬丘。《史记》裴骃之《集解》，张守节之《正义》皆误为汉代槐里之犬丘（今陕西兴平）。王国维在《秦都邑考》中说：“犬邱一地，徐广曰：‘今槐里’……此乃周地之犬邱，非秦大骆、非子所居之犬邱也。”[5]因为秦自襄公后，始有岐西之地，皆在槐里以西，所以，大骆、庄公之时不可能居住于槐里。王国维则明确指出西犬丘在今天水地区的西和、礼县一带。这 3 座大墓的发现，证实了礼县之说的准确性。

西犬丘地望的确定，有助于对大墓主人的探索。周孝王（公元前 890—前 878 年）时，因非子善养马，孝王“分其土为附庸”，秦人则筑城于此，非子因号秦嬴。这时的秦嬴，封地少而城邑小，无直接朝会天子的资格，政治地位仍很低下。其子孙秦侯、公伯，享国很短，无所建树，还应是附庸地位。

周厉王（公元前 864—前 842 年）无道，诸侯叛变，西戎反王室，灭掉为周室保捍西垂而长期与犬戎攻伐的犬丘秦人大骆之族。于是周宣王即位（公元前 872 年），封公伯之子秦仲为大夫，秦仲（公元前 845—前 822 年）最终又在诛伐西戎的战事中被西戎所杀[6]。但此时之秦族上层已大力吸收周文化。《史记》集解云：“《毛诗》序曰：‘秦仲始大，有车马礼乐侍御之好也’”。

秦仲死后，周宣王即召秦仲之子庄公（公元前 822—前 778 年）昆弟五人，与兵七千人攻伐西戎。庄公打败西戎，宣王将秦仲及大骆占有的西犬丘地方，全部给予庄公，并封庄公为西垂大夫。

综观秦族在西犬丘的历史，非子、秦侯、公伯三者，处于附庸地位，不可能营造如此规模的大墓。营造大墓者，非秦仲、庄公莫属。这批金饰片考古断代为西周晚期之物；莫尔夫人化验并经树轮校正之年代分别为公元前 1085—前 825 年、公元前 943—前 791 年，从下限看，亦属西周晚期；而大堡子山 3 座大墓又是周宣王、周幽王时秦仲、庄公之陵墓。这不是巧合，而恰好是金饰片即为礼县大堡子山墓之物的依据。

三

那么，这批金饰片作何用途？由于未经科学发掘，只能根据实物与文献予以推测。

金饰片的延展性很强，无力抵挡弓弩刀剑的穿刺，因此，可排除用作甲胄、盾牌的可能；车身上之辕、衡、舆各部，面积有限，也没有适合这些形状各异的金饰片固定之处，作为车饰可能性亦不大。从金饰片钉孔推测，所装饰之物应属木质。有的饰片仅上端有钉孔，固定时呈垂鳞状排列，说明被装饰之物属静态物体。文物本身提供的信息，并不能解决它们的用途问题，只有从其他的考古现象中去寻找。

河南淅川下寺春秋楚墓中，曾发现大量的带有各类纹饰的金箔饰片。这些金箔饰片，发现于淅川下寺乙组春秋时代 M2 楚墓之中。M2 属大型长方形土坑墓，有一椁两棺，共出土金箔饰片 192 片，总重量 749 克。“出土于墓室西部及南北两棺之上，金箔的形状多数无法辨认，仅有 52

片尚能分辨，有长方形、方形、圆形、环形、盾牌形、透花形、曲形、锯齿形。金箔上压有绹索纹、夔龙纹、蟠虺纹、连环纹及卷曲勾连的几何图案”[7]。这些金箔出土于棺具之上的现象，值得注意。尤其淅川金箔大小形状与秦人金饰片有相同之处，因此，推测秦人金饰片与棺具亦有关系。

《春秋左传正义》卷二五云：成公二年（公元前589年）“宋文公卒。始厚葬，用蜃炭，益车马，始用殉，重器备，有四阿，棺有翰桧”。杜预注云：“桧，上饰；翰，旁饰。皆僭王者礼也。”这说明古代中国之天子、诸侯所用棺具，均绘有美丽的纹饰，而且以用色不同来区别身份的尊卑。《礼记·丧服大记》说得更清楚：“君里棺用朱绿，用杂金鐕；大夫里棺用玄绿，用牛骨鐕，士不绿。”孔颖达疏曰：“此一经明里棺之制。里棺谓以绘贴棺里也。朱绘贴四方，以绿绘贴四角。”“用杂金鐕者，鐕，钉也。旧说云，用金钉，又用象牙钉杂之。”[8]古文简约，难以通晓，为何以彩绘贴饰里棺时，要使用金钉、象牙钉呢？这种春秋时代贴绘加金钉的装饰诸侯王的里棺手法，是否就是礼县大墓所出的带有各类钉孔之金饰片的孑遗呢?!

我们再援引湖北随县擂鼓墩曾侯乙墓内棺（里棺）两侧花纹予以进一步说明。在绘画时，先将内棺西侧壁板划分为上、中、下三部分，并用粗线划出栏界进行装饰（图一一）。壁板上下边缘为龙蛇卷曲勾连纹三方连续图案。上部第一、第三方格填龙蛇蜷曲勾连纹，第二方格绘四只站立的鸟，左边两只头朝左，右边两只头朝右。第四方格分别为两蛇缠绕或双首龙；中部第一方格有八组图案，第二方格绘武士六人，第三方格为对开格子门，第四方格为武士四人。这些绘画当然是楚文化或曾文化的内容[9]。但四只立鸟使人不由得想起礼县鸱枭形金饰片也可能起这种装饰棺具的作用。壁板划分为小块，恐怕亦与早期以金属饰件装饰棺具有关。

这种原先使用金属饰件，后来以彩画替代金属饰件的做法，不独在棺具装饰上出现，在建筑彩画上也有先例。70年代，曾在陕西凤翔发现一批春秋时代秦国宫殿上使用的两端带锯齿状的铜质建筑构件，即汉代所称的“金釭”。原先多使用在秦宫壁柱、壁带的转角、中段、尽端等处。到了汉魏时代宫廷建筑中，板筑承重墙废除，壁柱、壁带亦不复存在，金釭当然就消失了。但金釭的装饰作用却为彩画装饰所替代，从而形成了雕梁画栋的中国古建独特风格。至今所见到的木构建筑枋心彩画，中段称枋心，左右两端称“箍头”，恰似双齿形构件置中部，单齿形构件分置左右一样。它们之间的界栏即建筑上称的“锦枋线”，都呈“≷”形线，说明是铜构件锯齿的蜕变[10]。这说明梁枋彩画是从铜质建筑构件变化而来的，是使用铜质构件的历史痕迹。由此得到启示，用金饰片装饰棺具的做法，大约在春秋初已不再使用了，宋文公、曾侯乙之绘有桧、翰之棺具，应是西周时代天子、诸侯里棺上金饰片之遗痕。而礼县这批黄金饰件则是西周晚期秦仲或庄公里棺上之装饰物。

四

这次发现的重要意义在于：

其一，鸱枭形金饰如果确实用来装饰秦仲、庄公之棺具，就使人与秦氏族降生传说联系起来了。秦人祖先是传说的五帝之一颛顼的后裔女修。《史记·秦本纪》说：“女修织，玄鸟陨卵，女修吞之，生子大业。”过去以为玄鸟者，小燕子或凤鸟，这与秦人之剽悍相去甚远。但如果是鸱枭一类猛禽，则图腾意味浓烈。所以，在秦人氏族首领的棺具上，用鸱枭为主要装饰是顺理成章之事。

秦氏族与殷氏族的降生，都有类似传说。《史记·殷本纪》说：“殷契母曰简狄，有娀氏之女，为帝喾次妃。三人行浴，见玄鸟堕其卵，简狄取吞之，因孕生契。”把自己与鸟卵联系在一起，说明秦殷都是派生于原属以鸟为图腾的氏族。所以，商殷有许多以鸱枭形制作的器物，如妇好墓中的鸮尊。而鸟图腾是东方海滨民族普通信仰，环太平洋都有类似的习俗。所以，秦氏族源于东方，秦文化的源头在东方，从黄金鸱枭形饰片上，又一次得到证实。

其二，大批秦人金饰片及礼县秦人祖先大型墓葬的发现，证实了《史记·秦本纪》关于非子直至庄公这段记载的可靠性，从而知秦氏族早期活动于甘肃东部的历史之可信。中字形大墓及车马坑，说明从秦仲以后，秦族有车马礼乐之好，实质是秦族接受了商周文化中典章制度的核心内容。同时也证实了“被分土为附庸”后的秦族的政权，在西和、礼县一带已建立起来了，但秦政权建立初期，即敢冲破商周以来森严的等级制度的约束，以大夫身份僭越使用诸侯等级的墓葬制度，而且大量使用黄金饰片，美化装饰棺具。联想到春秋时代宋文公棺具画饰桧翰即遭谴责，认为使用了天子制度，就明白了秦氏族对传统制度的蔑视到何种程度了。正是这种反传统的民族性，使得秦人从甘陇一带，一步步向东挺进，创造了秦族、秦国、秦朝的辉煌发展史，对中国历史给予了深刻影响。

其三，秦人早期文化的考古工作开展很少。北京大学考古系曾在甘肃天水地区的甘谷县毛家坪和天水县董家坪，发现了属于西周时期的秦文化遗存，是秦人早期考古的重大突破。从形态学上观察，秦人此时的陶器已周式化了，这次发现大批黄金饰片，其纹饰多数与周代中晚期青铜器纹样相同，说明秦族上层统治者之葬仪、葬具也受到周文化的影响，无疑应是研究秦人早期历史上的新收获。但“秦人与周人并非同祖……因而秦文化最终并不源于周文化，周文化也是秦文化发展历程中的外来因素”[11]。另外，秦族首领使用中字形、目字形墓葬形制，又是秦人直接采用了殷商墓葬制度的显证。秦文化作为地域文化，但却努力吸收商周大国文化精髓，丰富并发展自己的民族文化，最终成为统治中国的文化，与这种文化兼容性有着极大的关系。

其四，过去在西周中晚期秦文化考古中，只接触到秦人鬲、盆、豆、罐之类陶器，金属质地之器物很少见到，更不消说黄金饰片了。这次大批发现如此富丽堂皇的黄金饰片，应对西周时期秦文化内涵重新认识与估价。从黄金饰片制作工艺上看，水平相当高。为了达到饰片纹样具有青铜器纹饰的装饰效果，秦人在锤制成型的黄金饰片背面，以头部呈三角形的木凿冲凿出 V 状沟槽。然后再以锐利之刃具，在背面沟槽中心錾刻出一道纹路，使 V 状沟槽正面效果更凸现且有立体感，从而使人感到金箔饰片的浑厚凝重。至于以木质为芯，用 10 段不同形状的金箔片包裹木虎，以铆钉套接等技术组成金虎，更表现了秦人金匠的巧思与水平。无论金箔的锤击、打磨、剪裁、组合、铆接，都体现了秦人在西周晚期所达到的黄金加工工艺水平。

其五，秦族当日使用的黄金来源问题。《孟子注疏》卷一〇说：“天子之制地方千里，公侯皆方百里，伯七十里，子男五十里，凡四等。不能五十里，不达于天子，附于诸侯，曰‘附庸’。”据文献及考古发现，知西周晚期秦族拥有甘肃东部之清水、秦安、天水、西和、礼县等地。这里并不产金。春秋之时，秦与晋以河为界，河东为晋，河西为秦。因其疆域偏小势弱，为晋所限阂不得越河而东。所以，西周晚期之秦，仅为西陲附庸，在为秦仲或庄公制作天子制度的棺具金饰时，自然得不到东方诸国及周王朝提供的黄金。因此，这些黄金很可能来自黄金产地的河西走廊或阿尔泰地区。这推测如成立，则秦人大约在公元前 8 或公元前 9 世纪即与西域甚至西亚交通贸易了，这比汉武帝时凿通西域要早七八百年。

后记：1995 年 4 月 12 日甘肃省文物考古研究所主持大堡子山大墓发掘的柴生芳、毛瑞林两位同志告知：在原先发现的三座大墓之南，又发现曲尺形车马坑一座（M4）。这样，一座中字形墓、一座车马坑组成一座陵园。所以，大堡子山现有两座陵园，与我们推测为秦仲、庄公两墓相吻合。同时还见告，在M2中字形墓中，发掘出7片“重环”纹金饰片，与本文介绍的相类似。因此，将这批流散于欧洲的金饰片定为西周晚期礼县秦墓所出，大体上是不会有出入的。

（《文物》1995年第6期）

注释

[1][2] 陕西省考古研究所等：《陕西出土商周青铜器》（二），二九、三〇、一三八—一四一图，文物出版社1980年。

[3] 见ETH－苏黎世联邦综合科技研究所化验报告单。

[4] 陕西省考古研究所秦汉研究室：《新编秦汉瓦当图录》第五卷，三秦出版社1987年。

[5] 王国维：《秦都邑考》，《观堂集林》十二，中华书局。

[6] 司马迁：《史记·秦本纪》。

[7] 河南省文物研究所等：《淅川下寺春秋楚墓》，文物出版社1991年。

[8]《礼记正义》卷四五，见清阮元校刻《十三经注疏》，中华书局1982年。

[9] 湖北省博物馆：《曾侯乙墓》，文物出版社1987年。

[10] 陕西省文管会等：《凤翔先秦宫殿试掘及其铜质建筑构件》，《考古》1976年第2期。

[11] 赵化成：《寻找秦文物渊源的新线索》，《文博》1987年第1期。

谈新出秦公壶的时代

陈昭容

1994年6月，美国纽约古董店拉利行（James Lally & Co.）出版的图录里刊载了一对秦公壶（图录54）。同年10月30日，李学勤与艾兰在《中国文物报》上发表《最新出现的秦公壶》一文，对这一对新出的秦公壶做了介绍与研究。

这一对秦公壶的状况，据《最新出现的秦公壶》一文描述如下：

> 这对壶保存良好，高52厘米，通体覆绿色薄锈。壶的横截面为圆角长方形。盖上设捉手，捉手壁饰窃曲纹，盖缘饰吐舌的两头龙纹。器长颈，颈饰波带纹，两侧有耳，耳上饰螺形角的兽首，垂环。颈腹之间，以一道弦纹宽带为界。腹下方膨出，面饰大蟠龙纹，有若干龙蛇纠结盘曲。低圈足，饰窃曲纹。器口内壁有铭文，两行六字：秦公作铸隣壶。故称之为秦公壶。

李学勤与艾兰文中并引传世的颂壶、芝加哥艺术研究所藏的一件壶，及1993年山西曲沃北赵村晋国墓地出土的一件晋侯断壶，与秦公壶做对照，并根据颂壶与晋侯断壶的年代，定秦公壶的年代在周厉王晚期到宣王初期之间，器主应是秦国第一位称公的君主“秦庄公”。

众所周知，秦立国以前唯一的文字资料，是西周末期的不其簋[1]。秦立国之后，春秋时期的秦文字资料不多，重要的有铭铜器，有秦武公（公元前697—前687年）时的秦公钟与镈[2]、秦景公（公元前576—前537年）时的秦公簋和秦公钟[3]、4件秦子戈矛等[4]。石刻文字有秦景公时的石磬铭文[5]及春秋战国之交的石鼓文。除此之外，大概少有其他文字资料了。而春秋秦墓出土的壶，都未见铭文，因此，这一对有铭的秦公壶的出现，特别值得注意。只可惜，这一对秦公壶并不是经过正式发掘出土的，无法详知其出土地点及伴出器物，对于秦公壶的年代及相关问题的探索，凭借甚少，无疑是一件令人遗憾的事情。

像秦公壶这样的长颈垂腹低圈足的方壶，基本上是承袭西周晚期、流行于春秋早中期的壶式。秦公壶上装饰的窃曲纹、吐舌龙纹、波带纹、宽带弦纹等纹饰，也是这一段期间流行的重要纹饰。把秦公壶的时间订在西周晚期到春秋前期，应该是正确的。秦公壶最醒目的，就是以兽头为中心，加上若干盘曲龙蛇的装饰，占据了整个壶的腹部。这样的纹饰组合，很自然会使人联想起著名的颂壶。

颂壶也是一对，其中一件原藏清热河行宫，现藏台北故宫博物院，《见故宫铜器图录》下·279—280及《商周青铜酒器》53[6]。此器高51.15、带盖高63.9厘米，器盖同铭，各152字（含重文2），器铭21行在腹内，盖铭37行在口外四周[7]。另一件颂壶现藏山东省博物馆[8]。器形与前者几乎全同，唯腹部铭文较前者清楚，口上铭文行款略有不同[9]。颂壶的腹部主要纹饰与秦公壶相同，只是捉手与圈足作垂鳞纹、盖缘饰窃曲纹、耳上饰歧角兽首，与秦公壶稍异。颂壶的年代有许多不同的说法，郭沫若以为是恭王时器[10]；唐兰先以为是厉王时器，后改为夷王时器[11]；社科院考古所编的《美帝国主义劫掠的我国殷周铜器集录》（以下简称《集录》）认为是夷王时器[12]，刘启益以为是厉王时器[13]；马承源以壶铭“唯三年五月既死霸甲戌”，配合《西周青铜器铭文年历表》，推定颂壶年代应在周宣王三年（公元前825年）[14]。总之，颂壶的年代要以西周晚期为是。

美国芝加哥艺术研究所（The Art Institute of chicago）收藏有一件壶（以下简称芝加哥壶），此器高50.5厘米，失盖，其形制花纹与秦公壶更为接近，尤以壶耳为双螺角兽首衔环，且壶腹上兽首的螺角也很清楚，与秦公壶几乎一致。只可惜此器失盖，无法得知其有无铭文。此器著录于Chinese Bronzes from the Buckingham Collection[15]、陈梦家编的《海外中国铜器图录》及考古所编的《集录》书中。这些书中的描述，都未提及腹内有铭文，大概这一件壶腹内是没有铭文的。秦公壶腹内亦无铭文，这一点两者也相近。陈梦家认为此壶的年代是西周晚期[16]，《集录》书中以为是西周中期之末[17]。

1993年天马—曲村M8晋侯墓出土的晋侯断壶[18]，同样是以兽首蟠龙的纹样为母题，占据壶腹四面，与秦公壶、颂壶、芝加哥壶相同。而晋侯断壶的装饰较前述诸壶更为丰富，除了颈腹间多了一圈重环纹、颈部附双龙套环大耳之外，盖上还有装饰波带纹的镂空莲花瓣，极为精美华丽。此器高58.4、通耳高68.8厘米，盖内铸铭文4行共25字，曰“唯九月初吉庚午，晋侯断作隮壶，用享于文祖皇考，万亿永宝用”。关于这个晋侯断究竟是哪一个晋侯，论者的意见甚为分歧，李学勤认为是靖侯宜臼（公元前858—前841年）[19]，邹衡、张颔、李朝远认为是文侯仇（公元前780—前746年）[20]，裘锡圭认为是献侯籍（公元前823—前812年）[21]。由于曲村遗址尚在继续清理中，且M8曾经严重盗掘，墓中铜器不少流落境外，因此，M8的墓主及晋侯断其人的确认，可能还需要一些等待。

李学勤与艾兰文中，着眼于秦公壶腹部最醒目的兽首蟠龙纹样，将之与颂壶、芝加哥壶、晋侯断壶相比较，并考定其年代，无疑是非常敏锐且具有说服力的。但是，如上所述，颂壶、芝加哥壶、晋侯断壶的年代都集中在公元前10世纪至8世纪之间，但具体的年代，学者仍存在一些歧见，秦公壶与之相比较，究竟应定位在哪里，则需要再作进一步的讨论。

秦公壶铭文“秦公作铸隮壶”，已指明作器者是“秦公”。根据《史记·秦本纪》的记载，秦的先世非子善养马，周孝王分土为附庸，邑之于秦，号曰秦嬴。秦嬴生秦侯，秦侯生公伯，公伯生秦仲。秦仲立三年，厉王无道，诸侯或叛，西戎反，周宣王即位，以秦仲为大夫，诛西戎。秦仲立二十三年，为西戎所杀。其长子立，为庄公。宣王又召庄公昆弟五人伐西戎，破之，宣王与大骆犬丘之地，为西垂大夫。庄公是文献记载上第一位称“公”的秦君，秦公壶的作器者应是庄公以下春秋早期的第一位秦公。

庄公在位共四十四年（公元前821—前778年），卒，襄公立。襄公在犬戎之乱时，将兵救周有功，并护送周平王东迁雒邑，“平王封襄公为诸侯，赐之岐以西之地。……与誓，封爵之。襄公于是始国，与诸侯通使聘享之礼，乃用骝驹、黄牛、羝羊各三，祠上帝西畤”。襄公在位十二年（公元前777—前766年），是秦始国的第一位国君，也是极有雄心的领导者。秦武公作的镈、钟铭文曰“我先祖受天命，赏宅受国”，秦景公作的秦公簋和秦公钟谓“丕显朕皇祖，受天命，鼏宅禹迹”、“丕显朕皇祖，受天命，竈又下国”，这一位受天命的先祖，指的就是即位七年受封为诸侯的襄公。襄公在位时间虽短，但在秦史上却有其特殊的贡献及地位。襄公十二年伐戎至岐，卒，子文公继位。文公也是一位有作为的秦君，在位五十年（公元前765—前716年），营邑于汧渭，初有史以记事，扩张领土，制订法律，奠定了秦国的基础。

秦公壶的形制花纹，与颂壶、芝加哥壶、晋侯断壶相似，年代若也相近，则应在西周末期至春秋早期之间，那么，文献上第一位称公的秦君“庄公”、始国的“襄公”，及奠定秦立国之基的“文公”，都有可能是秦公壶的作器者。这还必须注意秦君称“公”的问题，在周室东迁以后，列国诸侯多僭称“公”，襄公立国后，也仿列国诸侯称“公”，是可能的。文公以下的秦君称“公”，则有武公镈、钟及景公钟、簋铭文为证。但是庄公时在宣、幽之世，且其时秦尚未封诸侯，以“西垂大夫”的身份是否能自称为“公”，实值得再加深究，不宜排除“庄公”为追谥的可能性，若庄公称“公”是追谥而非生称，则秦公壶的作器者就不可能是庄公。

如要从形制与花纹的角度考虑，除了上述几件铜壶之外，我们也应注意到在陕西户县宋村春秋秦3号墓出土的两件铜壶[22]。发掘简报上说“壶，二件。形制大小、纹饰全同。圆角方形，下腹外鼓，长颈，圈足，两侧有一对兽耳。盖与口下饰双形波纹，颈饰瓦纹，腹饰蟠龙纹，盖顶饰云纹”。这样的纹饰形制，与前述的几件铜壶并无太大差异，尤其是壶腹上醒目的兽首蟠龙纹，亦如出一辙。简报上虽未说明此壶的高度，但指明其为制作认真的实用器，并非器小粗糙的明器[23]。宋代墓葬的年代，简报上说是春秋早期，李学勤根据墓中出土青铜器的纹饰，定其年代与宝鸡太公庙出土的秦武公（公元前697—前678年）镈、钟年代大致相当[24]，属于春秋早期的晚段。陈平对关中秦墓青铜容器的分期做过仔细的分析，认为宋村的年代稍晚于秦武公，约在春秋早、中期之交的秦德、宣之世[25]。宋代M3出土的铜壶对于思考秦公壶的时代是重要的，其意义在于：类似秦公壶这样的形制与花纹的铜壶，也有可能出现于春秋早期的稍晚阶段。

仔细观察西周晚期到春秋时期的长颈垂腹低圈足方壶，发现其形制同中有异，比较明显的是方壶的颈部和腹部的比例颇有变化。颂壶的下腹部膨大，颈部（两旁设耳处）内缩，腹与颈的比例相当悬殊，芝加哥壶与晋侯断壶略同。秦公壶的下腹亦外鼓，但颈部内缩较少，因而腹颈的比例较小，不若颂壶那么明显。试以秦公壶与户县宋村M3、宝鸡福临堡M1[26]、秦家沟M1[27]出土的方壶作比较，不难看出秦公壶腹颈的比例与这几件关中春秋秦墓出土的方壶较为接近，与颂壶等颇有差异。秦家沟与福临堡的年代晚于宋村，约在春秋早期偏晚与中期偏早时期[28]。春秋中期以后，方壶的圈足略有增高（秦家沟M1方壶的圈足已略有加高之势），壶盖上顶加高加大（如凤翔高庄M10出土方壶）[29]，壶腹重心也略有上升的趋势[30]。从方壶颈腹比例的变化来看，秦公壶的年代似不宜早到西周晚期的颂壶时代。

再从秦系文字演变的观点来看，可见的最早的秦国有铭青铜器是不其簋，内容记载秦庄公（名其）未即位前，随伯氏讨伐严允、追击戎人有功的始末及受赏赐的情形[31]。不其簋的铸成年代应在秦仲未去世、庄公未即位之时，约为公元前820年左右[32]。不其簋铭文字体与多数西周晚期器物的铭文风格一致，而与秦武公镈、钟铭文带有秦篆意味，颇有距离。拿秦公壶的字体相比较，不难看出秦公壶的字体已经向秦武公镈、钟铭文的风格趋近，而与不其簋的字体相距较远。

李学勤、艾兰《最新出现的秦公壶》一文，认为秦公壶的作器者为秦庄公，是以颂壶及晋侯断壶的形制花纹与秦公壶相似，时代也应相近为主要论点。笔者认为，文献上称“庄公”，不宜排除其为追谥的可能性。拿户县宋村M3出土的铜方壶及几件春秋关中秦墓出土的方壶，与秦公壶作比较，可知类似秦公壶的形制与花纹，有可能晚到春秋早期的晚段。再从铭文字体上看，秦公壶的字体距不其簋远，离秦武公镈、钟近，这一点李学勤与艾兰的文章中也是承认的。如此，则秦公壶的时代，需从西周晚期的庄公时期往下拉一段时间。庄公之后是襄公、文公，其后有不享国的静公，十岁而立、立十二年卒的宪公，接着是武公和出子间的阋墙之争，这已经就到了春秋早期的晚段了。像秦公壶这样成对的壶，多半出自于器主的墓葬，若此壶果如传闻是出于甘肃天水地区，则器主是葬于“西垂”的襄公或文公[33]，是个合理的推测。若考虑到铭文字体接近武公镈、钟而去不其簋较远，则秦文公有可能是这一对秦公壶的主人。

（《文物》1995年第6期）

注释

［1］李学勤：《秦国文物的新认识》，《文物》1980年第9期。

［2］卢连成、杨满仓：《陕西宝鸡县太公庙村发现秦公钟、秦公镈》，《文物》1978年第11期。

［3］王辉：《秦器铭文丛考》，《文博》1988年第2期；王辉：《论秦景公》，《史学月刊》1989年第3期；陈昭容：《秦公簋的时代问题——兼论石鼓文的相对年代》，《史语所集刊》64本4分（1993），第1077—1120页。

［4］王辉：《秦铜器铭文编年集释》，第7—12页，三秦出版社1990年。吴镇烽：《秦兵新发现》，1994年8月纪念容庚先生百年诞辰暨中国古文字学国际学术研讨会论文抽印本。

［5］王辉：《论秦景公》，第20—21页。

［6］国立故宫、中央博物院联合管理处：《故宫铜器图录》下册下编，第251—252页，台北中华丛书委员会1950年。国立故宫博物院编辑委员会：《商周青铜酒器》，第166—169页，台北国立故宫博物院1989年。

［7］《商周青铜酒器》，第261页图版说明。

［8］马承源主编：《商周青铜器铭文选（三）》，第304页，文物出版社1988年。

［9］《三代吉金文存》12.30、12.31为故宫藏颂壶盖、器铭文，12.32著录的应是山东博物馆藏颂壶的盖铭。两壶盖铭第20行，故宫壶是5字，山东藏壶是4字，以下行款皆不相同。

［10］郭沫若：《两周金文辞大系考释》，第72页，香港影印1934年增订本。

［11］唐兰：《西周铜器断代中的“康宫”问题》，《考古学报》1962年第1期。唐兰：《西周青铜器铭文分代史徵》，第497页，中华书局1986年。

［12］中国社会科学院考古研究所：《美帝国主义劫掠的我国殷周铜器集录》，第49页，科学出版社1962年。

［13］刘启益：《西周金文中的月相与共和宣幽纪年铜器》，《古文字研究》第九辑，第243页，中华书局1984年。

［14］同［8］，第302页。

［15］Charles Fabens Kelley and Ch′en Meng－chia（ed.）. Chinese Bronzes from the Buckimgham Collection（chicago：The Art Institute of Chicago，1946）P64—67.

［16］陈梦家：《海外中国铜器图录》，第70页，国立北平图书馆1946年。

［17］同［12］，第131页。

［18］北京大学考古学系、山西省考古研究所：《天马、曲村遗址北赵晋侯墓地第二次发掘》，彩色插页贰：1，《文物》1994年第1期。

［19］李学勤、艾兰：《最新出现的秦公壶》，《中国文物报》1994年10月30日。

［20］邹衡：《论早期晋都》，《文物》1994年第1期。张颔：《晋侯断簋铭文初探》，《文物》1994年第1期。李朝远：《晋侯[illegible]方座簋铭管见》，《第二届国际中国古文字学研讨会论文集》第231—236页，香港中文大学，1993年10月。

［21］裘锡圭：《关于晋侯铜器铭文的几个问题》，《传统文化与现代化》1994年第2期。

［22］陕西省文管会秦墓发掘组：《陕西户县宋村春秋秦墓发掘简报》，《文物》1975年第10期，第63页图17。

［23］同［22］，第60页。

［24］同［1］，第26页。

［25］陈平：《试论关中秦墓青铜容器的分期问题》（上），《考古与文物》1984年第3期，第60—61页。

［26］中国科学院考古研究所宝鸡发掘队：《陕西宝鸡福临堡东周墓葬发掘记》，《考古》1963年第10期，第

541 页，图六:7。

［27］陕西省文物管理委员会：《陕西宝鸡阳平镇秦家沟村秦墓发掘记》，《考古》1965 年第 7 期，第 343 页，图六:1。

［28］李学勤认为秦家沟属于春秋前期偏晚，福临堡在春秋中期偏早，同［1］，第 26—27 页。陈平认为福临堡早于秦家沟，皆为春秋中期墓葬，同［25］，第 69 页。

［29］同［25］，第 69 页。

［30］高明：《中原地区东周时代青铜器研究》（中），《考古与文物》1981 年第 3 期，第 93—94 页。

［31］同［1］，第 25—26 页。

［32］王辉认为不其簋的年代约在周宣王六年（公元前 822 年），见《秦铜器铭文编年集释》，第 6 页。

［33］秦庄公葬地不详，以其为西垂大夫的身份，葬于西垂是合理的推测。据《史记·秦始皇本纪》，秦公中唯襄公和文公葬于西垂（中华书局点校本，第 285 页）。西垂，汉陇西西县，今在甘肃天水西南。

编辑后记：

1989 年 8 月，李学勤先生为拙著《秦铜器铭文编年集释》写序，末尾说：“目前我们对秦青铜器的认识还有一定限制，这主要是由于发现仍不够多，还不能建立各时期链环具备的完整序列，因此在若干问题上有不同意见是难免的。青铜器铭文也必然会有更多的重要发现，希望在不久的将来就有大批新材料，供王辉同志编出本书的续集。”对前辈学者的热切期望，我是时刻铭记在心的。从那时到现在，5 年半过去了，又有十多件有铭秦铜器发现，但多为战国晚期器，春秋器只有永寿县出土的一件仲滋鼎及西安市公安局收缴的一件“秦子”戈、一件“公”字戈。（王辉《周秦器铭考释》（五篇）；吴镇烽《秦兵新发现》）截至目前，能明确断代的秦春秋中期和战国早期有铭铜器仍未发现，仍不能建立“各时期链环具备的完整序列”。新发现的秦公壶据云出于甘肃天水地区，而且据说海内外还有同一位秦公作的簋等数件，便格外引人注目。对秦公壶，李先生作了很仔细的研究，提出了很有启发性的意见。本刊本期刊发白光琦先生和陈昭容女士的文章则对此作了进一步的讨论。我初看到这对壶的铭文，以为从字体上看，显然应晚至文公以后，一次与卢连成谈，他有同感。陈文从器形上分析，以为秦公壶腹颈比例较小，接近户县宋村 M3 所出方壶，而与颂壶等腹颈比例悬殊颇有差异；白文则强调襄公以后始称公。两文皆断新出秦公壶为春秋秦器，看来是有道理的。当然这个问题还是值得讨论的，“由于发现仍不够多，在若干问题上有不同意见是难免的”。我们期望流散各地的“秦公”器早日刊布，也盼望各地的盗掘之风能被有力制止。

秦公壶应为东周初期器

白光琦

《中国文物报》1994年10月23日刊登了李学勤、艾兰《最新出现的秦公壶》一文，对于颂壶和晋侯断壶的断代很有启发。因为这三器都是成对的椭方壶，兽首环耳，尤其腹饰蟠龙纹，正面三龙交蟠，颈饰波带纹，三器完全相同，盖沿所饰窃曲纹也大体相同。由于其形制纹饰比较特殊，三器的时代当相近。

此文由于将颂壶定在宣王时，将晋侯断壶定在厉王时，故将秦公壶定在秦庄公时，即宣王之世，还值得讨论。

颂器的时代，陈梦家先生断为厉初，影响较大。但从以下三个方面看：1. 西周彝铭所记册命制度，由简而繁，颂器记有两名史官出场，一名书册，一名宣命，这种程式还见于趞鼎和寰盘，二器都属宣王中期，颂器不应过早。2. 文字线条流畅，结构匀整，是典型的籀文，寿字从甘，已创春秋书体。3. 它的历日“三年五月既死霸甲戌”也不符合厉、宣年份[1]。故此器应属于幽世。

晋侯断簋、壶出自北赵M8，同墓还出有晋侯苏钟、鼎，大概是父子两代之器。晋侯苏钟记周王三十三年东征，不出厉、宣二世，而厉王三十三年已属共伯和摄王位时期，似应稳定内部，不宜远征，故此钟应属宣世。晋侯断簋、壶铭有“万意永宝用”之语，此“意”字在众多的西周金文中未见，仅见于春秋时的令狐君壶，知晋侯断晚于晋侯苏。张颔先生说，断即匹字，匹、仇同义，晋侯断即文侯仇[2]。若然，则此壶作于两周之际。

秦公壶的时代，李、艾两位先生说庄公是秦第一位称公之君，还欠分析。《史记》明载秦庄公“为西垂大夫”，及“襄公以兵送周平王，平王封襄公为诸侯，赐之岐以西之地……襄公于是始国”。秦君称公只能在始国之后。又，秦公钟铭：“秦公曰：我先且受天命，商宅受或，刺二邵文公、静公、宪公，不紊于上……”这个赏宅受国的先祖，自是襄公。也证明庄公还不是诸侯，不得称公。

西周后期，彝铭中仍可见到丁公、乙公、叀公、厘公、宂公、剌公等公，但大都是祖考的谥号，只有遅公、井公、武公、毛公等这些卿士才得生称公。《国语》厉王时有邵公，而据彝铭，召伯虎及其考幽伯，并不称公，知邵公乃后人尊称。《吕氏春秋》有虢公长父、虢公鼓、祭公敦，则是卿士。看来，西周后期非卿士不得称公，非姬姓不得为卿士。秦庄为异姓大夫，安得称公?

史书中的公，并不全是生称，还包括谥号及后世追尊之号。《史记》鲁、郑二世家，始封君以下皆称公，核之彝铭，有鲁侯尊、鲁侯獄鬲、鲁侯盉、鲁侯鬲、鲁侯壶、郑伯作宋孟姬匜，证明当时尚未称公。因之，以为秦庄公称公，是不确切的。

秦公壶自称秦公，必在东迁之后，参照颂壶、晋侯断壶的时代，当在东周初期，不出襄、文二世。

（《考古与文物》1994 年第 4 期）

注释

［1］参见《西周史论文集》中《西周的年代与历法》及《关于西周月相纪日法》二文，陕西教育出版社 1993 年。

［2］《文物》1994 年第 1 期。

秦公簋与西县

赵文汇

秦公簋，器高19.8厘米，口径18.5厘米，足径19.5厘米。民国八年（1919年）出土于甘肃天水礼县横河（今红河）乡王家东台。初为横河“聚源当”作废铜收集，后被陕西关中一张姓古董商贩运至省城兰州，因无识者，流传至南关商肆，在厨中盛残浆（就像清道光年间虢季子白盘在陕西出土后被当地农民作马槽使用一样）。后有识者发现非普通之古物，以高价收购，名声大著。1919年被甘肃督军张广建以权挟势，占为己有。张广建离甘时将此物带至天津。1923年著名学者王国维在北京见到此物，为其跋文，公之于世。1931年、1933年，商承祚在北京见到秦公簋，亦研究著文。1935年，张广建的后人以两千多元卖给大兴冯恕（字公度），嗣后，冯恕又将簋捐给北京故宫博物院。值此前后，在清华大学文学院上学的天水人冯国瑞，读到王国维为秦公簋所作的跋文，心情激动，有感于斯，冯国瑞毕业回天水后继续对秦公簋深入考证、研究。1942年，冯国瑞亲自去重庆，在当时中央图书馆借得张氏墨拓本，勾摹簋器图形及铭文款识，注明大小尺寸。1943年冯国瑞又将自己在天水西南收集到的周秦青铜器绘图著文，和秦公簋一起整理成《天水出土秦器汇考》一书，再去重庆，经吴其昌等学者审定，于1944年底印刷成书。《天水出土秦器汇考》一书学术价值颇高，为探讨秦人在西犬丘的活动提供了重要线索。直到今日，还被国内许多著名的学者、专家研究引用。冯国瑞为弘扬桑梓文化，身体力行，功不可没。1959年秦公簋被移交到新建成的中国历史博物馆通史陈列厅展出，引起了许多学者、专家的重视，纷纷撰文，各抒己见。秦公簋为先秦最著名的青铜器，此物秦汉时期被当作容器使用，为秦、汉西县官物（宗庙之祭器）。

秦公簋盖、器身均作蟠螭文，花纹繁缛细小，双耳作兽首，对铭，盖53字，释文为：

秦公曰：丕显，朕皇祖受天命，鼏宅禹迹，十又二公，在帝之矿严龏（恭），保业氒秦，虩使蠻（蛮）夏，余虽小子，穆穆帅秉明德，剌剌趄趄，万年是敕。

器身51字，释文为：

咸畜胤士，䜌䜌文武，镊静不廷，虔敬朕祀，作嘉宗彝，以邵皇祖，其严御各，以受屯鲁多釐，眉寿无疆，畯疐在天，高弘有庆，造佑四方，宜。

共104字，上下合为一篇完整的祭祀文章。另外，器和盖内均有秦汉间刻辞一行各九字。器云：“西元器一斗七升八奉，毁。”盖云：“西一斗七升大半升，盖。”据王国维考证，文中“西”，即汉代陇西郡西县，亦即秦之西垂（西犬丘）。《辞海》中记载，西犬丘在礼县东北（天水西南）。那么，西县在何处呢？北魏郦道元《水经·漾水》云：“西汉水又合杨廉川水，水出西谷，众川流泻，合成一川，东南流经西县故城北。又东南流，会茅川水，水出西南戎溪，东北流经戎邱城南，又东北流经西谷水，乱流，东南入于西汉水。”1983年9月礼县县志办主任康世荣按文献记载，结合本县出土文物，在西汉水上游进行实地考察，并著《秦都邑西垂故址探源》一文，文中确认西县的具体位置就在礼县红河镇南岳费家庄一带。秦公簋也正好出土于对面的北山上。1984年春，西和县县志办调查组沿西汉水所作的实地调查也认为西县不出红河镇五里之地，放弃了西和即是秦、汉、三国西县（即西城）的观点。西县，秦时设立，历经两汉，至三国蜀汉建兴六年（公元228年）四月，诸葛亮首次攻魏失利（即“一出祁山”），孔明拔西县千余家还汉中时，仍称西县（俗称西城）。晋时，西县废，在三江口南改设始昌县。北魏时，又在西县设阳廉县，不久即废。隋、唐、五代、宋、元、明初，西县地分属秦州天水县、长道县管辖。明成化九年（公元1473年），左都御史马文升“因地广难摄”划天水西南十九里设礼县（红河也在其中），并拟于西县治柏树川建新县城未成，同年12月遂于汉阳天嘉川礼店千户所西新建县城，直至现在。近两年礼县大堡子山秦公墓出土的文物更进一步说明了西县就是秦先祖的发祥之地。

秦公簋铭文字体规整严谨，疏密有致，静穆大方，有其独特风格。秦公簋，器、盖铭文均由印模在制范上打就，制作方法新颖进步，在古代青铜器中实为罕见，开创了中国早期活字模之先例，是古人发明创造的重大科技成果之一。北宋出土秦公镈（出土地址不详）器已失传，但依簋、镈铭文摹本比较，制作时期当和秦公簋同时，大概为同一套礼器，铭文句子大同小异，字体结构相同，笔法一致，二器铭文如出一人之手。现将宋时出土秦公镈铭文附记于此，以供对照研究。铭文共144字，释文如下：

秦公曰，丕显，朕皇祖，受天命，造佑下国，十又二公，不家（坠）才下，严龏（恭）夤（寅）天命，保业氒秦，虩事蛮夏，曰：余虽小子，穆穆帅秉明德，睿尃明刑，虔敬朕祀，以受多福，虔协合万民，夙夕剌剌趄趄，万姓是敕。咸畜百辟胤士，䊪䊪文武，镇静不廷，柔燮百邦，于秦执事，作盄（淑）和钟，氒名曰䛢邦。其音铣铣，雝雝孔煌，以邵零灵孝享，以受纯鲁多釐，眉寿无疆，畯疐在位，高弘有庆，匍佑四方，永宝宜。

“国之大事，在祀与戎”。商周社会，从王室到一般中小奴隶主贵族，都要隆重祭祀天帝祖宗，宣扬家族的荣耀和个人功业的显赫，这在青铜礼器的铭文上表现得十分突出。秦人是殷周文化的继承者，也是光大发扬者，祭祀文化自秦襄公鄜宅西垂以后，由于身份地位的提高，比以前更为隆重。秦公在铭文中极力表达自己对上天神灵的崇敬，对祖先功烈的颂扬，以此来祈望庇荫子孙后代，天长地久，兴旺发达。宋代出土的秦公镈，民国出土的秦公簋，以及近年陕西出土的秦公钟，都是东周前期秦国国君为祭祀自己的先祖而制作的宫廷重器。

秦公簋制作于何时，各家说法不一，有襄公时，文公时，德公时，景公时等数说。虽然各家都持之有据，言之有理，但有一点是共同的：无论以何时始计，十又二公，早期都礼县西垂的庄、襄、文公均被列入其中。簋铭的内容大概是说秦人在华夏成为诸侯已十二代，文臣武士，人才济济，国力强盛，威名赫赫。秦公继承了先祖的功德，抚育百姓，建功立业，永保四方，缅怀先祖，铸作彝器，以尽祭祀之礼。

秦公簋在中国书法史上也占有重要的地位，有承前启后的作用，对秦代的篆书、隶书有直接的影响。铭文在字体结构、姿态、笔法以及排列方式上都与众不同，打破了西周以来铭文密集的布局格式，给人以优美洒脱、轻松愉快的感觉。铭文劲直为矢，弯曲若弓，体方笔圆，端正规则，挺拔俊俏，舒展大方，位置适中，布局得当，已具小篆之雏形，非常合乎书艺发展逻辑。唐代书（画）理论家张怀瓘在《书断》中云：“体象卓然，殊今异古，落落珠玉，飘飘组缨，仓颉之嗣，小篆之祖，以名称书，遗迹石鼓。”在当时的情况下，这种观点无疑是正确的，但随着先秦文物的不断出土，铭文日益增多，本着尊重历史，尊重事实的唯物主义观点，对唐人这个评论就得转变观念。石鼓文比秦公簋尚晚，其书体源渊于秦公簋、秦公镈，字体又基本一致，所以

“仓颉之后，小篆之祖”是谁就不言而喻了。秦公簋上承了籀文之传统，下开了小篆之先河。清道人李瑞清说：“书家不学篆，犹文家不通经。故篆必自通篆始，学篆必神游三代，目无二李(李斯，李阳冰)，乃得佳耳。”近年来上海书画社出版的大型书法自学丛书的篆书一册，把大盂鼎，墙盘，虢季子白盘，散氏盘，毛公鼎，秦公簋……并列为学习篆书的优秀范本是十分恰当的，是按篆书发展程序的科学选择。秦公簋铭文体划整肃，行白谨严，若能认真学习，必能上通籀文，下达小篆，旁通楷隶，“庶免弱，俗、荒之病”。康殷先生就是学秦公簋而成名的大家。秦公簋不仅对研究先秦历史，探讨秦西垂陵、西垂宫有重要价值，而且为研究古文字的书法艺术提供了珍贵的实物资料。

（《礼县文史资料》第二辑）

上海博物馆新获秦公器研究

李朝远

秦国奠基于西周晚期，正式建国于周平王时。这一段从非子到文公的秦史史料匮乏，秦人早期文化的考古工作成果亦少，以西垂为中心的秦墓及有铭青铜器以前未曾发现，成为秦史考古的空白。

1993年10月，一批秦公重器在香港古玩坊肆出现。可恨可叹之余，上海博物馆马承源馆长毅然采取措施，择其精者，将六件秦公器和一件与秦公簋形制相同但无铭文的簋抢救回归，成为中国内地仅有的秦国初期青铜器及有铭秦公器。

一

新获的六件秦公器，为秦公鼎四件、秦公簋两件。

秦公鼎四件：

秦公鼎一（图一）　高47厘米，口径42.3厘米。宽体，器腹下垂，浅腹平底。蹄形足，与同类器相比足部较高，从而使原本并不浅的腹部颇有浅意。口外折，上立两宽厚大耳，上厚下薄，略为外撇。口沿和腹部饰有不同特点的兽目交连纹，耳外廓饰扁、圆相间的鳞纹。足上部饰一有角、有口有牙、有鼻准出脊的兽面纹。器内腹部铸有铭文二行六字："秦公乍铸用鼎。"

器形

铭文

图一

秦公鼎二（图二）　高38.5厘米，口径37.8厘米。形制和纹饰基本与鼎一相同，只是器壁外撇稍甚，器足与器腹之比亦略小于鼎一。器内腹部铸铭文二行六字："秦公乍铸用鼎。"

器形　铭文

纹饰

图二

秦公鼎三（图三）　高25.9厘米，口径26厘米。形制与鼎一鼎二同，唯纹饰略有不同。器腹部纹饰一如前两器，但口沿下的纹饰为失目的兽目交连纹。器内腹有铭文二行六字："秦公乍宝用鼎"，文字与鼎一鼎二有别，行款亦不作右行而为左行。"宝"下一字铸为"冃"，似少铸一竖所致；第二横下一点为一凹点，不是笔道。

秦公鼎四（图四）　高24.2厘米，口径24.2厘米。形制和纹饰基本与鼎一鼎二鼎三相同。稍有不同处在于，前三器口沿下纹饰部分的器壁竖直，至腹部纹饰所在的器壁则向外斜出，呈乙形；该鼎从口沿起就开始向外斜出，呈乙形，器壁与底部转角的弧度和底部曲率略大于前三器。口沿纹饰如鼎三，但已补上了缺失的兽目。器腹内有铭文六字"秦公乍宝用鼎"，文字与鼎三同，但行款为右行三行。

器形

铭文

纹饰

图三

秦公簋二件：

秦公簋一（图五） 高 23.5 厘米，口径 18.8 厘米，两耳间宽 36.7 厘米。弇口，体形宽伟，盖握高大，双耳甚丰。耳上龙首宽厚，蜷身，下有垂珥。圈足上有三兽头，下连短状虎爪形三附足。盖沿与口沿的纹饰均为兽目交连纹上下相对。尤为奇特处是，每组纹饰之隔都间有浮雕状牺首，盖沿八个，器沿六个。盖沿八个为正向，器沿六个为倒向，上下口口相对，别有一番意趣。簋的器沿盖沿上牺首相对之纹，以往所见者以前后正中的两组为多，且均为正向图案，秦公簋的这种装饰为青铜器中首见。盖面和器腹纹饰均为横条沟纹，圈足上饰鳞纹，盖顶握手内饰变形兽纹。器、盖对铭各有五字："秦公乍宝毁。"

秦公簋二（图六） 高 23.9 厘米，口径 18.6 厘米，两耳间宽 37.4 厘米。形制与纹饰同簋一，铭文的字数、字体、行款均与簋一同。

除两件有铭秦公簋外，上海博物馆另获有一兽目交连纹簋，高 19.2 厘米，口径 15.3 厘米，形制和纹饰与上两器相同，只是无铭文，亦应为秦公墓中之器。

器形

铭文

纹饰

图四

器形

铭文

图五 1

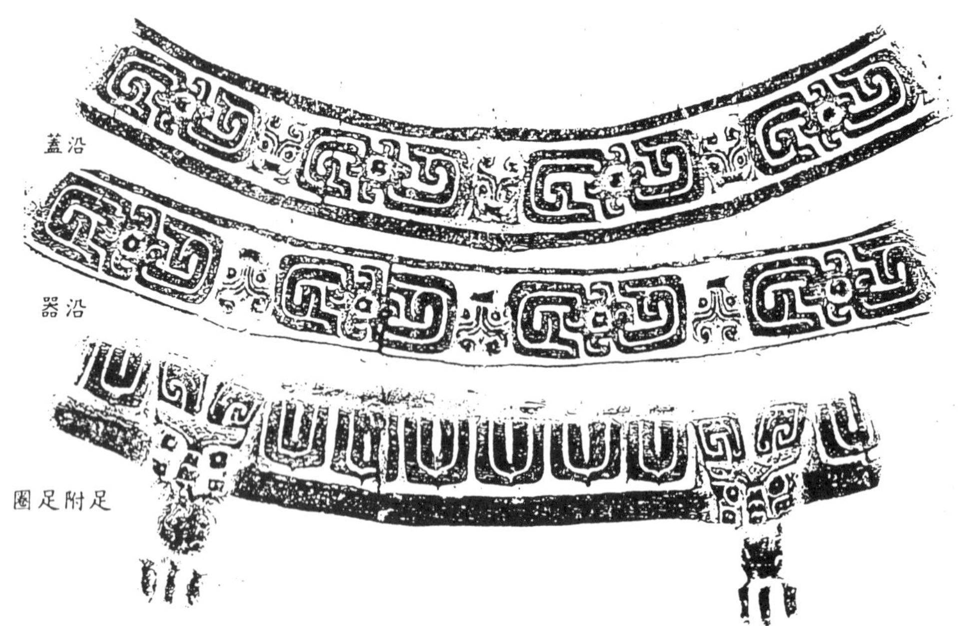

纹饰

图五　2

盖顶纹饰

图五　3

器形

铭文

图六

秦公器的文字较为简单却颇有价值，现列表如下（表一）以便览之。

表一

秦公鼎一	秦公鼎二	秦公鼎三	秦公鼎四	秦公簋一	秦公簋二

秦公诸器的文字中，最引人注目的是其中四件器上“秦”字的写法，作“”、作“”，与众不同。

秦，《说文》：“，伯益之后所封国，地宜禾，从禾舂省，一曰秦，禾名。，籀文秦，从秝。”段注：“地宜禾者，说字形所以从禾从舂也。”朱骏声《说文通训定声》：“秦，禾名，从禾从舂省，会意。”籀文、小篆的“秦”字字形均为从禾舂省。甲骨文的秦字亦如之：“（一期）（四期）”，“从从从，像抱杵舂禾之形，像杵形”[1]。

舂，《说文》：“，擣粟也，从持杵以临臼，杵省。”臼，《说文》：“舂臼也，古者掘地为臼，其后穿木石，象形，中象米也。”

金文中绝大部分“秦”字的字形都为从禾舂省，唯有西周恭王时的师酉簋秦字未省臼字，作“”、“”。虽未省臼，但臼字上下开口，不成全形。目前所见最完全的从舂从双禾、未省臼字的“秦”字，即为秦公簋一、簋二、鼎三、鼎四的“秦”，应隶定为“”。

秦公鼎一鼎二的“铸”字作“”，为金文中罕见。铸，《说文》：“，销金也。从金，寿声。”寿从声，从声[2]。金文中的铸字，最完整的字形作，从从鬲从金从火从皿，声，像手持鬲形盖以火销金于炉橐形。但金文往往有省简，或省皿作；或省火省作；或省金省火作；或省省鬲省火作；或者金省作。像秦公鼎单纯省金的铸字尚未见到完整的第二例，仅仲㷉盨铭中有类似的字体，作。

二

秦公诸器的出土地点，承甘肃省文物考古研究所的先生函告，为甘肃省礼县大堡子山的秦国墓地。从1987年起该地即有不法古董收购商窜入，唆使盗掘。之后，甘肃省文物考古研究所田野考古队进行了抢救性发掘，发掘简报尚未发表。据有关文章透露，目前清理出四座大型墓坑，但墓坑内的随葬器物已所剩无几。四座墓坑中，No.1和No.4为车马坑，No.2和No.3为秦公墓葬。这样，一座墓和一座车马坑组成一组墓园，大堡子山秦公墓地共发现两组墓园[3]。大堡子山两组墓的墓主是谁，李学勤先生根据出现于美国纽约的一对“秦公乍铸隣壶”，认为形制酷似颂壶，应是西周宣王时秦庄公之器，墓主亦应为庄公[4]；韩伟先生根据墓中所出现、为法国戴迪所藏的金箔饰片及相关的碳十四数据，认为两墓为西周宣王、幽王时秦仲和庄公的陵墓[5]。

从秦公器的形制、铭文、纹饰、铸造特点以及相关的史实看，上海博物馆新获的秦公诸器应为秦襄公、文公之器；礼县大堡子山两座大墓的年代应为春秋初期，墓主分别为襄公、文公。

马承源先生指出，秦国铭文形体有别于西周晚期通行的字体，它源于虢季子白盘铭，一系列的秦国铭文都同一体系，秦公簋、鼎铭也一样[6]。此说至确。礼县秦公诸器铭文的字体，为秦系文字中的典丽之作。它上承虢季子白盘铭，但又明显晚于盘铭（见表二）；它下启太公庙村秦公钟、天水秦公簋以至石鼓文和诅楚文，一脉相通。秦公鼎一鼎二铭文中的“秦”字，省臼，与文公之后二世出子时的秦子戈，与文公之后三世武公时的秦公钟、镈及春秋中期秦公簋的“秦”字形同（见表三）。西周金文的“秦”字，虽然绝大多数为从禾舂省，但字形与秦公器的秦字差别很大（见表四）。秦公器铭中省臼之“秦”字，实开春秋战国秦系文字作“”之先河。

秦公诸器上的纹饰以兽目交连纹为主，这种纹饰实际上是一种兽纹的变形，在西周晚期和春秋早期都大量存在，尤其是口沿下的此类纹饰，西周晚期与春秋初期无别。秦公六器口沿下的兽目交连纹均为两兽尾部上下相接，连接处为一兽目。细分又可分为三组：鼎一鼎二纹饰的兽目右上左下有两个目瓣；簋一簋二有四个目瓣；而鼎三鼎四则没有目瓣。四个鼎器腹上的兽目交连纹由两对两头龙纹的变形组合成一组。变形的两头龙纹一头在上为全形，一头在下稍小。两对这样的纹饰尾部上下相接，当中间以兽目，形成完整的一组纹饰。值得注意的是，这样一组纹饰在秦以外的地区尚未发现过，虽然它仍属于兽目交连纹。这大概是秦国人力图模仿西周文化的一种创造性借鉴。其线条的组合与其说比西周时同类纹饰复杂，不如说它更杂乱些。当边缘文化向核心文化学习时，为了显示自己的诚意和仰慕之心，往往习之太过，这在中外历史上屡见不鲜。一般而言，兽目交连纹主要装饰在鼎、簋的口沿和簋、盨、簠的盖顶。使用在鼎腹部作为主纹者为数不多，函皇父鼎是其中之一。函皇父鼎腹部的兽目交连纹，龙头、龙眼和龙身仍兼备龙纹写实的形神。与之相比，秦公鼎腹部纹饰的龙头和龙身已出现变形为抽象线条的趋势。从纹饰发展的过程看，函皇父鼎的兽目交连纹要早于秦公鼎的纹饰。函皇父鼎为幽王时器，秦公鼎当晚于此。

表二

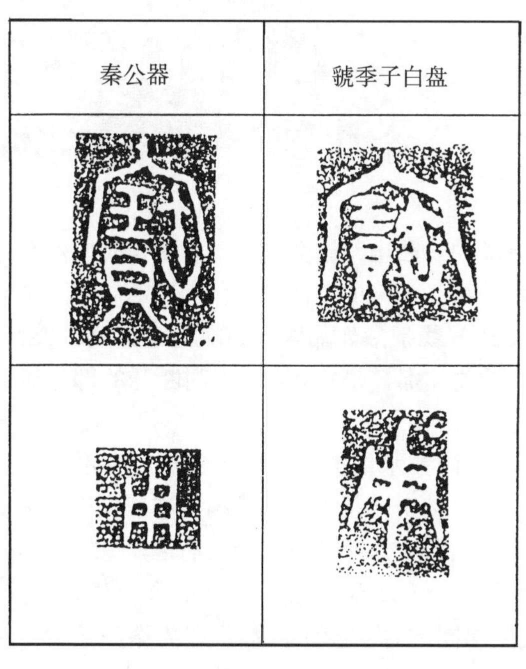

秦公器	虢季子白盘

表三

新获秦公鼎	秦子戈	秦公钟（武公时）	秦公簋（春秋中期）

表四

史秦鬲	𡐓方鼎	询簋

秦公二簋的形制为典型的春秋早期器。秦公簋的纹饰，宽厚耳及圈足附足与西周宣王时的师寰簋十分相似，但形体上，师寰簋自盖顶缘至圈足的器壁弧度较大（图七）。秦公簋自盖缘至圈足的器壁则要竖直得多。这是秦公簋晚于师寰簋一类西周晚期器的特征之一。

秦公诸器的铸造颇有西周晚期器的气度，却缺乏西周器的精致，将秦公鼎与类似的史颂鼎相比较，其粗糙程度显而易见。秦公鼎三鼎四的蹄形足，其断面呈内凹半空弧状（图八），与商代晚期和西周时内范独悬的全封闭足的铸法不同。这种足部的铸造方法为春秋早中期普遍采用。产生的原因不外为两种：一是尚未完全掌握内范悬浮的方法；二是为了避免内范悬浮的复杂工艺而主动避繁就简。如果说春秋早中期其他地区的半空足部铸制是有意避繁就简的话，那么秦公鼎的半空形足可能是秦国工匠尚未掌握内范悬浮法所致。鼎一鼎二的足内侧是全封闭的，但鼎一的足内侧铸面极不平整。鼎一器底部的垫片甚多，说明秦人尚未完全掌握大型器内外范的等距技术。秦人对器壁厚的掌握亦颇为草率，鼎三在形制上要大于鼎四，但在重量上却较鼎四为轻，鼎三重5400克，鼎四则重5700克。

图七

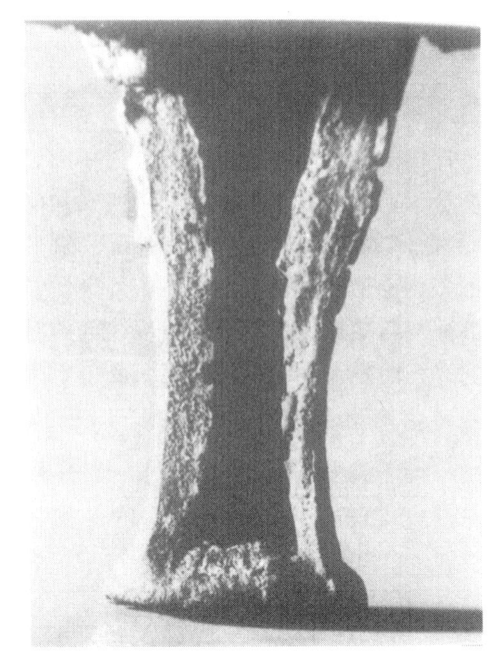

图八

铭文范和纹饰的制作亦嫌粗疏。鼎三鼎四铭文块的块缘凸出，铭文略凹，这是当时内范上为铭文范所预留的空间太小，以致不硬捺则不得嵌进的结果。鼎一的“铸”字，鼎四的“宝”字笔画不清，可能即为嵌铭文范时按捺所致。鼎三口沿纹饰的线条一如鼎四，却在范上漏刻了兽目，类似于兽体卷曲纹了，但线条仍为⊂⊃，并不像兽体卷曲纹那样呈⊂⊃形，中间断开的部分显然是兽目的位置。

秦公器的铸制，当在平王东迁之后。如果仍有周人的技术精英在，那么其器应和不嬰簋一样，不仅形制、铭文字体和纹饰与西周晚期器相近，而且铸造的技术工艺及精度亦应相同。平王东迁后，可能相当多的周人都离开了西部地区，故有秦文公十六年“收周余民有之”[7]的事。

1994年夏天，一对秦公壶出现在美国，李学勤和艾兰女士作《最新出现的秦公壶》一文，认为该壶与颂壶的形制、纹饰酷似，其年代应在与之相同的宣王初年，秦公即为秦庄公[8]。颂壶一类的壶在西周晚期较为多见，沿用至秦襄、文时期是完全可能的。晋侯断壶、颂壶和秦公壶腹部的大蟠龙纹，在春秋早期依然存在。被评为1995年全国考古十大发现的山东长清仙人台遗址的邿国贵族墓地，在6号墓中出土了一对方壶，通高63厘米，腹部亦饰高浮雕大蟠龙纹，“其制作工艺绝不亚于著名的陈侯壶、秦公壶等同类器物”；6号墓内出有铁援铜内戈一件，其时代为春秋早期偏晚[9]。陕西户县宋村3号秦墓也出有此类纹饰的方壶一对，时代亦为春秋早期[10]偏晚或春秋中期偏早。所以，不论是就形制、铭文而言，还是就纹饰而言，都不能排除秦公壶为秦襄、文时器的可能。

三

秦建国前后颇有作为的秦人首领有三。一是非子。秦之称秦，实始于非子。非子原出于大骆之族，居西犬丘，善养马，周“孝王召使主马于汧渭之间，马大蕃息”，孝王乃“分土为附庸，邑之秦”[11]，非子乃号秦嬴。二是庄公。庄公为报父仇，受周宣王遣，“与兵七千人，使伐西戎，破之。于是复予秦仲后，及其先大骆地犬丘并有之，为西垂大夫"[12]。三是襄公。襄公为庄公次子，受其兄世父让，为太子继位。幽王之乱时，"秦襄公将兵救周，战甚力，有功"。平王东迁时，"襄公以兵送周平王。平王封襄公为诸侯，赐之岐山以西之地。……襄公于是始国，与诸侯通使聘享之礼"[13]。襄公时，秦方为诸侯，故秦首领称公应始自襄公。文献中，庄公为第一个称公的秦酋，但《诗·秦风谱》孔颖达疏早就正确地指出："庄公已称公者，盖追谥之也"[14]。庄公称公，当是襄公称公以后事。庄公去世襄公继位是公元前778年，襄公始国在前771年，所以庄公生前不会称公，死后亦不可能立即称公。李零先生认为：庄公称公是出于追称，正与武王灭商后，周人追称文王一样[15]。武王不灭商不会追称文王，襄公不称公亦不会追谥庄公。上海博物馆新获秦公器均为秦公的自作用器，作为追称的庄公，自然无法享受如此荣耀了。1975年，陕西宝鸡太公庙村发现了秦公钟，其铭文起首便说："秦公曰：'我先祖受天命赏宅受国。剌剌昭文公、静公、宪公不坠于上……。'"[16]"先祖"一般认为指秦襄公，亦有认为赏宅者为非子，受国者为襄公[17]。两说小有不同，但都认为庄公不在此先祖之列。《史记》于秦始皇本纪论赞后，复叙秦世系、都邑和陵墓所在，亦自襄公始。

庄公的墓地，文献无记载。襄公死后和文公死后，《史记·秦始皇本纪》均记"葬西垂"，《秦本纪》又记文公死后"葬西山"。西山当同西垂，故襄、文二公应葬于一处。文公死后宪公继位，宪公之墓，《秦本纪》记"葬西山"，《秦始皇本纪》记"葬衙"。联系到宪公二年即已徙都平阳，下一公出子亦"葬衙"，加之大堡子山仅有秦公墓两座，故宪公墓地仍应以《秦始皇本纪》记"葬衙"较为确切。这样，葬西垂者，仅襄、文二公明矣。西垂可泛指西方边垂，同时亦专指一邑名，如"秦襄公既侯居西垂"[18]之西垂，"文公元年居西垂宫"[19]之西垂，均为专指。王国维先生早已指出："犬邱西垂本一地，自庄公居犬邱号西垂大夫，后人因名西犬邱为西垂耳。"[20]该地在秦汉时为西县。1919年天水西南乡出土的秦公簋，有秦汉间人在盖外刻铭"西一斗七升大半升盖"，器外刻铭"西元器一斗七升奉毁"。西即西县，沿革于西垂名，"秦自非子至文公，陵庙皆在西垂。此敦（簋）之作虽在徙雍以后，然实以奉西垂陵庙。直至秦汉，犹为西县官物，乃凿款于其上"[21]。大堡子山秦国墓地的发现和秦公铸铭青铜器的出土，证明《史记》关于秦人早期活动的区域及墓地所在的记载是正确的，这为确定秦人早期活动的中心都城提供了索骥之图。

礼县大堡子山的秦公墓坑规模较大。No.1为曲尺形车马坑，最长一边为37米，深7米，余存残碎的马骨；No.2为中字形大墓，总长87米，墓室在中部，墓室面积12×11米，深11米，在接近西墓道处发现人牲六具；No.3为目字形大墓，长110米，宽10米，深在9米以上；No.4为曲尺形车马坑[22]。墓中所出的青铜器，据说在香港坊间出现的礼器，就有一百件左右。如此说属实，那么秦公墓葬及随葬品的规格一定有违于《周礼》。有资格享受如此高规格大墓者，非襄公、文公莫属。襄公在位十二年，以勤王之举而受为诸侯，之前又曾有徙都于汧之东进尝试；文公在位五十年，武攻文治，既发兵逐西戎，扩地至岐东西，真正实现了襄公受封时平王"秦能攻逐戎，即有其地"的允诺；又"初有史以记事，民多化者"[23]，失传的《秦纪》即始创于文公。襄、文二公功绩彰显，奠定了秦统一六国的第一块基石。所以"秦始皇既并天下而帝，成曰：'……昔秦文公出猎，获黑龙，此其水德之瑞'。于是秦更命河曰'德水'，以冬十月为年首，色上黑。"[24]始皇奉"五德终始说"，以文公事为符应，事虽荒唐，也可见文公在秦创业史上的地位。

襄、文二公不仅以其功绩获得厚葬的资格，更在于襄、文二公虽崇文武周公，但绝非是《周礼》的具体实践者，或者说由于文化背景的不同而不自觉地有违于《周礼》。《诗经·秦风·蒹葭》毛诗序曰："蒹葭，刺襄公也，未能用周礼，将无以固其国焉。""将无以固其国焉"倒未必，"未能用周礼”则其实也。襄公受封后，用“骝驹、黄牛、羝羊各三，祠上帝西畤”[25]；文公亦曾“作鄜畤，用三牲郊祭白帝”[26]，三牲亦指骝驹、黄牛和羝羊。此事被司马迁讥为：“僭端见矣。礼曰：‘天子祭天地，诸侯祭其域内名山大川。’今秦杂戎翟之俗，先暴戾，后仁义，位在藩臣而胪于郊祀，君子惧焉。”《索隐》：“言秦是诸侯而陈天子郊祀，实僭也。”[27]僭越与否此乃正统史学的评价，但它说明襄、文二公是在实践秦人早期社会所特有的礼俗。散藏于法国的礼县大堡子山秦公墓地所出的金箔饰片共有44件，韩伟先生认为是秦公墓棺上的装饰物。春秋时宋文公棺具画饰桧翰即被斥为“僭王者礼也”，秦公墓使用黄金饰片以美化装饰棺具，亦是秦人对正统制度的蔑视[28]。联想到陕西户县宋村的春秋秦墓和凤翔八旗屯春秋秦国墓葬的随葬礼器基本上与墓主生前的身份地位相适应[29]的历史事实，东、西周之交时敢于违周礼而大有作为的秦公唯有襄、文二者。

上海博物馆新获秦公诸器属秦襄公、文公，究竟何属襄公何属文公，目前尚难定一。秦公诸器在形制、铭文、纹饰上存有小的差异，但仍无法由此确定各自的所出。秦公墓随葬的青铜器是一个内容极其丰富的体系。仅就簋而言，不仅有铸铭簋，还有无铭簋；不仅有兽目交连纹簋，还有笔者所见到过的垂鳞纹簋。上海博物馆新获的四件鼎，从铭文上看，恐也不是一套器。秦公器的组合和秦公墓的综合研究，尚有待相关资料的不断发表。我们企盼着。

（《上海博物馆馆刊》第七集）

注释

[1] 徐中舒：《甲骨文字典》，第784页，四川辞书出版社1988年。

[2] 周法高：《金文诂林》，第十四册第7569页引高田忠周语，香港中文大学1975年。

[3][5][22][28] 韩伟：《论甘肃礼县出土的秦金箔饰片》，《文物》1995年第6期。

[4][8] 李学勤、艾兰：《最新出现的秦公壶》，《中国文物报》1994年10月30日。

[6] 马承源先生在本文未定稿上的批语。又，王国维先生在《秦公敦跋》中亦指出：秦公簋“字迹雅近石鼓文。金文中与石鼓相似者，惟虢季子白盘及此敦耳”，出处同[21]。

[7][11][12][13][19][23][25]《史记·秦本纪》，《史记》第一册第179、177、178、179、179、179、179页，中华书局点校本1982年。

[9]《山东长清仙人台遗址发现郭国贵族墓地》，《中国文物报》1995年12月17日。

[10]《陕西户县宋村春秋秦墓发掘简报》，《文物》1975年第10期。

[14]《十三经注疏》，第368页，中华书局影印本1980年。

[15][17]《春秋秦器试探》，《考古》1979年第6期。

[16]《陕西宝鸡县太公庙村发现秦公钟、秦公镈》，《文物》1978年第11期。

[18][24][26]《史记·封禅书》，《史记》第四册第1358、1366、1358页。

[20]《秦都邑考》，《观堂集林》卷十二，第二册第530页，中华书局1959年。

[21] 王国维：《秦公敦跋》，《观堂集林》卷十八，第三册第902页，中华书局1959年。

[27]《史记·六国年表》，《史记》第二册第685、686页。

[29] 同[10]；并见《陕西凤翔八旗屯秦国墓葬发掘简报》，《文物资料丛刊》第三期。

上海博物馆新藏秦器研究

李朝远

近年来，上海博物馆仍在不断地充实自己的青铜器收藏，并力求将新资料和新的研究成果尽快向学界报告，使之能成为学术之公器。在恭贺上海博物馆建馆五十周年大庆之时，兹不惴谫陋，对馆藏的三件（组）秦器及其相关问题略抒己见，以求教于方家鸿儒。

一 秦 公 镈

（一）1998年底，上海博物馆新入藏一件秦公镈（图一），平于，椭圆口，口沿内折，舞面中央封实，不像其他器那样有或圆或长的孔。[1]主纹的上下一周各有一道袢带，上条宽2.5厘米，下条宽3厘米，各缀有八枚等距离的菱形纹饰，其心尖凸起达1厘米，并间以变形的三角蝉纹。鼓素。透雕扁蟠龙纹繁钮，与两侧扉棱相连，每侧饰有透雕扁形连环龙纹七条（图二·1）。器中前后也设透雕扁形连环龙扉棱，每翼由四条龙纹组成（图二·2），扉棱顶端有一昂首翘尾鸟（一侧已佚）。扉棱的厚度自上而下为1.1—0.9厘米。舞部饰四条龙纹（图二·3）。器表主纹由四扉棱分隔成每组纹饰相同的四组。每组又有上下两层不完全相同的纹饰，上层为一双头龙纹，下层为两形体各异的单首龙纹（图二·4）。这与陕西宝鸡太公庙所出秦公镈[2]上的纹饰不同，呈现出较多的初始性。每组纹饰构图的不对称性，在中原此类器上未曾见。整件器的纹饰和透雕龙纹扉棱十分豪华。

图一　秦公镈

秦公镈鼓部中央有铭文二行七字：

秦公乍铸

□□钟

铭文字口极浅。1993年上海博物馆获得六件秦公器，其中鼎一和鼎二的铭文均作“秦公乍铸用鼎”，秦公镈的前四字“秦公乍铸”与之字形十分相似。“秦”字与《说文》中籀文的秦字同，从双禾舂省；“铸”字省“金”，省金的“铸”字应是这批秦公器铭文的特点之一[3]。铭文的“公”字又似上海博物馆收藏的秦公簋二，“八”的两笔竖折几成直角，所以很难说有从臼之“秦”的秦公篡一、二和无臼之“秦”的秦公鼎一、二究竟孰早孰晚了[4]。秦公镈铭文铸于鼓部的正中，铭文铸于鼓部中央者至今未见第二例，或是秦人对中原文化不规则模仿后形成的不自觉创新。

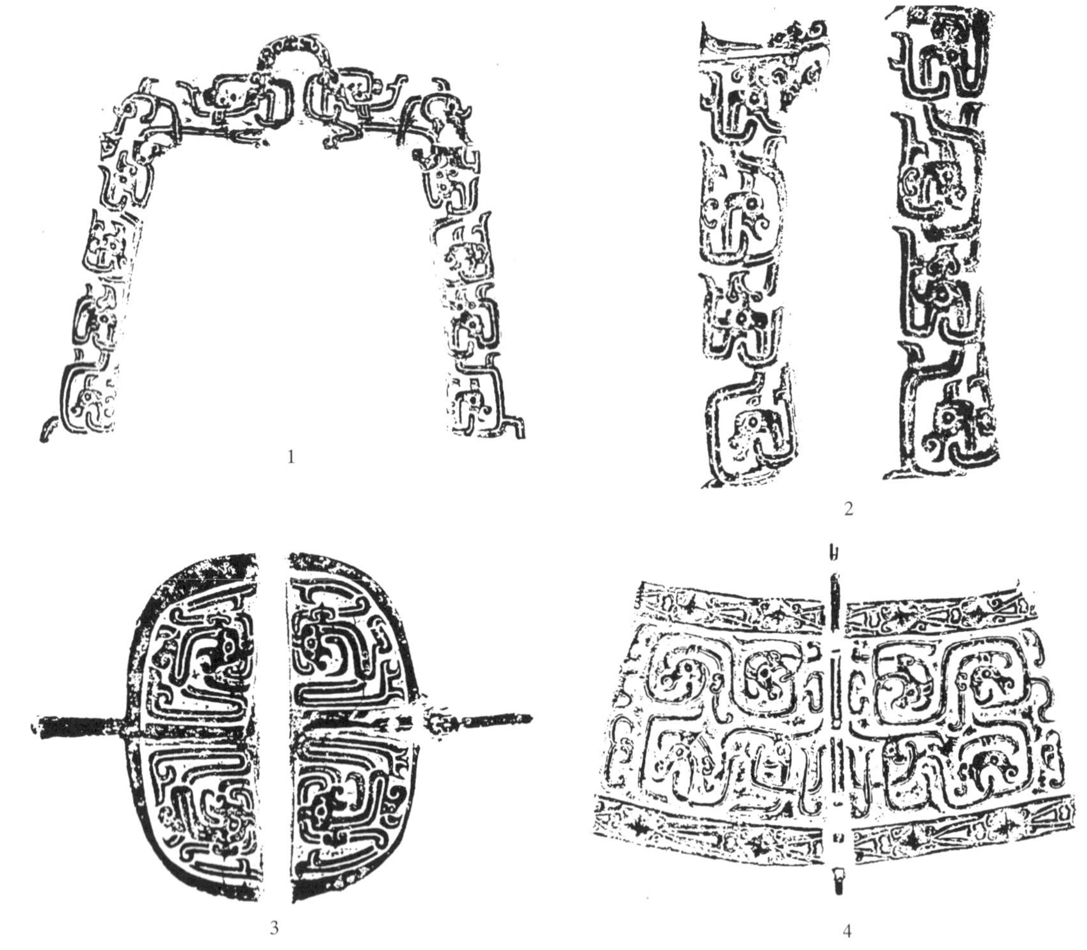

图二　秦公镈各部分装饰纹样

从铭文和器形风格看，该器也应出土于甘肃礼县大堡子山秦公墓地，而且可能与秦公鼎一、鼎二同墓。

同样形制和纹饰的目前见有三件，除了上海博物馆所藏外，日本 MIHO 博物馆藏有一件[5]，无铭文[6]。我国台湾清玩雅集的一位雅士珍藏一件，据说有铭文，但发表时无铭文介绍[7]。

从形制上看，大堡子山的秦公镈由西周中期的眉县镈[8]和晚期的克镈[9]发展而来，又向太公庙所出的秦公镈发展而去。眉县镈和克镈器壁弧度相对较小，被扉棱分隔成四区的器表均装饰一大龙纹。作为稍晚的克镈较之眉县镈多了主纹上下的袢带，前后的扉棱也开始跃出舞平面，这两点恰为大堡子山的秦公镈所继承。上海博物馆所藏及另两件大堡子山出土秦公镈的前后扉棱，上端以一小鸟饰之，且昂出于舞平处；而太公庙的秦公镈前后的扉棱，一龙一凤直向上攀援，经舞部近至钮部。这显然又是大堡子山秦公镈的发展。春秋时的秦国可能对青铜镈情有独钟，在春秋早中期 170 年的历史中至少留下了三套大型编镈（表一）[10]。秦公镈的形制虽与眉县镈和克镈一脉相承，但其豪华程度远甚于后者。到了秦共公时的镈（宋内府旧藏），形制虽已稍有改变，出现钲部和三横排短枚，间以两条变形兽纹篆带，但显示其豪华和气势的四条扉棱依旧挺立。

表一　　秦公镈及相关器数据一览表

名称	秦公镈	秦公镈	龙纹镈	秦公镈1	秦公镈2	秦公镈3	秦公镈	克镈
出处	上海博物馆藏	台湾私家藏	MIHO博物馆藏	宝鸡太公庙出土	宝鸡太公庙出土	宝鸡太公庙出土	宋内府旧藏	1890年出土于陕西扶风
时代	春秋早期	春秋早期	春秋早期	秦武公	秦武公	秦武公	秦共公[11]	西周晚期
通高(厘米)	38.5	42	67.3	75.5	69	64.3	74.57	63.5
钮高(厘米)	8.5			21.5	18.4	19	19.5	18.1
体高(厘米)	30			54	50.6	45.3	55.07	45.4
舞横(厘米)	19.7			30.6	28.6	26.5	29.24	
舞纵(厘米)	16.4			26.5	24	22.6	26.8	
铣间(厘米)	24.5			40.5	37	35	36.55	34.7
鼓间(厘米)	20.5			35	31.5	29.5	33.87	
壁厚(厘米)	0.5			0.6	0.65	0.5		
体高与铣间比	1.22			1.33	1.37	1.29	1.51	1.31
重量(千克)	13.5			62.5	56.25	46.5		
音频数	单[12]			单	单	单		单
铭文字数	7		无	135	135	135	143	79

图三　秦公镈口沿部的凹槽

（二）秦公镈的口沿向内平折，其厚度最宽处的四角为2厘米，最窄处为1.7厘米，要厚于器壁。平折沿每一边的正中有一道凹槽（图三）。四个凹槽实际上是宽沿的凹进，其凹底未及于器壁，所以这不是一般意义上的“隧”[13]。凹槽是铸造的结果，并非是铸好整器后的再挫，有先生将此类凹槽称为“调音挫凹”[14]，恐有未妥之处。这种凹槽既非挫出又未及器壁，调音之说恐无根基。从发表的资料看，1985年陕西眉县窖藏出土的西周中期的三件镈也是口沿内折2.1—2.5厘米，但第一、第二件没有凹槽，第三件的四边中部各有一凹槽。太公庙出土的三件镈也有类似的凹槽，第一、第二件有四处，第三件仅有二处。口沿凹槽是一种什么现象，有无实际的功能，与音质或音域有无关系，是值得音乐史专家讨论的。问题的最终解决可能要依靠音乐考古学的模拟试验。

（三）该器类的定名多有歧义，克镈和秦公镈等器铭均自名为“钟”，故有先生根据“器名依自名”的定名规范和原则，将这一类器统称为“钟”。有自名者如此，如克镈被称为克钟[15]；无自名者亦如之，如四虎镈改称为四虎钟[16]。这种改动不无可商之处。器物定名的首要根据应该是类型学原则。从类型学的角度，通常所指称的钟与镈还是有区别的，特别是一个平于，一个弧于的特点，很难将两者用同一名称命名。从具体研习的角度，这样也会引起不必要的混乱，如在同一套书中，同样形制且同自名为“钟”的克镈和秦公镈就被分别称为“克钟”和“秦公镈”[17]；同一件器在同一主编编撰的不同书中也会出现不同的器名[18]。

其实古人制器铸名并非十分严格，它有一定的随意性，不同时代、不同地区同一形制的器会有不同的名称，如卫盉自名为“盘”，嘉仲盉自名为“匜”；朕匜自名为“盉”。同样，不同形制的器也会有相同的名称，如瘐簋自称“乍且考簋”，四年瘐盨也自称“乍文考宝簋”。所以器物的自名从其科学性来说并非一定可靠。

细查钟、镈自名不分的现象往往出现在钟、镈同时组合在一起的时候。资料证明，镈往往配与钟同时出土：

1.1985年陕西眉县出土了西周中期的三件镈，同出的有甬钟十件，镈、钟均无铭。

2.1890年陕西扶风法门寺任村出土西周晚期的克镈，平于，口的截面近似椭方形，无甬有钮，与同出克钟铭文的字数和内容完全相同，克钟传世有五件。镈、钟均自名为“宝林钟”。

3.1978年陕西宝鸡太公庙出土春秋早期偏晚的镈一组三件，同出编钟五件，每篇铭文相同，自名均为“龢钟”；

4.1983年江苏丹徒背山顶出土的𨜾邟编钟7件，编镈5件，皆铸有相同的铭文并自名为“龢钟”；

5.1955年安徽寿县出土春秋晚期的四件蔡侯镈中有三件铭文清楚，自铭均为：“自乍歌钟”，与同出的五件蔡侯钮钟同；

6.大堡子山秦公墓地也是钟、镈同出，美国一收藏家藏有秦公钟三件；日本MIHO博物馆亦藏有秦公钟，有铭文六字“秦公乍铸龢钟”[19]，虽然与秦公镈的七字不完全相同，但钟、镈同出且均自名为钟，则与它例相同。

钟、镈同出却自名为“钟”而不自名为“镈”，其原因可能是因为镈的地位从属于钟，虽然镈的形制往往要大于钟。宝鸡太公庙窖藏出土的秦公钟与镈的排列方式值得注意，五件钟呈一字形排列，三件镈围绕钟作半圆状[20]，在这样的组合中，钟显然居于主导地位。从礼乐制度看，镈的用途是“奏乐以鼓镈为节”[21]，即与钟鼓相配合的节奏性乐器，而钟则是宗庙祭祀、嘉宾宴享、军陈攻伐中的旋律性主乐器。镈的铭文制作，很可能是用史官所拟的钟铭为底稿来翻制，甚至是用一件钟铭模来翻制包括镈在内的乐器铭文范。

同出一墓但没有自名的钟、镈，其铭文亦往往相同。1970年山东诸城臧家庄出土战国早期的莒公孙朝子镈一组七件，于部自左而右铸一行铭文，或十六字或十七字（仅相差句尾“也”字的有无)。同墓又出一组九件的钮钟，于部自左而右铸一行铭文十七字。镈、钟铭文除字数相差一个外，行文体例，字形结构均同[22]。

西周晚期有楚公逆镈：“楚公逆自作夜雷镈”，该器出土于北宋政和三年（1113）的湖北嘉鱼，现存拓片“镈”字右上的甫字缺失，且该器无器形图留存，究竟是钟是镈尚不清楚。高至喜先生认为，该铭文是从一件西周晚期的楚国甬钟上摹拓下来的，因为当时的钲部尚未形成，故应正名为楚公逆钟[23]。准此，钟亦或自名为镈。学者并没有因其自名为镈而不去正名为“钟”，正像镈如自名为钟也必须正名一样。

目前所见自名为“镈”的器只有春秋中期的𬴪镈、春秋晚期的朱公孙班镈和叔夷器[24]，其形制与秦公诸镈相同。将这类器定名为“镈”大致源于𬴪镈。𬴪镈于清同治九年（1870）出土于山西荣河后土祠旁，有铭“𬴪乍子仲姜宝镈”，未见有同出钟的记载。据此定名是正确的。如果其正确性是合于《说文·金部》“鑮，大钟”的记载[25]，高65厘米的𬴪镈可称为镈，那么通高分别为 75.2、69、64.3 厘米的太公庙出土的秦公镈，为何就只能称钟呢？

目前所知，镈、钟同出且分别自名为“镈”、“钟”的仅为叔夷镈和叔夷钟。叔夷镈于北宋宣和五年（1123）出土，器物失传，仅存摹本共 80 行 494 字，有铭“用乍铸其宝镈”。同出有叔夷钟 13 件，器物亦失传，仅存宋代摹刻本，前七钟合成全文，凡 499 字，有铭“用乍铸其宝钟”。叔夷镈铭文的内容，经数位大家的研究基本无甚问题，疑问在于：（1）叔夷镈、钟的铭文均为摹本，很难确认其未被摹者意校后遽改，正如《金石录》所记：“初，钟既出，州以献于朝，又命工图其形制及临仿此铭刻石。既非善工而字有漫灭处，皆以意增损之”[26]。（2）出土的情况目前亦不详，《金石录》记：“齐钟铭，宣和五年青州临淄县民于齐故地耕地得古器物数十种，其间钟十枚。”未说有镈，可能时人尚未有钟、镈不同的概念；《宣和博古图》和《啸堂集古录》都著录有一镈四钟，《历代钟鼎彝器款识法帖》[27]著录一镈三钟，且三书中的“镈”字写法均不同，分别为：[illegible] [illegible] [illegible]。（3）叔夷镈一镈的铭文全长 494 字，与现存铭文字数最多的毛公鼎相近[28]。一镈如何容得下如许多的字？据《博古图》的数据，现将叔夷镈的相关尺寸换算如表二。

表二　　叔夷镈相关尺寸换算表

	高	钮高	钮阔	两舞相距	舞横	两铣相距	铣横
北宋衡制	1尺7寸5分	2寸1分	2寸3分	1尺1寸8分	9寸4分	1尺4寸7分	1尺2寸3分
1尺＝31.73 厘米[29]	55.53	6.66	7.3	37.4	29.8	46.6	39
1尺＝30 厘米[30]	53.4	6.3	6.9	35.4	28.2	44.1	36.9

镈与钟同出时，镈的形体往往大于钟，如太公庙的秦公钟、镈，一件镈的铭文往往分见于两件钟上，但叔夷镈再大，恐也难将七件叔夷钟上的铭文合于一镈。根据上述换算，叔夷镈的高度比太公庙所出秦公镈中最低的一件还矮，但其铣间和舞横的尺寸要大于最大的一件，其体高与铣间距之比［（55.53－6.66）÷46.6］只有 1.05，远低于正常水平。如真是如此的话，叔夷镈将是一件矮胖之器。故叔夷镈的著录尺寸一定有误，其摹本亦不能完全相信。

图四　龙纹方壶之一

二　龙纹方壶

2000 年上海博物馆新收了一对龙纹方壶（图四）。该器呈椭方体，长颈，腹部下垂，下接宽边圈足；壶耳为兽首，上有双螺旋角。主纹为浮雕状，正面龙首，后接双身，身体分歧后下卷生出一龙首，呈回顾状；侧面纹饰亦十分豪华，除了与正面纹饰相同之处外，另有左右两条龙纹蜿蜒而下。主纹的上方为浮雕状波曲纹（图五·1）。方壶有带捉手的盖，盖的口沿为兽目交连纹，盖面上为两条双首龙纹交蟠在一起，捉手外壁为一道宽弦纹（图五·2）。

1

2

图五　龙纹方壶装饰纹样

与这对龙纹方壶的形制、纹饰相类似的器有：

1. 颂壶　今藏台北故宫博物院，原为一对，另一件下落不明。或认为另一件藏山东省博物馆，误[31]。

2. 秦公壶（图六）　一对，初见于1994年夏天的美国纽约，著录于James Lally行出版的图录第54器[32]。后李学勤先生和艾兰女士在《中国文物报》上予以介绍[33]，并将其时代定为西周晚期的秦庄公。

3. 龙纹方壶　芝加哥艺术博物馆（The Art Institute of Chicago）藏，陈梦家先生1945年为其编制图录时定为西周晚期器[34]。

4. 龙纹方壶　英国伦敦维多利亚和阿尔伯特博物馆藏[35]。其龙耳为扁长形，与颂壶相似，但龙角却是螺丝转儿形，又与上海博物馆藏壶和芝加哥藏壶相似。

图六　秦公壶

5. 晋侯断壶　1992年山西曲沃晋侯墓地八号墓出土[36]。晋侯断壶的波带状镂空器口和山字钮盖以及长鼻扬起的象首形双耳与其他诸器不同，其余的形制和纹饰相似（表三）。

与诸器相比较，上海博物馆的这对龙纹方壶应为甘肃礼县大堡子山秦公大墓所出，是为不具铭文的秦公壶。

从形制上看，诸器均为曲长颈，垂腹，底有宽边圈足，但大同中有小异。（1）诸件西周晚期的壶均较为高大，甚于秦公壶和上海博物馆壶，后两者的高度在49.7—52厘米之间，甚为相近；前者中有盖的颂壶和晋侯断壶分别为63.9厘米和68.8厘米，前者中无盖的也有49.5厘米和50.5厘米高。换言之，西周晚期的四壶，其无盖的高度与秦公壶和上海博物馆壶连盖的高度相近。（2）从垂腹最大径来看，上海博物馆壶与秦公壶相近甚至相同，西周晚期诸器的腹径相对略大。也就是说，就腹径与口径相比而言，上海博物馆壶与秦公壶要小于西周晚期诸壶。另外，上海博物馆壶与秦公壶颈部的曲率较小，而西周晚期诸器相对较大。所以，从视觉上看，上海博物馆壶与秦公壶较为挺拔，而西周晚期诸壶更为稳重。

表三　　龙纹方壶及其相关数据一览表

器名	出处	时代	通高（厘米）	口纵（厘米）	口横（厘米）	腹纵（厘米）	腹横（厘米）	重（千克）	盖
龙纹方壶1	上海博物馆藏	春秋早期	49.7	10.9	17	20.6	28.3	14.5	有盖
龙纹方壶2	上海博物馆藏	春秋早期	50.8	11.8	17	19.8	29	15	有盖
秦公壶1	Lally行图录	春秋早期	52						有盖
秦公壶2	Lally行图录	春秋早期	52						有盖
颂壶	台北故宫	西周晚期	63.9	16.8	21	底纵24.2	底纵31.5	32.415	有盖
龙纹方壶（一对）	芝加哥艺术博物馆	西周晚期	50.5						失盖
龙纹方壶	维多利亚和阿尔伯特博物馆[37]	西周晚期	49.5	16圈足宽22	20圈足长30			很重双手提不起	失盖M1156－1926
晋侯𨟻壶	晋侯墓地M8出土	西周晚期	68.8	18	23.8				

图七　龙纹壶

从纹饰上看，器腹上的交结龙纹诸器基本相同，但诸细微处略有不同。（1）晋侯𨟻壶器腰上的纹饰为横置的重环纹，颂壶、芝加哥壶、秦公壶、上海博物馆龙纹壶均为一道弦纹宽带。（2）盖口沿的纹饰各器不尽相同：上海博物馆龙纹方壶与芝加哥壶圈足上的纹饰一样，为兽目交连纹；秦公壶则为顾首龙纹；颂壶为兽目交连纹。（3）颈部的大波曲带纹，晋侯𨟻壶和芝加哥壶较为相近，颂壶、秦公壶、上海博物馆龙纹壶较为相近。（4）同器圈足上和盖捉手外的纹饰往往相同，上海博物馆龙纹壶为一道弦纹。秦公壶为兽目卷曲纹，颂壶为方叶兽体纹，晋侯𨟻壶和芝加哥壶为长鼻龙纹。从纹饰上看，上海博物馆龙纹壶与秦公壶相似之处较多。

更为重要的是，上海博物馆龙纹壶出土时的锈色与甘肃礼县大堡子山所出较为接近。首见于Lally行的秦公壶，从照片上看，其“通体覆蓝绿色薄锈”，上海博物馆所藏龙纹壶亦有蓝绿锈覆其上（图七），与秦公壶的锈色相同。

龙纹方壶尽管与数件器的形制接近，但与秦公壶最为相似，断该对壶出土于今甘肃礼县大堡子山春秋早期的秦公墓地当不至于谬以千里。秦公墓地所出器不一定都有铭文，或都有相同的铭文，正如目前所见的秦公镈一样，二件铸有铭文，一件却无铭文。

上海博物馆藏龙纹方壶的双耳，与秦公壶相似，均为螺形角兽首耳，这与颂壶的歧角兽首不同。但上海博物馆壶的双耳在与秦公壶相似的前提下略有小异。前者为圆环耳，而后者为扁环耳，秦公壶的扁环耳倒与颂壶的耳形相似。圆环形的螺形角兽首耳在西周中期的器上就可见，如1960年扶风齐家村出土的几父壶，1976年扶风庄白出土的三年痶壶、十三年痶壶等。但西周晚期的青铜壶上螺形角兽首耳已多为扁环形的了，如虢国墓地M2006所出的壶。这种耳形一直沿用到春秋中期，如1978年山东沂水刘家店子所出的公壶[38]。再如晋侯墓地M63所出的杨姞壶（西周晚期偏晚）为圆环形耳，M102的壶（西周末或春秋初）则为扁环形耳了。春秋时期晚于秦公大墓的秦国器，壶的双耳基本上都是扁环形，而不见圆环耳，如户县宋村M3[39]、宝鸡福临堡M1[40]、秦家沟M1[41]、凤翔高庄M10、M49[42]等处所出。这样的情况是否暗示了秦地圆环形的螺形角兽首耳可能要略早于扁环形的螺形角兽首耳？如确是如此，龙纹方壶则要略早于秦公壶。

青铜壶的组合一般是两壶为对，十三年痶壶、晋侯[illegible]壶、颂壶、梁其壶、秦公壶，三门峡虢国墓地M2001、M2006所出壶，均为两件成组。秦墓中随葬品的组合方式基本上继承或是遵循了西周的礼制，壶常常为两件成组，且一墓仅出一对。如宝鸡姜城堡、户县宋村M3、宝鸡福临堡等均如此。宝鸡西高泉M1所出壶只有一件，对此，陈平先生认为："仅出一壶、一豆、一甬钟的春秋秦墓目前还只有这一例，似还不足以构成一种独立的组合形式。它可能只是秦人在仿效周人以铜礼器随葬初期尽其掳掠所得而杂凑成的一坑。"[43]所论极是。考虑到秦墓随葬器物的规律，上海博物馆藏的这对龙纹方壶不会与秦公壶同墓出土，应是秦公墓地中的另外一墓所出。如果秦公壶的主人的确如陈昭容先生所推测的那样是秦文公的话[44]，那么这对龙纹方壶的主人很可能就是秦襄公了。

甘肃省博物馆李永平先生曾著文披露该馆也藏有一对秦公壶[45]。这样，秦公墓地就出土了三对秦公壶，从而也就可能提出"秦公墓地应由三座秦公之墓组成"的推测。据《史记·秦始皇本纪》记秦襄公、文公俱"葬西垂"，宪公则"葬衙"。但《史记·秦本纪》，又有"文公卒，葬西山"、宪公"卒，葬西山"的记载。所以不能完全排除宪公大墓也在大堡子山秦公墓地的可能。当然，一切尚待秦公墓地考古报告的正式发表。

三　龙纹列鼎

1992年12月上海博物馆收藏了五件青铜列鼎（图八）。五件鼎大小相次，形制完全相同，敛口，折沿，斜立耳，浅腹微鼓，圜底；三蹄足粗壮，上部凸出器腹，中部有宽带纹束箍一道，足下部内敛；鼎的纹饰分为上下两周平行宽带，颈部饰双头龙纹，每一组龙纹的双身上均缀有"]"形纹；腹部饰峰、谷平折的波曲纹。耳外的纹饰与颈部纹饰同（图九）。列鼎的形制与纹饰具有春秋早中期秦国青铜鼎的显著特征（表四）。

图八　龙纹列鼎

表四 龙纹列鼎相关数据一览表

	一号鼎	二号鼎	三号鼎	四号鼎	五号鼎
高（厘米）	40.5	35.7	32.1	29.3	29.2
口径（厘米）	44.2	40.5	37.2	33.2	34.5
重（千克）	22.3	17.6	10.65	9.35	8.5

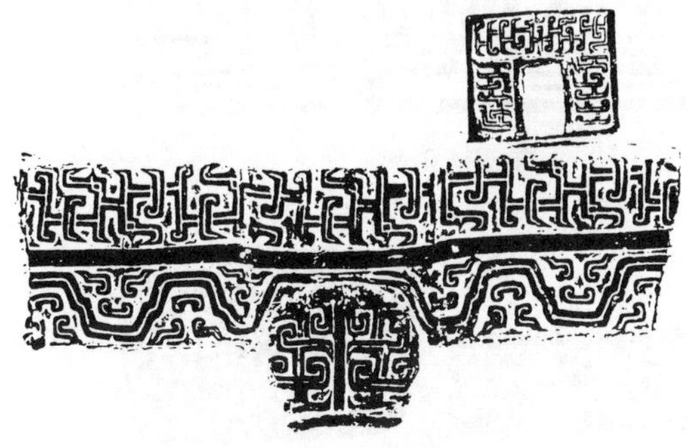

图九 龙纹列鼎装饰纹样

图一一 双头龙纹

图一〇 青铜鼎（甘肃省博物馆藏）

列鼎的形制与甘肃省博物馆藏新出土的一件青铜鼎十分相似（图一〇），后者敛口，折沿，立耳，浅腹微鼓，圜底，三蹄足内敛。口沿下饰吐舌龙纹，腹饰波曲纹，并与上部纹饰以一周凸弦纹相隔，足中也有凸出的宽带纹束箍一道。从造型上看，为春秋早期的风格[46]。鼎足上部有凸出的宽带纹束箍一道，是秦鼎的一大特点，或认为最早出现于灵台景家庄一号墓，该墓的时代为春秋早中期之交的秦德、宣之世[47]。但从甘肃省博物馆新藏鼎的鼎足上看，鼎足上有束箍一道的现象可能在秦式鼎一出现时就存在。

列鼎颈部宽带的双头龙纹与陕西陇县边家庄一号墓出土的一对方壶盖沿的纹饰相同（图一一）[48]。其特点是龙的全身已艺术化为方折的线条，如果不是眼睛的存在，几为纯几何形纹饰。边家庄一号秦墓的时代为春秋中期。列鼎上的曲折形两头龙纹是春秋初期双头窃曲纹的延续，又成为之后大量出现的、一般称为“勾连蟠虺纹”的祖形。这一类纹饰有清楚的沿革和发展脉络(图一二)[49]，从户县农村 M3 和灵台景家庄 M1 所出器上的双头窃曲纹→凤翔八旗屯 AM9 之甑的颈部和甘博所藏赵坪鼎颈部上的双头窃曲纹→上博列鼎的双头龙纹→凤翔八旗屯 BM27、CM2，宝鸡秦家沟所出诸器上的勾连蟠虺纹，以及 1919 年出土、现藏中国历史博物馆的秦公簋的颈部纹饰。因为双头窃曲纹实际上也是龙纹的一种，所谓“勾连蟠虺纹”应该是龙纹的变形和交连，而不是虺——蛇的勾连蟠结，与中原春秋中期方兴盛的蟠虺纹亦无关系[50]，故称“秦式变形绞龙纹”更为恰当。

宋村 M3 器

凤翔八旗屯 AM9 甗

灵台景家庄 M1 鼎

甘肃省博物馆藏赵坪鼎

上海博物馆藏列鼎

宝鸡秦家沟器

凤翔八旗屯 CM 鼎

凤翔八旗屯 BM2 鼎

图一二　双头龙纹发展脉络

列鼎腹部所饰的峰、谷平折的波曲纹，常见于春秋早中期的秦器。列鼎的波曲纹最似于春秋早期鄀婴鼎（图一三）以及甘肃省博物馆所藏赵坪鼎腹部的纹饰，中国历史博物馆藏秦公簋圈足上的纹饰亦相似。

颈部所饰变形绞龙纹和腹部所饰波曲纹的组配，在秦器上渐趋流行，成为秦器特有的纹饰和较固定的纹饰组配。春秋中期秦国宫殿上使用的青铜建筑构件——金釭亦用此纹饰为装饰（1974年陕西凤翔姚家岗宫殿区出土了64件大型建筑构件，均有这类纹饰）[51]。足见这种纹饰和纹饰组合的显赫地位。

列鼎的出土地是一个值得探究的问题。与之最相似的甘肃省博物馆所藏鼎的出土地为之提供了线索。甘肃省博物馆所藏鼎“据云出土于天水”[52]，又被列入大堡子山秦公墓的出土文物中[53]，上海博物馆列鼎的出土应与此有关。甘肃省博物馆鼎和上海博物馆列鼎虽可定为春秋早期秦器，但与同样是春秋早期的秦公大墓所出秦公鼎大异其趣，其风格像是秦人东进后的回归，而不类秦公鼎形制的自然发展。

图一三　鄀婴鼎上的波曲纹

戴春阳先生于《文物》2000年第5期上发表《礼县大堡子山秦公墓地及有关问题》一文，该文的重要意义之一，在于告示了礼县实际上有两处重要的秦人墓区，一处是学界熟知的永坪乡赵坪村的大堡子山墓地，另一处是之前罕为人知的永兴乡赵坪村墓地。十分有趣且极易混淆的是两处均为赵坪村，只不过一个属永坪乡，一个属永兴乡。[54]前者在西汉水北岸，为秦公墓地，后者在西汉水南岸，称赵坪墓地。两地相隔只有三四公里，所出青铜器的时代却有更远的距离。戴文极其简要地披露了赵坪墓地两座墓的情况：M2随葬七鼎六簋，鼎为列鼎，颈饰窃曲纹，腹饰波带纹，并随葬鎏金镂孔铜柄铁剑；M1出土的列鼎为垂鳞纹，并随葬青铜方盒。但该文没有提供器物的照片或拓本，M1列鼎的数量亦未说明。笔者2000年参观礼县博物馆时获悉，赵坪墓地还出有五鼎四簋的墓葬。比照M2鼎形制和纹饰的文字描述，甘肃省博物馆所藏鼎与之相同，应出土于礼县的赵坪墓地，上海博物馆所藏列鼎亦应作如是观。据闻礼县赵坪墓地的盗掘开始于1992年，这一时间与上海博物馆获得该列鼎的时间正相吻合。

赵坪墓地所出器的时代，戴文认为"赵坪M2、M1应属春秋早期的贵族夫妇墓"。赵坪墓地不是秦公之墓，是秦国迁都之后留守贵族之墓。如果细致研究的话，赵坪墓地所出器的时代明显晚于秦公大墓所出的器物，而且两者之间尚有缺环。如果再细分的话，与甘肃省博物馆所藏赵坪鼎相比，上海博物馆列鼎的立耳不是直竖而是斜竖，且颈部的双头龙纹似乎略晚于赵坪鼎的吐舌龙纹，腹部的波曲纹也无后者那么规整，铸造技术和精度要低于秦公诸器，甚至低于赵坪鼎。故列鼎的时代应再略晚于甘肃省博物馆所藏赵坪鼎，赵坪墓地所出器的时代大致在春秋早期的晚段。

秦人自文公开始跃跃东进，逾陇迁汧，重心转向关中，进而逐鹿中原，宪公以降的秦公墓葬均已不在西陲。赵坪墓地的规模和所出青铜器说明秦国迁都以后，这里作为秦的宗庙之地[55]和大后方，不仅没有衰落，反而仍旧保持着兴盛，以控制陇右诸戎，连接巴蜀要地，并保持与东西方长期的文化交流，这或许是秦国最后能够统一中国的奥秘之一。

拙文初稿曾在本馆青铜器研究部2001年年终学术报告会上报告，承蒙同人多处指正，深表谢忱。

（《上海博物馆馆刊》第九集）

注释

［1］眉县所出镈的舞中孔为2.2×2.1厘米的长方形孔，克镈的舞中孔为圆形，太公庙所出秦公镈亦为圆形孔。台湾所藏和MIHO所藏的两件秦公镈，从照片上看，舞面中央亦有圆形孔。

［2］［20］宝鸡市博物馆卢连城、宝鸡县文化馆杨满仓：《陕西宝鸡县太公庙村发现秦公钟、秦公镈》，《文物》1978年第11期。

［3］李朝远：《上海博物馆新获秦公器研究》，《上海博物馆集刊》第七期第23页，上海书画出版社1996年。

［4］王辉先生认为从臼之"秦"早于无臼之"秦"，《秦文字集证》第7页，台湾艺文印书馆1999年。

［5］*MIHO MUSEUM*（south wing），第82器。

［6］承蒙日本MIHO博物馆稻垣肇先生2002年1月9日赐信告之，特致谢意。

［7］鸿禧美术馆"千禧年清玩雅集收藏展"，第118器。

［8］刘怀君：《眉县出土一批西周窖藏青铜乐器》，《文博》1987年第2期。

［9］陈邦怀：《克镈简介》，《文物》1972年第6期。

［10］据马承源先生指教，他曾在海外见到过五件一组的巨型编镈，无铭文，形制同于本文介绍的秦公镈，

现藏德国。谨记于此，备考。

［11］李零：《春秋秦器试探》，《考古》1979年第6期。

［12］经测音，正鼓为3A，侧鼓为2D，但因整器结构涣散而使音频浮动不稳。

［13］钟内壁上或有或无的沟槽是否称为“隧”，本人持疑，《周礼·考工记·凫氏》：“于上之攠谓之隧。”郑玄注：“攠，所击之处。攠，弊也，隧在鼓中，窒而生光，有似夫隧。”这里明明白白地记着，隧是钟的外鼓部敲击处。因囿于本文主旨，不在此展开讨论，姑且援用旧名。

［14］李纯一：《中国上古出土乐器综论》，第149页，文物出版社1996年。

［15］《中国青铜器全集》第5册第189器，文物出版社1996年。

［16］马承源：《中国青铜器》，第287页，上海古籍出版社1990年。

［17］《中国青铜器全集》第5册第189器，第7册第52器，文物出版社1996年。

［18］同［10］、［11］。

［19］日本MIHO博物馆：《中国战国时代的灵兽》，第11页（2000年春）。该书由稻垣肇先生赐予，再致谢意。

［21］郑玄注：《仪礼·大射》，《十三经注疏》第1028页，上海古籍出版社1997年。

［22］山东诸城县博物馆：《山东诸城臧家庄与葛布口村战国墓》，《文物》1987年第12期。

［23］高至喜：《论商周铜镈》，《商周青铜器与楚文化研究》第42页，岳麓书社1999年。

［24］齮镈和叔夷镈均为齐国器，朱公孙班镈为郳国器，是否此类器在齐鲁之地称“镈”，而在其他地区称“钟”，待考。

［25］《仪礼·大射》郑玄注：“镈，如钟而大。”（《十三经注疏》第1028页）陈邦怀先生认为：“如钟，就是说大体像钟，和钟的样子近似。如果镈和钟一个样子只是比钟大，那就可以说‘镈，大钟也’，而不必说‘镈，如钟而大’了。郑玄从实际出发，所以得出正确的论述。”（《克镈简介》，《文物》1972年第6期）。陈先生所论极是，《说文》有失察处。

［26］《金石录》卷三第236—237页，上海书画出版社1985年排印本。

［27］《宣和博古图》、《啸堂集古录》和《历代钟鼎彝器款识法帖》三书所引分别见《四库全书》本，上海古籍出版社1987年影印本，第840册第846—851页，第840册第73—77页，第225册第557—567页。

［28］亦有先生将叔夷镈铭文统计为510字，如此的话，该器为青铜器铭文字数之冠了。孙稚雏《金文著录简目》，第377页，中华书局1981年版。

［29］郭正忠：《三至十四世纪中国的权衡度量》第291—293页所记，8件北宋出土尺的平均数：(32+31.7+31.4+31.2+30.91+30.8+32.9+32.93)÷8=31.73，中国社会科学出版社1993年。

［30］宋代有乐尺，元丰间的黄钟龠尺和元祐乐尺，长度为31.22厘米；大晟乐尺的长度一般认为为30厘米（同上郭正忠书第306页、第309页）。《博古图》为北宋徽宗时所撰，大晟乐亦为徽宗所制，崇宁四年(1105)，宋徽宗诏曰：“昔尧有大章，舜有大韶，三代之王亦各异名。今追千代而成一代之制，宜赐新乐之名曰大晟。”（《宋史》卷129，志第82，乐四，第3001—3002页，中华书局标点本。）故以大晟乐尺为度，尺量《博古图》所记。

［31］《商周青铜器铭文选·三》第304页称：颂壶“传世共两器，山东省博物馆藏”。陈昭容先生据此亦认为另一件在山东省博物馆（《谈新出秦公壶的时代》，《考古与文物》1995年第4期）。笔者遍查山东省博物馆所有的出版图录，均不见颂壶，2001年11月2日有幸向山东省博物馆馆长鲁文生先生当面请益，确知另一件颂壶并未为其所藏。《铭文选》所记恐为排版时误植。

［32］感谢陈昭容先生惠传该页的图录和英文说明。

［33］李学勤、艾兰：《最新出现的秦公壶》，《中国文物报》1994年10月30日。

［34］Ch′en Meng-chia，*Chinese Bronzes from the Buckingham Collection*，1946年版，第64—67页。

［35］Archaic Chinese Bronzes in the Victoria & Albert Museum，Orientations，November 1993.

［36］《中国青铜器全集》第6册第49器，文物出版社1997年。

［37］感谢伦敦维多利亚和阿尔伯特博物馆刘明倩先生专门来信、来E-mail告知该器的情况。

［38］《中国青铜器全集》第9册第75器，文物出版社1997年。

［39］《陕西户县宋村春秋秦墓发掘简报》，《文物》1975年第10期。

［40］《陕西宝鸡福临堡东周墓葬发掘记》，《考古》1963年第10期。

［41］《陕西宝鸡阳平镇秦家沟村宋秦墓发掘记》，《考古》1965年第7期。

［42］《陕西凤翔高庄秦墓地发掘简报》，《考古与文物》1981年第1期。

［43］《试论关中秦墓青铜容器的分期问题（上）》，《考古与文物》1984年第3期。

［44］陈昭容认为"考虑到铭文字体接近武公镈、钟而去不其簋较远，则秦文公有可能是这一对秦公壶的主人"。见《谈新出秦公壶的时代》，《考古与文物》1995年第4期。

［45］李永平：《新见秦公墓文物及相关问题探识》，（台北）《故宫文物月刊》曾就该壶的详情去函李永平先生求教，承蒙李先生电话告知这对壶正在中国历史博物馆修复，故有无文字尚不清楚，但形制与秦公壶同。特致谢意。

［46］李永平：《甘肃省博物馆系统所藏青铜器选介》，《文物》2000年第12期，第69页及封三图版1。

［47］陈平：《试论关中秦墓青铜容器的分期问题（上）》，《考古与文物》1984年第3期。

［48］尹盛平、张天恩：《陕西陇县边家庄一号春秋秦墓》，《考古与文物》1986年第6期。

［49］纹饰线图主要采自陈平先生：《试论关中秦墓青铜容器的分期问题（上）》，《考古与文物》1984年第3期。

［50］陈平先生认为："秦式勾连蟠虺纹是春秋中期之初中原的蟠虺纹传入关中秦地并与关中秦器上正在不断繁化的双头窃曲纹、勾连夔龙凤纹等相融合而产生的。"（《试论关中秦墓青铜容器的分期问题（上）》，《考古与文物》1984年第3期。）

［51］《中国青铜器全集》第7册第55、56器，文物出版社1998年。

［52］李永平：《甘肃省博物馆系统所藏青铜器选介》，《文物》2000年第12期。

［53］李永平：《新见秦公墓文物及相关问题探识》，（台北）《故宫文物月刊》1999年第2期。

［54］已有文将两处所出的文物混淆，如［5］中发表的器物实际上分属两块墓地：金饰片、两件有铭秦公鼎、青铜镀和舌应出土于秦公墓地；无铭青铜鼎和九件编钟应为赵坪墓地所出；实不宜全部以"秦公墓文物"冠之。又如甘肃省博物馆主办的《陇右文博》1999年第1期的封二图版，将秦公墓地出土的金饰片、有铭秦公鼎和舌与应出土于赵坪墓地的编钟，统冠以"大堡子山秦西陵出土文物"。

［55］《史记·封禅书》，秦襄公时"作西畤，祠白帝"；秦始皇时"西畤、畦畤，祠如其故，上不亲往"。可见秦始皇时"西畤"仍在。《秦始皇本纪》记"先王庙或在西、雍，或在咸阳"。见《史记》第1358、1377、266页，中华书局1982年点校本。

伦敦新见秦公壶

李朝远

如果从1993年10月一批秦公重器出现在香港坊间算起，学术界对甘肃礼县大堡子山的秦公大墓及其所出青铜器的关注和研究已逾十年了。十年间，不断有秦公器的出现，然仍有未穷时的感觉。

2003年的初冬时分，在伦敦亚洲艺术周（Asian Arts In London）期间，笔者前往Christie's拍卖行，参观拍卖预展。在琳琅满目的拍卖品中，发现一件秦公青铜壶。该器长颈，圆鼓腹下垂。通高48.2厘米，腹径最大处的周长测量为75厘米，由此算出最大腹径为23.9厘米。器口外径13.6、圈足底径20.2厘米。器颈饰波曲纹，下接一周兽目交连纹，再下是四周横条沟纹间以三周卷首重环纹，圈足饰鳞纹。盖缘饰一周兽目交连纹，捉手外饰鳞纹，与圈足相对应。内盖面有一周大小相间的重环纹。

该壶形制与1960年陕西扶风齐家村窖藏出土的几父壶和现藏旧金山亚洲艺术博物馆的番匊生壶最为相近，垂腹较甚，颇有挺拔之势。根据纪时四要素俱全的番匊生壶，有将番匊生壶和几父壶定为厉王者，有定为孝王者。秦公壶的出现至少说明这一器形的壶可以晚到两周之际。因为自称“秦公”者最早不会早于秦襄公时。这一形制的青铜壶出现于西周中期偏晚，一直沿用到春秋早期。1972年河南罗山高店发现一件春秋早期的波曲纹壶，形制与之十分相似，且壶身上那颇为少见的卷首重环纹亦与秦公壶完全相同。

壶盖高16.2厘米，其中盖捉手高约5厘米，盖的子口4.2厘米，盖缘7厘米，盖捉手的外径为15.2厘米。与西周中晚期的同类器相比，秦公壶的盖缘甚高，颇为罕见。虢国墓地所出2006:52壶，形制和大小与秦公壶极为相近，口外径13.5、腹部最大径24厘米，但通高却只有38厘米，比秦公壶矮了10厘米，主要就是矮在盖缘上。盖缘较高，这大概是秦国早期青铜器的一个特点。

颈部有螺角兽首状双耳，作扁平C字形，耳套扁平环。扁平C字形耳亦不多见，只有虢国墓地M2011:215壶与之接近。

耳与器身的连接使用的是分铸铆接法，壶体与耳、圆环分别铸成，器身在连耳处铸出凸榫，各长约3厘米，预铸成的半环形耳根的上下口为U字形，将圆环放入环耳后，径直将耳套包住器壁上的凸榫，然后再穿进销钉铆住。锁住环耳与壶体凸榫的钉穿，应是U形耳口套住凸榫后的整体钻孔所致。耳根与壶体的结合部有间隙，之间没有铜液或焊料连接的痕迹，与常见的铸接或铸焊方式不同。耳与器身常见的连接方式有：（1）铸接：先铸好环耳与圆环，在耳根部挖掉部分内范，形成一凹坑后嵌入壶体外范。浇注时，铜液流入耳根部的凹坑，使壶体外凸块，凸块与凹坑相结合，构成榫卯式铸接。（2）焊接：将有凸榫的器体、耳环分别铸成，在耳根部挖掉部分内范，将低熔点焊料灌入耳根内，压进凸榫，再用焊料填缝。(3) 自锁式铸接：在先铸的耳根部铸出预留孔，然后将耳根部挖掉部分内范并打通预留孔，嵌入壶体外范浇注铸接时，铜液经器体型腔不仅流入耳根部的凹坑，而且也充盈预留孔，形成自锁式铸接。秦公壶可能是目前所见最早的分铸铆接法，湖北当阳赵家湖 JM9:17 簋，簋体与耳的连接使用的也是这种方法，其时代已到了春秋中期晚段了。

壶体多处泛金底，甚黄，手指弹击，声音清越。通体缀有深蓝深绿色铜锈，并泛有矿物质结晶。铸造精度不高，圈足内有一赘疣铸块。器腹正中有一块较大的补丁。盖、器并不密合，子口与器口壁之间有较大空隙，盖上后有活动感。器底有浇口痕，未磨平。这些特点多见于大堡子山秦公大墓所出的秦公器。

秦公壶盖中无铭，与一耳相对处的内壁，有可以看得出的铭文两行五字：

秦公（乍）

铸障壶

“秦”，从双禾，从舂省，即不从“臼”，右上的“又”字基本没有铸出。“铸”字不甚清楚，似较为简化。“公”下有一补铸铜疣块，四周留有的是铸痕而不是笔道，按照已有的辞例，其下应掩有一“乍”字，但笔道无法看出。因笔道不清，故拍卖图录中将铭文释为：“□旅析子□宝尊壶”，“秦公”二字未能释出。铭文范的制作稍嫌粗疏，范嵌的很深，字体略有变形，很像是整体钤印在软范泥上一般，颇类于上海博物馆藏秦公鼎三和鼎四的铭文范。

目前所见秦公器的“秦”字有两种字形，或为从舂、从双禾，作𥢶；或从双禾从舂省，作𥝩。有学者认为前者时代显然要早于后者。从早期秦国的历史看，这件垂腹较甚的秦公壶可能是目前所见最早的秦器，故秦字从舂或从舂省很难说有划时代意义上的先后。

1994 年纽约出现过一对秦公壶，形制与之不同，为圆角长方体的长颈鼓腹下垂式。铭文亦作：“秦公（乍）铸障壶”，字体基本相同。伦敦所见秦公壶也应该有一对。

目前已知大堡子山所出铭有“秦公”的青铜器共计有：秦公鼎 9 件（上海博物馆藏 4，礼县缴获 2，美籍华裔收藏家藏 3）；秦公簋 5 件（上海博物馆藏 2，礼县缴获 1，美籍华裔收藏家藏 2）；秦公镈 2 件（上海博物馆和台北收藏家各 1）；秦公钟 7 件（美籍华裔收藏家藏 3，日本 MIHO 博物馆藏 4），秦公壶 3 件（纽约曾见一对，伦敦所见 1）。这还远不是秦公大墓所出青铜器的全部，甚至只是冰山一角。秦公大墓所出青铜器除了有“秦公”铭的青铜器外，还有“秦子”铭的器，如日本 MIHO 所藏的秦子钟。之外，还有大量的无铭青铜器，从纹饰、锈色、铸造特点等方面基本可以定为秦公大墓所出之器，如簋 3 件（上海博物馆藏 1、香港收藏家藏 2），壶一对（上海博物馆藏），镀 5 件（上海博物馆藏 2，加拿大多伦多皇家安大略博物馆、美国收藏家和甘肃省博物馆各藏 1），镈 1 件（日本 MIHO），等等，都是极具历史价值、研究价值和观赏价值的重器。还有许多被称为秦公大墓所出，但一时尚无法确认的青铜器，如能披沙沥金，定能从中滤出一些真正的秦公之器。

随着流散四处的秦公器不断潜出，秦公大墓所含具体墓葬的数量将进一步得到确认，对所出青铜器的数量和质量的研究，以及与之有关分期断代的研究都将会有新的进展，一个以前完全不为我们所知，甚至也不为司马迁所知的早期秦史将以辉煌的一页逐渐展现出来。

（《中国文物报》2004 年 2 月 27 日）

简论先秦祭器“录宗彝”及其产生背景

贾利民

1919 年，在甘肃礼县红河乡天台山附近的王家坪窑中出土了一件记录先秦十二公业绩的祭祀器，现藏中国历史博物馆。此器出土八十多年来，国内外数家对铭文进行了研究探讨，拟定名为“秦公簋”。

进入 20 世纪 90 年代，礼县大堡子山秦公墓被列为国家级文物保护单位。1998 年礼县老年书画协会征集选编的《礼县书画集锦》一书，开章收有先秦鼎、簋、彝铭文拓片。今据这本先秦拓片铭文，考其秦公簋，原名叫录宗彝。何由证之呢？拓片器盖铭文第五句“作录宗彝，以劭皇祖”。今人所论多将“录”误释为彔、吻、嘉等字。现据拓片以证之，录篆文为“昦”。查考古文资料未找到该字，按照拓片全文内容，作者认为是“录”字。故以“录宗彝”及产生背景为题，以解析，请方家大正。

录宗彝，是纪录先秦皇祖十二公业绩的祀器。“器高 19.8 厘米，足径 18.5 厘米。盖及器身均饰细密蟠螭纹，足饰窃曲纹，双耳”。器身及器盖外铸有铭文共 105 字，其中器身铭文 51 字，器盖铭文 54 字。此外，器盖上还有秦、汉间人后刻凿的款识文字各一行。器身曰：“西，元器，一斗七升八奉，敦。”器盖曰：“西，一斗七升大半升。”铭文内容由器身至器盖总为一体，一气呵成，篆铸铭文字形流畅，寓意深刻而含蓄，是研究先秦文化难能可贵的资料。

录宗彝产生何地？器盖凿款是“西”。西地什么地方？夏商称西汉水流域为“西”。这里的“西”是指西邑（西县），《中国历史地图集·西周图》把西汉水上游标为西犬丘（西垂）。《春秋图》标为西犬丘。《诸侯称雄形势图》标为“西”。《秦蜀图》也标为“西”。《关中图》标为西县，《夏商周史话》商代形势图称为“嫀”。说明秦祖产生在夏商时代。夏时称“西”，商太戊时期称西垂：西周称西犬丘；战国时期称西邑；秦时称西县。无论是，西、西垂、西犬丘、西邑（西县）系指南北二祁这一地区。“西”是天水西南的简称，据考西县址在礼县红河，其残城墙仍存。西犬丘在永兴赵坪、龙槐一带，西垂是指大堡子山以北地区。

录宗彝属“西元器”。“元器”之“元”《说文》：“元，始也。”那么此器就是始国之器，西垂何时秦人始国，《史记》载是秦襄公始国西周末期（约公元前 771 年）。《史记·秦本纪》“襄公始国与诸侯通使聘享之礼，乃用骝驹，祠上帝于西畤”。在西畤即天台山作中牢以祭天地、皇祖，并作“录宗彝”铭文以诏告皇灵。并在器身规定了秦国的度量衡制。其器量是“一斗七升大半升”。王国维先生认为是秦汉间后人刻凿的。

“录宗彝”的产生是在西周衰落秦的兴盛之时，故《史记·秦皇本纪第六》太史公曰：“至周之衰，秦兴，邑于西垂。”西周的衰败，主要是在国政上的荒淫。《史记·秦本纪第五》曰：“七年（公元前 779 年）春，周幽王用褒姒，废太子周平王，（宜臼）立褒姒子为嫡，数欺诸侯，诸侯叛之。西戎、犬戎与申侯伐周，杀幽王郦山下。"西戎、犬戎是西周的最凶狠之敌，为什么作为周室重臣的申侯也要伐周呢？其原因有两个方面：一是申侯对周幽王淫侈腐败的生活使周室衰败而不满；二是申侯之女初嫁给了周幽王，封为申后。幽王宠褒姒而废了申后，又废申后之子（宜臼）而立褒姒子为太子。故杀幽王郦山下（陕西临潼），秦襄公亲带兵救周室，护送平王东徙洛邑（河南洛阳）。幽王被杀，东周建立，秦襄公立了大功，故《史记·秦本纪》曰："平王封襄公为诸侯。赐之岐（今陕西岐山）以西之地，（平王说）'戎无道，侵夺我岐、丰之地，秦能攻逐戎，即有其地'，与誓封爵之。"襄公在西垂共在位 12 年，于公元前 771 年，也就是即位的第六年被周平王封爵为诸侯，而始建秦国。录宗彝即产生于此时，以记载和赞颂其先祖创业之功绩，故祭天地于西畤（天台山）。时隔二千余年，录宗彝遗播后世，成为我国研究先秦文化的国宝。

纵观天台山出土的先秦祭祀器"录宗彝"铭文，记载与《史记·秦本纪第五》相符，秦先祖从舜帝之始"禹贡导漾"，禹赐这块西垂犬丘之地后，世代相继，祖辈一直牧猎于天水西南一带，在这里留下了神奇的文明的足迹，为秦文化发展奠定良好的基础，从 1919 年礼县天台山出土的"录宗彝"，到 90 年代大堡子山秦公墓被挖掘，大量的事实充分说明，礼县为秦皇故里，为秦祖的发祥地。

（《天水师院学报》2000 年第 2 期）

秦公簋铭文考释与器主及作器时代的推定

陈　泽

现藏中国历史博物馆的传世秦公簋，1917 年出土于甘肃省礼县红河乡西垂宗庙遗址王家东台的一个青铜器窖藏[1]。1919 年流入兰州商肆，为甘督张广建所得。1923 年王国维先生在北平见之并为之跋，于是举世皆知。

“五四”以来，考释此器的专家学者不下数十家。他们对铭文中“十又二公”的起止、对疑难字句的考释、对笔调词语和韵读断句以及在器制、花纹等方面，都有较为深入的研究，取得了很好的成绩。

惜以往研究者，对铭文中的疑难字、词未能做到全释全能。对铭文的基本文义和隐含的人物史实，未能仔细体会，作出合乎逻辑的判断。从而，未能在铭文中揭示出秦公簋的器主和铸造年代。

笔者积十年之功，集各家研究之长，对 105 字铭文进行了逐字、逐词、逐句的细致研究。对各家之说的异同、正误进行了一一订正。通过疑难字、词的考释，揭示出铭文中所涉及的十三个历史人物及其活动史实。

这一研究，即证实了《秦本纪》对殷末中潏入居西垂以来人物史实记载的准确性，并为今后撰写秦建国前的历史，提供了出土文献的证据。本文为言之有据，凡所措置推测，均标出有关资料。其说与前人同者，不得不同；其说与前人异者，系笔者考求所得，有理有据，不得不异。现不揣简陋，坦陈己见，希望得到史学界朋友们的批评指教。

一　秦公簋铭文考释

秦公簋全铭：

秦公曰：不显朕皇且，受天命鼏宅禹責，十又二公，在帝之矿。严，龏夤天命，保鑋厥秦，虩事蛮夓。余虽小子穆穆，帅秉明德，剌剌超超，迈民是敕。

咸畜胤士，盭盭文武，鋘静不廷，虔敬朕祀。作𠬝宗彝，以邵皇且，𧃼严御各，以受屯鲁。多厘眉寿无疆，畯疐在天，高弘有慶，竈有四方。宜。

铭文考释：

秦公曰：秦，古国名，籀文秦字从双禾。“公”，这里作爵位解，襄公于前 771 年被周平王始封为侯，因以秦公自谓。

丕显朕皇且：丕，大也；显，明也。丕显含正大光明之意。《诗·执竞》有“丕显成康，上帝是皇”句。朕，第一人称代词，意即我的。《离骚》有“朕皇考曰伯庸”句。皇且：皇，大也；

且，始庙也。《诗·鲁颂·宓宫》有“皇祖后稷，享以騂牺”句。秦襄公所丕显的皇祖，就是西垂宗庙始庙时，祀奉的第一位最大、最尊显、像神一般的人物——中潏。

鼏宅禹賫：鼏，通幂，是指鼎盖或覆在鼎上的布，用在这里作覆盖解。宅，居也，指人聚居之地。禹，即大禹，姓姒，名文命。舜时秦人首领伯益，助禹平治水土，在“嶓冢导漾，东流为汉”。嶓冢就是今天水市秦城区坪南镇东的齐寿山。禹賫的賫字从朿棘声，通迹。禹賫是指嶓冢山所出西汉水，流经百里祁山周边的西垂这块地方。

十又二公：是指奉祀在西垂宗庙里的十二位秦人祖先。他们分别是中潏、蜚廉、恶来、女妨、旁皋、太几、大骆、非子、秦侯、公伯、秦仲和庄公。十又二公的“公”字历来有尊称、谥号、爵位三解，这里是用作谥号。如晋公盫铭文记述，晋曲沃武公称公之后，追谥皇祖唐叔虞为唐公。武王克殷之后，追谥西伯昌为文王，追谥季历为王季，追谥古公亶父为太王是同样的道理。还有人认为，“十又二公”，不是实指，而是言其多也。若将“十又二公”的公字，全理解为爵位，那么不但秦公簋铭文中的“十又二公”讲不能，而且晋公盫中的“唐公”也是讲不通的。王世民先生说：“天子所封诸侯的爵号，一国只有一种。但天子允许各级诸侯在国内称公，允许诸侯臣子在安葬其君时称公。但这种‘公’，已不是爵称，而是尊称。”[2]这话是有道理的。

在帝之矿：帝，指白帝。《封禅书》：“襄公既侯，居西垂，自以为主少昊之神，因作西畤，祀白帝。”白帝就是少昊，嬴姓，名挚。挚为黄帝曾孙帝喾妻宜常所生，是尧的异母兄。他曾继帝喾高阳氏而王天下，因暴戾，为帝尧代取。秦人自称高阳苗裔，少昊之后，所以秦作五畤，有三畤祀白帝。矿，音坯。《说文》：“矿，丘再成者也。”为人工所筑，中间凹面四周高，是城的前身。用在这里的矿，实指犬丘。因犬丘遗址在西畤遗址天台山之下，所以说在帝之矿。

严：古时对父亲的尊称，如严君、严父、家严。《易·家人》：“家人有严君焉，父母之谓也。”《孝经·圣治》：“孝莫大于严父。”《商颂·殷武》：“天命降监，下民有严。”青铜器铭文中多有“严在上”、“其严在上”，都是说“父亲大人在上”。后来严字又用为庄严之俨，它的字义就变为“恭敬庄重”了。如《离骚》：“汤禹俨而只敬兮，用论道而莫差”。严与俨是两字两义不能通转。新出《秦文化》[3]一书，把“䍙严御各”四字改为“其俨征格”那倒讲不通了。郭沫若先生为了把严字不能释为父亲，所以他说：“严䍙夤天命，必为一句。”[4]而我以为，严，必为一字逗。这和《孟子·梁惠王》中：“叟，不远千里而来”的“叟”字，为一字逗是同样的道理。假若把“严，龏夤天命”五字连读，就使诗铭的第二章缺了作为主语的首句，这就破坏了诗的体例和章法。

龏夤天命：龏为恭字的古文，同共。青铜器上都把共王写作恭王。夤，敬也。龏夤是恭敬的意思。用在这里的天命，实际上是指周天子宣王的命令。在西周时代，周王是最高家族长，他自称天子，是受上帝派遣，代表上帝到人间主宰一切的。这句隐含着庄公恭敬地接受了周宣王的命令，带兵七千人，攻伐西戎之事。

保業氒秦：保，卫也。《孟子·梁惠王》：“保民而王，莫之能御也。”業即业字。宋人薛尚功在《历代钟鼎彝器款识》卷五中已释业。《说文》“业，大版也”，篆作業。业字用在这里作疆域、版图、基业解。氒，即厥，语助词。秦，指秦国。此句隐含着庄公打败了西戎保住了秦人先公开创的基业，扩大了秦国的版图解。

虩事蛮夒：虩，《说文》虎部，训为恐惧。《易》有“震来虩虩”句。事，治也，通使。蛮，古代对南方各族的通称，也泛指四方各族，如北蛮，蛮夷，南蛮等。夒字已往学者多释夏，非是。夏字腰部左右从手，夒字从页，以止、已、戈其手足。秦公镈铭文篆外“䪨”《说文》：“夒，贪兽也，亦曰母猴，似人从页，以止已戈其手足。”夒字古音读“君”，韵在文部，夏在鱼部。据王国维先生考证，夒读音夋，是“殷高祖名”[5]。夒字后来曾读羞，猱，《礼记·乐记》作“犹”。

现音读挠。“蛮夒”一词，是对西戎的丑称。西周末，西戎是对秦的最大威胁。猃戎曾灭了犬丘大骆子成一族，邽戎曾杀了襄公祖父秦仲，猃戎和冀戎于公元前776年俘虏了襄公长兄世父。因此，襄公在开国祭祖时，对西戎各族有“蛮夒”一词的丑称。

余虽小子穆穆：余为襄公自称。小子，是商周时代太子、诸侯在长辈面前的谦称。穆，和也，穆穆表示俨肃庄重。

帅秉明德：《说文》：“帅，通逵，先导也。”秉，“执也”。明德即美政美德。它是周公旦敬德思想的延伸。敬德有两方面的意思，一是对民要宽厚，要保民，爱民；二是要慎罚，用刑要适当。《中庸》曰：“大学之道，在明明德，在亲民，止于至善。”

剌剌趄趄：剌，通烈，变声通假。烈烈意为刚直厉害。趄，桓字的籀文，威武貌，桓桓意为勇猛强悍。《尔雅》释诂：“桓桓烈烈，威也。”《诗·鲁颂·泮水》：“桓桓于征，狄彼东南。”

迈民是敕：迈，万字的繁文。《永盂》、《申簋盖》、《善父克鼎》万年无疆的万，亦篆作迈。民，即百姓，黔首。是，指示代词。敕，天子、诸侯发布的命令曰敕。用现代的话说：万民的要求就是（我的）政纲。这里已闪耀着后世民本思想的曙光。

咸畜胤士：咸，全部、皆、所有之意。畜，通蓄，养也。胤士，指聪明才智超众的人才。陈直考证“胤士为父子承袭之世官”。用在这里却不能讲通。全句意思是说，把全部知识超群的人才，都聚集在我们国家里了。

盩盩文武：盩为盍的繁文。郭沫若说：“盍盍，犹言赫赫。”这话是很对的。《诗·小雅·节南山》有“赫赫师尹，民具尔瞻”句，孔颖达疏：“赫赫，显盛貌。”《秦文化》一书中，将“盩盩”改写为“蔼蔼”。这是受了《金文辞典》的影响。该辞典释趨趨为“勇猛精进”貌。但“趨”字音厥，怒走也，是有不当。文、武，是指朝廷里的文臣和武将。

锒静不廷，锒，前人有释锡者，非是。现多数学者释镇，可信。镇为安定之意。《史记·高祖本纪》有“镇国家，抚百姓”句为证。静，即安宁。不廷，形容朝廷之大。朝廷安宁，政局稳定，才给祭祀祖宗提供了一个客观和平环境。

虔嫯朕祀：虔，即虔诚，嫯为敬字的籀文。郑玄曰“敬，慎也”，意为慎重，不怠慢。朕，襄公自谓。祀，为祭祀宗庙。《左传》文公二年：“祀，国之大事也”。襄公在西垂始国，通聘诸侯，举行了隆重的开国庆典，祭祀祖先，当然为国之大事了。

乍叕宗彝：乍，古文作字。叕宗彝是秦公簋的本名。王国维作跋时，将叕宗彝命名秦公簋，后人因之。叕字郭沫若释铸[6]，冯国瑞释嘉[7]。这在解意上来说不错，但从字形笔画上仔细研究就有问题。我以为此字右上从手，呈拥抱之形，下从勿口，表接吻之意，应释为吻。不拥抱何能接吻，至于勿口易位在金文中不乏其例。吻字的本意，是用嘴唇接触人或物，表示崇敬和亲爱。用在这里，是说作一件宝器，紧紧地挨着置于宗庙祖牌的前面，以所铸铭文显扬列祖列宗的功德，以表示对祖先的崇敬亲爱。这无论在字形或字义上，都是说得过去的。宗彝，是宗庙祭器的通称。

以邵皇祖：邵，通昭，显扬之意。皇祖，见前文之释。以邵皇祖，就是用器铭来显扬他的祖先。

嬰严御各：“嬰严”二字见下文详释。这里须知，两周之际，秦人是不讳长辈之名的。如襄公兄世父曰：“戎杀我大父仲，我非杀戎王则不敢入邑。”御，前人多释归，这也是很通顺的。郭沫若先生释御，更为合适。因秦仲、庄公父子都好嗜车马，行不离车，所以襄公请他父亲庄公的神魂，驾驭车马回西垂宗庙享受祭祀是礼之当然。各字，通阁，阁为中央官署名，这里借指西垂宗庙。郭沫若等人释各为格则牵强。因为释阁合韵，释格就不合韵了。阁字与祖、鲁两字同在鱼部，而格字在铎部，两字不能通转。

以受屯鲁：受，是接受、享受之意。屯，为纯洁、精美。刘文炳先生说："鲁，为旅的古文，假借为胪。"[8]冯国瑞先生释禄，作福字解[9]。我以为这个鲁字鱼下纵甘，应通卤。纯鲁，就是用卤盐腌制而成的鱼、肉之类的祭品。《礼·曲礼下》："凡祭祀宗庙之礼，盐曰鹹鹺，鹹鹺者，土自成盐也。"西犬丘南五里有卤城，现名盐官，是卤盐的产地。近年该地出土有"卤盐"二字的古玺。这就证明，襄公祭祀宗庙的祭品，是用卤盐腌制而成的纯鲁。

多厘眉寿无疆：厘，通禧，作福字解。眉寿，即长寿。无疆，是没有极限和止境。

畯疐在天：畯，明朗。疐即惠字，指天上的星宿。明星朗朗出现在天空，喻秦国在西垂的建立。从此秦人站起来了，结束了为周王朝作附庸的历史。

高弘有廔：高，指规格高；弘，指规模大。高弘表示隆重。廔字鹿下从文。鹿，含晋爵初获政权之意。如"中原逐鹿"，就是在中原争夺政权。《说文》"庆，寻贺人也"，指有喜庆之事，如国庆。此句是指举行隆重的开国庆典。

竈有四方：竈有即奄有。罗君惕先生在《秦刻石碣考》中释奄，解之为："奄，覆也，又盖也。"《周颂·清庙之什·执竞》"自彼成康，奄有四方"句可证。有字前人有释囿者，非是，这是把陶字模单个拼凑起来铸铭的痕迹，误为囿字有方框所造成的误会。怎能在国内四方都建造园囿呢？敌人来了，难道用鹿、豕、犬、马去抵抗吗？"奄有四方"四字出口不凡，这证明了襄公在始国之时，就胸怀统一东南西北四方疆土，欲王天下的政治抱负。

二　秦公簋的器主和年代

以往学者，对秦公簋器主的研究，由于采用的方法和视角不同，所得出的结论各异。马叙伦主文公说，王国维主德公徙雍以后说，杨南仲主成公说，罗振玉主穆公说，容庚主桓公说，郭沫若主景公说。众说纷纭，莫衷一是，至今未能达成共识。本文限于篇幅，恕不能对上述各家之说一一备举其具体考证。

笔者的研究，切入铭文深处，通过对铭文的逐字逐句详释，找到了所谓"十又二公"的名号。盖铭第一章，记有"鼏宅禹�，十又二公，在帝之矿"的十又二公的第一公，作器秦公称为"朕皇祖"。第二章记有"龏夤天命，保业厥秦，虩事蛮夒"的器主父亲，作器秦公称之为"严"。第三章记有"帅秉明德，烈烈桓桓"的作器者，自称为秦公、朕、余、小子。

虽在盖铭三章中，隐去了他们的真实名号，但在器铭中，确有"婴严御各"四字赫然在目。何谓"婴严"？婴为庄公名；严为襄公对庄公的尊称。

以"婴"字为突破口，举一反三，既知器主父为庄公，那么作器者一定是襄公了。这真是"众里寻他千百度，蓦然回首，那人却在灯火阑珊处"。又从庄公上溯十又二公，正是殷末"在西戎、保西垂"的中潏。这样就使铭文中记述的三个历史人物都有了名号。

我们再从"十又二公"中，除去已知名的第一公中潏和最后一公庄公，中间的十公也必然为蜚廉、恶来、女妨、旁皋、太几、大骆、非子、秦侯、公伯和秦仲了。这是和《秦本纪》对入居西戎保西垂以来，秦人世系的记载完全吻合的。也和于《不婴簋》和《秦武公钟》出土文献的记载。

庄公是秦创业之君，他是和周文王有同样功绩的历史人物。他继秦仲位之前，人们称他为不婴，不字读丕，许慎、吴大徵、马叙伦、张日昇、商承祚都释不为丕。丕，大也。所以说不婴就是大婴，因他是秦仲长子（老大）而得名。庄公继秦仲位后称大夫。当他打败了西戎收复了犬丘后，周宣王封他为西垂大夫。庄公在位 44 年，据《秦风谱疏》记载，他死后襄公追谥他为庄公。《汉书》避明帝讳，改称庄公为严公。

关于庄公名嬰之说，是有如下证据为支柱的：

（一）《史记·十二诸侯年表》说“庄公名嬰”，周宣王七年为庄公嬰元年。

（二）《不嬰簋》铭文中有三个嬰字，都是指庄公。李学勤先生在《新出青铜器研究》一书第 272—274、275—276 页中指出：“不嬰簋的器主不嬰就是庄公。”

（三）陕西宝鸡太公庙出土的秦武公钟铭文中有“秦公嬰，畯紷在位”句。这里的秦公嬰，也是指庄公。

既然秦公簋铭文中，有这一赫然在目的嬰字，那为什么如此众多的研究者，人人眼中所有，人人意中所无，视而不见呢？这是因为以往权威学者，曾释嬰为綦所造成的误导。其实，释“嬰”为“綦”，用在注音上来说也无大错。但用在解义上来说，那就完全错了。因为“嬰”为专用人名，“綦”为苍色的鞋带。两字虽同是名词，读音相近，但二者之义是风马牛不相及的。

至于秦公簋作于何时，也是有证据的。该器器盖间皆有后人凿款。盖款为“西一斗七升大半升盖”，器款为“西元器一斗七升奉簋”。

“西”是地名，指秦国。《汉书》有“秦襄公攻戎救周，列为诸侯而居西”的记载。《左传》有“晋侯使吕相绝秦……则是我有大造于西也”的记载。王国维先生在《秦公簋跋》中说：“盖西者，汉陇西县名，及史记秦本纪之西垂及西犬邱。”

“元”字的本义，《古文字诂林》收录许慎、陈柱、杨树达、周各辉、朱歧祥等学者的解释。他们均释为：“元，始也”，“如元旦、元月、元年”。《左传》隐公元年曰：“元年者何？公之始年也。”古代将国君即位的一年称为“元年”或“始元”。把国君更年号的一年称为“更元”或“更始”。

“器”字是彝器的通称，用在这里是指秦公簋。

把“西元器”三字组合起来，可释为西垂秦国开国始年之器。襄公在位十二年，他于公元前 777 年继庄公位，但那时的襄公并非诸侯，不能开国始年。襄公于公元前 771 年始列为侯，在公元前 770 年在西垂始国，在宗庙祭祖。这件秦公簋，就是襄公在宗庙祭祖时，所作的开国始年的祭器。

元字的含义并非此一种，还有十多种解释，但都是后起之义。元字在春秋中期以后还有“元用”之义。如秦子戈和秦子矛，都有“公族元用”的铭文。据容庚考证，这里的“元用”是“永用”或“专用”的意思。林清源将“元用”兵器归纳为十五例。研究后得出的结论是：“元用一词引用的朝代，以春秋晚期为主，战国早期逐渐式微，春秋早期以前，迄今未之一见”。这说明“元用”和“元器”两词，泾渭分明，并无本质的联系。

秦公簋铭，使用的都是籀文。马承源先生说：“秦国铭文字形，有别于西周晚期通行的字体，它源于虢季白盘，一系列秦国铭文都同一体系，秦公簋、鼎铭文也一样”。这话十分正确。秦器不嬰簋，是秦庄公于公元前 825 年 9 月所作。早于虢季子白盘 9 年，那时史籀大篆尚未通行，所以不嬰簋的字体和西周中晚期铭文字体没有差别。虢季子白盘是第一件使用史籀大篆的青铜器，它作于公元前 816 年，比秦公簋早 46 年，两铭互见字 25 个，全同者 23 个，占 99.12%，相异者仅万、疆两字，占 0.80%。这说明时代愈近则相同者愈多。

秦武公钟镈作于公元前 688 年前后，迟于秦公簋 80 余年。两器字句多有雷同，而相异字明显增多。两器互见字 71 个，相同者 65 个，占 90.77%。相异者有皇、敬、余、疆、寿、德六字，占 9.32%。相异字体簋铭繁复，钟铭简化，这说明簋早而钟迟，时代愈远而相异者愈多。

秦公簋的书法风格，《商周青铜器铭文》赏析中，有如也先生的一段名言，他说："秦开国后，秦国力逐渐加强，呈现上升之势，《秦公簋》就是这个时代的作品。通篇观之，字形结体有着石鼓一样的整饬严谨，书法则尽去呆板强直。在微曲中求劲健，在圆转中出刚狠。处处体现着一种自矜自信的强悍雄风。他们仿佛挟带着大西北的空阔凄凉和粗犷勇猛，遮天盖地，扑面而来，打击着人们的心弦，震慑着人们的魂魄。这是力量与热血，健壮的体魄与尚武精神结合的传神写照"。这个评价是十分恰当的。至于秦公簋的形制和花纹，和1998年出土于礼县平顶山的铜簋[10]（98LDM1∶17）十分相似，可能为前后所作。

对秦公簋的研究，"五四"以来曾掀起了一个高潮。近半个世纪，自景公说被多数学者所采纳后，似乎已成定论，无人问津了。近十年来，由于礼县大堡子山秦公墓的被发掘，出土了两周之际数以千计的珍贵文物，国内学者，特别是礼县搞文史资料和西垂文化研究的同志，对于这一地区出土的文物，特别是对秦公簋的器主和年代，提出了新的看法和见解。我这篇文章，正是在这一背景下写成的，不当之处敬请指正。

（北京大学《古代文明研究通讯》第九期）

注释

［1］1971年，西垂宗庙遗址出土的青铜器共有数十件，俱被"聚源当"作废铜收集。除秦公簋因有长铭文，被关中一名张姓古董商收去带至兰州免遭毁坏外，其余被作为废铜，卖给天水造币厂，铸造了砂圆。

［2］转引自《古代文明研究通讯》总第十期2001年九月号孙庆伟文。

［3］王学理、梁云：《秦文化》，第202页，文物出版社2001年。

［4］郭沫若：《殷周青铜器研究》一书中《秦公簋铭文韵读》，1931年手写影印，1961年再版。

［5］王国维：《观堂集林》卷十史林一。

［6］［7］［9］冯国瑞：《天水出土秦器汇考》。

［8］刘文炳：《秦公簋盂和钟两铭为韵文说》，《天水出土秦器汇考》。

［10］见《文物》2002年第2期，第10页图九。

“秦子”新释

李学勤

最近几年，秦国初期考古文物的研究受到学术界的普遍重视。其一个直接导因，是1993年春在甘肃礼县大堡子山发现了这一时期的秦国大墓，出土大量珍贵文物，不幸流散[1]。现在已看到的若干青铜器，如鼎、簋、壶、钟、镈等，多有“秦公”铭文[2]，指明了大墓的性质。甘肃省文物考古研究所的学者根据抢救性清理发掘的结果，推断两座中字形大墓M2为秦公墓，M3为夫人墓[3]。

在这批“秦公”青铜器脍炙人口的同时，还有一些“秦公”青铜器出现，却没有得到多少注意。一个例子，是吴镇烽先生论介的“秦子元用”戈，“据说出土于甘肃省某地”[4]，1994年见于打击走私所获文物中。当然，1992年以来，在礼县圆顶山也有秦墓被盗扰[5]，但其规格较低，年代也较晚，“秦子元用”戈出于大堡子山的可能要更大些，其出现时间也相适合。有同型的“公”字戈并出，亦为旁证。

最近，澳门珍秦阁收藏的一件秦子戈公布[6]，王辉先生与萧春源先生合作，有很好的研究。这是三角锋的中胡三穿戈，通长20.7厘米。援上下刃微内凹，援本上端有一小横穿，其下有曲尺形突起。胡近阑处有两长穿。内与援呈一直线，内上近阑处有一C字形纹，中有一长穿，内端为方形，下角有小缺。胡上铸铭两行，释文是：

秦子乍（作）簉（造）左辟元用，左右帀鈇，用逸宜。

如王辉等先生所指出，这件戈的形制和铭文都与过去著录的秦子戈、矛相似。出现于清代，现藏广州市博物馆的《殷周金文集成》11353秦子戈，铭为：

秦子乍簉公族元用，左右帀鈇，用逸宜。

《集成》11547秦子矛文字相同，仅首行至“用”字为止。藏于故宫博物院的《集成》11352秦子戈，铭为：

秦子乍簉中辟元用，左右帀鈇，用逸宜。

有新出的这件秦子戈对照，我们就能进一步理解这些铭文的意义。

三种铭文格式一致，差别只在“左辟”、“中辟”与“公族”。既有左、中，必然有右。大家知道，从殷商时，已有右、中、左三师的设立[7]，秦子戈上的右、中、左“辟”显然也是一种军事编制，为当时秦国所特有。按后世常称营垒为“壁”《六韬·王翼》有“修沟堑，治壁垒，以备守御”之句，这里的“辟”能否读作这样解释的“壁”，似可考虑。

“公族”也与军制有关，黄盛璋先生曾做过讨论[8]。《诗·麟之趾》毛传：“公族，公同祖也”，君之同族即称“公族”。要注意的是，“公族”系周人习语，不一定君称“公”才有公族。例如在西晋青铜器铭文里，王朝也有公族，见于毛公鼎、番生簋等，并专有公族一官，见于师酉簋、牧簋、晋侯苏钟，不能推论其君称“公”。秦子戈、矛正是这样，君称“子”，其军制不妨有

“公族”，即由秦子同族组成的军队。

这样，我们就知道这几件秦子兵器不同于前述铭为“秦子元用”的戈，而是秦子为其军队制作的。由此，铭文中的“左右帀鲒”也可得到解释。

“左右”均有辅助之义，是人们熟悉的。“帀”字不是“师”字所从，该字竖笔上方出头[9]，是一般读“师”的“帀”字所没有的。我认为，这个字实即《说文》训为“周也”的“帀”，今作“匝”。“匝”是精母叶部字。下面的“鲒”字也见于《说文》，清代朱骏声已说明该字应从“劫”省声[10]。“劫”是见母叶部字，可读为同音的“夹”，训为“辅”。所以“帀鲒”是一个联绵词，大意应系周围辅卫，和“左右”正好连在一起，指使用兵器的军队对秦子辅佐保卫。

“用逸宜”，“逸”、“宜”都有安的意思，《吕氏春秋·重己》注：“逸，安也。”《说文》：“宜，所安也”。“逸宜”或“宜”是秦青铜器铭文特有习语，大家已讨论过了[11]。

这几件秦子戈、矛系同时所作，只是铭“秦子元用”的为秦子自用，铭公族或左中辟的为其军队所用而已。

戈、矛的具体时代，可由其类型特点推断。前些年，陈平先生曾将当时已著录的两戈一矛，与其他秦器作了很好的对比[12]。

现在从各地的发现知道，西周晚期到春秋早期，三角锋有胡是戈的普遍形式，同时存在的戈还能够分出若干亚型。一个最明显的例子，是1990年发掘的河南三门峡上村岭2001号墓，所出戈绝大多数为三角锋，其胡多属中、长，穿自三至五不等[13]。这座墓的年代是西周晚期偏晚，或许再迟一些[14]。

秦戈在三角锋戈中有自己的特点。陈平文已指出，广州市馆、故宫两秦子戈形制同于宝鸡姜堡城、灵台景家庄的戈秦子矛也同于姜城堡、景家庄及户县农村的矛。他认为姜城堡、景家庄、宋村的墓均属春秋早期，姜城堡偏早，景家庄、宋村偏晚。现在想来，姜城堡再提早一点也不是不可能的。

珍秦斋的秦子戈形制同样，其与另两件的差别，是在援本处有突起的装饰（“侧翼”）。同型而又有同一装饰的戈，有景家庄1号墓的“元用”戈，陇县边家庄12号墓的“卜淦□高”戈[15]及1982年边家庄出土的残戈[16]。出最后那件残戈的墓，从一些器物看，应属春秋早期偏晚。值得注意的是，上村岭2001号墓的戈中，也有一件有类似的突起装饰[17]。

由上述可知，秦子戈的年代范围应在西周末至春秋早期。进一步的推定，就要看对“秦子”的理解了。

看秦子戈铭文，不难认识“秦子”为秦国君的称号。只有国君，才能为公族和右、中、左三辟制作兵器。问题在于这里的秦君为什么不称“公”而称“子”?

有学者提出，“秦子”是春秋早期的出子。按《史记·秦本纪》载，秦宁（据宝鸡太公庙秦公镈、钟铭文当作“宪”）公“生子三人，长男武公为太子，武公弟德公同母，鲁姬子生出子。宁公卒，大庶长弗忌、威垒三父废太子，而立出子为君。出子六年，三父等复共令人贼杀出子。出子生五岁立，立六年卒”[18]。出子虽然幼小，在位时应当称“公”，没有人会预料他将被谋杀，况且文献也有称他为“出公”的[19]。

有学者引孙贯文先生说：“春秋时列国诸侯未即位时往往称某子，如《春秋》经将宋、卫等国的嗣君称为‘宋子’、‘卫子’等等。”[20]这实际是把经学上《春秋》书法的问题移用到铭文上去了。有关讨论略嫌繁琐，现写成附录，置于本文后面，请有兴趣的读者参考。

我认为，“秦子”只有一种可能的解释，就是秦君在称“公”之前使用的称号。

关于秦君称“公”，王辉等先生曾有很好的分析：“据《史记·秦本纪》记载，秦自庄公时称公，但《本纪》又云：‘周宣王乃召庄公昆弟五人，与兵七千人，使伐西戎，破之，于是复予秦仲后及其先大骆地犬丘并有之，为西垂大夫。’只称庄公为‘西垂大夫’。至于襄公，《本纪》则说：‘与誓，封爵之，襄公于是始国，与诸侯通使聘享之礼。’又《秦始皇本纪》后附《秦纪》亦起自襄公。白光琦等认为庄公称公出于追认，襄公始国，为诸侯，始公，可能有道理。”[21]按襄公立于周幽王五年（公元前777年），襄公七年春，西戎犬戎与申侯伐周，幽王死，“而秦襄公将兵救周，战甚力，有功。周避犬戎难，东涉雒邑，襄公以兵送周平王，平王封襄公为诸侯”，见于《秦本纪》。《十二诸侯年表》则记秦“始列为诸侯”于襄公七年（公元前771年），周东徙雒邑于次年（公元前770年）。无论怎样，在襄公在位的十二年中，前一半尚未封为诸侯，没有称“公”，以“秦子”为称号是应该的。

如果“秦子元用”戈和“公”戈确出自大堡子山大墓，很可以印证这一看法。已有学者详细论述了大堡子山大墓是襄公及其夫人之墓[22]，则墓中既有“秦子”又有“秦公”，正反映了襄公始受封为诸侯的历史。

最后还须提到“秦子”各器“秦”字写法的问题。有学者在研究可能出于大堡子山的秦公青铜器时，鉴于其铭文“秦”字上半有从“臼”与否的区别，提出从“臼”的写法较早[23]。查西周铭文“秦”字，最早如周初的塱方鼎（《殷周金文集成》2739）、史秦鬲（《集成》468），中期的询簋（《集成》4321），“秦”字均不从“臼”，唯中期偏晚的师酉簋才见从“臼”，所以秦子器的“秦”字不从“臼”不能作为晚出的证据。

附录　公侯在丧曰子说

《春秋》经僖公九年：“春王三月丁丑，宋公御说卒。夏，公会宰周公、齐侯、宋子、卫侯、郑伯、许男、曹伯于葵丘。”称宋君为“宋子”。《左传》云：“春，宋桓公卒，未葬而襄公会诸侯，故曰子。凡在丧，王曰小童，公侯曰子。”

葵丘之会，宋桓公在殡未葬，襄公出会诸侯，在这样的时刻，公位的交替尚未完成，《春秋》书曰“宋子”，是有道理的。但是《春秋》经桓公十二年，冬十有一月“丙戌，卫侯晋卒”，即卫宣公，次年“春二月，公会纪侯、郑伯。己巳，及齐侯、宋公、卫侯、燕人战”，“卫侯”即卫惠公，下云“三月，葬卫宣公”，可知战时宣公未葬，而不称惠公为“卫子”。杜预注说：“卫宣公未葬，惠公称侯以接邻国，非礼也。”认为经文之作“卫侯”，是标显惠公的失礼，孔颖达《正义》说同。

后来学者不同意这样解释，如大家熟悉的杨伯峻先生《春秋左传注》云：“是时卫宣公虽未葬，然死于去年，新君踰年即位，例得称爵。《春秋》之例，旧君死，新君立，当年称子，踰年称爵。当年称子者，如僖公九年正月宋桓公卒，夏，宋襄公参与葵丘之会，故书曰‘宋子’；僖公二十五年夏，卫文公卒，冬，卫成公与鲁会，书曰‘卫子’；僖公二十八年，陈穆公卒，冬，陈共公与温之会，书曰‘陈子’；定公四年二月，陈惠公卒，三月陈怀公与召陵之会，亦书曰‘陈子’。踰年称爵者，宣公十一年，陈成公与辰陵之盟，是时不但陈灵公未葬，且杀君者亦未讨，然灵公死于去年，新君已改元，故经仍书陈侯；成三年经书‘公会晋侯、宋公、卫侯、曹伯伐郑’，宋公为宋共公，卫侯为卫定公，而是时宋文公、卫穆公俱未葬，但因新君已踰年即位，故仍称爵。”[24]这一建立在全面归纳基础上的论点，无疑胜于杜预之说。

再看《公》、《穀》二传。

先说《穀梁》，传对于僖公九年“宋子”一例说：“宋其称子，何也？未葬之辞也。礼：柩在堂上，孤无外事，今背殡而出会，以宋子为无哀矣。”言下之意，经书“宋子”有讥襄公的涵义。另外，僖公三十二年经：“冬十有二月己卯，晋侯重耳卒”，次年“夏四月辛巳，晋人及姜戎败秦师于殽”，书“晋人”，实指晋襄公。传云：“‘晋人’者，晋子也，其曰‘人’何也？微之也。何为微之？不正其释殡而主乎战也。”也认为有讥贬之义。

庄公三十二年经：“冬十月乙未，子般卒”，《公羊传》：“子卒云‘子卒’，此其称‘子般卒’何？君存称世子，君薨称子某，既葬称子，踰年称公。”说既葬称子，已与《左传》、《穀梁》有异。再看文公九年《公羊传》称：“以天子三年然后称王，亦知诸侯于其封内三年称子也。踰年称公矣，则曷为于其封内三年称子？缘民臣之心，不可一日无君；缘终始之义，一年不二君，不可旷年无君；缘孝子之心，则三年不忍当也。”诸侯于其封内三年称子，完全是《公羊传》的说法，没有任何依据。大家知道，从青铜器铭文看，儒家所讲的三年之丧是不合史实的，这一点郭沫若等先生早已论证过了。

由此可见，三传中以《左传》之说较近事实，《穀梁》次之。《公羊》所云诸侯于封内三年称子，只是儒家的一种学说。《左》、《穀》所说都仅涉及《春秋》书法，属于经学范围，也不好移用到青铜器铭文上去。

（《文博》2003 年第 5 期）

注释

［1］礼县老年书画协会、礼县博物馆：《礼县金石集锦》，第 2 页，2000 年。

［2］李朝远：《上海博物馆新获秦公器研究》，《上海博物馆集刊》第 7 期；又《上海博物馆新藏秦器研究》，《上海博物馆集刊》第 9 期。

［3］［22］戴春阳：《礼县大堡子山秦公墓地及有关问题》，《文物》2000 年第 5 期。

［4］吴镇烽：《秦兵新发现》，《容庚先生百年诞辰纪念文集》，广东人民出版社，1998 年；又收入吴镇烽：《考古文选》，科学出版社 2002 年。但后者无图。

［5］甘肃省文物考古研究所、礼县博物馆：《礼县圆顶山春秋秦墓》，《文物》2002 年第 2 期。

［6］［11］王辉、萧春源：《新见铜器铭文考跋二则》，《考古与文物》2003 年第 2 期。

［7］陈梦家：《殷墟卜辞综述》，第 513 页，中华书局 1988 年。

［8］黄盛璋：《秦兵器分国、断代与有关制度研究》，《古文字研究》第 21 辑。

［9］广州市馆一件此字下似有一小横，细审拓本，并非字的笔画。

［10］朱骏声：《说文通训定声》，第 431 页，武汉市古籍书店 1983 年。

［12］［20］陈平：《秦子戈、矛考》，《考古与文物》1986 年第 2 期。

［13］河南省文物考古研究所、三门峡市文物工作队：《三门峡虢国墓》第一卷（上）第 79—85 页，文物出版社 1999 年。

［14］李学勤：《再论“晋公戈”及其历日》，待刊。

［15］张懋镕、刘栋：《卜淦□高戈考论》，《考古与文物》1990 年第 3 期。

［16］萧琦：《陕西陇县边家庄出土春秋铜器》，《文博》1989 年第 3 期。

［17］同［13］，图版二六，1。

［18］“威垒”，《史记会注考证》以为“官名”，如果是对的，可与上文论“中辟”，“左辟”为“壁”参照。

［19］梁玉绳：《古今人表考》卷八，《史记汉书诸表订补十种》第 874—875 页，中华书局，1982 年。关于出子在秦世系中的地位，见陈昭容：《秦系文字研究》，第 164—165 页，台湾东海大学中文研究所博士论文，1996 年。

［21］王辉、程学华：《秦文字集证》，第 4 页，台湾艺文印书馆 1999 年。

［23］同［21］，第 6—7 页。

［24］杨伯峻：《春秋左传注》第 135—136 页，中华书局 1990 年。

礼县大堡子山秦公墓地及有关问题

戴春阳

1992—1993年，甘肃省礼县一带的古墓葬遭到大规模盗掘，其中，礼县永坪乡赵坪村的大堡子山墓地被盗最为严重，一些珍贵文物流失海外。鉴于这种情况，甘肃省文物考古研究所于1994年3—11月对该墓地进行了抢救性发掘。共探明中字形大墓2座，瓦刀形车马坑2座，基本搞清了该墓地的排列以及中小型墓葬的分布情况，并对其中的2座中字形大墓、1座瓦刀形车马坑、9座中小型墓葬进行了发掘清理。

一　墓葬形制

（一）墓地概况

大堡子山墓地位于礼县以东13公里，属黄山梁峁，东、西、南三面均为沟壑。它北依大薄地峁塬，南临西汉水，西滨固城河。

钻探资料表明，此墓地的范围东北至文家，西至大堡子山边缘，南至大堡子山的山间便道，东西长约250、南北宽约140米。在此区域内排列着南北并列的2座东西向中字形大墓，编号为M2、M3。其南端有从葬的2座东西向瓦刀形车马坑，已发掘的一座编号为K1。在墓地的东北、北部和西部山弯，有规律地分布着间距为5—7米的东西向中小型墓葬，总数在200座以上。这些墓多被严重盗扰，已发掘的9座墓是劫余幸存的完整墓葬。

（二）墓葬举例

1.K1

大型车马坑，平面呈瓦刀形，东西向，全长36.5米。坑道位于车马坑东部，长21.85、宽9.5、最深5.4米，自东向西倾斜。坑为长方形土坑竖穴，长14.65、宽12.95、深5.4米。车马坑内已遭盗扰，从西南部残存的约2平方米的遗迹来看，坑内原有殉车4排，每排并列3乘，共计12乘。均为辕东舆西，每车两服两骖，计4匹马。据参加发掘的民工讲，此车马坑被盗掘时曾出土了许多金饰片。发掘仅获铜车饰（如车辖、车害和大量铜泡）以及锈蚀严重的铁制品。

2.M2

为中字形大墓。东西向，全长88米，有东西两条墓道。东墓道呈斜坡状，长37.9、宽6、最深11米。墓室呈斗状，长6.8—12.1、宽5—11.7、深15.1米。

墓室内设二层台。其中，东、北、南三面二层台上殉葬7人，均为直肢葬，都有葬具（有的还是漆棺），多随身葬有小件玉饰。此外，西二层台上有迹象表明，这里原来也置放有随葬品。葬具为木椁和漆棺，均朽。棺周围残留有金箔片，说明漆棺上原来镶有金箔棺饰。椁室内残存罐、鬲等陶器碎片，以及铜泡、戈、刀等铜器残片。墓主尸骸已朽，据朽痕可知，葬式为仰身直肢，头向西。墓室底部中央设腰坑，内置殉犬1只、玉琮1件。

西墓道长38.2、宽4.5—5.5米，总体亦呈斜坡状，但有8个沟槽状的台阶。在深1.25米的层面填土中埋葬12个殉人，均为屈肢葬，头向有的朝东，有的朝西。分为生殉和杀殉两种，前者作痛苦挣扎状，后者有的头部有洞，姿势规整。多为青少年。有3个殉人各随葬玉玦1件。填土中还有殉犬1只。

该墓已被盗掘一空，仅在盗洞中发现石磬5件。

3.M3

亦为中字形大墓。东西向，全长115米。墓道结构与M2相同。其中东墓道长48.85、宽8.3、最深13.5米。墓室呈斗状，长6.75—24.65、宽3.35—9.8、深16.5米。北侧二层台上现存殉人1名，东、南侧的二层台已被盗扰。墓室内漆棺、木椁及墓主已朽。墓主仰身直肢，头向西，胸、颈部位残留有大量散乱的琥珀珠。腰坑内有殉犬1只、玉琮1件。西墓道呈台阶状，长41.5、宽8.2米。填土中埋殉人7名。

此墓已被盗掘，墓室部位曾发生过坍塌，所以墓中只发现有较小的青铜碎片。

M2、M3统一在墓室开口以上覆盖五花土，残存厚度0.2—1米，它们很可能是异穴共丘的封土。

4.9座中小型墓

均为竖穴土坑墓，东西向，长2—5.2、宽1.4—2.7、深3.06—7.6米不等。有的墓葬在墓壁一侧掏挖壁龛，安放殉人。墓主均使用棺椁，葬式为头朝西的直肢葬。随葬品有铜器、陶器、玉器、石器等。除随身佩带小件玉、石器外，主要随葬品均放在棺椁间的西端头箱，铜鼎、簋的使用不甚规范，并流行使用仿铜陶礼器。陶器中常见的组合为喇叭口罐、鬲、盆、豆、鼎等。

二　墓地的性质和时代

1994年以来，海外陆续出现了一些有“秦公作铸”铭文的青铜礼器，许多学者将其与礼县大堡子山墓地联系起来。

1993年秋，甘肃省西和县公安局缴获一批盗自礼县大堡子山的器物，其中铜鼎可辨识出个体的有7件，虽大小有别，但形制相同。标本M3采:1，敛口，立耳，浅腹下垂，微圜底，三兽蹄足内敛，足根有扉棱。耳饰重环纹，颈饰窃曲纹，与腹部垂鳞纹以宽条带相隔。口径33、最大腹径37.6、高38.6厘米。器腹内壁铸铭文二行6字：

秦公作

铸用鼎

此外还缴获铜簋4件。标本M3采:8，器盖抓手较大，微折沿。器身敛口，鼓腹，龙首状双耳，耳下有垂珥，圈足下有三个小兽蹄足。口沿下饰变体夔龙纹，盖面和器腹饰瓦棱纹，圈足饰垂鳞纹。口径20、最大腹径26.8、残高10.4厘米。器内底与盖内名有铭文二行6字：

秦公作

铸用毁

以上秦公诸器因残损较甚，故未能出手。经在押的盗墓犯罪分子在现场指认，可知此秦公诸器均出自M3。此外，M3墓室中因坍塌而被砸毁的青铜器残片较多，也正与秦公诸器的残损现象相吻合。所以，这批秦公鼎和秦公簋出自M3应该是没有问题的。

1995年，马承源先生从香港抢救回一批秦器[1]，笔者有幸亲眼目睹了上海博物馆所藏的这批铜器。其中秦公鼎4件，大小有别，保存完好。秦公簋2件。为了与大堡子山鼎、簋区分，下文简称“上博秦公鼎”、“上海秦公簋”。

上博秦公鼎与M3所出之鼎造型相近，但腹壁外鼓和下垂的程度不如后者显著。此外，M3秦公鼎兽蹄足上的扉棱呈“山”字形，而上博四鼎的扉棱既有“山”字形，又有波浪形，还有简约的弧形。两者最大的区别在于纹饰上的差异。上博秦公鼎的颈、腹部均饰窃曲纹，其中颈部纹饰简单，腹部纹饰较繁复。腹内壁均有铭文6字，为“秦公作铸用鼎”或“秦公作宝用鼎”。上博秦公簋则与M3所出的秦公簋基本相同，唯器内底与盖各有铭文二行5字，为“秦公作宝毁”。

上博秦公鼎、簋与礼县大堡子山M3的同类器相比较，形制相近，只是鼎的纹饰不同；而且，其鼎、簋均完好无损，这与礼县大堡子山M2被盗掘一空的情况应当不是一种巧合。所以，上博收藏的秦公诸器可能就出自大堡子山M2。

大堡子山的中字形大墓与秦公诸器表明，大堡子山中心区应系秦公陵园。陵园北就严整有序的中小型墓葬与秦公陵园一起，构成以秦公陵园为中心的秦国墓地。

在大堡子山秦公墓地的发掘过程中，曾有学者指出，大堡子山可能有两座秦公陵园，墓主分别为秦仲、庄公[2]。现在从最终发掘结果来看，此为一座秦公陵园，园内有2座中字形大墓和2座瓦刀形车马坑。值得注意的是，2座大墓位于陵园北部，2座车马坑则位于陵园的南部，并不像凤翔秦公陵园那样，中字形大墓多有自己的从葬的车马坑[3]。在凤翔秦公陵园中，有2座或2座以上中字形大墓的陵园有5个，其中，Ⅰ号陵园有3座中字形墓（M1、M3、M33）。韩伟先生曾经指出：“M1为该陵园中最大的中字形墓。M3也是中字形……我们有理由判断，M3是M1之祔葬墓。这种祔葬形式应是夫妇关系的表现。”[4]

1998年，甘肃省考古研究所发掘了礼县永兴乡赵坪墓区。它位于大堡子山秦国墓地的东南方向，在西汉水南岸。赵坪墓区有2座中型墓葬、1座小型墓葬和1座车马坑，均坐西朝东。其中M2居中，为男性墓主。M2西侧的M1是女性墓主。M2东侧为长条形车马坑，随葬车马5乘，辕东舆西。车马坑以东还有1座小型墓葬。M2随葬了七鼎六簋。鼎为列鼎，颈饰窃曲纹，腹饰波带纹。M1使用的列鼎为垂鳞纹鼎。两座墓随葬的一些青铜礼器形制相似，但也有各自独有的器物，这可能与墓主的性别、身份有关。如M1随葬青铜方盒以及四轮方盒，M2随葬鎏金镂孔铜柄铁剑、青铜剑等。其中，M1所出的铜方盒造型奇特，类似的器物还见于山西晋侯墓地西周晚期晋侯邦父的次夫人杨姞墓中[5]，它可能是贵族妇女放置首饰、化妆品的专门用具。综上所述，赵坪M2、M1应属春秋早期的贵族夫妇墓。

赵坪M2的二层台上埋葬7个殉人，M1的二层台上殉有3人。而大堡子山M2的二层台上也殉葬7人；M3的东、南二层台已被盗扰，保存较好的北二层台上有1名殉人，与赵坪M1相同。

通过与赵坪M1、M2和凤翔秦公陵园的比较，我们有理由推断，大堡子山中心区内有铜兵器戈的M2应为秦公墓，M3是秦公夫人墓。

国君夫妇死后比邻而葬在两周时期已成定制，如凤翔秦公陵园、山西天马—曲村北赵晋侯墓地。而大堡子山M2、M3不仅并列相依，墓上还统一用封土覆盖，它对研究秦国早期陵寝制度具有重要意义。

秦公夫妇墓出土的铜鼎、簋的形制和纹饰上都具有西周晚期至春秋早期的风格，如鼎腹外倾微垂，底部曲率极小，腹饰垂鳞纹、窃曲纹等。

秦公诸器的铭文字体圆润规整，已形成秦系文字的风格，它们可能是春秋时期秦武公钟、镈上秦系文字的直接渊源。

三　关于M2的墓主问题

据《史记·秦本纪》载，殷商晚期，秦的祖先中潏“在西戎，保西垂”。其后人非子“居犬丘”，以善牧闻名于孝王，遂得“分土为附庸”，邑于秦。关于西垂、犬丘的地理位置，王国维在《秦都邑考》中认为，在今甘肃省天水西南。非子建邑之“秦”，在今天水东北的清水一带。非子以下三世至秦仲，被周宣王封为大夫。秦仲之子庄公屡破西戎，被周王室封为“西垂大夫”。庄公之子襄公因护送周平王东迁有功，被平王封为诸侯，并赐给“岐以西之地”。襄公十二年“伐戎而至岐，卒”。《史记·秦始皇本纪》所附《秦纪》谓其葬于西垂。其子文公在位50年，亦甚有所作为。文公卒，《秦纪》亦云“葬西垂”。文公之子静公“不享国而死”，其称静公乃系追谥，所以他不可能称“秦公”器。

大堡子山秦公诸器的时代为两周之际，故M2的墓主只能在庄公、襄公和文公之间加以辨析、确认。

庄公处于西周晚期的宣幽之世。西周礼制甚严，庄公被封为“西垂大夫”，应不敢僭越称“公”。而且，《秦纪》所列的秦之诸公世次及葬处，亦未言庄公而自襄公开始，这与秦武公钟、镈的铭文中先祖自襄公开始相一致[6]。由此可知，文献上的“庄公”只能是追谥，大堡子山秦公诸器上的秦公不是庄公。

文公在位长达50年，不仅武功显赫，文治也颇多建树。有的学者认为，上博秦公鼎的铭文中，“秦”字有不同写法。其中“𥠖”组年代较早，应为文公早期器；“䅷”组年代较晚，应为文公晚期器[7]。有的学者则认为，“䅷”和“𥠖”的差异所示之时代早晚与上说相反[8]。事实上已有学者指出，上博秦公器铭文“虽有不同的书写风格，但无法区分出早晚”[9]。

秦公鼎的铭文均只有6个字，若果真是文公早、晚期所铸，则其在位50年间，文字水平没有较大的发展。而宝鸡太公庙出土的武公钟、镈的铭文长达135字，且已是成熟的秦文字体系。武公与文公相差仅40年左右，却发生了质的飞跃，这是很难让人理解的。此外，武公钟、镈的铭文颂扬其先祖襄公“受天命，赏宅受国”，传世的秦公簋追述其前“十又二公”，这表明，秦人有称扬其先祖之美的习俗。如果此乃文公作器，他是襄公的第一代传人，而其不同时期的铸器均不言襄公，这未免不合情理。另外，文公是春秋早期秦君，而大堡子山秦公诸器有浓郁的西周晚期风格，它与文公之世显然有着不应忽视的时差。所以，大堡子山所葬之秦公恐非文公。

秦襄公跨越两周之际，其所作秦公诸器仍具有西周晚期风格也是情理之中。但这些礼器铸造粗糙，纹饰草率简约，已具有春秋早期铜器的特点。此外，传世的秦公簋追述其前“十又二公”，大约铸造于桓景之世。此簋1919年出于天水西南60公里处，而大堡子山正位于天水西南63公里。联系到秦公簋铭文开篇的“丕显朕皇祖，受天命，鼏宅禹迹”之辞，可以推测，该器做成后被送往西垂，用来祭享襄公陵庙，所以出土于襄公陵墓附近，这也从一个侧面证明，大堡子山M2的墓主可能是秦襄公。

上博秦公鼎和大堡子山秦公鼎应是秦襄公始国后不同时间所铸。但他毕竟只享国五年，所以，铭文的简约应系建国初年能力有限所致。关于器铭书体的多样性，有学者认为是因书手不同而风格各异[10]，此说不无道理，这也反映出襄公建国后在文化方面的比较和筛选。

四　余　论

1. 大堡子山秦国墓地的发掘表明，秦陵规划有自己的特色，如墓上封土、中字形墓、一公一陵、夫妇异穴合葬、坐西朝东的墓向等，这些原则多被后世秦陵所遵循。

在大堡子山1994年发掘了11座墓葬和1座车马坑，1998年发掘了3座墓葬和1座车马坑。其中，不仅2座大型秦公夫妇墓和2座中型贵族夫妇墓使用殉人，2座小型墓也使用了殉人。1998年发掘的从葬5乘的车马坑中殉御人1名，由此推知，秦公陵的车马坑也很可能殉有御人。可见，秦陵中使用殉人的现象非常普遍，这与两周时期其他诸侯国国君墓基本不用人殉形成强烈对比[11]。这种葬俗当与史载秦人来自东方及其与殷人的密切关系有关。

2．目前学术界普遍认为，不其簋的器主就是庄公[12]，但大堡子山襄公器铭与不其簋铭的巨大差别，使我们有必要对此作一重新审视。

礼县赵坪墓区春秋早期贵族夫妇墓出土了大量青铜礼器，不仅在鼎、簋的级别使用上明显僭越，其品类的繁多、器物造型的瑰丽也不逊于襄公诸器，然而，这些器物均无铭文。它与襄公诸器器铭的简约一起表明，建国之初，秦人囿于自身社会文化水平，铜器的铭文尚处于初创阶段。很难令人相信，煌煌152字的不其簋是襄公建国前的秦人所作。

还有学者认为，“秦在襄公七年受封为诸侯始国以前，制作大型铜礼器当皆借用周室之熟练铸铜工匠和书艺精湛之史官书佐为之，故其形制、纹饰、铭文书风均与周季无别，秦庄公所作之不其簋与其铭文便是佳证”[13]。此“借用”说恐无法解释襄公诸器的形制、纹饰均与周季无别，而铭文却自成体系这一现象。事实上，铭文的制作不仅仅是技术问题，它有着深沉的文化底蕴。作为一个自非子开始崭露头角的独立的文化共同体，秦人拥有自己的发展历程。所以，集中体现其生产力水平和意识形态的青铜礼器的铭文，也不能脱离其既有社会文化水平和特点。

此外，不其簋铭就内容而言，与庄公联系也较为牵强。论者谓簋铭中“伯氏”系庄公长兄[14]。事实上，庄公兄弟五人，“其长者曰庄公”，本纪的记载已很明确。又铭载，伯氏赐不其“弓一矢束、臣五家、田十田”。其中一次赏赐土地1000亩，其赏不可谓不重，若伯氏系庄公长兄，他以什么身份允此重赏？联系亦记载与玁狁战事的虢季子白盘，不难发现，不其簋铭与虢季子白盘铭具有因果逻辑关系，不其簋铭中的白氏应即虢季子白，亦即《后汉书·西羌传》中的虢公，他与多友鼎铭文中代王宣赏的“武公”相类[15]，均为周室重臣。又论者谓不其簋铸于“秦仲未去世、庄公未即位之时”。但这时与戎抗争的主角应是秦人酋长秦仲，即使庄公与戎战，则显系秦仲所使，代表秦仲所战。即使有赏赐，受赏的也应该是周之“大夫”秦仲，而非庄公。

不其簋器身与盖分离，若不其簋是庄公所铸，对于炫耀战功而铸的青铜礼器必不会轻弃。庄公一直活动于西垂，而不其簋却随葬于山东滕县后荆沟的春秋早期贵族墓中[16]，这种现象本身就说明，不其簋应与庄公无涉。

（《文物》2000年第5期）

注释

[1]［9］［10］李朝远：《上海博物馆新获秦公器研究》，《上海博物馆集刊》第7期，上海书画出版社1996年。

［2］韩伟：《论甘肃礼县出土的秦金箔饰片》，《文物》1995年第6期。

［3］陕西省雍城考古队：《凤翔秦公陵园第二次钻探简报》，《文物》1987年第5期。

［4］韩伟：《略论陕西春秋战国秦墓》，《考古与文物》1981年第1期。

［5］山西省考古研究所、北京大学考古系：《天马——曲村遗址北赵晋侯墓地第四次发掘》，《文物》1994年第8期。

［6］卢连成、杨满仓：《陕西宝鸡县太公庙村发现秦公钟、秦公镈》，《文物》1978年第11期。

［7］［13］陈平：《浅谈礼县秦公墓地遗存与相关问题》，《考古与文物》1998年第5期。

［8］王辉：《也谈礼县大堡子山秦公墓地及其铜器》，《考古与文物》1998年第5期。

［11］西周至东周初的八代晋侯夫妇墓无一使用殉人，上村岭虢国墓地亦无人殉。浚县辛村卫国墓地的82座墓中，仅有2座墓葬各使用了一名殉人。北京琉璃河燕国墓地中虽有个别墓使用殉人，但据研究，使用殉人的墓葬的墓主多是殷遗民，或者是曾与殷王朝有密切关系的部族的遗民。

［12］［14］李学勤：《秦国文物的新认识》，《文物》1980年第9期。

［15］田醒农、雒忠如：《多友鼎的发现及其铭文试释》，《人文杂志》1981年第4期。

［16］万树瀛：《滕县后荆沟出土不其簋等青铜器群》，《文物》1981年第9期。

礼县大堡子山秦国墓地发掘散记

戴春阳

甘肃省文物局组织编纂的《甘肃文物工作五十年》一书要我就礼县大堡子山秦国墓地的发掘写篇东西。虽然我是这一发掘项目的组织者和主持人，但撰文记载，我却不能不感到困难。因为写这样的文章，首先不得不回首礼县大规模疯狂盗掘惨景及恶果所留下的痛苦记忆，而且这种无知的令人痛心疾首的盗掘破坏与本书的题目不能不形成尴尬。但这毕竟是已经发生了的历史的一幕，我们也确有责任将此记录下来。

一　礼县大堡子山秦国墓地发现过程与地理位置

1992 年至 1993 年，礼县爆发了大规模、长时间的疯狂盗掘古墓活动，由于长时间几乎公开的盗掘而基本没有受到任何有效的干涉和制止，这种盗掘古墓活动不仅愈演愈烈，而且使盗墓者在一定程度上掌握了该县古墓葬的大体分布状况，积累了盗掘古墓的经验。随着参与人数愈来愈多，以至在一些重点地区形成了剃头拉网式的盗掘，因而破坏也愈来愈大，损失愈来愈重。其中礼县永坪乡赵坪村东南的大堡子山在这种铺天盖地的盗墓中不断有重要的珍贵文物出土并迅速流至海外。1993 年 4 月，省文物局闻讯，曾由有关领导带队，去西和、礼县进行文物工作检查，但由于当地政府有关领导未能如实介绍情况，因而未能采取有效措施遏止盗掘活动。

同年 11 月，据说主管文物工作的陈绮玲副省长在《中国青年报》上看到甘肃日报社驻陇南地区记者站记者祁波同志顶着重重压力撰写的反映礼县盗掘古墓活动的报道——《古墓悲歌》后，引起高度重视，遂于 11 月中旬带领有关职能部门的领导和相关人员赶赴礼县进行文物保护工作的专题检查。笔者参加了这次活动，并与参加这次活动的省、地、县有关人员一起亲眼目睹了发生在礼县大堡子山上我省文物保护历史上最为惨痛的一页——空前（但愿是绝后）的大规模疯狂盗掘古墓的罪恶狂潮及由此造成的惨痛恶果——整个山坡满目狼藉，遍布密如鱼鳞深浅不一、大小不等的盗洞，满山横陈沾满铜锈的马骨。作为一个专业考古工作者不能不为这样的惨景而战栗，同时理智又感觉到该地特殊的墓地环境与那样大范围内沾满铜锈的大量马骨这一现象后面所蕴涵的墓葬规模、性质和价值的特殊性。

正是这次礼县之行，我们也还从多种可靠渠道得悉，大量在我省来说绝对是空前的青铜重器和金器于 1993 年 9 月下旬已被集中盗掘出土。这些信息与我们在现场看到的情况表明，大堡子山墓地应是探索秦国早期秦公陵园的重要线索。有鉴于此，同时根据 11 月 15 日陈绮玲副省长在礼县打击盗掘古墓现场会的指示精神，经省文物局报请国家文物局批准，组建了由戴春阳、王辉、柴生芳、毛瑞林、李永宁、马更生等同志组成的礼县大堡子山秦国墓地考古发掘队，戴春阳同志担任领队。考古发掘队于1994年3月1日开赴礼县永坪乡大堡子山发掘现场，对秦国墓地进行了抢救发掘。此后，我所于1998年春与礼县博物馆对已被省政府公布为省级文物保护单位的大堡子山秦国墓地保护范围之内的赵坪墓区再次进行了抢救性发掘。

该墓地所在地当地人称“大堡子山”，其地属黄土梁峁，东、西、南部为沟壑。位于礼县以东13公里处嘉陵江支流西汉水北岸，北依大薄地峁塬，南滨西汉水，西临西汉水支流永坪河，徐（徐家店）礼（礼县）公路自东南蜿蜒从山前经过。其西南延出的梁峁因筑有一清代堡子，遂其地就此得名。其地襟山带河，两水环绕，就地理环境而言，确实为极具形胜之地。

该山一些断崖处暴露有较厚的齐家文化灰层和白灰面居住遗迹，地面散落有齐家文化和寺洼文化的陶片，其地原本就是一处古遗址。

二　发掘概况

第一次发掘于1994年3月1日开始，至11月1日结束，历时246天，勘探面积21万平方米，发掘土方达17047.25立方米，使用民工24300个民工日，是我省无间歇发掘时间最长、规模最大、用工最多的一次考古发掘。

由于该墓地于1992年尤其是1993年遭疯狂盗掘，盗坑密布，同时1993年底在礼县“打击盗掘古墓现场会”后，礼县政府组织附近农民对盗坑进行了回填，在回填过程中还曾使用了炸药炸盗洞，以期速填，致使大堡子山地形、地貌发生很大改变，原古墓的开口亦遭破坏，从而为考古发掘造成很大困难。为做到有目的、有计划地发掘，抢救发掘分为两阶段进行。

第一阶段：3月1日至4月1日，以钻探与墓地中心区的布探方发掘相结合，其中钻探包括普探和重点勘探。这一阶段的重要任务是搞清该墓地的基本范围及墓地中心区墓葬的分布规律，以期在此基础上确定发掘重点及范围。经钻探，得知此墓地其东北至文家，西至该山山缘，南至大堡子山间便道，其中大薄地以南的缓坡为墓地中心区。墓地东北、北部、西部山弯遍布间距5或7米排序极有规律的东向中小墓葬。然而在墓地中心区域，尽管已考虑到这一区域因地形、地貌被破坏较甚，且这里的墓葬可能规模较大，因而为准确把握墓葬的分布，采用了一般用于遗址发掘的最为可靠的布探方和布探沟的方法进行地层控制。然而出人意料的是，尽管在这里布了10×10米的大探方四个，10×2米的探沟两条，在发掘半月有余，下挖深达2—3米后，无论是探方还是探沟内，漫无边际的全是非常纯匀的五花土，这种现象在常规情况下表明发掘是在墓葬内，但40×40米的范围内找不到墓边则又是让人无法理解的。而墓地中心区的地形特点为：南北空间大于东西空间，其东端为陡峭的沟壑，西端山势为较陡峻的山崖，根据小墓的排列特点分析，这里的墓葬亦应为东西向，而南北向宽阔的缓坡地理表明这里的墓葬必然是南北平行排列的，同时东西向的墓葬其南北宽度必应小于东西长度。有鉴于这种分析，遂在中心区40×40米大探方南北两端又布南北向20×2米的探沟两条，同时向北继续重点钻探，以尽快找到墓口和这样大面积的五花土的分布范围和界限。通过以上措施，终于在墓地缓坡的南端首先找到第一座大墓的墓口，其后在其北部又相继发现两座大墓，根据发现的先后，遂依次给墓葬编号为M1、M2、M3。同时发现五花土完全覆盖着这三座大墓。显然，大堡子山墓地中心区的这种大范围覆盖大型墓葬的五花土的做法，应是肇始的墓上封土之滥觞。

在这里需要强调的是，这种现象一方面反映了礼县大堡子山墓地独异的墓葬特点，同时也是关涉墓葬制度的重要现象。

第二阶段：4月1日至10月底。以上述墓地中心区域内的三座大墓为发掘重点，同时为了解秦国墓地的性质，有针对性地选择9座未经盗挖的中小型墓葬进行了发掘，此外，还对墓地中心区以南区域作了全面钻探。

经全面钻探和重点发掘，得知大堡子山中心区安置大型墓葬二座，即发掘中编号的M2、M3，均东向，基本南北平行排列，其南侧有从葬的车马坑二座，亦均东向。其中最大的一座紧依M2，即发掘中编号的M1，另一座经钻探因盗扰甚烈，未予发掘。

M1，为大型车马坑，平面呈“瓦刀”形，东向，全长36.5米。其中东部墓道斜坡状，自东向西倾斜与长方形墓室相接，长21.85、宽9.5、深0—5.4米。墓室作长方形竖穴土坑，长14.65、宽12.95、深5.4米。车马坑内经盗扰，原从葬的车马遗迹被完全破坏，从南部残存的约2平方米的遗迹内知原安置殉车4排12乘，辕东舆西，每车两服两骖计4匹马。据参加发掘的民工讲，此车马坑原盗掘曾出土许多鎏金车饰，发掘仅获个别车饰如兽首车辖、车軨和大量大小不等的铜泡以及锈蚀较甚的铁制品。

M2为“中”字形大墓，坐西朝东，设东、西两条墓道，全长88米。其中东墓道斜坡状，为正面墓道，长37.9、宽6.5、深0—12.7米。墓室斗状，长6.8—12.1、宽5—11.7、深17.5米。墓室内设二层台，东、北、南三面二层台上殉葬七人，均直肢葬，都有葬具，有的还系漆棺，随身多有小件玉饰。西二层台上形成置放主要随葬品的头箱。墓主使用了结构繁复的木椁和漆棺。劫余的金箔片表明漆棺原曾配有金箔棺饰。墓主尸骸完全朽毁，据朽痕知葬式仰身直肢，头西脚东。墓室底部中央设腰坑，内置殉犬、玉琮各一。西墓道长38、宽5.5米，总体亦呈斜坡状，但留有若干沟槽状的台阶。西墓道填土中埋葬殉奴12人，均作蜷屈较甚的屈肢葬。殉葬形式有杀殉（有的殉奴头部有洞，姿势规整）和生殉（有的作极痛苦的挣扎状）两种。殉奴多为青少年，其中有三名殉奴各随葬玉玦一件。填土中亦有殉犬一只，盗洞中获完整或可复原的石磬五件。

M3亦为“中”字形大墓，坐西朝东，全长115米，墓道结构与M2相同，其中东墓道长48.85、宽8.3米，西端接墓室处深13.5米。墓室大略呈斗状，长6.75—24.65、宽3.35—9.8、深16.5米。墓室设二层台，北侧二层台上殉人一，仰身直肢葬。墓室内棺椁及墓主均朽蚀较甚，墓主亦仰身直肢，头西脚东，墓室内劫余大量原项链上琥珀珠。腰坑亦置殉犬一只，玉琮一件。西墓道填土中有殉奴七名。

M2、M3以及车马坑的填土遗迹表明，除现代蜂窝式的盗洞外，这些墓葬遗存在历史上从未被盗扰过，与陕西凤翔一号陵园的一号秦景公大墓自春秋以降各代盗洞多达二百多个相比，实是历史的大幸事。然而经1993年春至秋的大规模疯狂盗掘，大堡子山墓葬难以计数的大量珍贵随葬品被洗劫一空。发生在现代文明社会光天化日之下的盗墓丑行及其令人发指的恶果，却又不能不说是历史的耻辱和不幸。由于对此墓地的盗掘系从墓地的东北、北部开始，经累年的盗掘，直至蔓延到墓地的中心区域，故盗洞均按墓地中小墓的5—7米挖一个盗洞，墓地中心区域亦以此密度盗挖，虽更多的盗洞或与中心区的大墓相去甚远或挖至大墓的边缘或墓道，但当恰挖至墓室又恰侥幸挖至置放随葬品的位置得到文物后，其他盗墓犯罪分子即蜂拥而至麇集一处疯狂劫掠。如一号车马坑仅墓室部分盗洞即达22个，平均每9平方米就有一个盗洞，而盗洞挖至墓室底部后又横向相互串通，形成纵横交错密如蛛网的地下隧道，盗墓犯罪分子在隧洞内从容地四处搜寻，大件随葬器物盗出后，甚至将洞内的墓葬填土均用手细细地搓滤，以盗寻小件文物。正是这种经年累月的从容盗掘，致使墓地中心区的大墓和车马坑内珍贵文物洗劫一空。

九座中小型墓葬均为竖穴土坑墓，坐西朝东，一般长2—5.2、宽1.4—2.7、深3.06—7.6米不等。也有的墓葬在一侧壁上掏挖壁龛安置殉人。墓主均头西脚东，直肢葬。除随身器物外，主要随葬品均放置于西端头箱。一般随葬器物有铜器、陶器、玉器、石器以及殉牲等。其中铜礼器中鼎、簋的使用不甚规范，还流行使用仿铜陶礼器。陶器组合为喇叭口罐、鬲、盆、豆等。

第二次发掘于1998年2月23日开始至5月22日结束。发掘区域为大堡子山隔河相望的永坪乡赵坪村以北的西汉水支流西和河南岸二级阶地上的赵坪墓区。发掘清理墓葬三座，车马坑一座。

三座墓葬均为长方形竖穴土坑墓，均坐西朝东。但其排列则依次作同向左前方排列。墓穴大小有别，如M2长6.25、宽3.25、深7米。M3则长4.8、宽2.8、深6米。三座墓均在二层台上使用了殉人，其中M2使用殉人七人，M1殉人三人。棺椁及墓主均朽蚀较甚。

3座墓葬亦经盗扰，所幸这些墓葬均滨水而葬，地下水位较高，竖穴盗洞挖下去后未敢再横向掏挖隧道，同时，此次发掘清理也较及时，故仅盗走个别器物，其他更多的珍贵文物得以幸免。3座墓共出土铜器65件、玉器20件、石器44件、骨器4件、贝类13件、铁器4件、陶器11件。其中青铜器以礼器为主，也有青铜兵器，青铜礼器其主要器物组合为鼎、簋、壶（包括方壶、圆壶）、盉、尊等。青铜兵器有戈、剑、镞等。陶器有喇叭口大口罐、鬲、壶、仿铜陶鼎。玉器较杂，主要有玉玦、玉环、玉圭等。石器为圭、凿等。值得注意的是M2使用了七鼎六簋，同时该墓葬中还出土了铁质兵器——铜柄铁剑和鎏金铜柄铁剑。

车马坑为长方形竖穴土坑，长18.8、宽3.15、深4米，方向86°。内随葬车马五乘，辕东舆西。第一、三、四车为驷乘，第二、五两车为两匹马挽驾。其中第一乘还殉葬御奴一名。车马坑因埋葬较浅，未得地下水荫庇，被盗扰较严重，仅出土部分车马器、车马饰及铜镞和个别陶器、铁器及漆器残片。

三　切实保护好大堡子秦公墓地并积极开展秦国早期遗存的考古调查是甘肃文物工作者义不容辞的职责

大堡子山墓地经系统、科学发掘，虽完整地揭露出不同规格的墓葬形制，也基本搞清了墓地内墓葬的分布特点与规律，但由于墓地遭到彻底的洗劫，故没有任何可资断代的实物依据。另一方面，墓地中心区的两座“中”字形大墓其形制、规模虽也透露了墓主身份的特殊性，但空无一物的现状则为准确、具体地分析认定墓主及其世次带来极大困难。而海外陆续出现的一些被盗流出的秦国文物，为海内外学者所关注，并据之对这些秦器的器主（包括墓主）及年代作了多方位的探索，但由于材料所限，难免见仁见智，有些臆测还在学术界造成令人遗憾的误导。这一方面反映出尽管某些文物本身具有重大的艺术和文化价值，但失去科学的墓葬单位、器物组合单位则为学术研究带来多么大的困难和误区。另一方面表明个别零星秦国早期文物即已引发学术界的种种有益的探索和思考，而大堡子山以两座“中”字形大墓为代表的秦国墓地完整的遗存单位如不被破坏，无疑将是一个无与伦比的历史遗产宝藏。因此对已经省政府公布的大堡子山秦公墓地进行卓有成效的切实保护使其免遭再次的破坏就显得极其迫切和重要，同时尽快开展围绕秦国早期遗存的考古调查和研究也是一项非常必要和有意义的任务。

目前越来越多的考古线索表明，“秦人”、“秦文化”是一复合的考古文化共同体，笔者曾有专文论述“秦宗族”与秦国以甘青地区古代文化土著居民为主体的中下层国民是各有渊源的复合文化集团，在其发展过程中，又与甘肃东部诸戎及关中周文化有着复杂的千丝万缕的文化联系和血缘交流。因而，自韩非子以上追溯先秦秦族在西周孝王时期以前以至更早时期的活动线索和演化轨迹，不仅是可能的，而且只要有计划、有目的地积极开展工作，必会有所作为。甘肃文物工作者应具有责无旁贷的历史责任感和紧迫感，为准确建构和认识、阐发“秦人”、“秦族”、“秦文化”这一庞大的系统文化工程作出应有的贡献。

（《甘肃文物工作五十年》专辑）

编 后 记

本书完成后，有几点说明缀于书末：

一、成书目的。由于秦早期文献与文物资料的匮乏，故对这一段历史的研究相对薄弱。近年来，随着礼县大堡子山秦西垂陵区的被发现，全国史学与考古学界对此给予了高度关注与评价，研究文章大量散见于全国有关报刊和杂志。作为秦西垂所在地的礼县，有责任、有义务把研究成果归纳成书。目的有三：一是宣传礼县，提高礼县的知名度；二是纪念礼县大堡子山秦西陵区被发现十周年；三是给全国历史与考古学界的专家学者以及爱好者提供一套虽不算缜密科学，但却比较全面系统的研究资料。期望达到一书在手，秦西垂文化的总体研究面貌便能清晰地呈现于眼前的目的。

二、关于书名。礼县是秦国的发祥地，所谓“秦西垂文化”，是指秦人以西垂为政治活动中心时期的文化，实际上是代指秦早期文化。所谓“论集”，细心的读者一定会发现，编辑的篇目中有极少量文章是介绍性文字而并非论文。编者考虑到所编文章十有九成为论文，为突出主体，为使书名简洁明快，便以偏概全笼统称之为“论集”。

三、编选范围。书名规定了编选范围。依地域概念，只选研究秦人在西垂地域孕育活动的文章；依时间概念，只选研究文公东迁以前的文章（包括族源)。我们就是严格按照这两点选文的。

四、编选体例。依文章内容，分为两大块，一块是历史文献摘编，一块是今人论文总汇。第一块是按文献时间为序；第二块，有专家建议直接按文章发表先后为序，我们考虑若如此安排，论文内容交错现象太严重，于是按族源争鸣、西垂发祥、都陵研究、器铭考释、发掘纪实等大致分了类。少量谈几方面内容的综合性论文以及个别不属上述五类的论文，我们按其主要或相关内容，分别归入其中一类。每类文章再以发表时间先后为序。虽然不够缜密科学，但大致有类可从。

五、在编选过程中，李学勤、韩伟、李朝远先生给予了大力支持和指导；徐卫民、田静、徐日辉、雍际春先生给予了热情帮助，提供了珍贵信息；陈昭容女士在台湾发表的研究文章，慨然寄给我们编用；袁仲一先生虽已退休，仍欣然为本书写序，对此，我们表示诚挚的感谢。有极少量论文的作者，在多次没有联系上的情况下，我们唐突地将文章编入了，对此，我们表示深深的歉意，并希望这些作者告诉我们通讯地址，以便奉寄本书。

编者囿于学识的绵薄，加之信息闭塞，书中出现的错误及挂一漏万之处定多，敬乞专家学者赐教，广大读者批评。

编 者

2003 年 11 月

封面题字：徐祖蕃
封面设计：张有文
责任印制：梁秋卉
责任编辑：许海意

图书在版编目（CIP）数据

秦西垂文化论集/礼县秦西垂文化研究会、礼县博物馆编．-北京：文物出版社，2005.4

ISBN 7-5010-1629-1

Ⅰ．秦…　Ⅱ．①礼…②礼…　Ⅲ．文化史-研究-礼县-秦代-文集　Ⅳ．K294.24-53

中国版本图书馆 CIP 数据核字（2004）第 060067 号

秦西垂文化论集

礼县秦西垂文化研究会
礼　县　博　物　馆

*

文物出版社出版发行
北京五四大街29号
http://www.wenwu.com
E-mail:web@wenwu.com
北京圣彩虹制版印刷技术有限公司印刷
889×1194　大1/16　印张:35.75
2005年4月第一版　2005年4月第一次印刷
ISBN 7-5010-1629-1/K·833　定价：158元